***ACCESO GRATIS** a la Lectura en la Nube*

Para visualizar el libro electrónico en la nube de lectura envíe junto a su nombre y apellidos una fotografía del código de barras situado en la contraportada del libro y otra del ticket de compra a la dirección:

ebooktirant@tirant.com

En un máximo de 72 horas laborales le enviaremos el código de acceso con sus instrucciones.

La visualización del libro en **NUBE DE LECTURA** excluye los usos bibliotecarios y públicos que puedan poner el archivo electrónico a disposición de una comunidad de lectores. Se permite tan solo un uso individual y privado

EL ESTATUTO JURÍDICO DEL TRABAJADOR EN LA ERA DIGITAL

EL ESTATUTO JURÍDICO DEL TRABAJADOR EN LA ERA DIGITAL

Directores:
FRANCISCO PÉREZ DE LOS COBOS ORIHUEL
NURIA PAULINA GARCÍA PIÑEIRO

Coordinadores:
JUAN GIL PLANA
ÁNGEL JURADO SEGOVIA

Proyecto Referencia del proyecto de
investigación financiado por MCIN/AEI
/10.13039/501100011033

tirant lo blanch
Valencia, 2024

En caso de erratas y actualizaciones, la Editorial Tirant lo Blanch publicará la pertinente corrección en la página web www.tirant.com.

© TIRANT LO BLANCH
EDITA: TIRANT LO BLANCH
C/ Artes Gráficas, 14 - 46010 - Valencia
TELFS.: 96/361 00 48 - 50
FAX: 96/369 41 51
Email: tlb@tirant.com
www.tirant.com
Librería virtual: www.tirant.es
DEPÓSITO LEGAL: V-3376-2024
ISBN: 978-84-1071-065-8

Si tiene alguna queja o sugerencia, envíenos un mail a: *atencioncliente@tirant.com*. En caso de no ser atendida su sugerencia, por favor, lea en *www.tirant.net/index.php/empresa/politicas-de-empresa* nuestro procedimiento de quejas.

Responsabilidad Social Corporativa: http://www.tirant.net/Docs/RSCTirant.pdf

"Al profesor Montoya Melgar, maestro complutense,
en señal de nuestro reconocimiento y afecto"

Índice

SECCIÓN 1ª. ADAPTACIÓN Y TRANSFORMACIÓN DE DERECHOS SOCIALES CLÁSICOS

SECCIÓN 2ª. LOS NUEVOS DERECHOS DIGITALES DE LOS TRABAJADORES

Presentación

El presente libro es el último de los gestados al amparo del proyecto PID2019-104287RB-100, titulado "El impacto de la digitalización en las relaciones de trabajo: retos y oportunidades", que hemos tenido el honor de dirigir[1]. Un proyecto ya formalmente concluido, aunque materialmente se cierre con la publicación de este libro, cuya ejecutoria ha sido valorada por las autoridades del Ministerio de Ciencia, Innovación y Universidades, en concreto, por la Subdivisión de Programas Temáticos Científicos- Técnicos, resolución de 31 de enero de 2024, como "MUY SATISFACTORIA" (sic).

Cuando presentamos la solicitud del proyecto buena parte de los integrantes del equipo de investigación teníamos a nuestras espaldas larga trayectoria en el análisis de las repercusiones de las transformaciones tecnológicas en las relaciones de trabajo. Ello nos permitió afrontar el proyecto desde dos presupuestos. El primero, la certidumbre de que las transformaciones tecnológicas han tenido un papel continuo y determinante en la evolución de las relaciones de trabajo y, más específicamente, en la de su regulación jurídica. La relación entre el cambio tecnológico y el Derecho del Trabajo ha sido desde el mismo origen de este estrechísima. Cada revolución tecnológica ha supuesto para las relaciones de trabajo un cambio de escenario que antes o después se ha traducido en significativos cambios normativos. La relación, ha sido, además, rica y ambivalente. Si de una parte el Derecho del Trabajo ha acreditado ser un instrumento auxiliar eficaz

---

1 Al margen de múltiples publicaciones relativas a la temática del proyecto de carácter individual, firmadas exclusivamente por uno o algunos miembros del equipo investigador y que constan en el informe final del proyecto, bajo el paraguas del mismo se han editado tres relevantes obras colectivas: *Derecho del Trabajo y Nuevas Tecnologías*, Tirant lo blanch, 2020; *El trabajo a distancia*, LA LEY Wolters Kluwer, 2021; *I Congreso Interuniversitario OIT sobre Justicia Social, Trabajo Decente y Objetivos de Desarrollo Sostenible: Universidad Complutense de Madrid, 18 y 19 de noviembre de 2021*, vol. 1 y 2, Ministerio de Trabajo y Economía Social, 2023. En estas obras queremos destacar las aportaciones de T. Sala Franco, J. García Murcia, M.A. García Rubio, A. Blasco Pellicer, R. Roqueta Buj, M. Tarabini-Castellani Aznar, N. de Nieves Nieto, M. López Balaguer, F. Ramos Moragues, M. Llano Sánchez, C. Tatay Puchades, E. Monreal Bringsvaerd, J.M. Goerlich Peset, M. Llompart Bennàssar, E.E. Taléns Visconti, J. C. García Quiñones, J. Lahera Forteza, M. del M. Crespí Ferriol, A.M. Orellana Cano, J.A. Confalonieri, M. L. Vega Ruiz, N. Díaz Santín, María Peñahora García Sanz, y de manera especial la de A. Montoya Melgar sobre poder de dirección y videovigilancia laboral.

para la transformación tecnológica de la empresa, contribuyendo a hacer socialmente tolerables las consecuencias laborales que aquella implicaba, de otra ha tenido en las transformaciones tecnológicas uno de sus más incisivos vectores de evolución: los cambios tecnológicos se han traducido en cambios organizativos que a su vez han producido modificaciones en ocasiones sustanciales en las instituciones laborales. El segundo presupuesto era la relevante transformación tecnológica en curso: por su intensidad y alcance, una verdadera cuarta revolución industrial. La digitalización y la robótica son, por su propia naturaleza, globales, tienen una capacidad de penetración capilar y sus posibilidades de interacción parecen, y probablemente son, ilimitadas. El cambio está llamado a afectar, está afectando a todas las industrias, de todos los sectores y de todos los países. La velocidad con la que se producen los avances y se implementan en los sistemas productivos está siendo, además, inusitada.

Desde estos presupuestos, al formular el proyecto investigador nos planteamos dos principales objetivos. En primer lugar, analizar el impacto de la digitalización y de la robótica en las nuevas formas de organización de las empresas y de los empleos, específicamente el impacto de la digitalización en la organización y el rendimiento empresariales, el trabajo mediante plataformas digitales, y las transformaciones derivadas de la robótica y la incorporación a los procesos productivos de la Inteligencia Artificial. Queríamos atenernos al principio de realidad, esto es, partir de un detenido análisis de la transformación tecnológica operada, de su impacto real sobre las organizaciones productivas y sobre las relaciones de trabajo, pues entendíamos que solo sobre la base de este análisis era posible imaginar soluciones normativas viables. Como era imperativo hacer, hemos afrontado este objetivo desde una perspectiva pluridisciplinar: desde la sociología del trabajo, la organización de la empresa y el Derecho del Trabajo y de la Seguridad Social. Sobrevenida la pandemia mundial del COVID-19 se extendió la investigación al impacto del teletrabajo en la organización del trabajo. La atención al teletrabajo, como nueva forma de organización del trabajo en las empresas, ha permitido articular propuestas medidas y razonables en torno a cada uno de los principales aspectos del régimen legal en vigor, atendiendo a los conflictos resueltos por los órganos jurisdiccionales de lo social, derivados de la complejidad regulatoria con el efecto real de la reticencia a la utilización de esta modalidad de organización del trabajo.

En segundo lugar, nos propusimos analizar la transformación de las relaciones de trabajo en la era digital, específicamente la adaptación y transformación que los derechos sociales clásicos tanto individuales como colectivos experimentan en su configuración tradicional a resultas del cambio tecnológico, así como los nuevos derechos digitales que, para responder a tales cambios, están incorporando nuestros ordenamientos. Aquí la perspectiva de análisis requerida era la jurídica, matizada en su implementación, eso sí, por algunas pautas derivadas de la experiencia, a saber: 1) El convencimiento del carácter fatal e inevitable del cambio tecnológico, que nos ha llevado a rechazar cualquier postura "neoludista". 2) La elusión, no obstante, de cualquier planteamiento de determinismo tecnológico y el reconocimiento sin paliativos del importante papel que al Derecho corresponde en la gestión de los procesos de cambio tecnológico y productivo, humanizándolos, garantizando transiciones justas y socialmente aceptables. 3) La convicción de que, en la aproximación a las nuevas realidades, se hace necesario mantener un enfoque equilibrado, que ni niegue la relevancia de la transformación en curso y se cierre a cualquier propuesta de cambio normativo, ni la magnifique y declare el arsenal de instrumentos de nuestra disciplina poco menos que inservible.

El libro tiene su origen en el Congreso Internacional que con el mismo título celebramos en la Facultad de Derecho de la Universidad Complutense los días 18 y 19 de septiembre del pasado año, y en el que se presentaron un total de 28 comunicaciones. Además, si se repara en el índice del libro puede constatarse que responde en su confección a los parámetros expuestos en la memoria del proyecto. La primera parte, recoge diversos ensayos sobre el impacto de la digitalización en los modelos de organización empresarial (Lahera Sánchez, Tovar Martínez y Negro Macho) y el rendimiento de las empresas (Rodríguez Duarte y Fossas Olalla), sobre el trabajo mediante plataformas digitales (Mercader Uguina) y sobre las transformaciones derivadas de la robótica (García Piñeiro), el uso de la inteligencia artificial (García Quiñones, de Torres Bóveda, Gil Otero) y la generalización del teletrabajo (Thibault Aranda). La segunda se divide, conforme al diseño del proyecto, en dos partes. En la primera, sus diversos autores examinan las principales instituciones laborales y de Seguridad Social a la luz del cambio tecnológico. Se examinan así, el ámbito de aplicación de la disciplina (Sánchez-Urán Azaña y Aliane Diez), el poder de dirección y control del empresario (Aguilera Izquierdo), el acceso al empleo (Moreno Romero), las políticas de empleo (de Fuentes García-Romero de Tejada), las modificaciones de la relación laboral (San Martín Mazzucconi), el despido objetivo (Jurado Segovia), la seguridad y salud laborales (Pérez Agulla), los derechos colectivos de los trabajadores (Sáez Lara y Otero Ruíz de Alegría), y el impacto de la digitalización en el sistema de protección social (López Cumbre). La segunda parte agrupa un puñado de artículos sobre los nuevos derechos digitales de los trabajadores: concretamente el derecho a la intimidad frente a los dispositivos de viodeovigilancia (Cámara Botía) y geolocalización (Pérez de los Cobos Orihuel), la desconexión digital (Gil Plana, de Castro Marín), y la tutela frente al acoso (Ángel Quiroga). Cierran el texto sendas colaboraciones de colegas extranjeros que han tenido a bien acompañarnos en la elaboración del proyecto (Palma Ramalho y Confalonieri), que exponen respectivamente la situación en Portugal y Argentina, y un epílogo (García Murcia), que constituye una reflexión general que responde al título que hemos querido dar a este libro: *El estatuto jurídico del trabajador en la era digital.* Un título seguramente en exceso ambicioso, porque, con alguna salvedad, las nuevas realidades se están todavía conformando, "el derecho es un material que se renueva despacio " -ha escrito Umberto Romagnoli-, y también las respuestas jurídicas a las mismas, por lo que a día de hoy solo podíamos ofrecer al lector, más humildemente, un estado de la cuestión.

Como investigadores principales del proyecto y directores del libro, queremos testimoniar nuestro agradecimiento a todos los integrantes del equipo de investigación[2] y del equipo de trabajo[3], autores asimismo del grueso de este libro, por la dedicación y el empeño con que han sustanciado sus diversos cometidos.

Nos congratulamos, asimismo, de haber involucrado en nuestro proyecto a jóvenes investigadores de reciente incorporación a la Universidad española que, atendiendo nuestra invitación, han colaborado y participado en las múltiples actividades del proyecto[4].

---

2 Yolanda Sánchez-Urán Azaña (responsable del área jurídica), Arturo Lahera Sánchez (responsable del área de Sociología del Trabajo), Antonio Rodríguez Duarte (responsable del área de Organización de Empresas), Raquel Aguilera Izquierdo, Rosario Cristóbal Roncero, Juan Gil Plana, Javier Thibault Aranda, Jorge Torrents Margalef, Ángel Jurado Segovia, Francisca Moreno Romero, Sira Pérez Agulla, Marta Fossas Olalla, Francisco José Tovar Martínez, Ana Macho Negro, Carlos de Fuentes García-Romero de Tejada y Emilio de Castro Marín.

3 Stefano Bellomo, Antonio Preteroti, Fabrizio Ferraro, Stefano Cairolli, Domenico Mezzacapo, Guiseppina Pensabene Lionti, María do Rosário Palma Ramalho, María Regina Redinha y David Carvalho Martins.

4 Nuestra más sincera gratitud a Noelia de Torres Bóveda, Daniel Redondo Torres, Aaron Aliane Diez, Esther Sánchez García-Nieto, y de manera especial a María Otero Ruíz de Alegría, beneficiaria de la Convocatoria de Contratos Predoctorales de Personal Investigador en Formación de la Universidad Complutense de Madrid (cofinanciada por el Banco Santander) para el año 2023 gracias a la vigencia del proyecto "El impacto de la digitalización en las relaciones de trabajo: reto y

Queremos, por fin, agradecer muy especialmente la participación de los colegas expertos en las materias objeto de estudio que, sin ser miembros del equipo de investigación, han participado en el Congreso y en la redacción de este libro (Cámara Botía, López Cumbre, Mercader Uguina, Sáez Lara y San Martín Mazzucconi), sus reflexiones han enriquecido nuestros debates y nuestros textos. Contar con su colaboración ha sido, para el proyecto y para este libro, un impagable honor.

No es huera retórica ni falsa humildad reconocer que sin el esfuerzo y entusiasmo de todos los que han participado el proyecto y el libro nunca hubieran arribado a buen puerto.

Francisco Pérez de los Cobos Orihuel y Nuria P. García Piñeiro.

oportunidades", por la maquetación del libro y contribución en la corrección de pruebas.

1ª PARTE.

IMPACTO DE LAS TECNOLOGÍAS DIGITALES EN LAS FORMAS DE ORGANIZACIÓN DE LAS EMPRESAS Y DE LOS EMPLEOS

Capítulo 1.

DIGITALIZACIÓN Y CALIDAD DEL TRABAJO DEL FUTURO: DIMENSIONES E INDICADORES DE ANÁLISIS PARA LA EVALUACIÓN DE LOS PUESTOS DE TRABAJO DIGITALES

LAHERA SÁNCHEZ, ARTURO
Departamento de Sociología Aplicada
Universidad Complutense de Madrid
alaheras@ucm.es
ORCID: 0000-0003-0396-3147.
NEGRO MACHO, ANA
Departamento de Sociología y Trabajo Social
Universidad de Valladolid
amnegro@uva.es
ORCID: 0000-0002-8038-3990
TOVAR MARTÍNEZ, FRANCISCO J.
Departamento de Sociología: Metodología y Teoría
Universidad Complutense de Madrid
fjtovar@ucm.es
ORCID: 0000-0003-4870-5432

Sumario: 1. Una propuesta metodológica para evaluar la *calidad del trabajo digital.* 2. Matriz de Análisis y Evaluación de la Calidad del Trabajo en Procesos de Digitalización y Robotización en Empresas y Organizaciones (*Matriz FINDeR-FuWorkTech-UCM*). 3. Futuras actualizaciones y ampliaciones de la matriz.

RESUMEN: Se presenta una matriz metodológica cualitativa para el análisis y evaluación de la *calidad del trabajo* en procesos de digitalización (Industria 4.0, inteligencia artificial) en empresas y organizaciones (*Matriz FINDeR-FuWorkTech-UCM).* Desde las propuestas de la ergonomía y la psicosociología aplicada se presentan, describen y justifican seis dimensiones organizativas y una treintena de indicadores empíricos para el análisis de la innovación tecnológica digital. La matriz permite cartografiar sus posibles efectos en la salud laboral del factor humano, en sus condiciones de trabajo, así como respecto a la emergencia de nuevos riesgos laborales y a la mejora de la eficiencia productiva de las organizaciones.

ABSTRACT: A qualitative methodological matrix is presented for the analysis and evaluation of *job quality* in digitalization processes (Industry 4.0, artificial intelligence) in companies and organizations (FINDeR-FuWorkTech-UCM Matrix). From the proposals of ergonomics and applied psychosociology, six organizational dimensions and some thirty empirical indicators for the analysis of digital technological innovation are presented, described, and justified. The matrix allows mapping their possible effects on the occupational health of human factors, on their working conditions, as well as on the emergence of new occupational risks and the improvement of the productive efficiency of organizations.

Palabras clave: Digitalización del trabajo, calidad del trabajo, riesgos laborales emergentes, Industria 4.0, inteligencia artificial.

Keywords: Digitization of work, job quality, emerging occupational hazards, Industry 4.0, artificial intelligence.

1. UNA PROPUESTA METODOLÓGICA PARA EVALUAR LA *CALIDAD DEL TRABAJO DIGITAL*:

Desde el punto de vista de la sociología del trabajo, de la ergonomía y de la psicosociología aplicada, el proyecto FuWorkTech[1] ha permitido diseñar originalmente una *Matriz de Análisis y Evaluación de la Calidad del Trabajo en Procesos de Digitalización y Robotización en Empresas y Organizaciones* (*Matriz FINDeR-FuWorkTech-UCM*[2]), con el objetivo de definir originalmente un instrumento metodológico que permita interpretar las prácticas organizativas de innovación tecnológica digital y robótica en situación real de trabajo, en la actividad real de empresas y de organizaciones en su funcio-

1 Quisiéramos agradecer a los profesores Francisco Pérez de los Cobos y Nuria García Piñeiro, como investigadores principales del proyecto, su invitación a participar en el mismo, su continua ayuda y amabilidad, así como la autonomía para desarrollar nuestro caso de estudio sobre la *calidad del trabajo digital*, con su máxima implicación en coordinar nuestras aportaciones con las actividades del resto del numeroso equipo. También nuestro agradecimiento y reconocimiento a todos sus miembros, al resto de colegas que también nos han apoyado y que participan en esta publicación.

2 Proyecto *FuWorkTech-El impacto de la digitalización en las relaciones de trabajo: retos y oportunidades* (Ministerio de Ciencia e Innovación: PID2019-104287RB-100; Proyectos de I+D+i RTI Tipo B), 2020-2023; P*royecto FINDeR–Futuros del Trabajo: Digitalización, Robotización en Industria 4.0*. Universidad Complutense de Madrid, Fondo Específico de Investigación FEI-EU-17-25, 2018-2022.

namiento cotidiano, especialmente como marcos de interpretación de los procesos de digitalización a negociar en las relaciones laborales y el diálogo social. La matriz de análisis consta de seis *dimensiones organizativas*, cuya utilización permite identificar los contornos y contenidos de las decisiones de digitalización, así como para trazar sus efectos e impactos, construidos gerencialmente (negociadamente o no...), en las condiciones de empleo y en las condiciones de trabajo de los procesos de producción. El contenido metodológico de la matriz implica la definición original de *indicadores* empíricos específicos para cada una de esas *dimensiones organizativas*, en continuo proceso de revisión y actualización.

La matriz se sustenta metodológicamente, desde una perspectiva de psicosociología aplicada, en la necesidad de adquirir un conocimiento empírico acerca de las características técnicas incorporadas en el diseño de la tecnología que se implementará (referida, fundamentalmente, a la Industria 4.0; Negro y Tovar, 2021) y a la inteligencia artificial). Asimismo, se busca comprender sus posibles efectos reales en los cambios de tareas específicas, tales como instrucciones de trabajo y protocolos de organización del trabajo, dentro del contexto de la nueva organización laboral digitalizada (Eurofound, 2019). Destacando la exploración de las nuevas exigencias de cualificación y competencias, sus posibles implicaciones en las clasificaciones profesionales, partiendo de los cambios en las demandas de cualificación, así como las modificaciones salariales en los centros de trabajo y los posibles efectos del proceso de digitalización en la salud laboral del factor humano.

El conocimiento detallado sobre las características (socio)técnicas de la tecnología implementada se aborda desde una perspectiva constructivista (la construcción social y negociada de los contenidos de los dispositivos tecnológicos), evitando enfoques deterministas (en el que la tecnología aparece como autónoma o independiente frente a ese proceso de construcción negociada o conflictivo; Lahera, 2006): esta matriz de evaluación se orienta a proponer modificaciones alternativas en la tecnología con el objetivo de prevenir posibles efectos negativos en la protección de la salud laboral y el bienestar del factor humano, como herramienta para la mejora simultánea de la eficacia y eficiencia del proceso productivo. Este enfoque se caracteriza, por tanto, por una postura favorable y centrada en la mejora de las condiciones de trabajo y la recualificación ergonómica del factor humano, mediante una perspectiva que facilita el acceso a las realidades productivas de las empresas y organizaciones (Pfeiffer, 2016).

Desde esta perspectiva, se han definido posibles dimensiones para evaluar los procesos de digitalización (de automatización digital, de robotización e inteligencia artificial) con la intención de incorporarlas críticamente en una matriz de análisis empírico. Para diseñar la matriz se han revisado detallada y críticamente propuestas internacionales de índices para evaluar la calidad de puestos de trabajo y empleos (*Jobs Quality Indices*). Se ha llevado a cabo una exploración bibliográfica y metodológica exhaustiva, con una revisión crítica de sus propuestas de dimensiones de evaluación e indicadores: completada con nuestra propia experiencia investigadora empírica en diversos sectores productivos en las últimas dos décadas (Industria 4.0, plataformas digitales, ingeniería mecánica y máquina-herramienta, telecomunicaciones y *call centres*, minería, automoción y aeronáutica, hostelería, fabricación textil, centros especiales de empleo y discapacidad...), depurando y modificando esas propuestas internacionales.

Todas ellas se han integrado de manera dinámica en el marco metodológico de la *matriz FINDeR-FuWorkTech-UCM*, contribuyendo a la reflexión constante sobre cómo evaluar los efectos (positivos o negativos) de los procesos de digitalización/robotización en el entorno laboral, en la eficiencia, en las condiciones de trabajo y en la salud laboral del factor humano:

1) Propuestas desde la Unión Europea, especialmente a partir de la encuesta de condiciones de trabajo de su European Foundation for the Improvement of Working and Living Conditions[3] (incluyendo la versión modificada y telefónica, en 2020-21, de su cuestionario como consecuencia de la pandemia de Covid-19). También se ha tenido en cuenta la metodología auspiciada por el Parlamento Europeo sobre indicadores de calidad laboral (Muñoz de Bustillo, Fernández-Macías, Esteve, Antón, 2011 y 2009), además de las reflexiones del Employment Committee de la UE (EMCO-European Union, 2010).
2) Job Quality Index del European Trade Union Institute-ETUI[4]
3) *Job Quality Framework* de la Organización para la Cooperación y el Desarrollo Económico-OCDE[5].

---

3 Eurofound (2017); Eurofound (2012); Eurofound (2022).

4 Piasna (2023); Piasna (2017); Leschke, Watt y Finn (2008); Leschke, Watt y Finn (2012).

5 OECD (2017) y Cazes, Hizjen y Saint-Martin (2016).

4) Los índices de *Trabajo Decente* de la Organización Internacional del Trabajo (OIT-ILO), con un énfasis propio en los referidos a las condiciones de trabajo (OIT, 2013).

5) Los indicadores de Naciones Unidas para la medición de la calidad del empleo sobre los factores de riesgo laboral de origen físico y cognitivo, de riesgos psicosociales y de formación (UNECE, 2015).

6) Los principios de la red internacional *Fairwork* (Oxford University) con sus diez criterios de evaluación de las condiciones de trabajo y empleo en plataformas digitales de gestión del trabajo humano[6].

7) Por último, de manera complementaria, se han interpretado, también críticamente, los enfoques de la asociación empresarial Business Europe[7]; y del británico Chartered Institute of Personnel and Development-CIPD.

A partir de este amplio conjunto de propuestas de metodología de evaluación de la *calidad del* trabajo, nuestra matriz se configura teóricamente desde una perspectiva ergonómica vinculada y sustentada científicamente en un modelo psicosocial, centrado en la valoración de la distancia (suficiencia o insuficiencia) entre los recursos organizativos aportados por la organización a su factor humano para que pueda gestionar eficazmente sus tareas productivas: rastreando el posible (des)equilibrio entre las demandas productivas específicas de los puestos de trabajo exigidas gerencialmente y la (in)suficiencia de los recursos organizativos asignados al factor humano para cumplir esas demandas... sin que tenga que sacrificar su salud laboral para lograr sus objetivos productivos asignados.

En este sentido, las modificaciones introducidas en la organización del trabajo por una empresa u organización al implementar nuevas tecnologías de digitalización o robotización de la Industria 4.0 (i40) en sus procesos productivos pueden generar mejoras en las condiciones de trabajo, siempre y cuando los recursos proporcionados permitan gestionar adecuadamente las nuevas demandas del puesto (cargas de trabajo). Contraria-

---

6 Fairwork. Recuperado de http://fair.work. Los tres autores de este capítulo forman parte del equipo español de esta red internacional, con una misma metodología original para comparar la *gig economy* en 40 economías mundiales: desarrollando el proyecto *Assessing working and employment conditions on digital platforms through the Fairwork network methodology: Pilot project in Spain* (Oxford Internet Institute y UCM, 2022-2023).

7 UNICE (2011) y Warhurst, Wright y Lyonette (2017).

mente, la falta de recursos organizativos adecuados para llevar a cabo las nuevas tareas productivas podría resultar en la degradación de las condiciones laborales y en el deterioro de la salud laboral. Esto se traduce en un aumento de los estresores organizativos ante la escasez de estos recursos (estrés, intensificación del trabajo, lesiones, falta de autonomía y control sobre las tareas, incongruencia de roles, entre otros). Este enfoque se alinea con el, ya clásico, *modelo de demandas y recursos laborales* (DRL: Garí y Martín, 2021), según lo propuesto en la tradición de la ergonomía del factor humano y la psicosociología del trabajo (*Job Demands-Resources*, JD-R; Schaufeli y Taris (2014).

2. MATRIZ DE ANÁLISIS Y EVALUACIÓN DE LA CALIDAD DEL TRABAJO EN PROCESOS DE DIGITALIZACIÓN Y ROBOTIZACIÓN EN EMPRESAS Y ORGANIZACIONES (*MATRIZ FINDER-FUWORKTECH-UCM*):

Esta revisión crítica ha permitido diseñar y definir el siguiente conjunto de indicadores para cada una de las seis *dimensiones organizativas* que se presentan en este capítulo, con el objetivo metodológico de que sirvan como una guía de observación, identificación y evaluación de la *calidad del trabajo digital*, actual o del futuro.

La matriz actualizada y completada con estas seis dimensiones y su alrededor de una treintena de indicadores, justificados y explicados posteriormente (algunos podrían 'operacionalizarse' y subdividirse en más de uno...), permite analizar empíricamente los procesos de digitalización y robotización y las prácticas organizativas que las sustentan, además de los discursos sobre ellas de los actores laborales y agentes sociales. Es importante señalar que la matriz ha sido confeccionada desde una perspectiva de investigación sociológica cualitativa (tal y como se indicó en la propuesta original del proyecto FuWorkTech), como una herramienta que permite guiar preguntas abiertas en entrevistas en profundidad, en dinámicas de grupos focales o grupos de discusión; así como guía para la realización de un *análisis del contenido* y *análisis del discurso* sociológico de las organizaciones, también de carácter cualitativo. Por tanto, la matriz completada ha permitido culminar completamente uno de los objetivos específicos del proyecto FuWorkTech: diseñar una metodología original para el análisis empírico de los procesos de digitalización. En el caso de que la matriz pretendiera emplearse desde una perspectiva sociológica (o de economía laboral) de metodología cuantitativa, requeriría un posterior proceso de validación estadística, lo que va más allá de este proyecto, aunque se ofrece la propia matriz como un punto de partida de indicadores relevantes y significativos a contrastar cuantitativamente, igual que se ha hecho en términos cualitativos.

Dimensión 1. Cualificaciones y Competencias:

Uno de los debates organizativos y académicos más habituales respecto a los impactos (construidos) de la automatización y la digitalización, desde el inicio de la Revolución Industrial originaria hasta su actual "cuarta fase" de la Industria 4.0 o de la inteligencia artificial (IA), se ha centrado en valorar cómo la introducción de nuevas tecnologías en los procesos productivos afecta a los requisitos de cualificación y de competencias del factor humano, de trabajadores/as, que o bien va a utilizar (o pilotar) esa tecnología o que puedan verse sustituidos por ella. ¿Serán necesarias nuevas cualificaciones para el factor humano? Si ese fuera el caso, ¿qué tipo de competencias y qué habilidades aptitudinales (conocimientos técnicos y productivos) se requerirán?, ¿qué competencias actitudinales (comportamientos organizativos) para interactuar con la tecnología digital?, ¿cómo se podrán adquirir esas posibles aptitudes y actitudes?, ¿cómo se podría apoyar a nivel social, en el caso de que las nuevas tecnologías digitales o la inteligencia artificial hicieran desaparecer puestos de trabajo completos (y sus ocupaciones; Lahera, 2019), a la ciudadanía que se vea desplazada por esta tendencia digitalizadora?, ¿se debería garantizar públicamente la formación a lo largo de la vida, desarrollo de la flexiguridad, rentas básicas universales...?

De hecho, en general, todas estas preocupaciones sobre el impacto de la tecnología en los niveles de cualificación se han interpretado dominantemente en dos enfoques, no necesariamente contrapuestos, sino complementarios. Por un lado, se ha argumentado, en diferentes periodos y economías a nivel internacional, una hipótesis de *polarización de la cualificación en el mercado de trabajo*, que defiende que la nueva fase de automatización digital está provocando, y provocará en el futuro inmediato, el crecimiento de puestos de trabajo que requieren competencias digitales de alta y media cualificación (en ciencia, tecnología, ingeniería y matemáticas... o competencias STEM), mientras irán desapareciendo los puestos de trabajo con (semi)cualificaciones intermedias al ser sus tareas rutinarias y fácilmente automatizables desempeñadas por la Industria 4.0, la robótica avanzada y colaborativa o la inteligencia artificial, mientras se mantendrían o seguirían incrementándose los puestos de trabajo con menor cualificación y menor dependencia de competencias digitales, especialmente en actividades de servicios personales (cuidados, bienestar personal, restauración, hostelería, distribución...). De forma que crecerían los polos más cualificados y menos cualificados del continuo de la cualificación, desapareciendo tendencialmenrte, por la implantación digital, las ocupaciones semicualificadas... en las que se han sustentado las clases medidas de las economías desarrolladas desde la segunda posguerra mundial (Lahera, 2021).

Complementariamente, y también alternativamente, a esta interpretación, otro enfoque prefiere señalar que esa hipótesis de la polarización debería matizarse empíricamente y centrarse en analizar procesos de trabajo concretos para mostrar cómo se ven afectadas las tareas específicas de cada puesto de trabajo por la incorporación de una nueva tecnología digital, ya que lo más probable es que no desaparezca un puesto de trabajo u ocupación completa, sino tareas concretas, modificándose ese puesto más que desapareciendo, con lo que, aunque se pueden producir procesos de polarización de la cualificación, también se pueden estar produciendo efectos más complejos, no tanto de desaparición o sustitución de ocupaciones o empleos completos, sino de su transformación intensa pero manteniéndose productivamente en el futuro. Este enfoque, que en algún otro lugar hemos denominado *enfoque empírico o pragmático* (Lahera, 2005), apuesta por analizar en las *situaciones reales de trabajo* (Castillo y Prieto, 1992) las mutaciones que la innovación tecnológica está *realmente* provocando, trazando qué posibles nuevos conocimientos y aptitudes, comportamientos actitudinales y habilidades son necesarios para desempeñar las tareas del puesto de trabajo que está siendo digitalizado; qué otras competencias y cualificaciones pueden estar desapareciendo y, sobre todo, cómo afectan todas esas mutaciones al proceso productivo y a las condiciones de trabajo, más allá de si efectivamente se puede estar produciendo o no una supuesta polarización.

Precisamente, es a partir de este enfoque empírico que se presentan a continuación aquellos indicadores de análisis de las condiciones de trabajo que permiten rastrear la *calidad de los puestos de trabajo digitalizados* que están siendo transformados por las tecnologías de la i40 o la IA en lo referente a los requisitos de cualificación: si se está sustentando organizativamente en un proceso de recualificación, de descualificación, de incremento o de reducción, por tanto, del nivel de requisitos de conocimientos, competencias, habilidades o autonomía del puesto de trabajo que está transformándose por la digitalización.

En términos básicos para realizar el análisis, se propone una interpretación tradicional de la cualificación organizativa, entendida como *cualificación efectiva* requerida por el puesto de trabajo, en relación al nivel de *conocimientos* y *habilidades* necesarios para desempeñarlos (nivel de credenciales educativas, extensión de la experiencia en procesos productivos, intensidad y amplitud de conocimientos digitales...), junto con el nivel de *autonomía* que el puesto permite al trabajador/a, en relación a si la organización le facilita alterar o modificar las instrucciones de trabajo de su puesto y tareas, es decir, el nivel de *soberanía procedimental* que se le permite al factor humano, así como respecto a su control sobre el ritmo de las tareas, si al trabajador/a se le proporciona organizativamente algún margen sobre el tiempo, duración e intensidad de cada una de ellas, sobre el nivel de *soberanía temporal* que se le facilita... o impide por parte del diseño de la organización del trabajo (Lope, 1996).

Indicadores para la *Dimensión 1*:

1. **Probabilidad/posibilidad de adquisición de nuevos conocimientos y habilidades del puesto digitalizado/robotizado**: se trataría de analizar y valorar empíricamente si la organización facilita (o no desarrolla) procesos de formación para que su factor humano adquiera las competencias digitales y los nuevos requisitos de cualificación vinculados a las nuevas tecnologías digitales a implantar. Desde una perspectiva de mejora de las condiciones de trabajo y, por tanto, para reforzar la calidad de los puestos de trabajo y evitar efectos negativos sobre la salud laboral de trabajadores/as, se valoran como más positivas a aquellas empresas y organizaciones que promueven internamente esos procesos de formación, de manera sistematizada (cursos y actividades protocolizadas, horas formativas regulares y a lo largo del tiempo...) y no únicamente mediante *aprendizaje en el puesto* (colaborando con otros operadores más experimentados: esta opción se ha demostrado más eficaz si se acompaña además de la formación sistematizada, aunque por si sola sea útil... desde luego más eficaz que no recibir o facilitar ninguna formación). Además, un mayor compromiso de la organización con una formación de calidad y, por tanto, apoyando en un *puesto de trabajo digitalizado de calidad*, sería que esa disponibilidad o inversión continua para la formación se realizara prioritariamente durante la jornada laboral, lo que permitiría garantizar la conciliación y la desconexión laboral (digital o analógica...), así como evitar el rechazo a recibirla por basarse en la ampliación de la jornada laboral. Así mismo, es recomendable que la formación diseñada e impartida en la organización, tanto internamente como

en colaboración de otras organizaciones externas o ajenas (consultoras, centros formativos externos...), esté claramente adaptada a las necesidades productivas y de eficiencia de la empresa (a sus procesos, culturas organizativas, experiencias empíricas previas, al conocimiento de los procesos productivos...), definidas por la organización y en relación directa con las tecnologías digitales seleccionadas (Industria 4.0, robótica avanzada o colaborativa, internet industrial de las cosas, 'sensorización', fabricación aditiva, gemelos digitales...), de forma que se refuercen las posibilidades de retorno de la inversión formativa. De ahí la utilidad (imprescindible) de evaluar el resultado de la propia formación, tanto por parte de las gerencias como del propio factor humano (también con la participación de sus representantes sindicales).

2. Nivel e intensidad de competencias digitales: evaluar la posible calidad de un puesto de trabajo digital(izado) respecto a la mejora de las cualificaciones y competencias que incorpora implica analizar y valorar cuáles son precisamente los contenidos de cualificación digital demandados por la organización (conectados también con el indicador 1 anterior): teniendo en cuenta si son proporcionados adecuadamente por la organización. Se trataría de cartografiar, por un lado, qué nivel de competencias digitales son necesarias y se exigen en el modificado proceso de trabajo: por ejemplo, con la adaptación del actualizado Marco Europeo de Competencias Digitales para la Ciudadanía (Vuorikari, Kluzer y Punie, 2022) al puesto de trabajo, que recoge competencias referidas a la *búsqueda y gestión de información y datos, comunicación y colaboración a través de tecnologías digitales, creación de contenidos digitales, (ciber)seguridad y resolución de problemas tecnológicos*[8]. Y, por otro lado, evaluar si la organización facilita (o no) adecuadamente la formación interna y endógena de esas competencias de manera eficaz,

[8] El modelo Digcomp 2.2. incluye 21 competencias digitales: navegar, buscar y filtrar datos; gestión de la identidad digital, información y contenidos digitales; evaluar datos, información y contenidos digitales; gestión de datos, información y contenidos digitales; interactuar a través de tecnologías digitales; compartir a través de tecnologías digitales; participación ciudadana a través de tecnologías digitales; colaboración a través de tecnologías digitales; comportamiento en la red; desarrollo de contenidos; Integración y reelaboración de contenido digital; derechos de autor y licencias de propiedad intelectual; programación; protección de dispositivos; protección de la salud y bienestar; protección de datos personales y privacidad; protección medioambiental; resolución de problemas; identificación de necesidades y respuestas tecnológicas; uso creativo de la tecnología digital; identificar lagunas en las competencias digitales.

favoreciendo la recualificación digital del factor humano, como base de mejora de la *calidad del trabajo digital.*

3. Autonomía y control sobre las tareas: como se señalaba en la descripción interpretativa de esta primera dimensión de calidad del trabajo sobre las cualificaciones y competencias, la amplitud de la autonomía, en términos procedimentales y temporales, que el factor humano tenga para decidir flexiblemente sobre los métodos de producción, sobre el orden de las tareas, así como sobre la intensidad del ritmo de trabajo han sido mostrados tradicionalmente como indicadores de la mayor o menor calidad del puesto de trabajob (Eurofound, 2017). Desde el eterno e inagotable modelo taylorista de organización del trabajo (también digital en la actualidad: como se muestra en la, cada vez más difundida, *gestión algorítmica*), basado en tareas cortas, descualificadas, con ritmos repetitivos y tremendamente intensos (también en los actuales modelos *lean;* Ó Riain y Healy (2021), sin posibilidad de modificar mínimamente las instrucciones de trabajo, siempre de obligado cumplimiento. Pasando por organizaciones del trabajo más flexibles y recualificadoras, que fomentan la variedad y complejidad de las tareas: sea a través de dispositivos organizativos basados en la *multitarea* (*multitasking*) para la *polivalencia,* con el aprendizaje y rotación entre puestos que, aunque, con similares contenidos de cualificación (no necesariamente elevada...), permiten reducir la monotonía repetitiva y descualificada taylorizada (su estrés, aburrimiento y desgaste de la salud mental), como por dispositivos más intensamente recualificadores como la *multifunción* (*multiskilling*), en que esa rotación se realiza entre tareas de mayor cualificación, mediante el aprendizaje (también grupal) de puestos con diversidad de conocimientos más amplios (gestión de calidad, mantenimiento preventivo, mejora continua, seguridad...), en funciones productivas de mayor valor añadido para la organización, favoreciendo su flexibilidad y la disponibilidad de su factor humano para resolver incidencias en múltiples estaciones o puestos de trabajo, *polifuncionalidad* (enriquecimiento de tareas, trabajo en grupo, equipos de trabajo...). Este indicador, muy amplio en términos de posibilidades empíricas entre la ausencia absoluta de autonomía y control sobre las tareas y una amplia auto-organización y discreción por parte de trabajadores/as (individual y grupalmente) en la gestión del proceso de trabajo, permite identificar cualitativamente esa misma amplitud en lo referido a una *calidad del trabajo* que no se base exclusiva o dominantemente en el impedimento organizativo de la iniciativa del trabajo humano y en el desaprovechamiento de su inteligencia de producción, sus conocimientos y experiencia de los procesos productivos, para el perfeccionamiento y la mejora de la eficiencia: a mayor autonomía, mejor calidad del puesto de trabajo... pero también de la organización.

4. ***Paradoja de la autonomía*** **('sobrecarga voluntaria'):** aunque no originaria y únicamente, los actuales procesos de digitalización basados en la i40 y en la IA pueden favorecer puestos de trabajo que faciliten y permitan organizativamente mayores niveles de autonomía, mediante la intervención cualificada del factor humano en la vigilancia, programación y análisis de los datos obtenidos de las tareas rutinarias que han sido automatizadas por esas tecnologías digitales. Sin embargo, la posibilidad del funcionamiento continuado y permanentemente conectado de los procesos digitales (y digitalizados) están favoreciendo que la propia autonomía se convierta en un nuevo riesgo laboral emergente al facilitar el trabajo sin descanso (o con menos descanso...) del factor humano, que decida voluntariamente, como resultado de un compromiso personal con la organización (vocacional o, incluso, moral... no necesariamente forzado), aprovechar esa (mayor) autonomía de intervenir en el proceso o en el funcionamiento de la tecnología para ampliar su jornadas o dedicar tiempo de descanso o conciliación para mantenerse conectado al proceso de trabajo. Surge así la *paradoja de la autonomía* (Pérez-Zapata, Álvarez-Hernández y Castaño, 2017 y 2016): puesto que ésta siempre se ha considerado en los diversos enfoques del conocimiento de la psicosociología del trabajo y de las organizaciones un factor de mejora de las condiciones de trabajo (y de la salud mental) al permitir la variedad de tareas, la experimentación del control sobre las tareas y del proceso de trabajo, la satisfacción con el puesto de trabajo, la permanente conexión que permite la digitalización convierte a la autonomía, a la capacidad de toma de decisiones autónomas del trabajo humano, paradójicamente en un factor de riesgo (psicosocial) al alentar la amplitud ilimitada de la jornada laboral, al dificultar el descanso y la desconexión (por ejemplo, en el proceso de teletrabajo; Lahera, Tovar y Negro, 2021). Paradoja (negativa) de la autonomía que supone un debilitamiento de su aportación organizativa a la calidad del trabajo digital, de forma que una empresa u organización con una cultura corporativa que pretenda ser *saludable* (INSST, 2023a) debe estar comprometida en evitar estos efectos negativos de un exceso de autonomía temporal en la salud laboral, apostando por garantizar la desconexión digital en entornos tecnológicos, pero también eliminando o controlando una ampliación recurrente o regular de las jornadas de trabajo de su plantilla en puestos de trabajo no necesariamente digitales o digitalizados. Esa ampliación regular de una excesiva jornada laboral no solo debe entenderse como un deterioro de la calidad de las condiciones de trabajo de un puesto, sino como un indicador adicional de una insuficiencia de recursos organizativos puestos a disposición del factor humano para que obtenga sus objetivos productivos, que solo puede conseguirlo mediante el desgaste de la salud que supone incrementar (aunque sea voluntariamente) sus horas de trabajo por encima de los límites normativos y de salud mental (Pérez-Zapata y Álvarez, 2021): con un enfoque en contra del diseño ergonómico de los procesos de trabajo, como se presenta en la siguiente dimensión de esta matriz de evaluación de la calidad del trabajo digital.

Dimensión 2. Factores Ergonómicos y Condiciones de Trabajo:

Los procesos de digitalización a través de la implantación organizativa de tecnologías de Industria 4.0 y de inteligencia artificial están implicando la emergencia de nuevos riesgos laborales, que, siguiendo lo establecido en la legislación europea y española, deben ser eliminados o controlados para evitar que provoquen daños a la salud del factor humano. Por todo ello, para evaluar la calidad de este nuevo trabajo digitalizado por esas tecnologías, es imprescindible conocer esos nuevos posibles peligros, tanto aquellos vinculados a factores de carácter ergonómico como, muy acentuados en la propia digitalización, los factores psicosociales. Las investigaciones pioneras tanto del Instituto Nacional de Seguridad y Salud en el Trabajo (INSST, 2023 c) español como de la Agencia Europea para la Seguridad y Salud en el Trabajo (EU- OSHA, 2018) han identificado esos riesgos laborales de origen digital, que se presentan brevemente a continuación.

Respecto a la robótica avanzada y los exoesqueletos el principal riesgo es el incremento de la velocidad (y ritmos) del trabajo: si la velocidad de operación programada humanamente en los nuevos robots se intensifica, facilita simultáneamente el incremento de la velocidad del trabajo de los operadores/as humanos que pilotan, supervisan o mantiene estos dispositivos, pudiendo iniciar una especie de *carrera contra la máquina* para poder adaptar el ritmo humano al de la robótica. También es relevante identificar nuevos riesgos de atrapamientos en las partes móviles del robot, impactos con sus herramientas, nuevas fuentes de ruido, vibraciones, choques y colisiones... En el caso de los exoesqueletos, entendidos como dispositivos externos portátiles o *ponibles* (*wearables;* Knack, Hoorens, Deshpande y Gunashekar, 2020), que se sitúan sobre el cuerpo del trabajadora/a para incrementar sus capacidades físicas o reducir su cansancio (mediante motores eléctricos o neumáticos en el caso de los exoesqueletos activos, o mediante la redistribución de cargas físicas corporales en los de carácter pasivo[9]), aparecen también nuevos riesgos vinculados a una posible atrofia muscular en las zonas protegidas por el dispositivo, problemas de circulación sanguínea, impactos sostenidos en las articulaciones, pudiendo facilitar sobreesfuerzos como consecuencia de una 'falsa invulnerabilidad' en los operadores al saberse apoyados y reforzados por el exoesqueleto. En el caso de la robótica colaborativa, en el que un operador humano y un robot trabajan conjuntamente y colaboran en el mismo espacio de trabajo (frente a los tradicionales robots aislados o 'enjaulados' respecto al trabajador humano), uno de los riesgos más novedosos se centra en una programación inadecuada de las velocidades de movimiento de sus brazos y de las herramientas de estos *cobots*[10], que deben garantizar la reducción de su potencia o fuerza, así como mediante el establecimiento de una correcta distancia de protección o parada frente a la presencia del trabajador/a humano, que eviten que sea golpeado o lesionado de forma dañina: a lo que se añadiría la factibilidad de que el robot sea reprogramado irregularmente por un ataque ilegítimo contra la ciberseguridad de la organización. Por último, en lo referido a la aplicación de dispositivos de *realidad virtual* (VR: *virtual reality*) o de *realidad aumentada* (AR: *augmented reality*), aunque su difusión y adopción es mucho menor, tras una primera década de desarrollo, de lo vaticinado en el mundo empresarial, los principales riesgos ya identificados tienen que ver problemas en la calidad de las 'representaciones funcionales' o 'imágenes operativas' de los procesos productivos simulados (su distancia respecto a la realidad 'real'...), la aparición de aburrimiento y debilitamiento de la concentración en su uso prolongado, además de sensaciones de mareo o molestias físicas por el uso de los equipos...

Sirvan estos ejemplos básicos respecto a las tecnologías más habituales en la Industria 4.0 para señalar que en la evaluación de la calidad del trabajo digital o digitalizado es imprescindible, como se defendió en una ocasión anterior en el marco del proyecto FINDeR (Lahera, Negro y Tovar, 2019), conocer previamente las características técnicas y organizativas de cada una de las nuevas tecnologías digitales para poder elaborar preventivamente también nuevas herramientas o listas de comprobación para identificar y evaluar la magnitud de los posibles nuevos riesgos laborales emergentes que se incorporan en los dispositivos de Industria 4.0 o inteligencia artificial o que estos provocan sobre la salud laboral del factor humano. A partir de este principio preventivo, se han revisado y construido los siguien-

---

[9] Theurel, Desbrosses, Roux y Savescu (2018); Zubizarreta (2021) y Álvarez (2021).

[10] ISO/TS 15066:2016. Robots y dispositivos robóticos. Robots colaborativos.

tes indicadores sobre los factores ergonómicos que pueden afectar a las condiciones de trabajo para su análisis, valoración y evaluación respecto a la calidad de su diseño en la protección de la salud laboral.

Indicadores para la *Dimensión 2*:

5. Intensidad del ritmo de trabajo: aunque este indicador también está vinculado a factores de riesgo psicosocial, el incremento de la velocidad con la que empresas y organizaciones exigen trabajar a su factor humano está emergiendo internacionalmente y en España como uno de los efectos más negativos de los procesos de digitalización del trabajo humano (Pérez-Zapata, 2019). Medir y valorar si se han intensificado los ritmos de producción (trabajar a gran velocidad, siguiendo la definición de Eurofound para las encuestas europeas de condiciones de trabajo) o si los plazos para cumplimentar una tarea o conjunto de tareas se han reducido (plazos ajustados, según Eurofound) indicarían un deterioro en la calidad del trabajo digital: altos ritmos de trabajo que pueden favorecer o multiplicar otros factores de riesgo y de accidentabilidad (pérdida de atención por cansancio, actos inseguros, tensión muscular...).

6. Factores del medio ambiente de trabajo: como señalábamos anteriormente, es imprescindible conocer qué posibles factores de riesgo o peligros de origen laboral, novedosos o ya habitualmente conocidos en la planificación preventiva, pueden incorporarse en los nuevos dispositivos tecnológicos digitales, para cada una de las familias específicas de ellos (robótica colaborativa y avanzada, fabricación aditiva, realidad virtual y aumentada, internet industrial de las cosas, algoritmos de inteligencia artificial...). Por tanto, para evaluar la calidad del trabajo digital habría que documentar, para poder identificarlos a continuación, si las nuevas tecnologías digitales influyen en la aparición de factores de riesgo en el ambiente sonoro (ruidos), ambiente térmico (temperaturas), nuevos riesgos posturales por movimientos repetitivos (¿nuevas lesiones musculoesqueléticas?), efectos negativos o nuevos requisitos de iluminación, vibraciones, interacción con nuevos contaminantes (químicos, radiaciones: por ejemplo, los equipos de fabricación aditiva para impresión 3D de piezas implican el uso de polvos de metal y nanomateriales que pueden ser aspirados, compuestos orgánicos volátiles, humos, contactos eléctricos, superficies calientes... pudiendo requerir complejos equipos de protección individual), y demás tipologías de riesgos laborales (manejo de cargas pesadas, choques y golpes): es decir, revisar los efectos que las características de las tecnologías digitales pueden tener, en su caso y si así fuera, en cualquiera de las familias de riesgo que forman parte de la acción preventiva en empresas y organizaciones habitualmente, para identificar la emergencia de nuevos riesgos laborales a eliminar o controlar ergonómicamente para asegurar la *calidad del trabajo digital o digitalizado.*

7. Información/formación sobre nuevos riesgos laborales originados por las tecnologías i40: además de identificar, analizar y valorar cómo el proceso de digitalización puede estar interactuando o afectando negativamente a todos esos posibles nuevos factores ergonómicos, para asegurar que la organización que está implantando esa digitalización apuesta por mejorar o garantizar la *calidad del trabajo digital*, sería imprescindible que se asegure de estar desarrollando actividades adecuadas de información a su factor humano de los resultados de la identificación y evaluación de esos posibles riesgos emergentes, contribuyendo al reforzamiento integral y colectivo de la cultura preventiva de la organización (*saludable*). Así mismo, un *trabajo digital de calidad* supone reforzar la formación del propio factor humano, una vez informado, en las medidas preventivas imprescindibles para enfrentar esos riesgos laborales emergentes de la digitalización. Sin información y formación es imposible avanzar en la calidad de las condiciones de trabajo: comprobar que una organización no invierte en ambas acciones preventivas durante la digitalización de sus procesos de trabajo hará más probable una reducción de su posible eficiencia y el deterioro de la salud laboral del factor humano.

8. Evaluación y seguimiento de la eficacia de la información/formación: como complemento al anterior indicador, es importante enfatizar que no es únicamente imprescindible que las empresas y organizaciones desarrollen procesos de información y formación sobre los posibles nuevos riesgos laborales para su factor humano, establecidos como legalmente obligatorios en la normativa europea y española para la prevención de riesgos laborales, sino que deberían completar y complementar sus acciones formativas con la evaluación de la propia calidad y eficacia de esa formación, comprobando su utilidad efectiva, recopilando la opinión y experiencia de su factor humano, identificando las posibles deficiencias de las materias formativas difundidas, aquellas otras que se hayan podido echar en falta, comprobando si esa formación está mejorando las métricas de protección de la salud laboral, de la reducción de la morbilidad y la accidentabilidad, por un lado. Junto a, por otro lado, un incremento de la eficiencia productiva. Un trabajo digital de calidad requiere comprobar, mediante un seguimiento continuado y planificado, la calidad de la información y formación realmente difundida y transmitida en la organización (igual que se realiza una "vigilancia de la salud", se podría plantear metafóricamente, una *vi-*

gilancia de la calidad de la formación...). No basta con informar y formar, se debe evaluar sus resultados.

Dimensión 3. Factores Psicosociales:

Los factores psicosociales de origen laboral que pueden provocar riesgos psicosociales de deterioro o desgaste de la salud del factor humano han comenzado a considerarse como centrales para avanzar hacia *empresas y organizaciones saludables* en el último lustro, enfatizándose su relevancia para la transformación organizativa, tanto en el Marco estratégico de la UE sobre Seguridad y Salud en el Trabajo para el periodo 2021-2027 (Comisión Europea, 2021), como en la Estrategia Española de Seguridad y Salud en el Trabajo en 2023-2027 (INSST, 2023 b). Una definición habitual de los riesgos psicosociales los relaciona con las condiciones de trabajo diseñadas en la organización del trabajo, con el contenido y la ejecución de las tareas, junto con las relaciones interpersonales, el margen de decisión y autonomía que se permite organizativamente al factor humano para gestionar su trabajo y tareas, además de recursos organizativos de apoyo aportados por la organización (compañeros, jerarquías, dispositivos técnicos...), el contenido y la calidad de las 'relaciones humanas' y el 'clima laboral' existente entre los miembros de la organización (trabajadores/as, supervisores/as, gerencias, representaciones sindicales...); sin olvidar, las relaciones 'emocionales' con otros actores laborales, como clientes, usuarios, proveedores... El diseño inadecuado, como en el caso de los factores ergonómicos, de estas dimensiones (y necesidades) psicosociales en la organización, suponen un potencial de emergencia de riesgos psicosociales que pueden impactar negativamente en la salud laboral y en la seguridad en el trabajo del factor humano.

De hecho, los procesos de digitalización son señalados como una de las fuentes centrales de emergencia de nuevos riesgos psicosociales[11]. Sintéticamente, el principal conjunto de riesgos psicosociales de las tecnologías digitales de la Industria 4.0 y de la inteligencia artificial están directamente vinculados con la posibilidad de supervisión continua del rendimiento del factor humano, a través de las aplicaciones digitales utilizadas (en dispo-

---

[11] Estrategia Española de Seguridad y Salud en el Trabajo, 2023-2027: "4.1. Desarrollo de criterios y herramientas que faciliten a las empresas, especialmente a las pymes, la gestión de los riesgos ergonómicos y psicosociales derivados de la digitalización y de las nuevas formas del trabajo".

sitivos móviles, ponibles/*wearables…)*, la ubicuidad y disponibilidad 24/7 (veinticuatro horas diarias y siete días por semana) de trabajadores/as con dispositivos digitales para trabajar. La posibilidad de una continua conexión digital al trabajo y sus tareas que favorece (y ya provoca de manera generalizada en Europa y España para trabajos digitales) la 'colonización' de la vida personal/familiar por la 'vida laboral'.

También con la emergencia de riesgos asociados al trabajo *online* y con dispositivos móviles (como el teletrabajo, tan difundido temporalmente durante la pandemia de Covid-19 entre 2020 y 2022; como el *trabajo nómada*), como es la pérdida de interacción humana ('soledad organizativa'), el sedentarismo y enfermedades asociadas (cardiovasculares, diabetes, trastornos musculoesqueléticos…), el *tecnoestrés* (la ansiedad por no aprender o adquirir continuamente competencias para el uso eficaz de las aplicaciones digitales y sus dispositivos, por no estar 'actualizado', la angustia por no poder resolver las incidencias informáticas o por no ser ayudado a hacerlo…), la *nomofobia* (la ansiedad por no aparecer como conectado digitalmente a la empresa o al trabajo, por no tener accesibles los dispositivos digitales de trabajo o haberlos extraviado; Lahera Sánchez, Tovar y Negro, 2021).

Riesgos psicosociales originados en las nuevas tecnologías digitales que contribuyen a reforzar uno de los principales factores de desgate de la salud laboral y, especialmente, de la salud mental vinculada al trabajo: la intensificación de los ritmos de trabajo, el incremento de la intensidad del tiempo de trabajo y la ampliación de jornadas laborales, más extensas en su número de horas, que, además, son todas ellas más intensas al estar sustentadas en un incremento de la velocidad de ejecución de las tareas. Esta intensificación del trabajo supone incrementar la 'carga cognitiva' del factor humano al tener que estar permanentemente pendiente de las aplicaciones digitales, de la información que proporcionan para gestionar eficientemente el proceso de trabajo, así como de las interacciones que reclaman del propio trabajo humano. De ahí que el contexto preventivo se utilice la metáfora de que las tecnologías de la Industria 4.0 y, especialmente, la gestión algorítmica, supongan un innovador y panóptico 'látigo digital' (Moore, 2018) para acelerar el trabajo digital y digitalizado, forzando la 'aceleración de decisiones' del factor humano, con efectos posibles y probables en el incremento de accidentabilidad por decisiones apresuradas y con escaso control humano en el uso de comandos digitales.

A partir de este nuevo marco de riesgos psicosociales fomentados por los procesos de digitalización, para evaluar la calidad (mejora o deterioro de las condiciones) del trabajo digital se trataría de actualizar y adaptar los factores habituales de riesgo psicosocial en la actuación preventiva a las nuevas características y contenidos de las tecnologías digitales, mediante los siguientes indicadores.

9. Utilidad y satisfacción subjetiva del puesto digitalizado/automatizado: rastrear y comprobar la experiencia subjetiva del factor humano que trabaja en el puesto digitalizado (a través de entrevistas abiertas, grupos focales, cuestionarios...), para poder identificar buenas prácticas organizativas a transferir a otros puestos o, por el contrario, contenidos a mejorar que estén provocando un desgaste de la salud mental o un incremento de la carga cognitiva o un debilitamiento, por ejemplo, de la autoestima personal como resultado del tecnoestrés o la nomofobia. Incorporar el análisis de la subjetividad del ser humano, individual y colectivamente, que trabaja sigue siendo central como técnica para evaluar la calidad de los puestos de trabajo.

10. Aportación de recursos organizativos suficientes para tareas: teniendo en cuenta el modelo básico de ergonomía y psicosociología del trabajo de *demandas-recursos-laborales-control* (Bakker y Demerouti, 2017), centrado en enfatizar la utilidad de que las organizaciones provean de recursos adecuados y suficientes (tiempo, ritmos, herramientas, tecnología, instrucciones de trabajo...) a su factor humano para que puedan desempeñar eficientemente sus tareas y compromisos productivos sin tener que sacrificar o desgastar su salud, evaluar si la organización aporta los recursos necesarios es central para evaluar la calidad de su trabajo digital. De hecho, todo el conjunto de indicadores recogidos en esta matriz y sus nueve dimensiones serían una metodología que permite cartografiar y valorar cómo el avance en cada uno de esos indicadores, su cumplimiento organizativo, muestra un compromiso o una cultura empresarial, a través de ellos, que proporciona los recursos necesarios para la realización de un trabajo de calidad, saludable y eficiente.

11. Apoyo organizativo: precisamente, uno de esos recursos psicosociales favorables a esos dos objetivos *ergonómicos* (eficacia y salud laboral) es contar con el apoyo adecuado y suficiente de colegas, de la supervisión (mandos intermedios, jefaturas, coordinaciones...) y de la propia gerencia durante el proceso de producción. Como un recurso emocional que permita simultáneamente el reconocimiento personal a los miembros de la organización, así como un dispositivo de retroalimentación organizativa, por ejemplo, en lo referido a la discusión sobre posibilidades saludables de rendimiento, respecto a la consecución o aseguramiento de la calidad de productos y procesos. Que una organización garantice y se preocupe prioritariamente de proporcionar estos recursos psicosociales (*contrato psicológico* o *emocional;* Herrera y de las Heras, 2020) es un indicador de soporte o avance en la calidad del trabajo para el trabajo humano, especialmente, en el contexto de los procesos de digitalización, que pueden suponer, como ya se ha argumentado, nuevos estresores respecto a las vivencias del ser humano que ve transformadas sus condiciones de actividad productiva y su seguridad personal (identidad y autopercepción) sobre si será capaz de adaptarse a ellas profesionalmente, como profesional. De ahí la relevancia de medir e identificar este apoyo organizativo psicosocial, tanto mediante las actuaciones o prácticas organizativas implantadas por la empresa, como mediante el análisis de las experiencias subjetivas cualitativas de su factor humano.

12. Congruencia y claridad de rol en nuevas tareas por nuevas tecnologías de Industria 4.0: uno de los factores de riesgo psicosocial más habituales es que el factor humano, trabajadores y trabajadoras, en múltiples ocasiones no recibe una definición clara y exhaustiva sobre su papel en el proceso de trabajo, de sus tareas específicas, con incertidumbres amplias sobre qué debe realizar y qué no, incluso con demandas no solo indefinidas, sino contradictorias e incompatibles, con varias fuentes de supervisión que se solapan. Esas posibles incongruencias pueden verse originadas o ampliadas con la incorporación de las nuevas tecnologías digitales, al modificar las exigencias de cualificaciones y competencias para su uso y pilotaje, problemas en su adquisición adecuada y en las tareas asignadas. De ahí la importancia de vigilar que la mutación de los roles y tareas de los puestos de trabajo digitalizados sean soportados organizativamente en una definición detallada y claramente especificada de protocolos, instrucciones de trabajo, canales de comunicación claros entre grupos, colegas, grupos de trabajo, jerarquías… para evitar las ambigüedades y conflictos de rol, como base del resto de indicadores y dimensiones de calidad del trabajo digital (Moreno y Báez, 2010).

13. Demandas en tareas emocionales: aunque pueda parecer menos frecuente, varias tecnologías digitales y las aplicaciones para la gestión algorítmica, inciden en la generación de tareas de trabajo emocional, especialmente, en la interacción con clientes, usuarios o consumidores de productos y servicios proporcionados por interfaces y aplicaciones digitales. El trabajo emocional implica la existencia de protocolos organizativos que definen cómo debe ser ese comportamiento de interacción social entre el trabajador/a y la clientela/usuarios, estableciendo cómo deben mostrar emociones o sentimientos para influir en las propias emociones, actitudes y conductas de esas otras personas (fomento de las ventas, asistencia técnica, cuidados...). Las aplicaciones digitales centradas en obtener métricas de rendimiento, pero también de evaluación de la expresión de esas emociones incorporadas a las tareas del trabajo humano (por ejemplo, a través de la valoración se su "servicio" o "actitud" por parte de los clientes y/o usuarios) pueden intensificar también la exigencia organizativa de trabajo emocional, provocando fenómenos de desgaste emocional grave (*burnout*) por tener que simular actitudes y emociones continuamente, junto con alienación, cinismo, que dificultan el descernimiento personal sobre cuándo se está simulando/trabajando o comportándose, por el contrario, voluntaria y conscientemente (Gracia, Martínez y Salanova, 2006). Como muestra la difusión masiva de aplicaciones de 'redes sociales' basadas en mostrar continuamente comportamientos para que sean validados positivamente por otros usuarios, el trabajo emocional de base digital es una fuente que debe evitar convertirse en un estresor adicional que reduzca la calidad del trabajo digitalizado, de ahí la importancia de evaluarlo y controlarlo en las organizaciones, básicamente en los puestos de trabajo de intensa interacción social.

14. Respeto organizativo: también es importante, siguiendo los modelos de calidad del trabajo a partir de los cuales se ha construido esta matriz de análisis y evaluación de los procesos de digitalización, incluir indicadores sobre el tradicionalmente definido como *clima laboral* general, en lo referido a comprobar el compromiso de la organización con el respeto a sus integrantes, a la no discriminación a la diversidad (edad, género, etnia, categoría jerárquica, credenciales educativas...), garantizando en igualdad de condiciones (también equidad) el acceso a los posibles procesos de digitalización y de recualificación que puedan llevar aparejados, evitando un deterioro de las experiencias psicosociales en la organización del factor humano con características diversas en todas esas dimensiones de posible desigualdad social estratificada y estructural: garantizar la igualdad en el acceso a la digitalización. De forma más preocupante, garantizar que no se produzcan o no se afronten posibles experiencias de agresión en el trabajo, incluyendo el uso de los dispositivos digitales para provocarlas (ciberacoso, violencia, sufrimiento, *burnout*...).

16. Información/formación sobre nuevos riesgos laborales psicosociales por tecnologías digitales (i40, inteligencia artificial...): al igual que en el indicador número 7 de la dimensión centrada en los factores ergonómicos, avanzar en un nuevo trabajo digital de calidad en una organización supone, a partir de la identificación de todos estos riesgos de carácter psicosocial, informar y formar adecuadamente al factor humano de su posible presencia en el entorno productivo digitalizado, de sus contenidos negativos para la eficiencia y la salud laboral (también para la salud mental), así como respecto a las medidas preventivas necesarias para controlar sus posibles daños. Que una organización diseñe, promueva y facilite esos procesos de información y formación es un indicador de preocupación por un trabajo digital de calidad.

17. Eficacia preventiva de esa formación/información: nuevamente, del mismo modo que se indicaba en el indicador número 8 de la dimensión centrada en los factores ergonómicos, hay que completar la valoración de la formación y la información en riesgos psicosociales con la consideración de la eficacia real de los contenidos comunicados e impartidos por la organización, evaluando su propia calidad, para garantizar, nuevamente, la consecución de ese doble objetivo ergonómico de la eficiencia productiva sustentada en la promoción de la salud laboral: *empresas saludables* y el seguimiento de los resultados de la información y la formación.

Dimensión 4. Aprendizaje, formación continua y desarrollo profesional:

Una de las apuestas europeas de la última década ha sido enfatizar la relevancia de garantizar que la ciudadanía tuviera un acceso continuado al aprendizaje y a la formación a lo largo de la vida laboral, en el marco de las políticas tendentes a garantizar un *trabajo sostenible* (ampliación de la vida laboral en mejores condiciones de salud), pero también para facilitar (al menos, discursivamente) la recualificación profesional del factor humano para que pueda trasladarse y optar a una mayor variedad de puestos de trabajo, con competencias y cualificaciones también diversas. La digitalización de los procesos de producción y trabajo se sitúan en el centro de esta apuesta, ya que el desarrollo de nuevos dispositivos tecnológicos y digitales para el trabajo suponen una continua necesidad de adaptarse a sus nuevos contenidos, a sus recurrentes y novedosas exigencias de cualificación y al aprendizaje interminable de nuevas aplicaciones, programas y protocolos de interacción entre el ser humano y la tecnología, siempre en proceso de actualización constante. De esta forma, sustentando también unos factores ergonómicos y psicosociales saludables, que una empresa garantice de forma duradera y a largo plazo su compromiso con la recualificación continua de su factor humano es una indicación de una cultura organizativa centrada en proporcionar niveles intensos de calidad del trabajo digital o digitalizado. Evaluar ese compromiso y sus prácticas reales de organización del trabajo en procesos digitalizados puede basarse en los siguientes indicadores.

18. Oportunidades organizativas (internas) de formación tecnológica y digital: comprobando si la organización facilita, al igual que en la *Dimensión 1* sobre los efectos de la digitalización en las cualificaciones, procesos sistematizados de formación (preferiblemente en horario laboral, para evitar ampliaciones excesivas de la jornada y sus riesgos psicosociales asociados), facilitando la adquisición de los conocimientos, habilidades y competencias que requieren las nuevas tecnologías digitales, de forma continuada. Proporcionando un tiempo adecuado y recursos suficientes para la formación. Respecto a este indicador, se ha demostrado la mayor eficacia de la combinación de una formación sistematizada (contenidos teóricos en aula) con la formación en el puesto de trabajo (contenidos aplicados de los contenidos teóricos en el uso directo y supervisado de la tecnología que se está aprendiendo a utilizar o a pilotar). Superando una formación exclusiva en uno de los dos componentes: teoría sin aplicación práctica o el mero aprendizaje en el puesto con un colega veterano sin apoyo documental.

19. Aprendizaje de nuevas competencias/conocimientos *transferibles* en tecnologías digitales (i40 e inteligencia artificial): desde el paradigma que defiende la formación a lo largo de la vida laboral, la formación continua de la ciudadanía, se señala su utilidad para que trabajadores y trabajadoras puedan mantenerse conectados con los mercados de trabajo y sus transformaciones continuadas. Todo lo cual señala implícitamente la relevancia de que la formación recibida en la organización, las competencias adquiridas y los conocimientos productivos del proceso de digitalización recibidos por el factor humano permita que todos ellos, o una parte amplia, sean *transferibles* a otras organizaciones o nichos del mercado de trabajo. De manera que la formación digital no sea exclusivamente en aspectos especializados o intensamente específicos de la organización, sino con la posibilidad de favorecer la flexibilidad, la polivalencia y la polifuncionalidad del factor humano. Esta propuesta es considerada, en muchas empresas y organizaciones, como arriesgada al dificultar la retención de *talento digital*, de forma que la formación en la que se invierte (que en muchas ocasiones puede estar financiada públicamente también, mediante fondos europeos y nacionales para el aprendizaje continuo) acabe siendo rentabilizada por otra empresa a la que se *transfiere* con la salida de un trabajador/a: pero si la cultura organizativa (y preventiva) apuesta por garantizar la *calidad del trabajo digital* también en el resto de indicadores de las anteriores dimensiones e indicadores propuestos (y defendidos), la retención de ese talento será mucho más eficaz y productiva, más duradera.

20. Perspectivas de progresión profesional y formación internas en la organización: si la cultura organizativa respecto a la formación está orientada a facilitar el aprendizaje continuo, las empresas que inician o vuelven a implicarse en un proceso de digitalización articulan éste último endógenamente, diseñando trayectorias profesionales estables para su factor humano: para su recualificación continua a medida que se puedan producir mutaciones en los procesos de trabajo y sus tareas, para aprovechar la fiabilidad tecnológica de los dispositivos digitales, complementada con la fiabilidad humana de trabajadores/as recualificados, precisamente, así como para favorecer la retención de su talento. Definir con certidumbre y sistematización los procesos formativos internos supone, por tanto, un indicador de inversión continua en la mejora de la *calidad del trabajo digital*, en apostar por un enfoque ergonómico que compatibilice la eficiencia productiva y una organización saludable, centrada en la humanización *antropocéntrica* del trabajo (Lahera, 2006).

21. Evaluación de la calidad de la formación en las competencias digitales: nuevamente, al igual que se ha presentado más detalladamente en las dimensiones referidas a los factores ergonómicos y factores psicosociales, cualquier inversión formativa de las organizaciones debe ser continuamente evaluada en su utilidad y eficacia productiva, para identificar posibles deficiencias en los conocimientos y habilidades aplicadas en las competencias transferidas al factor humano, pero también buenas prácticas que puedan servir de referencia para futuros procesos formativos o para otras áreas de negocio o puestos de trabajo. Como se ha enfatizado anteriormente, evaluar la *calidad y eficacia de la formación*, tanto respecto a posibles incrementos de productividad como de mejora de las condiciones de trabajo y de salud laboral, es central para sustentar un *trabajo de digital de calidad.*

Dimensión 5. Tiempo de trabajo y conciliación laboral:

En el debate general sobre la digitalización y sus nuevas tecnologías una de las dimensiones más destacadas ha sido y está siendo sus posibles efectos en la vivencia y gestión del tiempo de trabajo y del tiempo de vida. Especialmente en lo referido a la posibilidad de desarrollar la actividad laboral a distancia, el teletrabajo, al control continuado y en tiempo real de los procesos productivos gracias a las tecnologías de información y a las redes de internet industrial de las cosas, que permiten, de nuevo, la gestión y supervisión interminable de los procesos productivos. En resumen, a la posibilidad de lograr organizativamente una conexión ininterrumpida con el trabajo, sin barreras temporales ni de espacio, una producción que puede tecnológicamente ser ininterrumpida y en un flujo continuo e imparable, en el que todo el tiempo pueda ser efectivo en la creación de valor… si se sustenta en un trabajo humano también siempre efectivo. Limitar o impedir esa conexión absoluta al trabajo aparece como una dimensión socialmente relevante sobre la calidad de las condiciones de trabajo digitalizado: garantizar la desconexión digital para la protección de la salud mental del factor humano, facilitar la conciliación del tiempo de trabajo con el tiempo vital (personal, familiar...) como fundamento de un equilibrio entre la vida y el trabajo. Por todo ello, es imprescindible identificar dispositivos de organización temporal del trabajo que puedan afectar positiva o negativamente la calidad del trabajo digitalizado respecto a las facilidades o dificultades ofrecidas por la empresa y organizaciones en esa conciliación de los tiempos de vida y trabajo[12]. Esta oportunidad de conexión continua con el tiempo de trabajo tiene efectos relevantes en las condiciones de vida y trabajo del factor humano y su tiempo vital: respecto a cuáles son, o debieran ser, los límites temporales de duración de la jornada laboral, normativa y legal, pero también real (ampliación de la jornadas, nivel de retribución de las horas extraordinaria: o ausencia de retribución y su cotización en el sistema de seguridad social...).

Indicadores para la *Dimensión 5*:

22. Tiempo de trabajo y conciliación: este indicador estaría centrado en evaluar la amplitud de la jornada laboral efectiva y real, si se diseña organizativamente por encima de la duración horaria legal, normativa o acordada en la negociación colectiva: conocer e identificar si existen posibles horas extraordinarias continuadas que no respeten los límites establecidos por esa normativa, si no son formalmente retribuidas (y, por tanto, cotizadas), con un alargamiento de la jornada laboral sin contraprestaciones para el factor humano. Este posible deterioro de la calidad del trabajo digital dificulta, por tanto, las posibilidades de conciliación del tiempo de trabajo con el tiempo de vida imprescindible para la ciudadanía (vida personal, cuidados, ocio...). Aunque es evidente que la ampliación excesiva de la jornada laboral no es exclusivamente prototípica de los procesos de digitalización, que sus tecnologías de la información y de la comunicación permitan la conexión y la supervisión 24/7 de los procesos productivos suponen dispositivos que la hacen más factible, probable y habitual, como un posible estresor adicional en el diseño de las condiciones de trabajo.

---

[12] Higgins Duxbury y Julien (2014); Maruyama y Tietze (2012).

23. Desconexión digital: precisamente, esa posibilidad de conexión permanente es la base tecnológica e informática sobre la que sustenta que el factor humano pueda estar resolviendo tareas laborales en su tiempo extralaboral, en su tiempo de ocio o de vida familiar. La dificultad, voluntaria y consciente (recuérdese la *paradoja de la autonomía* en el indicador número 4, de la dimensión 1), pero también, en muchas ocasiones, forzada organizativamente de lograr la *desconexión digital* del factor humano de su trabajo a través de la tecnología digital es un relevante factor de riesgo en los procesos de digitalización. A partir de la pionera legislación francesa que obligaba a garantizar organizativamente la desconexión digital[13], pasando por la normativa española[14], apostar por reforzar la calidad del trabajo, por la mejora de las condiciones de su ejecución, mediante las tecnologías de la Industria 4.0 y de la inteligencia artificial supone asegurar ese "derecho" a la desconexión, como medida preventiva que reduce la intensidad e intensificación de los ritmos de trabajo, su alargamiento excesivo, la eliminación o control de los estresores laborales originados en esos factores de gestión del tiempo de trabajo. De hecho, como señalan las últimas oleadas de la Encuesta Europea de Condiciones de Trabajo (incluyendo en su última edición basada en el trabajo de campo de 2020-2021, en medio de la pandemia de Covid-19), se estarían generalizando jornadas laborales más intensas (ritmos más acelerados en las tareas, plazos más reducidos para la consecución de los objetivos productivos...) con jornadas además más amplias, formal e informalmente: es decir, jornadas tanto ampliadas por las dificultades de la desconexión digital como más intensas por sus mayores ritmos e intensidad en las tareas (más tiempo de trabajo más intenso...). La ausencia de limitación a la probabilidad de este doble y simultáneo proceso se constituye así como un factor de riesgo laboral emergente prototípico de los procesos de digitalización, como un indicador de reducción de la calidad del trabajo digital o digitalizado.

24. Horarios atípicos: aunque nuevamente no es un indicador exclusivo de los cambios laborales y organizativos de la incorporación de las nuevas tecnologías digitales, sino que se han generalizado en las últimas décadas con las sucesivas mutaciones (y legislaciones española y europea) de des-re-

---

[13] Artículo 55.I.2.° de la Loi 2016-1088 introdujo un nuevo apartado 7 en el artículo L. 2242-8 del Código de Trabajo francés.

[14] Las empresas y organizaciones, públicas y privadas, están obligadas a garantizar el derecho a la desconexión digital de su factor humano, según la Ley Orgánica 3/2018, de Protección de Datos Personales y garantía de los derechos digitales, junto a la Ley 10/2021, de Trabajo a Distancia.

gulación y/o precarización de los mercados de trabajo, identificar y evaluar si las empresas y organizaciones en procesos de digitalización favorecen la flexibilización de los horarios de trabajo en formatos atípicos (tiempos parciales involuntarios, trabajo nocturno, contratos de "cero horas" y de total disponibilidad respecto a las necesidades productivas y temporales de las organizaciones...), de nuevo favorecidos por la propia flexibilidad y supervisión continua y en tiempo real que permiten los dispositivos digitales y la inteligencia artificial, dificultando la conciliación de la vida personal y la vida laboral de trabajadores/as, es un indicador relevante respecto a si la propia digitalización se centra negativamente en reducir o limitar la *calidad del trabajo humano.*

25. Posibilidad de teletrabajo y su organización saludable: de manera específica, uno de los cambios organizativos más innovadores, y reforzado por la pandemia de Covid-19, provocados por la digitalización ha sido la difusión del teletrabajo en numerosas empresas y organizaciones[15] (todavía limitada, con un primer momento de implantación intensa, con un incremento desde el 5% en 2019 hasta el 13,5% en 2022 de los ocupados teletrabajando a distancia, y un segundo momento de continuo retroceso desde 2023, con un descenso hacia alrededor del 12'5%). El teletrabajo y su posibilidad de desarrollar las tareas productivas a distancia, en conexión en tiempo real con el resto de la empresa, es conceptuado desde hace más de cuatro décadas como un dispositivo organizativo que permite facilitar la conciliación vital y laboral, reducir el tiempo de desplazamiento (y los riesgos respecto a la seguridad vial y los *accidentes in itinere*), costes de contaminación por transporte, mejora de la salud mental y psicosocial al poder trabajar con mayor autonomía y por proyectos, aunque también con riesgos laborales emergentes (posible aislamiento social y organizativo de quien teletrabaja, ausencia de desconexión digital y ampliación de las jornadas, sedentarismo, diseño inadecuado en términos ergonómicos del puesto de trabajo, respecto al medioambiente de trabajo, iluminación, temperatura...). Evaluar y valorar sus factores positivos y eliminar o controlar sus nuevos riesgos, es decir, un compromiso organizativo para diseñar adecuadamente el teletrabajo, para aprovechar sus oportunidades de mejora de la eficiencia y de respeto a la salud laboral y mental del factor humano, es un indicador central para cartografiar la calidad de esta modalidad de trabajo digital.

---

15 Ministerio de Asuntos Económicos y Transformación Digital (2023). *Datos de Teletrabajo 2022.* Observatorio Nacional de Tecnología y Sociedad.

Dimensión 6. Gestión participativa y negociación tecnológica:

Aunque sigue siendo una dimensión organizativa en permanente debate sobre su utilidad y posibles beneficios organizativos (Lahera, 2006) (o ausencia de ellos), la implantación de dispositivos participativos del trabajo humano, de trabajadores/as, en la definición y diseño de la organización del trabajo, de sus tareas y del proceso de producción de bienes y servicios se ha vinculado con una mejora en las condiciones de trabajo (mayor autonomía, mayor soberanía procedimental para definir los métodos de trabajo, mayor soberanía temporal sobre los ritmos...) y como una herramienta de movilización de la inteligencia de producción del factor humano, su conocimiento experiencial, a favor de la eficacia y de la eficiencia. A partir de esta interpretación, temiendo en cuenta que la introducción de nuevas tecnologías digitales supone una mutación inevitable de la organización del trabajo, de las competencias y cualificaciones digitales exigidas para operar los nuevos dispositivos, abrir el intento de definir y "domesticar" los puestos de trabajo digitalizados a la participación del factor humano, para que pueden comunicar o argumentar sus intereses, preocupaciones, experiencias y propuestas respecto a sus expectativas de ese proceso de digitalización, bien mediante una participación directa de quienes desempeñan los puestos de trabajo digitalizados, bien a través de dispositivos de representación sindical en empresas y organizaciones (secciones sindicales, comités de empresa, comités de seguridad y salud, en el caso del sistema legal de relaciones laborales español), supone una dimensión destacada de calidad de los puestos de trabajo. De hecho, desde esta *Matriz de Análisis y Evaluación de la Calidad del Trabajo en Procesos de Digitalización y Robotización en Empresas y Organizaciones* (*Matriz FINDeR-FuWorkTech-UCM*) sobre cómo identificar y evaluar la calidad del trabajo digital y digitalizado, se apuesta por incorporar como indicadores de esa calidad aquellas prácticas organizativas de digitalización que facilitan una *negociación tecnológica* entre las gerencias y el factor humano o su representación sindical, en la que discutan, expongan y, a ser posible, acuerden los contornos y contenidos de la innovación tecnológica, con el horizonte de hacer compatibles, y equilibrar, los objetivos de la mejora de la eficiencia productiva con la protección de la salud laboral en el nuevo escenario de procesos de trabajo digitales.

Indicadores para la *Dimensión* 6:

26. Participación del factor humano en decisiones sobre el diseño tecnológico: la apertura de un proceso de participación tecnológica aparece así como un indicador de compromiso de mejora de las condiciones de trabajo y, simultáneamente, de reforzamiento de la calidad de los puestos de trabajo digitales y digitalizados, mediante la incorporación de dispositivos de Industria 4.0 y de inteligencia artificial. Sin embargo, es imprescindible profundizar más en las características y contenidos de ese proceso de participación para poder evaluar también su *intensidad*, su magnitud, su alcance y contenidos, que definirán una mayor o menor participación respecto a un proceso de negociación tecnológica: a través de los siguientes indicadores.

27. Intensidad de la participación y negociación tecnológica: para poder evaluar esa intensidad es imprescindible combinar el análisis y valoración de dos principios sobre la gestión participativa del factor humano en empresas y organizaciones (Lahera, 2001; que podrían operacionalizarse, incluso, en otros dos indicadores adicionales o específicos de esta matriz de evaluación). Por un lado, la intensidad de esta participación sobre la innovación tecnológica se ha de tener en cuenta qué *dispositivos participativos* se emplean: desde una mera *información* gerencial de los objetivos de la digitalización al factor humano y/o sus representantes, menos intensa, pasando por su *consulta,* en la que las gerencias acepten recibir las posiciones, argumentos y propuestas de la representación sindical del factor humano, sin garantizar que puedan ser tenidas en cuenta o discutidas, hasta llegar a un dispositivo participativo más intenso y de más calidad como es la *negociación tecnológica* entre ambos actores de las relaciones laborales, en que no solo se informa o consulta a la representación sindical, sino que se abre un proceso efectivo de negociación para llegar a acuerdos o canalizar las posiciones conflictivas, con un mayor equilibrio en el poder organizativo entre gerencias y sindicatos respecto a la innovación tecnológica y el proceso de digitalización. Adicionalmente, también es imprescindible evaluar en qué *fase temporal* se produce esa participación, bajo cualquiera de los tres anteriores dispositivos participativos: si se permite la participación del factor humano en una menos intensa fase temporal de *implantación* de los nuevos dispositivos digitales, es decir, una vez ya elegidos por la empresa y organizaciones, sin participación del factor humano y sus perspectivas en esa elección; frente a una mayor intensidad participativa si se le ha facilitado la posibilidad al factor humano, o su representación sindical, en colaborar en la *selección,* no solo en esa posterior implantación, de los propios dispositivos tecnológicos de Industria 4.0 o de inteligencia artificial; hasta llegar a una situación más participativa si se produjera en la fase temporal de la *planificación* del proceso de digitalización, con la participación (mejor y con mayor calidad si es mediante la negociación que por la mera consulta o la información...) del factor humano o su representación sindical en el establecimiento de los objetivos gerenciales, de la necesidad y orientación de la propia digitalización. De esta forma, en esta matriz de evaluación de la calidad del trabajo digital o digitalizado, la gestión participativa del factor humano en la innovación tecnológica garantizará, con más probabilidad, una mayor calidad de las nuevas condiciones de trabajo si se orienta mediante un dispositivo de negociación en la fase temporal de la planificación del propio proceso de digitalización.

3. FUTURAS ACTUALIZACIONES Y AMPLIACIONES DE LA MATRIZ

Finalmente, junto a esas seis dimensiones y sus casi tres decenas de indicadores básicos (algunos podrían unirse o dividirse justificadamente, aunque siempre tenidos en cuenta) para identificar y evaluar la calidad del trabajo digitalizado, se podrían añadir otras tres dimensiones más, que, sin embargo, por limitar la extensión de este texto, se han presentado muy sintéticamente en otros lugares (Lahera, 2021). Estas tres dimensiones, las dos primeras más tradicionales y ya conocidas, serían, por un lado, una *dimensión* referida a la *Seguridad en el empleo*, con *indicadores* como el tipo y estabilidad de relación laboral (temporal, indefinida, tiempo parcial in/voluntario...), las perspectivas de desarrollo profesional en la empresa ('plataformización' y/o trabajo autónomo *forzado*...), junto a una *dimensión* centrada en la evaluación de las *Retribuciones salariales, con indicadores* referidos a la negociación de la categoría salarial y su revisión por implantación de las tecnologías de la Industria 4.0, la garantía de igualdad y equidad salarial, junto a la negociación y redistribución de ganancias de productividad obtenidas por la innovación tecnológica del proceso de digitalización.

Además, a pesar de la finalización del proyecto FuWorkTech, en sus últimas actividades, se comenzó a incorporar y a debatir exploratoriamente una nueva dimensión de evaluación de la *calidad del trabajo digitalizado* como es la *Gestión algorítmica mediante inteligencia artificial*, con indicadores de calidad apuntados ya por los intensos debates para la todavía pendiente de discusión final y aprobación directiva europea para la mejora de las condiciones de trabajo en plataformas digitales, junto a las, también pendientes, legislación y reglamento europeos para la regulación de la Inteligencia Artificial. Algunos indicadores a tener en cuenta e incorporar posteriormente a nuestra matriz, procedentes del nuevo proyecto de la red internacional Fairwork (*Fairwork for Artificial Intelligence*[16]), estarían relacionados con la participación (y agencia) en el diseño de los algoritmos por el factor humano o sus representantes sindicales, con la protección de datos personales, con el principio de "ser humano al mando" (*human-in-command*) en el diseño y operación de las decisiones de algoritmos, con la "vigilancia y evaluación algorítmica (de perfiles individuales)", con la *explicabilidad* y transparencia inteligible del algoritmo, con la equidad y no discriminación del algoritmo, con el diseño inclusivo del algoritmo, así como con la eliminación y control organizativo de los sesgos éticos del algoritmo. Sin olvidar, desde el punto de vista preventivo los efectos de la gestión algorítmica en la emergencia de nuevos riesgos laborales y su incidencia en la habitual fractura entre la rentabilidad/productividad y la protección de la salud laboral. Esta dimensión y sus indicadores son y serán nuestro próximo objetivo de investigación, en la continua revisión de esta matriz de evaluación de la calidad del trabajo digital o digitalizado desde una perspectiva ergonómica y de psicosociología aplicada a la prevención de los riesgos laborales.

Referencias bibliográficas

Álvarez, T. (2021). Exoesqueletos II: Criterios para la selección e integración en la empresa. Instituto Nacional de Seguridad y Salud en el Trabajo (INSST), Nota Técnica de Prevención 1.163.

Bakker, A. B. y Demerouti, E. (2017). Job demands–resources theory: Taking stock and looking forward. *Journal of Occupational Health Psychology, 22*(3), 273–285

Castillo, J.J. y Prieto, C. (1992). *Condiciones de Trabajo: un enfoque renovador de la sociología del trabajo.* Madrid, España: Centro de Investigaciones Sociológicas.

Cazes, S., Hizjen, A., Saint-Martin, A. (2016). *Measuring and Assessing Job Quality: The OECD Job Quality Framework.* París: OECD Social, Employment and Migration, Working Paper 174.

Comisión Europea (2021). Marco estratégico de la UE en materia de salud y seguridad en el trabajo 2021-2027. La seguridad y la salud en el trabajo en un mundo laboral en constante transformación. Bruselas, 28.6.2021, COM(2021) 323.

EMCO-European Union (2010). *Ad Hoc Group Report on the Thematic Review 'Quality of Work'.* Bruselas: Employment Committee Report nº 6.

EU-OSHA (2018). *Foresight on new and emerging occupational safety and health risks associated with information and communication technologies and work location by 2025.* Luxemburgo: European Agency for Safety and Health at Work.

Eurofound (2012). *Trends in Job Quality in Europe.* Luxemburgo: Publication Office of the European Union.

---

16 Global Partnership on Artificial Intelligence-GPAI (2023) y OECD (2019).

Eurofound (2017). *6th European Working Conditions Survey – Overview Report.* Luxemburgo: Publication Office of the European Union.

Eurofound (2019). *The Future of Manufacturing in Europe.* Luxemburgo: Publications Office of the European Union.

Eurofound (2020). *Game-changing Technologies: Transforming Production and Employment in Europe.* Luxemburgo: Publications Office of the European Union.

Eurofound (2022). *Working conditions in the time of COVID-19: Implications for the future.* Luxemburgo: Publication Office of the European Union.

Garí Pérez, A. y Martín Andrés, R. (2021). Modelo de demandas y recursos laborales: Marco teórico. Instituto Nacional de Seguridad y Salud en el Trabajo (INSST), Nota Técnica de Prevención 1.166.

Global Partnership on Artificial Intelligence-GPAI (2023). AI for Fair Work Report. Montreal: GPAI

Gracia, E., Martínez, I., Salanova, M. (2006). El trabajo emocional: concepto y prevención. Instituto Nacional de Seguridad y Salud en el Trabajo (INSST), Nota Técnica de Prevención 720.

Herrera Ballesteros, J., de las Heras Rosas, C. J. (2020). Contrato psicológico y compromiso organizacional: un estudio bibliométrico. *Revista Internacional De Organizaciones,* (24), 241–271.

Higgins, C., Duxbury, L., Julien, M. (2014). The relationship between work arrangements and work-family conflict. *WORK-Journal of Prevention Assessment & Rehabilitation, 48* (1), 69-81.

Instituto Nacional de Seguridad y Salud en el Trabajo (2023 a). *Red Española de Empresa Saludable. Promoción de la Salud en el Trabajo (10 años, 2013-2023).* Madrid: INSST.

Instituto Nacional de Seguridad y Salud en el Trabajo (2023 b). *Estrategia Española de Seguridad y Salud en el Trabajo, 2023-2027.* Madrid, España: INSST.

Instituto Nacional de Seguridad y Salud en el Trabajo (2023 c). *Introducción a los aspectos ergonómicos y a otros factores de riesgos derivados del uso de robots, exoesqueletos y drones.* Madrid, España: INSST.

Knack, A., Hoorens, S., Deshpande, A., Gunashekar, S. (2020). Wearable devices: Implications of game-changing technologies in services in Europe. Eurofound Working Paper WPEF19005.

Lahera Sánchez, A. (2001): La participación de los trabajadores en la empresa: ¿hacia la democratización de las relaciones industriales? Una propuesta metodológica de análisis. En A. Fernández Steinko y D. Lacalle (Eds.*), Sobre la democracia económica. La democracia en la empresa* (pp. 61-138). Barcelona: El Viejo Topo.

Lahera Sánchez, A. (2004). *La participación de los trabajadores en la democracia industrial.* Madrid, España: La Catarata.

Lahera Sánchez, A. (2005). *Enriquecer el Factor Humano.* Barcelona: El Viejo Topo.

Lahera Sánchez, A. (2006). *Diseño tecnológico y proceso de trabajo: mutaciones organizativas en empresas de ingeniería mecánica.* Madrid, España: Miño y Dávila Editores.

Lahera Sánchez, A. (2019). Digitalización, robotización, trabajo y vida: Cartografías, debates y prácticas. *Cuadernos de Relaciones Laborales, 37* (2), 249-273.

Lahera Sánchez, A. (2021). El debate sobre la digitalización y la robotización del trabajo (humano) del futuro: automatización de sustitución, pragmatismo tecnológico, automatización de integración y heteromatización. *Revista Española de Sociología, 30*(2).

Lahera Sánchez, A., Negro, A., Tovar, F.J. (2019). Sindicalismo 4.0 y negociación tecnológica: Por un diseño integrador de los procesos de digitalización y robotización. *Comunicación para el Congreso Interuniversitario sobre el Futuro del Trabajo, Organización Internacional del Trabajo.*

Lahera Sánchez, A., Tovar, F.J., Negro, A. (2021). Aspectos sociológicos del teletrabajo: calidad del trabajo digital y riesgos laborales. En F. Pérez de los Cobos y X. Thiebault (Eds.), *El trabajo a distancia* (pp. 417-469). Madrid, España: Wolters Kluwer.

Leschke, J., Watt, A., Finn, M. (2008). *Putting a Number on Job Quality? Constructing and European Job Quality Index.* Bruselas: European Trade Union Institute, Working Paper 2008.03.

Leschke, J., Watt, A., Finn, M. (2012). *Job Quality in the Crisis – An Update of the Job Quality Index-JQI.* Bruselas: European Trade Union Institute, Working Paper 2012.07.

Lope Peña, A. (1996). *Innovación tecnológica y cualificación.* Madrid: Consejo Económico y Social.

Maruyama, T, Tietze, S. (2012). Work-life balance, travel-to-work, and the dual career household. *Personnel Review, 51* (6), 813-831

Ministerio de Asuntos Económicos y Transformación Digital (2023). *Datos de Teletrabajo 2022.* Observatorio Nacional de Tecnología y Sociedad.

Moore, P.V. (2018). *The Threat of Physical and Psychosocial Violence and Harassment in Digitalized Work.* Ginebra: International Labour Office.

Moreno Jiménez, B. y Báez León, C. (2010). *Factores y riesgos psicosociales, formas, consecuencias, medidas y buenas prácticas.* Madrid: INSHT

Muñoz de Bustillo, R., Fernández-Macías, E., Esteve, F. Antón, J.I. (2011). E Pluribus Unum? A Critical Survey of Job Quality Indicators. *Socio-Economic Review,* (9), 447-475.

Muñoz de Bustillo, R., Fernández-Macías, E., Esteve, F.; Antón, J.I. (2009). *Indicators of Job Quality in the European Union.* Estrasburgo: Parlamento Europeo.

Negro Macho, A. y Tovar Martínez, F.J. (2021). Evidencias e incertidumbres de la industria 4.0 en España: un relato en construcción. *Panorama Social,* (34), 105-122.

OECD (2017). *Guidelines on Measuring the Quality of the Working Environment.* París: OECD.

OECD (2019). Recommendation of the Council on Artificial Intelligence. OECD/LEGAL/0449

Organización Internacional del Trabajo-International Labour Organization (2013). *Decent Work Indicators. Guidelines for Producers & Users of Statistical and Legal Framework.* Ginebra: ILO Publications.

Ó Riain, S. y Healy, A. (2021). Nuevos retos en los mundos del trabajo capitalista. *Panorama Social,* (34), 47-59.

Pérez-Zapata, O., Serrano, A., Álvarez-Hernández, G., Castaño, C. (2016). Knowledge work intensification and self-management: The autonomy paradox. *Work Organisation, Labour and Globalisation, 10*(2), 27-49.

Pérez-Zapata, O., Álvarez-Hernández, G., Castaño, C. (2017). Engagement y/o intensificación del trabajo, ¿opción y/u obligación?: "Si no haces lo que te gusta, te tiene que gustar lo que haces". *Política y Sociedad, 54*(3), 707-732.

Pérez Zapata, O. (2019). *Trabajo sin límites, salud insostenible: La intensificación del trabajo del conocimiento.* Madrid: Marcial Pons.

Pérez-Zapata, O. y Álvarez Hernández, G. (2021). Empleo, trabajo y riesgos para la salud mental: análisis y propuestas de intervención. *Panorama Social, 34,* 77-103.

Pfeiffer, S. (2016). Robots, Industry 4.0 and humans, or why assembly work is more tan routine work. *Societies, 2*(6), 1-26.

Piasna, A. (2017). *Bad Jobs Recovery? European Job Quality Index 2005-2015.* Bruselas: European Trade Union Institute, WP2017-06.

Piasna, A. (2023). *Job quality in turbulent times. An update of the European Job Quality Index.* Bruselas: European Trade Union Institute.

Schaufeli, W.B. y Taris, T.W. (2014). A Critical Review of the Jobs Demands-Resources Model: Implications for Improving Work and Health. En G.F. Bauer y O. Hämmig, *Bridging Occupational, Organizational and Public Health: A Transdisciplinary Approach.* Amsterdam: Springer Netherlands.

Theurel, J., Desbrosses, K., Roux, T., Savescu, A. (2018). Physiological consequences of using an upper limb exoskeleton during manual handling tasks. *Applied Ergonomics, 67,* 211-217.

UNICE (2011). *Employment and Social Policies: A Framework for Investing in Quality.* Union of Industrial & Employers Confederation of Europe-UNICE Position Paper; Warhurst, C., Wright, S., Lyonette, C. (2017). *Understanding and Measuring Job Quality.* Londres: Chartered Institute of Personnel & Development.

UNECE (2015). *Handbook on Measuring Quality of Employment. A Statistical Framework.* Nueva York: United Nations Economic Commission for Europe.

Vuorikari, R., Kluzer, S. y Punie, Y. (2022). DigComp 2.2: The Digital Competence Framework for Citizens. With new examples of knowledge, skills and attitudes. Luxemburgo: Publications Office of the European Union.

Zubizarreta, J. (2021). Exoesqueletos I: Definición y clasificación. Instituto Nacional de Seguridad y Salud en el Trabajo (INSST), Nota Técnica de Prevención 1.162;

Capítulo 2.

EL IMPACTO DE LA DIGITALIZACIÓN EN LA ORGANIZACIÓN Y EN EL RENDIMIENTO DE LAS EMPRESAS

RODRÍGUEZ DUARTE, ANTONIO
Departamento de Organización de Empresas
Facultad de Ciencias Económicas y Empresariales
Universidad Complutense de Madrid
duarte@ccee.ucm.es
ORCID: 0000-0002-7392-5683.

FOSSAS OLALLA, MARTA
Departamento de Organización de Empresas
Facultad de Ciencias Económicas y Empresariales
Universidad Complutense de Madrid
mfossaso@ucm.es
ORCID: 0000-0002-4020-584X

RESUMEN: Las empresas se encuentran inmersas en procesos de digitalización cuyo efecto sobre el rendimiento empresarial ha despertado gran interés. Si bien dicho efecto no tiene que ser directo sino que también puede requerir de determinadas prácticas organizativas internas denominadas como facilitadores digitales entre las que destaca la innovación en diferentes ámbitos o la formación del personal.

En este trabajo se revisa la literatura acerca de dicho efecto y el papel de los facilitadores digitales, para a continuación presentar los resultados de un estudio exploratorio sobre las empresas manufactureras españolas. Destaca el efecto inducido positivo de determinadas prácticas organizativas en la relación de la digitalización en la rentabilidad empresarial.

ABSTRACT: Companies are in digitization processes whose effect on business performance has aroused great interest. Although this effect does not have to be direct, it can also require certain internal organizational practices known as digital facilitators, among which innovation in different areas or staff training stands out.

This paper reviews the literature on this relationship and the role of digital facilitators, then presents the results of an exploratory study on Spanish manufacturing companies. It stands out a positive induced effect of certain organizational practices in the relationship between digitization process and business profitability.

Palabras clave: Digitalización, rendimiento, innovación, prácticas organizativas, facilitadores digitales.

Keywords: Digitalization, performance, innovation, organizational practices, digital facilitators

1. INTRODUCCIÓN

En las últimas décadas, las empresas han implementado grandes cambios internos tanto en su organización como en los procesos productivos con el fin de lograr un buen rendimiento empresarial.

En relación con los procesos productivos se están realizando importantes inversiones introduciendo tecnologías que posibiliten la satisfacción de las necesidades y preferencias de los clientes a través de la obtención de una variedad de productos que se ajuste a las preferencias personales de los mismos. Por ello, se ha producido un cambio de paradigma desde la producción de un alto volumen de productos con una baja variedad reduciendo costes unitarios de producción a través de la obtención de economías de escala (producción en masa) a la producción de un alto volumen de productos de una alta variedad reduciendo costes unitarios de producción a través de la obtención de economías de alcance (producción flexible), todo ello con un alto grado de automatización y digitalización de los procesos productivos.

La mejora en el rendimiento de las empresas que puede generar la digitalización ha despertado gran interés. Muchos estudios argumentan que de forma directa puede impactar en el rendimiento de la empresa (Swing y Nair, 2007; Koc y Bozdag, 2009), si bien otros autores inciden en la necesidad de profundizar en el análisis considerando factores complementarios que generen mejoras significativas en dicho rendimiento.

En este trabajo se va a profundizar en esta relación entre la digitalización y el rendimiento empresarial, para luego analizar el papel de los denominados facilitadores digitales. A continuación, se presentan los resultados de un estudio exploratorio de esta relación en la industria manufacturera española, para después finalizar con las conclusiones.

2. INDUSTRIA 4.0

Durante los últimos años, las revistas de diferentes ámbitos están prestando una atención especial a la industria 4.0 y temas relacionados con la misma (Saldivar et al., 2015; Hermann et al., 2015; Pfeiffer et al., 2016; Olsen & Tomlin, 2020), e incluso con tecnologías específicas (Khorram y Nonino, 2017; Liao et al., 2017; Strozzi et al., 2017). Además la industria 4.0 adquiere especial relevancia en el campo de la dirección de producción y la tecnología (Brennan et al., 2015; Koh, et al., 2019), dentro del cual se enmarca este trabajo.

Esta cuarta revolución de la industria proviene de una evolución marcada por los siguientes hitos. La primera revolución se debió a la llegada de la máquina de vapor, la segunda revolución por la electricidad, y la tercera por la extensión del uso de las tecnologías de la información y los productos electrónicos (Liao et al., 2017). La cuarta revolución a la que se hace referencia en este trabajo proviene de la integración del Internet de las Cosas (IoT), Sistemas Ciber Físicos (CPS), Big Data, Cloud, impresión 3D y sistemas robotizados (Pereira y Romero, 2017; Piccarozzi et al., 2018). En estos momentos se están incluyendo otras tecnologías como la inteligencia artificial, el aprendizaje automático, el gemelo digital o el 5G (Koh, et al., 2019).

Ahora bien, la industria 4.0 no consiste únicamente en la integración de tecnologías sino que implica un concepto integrador que permita adquirir, compartir, utilizar, organizar datos y recursos, todo ello con el fin de generar el bien/servicio, entregar más rápido, con menor coste, mayor eficacia y mayor sostenibilidad (Piccarozzi et al., 2018). En consecuencia, implica un proceso de fabricación integrado, adaptado, optimizado, orientado al servicio e interoperativo en el que se incluyen algoritmos, grandes bases de datos y tecnologías de alto nivel (Lu, 2017). Todo ello supone, según Koh et al. (2019) una evolución desde la fabricación centrada en la máquina a la fabricación digital.

Rüßmann et al. (2015) consideran que la Industria 4.0 facilitará la obtención y el análisis de una gran cantidad de datos y acelerará los procesos de producción para crear productos de mayor calidad a un coste menor. Así, los autores concluyen que aumentará la productividad empresarial, cambiará la economía, fomentará el crecimiento industrial y modificará el perfil de la fuerza laboral, cambiando en última instancia la competitividad de las empresas y las regiones.

En este sentido, la industria 4.0, con más robots y máquinas inteligentes involucradas en el día a día, está fusionando el mundo físico y el mundo virtual, lo cual impacta directamente en el entorno laboral y el desarrollo de habilidades (López y Arroyo, 2022). Por un lado, como la interferencia hombre-máquina requiere la comunicación entre máquinas inteligentes, productos inteligentes y empleados, los problemas ergonómicos deben ser considerados en el futuro sistema y deben dar relevancia a los trabajadores y su importancia en el sistema. Para el desarrollo de habilidades, dado que el contexto de la industria 4.0 requiere un pensamiento interdisciplinario y habilidades tanto sociales como técnicas, este tipo de competencias deben incluirse en la formación y educación de los empleados para que los trabajadores y gerentes estén bien preparados para este nuevo paradigma industrial (Pereira y Romero, 2017).

3. DIGITALIZACIÓN Y MEDICIÓN DEL RENDIMIENTO EMPRESARIAL

A continuación, este trabajo se va a centrar en la forma de medición del rendimiento empresarial que se puede ver afectado por la digitalización de los procesos productivos.

Diferentes estudios sobre estrategia empresarial consideran que el rendimiento empresarial se puede medir de diferentes formas dado que los grupos de interés clave tales como clientes, empleados, accionistas, socios… pueden percibir de diferente forma las tecnologías (Marchand et al., 2002). En esta línea, Kaplan y Norton (2001) proponen que el rendimiento se mida a través de indicadores financieros tradicionales complementados con medidas relacionadas con los clientes, la eficiencia operativa o el aprendizaje de los empleados.

En la misma línea, Chen et al. (2016) recogen las diferentes dimensiones del rendimiento categorizando según clientes, procesos, aprendizaje y crecimiento de los empleados, y resultados financieros (tabla 1).

Tabla 1: Dimensiones del rendimiento empresarial

Dimensión	Medida
Cliente	Cuota de mercado Costes y gastos Satisfacción del cliente Capacidad de respuesta al cliente Calidad
Proceso	Eficiencia operativa
Aprendizaje y crecimiento de los empleados	Satisfacción de los empleados Desarrollo de nuevos productos Actitud de los empleados Capacidades profesionales Retención de los empleados
Rentabilidad financiera	Ingresos por ventas Rentabilidad (ROA, ROI...) Rotación de inventario

Fuente: Chen et al. (2016)

Decker et al. (2017), profundizando en los efectos de la digitalización sobre las organizaciones, consideran que progresivamente estas tecnologías van a ir realizando tareas menos rutinarias y cognitivas, llegando a darse una mayor interconexión entre los empleados y las tecnologías. Por tanto, la digitalización impacta también sobre lo que se denomina trabajo significativo, cuyas dimensiones son:

- Búsqueda de un objetivo.
- Relaciones sociales.
- Autoestima y reconocimiento.
- Desarrollo de habilidades y autodesarrollo.
- Autonomía.

Parida et al. (2019) consideran que la digitalización puede dar lugar a beneficios sociales por dos vías diferentes. Por un lado, un incremento de la seguridad a través de procesos autónomos que reduzcan la incidencia de errores humanos y accidentes. Por otro, las tecnologías pueden asumir tareas repetitivas dejando a los empleados tareas más intensivas en conocimiento, todo lo cual puede incrementar la satisfacción en el trabajo y reducir la rotación.

En consecuencia, existen diferentes formas de medir el rendimiento empresarial afectado por la digitalización.

4. DIGITALIZACIÓN, RENDIMIENTO EMPRESARIAL Y FACILITADORES DIGITALES

La implantación de tecnologías e infraestructuras digitales cada vez más potentes y sofisticadas ha transformado y continúa transformando los procesos de negocio, las organizaciones y la cultura corporativa implicando nuevos procesos de innovación, modelos de marketing y tipos de productos y servicios (Tekic y Koroteev, 2019).

La digitalización entendida como la interconexión entre la empresa, sus productos y servicios, y los empleados, representa un cambio para las empresas que requiere una estrategia global de transformación digital con impacto en toda la organización. Las tecnologías digitales pueden constituir un recurso estratégico tal como se recoge en la teoría basada en recursos y capacidades y generar ventaja competitiva a la empresa (Lee y Falahat, 2019), y para ello deben ser un recurso valioso, escaso, difícilmente transferible o imitable y no sustituible (Barney, 1991).

En los primeros estudios realizados en los años 80 no se encontraba conexión entre la inversión en tecnologías de la información y la comunicación y la productividad a ningún nivel, ni de empresa ni de industria ni de la economía en su conjunto. Esto se denominó como la "paradoja de la productividad" y estimuló a economistas e investigadores a llevar a cabo análisis científicos más rigurosos utilizando grandes conjuntos de datos y métodos de investigación más sofisticados (Ruiz Vázquez, 2017). Dichos estudios encontraron un impacto positivo y significativo de la inversión tecnológica a nivel empresa, aunque algunos estudios seguían encontrando que no existía relación o incluso, era negativa (Sheperd et al., 2000; Bayo-Moriones et al., 2013).

A pesar de las conclusiones contradictorias de algunos estudios y de las diferentes interpretaciones realizadas por los investigadores, lo relevante radica en que los trabajos han ido mostrando una clara convergencia (Dedrick et al. 2003). Por tanto, aumenta el consenso relativo a que la aplicación de estas tecnologías en los procesos productivos está relacionada con un incremento de la productividad y una mejora del servicio a través de la reducción de inventario, la reducción de los tiempos de entrega, el incremento de la calidad y el incremento de la rentabilidad (Gu y Jung, 2013, Turel et al., 2017). Si bien, la realidad empresarial no sustenta claramente una relación única y directa, sino que plantea la posible necesidad de la coexistencia de determinados elementos para que se produzca dicho efecto (Ruiz Vázquez, 2017). Así, la inversión en las tecnologías no es suficiente para que tenga lugar dicho efecto sino que se requiere de una gestión de las mismas que lo fomente (Wang et al, 2015). Por tanto, el impacto de la digitalización depende de otros factores de diferente tipología y relacionados con las capacidades tecnológicas, recursos tecnológicos, infraestructura, prácticas directivas y entorno (Bharadwaj y Menon, 2000).

Aquí es donde surge el término *transformación digital*, el cual hace referencia a los cambios organizativos derivados de las tecnologías digitales (Dethine et al., 2020). La integración de las tecnologías digitales requiere de inversiones y cambios coordinados en las prácticas internas de la empresa, todo ello implica la implementación de nuevas estrategias organizativas internas y el desarrollo de nuevas habilidades. A ello se refiere el término *facilitadores digitales*, que se define como las herramientas, tecnologías, habilidades o capacidades que una empresa puede implementar para mejorar su rendimiento. Para Mazzarol (2015) estos facilitadores digitales se pueden clasificar en:

- facilitadores de comercio electrónico, se refieren al uso de plataformas digitales para realizar transacciones de bienes y servicios a través de Internet;
- facilitadores de marketing digital, se refieren al uso de canales digitales para las operaciones de marketing y promoción;
- facilitadores de negocios electrónicos, se refieren al uso de herramientas de análisis digital para mejorar los procesos de producción y la gestión interna. Su papel es bastante diferente a los anteriores porque contribuyen tanto a cambiar los procesos internos, como a apoyar la integración de los socios en la cadena de suministro.

Así, los recursos digitales serán estratégicos si se logra una correcta implementación o explotación de los mismos dentro de la empresa, lo cual requiere el desarrollo de capacidades específicas.

Según Chatzoglou y Chatzoudes (2016), en muchas ocasiones se ignora el contexto interno de las empresas a la hora de analizar el efecto de la digitalización y en las empresas se toman decisiones sobre la digitalización sin considerarla de forma integrada con las prácticas organizativas.

Atendiendo a las aportaciones de la transformación digital y de los facilitadores digitales, se encuentra que en el análisis del impacto de la digitalización sobre el rendimiento se debe reflejar una combinación de recursos, habilidades y capacidades (Dethine, 2020).

5. EL IMPACTO DE LA DIGITALIZACIÓN EN LAS EMPRESAS ESPAÑOLAS

A continuación, se va a presentar un estudio empírico realizado sobre las empresas manufactureras españolas acerca de la influencia del nivel de digitalización y determinadas prácticas organizativas sobre los resultados empresariales. Todo ello teniendo en cuenta algunas variables de control relacionadas con el entorno en el que se encuentran dichas empresas y la particularidad de las mismas.

Para ello, se ha tomado la información recogida en la Encuesta Sobre Estrategias Empresariales (ESEE) desarrollada por la Fundación SEPI (Sociedad Estatal de Participaciones Industriales). La ESEE es una investigación estadística que encuesta anualmente y desde 1990, a un panel de empresas representativo de las industrias manufactureras españolas. Su diseño es bastante flexible y pretende generar información microeconómica de panel adaptada a la especificación y contraste de modelos econométricos derivados de la teoría económica. La población de referencia de la ESEE son las empresas con 10 o más trabajadores de lo que se conoce habitualmente como industria manufacturera, que posean al menos un establecimiento productivo en España. Las variables tienen una dimensión temporal anual y en el momento de realizar esta investigación se disponía de los datos referentes al periodo 2011-2017. Se han analizado un total de 2615 empresas para cada uno de esos siete años, distribuidas en 20 sectores manufactureros.

En la tabla 2 se recoge información acerca de las variables utilizadas clasificadas en tres categorías:

- Rendimiento empresarial, medido a través del Margen Bruto de Explotación (MBE), y que constituye la variable dependiente.
- Digitalización, medida a través de la inversión en equipo informático.
- Prácticas organizativas, medidas a través de innovaciones en la fijación de precios, innovaciones en la organización del trabajo, gastos externos totales en formación y modelos de utilidad.

Además, se han utilizado como variables de control tanto el tamaño de la empresa medido por el personal total de la misma, como el grado de intensidad tecnológica del sector al que pertenece la empresa.

TABLA 2: VARIABLES DEL ESTUDIO

VARIABLE	DESCRIPCIÓN	FORMA DE MEDICIÓN	CATEGORÍA
MBE	MARGEN BRUTO DE EXPLOTACIÓN Medida de rentabilidad de la empresa, definida como el porcentaje que la suma de las ventas, la variación de existencias y otros ingresos de gestión corriente menos las compras, los servicios exteriores y los gastos de personal, representa sobre el total de ventas más la variación de existencias de las mismas y otros ingresos de gestión corriente.	Cuantitativa Continua	RESULTADOS (VARIABLE DEPENDIENTE)
ICOFIJ	INNOVACIONES EN LA FIJACIÓN DE PRECIOS Variable que indica si la empresa introdujo innovaciones de comercialización referentes a nuevos métodos en la fijación de los precios de los productos	Cualitativa Binaria	PRÁCTICAS ORGANIZATIVAS
IMOPE	INNOVACIONES EN LA ORGANIZACIÓN DEL TRABAJO Variable que indica si la empresa introdujo nuevos métodos organizativos, referentes a nuevas prácticas empresariales en la organización del trabajo	Cualitativa Binaria	PRÁCTICAS ORGANIZATIVAS
GETF	GASTOS EXTERNOS TOTALES EN FORMACIÓN Valor total de los gastos externos en la formación de los trabajadores que se realizó en el año	Cuantitativa Continua (Euros)	PRÁCTICAS ORGANIZATIVAS
MODUT	MODELOS DE UTILIDAD Número de modelos de utilidad registrados por la empresa durante el ejercicio	Cuantitativa Discreta	PRÁCTICAS ORGANIZATIVAS
PIEI	INVERSIÓN EN EQUIPO INFORMÁTICO Porcentaje que representa la compra de equipos para el proceso de información (cuenta 217 (PGC)) sobre las compras de inmovilizado material, siempre que éstas sean distintas de cero	Cuantitativa Continua (%)	DIGITALIZACIÓN
PERTOT	PERSONAL TOTAL Personal total ocupado en la empresa a 31 de diciembre	Cuantitativa Discreta (nº de trabajadores)	VARIABLE DE CONTROL
DMINTEC	INTENSIDAD TECNOLÓGICA Variable creada a partir de la variable NACECLIO (Actividad): Alta tecnología: 1 Alta-Media tecnología: 2 Media-Baja tecnología: 3 Baja tecnología: 4	Cualitativa discreta	VARIABLE DE CONTROL

Fuente: Elaboración propia

En la tabla 3 se presentan los estadísticos descriptivos de las variables utilizadas en este estudio.

TABLA 3. ESTADÍSTICOS DESCRIPTIVOS DE LAS VARIABLES

VARIABLE	MEDIA	DESVIACIÓN TÍPICA	MIN	MAX
MBE	1.217080	563.5795	-60119.00	63020.90
GETF	32828.84	257733.3	0	13911933
MODUT	17236.76	1858155	0	200000000
PIEI	5.567815	16.61231	0	100
PERTOT	181.7019	624.9041	1	13091
VARIABLE	**% VALORES =1**			
ICOFIJ	4.65			
IMOPE	19.5			
VARIABLE	**% VALORES =1**	**% VALORES =2**	**% VALORES =3**	**% VALORES =4**
DMINTEC	8.89	16.32	28.30	46.49

Fuente: Elaboración propia

Para el contraste de las hipótesis relativas al efecto de las prácticas organizativas y del nivel de digitalización sobre los resultados de las empresas, se construyó un modelo econométrico de datos de panel estimado mediante el método de efectos fijos, cuyos resultados se muestran en la tabla 4.

TABLA 4: RESULTADOS

Dependent Variable: MBE
Method: Panel Least Squares
Sample: 2011 2017 (Periods included: 7)
Cross-sections included: 2615
Total panel (unbalanced) observations: 11387
Cross-section fixed (dummy variables)

Variable	Coefficient	Std. Error
C	2.024232	2.421606
ICOFIJ	1.106018 ***	0.395856
IMOPE	0.640746	0.474244
GEFT	5.09E-07 *	2.83E-07
MODUT	1.10E-08 ***	2.27E-11
PIEI	0.015629 *	0.008648
PERTOT	-0.000852	0.000978
DMINTEC="1"	8.956999 **	3.491294
DMINTEC="2"	7.409530	6.153868
DMINTEC="3"	2.840088	3.749880
R-squared	0.368592	
Adjusted R-squared	0.179595	
Akaike info criterion	11.36688	
Durbin-Watson stat	2.062919	

* $p < 0.1$, ** $p < 0.05$, *** $p < 0.01$

De los resultados obtenidos con la muestra de empresas utilizada, se puede concluir que de las prácticas organizativas analizadas, las innovaciones en la forma de fijación de precios, las políticas de formación de los empleados y las prácticas innovadoras que revierten en la generación de mejoras en el diseño de los productos y procesos (en forma de modelos de utilidad), ejercen un impacto positivo sobre el margen bruto de explotación, mientras que en las innovaciones en la organización del trabajo no se aprecia un impacto significativo. Por otra parte, el nivel de digitalización de las empresas, representado por el peso relativo de las inversiones en equipamiento informático, tiene también un efecto positivo y significativo sobre el margen bruto de explotación. Estos resultados se obtienen controlando los efectos del tamaño de las empresas (medido a través de su personal total) y de variables exógenas a las mismas, concretamente el nivel tecnológico del sector donde operan las empresas. En este sentido, en los resultados obtenidos no se observan diferencias significativas según el tamaño de las empresas, aunque sí se aprecian en la rentabilidad de las empresas que operan en sectores de alta tecnología respecto a las que operan en sectores de baja tecnología.

Estos resultados se pueden interpretar de forma que el nivel de digitalización tiene un efecto inducido positivo sobre el rendimiento empresarial en presencia de ciertas prácticas organizativas internas. Centrándonos en el coeficiente de la variable que representa el nivel de digitalización de las empresas en la tabla 4 (variable PIEI), cuyo valor es 0.015629 y es significativo al 10%, este resultado implica que, dadas dos empresas con prácticas organizativas similares (en otras palabras, que presenten los mismos valores de las variables representativas de los niveles de innovación -MODUT e ICOFIJ-, las políticas de formación -GFET- y de las innovaciones de organización del trabajo -IMOPE-), si una de esas dos empresas invierte un 1% más en digitalización (representado por la variable de gasto en equipamiento informático -PIEI-), obtendrá un incremento adicional promedio de un 1.56% en su rentabilidad (representada por el margen bruto de explotación MBE). Este efecto positivo, a su vez, se ve incrementado aún más en los sectores de alta tecnología, lo que puede deberse a que en este tipo de sectores suele haber mayores niveles de capacidad de absorción de las mejoras generadas tanto por incrementos en los niveles de formación de los trabajadores, como en los niveles de inversión en digitalización.

Este resultado ofrece un soporte empírico a la idea de la necesidad para las empresas de acometer procesos de transformación digital que impliquen prácticas de carácter organizativo que fomenten la formación de los trabajadores, relaciones con los mercados más innovadoras, así como actitudes más proactivas hacia las innovaciones de productos y procesos, que provoquen un ambiente facilitador para un pleno aprovechamiento de las mejoras generadas por las inversiones en equipamiento vinculado con el nivel de digitalización. De hecho, en las empresas que operan en sectores de elevada intensidad tecnológica, que cuentan en general con procesos de transformación digital más avanzados, este efecto positivo es más acusado.

6. CONCLUSIONES

La digitalización es un fenómeno extendido en las empresas y se está profundizando en el análisis de su impacto en el rendimiento empresarial. En este trabajo se han revisado las dimensiones del rendimiento empresarial y el papel de los denominados facilitadores digitales como potenciadores del efecto de la digitalización sobre dicho rendimiento.

El estudio empírico exploratorio realizado sobre un conjunto amplio de empresas manufactureras españolas de diferentes sectores permite detectar que el nivel de digitalización tiene un efecto inducido positivo sobre el rendimiento empresarial en presencia de prácticas organizativas internas relacionadas con innovación (de productos, de procesos, de comercialización y de organización del trabajo), y con formación del personal, siendo más acusado el efecto en sectores de alta intensidad tecnológica.

El presente estudio presenta ciertas limitaciones a considerar como que la muestra llega hasta 2017 y se analiza el rendimiento empresarial a través de una única dimensión. Si bien presenta también una serie de fortalezas como el alto número de empresas analizadas, y además pertenecientes a un amplio número de sectores de la manufactura española, superando la limitación detectada por Bouwman (2018) en la mayoría de los estudios al abordar este tema en un único sector.

A partir de los resultados de este estudio exploratorio se abre una línea futura de investigación que profundice en el papel de los facilitadores digitales identificando cada uno de ellos y analizando su posible efecto mediador en la relación entre la digitalización y el rendimiento empresarial, y se incorporen más dimensiones a la medición de dicho rendimiento.

Referencias bibliográficas

Barney, J. (1991). Special theory forum the resource-based model of the firm: origins, implications, and prospects. *Journal of management, 17*(1), 97-98.

Bayo-Moriones, A., Billón, M., & Lera-López, F. (2013). Perceived performance effects of ICT in manufacturing SMEs.*Industrial Management & Data Systems, 113*(1), 117-135.

Bharadwaj, S., & Menon, A. (2000). Making innovation happen in organizations: individual creativity mechanisms, organizational creativity mechanisms or both?. *Journal of Product Innovation Management: An International Publication of the Product Development & Management Association, 17*(6), 424-434.

Bouwman, H., Nikou, S., Molina-Castillo, F. J., & de Reuver, M. (2018). The impact of digitalization on business models. Digital Policy, Regulation and Governance, 20 (2), 105–124.

Brennan, L., Ferdows, K., Godsell, J., Golini, R., Keegan, R., Kinkel, S., ... & Taylor, M. (2015). Manufacturing in the world: where next?. International Journal of Operations & Production Management, 35 (9), 1253-1274.

Chatzoglou, P., & Chatzoudes, D. (2016). Factors affecting e-business adoption in SMEs: an empirical research. *Journal of Enterprise Information Management,* 29(3), 327-358.

Chen, Y. Y. K., Jaw, Y. L., & Wu, B. L. (2016). Effect of digital transformation on organisational performance of SMEs: Evidence from the Taiwanese textile industry's web portal. *Internet Research.*

Decker, M., Fischer, M., & Ott, I. (2017). Service robotics and human labor: a first technology assessment of substitution and cooperation. Robotics and Autonomous Systems, 87, 348–354.

Dedrick, J., Gurbaxani, V., & Kraemer, K. L. (2003). Information technology and economic performance: A critical review of the empirical evidence. *ACM Computing Surveys (CSUR), 35*(1), 1-28.

Dethine, B., Enjolras, M., & Monticolo, D. (2020). Digitalization and SMEs' export management: Impacts on resources and capabilities. *Technology Innovation Management Review, 10*(4).

Hermann, M., Pentek, T., & Otto, B. (2015). Design principles for Industrie 4.0 scenarios: a literature review. *Technische Universität Dortmund, Dortmund, 45.*

Gu, J. W., & Jung, H. W. (2013). The effects of IS resources, capabilities, and qualities on organizational performance: An integrated approach. *Information & Management, 50*(2-3), 87-97.

Kaplan, R. S., & Norton, D. P. (2001). Transforming the balanced scorecard from performance measurement to strategic management: Part 1. *Accounting horizons, 15*(1), 87-104.

Khorram Niaki, M., & Nonino, F. (2017). Additive manufacturing management: a review and future research agenda. *International Journal of Production Research, 55*(5), 1419-1439.

Koc, T., & Bozdag, E. (2009). The impact of AMT practices on firm performance in manufacturing SMEs. *Robotics and Computer-Integrated Manufacturing, 25*(2), 303-313.

Koh, L., Orzes, G., & Jia, F. J. (2019). The fourth industrial revolution (Industry 4.0): technologies disruption on operations and supply chain management. *International Journal of Operations & Production Management, 39*(6/7/8), 817-828.

Lee, Y.Y., & Falahat, M. (2019). The impact of digitalization and resources on gaining competitive advantage in international markets: Mediating role of marketing, innovation and learning capabilities. *Technology Innovation Management Review, 9*(11).

Liao, Y., Deschamps, F., Loures, E. D. F. R., & Ramos, L. F. P. (2017). Past, present and future of Industry 4.0-a systematic literature review and research agenda proposal. *International journal of production research, 55*(12), 3609-3629.

López Sanchez, J.I.& Arroyo Barriguete, J.L. (2022). Robot and Automation. Which are the Impacts on the Productivity, Jobs and Inequality of the Countries?. In: Grau Ruiz, M.A. (eds) Interactive Robotics: Legal, Ethical, Social and Economic Aspects. INBOTS 2021. *Biosystems & Biorobotics,* vol 30.

Lu, Y. (2017). Industry 4.0: A survey on technologies, applications and open research issues. *Journal of industrial information integration,* 6, 1-10.

Marchand, D. A., Kettinger, W. J., & Rollins, J. D. (2002). *Information orientation: The link to business performance.* Oxford University Press.

Mazzarol, T. (2015). SMEs engagement with e-commerce, e-business and e-marketing. *Small enterprise research, 22*(1), 79-90.

Olsen, T. L., & Tomlin, B. (2020). Industry 4.0: Opportunities and challenges for operations management. *Manufacturing & Service Operations Management, 22*(1), 113-122.

Parida, V., Sjödin, D., & Reim, W. (2019). Reviewing literature on digitalization, business model innovation, and sustainable industry: Past achievements and future promises. *Sustainability, 11*(2), 391.

Pereira, A. C., & Romero, F. (2017). A review of the meanings and the implications of the Industry 4.0 concept. *Procedia Manufacturing, 13,* 1206-1214.

Pfeiffer, T., Hellmers, J., Schön, E. M., & Thomaschewski, J. (2016). Empowering user interfaces for Industrie 4.0. *Proceedings of the IEEE, 104*(5), 986-996.

Piccarozzi, M., Aquilani, B., & Gatti, C. (2018). Industry 4.0 in management studies: A systematic literature review. *Sustainability, 10*(10), 3821.

Rüßmann, M., Lorenz, M., Gerbert, P., Waldner, M., Justus, J., Engel, P., & Harnisch, M. (2015). Industry 4.0: The future of productivity and growth in manufacturing industries. *Boston consulting group, 9*(1), 54-89.

Ruiz Vazquez, M. H. (2017). *La influencia de las tecnologias avanzadas de manufactura y las habilidades en el incremento del" performance" de las empresas de manufactura españolas* (Tesis Doctoral, Universidad Complutense de Madrid).

Saldivar, A. A. F., Li, Y., Chen, W. N., Zhan, Z. H., Zhang, J., & Chen, L. Y. (2015, September). Industry 4.0 with cyber-physical integration: A design and manufacture perspective. In *2015 21st international conference on automation and computing (ICAC)* (pp. 1-6). IEEE.

Shepherd, D. A., McDermott, C., & Stock, G. N. (2000). Advanced manufacturing technology: does more radicalness mean more perceived benefits?. *The Journal of High Technology Management Research, 11*(1), 19-33.

Strozzi, F., Colicchia, C., Creazza, A., & Noè, C. (2017). Literature review on the 'Smart Factory'concept using bibliometric tools. *International Journal of Production Research, 55*(22), 6572-6591.

Swink, M., & Nair, A. (2007). Capturing the competitive advantages of AMT: Design–manufacturing integration as a complementary asset. *Journal of Operations Management, 25*(3), 736-754.

Tekic, Z., & Koroteev, D. (2019). From disruptively digital to proudly analog: A holistic typology of digital transformation strategies. *Business Horizons, 62*(6), 683-693.

Turel, O., Liu, P., & Bart, C. (2017). Board-level information technology governance effects on organizational performance: The roles of strategic alignment and authoritarian governance style. *Information Systems Management, 34*(2), 117-136.

Wang, Y., Shi, S., Nevo, S., Li, S., & Chen, Y. (2015). The interaction effect of IT assets and IT management on firm performance: A systems perspective. *International Journal of Information Management, 35*(5), 580-593.

Capítulo 3.

EL TRABAJO A DISTANCIA EN LA DOCTRINA JUDICIAL

THIBAULT ARANDA, JAVIER
Profesor Titular de Derecho del Trabajo y la Seguridad Social
de la Universidad Complutense de Madrid.
Of Counsel Abdón Pedrajas Littler.
xjbthiba@ucm.es
ORCID: 0000-0001-7572-9662

RESUMEN: El trabajo a distancia ha pasado de ser una forma de trabajo relativamente exótica y al alcance de unos pocos profesionales a generalizarse, llegando a amplias capas de la población trabajadora. Básicamente, porque, a partir de la crisis sanitaria de la COVID-19, el teletrabajo ha devenido una fórmula de conciliación de la vida laboral, familiar y personal particularmente demandada. Un crecimiento exponencial que ha traído consigo una nueva regulación, con la aprobación de la Ley 10/2021, de 9 de julio, de trabajo a distancia, pero que también ha generado nuevos problemas jurídicos e incrementado sustancialmente la conflictividad. En este contexto, se expone a continuación el cuerpo de la doctrina judicial que ha ido conformándose en los últimos tiempos, aclarando e interpretando el margo regulador a medida que han ido surgiendo conflictos laborales derivados de la progresiva extensión de esta forma de organización del trabajo.

ABSTRACT: Remote work has gone from being a relatively privileged form of work within reach of only a few professionals to becoming a widespread common practice, reaching all layers of the working population. Since the COVID-19 health crisis, remote working has become a particularly noticeable and sought after way to reconcile work, family and personal life. An exponential growth in this form of working has brought with it new regulations, the approval of Law 10/2021 of July 9 on remote work, however it has also generated new legal problems and has substantially increased conflict. In this context, the recently formed body of judicial doctrine is set out below, it aims to clarify and interpret the regulatory framework necessary for labor conflicts derived from the progressive extension of this form of work.

Palabras clave: trabajo a distancia, teletrabajo.

Keywords: Remote work, telework.

1. INTRODUCCIÓN

Hasta la crisis sanitaria de la COVID-19 sólo unos pocos trabajadores, con unos perfiles muy definidos y en situaciones excepcionales, trabajaban desde casa. Con el confinamiento y como consecuencia del resto de las medidas necesarias para frenar la crisis sanitaria, el 16 por ciento de los trabajadores españoles pasó -prácticamente de un día para otro- a trabajar -total o parcialmente- desde su domicilio. Un porcentaje relativamente elevado si se tiene en cuenta que sólo un tercio de las personas ocupadas cuentan con un empleo que les permite trabajar en remoto. Sin embargo, lejos de seguir progresando hasta alcanzar ese techo, España ha perdido a lo largo de estos tres años más de un millón de teletrabajadores. Un descenso que resulta aún más pronunciado si no se tiene en cuenta a los trabajadores por cuenta propia, que representan una tercera parte del total de teletrabajadores, y a los empleados públicos. La causa de tal retroceso es por todos conocida, superada la crisis, las empresas han preferido retornar a la situación anterior.

Ahora bien, aunque estemos lejos del máximo alcanzado con el estallido de la pandemia, según la Encuesta de Población Activa, 1.527.800 personas trabajaron desde su domicilio al menos la mitad de los días en el segundo trimestre de 2023, lo que representa el 7,3 por ciento de los ocupados totales. El trabajo a distancia ha venido, parece, para quedarse. Ahora, por razones de ahorro energético, pero sobre todo porque se ha revelado como una fórmula de conciliación de la vida laboral, familiar y personal particularmente demandada. En numerosas empresas se ha optado por un régimen híbrido de trabajo a distancia -incluso redefiniendo los espacios de trabajo- y allí donde la empresa ha impuesto la vuelta a la oficina, esta forma de prestar los servicios se ha convertido en una de las principales reivindicaciones de los trabajadores -motivo incluso para renunciar a un empleo-, tanto a nivel colectivo como a través de solicitudes individuales, que en muchos casos incluso se judicializan.

Un contexto y unas cifras que explican que se aprobara unos meses después del inicio de la pandemia -primero de urgencia, a través de un real decreto-ley, y después mediante su tramitación como proyecto de ley- una norma que regula de manera específica el teletrabajo: la Ley 10/2021, de 9 de julio, de trabajo a distancia. No se trata ya de una intervención coyuntural y parcial, sino que pretende regular de manera específica, con vocación de permanencia y en toda su extensión esta singular forma de trabajo. Una regulación que se autocalifica de "suficiente", pero que no ha impedido que en la práctica se hayan generado algunos interrogantes y conflictos que están siendo resueltos por jueces y tribunales. Unas veces por la indefinición de la ley y otras directamente porque no regula la cuestión.

Partiendo de lo anterior, no se va abordar aquí el contenido de la nueva ley, ni las dudas, problemas o dificultades que la misma plantea, ampliamente expuestos por la academia[1], sino tan sólo las primeras respuestas judiciales a los numerosos conflictos que están surgiendo en torno a esta nueva forma de organización del trabajo.

2. VOLUNTARIEDAD

Como es sabido, conforme a lo dispuesto en el art. 5 de la Ley 10/2021, el trabajo a distancia puede formar parte de la descripción inicial del puesto de trabajo o adoptarse con posterioridad, pero la decisión de trabajar a distancia será, como regla general, voluntaria, tanto para la empresa como para el trabajador, y requerirá la firma de un acuerdo de trabajo a distancia.

La empresa no puede imponer el trabajo a distancia. No sólo porque ahora lo dice la ley, sino porque, como tempranamente advirtió el Tribunal Supremo, constituye un supuesto de novación extintiva, que además incide en la esfera privada del trabajador, por desarrollarse parte de su prestación profesional en el domicilio particular de éste. En palabras del Alto Tribunal, aunque no suponga una infracción del derecho a la inviolabilidad del domicilio, "(...) cuando se convierte el domicilio en lugar de trabajo se está obligando al trabajador a poner a disposición del empleador algo más que la fuerza de trabajo, pues se convierte en centro de trabajo, en lugar de producción, el propio espacio en donde se desarrolla la vida privada del trabajador y esto no sólo supone un coste adicional, que puede quedar sin retribución, como en el caso de que haya que destinar al trabajo lugares que antes se destinaban a otros usos familiares, sino también puede tener consecuencias de otro orden en la convivencia en el hogar o en la vida personal del trabajador, que deben quedar al margen tanto de las modificaciones unilaterales del art. 41 del ET como también de las decisiones de la autonomía colectiva, que han de operar sobre materiales colectivos (sentencias de 11 de Abril de 2000 [RJ 2000,5688] y 20 de octubre de 2004), pero no sobre aquellas que pertenecen a la vida privada del trabajador" (STS 11-4-2005, rec. 143/2004). La decisión de que el empleado pase a

1 Sala Franco (Dir.) (2020); Godino Reyes (Coord.) (2020); Gómez Abelleira (2020); Pérez de los Cobos Orihuel y Thibault Aranda (Dir.) (2021).

trabajar desde su domicilio queda fuera del poder de disposición del empresario[2], incluso si viene avalada por un acuerdo colectivo. Es más, ni siquiera el convenio colectivo podrá hacer obligatorio el trabajo a distancia, al menos en el domicilio del trabajador. Otra cosa es que el trabajador vaya a prestar sus servicios desde un centro de recursos compartidos o "coworking", en cuyo caso, a mi juicio, nada se opone a que el empresario se lo imponga, en ejercicio de su "ius variandi". Cuestión, que, sin embargo, todavía no se ha planteado en vía judicial.

Dicho esto, el trabajador tampoco puede imponer sin más el trabajo a distancia a la empresa. En palabras de Monreal (2021), "la voluntariedad del trabajo a distancia es de ida y vuelta" (p. 134). El empresario podrá rechazar la solicitud del trabajador, salvo que -ahí radica la diferencia- el derecho a teletrabajar venga reconocido en una ley o en un convenio colectivo. Si un trabajador sin responsabilidades familiares u otras específicamente protegidas en la ley solicita trabajar a distancia y no existe un convenio o acuerdo colectivo que reconozca ese derecho, el empresario podrá denegarlo, sin tener que negociar nada ni motivar su rechazo.

Otra cosa es que la persona solicite trabajar a distancia por razones de conciliación familiar[3]. En tal caso y en ausencia de convenio colectivo o de regulación convencional aplicable, el art. 34.8 ET obliga al empresario a negociar y a explicar, en su caso, los motivos de su oposición. Es decir, este precepto tampoco reconoce un derecho *ex lege* a trabajar a distancia, pero al menos sí otorga a los trabajadores con responsabilidades familiares un "derecho a solicitar", entre otras medidas, "la prestación de trabajo a distancia" y, lo que es más relevante, fuerza al empresario a abrir un proceso de negociación individual con el trabajador solicitante y a expresar las ra-

---

2 Conectado con ello, la STSJ de Madrid de 26 de enero de 2023 (rec. 800/2022) considera readmisión irregular la decisión de la empresa de colocar al trabajador en teletrabajo en contra de su voluntad cuando no consta acreditado la desaparición del centro de trabajo porque se haya extinguido el contrato de arrendamiento, ni que la empresa no tenga centro físico que permita el trabajo presencial y que únicamente se realiza el trabajo a distancia.

3 Igual que si el trabajador lo solicita porque está cursando con regularidad estudios para la obtención de un título académico o profesional (art. 23 ET); y se reconoce en el art. 37.8 ET a los trabajadores que tengan la condición de victimas de violencia de género o víctimas del terrorismo, el derecho a realizar total o parcialmente su trabajo a distancia, para hacer efectiva su protección o su derecho a la asistencia social integral, siempre que, claro está, tal sistema esté implantado en la empresa y sea compatible con el puesto y funciones desarrolladas.

zones objetivas en que se sustenta en su caso la denegación, al tiempo que abre el acceso a un proceso judicial para resolver las discrepancias entre el trabajador y el empleador. El trabajador puede demandar al empresario, a través del procedimiento judicial del art. 139 LRJS, para obtener mediante resolución judicial todo o parte de lo que éste no quiso reconocer durante el proceso de negociación con el trabajador.

2.1. El trabajo a distancia por razones de conciliación familiar

Como se ha adelantado, cuando el trabajador alega en su solicitud razones de conciliación, la nota de voluntariedad se desdibuja para el empresario. Ahora bien, incluso en ese caso el trabajo a distancia no se configura como un derecho absoluto o incondicional. Es necesario que la adaptación sea razonable y proporcionada para las necesidades de ambas partes, empresa y trabajador. La empresa puede oponerse basándose en justificadas y probadas razones organizativas y productivas. La dimensión constitucional de esta medida de conciliación obliga a ponderar los intereses en juego los hechos, valorando las circunstancias personales y familiares del trabajador y las eventuales dificultades que la empresa pueda tener para acceder a la medida solicitada. Lo que ha dado lugar a una infinidad de fallos judiciales -en su inmensa mayoría de primera instancia-, que no procede detallar aquí, por razones evidentes de limitación de espacio y porque se trata de una cuestión eminentemente casuística, que exige examinar las concretas circunstancias de cada caso.

Sentado lo anterior, sí procede referirse a dos aspectos conexos sobre los que ya se han pronunciado igualmente los tribunales.

Primero, la falta de respuesta y de propuesta -en definitiva, de negociación- por parte de la empresa puede dar lugar a que se le condene a abonar una indemnización, en la consideración de que se vulneran derechos fundamentales, en tanto que el derecho a la conciliación de la vida familiar y laboral tiene fundamento no sólo en el derecho a la no discriminación por razón de sexo, sino también "en cualquier otra condición o circunstancia personal o social" (art. 14 CE), en el caso de tipo familiar que protege el art. 39 CE (STSJ Galicia 5-2-21, Rec. 3191/2020). Es más, incluso cuando la empresa responda a la solicitud, la denegación injustificada o no motivada puede dar lugar al reconocimiento, en vía judicial, de una indemnización por daños y perjuicios para el trabajador (TSJ Galicia 3-2-22, Rec. 5108/2021).

Segundo, la denegación del teletrabajo como medida de conciliación no es, en cambio, causa suficiente para solicitar la extinción indemnizada del contrato ex art. 50 ET. Ni siquiera cuando la empresa no ha accedido a una negociación individual -ni ha formulado propuestas alternativas-, ni ha habido una respuesta motivada sobre las causas de denegación de la medida de conciliación. El solo hecho de tratarse de peticiones de conciliación denegadas o en las que no ha habido acuerdo, sin ningún elemento adicional que constituya un principio de prueba de discriminación no destruido, no justifica la extinción judicial al amparo del art. 50 ET, como tampoco permiten abrir esta vía extintiva las discrepancias y conflictos derivados de las solicitudes de conciliación de la vida laboral y familiar, que encuentran su acomodo de resolución en el art. 139 de la Ley Reguladora de la Jurisdicción Social (en adelante LRJS)[4]. Es decir, en caso de denegación de la solicitud el conflicto debe resolverse a través del procedimiento del art. 139 LRJS como ejercicio de los derechos de conciliación y no a través de una petición extintiva (STSJ Madrid 30-06-21, Rec. 384/2021).

2.2. Teletrabajo y movilidad geográfica

La previsión legal de que el teletrabajo es voluntario para la empresa, salvo que una ley o un convenio colectivo dispongan lo contrario, no ha sido óbice para que al Tribunal Superior de Justicia de Galicia haya concluido que la empresa tiene que reconocer al trabajador la posibilidad de trabajar a distancia desde su domicilio antes que trasladarlo. Teniendo en cuenta la categoría profesional del trabajador -auxiliar administrativo- y que las tareas que realiza -elaboración de facturas, recibos o cartas, archivo, recepción y edición de "mails" y notificaciones, etc.- se pueden ejecutar desde cualquier domicilio o localización, para el Tribunal el desplazamiento a otra oficina de otra localidad no está justificado. La decisión de la empresa de trasladarle desde Mondoñedo (Lugo) a Coruña no está justificada "cuando puede realizar sus funciones desde Mondoñedo a través de los modernos medios de comunicación existentes actualmente, como internet y otros" (STSJ Galicia 08-06-2021, rec. 2070/2021), más aún -añade el Tribunal- cuando en la empresa ya existía un protocolo de teletrabajo. De

4 Sí podrá reaccionar a través el art. 50 ET el trabajador cuando las clausulas contractuales o las condiciones de trabajo no den cumplimiento a los requisitos legales o convencionales que conforman el trabajo a distancia, Sentencia de la Audiencia Nacional de 15 de marzo de 2022 (núm. 44/2022).

extenderse esta tesis, a pesar de que la ley no lo prevé, el teletrabajo devendrá también obligatorio para la empresa en estos casos.

2.3. La oferta de teletrabajo realizada por la empresa y aceptada por el trabajador no puede retirarse

Carta sobre la mesa pesa. De acuerdo con la sentencia de la Audiencia Nacional de 25 de mayo de 2021 (núm. 122/2021) un correo electrónico remitido a la plantilla al inicio de la pandemia ofreciendo unas determinadas condiciones para el teletrabajo –"un 5 por ciento más de salario bruto y 10 minutos por cada hora de descanso remunerado (vacaciones)"- compromete a la empresa en cuanto haya una aceptación por parte de los trabajadores. Aceptación que, parece, se produjo, por la vía de los hechos, es decir, desde el momento en que trabajan a distancia. Porque para la Sala, vistos los términos del correo, no estamos ante una encuesta sino una oferta concreta y firme de unas nuevas condiciones de trabajo.

Dicho esto, a mi juicio, nada se opone a que la empresa suprima tal mejora por la vía del art. 41 ET -siempre que concurra una causa-, dado que tales condiciones no figuran en el acuerdo individual de trabajo a distancia, ni constituyen, parece, una compensación por los gastos en que incurre el trabajador como consecuencia de realizar la prestación en su domicilio. Si, por el contrario, esas condiciones -u otras- figuraran en el acuerdo individual de trabajo a distancia, la empresa no podrá revisarlas unilateralmente sin infringir el art. 8 de la Ley 10/2021, aunque no formen parte del contenido mínimo obligatorio *ex* art. 7.

3. LA REVERSIBILIDAD DEL TRABAJO A DISTANCIA

Si bien los tribunales no han tenido aún ocasión de aclarar si el art. 5.3 de la Ley 10/2021 establece un auténtico derecho subjetivo de ambas partes de la relación laboral a revertir la situación de trabajo a distancia en contra de la voluntad de la otra o si, más limitadamente, la posibilidad de vuelta al trabajo presencial constituye un derecho de configuración convencional y/o contractual, lo que la Audiencia Nacional sí ha establecido ya es que el derecho de reversión no puede quedar condicionado a que la empresa tenga posibilidades de llevarla a cabo. En concreto, declara ilegal la parte de la cláusula de un acuerdo individual de trabajo a distancia que indica que "la empresa contestará por escrito informando de la aceptación de la solicitud en atención a sus posibilidades", pues con ello, se dice en la sentencia, "la decisión voluntaria del trabajador se deja condicionada a las posibilidades empresariales, en definitiva, a su personal voluntad, lo que resulta contrario al art. 1256 CC" (SAN 12-9-2022, núm. 117/2022). Lo que sí admite la Audiencia Nacional en la misma sentencia es que se establezcan plazos de reversibilidad distintos, siempre, añade, que no se aprecie abuso de derecho. Lo que no considera que fuera el caso, a pesar de que la empresa debía comunicarlo con una antelación mínima de 15 días y el trabajador, en cambio, tenía que solicitarlo con un mes de preaviso.

4. LA FIJACIÓN DE LAS CONDICIONES DE TELETRABAJO A TRAVÉS DEL ACUERDO INDIVIDUAL DE TRABAJO A DISTANCIA

Es sabido que la autonomía de la voluntad posee un carácter residual en la regulación de las condiciones de trabajo. Ahora bien, a pesar de ese carácter, el contrato de trabajo cumple una función reguladora que refleja fielmente el art. 3.1.c) ET. En interpretación unánime, las partes contratantes pueden acordar en el contrato de trabajo las condiciones de trabajo siempre que no sean menos favorables o contrarias a las que establecen la legislación y los convenios colectivos. Conforme a este esquema suficientemente conocido, la empresa y el trabajador pueden, además de acordar el trabajo a distancia, regular las respectivas obligaciones, sin necesidad de apoderamiento expreso, aunque naturalmente dentro del marco legal y convencional de referencia. Es más, la propia norma reguladora del trabajo a distancia brinda numerosas posibilidades de intervención a la autonomía individual, utilizando distintas técnicas de remisión o habilitación. En definitiva, nada se opone a que, a través del acuerdo individual de trabajo a distancia, las partes puedan establecer la relación y regular las condiciones que estimen convenientes, siempre que sean ajenas o no contraríen la ley o el convenio colectivo. Ahora bien, lo que algunos tribunales han comenzado a cuestionar es una práctica empresarial consistente en entregar a las personas que desean trabajar a distancia acuerdos de trabajo a distancia estándar o modelo "tipo" y meramente adhesivos.

Como es sabido, antes de la Ley 10/2021 ya existía la obligación de suscribir el contrato de trabajo a distancia por escrito. Ahora bien, dado el escaso número de personas que teletrabajaban, era innecesario disponer de un contrato "tipo", máxime porque la norma tampoco imponía un contenido mínimo. Lo habitual era que las partes suscribieran un anexo al contrato preexistente donde figuraba el lugar de la prestación, el régimen de distribución temporal y nada o poco más. Sin embargo, con la nueva regulación las cosas van a cambiar sustancialmente. De una parte, porque el art. 5 de la ley 10/2021 impone la celebración por escrito de un acuerdo individual de trabajo a distancia, que además -*ex* art. 7- tiene un contenido mínimo obligatorio particularmente detallado y extenso; de otra, porque, una vez declarado el fin de la pandemia, las empresas que decidieron mantener el teletrabajo pasaron automáticamente a estar sometidas a la nueva regulación, viéndose abocadas a "formalizar" la situación de esos trabajadores en los términos legalmente previstos en un muy corto periodo de tiempo. Razones de apremio legal y de economía de recursos que explican que muchas empresas optaran por elaborar un acuerdo estándar que tendrían que suscribir inmediatamente aquellos trabajadores que desearan continuar prestando sus servicios en remoto. Pues bien, como se ha anticipado, los tribunales han tenido ya ocasión de pronunciarse sobre tal proceder. En concreto, en dos sentencias.

4.1. Sentencia de la Audiencia Nacional de 15 de marzo de 2022 (núm. 44/2022)

Lo que aquí interesa de esta primera Sentencia es que estamos precisamente ante un contrato tipo de teletrabajo, elaborado unilateralmente por la empresa y puesto para la firma de más de mil trabajadores. Circunstancias en base a las cuales uno de los sindicatos demandantes solicita la nulidad total del contrato, en la consideración de que se trata de un contrato de adhesión.

Pues bien, la Audiencia Nacional coincide en que efectivamente, "ante la ausencia de acuerdos convencionales a nivel sectorial o de empresa", el resultado de la firma constituye un contrato de adhesión, "porque lo actuado revela que el clausulado del contrato lo ha llevado a cabo (la empresa) y así lo ha ofertado a los trabajadores cuya intervención se ha limitado a prestar su conformidad a su previo redactado, todo ello en el contexto de la desigualdad subyacente entre empresario y trabajador individual en el marco de las relaciones laborales". Ahora bien, no considera que por ello el contrato sea necesariamente nulo. El hecho de que "el contrato sea de adhesión no significa *per se* que el contrato sea nulo, sino que tal situación debe ser especialmente tenida en cuenta al momento de su interpretación y el análisis de la validez de algunas de sus cláusulas"[5].

---

[5] Lo reitera en la Sentencia de 12 de septiembre de 2022 (núm. 117/2022).

Es decir, la Audiencia Nacional no se opone a que el empresario confeccione el clausulado del acuerdo individual de trabajo a distancia, pues esta circunstancia por sí sola no hace desaparecer el carácter y naturaleza contractual del negocio convenido libremente, si se da la concurrencia de consentimientos mutuos[6]; sino que más limitadamente conecta el hecho de que el clausulado del acuerdo individual haya sido predispuesto por el empresario con el principal riesgo que presentan los contratos de adhesión: la existencia de posibles abusos por parte del "oferente". Porque, conforme a la teoría general del contrato, lo que queda prohibido no es que haya sido redactado por una de las partes, sino el empleo de cláusulas predispuestas que tengan carácter abusivo.

A partir de estas consideraciones previas y descartada la nulidad total del contrato-tipo, la Audiencia Nacional entra a analizar cada una de las demandas de nulidad parcial y, entre ellas, la que persigue la eliminación de la cláusula de un acuerdo individual "tipo" que regula la reversibilidad del trabajo a distancia. Una cláusula que establece situaciones diferenciadas para el ejercicio del derecho de reversión según que la iniciativa sea de la empresa o del trabajador.

"Cláusula 6.1. La Empresa podrá revocar en cualquier momento la autorización de la actividad del Home Office y / o lugares de trabajo fuera de la Empresa, teniendo en cuenta los intereses del Trabajador, con un plazo de preaviso adecuado de 15 días si existe una razón de hecho para la revocación.

Se considerará que existe una razón de hecho para la revocación, en particular en los siguientes supuestos:

- *el correcto cumplimiento de las tareas contractuales del Trabajador (en particular debido al desempeño del Trabajador) requiere su presencia en la oficina en el domicilio social de la Empresa;*
- *el cambio del Trabajador a una Campaña en la que no se preste servicios en la modalidad de teletrabajo, teniendo el Trabajador que volver al centro de trabajo;–el cambio del Trabajador a otra campaña, cuando sea necesario realizar una formación de manera presencial. En este caso se producirá la reversión al centro de trabajo durante el tiempo necesario para la formación;*

6 De hecho, el propio tribunal, afirma un poco más adelante que "el contrato tipo que se analiza colma las exigencias establecidas en el art. 1261 CC para la validez general de los contratos".

- *cuando haya incidencias técnicas continuas durante 3 días (que no fueran culpa de la Empresa), el Trabajador tendrá 48 horas para volver al centro de trabajo a trabajar;*
- *cuando la actividad del Trabajador cambia de tal manera que el cumplimiento de las tareas del Home Office y / o lugares de trabajo fuera de la Empresa no son posibles o sólo lo son en un grado limitado;*
- *el lugar de trabajo doméstico no cumple o ha dejado de cumplir las normas de salud y seguridad en el trabajo;*
- *el Trabajador comete graves infracciones de contrato de las que es responsable (por ejemplo, infracciones de la reglamentación del tiempo de trabajo o delitos penales en relación con la relación laboral, etc.);*
- *la revocación se hace necesaria por razones operativas;*
- *causas de fuerza mayor;*
- *el performance del Trabajador está por debajo del nivel exigido. En este sentido, se considera bajo rendimiento, cuando el Trabajador mantiene, durante al menos, cuatro semanas seguidas, uno o varios de los indicadores establecidos en el servicio como KPI's principales por dentro del umbral mínimo establecido. De igual forma, el umbral mínimo se establece en función de los resultados del conjunto de los trabajadores adscritos al mismo servicio que el Trabajador. Así, se considera que el Trabajador está dentro del umbral mínimo cuando se encuentra dentro del 25% de los trabajadores adscritos al servicio con peores resultados; o*
- *porque la empresa cliente para la que se desempeñen los servicios pida la vuelta al 'site' de los agentes. En este caso, el plazo de preaviso será de 30 días.*
- *El Trabajador podrá revertir la situación de trabajo en Home Office o lugares de trabajo fuera de la Empresa con un plazo de preaviso de 15 días siempre que exista una razón de hecho para ello. Se considerará que existe una razón de hecho para la reversión, en particular, en los siguientes supuestos:*
- *el correcto cumplimiento de las tareas contractuales del Trabajador requiere su presencia en la oficina o en el domicilio social de la Empresa;*
- *la actividad del Trabajador cambia de tal manera que el cumplimiento de las tareas del Home Office y / o lugares de trabajo fuera de la Empresa no son posibles o sólo lo son en un grado limitado.*
- *el lugar de trabajo doméstico no cumple o ha dejado de cumplir las normas de salud y seguridad en el trabajo. En este caso el Trabajador deberá acreditar la*

existencia de la circunstancia alegada, y la Empresa podrá enviar a alguien del servicio de prevención de riesgos laborales para comprobar si es o no cierto;

- *las condiciones de salud del Trabajador no permiten o desaconsejan el trabajo en Home Office o lugares de trabajo fuera de la Empresa,*
- *causas de fuerza mayor."*

Pues bien, cuestionada esta cláusula sindicalmente, la Audiencia Nacional la va a declarar contraria a Derecho precisamente por razones de forma.

La Sala de lo Social parte de que, en principio nada se opone a que el acuerdo individual regule el ejercicio de la reversibilidad. Dado que "no existe en el convenio colectivo de aplicación referencia alguna sobre el trabajo a distancia, ni tampoco sobre la reversibilidad de esta situación, sólo su ejercicio podrá fijarse en su defecto en el acuerdo que ambas partes suscriban". El problema para la Audiencia Nacional es que, en el caso concreto, "estamos ante un contrato de adhesión porque sus cláusulas se han fijado previamente por el empleador y el trabajador sólo tiene la facultad de adherirse, lo que tiene lugar en el marco de la desigualdad originaria de las partes en el contrato de trabajo" y a partir de ese dato concluye que si bien "en este contexto, nada impide que el empresario preestablezca los supuestos en los que puede ejercer tal derecho. En cambio, se considera abusivo, art. 7.2 CC, que limite por esta vía contractual adhesiva el ejercicio de la reversibilidad por parte del trabajador y en consecuencia tal parte del clausulado se aprecia contraria al ordenamiento" [7].

Así, sin más. Y lo digo porque en ningún momento el tribunal analiza en qué medida la cláusula causa un desequilibrio importante entre los derechos y obligaciones de las partes que intervienen en el acuerdo. Es como si por el hecho de estar predispuesta e incorporada a una pluralidad de contratos exclusivamente por el empresario, la Audiencia Nacional le atribuyera automáticamente la condición de abuso de derecho, sin necesidad de acreditar una desproporción significativa entre las obligaciones y beneficios que adquieren las partes. Porque, no se olvide, cláusula abusiva es la que, en contra de las exigencias de la buena fe, causa en detrimento de una de las partes un desequilibrio importante e injustificado de las obliga-

---

7 La misma sentencia declara igualmente nula una cláusula general de renuncia a derechos por el trabajador para el caso de que el empresario ejerza la reversibilidad, ya que como señala la Audiencia Nacional, ésta podría en ocasiones resultar contraria a derecho (SAN 15-3-2022, núm. 44/2022).

ciones contractuales, como sería el caso si se hubiera privado al trabajador del derecho de reversión o faltara reciprocidad, pero en este caso concreto no parece que sea así o al menos en la sentencia no se explicita. Lo que hace la cláusula en cuestión es concretar las causas de reversión -así como el plazo de preaviso-, en concordancia con lo que dispone el art. 5.3 de la Ley 10/2021. No confiere a la empresa un derecho exclusivo a revertir la situación, pues también el trabajador puede decidir retornar al trabajo presencial. Y vistos los términos y condiciones de la reversibilidad, parece que la relación de equivalencia o el principio de la máxima reciprocidad de intereses se halla preservada. Las ventajas o sacrificios son análogos para ambas partes. De ahí mi discrepancia con el sentido del fallo en este punto[8].

4.2. Sentencia del Tribunal Superior de Justicia de Galicia de 30 de mayo de 2023 (rec. 1036/2023)

El asunto es muy similar, pues también aquí se cuestiona el hecho de que la empresa elaborara de manera unilateral el modelo de anexo al contrato de trabajo para personas que trabajan a distancia. La diferencia radica en el motivo de la censura, pues el sindicato que recurre no sólo cuestiona el carácter adhesivo del modelo de acuerdo y, por ende, la ausencia de una verdadera negociación individual, sino que además considera que tal proceder empresarial desplaza o desvirtúa la negociación colectiva que pudiera desarrollarse sobre la materia, afectando al núcleo de la libertad sindical. Es decir, que el modelo tipo de acuerdo individual de trabajo a distancia, en si mismo considerado, sería contrario al art. 28.1 CE en relación con el art. 37.1 CE.

Pues bien, el Tribunal Superior de Justicia de Galicia, tras recordar la principal doctrina constitucional sobre contratación individual en masa, enuncia lo que considera indicios de vulneración de la libertad sindical del art. 28.1 CE y del art. 2.2.d) LOLS, en relación con la negociación colectiva del art. 37.1 CE, en el caso enjuiciado. De forma sintética, los siguientes:

i. La empresa elaboró unilateralmente el modelo de acuerdo individual regulador del teletrabajo.

[8] En relación con esta sentencia y las consecuencias jurídicas de la nulidad parcial del acuerdo de trabajo a distancia, véase Areta Martínez (2022).

ii. Se trata de una empresa de notorio tamaño, lo que, sumado al desequilibrio originario en las relaciones laborales, viene a limitar las posibilidades reales de negociación individual.

iii. El citado modelo de acuerdo afecta a relevantes condiciones de trabajo, como son la distribución del tiempo de presencia y el tiempo de trabajo a distancia, las condiciones de equipamiento a cargo de la empresa y del trabajador, la compensación por los gastos derivados de esta forma de trabajo, las excepciones a la desconexión digital, las condiciones y forma de la reversibilidad.

iv. El trabajo a distancia incide directamente en la conciliación de la vida laboral, un derecho que tiene una dimensión constitucional, sea como instrumento de igualdad, sea como de protección de la familia y la infancia, lo que, puesto en conexión con el art. 34.8 ET, impone una efectiva y real negociación individual con la persona trabajadora, con propuestas y contrapropuestas, y no una mera oferta a la trabajadora a partir de un modelo de acuerdo adhesivo con base en condiciones previamente determinadas, unilateralmente, por la empresa.

v. La aplicación potencial del modelo en cuestión, que pueda llegar a afectar a todas las personas que pretendan el trabajo a distancia.

vi. El hecho de que la empresa no respondiera a los reparos y objeciones que realizó la representación sindical presente en el comité de empresa una vez que fue informada respecto de la adaptación del teletrabajo al nuevo marco normativo, así como que la empresa tampoco atendiera la petición de algunos representantes sindicales para que la cuestión se tratara en el marco de la negociación colectiva.

A partir de lo expuesto, el tribunal considera que la conducta de la empresa "restringe o desvirtúa tanto las posibilidades de negociación colectiva, como expresión de la libertad sindical", como "la efectiva negociación individual del trabajo a distancia", en tanto que "la intervención y autonomía individual pasa a ser principalmente adhesiva, y sin una real negociación del concreto contenido del acuerdo de teletrabajo". Estaríamos ante lo que denomina un "cauce alternativo instaurado por la empresa" a las dos vías o cauces no excluyentes entre sí que prevé la normativa para establecer el trabajo a distancia. Lo que le lleva a concluir que la empresa demandada vulneró la libertad sindical en relación con el derecho a la negociación colectiva.

Pues bien, sin pretender profundizar, ni discutir si la empresa trató de ejercer su poder contractual con un propósito o resultado antisindical, hay dos aspectos de la sentencia de los que disiento.

Por una parte, no comparto la afirmación de que el "notorio tamaño" de la empresa, "sumado al desequilibrio originario de las relaciones laborales, viene a limitar la posibilidad real de negociación individual por las personas trabajadoras respecto del contenido del acuerdo individual de trabajo a distancia". Primero, porque no creo que exista una relación directa entre el tamaño de la empresa y el desequilibrio entre las partes, pero sobre todo porque desliza una sombra de duda sobre cualquier acuerdo individual de trabajo a distancia que se suscribe al margen de la negociación colectiva, obviando que la autonomía individual "ha de contar con un margen de actuación incluso en unos ámbitos como los de la empresa en los que exigencias de índole económica, técnica o productiva reclaman una conformación colectiva de condiciones uniformes" (STC 58/1985, de 30 de abril).

De otra parte, porque está fuera de lugar traer a colación el art. 34.8 ET. El tribunal confunde la parte con el todo. Es verdad que el art. 34.8 ET impone que, en caso de solicitud por parte del trabajador, en defecto de negociación colectiva, se abra un proceso de negociación individual, pero es que el conflicto que se sustancia en la sentencia no deriva de una solicitud de trabajo a distancia por razones de conciliación familiar. Igual que no comparto que el art. 5 de la Ley 10/2021 deba interpretarse en el sentido de que, "ante la falta de negociación colectiva, ha de haber una efectiva y real negociación individual con la persona trabajadora, con propuestas y contrapropuestas". Dicho precepto no otorga una expectativa de derecho, ni impone una negociación individual en caso de que lo solicite una de las partes. Sólo si la solicitud obedece a razones de conciliación familiar la empresa tendrá que sentarse obligatoriamente a negociar, pero incluso en ese caso el hecho de que exista un modelo de acuerdo predeterminado por la empresa no sería obstáculo para que hubiera una verdadera negociación individual a partir del mismo.

Dicho esto, la trascendencia de ambas sentencias es incuestionable, pues limitan notablemente la posibilidad de formalizar el trabajo a distancia a través de un modelo de acuerdo individual preestablecido unilateralmente por la empresa, al menos cuando no haya un convenio o acuerdo colectivo previo que regule el particular. De una parte, porque dan a entender que un modelo de acuerdo de trabajo a distancia predeterminado por la empresa limita las posibilidades de una verdadera negociación individual, lo que, unido a la desigualdad originaria de las partes, puede llevar al juez o al tribunal a apreciar sin más la existencia de abuso de derecho. De otra parte, porque, si además la empresa recurre de manera sistemática y masiva al acuerdo estándar, podría llegar a considerarse indicio de suplantación efectiva de la negociación colectiva -es verdad que insuficiente por si solo-. De ahí que las empresas deban actuar con cautela, particularmente cuando la representación de los trabajadores haya manifestado su voluntad de negociar sobre las condiciones o materias que se abordan en el modelo de acuerdo individual.

5. LA DISTRIBUCIÓN DEL TIEMPO DE TRABAJO PRESENCIAL Y A DISTANCIA

Como es sabido, las partes son libres para acordar el porcentaje de trabajo a distancia, así como la distribución de los tiempos. Eso sí, tienen que consignar en el acuerdo individual de trabajo a distancia el "porcentaje y distribución de trabajo presencial y a distancia", porque forma parte de su contenido mínimo obligatorio (art. 7.d) Ley 10/2021). La mención a esta "distribución" no tiene referencia temporal, por lo que cabe hacerla entre días de la semana, o entre semanas del mismo mes o, incluso, entre secuencias mensuales, conforme a cada pacto (Lahera Forteza, 2021: 166 y Gómez, 2020: 60). Unos márgenes amplios de flexibilidad y variabilidad que en cierto modo confirma, por ejemplo, la Audiencia Nacional en la sentencia de 10 de noviembre de 2022 (núm. 144/2022), cuando rechaza declarar la nulidad de la cláusula de los acuerdos individuales por el hecho de que diga que será el "manager" quien determine los dos días de presencia semanal en el centro de trabajo, así como que la empresa podrá requerir a la persona su incorporación de forma presencial bien para atender las gestiones propias de su puesto de trabajo, bien para otro tipo de tareas, debiendo comunicárselo con la máxima antelación posible. Argumenta para ello que la presencialidad debe conjugarse con las necesidades organizativas de la empresa, que se enmarcan en las facultades del poder de dirección previsto en el art. 20 ET y afirma que "es precisamente la organización empresarial la que permite requerir al trabajador para acudir de forma presencial caso de producirse circunstancias que, evidentemente requieran su presencia y no estaban previstas inicialmente". El tribunal tampoco considera que tenga que fijarse "un plazo de preaviso prudencial asimilable al previsto en los artículos 34.2 ET (cinco días) y 40.6 ET (tres días)", como reclamaba el sindicato demandante, pues, como advierte, caso de producirse una situación imprevisible, aquel devendría inoperante.

Lo que sí rechaza la Audiencia Nacional es el último párrafo de la cláusula cuestionada, que dispone que, en caso de que el trabajador deba acudir a trabajar presencialmente cuando le correspondería teletrabajar, dicho día no se compensará o sustituirá por otro. Argumenta que al no permitir recuperar el día de teletrabajo "perdido" la empresa estaría alterando unilateralmente el porcentaje de trabajo a distancia pactado, lo que resulta contrario al art. 8 de la Ley 10/2021, que exige que "la modificación de las condiciones establecidas en el acuerdo de trabajo a distancia, incluido el porcentaje de presencialidad, deberá ser objeto de acuerdo entre la empresa y la persona trabajadora"[9].

5.1. Sobre la obligación empresarial de proveer del equipamiento necesario

Entre las principales novedades de la Ley 10/2021 está el "derecho a la dotación y mantenimiento adecuado por parte de la empresa de todos los medios, equipos y herramientas necesarios para el desarrollo de la actividad, de conformidad con el inventario incorporado en el acuerdo referido en el artículo 7 y con los términos establecidos, en su caso, en el convenio o acuerdo colectivo de aplicación." (art. 11). Previsión que, en efecto, se complementa con el art. 7.a), que señala que dentro del contenido mínimo del acuerdo de trabajo a distancia debe figurar un "inventario de los medios, equipos y herramientas que exige el desarrollo del trabajo a distancia concertado, incluidos los consumibles y los elementos muebles, así como de la vida útil o período máximo para la renovación de éstos".

Esto no significa sólo que la empresa no puede obligar al trabajador a aportar el mobiliario necesario para prestar sus servicios o el ordenador, sino que debe proporcionarle incluso el correo electrónico corporativo y el teléfono móvil cuando sean necesarios para ejecutar el trabajo. La empresa tiene que costearlos a su cargo y encargarse de su mantenimiento. Y ni siquiera es obstáculo para llegar a esta conclusión el hecho de que se le requiera al trabajador "por si fuera necesario contactar con él por necesidades del servicio", ya que, como señala la Audiencia Nacional, la

---

9 En idénticos términos se pronuncia la Audiencia Nacional en la sentencia de 12 de septiembre de 2022 (núm. 117/2022), aunque en este caso me surge la duda de si el inciso cuestionado se refiere en realidad al supuesto de personas que realizan trabajo presencial durante un periodo inferior al 30% de la jornada, en cuyo caso propiamente no aplicaría la Ley 10/2021, ni en consecuencia la limitación que se deriva del art. 8.

posible urgencia que pudiera tener que atenderse no justifica que sea el trabajador el que, para ello, ponga sus medios personales a disposición del empresario, eludiendo éste sus obligaciones legales (SAN 22-03-2022, núm. 44/2022). Es el empleador el que está obligado a proporcionar la cuenta de correo electrónico particular, aunque sea a los solos efectos de la operativa, esto es, para la comunicación de turnos, variaciones del servicio, solicitud de vacaciones, etc., y sin que sea excusa a tal fin el coste o el riesgo de un ciberataque, pues es el empresario, concluye la Audiencia Nacional quien ha de asumir dichos riesgos (SAN 27-6-22, núm. 99/2022).

Lo que sí ha avalado la Audiencia Nacional es que "la vida útil o periodo máximo para la renovación" de los medios, equipos y herramientas, que debe especificarse en el acuerdo individual, se fije por remisión a la tabla de coeficientes de amortización establecida en el Real Decreto 1777/2004, de 30 de julio, por el que se aprueba el Reglamento del Impuesto de Sociedades, que en su anexo recoge la tabla de coeficientes de amortización de los elementos patrimoniales del inmovilizado material (SAN 22-03-2022, núm. 44/2022).

Resulta también conforme a la legalidad la cláusula del acuerdo individual que establece que el trabajador es responsable del equipo y del mantenimiento del lugar de trabajo en el domicilio privado, así como de cumplir las condiciones e instrucciones de uso y conservación establecidas en cada momento en la empresa en relación con los medios, equipos y herramientas puestos a disposición. Dicho deber se impone desde la ley, sin que, como señala la Audiencia Nacional, sea necesario -como reclamaba el sindicato- que dichas condiciones deban establecerse en la negociación colectiva. Motivo por el cual resulta igualmente válida la cláusula que establece que el coste de la reparación correrá a cargo de la empresa, salvo cuando los daños producidos a los medios puestos a disposición deriven de una mala utilización por parte del trabajador, en cuyo caso se podrá repercutir el coste de la reparación o los daños al trabajador. Lo que no es óbice, añade el tribunal, para que las posibles reclamaciones que pudiera realizar el empresario en relación con el uso de los medios puestos a disposición exigirán de su demostración, así como de la acreditación de una conducta culpable por parte del trabajador. Finalmente, tratándose de medios del empresario, la Audiencia Nacional estima lógico que proceda a descontar del finiquito el valor de los mismos, en caso de que el trabajador no los devuelva, teniendo en cuenta, eso sí, su depreciación conforme al Real Decreto 1777/2004 (SAN 22-03-2022, núm. 44/2022).

5.2. En torno a la compensación por los gastos

Como es sabido, el art. 12 de la Ley 10/2021 establece que "el desarrollo del trabajo a distancia deberá ser sufragado o compensado por la empresa" y añade que "no podrá suponer la asunción por parte de la persona trabajadora de gastos relacionados con los equipos, herramientas y medios vinculados al desarrollo de la actividad laboral". Dicho precepto prevé asimismo que los convenios o acuerdos colectivos podrán determinar qué gastos deben resarcirse a los trabajadores y cómo se llevará a cabo ese resarcimiento. Y se complementa con lo dispuesto en el art. 7.b) que recoge como contenido mínimo obligatorio del acuerdo de trabajo a distancia el siguiente: enumeración de los gastos que pudiera tener la persona trabajadora por el hecho de prestar servicios a distancia, así como forma de cuantificación de la compensación que obligatoriamente debe abonar la empresa y momento y forma para realizar la misma, que se corresponderá, de existir, con la previsión recogida en el convenio o acuerdo colectivo de aplicación".

Es decir, la fórmula de compensación económica puede estar prevista en el convenio o acuerdo colectivo, pero en todo caso, en defecto de regulación colectiva, el art. 7.b) contiene una obligación expresa impuesta a la empresa de enumerar y compensar de forma imperativa los gastos en que pudiera incurrir el trabajador por el hecho de prestar servicios a distancia. Y lo recalco por dos razones:

De una parte, porque, como ha concluido la Audiencia Nacional, será nula la cláusula del acuerdo individual que se limita a remitirse al convenio colectivo, cuando éste no establece criterio alguno para la compensación de los gastos -o añado, no existe-. El hecho de que nada se haya convenido a nivel colectivo no es óbice para que la empresa tenga que dar cumplimiento a la obligación que legalmente se le impone. Dicha "laguna" no impide la aplicación del art. 7.b) y el pleno derecho a que el trabajador sea resarcido por todos los gastos que se le ocasionan al trabajar a distancia (SAN 22-03-2022, núm. 44/2022).

De otra parte, porque, como ha venido a declarar también la Audiencia Nacional en su sentencia de 10 de noviembre de 2022 (núm. 144/2022), serán igualmente nulas las cláusulas que declaran que la prestación de servicios a distancia no genera gasto alguno, y que caso de producirse quedara compensado con el ahorro que dicha forma de trabajo produce. La dicción literal del precepto es clara. Exige determinar en qué gastos incurre el trabajador y, en su caso, cómo se le resarcirá, sin que, en caso de haberlos, puedan entenderse compensados por el hecho de que el trabajador permanece en su domicilio y, por ende, no incurre en otros gastos, como transporte, ropa o comer fuera de casa.

Finalmente, desde un punto de vista procesal, la Audiencia Nacional ha declarado que no cabe el reconocimiento del derecho a una compensación de gastos originados por el teletrabajo en términos genéricos, esto es, como consecuencia de la reclamación de un sindicato contra la patronal, sino que ese derecho sólo podrá ser alegado ante la jurisdicción social de acuerdo con lo que se disponga, en su caso, en el acuerdo individual o el convenio o acuerdo colectivo, o, en su defecto, mediante reclamaciones individuales y previa justificación de los mismos (SAN 4-6-2021, núm. 132/2021).

5.3. Interrupciones en el suministro de electricidad o internet

El art. 30 ET establece que "si el trabajador no pudiera prestar sus servicios una vez vigente el contrato porque el empresario se retrasare en darle trabajo por impedimentos imputables al mismo y no al trabajador, este conservará el derecho a su salario, sin que pueda hacérsele compensar el que perdió con otro trabajo realizado en otro tiempo". Por su parte, el apartado 1 del art. 4 de la Ley 10/2021 declara que "las personas que desarrollan trabajo a distancia tendrán los mismos derechos que hubieran ostentado si prestasen servicios en el centro de trabajo de la empresa, salvo aquellos que sean inherentes a la realización de la prestación laboral en el mismo de manera presencial, y no podrán sufrir perjuicio en ninguna de sus condiciones laborales, incluyendo retribución, estabilidad en el empleo, tiempo de trabajo, formación y promoción profesional (...)"; mientras que el apartado 2 concreta que "las personas que desarrollan trabajo a distancia no podrán sufrir perjuicio alguno ni modificación en las condiciones pactadas, en particular en materia de tiempo de trabajo o de retribución, por las dificultades, técnicas u otras no imputables a la persona trabajadora, que eventualmente pudieran producirse, sobre todo en caso de teletrabajo".

Partiendo de lo anterior, si un teletrabajador sufre una interrupción en el suministro eléctrico o una avería de internet durante su jornada de trabajo por causa imputable a la empresa suministradora no debe recuperar el trabajo posteriormente, ni puede descontársele cantidad alguna de su retribución por tal incidencia. En palabras del Tribunal Supremo, "es indudable que el tratamiento de las condiciones laborales del personal que presta servicios mediante el teletrabajo no pueden ser de peor condición que las del trabajo presencial de forma que si en el caso presente, los cortes de suministro de luz o de red que puedan producirse en los centros de trabajo de la demandada no conlleva que sus trabajadores presenciales deban recuperar el tiempo de trabajo afectado por dichas incidencias o no se les reduce el salario, tampoco ello puede afectar a quienes prestan servicios mediante el teletrabajo" (STS 19-9-2023, rec. 260/2021)[10]. Ese lapso de tiempo, aunque no se haya prestado servicio, debe considerarse tiempo efectivo de trabajo. Eso sí, siempre y cuando se aporte justificación de la empresa suministradora del servicio de que se trate sobre la existencia y duración de la incidencia. De acreditarlo el trabajador, no puede el empleador repercutir sobre él la imposibilidad de trabajar. Lo que no impide que la empresa pueda instar ante la autoridad laboral la suspensión del contrato de trabajo por fuerza mayor (SAN de 12-9-2022, núm. 117/2022).

5.4. Sobre el "ticket" restaurante y el plus de transporte

Conforme a lo dispuesto en el art. 4 de la Ley 10/2021, "las personas que desarrollan trabajo a distancia tendrán los mismos derechos que hubieran ostentado si prestasen servicios en el centro de trabajo de la empresa, salvo aquellos que sean inherentes a la realización de la prestación laboral en el mismo de manera presencial, y no podrán sufrir perjuicio en ninguna de sus condiciones laborales, incluyendo retribución". La igualdad no se predica sólo del salario, sino de la retribución total, por lo que comprenderá todos los complementos salariales y extrasalariales. Ahora bien, obsérvese que sólo alcanza a aquellos complementos que están vinculados a la presencia en el centro de trabajo. Y este punto es donde se ha generado cierta conflictividad, en concreto en relación con la ayuda de comida o "ticket" restaurante y el plus de transporte o distancia, habiéndose declarado en unos casos que los teletrabajadores tenían derecho a seguir percibiéndolos, mientras que en otros se considera que pierden el derecho

---

10 "Y a ello no se opone el que en el caso del trabajo presencial se pudiera ocupar ese tiempo de interrupción de la actividad en formación ya que, al margen de que ello no está declarado probado, resulta que el art. 9 del RDL 28/2020, como no podía ser de otra forma, también contempla el derecho a la formación del personal que trabaja a distancia con lo cual, de seguir el criterio de la parte recurrente, lo que coherente es seguir ese mismo criterio y no obligar a recuperar el tiempo de inactividad o descontarlo del salario". Véase, en instancia, la SAN 10 de mayo de 2021 (núm. 104/2021), que apela además al principio de ajenidad en los medios. Ampliamente sobre esta sentencia, Rodríguez Escanciano (2021).

a esos complementos desde el momento en que pasan a trabajar desde su domicilio. ¿De qué va a depender? Pues de las condiciones de devengo.

El plus de transporte no se abonará a los teletrabajadores cuando tiene por objeto compensar los gastos que en el desplazamiento cotidiano al lugar de trabajo incurren los trabajadores, esto es, cuando "se trata de pluses extrasalariales y como tales compensatorios de conceptos distintos a la propia prestación del trabajo" (STSJ Madrid 26-2-2021, rec. 38/2021). Ello incluso si en el anexo al contrato de trabajo figura una cláusula que establece textualmente que "no supone variación en las condiciones laborales económicas del trabajador que seguirán siendo aquellas de las que disfruta actualmente", porque si los empleados no asisten a la empresa por desempeñar la actividad mediante teletrabajo es evidente que el gasto no se ha producido y consecuentemente las condiciones económicas no han sufrido alteración (STSJ Madrid 30-6-2021, rec. 391/2021). Por el contrario, si del análisis se extrae que no se está fijando ningún tipo de indemnización por el desplazamiento del trabajador, ni se tiene en cuenta gasto alguno por dicho desplazamiento ni los días efectivos de trabajo y que se abona el plus durante los periodos de libranza e incluso en el periodo vacacional, los trabajadores tendrán derecho a seguir percibiéndolo.

En términos muy similares, la Audiencia Nacional, en sentencia de 30 de junio de 2021 (núm. 157/2021)[11], que rechaza que los trabajadores a distancia tengan derecho a percibir un plus de transporte que establece el convenio colectivo por cada día de trabajo efectivo, para aquellos trabajadores que comiencen o finalicen su jornada a partir de las 24:00 horas (inclusive) y hasta las 06:00 horas (inclusive). Básicamente por dos razones. Primero, en el propio convenio colectivo se configura como un plus extrasalarial. Segundo, el convenio colectivo ya retribuye la mayor penosidad de trabajar a través de un complemento de nocturnidad, con lo que en una interpretación sistemática y lógica sólo cabe concluir que el único dato que justifica el devengo es el desplazamiento[12]. Si el plus de transporte tiene naturaleza extrasalarial y finalista "carece de sentido mantener su abono cuando el teletrabajar desaparece la condición que lo justifica, desplazarse al centro de trabajo, art. 1114 CC" (SAN 13-9-2021, núm. 186/2021).

En igual sentido, para determinar si el trabajador a distancia tiene derecho a los tickets restaurante o la ayuda para comida habrá que estar a

---

11 En igual sentido, SAN de 30 de abril de 2021 (núm. 90/2021).

12 Lo que confirma la STS de 1 de junio de 2022 (rec. 247/2021).

las condiciones de devengo. La empresa no está obligada a abonar dicha ayuda si se estableció para la realización de una jornada partida presencial (SAN 22-9-2021, núm. 196/2021)[13]. Sí lo está, en cambio, cuando el convenio colectivo condiciona su pago únicamente a la prestación efectiva de servicios y a que la jornada sea partida, y no a que la prestación se haga de manera presencial, máxime cuando antes del teletrabajo la ayuda para comida la disfrutaban los trabajadores presenciales con jornada partida con independencia de que se desplazasen a comer a su domicilio particular, comiesen en algún establecimiento de hostelería o hiciesen uso del comedor de la empresa (STSJ Castilla y León, Valladolid 11-6-2021, rec. 678/2021)[14]. Del mismo modo, tienen derecho a seguir percibiendo los tickets restaurante quienes pasaron a teletrabajar por razón del COVID-19, si con anterioridad se venía abonando por día de trabajo efectivo, esto es, sin más requisitos (STS 18-11-2021, núm. 81/2021).

5.5. Tiempo de trabajo y control de la actividad

Mucho tiempo antes de la pandemia y de la aprobación de la Ley 10/2021, el Tribunal Superior de Justicia de Castilla y León ya sentenció que el empresario debe establecer pautas y controlar el tiempo de trabajo para garantizar el cumplimiento de los límites de jornada y descanso también cuando el trabajador presta sus servicios a distancia. El derecho a la intimidad no puede ser invocado en contra del trabajador (STSJ Castilla y León Valladolid 3-2-2016, rec. 2229/2015). Sin perjuicio del derecho a la flexibilidad horaria, el sistema de registro horario dispuesto por la empresa deberá reflejar fielmente el tiempo que el trabajador destina a la actividad laboral. Y los trabajadores a distancia deberán cumplir las instrucciones establecidas por la empresa y registrar adecuadamente su jornada de trabajo.

De hecho, la utilización de medios telemáticos y el control de la prestación laboral mediante dispositivos automáticos viene consagrado en la propia Ley 10/2021, siempre que se garantice adecuadamente el derecho

---

13 En el caso concreto, el convenio colectivo obliga a realizar el abono de una cantidad de dinero salvo que la empresa esté facilitando a su cargo servicio de comedor o restaurante en el centro de trabajo, es decir, que la regla general es la prestación en especie a través del servicio de comedor y la excepción el abono en metálico, por lo que el sentido que debe darse a la norma discutida es que la compensación por comida en jornada partida está pensada para el trabajo presencial y no para el teletrabajo.

14 En parecidos términos, STSJ País Vasco de 19 de octubre de 2021 (rec. 1569/2021).

fundamental a la intimidad y la protección de datos (art. 17.1). Ahora bien, lo que la empresa no puede exigir es la instalación de programas o aplicaciones de control o vigilancia en dispositivos propiedad del trabajador, aunque nada le impide llegar a un acuerdo en tal sentido (STSJ Castilla y León Valladolid 30-12-21, EDJ 841075).

Al igual que es conforme a la legalidad reclamar al trabajador a distancia que esté contactable en todo momento y circunstancia a lo largo de su jornada de trabajo, pues en puridad el derecho a la desconexión digital sólo puede predicarse fuera del horario de trabajo. De ahí que la Audiencia Nacional declarara ajustada a derecho la cláusula de un acuerdo individual de trabajo que establece que, "durante las horas de trabajo en el Home Office y/o en lugares de trabajo fuera de la empresa, el trabajador debe asegurarse de encontrarse accesible por teléfono y por correo electrónico a través de su cuenta de Empresa" (SAN 22-3-2022, núm. 44/2022).

5.6. Sobre la extinción del contrato

De acuerdo con la Ley 10/2021, las dificultades para el desarrollo adecuado de la actividad laboral a distancia que estén exclusivamente relacionadas con el cambio de una prestación presencial a otra que incluya trabajo a distancia, no serán causa justificativa de la extinción de la relación laboral (art. 5.2). Si el trabajador no tiene capacidad para afrontar el cambio y no se adapta al trabajo a distancia, al no tener la naturaleza del periodo de prueba del art. 14 ET, lo que procederá es reintegrarlo a la modalidad ordinaria de trabajo presencial (STSJ Madrid 24-11-2009, rec. 4832/2009).

Cosa distinta es el abandono del puesto de trabajo durante la jornada de trabajo, sin solicitar permiso previo a la empresa ni comunicárselo a posteriori, con el consiguiente falseamiento de los partes diarios de actividad, que, como han señalado los tribunales, constituye un incumplimiento grave y culpable merecedor de la máxima sanción, sin que resulte aplicable la doctrina gradualista, pues en la confianza no hay grados. Maxime cuando, como señala el Tribunal Superior de Justicia de Madrid, "se realiza la actividad laboral fuera de las instalaciones de la empresa, siendo más difícil el control de la misma" (STSJ Madrid 18-7-2022, rec. 360/2022). En igual sentido, en su Sentencia 24 de enero de 2022 (rec. 872/2021), declara la existencia de transgresión de la buena fe contractual y causa válida de despido disciplinario, en un caso en el que el teletrabajador se ausenta injustificadamente de su puesto de trabajo a lo largo de la jornada durante amplios periodos, lo que supone que las horas de trabajo efectivo que registra el trabajador en la herramienta de marcajes no se ajusta a la realidad de las horas trabajadas. El Tribunal considera además irrelevante a estos efectos que tal comportamiento no haya producido perjuicios económicos, retrasos en las tareas ni menoscabos de ningún tipo, al igual que se rechaza que tal conducta hubiera tenido que sancionarse primeramente mediante un apercibimiento y sólo de persistir el trabajador mediante el despido.

El Tribunal Superior de Justicia de Madrid no aprecia, en cambio, transgresión de la buena fe contractual ni incumplimiento alguno en un caso en el que, si bien queda acreditado que el trabajador a distancia aprovecha las horas de trabajo en quehaceres "domésticos", tales como llevar y recoger a su hija al colegio, va al gimnasio y al pádel y queda para tomar algo con otra persona, consta también acreditada la plena dedicación del trabajador a su actividad y que a menudo prescindía del horario preestablecido por la empresa para ceñirse al interés de los clientes (STSJ Madrid 1-3-2023, rec. 218/2023). Porque, añade el Tribunal, no es lo mismo un trabajo de administrativo, teleoperador o peón que conlleve el estar en el puesto de trabajo de forma fija y sin moverse en toda la jornada, que un trabajo como el de comercial, que es dinámico, que implica estar pendiente todo el día y que se puede llevar a cabo perfectamente desde un vehículo.

Desde otra perspectiva, el Tribunal Superior de Justicia de Madrid tampoco considera que incurriera en desobediencia un trabajador por el hecho de llevarse a su casa unas carpetas y extraviarlas, si se le había autorizado a teletrabajar y no se le había dado una orden -clara y expresa- de no sacar esos expedientes. No existe desobediencia, ni transgresión de la buena fe contractual ni abuso de confianza porque no existía un protocolo de actuación respecto del teletrabajo, diciendo lo que se podía o no "sacar". En definitiva, en palabras del Tribunal "en estas situaciones de teletrabajo, o trabajo en remoto, tienen que existir unas ordenes claras, por escrito para saber cómo se tiene que actuar" (STSJ Madrid 2-6-2022, rec. 296/2022).

5.7. El cuestionario como método válido de obtención de información

El principio de "plena" equiparación en el que se basa la Ley 10/2021 se proyecta también en materia de seguridad y salud, como evidencia la remisión general a la Ley de Prevención de Riesgos Laborales en el art. 15. Lo que no significa que la obligación general de seguridad del empresario no deba adaptarse, al menos en parte, a la especialidad del trabajo a distancia, dado que la prestación se ejecuta total o parcialmente en un lugar que escapa al control directo e inmediato del empleador y que incluso está protegido por el derecho a la inviolabilidad del domicilio. Razón por la cual, el legislador, "con el propósito de compaginar el deber de prevención con el derecho a la intimidad que abarca el domicilio personal del teletrabajador, ha dispuesto que esta información (para la evaluación de riesgos) se obtenga con una metodología lo menos invasiva posible" (SAN 22-3-2022, núm. 1132/2022). El art. 16.2 de la Ley 10/2021 precisa que "el desarrollo de actividad preventiva por parte de la empresa podrá efectuarse con base en la determinación de los riesgos que se deriven de la información recabada de la persona trabajadora según las instrucciones del servicio de prevención".

Un método indirecto de evaluación que con frecuencia se traduce en la entrega al trabajador de un cuestionario que tiene que cumplimentar recabando la información de las condiciones particulares presentes en el domicilio, para determinar la presencia de riesgos en la prestación de servicios en el domicilio. Un sistema de autocomprobación cuya validez confirma la Audiencia Nacional, en la sentencia de 10 de noviembre de 2022 (núm. 144/2022), atendiendo, eso sí, a que en el caso concreto el acuerdo individual de trabajo a distancia contempla como primer método para cumplir con las obligaciones previstas en los artículos 15 y 16 de la Ley 10/2021 el acceso a la vivienda del trabajador, siempre que este lo consienta; así como que se prevé en la empresa como método menos invasivo que el examen del medio en que se desarrolla el teletrabajo se produzca de forma telemática -restringiéndose a la zona física que ocupara el trabajador-; y que el trabajador ha recibido la formación suficiente en materia de prevención riesgos laborales. Un fallo que comparto salvo por una cuestión. Me refiero a que el Tribunal otorga carácter preferente -como método de obtención de información- a la visita al domicilio del trabajador, cuando en la ley, pienso, tiene carácter subsidiario, pues se dice que sólo se justificará la visita cuando los servicios de prevención estimen insuficiente la información recabada del trabajador[15].

5.8. Sobre los accidentes acaecidos en casa

Como es sabido, el art. 156.1 LGSS define el accidente de trabajo, como "toda lesión corporal que el trabajador sufra con ocasión o como consecuencia del trabajo que ejecute por cuenta ajena". Es decir, el lugar donde

---

[15] Ampliamente sobre el particular: Sánchez-Urán Azaña (2021), Martín Hernández (2020), Rodríguez Cano (2023) y González Cobaleda (2022).

acaezca es indiferente, siempre y cuando exista una relación de causa-efecto entre el trabajo y la lesión, puede ser dentro o fuera del centro de trabajo. Prueba de ello es que esta definición incluye las lesiones que se pueden producir "in itinere" o en misión. Por lo tanto, ninguna duda hay de que también es accidente de trabajo el que acaece en el domicilio del trabajador cuando se produce en el marco de la prestación de servicios. Cosa distinta es si la presunción de laboralidad de todo percance sufrido por un trabajador "durante el tiempo y en el lugar del trabajo" que establece el art. 156.3 LGSS resulta de aplicación en el teletrabajo y hasta dónde alcanza. Aspecto sobre el que ya han tenido igualmente ocasión de pronunciarse los tribunales[16].

De una parte, procede referirse a la STSJ País Vasco de 15 de septiembre de 2020 (rec. 809/2020) que declara accidente laboral el infarto que sufre un comercial que está realizando los trabajos administrativos en su domicilio en horario laboral (carece de oficina), sobre la base de que el art. 156.3 LGSS se refiere al "lugar de trabajo" y no al "centro de trabajo"[17]. Es indiferente, por tanto, que se trate del espacio físico de la empresa, el domicilio del trabajador o cualquier otra localización elegida por empresa y trabajador para desarrollar la actividad encomendada, "aunque no sea el lugar de trabajo habitual" (STS 18-12-1996, rec. 2343/1996).

De otra parte, están aquellas sentencias que se refieren a lesiones que se producen en el domicilio, pero no en el puesto de trabajo. Está la sentencia de Juzgado de lo Social de Cáceres, de 26 de octubre de 2022, que considera accidente laboral el tropiezo de una trabajadora que, durante su horario laboral en casa, al salir del cuarto de baño de su domicilio, en trance de reanudar su actividad laboral, tropieza en el pasillo, cayendo al suelo. Según el juzgado, se daban todos los requisitos para su apreciación (lesión, trabajo y relación entre ambos). La defensa alega que no estaba en su lugar de trabajo, esto es, sentada delante del ordenador, pero para el juzgador es innegable que se trata de una necesidad fisiológica que no puede eludirse y que esta misma situación, en un centro de trabajo corriente, no daría lugar a dudas. "No se trata aquí de hacer de mejor a quien teletrabaja, al contrario, se busca evitar su desprotección". En similares términos, la sentencia del TSJ Madrid de 11 de noviembre de 2022 (rec. 526/2022), que, al abordar el caso de un accidente sufrido por el empleado en el ho-

---

16 Al respecto, Aguilera Izquierdo (2023).

17 En igual sentido, Sentencia del Juzgado de lo Social de Girona de 12 de noviembre de 2020.

rario de trabajo, en la cocina de su casa, al caérsele una botella de agua, sufriendo lesiones en su mano izquierda, rechaza "una interpretación un tanto mecanicista y estricta de lo que haya de entenderse como lugar de trabajo", entendido básicamente como una mesa, una silla y un ordenador, y lo amplía a "una serie de supuestos que la lógica interpretativa impondría si se desarrollaran en el 'domicilio' de la empresa. Sería el caso de cuando se deja temporalmente dicho puesto y se sufre una caída, por ejemplo, dirigiéndose al WC o en su interior; o cuando se desplaza a un lugar habilitado por la empleadora para servirse una bebida y/o un producto alimenticio".

Dicho esto, para que se aplique la presunción es necesario que concurran los dos presupuestos legales, lo que supone que el resultado lesivo se produzca durante el tiempo de trabajo. En caso de que acaezca fuera del horario de trabajo el trabajador -o el beneficiario- no sólo deberá instar el reconocimiento, sino probar el nexo causal con la prestación de trabajo. Tal y como viene a exigir el Tribunal Superior de Justicia de Madrid en su sentencia de 3 de febrero de 2023 (núm. 89/2023), pues si bien declara que la circunstancia de que la isquemia de miocardio del trabajador tuviera lugar en el baño de su domicilio no excluye "per se" la laboralidad, en cuanto que teletrabajaba en ese domicilio, no se cumple el otro parámetro que desencadena la presunción, porque no fue durante el tiempo de trabajo. En concreto, porque el trabajador no había conectado el ordenador para iniciar su jornada, ni había registrado el inicio de la misma en el sistema de registro horario y no consta que hubiera realizado o recibido llamadas de trabajo antes del infarto.

5.9. Sobre la obligación empresarial de disponer de un tablón virtual

El art. 19.2 de la Ley 10/2021 establece que "la empresa deberá suministrar a la representación legal de los trabajadores los elementos precisos para el desarrollo de su actividad representativa, entre ellos, el acceso a las comunicaciones y direcciones electrónicas de uso en la empresa y la implantación del tablón virtual, cuando sea compatible con la forma de prestación de trabajo a distancia". Es decir, la norma no establece un umbral o porcentaje determinado de trabajadores a distancia a partir del cual surge la obligación de disponer de un tablón virtual. De ahí que el Tribunal Superior de Justicia de Galicia confirmara que la empresa está obligada a contar con dicho tablón no sólo en los centros de trabajo en los que una parte relevante de la plantilla presta sus servicios en régimen de teletrabajo (más del 50%), sino también en aquellos otros que cuentan con un número reducido de teletrabajadores. En el caso concreto, la existencia de sólo tres personas que prestan sus servicios en remoto ya justifica por si solo la implantación del tablón virtual (STSJ Galicia 12-5-2023, rec. 1153/2023).

5.10. Lugar de la prestación y competencia jurisdiccional territorial

Finalmente, queda referirse a un punto crítico desde el punto de vista procesal, como es la problemática de la determinación del fuero territorial en los supuestos de trabajo a distancia. El art. 10 LRJS establece que con carácter general será Juzgado de lo Social "competente el del lugar de prestación de los servicios o el del domicilio del demandado, a elección del demandante", pero no existe previsión específica para determinar el juzgado territorialmente competente en los supuestos de teletrabajo o trabajo a distancia. De ahí que hayan sido los tribunales los que hayan resuelto la cuestión, a partir de dos previsiones de la Ley 10/2021. De una parte, el art. 7.e) que establece que deberá figurar en el acuerdo de trabajo a distancia el "centro de trabajo de la empresa al que queda adscrita la persona trabajadora a distancia y donde, en su caso, desarrollará la parte de la jornada presencial". De otra, la Disposición Adicional tercera establece que, a efectos de considerar la autoridad laboral competente y los servicios y programas públicos de fomento del empleo aplicables, se considerará como domicilio "aquel que figure como tal en el contrato de trabajo y, en su defecto, el domicilio de la empresa o del centro de trabajo o lugar físico de trabajo". Nos encontramos, afirma el Tribunal Superior de Justicia de Cataluña "con una norma especial que establece el lugar -que desde el punto de vista legal- debemos considerar como de prestación de servicios y que, al tratarse de una norma que viene a resolver el vacío legal que existe en el art. 10 LRJS (por la sencilla razón de que cuando entró en vigor el problema ahora analizado era inexistente o muy escaso), es de aplicación preferente". De lo que resulta, afirma el Tribunal, que, si el teletrabajo es híbrido o parcial, porque una parte de la prestación se ejecuta de forma presencial, el lugar donde se realice este último determinará la competencia territorial del órgano jurisdiccional competente; mientras que en los casos en que la totalidad de la prestación sea de teletrabajo, habrá de acudirse a lo previsto en el contrato suscrito entre las partes (STSJ Cataluña 2-2-2023, rec. 4863/2022)[18].

---

[18] En igual sentido, STSJ Castilla y León, Burgos, 21-4-2023, rec. 120/2023.

6. CONCLUSIÓN

En resumen, de lo expuesto anteriormente se desprende que, aun cuando la Ley 10/2021 todavía plantea algunos interrogantes y el Tribunal Supremo deberá establecer criterio casacional sobre alguna de esas cuestiones, lo cierto es que la doctrina judicial está terminando de configurar el marco regulador del trabajo a distancia. Es verdad que, como ha señalado algún autor, a veces se trata de meras proyecciones de los términos literales de la ley, pero en otras, como se ha expuesto, sí se aprecia una cierta "originalidad", como consecuencia de la ambigüedad de la norma en algún aspecto y de una indisimulada prevención hacia el papel del acuerdo individual de trabajo a distancia. Unas resoluciones que en algunos casos resultan particularmente garantistas, lo que, unido al exceso de carga regulatoria o, incluso, la falta de "neutralidad legal" de la nueva ley[19], lejos de contribuir a al desarrollo del trabajo a distancia podría frenarlo, dada la falta de equilibrio del conjunto.

Referencias bibliográficas

AA.VV. Sala Franco, T. (Dir.). (2020). *El teletrabajo.* Valencia, España: Tirant lo Blanch.

AA.VV. Godino Reyes, M. (Coord.). (2020). *La nueva regulación del Trabajo a distancia y el Teletrabajo.* Madrid, España: Ediciones Lefebvre;

AA. VV. Pérez de los Cobos Orihuel y Thibault Aranda, J. (Dirs.). (2021). El trabajo a distancia. Con particular análisis del Real Decreto-ley 28/2020, de 22 de septiembre. Madrid, España: La Ley.

Aguilera Izquierdo, R. (2023). Accidente de trabajo y teletrabajo, *Revista Española de Derecho del Trabajo,* 264.

Areta Martínez, M. (2022). El acuerdo de trabajo a distancia (teletrabajo) en el sector de constact center: ¿Cuál es su naturaleza jurídica?, ¿Qué consecuencias jurídicas lleva aparejada la nulidad de algunas cláusulas? *Revista de Jurisprudencia Laboral,* (9).

Conde Ruiz, J.I., Jansen, M., y Lahera Forteza, J. (2022). ¿Cómo regular el teletrabajo?, *Apuntes FEDEA 16.*

Gómez Abelleira, F.J. (2020). *La nueva regulación del trabajo a distancia.* Valencia, España: Tirant lo Blanch.

González Cobaleda, E. (2022). Evaluación de riesgos laborales, teletrabajo y desconexión digital: una lectura judicial garantista. Comentario a la Sentencia de la Audiencia Nacional 44/2022, de 22 de marzo. *Revista de Trabajo y Seguridad Social, CEF,* (287), 253-262.

---

19 Expresión acuñada por Conde Ruiz, Jansen y Lahera Forteza (2022: 12).

Lahera Forteza, J. (2021). Obligaciones formales y contenido del acuerdo de trabajo a distancia, en Pérez de los Cobos Orihuel y Thibault Aranda, J. (Dirs.), El trabajo a distancia. Con particular análisis del Real Decreto-ley 28/2020, de 22 de septiembre, Madrid. Madrid, España: La Ley.

Martín Hernández, Mª.L (2020). El derecho a la seguridad y salud en el trabajo, *Revista Trabajo y Derecho, Monográfico* (12).

Monreal Bringsvaerd, E. (2021). Voluntariedad del trabajo a distancia y su carácter reversible. En Pérez de los Cobos Orihuel y Thibault Aranda, J. (Dirs.), *El trabajo a distancia. Con particular análisis del Real Decreto-ley 28/2020, de 22 de septiembre, Madrid.* Madrid, España: La Ley.

Rodríguez Cano, I.A. (2023). Accidente de trabajo y teletrabajo: una relación difícil, *Temas Laborales,* (166), 139-170.

Rodríguez Escanciano, S. (2021). Cómputo como tiempo efectivo de actividad: interrupciones en el desarrollo del teletrabajo no imputables al asalariado y breves paradas para atender necesidades fisiológicas. *Revista de Jurisprudencia Laboral* (6).

Sánchez-Urán Azaña, Y. (2021). Obligación de protección de la salud en el trabajo a distancia. En Pérez de los Cobos Orihuel y Thibault Aranda, J. (Dirs.) *El trabajo a distancia. Con particular análisis del Real Decreto-ley 28/2020, de 22 de septiembre.* Madrid, España: La Ley

Capítulo 4.

ROBÓTICA Y TRABAJO: HACIA UN MERCADO DE TRABAJO SOCIAL Y JURÍDICAMENTE RESPONSABLE

GARCÍA PIÑEIRO, NURIA P.
Profesor Titular de Derecho del Trabajo y la Seguridad Social
Universidad Complutense de Madrid
npgarcia@der.ucm.es

RESUMEN: El capítulo aborda los importantes efectos que la robótica tiene sobre el empleo, y que se incrementarán a medida que aumente la interacción de las personas y los robots. Asimismo, se analizan las consecuencias sociales y la capacidad de adaptación del modelo de trabajo actual a la disrupción digital, prestándose especial importancia a la formación para el empleo como herramienta idónea para hacer frente a la transición digital. El estudio se realiza desde la perspectiva de la robótica inclusiva, y del principio de innovación tecnológica social y jurídicamente responsable, y se plantean los retos y oportunidades en el ámbito del empleo y de la ocupación.

ABSTRACT: The chapter discusses the important effects of robotics on employment, which will increase as the interaction of people and robots increases. It also analyses the social consequences and the adaptability of the current work model to digital disruption, with a particular focus on job training as a tool to cope with the digital transition. The study is carried out from the perspective of inclusive robotics and the principle of socially and legally responsible technological innovation, and the challenges and opportunities in the field of employment and occupation are considered.

Palabras clave: Robótica; Digitalización; Trabajo decente; Inteligencia Artificial; Mercado de trabajo; Formación

Keywords: Robotics; Digitalisation; Decent work; Artificial Intelligence; Labour market; Training

1. INTRODUCCIÓN

La robótica se suele definir como el campo de la ciencia que combina diferentes ramas, mecánica, electrónica, informática, inteligencia artificial. Pero cada vez está más abierta a otras y avanza en una proyección multidisciplinar; admite la combinación de muchas disciplinas científicas (de forma especial, la neurociencia y la nanotecnología); y une no sólo a las denominadas dos culturas, Ciencias y Humanidades (desde 2004 se habla de la *Roboética*), sino también a las Socio-Jurídicas. En el estudio o análisis del diseño, construcción, programación, aplicación y control de las máquinas, capaces de realizar tareas automatizadas o de simular el comportamiento humano o animal, en función de la capacidad de su software, se ha avanzado tanto estos años que resulta complejo describir con exactitud las características distintivas de los robots desde un punto de vista técnico. Así, se han destacado como características la capacidad de recoger datos mediante sensores; procesar los datos en bruto; planificar y cumplir acciones mediante conocimientos e informaciones adquiridas, generalmente, en función de objetivos prefijados (descritas como *sense-think-act*), etc. (Palmerini, 2017: 65). Además, se indicaba también que eran características eventuales las de capacidad de comunicación con un operador, con otros robots o con una red externa, y la de aprendizaje (García-Prieto, 2018: 38).

La Inteligencia Artificial y la automatización no son fenómenos nuevos[1]. Los robots físicos se han utilizado en la industria manufacturera des-

---

1 A fecha de cierre de la obra, está pendiente de publicación en el DOUE el Reglamento (UE) del Parlamento Europeo y del Consejo, por el que se establecen normas armonizadas en materia de inteligencia artificial y por el que se modifican los Reglamentos (CE) nº 300/2008, nº 167/2013, nº 168/2013, 2018/858, 2018/1139 y 2019/2144 y las Directivas 2014/90/UE, 2016/797 y 2020/1828 (Reglamento de Inteligencia Artificial). El art. 3 dentro de las definiciones, sostiene que, a los efectos del presente Reglamento, se entenderá por "sistema de IA" un sistema basado en una máquina diseñada para funcionar con distintos niveles de autonomía, que puede mostrar capacidad de adaptación tras el despliegue y que, para objetivos explícitos o implícitos, infiere de la información de entrada que recibe la manera de generar información de salida, como predicciones, contenidos, recomendaciones o decisiones, que puede influir en entornos físicos o virtuales". Asimismo, siguiendo a la doctrina laboralista puede sostenerse que la "IA es un concepto que engloba muchas otras (sub)áreas como la informática cognitiva (cognitive computing: algoritmos capaces de razonamiento y comprensión de nivel superior -humano-), el aprendizaje automático (machine learning: algoritmos capaces de enseñarse a sí mismos tareas), la inteligencia aumentada (augmented intelligence: colaboración entre humanos y máquinas) o la robótica con IA (IA integrada en robots)" (Álvarez, 2020: 22).

de hace tiempo, pero ahora son mucho más capaces, flexibles, seguros y baratos. Del mismo modo, la IA no es nueva, pero el ritmo del progreso sí lo es (Servoz 2019: 21), por lo que resulta deseable garantizar la seguridad jurídica y facilitar la convergencia de la IA a escala internacional, además de prever una flexibilidad necesaria para acoger los rápidos avances tecnológicos en este ámbito (entre otros, la IA generativa).

El proceso tecnológico presenta ahora una nueva fase, la de "robotización", en la que convergen *automation/ automatization.* Por un lado, se convierte a una máquina o a un dispositivo en un sistema más automático; por otro, se transforman en sistemas más autónomos, permitiéndoles que operen por sí mismos con capacidades tecnológicas más avanzadas (Inbots, 2019); desde las que cabe definir como tecnologías basadas en reglas (*rules-based technologies*) a las tecnologías basadas en la predicción (*prediction-based technologies*). Las primeras son tecnologías que automatizan las tareas codificándolas en una serie de afirmaciones "si-entonces" que se incorporan al *software.* Como tales, estas tecnologías pueden automatizar tareas que siguen un protocolo determinado, a veces denominadas tareas "rutinarias". Ejemplos de estas tareas rutinarias (o codificables) son realizar cálculos y ensamblar productos en una cadena de montaje. Las tecnologías basadas en la predicción utilizan técnicas de *big data* y aprendizaje automático para un uso predictivo y prescriptivo de los resultados probables. Estas tecnologías pertenecen al tipo de IA y pueden incorporarse a las máquinas que definimos como robots, *hardware devices,* esto es, "máquinas controladas automáticamente, reprogramables y multifuncionales que realizan en el mundo físico acciones tradicionalmente realizadas o iniciadas por los seres humanos, en particular mediante la inteligencia artificial o las tecnologías conexas"[2].

El robot y su "imparable marcha" define una nueva era en el contexto de la digitalización (Ortega, 2016). Su aparición y desarrollo ha ido unido, por un lado, a la reducción de la presencia humana en determinadas tareas, hoy sustituidas o reemplazadas por esos sistemas automatizados. Y, por otro, a la interacción (o interactuación) entre humanos y robots, definidos en la industria como robots colaborativos (CoBots) porque están diseñados para trabajar en colaboración con humanos (gráficamente se les ha descrito como "nuevos compañeros de trabajo"), compartiendo un mismo espacio físico de trabajo y creados con ciertas características de seguridad (como sensores integrados) que permiten a los trabajadores realizar su

---

2 Al respecto, véase, Resolución del Parlamento Europeo, de 20 de octubre de 2020, con recomendaciones destinadas a la Comisión sobre un marco de los aspectos éticos de la inteligencia artificial, la robótica y las tecnologías conexas.

actividad con mayores garantías. Con esos mismos caracteres se han extendido hacia otros sectores, en especial sanidad y cuidado de personas, con interacción intensa, física o cognitiva. Evolucionando hacia los que pueden desempeñar algunas funciones humanas (los que se denominan *robots workers*) o incrementan las facultades de los humanos, desde las prótesis externas, en especial, los exoesqueletos, hasta los que se integran o implantan en personas. Y en este caso desde las prótesis biónicas avanzadas hasta las implantadas en el sistema nervioso central o periférico, dando lugar al término "ciborg" para referirse al ser humano integrado con dispositivos electrónicos, en especial para superar una enfermedad o una discapacidad y de este modo potenciar sus habilidades físicas e intelectuales. Atendiendo a esa diversa tipología de robots, a sus múltiples funcionalidades, a la introducción en cada vez más lugares de trabajo, en más sectores, en más actividades, en la actualidad hay una nueva generación, la de robots con IA, que los hace más autónomos en su interacción con los humanos.

En respuesta a esa "autonomía" de los robots, y cualquiera que sea el enfoque–más aún si la óptica es jurídica y ética-, la premisa debe ser la de innovación tecnológica – robótica- social y jurídicamente responsable. Más allá de los principios de precaución (De Asís, 2014: 68), aplicado a la libertad de investigación científica -adopción de medidas protectoras respecto a ciertos productos o tecnologías que se sospecha crean un riesgo grave, aunque no existe prueba científica de ello -, y el de la "neutralidad tecnológica" -que no puede ser un fin en sí mismo (Leenes, 2017: 12 y 44), éste procura el necesario equilibrio entre facilitar el desarrollo tecnológico robótico y proteger los valores que son deseados por los humanos. Impone a la invocación tecnológica unos límites atendiendo a sus consecuencias o impactos sociales. Y exige que la robótica contribuya a un crecimiento inclusivo. Lo que cabe explicar desde una orientación doble, en negativo y en positivo; en negativo, determinando lo que la tecnología, y en concreto la tecnología robótica, no debe hacer y a lo que los robots no deben servir (limitando entonces el "comportamiento inteligente" e imponiendo solo un cierto grado autonomía). Como desde hace tiempo se expresa en documentos de países (Corea del Sur y Japón) que cuentan con una legislación específica sobre robótica, "estamos creando sistemas que nos ayuden; no estamos creando vida". En positivo, poniendo en el centro al ser humano. Así se expresa en la actualidad por las organizaciones internacionales y las instituciones de la UE bajo la acepción "poner el ser humano en el centro" o "futuro centrado en el ser humano" (*human-centred approach*). La innovación tecnológica, exige, aunque resulte una paradoja, limitar las capacidades tecnológicas de los robots (su autonomía) y reafirmar la defensa de una automatización controlada por el ser humano.

Se exige que la robótica sea inclusiva, que contribuya a reforzar el trabajo humano como principal factor de integración social y económica de las personas para conseguir igualdad real y efectiva y cohesión social. La centralidad de la actividad laboral debe entenderse en el sentido apuntado por la OIT, en su informe de 2019 "Trabajar para un futuro más prometedor", que ha sido asumido por las Instituciones de la UE en los últimos documentos sobre Ética e IA. Así, se propone un programa centrado en las personas para el futuro del trabajo que fortalezca el contrato social, situando a las personas y el trabajo que realizan en el núcleo de las políticas económicas y sociales y de la práctica empresarial. Este programa se asienta en tres ejes de actuación, que combinados entre sí generarán crecimiento, igualdad y sostenibilidad para las generaciones presentes y futuras: la inversión (social y económica) en torno a las capacidades de las personas, en las instituciones del trabajo y en un trabajo decente y sostenible (más justo y equitativo).

Hay que promover una situación en la que la ausencia de limitaciones a la innovación tecnológica vaya de la mano del principio de que la automatización y la robótica deben permitir que el empleo se oriente hacia los "trabajos que añaden mayor valor". Esto significa comprometerse ahora con el desarrollo de las competencias tecnológicas y equilibrar las dos necesidades; una, que se deriva del crecimiento y de la competitividad, y en consecuencia el progreso tecnológico; y la otra, que minimice las perturbaciones en el mercado laboral para evitar las desigualdades sociales.

2. EL IMPACTO DE LA ROBÓTICA EN EL MERCADO DE TRABAJO: CONSECUENCIAS SOCIALES

El vertiginoso proceso de digitalización y robotización de la economía impacta sobre el mercado de trabajo[3]. Al respecto, el informe del Consejo Económico y Social titulado "La Digitalización de la Economía" expresaba la incertidumbre que lleva aparejada la transición tecnológica y reclamaba que fuera "inclusiva" en el ámbito del empleo para procurar un resultado o balance positivo[4]. Sencillamente, apunta en el Informe de actualización de 2021, que el capital humano es el punto débil de la digitalización en España. Lo relevante es analizar el modo en que este mercado podría cambiar

---

3 Sobre el tema, véanse, los estudios de Pérez del Prado (2023) y Mercader (2017). Asimismo, pueden consultarse las aportaciones de Sánchez-Urán y García Piñeiro (2021, 154 y ss.); (2022); (2023 a: 203-214) y (2023 b: 29-47).

4 Informe 03/2017.

para articular algunas soluciones bajo la premisa del principio de innovación tecnológica, social y jurídicamente responsable. Siempre habrá trabajo humano; "lo relevante será cómo se reparte el existente y garantizar la igualdad de oportunidades para acceder al mismo" (Sánchez-Urán y Grau, 2021: 22).

La tecnología cambia el tipo de producción y los tipos de trabajo o de mano de obra necesarios; siempre exigirá alguna reorganización del trabajo y una nueva división del trabajo. La innovación tecnológica y la división del trabajo se influyen mutuamente: aquélla determina ésta; y ésta, si contemplada desde la especialización de los trabajadores, facilita la innovación y el cambio tecnológico (Eurofund, 2018: 6). Así ocurre con la automatización del trabajo, en su acepción de reemplazo de la mano de obra humana por máquinas (más o menos autónomas) para realizar determinadas tareas. En el contexto de la robotización la preocupación desde hace años es medir su impacto en términos de cantidad de empleo/calidad o naturaleza de los trabajos realizados por los humanos. Tal vez no hayamos encontrado una respuesta inequívoca porque el efecto de las tecnologías es bivalente. Su potencial de destrucción de empleos se contrarresta con el que parece será de creación. Como acertadamente se ha expresado, "la digitalización destruye empleo porque lo sustituye, pero también crea empleo porque impulsa el crecimiento, conlleva la aparición de nuevos bienes y servicios, el surgimiento de nuevos sectores productivos y nuevas ocupaciones y tareas" (Pérez, 2020). De ahí que el resultado de la interacción de ambos efectos sea muy difícil de predecir.

Aunque las cifras exactas no pueden considerarse fiables, la bibliografía existente coincide en que el impacto sobre el empleo será significativo. Veámoslo con una descripción muy somera de los diferentes escenarios descritos desde la perspectiva económica a lo largo de estos años, advirtiendo que no hay una instantánea fija que abarque todos los sectores, todos los tipos de trabajo, todos los niveles de cualificación, todos los mercados e, incluso, todas las zonas geográficas. Si enfocamos el análisis en torno a la división del trabajo, y ésta desde la comparación tasa de empleo/tasa de desempleo, no hay consenso sobre los resultados y sobre las proyecciones a corto, medio y largo plazo.

Son numerosos los estudios e informes al respecto, también las reflexiones desde diferentes áreas de conocimiento, no exactamente coincidentes, incluso contradictorios, porque, en gran medida, el análisis de ese impacto se hace en un contexto socioeconómico de precariedad laboral[5] y alto ni-

5 Standing (2013) habla del "precariado" por la sociología y la economía como clase social emergente que vive en la inseguridad económica y profesional.

vel de desempleo, y en un contexto demográfico de envejecimiento de la población y altas tasas de esperanza de vida. De ahí que muchos estudios se proyecten desde la perspectiva del riesgo que supone la robótica para el empleo y la ocupación (con orientación tecnopesimista). Se analice el efecto sustitución y se concluya con un pronóstico drástico de destrucción de empleo. Éste sería el primer escenario, y el más antiguo, el de impacto negativo sobre el empleo, gráficamente descrito como desempleo tecnológico por Keynes. No obstante, otros estudios han observado que aquellos países que tienen una mayor densidad de robots, por trabajador, generalmente tienen una menor tasa de desempleo (López, Grau y Sánchez-Urán, 2019).

En sentido muy diferente a la destrucción de empleo, se hacen proyecciones sobre el impacto positivo neto de la robótica sobre los trabajos y la calidad del empleo. Se advierte – frente al temor de algunos sobre la eliminación completa de trabajos como resultado de la automatización- que, según los estudios, solo entre el 5% y el 10% de los empleos serán totalmente reemplazados o sustituidos.

Y el escenario tercero, intermedio, que parece el más realista, el de la "polarización" del mercado de trabajo, que presenta al menos tres acepciones diferentes. Una, la tan citada, de Frey y Osborne, que contribuyeron a avivar sensiblemente el debate cuando publicaron la primera versión de su famoso artículo "The Future of Employment", alarmando sobre el porcentaje de empleos en EEUU que se encontraban en riesgo debido a la automatización (Frey y Osborne, 2017). Posteriormente, se matiza la cifra atendiendo a que son muchos los factores que intervienen en el resultado, entre ellos, los aspectos regulatorios, las cuestiones políticas o la presión social; y concluyen que la automatización sustituirá principalmente los trabajos de salario medio. Otra, que distingue entre trabajos altamente cualificados y no cualificados. Y, en fin, la que diferencia entre trabajos automatizables y trabajos no automatizables. Mientras que la segunda acepción parte de que la tecnología demandará trabajadores altamente cualificados y no sustituirá tareas no rutinarias y tareas concretas, la segunda muestra cómo las más recientes tecnologías también podrán desplazar ese tipo de tareas realizadas por las personas que tienen esas capacidades medias.

En este tercer escenario se dice que el efecto sustitución no será tanto de empleos o trabajos sino de tareas concretas, en particular las que se consideran repetitivas, ya sean físicas o de procesamiento de datos. A priori, el tipo de tareas que los robots u otras herramientas de automatización no podrán realizar pronto, incluso con avances en inteligencia artificial, son aquellas que se centran en el aprendizaje autónomo. Tareas que requieren altos niveles de creatividad, empatía, persuasión, una comprensión del conocimiento y un alto nivel de habilidades sensoriomotoras, en las que influye el nivel de educación o formación de los trabajadores. Pero, paradójicamente, también se ha analizado cómo la tecnología puede contribuir a crear trabajos con capacidades medias y éstos pueden ser más fácilmente reemplazados en un avance tecnológico.

Por eso, en este contexto de cierta inseguridad en torno a la creación de trabajos, reducción o polarización, se hace necesario y urgente adoptar medidas contundentes en la política relacionada con el mercado de trabajo, en sentido amplio, esto es, tanto del asalariado como del que cabe definir como autónomo. Política legislativa y gubernamental, porque a éstos, legislador y gobierno, corresponde "dotar a los mercados de las estructuras de sustentación y apoyo que faciliten el intercambio en condiciones razonables" (Martín Valverde, A., 2021: 26), corrigiendo los fallos y fijando mínimos éticos y morales. Aun cuando se afirme que no habrá un impacto negativo en los trabajos, otra cuestión, diferente, es que el mercado de trabajo tenga trabajadores con las cualificaciones necesarias para los nuevos puestos de trabajo que puedan crearse. "Los países que son capaces de formar a sus trabajadores en las nuevas cualificaciones y retener a los trabajadores con talento pueden acortar el período de transición. Esto les permitirá ser más competitivos y aprovechar las ventajas de la automatización" (López, Grau y Sánchez Urán, 2019: 19). Por tanto, hay que adoptar medidas que reconduzcan la división del trabajo en el contexto de la formación y cualificación de los trabajadores para afrontar la escasez de cualificaciones (*skill shortages*), el desajuste de competencias (*skill mismatches*), la brecha de cualificación (*skill gaps*) y la falta de aprendizaje permanente (*lack of lifelong learning*).

2.1. Automatización, transformación digital y brechas competenciales: la importancia de la formación para el empleo

La brecha "competencial" o de habilidades (la que se denomina *skill gaps*) es un factor más de la brecha salarial. Si el trabajador tiene competencias/habilidades medias y su trabajo puede ser robotizado, no podrá aspirar a un trabajo relacionado con su capacitación, tendrá que realizar trabajo de menor cualificación y, por tanto, sufrir una reducción de su salario. Si el trabajador no tiene esas capacidades se producirá a corto plazo la brecha y, por tanto, se habrá instalado un nuevo tipo de desigualdad o vulnerabilidad en el mercado de trabajo derivada de la diferencia o desajuste entre las habilidades que buscan los empresarios y las habilidades que tienen los trabajadores. Observadas esas desigualdades en el contexto de la brecha salarial, el proceso de robotización y avance de la innovación tecnológica podrá generar una mayor polarización porque el incremento de los salarios de los trabajadores poco o medio cualificados será mucho menor que el aumento del salario de los trabajadores altamente cualificados. De modo que habrá disponibles más trabajos de baja cualificación con menos oportunidades de crecimiento salarial (Taes, 2021), perpetuándose el problema.

Hay que cohonestar formación-cualificación-digitalización para afrontar las brechas y deficiencias detectadas en el diseño y puesta en práctica inmediata de los medios y medidas concretas. Debe ponerse en marcha un programa de colaboración público-privada que fije con precisión los objetivos, mediatos e inmediatos, y sus diferentes fases. Hoy más que nunca, la transformación digital exige trabajadores con formación polivalente y con aprendizaje permanente para adaptarse a los avances tecnológicos que se están produciendo, en especial en materia de digitalización. La formación profesional para el empleo es una de las principales herramientas para neutralizar los efectos negativos de la disrupción digital puesto que contribuye a mejorar las posibilidades de acceso al empleo en el entorno altamente robotizado de las personas desempleadas y, al mantenimiento del empleo y la promoción profesional de las personas ocupadas. Ante los avances tecnológicos la formación en competencias digitales es un valor estratégico para favorecer la productividad, la competitividad y el empleo. Además, la crisis del COVID-19 ha sido un punto de inflexión en la transformación digital, y obligó a poner el foco en mayor medida en la imperiosa necesidad de la capacitación en competencias para hacer frente a la citada transformación. Es necesario formar en competencias digitales y respaldar el empleo mediante el acceso, entre otras medidas, al aprendizaje digital. Pero también, no puede olvidarse, hay que cualificar y formar en otras competencias o habilidades, incluidas las transversales[6]; en particular en las que cabe calificar como "Habilidades sociales y emocionales" (o soft skills) atendiendo a la composición sectorial del empleo y el nivel de cualificación que tiene la población activa española (nivel relativamente bajo que provocaría mayor riesgo de sustitución del empleo). Entre esas habilidades/competencias, las avanzadas de comunicación y negociación (representantes de ventas, agentes inmobiliarios); interpersonales y empatía (consejeros, trabajadores sociales, terapeutas); liderazgo y gestión de

---

6 Como son las lingüísticas, las de abstracción y las de resolución de problemas. Vid. CES (2020: 58 y ss.).

los demás (Directivos, ejecutivos); espíritu empresarial y toma de iniciativas (Desarrollo de negocios, estrategas); Adaptabilidad y aprendizaje continuo (Personal de emergencias, programadores); Enseñanza y formación de otros (profesores, instructores, formadores).

El marco de actuación sobre el que ha de transitar cualquier programa de formación y recualificación profesional debe incorporar elementos de flexibilidad, que sean atractivos tanto para las empresas, las administraciones públicas, como para los trabajadores. El legislador ha tratado de adecuar sus respuestas normativas ofreciendo soluciones a las situaciones particulares de cada momento. Hay por tanto una estrecha relación entre el hecho de poseer habilidades, competencias cualificaciones profesionales y el grado de empleabilidad, tal y como se propone en la actual Ley de Empleo concebida como un proceso de adaptación de competencias, capacidades y conocimientos a las exigencias del mercado de trabajo (empleabilidad externa) y a las necesidades y organización técnico-productiva de la propia empresa (empleabilidad interna)[7].

La importancia que el derecho español otorga a la formación en el nuevo entorno tecnológico se desprende también de la Ley de Empleo, que consagra como fines de la formación en el trabajo, entre otros, acompañar los procesos de transformación digital y ecológica [art. 33.2 i) LE]. Además, se consagran como competencias básicas para la empleabilidad el aprovechamiento de las herramientas digitales y tecnológicas asegurándose la plena accesiblidad y la no discriminación en el uso de dichas herramientas -art. 38 LE-. La importancia de la formación, y en concreto en competencias digitales, se desprende del propio Plan Nacional de Reformas 2023, que reconoce la necesidad de avanzar en medidas que permitan mejorar la empleabilidad y la inserción laboral y que acerquen el ámbito de la formación a las necesidades del tejido productivo, especialmente en aquellos sectores estratégicos y en relación con las necesarias transiciones verde y digital ya iniciadas. A tal efecto, el PNR aboga por seguir apostando por el talento, la formación y la recualificación de los trabajadores. Por ello es imprescindible avanzar hacia una mayor coordinación que permita reducir los desajustes entre oferta y demanda de trabajo, especialmente en aquellos sectores estratégicos e impulsados por el Plan de recualificación. Para ello, se está trabajando con los sectores para poder identificar las necesidades y deficiencias que pueden provocar cuellos de botella en la transformación del tejido productivo, se sigue avanzando en el despliegue

---

[7] Ley 3/2023, de 28 de febrero, de Empleo.

de las competencias digitales y se está desarrollando una nueva oferta de microcredenciales universitarias que permitirán formaciones breves, flexibles, modulares, acumulables y orientadas a la adquisición de habilidades y competencias concretas requeridas en el ámbito laboral.

La incorporación de tecnologías digitales en la producción de bienes y servicios, junto a otras circunstancias coyunturales, produce efectos en las relaciones laborales y en la forma en la que se presta el trabajo. La digitalización económica permite nuevas formas de empleo, pero también obliga a reorganizar o redistribuir el trabajo. En ocasiones, incluso plantea la necesidad de optar por medidas de flexibilidad interna que permitan a la persona trabajadora permanecer vinculada a su empleo, a través de actividades formativas.

La protección de los trabajadores a través de la formación continua en aras de la consecución del grado de empleabilidad que exija el sector dentro de nuestro mercado de trabajo ha se der la línea de actuación por la que discurra nuestro legislador. Se debe procurar que el trabajador tenga cubiertas sus necesidades formativas reales en consonancia con las que exige la transformación técnico/organizativa de la empresa, "incluyendo las vinculadas a la adquisición de competencias digitales, así como aquellas otras que le procuren acceder al reto permanente de la formación que exige la transformación digital"[8].

Ahora bien, la intervención del Estado ha de discurrir a favor de la libertad de empresa, reconocida en nuestra Carta Magna en el art. 38 CE. Así, debería aceptar que el coste de la recualificación de los trabajadores, derivada de la automatización y robotización en el sector, ha de ser compartido. Tal vez, asumiendo que es una inversión en el trabajo decente de la empresa, promoviendo políticas de impuestos que permitan flexibilizar y/o agilizar sus estructuras fiscales (beneficios, subvenciones, ayudas etc.) para facilitar el acceso a la formación en capacidades digitales.

Subvenciones y ayudas fiscales que deberían ir dirigidas no solo a empresas y/o corporaciones públicas sino también a las empresas privadas para promover, de forma efectiva, las acciones formativas que favorezcan la automatización y robotización de todos los sectores que precisen su capacitación en transformación digital. Estas subvenciones y/o ayudas fiscales

---

8 En esta misma línea: Real Decreto 1069/2021, de 4 de diciembre, por el que se aprueba la Estrategia Española de Apoyo Activo al Empleo 2021-2024 (BOE 07-12-2021).

se aplicarían a las empresas que cumplieran, en los términos y plazos convenidos, con el establecimiento de un plan de recualificación que contribuyera a la transformación digital del sector. Sería conveniente establecer un procedimiento similar al establecido en el Real Decreto 231/2017, de 10 de marzo, por el que se regula el establecimiento de un sistema de las cotizaciones por contingencias profesionales a las empresas que hayan disminuido de manera considerable la siniestralidad laboral, pero en este caso, dirigidas a favorecer el establecimiento de planes de recualificación en las empresas que contribuyan a la transformación digital del sector.

Las instituciones de la UE llevan tiempo apostando por el aprendizaje permanente, reciclaje profesional y mejora de las capacidades. Si analizada la formación en la fase inicial, o para el empleo, y en la posterior, formación y reciclaje o readaptación en el empleo, seguramente, la orientación más detallada se encuentra en la *Resolución del Parlamento Europeo, de octubre de 2020, con recomendaciones destinadas a la Comisión sobre un marco de los aspectos éticos de la inteligencia artificial, la robótica y las tecnologías conexas*. Así, la Resolución advierte de la importancia de la inversión empresarial en la formación formal e informal y en el aprendizaje permanente, a fin de apoyar una transición justa hacia la economía digital, y destaca que las empresas tienen la responsabilidad de garantizar un reciclaje profesional y una mejora de las capacidades adecuados a todos los empleados afectados, a fin de que aprendan a utilizar herramientas digitales y a trabajar con robots colaborativos y otras nuevas tecnologías, adaptándose así a las necesidades cambiantes del mercado laboral y conservando el empleo. A este respecto el Parlamento Europeo pide expresamente a los Estados miembros que «inviertan en sistemas de educación, formación profesional y aprendizaje permanente de alta calidad, adaptables e inclusivos, así como en políticas de reciclaje profesional y de mejora de las capacidades para los trabajadores de sectores que puedan verse gravemente afectados por la inteligencia artificial; destaca la necesidad de dotar a la mano de obra actual y futura de las capacidades necesarias en lectura, escritura, cálculo y competencias digitales, así como de competencias en ciencias, tecnología, ingeniería y matemáticas (CTIM) y de competencias interpersonales transversales, como el pensamiento crítico, la creatividad y el emprendimiento; subraya que, en este contexto, debe prestarse especial atención a la inclusión de los grupos desfavorecidos». La Comisión Europea también apuesta de manera decidida por la promoción de competencias digitales avanzadas como una de las cinco áreas prioritarias del programa Europa Digital 2021-2027.

Las instituciones de la UE (en el marco del Pilar Europeo de Derechos Sociales) orientan desde hace tiempo al aprendizaje a lo largo de la vida como garantía de empleabilidad de las personas. En este período de transición, en el que actualmente nos encontramos inmersos en nuestro país, con cierto retraso a la media de los países de la UE, la cuestión es quién y cómo se ha de costear la recualificación, la recapacitación de quienes están hoy en el ámbito del trabajo pero pueden perder su empleo como consecuencia de la robotización. Adviértase que la formación en competencias digitales ocupa un lugar preferente en el Acuerdo Marco Europeo sobre Digitalización, firmado por los interlocutores sociales en diciembre de 2020. El Acuerdo Marco, suscrito al amparo del art. 155 TFUE y, para hacer frente a los retos de la digitalización en el mundo laboral, aboga por una transición consensuada mediante una integración satisfactoria de las tecnologías digitales en el lugar de trabajo aprovechando las oportunidades, reduciendo al mínimo los riesgos y garantizando el mejor resultado posible para trabajadores y empresarios. En lo que respecta a la formación en competencias digitales, las considera una pieza básica para la empleabilidad de los trabajadores. A diferencia de otros Acuerdos, que han sido adoptados como Directivas obligatorias, el Acuerdo Marco se enmarca dentro de los acuerdos europeos de carácter autónomo suscrito en virtud de lo dispuesto en el art. 155.2 TFUE. Ello significa que el Acuerdo sólo es obligatorio para las organizaciones empresariales y sindicales pertenecientes a las organizaciones europeas firmantes del Acuerdo Marco[9].

El Acuerdo europeo es un marco general para poner en marcha por las organizaciones miembros de las partes firmantes, conforme a los procedimientos y prácticas específicas de los interlocutores sociales en los Estados miembros. Así, España ha incorporado el Acuerdo Marco a través del Acuerdo para el Empleo y la Negociación Colectiva 2023-2025[10]. Del Acuerdo Marco Europeo sobre Digitalización pueden extraerse una serie de parámetros que deberán guiar la negociación colectiva de nuestro país, y los acuerdos de las empresas con los representantes de los trabajadores, en materia de formación en competencias digitales y empleabilidad.

Los retos y oportunidades que presenta la digitalización hacen que los interlocutores sociales tengan un interés común en facilitar el acceso a una formación y un desarrollo de aptitudes de calidad y eficaces. Ese interés co-

---

9 BusinessEurope, SMEunited, CEEP y CES (y al comité de enlace EUROCADRES/CEC).

10 Resolución de 19 de mayo de 2023, de la Dirección General de Trabajo, por la que se registra y publica el V Acuerdo para el Empleo y la Negociación Colectiva, BOE de 31 de mayo.

mún debería suponer el compromiso de los empleadores de utilizar la tecnología digital de manera positiva, tratando de mejorar la innovación y la productividad para una viabilidad duradera de las empresas, dar seguridad en el empleo a las plantillas, así como mejorar sus condiciones de trabajo, y a su vez el compromiso de los trabajadores de apoyar el crecimiento y el éxito de las empresas y de reconocer el papel potencial de la tecnología digital para que las empresas sigan siendo competitivas en el mundo moderno. La identificación de las necesidades de cualificación, esto es determinar cuáles son las competencias digitales a introducir, es un desafío clave en los tres niveles, nacional, sectorial y empresarial.

En todas las fases del proceso de mejora de las competencias debería promoverse la participación de los interlocutores sociales al nivel que corresponda, así como la de los departamentos de recursos humanos y los supervisores directos, y los representantes de los trabajadores y los comités de empresa (europeos) en la motivación del personal para que participe en la formación; la creación de marcos basados en la comunicación abierta y en la información, consulta y participación, de conformidad con los sistemas nacionales de relaciones laborales. Los interlocutores sociales pueden desempeñar un papel de apoyo a las empresas en sus esfuerzos por establecer planes de capacitación que permitan adaptarse a los cambios actuales y futuros. Hay que tener en cuenta las necesidades particulares de apoyo de las pymes. El cambio hacia una verdadera cultura de aprendizaje en la sociedad y en las empresas y la promoción de una actitud positiva de los trabajadores hacia este cambio, es esencial para que la transformación digital suponga una oportunidad, haciendo que el compromiso, la creatividad y los enfoques orientados a las soluciones sean el núcleo de los esfuerzos de adaptación de los interlocutores sociales, al tiempo que se minimizan los posibles riesgos[11].

Entre las medidas a considerar para lograr los objetivos descritos, el Acuerdo Marco hace referencia a los fondos de capacitación/fondos sectoriales, cuentas de aprendizaje, planes de desarrollo de competencias o vales. Es más, el Acuerdo deja claro que cuando un empleador solicita a un trabajador que participe en una formación relacionada con el trabajo que esté directamente vinculada a la transformación digital de la empresa, el empleador será quien pagará dicha formación, o de conformidad con el

---

[11] Sobre la relevancia de la formación en el Acuerdo Marco Europeo de Digitalización y su necesaria incorporación al ordenación laboral español, cfr. Sánchez-Urán, García y Cristóbal (2022).

convenio colectivo o la práctica nacional. Esta formación puede ser interna o externa y se llevará a cabo en un momento apropiado y acordado tanto para el empleador como para el trabajador y, si fuera posible, durante el horario de trabajo. Si la formación tiene lugar fuera de la jornada laboral, se debe acordar una compensación adecuada.

Los interlocutores sociales deberían considerar la posibilidad de adoptar medidas a los niveles que correspondan para garantizar que los efectos en el empleo se prevean y gestionen adecuadamente en las estrategias de transformación digital que apoyan el mantenimiento y la creación de empleo. Es fundamental que la tecnología digital se introduzca en consulta oportuna con los trabajadores y sus representantes, en el marco de los sistemas de relaciones laborales, para generar confianza en el proceso. Uno de los objetivos de las estrategias de transformación digital es evitar la pérdida de puestos de trabajo y crear nuevas oportunidades, entre otras cosas, mediante el estudio del rediseño de los puestos de trabajo. Las estrategias deben garantizar que tanto la empresa como los trabajadores se beneficien de la introducción de la tecnología digital, respecto por ejemplo, a las condiciones de trabajo, la innovación, la productividad y la participación en los beneficios de la productividad, la continuidad de las empresas y la empleabilidad.

Del Acuerdo Marco Europeo queda patente la necesaria introducción en nuestro país y en todos los niveles -estatal, sectorial y de empresa- de planes digitales de formación. Con respecto a las pymes hay que abogar por un enfoque distinto en materia de formación y recualificación profesional, ajustado a su realidad socioeconómica.

La formación en digitalización y robótica contribuirá a buen seguro a minimizar el impacto de la transformación digital en la destrucción de puestos de trabajo y en el desajuste de las cualificaciones que se requieren. Es más, el establecimiento de un sistema de formación profesional eficaz que permita a los trabajadores el reciclaje permanente, el pleno desarrollo de sus capacidades facilite sus transiciones laborales y consienta a las empresas disponer de mano de obra cualificada con la que dar respuesta al cambio tecnológico y a la robotización, debe ser un componente esencial del empleo del futuro en un mercado de trabajo inclusivo para un trabajo decente. La situación actual aconseja una reflexión sosegada sobre el futuro de la formación profesional para el empleo para hacer frente, entre otros, a los nuevos retos de la globalización, la digitalización y la robotización. Las últimas reformas suponen un gran avance en materia de formación y recualificación de los trabajadores en el proceso de transformación digital pero no son suficientes para permitir a los trabajadores enfrentarse al reto permanente de la formación exigido por la transformación digital. Por ello, podría valorarse como medida adecuada la implantación en la empresa de planes de formación en materia de automatización y digitalización, de modo semejante a los planes de igualdad[12].

Por último, conviene traer a colación un grupo de medidas propuestas por el Grupo de Expertos de Alto Nivel de la Comisión Europea sobre el *Impacto de la Transformación Digital en los mercados de trabajo de la Unión Europea (2019) que también serían oportunas introducir en nuestro mercado de trabajo* para la mejora de la empleabilidad ante el reto de la digitalización. La primera, habilitar cuentas de aprendizaje personal de habilidades digitales que permitan a los trabajadores adquirir las relevantes a lo largo de sus carreras para permanecer en un mercado laboral en rápida transformación (*digital skills personal learning account, DSPLA*). Las cuentas pertenecerían al trabajador y serían trasladables de un trabajo a otro. La segunda, ampliar el asesoramiento profesional y crear entornos de aprendizaje innovadores para permitir mejores opciones profesionales y la búsqueda activa de una formación permanente. El asesoramiento profesional podría recibir apoyo mediante el establecimiento de estándares de formación de calidad y “alfabetización digital” para los orientadores profesionales a nivel europeo. Y, la tercera, apoyar a los intermediarios del mercado de trabajo para reducir las brechas de habilidades estructurales, especialmente para las mujeres en STEM, los trabajadores en riesgo de automatización y los que están menos capacitados.

Comprensiblemente, cuando este aprendizaje por determinadas circunstancias personales no sea posible, habrá de prepararse una red de seguridad para los trabajadores más vulnerables y la introducción de medidas de acción positiva por parte de los responsables políticos. Estas medidas de acción positiva deberían estar sujeta a condiciones, y relacionadas con la edad y la proximidad de la jubilación, limitando los costes. Estas medidas también deberían considerar una perspectiva temporal, de acuerdo con el cambio previsible en la escala de cualificación profesional hacia puestos de trabajo de mayor valor añadido, como pueden ser todos los relacionados con la economía circular. El paso a un nivel superior ayudará a retener a las jóvenes generaciones con talento y, en cierta medida, limitará la inmigración de los trabajadores no cualificados. Además, desde una perspectiva más amplia, se esperan algunos cambios en la estructura del

---

12 Sobre los planes digitales de formación, véase, Sánchez-Urán, García y Cristóbal (2022: 125 y sigs.).

mercado laboral (en lo que respecta a los trabajadores dependientes), por lo que una proporción cada vez mayor de emprendedores tecnológicos -ya cualificados- aliviaría la presión del mercado de trabajo. El legislador debería preocuparse pronto por este nuevo tipo de trabajadores autónomos y adoptar normas que preserven la equidad y la dignidad.

2.2. El trabajo decente en el contexto de la robotización

Un entorno totalmente robotizado no puede ni debe ser creado por mucho que aumenten las capacidades tecnológicas de los robots. Estos sólo desarrollarán una parte de las tareas (tasks, jobs) de las personas trabajadoras. Nadie duda de que la interactuación entre humanos y robots será más intensa porque el campo de la robótica interactiva ha avanzado durante estos años para incrementar los robots concebidos para realizar tareas en estrecha proximidad con las personas trabajadoras. A diferencia de otras tecnologías, en este caso no se transforma el lugar el trabajo (no se licúa o volatiliza), por el contrario, esa interactuación se plantea, en la mayoría de las ocasiones, en un contexto de espacio físico, material, tangible.

Los robots son máquinas, aunque sean muy sofisticadas; de modo que desde la perspectiva jurídico-laboral no son sino instrumentos o herramientas de trabajo. Otra cosa es que sean altamente autónomos y puedan influir en la relación de trabajo y en las propias condiciones laborales. De nuevo el impacto y también las incertidumbres al respecto. Y la traslación también aquí de las oportunidades y de los riesgos. Deben diferenciar dos planos. Por un lado, la propia relación entre trabajadores y robots y sus consecuencias en el ámbito del trabajo. Y por otro, la proyección o impacto en la relación de trabajo, desde la perspectiva de la relación asalariada, entre el empresario y el trabajador por cuenta ajena.

2.2.1. Retos y oportunidades en la relación trabajadores-robots

Desde la primera vertiente, ¿cómo definir la relación entre trabajadores y robots? Si la interacción se define como colaboración, o incluso como cooperación, habrá que delimitar sus rasgos y afrontar sus proyecciones a partir de la premisa "el ser humano en el centro", en este caso, autonomía (del) y control (por el) ser humano ("*human -in- command*") (Di Stefano, 2018: 23). Se debe reflexionar en torno a las variables que surgen al respecto, entre ellas, seguridad y salud en el trabajo; la reconversión profesional de los trabajadores; el tiempo de trabajo y la desconexión del trabajador y de los robots; su influencia en el salario y en el cálculo del tiempo de trabajo. Y el control humano en términos de responsabilidad-propiedad intelectual.

La robótica interactiva tiene un efecto bivalente en materia de prevención de riesgos laborales, por un lado, mayor seguridad y garantía para el trabajador; por otro, factor de nuevos riesgos psicosociales (sin olvidar los ergonómicos y organizacionales)[13]. En el campo de la robótica industrial se ha ejemplificado cómo los robots colaborativos pueden influir positivamente en la productividad de los trabajadores humanos. Preocupa, cuanto mayor sea el grado de sofisticación del robot y mayores las dosis de IA, la diferencia que puede haber entre tener a humanos como compañeros de trabajo a tener a robots. Lo que indudablemente generará (como pone de manifiesto el informe de EU-OSHA 2020 sobre *Digitalización y seguridad y salud en el trabajo*) nuevos riesgos psicosociales para el trabajador derivados de la impredecibilidad de actuación de estas máquinas sofisticadas; y efectos potencialmente perjudiciales para la salud mental de los trabajadores, derivados, entre otros factores, de la presión sobre el rendimiento o la reducción del contacto con las personas. Lo que quiere decir que en materia de prevención de riesgos laborales, así como las normas establecen reglas o medidas de control y prevención atendiendo a colectivos específicos de personas (edad, discapacidad, maternidad), habrá que establecer también medidas preventivas orientadas a definir el riesgo y los derechos y obligaciones cuando aparezca un robot de mayor autonomía. Enlaza esta perspectiva con la de readaptación y recapacitación de los trabajadores y con la visión de la necesaria búsqueda de equilibrio entre derechos de los trabajadores y las cargas para los empresarios. Éstos pueden exigir, a cambio de una inversión efectiva formativa, que los ajustes razonables no supongan una "carga excesiva".

Otra de las dimensiones del derecho a la seguridad y salud en el trabajo es la que concierne al tiempo de trabajo. La robotización de trabajos y tareas y la interacción humano-robot exige plantear si más allá de la reducción de jornada de trabajo como alternativa al posible desempleo tecnológico o la propuesta o programas piloto ideados en algunos países (tal es el caso de Suecia, que propuso una jornada de 6 horas al dia) para a ayudar a trabajar a más personas[14], haya que pensar también en la "des-

---

13 Sobre la IA en el ámbito de la salud laboral, véase, Llorens (2023).

14 En España, el Ministerio de Industria, Comercio y Turismo aprobó el 16 de diciembre de 2022 la Orden ICT/1238/2022, de 9 de diciembre, por la que se

conexión digital" de los robots, es decir, en la medición de "su" tiempo de trabajo en relación o proporción a la media de los humanos (no a la inversa) para repartir con éstos la que es o se percibe como jornada habitual. Y ello, aunque se avance hacia una concepción flexible de la distribución irregular del tiempo de trabajo. Esto puede influir en la remuneración. Sin perjuicio de nuevas y múltiples formas de retribución que al respecto puedan establecerse, hay que plantear una dimensión nueva del principio de igual retribución por trabajos de igual valor, que exigirá establecer reglas para medir o intentar objetivar los criterios para determinar que el trabajo realizado por los trabajadores es de igual valor que el trabajo realizado por los robots, no tanto con fundamento en elementos cuantitativos (porque ello repercutiría negativamente en los humanos) como cualitativos que corresponderá describir en acuerdos y convenios colectivos con apreciación detallada de las capacidades humanas.

Cuando un trabajador interacciona con el robot, hay que reflexionar sobre el contenido y alcance de sus derechos, en especial, el relativo a la privacidad (intimidad), protección de datos y propiedad intelectual y/o derecho a la patente. Y desde la vertiente empresarial, sobre el secreto empresarial. La expectativa de privacidad del trabajador cuando trabaja en estrecha colaboración con los robots que tienen una enorme capacidad para reunir y grabar información generará problemas relacionados con el derecho a la protección de datos, en particular datos biométricos (relativos a las características físicas, fisiológicas o conductuales de una persona física que permitan o confirmen la identificación de dicha persona, tales como imágenes faciales o datos dactiloscópicos); datos genéticos (relativos a las características genéticas heredadas o adquiridas de una persona física que proporcionen una información única sobre la fisiología o la salud de esa persona) y datos relativos a la salud o estado de salud física o mental. Lo

---

establecen las bases reguladoras de subvenciones para el impulso de la mejora de la productividad en pequeñas y medianas empresas industriales a través de proyectos piloto de reducción de la jornada laboral. Tal y como señala la Orden, "los proyectos pilotos serán concebidos en el marco del diálogo social, y deberán reflejar una reducción de jornada mínima del 10 por ciento para un número de trabajadores determinado según el tamaño de la empresa, y con una duración mínima de veinticuatro meses desde la fecha de resolución de concesión. Una vez que las empresas impulsen estos proyectos piloto y cumplidas las condiciones previstas en la orden, se prevén ayudas directas de manera temporal por los costes asumidos por la empresa como consecuencia de la reducción de la jornada, así como por los costes de implementación de nuevas fórmulas organizativas y la formación que, a medio plazo, generen un incremento de la productividad".

que puede, además, proyectarse sobre el derecho a la intimidad y vida privada cuando, por ejemplo, el robot pudiera grabar reacciones del trabajador "compañero" a situaciones de estrés o de trato directo con clientes del empresario. En este sentido, se ha afirmado que gracias a la robótica el empresario obtendría enorme información sobre los trabajadores, quedando éstos constantemente monitorizados y puestos bajo vigilancia, en particular cuando el robot lleva incorporados sistemas de captación de imágenes o de grabación sonora, con implicaciones en el derecho a la protección de datos y al secreto de las comunicaciones (Holder, 2016). Recordemos los principios que inspira la regulación europea y nacional al respecto. Desde la perspectiva primera, protección de datos, los de transparencia, limitación de la finalidad, minimización de datos y nuevos derechos de los ciudadanos, en especial el relativo al consentimiento libre, informado, específico e inequívoco. Por otro lado, en lo que respecta a la videovigilancia, habrá que interpretar y aplicar la Ley Orgánica de Protección de Datos y Garantía de Derechos Digitales del Trabajador incluyendo también la "vigilancia robótica". En este sentido, corresponderá al empresario informar a los trabajadores, en especial a los que cooperen o colaboren con robots, si en su sistema se ha instalado mecanismos de captación de imágenes y datos; si así fuera habría que informar a los trabajadores de que ese sistema se utilizará como mecanismo de control.

La Ley 12/2021, de 28 de septiembre, por la que se modifica el texto refundido de la Ley del Estatuto de los Trabajadores, para garantizar los derechos laborales de las personas dedicadas al reparto en el ámbito de las plataformas digitales, fue la primera norma que impuso una serie de obligaciones en materia de inteligencia artificial en el ámbito del derecho de participación de los trabajadores en la empresa. Al efecto, dispone en la Exposición de Motivos que "los algoritmos merecen nuestra atención y análisis, por los cambios que están introduciendo en la gestión de los servicios y actividades empresariales, en todos los aspectos de las condiciones de trabajo y, sobre todo, porque dichas alteraciones se están dando de manera ajena al esquema tradicional de participación de las personas trabajadoras en la empresa". El legislador entiende que no se puede ignorar "la incidencia de las nuevas tecnologías en el ámbito laboral y la necesidad de que la legislación laboral tenga en cuenta esta repercusión tanto en los derechos colectivos e individuales de las personas trabajadoras como en la competencia entre las empresas".

Por ello, la ley modifica el art. 64.4 Estatuto de los Trabajadores al introducir una nueva letra d) en la regulación de los derechos de información y consulta de los órganos de representación de los trabajadores en la empresa. Se incluye una nueva competencia de los RLT de ser informado por la empresa de los parámetros, reglas e instrucciones en los que se basan los algoritmos o sistemas de inteligencia artificial que afectan a la toma de decisiones que pueden incidir en las condiciones de trabajo, el acceso y mantenimiento del empleo, incluida la elaboración de perfiles. Asimismo, en mayo de 2022 el Ministerio de Trabajo y Economía Social aprobó una Guía práctica y herramienta sobre la obligación empresarial de información sobre el uso de algoritmos en el ámbito laboral bajo el título "Información algorítmica en el ámbito laboral".

2.2.2. Retos y oportunidades de la robótica en la relación de trabajo

La robotización, a diferencia de otros fenómenos tecnológicos, no incide directamente en el concepto y en las formas de trabajo; pero indirectamente, en relación con la responsabilidad por daños derivados del uso de los robots, pudiera dar lugar a la evasión o tendencias elusivas del Derecho del Trabajo. No obstante, sí hay que advertir que la colaboración y cooperación con el robot puede incluso hacerse ya a distancia y, desde esta perspectiva, podría fomentar el teletrabajo, como vía o forma de trabajo que puede proyectarse sobre determinados trabajos que se realizan con la cooperación de un robot (por ejemplo, en la sanidad o en el cuidado de personas).

Pensemos más en la deriva indirecta que pudiera ocasionar el avance de la IA en la robótica, y en particular, la respuesta del Derecho a la cuestión relativa a la responsabilidad por daños ocasionados directamente por el robot cuando el trabajador opera de forma incorrecta con él. Si esa responsabilidad se objetiva, en todo o en parte, en el empresario, puede generar un efecto llamada hacia la "huida" del contrato de trabajo, no tanto en sectores como la industria, pero sí en el sector servicios, de modo que los trabajadores que operan e interactúan con robots avanzados pudieran ser contratados como trabajadores autónomos (*independent contractors*). Téngase en cuenta que ésta, la responsabilidad (en especial, por daños), es uno de los criterios para distinguir entre trabajadores autónomos, trabajadores de una ETT y trabajadores asalariados.

Por otro lado, nos preocupa cómo la robotización podría orientar hacia un replanteamiento del concepto de trabajador persona con discapacidad, en especial, con discapacidad física (aunque también la mental) porque la máquina, el robot inclusivo, puede hacer que esa discapacidad funcional no sea o deba percibirse como una discapacidad laboral y, por tanto, hubiera que repensar el concepto jurídico de "integración laboral" a partir de la distinción entre terapia y mejora de facultades. ¿Hasta qué punto la evolución, y también la de la tecnología, en particular, los robots inclusivos, podría alterar el concepto de discapacidad hasta incluso su eliminación? Hasta ahora la tecnología ha tenido como misión equiparar las capacidades de los seres humanos al estándar natural ¿Qué ocurrirá en un futuro cuando la tecnología pueda dotar a los seres humanos de capacidades superiores a las que la naturaleza puede ofrecer?; ¿existirían entonces esas barreras debidas a la actitud y al entorno?; ¿habría discriminación social, según el concepto de discapacidad que hoy se mantiene en nuestra legislación? Tal vez la respuesta regulatoria sea limitar la utilización de esos dispositivos tan avanzados porque lo contrario, podría distorsionar el principio de igualdad de oportunidades entre los ciudadanos (en el sentido de considerar perjudicados a quienes son humanos sin discapacidad que no pueden utilizar estos dispositivos). Si así fuera, con el límite apuntado, podríamos aún considerar que las personas con discapacidad requieren todavía de ajustes razonables en el modelo social de discapacidad.

La nueva división del trabajo entre robots-trabajo humano plantea una cuestión adicional, que tiene que ver con su reparto en la era de la robotización, en especial en aquellos sectores de actividad y tareas que son más propensas a ser realizadas por robots. En el período de transición tal vez resulte necesario afrontar con decisión la protección de los trabajadores más vulnerables y haya que estudiar en profundidad a qué colectivo nos dirigimos, y qué criterios utilizamos, ¿género, edad, nivel de cualificación o nivel de estudios? ¿u otros transversales que permitan enfocar las medidas en el período de transición en las "dobles" vulnerabilidades o factores múltiples de vulnerabilidad en el contexto de la robotización?

La introducción del robot altamente tecnologizado puede derivar en una mayor dependencia del trabajador, una dependencia funcional-organizacional más intensa si el empresario utiliza esas máquinas "algoritmizadas" para monitorizar y controlar más a los trabajadores. De modo que ¿quién controla a quién? El uso de la IA para controlar (y, por tanto, vigilar) y evaluar el "rendimiento y el comportamiento laboral" es profundamente problemático, y habrá que estar a las previsiones del nuevo Reglamento europeo de Inteligencia Artificial.

El fenómeno tecnológico de la robotización también podría vislumbrar una perspectiva nueva del derecho a la no discriminación, pudiendo llegarse a hablar del principio de igualdad y no discriminación "robótica". La proyección del derecho a la no discriminación en el ámbito del trabajo puede considerarse como la más evidente "red de seguridad" jurídica para los trabajadores. Tal vez sea conveniente en un futuro próximo replantear algunas de las bonificaciones orientadas a la contratación, de modo que se ideen mecanismos para que las empresas apuesten por la recualificación y recolocación de los trabajadores para que alcancen las competencias digitales necesarias. Otra cosa, bien diferente, y dada la poca efectividad de los incentivos económicos a corto plazo para el mantenimiento del empleo o promoción de una empleabilidad real y efectiva de trabajadores, es que se pudiera pensar en bonificaciones solo por mantener empleo humano durante un determinado tiempo en aquellas empresas que introduzcan procesos de robotización de puestos de trabajo hasta el momento desarrollados por trabajadores humanos.

Desde la dinámica de la relación de trabajo, la innovación tecnológica-robótica planeará en el marco de los derechos y obligaciones de ambas partes, del empresario y del trabajador. El derecho a la no discriminación permite valorar no sólo los comportamientos arbitrarios de los empresarios, sino también aquellos comportamientos que pueden, "asépticamente", considerarse vinculados a un derecho empresarial a la innovación tecnológico-robótica en la empresa. Si esto repercute en determinados grupos de trabajadores por razones que incluyen el género y la edad, la robotización podría considerarse como una causa de discriminación indirecta (identificándose la robotización como un criterio neutro que tiene o puede tener un impacto adverso o resultar perjudicial para uno de los grupos vulnerables identificados para una de las causas en las que se prohíbe la discriminación) y activaría el proceso de garantía previsto en la normativa de la UE, especialmente en la Directiva 2000/78. Al efecto, la Ley 15/2022, de 12 de julio, integral para la igualdad de trato y la no discriminación, incluye un precepto relativo a la inteligencia artificial y a los mecanismos de toma de decisión automatizados, y al respecto señala que en el marco de la Estrategia Nacional de Inteligencia Artificial, de la Carta de Derechos Digitales y de las iniciativas europeas en torno a la Inteligencia Artificial, las administraciones públicas favorecerán la puesta en marcha de mecanismos para que los algoritmos involucrados en la toma de decisiones que se utilicen en las administraciones públicas tengan en cuenta criterios de minimización de sesgos, transparencia y rendición de cuentas, siempre que sea factible técnicamente. En estos mecanismos se incluirán su diseño y datos de entrenamiento, y abordarán su potencial impacto discriminatorio. Para lograr este fin, se promoverá la realización de evaluaciones de impacto que determinen el posible sesgo discriminatorio. Además, las administraciones públicas, en el marco de sus competencias en el ámbito de los algoritmos involucrados en procesos de toma de decisiones, priorizarán la transparencia en el diseño y la implementación y la capacidad de interpretación de las decisiones adoptadas por los mismos. Por último, se añade que las administraciones públicas y las empresas promoverán el uso de una Inteligencia Artificial ética, confiable y respetuosa con los derechos fundamentales, siguiendo especialmente las recomendaciones de la Unión Europea en este sentido.

Por último, en relación con la "causa técnica" derivada de la robotización, en relación con la eliminación de los puestos vacantes (o los despidos o cambios de trabajo) derivados de la robotización. Desde esta última perspectiva, hay que analizar el *botsourcing* y sus implicaciones laborales, teniendo en cuenta que el robot es, o puede considerarse, una "mejora técnica" en la empresa, que afecta a aspectos de flexibilidad interna y externa. Para ello quizás sería conveniente que el legislador especifique, a nivel normativo, la razón técnica derivada de la robotización (en el sentido de una incorporación masiva de robots y sustitución de trabajadores); la aplicación de medidas bien pensadas y equilibradas que limiten el impacto del despido (necesidad de medidas preventivas, previas al cese, y medidas correctoras inmediatas, necesidad de recolocar al trabajador afectado). En cuanto a las medidas preventivas, una de las cuestiones que se plantean al respecto es la definición de "ajuste razonable" en cuanto a la necesaria readaptación del puesto de trabajo del trabajador sustituido por robots con el consiguiente problema de si estos ajustes pueden considerarse una "carga excesiva" para el empresario. A priori, habría que valorar la razonabilidad o no del ajuste en relación con los incentivos fiscales y las subvenciones a la innovación que se han concedido a los empresarios.

3. INSTRUMENTOS NORMATIVOS DE TUTELA: DEL ACUERDO MARCO EUROPEO DE DIGITALIZACIÓN AL REGLAMENTO DE IA

Ante la nueva realidad de la digitalización se hace necesario diseñar nuevos instrumentos normativos de tutela laboral y social para alcanzar nuevos puntos de equilibrio entre la lógica económica-digital y la protección social del trabajador en la búsqueda del trabajo decente. Hoy en día con la importancia que van adquiriendo los algoritmos de inteligencia artificial resulta interesante poner de relieve qué instrumentos normativos se refieren específicamente a ellos, y en qué sentido.

En 2021 España presentó la denominada Carta de Derechos Digitales, con la constitución de un grupo de expertos. La Carta incluye seis categorías principales de derechos, incluyéndose un apartado específico de derechos del entorno laboral y empresarial. En el apartado XIX bajo el epígrafe derechos en el ámbito laboral se dispone que "el desarrollo y uso de algoritmos y cualesquiera otros procedimientos equivalentes en el ámbito laboral exigirá una evaluación de impacto relativa a la protección de datos que incluirá en su análisis los riesgos relacionados con los principios éticos y los derechos relativos a la inteligencia artificial contenidos en esta carta y, en particular, la perspectiva de género y la proscripción de cualquier forma de discriminación, tanto directa como indirecta, con especial atención a los derechos de conciliación".

Un año más tarde, la Comisión Europea aprobó la Declaración Europea sobre los Derechos y Principios Digitales para la Década Digital[15], que establece un conjunto de objetivos digitales en torno a cuatro puntos cardinales: las capacidades digitales, las infraestructuras digitales, la digitalización de las empresas, y la digitalización de los servicios públicos. La Declaración debe servir como punto de referencia para, entre otras, las empresas. Tiene carácter declarativo, de *soft law* ya que no afecta al contenido de las normas jurídicas ni a su aplicación. La promoción y aplicación de estos principios son un compromiso político y una responsabilidad compartida por la UE y los estados miembros. Con respecto a los algoritmos la Declaración Europea recoge una serie de derechos para las personas en relación con estos mecanismos. Así, se garantiza la transparencia sobre el uso de algoritmos e IA, y que las personas estén empoderadas e informadas cuando interactúen con ellos; se garantiza que los sistemas algorítmicos se basen en conjuntos de datos adecuados para evitar la discriminación ilegal y permitir la supervisión humana de los resultados que afectan a las personas; se garantiza que las tecnologías, como los algoritmos y la IA, no se utilicen para predeterminar las decisiones de las personas, entre otros, en materia de empleo; por último, se establecen salvaguardias para garantizar que la IA y los sistemas digitales sean seguros y se utilicen respetando plenamente los derechos fundamentales de las personas.

En materia de algoritmos e inteligencia artificial merece la pena destacar dos instrumentos jurídicos nacidos en el ámbito europeo, y que ya tienen o tendrán su repercusión en nuestro derecho interno. El primero, el Acuerdo Marco Europeo de Digitalización, nacido de la autonomía colectiva de los agentes sociales a escala europea y, el segundo, el recién aprobado Reglamento de Inteligencia Artificial. El Acuerdo pone de manifiesto

---

15 COM 2022- 28 final.

la relevancia que la IA tendrá en el ámbito de las relaciones laborales y la importancia de explorar las opciones de diseño de la utilización de la IA o de los sistemas de aprendizaje autónomo para el éxito económico y las buenas condiciones de trabajo.

Al efecto señala que, si bien los sistemas y soluciones de IA tienen el valioso potencial de aumentar la productividad de la empresa y el bienestar de los trabajadores, así como una mayor asignación de tareas entre las personas, entre las diferentes partes de la empresa y entre las máquinas y las personas, también es importante asegurarse que los sistemas y soluciones de IA no pongan en peligro, sino que aumenten, la participación y la capacidad de dichas personas en el trabajo. El Acuerdo de los interlocutores sociales establece algunas directrices y principios sobre cómo y en qué circunstancias se introduce la IA en el mundo laboral. Así, se debe garantizar el control de las personas sobre las máquinas y la IA en el lugar de trabajo, así como sustentar el uso de la robótica y las aplicaciones de la IA, respetando y cumpliendo los controles de seguridad.

La IA fiable tiene tres componentes, los cuales deben cumplirse a lo largo de todo el ciclo de vida del sistema y respetarse en su despliegue en el mundo laboral. El primero, ser lícita, justa, transparente, segura y fiable, cumpliendo con todas las leyes y reglamentos aplicables, así como con los derechos fundamentales y las normas de no discriminación. El segundo, seguir las normas éticas acordadas, asegurando el respeto de los derechos humanos y fundamentales de la UE, la igualdad y otros principios éticos. Y, el tercero, ser robusta y sostenible, tanto desde el punto de vista técnico como social, ya que, incluso con buenas intenciones, los sistemas de IA pueden causar daños involuntarios.

El Acuerdo aboga por que los interlocutores sociales a nivel empresarial y a otros niveles que correspondan analicen de manera proactiva el potencial de la tecnología digital y la IA para aumentar la productividad de la empresa y el bienestar de los trabajadores, incluida una mejor asignación de tareas, un aumento del desarrollo de la competencia y la capacidad de trabajo, así como una reducción de la exposición a condiciones de trabajo perjudiciales. El Acuerdo entiende que deberían reconocerse y abordarse las posibles tensiones entre el respeto de la autonomía humana, la prevención de los daños, la equidad y la capacidad de toma de decisiones.

Asimismo, se proponen una serie de medidas a adoptar tales como que los sistemas de IA deben seguir el principio de control humano, ser seguros para prevenir el daño, seguir los principios de equidad, y ser transparentes y explicables con una supervisión efectiva. Para prevenir el daño se debe realizar una evaluación de los riesgos, incluidas las oportunidades de mejorar la seguridad. La equidad debe asegurar que los trabajadores y los grupos estén exentos de prejuicios y discriminación injustos. En cuanto al grado necesario de explicabilidad depende del contexto, la gravedad y las consecuencias, por lo que habrá que hacer comprobaciones para evitar un resultado erróneo de la IA. Asimismo, en las situaciones en que se utilizan sistemas de inteligencia artificial en los procedimientos de recursos humanos, como la contratación, la evaluación, el ascenso y el despido, y el análisis de la actuación profesional, es necesario salvaguardar la transparencia mediante el suministro de información. Además, un trabajador afectado debe poder solicitar intervención humana y/o impugnar la decisión junto con la prueba de los resultados de la IA. Por último, los sistemas de IA deben ser diseñados y operados para cumplir con la ley vigente, incluido el Reglamento General de Protección de Datos, y garantizar la privacidad y la dignidad del trabajador.

Asistimos a la decidida voluntad de los interlocutores sociales de avanzar en el marco de la agenda digital comunitaria, en el proceso de construcción y desarrollo de auténticos y genuinos derechos sociales digitales para los trabajadores en Europa. El Acuerdo Europeo supone un importante paso adelante en favor de la incorporación de los derechos digitales al Pilar Europeo de Derechos Sociales. En nuestro país el capítulo XVI del AENC 2023-2025 está dedicado a la transición tecnológica, digital y ecológica, y considera que la introducción de nuevas tecnologías en la organización del trabajo es una inversión estratégica básica para el futuro de las empresas y para el incremento de su productividad y competitividad. El Acuerdo de los agentes sociales considera que la implantación de las tecnologías digitales aporta claros beneficios tanto para las empresas como para las personas trabajadoras en la medida que supone nuevas oportunidades de trabajo, aumenta la productividad, nuevas formas de organizar el trabajo, así como en la mejora de la calidad de los servicios y productos si bien, al mismo tiempo, comporta retos como consecuencia de su impacto en las condiciones de trabajo. Al efecto, consideran que con el objetivo de favorecer una transición justa, inclusiva y beneficiosa para todas las partes es fundamental que los convenios colectivos incorporen medidas para hacer frente a estos retos, en consonancia con el Acuerdo Marco Europeo sobre Digitalización, y adaptándose las medidas a las realidades de las empresas, sectores y actividades.

Los interlocutores sociales, en consonancia con el Acuerdo europeo, consideran que los convenios de empresa y de sector deben promover e impulsar la transformación digital en el lugar de trabajo en el marco de procesos participativos y estableciendo procedimientos concretos de información previa a la representación legal de las personas trabajadoras de los proyectos empresariales de digitalización y de sus efectos sobre el empleo, las condiciones de trabajo y las necesidades de formación y adaptación profesional de las plantillas, apostando por la formación continua para la mejora de las competencias digitales de las personas trabajadoras que facilite esta transición en la empresa. Además, el acuerdo social pone el acento en impulsar desde la negociación colectiva una política de igualdad de oportunidades para asegurar que la tecnología digital resulte beneficiosa para todas las personas trabajadoras, superando la brecha por edad. A su vez, se aconseja fomentar medidas de acción positiva para evitar la brecha digital entre mujeres y hombres, particularmente en competencias avanzadas.

Con respecto a la inteligencia artificial el AENC sostiene que los sistemas de IA deberán seguir el principio de control humano y ser seguros y transparentes. Al efecto, las empresas deberán facilitar a los representantes legal información transparente y entendible sobre los procesos que se basen en ella en los procedimientos de recursos humanos (contratación, evaluación, promoción y despido), y garantizarán que no existan prejuicios ni discriminaciones. Esta obligación empresarial está en consonancia con el derecho reconocido a los representantes legales de los trabajadores en la nueva letra d) del art.64. 4 ET a la información sobre los parámetros, reglas e instrucciones en los que se basan los algoritmos o sistemas de inteligencia artificial que afectan a la toma de decisiones que pueden incidir en las condiciones de trabajo, acceso y mantenimiento del empleo, incluida la elaboración de perfiles[16]. Las medidas previstas en el AENC deben desarrollarse en miles de procesos negociadores de miles de ámbitos diversos, de sector y de empresa. Lo importante es que el contenido penetre en todos los ámbitos y se adapten a las distintas realidades.

Al efecto, resultan ilustrativas las Recomendaciones para la negociación colectiva de la IA publicadas por el Servicios de Estudios de UGT en noviembre de 2023, con la finalidad de alcanzar un equilibrio justo entre progreso

---

[16] La Ley 12/2021, de 28 de septiembre, por la que se modifica el texto refundido de la Ley del Estatuto de los Trabajadores, para garantizar los derechos laborales de las personas dedicadas al reparto en el ámbito de las plataformas digitales.
En la EM se dice "no podemos ignorar la incidencia de las nuevas tecnologías en el ámbito laboral y la necesidad de que la legislación laboral tenga en cuenta esta repercusión tanto en los derechos colectivos e individuales de las personas trabajadoras como en la competencia entre las empresas". Esta norma recoge la primera referencia de la normativa laboral a los algoritmos.

tecnológico, derechos laborales y distribución de la riqueza. Al respecto señalan que "a la hora de negociar los algoritmos/IA en cualquier negociación conviene empezar trasladando a la empleadora los beneficios inmediatos de consensuar colectivamente estas tecnologías", e inciden en que la propia OCDE ilustra cómo el impacto positivo de la IA aumenta de forma muy significativa cuando se hace a través de la negociación colectiva[17].

El 20 de octubre de 2020 el Parlamento Europeo aprobó dos Resoluciones que se refieren a la IA, la Resolución sobre la Inteligencia Artificial Ética (RIAE), y la Resolución sobre la Inteligencia Artificial Responsable (RIAR); en forma de un decálogo de diez principios regulatorios de la IA en la UE que se infieren de ellas (Tapia, 2020). En fechas recientes, el Consejo de la UE y el Parlamento Europeo han alcanzado un acuerdo definitivo sobre el Reglamento de IA de la UE, con implicaciones importantes en el desarrollo seguro y responsable de la IA. El Reglamento es la primera norma que establece una regulación en materia de IA, y se prevé que los efectos de la norma trasciendan las fronteras europeas y pueda influenciar la regulación de otras jurisdicciones.

El Reglamento se publicará previsiblemente en el mes de julio en el DOUE y su aplicación plena se producirá en 2026, con algunas salvedades para ciertas obligaciones que resultarán aplicables a partir de los 6 meses. Los elementos más relevantes del mismo que tiene por objeto garantizar que los sistemas de IA sean seguros y respeten los derechos fundamentales y los valores de la UE. El Reglamento fomentará el desarrollo y la adopción

---

17 Las Recomendaciones para la negociación colectiva de la IA publicadas por el Servicios de Estudios de UGT, noviembre de 2023 (nº 58), pág. 17, añaden que "las propias empresas consultadas confirman que, gracias a la interlocución sindical, el impacto de la IA laboral ha aumentado su provecho en hasta 15 puntos en aspectos como productividad, gestión, salud y seguridad o la satisfacción". Al efecto, las Recomendaciones recogen una serie de convenios que han desarrollado cláusulas sobre algoritmos e IA, que afectan a diferentes casuísticas y que pueden servir de inspiración para otros acuerdos. Entre otros, art. 12 del XXIX Convenio Colectivo de la empresa El Norte de Castilla, SA. 2021-2023; art. 8 Convenio Colectivo Air Nostrum Training Operations; art. 11 Convenio Colectivo Nacional de las empresas y personas trabajadoras de perfumería y afines; art. 80 del XXIV Convenio Colectivo del sector de la banca; art. 35 del Convenio colectivo para los establecimientos financieros de crédito; art. 47 del Convenio Colectivo del sector del comercio de alimentación A Coruña, 2022-2025; art. 1 del Convenio Colectivo de la empresa Vectalia Lujua Txorierri Mungialdea, S.A., art. 68 del Acuerdo de condiciones de trabajo y regulación de la especificidad Takeaway Express Spain (Just Eat); art. 42 Convenio Colectivo de Acciona Mobility, SA, entre otros.

de una IA segura y fiable en el ámbito de la UE, siguiendo un enfoque basado en los riesgos, a mayor riesgo se aplicarán normas más estrictas. Al efecto, los sistemas de IA de alto riesgo exigirán una evaluación del impacto en los derechos fundamentales antes de ponerlos en marcha. Los de riesgo limitado tendrán que cumplir simples obligaciones de transparencia para informar a los usuarios. Los riesgos considerados inaceptables su uso quedará prohibido, quedando incluidos todos los sistemas de IA considerados como una clara amenaza para los derechos de las personas[18].

Dentro de los sistemas de alto riesgo de IA se incluyen la tecnología de IA utilizada en el empleo, la gestión de los trabajadores y acceso al trabajo, aplicación de la ley que pueda interferir con los derechos fundamentales de las personas, gestión de la migración, el asilo y el control fronterizo. Estos sistemas estarán sujetos a obligaciones estrictas tales como sistemas adecuados de evaluación y mitigación de riesgos, alta calidad de los conjuntos de datos que alimentan el sistema para minimizar los riesgos y los resultados discriminatorios, registro de la actividad para garantizar la trazabilidad de los resultados, documentación detallada que proporcione toda la información necesaria sobre el sistema y su finalidad para que las autoridades evalúen su conformidad, información clara y adecuada del usuario, medidas adecuadas de supervisión humana para minimizar el riesgo, alto nivel de robustez, seguridad y precisión. Todos los sistemas de identificación biométrica remota se consideran de alto riesgo y están sujetos a estrictos requisitos. Asimismo, se permite el libre uso de la IA de riesgo mínimo, que son la gran mayoría de los sistemas de IA utilizados actualmente.

Concluyendo, las consecuencias de la robótica inclusiva en el mercado de trabajo desde el prisma de la innovación tecnológica social y jurídicamente responsable muestran que el verdadero reto consiste en aprovechar el progreso tecnológico, y no plegarse al determinismo tecnológico. Lo que quiere decir que hay que orientarse hacia un trabajo más seguro y productivo, y sobre todo más digno y decente en todas sus proyecciones. Es nuestra tarea y en ella debemos poner nuestro empeño.

Referencias bibliográficas

Alvarez Cuesta, H. (2020). *El impacto de la inteligencia artificial en el trabajo: desafíos y propuestas.* Madrid, España: Thomson Reuters-Aranzadi.

[18] Entre otros, la manipulación cognitiva conductual, el rastreo indiscriminado de imágenes faciales sacadas de internet o de circuitos cerrados, el reconocimiento de emociones en los lugares de trabajo, la categorización biométrica, etc.

Consejo Económico y Social. (2020). *La digitalización y la transformación de la economía.* Informe actualizado.

De Asís, R. (2014). *Una mirada a la Robótica desde los Derechos Humanos.* Madrid, España: Dykinson.

Di Stefano, V. (2018). Negotiating the algorithm: Automation, artifi cial intelligence and labour protection. *Employment Worker Papers,* (246), ILO, Employment Policy Department.

Eurofound (2018). *Automation, digitalisations and platforms: Implications for work and employment.* Luxemburgo: Publications Office of the European Union.

Frey, Carl Benedikt & Osborne, Michael A. (2017). The future of employment: How susceptible are jobs to computerisation? *Technological Forecasting and Social Change, Elsevier, 114*(C), 254-280.

García-Prieto Cuesta, J. (2018). ¿Qué es un Robot? En Barrio Andrés, M (Dir.) *Derecho de los Robots* (pp. 25-60). Madrid, España: La Ley, Wolter Kluwer.

Holder, C. *et al.* (2016). Robotics and law: Key legal and regulatory implications of the robotics age (part II of II) *Computer law & S e c u r i t y Review* (32), 557–576.

Inbots (2019). *Inclusive Robotics for a Better Society* Project. *Legal, Ethics & SocioEconomic Aspects.*

Leenes, R. *et a*l. (2017). Regulatory challenges of robotics: some guidelines for addressing legal and ethical issues. *Law, Innovation and Technology Review, 9*(1).

Llorens Espada, J. (2023). *Límites al uso de la inteligencia artificial en el ámbito de la salud laboral.* Madrid, España: La Ley.

López Sánchez, I./Grau Ruiz, A./Sánchez-Urán Azaña, Y. (2019). The impact of robotics and computerization on the labour market: Inclusive insight from a Law and Economics perspective. *Revista Innovación y Derecho Digital,* (3).

Martín Valverde, A. (2021). *Derecho del Trabajo y Mercado de Trabajo.* Madrid, España: Tecnos.

Mercader Uguina, J. (2017). *El futuro del trabajo en la era de la digitalización y la robótica. Valencia,* España: Tirant lo blanch.

Ortega, A. (2016). *La imparable marcha de los robots.* Madrid, España: Alianza Editorial.

Palmerini, E. (2017). Robótica y derecho: sugerencias, confluencias, evoluciones en el marco de una investigación europea. *Revista de Derecho Privado,* Universidad Externado de Colombia, (32).

Pérez del Prado, D. (2023). *Derecho, Economía y Digitalización. El impacto de la inteligencia artificial, los algoritmos y la robótica sobre el empleo y las condiciones de trabajo.* Valencia, España: Tirant lo blanch.

Pérez García, F. *et al.* (2020). Cambios *tecnológicos, trabajo y actividad empresarial: el impacto socioeconómico de la economía digital.* Madrid, España: CES, Resumen ejecutivo.

Sánchez-Urán Azaña, y García Piñeiro, N.P. (2021). Robótica y Transformación del Empleo. En Digitalización *y Protección Social: 30 desafíos para 2030,* (pp. 154-166). Madrid, España: Ministerio de Inclusión, Seguridad Social y Migraciones.

Sánchez-Urán Azaña, y García Piñeiro, N.P. (2022). Robotisation and Its Social Implications: The Skills Gaps and Digital LearninG2. ,Grau Ruiz, A. (Edit.), *Interactive*

Robotics: Legal, Ethical, Social and Economic Aspects. INBOTS 2021. Biosystems & Biorobotics, (30), Springer, Cham.

Sánchez-Urán Azaña, y García Piñeiro, N.P. (2023 a). Robótica inclusiva para un trabajo decente. Empleo y Protección Social. Sánchez-Urán, García Piñeiro y Vega Ruiz (Dirs.), *I Congreso Interuniversitario OIT sobre Justicia Social, Trabajo Decente y Objetivos de Desarrollo Sostenible*", Ministerio de Trabajo, Vol,I y II.

Sánchez-Urán Azaña, y García Piñeiro, N.P. (2023 b). Robótica inclusiva: retos y oportunidades en el empleo y en la ocupación. En Gómez Salado y Ruiz Santamaría (Dirs.), *El empleo de los colectivos vulnerables en el marco de la transformación tecnológica: una aproximación jurídico-social,* (pp. 29-48). Editorial Comares.

Sánchez-Urán Azaña, García Piñeiro, N.P. y Cristóbal Roncero, R. (2022). Automatización, transformación digital y brechas competenciales: propuestas en materia de formación. En *Digitalización, recuperación y reformas laborales,* Comunicaciones al XXXII Congreso Anual de la Asociación Española de Derecho del Trabajo y de la Seguridad Social, (pp. 111-128). Madrid, España: Informes y Estudios Empleo, Ministerio de Trabajo y Economía Social.

Sánchez-Urán Azaña, Y. y Grau Ruiz, A. (2021). *Plataformas Digitales y Robótica: su proyección en el Sistema de Seguridad* Social. Accesible en https://eprints.ucm.es/id/eprint/64676/.

Standing, G. (2013). *The Precarious: a new social class.* Barcelona: Pasado y Presente.

Taes, S. (2021). Robotisation and Labour Law: The Dark Factory: the Dark side of Work? En De Bruyne, Jan and Vanleenhove, Cedric (Eds.), *Artificial Intelligence and the Law.* Antwerp, Chicago: Intersentia.

Tapia Herminda, A. (2020). Decálogo de la inteligencia artificial ética y responsable en la Unión Europea. *Diario La Ley,* Tribuna.

Capítulo 5.

ALGORITMOS Y RELACIONES LABORALES

GARCÍA QUIÑONES, JUAN CARLOS
Profesor Titular de Derecho del Trabajo y de la Seguridad Social.
Universidad Complutense de Madrid
juancarlosgarciaquinones@der.ucm.es
ORCID: 0000-0001-5958-5793

RESUMEN: Los algoritmos, o más genéricamente la inteligencia artificial, están adquiriendo un protagonismo creciente en las relaciones laborales, en línea con su evolución en el resto de ramas del Derecho y en muchas facetas de nuestra vida en sociedad. En el ámbito del Derecho del Trabajo, la importancia de los algoritmos se manifiesta en materias como la instauración de la lógica algorítmica como instrumento de toma de decisiones en la empresa; la utilización de los algoritmos como método de selección de personal; el papel de los algoritmos en el ejercicio del poder de dirección del empresario; o la aplicación de los algoritmos como mecanismos de control y seguimiento empresarial. Argumentos todos que examinamos de manera individualizada en el presente estudio.

ABSTRACT: Algorithms, or more generically artificial intelligence, are acquiring a growing role in labor relations, in line with their evolution in other branches of Law and in many facets of our life in society. In the field of Labor Law, the importance of algorithms is manifested in matters such as the establishment of algorithmic logic as a decision-making tool in the company; the use of algorithms as a method of personnel selection; the role of algorithms in the exercise of the entrepreneur's power of direction; or the application of algorithms as control mechanisms and business monitoring. All arguments that we examine individually in the present study.

Palabras clave: Algoritmo, inteligencia artificial, digitalización, legislación, empleo

Keywords: Algorithm, artificial intelligence, digitization, legislation, employment

1. INTRODUCCIÓN

La instauración de los algoritmos, o más genéricamente de la inteligencia artificial, en la dinámica actual de las relaciones laborales se ha asentado progresivamente como una realidad incuestionable[1]. Constatación que, sin embargo, no limita su extensión al ámbito acotado del Derecho Laboral. Por el contrario, su expansión resulta apreciable, con igual o mayor intensidad, en otros muchos órdenes de la vida en sociedad, con el reto que ello supone para las distintas ramas del Derecho a la hora de pergeñar soluciones válidas frente a los numerosos interrogantes que se plantean. No en vano, bajo ese referente común de los algoritmos -o más ampliamente de la inteligencia artificial-, se constatan hoy manifestaciones relevantes en materias tan heterogéneas como la transformación digital de la Administración Pública, con afectación así del Derecho Administrativo, por alusión a la implantación de experiencias como el sistema de contratación sobre *blockchain* o la traslación a la Administración de herramientas utilizadas en el sector privado como la actuación automatizada, la inteligencia artificial, explotando *big data*, o el aprendizaje automático[2]; junto con la concepción de la tecnología *blockchain* y los *smart contracts* como elementos positivos de cara a la eficiencia, la transparencia y la seguridad de la Administración Pública[3].

Un abanico amplio de supuestos en diferentes parcelas de la realidad -y por ende con afectación a distintas ramas del ordenamiento jurídico-, de los que solo hemos dado una muestra indiciaria, que comparten no obstante la nota común de haber contribuido a propiciar una transformación muy intensa en aquellas áreas donde se proyectan, ampliables a buen seguro en el futuro próximo, colocando al Derecho en el brete de ofrecer soluciones satisfactorias bajo la presión de esa vertiginosa evolución. Sea como fuere, se confirma que la sorpresa, el estupor, la improvisación o la falta de adaptación inicial no constituyen en cualquier caso rasgos exclusivos del Derecho Laboral, reconocibles por contra en el conjunto de órdenes jurídicos concernidos. En coherencia con el *tempus* pausado que requiere el Derecho para la conformación sólida de sus previsiones. Máxime, cuando los cambios son de tanta trascendencia y se precipitan con cadencia tan

---

1 Alrededor del concepto de algoritmo desde esa perspectiva del Derecho del Trabajo, véase Zappalà (2022: 17 y ss.); Mercader (2022: 17 ss.)

2 En este sentido, véase Tejedor (2020).

3 Con la referencia de esta línea de argumentación, véase Caicedo (2020: 1 y ss.).

corta, como sucede en general con las materias vinculadas a la inteligencia artificial.

Más todavía, incidiendo en la importancia manifiesta de las cuestiones que interactúan alrededor de la misma, que supera con mucho una transformación más o menos coyuntural, la demanda de respuestas ante semejante fenómeno ha traspasado el ámbito jurídico, para entrar también en consideraciones de tipo organizacional[4]; o en otras de naturaleza más claramente extra jurídica todavía, como puede ser la temática del diálogo entre el hombre y la máquina[5]; o esa apelación a la ética[6]. Sin que ello pueda servir, en cualquier caso, como excusa para sortear la necesidad de implementar soluciones tangibles ante las nuevas incertidumbres generadas. O expresado en otros términos, la búsqueda de referentes filosóficos o éticos -que deben acompañar y estar presentes necesariamente-, no puede sin embargo sustituir la obligación de abordar la problemática suscitada mediante soluciones radicalmente jurídicas.

2. SIGNIFICACIÓN DE LOS ALGORITMOS EN EL ESTADO ACTUAL DE DESARROLLO DE LAS RELACIONES LABORALES

Sin perder de vista las premisas examinadas, con la atención puesta en el Derecho del Trabajo, igual de compleja resulta cuando menos la evaluación de los efectos que está produciendo la transformación acaecida de la mano de los algoritmos -o más ampliamente de la inteligencia artificial- en el ámbito de las relaciones laborales, como corrobora el interés notable que ha concitado semejante evolución en época reciente entre la doctrina, la jurisdicción y el resto de operadores jurídicos que interactúan alrededor del Derecho Laboral[7]. En realidad, la cuestión no es tanto que la digitalización se haya convertido en argumento central de atención, cuanto que el tratamiento actual de numerosas instituciones laborales no puede hacerse con abstracción del factor tecnológico. Conclusión plenamente aplicable a los algoritmos y, por extensión, a la inteligencia artificial.

---

4 En este sentido, véase Arruga (2020: 37 y ss.) y Benraïss (2021: 110 y ss.).

5 Alrededor de este argumento, véase Devillers (2019: 51 y ss.).

6 A este respecto, véase Cortina (2019: 379 y ss.).

7 En este sentido, por todos, desde una lógica omnicompresiva de las distintas cuestiones que plantea la inteligencia artificial en el ámbito del trabajo, véase Álvarez (2020: 17 y ss.).

Por citar solo algunas muestras relevantes, desde el principio de transparencia en la ejecución automatizada del contrato de trabajo, con esas referencias de la tecnología *blockchain* y la inteligencia artificial, analizando cuestiones como el *smart contract*, su aplicación al contrato de trabajo con implicaciones en el ámbito de la retribución, desde su conexión con el cumplimiento del *smart contract* por parte del trabajador, o desde la perspectiva del tratamiento intensivo de los datos de carácter personal del trabajador[8]; el análisis de los procesos de decisión a cargo de la inteligencia artificial bajo esa lógica de la automatización impredecible; los interrogantes que plantea la transparencia y control del contrato de trabajo autoejecutable; la propia configuración de los *smart labour contracts*[9]; la implantación de los algoritmos en la actuación de la administración laboral y la Seguridad Social[10]; el surgimiento de nuevos colectivos vulnerables como consecuencia de la tecnología y la consiguiente necesidad de protección social de los mismos[11]; el impacto de las nuevas tecnologías en el mercado laboral y su incidencia respectiva en el empleo del futuro[12]; la focalización de la digitalización sobre las pymes, desde el acierto que supone analizar cualesquiera materias referidas a las relaciones laborales considerando la dimensión de la empresa[13]; la proyección de la inteligencia artificial en la prevención de riesgos laborales[14]; la posibilidad de prestación de cuidados a cargo de la inteligencia artificial[15]; o, desde una visión más general, el estudio de los nuevos retos que plantean los algoritmos en los ámbitos respectivos del Derecho, la tecnología y la ética[16].

En coexistencia con otras posiciones doctrinales abiertamente críticas con las consecuencias derivadas de la digitalización, hasta el punto de conceptuar la misma como un elemento de fractura del mercado de trabajo[17]; cuando se alude directamente a la automatización de la desigualdad, bajo una concepción de las herramientas propias de la tecnología avanzada

---

8 A este respecto, véase Villalba (2019: 1 y ss.).

9 En este sentido, véase Gauthier (2020: 133 y ss.).

10 A este respecto, véase Vela (2021: 173 y ss.).

11 En este sentido, véase Hierro (2022: 157 y ss.).

12 En este sentido, véase Hidalgo (2018: 9 y ss.).

13 En este sentido, véase Martínez (2021: 267 y ss.).

14 A este respecto, véase Aguilar del Castillo (2020: 262 y ss.).

15 En este sentido, véase Nurock (2020: 219 y ss.).

16 En este sentido, véase Ginès (2022: 295 y ss.).

17 En este sentido, véase Cabeza (2020: 13 y ss.).

como instrumentos de supervisión y castigo a los pobres[18]; mediante una llamada a la necesidad de proteger a los trabajadores en la era digital, a partir del concurso simultáneo de factores como la tecnología, la subcontratación y la creciente precariedad del trabajo[19]; al contraponer de manera gráfica, desde ese referente de la inteligencia artificial, la expresión de "trabajadores disminuidos" frente a la de "organizaciones aumentadas"[20]; con el análisis del consentimiento de los trabajadores de las plataformas de alimentos en la gestión algorítmica, desde una perspectiva "foucaultiana", de modo que todo saber implica poder y todo poder un saber específico, por lo que cualquier discurso está atravesado por relaciones inherentes de poder, concebidos entonces los algoritmos como una gran fuente potencial de poder susceptible de desequilibrar la balanza a favor del empresario, en detrimento del equilibrio que debe presidir la relación laboral[21]. Pareceres que confirman la presencia de un interrogante por resolver, según cuál sea el resultado final, considerando la vinculación entre inteligencia artificial y relaciones laborales, a partir de esa alternativa básica entre los riesgos y las expectativas de mejora[22]. Aceptada la premisa de que la convivencia del trabajo con la inteligencia artificial constituye una realidad inevitable que se debe gestionar, cuya integración va a marcar la configuración de los empleos en el futuro[23]. Un desafío que, con ese referente de la inteligencia artificial, condicionará a buen seguro también la propia configuración del derecho al empleo[24].

Interacción entre la inteligencia artificial y las cuestiones que giran alrededor de las relaciones laborales que se reivindica como una pauta repetida asimismo en el Derecho Comparado, con la referencia destacada de algunos modelos próximos al nuestro como el sistema francés[25], alemán[26] o italiano[27]. De manera que, más allá de las materias concretas, el tratamiento dado desde las tribunas doctrinales confirma la existencia de

---

18 En desarrollo de esta idea, ampliamente, véase Eubanks (2021: 13 y ss.).

19 A este respecto, véase Berg (2019: 69 y ss.9.

20 En este sentido, véase Ferguson (2021: 133 y ss.).

21 En este sentido, véase Galière (2020: 357 y ss.).

22 Para el desarrollo de este argumento, véase Fantoni-Quinton (2021: 128 y ss.).

23 Alrededor de esta idea, véase García (2019: 90 y ss.).

24 En este sentido, véase Gardes (2021: 115 y ss.).

25 En este sentido, véase Amauguer-Lattes (2021: 146 y ss.); Blin-Franchomme (2021: 100 y ss.).

26 A este respecto, véase Haipeter (2020: 242 y ss.).

27 En este sentido, véase Bano, (2020: 475 y ss.; De Stefano (2019: 3 y ss.).

una problemática común, evidenciando la necesidad de garantizar a nivel transnacional una base mínima legal, con el reto y la oportunidad que ello supone sin ir más lejos para el Derecho de la Unión Europea. Por más que el papel asumido hasta el momento por el Derecho Comunitario evidencie todavía un grado insuficiente de implicación a cargo de las instituciones y la legislación europeas, como tendremos ocasión de analizar después con mayor detenimiento, desde una lectura crítica.

En esta línea, debe subrayarse igualmente la preocupación justificada que ha generado entre las organizaciones sindicales la implantación acelerada de los algoritmos -o más genéricamente de la inteligencia artificial- en la dinámica de las relaciones laborales, conscientes de los peligros potenciales que se abren para el trabajador a partir de esa nueva realidad, confirmando su sempiterna condición como parte débil del contrato de trabajo[28]. En efecto, los recelos expresados son normales, desde luego comprensibles, considerando la posición de ventaja "estructural" del empresario dentro del contrato de trabajo, de manera que cualquier oportunidad de modificación que se abra, vinculada con la gestión de dicha relación, puede alentar la tentación de perpetuar -y sobre todo intensificar aún más- ese *statu quo* preexistente. Máxime, cuando el fenómeno alcanza la dimensión de los algoritmos dentro del contexto de la relación laboral. En resumen, se dan todas las condiciones para la configuración de un escenario incierto, como derivación de una coyuntura donde la dimensión potencial del cambio impulsado o simplemente intensificado -según qué supuestos- por los algoritmos, en cuestiones básicas que afectan directa o indirectamente a la relación laboral, será en cualquier caso mayor y más veloz que la respuesta improvisada a nivel jurídico, más todavía cuando se trata de anticiparse a los cambios o prevenir los perjuicios derivados de esa profunda transformación.

De aceptar la premisa acerca de la influencia creciente de los algoritmos en el contexto actual de las relaciones laborales, surge enseguida el interrogante sobre cómo abordar jurídicamente esta nueva realidad, a cuyos efectos cabe identificar diferentes grados de intensidad. Una primera lectura, la más condescendiente con el *statu quo* actual, permitiría defender que la configuración del ordenamiento jurídico-laboral, tal cual está, ofrece base suficiente para interpretar cualesquiera situaciones que puedan

---

[28] Para un análisis exhaustivo de la problemática compleja que plantean los algoritmos -o más ampliamente la inteligencia artificial- desde esa perspectiva del interés sindical, véase UGT (2021: 1 y ss.).

concurrir en la práctica, también con la influencia destacada de los algoritmos -o más genéricamente de la inteligencia artificial-. Posición ésta seguramente errada, por conformista, desactualizada y descontextualizada, a la vista de la situación imperante. Una segunda opción, intermedia en lo que al grado de intervención legal se refiere, abogaría por incluir referencias puntuales a los algoritmos en aquellas instituciones donde los mismos han adquirido una influencia acreditada, en alusión por ejemplo a su instauración como instrumento decisivo para la toma de decisiones en la empresa; su utilización como mecanismo de selección de personal; en el ámbito del poder de dirección empresarial; o por su virtualidad como herramienta de control y seguimiento, por enumerar solo algunas de las manifestaciones más relevantes que confirman la influencia de los algoritmos en las relaciones laborales. En tercer lugar, como opción más rompedora, pero no necesariamente forzada considerando la implantación extendida de los algoritmos y su potencial transformador, consistiría en promover una regulación para el uso de los algoritmos con una dimensión transversal dentro del ordenamiento jurídico-laboral.

Por lo demás, en este debate abierto acerca del posicionamiento que debe asumir el legislador para salir al paso de la problemática heterogénea planteada como consecuencia de esa generalización en la utilización de los algoritmos, con la referencia puesta en las relaciones laborales, debe citarse una nueva variable a considerar, como es la creación de la Agencia Española de Supervisión de la Inteligencia Artificial, a efectos de posibilitar el control de los algoritmos, que ha visto la luz con la Ley 28/2022, de 21 de diciembre, *de fomento del ecosistema de las empresas emergentes* (BOE de 22 de diciembre de 2022), cuya Disposición adicional séptima lleva por rúbrica precisamente la de "Creación de la Agencia Española de Supervisión de Inteligencia Artificial".

Semejante previsión legal tiene un contenido parecido, pero no idéntico, a su antecedente en la Disposición adicional en la Ley 22/2021, de 28 de diciembre, *de Presupuestos Generales del Estado para el año 2022* -en concreto, la Disposición adicional centésima trigésima-, bajo esa misma rúbrica de "Creación de la Agencia Española de Supervisión de Inteligencia Artificial". La significación de la novedad contenida en la Disposición adicional que se comenta limita su previsión al impulso de una ley para la creación de una agencia de supervisión de inteligencia artificial, bien que con un grado apreciable de concreción.

La Estrategia Nacional de Inteligencia Artificial, publicada en noviembre de 2020, se enmarca dentro de la estrategia España Digital 2025, incluyendo entre sus ambiciosos objetivos, por su conexión específica con nuestro objeto de estudio, la promoción de la creación de empleo cualificado mediante el impulso de la formación y la educación, junto con el estímulo del talento español y la atracción del talento global; la incorporación de la inteligencia artificial como factor de mejora de la productividad, de la eficacia en la Administración Pública, así como motor del crecimiento económico sostenible e inclusivo; la generación de un entorno de confianza de la inteligencia artificial, tanto en el plano tecnológico, como en el regulatorio y en el de su impacto social; o el impulso del debate a nivel global sobre el desarrollo tecnológico de valores humanistas (*Human-Centered AI*), centrado en velar por el bienestar de la sociedad, creando y participando en foros y actividades divulgativas para el desarrollo de un marco ético garante de los derechos individuales y colectivos de la ciudadanía.

Como se ha podido ver, la proyección potencial de las previsiones contenidas, primero, en la Disposición adicional centésima trigésima de la Ley 22/2021, de 28 de diciembre, *de Presupuestos Generales del Estado para el año 2022*, y después, en la Disposición adicional séptima de la Ley 28/2022, de 21 de diciembre, *de fomento del ecosistema de las empresas emergentes*, trascienden con mucho del ámbito de las relaciones laborales, desde la concepción un tanto "impostada" del legislador cuando se refiere, también entre ese elenco de objetivos, a la potenciación de la inteligencia artificial inclusiva y sostenible, como vector transversal para afrontar los grandes desafíos de la sociedad, con alusiones específicas a la reducción de la brecha de género[29], la brecha digital[30], así como el apoyo a la transición ecológica y la vertebración territorial.

Con independencia del cumplimiento -o menos- de las expectativas ambiciosas que previene la Estrategia Nacional de Inteligencia Artificial, la sola creación de la Agencia Española de Supervisión de Inteligencia Artificial constituye *per se* una nueva variable a considerar de manera obligatoria, con potencialidad para facilitar o complicar, según qué supuestos, el tratamiento estrictamente legal que pueda merecer en el ordenamiento jurídico-laboral -por ser éste el ámbito sobre el que centramos nuestra atención- la influencia creciente de los algoritmos en las relaciones laborales, bajo esa lógica de potenciar un mayor intervencionismo a través de dicho órgano administrativo. A la espera de cómo sea el discurrir de la misma una vez se consolide su funcionamiento, aunque resulte apresurado aven-

---

29 En relación con la brecha de género, véase Rodríguez (2019: 199 y ss.).

30 En relación con la brecha digital, véase Martínez (2022: 321 y ss.).

turar un juicio de valor sobre semejante iniciativa, entendemos que la tarea de preservar los derechos fundamentales de los trabajadores como prevención frente a un hipotético uso abusivo de los algoritmos requiere, sobre todo, de un tratamiento legal adecuado dentro de la normativa laboral, en coherencia con la preservación de los referentes existentes también a nivel constitucional, al albur de las distintas alternativas que mencionábamos en párrafos anteriores -u otras que puedan plantearse-, como premisa para su interpretación y aplicación posterior por parte de la jurisdicción. De manera que la creación de la Agencia, contrariamente a lo que se pretende, pudiera constituir un elemento de distorsión dentro del ordenamiento jurídico, de cara al correcto tratamiento en el mismo de la materia que analizamos. Conscientes, no obstante, del riesgo que supone aventurar un juicio tan temprano, a falta todavía de monitorizar su recorrido a partir de su implantación.

En definitiva, el conjunto de cuestiones enumeradas guardan una clara interrelación entre sí. En los epígrafes que siguen desarrollamos su estudio, bajo una sistemática donde se analizan de manera individualizada cuestiones como la instauración de la lógica algorítmica con la condición de instrumento de toma de decisiones en la empresa, la utilización de los algoritmos como método de selección de personal, el papel de los algoritmos en el ámbito del poder de dirección empresarial, o la aplicación de los algoritmos como mecanismos de control y seguimiento empresarial.

3. MANIFESTACIONES RELEVANTES DE LOS ALGORITMOS EN LAS RELACIONES LABORALES

El argumento sobre la significación creciente de los algoritmos en las relaciones laborales, evidenciado cada vez de manera más elocuente, en línea con las razones expuestas en los epígrafes anteriores, se refleja después de manera tangible en aplicaciones concretas como son, por su orden, la instauración de la lógica algorítmica como instrumento de toma de decisiones en la empresa; la utilización de los algoritmos como método de selección de personal; el papel de los algoritmos en el ámbito del poder de dirección empresarial; o su aplicación como mecanismo de control y seguimiento empresarial. Expresiones que conforman, en cualquier caso, un listado abierto a futuro, acreditativas del protagonismo de los algoritmos -o más genéricamente de la inteligencia artificial- en la configuración actual de las empresas, de sus modelos de negocio -con esa apelación al papel potencial del algoritmo como “corazón del negocio empresarial”- y de organización y gestión de las relaciones laborales. Manifestaciones que analizamos, de forma individualizada, en los apartados siguientes.

3.1. Instauración de la lógica algorítmica como instrumento de toma de decisiones en la empresa

En el momento actual constituye una realidad incuestionable la transformación digital del sistema productivo, que condiciona ya y va a condicionar más todavía en el futuro la realidad de la empresa, de modo que todo lo relacionado con la inteligencia artificial se presenta, incluso se reivindica, como instrumento fundamental hacia la búsqueda de la eficiencia y la productividad. A partir de esta premisa, la utilización de los algoritmos como herramienta para la toma de decisiones se proyecta, de forma cada vez más intensa, en los distintos ámbitos de las relaciones laborales[31]. Desde esta lógica, la asunción progresiva del uso de algoritmos por las empresas está derivando decisiones que entraban -y siguen entrado- dentro del poder de dirección "tradicional" hacia modelos de toma de decisión aparentemente objetivos o neutrales, ajenos a cualquier componente de subjetividad, arbitrariedad o discrecionalidad empresarial. Por más que después semejante conclusión pueda resultar muy controvertida en la práctica -si no abiertamente desmentida-, ante los peligros nuevos que surgen para los trabajadores por el uso masivo de algoritmos, como trataremos de desarrollar a lo largo de nuestro estudio. De manera que encuentran plena justificación los recelos o, más moderadamente, las cautelas manifestadas desde los sindicatos y la doctrina laboralista. Máxime, cuando esa utilización de los algoritmos tiende a generalizarse, ya en el momento actual, con una proyección hacia buena parte de las facetas que conforman la autonomía organizativa del empresario, bajo una clara vocación expansiva. Recelos y cautelas que han tomado forma de manera concreta, bien que con un grado de ambición moderado, en el apartado segundo del artículo 23 de la Ley 15/2022, de 12 de julio, *integral para la igualdad de trato y la no discriminación,* como se ha señalado ya, cuando mandata a las administraciones públicas para, dentro de sus competencias en el ámbito de los algoritmos involucrados en procesos de toma de decisiones, priorizar la transparencia en el diseño y la implementación y la capacidad de interpretación de las decisiones adoptadas por los mismos.

---

31 En desarrollo de esta idea, véase Mercader (2022 a): 81 y ss.).

3.2. Utilización de los algoritmos como método de selección de personal

Entre los ámbitos de las relaciones laborales donde los algoritmos están llamados a desempeñar un papel más destacado está la contratación laboral, sin ir más lejos, en relación con la utilización de la inteligencia artificial a cargo de las empresas como método de selección de personal, presente siempre la necesidad de conjugar de manera compensada las variables respectivas de precisión y equidad[32]. En este contexto, existe una primera lectura, favorable a la virtualidad de los sistemas algorítmicos como instrumentos de selección de personal, sobre la base de su eficacia aparente a efectos de evaluar de manera homogénea un conjunto amplio de personas, mediante la utilización de coordenadas idénticas durante la ejecución del proceso. La utilización de algoritmos evitaría entonces, presuntamente, la desigualdad arbitraria y la discriminación.

Desde esta perspectiva, su objetivo estaría dirigido solo a la obtención de la máxima eficiencia, en este caso vinculada con el proceso de selección, al margen -por lo menos indiciariamente- de cualesquiera elementos subjetivos personales imbuidos de intuiciones o prejuicios. Con dicha lógica, cuando la empresa adopta esta estrategia en los métodos de selección de su personal, la decisión de contratación se dejaría entonces en manos de un *software* "neutral", a partir de los parámetros incorporados a la aplicación de que se trate y una vez definido con detalle también el perfil profesional requerido, apelando a variantes diversas como la titulación académica, los años de experiencia, o la trayectoria profesional, entre otras muchas posibles.

Sin embargo, esa inicial sensación de "neutralidad" u "objetividad" en los procesos de selección de personal aparece, no obstante, claramente condicionada -cuando no abiertamente desmentida-, una vez que el factor subjetivo no desaparece por el hecho de someter la contratación a semejante protocolo. Al contrario, dicha subjetividad existe, solo que su presencia se materializa no en la contratación, como acto final del proceso de selección de personal, sino en una fase anterior de diseño del perfil profesional del candidato buscado, comprometiendo así -o sesgando según qué casos- el resultado final. Y ello, con el agravante añadido de que esta fórmula novedosa empleada en los procesos de selección de personal, derivación del nuevo papel decisor dado a los algoritmos, al contrario de lo que se pretendería, puede dificultar de manera notable el control sobre la presencia de esos elementos discriminatorios. No sorprende, por tanto,

---

32 En este sentido, véase Desiere (2021: 367 y ss.).

que la doctrina se haya hecho eco sobre los riesgos de discriminación asociados a la utilización de los algoritmos, específicamente, en esta parcela de la selección de personal[33]. Por más que la vinculación potencial entre algoritmos y discriminación alcance un recorrido bastante más amplio, excediendo con mucho de esta materia concreta[34].

Sea como fuere, los recelos que se señalan no son nuevos. En este sentido, dentro del contexto europeo, el Grupo de Trabajo del artículo 29 (GT Art. 29 -actual Comité Europeo de Protección de Datos-), en su condición de grupo de trabajo europeo independiente ocupado de cuestiones relacionadas con la protección de la privacidad y de los datos personales hasta la entrada en vigor del RGPD, mencionaba ya los riesgos derivados del empleo de estas fórmulas en sus Directrices sobre decisiones individuales automatizadas y elaboración de perfiles a los efectos del Reglamento 2016/679 (WP251rev.01). Esto es, la creación de perfiles puede ser determinante para condicionar un resultado, a partir de una adscripción apriorística de la persona en uno u otro perfil, reduciendo o ahogando según qué casos los márgenes de su propia individualidad, que el Derecho estaría llamado a preservar, en favor de una pretendida estandarización.

A partir de estas premisas, resulta muy revelador lo expresado en su Considerando 58 sobre el principio de transparencia, que se podría resumir en la idea de que detrás de cada decisión existe -o debe existir- siempre una motivación, sin que las personas concernidas por la misma puedan permanecer absolutamente ajenas a las razones que amparan dicha solución, por muy tecnificado que resulte el proceso dispuesto para su adopción, como premisa para una eventual impugnación posterior de esa decisión. De manera que la utilización de la tecnología, paradógicamente, puede instrumentalizarse de forma interesada o incluso tendenciosa, como factor de confusión u opacidad en lugar de elemento objetivador. Y ello sumado a la proyección sobre la figura del responsable del tratamiento de muchas de las obligaciones destinadas a preservar los derechos de los interesados, como contribución para conjugar, preventivamente al menos, los eventuales peligros que se ciernen sobre la materia controvertida.

Los recelos expresados por el RGPD, según los términos que se han visto, tienen luego continuidad en el artículo 22, cuando, bajo la rúbrica de "Decisiones individuales automatizadas, incluida la elaboración de perfi-

---

[33] En este sentido, véase Olarte (2020: 79 y ss.).

[34] En este sentido, alrededor de esas variables que conforman trabajo, algoritmos y discriminación, véase Fernández (2020: 505 y ss.; Todolí (2019: 465 y ss.).

les", incorpora, en su apartado 1, una prohibición general de las decisiones basadas únicamente en el tratamiento automatizado. Por más que después, en su apartado 2, incluye determinadas excepciones a esa prohibición general. Relación de excepciones que relativizan la rotundidad aparente de esa prohibición general inicial del artículo 22.1 del RGPD, vinculada con las decisiones basadas solo en el tratamiento automatizado. Existe por tanto sustrato normativo para defender que las decisiones basadas únicamente en el tratamiento automatizado, incluida la elaboración de perfiles que producen efectos jurídicos en el interesado o le afectan de manera significativa de modo similar (reproduciendo aquí los términos del artículo 22.1 del RGPD), requiere la concurrencia de garantías reforzadas para preservar los derechos de los interesados, como ha subrayado con acierto la doctrina[35], con su correspondiente materialización en los aspectos siguientes:

a) Garantía de minimización de los datos tratados para estos fines, de acuerdo con el artículo 5 del RGPD. Esta exigencia adquiere especial relevancia en el ámbito de los tratamientos automatizados. La previsión normativa actúa, no obstante, en el momento ulterior de su aplicación sobre cada supuesto concreto, con la dificultad que supone la relativa indefinición de los términos del supuesto de hecho normativo referidos a la "adecuación", "pertinencia" o "limitación" de la utilización de los datos personales en relación con la finalidad de su tratamiento.

b) Exigencia de una información significativa sobre la lógica aplicada, en línea con la existencia de un "derecho a la transparencia algorítmica". El RGPD ofrece algunas pautas para determinar de manera más precisa el alcance del derecho citado para su aplicación potencial a cada supuesto concreto. En este sentido, dentro del Capítulo III "Derechos del interesado", Sección 1 "Transparencia y modalidades", el artículo 12, regulador de la "Transparencia de la información, comunicación y modalidades de ejercicio de los derechos del interesado", incorpora una serie de pautas bajo la fórmula de obligaciones impuestas al responsable del tratamiento. Considerando estas premisas, a partir del tratamiento dado por el RGPD, la doctrina ha sistematizado cuatro caracteres básicos para la configuración de la cuestión que analizamos, en aras de alcanzar ese delicado equilibrio entre todas las variables que concurren[36]. En primer lugar, el

---

35 En este sentido, véase Mercader (2022 b): 280 y ss.).

36 En este sentido, véase Mercader (2019: 67 y ss.)

ofrecimiento de información significativa sobre la lógica aplicada no obliga necesariamente a una explicación completa de los algoritmos utilizados; en segundo lugar, la información sí debe reunir la exhaustividad suficiente para que el interesado esté en disposición de entender los motivos de la decisión; en tercer lugar, la complejidad no constituye una excusa para no ofrecer al interesado la información requerida; y, en cuarto lugar, el responsable del tratamiento debe informar al interesado sobre los criterios empleados para adoptar la decisión, con manejo de fórmulas sencillas.

c) Obligación de efectuar auditorías algorítmicas a cargo de los responsables del tratamiento, garantizando la evaluación periódica de los conjuntos de datos, del mismo modo que corresponde también a esos mismos responsables del tratamiento la introducción de procedimientos y medidas adecuados para evitar errores, imprecisiones o discriminaciones. La referencia a las auditorías se reitera, por lo demás, en varios preceptos del RGPD, como el artículo 28, "Encargado del tratamiento"; el artículo 39, sobre las "Funciones del delegado de protección de datos"; el artículo 47, dedicado a las "Normas corporativas vinculantes"; y el artículo 58, que regula en su número 1 los poderes de investigación que corresponden a cada autoridad de control, entre los que se incluye *"llevar a cabo investigaciones en forma de auditorías de protección de datos"* (artículo 58.1.b).

En este sentido, existe algún precedente en la negociación colectiva, como el III Convenio Colectivo de Puertos del Estado y Autoridades Portuarias (BOE de 9 de julio de 2019), cuyo Anexo XII, incluye diversas menciones a la utilización de algoritmos, en relación con el procedimiento de selección de los empleados por parte del departamento de recursos humanos mediante la aplicación del algoritmo de distancias con respecto al perfil necesario; en relación con las garantías de objetividad en la selección, al asegurar que *"los perfiles personales de todos los trabajadores y las herramientas de medida (algoritmo de distancia) están a disposición de los miembros de la Comisión Local"*; así como respecto a la aplicación del algoritmo de jerarquización de ocupaciones sobre los perfiles de competencias para conseguir una puntuación para la teórica ocupación de "Representante Estatal". Así como el Convenio Colectivo para los Establecimientos Financieros de Crédito (BOE de 28 de diciembre de 2022), cuyo artículo 35 está dedicado a los "Derechos ante la inteligencia artificial".

Por más que, con esa referencia de la negociación colectiva reciente en el tiempo, son todavía mayoría los convenios colectivos que contienen cláusulas dedicadas a los derechos digitales, sin incorporar no obstante ninguna mención a los algoritmos ni a la inteligencia artificial, como sucede por ejemplo con el Convenio Colectivo Estatal para el Comercio de Distribuidores de Especialidades y Productos Farmacéuticos (BOE de 23 de septiembre de 2022); el III Convenio Colectivo de Bureau Veritas Inversiones, SL (BOE de 14 de julio de 2022); el XXII Convenio Colectivo de Ámbito Estatal para las Industrias Extractivas, Industrias del Vidrio, Industrias Cerámicas y para las del Comercio Exclusivista de los Mismos Materiales (BOE de 24 de junio de 2022); el Convenio Colectivo del Sector de Grandes Almacenes (BOE de 11 de junio de 2021); o el XXIV Convenio Colectivo del Sector de la Banca (BOE de 30 de marzo de 2021).

3.3. El papel de los algoritmos en el ámbito del poder de dirección empresarial

Otro de los ámbitos donde los algoritmos pueden alcanzar una significación importante, siempre dentro del contexto de las relaciones laborales, es el relativo al ejercicio del poder de dirección del empresario. Hasta el momento, las plataformas digitales son el campo donde los algoritmos han logrado un desarrollo más intenso, permitiendo a los "proveedores" individuales proporcionar directamente sus servicios al mercado. En efecto, la inclusión del modelo algorítmico en el sistema informático permite la asignación en cada momento de las tareas al profesional que reúne los requisitos mejor adaptados a las necesidades del cliente, por lo que esa asignación se produce de manera automática. El proceso automatizado vendría a sustituir una hipotética decisión discrecional de asignación del cliente a un determinado profesional, efectuada por el jefe o responsable.

Un resultado parecido puede producirse, igualmente, en la aplicación de los algoritmos a otras cuestiones como la planificación de horarios, gestionados por un *software* configurado bajo esos parámetros de necesidades objetivas, lo que puede redundar en peligros adicionales para las personas trabajadoras, por ejemplo, un aumento en la imprevisibilidad del horario del trabajo, condicionado así por el interés empresarial, y gestionado a través de la aplicación algorítmica, con el objetivo de adecuar de forma "automática" y de la manera más ajustada posible el horario laboral de los trabajadores al volumen de trabajo que se precisa en cada momento.

Por lo demás, la expansión progresiva de los algoritmos dentro del contexto de las relaciones laborales ha llevado ya a distintos pronunciamientos judiciales a fijar, en su apartado de hechos probados, las funciones algorítmicas que realiza la plataforma. Por ejemplo, la STSJ de Cataluña (Sala de lo Social, Sección 1ª) núm. 1449/2020, de 12 de mayo, en relación con la asignación por la aplicación de pedidos a un concreto repartidor de entre los disponibles siguiendo el criterio de menor coste; STSJ de Cataluña (Sala de lo Social, Sección 1ª) núm. 1432/2020, de 7 de mayo, respecto a la utilización de criterios técnicos y funcionales para asignar los pedidos a los repartidores de manera automática o bien manual (pedidos no atendidos), dejando en todo momento la opción al repartidor de rechazar cualquier servicio que no sea de su agrado, sin que ello suponga una penalización en su puntuación; STSJ de Cataluña (Sala de lo Social, Sección 1ª) núm. 5776/2020, de 18 de diciembre, en referencia al sistema de ranquin o escala valorativa de los diferentes repartidores como medio incorporado al algoritmo para la asignación de cada reparto; o la STS (Sala de lo Social) núm. 805/2020, de 25 de septiembre, respecto al control de la actividad de los repartidores por el empresario y no solo el resultado mediante la gestión algorítmica del servicio con las valoraciones de los repartidores, complementado con la asignación de los servicios en función de esas valoraciones.

A la vista de todas las consideraciones expuestas, las finalidades para la utilización empresarial de algoritmos pueden reconducirse básicamente a tres, como ha sistematizado la doctrina[37], junto con una cuarta vinculada con la decisión automatizada sobre el término de la relación contractual[38], con el resultado que exponemos a continuación:

a) La asignación de la actividad concreta, de manera que la aplicación algorítmica asigna los trabajos al prestador de servicios más próximo, como uno de los factores a considerar, junto con la inclusión de otras variables distintas que asumen asimismo una determinada influencia en esa decisión "automática" o "automatizada" de la propia asignación, como el rastreo de los trabajos propuestos y aceptados por parte del prestador de servicios en el pasado, junto con el promedio de la evaluación recibida en todos esos supuestos por parte de los usuarios de los servicios prestados. Fenómeno complejo, como puede apreciarse, con el concurso simultáneo de los distintos elementos enumerados, que la doctrina ha definido gráficamente como una subasta de servicios coordinada por el algoritmo[39].

---

37 En este sentido, véase Mercader (2022 b: 271-272) y Mercader (2019: 66-67).

38 En este sentido, véase Goñi (2019: 60).

39 En este sentido, véase Mercader (2019: 66).

b) Asignación de tarifas por medio de la gestión algorítmica, con variación de los precios de los servicios en función de los picos de demanda, a modo de precios dinámicos, de forma que el volumen de demanda existente en cada momento resulta determinante para condicionar la fluctuación de la tarifa estándar. La referencia del precio de los servicios a su vez puede utilizarse también por los prestadores de los mismos para decidir el momento de prestación de los servicios, aprovechando la posibilidad que ofrece el algoritmo respecto al control del precio de los ofertantes.

c) Evaluación del rendimiento, como resultado de las posibilidades que abren las aplicaciones algorítmicas a partir de la clasificación y valoración del grado de satisfacción en relación con la prestación de los servicios. Objetivo que se logra mediante la inclusión, prácticamente generalizada, de sistemas de evaluación sobre la satisfacción por los servicios prestados, imbuidos además de una gran inmediatez, como sucede en la práctica totalidad de las plataformas. Esta práctica es susceptible de extenderse en su uso, potencialmente, a una amplia mayoría de modelos de empresa. Todos estos elementos permiten concluir que la instauración de algoritmos, a pesar de su aparente objetividad, no presupone por sí misma la eliminación de la arbitrariedad en las cuestiones atinentes a la evaluación del rendimiento, de no incorporar además, junto con ellos, otros mecanismos correctores para asegurar su adecuada utilización. Circunstancia ésta que conviene tener presente máxime cuando, vertientes disciplinarias al margen, los sistemas diseñados para la evaluación del desempeño y la evaluación de objetivos aparecen ligados al establecimiento de sistemas de retribución variable.

d) Decisión automatizada sobre la terminación de la relación contractual, como consecuencia de esa aplicación "automática" por los algoritmos de los parámetros predeterminados, hasta el punto de condicionar la propia permanencia del prestador de servicios. Y ello, en función de factores tales como un determinado volumen de encargos aceptados; o la evaluación dada por los usuarios de los servicios prestados, para el caso de no alcanzar los umbrales fijados. Elementos que, en conjunto o separados, podrían derivar entonces en una desconexión automática de las personas trabajadoras de la plataforma.

3.4. Aplicación de los algoritmos como mecanismos de control y seguimiento empresarial

La utilización de los algoritmos encuentra asimismo un claro recorrido potencial, dentro de las relaciones laborales, en aspectos decisivos de la vigilancia y el control de los trabajadores por medio de sistemas de videovigilancia, teléfonos, instrumentos de geolocalización, controles biométricos, correos electrónicos y navegación por internet, etc, con lo que ello supone en términos de aumento de su efectividad desde la perspectiva de la vigilancia empresarial. Incremento que se traduce a su vez, paralelamente, en una elevación potencial de los riesgos de abuso por parte del empresario, como ha señalado la doctrina[40]. En primer lugar, en relación con el tratamiento del rostro con software de reconocimiento facial dentro de los datos biométricos. Y, en segundo lugar, respecto de los datos de los trabajadores recabados mediante dispositivos inteligentes portátiles (por ejemplo, reloj inteligente, etc), proporcionados por el propio empresario y susceptibles de utilización por el mismo como elementos de rastreo y registro de la actividad de los trabajadores, dentro y fuera del lugar de trabajo. Esta última dimensión puede suponer un peligro específico, además, respecto de aquellos datos particularmente sensibles, como son todos los relacionados con la salud de los trabajadores, sobre los que el RGPD dispone, como principio general, la prohibición de su tratamiento. Los riesgos de abuso en el ejercicio del poder empresarial de vigilancia y control del trabajo pueden aumentar sobremanera como resultado de la utilización de algoritmos, según el protagonismo que asuman estos a partir de todas las combinaciones posibles entre el conjunto de datos obtenidos, con consecuencias tangibles respecto a una hipotética invasión de la privacidad de los trabajadores.

Todo ello justifica la preocupación mostrada desde la órbita sindical ante la implantación y utilización progresiva de los algoritmos en las relaciones de trabajo. Cuando además los algoritmos, en su condición de mecanismos de control, facilitan la precisión en el ejercicio o la aplicación del mismo, incluso la generalización de dicho control. Sin embargo, paradójicamente, esa minuciosidad aparente puede transformarse a veces en un instrumento engañoso (muestra de caras, elegir un número...). Por ejemplo, el usuario de un determinado servicio puede caprichosamente apretar una cara u otra -o responder con un número- a la hora de manifes-

---

40 En este sentido, véase Mercader (2022 b: 274 y ss.9); Mercader (2022 a: 90 y ss.) y Molina (2021: 5 y ss.).

tar su grado de satisfacción con el servicio recibido, sin que exista garantía de que dicha actuación "mecánica" o poco reflexiva por parte del usuario (elección de la cara, tocar un botón, decir un número, ...), responde en vedad a la calidad del servicio prestado. Si bien como contraste, conviene recordarlo también, la utilización de algoritmos en algunos casos y con observancia de las garantías debidas, puede ser beneficiosa en determinados ámbitos, como la prevención de riesgos laborales, según subraya la Agencia Europea para la Seguridad y Salud en el Trabajo en su Informe titulado "*Estudio prospectivo sobre riesgos nuevos y emergentes para la seguridad y salud en el trabajo asociados a la digitalización en 2025*".

El citado Informe incorpora referencias frecuentes a los algoritmos, con consecuencias positivas o negativas para los trabajadores, según qué casos, en alusión a cuestiones como la incidencia potencial en el padecimiento de estrés por parte de los trabajadores como consecuencia de la falta de transparencia de los algoritmos, sobre todo en los denominados "algoritmos de aprendizaje profundo" (técnica que utiliza una familia de algoritmos que procesan información en redes neuronales profundas, donde lo que sale de un nivel se introduce en el siguiente); la presencia cada vez más intensa de los algoritmos informáticos dentro de los métodos de gestión digitalizados, con el peligro para los trabajadores de pérdida del control sobre el contenido, el ritmo y la planificación del trabajo, así como el modo de llevarlo a cabo, con consecuencias en forma de estrés laboral, problemas de salud y bienestar, baja productividad, incremento de las bajas por enfermedad, presión sobre el rendimiento, ansiedad y baja autoestima, en contraste con otras posibles consecuencias positivas como derivación de una supervisión más efectiva de la situación del trabajador y un mejor conocimiento de los riesgos en materia de seguridad y salud en el trabajo en general; una presión sobre el rendimiento como presupuesto de un eventual desajuste entre las capacidades físicas y cognitivas de los trabajadores y las exigencias laborales, consecuente con la incorporación de algoritmos integrados de mejora continua, compelidos los trabajadores a rendir con la misma velocidad y eficiencia que la máquina, dando lugar a un fenómeno denominado "el látigo digital" (nuevas formas de disciplina y control establecidas mediante el uso de tecnologías de la información y la comunicación, de modo que los horarios de los trabajadores se fijan y se supervisan por ordenador, a menudo con un algoritmo integrado de mejora continua basado en el promedio de tiempo que tardan los trabajadores en completar determinadas tareas); la significación que adquiere la ética y la transparencia cuando el proceso decisorio se ejerce mediante algoritmos, con consecuencias sobre la confianza y la aceptación de dichos sistemas por los trabajadores, así como respecto de sus niveles de estrés y otros aspectos de su salud mental; la influencia de los algoritmos en el aumento de la autonomía de los trabajadores, favoreciendo estructuras organizativas más horizontales, con menos mandos intermedios, con el consiguiente impacto negativo que ello puede tener en el campo de la seguridad y salud en el trabajo, junto con la influencia negativa para la salud mental de los trabajadores consecuente con la pérdida de la interacción social general en el trabajo; la utilización que pueden hacer las empresas de los algoritmos para demostrar el cumplimiento de la normativa de seguridad y salud en el trabajo así como en los supuestos de accidentes de trabajo, además de aprovechar los macrodatos que generan los algoritmos de cara a una evaluación más precisa de los riesgos y la adopción de medidas de prevención eficaces; la privación de tareas y la pérdida de cualificación que puede derivarse para determinados trabajadores como consecuencia de la generalización de los algoritmos en la empresa, limitados a funciones exclusivas de supervisión, con exigencia de menores niveles de conocimientos y experiencia, perdiendo la capacidad de adoptar decisiones propias al margen de la actuación "automatizada" del algoritmo, con riesgo de tedio y pérdida de concentración para el trabajador; la posibilidad de que la automatización derivada de los algoritmos retire a los humanos de los entornos peligrosos, en paralelo con la introducción no obstante de nuevos riesgos alentados particularmente por la transparencia de los algoritmos subyacentes y las interfaces hombre-máquina; la influencia positiva de los algoritmos de supervisión de la inteligencia artificial, basados en interfaces de trabajo, de cara a la protección del equilibrio entre la vida profesional y la vida privada del trabajador, preventivos frente a las prácticas de trabajo no saludables; o el beneficio que se deriva para los trabajadores del hecho de que los robots y los algoritmos informáticos llevan a cabo actualmente muchas de las tareas rutinarias y repetitivas, por más que semejante consecuencia esté sometida no obstante a determinados condicionantes vinculados con la propia configuración de cada empresa o del contenido inherente al trabajo desempeñado.

Sea como fuere, el examen efectuado sobre algunas expresiones relevantes en la utilización de algoritmos, dentro de las relaciones laborales, no desmiente una conclusión con validez genérica para todas ellas, como es que la presencia de los mismos, a pesar de su aparente objetividad, no anula la existencia del elemento subjetivo empresarial respecto a la toma de decisiones que afectan al trabajador. Un componente de subjetividad que se materializa, precisamente, en el momento de configurar las pautas que rigen el funcionamiento de cada algoritmo. La conclusión es válida para las distintas manifestaciones analizadas, así como respecto de cualesquiera otros supuestos donde los algoritmos pudieran adquirir un protagonismo similar en el futuro. En definitiva, como ha señalado la doctrina, la utilización de criterios sesgados en la configuración del algoritmo puede afectar negativamente al trabajador en aspectos tales como las oportunidades de empleo, la promoción laboral o la propia estabilidad en el empleo[41]. Razonamientos que alientan el debate sobre la necesidad de implementar una regulación legal específica del uso de los algoritmos para el ámbito laboral, que abordamos en el epígrafe siguiente.

4. VALORACIÓN CONCLUSIVA

El conjunto de manifestaciones donde existe una presencia relevante de la utilización de algoritmos, analizadas de manera individualizada a lo largo de nuestro estudio con el recorrido que se ha visto, por alusión a materias como la instauración de la lógica algorítmica como instrumento en los procesos de toma de decisiones por las empresas, la utilización de algoritmos como método de selección de personal, el papel de los algoritmos en el ámbito del poder de dirección empresarial, junto con la aplicación de los algoritmos como mecanismos de control y vigilancia del trabajo y de las personas que lo prestan, ofrece una muestra reveladora de la importancia que han adquirido los mismos en el ámbito de las relaciones laborales, así como de su significación creciente en el futuro próximo.

De igual modo, el examen efectuado de dichas manifestaciones confirma una conclusión con validez genérica para todas ellas, cual es que su utilización, a pesar de esa objetividad o neutralidad aparente, en realidad no elimina la presencia de elementos subjetivos en la toma de decisiones empresariales que afectan a los trabajadores. Un componente de subjetividad que se materializa, precisamente, en el momento de configurar las pautas que rigen el funcionamiento de los distintos algoritmos. Conclusión que resulta extensible, por lo demás, a cualesquiera otros ámbitos donde los algoritmos puedan adquirir una presencia relevante en el futuro. Con el agravante de que las propias fórmulas empleadas con ocasión del nuevo papel decisor dado a los algoritmos, como sucede en las distintas expresiones examinadas, dificulta de manera notable el control sobre la existencia de eventuales elementos de discriminación.

41 En este sentido, véase Goñi (2019: 65).

Por lo demás, los distintos aspectos analizados justifican claramente las preocupaciones evidenciadas desde el interés sindical como consecuencia de la implantación y extensión de los algoritmos en las relaciones de trabajo, constatado que la utilización de criterios sesgados en la configuración del algoritmo puede afectar negativamente al trabajador en aspectos tales como las oportunidades de empleo, la promoción laboral o la propia estabilidad en el empleo. De manera que, con las pautas que ofrecen los distintos argumentos analizados, está desde luego plenamente fundamentado el debate acerca de la necesidad de implementar una regulación legal específica sobre el uso de los algoritmos en el ámbito laboral. Discusión en la que nos pronunciamos a favor de acometer dicha regulación, bajo esa finalidad de asegurar los derechos de los trabajadores, analizados que han sido los nuevos peligros que se ciernen sobre los mismos como parte débil del contrato de trabajo, frente a la posición natural de superioridad del empresario. Máxime, en ese escenario de difusión generalizada en el uso de los algoritmos, con una tendencia creciente a futuro.

En este sentido, resulta muy positivo que dicha regulación tenga una plasmación a nivel de la Unión Europea, con la conformación de obligaciones jurídicas vinculantes, superando el actual estadio de recomendaciones de carácter ético para orientar el desarrollo de los algoritmos, aparte de la contribución estimable que hace a este respecto el RGPD, en los términos que hemos analizado a lo largo de los epígrafes anteriores. Por más que, desde una aproximación constitucional, la protección de las personas físicas en relación con el tratamiento de datos personales constituye un derecho fundamental (artículo 18.4 de la CE), lo mismo que los derechos a la intimidad y a la igualdad y a no sufrir discriminaciones (artículo 18.1 y 14 de la CE), cuyo respeto debe quedar garantizado frente a eventuales decisiones automatizadas llevadas a cabo mediante algoritmos con virtualidad potencial para lesionarlos, pudiendo requerir entonces garantías específicas para afrontar los riesgos inherentes a la inteligencia artificial.

Sea como fuere, con la referencia de nuestro ordenamiento jurídico, se ha perdido una buena ocasión para haber incorporado un precepto específico sobre la inteligencia artificial en la Ley Orgánica 3/2018, de 5 de diciembre, *de Protección de Datos Personales y garantía de los derechos digitales*, como Texto que incorpora la primera regulación legal de los derechos digitales laborales en España. Si bien, como se ha señalado, la conformación actual de nuestro sistema jurídico constitucional ofrece, no obstante, herramientas importantes para neutralizar jurídicamente bastantes de esos peligros que se ciernen sobre los trabajadores como consecuencia de la utilización masiva de algoritmos. De manera que corresponde a los derechos fundamentales, derechos de libertad o inmunidad, en las relaciones de trabajo, con sus contenidos propios y fuerza vinculante, desplegar su importante capacidad reactiva frente a sus eventuales lesiones.

De otro lado, como se ha señalado también, entre las cuestiones concretas a regular sobre algoritmos, conformando un listado abierto de propuestas, deberían tener cabida materias como la inclusión de pruebas de fiabilidad en los procesos algorítmicos, el impulso de la igualdad de género y la diversidad en la configuración de los algoritmos, la generalización del uso de auditorías en los procesos algorítmicos, la implicación de las administraciones públicas en el estudio de las consecuencias de la aplicación de los algoritmos sobre los derechos y libertades de los trabajadores, o la creación de un marco adecuado de infracciones y sanciones en relación con los malos usos de los algoritmos cuando deriven en consecuencias perjudiciales para los trabajadores. Todo ello, complementado además con la función importante e irrenunciable que corresponde asumir, a este mismo respecto también, a la negociación colectiva, como se reconoce por otra parte en numerosos documentos de organismos internacionales, por más que actualmente el resultado sea todavía insuficiente, constatado que las cuestiones relacionadas con los algoritmos no han alcanzado al día de hoy una presencia significativa ni generalizada en la negociación colectiva.

Por su parte, la significación de los algoritmos en el ámbito de las relaciones laborales debe analizarse también desde su interacción con el secreto empresarial. En este sentido, corroborada la exclusión de los algoritmos de los derechos de propiedad industrial e intelectual, su herramienta legal de protección está en la Ley 1/2019, de 20 de febrero, *de Secretos empresariales*, a cuyos efectos resulta imprescindible que se trate de información o conocimiento secreto. Aspecto éste en el que han incidido distintos pronunciamientos judiciales, en referencia a la Sentencia del Tribunal distrito de La Haya de 5 de febrero de 2020, así como la STS de 25 de septiembre de 2020 (rec. 4746/2019). Con estos precedentes, en relación con la necesidad de transparencia en el uso de los algoritmos, la instauración legal del deber de las empresas de proceder a su revelación podría entrar en conflicto directo con la protección del mismo, llegando así a conocimiento de terceros. En esta ecuación de difícil equilibrio, una solución intermedia puede venir por la instauración de auditorías obligatorias, como fórmula para compatibilizar el interés empresarial de no revelar la fórmula del algoritmo, con la garantía de sometimiento del mismo a control en evitación de cualquier comportamiento contrario a la Ley.

Sea como fuere, no cabe asociar tampoco automáticamente la utilización de algoritmos con el perjuicio para los trabajadores, por lo que ello supone de simplificar en demasía una ecuación donde entran en juego numerosas variables, como se ha podido comprobar, que habrán de tenerse en cuenta para concluir con una valoración u otra. Lo que sí parece incuestionable es el aumento del riesgo potencial que se deriva para el trabajador como consecuencia de las posibilidades amplias de un mal uso a cargo del empresario que ofrecen los algoritmos, ante el avance imparable de la tecnología. De manera que corresponde entonces al Derecho del Trabajo extremar las precauciones para asegurar una utilización correcta de los mismos, con respeto del equilibrio imprescindible entre las posiciones respectivas de trabajador y empresario, como partes del contrato de trabajo, optando entre las distintas respuestas posibles. Alternativas de solución que son, precisamente, donde se sitúa el centro de la discusión, como se ha tenido ocasión de examinar a lo largo de nuestro estudio.

Una encrucijada donde, por las razones comentadas, el Derecho Laboral no puede ni debe abstraerse, sin conformarse tampoco con una actitud pasiva, debiendo por el contrario afanarse en contribuir a la configuración de un escenario normativo con reglas claras para una adecuada preservación de todos los intereses en juego. En efecto, se ha dicho ya, la apelación a referencias de naturaleza ética o filosófica, convenientes y seguramente necesarias, no pueden sustituir sin embargo la necesidad de enfrentar el reto abierto mediante soluciones radicalmente jurídicas. Con todos estos precedentes, como se ha analizado a lo largo de nuestro estudio, el artículo 23 de la Ley 15/2022, de 12 de julio, *integral para la igualdad de trato y la no discriminación*, con la rúbrica de "Inteligencia Artificial y mecanismos de toma de decisión automatizados", constituye seguramente un primer paso en la buena dirección. Si bien corresponde al legislador seguir perseverando en el futuro, bajo ese objetivo declarado de cerrar los eventuales espacios de impunidad que puedan surgir dentro de un contexto dominado por la generalización en el uso de los algoritmos, o más genéricamente de la inteligencia artificial.

Referencias bibliográficas.

Aguilar del Castillo, Mª C. (2020). El uso de la inteligencia artificial en la prevención de riesgos laborales. *Revista Internacional y Comparada de Relaciones Laborales y Derecho del Empleo, 8*(1), 262-293.

Álvarez Cuesta, H. (2020(. *El impacto de la inteligencia artificial en el trabajo: desafíos y propuestas.* Cizur Menor, España: Aranzadi.

Amauguer-Lattes, M. C. (2021). Le dialogue social: outil de régulation de l'intelligence artificielle dans l'entreprise. *Droit Social,* (2), 146-151.

Arruga Segura, Mª C. (2020). *La transformación digital en las relaciones laborales y en la organización del trabajo.* Madrid, España: Wolters Kluwer.

Bano, F. (2020). Il lavoro invisibile nell'agenda digitale di Europa 2020. *Lavoro e Diritto 34*(3), 475-493.

Benraïss, L. (2021). Enjeux organisationnels et managériaux de l'IA pour la gestion du personnel: vers un DRH "augmenté"". *Droit Social,* (2), 110-114.

Berg, J. (2019). Protecting workers in the digital age: technology, outsourcing, and the growing precariousness of work. *Comparative labor law & policy journal, 41*(1), 69-93.

Blin-Franchomme, M. P. (2021). Le défi d'une IA inclusive et responsable. *Droit Social,* (2).

Cabeza Pereiro, J. (2020). La digitalización como factor de fractura del mercado de trabajo. *Temas Laborales,* (155), 13-39.

Caicedo García, J. (2020). Tecnología blockchain y smart contracts para una administración pública más eficiente, transparente y segura. *Actualidad Administrativa,* (4).

Cortina Orts, A. (2019). Ética de la inteligencia artificial. *Anales de la Real Academia de Ciencias Morales y Políticas,* (96), 379-394.

De Stefano, V. (2019). Automation, artificial intelligence, and labor protection. *Comparative labor law & policy journal, 41*(1), 3-14.

Desiere, S. (2021). Using artificial intelligence to classify jobseekers:the accuracy-equity trade-off. *Journal of social policy, 50*(2), 367-385.

Devillers, L. (2019). Le dialogue homme-machine. *Futuribles,* (433), 51-61.

Eubanks, V. (2021). *La automatización de la desigualdad: herramientas de tecnología avanzada para supervisar y castigar a los pobres.* Madrid, España: Capitán Swing.

Fantoni-Quinton, S. (2021). L'intelligence artificielle porteuse de risque ou promesse d'amélioration pour la pénibilité et la qualité de vie au travail?. *Droit Social,* (2), 128-132.

Ferguson, Y. (2021). Des travailleurs diminués dans des organisations augmentées?. *Droit Social,* (2), 133-138.

Fernández García, A. (2020). Trabajo, algoritmos y discriminación. En AA. VV.: *Vigilancia y control en el derecho del trabajo digital,* (505-531). Pamplona, España: Aranzadi.

Galière, S. (2020). When food-delivery platform workers consent to algorithmic management: a Foucauldian perspective. *New technology, work and employment, 35*(3), 357-370.

García Díez, J. (2019). Los empleados del futuro: conviviendo con la inteligencia artificial. *Economistas,* (165), 90-94.

Gardes, D. (2021). Le droit à l'emploi face à l'intelligence artificielle. *Droit Social,* (2), 115-119.

Gauthier, G. (2020). Contratos de trabajo inteligentes. AA. VV.: *Cambiando la forma de trabajar y de vivir,* (pp.133-146). Valencia, España: Tirant lo Blanch.

Ginès I Fabrellas, A. (2022). La gestión algorítmica del trabajo: nuevos retos jurídicos, tecnológicos y éticos. En AA. VV.: *Digitalización, recuperación y reformas laborales (XXXII Congreso Anual de la Asociación Española de Derecho del Trabajo y de la Seguridad Social),* (pp. 295-320). Colección Informes y Estudios, Serie Empleo, núm. 62, Ministerio de Trabajo y Economía Social.

Goñi Sein, J. L. (2019). Innovaciones tecnológicas, inteligencia artificial y derechos humanos en el trabajo. *Documentación Laboral, 2*(117), 57-72.

Haipeter, T. (2020). Digitalisation, unions and participation: the German case of "industry 4.0". *Industrial relations journal, 51*(3), 242-260.

Hierro Hierro, J. (2022). Protección social de nuevos colectivos vulnerables. AA. VV.: *Digitalización, recuperación y reformas laborales (XXXII Congreso Anual de la Asociación Española de Derecho del Trabajo y de la Seguridad Social),* (pp. 157-186), Colección Informes y Estudios, Serie Empleo, núm. 62, Ministerio de Trabajo y Economía Social, Madrid.

Hidalgo Pérez, M. A. (2018). *El empleo del futuro: un análisis del impacto de las nuevas tecnologías en el mercado laboral.* Bilbao: Deusto.

Martínez Calabuig, J. (2021). Las pymes y la digitalización: balance y perspectivas. *Economistas,* (172/173 extra), 267-271.

Martínez Girón, J. (2022). Sobre la brecha digital generacional de la clase media española. Un análisis perspectivístico de Derecho Comparado, relativo a un colectivo gigante de contribuyentes en riesgo de exclusión social. En AA. VV.: *Digitalización, recuperación y reformas laborales (XXXII Congreso Anual de la Asociación Española de Derecho del Trabajo y de la Seguridad Social),* (pp. 321-333). Colección Informes y Estudios, Serie Empleo, núm. 62. Madrid, España: Ministerio de Trabajo y Economía Social.

Mercader Uguina, J. R. (2019). Algoritmos y Derecho del Trabajo. *Actualidad Jurídica Uría Menéndez,* (52), 63-70.

Mercader Uguina, J. R (2022 a). *Algoritmos e inteligencia artificial en el derecho digital del trabajo.* Valencia, España: Tirant lo Blanch.

Mercader Uguina, J. R. (2022 b). La gestión laboral a través de algoritmos. En AA. VV.: Digitalización, recuperación y reformas laborales (XXXII Congreso Anual de la Asociación Española de Derecho del Trabajo y de la Seguridad Social), (pp. 253-294) Colección Informes y Estudios, Serie Empleo, núm. 62. Madrid, España: Ministerio de Trabajo y Economía Social.

Molina Navarrete, C. (2021). "Duelo al sol" (digital): ¿un algoritmo controla mi trabajo?. *Revista de Trabajo y Seguridad Social del Centro de Estudios Financieros,* (457), 5-21.

Nurock, V. (2020). ¿Puede prestar cuidados la Inteligencia Artificial?. *Cuadernos de Relaciones Laborales, 38*(2), 219-227.

Olarte Encabo, S. (2020). La aplicación de inteligencia artificial a los procesos de selección de personal y ofertas de empleo: impacto sobre el derecho a la no discriminación. *Documentación Laboral, 1*(119), 79-98.

Rodríguez González, S. (2019). Brechas de género y transformación digital. *Revista de Derecho Social,* (88), 199-218.

Tejedor Belsa, J. (2020). Transformación digital, "blockchain" e inteligencia artificial en la Administración Pública. *Revista española de Derecho Administrativo,* (209).

Todolí Signes, A. (2019). Algorithms, artificial intelligence and automated decisions concerning workers and the risks of discrimination: the necessary collective governance of data protection. *Transfer, 25*(4), 465-481.

UGT. (2021). Las decisiones algorítmicas en las relaciones laborales. *Servicio de Estudios de la Confederación / Análisis y contextos*, 1-21.

Vela Díaz, R. (2021). Digitalización y nuevos trámites automatizados: las decisiones algorítmicas impregnan la actuación de la administración laboral y de seguridad social. *Trabajo y Derecho*, (83), 173-205.

Villalba Sánchez, A. (2019). El principio de transparencia en la ejecución automatizada del contrato de trabajo: una aproximación jurídica a la tecnología "blockchain" y a la inteligencia artificial. *Revista Española de Derecho del Trabajo*, (224).

Zappalà, L. (2022). Algoritmo. En AA. VV.: *Lavoro e tecnologie (Dizionario del diritto del lavoro che cambia)*. Torino, Italia: Giappichelli Editore.

Capítulo 6.

EL USO DE LA INTELIGENCIA ARTIFICIAL PARA LA TOMA DE DECISIONES EN EL ÁMBITO LABORAL

DE TORRES BÓVEDA, NOELIA
Profesora Ayudante de Derecho del Trabajo y de la Seguridad Social
Universidad Complutense de Madrid
noelidet@ucm.es
ORCID: 0000-0002-1501-3686

RESUMEN: La creciente introducción de sistemas de inteligencia artificial para la gestión del personal en el trabajo tradicional posee nuevas oportunidades para las empresas, que pueden hacer uso de estos sistemas para llevar a cabo la monitorización de la prestación de servicios de los trabajadores, así como para tomar decisiones respecto ellos. No obstante, los potenciales beneficios -como la rapidez o la reducción de costes- se ven constreñidos por la aparición de riesgos, como son la pérdida de autonomía fruto de la delegación de poder en la máquina o la posible vulneración de los derechos fundamentales de los trabajadores.

En el presente capítulo abordamos esta nueva forma de gestión empresarial, sus áreas de implantación y su impacto para los trabajadores, tanto con carácter previo a la decisión, como con posterioridad a la misma, poniendo el foco de análisis en los derechos a la protección de datos y a la no discriminación.

ABSTRACT: The increasing adoption of artificial intelligence systems for workforce management in the traditional workplace presents new opportunities for companies, which can make use of these systems to monitor and make decisions about workers' performance. However, the potential benefits -such as speed or cost reduction- are constrained by the appearance of risks, such as the loss of autonomy resulting from the delegation of power to the machine or the possible infringement of workers' fundamental rights.

In this chapter we address this new form of business management, its areas of implementation and its impact on workers, both before and after the decision is taken, focusing our analysis on the rights to data protection and non-discrimination.

Palabras clave: Gestión algorítmica, inteligencia artificial, trabajo, protección de datos, no discriminación.

Keywords: Algorithmic management, artificial intelligence, work, data protection, non-discrimination.

1. INTRODUCCIÓN

La toma de decisiones en al ámbito laboral a través de sistemas basados en algoritmos, como los potenciados por inteligencia artificial (IA), tiene su origen en el sector de plataformas digitales (Jarrahi y Sutherland, 2019: 2; Mateescu y Nguyen, 2019: 1; Aloisi, 2022: 4), donde esta tecnología ha sido empleada para la gestión del personal de forma intensiva. El creciente desarrollo tecnológico, así como su coste cada vez más reducido y su más fácil implantación (Mateescu y Nguyen, 2019: 4), han favorecido la extensión de los sistemas algorítmicos al trabajo estándar o tradicional. Una de las particularidades de la introducción de estos sistemas para llevar a cabo la gestión empresarial es que, a diferencia de lo que sucede en el ámbito de las plataformas digitales, se da la existencia de estructuras organizativas predefinidas (Baiocco, Fernández-Macías, Rani y Pesole, 2022: 20 y 21), así como la preexistencia de dinámicas de poder entre el empresario y los trabajadores (Jarrahi, Newlands, Lee, Wolf, Kinder y Sutherland, 2021: 2). Esto hace que esta forma de gestión en el trabajo estándar tenga características propias.

La gestión u organización del trabajo impulsada a través del uso de algoritmos es lo que se ha denominado "gestión algorítmica" o *algorithmic management.* Dicha gestión, si bien está cada vez más extendida en el trabajo estándar, la realidad es que todavía resulta marginal, dado que la gestión se lleva a cabo principalmente por personas (Baiocco, Fernández-Macías, Rani y Pesole, 2022: 12).

La gestión algorítmica se compone de dos elementos fundamentales en cuanto a su aplicación: la vigilancia y monitorización de los trabajadores y la toma de decisiones respecto de los mismos. Este trabajo se centra en el último extremo y, más concretamente, en la gestión del personal a través del empleo de herramientas de inteligencia artificial, que como veremos, es un tipo de gestión empresarial específico.

La presente contribución tiene por objetivo realizar un estudio del impacto de este tipo de tecnologías en las condiciones laborales en el trabajo tradicional, desarrollando a qué nos referimos con gestión algorítmica y gestión a través de inteligencia artificial, sus aplicaciones y los efectos que éstas ostentan respecto de los trabajadores. En este sentido, se llevará a cabo un análisis de las repercusiones jurídicas que los sistemas basados en algoritmos generan cuando toman decisiones en el ámbito del trabajo. Dicho análisis tendrá en consideración las repercusiones previas a la toma de decisiones, así como los posteriores, centrándonos en la posible vulneración de los derechos fundamentales a la protección de datos personales y a la no discriminación. Por último, se expresarán las conclusiones alcanzadas.

2. LA GESTIÓN ALGORÍTMICA DEL TRABAJO

La gestión algorítmica o *algorithmic management* (AM), es un término moderno, que nace en el año 2015 (Lee, Kusbit, Metsky y Dabbish, 2015) y que, al igual que muchos otros conceptos en el ámbito de los algoritmos y de la IA, se trata de un término que no halla, al menos hasta la fecha, una definición estándar y universal. Es por esta razón que ha de acudirse a las distintas definiciones consagradas en la doctrina científica e informes institucionales, a fin de poder establecer una única que combine los rasgos de todas ellas.

En este sentido, el AM se ha definido como la delegación de las funciones empresariales de gestión a los algoritmos y a sus dispositivos de apoyo (Lee, Kusbit, Metsky y Dabbish, 2015: 1603), así como las "nuevas prácticas de RRHH que aprovechan varios equipos de trabajo y técnicas asistidos por IA que ayudan a gestionar, evaluar y disciplinar a los trabajadores" (Aloisi, 2022: 11). Asimismo, se sostiene que la gestión algorítmica es "un conjunto de herramientas tecnológicas y técnicas que tienen por objeto gestionar a los trabajadores a distancia, con sustento en la recopilación de datos y la vigilancia de los trabajadores para permitir la toma de decisiones automatizada o semiautomatizada" (Mateescu y Nguyen, 2019: 1).

Desde la perspectiva de las ciencias empresariales, se habla de la *human-computer leadership* (liderazgo humano-computadora), que hace referencia al "proceso mediante el cual un agente computador ejerce una influencia intencionada sobre los agentes humanos para guiar, estructurar y facilitar las actividades y relaciones en un grupo u organización", este tipo de liderazgo nace del paradigma "las computadoras como líderes" o "*computers as leaders*", en su redacción original (Wesche y Sonderegger, 2021: 15)[1]. En un sentido similar, se ha señalado que la gestión deja de ser una práctica humana para pasar a conformarse como un proceso integrado en la propia tecnología, lo que hace que el poder pase de una jerarquía de *managers* a profesionales de la programación, los negocios y la analítica (Schildt, 2017: 25).

Finalmente, el AM también se ha definido como "el uso de procesos programados por ordenador para la coordinación del trabajo de entrada en una organización" (Baiocco, Fernández-Macías, Rani y Pesole, 2022: 6).

Un elemento esencial para que pueda materializarse este tipo de gestión empresarial son los datos (Aloisi, 2022: 11), que, en este caso, son datos sobre los trabajadores y que pueden ser de diversa índole. Desde datos no personales como el nivel de productividad o el número de clientes adquiridos, a datos personales, como son los relacionados con la salud. Para que estos datos sean útiles para la gestión algorítmica del trabajo, debe darse una condición previa, esto es, la digitalización, que supone que los datos han de encontrarse en formato digital para poder ser procesados por los sistemas que llevan a cabo la gestión. El nivel de datos requerido para articular este tipo de organización es muy voluminoso y, es por ello, que se ha llegado a hablar de la "datificación del centro de trabajo", donde los miembros que forman la empresa no son tratados como seres humanos, sino como datos digitales que se van produciendo activa y pasivamente al tiempo que van desempeñando su trabajo (Gal, Jensen y Stein, 2020: 15; Constantiou y Kallinikos, 2015). En cualquier caso, debe considerarse que la disponibilidad y obtención de datos es una condición necesaria, pero no suficiente, pues sin las tecnologías adecuadas la gestión se torna inviable y los datos pierden el valor potencial de que disponían.

Teniendo en cuenta todas las definiciones anteriores, así como lo expresado sobre los datos, puede afirmarse que, la *gestión algorítmica* se configura como *una forma de organización empresarial de la fuerza de trabajo en la que se emplean herramientas impulsadas por algoritmos, alimentados por cantidades masivas de datos, con objeto de gestionar la actividad de los trabajadores de forma remota*

---

1 Este paradigma, acuñado por los autores de este artículo, pretende hacer referencia a la realidad de los avances tecnológicos actuales, donde las relaciones jerárquicas se invierten, implicando que las personas llevan tareas bajo las órdenes de las computadoras.

y continua -en ocasiones, permanente y a tiempo real- y tomar decisiones respecto de los ellos.

La gestión algorítmica se compone de dos elementos fundamentales: control/vigilancia y toma de decisiones automatizada. El primer elemento, se ejecuta a través de la recolección de datos de los trabajadores mediante el empleo de dispositivos como los ordenadores, los sensores y los *wearables*[2], que permiten al empresario conocer en todo momento la actividad de los trabajadores y si ésta se adecúa a los estándares organizativos. El segundo elemento, es la toma de decisiones, la cual puede ser delegada en la máquina, con objeto de llevar a cabo decisiones de forma más rápida y eficiente. Podría afirmarse que el primer elemento permite o habilita el segundo, sin embargo, esto no es cierto en todos los casos. Por ejemplo, cuando la toma de decisiones se realiza en el marco de la contratación, donde los datos que se tienen en consideración no son los obtenidos de la ejecución real del trabajo, sino de la información teórica de cómo trabajan los candidatos (información de currículum, entrevistas o redes sociales).

El foco fundamental de este trabajo es el segundo elemento de la gestión algorítmica, la toma de decisiones. En concreto, la toma de decisiones mediante el uso de inteligencia artificial. Esto supone acotar, incluso más, nuestro ámbito de estudio, haciendo preceptivo hablar de "inteligencia artificial para la gestión de los trabajadores" o *artificial intelligence for worker management* (AIWM). La inteligencia artificial para la gestión de los trabajadores se ha definido como "un sistema de gestión de los trabajadores que recoge datos, frecuentemente en tiempo real, del espacio de trabajo, los trabajadores y el trabajo que realizan, los cuales son posteriormente introducidos en un sistema basado en inteligencia artificial que lleva a cabo decisiones automatizadas o semiautomatizadas, o proporciona información a aquellos que toman las decisiones (por ejemplo, directores de recursos humanos, empresarios y en ocasiones trabajadores) sobre cuestiones relacionadas con la gestión de los trabajadores" (Christenko, Jankauskaité, Paliokaitė, Leon van den Broek, Reinhold y Järvis, 2022: 12). Por tanto, se observa que estamos hablando de una parcela específica dentro del *algorithmic management* -puesto que la IA es un tipo de sistema basado en algoritmos-, en la que, en lugar de sistemas simples, se emplean sistemas sofisticados y muy potentes, impulsados por algoritmos de inteligencia artificial. Esto redunda, especialmente, en un mayor grado de autonomía que

---

2 Sobre este tipo de dispositivos, véase Nagtegaal, Verzijl, Dervojeda, Probst, Frideres y Pedersen (2015).

encontramos en tecnologías algorítmicas más tradicionales que también quedan comprendidas en el concepto de *algorithmic management*.

Como bien se ha expresado, la toma de decisiones que nace de este tipo de gestión es dual: automatizada y semiautomatizada. El primer tipo se produce cuando la toma de decisiones se cede por completo al sistema, es decir, la IA toma la decisión de forma autónoma sin que exista ningún tipo de acción o intervención humana. El segundo se produce cuando la decisión automatizada cuenta con algún tipo de elemento de participación humana o en aquellos casos en los que la IA directamente cumple un papel de apoyo a la decisión humana.

Los sistemas de inteligencia artificial son "sistemas de software (y posiblemente también de hardware) diseñados por humanos que, dado un objetivo complejo, actúan en la dimensión física o digital percibiendo su entorno mediante la adquisición de datos, interpretando los datos estructurados o no estructurados recopilados, razonando sobre el conocimiento, o procesando la información, derivada de estos datos y decidiendo la(s) mejor(es) acción(es) a tomar para alcanzar el objetivo dado. Los sistemas de IA pueden utilizar reglas simbólicas o aprender un modelo numérico, y también pueden adaptar su comportamiento analizando cómo se ve afectado el entorno por sus acciones anteriores" (Independent High-Level Expert Group on Artificial Intelligence, 2019: 6). En la actualidad, muchos de estos sistemas se identifican con una técnica específica de inteligencia artificial, denominada aprendizaje automático o *machine learning* (ML), que permite al sistema aprender de la experiencia (Raub, 2018: 531) y actuar con gran nivel de autonomía (Balasubramanian, Ye y Xu, 2022: 452) y, en muchas ocasiones, sin necesidad de intervención humana[3]. Este tipo de sistemas serían los empleados para la toma de decisiones completamente automatizadas.

Los riesgos de ceder la toma de decisiones en la IA han sido apuntados en múltiples ocasiones, tanto por los autores e instituciones europeas, dando cuenta de cómo algunas de sus características (un ejemplo claro es su naturaleza opaca) pueden desencadenar en la vulneración de los derechos fundamentales de las personas y, en lo que aquí respecta, de los trabajadores.

---

3 Este es el caso de un tipo de aprendizaje automático específico, al que se refiere como aprendizaje no supervisado o *unsupervised learning*. Sobre los tipos de aprendizaje, véase Leslie, Burr, Aitken, Cowls, Katell, y Briggs, (2021: 9).

3. PRINCIPALES USOS DE LOS SISTEMAS BASADOS EN ALGORITMOS DE IA EN EL TRABAJO

Los sistemas de base algorítmica son cada vez más empleados en la gestión laboral (Adams-Prassl, 2019: 8)[4], si bien en la actualidad la gestión tradicional continúa siendo la predominante en el trabajo estándar (Baiocco, Fernández-Macías, Rani y Pesole, 2022: 12). Ello no quiere decir que tenga menor importancia, sino que nos brinda la oportunidad de poder estudiar los potenciales riesgos que esta tecnología entraña y poder regular en consecuencia.

Las actividades que normalmente se atribuyen a los algoritmos en la actualidad son amplias y abarcan desde las decisiones de contratación a las decisiones sobre el despido. En concreto, podemos identificar las siguientes funciones:

a) Contratación, análisis de redes sociales de potenciales candidatos (Sáez Lara, 2022: 284), criba de candidatos, reconocimiento facial, análisis de la voz y análisis de las emociones.

b) Turnos de trabajo y atribución de tareas (European Agency for Safety and Health at Work, 2022: 2).

c) Supervisión y monitoreo de las actividades desempeñadas por los trabajadores, establecimiento de objetivos, gestión y evaluación del rendimiento, retribución y decisión sobre la terminación del contrato (Parent-Rocheleau y Parker, 2022: 3 y 4)[5].

---

4 Como señala Adams-Prassl (2019), "a largo plazo, ningún sector de la economía quedará fuera del alcance de los algoritmos".

5 Interesa señalar que los autores recogen las siguientes seis funciones: "supervisión (es decir, algoritmos utilizados en sistemas destinados a recoger y comunicar cualquier dato sobre los empleados durante su trabajo), fijación de objetivos (es decir, algoritmos que asignan tareas o paseos, organizan el trabajo de los empleados o fijan objetivos de rendimiento o productividad), establecimiento de objetivos (es decir, algoritmos que asignan tareas o paseos, organizan el trabajo de los empleados o fijan objetivos de rendimiento o productividad), gestión del rendimiento (es decir, algoritmos que realizan y/o muestran las calificaciones del rendimiento de los empleados o proporcionan información automatizada sobre el rendimiento), programación (es decir, algoritmos que realizan los horarios de los empleados o envían avisos sobre los horarios de trabajo sugeridos), retribución (es decir, cálculo automatizado del salario basado en condiciones y métricas gestionadas algorítmicamente), y despido (es decir, toma de decisiones y/o anuncio algorítmico del despido)".

d) Decisiones sobre promociones y ascensos en la empresa (Toyama Miyagusuku y Rodríguez León, 2019: 261).

e) Recomendaciones para prevenir riesgos para la salud de los trabajadores (European Agency for Safety and Health at Work, 2022: 2).

f) Predicciones sobre la futura actividad y capacidades de los trabajadores (Kelly-Lyth y Thomas, 2023: 231).

Asimismo, en el ámbito de los tribunales, se ha identificado el empleo de las siguientes decisiones automatizadas en: reparto de tareas, determinación de los precios, reserva de turnos de trabajo, notificaciones generadas automáticamente de los administradores de la plataforma sobre irregularidades relacionados con riesgos para la salud, generación automática de borradores para que los supervisores lleven a cabo el *feedback* de sus trabajadores, generación automática de un perfil que etiqueta a un trabajador con la probabilidad de que efectúe un comportamiento fraudulento o la imposición de sanciones y deducciones a trabajadores (Hiessl, 2023: 6). Debe apuntarse que como se trata de jurisprudencia en materia de gestión algorítmica la mayoría de las áreas señaladas se enmarcan en controversias sobre trabajadores de plataformas digitales. No obstante, muchas de ellas ya se vislumbran en el trabajo estándar, a pesar de que todavía no se encuentren tantos casos en los tribunales.

4. REPERCUSIONES JURÍDICAS

La implantación de un ecosistema de gestión algorítmica y, en particular, de AIWM en la empresa, genera una serie de impactos para los trabajadores que no quedan únicamente marginados a una distorsión de las condiciones laborales, sino que van más allá, existiendo la posibilidad de vulneración de derechos fundamentales. La Unión Europea ha puesto de manifiesto este riesgo en multitud de informes y documentos, haciéndose eco de que “el uso de la inteligencia artificial puede afectar a los valores sobre los que se fundamenta la UE y provocar la conculcación de derechos fundamentales, como la libertad de expresión, la libertad de reunión, la dignidad humana, la ausencia de discriminación por razón de sexo, raza u origen étnico, religión o credo, discapacidad, edad u orientación sexual, y, en su aplicación en determinados ámbitos, la protección de los datos personales y de la vida privada, el derecho a una tutela judicial efectiva y a un juicio justo, o la protección de los consumidores” (Comisión Europea, 2020: 13).

El proceso de toma de decisiones llevado a cabo por los sistemas de inteligencia artificial, desde el prisma del ámbito laboral, nos lleva a abordar dos derechos fundamentales en particular: el derecho a la protección de datos personales y el derecho a la no discriminación.

4.1. Repercusiones previas a la toma de decisiones

Los sistemas de algoritmos funcionan bajo un esquema "*input*-proceso-*output*" que, dicho de forma muy sencilla y breve, se traduce en la introducción de unos datos de entrada (*input*) que el sistema analizará, estableciendo correlaciones y patrones entre ellos, con objeto de dar una respuesta (*output*). En el caso del tema analizado en nuestro estudio, dicha respuesta coincide con la decisión, que en caso de decisiones automatizadas se tratará de la decisión final y, en caso de decisiones semiautomatizadas, podrá ser *potencialmente* la decisión final, pero no necesariamente, ya que se encontrará sometida a una evaluación humana *ex post.* El proceso llevado a cabo por estos sistemas no es igual en todos los casos, si bien es común a todos ellos este esqueleto inicial. Como ya se ha señalado en líneas anteriores, hay sistemas que cuentan con mayor autonomía que otros, como es el caso de la IA con respecto de sistemas más tradicionales y, dentro de la propia rama de la IA, del aprendizaje automático o *machine learning* (ML).

A la hora de valorar las repercusiones jurídicas iniciales debemos tener en mente el proceso que ejecutan estos sistemas. El elemento fundamental que permite a estos sistemas tomar decisiones -a parte de la propia tecnología- son los datos. Los datos son la condición previa sin la cual el sistema queda vacío de contenido. En el ámbito laboral, los datos que requieren de ser introducidos en la máquina son los relativos a los trabajadores y candidatos a vacantes; datos que podrán ser tanto de tipo no personal como personal.

La recopilación de estos datos -incluso de los no personales- para alimentar a la máquina, genera un riesgo permanente para el derecho fundamental a la protección de datos personales. No en vano, desde la UE se ha afirmado que las "tecnologías de IA plantean cuestiones éticas y jurídicas cruciales; señala que determinadas tecnologías de IA permiten automatizar el tratamiento de la información a una escala sin precedentes, lo que allana el camino para la vigilancia colectiva y la injerencia de manera ilegal y representa una amenaza para los derechos fundamentales, en especial el derecho a la privacidad y la protección de datos" (Parlamento Europeo, 2022: ap. 88).

El empleo de datos personales de los trabajadores (y potenciales trabajadores en la empresa) genera una serie de interrogantes, en relación a la licitud de esta tecnología para la toma de decisiones, la base legal sobre la cual el empresario está legitimado para llevar a cabo el tratamiento de los datos que permiten tomar la decisión y los límites y garantías que se trazan en protección de los trabajadores.

4.1.1. Licitud y base jurídica para la toma de decisiones automatizadas en el ámbito laboral

Aunque la toma de decisiones automatizada sea técnicamente posible, la normativa comunitaria establece que "todo interesado tendrá derecho a no ser objeto de una decisión basada únicamente en el tratamiento automatizado, incluida la elaboración de perfiles, que produzca efectos jurídicos en él o le afecte significativamente de modo similar" [art. 22.1 del Reglamento General de Protección de Datos Personales (RGPDP)] (Christenko, Jankauskaité, Paliokaitė, Leon van den Broek, Reinhold y Järvis, 2022: 13). Por ende, si bien existe la posibilidad, la sujeción a decisiones automatizadas, es decir, a decisiones que no cuenten con intervención humana, está prohibida por la normativa comunitaria y, en consecuencia, por los distintos Estados miembros. En este sentido, ha de tenerse en cuenta que la prohibición dictada por el art. 22.1 RGPDP, de acuerdo a la aclaración interpretativa efectuada por el Grupo de Trabajo del Artículo 29 (GTA29), se alza como una prohibición para el responsable y no como un derecho para el interesado, lo que supone que se trata de un precepto que no requiere ser invocado por el interesado para ser efectivo (Article 29 Working Party, 2017a: 19 y 20). Sin embargo, aunque el principio general establece una prohibición, el apartado segundo de art. 22, abre la puerta a una serie de supuestos excepcionales en los que la toma de decisiones automatizada será posible. De las tres excepciones, son dos las que interesan en el ámbito laboral: que la toma de decisiones sea necesaria para la celebración o ejecución de un contrato y que el tratamiento automatizado se fundamente en el consentimiento del propio interesado (art. 22 a) y c), respectivamente).

El camino que parece más lógico para llevar a cabo el tratamiento en el marco de la relación laboral parece el que marca el art. 22 a) RGPDP, sobre la celebración y ejecución del contrato, que no sólo permite el tratamiento automatizado en los casos en los que haya un contrato, sino también en aquellos en los que potencialmente pudiera haberlo, lo que incluye no sólo a los trabajadores de la empresa, sino asimismo a los candidatos en procesos de selección de personal. En estos casos, la mera necesidad activa la posibilidad de llevar a cabo la toma de decisiones, sin necesidad de recabar un consentimiento previo por parte del trabajador. A pesar de que dicha base jurídica pudiera parecer la más factible y cómoda para el empleador, la realidad es que el GTA29 considera que esta excepción ha de ser interpretada de manera restrictiva y atendiendo a un juicio de proporcionalidad, por tanto, debiendo de tratarse de la forma menos intrusiva disponible para alcanzar el objetivo (Article 29 Working Party, 2017a: 23). Ejemplo de ello podría ser que el tratamiento fuera tan voluminoso que recabar el consentimiento de todos los interesados fuera inoperable en la práctica.

La segunda vía que se presenta es la del consentimiento (art. 22 c) RGPDP), que para que pueda ser considerado como tal debe constituir una "manifestación de voluntad libre, específica, informada e inequívoca por la que el interesado acepta" (art. 4 11) RGPDP). Dada esta definición no cabe extrañar que esta base para el tratamiento haya demostrado ser problemática en el contexto laboral, debido al intrínseco desequilibrio de poder entre el empresario (responsable) y el trabajador (interesado). Así, desde el ámbito comunitario, se ha puesto de manifiesto que el consentimiento debe presuponerse inválido en la mayoría de las ocasiones (Article 29 Working Party, 2017b: 7)[6]. Dicha premisa se ve especialmente reforzada cuando los datos tratados para la toma de este tipo de decisiones son especialmente sensibles, como los datos de la salud. Sobre este extremo se ha señalado que "dada la relación desigual entre empresarios y trabajadores -es decir, el trabajador tiene una dependencia económica respecto del empresario- y la naturaleza sensible de los datos sobre la salud, es muy improbable que se pueda dar un consentimiento explícito jurídicamente válido para el rastreo o el monitoreo de dichos datos, ya que, en primer lugar, los trabajadores no son esencialmente "libres" de dar ese consentimiento" (Article 29 Working Party, 2017d: 18).

A pesar de todo lo expresado, en la práctica, el consentimiento es empleado como base para la toma de decisiones automatizada (Abraha, 2023: 184).

---

[6] A este respecto, "para la mayoría del tratamiento de esos datos en el trabajo, la base legal no puede ni debe ser el consentimiento de los trabajadores (Art. 6.1 a)) debido a la naturaleza de la relación entre empresario y trabajador".

Finalmente, no ha de olvidarse que la prohibición del art. 22.1 RGPDP no es de aplicación si no se producen "efectos jurídicos en él [interesado] o le afecte significativamente de modo similar"; efectos que, en realidad, son abstractos en tanto que se desconoce hasta qué punto deben afectar al interesado para dar cumplimiento al requisito. Esta falta de concreción ha supuesto que los distintos órganos hayan adoptado criterios de referencia muy divergentes entre sí (Hiessl, 2023: 8), poniendo de manifiesto la incertidumbre jurídica existente a la hora de aplicar este precepto en la práctica.

4.1.2. Garantías en favor de los trabajadores y límites de la normativa de protección de datos

Frente a la toma de decisiones automatizada llevada a cabo por el empresario, los trabajadores tienen una serie de garantías, de las que destacaremos su derecho de información (arts. 13 y 14 RGPDP) y de acceso (art. 15 RGPDP), que son especialmente relevantes dadas las características de estos sistemas y dado el hecho de que muchas veces, los trabajadores desconocen que se encuentran sujetos a esta tecnología (Parlamento Europeo, 2022: ap. 80), pues carecen de información sobre el proceso de toma de decisiones y, en consecuencia, si quien tomó la decisión fue una persona o una IA.

Antes de adentrarnos en esta materia es necesario recordar que ha de diferenciarse el derecho de información del derecho de acceso. El derecho de información viene encabezado por la obligación del responsable de facilitar información a los interesados en el momento de obtención de los datos, mientras que, el derecho de acceso se configura como un derecho a obtener información del responsable, que debe accionarse por los propios interesados, bajo solicitud a éste. Por tanto, en el primero, la responsabilidad de conseguir la información recae sobre el empresario, siendo el trabajador un mero receptor, y, en el segundo, recae en la propia iniciativa del trabajador por solicitarla.

Los trabajadores tienen derecho a ser informados sobre el tratamiento de sus datos, tanto si los datos se han recabado directamente de ellos (art. 13 RGPDP), como si se han obtenido de un tercero (art. 14 RGPDP). Así, estos preceptos establecen una serie de cuestiones mínimas que deberán ser objeto de traslado al interesado, como es la identidad del responsable, los fines del tratamiento y su base jurídica o los destinatarios de los datos (arts. 13.1 y 14.1 RGPDP) o, en el caso del art. 14.1 RGPDP, también, la categoría de los datos personales que se tratan. Es particularmente importante que, el RGPDP, conocedor de los riesgos, establece una serie de exigencias adicionales en materia de información cuando los datos están siendo tratados de forma automatizada en el marco decisorio, estableciendo que se debe informar al interesado sobre "la existencia de decisiones automatizas, incluida la elaboración de perfiles, a que se refiere el artículo 22, apartados 1 y 4, y, al menos en tales casos, *información significativa* sobre la lógica aplicada, así como la importancia y las consecuencias previstas de dicho tratamiento para el interesado" (arts. 13.2 f) y 14.2 g) RGPDP, ambos con el mismo tenor literal) [énfasis introducido por la autora]. Si bien este precepto supone una garantía para los afectados por este tratamiento y decisiones, la realidad es que, de nuevo, nos hallamos con problemas a la hora de poner el derecho en práctica. La redacción "información significativa sobre la lógica aplicada" es desafortunada, pues crea un concepto jurídico indeterminado en la norma, en torno al cual se ha suscitado largo debate (¿qué es significativo? ¿la información sobre el código fuente, los algoritmos empleados, las reglas del sistema?, ¿cuándo se entiende que el contenido de la información es suficientemente significativo para dar cumplimiento a la obligación?). El GTA29 ha intentado aclarar el contenido de esta información, estableciendo que ésta debe ser suficiente para que el interesado (trabajador) comprenda el motivo de la decisión, para lo cual es necesario comunicar al trabajador el procedimiento seguido por el algoritmo para llegar a un determinado resultado (decisión) (Article 29 Working Party, 2017a: 25). En este sentido, es fundamental que la información sea trasladada en un lenguaje claro y sencillo, que permita al trabajador comprender el contenido (art. 12 RGPDP) (Article 29 Working Party, 2017c: 8). Por tanto, puede descartarse la opción de entregar al trabajador el código fuente o la programación que sustenta al sistema, porque aparte de poder poner en riesgo derechos de propiedad intelectual de la empresa, se evidencia inservible para el trabajador afectado, quien no podrá, en última instancia, tener control sobre sus datos, ni ejercer efectivamente sus derechos. A este respecto, se ha afirmado que "la información debe facilitarse de una forma que realmente permita al trabajador comprender cuales son o fueron los elementos decisivos para el resultado de la decisión automatizada y le permita tomar una decisión informada sobre si presenta una reclamación" (Hiessl, 2023: 14).

En segundo lugar, el derecho de acceso de los trabajadores en esta materia (art. 15.1 h) RGPDP) se concreta en el mismo contenido que el derecho de información previamente expresado, pues se reproduce la redacción de los arts. 13.2 f) y 14.2 g) RGPDP. En consecuencia, la problemática anterior es trasladada a aquí. Como resultado, ya no es sólo el empresario quien se va a encontrar con dificultades a la hora de determinar la información necesaria para cumplir con su obligación de informar, sino que, también, los trabajadores van a toparse con problemas a la hora de exigirla. Este último caso, es especialmente complejo ya que los trabajadores desconocen la información disponible, mientras que el empresario parte de la previa disposición de información que, posteriormente, debe gestionar para poder proporcionarla.

El objetivo de ambos derechos (información y acceso) es garantizar que el interesado disponga de control sobre sus datos (Abraha, 2023: 175 y 176), por ejemplo, ejerciendo su derecho a solicitar la intervención humana, expresar su opinión o impugnar la decisión, que establece el art. 22.3 RGPDP. Sin embargo, la falta de claridad de la norma respecto de algunas cuestiones pone en riesgo dicho objetivo. A lo anterior se adiciona, la falta de previsiones específicas en materia laboral y el enfoque individual que adopta el Reglamento, que resulta limitante en el ámbito de las relaciones de trabajo. La única previsión que abre la puerta a esta posibilidad es el art. 88 RGPDP -único precepto específico en materia de trabajo-, sin embargo, la vía colectiva queda a expensas de la voluntad de los distintos Estados miembros por desarrollarla.

La última crítica que verteremos respecto de esta cuestión es el ámbito de protección restringido los derechos de información y acceso de los arts. 13.2 f), 14.2 g) y art. 15.1 h) RGPDP, que sólo son efectivos respecto de decisiones automatizadas, dejando al margen las decisiones semiautomatizadas. A este respecto, debe considerarse positivamente la propuesta de Directiva relativa a la mejora de las condiciones laborales en el trabajo en plataformas digitales, la cual, al menos en su redacción actual, sí establece garantías respecto de estas decisiones (Capítulo III de la Directiva). No obstante, esta normativa queda limitada a los trabajadores de plataformas digitales de trabajo, no siendo de aplicación estos derechos a trabajadores tradicionales y a otro tipo de trabajadores atípicos, que igualmente pudieran estar fuertemente sujetos a formas de gestión algorítmica, como pudieran ser los teletrabajadores.

4.2. Efectos posteriores a la toma de decisiones

Una vez el *input* se ha introducido y el sistema haya llevado a cabo el proceso específico, obtendremos el *output* (decisión). Dicha decisión puede ser discriminatoria ya que el hecho de que la toma de decisiones se delegue en el algoritmo no conlleva automáticamente la eliminación de los sesgos humanos[7]. Es más, puede suceder todo lo contrario, que consecuencia de la delegación de la toma de decisiones en la máquina los sesgos y posibles efectos adversos de la toma de decisiones se vean exacerbados, amplificados (Sáez Lara, 2020: 45)[8].

La discriminación puede traer causa en múltiples fuentes, si bien las principales se vinculan a los datos introducidos en la máquina y a la programación del sistema. Estos dos aspectos, que tienen lugar en estadios previos (en ocasiones, incluso durante el propio funcionamiento del sistema), impactan de forma muy significativa en posibles efectos adversos para los trabajadores.

En primer lugar, en lo que respecta a los datos de entrada, debemos dar cuenta que para que estos no incurran en sesgos y posibles posteriores discriminaciones, será vital que sean datos de calidad, representativos y actualizados[9]. En ocasiones, -y la experiencia da fe de ello[10]- *el input* del sistema toma como referencia datos del pasado (datos históricos) (Yang, 2020: 5) que pueden desembocar la perpetuación de estereotipos y estigmas que excluyen a colectivos de posibles oportunidades laborales, ya sea a

---

7 Así, el Parlamento Europeo señala que "el uso de la inteligencia artificial por sí solo no garantiza la verdad ni la equidad, ya que pueden surgir sesgos en la forma de recopilar los datos y de escribir el algoritmo que pueden derivarse de sesgos presentes en la sociedad; que la calidad de los datos, junto con el diseño de los algoritmos y los procesos de reevaluación constante, deberían evitar la aparición de sesgos" (Parlamento Europeo, 2018: 3).

8 Señala que la toma de decisiones algorítmica resulta paradójica ya que "por un lado, tal automatización podría ser un intento de prevenir la discriminación, pero, por otro lado, existe evidencia de que los procesos algorítmicos de toma de decisiones pueden frustrar los objetivos de las leyes antidiscriminatorias y servir para reproducir las desigualdades a mayor escala".

9 Por ejemplo, cuando nos referimos al ámbito del big data hablamos de las tres "v", que son volumen, velocidad y variedad. A estas se añaden otras como el valor y la veracidad de los datos. Sobre las tres "v", véase, Gil (2016).

10 Un caso muy conocido es el caso Amazon, donde la empresa empleó datos históricos para llevar a cabo un proceso de selección, el cual resultó tener resultados discriminatorios. Sobre este caso, puede consultarse: https://www.bbc.com/mundo/noticias-45823470

la hora de obtener un empleo o a la hora de promocionar u obtener otros beneficios en la empresa en la que ya prestan sus servicios.

La IA no tiene consciencia ni juicio y, por tanto, a diferencia de lo que sucede con las personas, no otorgan valor a los datos ni, en consecuencia, a las decisiones que son soportadas por los mismos, lo que supone que, si los datos históricos de promoción interna de la empresa indican que el 90% de las promociones se han otorgado a varones blancos, la IA emplea los datos sin cuestionar su veracidad o ajuste a la legalidad. Sin embargo, si es una persona quien se encarga de tomar la decisión en base a los mismos -a no ser que, evidentemente, sea mal intencionada- podrá advertir que los datos empleados perpetúan una discriminación, al menos, a simple vista.

Asimismo, los sesgos o efectos adversos pueden traer causa no en los datos que se incorporan en la máquina, sino en la ausencia de otros necesarios para que la decisión que el sistema proporcione sea justa[11].

En segundo lugar, los sesgos del sistema pueden provenir de los propios programadores, quienes vierten sus propios sesgos en la máquina, ya sea a través de los datos que introducen en la misma o por el establecimiento de unos parámetros que puedan acarrear posteriores discriminaciones. Esto se ve dificultado por el hecho de que "el desarrollo de la IA se produce en un entorno homogéneo compuesto principalmente de varones jóvenes blancos, lo cual deja una impronta (consciente o no) de disparidad cultural y de género, entre otras cosas porque los sistemas de IA aprenden sobre la base de datos de formación" (Comité Económico y Social Europeo, 2017: 4). Datos que son introducidos por quienes diseñan el programa, que tienen el poder de seleccionar la muestra que entrenará al sistema. Así, no es casualidad que "la evidencia muestre que los sistemas de toma de decisiones automatizada sean desproporcionadamente dañinos para las minorías más vulnerables y menos poderosas, que tienen poca habilidad para intervenirlos" (Noble, 2018: 49 y 50).

Resultado de lo anterior, algunos autores ponen de manifiesto la necesidad de que los expertos encargados de programar estos sistemas sean

---

11 Relacionado con esto, se ha señalado, por ejemplo, que "las minorías están, por definición, peor representadas en muestras de datos de toda la población; por tanto, las predicciones para individuos miembros de minorías pueden ser menos precisas si esas predicciones se hacen en gran medida sobre la base de datos de otros miembros del mismo grupo". Russel (2019).

diversos (Broussard, 2018: 87) (en género, etnia, etc.), de forma que se eliminen o, al menos, reduzcan posibles sesgos. No obstante, incluso en un escenario en que los expertos programadores se caracterizan por tal diversidad, existen más factores en juego que también pueden conducir a la discriminación. Un ejemplo de ello es el uso de IA que emplee técnicas de aprendizaje automático no supervisado, donde el proceso llevado a cabo puede llegar a ser opaco (efecto *black-box*) y, por tanto, desconocido por los programadores; con una consecuente pérdida de control humano respecto de los procesos decisorios y requiriendo necesariamente, a nuestro juicio, de un diseño previo cuidadoso y una posterior auditoría del resultado, antes de tomar la decisión.

Una vez la discriminación se ha producido se plantean distintas problemáticas, esto es, determinar el tipo discriminatorio ante el que nos hallamos, probar que dicha discriminación se ha producido y determinar quién será responsable de la conducta.

La calificación de la discriminación llevada a cabo por la inteligencia artificial no está clara. En un primer momento, la fórmula que pudiera parecer más adecuada a la hora de abordar la discriminación algorítmica es la discriminación indirecta, atendiendo a que se trata de una decisión aparentemente neutra y, en estos casos, estandarizada, pero que termina por afectar de forma desfavorable a determinados colectivos de la sociedad. Así, se ha señalado que "quienes afirman que los algoritmos reducen la arbitrariedad se apoyan sobre el argumento de que no responden a 'nadie', que es precisamente la lógica bajo la discriminación indirecta" (Aloisi, 2023: 19). Un ejemplo de la calificación de esta discriminación como discriminación indirecta en la propia jurisprudencia es la conocida sentencia del Tribunal Ordinario de Bolonia, de 31 de diciembre de 2020 (Caso nº. 2949/2019).

A pesar de ello, la identificación de la discriminación algorítmica como indirecta no siempre será adecuada. Recientemente, de hecho, se ha sostenido que los sistemas de toma de decisiones automatizadas sesgados guardan relación con características de la discriminación directa, siendo este tipo de discriminación más ajustado a algunos de los casos paradigmáticos de sesgos algorítmicos (Adams-Prassl, Binns y Kelly-Lyth, 2023).

Por tanto, la discriminación algorítmica no es indirecta o directa en sí misma, sino que depende de la casuística del supuesto específico ante el que nos hallemos.

En lo que respecta a la prueba, bastará con que el trabajador discriminado muestre indicios de la conducta empresarial (inversión de la carga de la prueba), lo que supone que éste no se topará con la necesidad -y dificultad- de abrir la caja negra del algoritmo. Será el empresario, quien habrá de demostrar que la conducta discriminatoria está justificada. No obstante, como ya venimos diciendo, justificar el proceso del algoritmo en ocasiones puede llegar a ser prácticamente imposible, lo que pone de manifiesto que el empresario debe sopesar debidamente la introducción de este tipo de tecnología en determinadas áreas decisionales con potencial vulnerador de los derechos fundamentales de los trabajadores, dado que lo que en un primer momento pudiera parecer un ahorro de costes -rapidez de la toma de decisiones y autonomía en el funcionamiento- puede acabar mostrando ser todo lo contrario.

La responsabilidad de la conducta, a nuestro juicio, no puede recaer en ningún caso sobre el sistema que tomó la decisión, puesto supondría asumir directamente la despersonalización de la conducta y dar carta blanca a las empresas para discriminar sin consecuencias. En este sentido, merece la pena referir el concepto de "*agency laundering*", que hace referencia a la práctica de tomar decisiones moralmente reprochables bajo la máscara del algoritmo, alegando la complejidad del mismo como justificación y permitiendo al sujeto desligarse de la responsabilidad del resultado[12]. Por ejemplo, el empresario podría sostener que no es responsable de la discriminación de un candidato de una religión determinada a un puesto de trabajo porque la decisión no ha sido tomada por él ni por un director de recursos humanos, sino por el sistema de inteligencia artificial.

Expresiones como el "jefe algorítmico", ponen en relieve el poder del que se le dota a esta tecnología para administrar las relaciones laborales. Sin embargo, es necesario no dejarse llevar por la terminología, pues hablar del algoritmo o de la IA como "el jefe" hace que desplacemos al empresario real de la ecuación y es, precisamente él, quien es responsable de los resultados (actuaciones o decisiones) que estos sistemas llevan a cabo. Al fin y al cabo, es el empresario quien decide implementar los sistemas, confiar en la validez de sus resultados y en la calidad prometida por su proveedor, y aplicarlo en áreas más o menos relevantes para los trabajadores.

---

12 Sobre este interesante concepto, véase Rubel, Pham y Castro (2019).

5. CONCLUSIONES

El presente trabajo ha permitido poner de manifiesto el marco de la toma de decisiones llevada a cabo por la inteligencia artificial, así como sus aplicaciones, efectos y riesgos para los trabajadores que se ven afectados por las mismas. Fruto de este estudio se hace posible expresar las siguientes conclusiones:

1°. La aplicación de la inteligencia artificial para la gestión laboral puede ser positiva por su rapidez, autonomía y reducción de costes, si bien precisamente estas virtudes también pueden ser sus desventajas ya que la rapidez y, especialmente, la autonomía pueden llevar aparejadas una pérdida de control humano que desalinee los objetivos de la máquina con los de las personas, resultando en posibles efectos adversos. Efectos que pueden convertir ese ahorro inicial en un aumento de costes con posterioridad, como consecuencia de la derivación de responsabilidad.

2°. El AIWM puede posicionar a los trabajadores en una situación de mayor subordinación, en algunos casos con un aumento de la carga de trabajo, así como una pérdida de la autonomía en el desarrollo de sus funciones, pudiendo poner en riesgo su seguridad y salud.

3°. La disposición de datos de los trabajadores constituye una condición previa para que los sistemas de inteligencia artificial puedan tomar decisiones de gestión laboral. Esto pone en compromiso el derecho a la protección de datos de los trabajadores, que pasan a formar parte del *input* del sistema.

Las bases para llevar a cabo el tratamiento automatizado por la empresa son restringidas y quedan vinculadas a lo establecido por el art. 22.2 RGPDP. Dichas bases tienen un alcance limitado en el ámbito laboral donde, como el GTA29 y la doctrina han puesto de manifiesto, la celebración o ejecución de un contrato (art. 22.2 a) RGPDP) tiene que interpretarse de forma restringida y el consentimiento (art. 22.2 c) RGPDP) es considerado inadmisible como regla general. A pesar de lo anterior estos sistemas se implementan en base a estas excepciones.

4°. Ante el empleo de los datos personales de los trabajadores para alimentar la toma de decisiones de IA es fundamental garantizar la efectividad de los derechos de información y acceso. Sin embargo, la redacción de la norma crea ciertas lagunas que abren la puerta a la interpretación y a la necesidad de atender a la cobertura de las mismas por parte de los tribunales y de los Estados miembros. En el caso español, el art. 64.4 d) del Estatuto de los Trabajadores, acota un poco más el contenido de la información a proveer, si bien aún se mantiene cierta falta de concreción. Asimismo, aboga por una perspectiva colectiva que se aprecia positivamente.

El derecho de información se podría ver reforzado con la entrega de las evaluaciones de impacto del art. 35 RGPDP a los representantes de los trabajadores, en un formato claro y sencillo en línea con las exigencias del art. 12 RGPDP.

5°. Consecuencia de que los trabajadores son el *input* del sistema, son también considerados parte del *output*, por el cual se ven afectados. Las decisiones tomadas por la IA en el marco del AIWM pueden ser discriminatorias. La casuística tanto técnica como *de facto* de la situación hacen que la calificación de este tipo de discriminaciones sea especialmente compleja, a lo que se adicionan otros desafíos prácticos como son la prueba y la responsabilidad del acto. En este sentido, si bien la normativa continúa siendo aplicable a estos casos, sería aconsejable desarrollar previsiones específicas que pudieran resolver las incertidumbres que se crean entorno a la discriminación algorítmica. Debe tenerse en cuenta que, desde el punto de vista técnico, "no existe una herramienta universal que permita eliminar los sesgos, sino una pluralidad de técnicas que pueden mitigarlos o eliminarlos parcialmente" (Rivas Vallejo, 2022: 44).

6°. Es necesario romper con el enfoque individual de la normativa de protección de datos, especialmente en el ámbito laboral, donde los representantes de los trabajadores pueden jugar un papel crucial cuando se emplean estos sistemas en la empresa.

La necesidad de establecer un enfoque colectivo va más allá de la normativa de protección de datos[13], siendo una forma de garantizar que el diseño, implantación y evolución de estos sistemas es adecuada y no perjudica los derechos de los trabajadores. Debe existir una cogobernanza de la inteligencia artificial en la empresa.

7°. La tecnología -la inteligencia artificial- no es buena ni mala en sí misma; depende del uso que se le adjudique. Es por este motivo que el empresario debe evaluar qué ámbitos de la gestión puede delegar al sistema y hasta qué punto dicha delegación puede afectar a sus empleados.

---

13 Por ejemplo, en el ámbito de la no discriminación. Sobre este particular, Sáez Lara (2020) afirma que "la relevancia colectiva del impacto discriminatorio de las decisiones empresariales ha de ser atendida mediante la acción de los sujetos de representación y tutela del interés colectivo, que son los representantes sindicales". (p.59)

Una estudio y evaluación *ex ante*, puede evitar potenciales riesgos para los trabajadores y, en caso de ser inevitables, permite establecer medidas con objeto de preservar el trabajo decente[14] en la compañía.

Referencias bibliográficas

Abraha, H. (2023). "Regulating algorithmic employment decisions through data protection law", *European Labour Law Journal, 14*(2).

Adams-Prassl, J. (2019). "What if your boss was an algorithm?. Economic incentives, legal challenges, and the rise of artificial intelligence at work", *Comparative Labor Law & Policy Journal,* 41(1).

Adams-Prassl, J., Binns, R. y Kelly-Lyth, A. (2023). "Directly discriminatory algorithms", *The Modern Law Review, 86*(1).

Aloisi, A. (2022). "Boss Ex Machina: Employer Powers in Workplaces Governed by Algorithms and Artificial Intelligence", *Working Paper IE Law School, IE University.*

Aloisi, A. (2023). "Regulating algorithmic management at work in the European Union: data protection, non-discrimination and collective rights", *International Journal of Comparative Labour Law and Industrial Relations* (pre-edited), *40*(1).

Article 29 Working Party (2017a). *Guidelines on Automated individual decision-making and Profiling for the purposes of Regulation 2016/679.*

Article 29 Working Party (2017b). *Guidelines on consent under Regulation 2016/679.*

Article 29 Working Party (2017c). *Guidelines on transparency under Regulation 2016/679.*

Article 29 Working Party (2017d). *Opinion 2/2017 on data processing at work.*

Baiocco, S., Fernández-Macías, E., Rani, U. y Pesole, A. (2022). "The algorithmic management of work and its implications in different contexts", *JRC Technical Report – European Commission.*

Balasubramanian, N., Ye, Y. and Xu, M. (2022). "Substituting human decision-making with machine learning: implications for organizational learning", *Academy of Management Review, 47*(3).

Bambuer, J. y Zarsky, T. (2018). "The algorithm game", *Notre Dame Law Review, 94*(1).

Broussard, M. (2018). *Artificial Unintelligence: how computers misunderstand the world,* Massachusetts Institute of Technology Press.

Cesira Urzì Brancati, M., Curtarelli, M., Riso, S. y Baiocco, S. (2022). "How digital technology is reshaping the art of management", *JRC Technical Report, European Commission.*

Christenko, A., Jankauskaitė, V., Paliokaitė, A., Leon van den Broek, E., Reinhold, K. y Järvis, M. (2022). *Artificial intelligence for worker management: an overview,* European Agency for Safety and Health at Work (EU-OSHA).

[14] Objetivo de desarrollo sostenible número 8: "Promover el crecimiento económico inclusivo y sostenible, el empleo y el trabajo decente para todos".

Comisión Europea (2020). *Libro blanco sobre la inteligencia artificial–un enfoque europeo orientado a la excelencia y la confianza,* COM(2020) 65 final.

Comité Económico y Social Europeo (2017). *Dictamen sobre la «Inteligencia artificial: las consecuencias de la inteligencia artificial para el mercado único (digital), la producción, el consumo, el empleo y la sociedad»,* (2017/C 288/01).

Constantiou, I. D. y Kallinikos, J. (2015). "New games, new rules: big data and the changing context of strategy", *Journal of Information Technology.*

Demetis, D. S. y Lee, A. S. (2018). "When humans using the IT artifact becomes IT using the human artifact", *Journal of the Association for Information Systems, 19*(10).

European Agency for Safety and Health at Work (2022). "Artificial intelligence for worker management: mapping definitions, uses and implications", *Policy brief.*

Gal, U., Jensen, T. B. y Stein, M.-K. (2020). "Breaking the Vicious Cycle of Algorithmic Management: A Virtue Ethics Approach to People Analytics", *Information and Organization, 30*(2).

Gil, E. (2016). *Big data, privacidad y protección de datos,* Agencia Española de Protección de Datos, ACCÉSIT 2015.

Gillespie, T. (2014). "The relevance of algorithms". En Gillespie, T., Boczkowski, P. J. y Foot, K. A. (eds.). *Media Technologies: Essays on Communication, Materiality, and Society,* MIT Press Scholarship Online.

Jarrahi, M. H., Newlands, G., Kyung Lee, M., Wolf, C. T., Kinder, E. y Sutherland, W. (2021). "Algorithmic management in a work context, *Big Data & Society.*

Jarrahi, M. H. y Sutherland, W. (2019). "Algorithmic Management and Algorithmic Competencies: Understanding and Appropriating Algorithms in Gig Work". In *Information in Contemporary Society: 14th International Conference, 2019 Washington, DC, USA, March 31 – April 3,* Springer.

Kelly-Lyth, A. y Thomas, A. (2023). "Algorithmic management: Assessing the impacts of AI at work", *European Labour Law Journal, 14*(2).

Kellogg, K. C., Valentine, M. A. y Christin, A. (2020). "Algorithms at work: the new contested terrain of control", *Academy of Management Annals, 14*(1).

Lee, M. K., Kusbit, D., Metsky, E. y Dabbish, L. (2015). "Working with Machines: The Impact of Algorithmic and Data-Driven Management on Human Workers", *Association for Computer Machinery (ACM).*

Leslie, D., Burr, C., Aitken, M., Cowls, J., Katell, M. y Briggs, M. (2021). "Artificial Intelligence, human rights, democracy and the rule of law", *The Alan Turing Institute and the Council of Europe.*

Mateescu, A. y Nguyen, A. (2019). "Algorithmic management in the workplace", *Data & Society.*

Nagtegaal, F., Verzijl, D., Dervojeda, K., Probst, L., Frideres, L. y Pedersen, B. (2015). "Wearable technology", *Business Innovation Observatory, European Commission.*

Noble, S. U. (2018). *Algorithms of oppression: how search engines reinforce racism,* New York University Press.

Parent-Rocheleau, X. y Parker, S. K. (2022). "Algorithms as work designers: how algorithmic management influences the design of jobs", *Human Resource Management Review.*

Parlamento Europeo (2020). *Resolución sobre Una política industrial global europea en materia de inteligencia artificial y robótica,* (2018/2088(INI)).

Parlamento Europeo (2022). *Resolución sobre la inteligencia artificial en la era digital,* P9_TA(2022)0140, (2020/2266(INI)).

Raub, M. (2018). "Bots, bias and big data: artificial intelligence, algorithmic bias and disparate impact liability in hiring practices", *Arkansas Law Review,* 71(2).

Rivas Vallejo, P. (2022). "Sesgos de automatización y discriminación algorítmica". En Rivas Vallejo, P. (dir.): *Discriminación algorítmica en el ámbito laboral: perspectiva de género e intervención,* Thomson Reuters – Aranzadi.

Rubel, A., Pham, A. y Castro, C. (2019). "Agency laundering and algorithmic decision systems". En *Information in Contemporary Society: 14th International Conference, 2019 Washington, DC, USA, March 31 – April 3,* Springer.

Russel, S. (2019). *Human compatible: artificial intelligence and the problem of control,* Penguin, 2nd Ed.

Sáez Lara, C. (2020). "El algoritmo como protagonista de la relación laboral. un análisis desde la perspectiva de la prohibición de discriminación", *Temas Laborales,* (155).

Sáez Lara, C. (2022). "Gestión algorítmica empresarial y tutela colectiva de los derechos laborales", *Cuadernos de Relaciones Laborales,* 40(2).

Schildt, H. (2017). "Big data and organizational design – the brave new world of algorithmic management and computer augmented transparency", *Innovation: Organization & Management,* 19(1).

Toyama Miyagusuku, J. y Rodríguez León, A. (2019). "Algoritmos laborales: big data e inteligencia artificial", *THĒMIS-Revista de Derecho.*

UNI Global Union (2023). *Gestión algorítmica: guía destinada a los sindicatos,* UNI Global Union.

Waldman, A. y Martin, K. (2022). "Governing algorithmic decisions: the role of decision importance and governance on perceived legitimacy of algorithmic decisions", *Big Data & Society.*

Wesche, J. S. y Sonderegger, A. (2021). "When computers take the lead: the automation of leadership", *Computers in Human Behavior Journal,* 101.

Yang, J. R. (2020). "Ensuring a future that advances equity in algorithmic employment decisions", *Urban Institute.*

Capítulo 7.
PLATAFORMAS DIGITALES Y TRABAJO

MERCADER UGUINA, JESUS R.
Catedrático de Derecho del Trabajo y la Seguridad Social
Universidad Carlos III
jmercade@der-pr.uc3m.es

Sumario: 1. Las plataformas profesionales, un compañero de viaje del Derecho digital del trabajo. 2. Derechos laborales en la economía de plataforma: El debate sobre la calificación de la fuerza de trabajo líquida. 3. La regulación legal del trabajo en plataformas. 4. El arsenal sancionador contra la huida del Derecho del trabajo: Poder de policía y control de nuevos sectores de actividad. 5. La última frontera: La Propuesta de Directiva para mejorar las condiciones laborales de las personas que trabajan a través de plataformas digitales. 6. Retos de futuro para el trabajo a través de plataformas.

RESUMEN: El desarrollo de la tecnología ha permitido el surgimiento de nuevas formas de trabajo que no responden a las características tradicionales de la prestación laboral. El presente trabajo tiene por objeto abordar una de estas relaciones atípicas, la del trabajo en plataformas digitales.

Así, se lleva a término un estudio global que aúna la controvertida calificación jurídica de estos prestadores de servicios, los efectos que dicha calificación desprende para los trabajadores y la regulación jurídica desarrollada frente a los nuevos retos suscitados. Respecto de este último extremo, se analizan el RDL 9/2021, de 11 de mayo y la Ley 12/2021, de 28 de septiembre a nivel nacional y la Directiva comunitaria sobre mejores condiciones de trabajo de los trabajadores de plataformas digitales de trabajo. Asimismo, se analizan los mecanismos de supervisión y control de huida del adecuado encuadramiento de la prestación.

El capítulo cierra con una reflexión sobre los desafíos futuros de esta particular prestación de servicios.

ABSTRACT: The development of technology has allowed the emergence of new forms of work that do not respond to the traditional characteristics of work relationships. The aim of this paper is to address one of these atypical relationships, that of work on digital platforms.

Thus, a global study is carried out that combines the controversial legal classification of these service providers, the effects that this classification has for the providers and the legal regulation developed in the face of the new challenges that have arisen. With regard to the latter, Royal Decree-Law 9/2021 of 11 May and Law 12/2021 of 28 September are analysed at national level, as well as the proposal for an EU Directive on better working conditions for workers on digital work platforms. It also analyses the mechanisms of supervision and control of the proper framing of the service.

The chapter closes with a reflection on the challenges ahead for this particular service provision.

Palabras clave: Plataformas digitales, trabajo, digitalización, calificación jurídica, regulación.

Key words: Digital platforms, work, digitalisation, legal status, regulation.

1. LAS PLATAFORMAS PROFESIONALES, UN COMPAÑERO DE VIAJE DEL DERECHO DIGITAL DEL TRABAJO

La lógica algorítmica como instrumento de toma de decisiones irradia sus efectos en múltiples campos del actuar humano y, como no podía ser de otro modo, también en el laboral. El empresario está dispuesto a delegar o, si se prefiere, a descentralizar parte de sus poderes tradicionales trasladando un importante número de decisiones a la presunta objetividad y plena fiabilidad que proporciona el recurso al Big Data y, por extensión, a la Inteligencia Artificial. La manifestación más evidente de este proceso se encuentra en el formidable desarrollo que están teniendo en nuestros días las plataformas digitales.

Como se ocupa de precisar la Resolución legislativa del Parlamento Europeo, de 24 de abril de 2024, sobre la propuesta de Directiva del Parlamento Europeo y del Consejo relativa a la mejora de las condiciones laborales en el trabajo en plataformas digitales (COM(2021)0762 – C9-0454/2021 – 2021/0414(COD)) ["Directiva plataformas"] en su Considerando (5): "El trabajo en plataformas es realizado por personas físicas a través de la infraestructura digital de las plataformas digitales de trabajo que prestan servicios a clientes (...). A través de los algoritmos, las plataformas digitales organizan, en menor o mayor medida —dependiendo de su modelo de negocio—, la ejecución del trabajo, la remuneración y la relación entre sus clientes y las personas que realizan el trabajo. El trabajo en plataformas puede ejecutarse exclusivamente en línea a través de herramientas electrónicas («trabajo en plataformas en línea») o de forma híbrida combinando un proceso de comunicación en línea con una actividad posterior en el mundo físico («trabajo en plataformas in situ»). Muchas de las plataformas digitales de trabajo existentes son agentes empresariales internacionales que desarrollan sus actividades y modelos de negocio en varios Estados miembros o a través de las fronteras"[1].

---

[1] Un análisis del devenir de la Propuesta hasta el momento actual puede encontrarse en Rojo (2023).

Los niveles de uso de plataformas en el trabajo se están generalizando y el número de trabajadores que utilizan herramientas digitales y se encuentran sujetos a algoritmos de gestión es cada vez más elevado. De este modo, no solo los empleados y operadores de industrias de alta tecnología, con uso intensivo de conocimientos, servicios y administración pública utilizan estos sistemas, sino que el recurso al seguimiento digital se está generalizando a la práctica totalidad de las esferas de actividad. Buen ejemplo de ello es el recurso a las plataformas digitales también en el caso de los trabajadores que realizan sus funciones fuera de las instalaciones de su empleador, como en su domicilio, en un vehículo o en espacios públicos. Las nuevas formas de trabajo a distancia o los sistemas avanzados de nomadismo digital convierten a estos instrumentos en una herramienta esencial del desarrollo de la actividad laboral.

No obstante, la "*on-demand economy*" resulta la manifestación paradigmática de estos usos. Un sector en permanente expansión en el que las plataformas profesionales concentran el interés en materia laboral. Una realidad plenamente diferenciada de la denominada economía "colaborativa" o "compartida" con rasgos propios y acusados signos distintivos. Hasta el punto de que las plataformas profesionales se han convertido en un compañero de viaje del Derecho digital del trabajo con una bibliografía prácticamente inabarcable como se extrae de una simple búsqueda en Google Scholar.

Estas plataformas profesionales basan su actuación en algoritmos y, a través de los mismos, efectúan asignaciones de actividades a los profesionales incluidos dentro de las mismas. Para estudiar las plataformas y sus efectos hay tres elementos que son útiles a considerar. Por una parte, las plataformas están integradas en dispositivos digitales que proporcionan la infraestructura o el espacio digital donde tienen lugar las interacciones. En segundo lugar, las plataformas recopilan, almacenan y procesan información sobre las transacciones que tienen lugar dentro de ellas. Y, en tercer lugar, las plataformas incorporan un conjunto de algoritmos que regulan y coordinan cómo se realizan esas transacciones. En otras palabras, el sistema informático procede a la asignación de tareas concretando el servicio al profesional que en cada momento concreto reúna los requerimientos mejor adaptados a las necesidades del cliente.

Se trata de un modelo de negocio en permanente crecimiento. Las plataformas digitales son una forma muy eficiente de coordinar cualquier tipo de interacción compleja entre muchas partes, siempre que dicha interacción tenga lugar utilizando redes y herramientas digitales. Muchas de las plataformas digitales de trabajo existentes son agentes empresariales internacionales que desarrollan sus actividades y modelos de negocio en varios Estados miembros o a través de las fronteras. Los responsables políticos son conscientes del conflicto latente en este tipo de trabajos como lo demuestra la proliferación de casos judiciales. Por este motivo, la actual presidenta de la Comisión Europea, Ursula von der Leyen, mencionó explícitamente la mejora de las condiciones laborales de los trabajadores de plataformas como uno de los objetivos políticos prioritarios para 2019-2024.

Pese a su importancia, todavía nos faltan datos estadísticos fiables que permitan comprender en sus precisos términos cuál es el alcance de esta nueva forma de empleo. Las encuestas COLLEEM I (2018) y II (2020) realizaron una primera aproximación cuantitativa pero las mismas tenían limitaciones en términos de representatividad de su muestra y dificultades relacionadascon los datos recopilados La más reciente JRC Algorithmic Management and Platform Work survey (AMPWork) (2023), ha buscado alcanzar un más preciso resultado refinando el tratamiento de datos para alcanzar un retrato estadístico representativo de la plataforma del trabajo en diferentes dominios, basado en una muestra representativa de la población en edad de trabajar en Alemania y España a través de entrevistas personalizadas. Los datos son significativos. Alrededor del 1-2% de las personas en edad de trabajar desarrollan su actividad a través de esta forma de trabajo y se demostró que más de la mitad de las personas que trabajan en plataformas lo hacen durante una cantidad considerable de tiempo, por lo que el trabajo en plataformas puede considerarse su trabajo principal. Esto confirma la importancia de los intentos regulatorios, ya que incluso una tasa de prevalencia del 1-2% significa que el trabajo en plataformas es la principal fuente de ingresos para millones de personas en toda Europa (Fernández-Macías, Urzì Brancati Wright, y Pesole, 2023).

2. DERECHOS LABORALES EN LA ECONOMÍA DE PLATAFORMA: EL DEBATE SOBRE LA CALIFICACIÓN DE LA FUERZA DE TRABAJO LÍQUIDA

Las modernas economías de plataforma plantean, también, importantes problemas desde la perspectiva estrictamente jurídica. Las formas y modos de prestación de servicios ponen sobre la mesa si las nociones de dependencia y ajenidad son categorías susceptibles de acoger las nuevas formas de trabajo que se desarrollan dentro de este nuevo modelo de prestación de servicios. En este tiempo se produce una neta mutación en la morfología del concepto clásico de trabajador. Autonomía y coordinación son, probablemente, los rasgos diferenciadores de este momento frente a las clásicas nociones de dependencia y subordinación.

En el trasfondo de la anterior idea está la marcada proximidad sociológica e, incluso, jurídica entre el trabajo por cuenta ajena y otras prestaciones susceptibles de ser encuadradas dentro del Derecho Civil o del Mercantil. El contrato de trabajo asalariado nunca fue la única forma por la que una persona puede comprometerse a trabajar. La historia del Derecho del Trabajo ha sido la historia del progreso constante del trabajo asalariado y el retroceso constante del trabajo por cuenta propia. Pero los tiempos cambian y las preferencias sociales también.

Tras su propia denominación, "nuevas formas de trabajo", laten ideas nuevas a la hora de enfrentarse con lo laboral. Por ello, no son solo cuestiones jurídicas las que entran en debate tras esta idea. La posibilidad de gobernar el propio trabajo y gestionar los tiempos de vida de la forma que mejor permita adaptarse a los particulares deseos de cada persona tiene un papel cada vez más relevante en una sociedad que valora cada día más la autonomía y la independencia a la hora de equilibrar trabajo y ocio. No sorprende por ello que el trabajo autónomo sea visto como una forma liberadora que permite alcanzar una vida más completa y que cobre, día a día, cada vez más importancia.

Pero la anterior cuestión plantea complejas aristas. Lo cierto es que las características de nuestro actual mercado de trabajo muestran importantes debilidades. La temporalidad, la alta tasa de rotación de los empleos y otras disfunciones genéticas constituyen un caldo de cultivo poco propicio para las innovaciones en lo laboral. Cualquier prestación de servicios que se aleje de los cánones tradicionales de lo laboral es vista sospechosamente y los calificativos de fraude, de irregularidad y, en suma, de indecencia laboral aparecen con suma facilidad. La tacha del falso autónomo posee una indudable fuerza que opera como una enmienda a la totalidad de cualquier readaptación en este terreno. En suma, la sospecha de fraude se cierne sobre todo aquello que se aleje de los moldes clásicos del trabajo asalariado.

La calificación como trabajadores por cuenta ajena o como autónomos de los prestadores de servicios a través de plataformas constituye una de las cuestiones jurídicas que más problemas está planteando la economía de plataforma a nivel global. La polémica sobre la naturaleza jurídica de este tipo de trabajo comenzó con la decisión de la Labour Commisioner of the State of California de 3 de junio de 2015 en el asunto Barbara Ann Berwick v. Uber Technologies. Posteriormente, la ley aprobada en California y que entró en vigor el 1 de enero de 2020, vino a establecer que aquellos profesionales que realizaban tareas propias de la actividad principal de la empresa y eran controlados por ésta –sin operar desde su propia empresa– debían ser considerados como trabajadores y no como profesionales autónomos. Meses después, la Proposition 22 alteró el anterior rumbo y llevó consigo que los conductores o repartidores que prestan servicios para estas plataformas tecnológicas sean considerados como profesionales autónomos e independientes en lugar de trabajadores por cuenta ajena, estatus que comporta el reconocimiento de toda una serie de beneficios y derechos tales como salario mínimo, seguro médico, cobertura frente al desempleo y baja por enfermedad.

Este problema en torno a la calificación de la prestación del trabajo en plataformas se ha generalizado por toda Europa. Las respuestas no han sido uniformes, aunque en un primer momento primó la consideración como no laborales de estas relaciones. A título de ejemplo, en Italia tanto el Tribunale del lavoro Torino, en el asunto Foodora como el de Milan en relación con Foodinho, han considerado que no existe una relación laboral. Posteriormente, sin embargo, la Sentencia de la Corte Suprema italiana de 24 de enero de 2020 terminó fallando a favor de los repartidores de Foodora. También en Holanda se ha obtenido idéntica respuesta en la Sentencia Rechtbank Amsterdam, en el caso de un repartidor de Deliveroo. En Francia, las Sentencias de la Cour d´appel de Paris en relación con repartidores de las plataformas Take Eat Easy y Deliveroo, dieron la misma respuesta si bien la Corte de Casación revocó el primero de los pronunciamientos afirmando la existencia de una relación laboral. En el Auto de 22 de abril de 2020 (asunto C-692/19), el TJUE resolvió que los mensajeros de Yodel, empresa de reparto y mensajería en el Reino Unido, debían de considerarse autónomos por cuanto los mensajeros, en este caso concreto, podían subcontratar y utilizar sustitutos para la realización del servicio, aceptar o rechazar tareas y prestar servicios a terceras empresas competidoras.

No obstante, la realidad jurídica ha ido rotando y en algunos casos se ha dado un importante paso adelante. Así ha ocurrido en Francia con la aprobación de la Loi n° 2016-1088 du 8 août 2016 relative au travail, à la modernisation du dialogue social et à la sécurisation des parcours professionnels. La norma establece un régimen jurídico diferenciado para aquellos trabajadores independientes que desarrollan su actividad para compañías que, independientemente de dónde estén localizadas físicamente, conectan personas por medios electrónicos para venderles bienes, prestarles servicios o intercambiar bienes o servicios. En el caso de que esta plataforma establezca las características del bien o del servicio, así como su precio, asume el coste de que estos trabajadores independientes disfruten de una cobertura equivalente a la establecida para accidentes de trabajo por la norma de seguridad social y responder del derecho a su formación profesional continua (Agote, 2016).

También en España la mayoría de los juzgados de lo social y de los tribunales superiores se decantaron por definir el trabajo prestado a través plataformas de reparto como una relación laboral. La sentencia del Tribunal Supremo de 25 de septiembre de 2020 (Rº 4746/2019) unificó la jurisprudencia española al reconocer la existencia de una relación laboral entre un repartidor y la plataforma[2] concluyendo que: "Para prestar estos servicios, Glovo se sirve de un programa informático que asigna los servicios en función de la valoración de cada repartidor, lo que condiciona decisivamente la teórica libertad de elección de horarios y de rechazar pedidos. Además, Glovo disfruta de un poder para sancionar a sus repartidores por una pluralidad de conductas diferentes, que es una manifestación del poder directivo del empleador. A través de la plataforma digital, Glovo lleva a cabo un control en tiempo real de la prestación del servicio, sin que el repartidor pueda realizar su tarea desvinculado de dicha plataforma. Debido a ello, el repartidor goza de una autonomía muy limitada que únicamente alcanza a cuestiones secundarias: qué medio de transporte utiliza y qué ruta sigue al realizar el reparto, por lo que este Tribunal debe concluir que concurren las notas definitorias del contrato de trabajo entre el actor y la empresa demandada previstas en el art. 1.1 del ET, estimando el primer motivo del recurso de casación unificadora ".

3. LA REGULACIÓN LEGAL DEL TRABAJO EN PLATAFORMAS

3.1. Una regulación producto del diálogo social: el RDL 9/2021, de 11 de mayo

La influencia del pronunciamiento del Tribunal Supremo fue determinante a la hora de dar el paso para proceder a una regulación normativa del trabajo en plataformas. El impulso del diálogo entre gobierno y agentes sociales, que comenzó en otoño de 2020, fructificó en un acuerdo de

2 Con anterioridad a este pronunciamiento me he ocupado del tema en Mercader (2017), (2018 a) y (2018 b).

gobierno, sindicatos y CEOE que sentó las bases de la redacción del Real Decreto Ley 9/2021, de 11 mayo. Como el propio Preámbulo de la norma precisa: "A pesar de las enormes dificultades, especialmente las técnicas, que ha supuesto afrontar este reto, el diálogo social ha permitido que nuestro país avance de forma pionera en esta materia y lo haga de la mano de un diagnóstico y una solución compartida por los interlocutores sociales más representativos cuyas aportaciones han resultado decisivas. Este real decreto-ley, por tanto, es fruto del Acuerdo adoptado, el pasado 10 de marzo de 2021, entre el Gobierno, CC. OO., UGT, CEOE y CEPYME, tras el trabajo desarrollado por la Mesa de Diálogo constituida, a tal efecto, el 28 de octubre de 2020" [3].

Recientemente el Pleno del Tribunal Constitucional ha desestimado el recurso de inconstitucionalidad promovido por más de cincuenta diputados del Grupo Parlamentario Popular en el Congreso de los Diputados, contra el Real Decreto-ley 9/2021, de 11 de mayo, aunque el motivo no se encontraba en su contenido sino en la controvertido recurso al Real Decreto Ley. La sentencia razona que el Gobierno ha justificado el presupuesto habilitante del Real Decreto-ley 9/2021 ligándolo a la combinación de varias circunstancias, como (i) el alto y creciente número de trabajadores afectados por la situación de precariedad laboral que se pretende atajar, según los datos que resultan de la actividad de la Inspección General de Trabajo entre los años 2015 y 2021; (ii) el incremento del volumen de servicios prestados a través de plataformas digitales y de los problemas asociados a esta realidad en el marco de la pandemia de Covid-19; (iii) la necesidad de incorporar al Derecho positivo la doctrina de la sentencia Sala de lo Social del Tribunal Supremo de 15 de septiembre de 2020, para proporcionar seguridad jurídica en un ámbito caracterizado por una fuerte litigiosidad; y (iv) el proceso de recuperación económica en el marco de la pandemia, al que las medidas aprobadas podían contribuir mediante el aumento de los ingresos de las personas trabajadoras y la incorporación al sistema de sus cotizaciones sociales.

La sentencia se acompaña de un Voto particular que se sitúa en la posición contraria: (i) Las plataformas digitales de reparto no son una realidad "nueva", como dice el decreto-ley, sino que era conocida por la administración y el gobierno al menos desde el año 2015. (ii) La pandemia del Covid-19 no puede considerarse una realidad nueva cuando el gobierno aprobó el decreto-ley en mayo de 2021, por mucho que la actividad de los

---

[3] Ampliamente, De La Puebla (2023) y Melian (2023).

repartidores aumentara durante la crisis sanitaria (iii) Resulta incompatible con una situación de urgente reacción legislativa la actuación previa del gobierno que, durante esos ocho meses de demora, constituyó una mesa de negociación con los agentes sociales y luego incorporó el acuerdo alcanzado en esa mesa al Real Decreto-ley 9/2021. El diálogo social entre los representantes de los trabajadores y los empresarios es importante para la eficacia y legitimidad de las reformas, pero no altera la competencia del parlamento para debatir y aprobar esas reformas si estas necesitan una norma con rango de ley.

3.2. La Ley 12/2021 para garantizar los derechos laborales de las personas dedicadas al reparto en el ámbito de plataformas digitales: El control de la gestión algorítmica

Convalidado como Proyecto de Ley el 20 de julio de 2021, pocos meses después vio la luz la Ley 12/2021, de 28 de septiembre, por el que se modifica el texto refundido de la Ley del Estatuto de los Trabajadores, aprobado por el Real Decreto Legislativo 2/2015, de 23 de octubre, para garantizar los derechos laborales de las personas dedicadas al reparto en el ámbito de plataformas digitales, que ha venido a dotar de regulación ciertas actividades vinculadas con el trabajo en plataformas profesionales.

Según se recoge en la Exposición de Motivos de la norma, el legislador pretende trasladar a una norma con rango de ley la jurisprudencia dictada hasta la fecha en materia de relaciones laborales en el ámbito de plataformas digitales. En concreto, esta disposición persigue incorporar los criterios y parámetros que han sido establecidos por el Tribunal Supremo, en su STS 25 de septiembre de 2020, en la que se destaca la necesidad de adaptación de los requisitos de dependencia y ajenidad a la realidad social actual.

La citada Ley 12/2021 incorpora una presunción de laboralidad en la Disposición Adicional 23 ET en relación con la naturaleza de la relación de los profesionales en el ámbito de las plataformas digitales de reparto. En dicha norma establece que: “Por aplicación de lo establecido en el artículo 8.1, se presume incluida en el ámbito de esta ley la actividad de las personas que presten servicios retribuidos consistentes en el reparto o distribución de cualquier producto de consumo o mercancía, por parte de empleadoras que ejercen las facultades empresariales de organización, dirección y control de forma directa, indirecta o implícita, mediante la gestión algorítmica del servicio o de las condiciones de trabajo, a través de una plataforma digital. Esta presunción no afecta a lo previsto en el artículo 1.3 de la presente norma".

La adopción que por remisión interna realiza la norma a la presunción de laboralidad del art. 8.1 ET es buen indicativo de su alcance que cabe conceder a la misma pero también de los muchos límites que tal instrumentación conlleva[4] y de su "escaso contenido jurídico-obligacional" (Todolí, 2021). Tradicionalmente se ha defendido que el citado precepto consagra una presunción legal de existencia de una relación laboral que habría de servir para dar respuesta a aquellas situaciones en las que o bien no se hace explícita la voluntad de celebrar un contrato laboral, o bien se manifiesta la intención de establecer otro tipo de relación. Sucede, sin embargo, que la lectura del precepto comentado pone de manifiesto que la supuesta presunción (que en todo caso sería *iuris tantum*) sólo opera cuando se ha acreditado todo lo que se presume, que no es otra cosa que los presupuestos sustantivos de la relación recogidos en el art 1.1 ET. Como certeramente se señaló hace años, la presunción legal de existencia del contrato de trabajo "no puede servir ya para defender la laboralidad de cualquier prestación de servicios cuya calificación sea dudosa o controvertida, pues esta calificación pasa necesariamente por la prueba de los elementos fácticos que permitían deducir *ex post* esta calificación" (Rodríguez- Piñero, 1996: 37-43).

Por otro lado, la norma subraya como criterio básico la intervención de su sistema de "gestión algorítmica del empleo"[5]. Proyecta aquí la noma el contenido esencial de estas nuevas relaciones laborales en línea con lo señalado por la Sentencia del Tribunal Supremo de 25 de septiembre de 2020, que precisó cómo las funciones algorítmicas que realiza la plataforma de entrega de comida a domicilio están en la base de la controversia. Pues para prestar estos servicios la plataforma, dice la sentencia, "se sirve de un programa informático que asigna los servicios en función de la valoración de cada repartidor", en suma, termina diciendo, "la empresa ha establecido instrucciones que le permiten controlar el proceso productivo a través de medios de control que operan sobre la actividad y no solo sobre el resultado mediante la gestión algorítmica del servicio, las valoraciones de los repartidores y la geolocalización constante".

---

4 Un análisis del alcance del juego de esta presunción puede encontrarse en González (1990) y Rodríguez-Piñero Royo (1995).

5 Entre los muchos trabajos que han analizado los presupuestos de la laboralidad en estas relaciones, remito especialmente a Ginés (2021).

Una dirección a la que había apuntado el Comité Económico y Social Europeo durante la tramitación de la Directiva (UE) 2019/1152, del Parlamento Europeo y del Consejo, relativa a unas condiciones laborales transparentes y previsibles en la Unión Europea, al señalar que: "el criterio según el cual trabajador actúa bajo la dirección de otra persona podría dificultar la inclusión de los trabajadores en las plataformas en línea. Por lo tanto, debería especificarse (...) que los algoritmos pueden ser vinculantes para los trabajadores del mismo modo que lo son las instrucciones orales o escritas"[6].

Con el fondo de esta nueva forma de gestión empresarial aparecen, también, nuevas formas de vulneración de derechos: la "discriminación algorítmica en el empleo". Buen ejemplo es la sentencia del Tribunale Ordinario di Bologna que, en su sentencia de 31 de diciembre de 2020 (N. R.G. 2949/2019) que declaró discriminatorio el algoritmo Frank utilizado por Deliveroo en su plataforma online para clasificar o definir el "ranking reputacional" de los riders[7]. Según quedó acreditado, los repartidores gozaban de dos vías para recibir encargos de viajes por parte de la empresa: podían reservar sesiones con antelación a través del sistema de reserva SSB ("Self-Service Booking") o podían iniciar sesión en tiempo real. El sistema de reserva SSB proporcionaba a los riders un calendario de disponibilidad de la semana entrante para poder recibir encargos de viaje de acuerdo con un ranking (una clasificación) establecido. Los parámetros de dicha clasificación eran la llamada "tasa de fiabilidad" (número de veces en el que el rider no atendió una sesión que previamente reservó) y la "tasa de participación en los picos" (número de veces en que el prestador estuvo disponible para los horarios más relevantes, es decir, de las 20h a las 22h de viernes a domingo). Sobre esta base, la empresa utilizaba un algoritmo que, a juicio del referido Tribunal, penalizaba de igual forma y sin distinción alguna tanto a los riders que se ausentan temporalmente por motivos injustificados como a los que lo hacían por motivos justificados de enfermedad, cuidado de menores o para ejercer su derecho de huelga. Tal diferencia, concluye el Tribunal, encubre una discriminación algorítmica en el empleo. Y llega a esta conclusión indicando que es indiferente que a los repartidores se les considere trabajadores por cuenta ajena o trabajadores

---

6 Como agudamente había recogido, Miranda (2019: 81).

7 Seguimos el excelente resumen que realiza de este pronunciamiento, Oliva (2021). Para una contextualización del pronunciamiento, Fernández (2020: 188).

autónomos, dado que en cualquiera de los casos estarán protegidos frente a la discriminación en el acceso al trabajo.

4. EL ARSENAL SANCIONADOR CONTRA LA HUIDA DEL DERECHO DEL TRABAJO: PODER DE POLICÍA Y CONTROL DE NUEVOS SECTORES DE ACTIVIDAD

Pero en este tiempo nuevo con estos nuevos retos, la resistencia de algunas empresas del sector al automático cumplimiento de la citada regulación legal ha llevado consigo una reacción por parte de la Administración que ha determinado un incremento de las facultades en el control de los procesos considerados de huida del Derecho del Trabajo que se viene produciendo en los últimos tiempos reforzando hasta la extenuación los mecanismos sancionadores frente a tales actuaciones.

Ya avisaba de ello el Plan Estratégico de la Inspección de Trabajo y Seguridad Social 2021-2023 que, en su Actuación 1.9 (Plataformas digitales y teletrabajo), venía a precisar que: "Se reforzarán las campañas dirigidas a garantizar derechos laborales y un debido encuadramiento en Seguridad Social de las personas trabajadoras que prestan servicios para las empresas que operan en plataformas digitales en cualquier tipo de actividad (comercio electrónico, reparto de comida a domicilio, prestación de servicios, etc.). Se han dictado numerosas Sentencias, entre ellas, una en unificación de doctrina de la sala 4.ª del Tribunal Supremo, de 25 de septiembre de 2020, que determinan la existencia de relación laboral en el ámbito de una plataforma digital de reparto, que motivan la necesidad de continuar esta línea de trabajo".

La lucha contra las economías de plataforma o las falsas cooperativas ha contribuido a reforzar los instrumentos para que tanto la Inspección de Trabajo como la Seguridad Social gocen de un verdadero arsenal de instrumentos de lucha que ha venido a desfigurar, en gran medida, las garantías de defensa empresarial[8].

---

8 Extensamente me he ocupado de esta cuestión en Mercader (2023).

4.1. Una primera herramienta: La larga historia de la revisión de oficio en materia de actos de encuadramiento por incumplimiento de prescripciones legales sin proceso judicial

La lucha contra los falsos autónomos, no obstante, comenzó a abrirse paso hace tiempo. A tal fin, el procedimiento de altas, bajas y variación de datos de los trabajadores en la Seguridad Social establecido en Real Decreto 84/1996, de 26 de enero, por el que se aprueba el Reglamento General sobre inscripción de empresas y afiliación, altas, bajas y variaciones de datos de trabajadores en la Seguridad Social, fue objeto de modificación por el Real Decreto 997/2018, de 3 de agosto. En concreto, los artículos 31 y 35 del RA obtuvieron nueva redacción con el objetivo de evitar posibles maniobras unilaterales de las empresas, o trabajadores afectados, cuando la Inspección de Trabajo hubiera dado de alta en el Régimen General a trabajadores que de forma previa estaban en el RETA, imposibilitando llevar a efecto la baja de estos trabajadores sin un informe previo de la Inspección, y sin que ninguna variación sobre ellos, que se pudiera producir, tuviera efectos sobre sus cotizaciones hasta que no finalicen los procedimientos iniciados.

Más recientemente el Real Decreto-ley 1/2023, de 10 de enero, de medidas urgentes en materia de incentivos a la contratación laboral y mejora de la protección social de las personas artistas, ha venido a modificar los artículos. 16.5, 138 y 139 LGSS con la finalidad de subsanar anteriores limitaciones y de facilitar la revisión de oficio sin necesidad de proceso judicial ante el orden social[9]. De este modo, dice el art. 16.5 LGSS que: "Cuando, por cualquiera de los procedimientos a que se refiere el apartado anterior, se constate que la afiliación y las altas, bajas y variaciones de datos no son conformes con lo establecido en las leyes y sus disposiciones complementarias, los organismos correspondientes de la Administración de la Seguridad Social podrán revisar de oficio, en cualquier momento, sus actos dictados en las citadas materias, declarándolos indebidos por nulidad o anulabilidad, según proceda, conforme al procedimiento establecido en la normativa reglamentaria reguladora de las mismas, y dictando los actos administrativos necesarios para su adecuación a las citadas leyes y disposiciones complementarias".

Esta nueva regulación, tal y como señala su preámbulo, evita que la impugnación de los actos de encuadramiento sea trasladada a la Jurisdicción

---

[9] Un excelente análisis de esta evolución puede verse en López-Tarazona (2023).

Social y permite que se mantenga en la Jurisdicción competente para conocer de esta materia, la Contencioso-Administrativa. Con ello, en ningún caso se altera el derecho de empresarios y trabajadores a la tutela judicial efectiva ya que los actos que, en este sentido, se dicten por la Administración Pública podrán ser objeto de impugnación ante la referida Jurisdicción" No se olvide que el art. 3 de la LJS especifica las "Materias excluidas" del conocimiento por parte de los órganos de tal orden y en su apartado f) menciona "las impugnaciones de los actos administrativos en materia de Seguridad Social relativos a inscripción de empresas, formalización de la protección frente a riesgos profesionales, tarifación, afiliación, alta, baja y variaciones de datos de trabajadores[....]".

De este modo, sigue justificándose el RDL 1/2023, se evitan "colapsos y retrasos en la gestión administrativa y en las propuestas de la Inspección de Trabajo y Seguridad Social en materia de lucha contra el fraude", así como el incremento de la litigiosidad y la carga de trabajo de los órganos judiciales de la Jurisdicción Social. En este sentido, se subraya que "el número de movimientos de altas de trabajadores que han sido anulados por la Seguridad Social entre 2018 y 2021 por no corresponder a una actividad real han superado los 24.000, lo que supone que, "sólo en el ámbito de revisiones a consecuencia de simulaciones laborales o trabajos ficticios deberían haberse promovido en los cuatro años indicados más de 24.000 procedimientos judiciales".

4.2. Segunda herramienta: La desaparición del procedimiento de oficio

Una segunda herramienta vino de la mano de la Ley 2/2023, de 28 de febrero, de Empleo, que suprime, en su disposición final novena, el apartado d) del artículo 148 LJS (si bien, conforme a la disposición transitoria quinta, el procedimiento de oficio previsto en dicho apartado seguirá siendo de aplicación respecto de aquellas demandas cuya admisión a trámite se haya producido con anterioridad a la entrada en vigor de la Ley de Empleo, esto es, con anterioridad al 2 de marzo de 2023). Una reforma emboscada en la intricada fronda de reformas que de forma tormentosa viene azotando lo laboral en los últimos tiempos.

La supresión del procedimiento de oficio para la calificación como laboral o no de unas determinadas relaciones contractuales por parte de los órganos jurisdiccionales sociales "refuerza los poderes administrativos y disminuye, muy sensiblemente, las garantías jurídicas de los administrados" y es que "la discrepancia acerca del carácter laboral o no de las relaciones controvertidas habrá de plantearse ya exclusivamente en vía administrativa y, posteriormente, ante la jurisdicción contencioso-administrativa con motivo de la impugnación de las actas de liquidación (y de infracción) que hayan sido levantadas". De este modo se "excluye el pronunciamiento previo de la jurisdicción social que, por especialización y por agilidad procesal, resulta mucho más conveniente y, por supuesto, mucho más adecuado desde el punto de vista de la seguridad jurídica" (Duran, 2023). Las vías que quedan ahora para la discusión son mucho más estrechas y los efectos que pudieran derivarse de la apreciación por los Tribunales de la inexistencia de una relación laboral absolutamente inciertos.

4.3. Tercera herramienta: La contundente e inquietante garantía penal

El expansionismo punitivo y la infracción del principio de última ratio se pone de manifiesto con la tercera de las herramientas de lucha contra la huida de la laboralidad: el nuevo art. 311.2 del Código Penal (CP) que establece la Ley Orgánica 14/2022, de 22 de diciembre, de transposición de directivas europeas y otras disposiciones para la adaptación de la legislación penal al ordenamiento de la Unión Europea, y reforma de los delitos contra la integridad moral, desórdenes públicos y contrabando, de acuerdo con el cual serán castigados con penas de prisión de seis meses a seis años y multa de seis a doce meses: "Los que impongan condiciones ilegales a su trabajadores mediante su contratación bajo fórmulas ajenas al contrato de trabajo, o las mantengan en contra de requerimiento o sanción administrativa".

En atención a las declaraciones de los responsables políticos y a lo propiamente expresado por el regulador, la reforma sería tributaria de la Ley 12/2021, de 28 de septiembre. Se trataría, por tanto, de evitar comportamientos renuentes a la inclusión en plantilla de los repartidores que prestan sus servicios a favor de las indicadas plataformas digitales bajo la amenaza de imposición de penas privativas de libertad. Un objetivo que subraya el Preámbulo de la norma al decir que: "La incorporación de las nuevas tecnologías a la organización del mercado de trabajo ha propiciado una forma de elusión de responsabilidades empresariales mediante el camuflaje jurídico del trabajo por cuenta ajena". Pero lo cierto es que su redacción se extiende no solo a este ámbito, sino que resultaría de aplicación sino a cualquier sector de actividad o negocio. Esto es, podría aplicarse a otros sectores donde se recurre con cierta frecuencia a la contratación de autónomos; por ejemplo: los servicios profesionales, a los sectores sanitario, educativo y audiovisual o, por qué no, al propio sector tradicional del transporte. De igual forma, no solo es un mecanismo de lucha contra los falsos autónomos, sino que permitiría subsumir en el delito aquellas situaciones en las que, sin más, el empresario no rubrique con un trabajador el pertinente contrato de trabajo (becarios)[10].

Lo más inquietante de la nueva regulación viene de su concepción abierta en la medida en que procederá la aplicación del delito cuando se mantengan las condiciones de falta de contratación laboral "en contra de requerimiento o sanción administrativa". Este es, quizás, el extremo más cuestionable, toda vez que permitiría sancionar penalmente al empresario si éste no se aquietara al requerimiento o sanción administrativa y no se aviniese por tanto a rubricar un contrato laboral con el trabajador. El hecho de que de la existencia de un simple requerimiento o sanción administrativa (ambos actos de la administración no firmes y, por tanto, no sometidos a control judicial) pueda derivar la comisión de un delito sancionado con penas tan graves resulta más que cuestionable desde todas las perspectivas jurídicamente posibles.

Como ha señalado Lascurain (2023), "las primeras impresiones que despierta el nuevo delito son que "se trata de una intervención penal que es todo lo que no debe ser una intervención penal: no es precisa: ni lo es la pena (de seis meses a seis años de prisión: el máximo es doce veces el mínimo), ni está claro cuando concurre la ilegalidad, ni si basta con la ilegalidad, ni si se pena solo la contumacia en el mantenimiento de las condiciones ilegales; no es subsidiaria: ¿hace falta aquí el Derecho Penal?; ¿no estaremos utilizando los cañonazos antes de intentarlo con las flechas?; ¿por qué no empezamos con una infracción administrativa específica?; no es proporcionada: ¿prisión posiblemente no suspendible (de más de dos años) para un fraude de ley en el que no hay engaño al trabajador (si lo hubiera, estaríamos ante el tipo del artículo 311.1° CP)?".

En conclusión, como ha señalado Durán (2023), "las casualidades, en casos como este, no suelen existir y las reformas casi simultáneas del Código Penal y de la Ley de la Jurisdicción Social responden sin duda a un objetivo común de reforzamiento de los poderes administrativos y de limitación de las garantías jurídicas de los administrados, en este caso de las empresas, que van a tener mucho más complicada la discrepancia con la Administración y que van a correr, en esa discrepancia, con riesgos mucho mayores".

---

10 Como detenidamente analiza, García Salas (2023).

5. LA ÚLTIMA FRONTERA: LA DIRECTIVA PARA MEJORAR LAS CONDICIONES LABORALES DE LAS PERSONAS QUE TRABAJAN A TRAVÉS DE PLATAFORMAS DIGITALES

También camina por esta misma senda la Directiva del Parlamento Europeo y del Consejo relativa a la mejora de las condiciones laborales en el trabajo en plataformas digitales (European Commission, 2021)[11], que se dirige, en primer lugar, establecer mecanismos que permitan la determinación correcta de la situación laboral de los prestadores de servicios a través de estas plataformas y, en particular, la presunción de laboralidad y, en segundo lugar, a asegurar los derechos de información y trasparencia de cómo se usan los algoritmos en el trabajo, derechos de consulta sobre el uso de algoritmos y, por último, obligaciones empresariales de que haya un "humano al mando" en las decisiones que afecten a trabajadores.

La Directiva parte en su Considerando (26) de que: "A fin de luchar contra los falsos autónomos en el trabajo en plataformas digitales y facilitar la determinación correcta de la situación laboral, los Estados miembros deben aplicar procedimientos adecuados para prevenir y abordar la clasificación errónea de la situación laboral de las personas que realizan trabajo en plataformas digitales. El objetivo de estos procedimientos debe ser determinar la existencia de una relación laboral tal como se defina en la legislación, en los convenios colectivos o en las prácticas nacionales teniendo en cuenta la jurisprudencia del Tribunal de Justicia y velar por lo tanto por que los trabajadores de plataformas gocen plenamente de los mismos derechos laborales que otros trabajadores de conformidad con la legislación de la Unión, la legislación nacional y los convenios colectivos pertinentes".

La Directiva, siguiendo el modelo español, precisa en su artículo 5.1 que: "Se presumirá que, desde un punto de vista jurídico, la relación entre una plataforma digital de trabajo y una persona que realiza trabajo en plataformas a través de dicha plataforma es una relación laboral cuando se constaten indicios de control y dirección de conformidad con la legislación nacional, los convenios colectivos o las prácticas vigentes en los Estados miembros y teniendo en cuenta la jurisprudencia del Tribunal de Justicia. En caso de que la plataforma digital de trabajo pretenda refutar la presunción legal, deberá probar que la relación contractual en cuestión no es una relación laboral tal como se define en la legislación, los convenios

---

11 Una reflexión de conjunto sobre esta cuestión puede encontrarse en Pérez del Prado (2021).

colectivos o las prácticas vigentes en los Estados miembros, teniendo en cuenta la jurisprudencia del Tribunal de Justicia".

Sobre la anterior base, el artículo 5.2 concreta que: "A tal efecto, los Estados miembros establecerán una presunción legal efectiva y refutable de empleo que constituya una simplificación del procedimiento en beneficio de las personas que realizan trabajo en plataformas, y los Estados miembros velarán por que dicha presunción legal no resulte en unos requisitos con mayores cargas sobre dichas personas o sus representantes en el marco de los procedimientos que determinen su situación laboral". A lo anterior se añade que: "La presunción legal se aplicará en todos los procedimientos administrativos o judiciales pertinentes cuando esté en juego la correcta determinación de la situación laboral de la persona que realiza trabajo en plataformas. La presunción legal no se aplicará a los procedimientos relacionados con cuestiones fiscales, penales y de seguridad social. No obstante, los Estados miembros podrán aplicarla en dichos procedimientos con arreglo a la legislación nacional".

La exigencia de transparencia resulta especialmente importante cuando los algoritmos suplen la función directora de la empresa como ocurre en el caso de las plataformas profesionales, pero también cuando se trata de cualquier otra intervención que afecta a los derechos y las libertades de las personas trabajadoras[12]. Por ello, es perfectamente generalizable la afirmación según la cual, "la opacidad en la configuración del algoritmo y la práctica de las empresas de modificar las métricas utilizadas para mejor adaptar la asignación de servicios y tareas a sus necesidades organizativas sin información a las personas trabajadoras genera una situación de especial inseguridad", "una nueva forma de inseguridad, denominada inseguridad algorítmica, que obliga a las personas a conectarse a la plataforma, aceptar tareas y no rechazar servicios en contra de sus intereses individuales para evitar el riesgo de afectar a sus puntuaciones y, en consecuencia, a sus capacidades para obtener ingresos en el futuro"[13].

Una primera materialización de esta idea la podemos encontrar en nuestro país en Ley 12/2021 que añadió un apartado d) en el art. 64.4 ET, para conferir a la representación legal de la plantilla el derecho a ser informada por la empresa" de los parámetros, reglas e instrucciones en los que se basan los algoritmos o sistemas de inteligencia artificial que afectan a la

---

12 De estas y otras muchas cuestiones vinculadas con este tema, me he ocupado en Mercader (2022).

13 Como lo califica Ginès (2021).

toma de decisiones que pueden incidir en las condiciones de trabajo, el acceso y mantenimiento del empleo, incluida la elaboración de perfiles". De este modo, los cambios que vienen de la mano de los algoritmos al mundo del trabajo requieren de una importante reformulación y adaptación de los derechos de información de los representantes de los trabajadores sobre estos instrumentos delegados del poder de dirección y organización empresarial[14].

En la misma línea se mueve la Directiva del Parlamento Europeo y del Consejo relativa a la mejora de las condiciones laborales en el trabajo en plataformas digitales. Allí se subraya que: "(45) Asimismo debe facilitarse información pormenorizada y detallada sobre dichos sistemas automatizados a los representantes de las personas que realizan trabajo en plataformas, así como a las autoridades laborales nacionales, previa petición, a fin de que puedan ejercer sus funciones". De modo que "(51) Dado que la introducción de sistemas automatizados de supervisión o de toma de decisiones por parte de las plataformas digitales de trabajo, o los cambios sustanciales en el uso de esos sistemas, tienen repercusiones directas en la organización del trabajo y en las condiciones laborales de los trabajadores de plataformas, son necesarias medidas adicionales para garantizar que las plataformas digitales de trabajo informen y consulten eficazmente a los representantes de los trabajadores de plataformas antes de adoptar tales decisiones, en el nivel adecuado. Dada la complejidad técnica de los sistemas de gestión algorítmica, la información debe facilitarse a su debido tiempo a fin de que los representantes de los trabajadores de plataformas puedan prepararse para la consulta, con la asistencia de un experto elegido por los trabajadores de plataformas o por sus representantes de manera concertada cuando sea necesario. La presente Directiva no afecta a las medidas de información y consulta contempladas en la Directiva 2002/14/CE".

La Resolución legislativa del Parlamento Europeo, de 13 de marzo de 2024, sobre la propuesta de Reglamento del Parlamento Europeo y del Consejo por el que se establecen normas armonizadas en materia de inteligencia artificial (Ley de Inteligencia Artificial) y se modifican determinados actos legislativos de la Unión ("RIA"), incorpora una regla de salvaguardia con expresa proyección en lo laboral que queda materializada en su artículo 2.11: *"El presente Reglamento no impedirá que los Estados miembros o la Unión mantengan o introduzcan disposiciones legales, reglamentarias o adminis-*

---

14 Una interesante lectura este precepto puede encontrarse en Beltrán De Heredia (2023).

trativas que sean más favorables a los trabajadores en lo que atañe a la protección de sus derechos respecto al uso de sistemas de IA por parte de los empleadores o fomenten o permitan la aplicación de convenios colectivos que sean más favorables a los trabajadores". Y es que, como viene a aclarar el Considerando (8), de forma que el RIA *"no debe afectar a las disposiciones destinadas a mejorar las condiciones laborales en el trabajo en plataformas digitales (...)"* que vendrá a establecer la nueva Directiva.

La nueva Directiva pone, finalmente, el foco en el control humano de los sistemas algorítmicos. Así, el art. 10.2 establece que: "Los Estados miembros exigirán a las plataformas digitales de trabajo que garanticen recursos humanos suficientes para una vigilancia y evaluación efectivas de las decisiones individuales adoptadas o respaldadas por sistemas automatizados de supervisión o de toma de decisiones . Las personas encargadas de la función de vigilancia y evaluación por la plataforma digital de trabajo deben tener la competencia, la formación y la autoridad necesarias para ejercer esa función, incluso para anular las decisiones automatizadas. Gozarán de protección contra el despido o su equivalente y contra medidas disciplinarias u otro trato desfavorable para el ejercicio de sus funciones". Concluyendo su apartado 5 que "toda decisión de restringir, suspender o poner fin a la relación contractual o a la cuenta de una persona que realice trabajo en plataformas, o cualquier otra decisión que cause un perjuicio equivalente, será adoptada por un ser humano".

6. RETOS DE FUTURO PARA EL TRABAJO A TRAVÉS DE PLATAFORMAS

Las formas cada día más plurales y difusas fórmulas de crowdsourcing[15] se convierten en un verdadero reto al control de la normativa laboral en la medida en que se construyen desde la deslocalización geográfica e individual de los prestadores de servicios. Y ello porque como precisa el Con-

[15] Ginès (2016). Quien explica cómo, en estos sistemas "los clientes y prestadores de servicio interesados se registran -generalmente de forma gratuita- en la página web y demandan u ofrecen los servicios ofertados en dicha plataforma. El cliente accede a la App o a la página web y, entre todos los prestadores de servicios disponibles escoge a aquel que mejor se ajusta a sus necesidades en términos de ratio de satisfacción, proximidad, duración del servicio, etc". Servicios que, por el momento, alcanzan a la creación de un logotipo, el desarrollo de un sitio web o el proyecto inicial de una campaña de marketing.

siderando (20) de la Directiva sobre trabajo en plataformas, "la creciente complejidad en la organización estructural de las plataformas digitales de trabajo va pareja con su rápida evolución, lo que a menudo genera sistemas con una «geometría variable» en la organización del trabajo". Las economías de plataforma muestran el potencial de transformación que desafía el paradigma actual de la empresa y han demostrado también sus riesgos en el diseño de las nuevas formas de trabajo líquido.

El crowdwork o el trabajo en concurrencia ([16]) está generando fórmulas de ultraprecariedad a través de aplicaciones que permiten una externalización de las actividades que evitan recurrir a complejas realidades empresariales obteniendo, igualmente, la estandarización de los términos y condiciones de la contratación y el control de los procesos de negocio y de los productos (De Stefano, 2016: 3-4). La Sentencia del Tribunal Federal Laboral de Alemania (BAG) de 1 de diciembre de 2020 ha debido abordar ya la calificación de los denominados "*crowdworkers*" en el caso de un prestador que había realizado más de 3000 microservicios en apenas 11 meses a través de un gestor de plataformas de esta naturaleza.

En suma, como ha resumido Moreno Gené (2020), "el reconocimiento del carácter laboral de la relación existente entre las plataformas digitales de reparto y quienes prestan servicios a través de las mismas por parte del legislador y del Tribunal Supremo, no es más que la primera batalla que, con toda seguridad, no pondrá fin a la conflictividad existente en este ámbito, sino que, por el contrario, será el inicio de otras batallas jurídicas dirigidas a dignificar el trabajo que se desarrolla a través de las plataformas digitales en materia de jornada, horarios, descansos, retribución mínima, privacidad, portabilidad de evaluaciones, conciliación de la vida laboral y familiar, prevención de riesgos laborales, igualdad y no discriminación, régimen de penalizaciones, etcétera, así como también, a garantizar los derechos de carácter colectivo de estos trabajadores y que también merecen ser protegidos -libertad sindical, convenio colectivo aplicable, derechos de representación, conflictos colectivos, etcétera".

Por todo ello, esta nueva realidad requiere reflexiones profundas y, sobre todo, capacidad de adaptación al cambio. Una cita de Tirole (2017) que me parece especialmente lúcida y que resume el signo de los tiempos: "Es necesario, pues, recapitular sobre los fundamentos del derecho laboral. Estamos tan habituados a recurrir a la legislación laboral que hemos

---

[16] De gran interés son las reflexiones sobre esta cuestión realizadas por Martín Valverde (2021).

olvidado su motivación fundamental: el bienestar del trabajador. Hay que garantizar una neutralidad competitiva entre las diferentes formas de organización, no se deben trucar los dados en favor del trabajador asalariado o del autoempresario. Si hay algo seguro es que se tiene que reconsiderar nuestra legislación y el contexto laboral en un mundo en rápida mutación tecnológica".

Referencias bibliográficas

Agote, R. (2016). La reforma laboral francesa otorga derechos laborales a los trabajadores independientes que presten sus servicios en la gig economy. *Blog Cuatrecasas.* Recuperado de: http://blog.cuatrecasas.com/laboral/2016/10/20.

Beltrán De Heredia Ruiz, I. (2023). *Inteligencia artificial y neuroderechos: la protección del yo inconsciente de la person.* Pamplona, España: Aranzadi.

De La Puebla Pinilla, A. (2023): Diálogo social en la pandemia y postpandemia. Balance y perspectivas. *Trabajo y Derecho,* (107).

De Stefano, V. (2016). The rise of the «just-in-time workforce»: On-demand work, crowdwork and labour protection in the «gig-economy», *International Labour Organization–Conditions of Work and Employment Series* (71).

Duran López, F. (17 de marzo de 2023). Un nuevo golpe a la seguridad jurídica [blog]. Recuperado de: https://www.garrigues.com/es_ES/noticia/nuevo-golpe-seguridad-juridica

European Commission (2021) Consultation Document. First phase consultation of social partners under Article 154 TFEU on possible action addressing the challenges related to working conditions in platform work, European Commission, Brussels, 2021.

Fernández-Macías, E., Urzì Brancati, C., Wright, S. y Pesole, A. (2023). The platformisation of work. Evidence from the JRC Algorithmic Management and Platform Work survey (AMPWork). *Publications Office of the European Union.*

Fernández Sánchez, S. (2020). Relaciones laborales y derechos fundamentales en la era digital. Una visión desde el derecho italiano. *Temas Laborales,* (155).

García Salas, A. (19 de enero de 2023). La reforma del artículo 311 del Código Penal: el nuevo delito por incumplimiento de la normativa laboral entra en vigor [blog]. Recuperado de: https://www.elforodelabos.es/2023/01/la-reforma-del-articulo-311-del-codigo-penal-el-nuevo-delito-por-incumplimiento-de-la-normativa-laboral-entra-en-vigor/

Ginès I Fabrellas, A. (2016). Crowdsourcing sites y nuevas formas de trabajo el caso de Amazon Mechanical Turk, *Revista Derecho Social y Empresa,* (6), 66-85.

Ginès I Fabrellas, A. (2021). El tiempo de trabajo en plataformas: ausencia de jornada mínima, gamificación e inseguridad algorítmica. *Labos: Revista de Derecho del Trabajo y Protección Social, 2*(1), 19-42.

Ginés I Fabrellas, A. (2021). *El trabajo en plataformas digitales. Nuevas formas de precariedad laboral.* Pamplona, España: Aranzadi.

González Ortega, S. (1990). La presunción de existencia del contrato de trabajo. En AA.VV., *Cuestiones actuales de Derecho del Trabajo, Estudios ofrecidos por los Catedráticos españoles de Derecho del Trabajo al Prof. Manuel Alonso Olea,* (pp. 785-815). Madrid, España: MTSS.

Lascurain, J. A. (30 de marzo de 2023). Más para el catálogo de excesos punitivos: el nuevo delito de camuflaje de la laboralidad [blog]. Recuperado: https://almacendederecho.org/

López-Tarazona Arenas, J. L. (2023). Un nuevo marco legal para la autotutela de la Tesorería General de la Seguridad social. Revista de Derecho Laboral vLex., (8), pp. 60-74.

Martín Valverde, A. (2021). *Derecho del trabajo y Mercado de trabajo.* Madrid, España: Tecnos.

Melian Chinea, L. (2023). El diálogo y la concertación social ante la transformación digital y la inteligencia artificial en las relaciones de trabajo. *Trabajo y Derecho,* (107).

Mercader Uguina, J. R. (2023). Sobre la indiscutible expansión de la intervención administrativa en las relaciones laborales. *Labos: Revista de Derecho del Trabajo y Protección Social, 2*(4) (Número extraordinario Tormenta de reformas), 15-31.

Mercader Uguina, J.R. (2022). *Algoritmos e inteligencia artificial en el derecho digital del trabajo.* Valencia, España: Tirant lo Blanch

Mercader Uguina, J. R. (2018 a). La prestación de servicios en plataformas profesionales: nuevos indicios para una nueva realidad. En A. Todoli Signes, M. Hernández Bejarano (Dir.), *Trabajo en plataformas digitales: innovación, Derecho y mercado.* (pp. 155-176). Pamplona, España: Aranzadi/Thomson Reuters.

Mercader Uguina, J. R. (2018 b). Los TRADE en las plataformas digitales. En F. Pérez de los Cobos (Dir.), *El trabajo en plataformas digitales. Análisis sobre su situación jurídica y regulación futura.* (pp. 105-118) Madrid, España: Wolters Kluwer.

Mercader Uguina, J. R. (2017). El nuevo modelo de trabajo autónomo en la prestación de servicios a través de plataformas digitales. *Diario La Ley, Sección Ciberderecho.*

Miranda Boto, J.M. (2019). Algo de ruido. ¿Cuántas nueces? la nueva Directiva (UE) 2019/1152, relativa a unas condiciones laborales transparentes y previsibles en la unión europea y su impacto en el derecho español. Temas Laborales, (149).

Moreno Gené, J. (2022). Presunción legal de laboralidad del trabajo en plataformas digitales de reparto: ¿Y ahora qué?, Revista de Estudios Jurídico Laborales y de Seguridad Social, (4), 159–207.

Oliva León, R. (6 de enero de 2021). ¿Es discriminatorio el algoritmo de Deliveroo que «rankea» a sus riders? [blog]. Recuperado de: https://www.algoritmolegal.com/tecnologias-disruptivas/es-discriminatorio-el-algoritmo-de-deliveroo-que-rankea-a-sus-riders/.

Pérez del Prado, D. (2021). El debate europeo sobre el trabajo de plataformas. Propuestas para una Directiva. *Trabajo y Derecho,* (77).

Rodríguez-Piñero Royo, M. (1995). *La presunción de existencia del contrato de trabajo.* Madrid, España: Civitas.

Rodríguez-Piñero, M. (1996). La voluntad de las partes en la calificación del contrato de trabajo, RL, II.

Rojo Torrecilla, E. (2023,12 de junio). Condiciones laborales en el trabajo en empresas de la economía de plataformas: sigue el debate. Texto comparado de la Propuesta de Directiva (9.12.2021) y de la Orientación General del Consejo. *El Blog de Eduardo Rojo.* Recuperado de http://www.eduardorojotorrecilla.es/2023/06/condiciones-laborales-en-el-trabajo-en.html

Tirole, J. (2017). *La economía del bien común.* Barcelona: Taurus.

Todolí Signes, A. (2021). Cambios normativos en la digitalización del trabajo: comentario a la "ley rider" y los derechos de información sobre los algoritmos. *Iuslabor,* (2).

Capítulo 8.

LA PROTECCIÓN DE DATOS EN EL TRABAJO EN PLATAFORMAS DIGITALES Y LAS DECISIONES INDIVIDUALES AUTOMATIZADAS

GIL OTERO, LIDIA

Profesora Ayudante Doctora de Derecho del Trabajo y de la Seguridad Socia

Universidad de Santiago de Compostela

Lidia.gil.otero@usc.es

ORCID: 0000-0001-9072-7032

Sumario: 1. Introducción: el uso estratégico del Reglamento General de Protección de Datos. 2. El derecho individual a la información algorítmica de los trabajadores de plataformas digitales. 3. El derecho de los trabajadores de plataformas digitales a no ser objeto de decisiones automatizadas. 4. Los derechos de gestión algorítmica previstos en la Directiva relativa a la mejora de las condiciones laborales en el trabajo en plataformas digitales. 5. Conclusiones.

RESUMEN: La doctrina judicial extranjera evidencia que los trabajadores de plataformas digitales están haciendo uso de los derechos previstos en el RGPD para obtener información sobre los sistemas que gestionan algorítmicamente los servicios y reclamar, con base en aquella, una mejora de sus condiciones laborales. El presente trabajo recoge un análisis de la aplicabilidad del RGPD al trabajo en plataformas digitales. A lo largo del texto se ofrecen una serie de criterios para identificar qué datos que ostentan la categoría de «datos personales» dentro de las plataformas digitales y cómo deben interpretarse los requisitos que exige el art. 22 del RGPD para que los trabajadores de plataformas puedan ejercer su derecho a no ser objeto de una decisión automatizada. Por último, también se analizan los efectos que podrían desplegar los derechos de gestión algorítmica que recoge la Directiva relativa a la mejora de las condiciones laborales en el trabajo en plataformas digitales.

Palabras clave: Plataformas digitales, Reglamento General de Protección de Datos, datos personales, decisión automatizada, Directiva relativa a la mejora de las condiciones laborales en el trabajo en plataformas digitales.

ABSTRACT: Foreign judicial doctrine has shown that workers on digital platforms are making use of the rights recognised in the GDPR to learn about the functioning of the systems that algorithmically manage their work and to claim an improvement in their working conditions. Based on these precedents, this paper provides an analysis of the applicability of the GDPR to work in digital platforms. Throughout the text, a series of criteria are offered to identify what information is considered to be personal data of employees and how the requirements of Art. 22 of the GDPR should be interpreted so that employees can exercise their right not to be subject to an automated decision. Finally, the effects that the information and algorithmic management rights recognised by the Directive on improving working conditions in platform work could have are also analysed.

Keywords: Digital platforms, General Data Protection Regulation, personal data, automated decision-making, Directive on improving working conditions in platform work.

1. INTRODUCCIÓN: EL USO ESTRATÉGICO DEL REGLAMENTO GENERAL DE PROTECCIÓN DE DATOS

La gestión algorítmica del trabajo puede definirse como el uso de algoritmos y de procedimientos automatizados para coordinar la fuerza de trabajo en la organización empresarial (Comisión Europea, 2021: 3). En la actualidad, los algoritmos pueden proyectarse sobre la mayor parte de las facetas que integran la autonomía organizativa del empresario (Mercader, 2022: 258). Así lo muestran, por ejemplo, las plataformas digitales de trabajo, cuyos algoritmos conectan la demanda y la oferta de trabajo y, simultáneamente, supervisan la prestación del servicio, tomando decisiones que afectan de forma significativa a las condiciones de trabajo y a la permanencia de los trabajadores en la empresa.

Las plataformas digitales introducen nuevas formas de organización que desafían las instituciones centrales del Derecho del Trabajo. De hecho, los sistemas algorítmicos de ordenación y gestión del trabajo han propiciado un intenso debate sobre la necesaria adaptación del sistema de indicios utilizado hasta el momento para definir el concepto de trabajador dependiente y por cuenta ajena. Agrupando a todos los Estados miembros de la Unión Europea, se pueden contar ya más de 100 resoluciones judiciales y 15 resoluciones administrativas en las que se aborda la calificación jurídica de la relación entre las plataformas digitales y los trabajadores que son gestionados de forma algorítmica por estas, siendo la mayor parte de los pronunciamientos favorables al reconocimiento del estatus laboral[1].

Los trabajadores de plataformas digitales acaban subordinándose a las empresas a través de su programación numérica. Esa subordinación, además de repercutir sobre la laboralidad, también impacta sobre los cono-

---

1 Véase un análisis comparado de los referidos pronunciamientos en Hießi (2021).

cidos «derechos digitales»[2] de los trabajadores. Independientemente de su calificación como trabajadores autónomos o como trabajadores por cuenta ajena, todos ellos están afectados por procedimientos automatizados que tratan sus datos personales para asignarles servicios o evaluar su desempeño[3]. Los prestadores de plataformas digitales instalan en sus propios dispositivos[4] sistemas automatizados de dirección que recopilan y almacenan información sobre cada servicio (número de horas trabajadas, geolocalización, hora de inicio y final, evaluación de la clientela, etc.). Sin embargo, aquellos desconocen cómo funcionan los algoritmos o cómo afecta su comportamiento al resultado del sistema. Normalmente, ese desconocimiento no se debe a una falta de interés de los trabajadores, sino a un acceso deficiente a la información sobre el sistema.

El derecho a la protección de datos personales[5] es una herramienta a través de la cual los trabajadores de plataformas pueden conocer cómo funcionan los sistemas automatizados de la empresa y reclamar una mayor protección frente a la gestión algorítmica del trabajo. Da muestra de ello *Worker Info Exchange*, una organización sin ánimo de lucro que nació en Reino Unido con dos objetivos fundamentales. En primer lugar, ayudar a los trabajadores a recopilar información sobre los datos que almacenan y procesan las plataformas digitales. En segundo lugar, analizar la información extraída de las plataformas digitales para detectar decisiones algorítmicas injustas o discriminatorias, ofreciendo a los trabajadores todas las pruebas necesarias para impugnarlas en un proceso judicial[6].

---

2 La expresión entrecomillada procede de la Ley 3/2018, de 5 de diciembre, de protección de datos personales y garantía de los derechos digitales. Se trata de derechos de nueva creación y vinculados con la digitalización (garantía de la privacidad, desconexión digital, protección de datos, etc.). Cfr. Rodríguez Escanciano (2019).

3 Cfr. Six Silberman y Johnston (2020).

4 Sobre las obligaciones que debe cumplir el empresario para instalar aplicaciones de geolocalización en los teléfonos móviles de los trabajadores, cfr. SAN de 6 de febrero de 2019 (proc. 318/2018) y STS de 8 de febrero de 2021 (rec. 84/2019); también Marín Malo (2020).

5 Diferenciando el derecho a la protección de datos, como facultad de control respecto de un material que puede ser gestionado por otros, de los derechos digitales, entendidos como reglas de comportamiento u observancia en el uso de la tecnología digital, véase García Murcia (2020).

6 Así lo dispone la propia organización en su página web, insistiendo en que sus investigaciones dan soporte a los «litigios estratégicos» de los trabajadores y los sindicatos. Así, por ejemplo, los conductores de Uber en Reino Unido solicitaron

En determinados supuestos, el Reglamento General de Protección de Datos (en adelante, RGPD) puede ofrecer a los trabajadores de plataformas una vía complementaria, por ejemplo, al proceso de despido, impugnando las decisiones automatizadas de suspensión o extinción de sus cuentas a través de los derechos reconocidos en aquel[7]. En este sentido, cabe destacar que el Tribunal de Apelaciones de Ámsterdam ya ha fallado a favor de los conductores de Uber, tras considerar que la citada plataforma había incumplido las obligaciones impuestas por el RGPD al despedir a sus trabajadores a través de un proceso en el que la decisión preponderante era la del algoritmo y no la de los responsables humanos que lo supervisaban[8]. Asimismo, el *Garante per la protezione dei dati personali* ha obligado a Glovo y a Deliveroo a modificar la forma en la que ambas plataformas tratan los datos personales de los trabajadores. A juicio de ese órgano, los sistemas automatizados de las referidas plataformas tomaban decisiones automatizadas respecto de los contratos de trabajo sin cumplir las garantías previstas en el RGPD[9].

El trabajo en plataformas digitales pone de relieve que el RGPD no solo trata de proteger los datos personales, sino también de aclarar cuándo y cómo pueden las empresas utilizar estos últimos para tomar decisiones que repercutan en el vínculo trabajador-empresario. Sin embargo, el devenir de los casos iniciados por los trabajadores de plataformas hasta el momento ha puesto de manifiesto determinadas incertidumbres en torno a la aplicación y adaptación efectiva del RGPD al ámbito laboral, al ser este un instrumento normativo de carácter general que no toma en consideración las características propias de una relación de trabajo[10].

---

una copia de sus datos personales a la empresa a través de *Worker Info Exchange,* con la finalidad de agregar colectivamente los perfiles de datos y comprender mejor cómo funcionaba la dinámica de pagos de la plataforma para reclamar salarios más justos. Véase https://www.workerinfoexchange.org/ (consultada el 20 de agosto de 2023).

7 Véase Johnston, Caia, Six Silberman, Ceremigna, Hernández y Dumitrescu (2020).

8 Véanse sentencias del Tribunal de Apelaciones (Sala de lo Civil) de Ámsterdam de 4 de abril de 2023, núm. 200.295.747/01 y 200.295.742/01.

9 Se trata, respectivamente, de las resoluciones núm. 234 de 10 de junio de 2021 y núm. 285 de 22 de julio de 2021.

10 Cfr. Bronowicka (2023).

2. EL DERECHO INDIVIDUAL A LA INFORMACIÓN ALGORÍTMICA DE LOS TRABAJADORES DE PLATAFORMAS

Una gran parte de las plataformas digitales cuentan con políticas de privacidad en las que recogen cómo tratan los datos de todas las personas que interactúan con ellas. No obstante, las disposiciones de tales documentos suelen ser demasiado generales, impidiendo que los trabajadores conozcan con exactitud qué datos recopila la empresa sobre la prestación de sus servicios o cuáles son las decisiones automatizadas a las que están sujetos[11]. Tales circunstancias han obligado a los trabajadores a recurrir a una de las piedras angulares del RGPD: el derecho de acceso a los datos personales.

El art. 15.1 del RGPD reconoce el derecho de todos los interesados, incluidos los trabajadores, a obtener de las empresas de plataformas una información que contenga, entre otras cuestiones, las categorías de los datos tratados, los fines del tratamiento, los destinatarios a los que se comunican los datos, el plazo de conservación de estos últimos y la existencia de decisiones automatizadas, así como toda información significativa sobre la lógica aplicada por la decisión y la importancia y las consecuencias previstas de dicho tratamiento para los interesados.

2.1. El concepto de dato personal en el trabajo en plataformas digitales: especial atención a las evaluaciones internas

Del tenor literal del art. 15.1 del RGPD se desprende que los interesados no gozan del derecho a ser informados sobre todos los *inputs* de los algoritmos o de los sistemas automatizados. Por el contrario, el alcance del derecho está limitado única y exclusivamente al tratamiento de datos que tengan la consideración de datos personales. El matiz anterior adquiere una especial relevancia en el trabajo en plataformas digitales, pues la gestión algorítmica de los servicios prestados a través de aquellas se basa en una agregación de información y de datos diferentes entre sí en cuanto a su origen y contenido, no siendo claro que todos ellos reúnan, *a priori,* los requisitos necesarios ser calificados como personales[12].

El RGPD define los datos personales como "toda información sobre una persona física identificada o identificable (...) cuya identidad pueda de-

---

[11] Véase un análisis de las políticas de privacidad de las plataformas más relevantes en Mangold (2023).

[12] Cfr. Ponce Del Castillo y Naranjo (2022).

terminarse, directa o indirectamente" (art. 4.1). La imprecisión de esta definición ha obligado al Tribunal de Justicia (en adelante, TJ) a adaptar el significado del concepto a las particularidades de cada caso y, en concreto, a la evolución tecnológica y mediática[13]. En la actualidad, el TJ viene sosteniendo que el concepto de dato personal debe interpretarse de forma amplia, de tal modo que no se ciña solo a los datos confidenciales o relacionados con la intimidad, sino a todo tipo o género de información, tanto objetiva como subjetiva, siempre que se refiera a una persona concreta[14].

No cabe duda de que las valoraciones que realizan los clientes sobre los trabajadores ostentan la categoría de datos personales de estos últimos por razón de su contenido, pues se trata de información que está vinculada a ellos y a través de la cual pueden ser identificados. Las plataformas digitales deben permitir que los trabajadores accedan a las evaluaciones de los usuarios, respetando, en todo caso, los derechos de privacidad de tales clientes, tal y como se infiere del art. 15.4 del RGPD. Así las cosas, si un trabajador solicita información sobre todas las calificaciones de los clientes, la plataforma tendrá que suministrar los datos al trabajador, asegurándose, en cualquier caso, de que este último no puede identificar a los usuarios que lo evaluaron a través de la información suministrada. Para conseguir este último objetivo, sería plausible que la empresa anonimizase las puntuaciones o los comentarios. Otra respuesta merecería el hecho de que el trabajador solicitase acceder a los comentarios o a las calificaciones de unos servicios en concreto por sospechar que aquellas pueden ser discriminatorias. En tal escenario, la empresa debería ponderar los intereses legítimos de las partes en conflicto para decidir si procede que los datos del cliente en cuestión se anonimicen o no[15].

También reúnen la condición de datos personales, por razón de su contenido, las evaluaciones internas que realizan las plataformas sobre el rendimiento, la eficacia o la disponibilidad de los trabajadores. Así se infiere de la doctrina judicial del TJ en torno a la necesaria calificación de las valoraciones de una persona como dato personal de carácter subjetivo, so pena de eludir la observancia de los principios y garantías del RGPD[16]. No obsta

---

13 Cfr. Concellón Fernández (2018).

14 Véase STJ de 20 de diciembre de 2017, *Nowak,* asunto C-434/16 (ECLI:EU:C:2017:994).

15 Véanse sentencias del Tribunal de Apelaciones (Sala de lo Civil) de Ámsterdam de 4 de abril de 2023, núm. 200.295.747/01 y 200.295.806/01.

16 Véase STJ de 20 de diciembre de 2017, cit., matizando lo dispuesto en su sentencia de 17 de julio de 2014, *YS y otros,* asuntos acumulados C-141/12 y C/372/12

a lo anterior el hecho de que tales valoraciones se obtengan tras el procesamiento de datos fácticos como el historial de aceptación y rechazo de los servicios o los datos relativos a la geolocalización. Los datos que tienen en cuenta las plataformas digitales para evaluar a los trabajadores no siempre ostentarán la condición de datos personales por razón de su contenido, porque muchos de ellos están referidos a un objeto (ordenador, vehículo, teléfono móvil...), pero sí por razón de su finalidad, pues son la materia prima a partir de la cual las plataformas califican a sus trabajadores, repercutiendo en los derechos e intereses de estos últimos.

Sin perjuicio de lo anterior, en virtud del art. 5.1 c) de la última versión aprobada del Reglamento de Inteligencia Artificial [Resolución legislativa del Parlamento Europeo, de 13 de marzo de 2024, sobre la propuesta del Reglamento del Parlamento Europeo y del Consejo por el que se establecen normas armonizadas en materia de inteligencia artificial (Ley de Inteligencia Artificial) y se modifican determinados actos legislativos de la Unión Europea], las plataformas digitales no podrán usar sistemas de evaluación de los trabajadores que puntúen a estos últimos a partir de datos relacionados con su comportamiento o características personales si, como consecuencia de tal puntuación, algunos trabajadores pueden quedar expuestos a un trato perjudicial o desfavorable que no tenga justificación o que resulte desproporcionado en relación con el comportamiento evaluado o la gravedad de este último. En consecuencia, las plataformas digitales deberán analizar de forma detenida qué riesgos se derivan de la utilización de sistemas automatizados que tengan en cuenta parámetros como, por ejemplo, la velocidad de respuesta del trabajador a las notificaciones, el número de clics por horas o los patrones de conexión a la aplicación.

2.2. El ejercicio del derecho de acceso a los datos personales

La plena eficacia del art. 15 del RGPD no solo depende de la correcta calificación de los datos como personales o no personales. También depende, en gran medida, de cómo respondan las plataformas digitales a las solicitudes de acceso de los trabajadores. En el examen relativo a la adecuación o inadecuación de la respuesta de la empresa será necesario tener en cuenta dos consideraciones.

1) Las posibilidades de que disponen las plataformas digitales para limitar el derecho de acceso a los trabajadores deben interpretarse de forma

---

(ECLI:EU:C:2014:2081).

restrictiva. La primera posibilidad está prevista en el considerando 63 del RGPD, cuyo tenor literal dispone que, si el interesado solicita una gran cantidad de datos o de información al responsable del tratamiento, este último, antes de facilitar la información, está facultado para solicitar al interesado que especifique más su solicitud, detallando los datos o las actividades de tratamiento a que se refiere. Esa facultad representa un equilibrio entre el derecho de acceso a los datos personales y la carga impuesta al responsable para identificar y facilitar la información solicitada. No obstante, un uso abusivo de la misma puede limitar la eficacia del derecho de acceso[17] en un contexto como el laboral, donde la asimetría informativa provoca que los trabajadores desconozcan total o parcialmente el volumen de datos que maneja la empresa[18].

La segunda posibilidad de restricción del acceso viene determinada por el art. 15.4 del RGPD y, en concreto, por el respeto a los derechos de propiedad intelectual. Con carácter general, para que las plataformas digitales puedan negar el acceso a determinados datos personales en aras de la protección del secreto comercial será necesario que demuestren de forma específica que no pueden suministrar la información solicitada de una forma que no ponga en riesgo las medidas de seguridad de la empresa[19]. En cualquier caso, aun dándose por cumplida la condición anterior, las plataformas siempre deberán proporcionar a los trabajadores un mínimo de información, de modo que no se comprometa el contenido esencial del derecho a la protección de datos[20].

---

[17] Cfr. Li y Toh (2023).

[18] Así lo hicieron constar los conductores de Uber cuyo derecho de acceso había sido denegado por parte de la empresa al considerar esta última que las solicitudes eran demasiado generales. Véase sentencia del Tribunal de Apelaciones (Sala de lo Civil) de Ámsterdam de 4 de abril de 2023, núm. 200.295.747/01.

[19] A este respecto, cabe traer a colación el ejemplo de la plataforma Ola, que denegó el acceso de los trabajadores a su sistema de detección de fraude argumentando, entre otras cuestiones, que esa información permitiría a los trabajadores aprender el funcionamiento del algoritmo y burlarlo en el futuro. El Tribunal de Apelaciones de Ámsterdam rechazó la postura de la empresa pues, a su juicio, esta no había demostrado de forma suficiente la conexión entre el acceso a los datos y el conocimiento sobre la política de funcionamiento de la empresa. Véase sentencias del Tribunal de Apelaciones (Sala de lo Civil) de Ámsterdam de 4 de abril de 2023, núm. 200.295.806/01.

[20] Véanse conclusiones del Abogado General en el caso *SCHUFA Holding y otros*, asunto C-634/21 (ECLI:EU:C:2023:220).

2) La respuesta de la empresa titular de la plataforma debe cumplir con una serie de requisitos en cuanto al contenido y la forma de la información suministrada. Respecto del contenido, será necesario que las plataformas otorguen a los trabajadores información útil para que estos puedan decidir, con suficiente conocimiento de los hechos, si ejercen los restantes derechos garantizados por el RGPD, destacando, en concreto, los derechos de rectificación, inspección e impugnación. Si la plataforma ha elaborado perfiles sobre los trabajadores o ha tomado decisiones automatizadas respecto de las condiciones de trabajo, deberá explicar cuáles son los factores que influyeron en el proceso de decisión y la ponderación de cada uno de ellos, otorgando explicaciones suficientemente detalladas sobre los métodos y las razones que han conducido al algoritmo a un determinado resultado. Además, según lo señalado por el TJ[21], las plataformas deberán aportar a los trabajadores extractos de documentos o de bases de datos cuando sea necesario para comprender la información suministrada. Así sucederá cuando uno de los datos personales provenga del tratamiento o del análisis de otro conjunto de datos.

Respecto de la forma, las empresas gozan *a priori* de un gran margen de maniobra para decidir cuál será el medio de acceso a tales datos, pudiendo servirse, incluso, de las propias plataformas digitales. En cualquier caso, e independientemente del formato en el que se suministre la información, será indispensable que los trabajadores reciban una copia de la información suministrada, entendida aquella como una reproducción o transcripción auténtica de los datos originales. En consecuencia, no gozarán de validez como copia documentos que contengan una descripción general de los datos o una remisión a otra enumeración o categorización de los datos tratados[22].

3. EL DERECHO DE LOS TRABAJADORES DE PLATAFORMAS DIGITALES A NO SER OBJETO DE DECISIONES AUTOMATIZADAS

El objetivo del derecho de acceso previsto en el art. 15 del RGPD es doble. Por una parte, garantizar el derecho a la intimidad y a la protección de datos de los interesados. Por otra parte, permitir el ejercicio de otros derechos previstos en el RGPD. Como se exponía con anterioridad, el de-

---

[21] Véase STJ de 4 de mayo de 2023, *Österreichische Datenschutzbehörde,* asunto C-487/21 (ECLI:EU:C:2023:369).

[22] Véase op. ult. cit.

recho de acceso del art. 15 del RGPD está siendo ejercido por parte de los trabajadores de plataformas digitales de forma estratégica, con la finalidad de verificar si su permanencia en la empresa o sus condiciones de trabajo dependen única y exclusivamente de los resultados que arroja un algoritmo. De ser así, los trabajadores podrían acudir al art. 22.1 del RGPD, pues tal precepto reconoce a todos los titulares de datos personales el derecho a no ser objeto de decisiones basadas en el tratamiento automatizado de datos, incluidas las elaboraciones de perfiles. El referido derecho beneficiaría especialmente a los trabajadores autónomos de las plataformas, pues dispondrían de un mecanismo efectivo y ágil para impugnar las decisiones algorítmicas que repercutan directa o indirectamente en su trabajo, incluyendo, entre otros aspectos, la resolución del contrato.

Sin perjuicio de lo anterior, el art. 22.1 del RGPD es uno de los derechos más controvertidos de la norma. De hecho, parte de la doctrina científica se cuestiona si el referido precepto atribuye un derecho al interesado y titular de los datos personales o si, por el contrario, impone una prohibición al responsable del tratamiento de datos que le impide tomar ciertas decisiones automatizadas[23]. El TJ parece optar por la segunda opción atendiendo a la finalidad que, a su juicio, persigue el art. 22 del RGPD: proteger a las personas frente a los riesgos específicos que supone el tratamiento automatizado de datos personales para sus derechos y libertades. Según el citado Tribunal, la configuración del art. 22 del RGPD como una prohibición de principio permitiría, al menos de forma teórica, que los titulares de los datos personales no tuviesen que invocar activamente su derecho[24].

Con carácter general, las plataformas digitales de trabajo no están compuestas por un único algoritmo, sino por un conjunto de sistemas automatizados que deciden diferentes aspectos respecto de la prestación de servicios (conexión entre cliente y trabajador, asignación de precios, puntuación de los trabajadores, etc.). En consecuencia, será necesario aislar y

---

[23] Una síntesis de ambas posiciones en Todolí Signes (2019).

[24] Véase, al respecto, STJ de 7 de diciembre de 2023, *SCHUFA Holding (Scoring)*, asunto C-634/21 (ECLI:EU:C:2023:957). En el mismo sentido parecía apuntar el Abogado General del caso, indicando que "una interpretación a la luz del considerando 71, teniendo en cuenta la lógica de esta disposición y los supuestos en los que se excepciona el tratamiento automatizado, permite concluir más bien que esta disposición establece una prohibición general de las decisiones". Tal postura se recoge, también, en las Directrices sobre decisiones individuales y elaboración de perfiles a los efectos del Reglamento 2016/679, elaborada por el Grupo de Trabajo sobre Protección de Datos del artículo 29.

analizar cada uno de los sistemas automatizados de la plataforma de forma independiente, a fin de verificar cuáles de ellos cumplen las dos condiciones que permiten invocar el art. 22.1 del RGPD.

3.1. Las decisiones basadas únicamente en un tratamiento automatizado

La primera condición o requisito exigido por el art. 22.1 del RGPD atiende a la naturaleza de la decisión objeto de prohibición. Con carácter general, el referido precepto no impide al responsable adoptar todo tipo de decisiones automatizadas, sino únicamente aquellas en las que no exista una intervención humana significativa.

Por intervención humana significativa debe entenderse toda participación en el proceso de decisión que no sea formal o meramente simbólica. Así las cosas, para excluir la aplicación del art. 22.1 del RGPD, sería necesario que la persona que interviniese tuviese autoridad y competencia suficiente para modificar la decisión arrojada por el algoritmo o por el sistema automatizado. La valoración de este extremo es una tarea compleja para el intérprete, pero las agencias de protección de datos y los tribunales están aportando una serie de criterios o indicios que pueden resultar de utilidad. Entre ellos destaca el análisis del entorno organizativo en el que se adopta la decisión, incluyendo las políticas y procedimientos internos de la empresa, las cadenas de aprobación de las decisiones[25] y el grado de formación del personal encargado de supervisar los sistemas automatizados[26].

La doctrina judicial extranjera ha hecho uso de alguno de esos indicios para enjuiciar los sistemas de detección de fraude de la plataforma Uber a la luz del art. 22.1 del RGPD. Así, mientras que el juzgado de primera instancia de Ámsterdam consideró que tal sistema automatizado no entraba dentro del citado artículo porque, supuestamente, era un responsable humano el que decidía desactivar la cuenta de los conductores, tras la aler-

---

[25] Cfr. Barros Vale y Zanfir-Fortuna (2022).

[26] El indicado criterio fue tenido en cuenta por la Agencia de Protección de Datos de Viena en su resolución de 18 de diciembre de 2020 (núm. W256 2235360-1/5E), concluyendo que la empresa en cuestión no había adoptado una decision automatizada según el art. 22.1 del RGPD a pesar de utilizar un algoritmo que evaluaba el potencial de los solicitantes de empleo, pues la decision final recaía sobre el consejero de la empresa, que estaba formado de forma específica para ello y tenía a su disposición una serie de criterios y guías para valorar elementos que no fueron examinados por el algoritmo (motivación, endeudamiento, vivienda, etc.).

ta del algoritmo, el tribunal de apelaciones mantuvo la postura contraria. Según este último, de los hechos probados se deducía que los empleados del equipo de riesgos de Uber, para tomar la decisión final, solo tenían en cuenta criterios que ya habían sido valorados por el algoritmo, ignorando otros elementos de suma relevancia para valorar un fraude como, por ejemplo, la intencionalidad. Además, el tribunal resaltó el hecho de que los responsables estuviesen en otro país y tomasen la decisión a kilómetros de distancia de los conductores afectados. Los elementos anteriores determinaban, a juicio del tribunal, que la intervención de los empleados de Uber no fuese lo suficientemente relevante para excluir la prohibición del art. 22.1 del RGPD[27].

Atendiendo al tenor literal del art. 22.1 del RGPD, parte de la doctrina jurídica entiende que la única decisión que debe cumplir con el requisito de la intervención humana es la decisión final del algoritmo. Sin embargo, tal tesis podría situar fuera de la prohibición a los sistemas automatizados multi-etapa cuya decisión final, aun siendo adoptada con intervención humana, esté precedida por una o varias decisiones particulares basadas únicamente en un tratamiento automatizado[28].

3.2. Los efectos de las decisiones automatizadas

El segundo requisito necesario para que el art. 22.1 del RGPD resulte de aplicación está vinculado a los efectos que se deriven de la decisión basada únicamente en un tratamiento automatizado. Así, según el referido precepto, solo estarían prohibidas las decisiones automatizadas que, cumplido el primer requisito, produjesen efectos jurídicos sobre el interesado o le afectasen significativamente de modo similar. A pesar de que el RGPD no ofrece ninguna definición sobre este extremo, es comúnmente aceptado que el art. 22.1 alude a efectos que tengan una incidencia grave sobre el interesado[29].

---

27 Véase sentencia del Tribunal de Distrito de Ámsterdam de 11 de marzo de 2021, núm. C/13/692003 y sentencia del Tribunal de Apelaciones de Ámsterdam de 4 de abril de 2023, núm. 200.295.742/01.

28 Cfr. Davis y Schwemer (2023).

29 Así se dispone en las Directrices sobre decisiones individuales y elaboración de perfiles a los efectos del Regalmento 2016/679, elaborada por el Grupo de Trabajo sobre Protección de Datos del artículo 29. En el mismo sentido se pronunció el Abogado General en el caso *SCHUFA Holding y otros*, cit., afirmando que la fórmula empleada por el art. 22.1 del RGPD “indica claramente que esta disposición solo se refiere a los efectos que tengan una incidencia grave”.

Con carácter general, en el trabajo en plataformas digitales puede resultar sencillo detectar la concurrencia de este requisito cuando las decisiones de los algoritmos llevan aparejada la imposición de sanciones o, en los supuestos más graves, la suspensión de la cuenta. No podría negarse que una decisión automatizada produce efectos jurídicos sobre un trabajador si aquella le impide seguir prestando servicios en la empresa[30]. Sin embargo, no debe obviarse las plataformas digitales también disponen de otros sistemas automatizados cuyas decisiones no producen efectos jurídicos tan evidentes como la extinción del contrato, pero sí pueden repercutir de forma importante sobre el trabajador.

Para valorar el grado de afectación de los trabajadores por una decisión automatizada, el intérprete debe tener en cuenta cuatro criterios. En primer lugar, si el sistema automatizado en cuestión toma como base datos personales de los trabajadores, destacando, al respecto, aquellos que estén referidos a su comportamiento o conducta. En segundo lugar, si la conducta de los trabajadores o su capacidad de decisión se ve afectada por el resultado del algoritmo. En tercer lugar, si la consecuencia que se deriva del tratamiento automatizado es temporal o definitiva. En último lugar, si la decisión automatizada conlleva una pérdida de oportunidad de ingresos o un perjuicio económico fácilmente cuantificable[31].

Los criterios anteriores pueden resultar útiles para valorar, por ejemplo, los sistemas de asignación de servicios de las plataformas. La función de esos sistemas automatizados es la de conectar a los clientes que demandan un servicio con los trabajadores que están dispuestos a prestarlo. *A priori*, podría pensarse que tales sistemas automatizados solo organizan la empresa del modo más eficiente posible y que sus decisiones únicamente tienen importancia a nivel interno, para esta última. Sin embargo, debe tenerse en cuenta que muchos de esos sistemas emparejan la oferta y la demanda en función de factores subjetivos como las valoraciones pasadas de los clientes o la posición de los trabajadores en el ranking, atribuyendo las franjas horarias más solicitadas o los servicios mejor retribuidos a los trabajadores que gocen de una mayor reputación digital. En tales escenarios, las decisiones automatizadas del sistema de asignación de servicios sí

---

30 Véase sentencia del Tribunal de Apelaciones (Sala de lo Civil) de Ámsterdam de 4 de abril de 2023, núm. 200.295.747/01.

31 Cfr. Barros Vale y Zanfir-Fortuna (2022).

afectarían de forma significativa a los trabajadores porque determinarían sus ingresos y la oportunidad de prestar servicios en la empresa[32].

Lo mismo podría predicarse respecto de los sistemas de detección de fraude. La puntuación de los trabajadores en tales sistemas, de ser negativa, podría implicar una acusación grave contra ellos, derivándose de aquella una serie de repercusiones sociales[33]. Los trabajadores más afectados serían aquellos que prestasen servicios de transporte de viajeros, pues esas decisiones automatizadas podrían ser la base de una sanción que ponga en riesgo su autorización administrativa de transporte[34].

3.3. La defensa procesal de las plataformas: excepciones a la prohibición del tratamiento automatizado

Para hacer valer la prohibición contenida en el art. 22.1 del RGPD, los trabajadores de plataformas tendrían que argumentar y, en su caso, probar, que el sistema automatizado en cuestión cumple con los dos requisitos anteriores. Como se exponía con anterioridad, el acceso a los datos personales, en virtud del art. 15 del RGPD, podría permitir que los trabajadores acreditasen tal extremo. No obstante, sería aconsejable se adecuase la carga probatoria de los trabajadores, teniendo en cuenta la asimetría informativa que existe entre estos últimos y la empresa. Resultaría irónico que los tribunales requiriesen a los trabajadores un alto grado o nivel de detalle en su demanda si estos últimos, precisamente, han ejercido sus derechos de protección de datos para acceder a información que depende única y exclusivamente de la empresa[35].

---

32 Véase resolución de la Agencia Italiana de Protección de Datos de 22 de julio de 2021 (núm. 285), concluyendo que las decisions automatizadas del sistema de asignación de servicios de Deliveroo producían un efecto signifcativo en los *riders* en la medida en que determinaban la oportunidad de trabajar y la oportunidad de ser remunerado. En el mismo sentido, sentencias del Tribunal de Apelación de Ámsterdam de 4 de abril de 2023, núms. 200.295.742/01 y núm. 200.295.806/01, respecto de los sistemas de emparejamiento de Uber y Ola.

33 Véanse las conclusiones del Abogado General en el caso *SCHUFA*, cit., disponiendo que la decisión algorítmica "no siempre tiene por qué tener repercusión jurídica, también puede tener repercusión económica o social".

34 Afirmando tal extremo respecto de los conductores de la plataforma Uber, véase sentencia del Tribunal de Apelación de Ámsterdam de 4 de abril de 2023, núm. 200.295.742/01.

35 Cfr. Li y Toh (2023).

Partiendo de una prueba inicial aportada por los trabajadores, el resultado del litigio dependerá mayoritariamente de la postura adoptada por las empresas durante el proceso. Atendiendo a las características de cada caso, estas podrían defender la licitud del tratamiento automatizado a través de dos vías.

1) Negar la concurrencia de los requisitos exigidos por el art. 22.1 del RGPD, probando que la decisión no fue plenamente automatizada o que no produjo efectos suficientemente significativos. En este sentido, es previsible que recaiga sobre las empresas una mayor obligación de motivación que la requerida a los trabajadores, pues solo ellas poseen toda la información sobre los elementos fácticos discutidos[36].

2) Sostener la aplicación de una de las excepciones previstas al art. 22.1 del RGPD. En virtud de lo dispuesto en el art. 22.2 del RGPD, la prohibición de adoptar decisiones basadas únicamente en un tratamiento automatizado no resulta de aplicación si tal decisión es necesaria para la celebración o la ejecución de un contrato entre las partes, está autorizada por el Derecho de la Unión Europea o de los Estados Miembros o se basa en el consentimiento explícito del interesado.

En el ámbito del Derecho del Trabajo, la excepción más relevante es aquella que alude a la ejecución del contrato de trabajo, pues, con carácter general, el consentimiento de un trabajador no goza de validez para exceptuar la prohibición[37]. Sin perjuicio de lo anterior, se trata de una excepción que debe ser interpretada de la forma más restrictiva posible. Según la doctrina jurídica, una decisión automatizada en la ejecución de un contrato solo puede considerarse necesaria cuando la intervención humana sea imposible o inoperativa debido, por ejemplo, a la cantidad de datos procesa-

---

36 Así, sentencia del Tribunal de Apelación de Ámsterdam de 4 de abril de 2023, núm. 200.295.742/01, destacando que la plataforma Uber, aun disponiendo de todos los datos para ello, no había contrarrestado de forma suficiente los argumentos de los trabajadores en torno a la intervención humana y real en un proceso de desactivación de las cuentas. A juicio del tribunal, tras la impugnación de los trabajadores, era la plataforma la que debía motivar que la decisión no era plenamente automatizada, pues la información sobre cualquier tipo de intervención humana se encontraba en su dominio.

37 Cfr. Directrices sobre el consentimiento en el sentido del Reglamento (UE) 2016/679 elaboradas por el Grupo de Trabajo del Artículo 29 sobre protección de datos, pp. 7-8.

dos. Así las cosas, la empresa en cuestión debería demostrar que no existen otros medios efectivos y menos intrusivos para lograr el mismo objetivo[38].

La excepción relativa a la necesidad en la ejecución del contrato de trabajo solo podría aplicarse en el trabajo en plataformas digitales si se entendiese, a su vez, que los algoritmos y las decisiones automatizadas son necesarias para el propio negocio o sistema productivo. Así sucederá, por ejemplo, respecto de los sistemas automatizados que asignan los servicios a los prestadores, pues sería inabarcable o ineficaz que fuesen los equipos humanos de Deliveroo o de Glovo los que decidiesen qué trabajador atribuir a cada una de las cien solicitudes que se reciben en una noche[39]. Respuesta diferente merecerían otros sistemas automatizados, como aquellos que supervisan y sancionan a los trabajadores, resultando cuestionable que las plataformas digitales no dispongan de medios menos intrusivos que un algoritmo para evaluar el desempeño y la conducta de los prestadores.

En cualquier caso, de aplicarse la referida excepción, las plataformas deberían demostrar que implantaron las medidas adecuadas para salvaguardar los derechos de los trabajadores a obtener intervención humana, a expresar su punto de vista y a impugnar la decisión automatizada y que verificaron periódicamente la pertinencia de los datos y la corrección, adecuación y exactitud de los resultados del sistema, prestando especial atención a las decisiones algorítmicas potencialmente injustas o discriminatorias[40].

4. LOS DERECHOS DE GESTIÓN ALGORÍTMICA PREVISTOS EN LA DIRECTIVA RELATIVA A LA MEJORA DE LAS CONDICIONES LABORALES EN EL TRABAJO EN PLATAFORMAS DIGITALES

En la actualidad, la normativa de protección de datos se presenta como una herramienta jurídica capaz de reconocer y garantizar a los trabajadores de plataformas el derecho a ser informados, de forma individual, sobre

---

38 Cfr. Directrices sobre decisiones individuales automatizadas y elaboración de perfiles, cit., pp. 25-26.

39 Véanse, en este sentido, las resoluciones de la Agencia Italiana de Protección de Datos, cit., estimando que las decisiones automatizadas tomadas por Deliveroo y Glovo para asignar los servicios a los *riders* no eran contrarias al art. 22.1 del RGPD, al tratarse de decisiones necesarias para ejecutar el contrato de trabajo suscrito entre las partes.

40 Véase Gil Otero (2022).

los algoritmos que determinan sus condiciones de trabajo. Sin embargo, como se ha podido observar, el RPGD está sujeto a un gran margen de interpretación que puede impulsar a las plataformas digitales a modificar sus sistemas operativos y esquivar las previsiones legales.

En la Unión Europea, los sistemas de gestión algorítmica del trabajo son considerados como sistemas de inteligencia artificial de alto riesgo, pues influyen sustancialmente en la iniciación, promoción, desarrollo y resolución de una relación como la laboral, en la que existe un desequilibrio de poder entre el sujeto que se sirve de los referidos sistemas para tomar decisiones (empresario) y el sujeto afectado por tales decisiones (trabajador)[41]. Con el objetivo de aumentar la protección de los trabajadores frente a los sistemas algorítmicos de alto riesgo, en los capítulos III a V de la versión final de la Directiva del Parlamento Europeo y del Consejo relativa a la mejora de las condiciones laborales en el trabajo en plataformas digitales[42] se reconocen a todos los trabajadores de plataformas, incluidos los trabajadores autónomos, una serie de medidas que garantizan la transparencia, supervisión y revisión humana de las decisiones automatizadas.

En primer lugar, destacan las obligaciones de información algorítmica recogidas en el art. 9.1, más amplias que las previstas en los arts. 13 a 15 del RGPD. En virtud del citado precepto, las plataformas digitales deberán informar a los trabajadores sobre la introducción y el uso de sistemas automatizados de toma de decisiones o de supervisión, así como sobre todos los tipos de decisiones respaldadas o adoptadas por los sistemas automatizados de toma de decisiones, aun cuando no afecten de manera significativa a los trabajadores, y las categorías de acciones que controlan, supervisan o evalúan tales sistemas, incluyendo, entre otros aspectos, las evaluaciones de los clientes o usuarios del servicio, los parámetros tenidos en cuenta para la decisión, la importancia relativa de cada uno de ellos y la forma en la que los datos personales o el comportamiento del trabajador pueden influir en el resultado final. En virtud de tal obligación, las plataformas tendrán que informar, de forma específica, sobre los motivos de cualquier decisión relativa a la situación contractual del trabajador (restricción, suspensión y can-

---

41 Véase Anexo III de la última versión aprobada del Reglamento de Inteligencia Artificial [Resolución legislativa del Parlamento Europeo, de 13 de marzo de 2024, sobre la propuesta del Reglamento del Parlamento Europeo y del Consejo por el que se establecen normas armonizadas en materia de inteligencia artificial (Ley de Inteligencia Artificial) y se modifican determinados actos legislativos de la Unión].

42 2021/0141(COD).

celación de la cuenta, denegación de la remuneración por el pago realizado o cualquier otra decisión con efectos equivalentes o perjudiciales). La Directiva exige que toda esa información sea facilitada de forma concisa, transparente, inteligible y fácilmente accesible, a través de un documento que utilice lenguaje claro o sencillo para explicar las características de los sistemas automatizados que afecten a las condiciones de los trabajadores (art. 9.2). Tal documento, que podrá ser electrónico, deberá ponerse a disposición de los trabajadores en cualquier momento que estos lo soliciten y, a más tardar, en el día hábil siguiente a la introducción o modificación de los sistemas que afecten a sus condiciones de trabajo, a la organización del trabajo o a la supervisión de la ejecución del trabajo (art. 9.3).

En segundo lugar, deben ser señaladas las tres medidas previstas en el art. 11 de la Directiva, exigibles una vez que los sistemas automatizados de supervisión y de toma de decisiones estén en funcionamiento:

1) El derecho de los trabajadores a ser informados por escrito sobre los motivos de cualquier decisión respaldada o adoptada por un sistema automatizado de toma de decisiones que restrinja, suspenda o cancele sus respectivas cuentas, deniegue la remuneración por el trabajo realizado o afecte a los aspectos esenciales de la relación contractual (art. 11.1).

2) El derecho de los trabajadores a obtener una explicación, oral o escrita, de la plataforma digital en relación con cualquier decisión adoptada o respaldada por un sistema automatizado de toma de decisiones. A diferencia de lo que preveía el art. 22 del RGPD, para que tal derecho surja no es necesario que esa decisión produzca efectos jurídicos o afecte de forma significativa a los trabajadores. Así pues, los trabajadores por cuenta propia y los trabajadores por cuenta ajena de la plataforma podrán requerir a la empresa para que esta les explique las decisiones relativas a la asignación de tareas, la promoción o el tiempo de trabajo. Tal explicación deberá ser suministrada por una persona designada por la plataforma que cuente con la competencia, formación y autoridad necesaria para debatir y aclarar los hechos, circunstancias y motivos de la decisión (art. 11.1).

3) El derecho de los trabajadores a solicitar a la empresa la revisión de cualquier decisión adoptada o respaldada por un sistema automatizado. Ante la solicitud del trabajador, la plataforma deberá ofrecer una respuesta motivada y por escrito sin demora, en el plazo máximo de dos semanas. Si, tras la revisión, la plataforma detectase que la decisión vulnera los derechos del trabajador, aquella deberá rectificar la decisión en el plazo máximo de dos semanas desde su adopción. De no ser posible tal rectificación, la plataforma deberá ofrecer al trabajador una indemnización por los da-

ños sufridos. En ambos casos, será necesario que la plataforma adopte las medidas necesarias, incluyendo, si procede, una modificación del sistema automatizado o la interrupción de su uso, para evitar que ese tipo de decisiones se repitan en el futuro (art. 11 apartados 2 y 3).

Las tres medidas anteriores no solo destacan por garantizar una mayor transparencia y accesibilidad a los algoritmos de las plataformas digitales, sino también por dar una solución a cuestiones que quedaban sin resolver del art. 22 del RGPD. A diferencia de lo previsto en este último precepto, el art. 11 de la Directiva reconoce los derechos de explicación y revisión de las decisiones no solo cuando la decisión sea tomada por el propio algoritmo, basándose únicamente en un tratamiento automatizado. El ámbito de aplicación de tales derechos se amplía a las decisiones "apoyadas" en un algoritmo, incluyendo así todas aquellas decisiones finales tomadas por un responsable humano sirviéndose de las sugerencias o de los resultados no vinculantes del sistema automatizado. Además, la Directiva reduce el margen de indeterminación de determinados conceptos del RGPD, pues reconoce, de forma expresa, cuáles son las decisiones automatizadas que pueden afectar significativamente a los trabajadores o a sus condiciones de trabajo: las que determinen la contratación, el acceso y organización de las tareas asignadas, los ingresos, la seguridad y salud, el tiempo de trabajo, el acceso a la formación, promoción o equivalente, o la situación contractual, incluida la restricción, suspensión o cancelación de la cuenta [art. 2.1.9)].

En cualquier caso, la Directiva no evitará que los trabajadores de plataformas sigan acudiendo a los derechos reconocidos en el RGPD. Como se apuntó anteriormente, el art. 9 de la Directiva obliga al empresario a suministrar a los trabajadores información relativa a las categorías de datos y acciones controladas por los sistemas automatizados. Sin embargo, tal deber de información no incluye cuáles son los concretos datos personales de los trabajadores que están en posesión de la plataforma y alimentan las referidas categorías. Al margen del deber de explicación del art. 11.1, que está limitado a una decisión automatizada específica, la Directiva no impone al empresario la obligación de suministrar a los trabajadores una relación detallada de los datos personales que, de cada uno de ellos, trata y procesa la plataforma. Para conocer tal extremo, los trabajadores interesados tendrán que seguir acudiendo al art. 15 del RGPD. Además, la Directiva tampoco prohíbe de forma expresa que las plataformas elaboren perfiles o procesen datos de forma plenamente automatizada, al contrario de lo dispuesto en el art. 22 del RGPD. De hecho, el art. 11 de la Directiva parece sugerir que es posible que la plataforma tome cualquier tipo de decisión automatizada, porque el ejercicio de los derechos reconocidos a los trabajadores requiere que la plataforma, con carácter previo, elabore perfiles o procese datos a través de sistemas automatizados. La Directiva solo prohíbe que se traten de forma automatizada determinados datos, como los datos biométricos [art. 7.1 f)] o los datos relacionados con circunstancias personales [art. 7.1 e)], y exige que se adopte por un ser humano "toda decisión de restringir, suspender o poner fin a la relación contractual o a la cuenta de una persona que realice trabajo en plataformas, o cualquier otra decisión que cause un perjuicio equivalente" (art. 10.5). En cualquier caso, y sin perjuicio de resultar acertada esta última previsión de la Directiva, sería recomendable que en la transposición de la Directiva se indicase, de forma expresa, que los trabajadores gozan de las garantías reconocidas por tal precepto "sin perjuicio de lo dispuesto en el art. 22 del RGPD" (Ponce Del Castillo y Naranjo, 2022: 5-6).

5. CONCLUSIONES

El legislador de la Unión Europea no previó el valor práctico o instrumental de los derechos de protección de datos. Sin embargo, los juzgados y los tribunales ya están enfrentándose al hecho de que los trabajadores de plataformas digitales ejerciten tales garantías no solo para defender su privacidad o intimidad, sino también para conseguir mejoras en sus condiciones de trabajo. Una mayor protección de los trabajadores de plataformas exige que se interpreten de forma flexible algunas limitaciones o exigencias del RGPD, atendiendo fundamentalmente a la asimetría informativa que subyace en toda relación empresario-trabajador.

La doctrina judicial extranjera que ha abordado la protección de datos de los trabajadores de plataformas digitales es un buen punto de partida. No obstante, es necesario iniciar un diálogo social para configurar y facilitar los derechos de transparencia de todos los trabajadores que emplean en su día a día sistemas automatizados. La Directiva relativa a la mejora de las condiciones laborales en el trabajo en plataformas digitales es un buen punto de partida para proteger a los trabajadores frente a la gestión algorítmica del trabajo. Sin embargo, no debe obviarse que los derechos de información, transparencia y accesibilidad previstos en tal norma no resultan de aplicación a todos los trabajadores dirigidos por sistemas automatizados, sino solo a los trabajadores de plataformas. Sería aconsejable que, en la transposición de la Directiva, el legislador español extendiese los derechos previstos en la citada norma a todos los trabajadores gestionados algorítmicamente, para evitar que se genere un doble nivel de protección entre estos últimos, que solo tendrían reconocido el derecho colectivo de información algorítmica de sus representantes [art. 64.4 d) del ET y art. 26.7 del Reglamento de Inteligencia Artificial], y los trabajadores de plataformas, que gozarían de derechos individuales y colectivos de gestión algorítmica. La transposición de la Directiva podría ser la oportunidad para apostar por una regulación consensuada que pusiese límites a la automatización de los poderes empresariales de dirección, organización y control.

Referencias bibliográficas

Barros Vale, S. y Zanfir-Fortuna, G. (2022). *Automated decision-making under the GDPR: Practical cases from Courts and Data Protection Authorities.* Future of Privacy Forum [en línea]. Disponible en: https://fpf.org/wp-content/uploads/2022/05/FPF-ADM-Report-R2-singles.pdf

Bronowicka, J. (2023). How the Platform Work Directive Protects Workers' Data [en línea]. Disponible en https://verfassungsblog.de/how-the-platform-work-directive-protects-workers-data/

Comunicación de la Comisión Europea al Parlamento Europeo, el Consejo, el Comité Económico y Social Europeo y el Comité de las Regiones «Mejores condiciones de trabajo para una Europea social más fuerte: aprovechar todas las ventajas de la digitalización para el futuro del trabajo» (COM/2021/761 final).

Concellón Fernández, P. (2018). El concepto de dato personal en la Unión Europea: una pieza clave en su protección. *Revista General de Derecho Europeo, 46.*

Davis, P. A. E y Schwemer, S. F. (2023). Rethinking decisions under Article 22 of the GDPR: Implications for semi-automated legal decision making. En AA.VV., *AI and Intelligent Assistance for Legal Professionals in the Digital Workplace [Proceedings of the Third International Workshop on Artificial Intelligence and Intelligent Assistance for Legal Professionals in the Digital Workplace (LegalAIIA 2023)].* Braga: Thomson Reuters.

García Murcia, J. (2020). Derecho a la protección de datos personales en el marco de la relación laboral. *Temas Laborales, 155.*

Gil Otero, L. (2022). La discriminación algorítmica en el trabajo en plataformas digitales: un estudio jurídico-procesal sobre el impacto de los algoritmos de clasificación laboral. En García Goldar, M. y Núñez Cerviño, J. (Dirs.), *El Derecho ante la tecnología; innovación y adaptación.* A Coruña: Colex.

Hießi, C. (2021). The classification of platform work in case law: a cross-european comparative analysis. *Comparative Labor Law & Policy Journal, 42* (2).

Johnston, H., Caia, A., Six Silberman, M., Ceremigna, M., Hernández, D. y Dumitrescu, V. (2020). *El trabajo en las plataformas digitales de empleo. Guía para formadores sindicales sobre el crowdworking y el trabajo a través de APPs y plataformas digitales.* Bruselas: ETUI.

Kelly-Lyth, A., Adams-Prassl, J. (2023). *The EU's Proposed Platform Work Directive. A promising step* [en línea]. Disponible en https://verfassungsblog.de/work-directive/

Li, W. y Toh, J. (2023). Data subject rights as a tool for platform worker resistance: lessons from the *Uber/Ola* judgments [en línea]. Disponible en https://papers.ssrn.com/sol3/papers.cfm?abstract_id=4306868

Mangold, S. (2023). Data privacy and digital work platforms in global perspective. *Italian Labour Law e-Journal, 16* (1).

Marín Malo, M. (2020). La geolocalización del trabajador. Reflexiones a la luz de la jurisprudencia reciente. *Labos: Revista de Derecho del Trabajo y de Protección Social, 1* (1).

Mercader Uguina, J. (2022). La gestión laboral a través de algoritmos. En AA.VV., *Digitalización, recuperación y reformas laborales. XXXII Congreso Anual de la Asociación Española de Derecho del Trabajo y de la Seguridad Social.* Madrid: Ministerio de Trabajo y Economía Social.

Ponce Del Castillo, A. y Naranjo, D. (2022). Regulating algorithmic management. An assessment of the EC's draft Directive on improving working conditions in platform work". *ETUI Policy Brief, 8.*

Rodríguez Escanciano, S. (2019). *Derechos laborales digitales: garantáis e interrogantes.* Cizur Menor: Aranzadi.

Six Silberman, M. y Johnston, H. (2020). *Using GDPR to improve legal clarity and working conditions on digital labour platforms.* Bruselas: ETUI.

Todolí Signes, A. (2019). Algorithms, artificial intelligence and automated decisions concerning workers and the risks of discrimination: the necessary collective governance of data protection. *European Review of Labour and Research, 4* (25).

2ª PARTE.

TRANSFORMACIÓN DE LAS RELACIONES DE TRABAJO EN LA ERA DIGITAL

Capítulo 9.

DIGITALIZACIÓN DE LA ECONOMÍA Y TRABAJO. FRONTERAS DE LABORALIDAD

SÁNCHEZ-URÁN AZAÑA, YOLANDA
Catedrática de Derecho del Trabajo y de la Seguridad Social
Universidad Complutense de Madrid
sanuran@ucm.es

Sumario: 1. Retomando el pasado para pensar el presente y proyectar el futuro. 2. La mutabilidad de la categoría de dependencia, la vis expansiva de la laboralidad y las diferentes técnicas normativas. 3. Respuesta en el ámbito de la Unión Europea y proyección en la solución legislativa nacional. 4. Digitalización y concepto de trabajador. Propuestas en el diseño del Estatuto Jurídico del Trabajador en la etapa de digitalización de la economía

RESUMEN: El tema de las fronteras de laboralidad y del ámbito de aplicación personal del Derecho del Trabajo es una cuestión atemporal y universal. La etapa de la digitalización de la economía se proyecta, inevitablemente, sobre la realidad social y económica en la que las nuevas formas de trabajo y las nuevas formas de organización de la prestación de servicios para otro se desarrollan. Las categorías normativas, en especial, la subordinación y la dependencia personal se cuestionan como criterios inmutables para definir al trabajador como sujeto de Derecho del Trabajo.

ABSTRACT The question of the boundaries of employment and the personal scope of application of labour law is a timeless and universal issue. The digitalisation of the economy inevitably affects the social and economic reality in which new forms of work and new forms of organising the provision of services for others are developing. The normative categories, in particular subordination and personal dependence, are called into question as immutable criteria for defining the worker as a subject of labour law.

Palabras clave: Subordinación, dependencia, trabajador asalariado, trabajador autónomo, digitalización.

Keywords: subordination, personal dependence, employee, self-employee, digitalization.

1. RETOMANDO EL PASADO PARA PENSAR EL PRESENTE Y PROYECTAR EL FUTURO

El tema relativo a las fronteras de laboralidad es una cuestión atemporal y universal, tal y como es unánimemente aceptado en nuestra literatura científica y en las de los países allende de nuestras fronteras, tanto en el contexto europeo como en el internacional.

De la evolución de nuestra disciplina, calificándola como Derecho del Trabajo "vivo", así como del dinamismo de la regulación legal para explicar las causas de ampliación del ámbito de las leyes laborales, dieron cuenta desde mediados del SXX nuestros grandes maestros[1] y ha sido una tarea constante la de indagación doctrinal sobre los conceptos básicos de nuestra disciplina. Ese pasado, para repensar el presente y avanzar en el futuro, puede enfocarse desde la que entonces se denominaba tecnificación y hoy se describe como un proceso nuevo, el de la digitalización de la Economía, para destacar que las transformaciones tecnológicas son mucho más profundas que las precedentes (hasta el punto de describirse como "era disruptiva digital") pero también para reafirmar que el progreso tecnológico es un eterno compañero de viaje del Derecho del Trabajo. Advirtiéndose que la tecnología en un hecho connatural a su nacimiento y ha influido en el origen histórico de los que se han calificado como "conceptos básicos" que lo definen y lo singularizan.

Recuérdense las palabras de Bayón Chacón (1966):

> *"Hoy, en los países que figuran al frente de la "'producción industrial, ese automatismo maquinista es intensísimo, y el esfuerzo manual, mucho menor, y aunque en países de técnica menos desarrollada se acuse el fenómeno con menor intensidad, se ofrece proporcionalmente semejante: En aquella primera época, el trabajo manual, directo o con máquina, exigía sólo, por lo general, un aprendizaje relativamente elemental, y entre la masa obrera y la intelectual existían abismos de cultura. La complejidad técnica actual ha creado una serie de profesiones especializadas, y ciertos maquinistas, trabajadores en electrotecnia, en industrias químicas, en maquinaria de precisión, etc., que, aunque no requieren un título superior, necesitan una cultura técnica de grado medio, unos conocimientos que no permiten ya su equiparación desde el punto de vista de la formación profesional con los simples obreros manuales"* (p. 9)

---

1 Pueden consultarse las reflexiones al respecto en el número monográfico de la *Revista de Política Social* núm.71, 1966.

La tecnificación entonces, hoy la digitalización, enlaza naturalmente con aspectos económicos (el eterno debate Derecho-Economía, o mejor expresado, entre el Derecho y las diferentes aproximaciones económicas -Pérez del Prado, 2023a, pp.15 y ss) pero también, y precisamente por su carácter disruptivo, con las vertientes ética y moral, al margen de las ideológicas. Lo que requiere reivindicar que la causa o finalidad de nuestra Disciplina es la reequilibradora de una relación jurídica, la de prestación de servicios para otro, en la que la alteridad/ajenidad (en sus diferentes acepciones; hoy con la renovada de ajenidad en la organización) es inexcusable en la realidad social que se configura a través del contrato de trabajo, en su estructuración jurídica y en el enfoque doctrinal y se describe como la obtención de una compensación económica suficiente a cambio de la cesión a otros de los frutos de su trabajo (Borrajo Dacruz, 2009: 42); de la que deriva una dependencia económica y de modo reflejo una dependencia o subordinación jurídica respecto de la configuración de la prestación de trabajo. Lo que quiere decir, parafraseando al Maestro Montoya Melgar (1966: 100), y adaptada la reflexión al devenir socioeconómico, que el poder de dirección -y las facultades incluidas en el mismo (órdenes y directrices, ius variandi, organización y dirección del trabajo y control, Pérez del Prado, 2023 b: 111)-, del que traslativamente deriva la dependencia personal, es un factor natural de la relación de trabajo, pero no es, sin embargo, elemento definidor en cuanto que es compartido por otras relaciones no laborales. Tanto más cuanto que, añadimos, la interpretación flexible de los indicios de dependencia ha conducido a incluir en el ámbito del Derecho del Trabajo a quienes desarrollan su actividad en régimen de simple coordinación y no de subordinación.

Lo que aprendemos del pasado, y se proyecta sobre el presente para avanzar en el futuro, es que si esa perspectiva socioeconómica la trasladamos a la normativa laboral y de protección social para fijar las fronteras de laboralidad, no se puede rehuir el examen de si tal o cual dogma es socialmente útil pero, evidentemente, una visión equilibrada exige abandonar cualquier dogmatismo o apriorismo respecto de esta cuestión, esto es, respecto de los que pueden identificarse como rasgos que definen el contrato de trabajo o el concepto de trabajador asalariado. Sabemos que no era (y tampoco lo es en la actualidad) una cuestión pacífica la de si la dependencia es o no un requisito constitutivo; si la ajenidad (necesaria) es o no suficiente como nota definidora. Y ahí aparece la cuestión relativa a si es necesario añadir datos adicionales que precisen el sentido de la ajenidad o si lo es la existencia del requisito que antaño se decía nuevo y hoy se añade al anterior, de modo que "aparecen indisolublemente unidos, a saber, la dependencia o subordinación a la persona para la que se trabaja o la incorporación del trabajador a la organización productiva la que se denomina empresa" (Alonso Olea, 1967: 119).

Se explicaba hace décadas cómo ese elemento se incorpora al concepto de contrato de trabajo como un fenómeno histórico que se traduce en las leyes de trabajo en el poder de mando, de dirección, de fiscalización del empresario. Circunstancia que unas veces se da rotundamente, otras se desdibuja y en otras se avanza en la pérdida de valor como elemento conceptual frente a lo que se denominaba "servicios profesionales", definiendo entonces el Derecho del Trabajo como Derecho del Trabajo profesional, sin más; pero sin, por el contrario, olvidar que, por la índole especial de algunas actividades, hubiera que establecer también regímenes laborales especiales. Lo que entonces se denominaba heterogeneidad normativa (advirtiendo de la imposibilidad de regular uniformemente todos los tipos de actividad laboral-profesional bajo las normas rígidas y únicas de un solo modelo de contrato de trabajo). Y hoy se denomina "universalidad selectiva". Y en ambas perspectivas, la clásica y la renovada, respetando siempre unos principios básicos y fundamentales de carácter general.

Se aventuraba entonces, y se constata en la actualidad, que el del ámbito personal del Derecho del Trabajo y, por ende, el de su extensión protectora o de tutela de derechos de quien se califica como "trabajador asalariado" no es un problema resuelto sino un problema en constante evolución. Evidentemente, no puede serlo, porque las fronteras de laboralidad inciden en la finalidad social, económica, ética y moral de nuestra Disciplina, a saber, la protección o tutela del trabajador y la conformación equilibrada de intereses sociales y económicos contrapuestos, con fundamento en la vulnerabilidad económica de la persona trabajadora.

Pareciera entonces que se trata de una cuestión atemporal en odres nuevos, en estos momentos el de la realidad socioeconómica que representa la digitalización de la economía de producción de bienes y servicios a la que el Derecho, en general, y el Derecho del Trabajo en particular, ha de responder para contribuir a un mercado de trabajo fiable, seguro, económicamente eficiente y productivo y socialmente justo, equitativo y de garantía de protección para todos los implicados, los empresarios y los trabajadores. La irrupción de la tecnología en la actividad productiva, y por tanto la aparición de nuevos modelos económicos de negocio, ha planteado, de nuevo, la eterna discusión sobre el ámbito de aplicación del Derecho del Trabajo y la respuesta, a nuestro juicio, no ha sabido aprehender en toda su dimensión el problema.

A partir de estas reflexiones y enlazando con el que se dice "futuro" del trabajo -o más exactamente con el trabajo del futuro- (tal y como se plantea por la doctrina nacional y foránea y se avanza en instituciones nacionales, europeas e internacionales), abordemos la cuestión relativa a los conceptos normativos, en especial al de la dependencia, para explicar de qué modo se interrelaciona la tecnología (y sus derivaciones, como indicio nuevo) con ese concepto jurídico cuando la tecnificación y, ahora la digitalización, generan en el mercado de trabajo un nuevo tipo de empresa (nueva forma de organización de la actividad económica) del que derivan nuevas formas de empleo y de organizar el trabajo y, en consecuencia, también nuevas formas de prestación personal de servicios para otro/s. La irrupción en este mercado de las plataformas digitales es un claro ejemplo y obliga a elevar la mirada para plantear de un modo equilibrado, y evitando maximalismos, cómo se ha de intervenir desde el Derecho para ordenar y regular ese mercado en respuesta a los objetivos que ha de cumplir la norma laboral. En el fondo, el riesgo de "deslaboralización "de estas nuevas formas de empleo y de trabajo ha avivado el debate tanto en el plano doctrinal como en el de la dogmática jurídica (jurisprudencia) intentando encajar esa nueva realidad en el Derecho vigente que, no lo olvidemos, también en nuestro sistema jurídico, se ha construido sobre la gran dicotomía entre, se dice, trabajador dependiente/trabajador autónomo.

Lo que, como se verá inmediatamente, y atendiendo a la disfunción que genera la construcción jurídica en nuestro sistema de relaciones de trabajo que presenta aquella división como compartimentos estancos, no refleja la realidad socioeconómica de que hay trabajo autónomo cercano al trabajo dependiente. De modo que, si solo el trabajo por cuenta de otro y dependiente ha de calificarse como trabajador asalariado se quedan al margen de la protección y del régimen jurídico configurado para aquél muchos trabajadores que están integrados en la actividad productiva o en los procesos de producción de otros.

La construcción binaria, trabajador dependiente/trabajador autónomo, con regímenes jurídicos absolutamente diferenciados, funciona solo en un plano ideal o teórico pero se desmorona cuando la realidad se presenta poliédrica, heterogénea, en un contexto en que la automatización del trabajo, la digitalización de los procesos productivos generan un nuevo modo de trabajar y una nueva figura del trabajador, cercano no solo desde la perspectiva sociológica, sino también jurídica, al trabajador "subordinado". Esa construcción dicotómica con regímenes jurídicos diferentes, y niveles de protección legal opuestos, se presenta como claramente desfasada y refleja que el Derecho vigente no es idóneo, con la duda de su encaje o no en el ámbito en el Derecho del Trabajo (Cámara, 2019). En el fondo, y ejemplificando en torno a la economía de plataformas, la revolución digital y la transformación de las formas de empleo con la expansión imparable de la que en terminología inglesa se denomina *gig economy*, del "trabajo en masa" (*crowdworking)* y del trabajo ocasional y simultáneo para varios "empleadores", exige repensar la tutela de estas formas de trabajo en las zonas grises y de nuevo buscar el equilibrio entre una visión pesimista de la realidad económica (en el sentido, se diría, de la expresión de un nuevo modo de entender la subordinación en la sociedad del *neotaylorismo digital,* Perulli, 2022: 16[2]) y otra, más equilibrada o realista de transformación del trabajo con búsqueda de una respuesta selectiva al modelo económico nuevo. En nada contribuye a la eficiencia y competitividad empresarial la demonización de las plataformas o el modelo económico de plataformas digitales (sea o no de reparto) y la reacción legislativa sancionadora.

De ahí que, atendiendo al trabajo para otro, se reflexiona a continuación sobre: 1) la categoría de la dependencia/subordinación y su reinterpretación para determinar si, la que se dice concepción flexible y amplia, permite dar respuesta acertada a la extensión del ámbito de aplicación del Derecho del Trabajo. Si la adaptación interpretativa de la dependencia personal da un resultado satisfactorio y, en concreto, si la interpretación finalista es o ha de ser el fundamento para abogar por un contenido normativo amplio al concepto de dependencia personal; 2) las posibilidades que plantean la técnicas de la categoría intermedia o la de relación personal de trabajo para romper la tradicional y obsoleta dicotomía entre trabajo subordinado y trabajo autónomo; 3) la conclusión orientada hacia la universalidad selectiva que pudiera considerarse como opción viable de la política legislativa.

2. LA MUTABILIDAD DE LA CATEGORÍA DE DEPENDENCIA, LA VIS EXPANSIVA DE LA LABORALIDAD Y LAS DIFERENTES TÉCNICAS NORMATIVAS

Sabemos que las leyes establecen en cada momento, atendiendo a preferencias sociales, económicas y políticas, qué actividades quedan comprendidas dentro de las fronteras de laboralidad y qué otras no.

---

2 Hasta el punto de acuñar un nuevo término, el de "dependencia tecnológica" o dependencia tecnológica, calificándola como representativa del cambio de instrumento a través del que se organiza y controla el trabajo. Vid. Serra (2015).

Se utilizan conceptos normativos (Pérez de los Cobos, 1993: 37 y ss[3]) o categorías instrumentales con la finalidad de ofrecer a todos los operadores económicos y jurídicos previsibilidad y seguridad jurídica. Pero cierto es que esas categorías, en especial la dependencia personal o subordinación, permanentemente están en la discusión porque cuando se dice que es un requisito constitutivo de laboralidad y se presenta una nueva realidad en la que no encajan los tradicionales indicios en los que se sustenta, se habla de la flexibilidad o necesaria flexibilidad del concepto, replanteando constantemente los que se califican, con cierto desaire, indicios tradicionales y se intentan buscar otros que permitan encajar la prestación de servicios en la subordinación.

Esto es lo que ocurre en España y en otros países, si limitamos el análisis desde el plano de la dogmática jurídica, es decir desde la ordenación de la realidad dentro del derecho vigente, porque tipificado por el legislador el modelo social más representativo y generalmente aplicable (el que puede definirse como trabajo inserto en una organización empresarial, versión renovada de la dependencia personal/subordinación) se opera después y recurrentemente con cierto pragmatismo y se delega en la discrecionalidad valorativa de jueces y tribunales cuando se presenta la dificultad de reconducir los indicios presentes en el caso concreto al método tipológico, subsuntivo o tipológico funcional. El concepto "nebuloso" de subordinación o, como expresó Alonso Olea (1967, p.128), su semejanza "a algo misterioso e indefinible que parece estar ahí aun en defecto de todo indicio", permite confiar en la solución judicial del caso concreto y en la renovación permanente del sentido "clásico y tradicional" de la categoría. Siempre se ha hablado de su sentido "clásico" para contraponerlo a otro se decía (y dice) renovado, flexible, en una acepción definida por el poder organizativo o de dirección del trabajo por cuenta ajena y la inserción en el círculo organicista del empresario; sin olvidar que el término de comparación hoy en relación con el que se define como tradicional de hace unos años, ya se consideraba, entonces, también renovado o flexible si comparado con el concepto clásico y tradicional de años antes.

De modo que el debate hoy sobre la eterna división entre dependencia/subordinación y autonomía como frontera de laboralidad nos hace reto-

---

[3] Entiéndase tal, concepto normativo, como aquél que indica de forma bastante taxativas las notas de un fenómeno con consecuencias jurídicas, facilitando la tarea lógico-formal de subsunción y proporcionando previsibilidad en la aplicación del Derecho (Larenz, 1980: 208 y 451).

mar, también en nuestro sistema jurídico, la idea de que la respuesta a la protección social de quienes prestan servicios para otros desde el Derecho del Trabajo, aunque se haga a partir de una noción omnicomprensiva de dependencia/subordinación, por muy flexible que sea la interpretación, no dará una respuesta adecuada a la necesidad de protección de quienes formalmente se califican como trabajadores por cuenta propia pero con autonomía limitada y más próximos a quienes son dependientes en sentido económico y "parasubordinado"; esto es, cuando hay una continuidad de la prestación e injerencia del comitente en la ejecución de la prestación de servicios. Sencillamente, porque la dependencia no define el contrato de trabajo, es la consecuencia en el plano externo e interno de la actividad productiva del empresario en el mercado de bienes y servicios y del ejercicio de las facultades de control y dirección connatural a la figura del empresario laboral. Dicho de otro modo, es una categoría traslativa de los que se presentan como poderes empresariales y, en consecuencia, la flexibilidad de la categoría es, a su vez, la que se busca en la limitación o restricción de las facultades que definen al empresario laboral.

En el fondo, esta cuestión atemporal, replanteada al albur de la evolución de la realidad social y económica normada y en especial ahora en la que deriva de la digitalización de la economía, siempre ha tenido como premisa la *vis expansiva* del Derecho del Trabajo con la finalidad u objetivo de mayor protección de quienes realizan una actividad profesional o, en la versión renovada, prestación personal de servicios en el mercado de trabajo. Vis expansiva que, planteada erróneamente como "el todo o la nada" y con el objetivo de evitar caer en el vasto ámbito del trabajador autónomo, ha evidenciado que la tipificación del que pudiera considerarse modelo social más representativo, esto es el del trabajo inserto en una organización de empresarial, y por tanto socialmente prevalente y generalmente aplicable, no constituye el modelo general y unitario del contrato de trabajo.

Desde esta perspectiva, en el plano teórico-axiológico, manteniendo la división o dicotomía dependencia/autonomía, y defendiendo la progresiva y permanente "flexibilización" (o atenuación) que permita la re-definición de la noción de trabajador asalariado y, por consiguiente, la del elemento o criterio de la subordinación, se mantienen dos opciones:

Por un lado, teorizar sobre la que se dice concepción plural de la dependencia, o de otra forma expresado, negar que la dependencia sea un concepto unitario. Pero, sencillamente, como bien se ha explicado desde la realidad jurídica nacional (en particular, en aquellos ordenamientos jurídicos que incorporan la subordinación como rasgo legal), y atendiendo precisamente a la transformación tecnológica, esa contraposición entre modelo o acepción singular, unitaria intensa y rígida y otro plural es más aparente que real porque, de un lado, la perspectiva plural no abandona la exigencia de una estructura global de la subordinación y exige la referencia a la categoría general de trabajo subordinado. De otro, la perspectiva unitaria del tipo amplia el significado a través de un elevado grado de abstracción o de generalidad al albur, precisamente, de la constatación de que la noción de subordinación no permite comprender la diversidad de formas de producción derivadas de la innovación tecnológica [4] hasta el punto de concluir que lo que ahora define la posición del trabajador asalariado es la colaboración con el empresario más que la sujeción al poder directivo, más la hetero-organización que la hetero-dirección, con la doble ajenidad de la organización y del resultado de la prestación. De modo que, desde el plano legal de nuestro ordenamiento jurídico, surge la duda de cómo esa hetero-organización puede describir a sujetos "parasubordinados" que se mantienen incluidos en el vasto ámbito del trabajador por cuenta propia (piénsese en nuestro TRADE).

Por otro, la interpretación renovada o readaptada (la que se dice interpretación finalista, *purposive approach* en los países de Common Law a través del "economic reality test")) de la noción de dependencia personal a través de la jurisprudencia (concebida como calificación real en función del sustrato material) en aquellos sistemas jurídicos, como el español, en los que no hay una definición legal de subordinación. Y no lo es, a nuestro juicio, porque se parte de una visión desenfocada en el sentido de que la realidad presentada enmascara siempre un problema de falsos autónomos.

De modo que la tendencia u orientación debiera pasar por asumir que la realidad compleja y heterogénea del trabajo para otro en la etapa de la digitalización de la economía no puede quedar encorsetada en moldes tradicionales por mucho que se considere "operativo" el recurso fácil a la extensión o flexibilidad de la dependencia personal para atraer a la laboralidad completa y al régimen jurídico-laboral (y de seguridad social) también completo y unitario, ideado para los trabajadores claramente subordinados en su acepción estricta o tradicional. Básicamente, podríamos concluir, porque hay que articular una solución razonable basada en una adaptación racional del Derecho a la realidad social.

---

4 Véase, desde la realidad jurídica en Italia, Ludovico (2023: 29, 33 y 39; 81 y ss.)

Por eso, superar la dicotomía entre dependencia/autonomía a la vista de la nueva realidad económica ocupa y preocupa a todos los operadores jurídicos, que han de responder adecuadamente a las pretensiones (justas y equilibradas) de todos los protagonistas en el mercado de trabajo, trabajadores y empresarios, a los que el Estado, en este caso, a través de mandatos ordenadores de la realidad, fomente o apoye desde las diferentes perspectivas con seguridad jurídica para los intervinientes.

En definitiva, se ha de alentar a un nuevo impulso axiológico, más allá de la dependencia, y orientar hacia medidas de política del Derecho que al margen de posiciones maximalistas (con un horizonte sancionador y con un presupuesto o prejuicio de falsedad o fraude en la relación personal de servicios) reconozca la complejidad de la realidad del trabajo para otro y conjugue equilibradamente la universalidad y la selectividad cuando se evidencia su diversificación, se califique éste como dependiente, semidependiente, cuasi-dependiente.

Replantear la división es una operación necesaria porque la construcción de la regulación de las prestaciones de servicios profesionales para otro/s está claramente desenfocada cuando, como se aprecia en los diferentes sistemas jurídicos que han debido abordar también la diversificación del trabajo autónomo (en sus diferentes acepciones "legales" según cada ordenamiento jurídico), pudiera ocurrir (ejemplificando con las nuevas formas de trabajo en la etapa de la digitalización) que un trabajo personal para otro puede ser formalmente autónomo pero con vinculación organizativa a la plataforma digital (dependencia en sentido interno).

Por tanto, ¿qué posibilidades se plantean al respecto? ¿cuál sería la más adecuada respuesta a la realidad compleja que presenta la prestación de trabajo en la etapa de digitalización de la economía en la que cabe apreciar que cada vez son más lo que cabe definir como autónomos insertos en la organización de un comitente? Respuesta, no cabe olvidarlo, que debe partir de la realidad del mercado de trabajo (sea asalariado o sea autónomo) en el que, por razones de eficiencia económica, productividad, globalización y tal vez reducción de costes se adoptan decisiones empresariales que tienen también a minimizar los "costes de transacción" (en la expresión del economista R.H. Coase) y derivar algunos de ellos a quienes prestan el servicio. El fiscal y el de seguridad social, en concreto la protección social, son unos de los más visibles y más aún cuando la característica de ese modelo de trabajo cabe definirlo como de "acumulación de trabajos ocasionales, mercados transicionales extremos" (Rodriguez-Piñero, 2019: 7) en el que quedan en entredicho la carrera profesional lineal y evolutiva, y estabilidad en el empleo ligada a un empresario único que deba ofrecer protección típica propia de la relación jurídico-laboral.

La necesaria regulación con fundamento en la innovación jurídica, la extensión selectiva, más o menos amplia, de la tutela protectora propia del Derecho del Trabajo no debe verse como regresiva, puesto que no se trata en modo alguno de sustraer al trabajador subordinado/dependiente que trabaja para otro del estatuto protector de nuestra disciplina, sino de abogar por una progresiva extensión de tutela "inderogable" en el ámbito del contrato, también en su dimensión colectiva, y en la protección social, hacia al que se califica como autónomo pero cabe entenderlo como asimilado al asalariado.

La premisa es la vis expansiva del Derecho del Trabajo, la mayor protección de quienes comparten caracteres y rasgos propios porque trabajan de forma personal para otros para evitar caer en el vasto ámbito del que se describe como trabajador autónomo de nueva generación cuando ésta, la categoría de trabajador por cuenta propia, se define a sensu contrario (es decir aquellas relaciones de trabajo que no se ajustan a la definición, sea en sentido restringido o amplio, de trabajo subordinado, bilateral y continuo) y alcanza una amplia y heterogénea gama de actividades y relaciones económicas y personales.

Y las opciones, en el plano axiológico, como se sabe, son dos, pero, también somos consciente de ello, presentan ambas aristas, cuando se trata de buscar la solución más aceptable atendiendo a la proliferación de nuevas formas de trabajo.

1.- Una, la que se conoce como **categoría intermedia**, o extensión selectiva o técnica de asimilación, que de una manera u otra, con denominaciones diferentes ha sido asumida, de un modo u otro, por los diferentes ordenamientos jurídicos, como vía para de algún modo superar la dicotomía trabajador dependiente-trabajador autónomo y extender tutela a una categoría intermedia para matizar la división absoluta bajo el prisma de diversificación del trabajo autónomo (llámese parasubordinado o hetero-organizado o colaboración coordinada y continuada en Italia, económicamente dependiente en España, o autónomo asimilado en Francia). Y, pese a opiniones contrarias, permite cuando menos replantearla en la actualidad cuando la articulación entre universalismo y selectividad de la tutela se proyecta en la nueva realidad socioeconómica respecto de la que la dicotomía entre trabajar para otro (dependiente) y trabajar por cuenta propia (autónomo) no da respuesta satisfactoria a los cada vez más diferentes supuestos de trabajo integrado en el proceso de producción de otros.

Es verdad que la opción por la categoría intermedia conduce a una estratificación legislativa y a una exclusión del trabajador cuasi-dependiente de la tutela "fuerte" (extensa) del trabajo dependiente, tal y como ocurre en Italia o en Reino Unido y, vista desde la perspectiva del trabajo en plataformas, podría pensarse que el propósito es atribuir una protección inferior a quienes se presentan en el mercado de trabajo en una situación "similar" a la del trabajador asalariado[5]. Es verdad que esta opción ha sido (y es) criticada por la doctrina, española o foránea, pero también lo es que la crítica se fundamenta en los rasgos "normativos" utilizados para configurar esa categoría intermedia, (la dependencia económica articulada solo en criterios cuantitativos o combinada con otros cualitativos como la continuidad de la prestación y la injerencia del principal en el modo de realizarla); y que en gran medida evita conflictos sobre la "calificación" porque, sencillamente, ha permitido alcanzar niveles de garantía y protección y reconocimiento de derechos "laborales" (tal y como ocurre en Gran Bretaña con el *worker*).

Parece que la técnica de la categoría intermedia tiene una aplicación práctica normativa realista complementaria a las nociones de ajenidad y dependencia, en especial a ésta última en su acepción clásica y renovada. De modo que el tipo normativo adaptado permitiría definir el núcleo esencial del Derecho del Trabajo (el del trabajador asalariado en su acepción de trabajo para otro en régimen de dependencia personal), en el que habría que encajar a "falsos autónomos" o autónomos ficticios (lo que quiere decir que la noción de subordinación y su aplicación al supuesto concreto sigue siendo útil para definir las situaciones de estricta frontera (Perulli, 2020a: 115). Y la categoría intermedia se utilizaría para extender selectivamente la protección o garantías de la norma laboral y de seguridad social adentrándose así en el trabajo autónomo en el que cabe atisbar debilidad contractual y dependencia económica. Esta tercera vía, con nuevos tipos intermedios entre el asalariado tradicional y típico y el autónomo, también denominado ordinario o estándar, responde a la necesidad de la búsqueda de un específico marco regulador en un espacio de intersección en el trabajo para otro. Es decir, trata de solventar la dificultad objetiva de definir algunas situaciones de indeterminación o de incertidumbre.

La cuestión entonces es si esa categoría intermedia debe quedar incluida en el Derecho del Trabajo o regulada por el Derecho al margen de la

---

[5] Centrada en la vulnerabilidad. Volveremos sobre esta cuestión en infra, apartado III.

legislación laboral porque la similitud o equivalencia en la prestación personal de trabajo de un colectivo de trabajadores autónomos puede pivotar entre su incardinación en el ámbito jurídico laboral o, por el contrario, en el del autónomo. Y ello dependerá de los rasgos o elementos que se utilicen para la operación, esto es, al margen de concepciones nuevas de la ajenidad (la del mercado o la de la marca) la combinación entre dependencia interna/externa (la hetoroorganizacion o dependencia funcional y organizativa o coordinación por el principal y la dependencia económica en sentido estricto, es decir el umbral cuantitativo de ingresos dependientes del mismo principal o de un número limitado de principales) abogan por su calificación como trabajadores asalariados con regulación adaptada. Frente a las opciones legales, incluso hasta ahora en España, en la mayoría de las que se ha recepcionado esa categoría intermedia de trabajadores cuasi-dependientes se ha considerado un subgrupo del trabajo por cuenta propia; sencillamente, porque la opción, es comprensible, tiene repercusión en materia de seguridad social, especialmente, en los costes derivados de la relación de cotización en sistemas, como el Español, profesional-contributivo y diferencia entre Regímenes (el General y el Especial de Autónomos).

Decíamos, que el uso de esta técnica es diferente en los distintos ordenamientos jurídicos, atendiendo a la heterogeneidad de las relaciones laborales (distinción entre el trabajo ordinario y el trabajo especial) y a la heterogeneidad de los autónomos (distinguiendo entre autónomo ordinario y también el "especial"). Requiere replantearla conceptualmente y aclarar las distorsiones interpretativas que se aprecian en la doctrina y, por ende, en la actuación de política legislativa (al menos en nuestro país con el TRADE), que parten de identificar la dependencia económica con el falso autónomo (y confunden los dos planos, el del genuino autónomo económicamente dependiente y el del falso autónomo; como bien se ha dicho, confunde la patología, que es el falso autónomo, y la "fisiología" que representa el verdadero trabajo autónomo caracterizado por elementos de parasubordinación o de dependencia económica, Perulli, 2020b: 129); creyendo así que su uso tiene como objetivo reducir la protección del trabajo subordinado en vez de ampliarlo en sentido adaptativo. La figura intermedia del trabajo "coordinado" plantea la cuestión de si debe solo incluir a una categoría determinada de trabajador autónomo (el que puede concebirse como "asimilado" al trabajador por cuenta ajena) o también a categorías atípicas de trabajo dependiente (tal es el caso de supuestos en los que hay relaciones triangulares en la descentralización productiva y en la de mano de obra, en los que la bilateralidad propia y típica del contrato de trabajo desaparece).

La cuestión al respecto, para intentar definir con un criterio general común a la categoría, es si el elemento de definición ha de ser solo un puramente cuantitativo-externo (por ejemplo, la cantidad de ingresos recibidos por un cliente principal, que a su vez se limita a definirlo en una acepción restrictiva de la dependencia económica y más si, como ocurre en el supuesto español, exige el 75% de los ingresos; lo que implica en realidad casi exclusividad cuando en los trabajos ocasionales, bajo demanda, debe aceptarse la no exclusividad y vinculación a varios empresarios-clientes). O también, añadido uno cualitativo-interno que atienda a la estructura de la relación (continuidad y coordinación). Se aprecian así diferentes grados de proximidad conceptual entre las diversas categorías intermedias y la relación entre los tipos de referencia (subordinación/autonomía) para evitar que su uso pueda simular una situación de real subordinación y de falsa autonomía. Aspecto éste, desde luego, que más puede producirse en aquellos casos en los que al "contratista dependiente" se le encaje en el ámbito de los trabajadores autónomos. Tanto más cuanto que, la que hemos denominado perspectiva cualitativa, caracterizada como desempeño del trabajo predominantemente personal, continuo y coordinado unilateralmente por el cliente plantea un problema conceptual y aplicativo, relativo a la diferencia entre coordinación y dirección. Pensemos en la opción legal española y la caracterización del TRADE, porque a la vista del impacto de la norma alguna enseñanza obtenemos; en concreto, si realmente debe encajarse como subespecie del género de los trabajadores por cuenta propia cuando, la referencia legal a que debe tener poder de decisión autónomo en relación con los métodos de organización y abastecimiento de su propio servicio (criterios organizativos propios) pero sometido a las "indicaciones técnicas" que puede recibir de su cliente, dificulta (cuando no la hacen totalmente evanescente) su diferenciación con un asalariado atendiendo a la interpretación flexible de este indicio de dependencia personal (Sánchez-Urán, 2023: 31y 52). Sin olvidar que la exigencia de disponer de infraestructura productiva y material propias para el ejercicio de la actividad e independientes de su cliente limita la posibilidad de encajar en esta categoría a algunas prestaciones de servicios (tal es el caso de las plataformas digitales) "donde ese elemento es intrascendente teniendo en cuenta que lo determinante es la libertad y auto-organización del conectado" (Lahera y Gómez, 2023: 52). Tal vez por ello lo más adecuado fuera considerarlos asalariados con régimen jurídico especial y, atendiendo a la heterogeneidad de las condiciones de trabajo, en especial las que refieren al tiempo, lugar y modo de la prestación, establecer un régimen jurídico adaptado a la realidad socioeconómica, también en el ámbito de la protección social con reparto equitativo de los costes de las cotizaciones sociales.

2.- La segunda propuesta, la que puede ser calificada como más radical y extrema, es la que, en su origen anglosajón (Freedland &Kountouris, 2012: 55-66), se ha denominado " **relación personal de trabajo**"[6] y, con fundamento ahora en el futuro del trabajo/trabajo del futuro, se aviva por sectores doctrinales y organizaciones sindicales (CSE), abogando por la que se dice "interpretación finalista del concepto de trabajador" (eludiendo la calificación de asalariado) y por la disolución absoluta de la nota de dependencia como caracterizadora del trabajo objeto del Derecho del Trabajo. De modo que, inicialmente, se presenta como alternativa a la reinterpretación del concepto de trabajador asalariado con fundamento en la readaptación de la categoría de subordinación; y como alternativa también a la asimilación selectiva de algunos trabajos para otros a través de la tercera vía, intentando, de este modo, solucionar los problemas de calificación y de elusión.

Sobre la base de la desigualdad de posiciones en el trabajo para otro y la extensión de la protección social con fundamento en la "debilidad del trabajador en el mercado"[7] se cuestiona tanto el "falso dualismo" del paradigma tradicional (se dice, liberar a la especialidad del anclaje del contrato de trabajo como ámbito de aplicación) como cualquier solución basada en la categoría intermedia (al menos inicialmente y en teoría, porque en la práctica, finalmente, aprecian diferenciaciones con respecto al contenido obligacional según las necesidades -o "razonable necesidad", se dice,–de cada relación jurídica). Se reconoce que el trabajo personal para otro puede realizarse tanto en el marco de contratos o relaciones caracterizadas por un nexo de subordinación respecto de un empleador/empresa como en el

---

6 Con fundamento en la propuesta de Freedland y Kountouris (2012), se mantiene posteriormente por Countouris y De Stefano (2023: 93 y ss.).

7 Además, se dice, del desequilibrio del poder de negociación (protección de la parte débil frente a abusos), de los fallos del mercado (pacificación y encauzamiento del conflicto colectivo dentro del sistema capitalista) y de la necesidad de mantener ciertos valores sociales, (dignificación del trabajo y sus condiciones), lo que justificaría la aplicación del Derecho del Trabajo a esas relaciones contractuales que "requieren protección". En este sentido, Davidov (2016: 35-45). Y en España, con propuesta de esta teoría para dar respuesta a la expansión del trabajo autónomo en general, y en especial, de las plataformas digitales (Todolí, 2019: 8-19).

marco de relaciones en las que no existe ese vínculo sea en sentido estricto o en otro más matizado de un empleador o director que simplemente coordina u organiza la realización por diversos medios vinculados a su propia organización de capital. Se desprendería así del requisito de control o subordinación, aunque puede existir, se dice, reducido a lo "estrictamente necesario".

De modo que, en un avance de esta teoría, y a la vista de las críticas por los problemas jurídicos conceptuales que la hacen de difícil operatividad práctica y de difícil traducción en términos normativos, en especial en relación con la diferencia frente a una "genuina actividad económica" por cuenta propia, dando por supuesta esa distinción cuando, precisamente, habría que explicar qué se entiende vivir del propio trabajo frente a los que viven organizando el trabajo de los otros. De ahí que en la actualidad esta teoría haya avanzado proponiendo la identificación de las actividades excluidas con las "actividades genuinamente empresariales", esto es las realizadas por personas que gestionan un negocio por cuenta propia, normalmente empleando a otras personas o siendo el resultado de uso intensivo del capital. Es decir a quienes explotan una auténtica empresa y prestan servicios a una pluralidad de clientes a través de activos materiales o inmateriales sustanciales y no marginales (Countouris, 2019, p. 13 y ss), teniendo en cuenta que la efectividad de la definición requiere de otros dos elementos o rasgos que, simultáneamente, han de acompañarla. Uno, un concepto también amplio de "entidad empleadora" (el denominado concepto funcional de empresario porque el término "empresa" también requiere de replanteamiento global más allá de la forma en la que se modifican o pudieran modificarse las facultades tradicionalmente desarrolladas por quien consideramos empresario en el ámbito laboral). Y delimitación de lo que sea y deba entenderse por "organización empresarial propia" (y cuáles sean los elementos inherentes que deban valorarse en relación con la gestión del negocio) y por "existencia de estructura empresarial" (y en este caso, como conjugar los elementos materiales-inmateriales). Y otro, el uso de la técnica normativa de la "presunción" de la condición de trabajador.

Para esta teoría se incluirían tanto las prestaciones de servicios con nexo de subordinación con un empleador o empresa como aquellas relaciones en que tal nexo no existe, ya sea en el sentido canónico de un empleador que controla y dirige la realización del trabajo o en el sentido más matizado de un empleador que simplemente organiza esa realización por diversos medios vinculados a su propia organización de capital. Siempre, diríamos, dicen, que esos trabajadores "necesiten protección".

No obstante el intento de explicación, o matización expresa de la teoría; pese a que se quiera o confíe en el futuro el surgimiento de este concepto (e incluso se considere que el TJUE lo ha recepcionado poniendo como ejemplo la sentencia de 12 de enero 2023, C-356/21; o, desde la perspectiva nacional española que se advierta incluso que nuestro Tribunal Supremo también se hace eco de la misma[8]); y más allá de la creciente percepción social, se nos dice, de la necesidad de ampliar los derechos laborales al margen de las restricciones tradicionales del trabajo por cuenta ajena[9], ha de convenirse que esta teoría se fundamenta en una situación sociológicamente elusiva (la debilidad en el mercado) que no puede elevarse a criterio jurídico-conceptual para justificar la intervención normativa, para, en fin, determinar la concreta aplicación y selección de la tutela. Y sobre todo cuando se intenta explicar que no se defiende una diferenciación en los niveles de protección entre un tipo de trabajadores y otros (que, es precisamente, la crítica que se hace a la categoría intermedia), sino, se dice, una unificación del ámbito jurídico aplicable, admitiendo, no obstante, finalmente que "en caso de absoluta necesidad" (¿?) se articule una relación laboral especial (Todolí, 2019: 14).

Sin duda, pudieran superponerse ambas perspectivas en un momento de expansión de trabajos no estándar como consecuencia de los cambios económicos y tecnológicos. Siempre que se convenga que la categoría intermedia no es en modo alguno una técnica que permite "blanquear" al falso autónomo o ficticio, sino que se trata de supuestos en los que hay relaciones de trabajo personales, o prevalentemente personales, aunque diferentes del trabajo por cuenta ajena estándar. Y que esa categoría intermedia se entienda correctamente como expresión de una lógica extensiva de los derechos sociales y laborales a favor de categorías de trabajadores que, de otro modo, quedarían excluidas de las garantías propias de la norma laboral y sobre todo, de la fiscal y de la de seguridad social. En este sentido, podría ser revisada esta teoría con una definición más precisa de

---

8 Cuando, irremediablemente, el análisis de las muchas sentencias del TS no arroja resultados fiables en el sentido de que haya una evolución lineal, clara y contundente sobre qué y cómo han de interpretarse la dependencia y la ajenidad, si se han de materializar conjuntamente, si la acepción de la ajenidad es una u otra o varias conjuntamente.

9 Se plantea así la extensión universal de los que se dicen derechos fundamentales, tales como libertad de asociación, negociación colectiva, salud y seguridad en el trabajo, igualdad y no discriminación. Ampliándose al salario mínimo y a la máxima jornada de trabajo.

lo que deba considerarse "relación personal de trabajo" con fundamento en la dependencia económica y organizativa. En el fondo, en la idea de universalización por la que se aboga hay un fundamento de restricción de los poderes empresariales (sustancialmente, dirección y control), intentando reducirlos al máximo, los necesarios y proporcionales solo a la organización del trabajo y, en consecuencia, para, en la actualidad, evitar la supervisión algorítmica y garantizar la supervisión humana de las decisiones automatizadas. La tutela equivalente del trabajador autónomo cuasi dependiente a la del trabajador subordinado es una cosa y otra la reducción de los poderes de dirección y control del empresario. La universalidad aparente en la que se basa esta teoría, en el doble sentido de ámbito personal de aplicación del Derecho del Trabajo (previa reinterpretación "finalista" del concepto de trabajador) y en el del conjunto de derechos garantizados, requiere de estudios profundos sobre intervención legislativa; uno y fundamental, en materia de protección social o seguridad social (esencialmente en un sistema, como el español, contributivo-profesional y por tanto, con necesario replanteamiento de la relación de cotización); en materia de negociación colectiva a nivel sectorial; en el ámbito de la seguridad y salud en el trabajo; en fin, en el ámbito de la organización de los propios trabajadores a través de diversas fórmulas para compartir costes cuando se ofrecen servicios a una variedad de clientes.

3. RESPUESTA EN EL ÁMBITO DE LA UNIÓN EUROPEA Y PROYECCIÓN EN LA SOLUCIÓN LEGISLATIVA NACIONAL

Sabemos que el concepto de trabajador en el ámbito del Derecho de la UE, tanto en el Derecho primario como en el Derecho secundario, se ha desarrollado en el contexto de la libertad fundamental de circulación de los trabajadores (artículo 45 del TFUE). Se ha adoptado por el TJUE un concepto comunitario de trabajador bajo la conocida fórmula *Lawrie-Blum*, en la que el núcleo de la definición se orienta en torno a ajenidad de los frutos (a cambio de remuneración) y la dependencia personal y, desde la perspectiva del empresario, sobre la base del rasgo conceptual que define a éste, el control y el poder de dirección.

1.- La cuestión planteada desde entonces es si ese concepto comunitario de trabajador se puede aplicar a los ámbitos propios de las normas sobre política social, en concreto en relación con las Directivas que definen el "Derecho del trabajo de la UE". Sencillamente, como bien se ha explicado, porque el concepto de trabajador previsto en el artículo 54 TFUE (libertad de circulación de los trabajadores) tiene una finalidad creadora del mercado, orientada a la eficiencia, muy diferente de la que persiguen las disposiciones que integran el acervo de la legislación laboral (Risak y Dullinger, 2018). De modo que, cuando se analiza desde la perspectiva de la libre circulación de trabajadores y de la libre prestación de servicios los criterios que suele aplicar el TJUE en relación con la clasificación en torno a ambas libertades puede (como de hecho ocurre) diferir de los que refieren a las normas de protección para las personas que trabajan con autonomía real limitada. En gran medida, el TJUE no ha explorado esta línea de argumentación para distinguir las diferentes finalidades y objetivos de los distintos actos legislativos. Téngase en cuenta que desde la libre circulación la doctrina del TJUE intenta evitar o restringir los actos limitativos que los países miembros pudieran aplicar en la puesta en práctica de la libre circulación de trabajadores (lógica protectora) frente a otras actitudes más permisivas en torno a la libre prestación de servicios (lógica economicista).

2.-Tampoco cabe obtener resultados concluyentes desde el **Derecho de la competencia de la UE** y la interpretación del TJUE sobre el ámbito de aplicación del artículo 101 del TFUE (recuérdese, precepto que prohíbe todos los acuerdos entre empresas, las decisiones de asociaciones de empresas y las prácticas concertadas que puedan afectar al comercio entre los Estados Miembros y que tengan por objeto o efecto impedir, restringir o falsear el juego de la competencia dentro del mercado interior) a través de sus sentencias conocidas, la de 4 de diciembre de 2014, C 413/13 (*FNV Kunsten*) y su predecesora, la de 21 de septiembre de 1999, C-67/96 (*Albany*).

Desde esta perspectiva concreta hay que analizar qué aporta en la actualidad el documento sobre "*Directrices sobre la aplicación del Derecho de la Competencia de la UE a los convenios colectivos relativos a las condiciones laborales de las personas que trabajan por cuenta propia sin asalariados*". Téngase en cuenta que la versión inglesa del documento habla de "working conditions", que, como sabemos, no es trasladable exactamente a nuestro sistema, de modo que no se puede identificar con "condiciones laborales".

Pese a algunos intentos doctrinales al respecto (Countouris y De Stefano, 2023), el documento no puede ser utilizado como paso concluyente para avanzar que la UE está explorando un concepto nuevo de trabajador comunitario (y menos, aún, que se atisbe una orientación hacia la técnica de la "relación personal de trabajo") pero, desde luego es un avance en el reconocimiento de que la dicotomía o grandes bloques conceptuales se desmorona poco a poco cuando hay que indagar en la aplicación personal de derechos "laborales", en el caso, en el de la negociación colectiva. Advirtiéndose, no lo olvidemos, que estos documentos de *soft law* se utilizan como excusa por sectores doctrinales para afianzar sus posiciones dogmáticas en torno a la definición del concepto de trabajador. Por otro lado, y merece una crítica por ello, no hay en el documento una valoración general del trabajo en la economía digital y se presenta al margen del contexto actual hasta el punto de que se eliminó finalmente toda referencia, que sí aparecía en el proyecto, a los autónomos independientes que trabajan a través de plataformas digitales.

En este sentido, el documento define a la "persona que trabaja por cuenta propia sin asalariados" (*solo self-employed person*) como aquella que no tiene contrato de trabajo o mantiene una relación laboral y que depende principalmente de su propio trabajo personal para la prestación de servicios de que se trate.

En este contexto y teniendo en cuenta la doctrina del TJUE sobre el concepto de empresa y de trabajador autónomo a efectos del Derecho de Competencia, el documento aclara, en lo que refiere a la excepción del artículo 101 TFUE y la ampliación del derecho a la negociación colectiva, que hay personas que trabajan por cuenta propia sin asalariados que, aunque no están plenamente integradas en la actividad del comitente de la misma forma que los trabajadores por cuenta ajena, pueden no ser totalmente independientes de su comitente o pueden carecer de poder de negociación suficiente y, en consecuencia, "se encuentran en una situación comparable o equiparable a la de quienes trabajan por cuenta ajena". Se trata de diferenciar a estos efectos entre autónomos-empresas y autónomos a los que no cabe calificar como tal, sencillamente porque trabajan personalmente (en el sentido de que no tienen contratado a ningún trabajador).

"Situación equiparable" que identifica con "dependencia económica", pero no solo en sentido externo (acepción estricta) sino en un sentido más amplio, también funcional, que deriva de algunos estudios previos de la doctrina al respecto (Risak, m. & Dullinger, T., 2018)[10]. En efecto, a los efectos de las Directrices, se identifica con los criterios siguientes:

---

[10] Identificaban los autores al menos cuatro elementos o factores que pudieran encerrar cierto potencial para una interpretación diferente del concepto de trabajador que tuviera en cuenta aspectos económicos, Tales como: no compartir los riesgos comerciales de la empresa; no libertar para contratar el propio personal; el hecho de que las condiciones de laborales y salariales no se negocien indi-

- prestan sus servicios *exclusiva o predominantemente*, de forma personal, a una contraparte; se considera tal cuando esa persona percibe, en promedio, al menos el 50% de sus ingresos totales por una sola contraparte en un período de uno o dos años.
- no determinan su conducta independientemente en el mercado y dependen en gran medida de su contraparte, forman parte integrante de su actividad y, por tanto, forman una entidad económica con esa contraparte.
- probablemente reciban instrucciones sobre cómo deben llevar a cabo su trabajo.

De modo, concluye, si esas personas realizan tareas idénticas o similares que los trabajadores por cuenta ajena de la misma contraparte se encuentran, a estos efectos (negociación colectiva), en una situación equiparable a estos segundos: prestan sus servicios bajo la dirección de su contraparte, no asumen los riesgos comerciales de la actividad ni gozan de independencia en cuanto al ejercicio de la actividad económica de que se trate

3.-Descendamos ahora al acervo social de la UE, al **Derecho Derivado "laboral"** para plantear al respecto cómo se avanzado en las últimas Directivas o en la propuesta actual; si se ha explorado o no la posibilidad de avanzar en una Directiva específica sobre trabajos atípicos, si, en fin, hay algún avance en torno a las nuevas formas de trabajo en la Economía digital.

En primer lugar, cabe concluir que la terminología del Derecho derivado de la UE a la hora de definir el ámbito de aplicación de las distintas directivas no es homogénea[11]. En sus versiones en lengua inglesa, algunas directivas utilizan el término "worker" (trabajador), mientras que otras emplean el término "employee" (empleado). Hasta la fecha, esta variación terminológica no ha tenido ningún efecto en la interpretación: la terminología se utiliza indistintamente cuando, como sabemos, la distinción entre la noción de employee y la de worker se refleja claramente en algunos Estados miembros en la aplicación de la legislación.

---

vidualmente entre prestador y destinatario del servicio; estar incorporado a la empresa del prestatario del servicio y formar con ella una unidad económica.

11 Sobre esta cuestión, además de otros trabajos importantes en la doctrina laboralista española, remitimos a nuestro estudio Sánchez-Urán (2020). "Concepto de trabajador en el Derecho de la UE y en la Jurisprudencia del TJUE", *REDT*, núm.232, 2020, pp.35-82

Por otro lado, recordemos, en la configuración de su ámbito de aplicación, algunas directivas hacen referencia a la legislación nacional, y otras lo omiten, dejando así vía libre al argumento de que debe aplicarse una interpretación europea autónoma. El TJUE mantiene permanentemente la advertencia de que hay un concepto de "trabajador" a nivel de la UE en el Derecho Derivado, interpretando ampliamente (atendiendo a la que se dice su finalidad) alguna de las Directivas a través de la técnica del "efecto útil" de las mismas, extendiéndola, incluso, a aquellas que refieren en su ámbito de aplicación al concepto "nacional" de trabajador[12]. Y últimamente, como sabemos, en su avance hacia la creación jurisprudencial de un concepto supranacional y europeo de persona trabajadora, lo que puede verse como respuesta "alternativa" a la imposibilidad legislativa europea de un concepto armonizado, inclinándose hacia la técnica de aplicación de la normativa "laboral" europea a los trabajadores autónomos, siempre que el objeto de la Directiva permita que pueda ser aplicada al trabajo autónomo. Por tanto, en la Jurisprudencia del TJUE se advierten dos tendencias paralelas, dependiendo del enfoque concreto de la cuestión prejudicial planteada, una, sobre la naturaleza jurídica del vínculo (y en este caso, avanzando sobre el concepto judicial de trabajador europeo, ahondado en lo que él puede considerar en el caso concreto como "*bogus self-employee*", es decir falso-ficticio autónomo); otra sobre la aplicación analógica de la norma laboral al trabajo autónomo "asimilado" a trabajador. Con el problema que surge en la actualidad, como bien se ha expresado, de clarificar o delimitar convenientemente estas dos vías porque la actual de extensión o aplicación analógica al trabajo autónomo requiere, ineludiblemente, de que se delimite un concepto de trabajo autónomo a nivel europeo que determine la vulnerabilidad (Pérez del Prado, 2023 c), esto es, que establezca criterios objetivos, claros y precisos para definir qué debe entenderse por tal. Sin que, a nuestro juicio, se puedan incluir juicios subjetivos, morales o sociológicos.

Si comparamos la vía de extensión selectiva del Derecho del Trabajo nacional, conforme a la estructura de cada uno de los sistemas jurídicos nacionales, con la vis expansiva del Derecho "laboral" de la UE, resulta que el TJUE ha utilizado las dos técnicas simultáneamente, por un lado la de redefinición jurisprudencial del concepto o noción de trabajador por cuenta ajena; por otro, la de "asimilación" de los denominados trabajado-

12 Véase, por ejemplo, la Directiva 2008/104/CE sobre Empresas de Trabajo Temporal.

res económicamente dependientes que se encuentran en una situación de vulnerabilidad comparable a la de un trabajador por cuenta ajena. Y por ambas vías para conseguir ampliar o extender el ámbito de aplicación del Derecho del Trabajador (el acerco "laboral" del Derecho de la Unión) atendiendo a la que sea o deba ser la finalidad principal de la norma armonizadora concreta (efecto útil).

4.-Refirámonos, brevemente, al avance legislativo en la UE en materia de política social para determinar si en el contexto socioeconómico actual, se ha dado algún paso más o menos decisivo para acabar con la división o dicotomía en relación con el trabajo por cuenta propia "asimilado" a trabajador por cuenta ajena.

En primer lugar, la **Directiva 2019/1152, de 11 de julio de 2019**, relativa a unas condiciones de trabajo transparentes y previsibles. Norma ésta que manifiesta las tensiones "entre la vocación europeísta de la propuesta de la Comisión y las voluntades nacionales, representadas en el Consejo, de mantener el control sobre sus ordenamientos nacionales" (Miranda Boto, 2019: 77), y aún no traspuesta a nuestro ordenamiento jurídico.

Recuérdese que en fase de aprobación se abogaba por la oportunidad que ya representaba para para dar respuesta de forma más clara, coherente y armonizadora a un concepto de trabajador en la UE en el contexto de la digitalización de la economía, y más en concreto, del trabajo off line a través de plataformas digitales. Se entendía propicia la ocasión para abordar en ese contexto, y tras la Sentencia del TJUE "Uber" 2017, el nuevo trabajo atípico; toda vez que no había cristalizado la propuesta de una nueva Directiva transversal sobre la materia, presentándose entonces el trabajo en/para las plataformas digitales como modelo del trabajo ocasional y no exclusivo, trabajo *on demand.*

Como sabemos, finalmente la Directiva no va más allá del concepto recibido de trabajador bajo la fórmula *Lawrie-Blum* y, en definitiva, no abre la puerta a interpretar ese concepto de forma expansiva y a sustituir, en su caso, la subordinación por una perspectiva más económica, atendiendo a las nuevas y atípicas formas de empleo en el contexto de la digitalización de la economía. Como bien se ha advertido, la fórmula híbrida que utiliza la Directiva, esto es la combinación entre la autonomía de los Estados Miembros para definir los determinantes jurídicos de una relación laboral (una práctica que limita la aplicación uniforme del acervo social de la UE) con la consideración de la jurisprudencia del TJUE[13], ha zanjado la cuestión en torno a si la Directiva se extendería a los trabajadores autónomos y, cualquiera que fuera su calificación, en concreto a los trabajadores de plataformas. Y ello por mucho que se diga, con claro voluntarismo, que una interpretación amplia de los objetivos de protección de la Directiva pudiera inclinarse "hacia la inclusión de los trabajadores atípicos" (Aloisi, 2022: 16) incluidos, se decía entonces, los trabajadores de plataformas; o que el concepto de trabajador acuñado por el TJUE permitiría que, pese al fracaso del intento de plasmar la definición *Lawrie Blum* de trabajador a escala europea, actuase como "leading case en esta materia" (Martínez, 2020: 116).

En nuestra opinión, la definición nacional de trabajador y la conceptualización restrictiva del TJUE con fundamento en la noción de subordinación personal-control y poder directivo, generará dificultad para que a los trabajadores "autónomos" de plataformas y en general a los autónomos dependientes se les reconozca como sujetos incluidos en el ámbito de aplicación de la Directiva. Salvo que, tal y como se ha manifestado en varias ocasiones el TJUE, se considere en el caso concreto planteado que el autónomo se encuentra en una situación comparable. Pero en este caso, a nuestro juicio, la base jurídica de la Directiva (art. 153 TFUE; no el art. 19 TFUE), determinará que esa vía no pueda ser utilizada porque la norma en cuestión no es susceptible de ser aplicada al trabajo autónomo. Es decir, la decisión final de ausencia de una definición estatutaria de concepto de trabajador a escala europea con la consecuencia de que no haya directrices transparentes y se evite, entonces, la elusión del concepto por los Estados Miembros y, más aún, si la opción fuera la de una definición excesivamente restrictiva, dificultaría la aplicación de esa norma a quienes pueden encontrarse en una situación similar. Esto es, salvo que se plantee la cuestión desde la perspectiva del que trabajador en concreto pudiera considerarse como "falso autónomo".

Tal vez por la solución adoptada, ya entonces se planteaba en el seno de las instituciones de la UE y en el contexto de las acciones de política social enmarcadas en las Directrices sobre el Pilar Europeo de Derechos Sociales

---

13 Define su ámbito de aplicación del modo siguiente: los derechos mínimos establecidos en la Directiva se aplican a "todo trabajador de la Unión que tenga un contrato de trabajo o una relación laboral conforme a la legislación, los convenios colectivos o la práctica de cada Estado miembro, tomando en consideración la jurisprudencia del Tribunal de Justicia de la UE".

(2017, en especial en el marco del Principio n.5 relativo a las condiciones de trabajo justas, equitativas y no precarias y el acceso igualitario a la protección social), la posibilidad de abordar desde la UE la realidad social y económica del modelo de plataformas y, en consecuencia, la adopción de una norma armonizadora que definiera en este nuevo contexto el concepto de trabajador[14] con fundamento en el que pareciera fuera el consenso político de los Estados Miembros.

Se trataba, entonces de, o bien trabajar en una directiva nueva, transversal, sobre trabajos atípicos desde la perspectiva global de la digitalización (propuesta de Aloisi, 2022: 24-25) o, de nuevo, limitar el enfoque sobre una realidad concreta, la de plataformas digitales, a la vista de las diferentes opciones de política legislativa adoptadas (o propuestas) en los diferentes Estados Miembros y de las decisiones de jueces y tribunales, mayoritariamente favorables a la laboralidad. Y ya entonces, aceptando que los retos planteados no podían abordarse totalmente en el marco de normativas generales, tales como la Directiva 2019/1152 y el Reglamento General de Protección de Datos, se intentó, de forma infructuosa (por cierto, fracaso que también se produjo en el proceso legislativo de la Directiva 2019/1152), que los agentes sociales adoptaran un acuerdo al respecto. Posiciones intransigentes, por un lado, la de los interlocutores empresariales, confiando en la respuesta en los ordenamientos jurídicos nacionales (sobre todo, en relación con aquellas soluciones propicias a la consideración de trabajadores autónomos); por otro, la de los interlocutores sindicales que, al albur de estudios promovidos al efecto, consideraban que la propuesta podría incidir en la creación de una tercera categoría para encuadrar a los trabajadores de plataformas digitales cuando, en su opinión, habría que promover una solución legal amplia orientada a la "prestación personal de trabajo" y, por tanto, hacia la universalidad de la legislación "laboral" para todas las prestaciones de servicios para otros.

Ningún avance hubo en torno a un posible acuerdo cuando en la segunda fase de consultas (junio 2021) ya se adelantaba como medida posible la de "*la presunción refutable de laboralidad*" a través de una intervención legislativa especifica (avalada también por el Parlamento en septiembre de

---

14 Recuérdese que ya antes en 2016 se publicaron dos comunicaciones de la Comisión Europea, una sobre "Estrategia para el Mercado Único Digital de Europa"; y otra "Una Agenda Europea para la economía colaborativa", que sirvieron, en especial esta última, para abordar la vertiente jurídico-laboral de la economía de plataformas.

2021). Se propuso por la Comisión una nueva Directiva, con fundamento en el artículo 153.1.b) TFUE, y en el artículo 16.2 TFUE, para cumplir básicamente dos objetivos, uno el de la clarificación del estatuto jurídico de los trabajadores de plataformas[15] con el objetivo de dar acceso a los derechos laborales y de protección social aplicables en los respectivos ordenamientos jurídico-laborales de los Estados Miembros; y otro, el de la gestión algorítmica del trabajo en plataformas, fijando los derechos individuales y colectivos (derechos de transparencia de los sistemas automatizados, los derechos de supervisión humana de las decisiones algorítmicas y los derechos de revisión humana de las decisiones algorítmicas) y las obligaciones de transparencia impuestas a las plataformas.

Es verdad que la opción por la "presunción de empleo-laboralidad" favorecería la aplicación de la Directiva 2019/1152 porque, "laboralizados" los trabajadores de plataformas, y en tanto su trabajo sea "total o mayoritariamente imprevisible" (art.10) y el contrato sea a demanda (art.11), deben ser informados sobre la organización variable de su trabajo y el número de horas pagadas garantizadas. Así como el derecho a ser informados sobre cómo se les pagarán las horas adicionales, cuándo comenzará exactamente su trabajo dentro de un período de notificación razonable y el plazo en el que puede cancelarse una asignación acordada.

Se pretende así conjugar el trabajo ocasional con un tiempo de disponibilidad estable, sin que, fuera del mismo, puedan ser penalizados por rechazar el pedido, y dentro de ese período puedan ser compensados si se les cancela una asignación previamente acordada (aunque la Directiva no fija la cuantía de la indemnización, y aún cuando fuera suficientemente alta, tampoco pudiera superar el salario del servicio que no se ha prestado). Es, en definitiva, una manera clara de evitar trasladar los riesgos empresariales a los trabajadores ocasionales.

Y, por otro lado, deben tenerse en cuenta los requisitos mínimos previstos en las condiciones de trabajo, que en gran medida se articulan para

---

15 Se excluye en la propuesta a las plataformas proveedoras de servicios de intermediación digital y se incluye a las plataformas que prestan un servicio comercial subyacente (atendiendo a la STJUE de 20 de diciembre de 2017, Élite Taxi) para cuya organización deben ejercer cierto control sobre el trabajo realizado, extendiéndose a todas las plataformas de servicios, sean offline u online. Esto es, tanto aquellas orientadas a diversos sectores offline, como el reparto o el transporte, en las que pudieran aparecer de un modo más claro la dependencia personal; como aquellas, también *on location*, orientadas hacia servicios online, que pudieran ser más cualificados y especializados. Sin olvidar las plataformas de *crowdworking*.

evitar abusos que de algún modo se pudieran producir en este tipo de trabajos si se pretendiera un trabajo ocasional sin restricciones. De ahí que se permitan contratos simultáneos con varios empresarios y, en consecuencia, se limiten las cláusulas de incompatibilidad o cláusulas de exclusividad (art.9ª), manteniendo la lógica equilibradora entre la transparencia y la previsibilidad con un grado o nivel aceptable de flexibilidad en este trabajo atípico. Lo que, no cabe olvidar, pudiera entenderse en el sentido de que se pudiera utilizar esta Directiva como argumento a favor de la autonomía de que disfrutan estos trabajadores cuando en su contrato se incluyen cláusulas de no exclusividad.

Durante la tramitación de la Directiva se planteó la cuestión relativa al modo o instrumento para prevenir y combatir la utilización del trabajo ocasional sin restricciones o limitaciones, el denominado "contrato a demanda", que no se define, y se traduce en una figura contractual que puede ser recogida en las legislaciones nacionales de los Estados Miembros. A los efectos aquí tratados, por primera vez en las normas comunitarias, y como medida que pueden utilizar los Estados Miembros para evitar abusos en la utilización de este contrato, se expresa la de "presunción *refutable* de la existencia de un contrato de trabajo con una cantidad mínima de horas pagadas sobre la base de la media de horas trabajadas durante un período determinado"[16], con lo que, y a la vista de la Recomendación 198 OIT ("Los Estados Miembros deberían…considerar la posibilidad de establecer la presunción legal de que existe una relación laboral cuando se den uno o más indicadores pertinentes", con indicación de indicios específicos orientados, por un lado, a las condiciones de trabajo y, por otro, a las condiciones de pago o de remuneración) se aboga por una presunción general (aplicable a todos los sectores y ámbitos) y genérica (sin especificar, a diferencia de la Recomendación OIT, criterios o indicadores), lo que, indirectamente, pudiera orientar hacia un concepto de trabajador amplio o extensivo.

Esta técnica legislativa (limitada en la Directiva) sirvió de precedente para que pudiera elevarse en la **propuesta de Directiva sobre plataformas digitales** al concepto de "trabajador asalariado", atendiendo, además, a su uso en diferentes sistemas normativos nacionales (Kulmmann, 2021: 66-

---

16 Presunción que se incorpora también en el artículo 15 de la Directiva, en relación con el Considerando 39, que establece la "presunción de que la relación laboral del trabajador es por tiempo indefinido" y que "el trabajador tiene un puesto a tiempo completo".

80), si bien, es cierto, la utilización de esta técnica en algunos de ellos no se orienta exclusivamente a los trabajadores en plataformas (es decir, preexiste a esta forma de trabajo concreta). Se afianza así la idea buscando encontrar consenso inicial a un problema transnacional y utilizando para ello la solución propuesta por la OIT hace años en la Recomendación supra citada. De este modo , en el ámbito de la UE se descartó una definición legal europea general de trabajador (y de empleador, en especial, en lo que concierne a la descentralización productiva) y se optó por convencer a todos los Estados Miembros del uso de la técnica de la "presunción" de existencia de la relación laboral como mecanismo para facilitar la prueba por parte del trabajador cuando se dieran algunos de los indicadores propuestos inicialmente por la Comisión que, en cierta medida, representaban la realidad presente en muchos de los ordenamientos jurídicos nacionales y el consenso en el seno de la OIT. Se trataba, en definitiva, de algunos de los indicadores utilizados por el TJUE para definir la dependencia personal, y, en gran medida, casi comunes en la práctica judicial de los países. Con fundamento en la idea de control y dirección, cabe recordar que la doctrina del TJUE en torno a la interpretación del ámbito de aplicación de las Directivas "sociales" de la UE mantiene el enfoque en torno a la subordinación, anclado en la idea de la prestación de trabajo "para y bajo la dirección" de un empresario, aun cuando se pueda atisbar cierta "flexibilización" en los supuestos en los que se habla de dirección o supervisión o cooperación con la entidad empleadora.

La propuesta en torno a la presunción (refutable) de la existencia de una relación laboral se utilizó como la técnica normativa para atajar, se decía, el riesgo de clasificación errónea y es la que, con claro matiz procesal, adoptó en su propuesta inicial la Comisión, seleccionando varios criterios para aliviar al trabajador de la carga de la prueba en los litigios que se plantearan al respecto y que se consideraran demostrativos de la existencia de una relación laboral en torno al requisito o elemento del control por la plataforma de la ejecución del trabajo, que deriva de los criterios que, al respecto, se formulan como expresivos de esa situación. Lo que, como bien se ha expresado, se plantea como una doble presunción, primera, presunción específica de control (a partir de la constatación de los indicios) y segunda, presunción de laboralidad a partir de esos indicios constatados en el supuesto concreto planteado (Gil Otero, 2022: 101).

El problema técnico-jurídico que plantea la propuesta de Directiva y que, *mutatis mutandi,* se puede aplicar también a la solución legal insatisfactoria en nuestro ordenamiento jurídico[17], es la configuración de la técnica o instrumento normativo de la "presunción" como vía para "facilitar" la operación de determinación de la existencia de la relación laboral.

Atendiendo a la clasificación general que puede hacerse del "diseño" legal de la presunción (distinguiendo entre las que cabe definir como generales y las específicas, solo relacionadas con actividades concretas; entre absolutas -lo que nosotros definimos como *iuris et de iure*, y relativas o "refutables"- *iuris tantum*-; y éstas entre condicionales o cualificadas -basadas en criterios cerrados–o genéricas -sin criterios o no condicionales), se plantea la cuestión relativa a su articulación con las normas procesales (tanto más cuanto que, la UE no tiene competencias en materia procesal) y, en concreto, con las normas relativas a la carga de la prueba.

La denominada "presunción" de laboralidad, y su configuración técnico-jurídica- está claramente en relación con el concepto de trabajador (más amplio o más restringido) por el que implícitamente se abogara. De ahí que las discrepancias planteadas entre la Comisión y el Parlamento EU en el proceso de "negociación" entre las instituciones de la UE, partiendo del diseño de una presunción no absoluta y refutable de laboralidad (y, en consecuencia, sometida a la revisión judicial que se relacionará con el concepto más o menos amplio de trabajador en el sistema nacional concreto), tuviera su influencia en torno al concepto tácito de "trabajador de plataforma". Porque, además, como bien se ha expresado, cuanto más limitado sea el concepto de trabajador, más fácil puede resultar refutar la presunción alegando que la persona no cumple los estrictos criterios para definir la categoría de trabajador (Aloisi, Rainone and Countouris, 2023: 12)

---

17 Debe tenerse en cuenta que en el proceso de negociación de la Directiva de la UE, algunos países han adoptado también la "presunción" de laboralidad. Véase, por ejemplo, Malta (que utiliza los mismos criterios que los propuestos por la Comisión); otros (Bégica, Portugal, Croacia), ham incluido algún otro criterio; alguno (Luxemburgo) solo han adoptado una parte de los criterios. Por otro lado, también difieren los Estados que han adoptado esta presunción en el peso otorgado a los criterios (cuántos se deben cumplir). Y, en fin, en Portugal se articula esta presunción junto a la nueva figura del "trabajador autónomo económicamente dependiente".
Y por último, uno de los países que bloquearon la Directiva, Grecia, establece una presunción no de laboralidad sino de trabajo por cuenta propia. Puede consultarse al respecto https://www.issa.int/analysis/platform-workers-and-social-security-recent-developments-europe

Por otro lado, y pese a los potenciales beneficios que la presunción podría tener, no cabe olvidar que no se configura como absoluta o automática de modo que el problema o dificultad de calificación deberá abordarse individualmente caso por caso atendiendo a las reglas nacionales previstas por cada Estado Miembro. La presunción puede ser refutada (recuérdese art.5º de la propuesta inicial de la Comisión), es decir no se trata de una presunción absoluta y no refutable de laboralidad, y la revisión judicial nacional y concreta se orientará hacia el concepto más o menos amplio de trabajador que se utilice en el ordenamiento nacional junto a la interpretación por el TJUE, que sigue anclada en la dependencia personal.

La divergencia en el proceso de aprobación de la Directiva entre la Comisión y el Parlamento fue evidente y cabe trasladar la reflexión a la norma española. Recuérdese que la Comisión planteaba una presunción de laboralidad cualificada (los conocidos 5 criterios relacionados con el control y la subordinación), teniendo en cuenta que algunos de ellos podrían anularse mediante cláusulas de sustitución y otros mediante la autorización para trabajar para múltiples plataformas; y una refutación no cualificada. Por el contrario, el Parlamento optaba por una presunción no cualificada de laboralidad (eliminaba los criterios) y una refutación cualificada (en el sentido de que los criterios se traspasaban, en sentido contrario, a los indicios que debería hacer constar el empresario para enervar la presunción).

En cualquier caso, la presunción basada en el control (en sus diferentes vertientes, sobre el modelo de negocio y sobre la propia prestación del trabajador, sea aquí directo o indirecto) favorecería o facilitaría al trabajador la prueba de laboralidad, pero no su calificación inmediata. Este último objetivo solo se conseguiría evitando los requisitos materiales para la activación de la presunción e invirtiendo plenamente la carga de la prueba hacia la plataforma (esto es planteando una presunción de laboralización no condicionada).

La introducción de la presunción iuris tantum puede tener potenciales beneficios, tales como la seguridad jurídica; inclusión de estos trabajadores en convenios colectivos sin discusión sobre si esa negociación colectiva restringe o no el derecho de competencia o, en fin la mejora del seguimiento y aplicación del cumplimiento de la legislación laboral. Pero la presunción no resolverá en todo caso los problemas o dificultades de clasificación, que deberá abordarse individualmente caso a caso atendiendo a las reglas nacionales previstas por cada Estado Miembro, manteniendo los jueces y tribunales su poder discrecional para reclasificar la relación inicialmente -provisionalmente- considerada laboral (Kulmmann, 2020: 70).

La presunción plantea la cuestión de su impacto en el Derecho de la UE, en concreto, en el concepto de trabajador, en el concepto de trabajador derivado de la jurisprudencia del TJUE y, en consecuencia, en tanto no se exprese que los trabajadores de plataformas tienen todos los derechos y protección aplicables a los trabajadores según la legislación de la UE y que los Estados Miembros garantizarán a los trabajadores de plataformas todos los derechos y protecciones conforme a la legislación nacional para las personas trabajadoras, no se habrá logrado el propósito de fijar reglas comunes entre todos los Estados Miembros. Y esa es precisamente la cuestión que a lo largo de estos meses ha llevado al "fracaso" de la Propuesta de Directiva, a la que finalmente se han opuesto -o abstenido- determinados Estados Miembros con capacidad de "bloqueo" en el proceso legislativo.

En fin, hasta la fecha, no se ha explorado la vía del artículo 115 TFUE, la base jurídica del precepto, cuando expresa "la aproximación de las disposiciones legales, reglamentarias y administrativas o funcionamiento del mercado interior". Como bien se ha expresado, con esta base jurídica, la UE podría aprobar una Directiva que estableciera un nivel mínimo de derechos para las personas que prestan servicios en la economía de plataformas, con independencia de su estatus laboral en el respectivo Estado miembro (Miranda Boto: 29) porque, como bien se ha dicho, es problema es supranacional y se necesita una respuesta supranacional

Sivan esas reflexiones sobre el Derecho de la UE para un breve análisis de la medida de política legislativa en nuestro país que, al día de hoy, no satisface a los operadores jurídicos, hasta el punto de hablar de una norma fracasada porque el impacto de la misma en la realidad social, económica y jurídica dista mucho de haber conseguido el resultado que se preveía.

Sabemos que desde la doctrina y desde la jurisprudencia en diferentes sistemas jurídicos se han propuesto diferentes técnicas para los trabajadores de plataforma: interpretación amplísima de la dependencia, el control test y el *economy reality test*; presunción de laboralidad; la ampliación de la subordinación a toda prestación que es organizada por la plataforma; interpretación finalista de la noción de subordinación; entre otras. En la legislación, desde la orientación hacia el establecimiento de un listado de tutela mínima a los trabajadores autónomos de la plataforma; o la utilización de la categoría intermedia de worker o de la co.co.co.

En nuestro país, la respuesta no es satisfactoria porque solo pensar en dar solución (aparente) legal a una determinada y muy concreta forma de empleo olvida que la perspectiva (y la solución) debe abordarse en términos generales (sin perjuicio de la adecuación específica de alguna de esas realidades). Como bien se ha dicho, la opción legislativa ha frustrado la aplicación de la Ley Rider porque, parece, con fundamento implícito en la teoría de la relación personal de trabajo y por tanto el mantenimiento entre el todo o nada reconduciendo el trabajo por cuenta propia dependiente a la relación laboral en toda su extensión genera inseguridad jurídica e incertidumbre para aplicar a esta forma de trabajo todo el entramado legal previsto que conforma el régimen jurídico de empleo y de seguridad social. Y se obvia la posibilidad de adaptación normativa selectiva (más allá del supuesto concreto previsto legalmente) bien a través de una relación laboral especial bien adaptando el concepto de trabajador por cuenta propia dependiente dejando al margen la propiedad del algoritmo y su gestión o bien, en definitiva, abogando, no solo para el trabajo en plataformas, por una categoría intermedia de trabajador para otro "asimilado" al trabajador por cuenta ajena.

No solo en nuestro ordenamiento jurídico, sino allende de nuestras fronteras, trasladar las normas laborales de la etapa predigital a la economía digitalizada es difícil cuando se deconstruyen las dimensiones espacial, temporal y de riesgos y, en definitiva, se han de afrontar las especialidades (algunos dicen lagunas de protección) también derivadas de la desintegración en muchos casos de la empresa tradicional. Debe tenerse en cuenta que el modelo laboral de las plataformas digitales se basa en su imprevisibilidad, a llamada (cuando, injustificacamente, la propuesta de trasposición de la Directiva 2019/1152 en nuestro ordenamiento jurídico obvia cualquier medida al respecto, negando lo que es una realidad en el contexto económico actual); la no exclusividad; la libertad de elección horaria y tiempo de disponibilidad o de conexión; la especialidad en la forma de retribución (cuando, como se sabe, la Directiva sobre tiempo de trabajo plantea aspectos críticos); la extinción; los derechos colectivos laborales, entre ellos el de negociación colectiva o los derechos de información y consulta basados en una noción de establecimiento pre-digital, y, en concreto, en los trabajos *on line* se elimina el elemento geográfico; o, en fin, la seguridad social (sobre todo en la relación jurídica de cotización en un modelo profesional contributivo[18]). Todas estas cuestiones, y algunas más, no afronta el legislador nacional en la Ley Rider; sin atisbo alguno de referencia a la

---

[18] En el ámbito de la protección social, recuérdese la Recomendación del Consejo de 8 de noviembre de 2019 (2019/C 387/01) sobre acceso a la protección social para trabajadores asalariados y para trabajadores autónomos, invita a los Estados miembros a adaptar las normas a la situación de los grupos específicos, manteniendo al mismo tiempo un principio general de universalidad. Los Estados

desintegración de la empresa tradicional, en la que la reorganización de los procesos productivos y económicos tradicionales se replantean.

La opción legal sobre la presunción de laboralidad es consecuencia de la jurisprudencia indiciaria de dependencia y ajenidad para abocarla inevitablemente a la laboralidad, pero la mayor inseguridad jurídica se plantea porque no hay criterios normativos claros de dependencia y de ajenidad. Además, como ya hemos afirmado en otras ocasiones, desde un análisis técnico -jurídico de lo que sea la presunción, la solución legal al respecto no alberga presunción legal alguna de laboralidad. Básicamente porque la estructura interna que requiere una presunción para que lo sea verdaderamente (existencia de los cuatro elementos que la conforman) no se cumplen; sencillamente porque el hecho presunto (identificado con la existencia de un contrato de trabajo o relación laboral) es una categoría o situación jurídica, no un hecho, y se ha de recordar que la presunción gira en torno a hechos y no admite dentro de su estructura ni situaciones jurídicas ni categorías jurídicas (Gil y Sánchez-Urán, 2008: 109).

4. DIGITALIZACIÓN Y CONCEPTO DE TRABAJADOR. PROPUESTAS EN EL DISEÑO DEL ESTATUTO JURÍDICO DEL TRABAJADOR EN LA ETAPA DE LA DIGITALIZACIÓN DE LA ECONOMÍA

El análisis de la situación tanto desde un plano de dogmática jurídica como de política del Derecho arroja un resultado decepcionante porque por un lado, la adaptación de los conceptos normativos a la realidad social es solo muy limitada; porque la realidad social es mucho más compleja y heterogénea de lo que se pretende regular; porque, en fin, la respuesta desde el plano legislativo en nuestro ordenamiento jurídico es de corta mirada y en sentido defensivo-sancionador o reactivo.

Desde esta perspectiva y partiendo de que la realidad del trabajo en la época de la digitalización es extremadamente compleja y heterogénea, el equilibrio de intereses que representa nuestra disciplina exige dotar de cierta seguridad jurídica a las relaciones de prestación de servicios para otro eliminando silogismos fáciles y por otro, replanteando la gran dicoto-

miembros se han comprometido a garantizar una cobertura eficaz y adecuada a todos los trabajadores por cuenta ajena y por cuenta propia.

mía construida sobre la premisa de los falsos autónomos y sobre el todo o nada.

El centro de debate en torno a las plataformas digitales, y limitado al estatus laboral o no de las personas que prestan servicios en especial off line y de reparto de última milla, ha representado, a nuestro juicio, el "bosque que no deja ver la luz" porque las posiciones políticas (también en el ámbito de la UE) y las dogmáticas han evolucionado de tal modo que ahora nos encontramos en una etapa nueva que debe valorar en toda su extensión la realidad socioeconómica y avanzar hacia lo que hemos defendido como universalidad selectiva del ordenamiento laboral en la etapa de la digitalización. El fracaso del trílogo sobre la propuesta inicial de Directiva de la Comisión Europea sobre plataformas digitales pone en evidencia que el debate sobre la calificación jurídica sigue ocupando un lugar central; en este ámbito, por cierto, también las voluntades nacionales representadas en el Consejo se alzaron para mantener el control de sus ordenamientos laborales y defender la posición nacional en torno a esta cuestión.

Cuando se afirma que el episodio más avanzado relativo a la condición laboral de los trabajadores de plataformas, en el sentido de que se aprovecha en nuestro país los primeros pasos en las fases iniciales hasta la propuesta de la Directiva por la Comisión (asumiendo la presunción legal de laboralidad para las plataformas digitales de entrega y distribución), se olvida que la puesta en práctica de la Ley Española genera nuevos y no pocos importantes interrogantes, entre otras razones porque la técnica de la "presunción" se traspasa miméticamente desde la propuesta de la OIT, recomendación 198 de 2006 hasta la propuesta de la Comisión, que, no lo olvidemos, se utilizó como intento para afrontar el fracaso de encontrar una solución negociada entre las partes sociales y, atendiendo a las posiciones doctrinales que, abogando por la finalidad protectora del Derecho del Trabajo, proponían un concepto amplio de trabajador sujeto de nuestra disciplina. De modo que se planteaba como medida de consenso entre una posición obstaculizadora de un concepto uniforme y armonizado de trabajador (en concreto, en la prestación de servicios en o para plataformas digitales) y la intermedia de ofrecer una presunción de laboralidad condicionada en torno a los criterios o elementos de control de la actividad, conforme a la interpretación en cada ordenamiento jurídico.

Por tanto, el debate sobre la calificación jurídica no está cerrado y, traslativamente, el del diseño del régimen jurídico aplicable no solo a estos trabajadores de plataformas digitales de reparto, sino a todos los trabajadores que prestan servicios a través de cualesquiera de esas plataformas, generalizándose el *croudworking*, el trabajo a demanda, ocasional y casi permanente, no exclusivo, por tanto, para varios empresarios. En efecto, pensar solo en alguna de las formas del trabajo en/para plataformas (en especial, la de reparto o transporte) y, por tanto, en que la definición tradicional de trabajador, basada en los conceptos tradicionales/renovados de control y de subordinación solucionarán todos los problemas futuros de calificación es abocar, de nuevo, a la inseguridad jurídica a estas formas de trabajo en plataformas, en concreto, a los trabajos *on line*, y a todos los que intervienen en esta prestación de servicios.

Se "presume" la laboralidad (completa) de la prestación de servicios con base en criterios no concluyentes, tales como la propiedad del algoritmo, cuando éste, no lo olvidemos es un instrumento tecnológico en manos de cualquier empresa (Lahera y Gómez: 2023) sea digital o no, para organizar, dirigir y gestionar la actividad productiva y también, por tanto, la de los recursos humanos que forman parte de la misma.

Por otro lado, la legislación española se quiere presentar como el episodio más innovador cuando, como se sabe, son muchos los países en los que el reconocimiento de derechos a estos trabajadores no deriva de su configuración como asalariados, es decir, del reconocimiento legal de su estatuto laboral. No se trata de laboralizar a través de la "presunción", que no añade nada desde una perspectiva técnico-jurídica. Como ya hemos avanzado en otra ocasión, la presunción jurídica no es sino un mecanismo procesal de fijación de certeza de los hechos; el concepto de trabajador es una calificación jurídica. Por tanto, se vuelve al punto de partida cuando, pese a la presunción jurídica de "laboralidad", se han de indagar en los diferentes elementos o criterios que permitirán al que inicialmente se presenta como empresario demostrar que en esa prestación de servicios no se aprecian los indicios de laboralidad, en torno, por cierto, a los adaptados, reinterpretados jurisprudencialmente de forma permanente.

Se trata, y es bien distinto, de adentrarse en los muchos aspectos especiales y específicos que pese a la inclusión de estos trabajadores (de algunos de ellos) en la normativa laboral plantea la realidad compleja y heterogénea en que se prestan estos servicios.

Por ejemplo, nada se dice, como tampoco lo hace la Directiva, sobre los derechos colectivos de estos trabajadores, en particular sobre el derecho a la negociación colectiva en una actividad en la que la fragmentación de las tareas, la ausencia de un centro de trabajo físico, o presencia en muchos centros de trabajo y presencia de varios empresarios evidencia las dificultades de adaptación de un sistema en el que las estructuras de negociación, básicamente, las formas de atribución de representación se formulan en torno a un sistema de organización del trabajo que no responde a este nuevo sistema. Y no se trata de cuestionar al sindicato y su actuación típica, sino, como bien se ha expresado, la clase de sindicatos que "gestionan los conflictos que ya se producen en la economía digital" (Nieto, 2023: 357). Por otro lado, la fragmentación de la empresa en esta economía digital trasciende al derecho a la negociación colectiva y, por tanto, difícil será que se articule a nivel de empresa y haya que fomentar el modelo sectorial.

Sin olvidar que la figura del empresario no se analiza en su complitud, cuando, como se sabe, la nueva forma de trabajo se define como ocasional (on demand) y no exclusivo para un solo empresario., sin que se haya valorado al respecto quién o quiénes ejercen en esta nueva de actividad la organización y el control, y cuáles son los límites al respecto.

Por tanto, y a la vista del debate inacabado (porque, entre otras razones, no se trata solo de articular el régimen jurídico laboral en sentido estricto, sino también el fiscal y el de Seguridad Social), se debe reflexionar de modo sereno sobre la vía para contrarrestar el falso dualismo o dicotomía entre trabajador dependiente/autónomo para, o bien 1) ampliar casi en un sentido universalista el concepto de trabajador (perdiendo entonces significado su calificación como asalariado) , incorporando a la legislación laboral un colectivo determinado de trabajadores por cuenta propia (el autónomo asimilado) al que se reconozca derechos propios de los trabajadores asalariados dependientes; 2) introducir una categoría intermedia en el ámbito del trabajo por cuenta ajena, asumiendo que la similitud de los que se dicen trabajadores autónomos "asimilados" no puede ser completa y, por tanto, tanto sus condiciones de trabajo como derechos y garantías no pueden llegar a la totalidad del núcleo esencial pensado para quienes desarrollan su prestación de servicios bajo el nexo de subordinación personal. Corresponderá, entonces, al legislador determinar cuáles son los criterios que permiten identificar al trabajador asalariado en sentido estricto para, posteriormente, identificar el núcleo esencial de derechos para las formas de trabajo personal basadas en esos criterios y, finalmente, ampliar o modular específicas protecciones atendiendo a las diferentes posiciones subjetivas del trabajador. Esta selectiva ampliación protectora evita, a nuestro juicio, muchos de los problemas de definición-redefinición del concepto de trabajador sujeto del Derecho del Trabajo y permite extender la protección a nuevas formas de empleo. La crítica a esta tercera vía, en el sentido de que es una vía de apertura al abuso o fraude, puede ser contrarrestada con la necesidad de una reformulación legislativa del autónomo económicamente dependiente que, en modo alguno, ha de confundirse con el falso autónomo.

Cada opción tiene sus aspectos que seguramente serán objeto de crítica pero en el fondo parten de que la dependencia personal, o subordinación, sea entendida en sentido más tradicional o sea entendida en otro más renovado, no es una solución perfecta para dar respuesta a las nuevas realidades socioeconómicas, que pueden, pero no solo, ejemplificarse en torno a la economía de plataformas. La revolución digital y la transformación de las formas de empleo (y la expansión de la denominada en su acepción inglesa Gig Economy) ha planteado de nuevo la urgencia de repensar el tema de la tutela de las formas de trabajo en las zonas grises y definir en sentido objetivo qué deba entenderse por "situación de vulnerabilidad" equiparable.

Simultáneamente, el debate abierto está en relación con el marco jurídico aplicable a las prestaciones de trabajo en la economía digitalizada y, de nuevo, debe analizarse el contexto nuevo en el que se ha instalado la gestión algorítmica, vigilancia digital, trabajo remoto y subcontratación transfronteriza, que también afectan a sectores tradicionales o convencionales. De modo que conviene revisar las diversas y muchas normas nacionales, europeas e internacionales que permitan, con la debida y necesaria adaptación, regular o establecer el régimen jurídico heterogéneo y complejo que deriva de estas nuevas formas de trabajo y de organización del mismo.

Mantener incólume la dependencia como criterio o elemento o rasgo de caracterización, como único criterio selectivo de tutela es inadecuado, no solo por la obsolescencia de sus indicios sino sobre todo con fundamento en las múltiples variaciones que se producen en el sistema productivo. La respuesta que se ha dado hasta el momento en torno a la flexibilización de la noción de subordinación/dependencia personal a través del método tipológico sería conceder una capacidad valorativa discrecional a jueces y tribunales que no aporta en modo alguno seguridad jurídica.

Los dos grandes modelos de prestación de servicios, la gran dicotomía presente desde el origen de nuestra disciplina, ha exigido al jurista del trabajo analizar, con el horizonte de cierta seguridad, cuando el trabajo se realiza en régimen de dependencia o subordinación o cuando en régimen de autonomía para, consecuentemente, determinar la aplicación de los diferentes bloques de regímenes jurídicos que se han diseñado legislativamente como antagónicos o radicalmente diferentes. En el fondo, esta construcción y los diferentes intentos de readaptación, de reconstrucción ha incidido en el análisis porque la respuesta parte del riesgo de deslaboralización que presenta para trabajadores y para las propias empresas. Dicho de otro modo, se ha presentado (como ocurre en la crítica en torno a las categorías intermedias, vid infra) como un problema de "falsos autónomos". De ahí, como ha ocurrido en la respuesta legislativa española, se opta por una posición maximalista (presunción fuerte de laboralidad), se hace girar sobre la propiedad del algoritmo y se acompaña de medidas sancionadoras penales.

No obstante, a la vista de la solución insatisfactoria e incorrecta porque se parte del prejuicio de que la calificación como autónomo oculta una intención fraudulenta, se ha de alentar hacia soluciones que permitan afrontar equilibradamente la realidad compleja, en la que existen prestaciones de servicios que combinan dosis de autonomía/dependencia, entendidas, ambas, de un modo flexible.

En efecto, solo cabe apreciar como en el trabajo digital en general se ofrecen servicios materialmente autónomos pero, como bien hemos afirmado en las páginas precedentes, se integran en un proceso productivo del comitente que le hacen ser dependiente funcional y económicamente. Basta revisar los tipos de trabajo que se producen en el nuevo mercado de trabajo para darse cuenta que la tecnología de plataformas es un medio para gestionar el trabajo en proyectos, a demanda, la externalización, entre otros, sea en un trabajo autónomo o lo sea en un trabajo asalariado, con, como bien se ha explicado, un núcleo de experiencia profesional de estas personas basado en la "movilidad y la ocasionalidad" (Rodriguez Piñero: 7). Caracteres, es vedad, que se han dado en otras actividades profesionales a lo largo de estos años (sobre las que, no hay que olvidarlo, también se ha proyectado el método indiciario) pero que ahora se extienden también a otras en las que se dan elementos que tradicionalmente permitían calificarlas como informales o de mínima dimensión económica y, por ende, jurídicamente no relevantes.

La disrupción tecnológica y su proyección en el mercado de trabajo exige también afrontar una innovación regulatoria o jurídica que abandone una perspectiva reactiva, incluso sancionadora, y se oriente hacia la articulación del reequilibrio de intereses en un derecho que ha de dar respuesta y seguridad jurídica a todos los actores implicados.

Referencias bibliográficas

Aloisi, A. (2022). Platform work in Europe: Lesson learned, legal developments and challenges ahead. *ELLJ*, *13*(I).

Aloisi, A., Rainone, S., Countouris, N. (2023). An unfinished task? Matching the Platform Work Directive with the EU and international "social acquis. *ILO Working Paper*, (101). Génova, Suiza. Recuperado de https://doi.org/10.54394/ZSAX6857

Alonso Olea, M. (1967). En torno al concepto de contrato de trabajo. *Anuario de Derecho Civil, 20*(1).

Bayón Chacón, G. (1966). El ámbito de aplicación personal de las normas de Derecho del Trabajo. *Revista de Política Social*, (71).

Borrajo Dacruz, E. (2009) *Introducción al Derecho del Trabajo*. Madrid, España: Tecnos.

Cámara Botía, A. (2019). La prestación de servicios en plataformas digitales ¿trabajo dependiente o autónomo. *Revista Española de Derecho del Trabajo*, (222), 77-124.

Countouris, N. (2019). Defining and regulating work relations for the future of work. ILO, puede consultarse en https://scholar.google.es/scholar?q=Defining+and+regulating+work+relations+for+the+future+of+work&hl=es&as_sdt=0&as_vis=1&oi=scholart

Countouris, N & De Stefano, V. (2019). *New Trade Union Stretegies for News Forms of Emoloyment*. Bruselas, Bélgica: ETUI.

Countouris, N & De Stefano, V. (2023). The future concept of work. En la obra colectiva *Transformative ideas-ensuring a just share of progress for all*. Bruselas, Bélgica: ETUI.

Davidov, G. (2016). *A Purposive Approach to Labour Law*. Oxford Academy.

Freedland, M. & Kountouris, N. (2012). Employment equality and personal work relations. *Industrial Law Journal, 41*(1).

Gil Otero, L. (2022). Un paso necesario más allá de la laboralidad. Análisis y valoración de la propuesta de directiva relativa a la mejora de las condiciones laborales en el trabajo en plataformas. *Revista Lex Social, 12*(1), 89-121.

Gil Plana, J. y Sánchez-Urán Azaña, Y (2008). *La presunción jurídica en el Derecho del Trabajo*. Navarra, España: Thomson-Civitas.

Kulmmann, M. (2022). Platformasation of work: An EU perspective on Introducing a legal presumption. *ELLJ, 13*(I).

Lahera Forteza, J. y Gómez Sánchez, V. (2023). La regulación laboral en España de las plataformas digitales: presente y futuro. *Revista de Estudios Jurídico Laborales y de Seguridad Social (REJLSS)*, (7), 36-55.

Larenz, K. (1980). *Metodología de la Ciencia del Derecho*. Barcelona: Ariel.

Ludovico, G. (2023). *Lavori agili e subordinazioni*. Milán, Italia: Giuffrè-Francis Lefebvre.

Martínez Yañez, N, Mª. (2020). La Carta de derechos fundamentales de la UE y los derechos profesionales de los trabajadores autónomos. *Temas laborales: Revista andaluza de trabajo y bienestar social*, (151), 93-121.

Miranda Boto, J.Mª. (2019). Algo de ruido. ¿Cuántas nueces? La nueva Directiva (UE) 2019/1152. *Temas laborales: Revista andaluza de trabajo y bienestar social*, (149), 71-100.

Miranda Boto, J.Mª. (2023). *Condiciones de trabajo transparentes y previsibles*. Valencia, España: Tirant lo blanch.

Montoya Melgar, A. (1966). El ámbito personal del Derecho del Trabajo. *Revista de Política Social*, (71).

Pérez de los Cobos Orihuel, F. (1993). El trabajo subordinado como tipo contractual. *Revista Documentación laboral,* (39), 29-48.

Nieto Rojas, P. (2023). La disrupción digital y su impacto en los medios de acción sindical. En Mercader, J. y De la Puebla, A. (Dirs.), *Cambio tecnológico y transformación de las fuentes laborales,* (pp. 357-382). Valencia, España: Tirant lo blanch.

Pérez del Prado, D. (2023 a). *Derecho, Economía y Digitalización.* Valencia, España: Tirant lo Blanch.

Pérez del Prado, D. (2023 b). Los tradicionales conceptos de trabajador y empresario en un mundo digital. En Mercader Uguina, R. y De la Puebla Pinilla, (Dirs.), *Cambio tecnológico y transformación de las fuentes laborales,* (pp. 91-124). Valencia, España: Tirant lo Blanch.

Pérez del Prado, D. (2023 c). La aplicación del Derecho del Trabajo al empleo autónomo: reflexiones en torno a la STJUE de 12 de enero de 2023. Blog Jurídico El Foro de Labos. Recuperado de: https://www.elforodelabos.es/2023/09/la-aplicacion-del-derecho-del-trabajo-al-empleo-autonomo-reflexiones-en-torno-a-la-stjue-de-12-de-enero-de-2023-asunto-c-356-21/

Perulli, A. (2020 a). Il dirito del lavoro e il problema della subordinazione", *LLI, 6*(2).

Perulli, A. (2020 b). The legal and jurisprudential evolution of the notion of employee. *ELLJ, II*(2).

Perulli, A. (2021). *Oltre la subordinazione. La nuova tendenza expansiva del Diritto del Lavoro.* Italia: G.Giappichellli Editore.

Risak, M. y Dullinger, T. (2018). *The concept of worker in EU Law. Status quo and potential for change.* Report 140, ETUI.

Rodríguez-Piñero Royo, M (2019). Trabajo en plataformas: innovaciones jurídicas para unos desafíos crecientes. *Revista IDP, Revista de los Estudios de Derecho y Ciencia Política,* (28).

Sánchez-Urán Azaña, Y. (2023). La idea de inserción en el círculo organicista del empresario, los criterios de programación del trabajo y la existencia de órdenes e instrucciones. En García Murcia, J. (Dir.), *El concepto de trabajador asalariado.* Madrid, España: Tecnos.

Serra Benítez, E.M. (2015). El tránsito de la dependencia tradicional a la dependencia digital: ¿Qué Derecho del trabajo dependiente debemos construir para el SXXI. *Revista Internacional Comparada de Relaciones Laborales y Derecho del Empleo, (3)*, 4.

Todolí Signes, A. (2019). Plataformas digitales y concepto de trabajador: una propuesta de interpretación finalista. *Lan Harremanak,* (41).

SECCIÓN 1ª.

ADAPTACIÓN Y TRANSFORMACIÓN DE DERECHOS SOCIALES CLÁSICOS

Capítulo 10.

CONDUCTORES PROFESIONALES DE PLATAFORMAS DIGITALES CON LICENCIA VTC: DE LA INSEGURIDAD JURÍDICA A LAS PRIMERAS REGULACIONES CONVENCIONALES. ESPECIAL MENCIÓN A LA JORNADA DE TRABAJO

ALIANE DIEZ, AARON
Abogado (Pereira Menaut Abogados) y Doctorando UCM.
aaliane@ucm.es

RESUMEN: El presente trabajo tiene como objeto el estudio del estado actual de la negociación colectiva en el sector VTC, haciendo énfasis en cómo los Convenios colectivos sectoriales de VTC de Madrid y de Málaga han abordado en sus respectivas cláusulas el impacto de las plataformas digitales en la prestación de servicios de transporte. Así, se analizará la normativa administrativa, cuya evolución en el tiempo permitirá comprender los antecedentes de la negociación colectiva del sector VTC. Seguidamente, se examinarán los criterios de la CCNCC respecto al convenio colectivo aplicable en defecto de Convenio sectorial específico de VTC. Posteriormente, se estudiarán las previsiones de los Convenios sectoriales de VTC en relación con la jornada de trabajo, abordando ulteriormente la doctrina judicial recaída sobre tiempo de trabajo de los conductores de aplicación. Finalmente, se concluirá defendiendo la necesidad de un Convenio colectivo o Acuerdo marco estatal para el sector.

ABSTRACT: This paper's main objective is the study of the current situation of the collective bargaining in ride-hailing business (VTC), with particular emphasis on the regulation made by collective agreements about the impact of digital platforms. This study will start with the analysis of the administrative rules, whose evolution along the time will let understand the background of collective bargaining in the VTC sector. It then focuses on the criteria established by the National Advisory Committee on Collective Bargaining (CCNCC) in order to identify the collective agreement applicable in the absence of a specific sectoral collective agreement for VTC. Provisions on working time regulation set out in Madrid and Málaga sectoral collective agreements will be subsequently examined, and eventually it will explore judicial doctrine about labor time. In conclusion, the following article will defend the need of a national collective or framework agreement in the industry.

Palabras clave: VTC, Arrendamiento/Alquiler de vehículos con conductor, Plataformas digitales, Conductores, Tiempo de trabajo.

Keywords: Rental vehicle with driver, Digital Platforms, App mobile, Drivers, Working time.

1. PUNTO DE PARTIDA: EL MARCO NORMATIVO Y ADMINISTRATIVO DE REFERENCIA

1.1. Introducción

Como muchas otras actividades, el sector del transporte ha sufrido profundos cambios como consecuencia de la irrupción de las tecnologías de la información y de la telecomunicación ("TICS"), constituyendo un ejemplo paradigmático de dichas transformaciones el auge de las plataformas digitales, las cuales, sin duda alguna, facilitan el reparto o entrega de bienes o de mercancías y favorecen el transporte urbano de pasajeros (Leiva, 2023).

Desde hace más de una década, empresas como Uber o Cabify (y más recientemente Bolt) han situado en el epicentro del debate público a una modalidad de transporte de viajeros conocida como arrendamiento de vehículos con conductor (VTC) (Guillén, 2018). Se trata, en efecto, de una actividad que hasta la fecha había sido opacada por el sector del taxi, tradicionalmente relegada a un segundo plano en la regulación administrativa y que se ha convertido en la actualidad en la base de un modelo de negocio que la doctrina científica ha calificado como "economía colaborativa"

(Doménech, 2015)[1], "*gig-economy*" (Saenz de Buruaga, 2019), "*uber economy*" (Todolí, 2015) u "*on demand economy*" (Dagnino, 2015).

Dicho lo anterior, cabe advertir que la actividad de transporte de pasajeros en sí misma, bien mediante el servicio de taxi (VT) o a través del alquiler de vehículos con conductor (VTC), no es de tipo digital[2] y sería más acertado, siguiendo a PÉREZ DEL PRADO, clasificarla como una actividad afectada por la digitalización (Pérez, 2023). En ese sentido, la novedad auspiciada por el avance tecnológico no estaría tanto en la forma de prestación del servicio, sino en el modo de contratación (Guijarro, 2015): una compañía como Uber dispone de una aplicación ("app") a la que se puede acceder desde cualquier dispositivo móvil y que permite al cliente o usuario final contratar un desplazamiento urbano en vehículos de turismo con conductor.

Ahora bien, el sector del taxi cuenta igualmente con numerosas aplicaciones que ofrecen al consumidor la posibilidad de contratar un taxi por medio de su teléfono móvil, tales como *FreeNow* o *PideTaxi* e incluso a través de la propia Uber. En consecuencia, para tratar de entender el exponencial crecimiento de la actividad de arrendamiento de vehículos con conductor y, en definitiva, el estado actual del sector de VTC en España es necesario partir del marco normativo y analizar brevemente su evolución en estos últimos cuarenta años.

1.2. Marco normativo de referencia: desde los primeros reglamentos administrativos al reciente Real Decreto-Ley 5/2023

El análisis del marco regulador del transporte en VTC y, especialmente, de su evolución a lo largo de las pasadas décadas permite extraer una serie de consideraciones previas sobre el estado actual en que se halla dicha actividad y que son claves para comprender las dificultades que lleva aparejado cualquier intento de dotar al sector de VTC de una mínima y coherente cobertura convencional.

El arrendamiento de vehículos con conductor siempre se ha contemplado en nuestro ordenamiento jurídico (Olmedo, 2017), tal y como se

---

1 El autor explica que el término economía colaborativa es la expresión utilizada en castellano para designar un fenómeno que en inglés se conoce como *sharing economy, peer-to-peer economy, mesh, collaborative economy o collaborative consumption.*

2 SJTUE (Gran Sala), de 20 de diciembre de 2017, As. C-435/15.

desprende del Reglamento Nacional de los Servicios Urbanos e Interurbanos de Transporte en Automóviles Ligeros de 1979[3]. La Ley de Ordenación de los Transportes Terrestres de 1986[4] (en adelante, "LOTT") lo definiría como una actividad auxiliar o complementaria del transporte, dado que desde sus orígenes estaba estrechamente ligada al alquiler de vehículos de lujo y de turismo[5]. Así, los rasgos característicos de esta modalidad de transporte[6], tales como la necesidad de previa contratación del servicio en las oficinas o locales de la empresa arrendadora, la imposibilidad de aguardar y circular por las vías públicas en busca de clientes o la libertad de fijación de unos precios, normalmente elevados, alejaban a esta actividad del público general, que tenía como referencia al taxi en el transporte urbano e interurbano de pasajeros.

El escenario cambia radicalmente con el surgimiento de las TICS y la aparición de plataformas digitales que permiten contratar *on line* los servicios de transporte a cualquier potencial cliente que disponga de un teléfono móvil con acceso a internet y por unos precios muy competitivos conocidos con antelación por el usuario de la aplicación. A partir de este momento, el sector de VTC experimenta un vertiginoso crecimiento, disputándose el mercado del transporte urbano de pasajeros hasta ahora dominado por el taxi.

El éxito de este novedoso modelo de negocio tuvo como como consecuencia un aluvión de nuevas solicitudes de licencias de VTC por parte de empresas que buscaban conformar grandes flotas de conductores. Sin embargo, las Administraciones públicas comienzan a rechazar la concesión de nuevas autorizaciones dado que la normativa administrativa no permitía sobrepasar la ratio o proporción de una licencia de VTC por cada treinta licencias de taxis. Esta contingentación traía su origen del Reglamento de la LOTT[7] (en adelante, "ROTT") de 1990 y se encontraba desarrollada en

---

3 Real Decreto 763/1979, de 16 de marzo (BOE Núm. 89, de 13-4-1979). Más concretamente su antecedente inmediato, la licencia de Clase C o "Especiales de abono".

4 Ley 16/1987, de 30 de julio (BOE Núm. 182, de 31-7-1987).

5 Vid. art. 2 del Reglamento de 1979.

6 Introducidos por vez primera tas la entrada en vigor del Real Decreto 1211/1990, de 28 de septiembre (ROTT): arts. 182.1 y 182.3 (este último en relación con el art. 176.6 ROTT).

7 Vid. Art. 180.1 del ROTT (BOE Núm. 241, 8-10-1990).

el artículo 14 de la Orden FOM/36/2008, de 9 de enero, dictada por el Ministerio de Fomento[8].

Se iniciaría a continuación una dilatada batalla judicial entre el VTC y el Taxi, que se prolonga hasta el día de hoy, y que ha tenido como resultado una cadena de sentencias tanto de los tribunales nacionales como del Tribunal de Justicia de la Unión Europea (en adelante, "TJUE") pronunciándose a propósito de la legalidad y conformidad a Derecho europeo del establecimiento de limitaciones a la actividad de VTC. Y paralelamente, el legislador estatal dictaría, en menos de una década, disposiciones profundamente liberalizadoras en el sector del transporte[9], para posteriormente recular y adoptar normas restrictivas en orden a blindar el sector del taxi frente a las empresas de VTC[10].

El conflicto entre ambos sectores se agudizaría a raíz de la intervención de la Sala de lo Contencioso-administrativo del Tribunal Supremo, que revocaría sistemáticamente miles de resoluciones denegatorias de licencias VTC dictadas por las autoridades competentes de las Comunidades autónomas (en adelante, "CCAA") durante el período comprendido entre 2009 y 2015, en primer lugar, por la falta de cobertura legal de la ratio 1/30 VTC-taxis[11] y, después, por la ausencia del preceptivo desarrollo reglamentario que exigía la LOTT[12].

En un contexto profundamente marcado por la colisión de intereses entre el sector del VTC y del taxi, el Gobierno adoptaría el Real Decreto-ley 13/2018, de 28 de septiembre[13], que contendría modificaciones trascendentales en el ámbito de la regulación de las autorizaciones de VTC. Así, por un lado, se delegaba en las CCAA o, en su caso, entidades locales, la

8 BOE Núm. 19, de 22-1-2008.

9 Ley 25/2009, de 22 de diciembre (BOE Núm. 308, de 23-12-2009), por medio de la cual se suprimía la capacidad de las AAPP de denegar autorizaciones de VTC y que transponía la Directiva 123/2006/CE, toda vez que esta norma europea no resultaba aplicable a la actividad del transporte (tal y como afirma el ATS, Sala de lo Contencioso, rec. 3380/2022, de 20 de mayo de 2022, FJ2º).

10 Ley 9/2013, de 4 de julio (BOE Núm. 160, de 5-7-2013), Real Decreto 1057/2015, de 20 de noviembre (BOE Núm. 279, de 21-11-2015) y Orden FOM/2799/2015, de 18 de noviembre (BOE Núm. 307, de 24-12-2015). Disposiciones todas ellas que buscaban garantizar la aplicación de la ratio 1/30.

11 Por todas, STS, Sala de lo Contencioso, rec. 5892/2011, de 27 de enero de 2014.

12 Por todas, STS, Sala de lo Contencioso, Núm. 1711/2017, rec. 3542/2015, de 13 de noviembre de 2017.

13 BOE Núm. 236, de 29-9-2018.

fijación de las condiciones reglamentarias que deberían cumplir las empresas dedicadas al arrendamiento de vehículos con conductor[14]. Y, por otro lado, la DT Única del RDL 13/2018 establecía un régimen transitorio de cuatro años, el cual expiraba el 29 de septiembre de 2022.

Este régimen transitorio facultaba a los titulares de autorizaciones de VTC continuar prestando servicios de ámbito urbano, así como atender servicios en otras CCAA siempre y cuando habitualmente desarrollaran su actividad en el ámbito de la Comunidad autónoma en que se encuentre domiciliada la correspondiente autorización. A partir del día 30 de septiembre de 2022, las licencias de VTC solo permitirán viajes entre municipios dentro del territorio de una misma Comunidad, salvo que las CCAA decidan prever otros requisitos o consentir que las licencias de VTC nacionales sigan prestando servicios urbanos.

Por el momento, diez CCAA[15] han aprobado alguna norma relacionada con la regulación de la prestación de la actividad de VTC, si bien solamente cinco de ellas (Andalucía, Aragón, Cataluña, Islas Baleares y Madrid) prevén expresamente la posibilidad de que las autorizaciones de VTC continúen efectuando servicios de transporte urbano, con más o menos limitaciones o trabas administrativas. En el resto de CCAA, una vez finalizado el régimen transitorio, las autorizaciones de VTC permitirán únicamente la ejecución de servicios interurbanos de transporte.

El RDL 13/2018 incorporaba a la propia LOTT la limitación numérica 1/30 (art. 48.3 LOTT) al mismo tiempo que derogada su referencia reglamentaria (art. 181.3 ROTT). Pese a ser inicialmente avalada por el Tribunal Supremo en 2018[16], sería recientemente puesta en cuestión por

---

14 Vid. DA1ª del RDL 13/2018.

15 Andalucía (Decreto-ley 8/2022, de 27 de septiembre), Aragón (Decreto-ley 7/2019, de 12 de marzo), Cataluña (Decreto-ley 9/2022, de 5 de julio), Comunidad Valenciana (Decreto-ley 4/2019, de 29 de marzo), Galicia (Decreto 103/2018, de 13 de septiembre), Islas Baleares, Madrid (Leyes 5/2022, de 9 de junio y 11/2023, de 12 de abril), Murcia (Orden BORM 103/2021, de 7 de mayo de 2021) y País Vasco (Decreto 200/2019). A la fecha de este estudio Navarra tiene pendiente de aprobación su proyecto de Decreto Foral, pero tiene regulación de los distintivos que deben portar los VTC.

16 STS, Sala de lo Contencioso, núm. 921/2018, rec. 438/2017, de 4 de junio de 2018.

el TJUE en su sentencia de 8 de junio de 2023[17], en la que declararía que una contingentación del número de licencias se opone al artículo 49 TFUE cuando no se haya acreditado su justificación.

Inmediatamente, el Ejecutivo español reaccionaría frente al fallo del TJUE, endureciendo, una vez más, los requisitos para el ejercicio del arrendamiento de vehículos con conductor[18], e instaurando nuevos requerimientos para el otorgamiento de autorizaciones VTC con objeto, en palabras de la Exposición de Motivos del Real Decreto-Ley 5/2023[19], de "*garantizar la protección de la mejora de la calidad del aire y reducción de emisiones de CO2*"[20], que incluso serán de aplicación en los procedimientos sobre autorizaciones de VTC pendientes de otorgamiento[21]. Y, a mayor abundamiento, por medio del art. 151 del RDL 5/2023, se declarararaba el transporte de viajeros en taxi como servicio de interés público.

Así las cosas, la inestabilidad jurídica, los constantes cambios normativos y la sucesión de sentencias tanto de los tribunales contencioso-administrativos como del TJUE sumen al sector del VTC en un estado de incertidumbre permanente, que entorpece su consolidación y que, a su vez tiene reflejo o plasmación en el ámbito de las relaciones laborales y muy especialmente en la cobertura convencional.

Sea como fuere, lo que está claro es que el arrendamiento de vehículos con conductor ha dejado de ser una actividad auxiliar o complementaria del transporte, secundaria frente al taxi, para convertirse en una verdadera modalidad de transporte discrecional de pasajeros[22], calificación sumamente relevante a la hora de determinar el convenio colectivo sectorial aplicable.

---

[17] STJUE, Sala Primera, As. C-50/201, de 8 de junio de 2023.

[18] Modificación del art. 99.4 LOTT, introduciendo nuevas exigencias en relación con la titularidad del vehículo.

[19] BOE Núm. 154, de 29-6-2023.

[20] A tal efecto, se introducen los nuevos apartados 5, 6 y 7. Destaca el art. 99.5 LOTT, en donde se desarrollan los criterios medioambientales que permitirán a las CCAA denegar el otorgamiento de licencias de VTC.

[21] Disposición Transitoria 5ª.2 del RDL 5/2023.

[22] Art. 134 LOTT modificado por la Ley 25/2009.

2. LA REGULACIÓN CONVENCIONAL EN EL SECTOR DE VTC: DEL VACÍO NORMATIVO A LAS PRIMERAS REGULACIONES CONVENCIONALES ÍNTEGRAS DE LAS CONDICIONES LABORALES DE LOS CONDUCTORES

En esta sección se tratará de analizar el estado actual de la negociación colectiva en el sector del arrendamiento de vehículos con conductor, haciéndose énfasis en las dificultades que se derivan de la existencia de una pluralidad de convenios susceptibles de resultar de aplicación a una misma actividad.

2.1. Las primeras regulaciones convencionales del VTC tradicional

El actual panorama convencional no puede entenderse sin examinar, aunque sea sucintamente, las vicisitudes de la regulación de las condiciones de trabajo en el sector del Transporte y, fundamentalmente su evolución y fragmentación como consecuencia del largo y alambicado proceso de sustitución de las antiguas ordenanzas laborales.

Durante las primeras décadas del régimen franquista, como consecuencia de la negación de la autonomía colectiva y el no reconocimiento de la negociación colectiva[23], las Reglamentaciones de Trabajo y Ordenanzas Laborales adquirieron un enorme protagonismo, reflejo de una actitud monopolística del Estado "*en la sectorialización de las condiciones de trabajo*" (Rojas, 1998). Y, precisamente con base en la Ley de Reglamentaciones de Trabajo de 1942, que trasladaba al plano de la legalidad la Declaración III.4 del Fuero del Trabajo de 1938, se aprobaría la Reglamentación nacional de trabajo en las empresas de transporte por carretera en cualquiera de sus clases de 1947[24], la cual ya reconocía el subsector del Transporte con coches de turismo y taxis (art. 19) y en particular la categoría profesional de conductor de vehículos de servicios discrecionales por carretera (Clase C).

La Ordenanza Laboral para las Empresas de Transportes por Carretera de 20 de marzo de 1971[25] (en adelante, "OLTC") derogaría la Reglamen-

---

[23] Hasta 1958 no se aprobaría la Ley de Convenios Colectivos Sindicales (BOE Núm. 99, de 25-4-1958).

[24] BOE Núm. 323, de 29-11-1947.

[25] BOE Núm. 77, de 31-3-1971.

tación de Trabajo de 1947[26], afectando a actividades tan dispares como el transporte regular y discrecional de viajeros, el transporte de mercancías por carretera, el Auto Taxi y, muy relevante a estos efectos, el alquiler de vehículos con y sin conductor[27].

Con la aprobación de la Ley de Convenios Colectivos de 1973 y especialmente a partir de la entrada en vigor del Real Decreto-Ley 17/1977, de 4 de marzo, sobre Relaciones de Trabajo (en adelante, "RDLRT"), se apuesta de manera decidida por el convenio colectivo, otorgando prioridad aplicativa al producto resultante de la autonomía colectiva respecto a las Ordenanzas Laborales y Reglamentaciones de Trabajo vigentes hasta la fecha (art. 29 RDLRT), consagrando expresamente la imposibilidad a futuro de dictar nuevas Ordenanzas Laborales, salvo para aquellos sectores y territorios donde no existiera convenio colectivo (art. 28). Esta voluntad del legislador se vería confirmada con la aprobación del Estatuto de los Trabajadores de 1980, cuya Disposición Transitoria 2ª reiteraba que las Ordenanzas de trabajo seguirían vigentes como derecho dispositivo en tanto no se sustituyeran por convenio colectivo.

El inmovilismo y resistencia de los agentes sociales a sustituir por vía de convenio colectivo las Ordenanzas Laborales (Sempere, Luján y Nicolás, 1999) supuso que la OLTC fuera durante décadas el marco normativo laboral de referencia en el sector del alquiler de vehículos con y sin conductor. Frente a esta parálisis, con la reforma laboral de 1994 (Ley 11/1994) y la posterior refundición operada por el Real Decreto Legislativo 1/1995, de 24 de marzo, el Estatuto de los Trabajadores de 1995 pondría coto a esta supletoriedad indefinida y se introduciría un plazo límite de vigencia (DT6ª ET 1995): las Ordenanzas Laborales seguirían aplicándose como derecho dispositivo, en tanto no fueran sustituidas por convenio colectivo, hasta el 31 de diciembre de 1994. La OLTC, junto a otras sesenta Ordenanzas y Reglamentaciones, se beneficiaría de una prórroga que finalizaría el 31 de diciembre de 1995[28]. El vencimiento de dicho plazo comportaría la derogación formal, *ope legis*, de la OLTC.

Ante el previsible vacío normativo que ocasionaría la ausencia de pacto entre los negociadores sociales para sustituir las Ordenanzas Laborales,

---

[26] La Disposición Final 1ª precisa que no solo se deroga la Reglamentación de Trabajo de 2 de octubre de 1947, sino también "*cuantas otras disposiciones de igual o inferior rango se opongan a lo establecido en la presente Ordenanza*".

[27] Vid. Art. 2 OLTC.

[28] Orden de 28 de diciembre de 1994 (BOE Núm. 311, de 29-12-1994).

la DT6ª del ET de 1995 disponía que, en caso de falta de acuerdo en el marco de la negociación colectiva por los sujetos legitimados para ello, la Comisión Consultiva Nacional de Convenios Colectivos (en adelante, "CC-NCC") podría convenir someter la solución de la controversia a arbitraje, obligatorio y de carácter excepcional (Prados y Alameda, 2003).

Es en este momento cuando los caminos de los distintos subsectores que hasta la fecha se habían regido por la misma OLTC se separan (Luján, 1998). Mientras que actividades como el Auto Taxi, Aparcamientos o Transporte de Mercancías lograrían con éxito un acuerdo para sustituir la OLTC, en el caso del Alquiler de coches la sustitución vendría de la mano del Laudo arbitral dictado el 29 de junio de 1996[29]. No obstante, de conformidad con el acuerdo de fecha de 17 de abril de 1996 adoptado por el Pleno de la CCNCC, las materias sometidas a dicho arbitraje versarían sobre cuatro aspectos: estructura profesional, promoción profesional y económica, estructura salarial, y régimen disciplinario. Se dejaba sin regular, pues, una cuestión que siempre ha concitado extraordinario interés en el sector del transporte y que no es otra que la regulación de la jornada laboral.

En paralelo a este proceso de reemplazo de la OLTC, en el subsector del alquiler de vehículos comenzaron a surgir convenios provinciales y autonómicos específicos, tales como el Convenio colectivo sectorial de alquiler de vehículos con y sin conductor de Málaga en 1977[30] o de Madrid en 1992[31]. Por su parte, en las Islas Baleares saldrían a la luz el Convenio colectivo del sector de alquiler sin conductor en 1995[32], así como el Convenio colectivo para el Sector del Transporte Discrecional y Turístico de Viajeros por Carretera de 2001[33], que durante más de una década gobernaría el sector de VTC en las Islas hasta su exclusión del ámbito funcional del Convenio de Transporte Discrecional de pasajeros en el año 2014[34], al igual que el Convenio colectivo sectorial del transporte de viajeros por carretera de Almería, que hasta la actualidad, integra dentro de su ámbito de aplicación

29 BOE Núm. 205, de 24-8-1996.

30 BO Málaga de 26-10-1977.

31 BO Comunidad de Madrid, Núm. 110., de 9-5-1992.

32 BO Illes Balears, Núm. 161., de 28-12-1995.

33 BO Illes Balears 4-82001.

34 BO Illes Balears, Núm. 77., de 7-6-2014.

a la actividad de VTC[35]. Finalmente, en Barcelona la actividad VTC se integraría en el Convenio colectivo de auto taxis de 1995[36].

Así las cosas, la regulación convencional en el sector VTC era escasa, y los contados convenios que afectaban al arrendamiento de vehículos con conductor, bien recogían únicamente condiciones económicas (Málaga[37]), mencionaban brevemente la actividad en materia de retribución, descanso o vacaciones (Barcelona[38]) o simplemente se limitaban a citarla en su ámbito funcional (Almería). Era, sin duda, el Convenio colectivo del Sector de Alquiler de Vehículos con y sin Conductor de la Comunidad de Madrid[39] el que con mayor detalle regulaba las condiciones laborales de los conductores de VTC, aunque desde el punto de vista de la tradicional actividad y sin tener en cuenta el impacto de las plataformas digitales.

2.2. Los primeros convenios colectivos reguladores de la actividad VTC con plataformas digitales: Madrid y Málaga

En Madrid, la promoción de la negociación de un convenio colectivo que regulase la actividad VTC con plataformas digitales encontró un primer óbice en el tradicional Convenio colectivo del sector del alquiler de vehículos con y sin conductor. Se ponía así de manifiesto que la regulación convencional del clásico arrendamiento de vehículos con conductor no daba cabida a los desafíos originados por las plataformas digitales (Del Rey, 2017) [40].

Este obstáculo sería superado gracias a una mediación en sede del Instituto de la Fundación Laboral de Madrid, en donde las patronales ASEVAL

---

35 BOP Almería, Núm. 136, de 18-7-2022 (art. 3).

36 DO Generalitat de Catalunya, Núm. 2202., de 6-5-1996.

37 La última revisión salarial databa de 2008.

38 El Convenio de Auto Taxis se ha renovado sucesivamente hasta 2015 (BO Barcelona 3-2-2015), y las menciones al VTC se hallan en los arts. 20 (del 25% del servicio realizado), 25 (jornada y descansos) y 26 (Vacaciones).

39 El último Convenio del sector antes de su escisión en alquiler de vehículos con y sin conductor databa de 2017, con vigencia para los años 2017, 2018 y 2019 (BOCM, Núm. 149, de 24-6-2017)

40 El autor ya advertía de la necesidad de que los interlocutores sociales hicieran "*un enorme esfuerzo de adaptación*" de forma que la negociación colectiva esté en disposición de afrontar, desde una perspectiva reguladora los cambios que se están produciendo en las condiciones de trabajo (pág. 280).

(firmante del Convenio afectado) y UNAUTO (promotora de la constitución de la nueva mesa) acordaron el 21 de febrero de 2020 escindir el ámbito funcional del alquiler de coches[41]: por un lado, se suscribiría un Convenio colectivo de alquiler de vehículos sin conductor[42], y por otro lado, se firmaría un Convenio colectivo de alquiler de vehículos con conductor, en donde se diese una regulación tanto a la tradicional como a la nueva actividad VTC.

El Convenio colectivo del Sector de Transporte de Pasajeros de la Comunidad de Madrid en Vehículo de Turismo mediante arrendamiento con licencia VTC publicado en el BOCM el 12 de febrero de 2022 se convertiría en el primer instrumento convencional que abordaría el arrendamiento de vehículos con conductor "*efectuada la contratación por los usuarios a través de plataformas digitales o por cualquier otro medio*" (art. 3), en toda la Comunidad de Madrid. Y, siguiendo la estela del convenio de Madrid, se publicaría el BOPM 3 de agosto de 2022 el Convenio colectivo de Transporte de Pasajeros de la provincia de Málaga (Andalucía) en Vehículos de Turismo mediante arrendamiento con licencia VTC. Este nuevo convenio se inspiraría no solamente en la estructura del Convenio de VTC de Madrid, sino hasta en la redacción de su propio articulado.

Ambos convenios coinciden en diferenciar a lo largo sus previsiones la actividad de los "*conductores de aplicación*" de los conductores de "*servicio público tradicional*". Así, los artículos 15 de sendos convenios establecen que en el Grupo 3 relativo a los Conductores "*dada la distinta naturaleza del tipo de servicio, flexibilidad horaria, organización del trabajo, objetivos, responsabilidades y modos de trabajo*", se distinguirá entre conductor de aplicación y de servicio privado tradicional. Se entiende por conductor de aplicación aquel que opere vehículos "*cuya facturación se haga mayoritariamente a través de una plataforma electrónica de contratación (aplicación)*", mientras que se define como conductor de servicio privado tradicional aquel que opere vehículos "*cuyos servicios se hayan mayoritariamente sin la mediación de una plataforma electrónica de contratación tales como, servicios privados, reguladores temporales, reguladores de uso especial, discrecionales y turísticos*".

---

41 Expediente Núm. PCM-0074/2020.

42 Publicación del Convenio colectivo del Sector de Alquiler de Vehículos sin Conductor de la Comunidad de Madrid para los años 2022 y 2023 (BO Comunidad de Madrid, Núm. 18, de 21-1-2023). Parte del Acuerdo de Mediación consistió en dar entrada en la parte social al Sindicato Libre de Transporte (SLT), que hasta la fecha no había participado en la firma del convenio.

Esta distinción se hace patente en materia de jornada de trabajo, en donde se dedica un artículo específico al conductor de aplicación (art. 18 Convenio VTC Madrid y Málaga) y otro al conductor de servicio público tradicional (art. 19 Convenio VTC Madrid y Málaga), pero también se observan estas diferencias en la estructura salarial con la fijación de un pacto de productividad (art. 26 Convenio VTC Madrid y Málaga) única y exclusivamente para la retribución de los conductores de plataformas, en las dietas (art. 27) y de manera significativa en la descripción de las faltas en el régimen sancionador, donde se abordan realidades concretas de los conductores de plataformas digitales (arts. 39 y ss. Convenio VTC Madrid y Málaga).

2.3. Estado actual de la negociación colectiva en el sector VTC: la necesidad de un Convenio/Acuerdo Marco estatal

En la actualidad, la falta de avances en la negociación colectiva a nivel estatal en la actividad de VTC[43] ha abocado al sector a una situación inédita, en donde las empresas aplican un convenio colectivo distinto en función de la provincia en que esté radicado su centro de trabajo. Y es claro que no ha contribuido a solventar el enquistado panorama convencional la firma reciente del I Convenio colectivo de transporte de pasajeros en vehículo de turismo mediante arrendamiento con licencia VTC de la Comunidad Autónoma de Andalucía[44], cuya mesa negociadora fue anulada por el TSJ de Andalucía (Granada) el 14 de febrero de 2023[45].

Y, por el momento, tampoco supone innovación alguna la publicación del I Convenio colectivo sectorial de arrendamiento de vehículos con conductor de las Islas Baleares en julio de 2023[46], en tanto que, de conformidad con su artículo 4, "*las partes negociadoras excluyen del ámbito funcional, de manera transitoria y excepcional, la actividad de VTC realizada a través de plataformas digitales o electrónicas de contratación*" como consecuencia de una

---

[43] Desde que comenzó oficialmente en 2017 la promoción de la negociación colectiva, hasta en dos ocasiones los negociadores del sector han acudido al SIMA a desencallar los obstáculos en el proceso negociador (14/10/2020, Expte. M/084/2020/NA; 05/07/2022, Expte. M/243/2022/N).

[44] Negociación promovida el 15 de julio de 2022.

[45] STSJ Andalucía, sede en Granada, Sala de lo Social, núm. 282/23, conflicto colectivo núm. 43/22, dictada el 14 de febrero de 2022.

[46] BO Illes Balears, Núm. 95, 11-72023.

falta de implantación en el territorio insular y, por su especial y diferente configuración respecto de la actividad de VTC tradicional, única que se rige por el presente convenio.

De manera que salvo en Madrid y Málaga, donde resultaban de aplicación los Convenios colectivos sectoriales específicos de VTC, en Barcelona (en la que las empresas aplican el Convenio de auto taxis) y en Almería (donde se aplica el Convenio colectivo de transporte de pasajeros por carretera[47]) en el resto de las provincias y CCAA de España surgen dudas acerca del convenio colectivo aplicable.

En un primer momento, el TSJ de Andalucía (Granada) declaró el 23 de mayo de 2013[48] que en la provincia de Jaén resultaba de aplicación Laudo arbitral de 1996 recaído en el conflicto derivado del proceso de sustitución de la OLTC, dado que este era aplicable a todas las empresas cuya actividad consistiese en el alquiler de vehículos con y sin conductor y, en el supuesto concreto, desde el 1 de enero de 1996 la empresa concernida no estaba afectada por ningún otro acuerdo o convenio colectivo (art. 2.1 y 2 del Laudo arbitral). A mayor abundamiento, el TSJ de Andalucía señalaba que no podía resultar de aplicación el Convenio colectivo de la Comunidad autonómica de Andalucía del sector de Auto Taxi[49], puesto que su artículo 1 regulaba la prestación de servicios de las empresas privadas de transportes urbanos e interurbanos de taxi en Andalucía, no haciendo mención alguna al sector del arrendamiento de vehículos con conductor.

A esta tesis se sumaría la CCNCC en su Dictamen de 11 de noviembre de 2019[50], concluyendo que, en las provincias de Granada y Sevilla, no teniendo la Comisión constancia de la existencia de ningún convenio colectivo del sector de alquiler de vehículos con conductor ni en las citadas provincias ni en la Comunidad de Andalucía, resultaba de aplicación el Laudo arbitral de 1996.

Sin embargo, en ese mismo año, la CCNCC evacuaría otro Dictamen, fechado a 30 de junio de 2019[51], en el que llegaría a una solución en apariencia completamente contradictoria. Como quiera que el arrendamiento

---

47 BOP Almería Núm. 136, de 18-7-2022.

48 STSJ Andalucía, sede en Granada, Sala de lo Social, núm. 1076/2013, dictada el 23 de mayo de 2023 (rec. 714/2013).

49 BO Junta Andalucía de 19-10-2011.

50 Consulta Núm. 38/2019.

51 Consulta Núm. 61/2019 (planteada por la ITSS en Alicante).

de vehículos con conductor ostenta la consideración de transporte discrecional de viajeros (vid. art. 180.1 ROTT) y no existiendo en Alicante convenio colectivo sectorial propio de alquiler de vehículos con y sin conductor, se razonaba que la actividad de VTC se encontraba dentro del ámbito funcional del Convenio colectivo de trabajo para la actividad de transporte de viajeros de la provincia de Alicante. Se descartaba la aplicación del Laudo arbitral de 1996 debido a su carácter subsidiario. Y en ese mismo sentido, la CCNCC defendería en otros dos Dictámenes en los años 2020 y 2022 la aplicación de diferentes convenios de transporte de viajeros en la provincia de Vizcaya[52] o en el Principado de Asturias[53].

La aplicación de los Convenios colectivos sectoriales del sector de Transporte de Viajeros por Carretera al arrendamiento de vehículos con conductor no se compadece con la evolución histórica de la negociación colectiva en España. Ciertamente, una de las consecuencias directas del proceso de sustitución de las Ordenanzas Laborales consistió en la redefinición del ámbito funcional de las mismas (Valdés y Lahera, 1999), extremo que se manifestó con especial intensidad en el sector del Transporte, que se fragmentó y escindió en múltiples subsectores, entre otros, en el Subsector de Transporte de Viajeros por Carretera con el Laudo dictado el 24 de noviembre de 2000 en sustitución de la OLTC[54] o en el Subsector de Alquiler de vehículos con y sin conductor con el Laudo dictado el 29 de junio de 1996. Es decir, desde sus orígenes, los subsectores del Transporte de Viajeros por Carretera y del Alquiler de vehículos con conductor se han regido por Laudos diferentes.

Por añadidura, desde un punto de vista conceptual, el transporte discrecional de viajeros y el arrendamiento de vehículos con conductor tienen verdaderamente por objeto la regulación de actividades con realidades productivas absolutamente distintas. Tradicionalmente, se ha vinculado el transporte de viajeros con el desplazamiento de pasajeros con vehículos de tracción mecánica de más de nueve plazas, incluido el conductor, tal y

---

52 Consulta Núm. 54/2019, de 10 de febrero de 2020, en donde la CCNCC acordaba por unanimidad la aplicación del Convenio colectivo del sector Transporte de Viajeros Regular y Discrecional por Carretera de Vizcaya (BOB 29-8-2018).

53 Consulta Núm. 39/2021, de 3 de marzo de 2022, en donde la CCNCC acordaba por unanimidad la aplicación del Convenio colectivo para las empresas de Transporte por carretera del Principado de Asturias para los años 2019-2023 (BOPA 31 de enero de 2021).

54 BOE Núm. 49, de 24-2-2001.

como se desprende del Acuerdo marco estatal sobre materias del transporte de viajeros por carretera de 2015[55].

Es verdad que el ámbito funcional del Laudo del año 2000 no restringe expresamente el ámbito funcional del sector de transporte de viajeros al transporte de pasajeros en vehículos con más de nueve plazas. En aquella época no resultaba necesaria tal precisión tanto más cuanto que el alquiler de vehículos con conductor se concebía como una actividad auxiliar o complementaria del transporte y contaba con su propio Laudo arbitral de 1996. Ahora bien, con la evolución de la normativa de VTC y, sobre todo, con ocasión de la popularización de la actividad a raíz del surgimiento de las plataformas digitales, en la actualidad, el arrendamiento de vehículos con conductor se erige formalmente como una actividad de transporte discrecional de pasajeros a todos los efectos (art. 180.1 ROTT). De suerte que, en defecto de concreción por parte del convenio colectivo del sector del transporte de viajeros, siguiendo el criterio de la CCNCC, resultarían de aplicación dichos convenios sectoriales.

Esa sería la causa que motivaría la modificación del ámbito funcional del Convenio colectivo sectorial de transporte de viajeros por carretera de Alicante. Mientras que el Convenio de 2019[56] afectaba a "*las Empresas y su personal de servicios regulares, discrecionales, urbanos e interurbanos de la provincia de Alicante*" (art. 2) regidas por la derogada OLTC de 1971, el nuevo Convenio de 2023[57] delimita claramente su ámbito funcional, regulando "*las condiciones de trabajo del personal de las empresas de Transportes de Viajeros por Carretera en vehículos de más de nueve plazas incluido el conductor*" (art. 2). A partir de su entrada en vigor en 2023, el sector de VTC en Alicante volverá a regirse por el Laudo arbitral de 1996 dado que no existe ningún otro convenio colectivo que pueda resultar de aplicación a la citada actividad.

La aplicación del criterio defendido por la CCNCC conduciría a un panorama convencional fragmentado, el cual se podría sintetizar de la siguiente manera:

- Territorios que cuentan con un convenio sectorial específico para el conjunto del sector VTC (Madrid y Málaga) o, al menos, para una parte de la actividad -el servicio público tradicional o sin utilización de plataformas digitales- (Islas Baleares).

55 BOE Núm. 49, de 26-2-2015.

56 BO Provincia de Alicante, Núm. 55, de 20-3-2019.

57 BO Provincia de Alicante, Núm. 138, de 19-7-2023.

- Territorios que se encuentran cubiertos por un Convenio colectivo sectorial no específico y que agrupa a varias actividades, entre las que se encuentra el alquiler de vehículos con conductor: Barcelona (Auto Taxis) y Almería (Transporte de viajeros por carretera).
- Territorios que carecen de un Convenio colectivo sectorial que integre expresamente en su ámbito funcional al subsector de arrendamiento de vehículos con conductor, en cuyo caso, la CCNCC entiende que habría que aplicar el correspondiente al transporte discrecional de viajeros, bien el específico del Transporte de viajeros por carretera (en donde se incluyen al transporte tanto regular como discrecional, véase el caso, entre otros[58], del convenio de Vizcaya) o el genérico del sector del Transporte por carretera cuando el transporte discrecional de pasajeros estuviera incluido dentro del mismo (entre otros[59], Asturias[60]). Y en el supuesto de que el ámbito funcional del sector en un territorio estuviera disgregado entre transporte urbano e interurbano de viajeros, como en León o en Murcia, habría que aplicar el convenio colectivo correspondiente al interurbano puesto que que tras el fin del régimen transitorio el 30 de septiembre de 2022 (vid. RDL 13/2018), las empresas de VTC solamente puede prestar servicios urbanos de transporte siempre

58 Otros Convenios colectivos que, en vista de la descripción de su ámbito funcional, podrían resultar potencialmente aplicables al sector VTC son: Ávila (BOPA Núm.180, de 17-9-2019), Badajoz (DOE Núm. 184, de 23-9-2022), Cáceres (DOE Núm. 140, de 26-5-2022), Cantabria (BOC Núm. 244, de 20-12-2019), Castellón (BOPC Núm. 34, de 23-3-2023), Gerona (BOPG Núm. 234, 9-12-2021), Huesca (BOPH Núm. 9, de 14-1-2022), Lérida (BOPL Núm. 69, de 8-4-2022), Lugo (BOPL Núm. 44, de 22-2-2014), Navarra (BON Núm. 140, de 21-7-2015), Orense (BOPO Núm. 272, de 27-1-2019), Pontevedra (BOP Núm. 204, de 23-10-2018), Salamanca (BOPS Núm. 12, de 19-1-2023), Segovia (BOPS Núm. 86, de 19-7-2023), Tarragona (BOPT, de 7-3-2022), Toledo (BOT Núm. 151, de 12-8-2019), Valladolid (BOV Núm. 235, de 7-12-2018) y Zamora (BOPZ Núm. 13, de 31-1-2018). En la provincia de Granada (BOPG Núm. 4, de 9-1-2023) surgen dudas, porque el ámbito funcional no se restringe a los autobuses, pero la CCNCC había resuelto, como se ha visto, que resultaba aplicable el Laudo arbitral.

59 Igualmente es el caso de Burgos (BOP Burgos, Núm. 242, de 23-12-2022), Cuenca (BOP Cuenca, Núm. 122, de 20-10-2021) y Huelva (BOP Huelva Núm. 89, de 11 de mayo de 2022).

60 Convenio colectivo del sector Transporte por Carretera del Principado de Asturias (BOPA Núm. 21, de 31-1-2020), que se aplica también al sector del taxi y de alquiler de vehículos sin conductor (art. 3).

que la Comunidad Autónoma así lo haya expresamente previsto, lo que no ocurre ni en Castilla y León[61] ni en Murcia[62].

- Territorios en los que, en defecto de Convenio colectivo sectorial aplicable a la actividad de VTC, resultaría de aplicación subsidiaria el Laudo arbitral de sustitución de la OLTC de 1996 debido a las siguientes circunstancias:
  - Por la imposibilidad de aplicar los Convenios colectivos sectoriales de transporte de viajeros como consecuencia de la definición de su ámbito funcional, que se restringe o limita al transporte por carretera de pasajeros en vehículos de más de nueve plazas incluido el conductor (autobuses o microbuses), como es el caso, entre otros[63], de Alicante.
  - Por la inexistencia de un Convenio colectivo estatutario vigente en el sector del transporte (discrecional) de viajeros, como sucede en Álava[64], Las Palmas[65], Santa Cruz de Tenerife[66], Ceuta y Melilla.

Sea como fuere, aunque un importante número de Convenios colectivos de transporte de pasajeros no afirmen expresamente que sus previsiones se aplican única y exclusivamente al transporte de viajeros en vehículos de tracción mecánica de más de nueve plazas (incluyéndose el conductor), se podría colegir, en virtud de una interpretación sistemática de los mismos, que los negociadores sociales no pretendieron afectar en

---

61 No hay regulación adicional a la estatal por parte de la Junta de Castilla y León.

62 En la Orden por la que se regula el transporte en VTC en la Región de Murcia (BORM Núm. 103/2021, de 7-5-2021) no permite expresamente el transporte urbano de pasajeros.

63 También Albacete (BOPA Núm. 31, de 14-3-2022), Cádiz (BOPC Núm. 218, de 14-1-2018), Guadalajara (BOPG, de 1-7-2022), Guipúzcoa (BOPG Núm. 159, de 20-8-2018), Jaén (BOPJ Núm. 192, de 5-10-2017), Palencia (BOPP Núm. 69, de 10-6-2022), La Rioja (BOR Núm. 95, de 18-8-2017), Sevilla (BOPS Núm. 236, de 11-10-2022), Soria (BOPS Núm. 115, de 7-10-2019), Valencia (BOPV Núm. 5, de 9-1-2023) y Zaragoza (BOPZ Núm. 182, de 10-8-2023). Me decanto por incluir igualmente en este apartado a Ciudad Real (BOPCR Núm. 27, de 8-2-2023) porque su ámbito funcional se remite al Laudo arbitral de 2000 en sustitución de la OLTC, y el subsector VTC se rige por el Laudo de 1996.

64 Convenio colectivo extraestatutario de eficacia limitada para el sector transporte de personas por carretera de Álava (BOTHA, Núm. 148, de 26-12-2022).

65 Fin de su prórroga el 31 de diciembre de 2014 (BOLP, Núm. 124, de 27-9-2013).

66 Fin de su prórroga el 31 de diciembre de 2014 (BOPT, Núm. 163, de 11-12-2013).

ningún momento a la actividad de VTC, más aún cuando varios convenios colectivos del sector potencialmente aplicables describen las funciones del conductor como aquella persona operaria capacitada para manejar buses y/o microbuses[67]. Interpretación que se reforzaría a la luz de la sentencia del Juzgado de lo Social núm. 3 de Córdoba de 2021[68], que entiende aplicable el Laudo arbitral de 1996 sin ni siquiera hacer mención alguna al Convenio colectivo de Transporte de Viajeros por carretera de la provincia de Córdoba[69], cuyo ámbito funcional no se circunscribe al transporte en autobuses o microbuses[70].

3. LA IMPORTANCIA DE LAS PLATAFORMAS DIGITALES: ESPECIAL MENCIÓN A LA REGULACIÓN DE LA JORNADA LABORAL DE LOS CONDUCTORES

Desde que existe regulación convencional en el sector del alquiler de vehículos con conductor y precisamente debido a la idiosincrasia y naturaleza de la actividad, la jornada laboral de los conductores siempre ha presentado características especiales, esto es, aquellas establecidas para el transporte de carretera, primero en el Real Decreto 2001/1983, de 28 de julio y, después, en el Real Decreto 1561/1995, de 21 de septiembre, sobre jornadas especiales de trabajo.

Hasta la fecha, la jornada de los conductores de servicio público tradicional de VTC no había necesitado de una pormenorizada regulación. Muestra de ello es que el artículo 12 del Convenio colectivo del sector de alquiler con y sin conductor de la Comunidad de Madrid de 1995, con apenas dos párrafos, abordaba uno de los extremos más relevantes en materia de jornada en el sector del transporte: el tiempo de presencia o de espera. El último Convenio del sector del alquiler de vehículos con conductor y sin conductor de la Comunidad de Madrid en 2017 disponía que no computaban *"a efectos de jornada de trabajo los tiempos de espera en los que el conductor, sin realizar servicio efectivo alguno, se encuentre a disposición de la empresa"* (art. 13 *in fine*).

---

67 Concretamente los siguientes: Ávila, Castellón, Córdoba, Salamanca y Toledo.

68 SJS núm. 3 de Córdoba, Núm. 466/2021, de 13 de diciembre de 2021.

69 BOP de Córdoba Núm. 83, de 3-5-2019.

70 Vid. art. 2 del CC de Córdoba.

La remisión al Real Decreto 1561/1995 y la previsión de un tiempo de espera diferente al tiempo de trabajo efectivo no bastaba para satisfacer las exigencias de una nueva actividad marcada por el uso de una plataforma digital. De ahí que, en la actualidad, se regule separadamente la jornada de los conductores de aplicación y del servicio público tradicional.

El artículo 18.1.II de los Convenios colectivos sectoriales (de Madrid y de Málaga) de VTC es heredero de la concepción primigenia del sector VTC, consistente en entregar el vehículo al conductor, el cual gozaba de una total autonomía para organizar su trabajo[71], y que propiciaba largas y dilatadas jornadas de trabajo, conociéndose esta figura como conductor "*full time*". De esta manera, salvo que la empresa haya determinado un concreto horario de trabajo, "*la persona trabajadora tendrá completa autonomía para ordenar su jornada de trabajo*" dentro de un determinado marco temporal, siempre con respeto a los descansos diarios y semanal.

El artículo 18.4 de los Convenios sectoriales de aplicación distingue entre tiempo de trabajo efectivo, tiempo de presencia y pausas y descansos, advirtiéndose posteriormente, en el apartado undécimo, de que la mera conexión a la plataforma no constituye, por sí sola, prueba ni de tiempo de trabajo ni de espera, cuando no se dan las circunstancias establecidas en el propio Convenio colectivo sectorial.

Realmente nunca habían existido dudas acerca de la naturaleza de trabajo efectivo del tiempo que transcurre desde que un conductor acepta un servicio en la plataforma hasta que finaliza el mismo llevando al cliente a su destino[72]. Más interrogantes generaba el resto de los tiempos que componen la jornada de un conductor. Por medio del artículo 18.6 de los Convenios sectoriales se despejan varias incógnitas. Por un lado, recibirá la consideración de tiempo de trabajo efectivo el tiempo de conexión a la

---

[71] Así, el Convenio colectivo de trabajo de empresas de auto taxis y alquiler de vehículos con conductor de Barcelona (BO Barcelona, Núm. 8, de 8-1-2013) establecía, en su art. 25 pº 2º que, a falta de determinación de un horario de prestación de servicios, el conductor cumpliría su jornada de ocho horas diarias, a su elección, dentro de horario establecido para el turno de trabajo, matizando su tercer párrafo que se entiende por horario efectivo la "*permanencia del trabajo en situación de servicio y de espera activa*", excluyéndose, por tanto, "*los períodos de tiempo transcurridos dentro del turno de trabajo determinado por la empresa o por el Institut Metropolita del taxi, destinados a comida, cena, descansos, desplazamientos a la prestación del servicio*".

[72] Y tampoco respecto al "*tiempo destinado a tareas auxiliares por el conductor (entre otras, repostaje, limpieza y mantenimiento básico del vehículo), que se fija en veinte minutos diarios*" (art. 18.6.c de los Convenios sectoriales).

plataforma electrónica de contratación siempre que el conductor se encuentre circulando en el área indicada por la empresa para la realización de los servicios dentro del marco temporal asignado por la empresa o se encuentre de vuelta a la citada área tras la realización de un servicio con destino fuera de la misma. Y, por otro lado, siendo consecuencia lógica de lo anterior, se computará igualmente como tiempo de trabajo el tiempo de conducción con conexión a la citada plataforma que media desde que el conductor recoge el vehículo en las instalaciones de la empresa hasta que accede al área indicada por la empresa para la realización de sus servicios, siempre y cuando se dirija inmediata y directamente a dicha área para la ejecución de los mismos. Dos son los elementos clave: la conexión a la plataforma y la conducción directamente hacia o en el área señalada por la empresa, así como el retorno a la misma.

Por su parte, tendrá la consideración de tiempo de presencia el tiempo en que el conductor se encuentre en el vehículo parado, conectado a la plataforma, y dentro del área y el marco temporal indicados por la empresa (art. 18.7.a de los Convenios sectoriales de Madrid y Málaga)[73].

Y como principal novedad, que viene a desnaturalizar el alcance mismo del tiempo de espera[74], se entiende cumplida la jornada ordinaria de trabajo cuando entre tiempo efectivo de trabajo y tiempo de presencia se alcancen las 8 horas diarias (art. 18.7 de los Convenios sectoriales). Como quiera que se ha pactado la distribución irregular de la jornada en cómputo mensual, se refuerza el anterior aserto en el artículo 18.11.II de los Convenios sectoriales, el cual prevé que, si el trabajador no ha cumplido su jornada de trabajo efectivo en cómputo mensual, "*del número de horas de presencia realizadas se restará y computará a todos los efectos el que resulte preciso para completar la citada jornada ordinaria de trabajo efectivo*".

Dicho de otra manera, los tiempos de presencia que, por regla general y al amparo del artículo 8.3.II del RD 1561/1995, no computan a efectos de la duración máxima de la jornada ordinaria de trabajo, sirven para comple-

---

73 El art. 18.7.b) de los Convenios sectoriales también contempla como tiempo de presencia aquel en que el trabajador está en las instalaciones de la empresa a disposición de ésta para recibir instrucciones o pendiente de que se le proporcionen los medios necesarios para el desarrollo de su actividad.

74 La doctrina científica lo ha concebido como una tercera categoría jurídica, *sui generis* o *tertium genus*, que trasciende a la clásica dicotomía entre tiempo de trabajo y descanso establecida en el art. 2 de la Directiva 2003/88/CE (Basterra, 2017).

tar el defecto de jornada efectiva de trabajo de los conductores porque así expresamente lo han acordado los negociadores sociales.

4. TIEMPO DE TRABAJO EN EL SECTOR DE VTC A LA LUZ DE LA DOCTRINA JUDICIAL: LAS RECLAMACIONES DE HORAS EXTRAORDINARIAS

A pesar de la reciente publicación de los Convenios sectoriales de VTC en Madrid y Málaga en los años 2021 y 2022, la ordenación de la jornada laboral de los conductores de VTC ha sido analizada por una abundante doctrina judicial, pues el tiempo de trabajo en el sector de VTC se presenta como una materia rodeada de una gran litigiosidad como consecuencia de los frecuentes pleitos sobre reclamación de horas extraordinarias. Y, aunque los tribunales, por motivos temporales, no resuelven sobre la base de los antedichos convenios sectoriales, algún Juzgado de lo Social ya ha tenido en cuenta en su fallo las previsiones allí contenidas[75].

No obstante lo anterior, de la lectura de las diferentes resoluciones judiciales se extrae que, en puridad, los tribunales han abordado cuestiones que hoy día se encuentran previstas en los Convenios sectoriales. Ante la falta de una adecuada regulación convencional, las empresas del sector se aprestaron a introducir distintas cláusulas contractuales en las que se aclaraba el cómputo del tiempo de trabajo ante las "*peculiaridades de la prestación de servicios en alquiler de vehículos con conductor sujeto a servicios de pre-contratación a través de aplicaciones móviles*"[76]. Al amparo de estas cláusulas adicionales, que en la actualidad encuentran sustento y reflejo en los vigentes Convenios sectoriales, se acordaba que las compañías pondrían a disposición de sus trabajadores el vehículo, como herramienta de trabajo, durante un tramo temporal de doce horas, dentro de las cuales los conductores debían efectuar su jornada de trabajo ordinaria, pudiendo organizarse de manera autónoma y como estimasen oportuno[77]. Además, se estipulaba, variando

[75] SJS Madrid 2, núm. 313/2021, en cuyo HDP 7° se hace mención a la firma del Convenio colectivo VTC de Madrid.

[76] La integridad de la cláusula contractual se puede leer, entre otras, en la SJS Madrid 35, núm. 223/2021, de 21 de mayo de 2021.

[77] El hecho de que el trabajador dispusiera del vehículo de empresa durante doce horas al día o estuviera conectado a las aplicaciones móviles por tiempo superior a ocho horas diarias, "*en ningún caso supone la realización de una jornada superior a la máxima legal permitida*".

la redacción en función de la empresa, la concreción de los tiempos de trabajo efectivo y de presencia[78].

La mediática sentencia dictada por el Juzgado de lo Social núm. 42 de Madrid el 11 de diciembre de 2020[79] rechazó rotundamente el tenor de estos pactos, declarando dichas cláusulas abusivas "*y contrarias a las mínimas disposiciones legales y convencionales reguladoras del tiempo de trabajo*", arguyendo que la parte demandada no hacía distinción entre tiempo de trabajo efectivo y tiempo de espera a la luz del Convenio de alquiler de vehículos con y sin conductor de la Comunidad de Madrid del año 2017. Concluía, finalmente, entendiendo que lo que enmascaraba las mentadas cláusulas contractuales no era más que un turno de trabajo de 12 horas, debiéndose computar los tiempos en los que el conductor, bien no estaba conectado a la aplicación y circulaba por la carretera, bien no estaba conduciendo pero estaba conectado a la plataforma digital, como tiempos de presencia, dando al mismo tiempo por acreditadas como extraordinarias las horas de conexión invocadas por la parte actora, las cuales rebasaban el máximo legal semanal de 40 horas.

Aunque algún pronunciamiento judicial se ha situado en la misma línea, asumiendo acríticamente que "*el trabajador realizaba de forma habitual 4 horas extraordinarias*"[80] por el mero hecho de estar conectado a la plataforma digital, la mayoría de las sentencias consultadas avalaron la licitud de las cláusulas contractuales objeto de análisis, y desecharon el argumento según el cual la puesta a disposición de un vehículo durante el tramo temporal de doce horas comportaba necesariamente la realización de doce horas de trabajo. En primer lugar, porque la empresa no imponía la realización de doce horas diarias de trabajo efectivo, sino que dentro de dicho período de doce horas el trabajador debía cumplir su jornada diaria de ocho horas de trabajo efectivo[81]. Por otra parte, esta pretensión se enfrentaba al obstáculo añadido de que de ninguna manera resultaba viable computar a efectos de reclamar horas extraordinarias las supuestas doce

---

78 Se excluían de la consideración de jornada efectiva de trabajo, sin embargo, el tiempo en que el trabajador "*se encuentre sin conexión (esto es, el tiempo en el que, bajo su propia decisión y organización, el trabajador decide no estar conectado a las aplicaciones que proporcionan los servicios objeto de la prestación laboral), así como aquellos en los que, estando conectado, el vehículo no se encuentra circulando*".

79 SJS Madrid 42, núm. 347/2020, de 11 de diciembre de 2020.

80 SJS Madrid 7, núm. 134/2020, de 16 de marzo de 2020.

81 STSJ Andalucía (Málaga), de 2 de junio de 2021, núm. 955/2021 (rec. 273/2021).

horas de jornada diaria[82], sencillamente porque ese cálculo se realizaba sin descontar descansos, paradas o cualquier vicisitud acaecida a lo largo del tramo temporal[83].

En segundo lugar, la conexión a la plataforma de contratación de servicios no equivale a tiempo de trabajo efectivo, pues es perfectamente posible que el trabajador se encuentre conectado a la aplicación y que, sin embargo, el automóvil se encuentre detenido y sin circular[84]. En ese sentido, se estimó que el período de conexión a la plataforma y de disposición del vehículo dentro del lapso temporal de doce horas antes señalado no puede automáticamente equipararse a tiempo de trabajo, pues "*el trabajador tiene libertad de movimientos y puede realizar [otras] actividades*"[85]. Podría darse el caso de que, en el transcurso de su jornada de trabajo efectivo de ocho horas, el conductor decidiera tomarse un descanso, véase de sesenta minutos, y que, durante dicho asueto, el trabajador continuara conectado a la plataforma digital. Por esta razón, los tribunales no conceden eficacia probatoria al tiempo de conexión a la plataforma electrónica de contratación de los servicios.

Realmente, y pese a lo resuelto por el Juzgado de lo Social núm. 42 de Madrid[86], no podría existir tiempo de presencia sin conexión a la plataforma, aunque el conductor esté circulando con el vehículo, dado que no se halla a disposición de la empresa, esto es, no se encuentra en condiciones de aceptar servicios de usuarios de la aplicación. Y tampoco podría interpretarse como tiempo de espera la detención del vehículo con conexión en un lugar no indicado previamente por la empresa, puesto que por definición el tiempo de presencia en transporte por carretera comprende "*los períodos distintos de las pausas y de los descansos, durante los que el trabajador*

---

[82] En muchas demandas se reclama sin mayor precisión la realización de cuatro horas extraordinarias diarias, sin distinguir entre horas de conexión y de trabajo efectivo, tal y como sintetiza la SJS Madrid 31, núm. 205/2020, de 27 de octubre de 2020.

[83] STSJ Madrid, de 7 de mayo de 2021 núm. 429/2021 (rec. 39/2021). En esa misma línea, el SJS Madrid 23, núm. 82/2020, de 28 de febrero de 2020, o la SJS Barcelona 19, núm. 356/2020, de 14 de diciembre, en el que se afirmaba que tanto a la luz del contrato de trabajo como del art. 25 del Convenio Auto Taxi de Barcelona no se podía considerar como jornada el "tiempo destinado a comida, cena, etc.".

[84] SJS Málaga 4, núm. 307/2020, de 26 de octubre de 2022.

[85] SSJS Málaga 9, núm. 507/2021 y 508/2021, de 15 de noviembre de 2021.

[86] Confirmada en suplicación por la STSJ Madrid, de 28 de junio de 2023, núm. 664/2021 (rec. 235/2021).

móvil no lleva a cabo ninguna actividad de conducción u otros trabajador y no está obligador a permanecer en su lugar de trabajo, pero tiene que estar disponible para responder a posibles instrucciones que le ordenen emprender o reanudar la conducción o realizar otros trabajos" (art. 10.4 RD 1561/1995). De manera que si el conductor tiene asignada el área de la ciudad de Madrid y se detiene -conectado a la plataforma digital- en otro municipio de la Comunidad, no estaría disponible para retomar su actividad, en el bien entendido de que debería conducir no para reemprender su actividad sino para dirigirse a su zona de trabajo. De ahí que el Convenio colectivo sectorial exija para computar como tiempo de presencia no solo que el trabajador se encuentre en el vehículo parado y conectado a la plataforma, sino que se halle "*dentro del área y marco temporal fijados por la empresa*".

Desde una perspectiva estrictamente procesal, la prueba del exceso de jornada corresponde a la parte demandante en aplicación de las reglas generales sobre la carga de la prueba recogidas en el artículo 217.2 de la Ley de Enjuiciamiento Civil. La jurisprudencia del Tribunal Supremo, aplicada con matices por la doctrina judicial desde la introducción de la obligación del registro de jornada ex artículo 34.9 del ET[87], ha venido afirmando desde la década de los noventa que quien pretenda reclamar la realización de horas extraordinarias debe fijar con toda precisión sus circunstancias y número, y probar a su vez, su realización día a día y hora a hora[88], o al menos, acreditar haber sobrepasado de forma reiterada la jornada habitual[89].

Así pues, entre las dificultades probatorias (García, 2023) y las pretensiones basadas fundamentalmente en que el tiempo de conexión equivale a tiempo de trabajo efectivo, sin descontar tiempos de descanso, paradas o incluso el tiempo de presencia, condenan al fracaso a la mayor parte de las reclamaciones de horas extraordinarias.

---

87 Sobre las consecuencias del incumplimiento del registro de jornada por parte del empresario la doctrina judicial se halla bastante dividida. Encontramos sentencias en diferentes sentidos, desde que el trabajador sigue estando obligado a aportar una prueba plena de las horas extraordinarias realizadas (STSJ Murcia, 28 de marzo de 2023, núm. 290/2023, rec. 1293/2021) hasta la inversión de la carga de la prueba cuando existan al menos indicios de que el trabajador pudiera hacer el horario que afirma efectuar (STSJ Galicia, 1 de marzo de 2023, núm. 1256/2023, rec. 6191/2022)

88 STS, Sala de lo Social, de 21 de enero de 1991 [ECLI:ES:TS:1991:16421]

89 STSJ, Comunidad Valenciana, de 12 de julio de 2022, núm. 2511/2022 (rec. 634/2022).

5. CONCLUSIONES

Como se ha podido analizar, la normativa administrativa reguladora de la actividad de VTC influye de manera directa en la mayor o menor implantación de las empresas de VTC en los diferentes territorios de España. Tras la entrada en vigor del RDL 3/2018 y el fin del régimen transitorio el día 30 de septiembre de 2022, solamente diez CCAA cuentan con una regulación de las condiciones de prestación de las VTC, y de estas, únicamente cinco prevén expresamente la posibilidad de realización de servicios de transporte urbano de pasajeros.

La inseguridad jurídica por las posibles restricciones adicionales en la ejecución de la actividad explica parcialmente que pocas provincias o CCAA cuenten hoy en día con un Convenio colectivo sectorial específico para el sector VTC, en donde se aborde de manera pormenorizada los desafíos derivados de la irrupción de las plataformas digitales. A esta incertidumbre se suman los vaivenes jurisprudenciales y legislativos, a los que contribuye el reciente RDL 5/2023 que incorpora nuevos requerimientos suplementarios para las empresas de VTC, aplicándose incluso retroactivamente a las solicitudes de licencias que se encuentren en curso.

Si bien es verdad que unas pocas CCAA concentran el mayor número de licencias de VTC (Madrid, Cataluña y Andalucía), no es menos cierto que las empresas de VTC operan en el conjunto del Estado español. Y salvo determinados territorios como en Madrid, Málaga, Barcelona o Almería, surgen dudas en relación con el convenio colectivo aplicable. La CCNCC se ha decantado por la aplicación de los Convenios colectivos sectoriales del transporte de pasajeros, pues incluyen dentro de su ámbito funcional al transporte discrecional de viajeros. Argumenta que a la luz de la LOTT y del ROTT, el arrendamiento de vehículos tiene la consideración de transporte discrecional de viajeros a todos los efectos.

Esta interpretación conduce a la aplicación de unos convenios colectivos pensados y concebidos para el transporte de pasajeros en vehículos de tracción mecánica de más de nueve plazas (incluido el conductor), o, lo que es lo mismo, para el transporte de viajeros en autobuses y microbuses.

Solamente en aquellos territorios en los que los Convenios colectivos de transporte de pasajeros restrinjan su ámbito de aplicación a las empresas de autobuses y microbuses, resultará subsidiariamente de aplicación el Laudo arbitral de 1996 sustituto de la OLTC. Y será igualmente aplicable en aquellos pocos lugares que no cuenten con un convenio colectivo sectorial de transporte de pasajeros.

No obstante, incluso aunque rigiera en toda España el Laudo arbitral de 1996, este no satisfaría las necesidades de las empresas de VTC, en el bien entendido de que este se emitió en una época donde el alquiler de vehículos con conductor se vinculaba a una actividad auxiliar o complementaria del transporte, estrechamente ligada al turismo y al lujo. De hecho, el Laudo arbitral no aborda una materia sumamente relevante en el sector del transporte: la jornada laboral de los conductores.

Por esta razón, el sector necesita urgentemente de un Convenio colectivo o Acuerdo Marco estatal[90], que ordene, de una vez por todas, la actividad de VTC. Por un lado, se eludiría la aplicación de los Convenios colectivos del transporte de viajeros, sustituyendo definitivamente el Laudo de 1996 y poniendo fin a la inseguridad jurídica imperante hasta la fecha. Y, por otro lado, debería servir para continuar la senda iniciada por los Convenios colectivos sectoriales de VTC de Madrid y Málaga, que contienen previsiones específicas respecto al impacto de las plataformas digitales en el día a día de las personas trabajadoras.

Convendría, en definitiva, que la negociación colectiva estatal no dejara pasar la oportunidad de sentar las bases de la estructura convencional del sector, y al albur de los Convenios colectivos sectoriales analizados, afianzara unos criterios claros de cara a identificar qué supuestos se conceptúan como tiempo de trabajo efectivo y cuáles tendrán la consideración de tiempo de presencia, aclarando que la conexión a la plataforma digital no equivale necesariamente a tiempo de trabajo efectivo.

Referencias bibliográficas

Basterra Hernández, M. (2017). *Tiempo de trabajo y tiempo de descanso* (1ª ed.). Valencia: Tirant lo Blanch.

---

90 Con la finalidad, pues, de establecer reglas para organizar la negociación colectiva dentro del sector de VTC al amparo del art. 83.2.II ET (Mercader, 2022). Al amparo del art. 83.2 ET, un Acuerdo marco permitiría, desde la cumbre, ordenar la estructura, cumplir una función gubernativa desde la autonomía colectiva y diseñar las reglas de solución de concurrencias conflictivas de convenios colectivos sectoriales (Lahera, 2022.), recogiendo al mismo tiempo disposiciones de contenido normativo y de aplicación directa a las disposiciones laborales, tal y como está concebido el II Acuerdo General para las empresas del transporte de mercancías por carretera (BOE, Núm. 76, de 29-3-2012).

Dagnino, E. (2015). Uber law: perspectiva jurídico-laboral de la sharing/on demand economy. *Revista Internacional y Comparada de Relaciones Laborales y Derecho del Empleo, 3* (3), 1-31.

Del Rey Guanter, S. (2018). Negociación colectiva, Flexiseguirdad y Nuevas Tecnologías: la necesaria adaptación a un cambio inexorable. *Revista del Ministerio de Empleo y Seguridad Social. Revista del Ministerio de Trabajo, Migraciones y Seguridad Social,* (135), 275-294.

Doménech Pascual, G. (2015). La regulación de la economía colaborativa. *Revista CEFLEGAL, CEF,* (175-176), 65-66.

García Ninet, J. I. (2023). El registro de las jornadas y de las horas extraordinarias. El contratante débil y el miedo a declarar y a testificar. Comentario a la Sentencia del Pleno del TS (Social) 85/2023, de 18 de enero. *Revista Crítica de Relaciones de Trabajo. Laborum,* 7(2), 141-165.

Guijarro González, E. (2015). Limitaciones en las autorizaciones para el servicio de arrendamiento de vehículos con conductor (VTC'S). *Revista Española de la Función Consultiva,* (24), 209-235.

Guillén Navarro, N. A. (2018). El arrendamiento de vehículos con conductor (VTC) y su entramado jurídico: el avance de Uber, Cabify y la economía colaborativa. *Revista de Estudios de la Administración Local y Autonómica,* (9), 128-147.

Lahera Forteza, J. (2022). *Manual de Negociación Colectiva* (2ª ed.). Madrid: Tecnos.

Leiva López, A. D. (2023). La regulación del arrendamiento de vehículos de turismo con conductor. Conflictividad jurídica reciente. *Revista Vasca de Administración Pública,* (125), 261-282.

Luján Alcaraz, J. (1998). La sustitución de la Ordenanza Laboral de Transportes por Carretera, en particular respecto de la actividad de transporte de mercancías por carretera. *Revista Doctrinal Aranzadi Social, 5,* 197-212.

Mercader Uguina, J. R. (2022). *Lecciones de Derecho del Trabajo* (15ª ed.). Valencia: Tirant lo Blanch.

Olmedo Peralta, E. (2017). Liberalizar el transporte urbano de pasajeros para permitir la competencia más allá de taxis y VTC: una cuestión de política de la competencia. *Revista de Estudios Europeos,* (70), 250-283.

Pérez del Prado, D. (2023). *Derecho, economía y digitalización. El impacto de la inteligencia artificial, los algoritmos y la robótica sobre el empleo y las condiciones de trabajo* (1ª ed.). Valencia: Tirant lo Blanch.

Prados de Reyes, F. J., y Alameda Castillo, M. T. (2003). La impugnación judicial de los laudos arbitrales laborales. *Temas laborales,* (70), 345-372.

Rojas Rivero, G. P. (1998). La sustitución de las ordenanzas laborales. *Anales de la Facultad de Derecho,* (15), 51-80.

Sáenz de Buruaga Azcargorta, M. (2019). Implicaciones de la 'gig-economy' en las relaciones laborales: el caso de la plataforma de uber. *Estudios de Deusto, 67*(1), 385-414.

Sempere Navarro, A. V., Luján Alcaraz, J. y Nicolás Franco, A. (1999). *La Negociación Colectiva en el Sector del Transporte por Carretera* (1ª ed.). Madrid: Ministerio de Trabajo y Asuntos Sociales. Subdirección General de Publicaciones.

Todolí i Signes, A. (2015). El impacto de la 'uber economy' en las relaciones laborales: los efectos de las plataformas virtuales en el contrato de trabajo. *IUSLabor, Revista d'anàlisi de Dret del Treball,* (3), 1-25.

Valdés Dal-Ré, F. y Lahera Forteza, J. (1999). *Balance material del proceso de sustitución de las ordenanzas laborales: continuidad y crisis de sus contenidos normativos* (1ª ed.). Madrid: Ministerio de Trabajo y Asuntos Sociales. Subdirección General de Publicaciones.

Capítulo 11.

LAS IMPLICACIONES DE LA DIGITALIZACIÓN EN LAS FACULTADES EMPRESARIALES DE DIRECCIÓN Y CONTROL DE LA PRESTACIÓN: EL CONTROL DEL TIEMPO DE TRABAJO

AGUILERA IZQUIERDO, RAQUEL
Catedrática de Derecho del Trabajo y de la Seguridad Social
Universidad Complutense de Madrid
aguilera@der.ucm.es

RESUMEN: A partir de que fuera introducido por el RDL 8/2019 de 8 de marzo y sin perjuicio de la interpretación jurisprudencial que ha recibido el precepto, el artículo 34.9 del Estatuto de los Trabajadores deja libertad al empresario para determinar cuáles son los instrumentos aptos para practicar el registro de jornada. En este contexto, en el presente artículo se analizan los problemas que se vienen planteando en la práctica como consecuencia de las distintas técnicas de registro de jornada que se han ido incorporando como consecuencia del proceso de digitalización. En concreto, se examinan las cuestiones que plantea la utilización de sistemas de geolocalización o de sistemas basados en datos biométricos desde el punto de vista del derecho a la protección de datos, así como la posibilidad de implantar una aplicación informática para el registro de jornada en dispositivos digitales propiedad del trabajador.

ABSTRACT: Since it was introduced by RDL 8/2019 of 8 March, and without prejudice to the judicial interpretation that the provision has received, article 34.9 of the Workers' Statute leaves the employer free to determine which instruments are suitable for recording the working day. In this context, this article analyses the problems arised in practice as a result of the different time recording techniques that have been introduced due to the digitalisation process. Specifically, it examines the issues araised by the use of geolocation systems or systems based on biometric data from the point of view of the right to data protection, as well as the possibility of implementing a computer application for working time recording on digital devices owned by the employee.

Palabras clave: registro de jornada, digitalización, datos biométricos, geolocalización, control empresarial.

Keywords: working day recording, digitisation, biometric data, geolocation, monitoring of the company.

1. INTRODUCCIÓN

Como es sabido, el RDL 8/2019 de 8 de marzo de 2019, de medidas urgentes de protección social y de lucha contra la precariedad laboral en la jornada de trabajo, introdujo en el apartado 9 del art. 34 ET la obligación legal de registro de la jornada de trabajo. En concreto, este artículo establece lo siguiente:

"La empresa garantizará el registro diario de jornada, que deberá incluir el horario concreto de inicio y finalización de la jornada de trabajo de cada persona trabajadora, sin perjuicio de la flexibilidad horaria que se establece en este artículo.

Mediante negociación colectiva o acuerdo de empresa o, en su defecto, decisión del empresario previa consulta con los representantes legales de los trabajadores en la empresa, se organizará y documentará este registro de jornada.

La empresa conservará los registros a que se refiere este precepto durante cuatro años y permanecerán a disposición de las personas trabajadoras, de sus representantes legales y de la Inspección de Trabajo y Seguridad Social".

Se establece así la obligatoriedad de garantizar el registro de la jornada respecto de la totalidad de los trabajadores, tanto a tiempo completo como a tiempo parcial, realicen o no horas extraordinarias.

La norma no establece cuál haya de ser el sistema empleado para llevar a cabo el registro, su organización y documentación. Tan sólo indica que puede pactarse mediante negociación colectiva o acuerdo de empresa, y en su defecto, imponerse por decisión del empresario previa consulta con los representantes de los trabajadores. No se impone, por tanto, ninguna específica forma ni modalidad a la que haya de sujetarse.

Ahora bien, aunque la norma no dice nada, a la hora de valorar si el sistema de registro de jornada de trabajo es adecuado es necesario tener en cuenta los requisitos que la STJUE de 14 de mayo de 2019 impone a cualquier sistema de registro de jornada. Como señala la STS de 18 de enero de 2023, RJ 2023/491, la sentencia "es de fecha posterior a la entrada en vigor de aquel RDL 8/2019, por lo que no era entonces conocida por el legislador, que, pese a ello, alude expresamente en su exposición de motivos a las conclusiones ya emitidas en aquel momento por el Abogado General en ese mismo asunto, para poner de manifiesto, como no puede ser de otra manera, que la regulación de esta materia ha de someterse a la Directiva 2003/88/CE de 4 de noviembre de 2003, relativa a determinados aspectos de la ordenación del tiempo de trabajo. Este desfase temporal explica que la norma legal no incluya ninguna específica alusión a los concretos requisitos que aquella sentencia exige".

Es cierto que, posteriormente, tampoco se ha modificado la norma, ni se han dictado normas complementarias con la finalidad de definir los criterios concretos de aplicación de los sistemas de registro de jornada, por lo que únicamente disponemos, a la hora de determinar los requisitos que deben cumplir los sistemas de registro de jornada que se adopten por las empresas, de los criterios fijados por la citada STJUE y la interpretación que de los mismos vienen haciendo los órganos judiciales.

La citada sentencia de 14 de mayo de 2019 de la Gran Sala del Tribunal de Justicia de la Unión Europea resolvió la cuestión prejudicial planteada por la Audiencia Nacional sobre la adecuación de los arts. 34 y 35 ET, tal y como venían siendo interpretados por la doctrina jurisprudencial, a la Directiva 2033/88/CE del Parlamento Europeo y del Consejo, de 4 de noviembre de 2003.

La sentencia considera que los artículos 3, 5 y 6 de la Directiva 2003/88 obligan a los Estados Miembro a adoptar un sistema que permita computar la jornada laboral diaria realizada por cada trabajador. La no implantación de este tipo de sistemas no permite determinar objetivamente y de manera fiable el número de horas de trabajo efectuadas por el trabajador ni su distribución en el tiempo, como tampoco el número de horas realizadas por encima de la jornada ordinaria de trabajo que puedan considerarse horas extraordinarias. Y, en consecuencia, resulta extremadamente difícil que los trabajadores logren que se respeten los derechos que les confieren el artículo 31, apartado 2, de la Carta y la Directiva 2003/88. Por lo tanto, la redacción de los arts. 34 y 35 del ET anterior al RDL 8/2019, y su interpretación por el Tribunal Supremo, no se ajustaba al Derecho de la Unión Europea.

El TJUE insiste en que es necesaria la adopción de un instrumento que permita determinar objetivamente y de manera fiable el número de horas de trabajo diario y semanal, a fin de que se respeten los períodos mínimos de descanso y para impedir que se sobrepase la duración máxima del tiempo de trabajo semanal. Y considera idóneo un sistema de registro de jornada como instrumento objetivo. Si bien es cierto que la utilización de otros medios de prueba como, entre otros, declaraciones testificales, la presentación de correos electrónicos o la consulta de teléfonos móviles o de ordenadores, puede facilitar el cómputo de la jornada diaria de trabajo, el TJUE insiste en la falta de fiabilidad de estos medios de prueba, y en la situación de debilidad ante la que se encuentra el trabajador.

Por último, la sentencia descarta que el coste económico de implantar un sistema de registro de la jornada pueda ser óbice para no garantizar una protección eficaz de la seguridad y de la salud de los trabajadores.

De este modo, podemos afirmar que, para la correcta aplicación de la Directiva 2003/88, y aunque el art. 34.9 ET no lo señale expresamente, el sistema de registro de jornada debe cumplir con los requisitos de ser objetivo, fiable y accesible (ver, en este sentido, STS de 18 de enero de 2023, RJ 2023/491).

La cuestión es, por tanto, determinar cuándo un sistema de registro de jornada cumple con esos tres requisitos pues, no hay duda, de que nos encontramos ante conceptos jurídicos indeterminados, especialmente en relación con los dos primeros (objetivo y fiable).

El sistema de registro de jornada debe reflejar los datos relativos a la jornada del trabajador de manera imparcial e indiscutible, para evitar, como señala la reiterada STS de 18 de enero de 2023, que "el trabajador, en su condición de parte débil de la relación laboral, se vea abocado a la inseguridad de enfrentarse a la empresa con la activación de reclamaciones de tan difícil probatura". Por ello concluye la STJUE, que es imprescindible que exista un sistema de registro de jornada diaria de trabajo objetivo, fiable y accesible, que ofrezca a los trabajadores "un medio particularmente eficaz para acceder de manera sencilla a datos objetivos y fiables relativos a la duración efectiva del trabajo que han realizado y, por lo tanto, puede facilitar tanto el que los trabajadores prueben que se han vulnerado los derechos que les confieren los artículos 3, 5 y 6, letra b) , de la Directiva 2003/88, que precisan el derecho fundamental consagrado en el artículo 31, apartado 2, de la Carta, como el que las autoridades y los tribunales nacionales competentes controlen que se respetan efectivamente esos derechos" (ap.56).

Así, el Tribunal Supremo ha entendido que, en principio, no resulta ilegal un sistema de registro de jornada en el que es el propio trabajador el que ha de reflejar diariamente, en la aplicación informática de la empresa, las horas de inicio y finalización de la jornada de trabajo, las interrupciones y periodos de descanso, pues el riesgo potencial de que los trabajadores no reflejen verazmente las horas de trabajo realizadas, ocultando la posible realización de un posible exceso de jornada, ante la manifiesta debilidad en que pueden encontrarse en la relación laboral, no puede eregirse como determinante de la validez del sistema. En todo caso, "a la empresa le incumbe la obligación de asegurar la existencia de instrucciones que permitan al trabajador conocer indubitadamente la consideración que merezcan cada uno de las tareas o actividades que realice durante su jornada, para su correcta calificación como tiempo efectivo de trabajo o de descanso, al objeto de que pueda incorporarlo adecuadamente a la aplicación informática dentro de una u otra categoría. De no existir indicaciones o protocolos adecuados a tal efecto podría considerarse que el sistema carece de la necesaria objetividad y fiabilidad, si coloca al trabajador en la indescifrable tesitura de discernir la valoración jurídica que haya de atribuir a unos u otros periodos de tiempo o tipo de actividad" (STS de 18 de enero de 2023, RJ 2023/491). Por lo tanto, si la empresa no facilita esas instrucciones concretas podría decirse que el sistema no es fiable y objetivo.

En sentido similar, la STS de 5 de abril de 2022 (RJ 2022, 2009) ha declarado válido un pacto en el que los propios empleados deben registrar diariamente su jornada laboral con el mero y simple acceso al ordenador de la empresa, de tal forma que, con su apertura y cierre, la herramienta informática registra de manera automática el inicio y fin de la jornada, en el que además se establece un factor corrector de 2 horas al día en jornada partida y 30 minutos en jornada continua "con el que se pretende contemplar a título ilustrativo y no exclusivo ni excluyente, descansos, pausa para la comida y/o desayuno, permisos no retribuidos, cualquier clase de pausa o descanso, etc.".

Pues bien, queda claro, por tanto, que el art. 34.9 ET deja libertad al empresario para determinar cuáles son los instrumentos aptos para practicar el registro de jornada, y lo que la jurisprudencia viene exigiendo es que esos instrumentos sean objetivos, fiables y accesibles. Es fundamental que esos instrumentos sean lo suficientemente seguros como para garantizar el cumplimiento de los límites en materia de jornada y permitir que se pueda verificar. Por ello, la "Guía sobre Registro de Jornada" elaborada y publicada por el Ministerio de Migraciones y Seguridad Social, insiste en señalar que deben utilizarse sistemas que "garanticen la trazabilidad y rastreo fidedigno e invariable de la jornada diaria una vez registrada" y, en consecuencia, proporcionen "información fiable, inmodificable y no manipulable a posteriori, ya sea por el empresario o por el propio trabajador".

Al no establecer la norma ninguna modalidad específica para el registro diario de jornada, hay que entender, como señala la citada Guía, que "será válido cualquier sistema o medio, en soporte papel o telemático, apto para cumplir el objetivo legal, esto es, proporcionar información fiable, inmodificable y no manipulable a posteriori, ya sea por el empresario o por el propio trabajador. Para ello, la información de la jornada debe documentarse en algún tipo de instrumento escrito o digital, o sistemas mixtos, en su caso, que garanticen la trazabilidad y rastreo fidedigno e invariable de la jornada diaria una vez de registrada. En el supuesto de que el sistema de registro establecido mediante negociación colectiva o acuerdo de empresa o, en su defecto, decisión del empresario previa consulta con los representantes legales de los trabajadores en la empresa requiera el acceso a dispositivos digitales o el uso de sistemas de videovigilancia o geolocalización, deben respetarse en todo caso los derechos de los trabajadores a la intimidad previstos en el artículo 20 bis del Estatuto de los Trabajadores, que remite a la Ley Orgánica 3/2018, de 5 de diciembre, de Protección de Datos Personales y garantía de los derechos digitales".

Pueden, por tanto, utilizarse mecanismos escritos o digitales.

En el ámbito digital, las opciones son muchas y muy variadas. Como ha señalado la doctrina, "pueden incluir desde el uso de las tarjetas magnéticas, en combinación o no con los clásicos tornos de entrada y salida, hasta las aplicaciones instalables en cualquier tipo de dispositivo electrónico, como los teléfonos móviles, relojes digitales, tabletas y ordenadores fijos o portátiles" (Crespí, 2020: 156). O sistemas de control más sofisticados, como la huella digital o un software de reconocimiento facial.

En efecto, en la actualidad es muy común que las empresas utilicen un software de control horario que consiste en un programa informático, accesible a través de ordenador, tableta o app móvil para control horario, con el cual los empleados registran la hora de entrada y de salida[1]. Otros sistemas de registro utilizados son los sistemas biométricos. El control bio-

---

1 En este sentido, ver, por ejemplo, Resolución de 11 de agosto de 2020, de la Dirección General de Trabajo, por la que se registra y publica el Acuerdo sobre registro de jornada de los trabajadores de Heineken España, SA. Según este Acuerdo, "el registro se realizará a través de una aplicación informática disponible en el ordenador, móvil, controles de presencia o tablet. Cualquier incidencia que afecte a la disponibilidad del dispositivo o de la aplicación será gestionada mediante el

métrico realiza el seguimiento de entrada y salida de cada empleado a través de su huella dactilar, el iris, la pupila, el rostro, etc. Aplica técnicas matemáticas y estadísticas sobre los rasgos físicos para verificar su identidad.

Es evidente que los sistemas de registro de la jornada son muy diferentes dependiendo del tipo de trabajo desarrollado y del lugar de prestación del servicio pues, como es lógico, no puede utilizarse el mismo mecanismo para registrar la jornada de un trabajador itinerante que no pasa por el centro de trabajo, que para registrar la jornada de un trabajador que presta servicios siempre en el centro de trabajo o para aquel que teletrabaja.

Así, por ejemplo, cuando nos encontramos ante trabajadores cuyo puesto de trabajo es móvil o itinerante suelen utilizarse sistemas de registro de jornada que incluyen la geolocalización. La gran mayoría de las apps de registro de jornada permiten complementar el servicio con un sistema de geolocalización. En unos casos se trata de un sistema de geolocalización continuo durante todo el tiempo de trabajo, y en otros de un sistema de geolocalización en el momento de inicio y final de la jornada.

Y, del mismo modo que la geolocalización puede permitir la verificación de que la persona trabajadora se encuentra en el puesto de trabajo en el momento de entrada y salida, técnicas como la identificación mediante huella dactilar, palma de la mano o el reconocimiento facial, "aportan al sistema de registro electrónico de la jornada la debida veracidad y permiten una verificación fidedigna respecto a la identidad de la persona que está efectuando el fichaje" (Llorens, 2022: 87). Estas técnicas dirigidas a evitar la suplantación de identidad son de muy fácil incorporación y sin coste para la empresa que instala una app de registro de jornada en el móvil del trabajador, porque los actuales smartphones incorporan la tecnología Face ID necesaria para identificar a la persona.

Pero muchas de estas técnicas de registro de jornada que se han ido incorporando debido al proceso de digitalización, vienen planteando en la práctica distintos problemas que van desde la posibilidad o no de implantar una aplicación informática para el registro de jornada en dispositivos digitales propiedad del trabajador, hasta las diferentes cuestiones que desde el punto de vista del derecho a la protección de datos plantea la utilización de sistemas de geolocalización o de sistemas basados en datos biométricos.

---

correspondiente procedimiento que haga constar la incidencia y la aprobación por parte del jefe directo".

2. REGISTRO DE JORNADA A TRAVÉS DE SISTEMAS DE CONTROL BIOMÉTRICOS

2.1. El criterio mantenido por la jurisprudencia y la Agencia Española de Protección de Datos sobre el uso de datos biométricos para el registro de jornada

No cabe duda de que el registro de jornada origina un supuesto de tratamiento de datos personales de conformidad con el art. 41 y 4.2 RGPD, independientemente de que los sistemas utilizados sean de naturaleza analógica o electrónica.

La garantía más importante que tienen los trabajadores en lo que se refiere a la protección de sus datos personales es el derecho a ser informados sobre su tratamiento. Con carácter general y para la implementación del registro de jornada no se precisa el consentimiento del trabajador, siendo base suficiente de legitimación el artículo 34.9 ET que establece la obligación de las empresas de realizar dicho registro de la jornada con carácter individual de cada persona trabajadora y que, de acuerdo con lo previsto en el artículo 6.1.c del Reglamento europeo 2016/679 (RGPD), el tratamiento de datos personales de los trabajadores derivado de la implantación del registro de jornada es necesario para el cumplimiento de una obligación legal aplicable al responsable del tratamiento. No obstante, el que no sea necesario el consentimiento de los trabajadores no excluye el deber de las empresas de informar a los trabajadores de la existencia del registro y de la finalidad del tratamiento de los datos personales individuales que se obtienen con dicho registro.

Los arts. 12 y 13 RGPD indican que la información deberá facilitarse "por escrito o por otros medios, inclusive, si procede, por medios electrónicos".

Pues bien, partiendo de esta clara implicación que tiene el registro de jornada con el derecho a la protección de datos, de los muchos sistemas que se pueden utilizar para el registro de jornada son aquellos que se basan en datos biométricos los que más dudas plantean desde el punto de vista del citado derecho.

Como ha señalado la doctrina, "el control biométrico opera sobre aspectos físicos que, mediante un análisis técnico, permiten distinguir las singularidades que concurren respecto de dichos aspectos y que, resultando que es imposible la coincidencia de tales aspectos en dos individuos, una vez procesados, permiten servir para identificar al individuo en cuestión"[2]. Existen diferentes fórmulas para efectuar este tipo de controles que, en la actualidad, se han convertido de gran utilidad a la hora de realizar el registro de jornada laboral.

La voz, el iris de los ojos, el reconocimiento facial o la huella dactilar son características únicas de cada persona. La adopción de sistemas de registro de la jornada que utilizan alguno de estos datos biométricos permite, sin duda, una verificación fiel de la identidad de la persona que está realizando el fichaje y evita suplantaciones de identidad[3]. Estos sistemas de registro de jornada son en principio válidos. Así, afirma la STSJ, sala de lo Social, de Madrid de 23 de abril de 2021 (JUR 2021/212297), que "el sistema de reconocimiento facial (como otros posibles sistemas: por ejemplo, mediante huella dactilar) en principio es tan válido como el sistema de firmas. No hay diferencia esencial entre 'fichar' estampando la firma o hacerlo acercando la huella dactilar al 'lector', o mostrando el rostro a la cámara de reconocimiento facial por el trabajador".

Ahora bien, también es cierto que desde la óptica del derecho a la intimidad y protección de datos de carácter personal surgen numerosas dudas en torno a la legitimación del tratamiento basado en datos biométricos.

Ya en el año 2007 se pronunció sobre esta cuestión la sala de lo contencioso administrativo del Tribunal Supremo en sentencia de 2 de julio de 2007 (RJ 5017/2003)[4] en la que, en esencia, viene a rechazar que se produzca, con un sistema de control horario mediante el reconocimien-

---

2 Ver García- Perrote y Mercader (2022) y García- Perrote y Mercader (2017). Señalan estos autores que "la métrica de las personas, la biometría, es uno de los terrenos en los que deforma más evidente se puede apreciar el desarrollo presente y futuro de los sistemas algorítmicos como instrumentos de control laboral. El reconocimiento facial representa un buen ejemplo de las cuestiones que esta realidad está comenzando a producir en el mundo del trabajo".

3 Algunos convenios colectivos de empresa consideran este sistema como el preferente en materia de registro de jornada. Ver, por ejemplo, Convenio colectivo de Hermandad Farmacéutica del Mediterráneo, SCL, para los centros de trabajo de Alicante, Almería, Barcelona, Madrid, Málaga, Murcia y Valencia, que en su art. 8.2 señala que, "Para facilitar el cómputo de la jornada de trabajo, todas las entradas y salidas de los centros de trabajo, deberán marcarse en el sistema de accesos que la Empresa tiene instalado al efecto, y que con carácter general, será el de datos biométricos".

4 En el mismo sentido se pronuncia la STSJ de Islas Canarias de 29 de mayo de 2012 (AS 2012/1915), que se remite expresamente a la dictada por el Tribunal Supremo.

to de la huella dactilar del trabajador, la vulneración de ningún derecho fundamental. La sentencia entendió que el mecanismo de control horario consistente en una lectura biométrica de la mano mediante un escáner que utiliza rayos infrarrojos, no vulnera el derecho a la intimidad. Considera la Sala que, "la captación por infrarrojos de una imagen tridimensional de la mano que acaba convertida en un registro de nueve bytes válido para, mediante tratamiento informático que lo relaciona con otros datos, identificar a los empleados públicos del Gobierno de Cantabria y así controlar el cumplimiento del horario de trabajo, no responde al patrón de las intromisiones ilegítimas en la esfera de la intimidad, tanto por la parte del cuerpo utilizada, como por las condiciones en que se usa". Y, por lo que se refiere al derecho a la protección de datos de carácter personal, afirma el Tribunal Supremo que sin duda la finalidad perseguida mediante su utilización es plenamente legítima: el control del cumplimiento del horario de trabajo al que vienen obligados los empleados públicos. En tanto esa obligación es inherente a la relación que une a estos con la Administración autonómica, no es necesario obtener previamente su consentimiento ya que el art. 6.2 de la Ley Orgánica 15/1999 de Protección de Datos, lo excluye en estos casos. Además, no parece que la toma, en las condiciones expuestas, de una imagen de la mano incumpla las exigencias de su art. 4.1. Por el contrario, dice el Tribunal Supremo, puede considerarse adecuada, pertinente y no excesiva.

También sobre el control de accesos por medio de huella digital y sus repercusiones sobre el derecho a la intimidad y el derecho a la protección de datos se pronunció la STSJ Murcia de 25 de enero de 2010 (AS 2010/165)[5].

En este caso, el Tribunal Superior de Justicia de Murcia estima que "la captación por un sistema electrónico de determinados parámetros biométricos de la huella digital para, mediante tratamiento informático que lo relaciona con otros datos personales existentes en la empresa, identificar a los empleados de la empleadora HEFAME, con el fin de controlar su acceso a las instalaciones de la misma, no reviste caracteres de intromisión ilegítima en la esfera de la intimidad, tanto por la parte del cuerpo utilizada, como por las condiciones en que se usa, pues no existe constancia de la utilización de tales datos para fines diversos y porque con ocasión de la lectura de la huella digital no se puede ver la imagen de la huella ni puede ser captada por terceros, quedando todos los datos del sistema guardados en los ordenadores de la empresa a efectos de su custodia; y ello porque,

---

5 Sobre esta sentencia, ver, Selma (2010).

aunque la huella digital tenga la consideración de un dato personal , no existe la prohibición absoluta respecto de su recogida y tratamiento, sino que, por el contrario, de conformidad con los términos del articulo 4 de la LO15/1999, cabe tal recogida y tratamiento 'cuando sean adecuados, pertinentes y no excesivos en relación con el ámbito y las finalidades determinadas, explícitas y legítimas para las que se hayan obtenido'. Estima esta sala que el control de acceso a las instalaciones de la empresa constituye una finalidad legitima, concreta y que fue suficientemente puesta de manifiesto a los trabajadores y que tal medida de control, que vincula la lectura de las huellas digitales a los datos de identidad de los trabajadores existentes en la empresa, es adecuada, pertinente y no excesiva". Por otro lado, tampoco se estima la vulneración del art. 18.4 CE, pues "no se aprecia que los trabajadores afectados por la entrada en funcionamiento del nuevo sistema de control de acceso hayan perdido 'el poder de control y disposición sobre sus datos personales', integrado por los derechos que corresponden a los afectados a consentir la recogida y el uso de sus datos personales a conocer los mismos y, para hacer efectivo ese contenido, el derecho a ser informado de quién posee sus datos personales y con qué finalidad, así como el derecho a oponerse a esa posesión y uso exigiendo a quien corresponda que ponga fin a la posesión y empleo de tales datos, en los términos que previene la doctrina del TC".

Es, desde el punto de vista del derecho a la protección de datos, donde la utilización de datos biométricos más dudas plantea. Además, no hay que olvidar que los datos biométricos son definidos como "datos [personales] de categoría especial" en el Reglamento (UE) 2016/679 del Parlamento Europeo y del Consejo de 27 de abril de 2016 relativo a la protección de las personas físicas en lo que respecta al tratamiento de datos personales y a la libre circulación de estos datos y por el que se deroga la Directiva 95/46/CE (Reglamento general de protección de datos, RGPD).

En efecto, el RGPD define en su art. 4 los datos biométricos del siguiente modo: "datos personales obtenidos a partir de un tratamiento técnico específico, relativos a las características físicas, fisiológicas o conductuales de una persona física que permitan o confirmen la identificación única de dicha persona, como imágenes faciales o datos dactiloscópicos". Por lo tanto, no hay duda de que nos encontramos ante datos biométricos cuando el registro de jornada se lleva a cabo a través de alguno de los sistemas señalados (voz, iris, reconocimiento facial, huella dactilar).

Por su parte, el art. 9.1, relativo al tratamiento de categorías especiales de datos personales indica que, "Quedan prohibidos el tratamiento de datos personales que revelen el origen étnico o racial, las opiniones políticas, las convicciones religiosas o filosóficas, o la afiliación sindical, y el tratamiento de datos genéticos, datos biométricos dirigidos a identificar de manera unívoca a una persona física, datos relativos a la salud o datos relativos a la vida sexual o las orientación sexuales de una persona física".

No obstante, cabe el tratamiento de estos datos cuando concurre alguna de las circunstancias señaladas en el apartado 2 del art. 9: consentimiento explícito; cumplimiento de obligaciones y ejercicio de derechos específicos del responsable del tratamiento o del interesado en el ámbito del Derecho laboral y de la seguridad y protección social; protección de intereses vitales del interesado o de otra persona física; tratamiento efectuado, en el ámbito de sus actividades legítimas y con las debidas garantías, por una fundación, una asociación o cualquier otro organismo sin ánimo de lucro; datos personales que el interesado ha hecho públicos; tratamiento necesario para la formulación, el ejercicio o la defensa de reclamaciones; razones de interés público esencial; tratamiento necesario para fines de medicina preventiva o laboral; razones de interés público en el ámbito de la salud pública; o, cuando el tratamiento es necesario con fines de archivo en interés público, fines de investigación científica o histórica o fines estadísticos.

Asimismo, el apartado 4 del art. 9 RGPD señala que, "los Estados miembros podrán mantener o introducir condiciones adicionales, inclusive limitaciones, con respecto al tratamiento de datos genéticos, datos biométricos o datos relativos a la salud".

De la regulación legal descrita se deduce, en primer lugar, que el tratamiento de datos biométricos está prohibido. No obstante, cabe su tratamiento en los supuestos señalados en el art. 9.2. Por lo tanto, la primera duda a resolver es si el control de la jornada de trabajo a través de datos biométricos puede considerarse incluido en alguna de las excepciones del art. 9.2.

En primer lugar, si hay un consentimiento explícito por parte de los afectados según el art. 9.2 a) cabe dicho tratamiento. Fuera de este supuesto, la duda es si cabe entender que nos encontramos en el supuesto previsto en el art. 9.2 b): "el tratamiento es necesario para el cumplimiento de obligaciones y el ejercicio de derechos específicos del responsable del tratamiento o del interesado en el ámbito del Derecho laboral y de la seguridad y protección social, en la medida en que así lo autorice el Derecho de la Unión de los Estados miembros o un convenio colectivo con arreglo al

Derecho de los Estados miembros que establezca garantías adecuadas del respeto de los derechos fundamentales y de los intereses del interesado"[6].

Pues bien, aquí nos encontramos con una evolución en la postura mantenida por la AEPD sobre esta cuestión.

La AEPD ha intentado aclarar, en primer lugar, las dudas que existen acerca de si los datos biométricos son categorías especiales de datos y para ello ha acudido a la diferencia entre identificación biométrica y verificación/autenticación biométrica que establecía el Grupo del art. 29 en su Dictamen 3/2012 sobre la evolución de las tecnologías biométricas.

En este sentido señala la AEPD que la identificación de un individuo por un sistema biométrico es normalmente el proceso de comparar sus datos biométricos (adquiridos en el momento de la identificación) con una serie de plantillas biométricas almacenadas en una base de datos (es decir, un proceso de búsqueda de correspondencias uno-a-varios). Mientras que la verificación de un individuo por un sistema biométrico es normalmente el proceso de comparación entre sus datos biométricos (adquiridos en el momento de la verificación) con una única plantilla biométrica almacenada en un dispositivo (es decir, un proceso de búsqueda de correspondencias uno-a-uno).

Atendiendo a la citada distinción, la AEPD ha entendido que puede interpretarse que, "de acuerdo con el artículo 4 del RGPD, el concepto de dato biométrico incluiría ambos supuestos, tanto la identificación como la verificación/autenticación. Sin embargo, y con carácter general, los datos biométricos únicamente tendrán la consideración de categoría especial de datos en los supuestos en que se sometan a tratamiento técnico dirigido a la identificación biométrica (uno-a-varios) y no en el caso de verificación/autenticación biométrica (uno-a-uno)"[7]. Para la AEPD los sistemas de

---

6 Así lo entienden algunos convenios colectivos que no exigen el consentimiento expreso porque entienden que nos encontramos ante el cumplimiento de una obligación legal. En este sentido, ver, por ejemplo, art. 73 del Convenio colectivo de la industria del calzado (BOE 10 abril 2023, núm. 85), según el cual, "el tratamiento de datos biométricos dirigidos a identificar de manera unívoca a una persona, requerirá el consentimiento de este, salvo que ese tratamiento sea necesario para cumplir con la obligación del control diario de jornada". Y en el mismo sentido, art. 85 del Convenio colectivo estatal para las industrias de curtido, correas y cueros industriales y curtición de pieles para peletería (BOE 22 marzo 2023, núm. 69).

7 Procedimiento Nº: E/03925/2020. La agencia entiende que el empleo de la huella dactilar, en este caso, es lícita y no exige el consentimiento previo de los tra-

control se restringen a «verificar/autenticar» los rasgos de una persona ya identificada con anterioridad y, por lo tanto, no se produce un tratamiento de datos biométricos de categoría especial.

El tratamiento de estos datos ha considerado la AEPD que está expresamente permitido por el RGPD cuando el empresario cuenta con una base jurídica, que de ordinario es el propio contrato de trabajo. A este respecto, la STS de 2 de julio de 2007 (Rec. 5017/2003), como ya hemos señalado, ha entendido legitimo el tratamiento de los datos biométricos que realiza la Administración para el control horario de sus empleados públicos, sin que sea preciso el consentimiento previo de los trabajadores.

Sin embargo, debe tenerse en cuenta lo siguiente:

- El trabajador debe ser informado sobre estos tratamientos.
- Deben respetarse los principios de limitación de la finalidad, necesidad, proporcionalidad y minimización de datos.

De este modo, y partiendo de esta distinción entre identificación y autenticación, la AEPD ha venido aceptando el tratamiento de datos biométricos sobre la base del art. 9.2 b) RGPD cuando las medidas adoptadas superen el juicio de proporcionalidad. La obligación legal de realizar el registro de jornada sólo alcanza a la obligación de realizarla, pero no a realizarla utilizando datos biométricos sin causa de excepción para el tratamiento de datos[8].

En todo caso, hasta el año 2023 la AEPD ha señalado que resulta imprescindible contemplar los riesgos sobre los derechos de los trabajadores en la Evaluación de Impacto sobre la protección de datos (art. 35 RGPD[9]) y que,

---

bajadores afectados. Esta utilización de un dato personal estaría amparada, en opinión de este organismo, por el RGPD ya que su artículo 6.1 B) indica que la licitud del tratamiento se predica en caso de que sea necesario para la ejecución de un contrato. El contrato laboral sería, en esta ocasión, el negocio jurídico que hace lícito dicho tratamiento. Asimismo, y además de su licitud, no se requeriría el consentimiento expreso de los empleados en virtud del contenido del artículo 9 del RGPD.

[8] Resolución de la AEPD de 21 de julio de 2022 (expediente núm.: PS/00218/2021); Resolución de la AEPD de 21 de enero de 2022 (expediente núm.: PS/00052/2021).

[9] Como señala el art. 35.1 RGPD, "Cuando sea probable que un tipo de tratamiento, en particular si utiliza nuevas tecnologías, por su naturaleza, alcance, contexto o fines, entrañe un alto riesgo para los derechos y libertades de las personas físicas, el responsable del tratamiento realizará, antes del tratamiento, una evaluación del impacto de las operaciones de tratamiento en la protección de datos personales".

como regla general, en cualquier tratamiento de datos debe analizarse la idoneidad de la medida ("si tal medida es susceptible de conseguir el objetivo propuesto"), la necesidad del tratamiento ("la necesidad implica que se requiere una evaluación combinada, basada en hechos, sobre la eficacia de la medida para el objetivo perseguido y sobre si resulta menos intrusiva en comparación con otras opciones para lograr el mismo objetivo"; debe examinarse, "si es esencial para satisfacer esa necesidad, y no solo el más adecuado o rentable"; en este sentido, la AEPD, analizando la necesidad de un tratamiento, concluye que, "si es necesario o no, en el sentido de que no exista otra medida más moderada para la consecución de tal propósito con igual eficacia por poder llevarse a cabo manualmente la actividad. El término necesidad no debe confundirse con útil sino si el tratamiento es objetivamente necesario para la finalidad") y la proporcionalidad, que requiere un vínculo lógico entre la medida adoptada y el objetivo perseguido ("el juicio de proporcionalidad conduce a que la adopción del sistema, considerando que fuera necesario, produjese una menor intromisión el derecho, de forma que no pudiera existir un sistema igualmente eficaz cuya implantación implicase una menor injerencia en el derecho de los empleados, es decir, se ha de valorar la proporcionalidad en su contexto específico, acreditándose que medidas técnicas menos intrusivas no existen o no funcionarían").

Si no se cumplieran los tres requisitos señalados, la AEPD ha entendido que la necesidad de acudir para el control horario a la toma de huella dactilar de los empleados no es imprescindible, pues existen otros medios que son aptos para ese objetivo. El sistema tampoco se ajustaría a los requisitos de proporcionalidad e idoneidad.

Para la AEPD existen buenas prácticas que permiten el control a través de la huella digital sin que el sistema tenga que almacenar el dato biométrico. En efecto, con la finalidad de respetar el principio de proporcionalidad de la medida, el sistema de control mediante huella dactilar o reconocimiento facial, según distintas Resoluciones de la AEPD, no debe almacenar o recopilar datos biométricos sino ciertas características del dibujo que son conocidas como minucias (bifurcaciones, terminaciones, bucles, etc) y de

---

Las Resoluciones de la AEPD de 27 de enero de 2023, 21 de enero de 2022 y 26 de octubre de 2021, relativas a la implementación de un sistema de registro de jornada a través de un sistema biométrico de huella digital, consideran infringido el art. 35 RGPD por no haber realizado una evaluación de impacto en la protección de datos.

las cuales, en principio, no es posible la reconstrucción del dibujo original de la huella. Así, el sistema no guarda la imagen original de la huella sino un patrón que contiene la posición y tipo de las minucias, y estas minucias pasan a convertirse en una plantilla de huella cifrada pero que no almacena la imagen de la huella[10]. En efecto, "si bien la huella dactilar completa identifica completamente a la persona, también es susceptible de identificarse a la misma persona con la toma de muestras o minucias recogidas de partes de la huella y transformadas en una plantilla, aunque sea a través de un algoritmo. Esas minucias, convertidas en algoritmos mediante su registro en una base de datos, o incluso en una tarjeta o plantilla que porte el usuario permitirían, al ser tratados, la identificación de la persona cuando acceda a la instalación, a través del proceso de matchmaking (emparejamiento por comparación)" (Mercader, 2021: 189)

En sentido contrario a la AEPD, se ha pronunciado la Agencia Catalana de Protección de Datos en un Dictamen sobre dispositivos de control de presencia en el trabajo mediante reconocimiento facial[11], Dictamen 21/2020, al establecer que los tratamientos de datos biométricos, tanto destinados a la identificación como a la autenticación, en todo caso, deben ser considerados un tratamiento de datos personales de categoría especial del art. 9.1 RGPD por lo que habrá que contar con una excepción que levante la prohibición general de tratamiento de las previstas en el art. 9.2 RGPD, si es que existe, para el supuesto concreto. En dicho Dictamen la Agencia Catalana de Protección de Datos insiste en la necesidad de que el sistema de control horario mediante la utilización de datos biométricos venga contemplado en una ley, convenio colectivo o pacto o acuerdo de empresa. Señala la APDCAT que, "a falta de previsión legal, cabe recordar que, de acuerdo con lo que prevé el art. 9.2 b) RGPD, la autorización puede estar prevista en el marco de un convenio colectivo. Previsión aplicable también a los acuerdos sobre condiciones de trabajo del personal funcionario en el marco de la negociación colectiva. Por ello, en caso de que el convenio colectivo, el pacto o acuerdo resultante de la negociación prevea la utilización de datos biométricos a tal fin y establezca garantías adecuadas respecto a los derechos fundamentales y de los intereses de las personas interesadas, este instrumento permitiría concluir la concurrencia de la excepción prevista en el art. 9.2 b) RGPD". Y concluye que, "el consentimiento del personal afectado no puede considerarse una base jurídica

---

10 Procedimiento núm. E/05319/2020; expediente núm. PS/00050/2021.

11 Informe CNS 2/2022, de 2 de febrero.

adecuada para la implantación de un sistema de control horario mediante reconocimiento facial como el descrito en la consulta. Sería necesaria la previsión de este sistema de control en una disposición legal o en un convenio colectivo aplicable, o en su caso, en un pacto o acuerdo resultado de la negociación colectiva, circunstancias que no parecen concurrir en el caso analizado. En cualquier caso, antes de la implantación de un sistema de este tipo, es necesario realizar una evaluación del impacto sobre la protección de datos a la vista de las circunstancias concretas en las que se lleve a cabo el tratamiento por determinar su licitud y su proporcionalidad, incluido el análisis de la existencia de alternativas menos intrusivas, y establecer las garantías adecuadas".

En este mismo sentido, el Dictamen 1/2023, de fecha 28 de julio de 2023, del Consejo de Transparencia y Protección de Datos de Andalucía en el que el consultante plantea la licitud o no de un sistema de reconocimiento facial o con huella dactilar para el control horario del personal indica, respecto a la utilización del consentimiento como base de legitimación (o mejor dicho, excepción), que: "Completando lo expuesto, también podría considerarse el levantamiento de la prohibición del tratamiento de datos biométricos por concurrencia de la prestación del consentimiento explícito por parte del interesado para el tratamiento de dichos datos personales con uno o más de los fines especificados (salvo establecimiento expreso contrario a tal sentido por parte del derecho de la Unión o de sus estados miembros), según se establece en el artículo 9.2 a) del RGPD".

(...) "Trasladado esto al supuesto que nos ocupa, únicamente podría considerarse la existencia de un consentimiento libre si el interesado dispone de una alternativa de libre elección para cumplir con el control horario o de presencia, es decir, en expresión del propio Dictamen 1/2022: "para que dicho consentimiento se considere otorgado libremente han de habilitarse alternativas de modo que pueda atenderse a los interesados sin que se tenga que realizar un tratamiento de sus datos biométricos".

Así, en las resoluciones señaladas no se descarta que el consentimiento pueda ser una base de legitimación idónea para el tratamiento de datos biométricos para el registro diario de jornada, si bien es cierto que se establece que para que ese consentimiento pueda considerarse prestado libremente, debería facilitarse al trabajador una alternativa viable e igual de válida y que guarde el debido equilibrio con la posibilidad de realizar el registro mediante datos biométricos.

En todo caso, el hecho de que se pueda optar por el consentimiento, no obsta a que, en cualquier caso, deba realizarse la correspondiente evaluación de impacto y análisis de la proporcionalidad y necesidad del tratamiento.

2.2. El nuevo criterio de la AEPD. La Guía de la AEPD sobre Tratamientos de Control de Presencia mediante Sistemas Biométricos

Hasta aquí hemos expuesto la postura mantenida por la AEPD y otras autoridades de control sobre la licitud del tratamiento de datos biométricos para el registro de jornada laboral hasta noviembre de 2023. Pero a partir de esta fecha el criterio ha cambiado. En efecto, el 26 de abril de 2023, el Comité Europeo de Protección de Datos actualizó las Directrices 05/2022 publicadas en mayo 2022 sobre el uso del reconocimiento facial para determinar que, tanto la autenticación, como la identificación, están relacionadas con el tratamiento de datos biométricos asociados a una persona física identificada o identificable y, por consiguiente, estamos ante datos de categorías especiales[12].

En consecuencia, la AEPD se ha visto obligada a reconsiderar su postura para adaptarla a lo dispuesto por el citado organismo y para ello ha publicado en noviembre de 2023 una Guía sobre Tratamientos de Control de Presencia mediante Sistemas Biométricos en la que fija los criterios para la utilización de la biometría para el control de acceso, tanto con fines laborales como no laborales, estableciendo las medidas que deben tenerse en cuenta para que un tratamiento de datos personales que utilice esa tecnología cumpla con el Reglamento General de Protección de Datos (RGPD)[13]. Afirma la AEPD que se han producido cambios en el contexto normativo, social y tecnológico, incluso en un período corto y cercano, que hacen necesario plantearse los límites al tratamiento de datos biométricos y las medidas que han de establecerse para que un tratamiento de datos personales que decida utilizar sistemas biométricos garantice el cumpli-

---

[12] La Directriz emitida por el Comité Europeo de Protección de Datos (26/04/2023) entiende que datos de las personas como la huella dactilar (o los necesarios para el reconocimiento facial) son datos especialmente sensibles y prohíbe el uso de la huella dactilar como método de registro de jornada laboral en empresas:
«Si bien ambas funciones (autenticación e identificación) son distintas, ambas se relacionan con el procesamiento de datos biométricos relacionados con una persona física identificada o identificable y, por lo tanto, constituyen un tratamiento de datos personales, y más concretamente un tratamiento de categorías especiales de información personal». (Traducción del inglés).

[13] Ver, Cuadros (2023: 5-19).

miento del RGPD, o de otras normativas que incidan en estos sistemas, en el caso de basarse en técnicas de inteligencia artificial, como el futuro Reglamento Europeo sobre Inteligencia Artificial.

En primer lugar, hay que tener en cuenta que la AEPD modifica su criterio en esta Guía respecto de la identificación y autenticación establecido en su anterior Guía de relaciones laborales y protección de datos, donde señalaba que la autenticación (esto es la identificación electrónica de una persona con datos del individuo únicamente, comúnmente denominado identificación 1-a-1) no conllevaba un tratamiento de categorías especiales de datos. Ahora, en línea con el criterio del Comité Europeo de Protección de Datos en sus Directrices 05/2022, entiende que ambos tratamientos (es decir, tanto la identificación como la autenticación) conllevan el tratamiento de datos especialmente protegidos.

La AEPD, tras asumir que los datos biométricos son datos de categoría especial, centra el debate en la posibilidad de levantar la prohibición de su tratamiento, al amparo del art. 9.2 del RGPD, letras b) y a): excepción del cumplimiento de obligaciones legales y excepción del consentimiento explícito, respectivamente.

En síntesis, la nueva Guía de la AEPD viene a establecer lo siguiente:

- La Agencia considera el tratamiento de datos biométricos, tanto para identificación como para autenticación, como un tratamiento de alto riesgo que incluye categorías especiales de datos. Tal y como establece el RGPD, para poder tratar esas categorías es necesario que exista una circunstancia que levante la prohibición de su tratamiento y, además, una condición que lo legitime.
- En el caso de registro de jornada y control de acceso con fines laborales, si el levantamiento de la prohibición se basa en el artículo 9.2.b) del RGPD, el responsable debe contar con una norma con rango de ley que autorice específicamente utilizar datos biométricos para dicha finalidad.

En este sentido, recuerda que, como apunta el Dictamen 2/2022, de la Autoridad Catalana de Protección de Datos, "la afectación por el derecho a la protección de datos que se derive de la norma debe ser previsible" y que "no se puede considerar previsible la norma si no concreta la posibilidad de utilizar datos biométricos con el fin de realizar el control horario".

Esto, considera la AEPD, obliga a reconsiderar la interpretación realizada por la AEPD en el apartado "Los datos biométricos" del capítulo 4.6 de la Guía "La Protección de Datos en las Relaciones Laborales" de mayo de

2021; y, como también concluye el Consejo de Transparencia y Protección de Datos, en su Dictamen 1/2023, "Relativo al tratamiento de categorías especiales de datos biométricos mediante el uso de dispositivos de reconocimiento facial y/o huella dactilar para el control horario del personal de un Ayuntamiento", en la actual normativa legal española no se contiene autorización suficientemente específica alguna para considerar necesario el tratamiento de datos biométricos con la finalidad de un control horario de la jornada de trabajo. La autorización suficientemente específica no se encuentra para el personal laboral, puesto que los artículos 20.3 y 34.9 ET, no contienen tal autorización. Tampoco para el personal sometido a una relación jurídica administrativa al no constituirse en necesaria habilitación la previsión relacionada con el cumplimento de jornada y horario a la que alude el art. 54.2 EBEP.

Por lo tanto, la normativa legal actual en España no incluye una autorización lo suficientemente específica que justifique la necesidad de tratar datos biométricos con el propósito de llevar a cabo un control horario de la jornada laboral.

No obstante, la habilitación legal del artículo 9.2.b) del RGPD establece una alternativa: la previsión de dicha habilitación en el ámbito de un convenio colectivo, siempre que establezca las garantías adecuadas del respeto de los derechos fundamentales y de los intereses del interesado.

- Sin perjuicio de lo anterior, la AEPD recuerda que para aplicar el art. 9.2.b) del RGPD, no solo se exige que exista una habilitación legal -o convenio colectivo-, sino que es preciso respetar el principio de proporcionalidad, lo que exige que el tratamiento además de ser necesario debe resultar idóneo para la finalidad pretendida, así como proporcionado en sentido estricto (es decir, que ocasione más beneficios para el interés general que perjuicios sobre otros bienes o intereses en conflicto).

Esto implica que el responsable de dichos tratamientos, a la hora de proponer operaciones biométricas, debe justificar las circunstancias por las que ya no es posible utilizar los sistemas de registro de presencia que se estaban empleando en el mismo centro hasta ese momento, o que se están empleando en entidades equivalentes. Además, debe justificar que el empleo de otros sistemas existentes como tarjetas, certificados, claves, sistemas contact-less, etc. que evitan el tratamiento de categorías especiales de datos no son adecuados. También, hay que tener en cuenta que un tratamiento de datos personales también puede contar en sus operaciones con intervención humana, es decir, no existe una obligación a que se implementen exclusivamente con medios tecnológicos. Dicha intervención humana puede ser el adecuado complemento para otras opciones.

La Agencia sugiere, por tanto, alternativas menos intrusivas, como tarjetas inteligentes o certificados digitales, para el control horario. Dado que estas alternativas son ineficaces para evitar que un empleado fiche por otro, la AEPD aboga por la "intervención humana" en casos de sospecha de fraude, aunque implique costos adicionales. La guía subraya que, si no es necesario el tratamiento de datos biométricos, no se cumple con el RGPD y, al ser un tratamiento de alto riesgo, no se satisface el requisito de "necesidad".

En definitiva, la AEPD cuestiona la necesidad de la implantación del tratamiento de datos biométricos, al existir otros medios alternativos que, en ocasiones complementándose con intervención humana, puedan razonablemente lograr la finalidad pretendida, evitando que el responsable se ampare únicamente en tendencias tecnológicas.

Frente a este razonamiento, no son pocas las voces críticas que manifiestan que nos encontramos ante un retroceso tecnológico.

- Por lo que se refiere a la excepción prevista en el art. 9.2 a) RGPD, el consentimiento explícito, la AEPD señala que en un tratamiento de registro de jornada implementado con técnicas biométricas el consentimiento del interesado no levanta la prohibición del tratamiento ni es una base para determinar la licitud de este, al existir un desequilibrio entre la persona a la que se somete al tratamiento y quien lo está llevando a cabo. No se superaría la evaluación de necesidad, requisito para tratamientos de alto riesgo.

Señala la Guía que, "En el caso del registro de jornada, como el interesado tiene la obligación de registrar su jornada, únicamente podría considerarse la existencia de un consentimiento libre a un tratamiento adicional de datos, en este caso biométricos, si el interesado dispone de una alternativa de libre elección para cumplir con dicha obligación."

Ahora bien, la AEPD entiende que si se ofrece un medio equivalente para el control de acceso (como sucede con las tarjetas) el tratamiento de datos biométricos deja de ser necesario para la implementación del tratamiento y, por tanto, no se estaría cumpliendo con el principio de minimización de datos recogido en el artículo 5.1.c del RGPD.

Al no ser necesario el tratamiento de datos biométricos, no se estaría cumpliendo con lo establecido en el art. 5.1.c del RGPD, y al ser un tratamiento de alto riesgo, no cumpliría por tanto el requisito de «necesidad» que le impone el art. 5.1 y 35.7.b. Si el tratamiento es de alto riesgo, además de ser necesario, tiene que demostrarse la evaluación positiva de necesidad [art. 35.7.b del RGPD]; que en este caso no se cumpliría, precisamente por esa falta de necesidad.

Por lo tanto, en un tratamiento de registro de jornada implementado con técnicas biométricas el consentimiento del interesado no levanta la prohibición del tratamiento. En este sentido, existen algunos convenios colectivos que prevén la utilización de sistemas biométricos para el registro de jornada previo consentimiento del trabajador. Así, podemos citar el art. 73 del Convenio Colectivo estatal de la Industria del Calzado (BOE de 10 de abril de 2023) y el art. 85 del Convenio Colectivo estatal para las industrias de curtido, correas y cueros industriales y curtición de pieles para peletería (BOE de 22 de marzo de 2023), según los cuales: "El tratamiento de datos biométricos dirigidos a identificar de manera unívoca a una persona, requerirá el consentimiento de este, salvo que ese tratamiento sea necesario para cumplir con la obligación del control diario de jornada". Las cláusulas de estos convenios colectivos, según la nueva interpretación de la AEPD, no son válidas. La duda es si deberían entenderse válidas al encontrarnos ante un supuesto de consentimiento libre en el caso de que ofrecieran alguna otra alternativa a los trabajadores.

Al sostener la AEPD que de existir alternativas menos intrusivas ya no es necesario el uso de sistema biométricos, parece que se está asociando el término necesario a la existencia de una alternativa o tratamiento equivalente. Sin embargo, el consentimiento lo que debería implicar es que los interesados tengan la posibilidad de elegir y de tener un control real, de manera que si al interesado se le ofrecen distintas opciones o alternativas equivalentes y entre ellas elige, el requisito del consentimiento debería entenderse cumplido, aunque algunas de esas opciones o alternativas equivalentes puedan ser percibidas menos intrusivas que otras. Esto no convierte a las demás opciones en innecesarias.

No obstante, a mi juicio, la AEPD sí considera adecuado el tratamiento de los datos biométricos para el control de acceso basado en el consentimiento de los interesados siempre que se justifique que el medio alternativo ofrecido a los empleados o terceros no es equivalente al del control biométrico, es decir, que la finalidad que se pretende (control de acceso) no se alcanza del mismo modo o con la misma seguridad.

- En todo caso, la Guía precisa que, en el supuesto de pretender captar datos biométricos, de forma previa al inicio del tratamiento, será obligatoria la realización de una Evaluación de Impacto para la Protección de Datos en la que, entre otros aspectos, se acredite la superación del triple análisis de idoneidad, necesidad y proporcionalidad del tratamiento.

- Por último, la Agencia también añade un listado de medidas que deben llevarse a cabo si se superan todos los requisitos de cumplimiento de los principios del RGPD:

a) Informar a las personas sobre el tratamiento biométrico y los riesgos elevados asociados al mismo.

b) Implementar en el sistema biométrico la posibilidad de revocar el vínculo de identidad entre la plantilla biométrica y la persona física.

c) Implementar medios técnicos para asegurarse la imposibilidad de utilizar las plantillas para cualquier otro propósito.

d) Utilizar cifrado para proteger la confidencialidad, disponibilidad e integridad de la plantilla biométrica.

e) Utilizar formatos de datos o tecnologías específicas que imposibiliten la interconexión de bases de datos biométricos y la divulgación de datos no comprobada.

f) Suprimir los datos biométricos cuando no se vinculen a la finalidad que motivó su tratamiento.

g) Implementar la protección de datos desde el diseño.

h) Aplicar la minimización de los datos recogidos, con una evaluación objetiva de que no hay tratamiento de categorías especiales de datos.

En conclusión, puede decirse que aunque la AEPD no prohíbe el uso de controles biométricos para el registro de jornada, sí hace muy difícil su utilización. De acuerdo con el nuevo criterio de la AEPD, sí sería una opción viable establecer el control de acceso mediante biometría vía Convenio Colectivo o, en su defecto, justificar en el interés público esencial el uso de estos sistemas en condiciones específicas de seguridad por motivos justificados.

En cualquier caso, al igual que sucedía antes de la publicación de esta Guía, la empresa debe poder acreditar objetivamente que los sistemas de tratamiento son necesarios e idóneos, para lo que deberá realizarse un análisis de riesgos, una evaluación de impacto y un test de idoneidad, necesidad y proporcionalidad.

Las empresas que antes de la publicación de la citada Guía de la AEPD tengan implementado un sistema biométrico para registrar la jornada, fundamentándolo en el cumplimiento de una obligación legal (artículo 9.2.b) del RGPD), deberán finalizar dicho tratamiento y emplear un sistema alternativo para la supervisión de la presencia de los empleados. En el supuesto de que exista un convenio colectivo aplicable a la empresa que especifique la posibilidad de utilizar datos biométricos, se deberá analizar el sistema biométrico implantado. Si este análisis no se ha llevado a cabo previamente, es necesario realizarlo y superar favorablemente una evaluación de impacto en protección de datos (art. 35 RGPD).

Asimismo, y dada la nueva interpretación de la AEPD sobre la base legal del consentimiento explícito (artículo 9.2.a) RGPD), si la empresa ha implementado un sistema biométrico basándose en el consentimiento del empleado, deberá llevar a cabo una reevaluación del tratamiento atendiendo a los nuevos criterios, al objeto de determinar si es posible seguir utilizándolo, en el caso de que la empresa pueda demostrar que (a) emplea la base legal del consentimiento explícito sin encontrar alternativas equivalentes u ofreciendo dichas alternativas; (b) supera el análisis de necesidad; y (c) además supera favorablemente una evaluación de impacto que incluya el triple juicio de idoneidad, necesidad y proporcionalidad.

Mientras no exista una norma europea o española que regule específicamente estos controles mediante datos biométricos, la única solución que ofrece la AEPD para poder utilizar sistemas biométricos en el registro de jornada parece que pasa por su recepción expresa en convenio colectivo que establezca garantías adecuadas para los derechos e intereses de los trabajadores.

La postura recogida en la Guía de la AEPD parece que ya se había abierto camino en la doctrina judicial. En este sentido, la Sentencia del Juzgado de lo Social núm. 2 de 2 Alicante de 15 de septiembre 2023 (rec. 489/2023) entiende que un sistema de registro de jornada basado en el reconocimiento facial supone una violación de la intimidad de las personas trabajadoras, dado su carácter desproporcionado. En concreto señala que, de conformidad con el "Dictamen 3/2012 sobre la evolución de las tecnologías biométricas, el uso de la biometría plantea la cuestión de la proporcionalidad de cada categoría de datos tratados a la luz de los fines para los que se traten los datos. Puesto que los datos biométricos solo pueden utilizarse si son adecuados, pertinentes y no excesivos, ello implica una evaluación estricta de la necesidad y la proporcionalidad de los datos tratados y de si la finalidad prevista podría alcanzarse de manera menos intrusiva. Al analizar la proporcionalidad de un sistema biométrico propuesto, es preciso considerar previamente si el sistema es necesario para responder a la necesidad identificada, es decir, si es esencial para satisfacer esa necesidad, y no solo el más adecuado o rentable. Un segundo factor que debe tenerse en cuenta es la probabilidad de que el sistema sea eficaz para responder a la necesidad en cuestión a la luz de las características específicas de la tecnología biométrica que se va a utilizar. Un tercer aspecto a ponderar es si la pérdida de intimidad resultante es proporcional a los beneficios esperados. Si el beneficio es relativamente menor, como una mayor comodidad o un ligero ahorro, entonces la pérdida de intimidad no es apropiada. El cuarto aspecto para evaluar la adecuación de un sistema biométrico es considerar si un medio menos invasivo de la intimidad alcanzaría el fin deseado. En nuestro caso, no consta que se ofrecieran al actor otras opciones sobre el modo de fichaje, pudiendo habérsele ofrecido la posibilidad de fichar con tarjeta, como así ocurrió con unas trabajadoras gemelas (..).

Refiere el testigo D° xxx, técnico de empresa proveedora del software, que el sistema implantado compara la foto con el trabajador, saca el algoritmo y lo compara, refiere que se trata de un sistema de reconocimiento facial, no biométrico.

No obstante, el artículo 4.14 del RGPD define los 'datos biométricos' como: 'datos personales obtenidos a partir de un tratamiento técnico específico, relativos a las características físicas, fisiológicas o conductuales de una persona física que permitan o confirmen la identificación única de dicha persona, como imágenes faciales o datos dactiloscópicos'. En nuestro caso, nos hallamos ante un sistema de reconocimiento facial a partir de la imagen de una fotografía, hallándose dicho sistema incluido en el ámbito de reconocimiento biométrico.

Teniendo presente que el actor no dio su consentimiento expreso para que su imagen pudiera ser usada para fichar, que por la empresa no se le dieron otras opciones a fin de realizar el citado control y que no se realizó la obligada evaluación de impacto en protección de datos, se ha de entender vulnerado el derecho a la intimidad y propia imagen del actor, como así concluye el Ministerio Fiscal en fase de informe, por lo que procede la estimación de la demanda".

3. LA IMPLANTACIÓN DE SISTEMAS DE REGISTRO EN APARATOS PROPIEDAD DEL TRABAJADOR

Otra cuestión más particular, que también suscita debate en materia de registro de jornada, es el hecho de si las empresas pueden establecer como obligación que los trabajadores deban instalar una "app" para controlar su jornada de trabajo. Aplicaciones que, en algunos casos, el trabajador debe instalar en su móvil personal.

Se trata de lo que se viene denominando en terminología inglesa Bring Your Own Device, es decir, el uso por parte de los trabajadores de los dispositivos personales para un fin profesional o mixto. Este fenómeno afecta directamente al derecho a la desconexión digital, a la protección de datos, a la intimidad, etc. Como ha señalado la doctrina, en los propios dispositivos propiedad del trabajador se crean dos entornos diversos, referidos a datos personales y datos profesionales, de forma que el trabajador, puede acceder a través de internet o de la intranet de la empresa, a datos y aplicaciones de ésta. El problema es que "estas aplicaciones permiten obtener información no solo de la actividad laboral sino de datos sensibles del propio trabajador, porque es probable que utilice el dispositivo tecnológico sin las limitaciones a las cuales el trabajador debería atenerse de pertenecer el dispositivo al empresario y porque es difícil ejercer un control de la actividad profesional del trabajador sin capturar datos relativos a la vida personal o familiar del trabajador" (Goñi, 2021: 51).

En esta línea es interesante mencionar la sentencia de la Audiencia Nacional que no permitió que la empresa Telepizza obligara a sus trabajadores que ostentaban la categoría de repartidores, a instalar un sistema de geolocalización en su móvil personal para utilizarlo durante la jornada de trabajo.

La Sentencia de la Audiencia Nacional de 6 de febrero de 2019, confirmada por Sentencia del Tribunal Supremo de 8 de febrero de 2021 (sentencias núm. 163/2021), declara nulo el sistema implantado por la empresa Telepizza que suponía la obligación para el trabajador, con categoría de repartidor, de aportar a la actividad empresarial un teléfono móvil con conexión a internet de su propiedad, en el que debía instalarse la aplicación informática de la empresa que permítia la geolocalización del dispositivo y del trabajador durante su jornada laboral.

La Audiencia Nacional considera que la medida no supera el juicio de proporcionalidad pues la misma finalidad pudiera haberse conseguido con medidas que suponen una menor injerencia en los derechos fundamentales de los empleados como pudiera ser la implantación de sistemas de geolocalización en las motocicletas en las que se transportan los pedidos o las pulseras con tales dispositivos que no implican para el empleado la necesidad de aportar medios propios y lo que es más importante, datos de carácter personal como son el número de teléfono o la dirección de correo electrónico en la que debían de recibir el código de descarga de la aplicación informática que activa el sistema.

En tal sentido, se declararon nulas las cláusulas de los contratos que exigían la aportación del teléfono móvil del trabajador en beneficio de la empresa. La argumentación de la sentencia expone que este proyecto denominado "*ProyectoTracker*" suponía un manifiesto abuso de derecho empresarial, no respetaba el derecho a la privacidad de los trabajadores por cuanto que no superaba el juicio de proporcionalidad y, finalmente, suponía la creación de un régimen disciplinario al margen del convenio colectivo aplicable.

La Sentencia de la Audiencia Nacional, como hemos señalado, fue confirmada por la Sentencia del Tribunal Supremo de 8 de febrero de 2021. Sobre la ajenidad de la prestación laboral como consecuencia de la digitalización del trabajo, afirma el Tribunal Supremo que, "debemos señalar que recientemente esta Sala ha recordado la evolución que están experimentando las relaciones contractuales en las que existen prestaciones de servicios a consecuencia de las innovaciones tecnológicas y, concretamente, en aspectos que afectan a sistemas de control digitalizados de los servicios que se prestan y que ello obliga a tener que adaptar los conceptos que caracterizan, en este caso, las relaciones laborales, recordando, ciertamente, que la aportación de elementos o herramientas para la prestación de servicios no desvirtúa la ajenidad cuando aquellos no son elementos esenciales para la configuración y definición del contrato (STS de 25/09/2020, rcud 4746/2019)" (FD 3º). Ahora bien, "...cuando hace mención del concepto ajenidad en los medios lo realiza no solo desde la mera puesta a disposición por el trabajador del móvil sino atendiendo también a lo que se añade respecto del uso de dicho elemento, al imponerse en el proyecto efectos sobre el contrato de trabajo ante cualquier alteración que el dispositivo sufra y no permita la conexión, trasladando al trabajador la responsabilidad hasta el punto de que puede llegar a suspender la relación laboral con pérdida de salario o, incluso, extinguirla. Es este el marco en el que la aportación del móvil, según la sentencia recurrida, desdibuja la ajenidad e incurre en un abuso empresarial" (FD 3º).

No hay duda de que la jurisprudencia ha ido adaptándose a la evolución tecnológica, aceptando los sistemas de control digital del trabajo, por lo que debe aceptarse la incorporación de tecnología a la vida del contrato, tanto por parte de la empresa como instrumento de control como por parte de los trabajadores. Sin embargo, "lo que ocurre en el caso analizado es que tal normalización ha dado paso a una cultura de empresa que asocia los dispositivos móviles con otros elementos indisociables de la persona como la indumentaria y adopta una postura pragmática por la cual, asumiendo que todos los trabajadores cuentan con tales dispositivos, resulta más lógico adaptar el sistema de control a estos, en lugar de proporcionar sistemas propios a disposición de aquellos, y anuda exigencias adicionales aun más abusivas a esta opción, como es la obligación de contratar datos móviles, lo cual no se encuentra tan normalizado como la propia titularidad de un dispositivo inteligente" (Rivas, 2021).

La sentencia sanciona, por tanto, que la exigencia de la aportación de un teléfono móvil con conexión de datos para desarrollar el trabajo supone un manifiesto abuso de derecho empresarial al desdibujar la nota jurídica que incardina una relación como laboral, la ajenidad en los medios de producción.

Esta doctrina podría extrapolarse en materia de registro de jornada en la medida que la empresa instalase la aplicación del control horario en el teléfono móvil del trabajador. De esta manera, si se opta por la instalación de programas o aplicaciones en ordenadores, teléfonos, etc, estos no pueden ser propiedad del trabajador, sino que habrá de hacerse en aquellos que ponga la empresa a disposición de los trabajadores. Así se recoge en algunos Acuerdos sobre registro de jornada. convenios colectivos. Podemos citar, por ejemplo, la Resolución de 22 de enero de 2020, de la Dirección General de Trabajo, por la que se registra y publica el Acuerdo sobre registro diario de jornada del Convenio colectivo del sector de la banca (BOE de 4 de febrero de 2020). Este Acuerdo señala que, "las aplicaciones, desarrolladas por las empresas para facilitar el registro de jornada, deberán resultar accesibles para las personas usuarias y podrán descargarse en dispositivos propiedad de las empresas".

4. REGISTRO DE JORNADA Y SISTEMAS DE GEOLOCALIZACIÓN

El desarrollo del trabajo a distancia ha hecho que muchas empresas utilicen para el control horario de la jornada laboral sistemas informatizados que incluyen geolocalización. Estos sistemas se suelen utilizar por los trabajadores, tanto desde ordenadores portátiles como desde teléfonos móviles.

Los programas de control horario con geolocalización son softwares especialmente diseñados para que las empresas puedan gestionar la jornada laboral de sus trabajadores. Se trata de programas informáticos que permiten registrar datos importantes como las horas en las que fichan los trabajadores y las ubicaciones desde donde lo hacen.

La tecnología de geolocalización se ofrece a las empresas como un valor añadido en este tipo de programas de control horario, ya que ofrecen datos en tiempo real sobre la ubicación de los trabajadores, lo que permite a la empresa disponer de un mayor control sobre, por ejemplo, los trabajadores a distancia, los que tienen la posibilidad de desarrollar parte o toda la jornada fuera de las dependencias físicas de la empresa y similares.

En este sentido, conviene recordar la redacción del art. 90 de la Ley Orgánica 3/2018, de 5 de diciembre, de Protección de Datos Personales y garantía de los derechos digitales. Según este precepto, relativo al derecho a la intimidad ante la utilización de sistemas de geolocalización en el ámbito laboral:

> *"1. Los empleadores podrán tratar los datos obtenidos a través de sistemas de geolocalización para el ejercicio de las funciones de control de los trabajadores o los empleados públicos previstas, respectivamente, en el artículo 20.3 del Estatuto de los Trabajadores y en la legislación de función pública, siempre que estas funciones se ejerzan dentro de su marco legal y con los límites inherentes al mismo.*
>
> *2. Con carácter previo, los empleadores habrán de informar de forma expresa, clara e inequívoca a los trabajadores o los empleados públicos y, en su caso, a sus representantes, acerca de la existencia y características de estos dispositivos. Igualmente deberán informarles acerca del posible ejercicio de los derechos de acceso, rectificación, limitación del tratamiento y supresión".*

Además de informar a los trabajadores y sus representantes, las empresas que utilicen un sistema de registro de jornada con geolocalización tendrán que realizar una evaluación del impacto en materia de protección de datos como medida previa a su adopción (art. 35.4 RGPD), pues estaríamos en el supuesto 10 de la lista de tratamientos de datos que requieren la evaluación de impacto, elaborada por la AEPD ("Tratamientos que impliquen la utilización de nuevas tecnologías o un uso innovador de tecnologías consolidadas, incluyendo la utilización de tecnologías a una nueva escala, con un nuevo objetivo o combinadas con otras, de forma que suponga nuevas formas de recogida y utilización de datos con riesgo para los derechos y libertades de las personas").

Como en todo tratamiento de datos personales, deben operar los principios de necesidad, minimización y limitación de la finalidad para la que son obtenidos.

De este modo, si la finalidad de la geolocalización es sólo recabar la información sobre el momento de inicio y fin de la jornada de trabajo, la aplicación que se utilice no debería facilitar la ubicación del trabajador porque ese dato escapa en principio de su propósito. En este caso la geolocalización no resulta necesaria ni proporcionada. En este sentido, se ha afirmado que "el dato de ubicación debiera restringirse en estas apps a únicamente reflejar como válido o no el emplazamiento del trabajador cuando se haya predeterminado una concreta localización para el momento de la realización del fichaje, ya sea como ubicación fija o como zona geográfica pre designada para la prestación, pero sin reflejar la ubicación exacta cuando esta no se corresponda con la del puesto de trabajo" (Llorens, 2022: 84). Sobre la base de la minimización de datos habría que facilitar únicamente aquellos datos que guarden relación con el registro de inicio y fin de jornada. En el supuesto de que al trabajador se le exija una ubicación concreta en el momento de inicio o fin de la jornada, entonces nada impediría que la aplicación utilizada permita conocer la localización del trabajador en ese momento.

Por tanto, debe quedar claro que los datos del registro de jornada no pueden utilizarse para finalidades distintas al control de la jornada de trabajo, como sería comprobar la ubicación. La finalidad del registro es comprobar cuándo comienza y finaliza el tiempo de trabajo pero no verificar dónde se encuentra el trabajador en cada momento.

En este sentido, debe tenerse en cuenta lo señalado en el principio número 16 del Anexo de la Recomendación del Comité de Ministros del Consejo de Europa, adoptada el 1/04/2015, y referida al tratamiento de datos de carácter personal en el contexto laboral. En él se señala que el equipamiento que revele la localización de los empleados únicamente debería introducirse en caso de que se acredite su necesidad para la finalidad que se persiga por el empleador y su utilización no conduzca a una monitorización continuada de los trabajadores, toda vez que esa monitorización no debería ser la finalidad, sino sólo una consecuencia indirecta de la adopción de una medida conducente a la garantía de la protección de la producción, salud o seguridad o del eficiente funcionamiento de la organización.

Como ha señalado la AEPD[14], "como parte de la proporcionalidad en la implantación del sistema, el responsable debe justificar los motivos concretos para la introducción de las medidas de control que pretende implantar, y si es o no posible utilizar otras medidas menos intrusivas para

---

[14] Resolución AEPD 16 de diciembre de 2020 (Procedimiento nº: PS/00124/2019).

dicho control, tratándose del equilibrio entre los intereses del empleador y el derecho de los empleados al respeto de su vida privada. Debe valorar y documentar que la implantación en los supuestos que considere de aplicación es adecuada, necesaria e idónea, en relación con los fines".

Referencias bibliográficas

Crespí Ferriol, M. (2020). Dinámica del registro: ¿cómo hay que registrar? En Pérez de los Cobos Orihuel, F. (Dir.) y Monreal Bringsvaerd, E. (Ed.), *Registro de la jornada y adaptación del tiempo de trabajo por motivos de conciliación* (pp. 147-175) Madrid, España: Kluwer-La Ley.

Cuadros Garrido, E. (2023). Un análisis de urgencia de la biometría utilizada para el registro de la jornada, resultado: categoría de datos de alto riesgo." *Revista Justicia y Trabajo,* (3), 57-93.

Llorens Espada, J. (2022). Aplicaciones informáticas (app) para el registro diario de la jornada laboral. Condiciones de licitud. *LABOS Revista De Derecho Del Trabajo Y Protección Social, 3*(1), 70-94.

García-Perrote Escartín, I. y Mercader Uguina, J.R. (2017). El control biométrico de los trabajadores. *Revista de Información Laboral,* (3).

García-Perrote Escartín y Mercader Uguina, J.R. (2022). El reconocimiento facial como mecanismo de control empresarial a examen. *Revista española de derecho del trabajo,* (252), 13-22.

Goñi Sein, J.L. (2021). Uso de los dispositivos digitales en el ámbito laboral. En Baz Rodríguez (Dir.) *Los nuevos derechos digitales laborales de las personas trabajadoras en España. Vigilancia tecnificada, teletrabajo, inteligencia artificial, big data,* (pp. 45-82). Madrid, España: La Ley, Madrid.

Mercader Uguina, J.R. (2021). Datos biométricos en los centros de trabajo. En Baz Rodríguez (Dir.) *Los nuevos derechos digitales laborales de las personas trabajadoras en España. Vigilancia tecnificada, teletrabajo, inteligencia artificial, big data,* (pp. 169-198). Madrid, España: La Ley, Madrid.

Rivas Vallejo, P. (2021). Geolocalizar a los trabajadores no es invasión de su intimidad si el dispositivo utilizado para ello es propiedad de la empresa. *Revista de Jurisprudencia Laboral,* (3).

Selma Penalva, A. (2010). El control de accesos por medio de huella digital y sus repercusiones prácticas sobre el derecho a la intimidad de los trabajadores. Comentario a la STSJ Murcia, de 25 de enero de 2010. *Revista Aranzadi Social, 3*(3), 27-36.

Capítulo 12.

LAS IMPLICACIONES DE LA DIGITALIZACIÓN EN LAS POLÍTICAS DE EMPLEO COMUNITARIAS: ESPECIAL REFERENCIA A LA DISCAPACIDAD Y OTROS COLECTIVOS VULNERABLES[1]

DE FUENTES Gª-ROMERO DE TEJADA, CARLOS

Profesor Contratado Doctor (interino)

Departamento Derecho del Trabajo y de la Seguridad Social

Universidad Complutense de Madrid

Investigador en el Instituto Complutense de Ciencia de la Administración

carlosdf@ucm.es

ORCID: 0000-0002-1095-4292

Sumario: 1. Introducción. 2. Análisis de los documentos de coordinación de la Estrategia Europea de Empleo. 3. Estudio de otros documentos europeos con impacto en el empleo posteriores a la pandemia COVID-19. 4. Valoraciones conclusivas.

RESUMEN: El presente estudio analiza en qué medida las políticas de empleo comunitarias están atendiendo al desafío de la digitalización tras la pandemia COVID-19. El análisis se detiene también en la incidencia en los colectivos vulnerables al empleo. Las conclusiones son que la Unión no ha concretado ni cuál será el impacto real ni cuándo se podrá ver de manera tangible. Sin tener un diagnóstico claro, las medidas a adoptar que se proponen por las autoridades comunitarias son inconsistentes. Esta tendencia parece cambiar en diciembre de 2022 y principios de 2023 con la aprobación de documentos sobre la Década Digital. Por su parte, los documentos analizados muestran que las necesidades de las personas en riesgo de exclusión son tan acuciantes, importantes y básicas que la capacitación digital para hacer frente a los cambios del mundo laboral no está entre sus prioridades.

---

1 El presente artículo se enmarca en el Proyecto de Investigación financiado por el Ministerio de Ciencia e Innovación sobre "El impacto de la digitalización en las relaciones de trabajo: retos y oportunidades (FuWorkTech)" PID2019-104287RB-100.

ABSTRACT: This study analyses the extent to which EU employment policies are addressing the challenge of digitisation in the wake of the COVID-19 pandemic. The analysis also looks at the impact on groups vulnerable to employment. The conclusions are that the EU has not specified either what the real impact will be or when it will be tangible. Without a clear diagnosis, the measures to be adopted proposed by the EU authorities are inconsistent. This trend seems to change in December 2022 and early 2023 with the adoption of documents on the Digital Decade. For their part, the documents analysed show that the needs of people at risk of exclusion are so pressing, important and basic that digital skills to cope with changes in the world of work are not among their priorities.

Palabras clave: Política de empleo; Unión Europea; digitalización; personas en riesgos de exclusión; personas con discapacidad.

Keywords: Employment policy; European Union; digitalisation; people at risk of exclusión; people with disabilities.

En la próxima década, la Inteligencia Artificial no remplazará directivos, pero alguien usándola tal vez sí lo hará
(Erik Brynjolfsson)

1. INTRODUCCIÓN

Nadie pone en duda a día de hoy la trascendencia de la transformación digital de la economía y de las formas de trabajo[2]. Lo que está por ver es el impacto en el mundo laboral de esta revolución industrial ya que hay diversos escenarios posibles (Monereo, 2021: 4)[3]. Por otro lado, indica que nos encontramos en la cuarta revolución industrial o revolución 4.0 que "va a tener una incidencia en el empleo, tanto en lo relativo a los niveles de empleo como en las formas de empleo. Se producirán procesos contradictorios de creación y destrucción de empleo, pero también de desplazamiento de trabajadores desde las actividades en declive a las nuevas actividades en expansión (...). El tiempo indicará si prevalece el lado positivo del desarrollo o el lado negativo

2 Es elocuente la Declaración del Centenario de la OIT sobre el Futuro del Trabajo, cuando en su primera declaración afirma "el mundo del trabajo se está transformando radicalmente impulsado por las innovaciones tecnológicas (...)", Ginebra, junio de 2019.

3 Este autor indica que nos encontramos en la cuarta revolución industrial o revolución 4.0 que "va a tener una incidencia en el empleo, tanto en lo relativo a los niveles de empleo como en las formas de empleo. Se producirán procesos contradictorios de creación y destrucción de empleo, pero también de desplazamiento de trabajadores desde las actividades en declive a las nuevas actividades en expansión (...). El tiempo indicará si prevalece el lado positivo del desarrollo o el lado negativo y su incidencia en la vida laboral y en los sistemas de protección social"

y su incidencia en la vida laboral y en los sistemas de protección social". Si en 2020 el Foro Económico Mundial aventuraba que la revolución robótica crearía más puestos de trabajo que aquellos que desaparecerían (si bien ciertos sectores de la población y determinados países y regiones iban a sufrir más las consecuencias negativas y precisarían un mayor apoyo de empresas y gobiernos), en 2023 las predicciones son menos favorables con un importante efecto en el cambio de puestos de trabajo existentes[4]. Por su parte, si seguimos un reciente trabajo de la Organización Internacional del Trabajo sobre los efectos de la Inteligencia Artificial generativa en el ámbito laboral parece que el resultado es que no afectará tanto a la cantidad de empleos que puedan desaparecer (con la excepción de los puestos administrativos) como al impacto en la calidad del empleo y "los posibles efectos sobre la intensidad del trabajo y la autonomía cuando la tecnología se integre en el puesto de trabajo" (Gmyrek, Berg y Bescond, 2023: 1).

El objeto del presente estudio es analizar en qué medida las políticas de empleo están atendiendo al desafío de la transición digital en un escenario de cambios no sólo por el espectacular desarrollo de las Tecnologías de la Información y las Comunicaciones (TIC), sino por las crisis climáticas y la evolución demográfica, fruto especialmente del incremento de la esperanza de vida y de la reducción de la natalidad en gran parte del planeta[5], a lo que se añade de forma más reciente la guerra de Ucrania, las crisis energéticas, la inflación, etc. Asimismo, en el análisis tendrá una cierta consideración las novedades o la incidencia en los colectivos vulnerables al empleo, dado que la digitalización tendrá, sin duda, un mayor embate en las personas en riesgo de exclusión social y harán falta medidas suplementarias para lograr reconducir esta situación y permitir su inclusión sociolaboral en este escenario[6].

---

4 Vid. los informes *Future of Jobs* accesibles en: https://es.weforum.org/reports/ [último acceso, 07/09/2023].

5 En los últimos años es frecuente encontrar alusiones en documentos comunitarios a esta triple realidad (digitalización, desafío medioambiental y cambios demográficos) pero de ellos ya se hablaban en las primeras directrices comunitarias de empleo de 2010 y se hacía referencia a la inicial estrategia de empleo de Lisboa de 2000. Vid. el considerando 4: "La Estrategia de Lisboa, puesta en marcha en 2000, se basaba en el reconocimiento de que es necesario aumentar el empleo, la productividad y la competitividad de la UE, mejorando a la vez la cohesión social, frente a la competencia mundial, el cambio tecnológico, los desafíos medioambientales y el envejecimiento de la población".

6 Tal como indica Vila (2022), "Los colectivos vulnerables no dejan de existir en el contexto de cambio tecnológico, sino que adquieren una especial dimensión

Como es sabido, la noción de política de empleo[7] (artículo 2 de la Ley de Empleo)[8] es aquella parte del Derecho Social que atiende la regulación de los instrumentos (servicios públicos, agencias de colocación y entidades colaboradoras) para el acceso al mundo laboral y la Gobernanza del Empleo (Sistema Nacional de Empleo, Conferencia Sectorial de Empleo y Consejo General del Sistema Nacional de Empleo) y que consta de dos facetas diferenciadas, pero con grandes dosis de interacción mutuas (políticas activas y pasivas de empleo). Las políticas activas hacen referencia tanto al conjunto de programas y servicios garantizados para la orientación, formación e intermediación de la población activa cuyas finalidades son tanto la empleabilidad como la reducción del desempleo, como a los estímulos e incentivos a la creación de oportunidades de trabajo. Sus objetivos son el desarrollo de un empleo digno, estable y de calidad y la consecución del pleno empleo (artículos 35 y 40 de la Constitución Española). Por su parte, por políticas pasivas se entiende la combinación de prestaciones y subsidios que protegen económicamente la contingencia del desempleo (en el marco del artículo 41 de la Constitución Española y los Sistemas de Seguridad y protección social)[9].

En la conformación de esta legislación la importancia de las instituciones internacionales y, señaladamente, comunitarias es crucial. Atendiendo a la realidad europea, desde finales de los años noventa del siglo pasado hay una coordinación de los Estados miembros de la Unión Europea en las políticas de empleo con resultados que tienden a un mayor refuerzo de la actuación conjunta[10]. Ello se lleva a cabo a través de actos jurídicos vinculantes, pero también de una pléyade de recomendaciones e iniciativas de "Derecho indicativo o soft law", cuya relevancia no es menor si hay el consenso político necesario para implementarlo.

---

y, ante la misma, tenemos un nuevo reto en el Derecho Social" (p. 4-5). Especialmente, "En este contexto, las nuevas tecnologías han actuado hasta ahora más como un factor de exclusión que de inclusión" (p. 20).

7 Por la extensión de este trabajo, no abordaremos el concepto de política de empleo. Sobre ello, vid. el trabajo clásico de Martín Valverde (1983: 65). También, de manera más sucinta, Rodríguez-Piñero y Castellano (2001: 12-14).

8 Ley 3/2023, de 28 de febrero, de Empleo (BOE de 1 de marzo de 2023).

9 Sobre la nueva Ley de Empleo, vid. las reflexiones de Pérez del Prado (2023).

10 Un buen resumen de la Estrategia europea de empleo en: https://www.europarl.europa.eu/factsheets/es/sheet/54/la-politica-de-empleo [Última visita, 21/08/2023].

Dado el volumen de las actuaciones comunitarias sobre empleo y las dimensiones del presente estudio, el objeto de análisis lo vamos a centrar en una selección de las intervenciones de algún organismo de la Unión posteriores a la pandemia COVID-19. En alguna medida este trabajo debe ponerse en relación, dentro del proyecto de investigación en el que se enmarca, con un estudio previo realizado por la profesora García Piñeiro (2020) que se concentró en la revisión de la incidencia de las nuevas tecnologías en los instrumentos de política de empleo internacionales, comunitarios y nacionales hasta 2020.

Hemos dividido el capítulo en dos partes diferenciadas. De un lado, el análisis de los documentos comunitarios del semestre europeo de coordinación de la Estrategia Europea de Empleo. De otro, el estudio de otros documentos comunitarios con impacto en el empleo. El trabajo culmina con unas valoraciones conclusivas.

2. ANÁLISIS DE LOS DOCUMENTOS DE COORDINACIÓN DE LA ESTRATEGIA EUROPEA DE EMPLEO

La Coordinación de las instituciones comunitarias de las políticas económicas y de empleo se realiza a través del denominado "Semestre europeo"[11] a través del cual, como es sabido, se aplica la Estrategia Europea de Empleo y se articula a través de cuatro fases[12]: a) adopción del Consejo Europeo de las orientaciones para las políticas de empleo de los Estados miembros; b) Informe Conjunto sobre el Empleo (la Comisión emite el informe y el Consejo lo adopta); c) los programas nacionales de reforma, presentados por los Gobiernos nacionales y examinados por la Comisión y, en fin, d) publicación por la Comisión de los informes sobre los Estados miembros y recomendaciones específicas para cada país.

Revisaremos los informes de las instituciones europeas de las fases a, b y d y analizaremos la presencia de la digitalización y las alusiones a los colectivos vulnerables en ellos.

---

11 Para una explicación detallada de las competencias de coordinación comunitarias de la política social, vid. Miranda (2009). Más sucintamente, Fernández (2013).

12 Al respecto, https://ec.europa.eu/social/main.jsp?langId=es&catId=101 [última visita, 18/08/2023].

2.1. Las orientaciones comunitarias para las políticas de Empleo de los Estados miembros:

2.1.1. Significado y evolución

Las orientaciones comunitarias de las políticas de empleo de los Estados miembros, en el marco de los artículos 145 y 148 del Tratado de Funcionamiento de la Unión Europea y 3, 8 y 9 del Tratado de la Unión Europea, son dictadas como medio para aplicar la Estrategia Europea de Empleo; recogen las prioridades y objetivos comunes en materia de empleo propuestos por la Comisión, acordados por los Gobiernos nacionales y adoptados por el Consejo Europeo[13]. Se publican por Decisión de este último órgano.

La importancia de este documento se concentra en que, además de albergar las aspiraciones y metas de las autoridades europeas con respecto al mundo del trabajo, cumple un doble cometido. Por un lado, constituye el fundamento de cualquier recomendación específica que pueda presentar el Consejo a un Estado miembro y, por otro, sirve de base para elaborar el informe conjunto sobre el empleo que envían anualmente el Consejo y la Comisión al Consejo Europeo[14].

Como es sabido, las directrices actuales de la Unión sobre las políticas de empleo, publicadas en noviembre de 2022[15], son el resultado de las indicaciones incorporadas en las sucesivas versiones anuales que desde 2010 han sido elaboradas por las autoridades comunitarias con la finalidad de desarrollar una estrategia coordinada para el empleo en toda la geografía comunitaria. Las orientaciones son un conglomerado de enunciados de asuntos relevantes cuya principal característica es la falta de concreción; se siguen añadiendo temas sin el debido orden y la necesaria profundidad y

---

13 Las primeras orientaciones, publicadas en 2010, ven la luz después que, en los diversos Consejos europeos monográficos sobre el empleo, celebrados desde 1997 hasta finales de la primera década de los años dos mil, establecieran una serie de objetivos principales y de directrices y criterios para alcanzarlos. Dichas orientaciones, sucesiva y reiteradamente formuladas por las autoridades comunitarias a los Estados para que pusieran en marcha reformas estructurales de diversas materias, cristalizan en el documento que ve la luz a finales de 2010. Sobre el tema, Nogueira, Fotinopoulou y Miranda (2012: 278-279).

14 Considerando 18 de las orientaciones para las políticas de empleo de los Estados miembros de 2010, Decisión del Consejo 2010/707/UE, de 21 de octubre de 2010 (DOUE de 24 de noviembre de 2010).

15 Decisión (UE) 2022/2296 del Consejo, de 21 de noviembre de 2022 (DOUE 24 de noviembre de 2022).

ello puede redundar con total seguridad en que sean seguidas en menor medida por los diferentes Estados miembros[16]. La gran mayoría de los temas se repiten desde hace más de una década por lo que debe hace pensar que, quizá, podría modificarse la estrategia. Si en todas las versiones de las orientaciones europeas de políticas de empleo se trata un nutrido número de asuntos -más de cincuenta en las últimas publicadas-, sin apenas detalle, quizá sería recomendable centrarse sólo en algunos aspectos de cada temática que sean abordados con determinación para implementar las reformas necesarias en un espacio temporal acotado. También podrían dedicarse indicadores para su consecución, a modo del Plan de Acción del Pilar Europeo de Derechos Sociales como luego se verá.

2.1.2. La digitalización en las directrices comunitarias de políticas de empleo de los Estados miembros

El contexto de cambio tecnológico se indica expresamente ya desde 2017 al inicio de la Orientación número seis y la presencia de los avances de la digitalización va teniendo una mayor presencia en cada nueva versión de las directrices europeas de las políticas de empleo. Ahora bien, ésta sigue siendo escasa y siempre asociada a la obtención por parte de los trabajadores de nuevas competencias o cualificaciones que le permitan hacer frente a los cambios en el empleo.

La noción de "transición digital" aparece en las orientaciones de la UE a las políticas de empleo de los Estados miembros de 2020. Se habla expresamente de "las transiciones tecnológicas y medioambientales, así como del cambio demográfico". Ya en 2022 se hace alusión a "la doble transición ecológica y digital". Esta idea de las transiciones se completa con la visión comunitaria de lograr "transiciones justas y equitativas". De ello ya se habla en 2020 cuando se indica que la educación y formación "Deben permitir una mejor anticipación y adaptación de todos a las necesidades del mercado de trabajo, en particular a través de la formación complementaria y el reciclaje profesional continuos, a fin de apoyar unas transiciones justas y equitativas para todos, reforzar los resultados sociales, abordar la escasez de mano de obra y mejorar la resiliencia general de la economía frente a las perturbaciones". El concepto de transición justa de Europa hacia una

---

16 Sobre "la sordera selectiva" del caso del Estado español "cuando escucha solo parcialmente las recomendaciones que proceden de los órganos de la Unión Europea", vid. Cabeza (2023: 28).

economía digital se mantiene en el Considerando sexto de las últimas directrices europeas de 2022.

En 2022, además de la transición digital justa, se incorpora la idea de aprovechar el potencial relacionado con las transformaciones ecológica y digital (primer párrafo de la Orientación quinta) y del potencial de creación de empleo de las nuevas formas de trabajo (antepenúltimo párrafo de la Orientación séptima). Por tanto, a partir de las directrices actualmente vigentes parece traslucir una visión más positiva del cambio tecnológico.

La situación actual es la siguiente. Cuando uno se acerca a las orientaciones comunitarias a las políticas de empleo de los Estados miembros publicadas en 2022 la sensación es que la digitalización y la transformación digital están muy presentes en todo el documento. En efecto, son múltiples, casi constantes, las referencias a la importancia que tiene en el momento actual las transiciones digital y ecológica y el cambio demográfico. El tema se nombra en los considerandos cuarto, sexto, noveno, undécimo y en el segundo párrafo del decimotercero. También en las cuatro orientaciones, quinta (en dos oportunidades), sexta (en cinco momentos), séptima (dos ocasiones) y octava (una vez). Lo más habitual es que aparezca al referirse a la transición digital pero también podemos ver el aprendizaje digital, la digitalización de los servicios públicos, competencias digitales (del profesorado y del alumnado), capacidades digitales y aspectos más concretos como la Inteligencia Artificial, la gestión algorítmica en las empresas, la vigilancia de datos, el teletrabajo (sobre todo permanente o semipermanente), la economía de plataformas y las plataformas digitales.

En el considerando séptimo se trata la digitalización como un reto que está transformando profundamente las economías por efecto de la inteligencia artificial, el incremento del trabajo y la economía de plataformas.

No obstante, a pesar de la multiplicidad de momentos en que se habla de la revolución TIC y su omnipresencia en las directrices europeas, lo cierto es que hay muy poca concreción de qué hay que hacer para afrontar este reto de la transformación digital.

En la orientación quinta se insta a los Estados miembros a modernizar sus sistemas de educación y formación con vistas a proporcionar el acceso al aprendizaje digital. En la sexta se establece la obligación de proporcionar a las personas desempleadas y a las personas inactivas una asistencia eficaz, oportuna, coordinada e individualizada, prestando especial atención a los grupos y personas vulnerables afectados en particular por la transición digital. En esta misma orientación sexta se indica la necesidad, por un lado, de invertir en las competencias digitales del profesorado y las personas formadoras y, por otro, de "dotar a todos los alumnos de competencias clave, incluidas las competencias básicas y digitales".

Por su parte, en la orientación séptima se hace referencia a la digitalización como medio de facilitar la gestión de servicios públicos basada en el rendimiento.

En esta misma orientación se trata de las nuevas formas de trabajo y las plataformas digitales. Se pide a los Estados miembros que creen las condiciones adecuadas para las nuevas formas de trabajo, aprovechando su potencial de creación de empleo, pero garantizando el cumplimiento de los derechos sociales. Deben proporcionar asesoramiento y orientación en el trabajo en plataformas digitales y se hace una llamada al papel fundamental que pueden jugar los interlocutores sociales para llegar a las personas con contratos atípicos y representarlas. Asimismo, se establece que los Estados miembros deban considerar la posibilidad de prestar apoyo, con formación específica para los organismos de la inspección, en relación con los retos derivados de estas nuevas formas de organización del trabajo, la gestión algorítmica, la vigilancia de datos y el teletrabajo permanente o semipermanente.

El tema de la economía de plataformas se introdujo en las directrices de 2020 y se puede observar una concreción mayor en 2022. Ya no sólo se trata de luchar contra los falsos autónomos y evitar relaciones laborales que den lugar a condiciones de trabajo precarias, también en el caso de los trabajadores de plataforma, como se decía en 2020; ahora se insta a los Estados miembros a asesorar a los trabajadores, a apoyar a los interlocutores sociales para que puedan representar a los trabajadores de las plataformas y, más aún, se apuesta por formar a la Inspección de Trabajo y de Seguridad Social sobre los retos de estas nuevas formas de trabajo (gestión algorítmica, vigilancia de datos y teletrabajo permanente).

En relación con el teletrabajo, se incorpora por primera vez en 2020, fruto de la experiencia de la pandemia cuando se indica "es importante fomentar el uso de fórmulas de trabajo flexibles, como el teletrabajo, para mantener los puestos de trabajo y la producción en el contexto de la crisis de la COVID-19". En la actualidad, hay tres alusiones al teletrabajo: en el considerando séptimo al indicar el aumento del teletrabajo como uno de los retos actuales del mundo del trabajo y en la orientación séptima, en dos ocasiones, cuando se indica, de un lado, que la "promoción del uso de fórmulas de trabajo flexibles, tales como el teletrabajo, puede contribuir a que los niveles de empleo sean más elevados y a que los mercados de trabajo sean más inclusivos"; de otro, en la posible formación a los organismos de inspección sobre el teletrabajo permanente o semipermanente antes comentada. Por tanto, la presencia de este importante tema es muy residual.

También es sorprendente el escaso -casi nulo- interés por un tema muy importante en la digitalización como es la protección de datos. Únicamente se nombra una única vez dentro de los aspectos a los que se podría formar a la Inspección de Trabajo.

En definitiva, a pesar de que la transformación digital está presente en las vigentes orientaciones europeas a las políticas de empleo, sólo hay cinco directrices con cierta concreción para regular sus efectos y lograr una transición digital justa, como en tantas ocasiones reitera la Unión. La presencia del teletrabajo, la protección de datos, la inteligencia artificial y la gestión algorítmica de la relación laboral es anecdótica y ello tendrá su efecto en las normativas nacionales. Es cierto que en las vigentes orientaciones (como se hizo por primera vez en 2020) se habla del reto de abordar la escasez de mano de obra, pero se hace sin concreción y, por ejemplo, ya no se habla en todo el documento de la "fuga de cerebros" como un asunto de interés europeo[17].

2.1.3. La presencia de los colectivos vulnerables

Sobre los colectivos vulnerables, ya las orientaciones de la UE a las políticas activas de empleo recogían desde su inicio en 2010 consideraciones específicas para determinados colectivos con más dificultades de inserción laboral y su presencia se ha mantenido en todas las versiones de las directrices comunitarias. Las indicaciones son de diverso calado y se hacían desde diversos puntos de vista. Desde el apoyo a la inclusión laboral a cuestiones de protección de social y lucha contra la pobreza, pasando por el aprendizaje de competencias necesarias para el empleo, políticas pasivas de empleo e, incluso, reducciones de la fiscalidad para apoyar la contratación de estas personas. Asimismo, en unas ocasiones se hace alusión a las personas o colectivos vulnerables como un todo y en otras se identifican ciertos grupos de personas con mayores dificultades de inclusión o en riesgo de

---

[17] El tema de atender la fuga de cerebros, que no sólo están relacionados con la tecnología digital, pero en los que entra sin duda el problema de personas con cualificación digital que pueden abandonar o no trabajar en la geografía comunitaria, se introdujo en 2015, se mantuvo en 2017 y 2018 y en las directrices de 2020 se introduce la idea de que "deben abordarse las causas subyacentes de la fuga de cerebros de algunas regiones, también mediante medidas adecuadas de desarrollo regional". Como hemos indicado, en las orientaciones de 2022 se ha eliminado la referencia a este tema.

exclusión social. Veamos algunos ejemplos de ambos aspectos (contenido de las directrices y cómo se hace referencia a los colectivos vulnerables).

Por lo que respecta al apoyo a la inclusión laboral, en el segundo párrafo de la orientación séptima se establece que "Los Estados miembros deben incitar de forma efectiva a participar en el mercado laboral a las personas que puedan hacerlo, especialmente a los grupos vulnerables". Para ello, según se indica en el penúltimo párrafo de la orientación sexta "los Estados miembros deben procurar eliminar los obstáculos y elementos disuasorios, e incentivar la participación en el mercado de trabajo, en particular para (...) las personas más alejadas de este". En concreto, se piensa en las personas con rentas bajas y las que aportan la segunda fuente de ingresos en un hogar (con frecuencia las mujeres, como se indica en 2022).

En cuanto al aprendizaje de las competencias necesarias para la inclusión laboral, en el segundo párrafo de la Orientación sexta se indica taxativamente que "Los Estados miembros también deben ayudar a los adultos poco cualificados a mantener o desarrollar su empleabilidad a largo plazo, impulsando el acceso a oportunidades de aprendizaje de calidad, así como el aprovechamiento de este, mediante la creación de itinerarios de mejora de las capacidades, que incluya una evaluación de las capacidades, una oferta pertinente de educación y formación y la validación y el reconocimiento de las capacidades adquiridas". Por tanto, para mejorar la empleabilidad la receta es el aprendizaje de calidad, itinerarios de mejora de las capacidades, evaluación de éstas y reconocimiento de las capacidades adquiridas, a lo que se añade desde 2020 que se debe tener "en cuenta los nuevos requisitos de unas sociedades digitales, ecológicas y en proceso de envejecimiento".

También se hace referencia a los colectivos más vulnerables en el ámbito de las políticas pasivas de desempleo, en las prestaciones públicas, en la promoción de la inclusión social y la lucha contra la pobreza.

Son diversos los colectivos que son nombrados en las orientaciones comunitarias a las políticas de empleo.

Las personas con discapacidad se han contemplado desde las primeras directrices de 2010, si bien en 2018 se ha añadido una alusión expresa a la necesidad de adaptación del entorno de trabajo, idea que se ha mantenido hasta nuestros días, con el añadido desde 2020 que entre los apoyos a la adaptación del entorno están, de un lado, "un apoyo financiero específico y servicios que les permitan participar en el mercado de trabajo y en la sociedad" y, de otro, la accesibilidad de los servicios públicos.

Los ninis (jóvenes que ni estudian ni trabajan) han sido objeto de diversas consideraciones desde 2015.

En los últimos años se han incorporado nuevos colectivos vulnerables como son las personas sin hogar (desde 2017), refugiados y personas que estén solicitando protección internacional (desde 2022), etnia gitana marginada (se retoma en 2022 después de ya ser nombrados en 2010) y personas de origen migrante (en 2010 sólo se hablaba de los inmigrantes "regulares").

En fin, como hemos visto, la presencia de los colectivos vulnerables en las directrices europeas es frecuente, de contenido diverso, tales como eliminación de obstáculos para su participación, apoyos específicos para su inclusión laboral, prestaciones públicas y rentas mínimas de soporte, estrategia de inclusión activa para el funcionamiento de los servicios sociales que tratan de combatir la pobreza y exclusión social y, en fin, mejora de las capacidades para lograr su inclusión laboral. Es en este último aspecto en el que hay algún tibio engarce con el ámbito de la digitalización y las competencias necesarias para lograr y mantener un puesto de trabajo. No parece que haya un mayor protagonismo que en años anteriores cuando los retos de las transiciones digital, medioambiental y demográfica no eran tan acuciantes. Quizá esto tendría que dar que pensar que, si el escenario económico y empresarial es más complejo, las personas con mayores dificultades de empleabilidad y de inclusión requerirán un esfuerzo adicional para no verse postergadas en su acceso a un empleo. Asimismo, si se reconocen últimamente un mayor número de colectivos con dificultades (personas sin hogar, personas en situación de protección internacional, etnia gitana...) que se suman a los ya 'clásicos' (personas con discapacidad y de origen inmigrante) y a los no tan novedosos pero que llevan años siendo atendidos (como los jóvenes con baja cualificación o los 'ninis'), el tema resulta más acuciante, sobre todo en cuanto a necesidades de financiación y de identificar buenas prácticas que funcionan con estos colectivos para que puedan ser implantados de forma generalizada.

2.2. Indicaciones sobre digitalización y colectivos vulnerables en el Informe Conjunto sobre el Empleo

El Informe Conjunto sobre el Empleo, publicado por la Comisión europea y adoptado por el Consejo Europeo, analiza la situación del empleo en Europa, la aplicación de las orientaciones para el empleo, la evaluación del cuadro de indicadores claves sociales y de empleo y, en fin, ofrece un resumen de las evoluciones más importantes en materia social y de empleo en Europa. Se trata de un documento extenso y exhaustivo de publicación anual.

El *informe de 2021*[18] está muy condicionado por la repercusión de la pandemia COVID-19 que aún persistía y, lo más relevante, no se sabía cuánto iba a durar. En este escenario se invita a los Estados miembros para que identifiquen los sectores y ámbitos donde tienen que hacer las reformas y la inversión. Se identifica el desempleo juvenil como uno de los mayores riesgos y se pone de relieve cómo la pandemia ha incrementado el número de ninis (jóvenes que ni estudian, ni trabajan) en la Unión. En cuanto a la incidencia del teletrabajo[19], fórmula utilizada para hacer frente a las consecuencias de la COVID-19, varía considerablemente según perfiles, sectores o, incluso, del lugar de residencia. Así mientras que el 61% de las personas que vivían en grandes ciudades podían acceder al teletrabajo, este porcentaje se reduce al 41% cuando hablamos de ciudades pequeñas. Asimismo, los trabajadores del sector de la educación y los servicios administrativos fueron los que utilizaron el teletrabajo en mayor medida. Lo más preocupante es la brecha existente de acceso al teletrabajo entre trabajadores con alta y baja cualificación que se calcula en sesenta puntos porcentuales de diferencia. Se reconoce que las políticas activas de empleo son fundamentales para lograr un crecimiento inclusivo, para apoyar transiciones fluidas de entrada y salida del mundo laboral y para evitar los riesgos de una mayor polarización de las capacidades de las personas desempleadas[20]. Ello unido a prestaciones económicas de desempleo y el refuerzo de los sistemas públicos de empleo, sobre todo en tecnología y en formación de los profesionales de estos servicios, son la fórmula escogida para hacer frente al incremento de desempleo provocado por la pandemia[21]. De particular interés son los mensajes decimonoveno a vigesimoprimero[22], dedicados a las reformas del sistema educativo y formativo por su señalada trascendencia para la cohesión social, que detallan la necesidad de apoyar en mayor medida a los colectivos vulnerables e impulsar la educación y capacidad digitales, con reformas e inversiones, en especial en el aprendizaje de personas adultas, dada la brecha de capacidades digitales existente en la actualidad que se registra en el informe[23]. Por lo que respecta a los colectivos

---

18 https://www.europarl.europa.eu/doceo/document/A-9-2021-0274_ES.html [último acceso, 31/08/2023].

19 Mensaje número 14, pp. 14-15.

20 Mensaje número 15, p. 16.

21 Mensajes número 16 y 17, pp. 16-17.

22 Páginas 19-24.

23 El 46 % de las personas de entre 16 y 74 años no tenía capacidades digitales básicas en 2019; 13,5 millones de puestos vacantes requerían capacidades relaciona-

vulnerables, el informe reconoce que la pandemia ha afectado con mayor virulencia a las personas con discapacidad, personas inmigrantes y familias con menores, para los que se promueve su inclusión económica a través de servicios sociales de calidad (estrategia de la inclusión activa)[24]. Eso sí, se llama la atención del bajo nivel de las rentas mínimas que se sitúan por debajo del umbral de la pobreza, lo que provoca que sólo logren reducir la pobreza en uno de cada tres casos y, además, se reclama una mayor tasa de cobertura, que se sitúa en el 64% de las personas en riesgo de pobreza que reciben una de estas prestaciones[25].

Como se observa, salvo lo previsto en materia de mejora de las capacidades digitales, nada se indica sobre cómo hacer frente a la transición digital de la economía.

Por su parte, el *Informe Conjunto sobre el Empleo de 2022*[26], elaborado una vez superada la pandemia de la COVID-19, centra sus esfuerzos en implementar el Pilar Europeo de Derechos Sociales y su plan de acción de marzo de 2021 de los que hablaremos en el epígrafe siguiente. Llama la atención sobre el impacto de la crisis sanitaria en los jóvenes, los retos del empleo de las mujeres, centrando esfuerzos en la conciliación de la vida familiar y profesional y el incremento de los trabajadores pobres. Asimismo, identifica riesgos elevados de pobreza y exclusión social para determinados grupos de población y, en particular, para las familias con hijos (especialmente para las familias monoparentales), las personas con discapacidad, las personas nacidas fuera de la UE y las de etnia gitana. Por ello, sobre estos últimos colectivos se han puesto en marcha ciertas medidas, algunas de ellas serán revisadas en el próximo epígrafe de este trabajo.

Las autoridades comunitarias también reclaman la vigilancia por el aumento del número de plazas vacantes lo que pone de manifiesto la escasez de mano de obra en determinados sectores y con ciertas capacidades.

Centrando el análisis a los aspectos relacionados con la digitalización, son tres los asuntos de interés: por un lado, en el informe se reconoce la ambivalencia del impacto de la transformación digital en el ámbito labo-

---

das con las TIC en 2018 y 2019; 57 % de las empresas señaló que tuvo dificultades para contratar a especialistas en TIC en 2019 y, en fin, el 50,9 % de los profesores no recibió formación en TIC durante su educación formal (p. 24).

24 Mensaje 24, pp. 26-27.

25 Mensajes 24-26, pp. 26-28.

26 Accesible en: https://www.mites.gob.es/es/sec_trabajo/analisis-mercado-trabajo/pnr/archivos/Semestre2022.htm [última consulta, 05/09/2023].

ral pues crea oportunidades de empleo y puede contribuir a una mejor adecuación entre empleadores y empleados pero, a la vez, también puede entrañar riesgos para los puestos de trabajo existentes y para la calidad del empleo, "en particular para quienes realizan actividades altamente rutinarias y para las personas poco cualificadas". Asimismo, prevé que puede haber una "reasignación de trabajadores" hacia actividades relacionadas con las plataformas digitales, lo que pone de relieve la importancia de "aclarar el estatuto jurídico y mejorar las condiciones de los trabajadores de plataformas"[27], de ahí la mayor concreción que ya vimos en las directrices comunitarias antes analizadas sobre mejorar la regulación de la economía de plataformas[28].

Por otro lado, en relación con el teletrabajo[29], aparte de las bondades que tuvo esta fórmula de trabajo para la crisis sanitaria, lo cierto es que se reconoce que puede "reducir el tiempo de desplazamiento, aumentar la flexibilidad y las oportunidades de conciliación de la vida familiar y la vida profesional de los empleados, así como mejorar la eficiencia y la productividad de las empresas". No obstante, no son todo aspectos amables pues el teletrabajo "puede a veces difuminar las líneas existentes entre el trabajo y la vida privada" y dificulta "la representación colectiva y la participación en la toma de decisiones y la formación en el lugar de trabajo".

En tercer término, el informe apuesta por desarrollar capacidades digitales de los adultos para, entre otras cuestiones, hacer frente a la transformación digital. Específicamente, en el informe se establece la necesidad de hacer "esfuerzos adicionales significativos en materia de capacidades digitales avanzadas", dado que "en más del 90 % de los puestos de trabajo actuales y en casi todos los sectores de la economía se requieren capacidades digitales (al nivel adecuado)". El desfase existente en esta materia es enorme pues, según los últimos datos, sólo el 56% de los adultos tenía, al menos, capacidades digitales básicas, de ahí que se haya establecido un nuevo indicador sobre este asunto para hacer un seguimiento exhaustivo de su impulso[30]. Es preciso contar con más especialistas en TIC y en los

---

27 Página 15 del Informe UE Conjunto del Empleo 2022.

28 Vid. supra apartado 2.A.b).

29 Página 14.

30 Los entrecomillados se encuentran en la página 23 del Informe Conjunto de Empleo 2022. Asimismo, el nuevo indicador se incorpora en el Plan de Acción del Pilar Europeo de Derechos Sociales, que se desarrolla más adelante.

ámbitos CTIM (ciencia, tecnología, ingeniería y matemáticas)[31]. En fin, las autoridades comunitarias llaman la atención del riesgo de brecha de digital "para que determinados grupos, en particular las personas poco cualificadas o las personas de edad avanzada, participen plenamente en el mercado laboral y en la sociedad" que puede conllevar riesgo de exclusión social, "de ahí la importancia de dotar a todas las personas de las capacidades digitales necesarias para beneficiarse de la transición digital"[32].

Además de lo anterior, en el informe Conjunto de Empleo de 2022 se estipula la exigencia de implementar políticas activas de empleo personalizadas y mejorar los servicios públicos de empleo "en particular invirtiendo en infraestructuras y servicios digitales (garantizando al mismo tiempo la accesibilidad)", trabajar sobre las capacidades que se prevén necesarias por las transiciones ecológica y digital y renovar los sistemas de elaboración de perfiles y la formación adecuada del personal[33].

Por consiguiente, haciendo balance de lo recogido en los últimos dos informes Conjuntos de Empleo (2021 y 2022), si en el primero nos encontramos con una Unión centrada en superar la crisis sanitaria, en el más reciente las autoridades comunitarias ya tienen más en cuenta otros aspectos y reformas necesarias. La digitalización ocupa un papel mayor, sin mucho menos ser la actriz principal del escenario laboral post-pandémico. La transformación digital sigue teniendo un papel secundario en el que las predicciones negativas (brecha digital, riesgo de pérdida de puestos de trabajo y peor calidad en el empleo) se vaticinan al alimón con aspectos positivos de creación de oportunidades laborales y beneficios del teletrabajo. Ahora bien, sí se concretan dos aspectos a tener en cuenta: de un lado, inversión en formación digital (para todas las personas, especialmente los adultos y en particular para los de edad avanzada para evitar brechas digitales que conllevarán riesgo de exclusión social) y, de otro, cautela con el trabajo en las plataformas digitales, pero sin recomendación concreta en este aspecto.

---

31 Página 20 del informe.

32 Página 14.

33 Páginas 10 y 29.

2.3. Recomendaciones del Consejo a España sobre los Programas Nacionales de Reforma

En julio de 2022 se publicó la última Recomendación del Consejo relativa al Programa Nacional de Reformas presentado por nuestro país. En él no sólo no hay referencias a la transformación digital y al impacto en el empleo, sino que las autoridades comunitarias realizan recomendaciones muy concretas en otros órdenes de la política económica por lo que se puede considerar que la digitalización no es una prioridad para nuestro país.

Parecida situación la encontramos en la Recomendación del Consejo de 2021 para España relativa al Programa Nacional de Reformas. En ella se hace alusión a doble transformación medioambiental y por la digitalización, pero sin concreción práctica. En efecto, sólo hay una alusión a que España "dé prioridad a las inversiones sostenibles y favorables al crecimiento, en particular a aquellas que respalden la transición ecológica y digital". Bien es cierto que se trata de un documento marcado por los esfuerzos de las autoridades comunitarias y nacionales para la recuperación económica una vez que la pandemia se estabilizaba y tenía visos de finalizar, pero, claramente, no hay medidas de política de empleo ni económicas para afrontar la transformación digital.

3. ESTUDIO DE OTROS DOCUMENTOS EUROPEOS CON IMPACTO EN EL EMPLEO POSTERIORES A LA PANDEMIA COVID-19

Para completar el análisis del impacto de la digitalización en las políticas de empleo comunitarias, además de los documentos de los semestres europeos vistos en el punto anterior, elaborados por las autoridades comunitarias en su coordinación de las actuaciones de los Estados miembros en los ámbitos social, laboral y económico, debemos hacer mención a un nutrido conjunto de normas, declaraciones y resoluciones, de distinto valor jurídico, que tienen relación con el ámbito del empleo. El número de estas disposiciones es muy elevado[34] lo que dificulta su exégesis. Compartimos el análisis indicado por algún autor[35] de la hiperactividad legislativa en

---

34 En total, se han contabilizado más de cuarenta disposiciones y documentos comunitarios en 2021, 2022 y primeros seis meses de 2023.

35 García Quiñones (2015: 549-552). Este autor lo centra en la actividad legislativa nacional pero sus apreciaciones y comentarios pueden ser perfectamente aplica-

el ámbito del empleo que dista de ser un aspecto positivo pues logra que los objetivos no se conozcan y las medidas no sean claras. Dado el espacio disponible, vamos a referirnos de forma muy sucinta únicamente a unos pocos documentos para poder tener una cierta idea del objeto de estudio (digitalización y colectivos vulnerables)[36].

Sólo podremos referirnos dentro de las disposiciones que tratan de forma pormenorizada el ámbito de la digitalización a la Declaración Europea sobre los Derechos y Principios Digitales para la Década Digital[37], publicada en febrero de 2023. Por su importancia, añadimos también el Plan de Acción del Pilar Europeo de Derechos Sociales (PEDS), auténtica espina dorsal de la política social comunitaria en la actualidad[38]. Pese al protagonismo que está teniendo en la política social el Parlamento Europeo, el espacio disponible no permite que podamos abordar algunos documentos de interés.

Sobre colectivos vulnerables nos vamos a referir a dos grupos de población relevantes: de un lado, las personas con discapacidad por ser tradicional dentro de las políticas activas de empleo. Revisaremos la Estrategia 2021-2030 sobre los derechos de este grupo publicada en marzo de 2021 por la Comisión Europea[39]. De otro, la población gitana, la mayor minoría étnica de Europa, que ha ido ganando protagonismo como hemos podido comprobar en el Informe Conjunto de Empleo 2022. Sobre este colectivo nos adentraremos en la Recomendación del Consejo de 12 de marzo de 2021, sobre la igualdad, la inclusión y la participación de la población gitana[40].

---

bles a la actuación comunitaria.

36 No hacemos referencia a documentos normativos que no versan sobre la política de empleo, en su sentido amplio, y además serán analizados en otras partes del libro como la propuesta de Reglamento de Inteligencia Artificial, de abril de 2021, o la propuesta de Directiva sobre la mejora de las condiciones de trabajo de las personas que trabajan a través de plataformas digitales, presentada en diciembre de 2021 y el Consejo adoptó su posición el 12 de junio de 2023.

37 Accesible en: https://digital-strategy.ec.europa.eu/es/library/european-declaration-digital-rights-and-principles [última consulta, 05/09/2023].

38 Accesible en: https://eur-lex.europa.eu/legal-content/ES/TXT/DOC/?uri=CELEX:52021DC0102&from=ES [último acceso, 11 de agosto de 2023].

39 Accesible en: https://ec.europa.eu/social/main.jsp?catId=738&langId=en&pubId=8376&furtherPubs=yes [último acceso, 05/09/2023].

40 Accesible en: https://eur-lex.europa.eu/legal-content/ES/TXT/?uri=celex%3A32021H0319%2801%29 [último acceso, 05/09/2023].

3.1. El Plan de Acción del Pilar Europeo de Derechos Sociales

Comenzando por el Plan de Acción del PEDS, hay que resaltar que hace referencia en al menos cinco ocasiones a aspectos relacionados con la digitalización y en tres momentos iniciativas que versan sobre colectivos vulnerables. Sobre los primeros, encontramos llamadas a los interlocutores para encontrar soluciones de común acuerdo para hacer frente a las herramientas de gestión algorítmica (vigilancia y uso de los datos), al teletrabajo y al derecho a desconectarse[41]; también para mejorar el marco normativo de seguridad y salud laboral por los rápidos cambios tecnológicos[42]; se apuesta por la inversión en capacidades como medio de hacer frente a la transformación tecnológica[43]; se reconoce que la inversión en infraestructuras, incluidas las digitales, "ayuda a prevenir la segregación espacial"[44] y, en fin, la Comisión se compromete a poner en marcha una solución digital que facilite la interacción entre los ciudadanos móviles y las autoridades nacionales, para mejorar la transferibilidad transfronteriza de los derechos de seguridad social[45] (pp. 28-29).

En cuanto a las indicaciones sobre colectivos vulnerables hay una sobre personas con discapacidad (seguir trabajando en pos de la igualdad en el empleo del colectivo con medidas de impulso de la formación la cualificación)[46]; otra sobre personas en situación de sin hogar (compromiso de poner en marcha una plataforma europea de ayuda al colectivo para intercambiar mejores prácticas e identificar enfoques eficientes e innovadores)[47] y una alusión genérica a garantizar el acceso a los servicios de capacitación para las personas necesitadas[48].

Para lograr todos estos propósitos, la Comisión Europea 1) aumentará las inversiones sociales a través de los Fondos de la UE; 2) movilizará fuerzas de todos los agentes, reforzando para ello el diálogo social nacional y en el ámbito de la Unión y 3) establece que los Estados miembros deben aprovechar al máximo el Semestre Europeo como el marco consolidado pertinente para coordinar las reformas e inversiones.

---

41 Página 15 del documento.

42 Página 16 del Plan de Acción PEDS.

43 Página 19 del documento que estamos analizando.

44 Página 25.

45 Páginas 28 y 29 del Plan de Acción del PEDS.

46 Página 23.

47 Página 26.

48 Ibidem.

Llama la atención la apelación al Semestre europeo en el que, como vimos en el apartado correspondiente hay muy poca concreción de medidas y hay grandes lagunas como la protección de datos, la gestión algorítmica, la desconexión digital o el teletrabajo.

En fin, el Plan de Acción incluye un anexo con un calendario de las principales acciones y un nuevo cuadro de indicadores entre los que destacamos dos a los efectos de nuestro estudio: el nivel de capacidades digitales de los ciudadanos y la brecha de empleo entre las personas con y sin discapacidad (este último es nuevo a partir de 2021).

3.2. La Declaración Europea sobre los Derechos y Principios Digitales para la Década Digital

Publicada en enero de 2023, se trata de una Declaración solemne y conjunta del Parlamento Europeo, del Consejo y la Comisión que consiste en el enunciado de veinticuatro principios y Derechos divididos en seis capítulos que, según se recoge en el propio documento, deben ser analizados y tenidos en cuenta de forma conjunta. En cada uno de ellos, además, se incluye un apartado de compromisos por parte de la UE para lograr hacerlos efectivos. Las ideas más reseñables a los efectos de nuestra investigación son las siguientes:

El primer capítulo reza que en el centro de la transformación digital deben estar las personas". Entre los compromisos destacamos el de "adoptar las medidas necesarias para que los valores de la UE y los derechos de los ciudadanos reconocidos por el Derecho de la Unión se respeten tanto en línea como fuera de línea".

El capítulo segundo versa sobre Solidaridad e inclusión. Hay un primer principio incluido en el punto dos y, a continuación, se dividen los preceptos en cuatro subapartados, dos de ellos de especial interés a nuestros efectos: conectividad; educación, formación y capacidades digitales; condiciones de trabajo justas y equitativas y servicios públicos digitales en línea.

El punto dos declara que "la tecnología debe utilizarse para unir a las personas, no para dividirlas. La transformación digital debería contribuir a una sociedad y una economía equitativas e inclusivas en la UE". Entre los compromisos para hacer realidad este principio subrayamos, por un lado, la necesidad de asegurarse que las "el uso de soluciones tecnológicas respeten los derechos fundamentales, permitan su ejercicio y promuevan la solidaridad y la inclusión"; y, por otro, que la transformación digital no deje a nadie atrás. El apartado de conectividad reconoce que toda persona debería tener acceso a una conectividad digital asequible y de alta velocidad, incluyendo a las personas con bajos ingresos (punto tres).

El principio cuarto es especialmente importante para una política de empleo digital inclusiva. En él se reconoce que "toda persona tiene derecho a la educación, la formación y el aprendizaje permanente y debería poder adquirir todas las capacidades digitales básicas y avanzadas", para lo cual la UE se compromete a: 1. "promover una educación y una formación digitales de alta calidad, también con vistas a colmar la brecha digital de género" (apartado a); 2. "brindar a toda persona la posibilidad de adaptarse a los cambios provocados por la digitalización del trabajo mediante el perfeccionamiento y el reciclaje profesionales (apartado d).

Por su parte, las condiciones de trabajo justas y equitativas se recogen en los puntos quinto y sexto con unos compromisos que en este ámbito son, si cabe, aún más importantes.

Dentro del capítulo tercero (puntos del ocho al once) se regula la interacción con algoritmos y sistemas de inteligencia artificial.

Hay otros aspectos de interés laboral en los capítulos cuarto al sexto sobre los cuales no podemos entrar.

En definitiva, la Declaración proclama un elenco muy ambicioso de principios y derechos, sin valor jurídicamente vinculante pero que deben servir de guía tanto a los responsables políticos como a empresas y otros agentes en su implantación de las tecnologías de la información y las comunicaciones. Recogen un compromiso político conjunto de las tres instituciones de la Unión y, como tal, se supone que será seguido en fututos instrumentos normativos que puedan devenir de las autoridades comunitarias.

Esta Declaración demuestra cómo la Unión ha afrontado con valentía la transformación digital y tiene claro el camino a seguir que se asienta en tres ideas esenciales y cuatro metas digitales (considerando sexto). Los principios claves son situar a las personas en el centro, empoderar a la ciudadanía e incentivar a las empresas innovadoras. Asimismo, en cuanto a las metas digitales: capacidades digitales, infraestructuras digitales, digitalización de las empresas y de los servicios públicos.

Sólo queda que todas estas ideas interesantes queden reflejadas en instrumentos normativos vinculantes. Mientras llega, es reseñable indicar que el Consejo y el Parlamento Europeo aprobaron una decisión conjunta, en diciembre de 2022, sobre el programa estratégico de la Década Digital para

2030[49] que establece unas metas digitales concretas[50] cuyo interés es permitir a los países de la UE colaborar estrechamente y poner en común recursos para lograr avances en el ámbito de las capacidades y las tecnologías digitales que, de otra manera, los Estados Miembros no podrían alcanzar por sí solos.

La existencia de estas metas digitales, detalladas y exigentes, supone la demostración que la Unión pone los medios y los procedimientos para alcanzar aquello que considera pertinente. Entre las metas, existen temas relacionados con el mundo laboral (capacidades digitales de los adultos; especialistas en TIC que trabajen en la Unión; nivel de servicios de computación en nube de las empresas y digitalización de los servicios públicos). Ahora bien, ninguno de estos compromisos versa sobre las reglas jurídicas del teletrabajo, las plataformas digitales, la inteligencia artificial o la protección de datos de las personas trabajadoras, lo que denota que mucho camino hay aún por recorrer.

3.3. Muestra de instrumentos referidos a grupos vulnerables

Como antes quedó indicado, completaremos nuestro análisis revisando sucintamente documentos comunitarios sobre dos importantes colectivos vulnerables, las personas con discapacidad (a través de la Estrategia 2021-2030 sobre los derechos de este grupo publicada en marzo de 2021 por la Comisión Europea) y la población gitana (por medio de la Recomenda-

---

49 Accesible en: https://www.boe.es/buscar/doc.php?id=DOUE-L-2022-81885 [última consulta 12/09/2023].

50 Las metas digitales que deben alcanzarse en la UE de aquí a 2030 incluyen: i) que no menos del 80 % de las personas de 16 a 74 años tengan al menos competencias digitales básicas; ii) que un mínimo de 20 millones de especialistas en tecnologías de la información y la comunicación (TIC) estén empleados en la UE, fomentando el acceso de las mujeres y aumentando el número de titulados en TIC; iii) que cualquier ubicación fija suministrada por una red de gigabit y todas las zonas pobladas cubiertas por redes de alta velocidad sean como mínimo equivalentes a la 5G; iv) que la producción de semiconductores en la UE sea como mínimo el 20 % de la producción mundial (en valor) de conformidad con el Derecho de la Unión sobre sostenibilidad medioambiental; v) que el primer ordenador con aceleración cuántica se instale en la UE de aquí a 2025, allanando así el camino de las capacidades cuánticas para 2030; vi) que al menos el 75 % de las empresas de la UE hayan adoptado servicios de computación en nube, macrodatos o inteligencia artificial; vii) que no menos del 90 % de las pymes alcancen al menos un nivel básico de intensidad digital; viii) que el 100 % de los servicios públicos digitales sean accesibles en línea y los ciudadanos de la UE tengan el 100 % de acceso a sus datos sanitarios electrónicos y a medios de identificación electrónica seguros y reconocidos en toda la UE.

ción del Consejo de 12 de marzo de 2021, sobre la igualdad, la inclusión y la participación de la población gitana).

La nueva Estrategia para las personas con discapacidad trata de seguir el camino de la anterior Estrategia (de 2010 a 2020) y conseguir afrontar algunos retos pendientes (que el colectivo disfrute de los derechos humanos con plenitud, igualdad de oportunidades, igual participación en la sociedad y la economía, impulsar la vida independiente, mejorar en el acceso a algunos servicios, etc.). Como se observa, estos desafíos son de nivel más básico y genérico y, por tanto, el cambio tecnológico no está excesivamente presente en el texto de la comunicación. En efecto, son sólo tres momentos en los que se hace referencia a la digitalización. El primero, para impulsar la vida independiente se apuesta por utilizar la tecnología para eliminar las barreras de accesibilidad e invertir en sus capacidades[51]. Segundo, para desarrollar nuevas capacidades para nuevos puestos de trabajo (aunar fuerzas la Comisión Europea y la Red de Servicios Públicos de Empleo para desarrollar el aprendizaje, mejorar los servicios de orientación para el colectivo y aumentar las capacidades digitales, para lo cual es imprescindible que el contenido y el entorno de aprendizaje sean accesibles)[52]. El tercero es una llamada puntual a que se protejan los derechos de este grupo social en el espacio digital para lo cual prevén una estrategia de formación para los profesionales de la justicia. Según el texto europeo, está previsto la elaboración por la Comisión de nuevos indicadores[53], una de las deficiencias de la anterior Estrategia según su informe de conclusiones, pues todo aquello que no se mide no se puede saber si se está cumpliendo. Por ahora, como antes se indicó el Plan de Acción del PEDS trajo consigo desde 2021 un nuevo indicador para evaluar la brecha de empleo del colectivo con respecto a la población general. Sin duda es una buena noticia a la que se deben sumar otras ratios necesarias (formación, salario, apoyos en el empleo, prestaciones, etc.).

Con respecto al colectivo de etnia gitana, la Recomendación del Consejo trata de promover el triple objetivo de igualdad, inclusión y participación, en sustitución del anterior plan comunitario que estaba centrado en la integración socioeconómica. Para lograr estas metas genéricas, el texto apunta algunos aspectos educativos, laborales y de acceso a viviendas adecuadas, no segregadas y a servicios esenciales, entre los que se encuentra las comunicaciones digitales. Tanto en el ámbito formativo como en el laboral, la única alusión a la revolución TIC es que se recomienda la nece-

---

51 Páginas 9-10.

52 Páginas 10-11.

53 A más tardar en 2023.

sidad de promover la adquisición de competencias digitales como medio de estar mejor preparado para las exigencias del mundo empresarial. Por tanto, sólo una referencia al ámbito tecnológico y, nuevamente, se reitera la necesidad de la mejora de la cualificación sin mayor concreción.

4. VALORACIONES CONCLUSIVAS

En los documentos analizados hay más espacio utilizado para enfatizar las posibles consecuencias (negativas en gran medida) de la digitalización que a concretar qué hacer, cómo hacer frente y poder remediar los problemas que efectivamente ya se están dando. No se concreta ni cuál será el impacto real ni cuándo se podrá ver de manera tangible[54]. Por ello, sin tener un diagnóstico claro, las medidas a adoptar que se proponen por las autoridades comunitarias son inconsistentes. Hay una dimensión que sobresale sobre el resto: la necesidad de incrementar la capacitación digital de la población. Pero incluso en este mandato, tampoco observamos la concreción necesaria de medidas a adoptar y del papel de los actores implicados. Ni se revisan los permisos de formación de los trabajadores en la relación laboral, ni se da impulso a los planes de formación de las empresas, ni se establece quién debe (y en qué calendario) prever y anticiparse a las competencias digitales demandadas. Únicamente es reseñable indicar que en el Plan de Acción del PEDS se ha puesto un indicador para ser reportado anualmente por los Estados miembros lo que denota un interés mayor y un primer paso necesario para hacer realidad esta pretensión.

A pesar de que en todos los instrumentos analizados la omnipresencia del desafío digital es evidente, nos encontramos con inexplicables olvidos. El espacio dedicado a la gestión algorítmica empresarial (únicamente se hace referencia en las plataformas sin tampoco detallarlo), a la protección de datos de las personas trabajadoras o al uso de inteligencia artificial en el acceso al trabajo o la selección de personal, es prácticamente inexistente. Las referencias al teletrabajo y la desconexión digital son muy escasas y no

---

54 Sobre el plazo en el cual veremos el impacto real de la digitalización y podremos trabajar de forma generalizada con robots en los centros de trabajo, el profesor Álvarez González, autor del informe *La empleabilidad en el futuro del mundo del trabajo*, OBS Business School, abril 2023, en una entrevista en Radio 5 el 15 de septiembre de 2023 indica que aún nos queda, aproximadamente, veinte años para verlo por lo que hay tiempo para tomar las medidas necesarias. Enlace a la entrevista: https://www.rtve.es/play/audios/la-entrevista-de-radio-5/entrevista-radio-5-rodolfo-alvarez/6968967/

hay alusión a todos los problemas normativos que está suscitando. Por todo ello, entendemos que queda mucho camino aún por recorrer.

La pandemia aceleró la digitalización de la economía, el aumento del teletrabajo y el trabajo a través de plataformas pero, al mismo tiempo, ha resultado ser un freno para poner en marcha las reformas necesarias para hacer frente a la automatización de la industria y el empleo y al desafío de la inteligencia artificial. En efecto, la crisis sanitaria evidenció la dificultad de algunos grupos vulnerables en el mantenimiento y la incorporación al empleo; también la escasez de mano de obra en algunas profesiones por falta o inadecuación de la cualificación o capacidades. Ahora bien, el embate de la COVID-19 fue de tal envergadura que, de hecho, ha provocado -como hemos observado en los documentos analizados- que las autoridades comunitarias hayan estado durante 2021 y hasta diciembre de 2022 sin concretar qué debemos hacer con respecto a la transformación digital del mundo laboral.

A partir de diciembre de 2022 y primeros meses de 2023 con la aprobación tanto de la Declaración Europea sobre los Derechos y Principios Digitales para la Década Digital como el programa estratégico de la Década Digital para 2030, la Unión parece afrontar con determinación el reto de la transición digital: establece bases firmes que sirven de cimientos para la construcción posterior; determina metas concretas; aporta un calendario de actuaciones (hasta 2030) e identifica responsabilidades de los Estados miembros y de la Comisión para trazar una trayectoria europea para lograr los objetivos marcados. Ahora bien, faltan consideraciones concretas de calado normativo (reformas legales necesarias), por lo que desde un punto de vista jurídico-laboral hay mucho todavía por hacer, pero el cambio de tendencia de la Unión es evidente.

Respecto a los colectivos vulnerables, los documentos analizados muestran que las necesidades de estos colectivos son tan acuciantes, importantes y básicas que la capacitación digital para hacer frente a los cambios del mundo laboral no está entre sus prioridades. Todo apunta a que para estos colectivos el advenimiento del desafío digital hará que se incrementen sus dificultades de inclusión y la brecha existente con la población general.

Para terminar, debemos seguir la famosa frase del profesor Brynjolfsson cuando aseveró en 2017 que la inteligencia artificial no quitará los trabajos, sino que será un manager (un profesional) quien usando la IA el que tal vez sí lo hará. La clave está en adaptarse a los cambios tecnológicos provocados por las TIC. Hay tiempo y deben tomarse medidas para llevar a cabo. Tras superar la pandemia no parece que todavía las autoridades comunitarias tengan muy claro cuál es el camino a seguir, pero en los últimos meses se ha evidenciado un cambio de ritmo esperanzador y estaremos atentos a su evolución.

Referencias bibliográficas

AA.VV., Nogueira Guastavino, Fotinopoulou Basurko, O. y Miranda Boto, J.M. (Dirs.). (2012). *Lecciones de Derecho Social de la Unión Europea.* Valencia, España: Tirant lo Blanch.

AA.VV., (Cabeza Pereiro, J. y Fernández Prol, F. (Coords.). (2013). *Políticas de empleo.* Pamplona, España: Thomson Reuters Aranzadi.

Cabeza Pereiro, J. (2013). Disfunciones y retos del sistema nacional de empleo. En Cabeza Pereiro, J. y Fernández Prol, F. (Coords.), *Políticas de empleo.* Pamplona, España: Thomson Reuters Aranzadi.

Foro Económico Mundial. (2020). Informe: *Future of Jobs* 2020 y 2023, accesibles en: https://es.weforum.org/reports/.

Fernández Prol, F. (2013). Orientaciones y recomendaciones a debate: ¿cumple España los mandatos europeos en materia de empleo?. En Cabeza Pereiro, J. y Fernández Prol, F. (Coords.), *Políticas de empleo.* Pamplona, España: Thomson Reuters Aranzadi.

García Piñeiro, N. (2020). Política de empleo y nuevas tecnologías. En AA.VV., Monreal Bringsvaerd, E. Thibault Aranda, J. y Jurado Segovia, A. (Coords.), *Derecho del Trabajo y nuevas tecnologías. Estudios en Homenaje al profesor Francisco Pérez de los Cobos Orihuel,* (pp. 161-187). Valencia, España: Tirant lo Blanch.

García Quiñones, J.C. (2015). *Políticas activas de empleo durante la crisis económica (2010-2015).* Madrid, España: Reus.

Gmyrek, P., Berg, J., Bescond, D. (2023). Generative AI and Jobs: A global analysis of potential effects on job quantity and quality. *ILO Working Paper,* (96). Recuperado de https://doi.org/10.54394/FHEM8239.

Martín Valverde, A. (1983). La política de empleo: caracterización general y relaciones con el Derecho del Trabajo. *Documentación Laboral,* (9), 61-80.

Miranda Boto, J.M. (2009). *Las competencias de la Comunidad Europea en Materia Social.* Pamplona, España: Thomson Reuters, Cizur Menor.

Monereo Pérez, J.L. (2021). Derecho al trabajo y derechos profesionales ante la innovación tecnológica y las nuevas formas de empleo. En AA.VV., Monereo Pérez, J.L., Vila Tierno, F., Esposito, M. y Perán Quesada, S., (Dirs.). *Innovación tecnológica, cambio social y sistema de relaciones laborales. Nuevos paradigmas para comprender el derecho del trabajo del siglo XXI,* (pp. 3-56). Albacete, España: Comares.

Pérez del Prado, D. (2023). Ley 3/2023 de empleo: un paso más en la modernización de las políticas de empleo de España (I y II). *Revista Trabajo y Derecho,* (102 y 103),.

Rodríguez-Piñero Royo, M.C. y Castellano Burguillo, E. (2001). La política de empleo en la Unión Europea. *Trabajo: Revista Iberoamericana de Relaciones Laborales,* (10), 11-48.

Vila Tierno, F. (2022). El impacto de la transformación digital en el ámbito laboral: una especial atención a los colectivos vulnerables. En Gómez Salado, M.Á. y Ruiz Santamaría, J.L., (Dirs). *El empleo de los colectivos vulnerables en el marco de la transformación tecnológica: una aproximación jurídico-social,* (pp. 3-27). Granada, España: Comares.

Capítulo 13.
LAS IMPLICACIONES DE LA DIGITALIZACIÓN EN EL ACCESO AL EMPLEO

MORENO ROMERO, FRANCISCA
Profesora Titular de Derecho del Trabajo y de la Seguridad Social
Universidad Complutense de Madrid
fmorenoromero@pdi.ucm.es
ORCID: 0000-0002-3651-2150

RESUMEN: Los procesos de digitalización en todos los órdenes y a nivel global, presentan un importante reto para el acceso y mantenimiento del empleo en la actualidad. Las singularidades propias de cada sistema productivo, la adaptación a esos procesos digitales desde todos los ámbitos y, en especial, desde el empresarial y el de las personas trabajadoras, determinan, entre otras cuestiones y con gran alcance, las posibilidades de éxito de las medidas adoptadas en materia de políticas activas de empleo para facilitar el tránsito de la capacitación de nuestros recursos humanos al nuevo mercado de trabajo digital. Se trata en este trabajo de establecer ciertas premisas básicas que habrán de ser contempladas, en mayor o menor medida, para responder satisfactoriamente a los retos que plantea la transformación digital en las nuevas formas de empleo, presentes y futuras.

ABSTRACT: Digitization processes at all levels and on a global scale present a major challenge for access to and maintenance of employment today. The singularities of each production system, the adaptation to these digital processes from all spheres and, in particular, from the business sphere and that of workers, determine, among other issues and with great scope, the possibilities of success of the measures adopted in terms of active employment policies to facilitate the transition of the training of our human resources to the new digital labour market. The aim of this paper is to establish certain basic premises that will have to be taken into account, to a greater or lesser extent, in order to respond satisfactorily to the challenges posed by the digital transformation in new forms of employment, both present and future.

Palabras clave: Digitalización, empleo, formación, empleabilidad.

Keywords: Digitization, employment, training, employability

1. EL EMPLEO EN LA ERA DE LA DIGITALIZACIÓN: RETOS PARA LA NECESARIA ADAPTACIÓN

En un proceso de digitalización progresiva global como el que caracteriza nuestro tiempo, marcado por el imparable desarrollo de la inteligencia artificial y todos los elementos que, en ella o a partir de ella, se conjugan, el empleo se enfrenta a importantes retos de futuro. A lo largo de nuestra historia reciente, desde la primera revolución industrial, aledañamente a cada nuevo embate de la tecnología sobre el empleo se alimenta un escenario de incertidumbre socio-económica y laboral que impacta de manera negativa sobre los primeros pasos de esa nueva tecnología aplicada al mundo del trabajo, en términos cuantitativos y cualitativos. En esta ocasión, la celeridad con la que se están produciendo los cambios también afecta a la rapidez con la que conocemos los datos de implementación de esas nuevas tecnologías y digitalización en los mercados de trabajo lo que, sin duda, es positivo de cara a realizar análisis exhaustivos y rigurosos sobre su alcance y consecuencias, sus ventajas e inconvenientes, sus pros y sus contras. A la postre, esa rapidez con la que todo ocurre en el actual mundo digitalizado nos trae consigo ventajas que han de ser aprovechadas para analizar objetivamente la situación del empleo, en general, y el acceso y mantenimiento del empleo, en particular.

El proceso de digitalización en el empleo, con mayor o menor impacto, abarca la práctica totalidad de los sectores, empleos, sistemas de producción, organización del trabajo y demás vectores del sistema productivo global, por lo que hablar de acceso al empleo en la actualidad es hablar, en gran medida, de competencias en digitalización (inteligencia artificial, IA Generativa, big data, robotización, biotecnología, internet de las cosas, impresión 3D). Esta situación no deja de ser el reflejo de lo que supone intrínsecamente la economía digital que "permea la economía mundial, desde la distribución comercial (comercio electrónico) al transporte (vehículos automáticos), la educación (cursos abiertos en línea masivos), la sanidad (historiales electrónicos y medicina personalizada), las interacciones sociales y las relaciones personales (redes sociales)" (OECD, 2015), como ejemplo de su cuasi infinito radio de acción.

En relación con la rigurosidad necesaria para el análisis de la situación de empleo a la que aludíamos, es importante recabar y partir de las conclusiones a las que han llegado numerosos informes y trabajos elaborados por instituciones, autores y organizaciones que han tratado de analizar este fenómeno de la digitalización en conexión con el empleo y las consecuencias que para éste tendrá su proceso de implantación.

En cuanto a los primeros posicionamientos de los numerosos estudios realizados al respecto del empleo y cómo se verá afectado por la digitalización, podemos hablar de dos posiciones básicas; en primer lugar, aquellos estudios que nos hablan de las tensiones que está provocando y provocará inicialmente la transformación digital, pasando después a alcanzar un previsible crecimiento neto del empleo y estableciendo una mejora generalizada al traer consigo mayores beneficios que los perjuicios inherentes al proceso, manifestados mayoritariamente en una mayor calidad del empleo y un aumento de los índices de productividad (Varela, 2019); en cuanto a la segunda posición, apuesta por una clara diferenciación de este proceso de revolución digital respecto de los anteriores, por sus propias singularidades y características, que han llegado a verse incluso caracterizadas por la fusión de los mundos físico, digital y biológico, afectando todas las disciplinas, economías e industrias, e incluso desafiando ideas sobre lo que significa el ser humano (Schwab, 2022), por lo que, en esta segunda tesis, el empleo se vería afectado por una profunda transformación en cuanto a reducción en términos cuantitativos y menor calidad de empleo. Dicho lo cual, son relevantes los estudios que se hacen eco de las importantes diferencias que presentan muchos análisis, respecto a los datos de sustitución de empleo por tecnología (Alós, 2019).

Sí es generalizada la opinión que reconoce un cambio tecnológico singular, disruptivo, caracterizado por una "virulencia y velocidad con la que esos cambios se instalan ahora en nuestros sistemas productivos (*que)* carece, por completo, de precedentes" (Mercader, 2018: 30-34). Con el singular escenario descrito, la inexistencia de esos de precedentes y la falta de evidencia empírica concluyente y sostenida en el tiempo sobre la creación o destrucción de empleo, los reales efectos laborales de la digitalización son aún un debate abierto (Sánchez, 2017: 6-12).

Sin embargo, también hay que trabajar sobre determinadas certezas, como que los procesos tecnológicos vividos hasta ahora en las diferentes épocas (primera, segunda, tercera revolución industrial) han traído consigo importantes incrementos de la productividad y nuevos empleos. La idiosincrasia colectiva, en esta cuarta revolución, puede radicar precisamente en el proceso de adaptación a esos nuevos empleos cuya dinámica parecer ser la de complementar y mejorar los puestos de trabajo existentes, más que sustituirlos para alcanzar, una vez más, esos objetivos relacionados con una mayor productividad, por un lado, y calidad en el empleo, por otro.

Por tanto, superada -parece claro- la etapa del determinismo tecnológico, como veremos, se abre una nueva en la que la cuestión fundamental radica en responder a la siguiente pregunta: ¿qué capacidad tiene nuestro sistema productivo de adaptarse a los cambios en el empleo que está trayendo el proceso de digitalización?. Para ello, podríamos denominar la situación de partida desde la que se enfrenta el empleo a este reto como "crisis de empleo"; crisis en cuanto vertiente de oportunidad que brinda la posibilidad de realizar un cambio profundo, con consecuencias importantes en el proceso de adaptación del empleo a la nueva situación que está trayendo consigo la digitalización en este orden y, de forma conexa, referida también a la crisis que debe provocar aquel fenómeno en orden a examinar, revisar y adaptar el estado de las políticas de empleo y, en general, de la transformación que traerá consigo, en orden a nuestra realidad de mercado de trabajo.

Resulta conveniente, a los efectos, adoptar una visión integradora de todos los elementos que conforman el acceso al empleo desde un itinerario adaptado a la realidad socio-productiva, económica y laboral de cara a remover nuestra tradicional configuración de las políticas de empleo y de empleabilidad. Asimismo, esta visión integradora ha de incorporar la idiosincrasia -positiva y negativa- del sistema productivo de nuestro país, en aras a alcanzar su máxima eficiencia de aplicación. También, como elementos aledaños y con impacto directo sobre la determinación de aquellas políticas, por sus consecuencias, ha de considerarse la mayor longevidad de la población y las brechas digitales existentes (género, territorio, nivel educativo, entre otros).

Los desafíos son múltiples, entre otros, la superación de los tradicionales esquemas de funcionamiento de las políticas de empleo y adaptación del empleo ante la transformación digital, como elementos centrales y, en un segundo orden, adaptación al efecto sustitución robotización-empleos y lucha contra el posible aumento de la desigualdad en la distribución de los ingresos, que tendría, en principio, especial incidencia sobre los puestos de trabajo menos cualificados (Sánchez-Urán y Grau, 2019). También podríamos incorporar a estos retos, la necesidad de una lógica reformadora en materia de políticas de empleo ajustada a la realidad que pretenden normar, tratando de huir de la técnica, tan habitual en la materia, del "aluvión", pues ello contribuye a "la merma de confianza tanto en los propios actores del sistema como en los analistas, con las consecuencias negativas que ello conlleva" (García, 2015: 550).

En paralelo y como situación con especiales efectos en la materia, nos encontramos con la disgregación sobre competencias digitales de trabajadores por edad, elemento con especial incidencia en una población activa donde los estratos más numerosos se encuentran en las edades avanzadas; mientras que el 61,6% de las personas entre 16 y 44 años tiene habilidades digitales de nivel avanzado, este porcentaje cae hasta el 29,5 en el caso de las personas de entre 45 y 64 años (INE, 2023).

Sin ánimo de exhaustividad, a estos efectos se ha de tener en consideración una premisa básica, a saber, entender que las consecuencias de la digitalización en el empleo no tienen como motivo exclusivo las cuestiones tecnológicas, sino que además de las vistas y entre otras, intervienen de manera relevante las decisiones políticas tomadas al respecto (Vila, 2023). Así es, las desigualdades en los mercados laborales podrían aumentar, a menos que se tomen medidas políticas en aras de alcanzar un reparto más equitativo de los costes de los ajustes estructurales en el mundo del trabajo (OECD, 2019). El espacio de intervención referido es, precisamente y por ahora, el único posible en el que ha de promoverse y generarse el proceso de adaptación.

En este sentido, acertadamente se ha señalado que "cuando hablamos del impacto de las nuevas tecnologías en los distintos ámbitos de la vida debe descartarse la engañosa apreciación de que dichas innovaciones condicionan inexorablemente el comportamiento del ser humano de manera que éste carece de capacidad para influir en el desarrollo y efectos de los avances tecnológicos" (Gil, 2020: 582).

1.1. El empleo en la era de la digitalización: conexión con las reformas estructurales planteadas por la OIT y la Unión Europea sobre un concepto "superado" de pleno empleo

A partir de la situación descrita, a grandes rasgos, es desde la que se establecen las bases del cambio, a nivel nacional, que han de ser abordadas a través de reformas estructurales planteadas bajo el paraguas del pleno empleo, visión asumida por los textos internacionales y supranacionales en la materia. Sobre la aplicación y consecución de los objetivos de "pleno empleo", volveremos a continuación.

La definición concreta de las políticas activas -competencia nacional- ha de contemplar los perfiles nacionales del mercado de trabajo y sus singularidades, con un importante reto a nivel global. Sirva como ejemplo de este desafío interrelacionado, el desequilibrio en la distribución de beneficios de las plataformas digitales en el mundo: el 70% de las ganancias de estas plataformas se concentra en solo dos países: Estados Unidos y China (OIT, 2021). Esto viene a redundar en un clásico problema, a saber, trabajo externalizado por empresas de países desarrollados hacia países en vías de desarrollo o subdesarrollados, donde los trabajadores ganan menos que sus homólogos de países desarrollados. Consecuentemente, mayor riqueza para las empresas ubicadas en estos países frente a las empresas locales, que mantienen constante su desventaja. Con la economía digital este problema histórico, consecuencia de la mundialización del capital iniciada en el siglo XX, no ha venido sino a sobredimensionarse, por las facilidades propias de estas nuevas formas de trabajo digitalizadas, que lo favorecen. Las consecuencias de esta deslocalización para las políticas activas de empleo de un país son evidentes y muy numerosas, de ahí que la coordinación de políticas favorables al empleo a nivel europeo e internacional mantenga la vigencia de su urgente necesidad de aplicación (Mendizábal y Errasti, 2006).

Sin duda, un correcto establecimiento de políticas de empleo eficientes en un mercado de trabajo global requiere de un planteamiento nacional y supranacional. Los mercados de trabajo globalizados hacen más urgente que nunca la observación, en su aplicación, de esa doble vertiente local e internacional. Dicho lo cual, los textos normativos internacionales en la materia poseen ya una larga trayectoria que podemos iniciar, a los efectos, en el contenido de la Carta Social Europea de 1961, donde en la literalidad de su artículo 1.1, se comprometía a garantizar el ejercicio efectivo del derecho al trabajo, comprometiéndose las partes a reconocer "como uno de sus principales objetivos y responsabilidades la obtención y el mantenimiento de un nivel lo más elevado y estable posible del empleo, con el fin de lograr el pleno empleo". Siguiendo en el ámbito internacional, donde son muy numerosos los informes, estrategias y políticas promovidas, es destacable el enfoque ofrecido por la OIT (2019) en su informe "Trabajar para un futuro más prometedor", donde se revitaliza el cumplimiento del contrato social, esto es, donde las personas se identifican con el núcleo de las políticas. Resultado de este enfoque, se plantea el aprendizaje permanente como derecho universal y la necesidad de dotar este derecho de un sistema eficaz para llevarse a cabo. A los efectos de nuestro análisis, cobra especial relevancia la necesidad de vincular este aprendizaje permanente con la promoción, por parte de los gobiernos, de políticas que amplíen y reconfiguren determinadas instituciones como son las destinadas al desarrollo de las competencias, los servicios de empleo y los sistemas de formación para que ofrezcan a los trabajadores el tiempo y el apoyo financiero que necesitan para aprender.

Este enfoque, que trata de responder a los importantes cambios tecnológicos que viven los sistemas productivos y los mercados laborales, ha de observarse siempre desde el clásico planteamiento recogido en el Convenio 122 de la OIT, de 1964, -segundo hito en los textos internacionales en la materia- sobre la política de empleo donde se establecía que, "con el objeto de estimular el crecimiento y el desarrollo económicos, de elevar el nivel de vida, de satisfacer las necesidades de mano de obra y de resolver el problema del desempleo y del subempleo, todo Miembro deberá formular y llevar a cabo, como un objetivo de mayor importancia, una política activa destinada a fomentar el pleno empleo, productivo y libremente elegido" (art. 1). Con anterioridad, la Carta de Naciones Unidas de 1945 recogía en su art. 55 que la Organización debía promover "niveles de vida más elevados, trabajo permanente para todos y condiciones de progreso y desarrollo económico y social".

Por su parte, el Pacto Internacional de Derechos Sociales, Económicos y Culturales de 1966, establecía como medidas a adoptar por los Estados parte "la ocupación plena y productiva, en condiciones que garanticen las libertades políticas y económicas fundamentales de la persona humana".

Como se ha visto, de forma resumida, la asunción de la política orientada a la consecución del objetivo de pleno empleo ha sido plenamente acogida por los textos normativos internacionales.

Desde finales de la década de los 90 del pasado siglo, han sido numerosas las actuaciones de las Instituciones europeas en materia de políticas de empleo para promover y fijar objetivos relacionados con el pleno empleo, la competitividad y el afianzamiento de la cohesión social (Cristóbal, 2001) y que, en materia concreta de políticas activas de empleo, se han basado fundamentalmente en aquéllas destinadas a potenciar la recualificación y recolocación de las personas trabajadoras. La Estrategia Europea del Empleo (1997), nació con el objetivo de reducir el desempleo desde diferentes claves, condicionando de manera notable las políticas laborales y sus efectos de los Estados miembros en las últimas décadas (Roquero, 2017).

El marco institucional europeo que avala la coordinación en las políticas de empleo y económicas, encuentra su base en los Tratados de la Unión Europea (arts. 120 y ss. TFUE y art. 1 TUE y art. 1.2 TFUE, respectivamente), haciendo hincapié en la potenciación de la "mano de obra cualificada y adaptable y mercados laborales con capacidad de respuesta al cambio económico, con vistas a lograr los objetivos definidos en el art. 3 del TUE". El apartado 3º del art. 3 TUE plantea descriptivamente los objetivos, al señalar que la Unión "obrará en pro del desarrollo sostenible de Europa basado en un crecimiento económico equilibrado y en la estabilidad de los precios, en una economía social de mercado altamente competitiva, tendente al pleno empleo y al progreso social, y en un nivel elevado de protección y mejora de la calidad del medio ambiente. Asimismo, promoverá el progreso científico y técnico". El fomento del empleo queda, por tanto, identificado como un asunto de interés común que, con respeto a los principios de competencia y subsidiaridad, se abordará a nivel europeo a través de una política de coordinación y dirección flexible en materia de empleo, instrumentalizada a través del Método abierto de Coordinación (MAC). Este método, caracterizado por ser una técnica de *soft law* "pivota sobre los ámbitos en los que los Estados miembros ostentan la competencia, pero sobre los que la UE, a través de la promoción de acciones de apoyo o coordinación, proporciona un espacio que presenta como objetivo completar las iniciativas de aquéllos" (Moreno, 2016: 40).

1.2. ¿Es el concepto de pleno empleo tradicional una noción con vigencia actual?

Sin embargo, los retos a los que se enfrenta el mundo del trabajo por la llegada de la digitalización también requieren de un posible replanteamiento de conceptos básicos en las opciones elegidas de cara a establecer los mecanismos de facilitación de acceso al empleo, puesto que se han demostrado poco eficaces hasta el momento. Ello si hablamos de un mercado de trabajo en el que, en las últimas décadas del s. XX, abundaba la forma de trabajo típico, esto es, contrato indefinido a jornada completa; si nos trasladamos a las formas de trabajo presente y, sobre todo, a medio plazo, los planteamientos, como decimos, han de ser revisados necesariamente.

Los profundos cambios acaecidos en las formas de organización del trabajo, la territorialidad en su desempeño, los métodos de producción, etc. por el fenómeno global de la digitalización, traen consigo, de nuevo, la aparente lejanía de la legislación vigente, también en materia de acceso y mantenimiento del empleo. Sin duda, la adecuación es necesaria. Sin embargo, también lo es la necesidad, máxime en un orden tan vivo como el Derecho del Trabajo, de acercarse a los conceptos tradicionales para mantener la esencia de las situaciones que se quieren equilibrar; a la postre, las razones del "ser" de la disciplina.

En este orden, conviene aludir a la posibilidad de que uno de los hándicaps que rodean al concepto de pleno empleo -elemento omnipresente en los textos nacionales (art. 40 CE) e internacionales de referencia en la materia- y sus implicaciones prácticas o, mejor dicho, la falta de ellas, sea el de haber abordado su consecución insistentemente desde una visión clásica y estática. Esta visión procede de la puesta en escena de diferentes posiciones en torno a la consecución del pleno empleo. La primera de ellas, planteada en términos telegráficos, parte de la puesta en marcha de unas políticas públicas sólidas que cuenten con una inversión socializada suficiente que, en caso de situaciones de depresión económica, se vea fortalecida a través de presupuestos extraordinarios, cuestión que se desarrolló fundamentalmente en torno al final de la II Guerra Mundial. La segunda posición, basada en la idea de la teoría de la tasa natural de desempleo argumentada por Milton Friedman en 1968, entendía que la inversión pública no puede generar una tasa de desempleo arbitraria diferente de la que habría de no realizar dicha inversión, sin que antes o después se produzcan importantes desequilibrios en términos de inflación o deflación que llevarían al colapso de la economía; por otro lado, esta teoría defendía que la influencia de las políticas públicas en este ámbito solo puede tener carácter transitorio. Pues bien, tras los diferentes momentos históricos en los que se apostaba por una u otra posición, con diferente intensidad, a partir de los años 80 del s. XX la tendencia es que el único papel del Gobierno en este sentido ha de ser el de asegurar la empleabilidad de las personas trabajadoras (Cardona y Cabeza, 2014).

Los resultados de esta posición dominante hasta ahora no han sido los deseables, sobre todo, en España, con datos de desempleo siempre situados muy por encima de la media europea, con un singular desempleo sistémico. Podría ser conveniente, en este sentido, ampliar la conceptualización vigente de pleno empleo que, en realidad, se abandonó para convertirse en un problema individual y de integración del individuo en la sociedad, para superar esa visión clásica e introducir en ella la arista del capital y no únicamente la de la mano de obra. Dicho de otra forma, enfocar una visión renovada del pleno empleo no solo desde una perspectiva cuantitativa, relación entre el número de puestos de trabajo disponibles y el número de personas desocupadas, dispuestas a trabajar, sino también cualitativamente hablando, relación entre el capital y el trabajo y su colaboración en la obtención del objetivo. A través de este binomio, podría interesar e implicar al empresariado en los problemas de la política de pleno empleo; quizás se encontraría en este concepto la base para un equilibrio de los supuestos intereses (Tautscher, 1952: 263-278), convirtiéndose en meta común de las distintas fuerzas productivas actuales: trabajo y capital. Sin una mayor implicación de este último parece obvia, por la experiencia, la existencia de una carencia sistémica en la consecución de los objetivos de pleno empleo.

Por otro lado, es importante señalar en relación con esa posible implicación del capital y sus beneficios colectivos, que una menor desigualdad neta, sin duda favorecida por el pleno empleo, parece impulsar un crecimiento más rápido y duradero, además de que el impacto de la redistribución sobre el crecimiento suele ser beneficioso según el FMI[1], lo que sin duda supondría una ventaja para el capital. Unido a ello, podríamos establecer la clara conexión, adaptada a esta relación, con el concepto de capital social en relación con la consecución de empleos o el alcance de mejores empleos. La coordinación requerida en este sentido favorece la acción coordinada y la obtención de mejores resultados (Castillo de Mesa, 2017).

En un espacio más amplio y necesariamente contextualizador en referencia a esta última idea de equilibrio, con ella se reforzaría lo que se ha venido a denominar como una regulación protectora de alcance global, con sus singularidades en términos de competencia de los Estados, desde la que "podría surgir una regulación social del libre comercio que proteja los valores cualitativos relacionados con la justicia y los derechos laborales de los trabajadores, por encima de los valores cualitativos, patrimoniales o de mercado" (Mella, 2021: 31). Al fin y al cabo, elementos que ayuden a equilibrar y no a engrandecer, como decíamos, las brechas clásicas que superan el mundo laboral pero que encuentran importante causa en él, no solo entre individuos sino también entre países.

2. ACCESO AL EMPLEO Y SU TRATAMIENTO EN LA NUEVA LEY DE EMPLEO, 3/2023, DE 28 DE FEBRERO

2.1. Cuestiones previas

Los estudios doctrinales y científicos, la experiencia de anteriores revoluciones industriales y las características de la presente revolución nos indican que, en caso de no adoptarse políticas nacionales sobre el acceso y mantenimiento al empleo, facilitando la adaptación a la que venimos aludiendo, el escenario prevalente, cuantitativamente hablando, será el de destrucción de empleo neto o, en paralelo o alternativamente, su precarización. No deja de ser este, sin embargo, un elemento constante a lo largo de las últimas revoluciones.

Dicho lo cual, en aras a un tratamiento basado en la rigurosidad técnica y de política jurídico-social, es necesario introducir matices a tal afirmación. En un primer orden para aclarar que este escenario no está provocado por una ley natural, sino por la intervención humana en la planificación

[1] Así lo cita el *Informe sobre el Trabajo en el mundo,* OIT, 2014.

de la estructura productiva, de competitividad, de productividad, de beneficios empresariales, de organización del trabajo. El determinismo tecnológico obvia la labor de las relaciones laborales, cuestión ésta que suele traer consigo importantes "inexactitudes" a lo largo de nuestra historia reciente. De forma añadida, encontramos la denominada falacia de la cantidad fija de trabajo, que parte de la hipótesis desde la perspectiva económica por la que el progreso tecnológico destruye empleo (Mercader, 2018).

El reciente Informe de la OIT *Generative AI and Jobs: A global analysis of potential effects on job quantity and quality* (Gmyrek, Berg y Bescond, 2023) apunta a que, con las políticas adecuadas, la nueva ola de transformación tecnológica provocada por la Inteligencia Artificial Generativa podría ofrecer importantes beneficios a los países en desarrollo. En este sentido y según la OCDE (OECD, 2019), si bien existe una sensación generalizada de ansiedad sobre la destrucción potencial de empleos a consecuencia de los cambios tecnológicos, parece poco probable que vaya a producirse un descenso abrupto del empleo en términos generales.

Es indudable y ampliamente reconocido que las políticas de adaptación, en términos globales respecto del proceso de digitalización del mercado de trabajo, como venimos diciendo, son imprescindibles para corregir los virajes que el sistema económico empresarial puro y global suele proyectar sobre el laboral, indefectiblemente para su perjuicio. Son muchos los factores intervinientes, en este caso en la relación digitalización-políticas de empleo y ninguno de ellos, como decimos, es ley natural (Castells, 2019). La regulación del equilibrio de aquellos factores depende de qué tecnología estemos tratando, del sistema productivo, de qué puesto de trabajo o formación tenga la persona trabajadora, de las políticas de empresa o la adoptación de políticas del gobierno de un país, etc.

En ese orden de rigurosidad, no debemos dejar de advertir que los estudios realizados hasta el momento realizan un análisis neutro hasta cierto punto, pues sí mantienen activas en sus tesis como elementos constantes de la situación tanto las políticas de empresa, como la formación actual de las personas trabajadoras y su capacitación, o los modelos productivos o los niveles de competencias digitales, entre otros. Es decir, trabajan sobre datos objetivos. Sin embargo, no prevén ni pueden hacerlo, la capacidad de las instituciones para modular y corregir el desequilibrio natural que el mercado tecnológico puede provocar en materia de empleo, en general, y de acceso al empleo, en particular (Moreno, 2022). Es precisamente en este espacio donde se encuentra la ventaja -aunada en ella, la natural del mercado y la artificial creada por la norma jurídica- del proceso de digitalización en el acceso y mantenimiento del empleo, todo ello desde la visión global de la necesaria interrelación entre el cambio tecnológico, el rendimiento económico y el empleo (Sánchez-Urán y Grau, 2019).

Los retos y oportunidades que se presentan gracias a la transformación digital del empleo requieren poner la atención en los cambios de contenidos específicos por ocupaciones para poder desarrollar el engranaje de ajuste necesario entre competencias y cualificaciones, lo que tendrá como resultado un mayor equilibrio entre la oferta y la demanda de trabajo.

Con estos mimbres, la intervención estatal debe trabajar facilitando los instrumentos necesarios con los que las diferentes leyes de empleo y sus reformas hasta ahora -las de 2003, 2006, 2011, 2013, 2015- han tratado, con poco éxito (Tortuero, 2023), de potenciar para alcanzar de forma eficaz el objetivo establecido por nuestro art. 40 de la CE, esto es, promoviendo "las condiciones favorables para el progreso social y económico y para una distribución de la renta regional y personal más equitativa, en el marco de una política de estabilidad económica. De manera especial realizarán una política orientada al pleno empleo".

Es precisamente en el contexto de búsqueda de este objetivo y como respuesta legislativa para dar estructura y aplicabilidad al Componente 23 del Plan de Recuperación, Transformación y Resiliencia, denominado "Nuevas políticas públicas para un mercado de trabajo dinámico, resiliente e inclusivo", donde queda incardinada la reforma 5, sobre la "modernización de políticas activas de empleo", que ve la luz la nueva Ley 3/2023, de 28 de febrero, de Empleo (LE). Reforma esta que se erige sobre un contexto complejo en el que existen grandes desequilibrios que impactan sobre los ciclos económicos, la productividad, el aumento de la precariedad (Ysàs, 2021) y el mantenimiento de la desigualdad. La crisis económico-financiera del año 2008 y la posterior, cuando aún no se había recuperado plenamente la economía, provocada por la pandemia Covid-19 a partir del año 2020, tuvieron como respuesta europea el reforzamiento del Marco financiero plurianual 2021-27 de la UE y la creación del instrumento Next Generation EU (2020). El propósito de esta herramienta en la concreta materia del empleo es la adecuación a la realidad y necesidades actuales del mercado de trabajo español, para lo cual se hace imprescindible corregir sus debilidades estructurales. Este impulso de la reforma del mercado laboral ha de enmarcarse en el espacio del diálogo social. Una de aquellas necesidades, relevante a los efectos de este estudio, consiste en corregir el desequilibrio entre la capacitación de las personas trabajadoras y las necesidades en áreas que demandan las transformaciones que requiere nuestra economía

(Plan de Recuperación, Transformación y Resiliencia, 2021), que podemos identificar como elemento clave.

La actual Ley de Empleo, si bien es continuista en buena parte de sus propuestas al respecto, aunque perfeccionadas, apuesta por un mayor protagonismo de la empleabilidad y la formación.

2.2. Acceso al empleo, empleabilidad y formación ante el avance de un mercado de trabajo altamente digitalizado

2.2.1. Empleabilidad

La empleabilidad es, según el art. 34 de la LE "el conjunto de competencias y cualificaciones transferibles que refuerzan la capacidad de las personas para aprovechar las oportunidades de educación y formación que se les presenten con miras a encontrar y conservar un trabajo decente, progresar profesionalmente y adaptarse a la evolución de la tecnología y de las condiciones del mercado de trabajo. La empleabilidad debe producir un ajuste dinámico entre las competencias propias y las demandadas por el mercado de trabajo". No se trata de un concepto nuevo, sin embargo, sí lo es su protagonismo en la Ley, así como alguna de las nuevas dimensiones que ostenta. La empleabilidad se sitúa en el centro de las políticas activas de empleo como elemento dual que aglutina, por un lado, el refuerzo de la capacidad de las personas para aprovechar las oportunidades de educación y formación en aras a conseguir un trabajo decente que le permita progresar profesionalmente -rasgo clásico-, y por otro, el ajuste dinámico entre las competencias propias de la persona trabajadora y aquéllas que demanda el mercado de trabajo. Es precisamente en este último espacio donde se halla la singularidad novedosa, puesto que aporta una dualidad sobre el concepto que ayuda a expandirlo, al determinar una suerte de desdoble entre la clásica vertiente de cualificaciones y competencias de la persona trabajadora y una dimensión ajena al sujeto, por cuanto se relaciona la empleabilidad con un "ajuste dinámico" entre esas competencias y cualificaciones requeridas y su relación con las demandas dinámicas solicitadas por el mercado, claramente fuera del control de la persona trabajadora. De esta forma, apunta acertadamente la doctrina que la LE, respecto de la empleabilidad, "no carga las tintas en el sujeto, sino que concibe el empleo y el desempleo como un fenómeno multicausal y, por tanto, atacable desde múltiples frentes" (Pérez del Prado, 2023: 88). Si bien de acuerdo con la expresión, no obstante, se entiende la relación establecida por el art. 34

LE como un estatus jurídico necesario para tratar de garantizar, en lo posible, el derecho-deber reconocido en el art. 35 LE, en la medida en que incorpora y refuerza la vertiente del derecho, frente a la más tradicional y acostumbrada en nuestras leyes de empleo, donde se ponía el énfasis en el deber del sujeto y el control de su cumplimiento. Parece más que razonable en este punto, apostar por una sujeción del derecho al mantenimiento y mejora de la empleabilidad del sujeto, a través de su conexión dinámica entre las competencias propias y las demandadas por el mercado. De otra forma, aunque hay diversas opciones de acotar el derecho para hacerlo viable, dejaría la denominación "derecho" poco más que enunciada, sin posibilidad de aplicación al no quedar relacionada con elementos que le son consustanciales para poder llevarse a efecto y que plantean modulaciones constantes, cuando no aceleradas, del contexto en el que ese derecho debe perfeccionarse.

Esta dualidad referida, viene a reforzar la idea planteada acerca de la conveniencia de trabajar sobre el concepto de regulación protectora de alcance global mínimo de los mercados de trabajo a nivel internacional y que, en el planteamiento de elaboración normativa de políticas de empleabilidad y acceso al empleo, deben transitar hacia itinerarios de carácter extraindividual, esto es, con vinculaciones que no afecten, en exclusiva, al sujeto trabajador, como se ha mencionado.

La LE, asimismo, plantea la elaboración de un perfil individualizado de la persona que recibirá tutorización individual y continuada y para la que se elaborará un itinerario personalizado, constando todo ello en el expediente laboral único con el que contará cada usuaria/o. Además, recibirá formación para el empleo y podrá contar con asesoramiento para el autoempleo y el emprendimiento.

En este sentido, es inevitable pensar con qué recursos cuenta el sistema para hacer plausible este acompañamiento, si bien la doctrina ha venido a señalar algunas posibilidades (Vicente, 2022). El papel principal de los servicios públicos de empleo es el de funcionar como intermediadora para ajustar los perfiles y habilidades de los sujetos con las demandas de los empleadores, así como de, previamente, faciliten "que los individuos adquieran competencias, orienten sus predisposiciones y refuercen sus recursos personales para buscar empleo o concurrir a una oferta laboral viendo mejoradas sus oportunidades" (Pozo, 2021: 298). Se echa en falta en la nueva norma la promoción de figuras con perfil profesionalizador especializado para atender este necesario -constante a lo largo de las diferentes leyes de empleo- acompañamiento, siendo necesaria la superación del perfil de "semiprofesión" atribuida a los formadores profesionales para el empleo, no solo en nuestro país sino también en Europa (París, Tejada y Coiduras, 2014).

El derecho-deber a la empleabilidad encuentra su espacio de mayor materialización en la formación conectada con las exigencias de los distintos espacios productivos del mercado laboral, donde la política de empleo debe ser un acompañante necesario y dimensionador. Por ello, se debe perder la fuerte noción de sanción -cuestión que ha perdido centralidad en la nueva LE- en la que se han basado hasta ahora mayoritariamente estas políticas. Sin duda, el control es imprescindible pero la función del sector público no debe ser la de perseguir y sancionar, sino la de acompañar y controlar.

En esta línea, la regulación de la prestación por desempleo en nuestro sistema, política pasiva, ha venido teniendo un papel definitorio indirecto en la configuración de nuestras políticas activas. El nivel contributivo y, aún más, el asistencial, han ido configurando ese poder coercitivo, de sanción en lugar de control, de presión en lugar de instrumento de acompañamiento en el proceso de empleabilidad del individuo. Nuestro sistema de política de empleo, así las políticas activas y pasivas, ha puesto el foco sobre la presión en el control/sanción de las políticas pasivas, creando "un "espacio de presión", de ultimátum, de necesidad máxima, vinculado a la búsqueda y obtención de empleo. Parece como si la presión de no cobrar nada *(sanción)* se conectase con el resultado de obtener cualquier empleo" (Tortuero, 2023: 159) lo que, así configurado, parece no ser una apuesta acertada en orden a los estándares de empleo adecuado que debemos contemplar.

Parece lo deseable que sea en la culminación del proceso de formación y de las acciones tendentes a conseguir la empleabilidad del individuo, donde han de situarse las acciones de control; ha de controlarse el comportamiento y su duración, una vez adquirido el conjunto de competencias que se haya predeterminado para lograr la empleabilidad del sujeto, con el objeto de medir el éxito de la medida aplicada. Eso conlleva un seguimiento temporal, cuantitativo y cualitativo, de reconocimiento de las causas de éxito o fracaso de la formación y acompañamiento al trabajador, controlando las aristas de ejercicio y puesta en práctica de la empleabilidad con la que se le ha dotado. Este planteamiento, que en principio debe tener como finalidad central la de establecer el éxito de las políticas, y la financiación destinada a ellas, esto es, demostrar su eficiencia, conllevaría en su aplicación la verificación de un segundo objetivo deseable, a saber, el control en el cumplimiento de los objetivos para los cuales se ha dotado a la persona trabajadora. Fruto de este control se podría analizar si el fracaso, en su caso, se debe a la línea formativa y de empleabilidad diseñada por el sistema en cualquiera de sus vertientes -derecho- o, contrariamente, se deba a una causa imputable -que no culpable necesariamente- al sujeto -deber-. Ese ajuste derecho-deber parece ser el único lógico si se pretende el control y la sanción, en su caso.

2.2.2. Empleabilidad, formación y capacitación para el empleo en España en relación con la digitalización: situación actual

La idiosincrasia del modelo productivo español, las consecuencias que este trae consigo hacia los perfiles de formación y cualificación de los trabajadores -fundamentalmente, la baja cualificación requerida para el desempeño de un importante número de puestos de trabajo-, pueden explicar, al menos en parte, la debilidad mostrada por nuestras políticas activas de empleo hasta ahora. Se da la paradoja de que, a pesar de tener un modelo productivo que apuesta y cuenta con un gran número de personas trabajadoras poco cualificadas, sigue habiendo vacantes en profesiones de menor cualificación, lo que redunda en la identificación de esa característica de nuestro mercado laboral. También la falta de mecanismos de evaluación de los efectos de las políticas adoptadas o herramientas de transparencia que permitan analizar sus resultados constituye un elemento que anuncia la falta de éxito en la implementación de aquéllas.

Sin duda, estas circunstancias encuentran su respuesta en el reproche reiterado por parte de la Comisión Europea por la falta real de mecanismos de evaluación y control de las políticas activas de empleo en España (Vicente, 2022: 48). Cierto es que la labor es compleja, si bien y pese a adquirir la categoría de obligación legal -incluida como tal por el Real Decreto Legislativo 3/2015, de 23 de octubre, Ley de Empleo- con el correspondiente nivel de exigencia (García, 2022), no alcanzamos los estándares requeridos.

Veamos en concreto, a qué nos referimos cuando hablamos de las peculiaridades del mercado de trabajo español, a grandes rasgos. Son destacables tres de esos rasgos del empleo en España: la alta intensidad de las tareas de servicios, el elevado nivel de rutina y la baja estandarización en los métodos de trabajo (Eurofound, 2016). Las consecuencias son relevantes, dado que el empleo creado lo es en gran medida, de baja calidad. Las repercusiones de todo ello son importantes, puesto que el empleo que se genera es mayoritariamente de escasa calidad, al mismo tiempo que parece acentuarse la divergencia entre la economía española y la de aquellos países que más se adentran en la sociedad del conocimiento. De ahí que se concluya en la necesidad de intervenciones que movilicen esfuerzos y actores e impulsen otro modelo de crecimiento y de empleo. Unas intervenciones que no pueden posponerse, pues mientras tanto se extiende y consolida un tipo de empleo que en un futuro no lejano puede estar fuertemente amenazado por la robotización y la revolución digital.

Podemos concluir que la falta de cualificación en competencias digitales, sobrecualificación en determinados sectores y edades de las personas trabajadoras (Herrera, 2017) o desequilibrio entre empleo ofertado y demandado, es definitoria de nuestro mercado laboral.

> Las vacantes con mayor dificultad de cobertura son, principalmente, las relacionadas con las Tecnologías de la información y las comunicaciones (TIC) -sobre todo en profesionales STEM (*Ciencia, Tecnología, Ingeniería y Matemáticas)*-, así como en energías renovables, en Sanidad, Hostelería, Construcción, Pesca y Reparaciones metálicas. Pero también hay muchas vacantes en profesiones de menor cualificación, en esos mismos sectores.
>
> En el caso de las ocupaciones, durante el último año se acrecienta la carencia de perfiles tecnológicos como analista de datos, ingenieros informáticos, ingenieros expertos en energías renovables, técnicos relacionados con big data y ciberseguridad y expertos en Business Intelligence y Data Mining. Dependiendo de las estaciones y los territorios, en la construcción se han detectado falta de fontaneros, albañiles y carpinteros, en sanidad enfermeros, asistentes sanitarios y técnicos especialistas, en hostelería camareros y cocineros, en transporte camioneros y carretilleros.
>
> El mayor problema actualmente es la escasez de personal de cualificación media que se corresponde con titulaciones de formación profesional en los niveles medio y superior, especialmente en las ramas de transporte y mantenimiento de vehículos y en la de sanidad (European Employment Services, 2023).

Destacable es el problema en determinados sectores en los que existe un exceso de mano de obra, todos ellos en trabajos con perfiles de baja cualificación.

> Con carácter general, sigue existiendo un elevado número de demandantes que solicitan empleo en ocupaciones de baja cualificación en relación al número de ofertas de trabajo registradas en los servicios públicos de empleo. Así, en el sector industrial coinciden con estas características los Peones de la industria manufacturera y los Peones de carga, en el de servicios los Limpiadores y Asistentes de oficinas, Asistentes de venta de tiendas y almacenes, Peones de industria manufacturera, Personal de apoyo administrativo, Ca-

mareros de mesas, Peones de la construcción, Peones de carga y Cajeros y Expendedores de billetes (European Employment Services, 2023).

Nuestro sistema productivo en relación con la formación se caracteriza por diferentes elementos clave, a saber:

a) Los bajos niveles formativos se asocian con una mayor tasa de desempleo. Cuando las personas trabajadoras de baja cualificación están empleadas, suelen desempeñar mayoritariamente puestos en sectores de actividad de baja productividad. La baja cualificación genérica tiene una relación directa con la baja cualificación en competencias digitales.

b) Hay una clara interrelación de desconexión entre el nivel educativo y el nivel productivo. De esta forma, cuando han existido distintas burbujas en el sistema productivo (inmobiliaria, construcción...), el modelo, ha incentivado el abandono escolar temprano para poder acceder a trabajos de baja cualificación con unos salarios relativamente elevados. Por ello, tenemos una importante masa trabajadora en edad activa con baja cualificación profesional.

c) En España ha habido una clara apuesta por sectores productivos que requerían mano de obra de baja cualificación, lo que ha llevado a la falta de crecimiento de la productividad. La existencia de una estrategia industrial basada en la devaluación salarial de los trabajadores jóvenes con baja cualificación y poca capacidad de negociación colectiva ha contribuido notablemente a esta situación (Estrada y Pumarada, 2018).

d) Existencia de altos niveles de sobrecualificación entre los jóvenes (Sánchez, 2009).

Tras estos datos, es imprescindible reflexionar sobre una circunstancia que incide especialmente y de forma concreta en el mercado de trabajo español y su relación y adaptación al mercado de trabajo de la era digital. Como hemos visto, nuestro mercado de trabajo tiene un componente muy importante de trabajos de baja cualificación, de competencias básicas y fácilmente estandarizables. Si tenemos en cuenta que el mercado digital, en contraposición, está caracterizado en buena medida por un alto componente de talento, donde la persona tendrá una importancia creciente (Kahale, 2017), es evidente que no solo deben adaptarse las personas trabajadoras, también el sistema productivo.

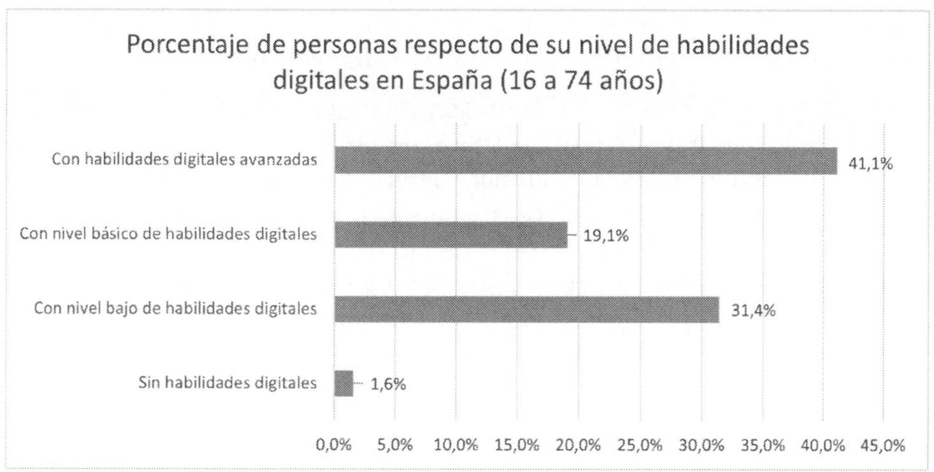

Fuente: elaboración propia a partir de datos del INE, 2023 relativos a habilidades digitales de la población española.

Otros rasgos relevantes complementan lo visto, entre otros, la aceleración de determinados cambios ligados a la digitalización de la economía, factores como el envejecimiento de la población, la falta de relevo generacional o falta de atractivo entre los jóvenes en ocupaciones tradicionales debido a las condiciones de trabajo (European Employment Services, 2023).

En cuanto a la polarización en el empleo respecto del cambio técnico sustitutivo de tareas rutinarias, la situación de España es similar a la del grupo de países que conforman la OCDE. Así, existe un incremento sostenido de las ocupaciones que requieren una elevada cualificación, mientras que las ocupaciones que requieren una cualificación media -con altos componentes de tareas rutinarias, repetitivas y automatizables- presenta una caída sustancial; por último, se da un leve crecimiento del empleo en actividades que demandan una baja cualificación (Andrés y Doménech, 2021).

La incertidumbre propia de un proceso tecnológico caracterizado por la máxima aceleración (Concheiro, 2016) requiere ser tratada desde la máxima rigurosidad a partir de los elementos, pocos, considerados estables, a saber, la experiencia basada en los comportamientos de los cambios industriales, técnicos y tecnológicos precedentes, el comportamiento del empleo y su transformación, la realidad de las competencias de las personas trabajadoras en relación con las principales categorías innovadoras, el poder de las relaciones laborales y la negociación colectiva. Con todos estos ingredientes, podemos afirmar que el progreso técnico de las diferentes revoluciones industriales no ha tenido como consecuencia la destrucción de empleo sino el cambio en su composición (Bentolila y Jimeno, 2016).

La respuesta a esta nueva demanda de empleo ha de venir necesariamente de la mano de un sistema sólido de políticas activas de empleo (intervención estatal) y, específicamente, la preparación y formación para responder a la demanda de las nuevas cualidades exigidas (intervención de los distintos agentes sociales implicados). Trabajar sobre este ámbito es la mayor garantía para el empleo decente y de calidad. Y trabajar sobre este ámbito en el campo de la digitalización resulta ser imprescindible para que esos rasgos se den, de forma generalizada, en los puestos de trabajo de nuestro mercado laboral.

Es en este punto donde cobra una especial relevancia la formación ofrecida por los estudios universitarios y los de formación profesional, si bien no únicamente ellos, en cuanto a su capacidad para dotar a su alumnado de capacidades que presenten una mayor equivalencia entre las competencias requeridas por el mercado de trabajo y las facilitadas por los correspondientes estudios, buscando la influencia de aquellas necesidades en el diseño de sus planes de estudios (Arrieta, 2018).

2.3. Acceso al empleo en la era digital: capacidades requeridas

Las capacidades digitales requieren de diversas capas de adaptación, pues no solo radican, como veremos, en los estándares de esa digitalización sino también en el mercado donde se van a plasmar esas capacidades; ambos en conexión determinan las necesidades en las aptitudes de las personas trabajadoras. De esta forma, la digitalización en el acceso al empleo muestra dos variables básicas que, al unirse, conforman una tercera en la que se encuentra el éxito o fracaso de las decisiones adoptadas; a saber, en cuanto a las variables básicas, la primera, la formación en competencias digitales de las personas trabajadoras adaptadas a las necesidades del mercado de trabajo y, consecuentemente, aquéllas requeridas por el modelo productivo de un país; la segunda, el modelo de organización del trabajo adoptado por las empresas de cara a la implantación de la digitalización. De forma más precisa respecto a esta última variable, si el patrón de digitalización adoptado apuesta por la flexibilidad funcional, o bien por la autonomía de las personas trabajadoras o, en su caso, por la combinación de ambos factores. Y es en la mixtura, como veremos, es donde se encuentra la tercera dimensión -podríamos denominarla digitalización global-, tan relevante para la economía de un país, para la buena marcha de su tejido empresarial y, por ende y no menos importante, para la creación y acceso al empleo en la era digital -o cualquier otra-: la productividad.

En referencia a la primera variable, nuestro país debe avanzar en la senda de un mayor nivel de digitalización de las personas. La digitalización en España es alta, por encima de la media europea, en cuanto a conectividad y uso de servicios de internet, sin embargo, queda por debajo de esa media en digitalización del capital humano, en relaciones que disgregaremos más adelante. El porcentaje de personas trabajadoras que no están familiarizadas con las herramientas digitales en su trabajo (uso de ordenadores, portátiles, tabletas, *smartphons*, etc.), asciende al 40%, una cifra que nos sitúa a la cola de los Estados miembros de la UE (European Employment Services, 2023). Podemos hablar así, de una brecha digital entre medios productivos, por un lado, y capital humano que los utilice para alcanzar la mayor competitividad posible, por otro. En este sentido, cuando hablamos de capital humano nos referimos, en primer lugar, al conocimiento y el uso de herramientas informáticas básicas, y en segundo lugar, al conocimiento y el uso de herramientas avanzadas de personas graduadas en ciencias, tecnología, ingeniería y matemáticas (STEM, según sus siglas en inglés).

España presenta, en datos, menores capacidades digitales básicas del capital humano que la media de la UE, encontrándonos en una posición alejada de los países que lideran en este ámbito; si bien el porcentaje de especialistas en TIC en el empleo aumentó en los últimos años, sigue estando por debajo de la media de la UE y lejos de los países líderes; el porcentaje de titulados TIC se sitúa por encima de la media de la UE pero lejos de los líderes; el porcentaje de mujeres especialistas en TIC es muy bajo, estando estancado en el 1,1% del empleo femenino (Pérez, et. al., 2020). Respecto de este dato conviene resaltar que, pese a ser muy bajo el porcentaje de mujeres especialistas en TIC, lo cierto es que cuando comparamos mujeres y hombres con habilidades digitales avanzadas, la diferencia es mínima, 40,1% y 42,3%, respectivamente.

Los países que han desarrollado un empleo altamente cualificado suelen tener comparativamente menos trabajadores expuestos a alto riesgo por la digitalización, dado que estos trabajadores suelen llevar a cabo tareas menos automatizables que los menos cualificados, al mismo tiempo que suelen tener mayores posibilidades de readaptación, de ser necesario.

Respecto de la baja productividad agregada en nuestro país en relación con otros de la UE, contamos con numerosos informes, entre otros el citado del CES, 2017, que relacionan las variables descritas con esta menor productividad, dada la infrautilización de la tecnología en extensos segmentos del aparato productivo. Existen numerosos argumentos explicativos de esta situación, entre ellos, la formación, el desigual acceso de conectividad, la brecha digital, el sistema productivo y la irregular adaptación empresarial en la aplicación de la tecnología, entre otras. Cabría añadir otro elemento que tiene un importante impacto con sustantividad propia y que, por tanto, debe añadirse y tratarse desde la perspectiva de las políticas activas de empleo. Este elemento se refiere a una de las principales distinciones que posee España respecto de los países más avanzados en digitalización en nuestro entorno y que, consecuentemente, puede explicar ese retroceso. Se trata de si el sistema productivo utiliza los medios digitales para funciones de comunicación y coordinación -donde se sitúan los países del centro y norte de Europa, más avanzados en este ámbito- o se utilizan para funciones organizativas de control de procesos y personas -España, sur y este de Europa-, menos avanzados (Rivera y Salas, 2022).

Es llamativa la paradoja de partida que presenta España en relación con esta segunda variable y que define nuestra apuesta por la digitalización y el papel que, como tejido económico-empresarial y productivo, queremos que aquélla tenga. Según algunos estudios, alguno de los cuales utiliza datos estadísticos arrojados por la Encuesta europea sobre las condiciones de trabajo (EWCS) (Rivera y Salas, 2022), esta paradoja implica que nuestro país es el que cuenta, en Europa, con una mayor digitalización respecto a la robotización o digitalización de las máquinas, mientras que se encuentra a la cola en delegación y autonomía de trabajo. Así, en términos generales, un mayor nivel de digitalización queda asociado positivamente con una mayor flexibilidad funcional y con más autonomía. Dicho lo cual, la digitalización engloba dos patrones dentro de esta arista, esto es, si se digitalizan máquinas incorporando robots o se digitalizan las personas con un mayor número de ellas utilizando ordenadores para realizar su trabajo. Como decimos, España tiene una relativamente alta posición en la primera, digitalización de las máquinas, y baja en la segunda dimensión, digitalización de las personas en sus dos vertientes, a saber, habilidades digitales de las personas y aprovechamiento de esas habilidades con el objeto de maximizar los resultados óptimos que trae consigo.

En este sentido, las empresas españolas puntúan alto en digitalización cuando se trata digitalizar a las máquinas, mientras que las empresas del resto de países, y en particular las de los países del centro y norte de Europa, que puntúan tanto o más alto en digitalización, lo consiguen digitalizando a las personas, según el *European Company Survey 2019* (Eurofound, 2019). Esto supone que una alta proporción de nuestra digitalización se dedica al control de procesos y de personas, frente a lo que ocurre entre los establecimientos del resto de Europa. Como ejemplo, entre los establecimientos de los países escandinavos la proporción que utiliza la analítica de datos para el control de las personas es un 20,5 % inferior a la proporción de establecimientos que controlan a las personas en España. Lo que significa que un importante esfuerzo en digitalización está enfocado a controlar y no a generar competitividad, rasgo que cabría analizar de forma autónoma pero que, sin duda, supone un destino inadecuado, por desajustado, de un elevado porcentaje de innovación digital con la que cuenta España.

En este mismo orden, los datos quedan avalados también por el Índice de la Economía y la Sociedad Digitales (DESI) 2022. Según este informe de la Comisión Europea, España ocupa el séptimo puesto de los 27 Estados miembros de la UE en digitalización, mejorando de forma importante en integración de la tecnología digital, así como en los servicios digitales públicos. De esta forma, nuestro país es uno de los líderes de la UE en cuanto a conectividad, ocupando el tercer puesto.

Teniendo en cuenta la asociación existente entre un mayor éxito y la correlación positiva entre digitalización y autonomía -correlación que no se produce en nuestro país-, este desequilibrio deja en evidencia la diferenciación negativa de España con muchos de los países de nuestro entorno. Consecuencia de ello, nuestro país se sitúa por debajo de la media de la UE en cuanto a participación del sector TIC en el empleo total.

> "Si nos atenemos a los resultados de investigaciones (...) en las que se demuestra la complementariedad entre capital TIC y capital organizacional, el escaso acoplamiento entre digitalización y autonomía de los trabajadores entre los establecimientos españoles estaría impidiendo, o limitando seriamente, el deseado impacto positivo de la inversión en medios digitales sobre la eficiencia productiva de los establecimientos y en última instancia sobre el crecimiento y la rentabilidad de la actividad que se realiza en los mismos. Los establecimientos del centro y norte de Europa, en cambio, aprovechan las complementariedades entre capital TIC y capital organizacional al combinar más digitalización, sobre todo de los trabajadores, con más autonomía en el trabajo"[2].

Se pretende con esta descripción, dejar de manifiesto dos elementos básicos; primero, establecer la conexión con una posible mayor productividad, por cuanto esta es imprescindible para alcanzar una importante accesibilidad y mantenimiento del empleo, no solo, como decimos, en la era digital, sino que se ha presentado de forma constante a lo largo de to-

---

2 Ídem.

das las revoluciones industriales vividas; en segundo término, se evidencia la menor capacidad de adaptación de los empleadores en España respecto de otros países del entorno y, consecuentemente, la necesidad de mejorar esta circunstancia.

3. A MODO DE REFLEXIÓN

Superadas las iniciales etapas de la irrupción de las nuevas tecnologías en las formas de trabajo, si bien se mantiene determinada incertidumbre sobre la aplicación de las nuevas formas de desempeño por cuanto es un proceso dotado de una especial aceleración de implementación, podemos, al menos, partir de una certeza: el proceso de adaptación del empleo al nuevo mercado de trabajo digitalizado está caracterizado por la transformación de los puestos de trabajo. Por tanto, queda superada la etapa en la que se atisbaba una destrucción masiva de empleo neto, siendo la realidad que, si bien se destruirán empleos, otros los sustituirán y, como decimos, la clave de mantenimiento de altos niveles de puestos de trabajo radica en la capacidad de la sociedad para promover la capacitación de las personas trabajadores en orden a satisfacer las necesidades reales del sistema productivo.

El escenario es nuevo, pero los actores y actrices protagonistas, no lo son. El gran déficit histórico en términos de empleabilidad en nuestro país tiene mucho que ver con la falta de correspondencia entre las aptitudes aportadas por las personas trabajadoras al ofertar su trabajo y las demandadas por empresas.

Parece claro establecer como objetivo prioritario, entonces, en materia de acceso al empleo en la era digital, la capacidad de adaptación de una sociedad y de los individuos que la componen a los cambios que llegan. Y es ahí donde juega un papel clave la formación a lo largo de toda la vida -edad- activa de las personas trabajadoras; primero, con la adaptación de los planes de estudios universitarios y de formación profesional a los itinerarios formativos necesarios para atender a las necesidades cambiantes de las habilidades digitales requeridas por el mercado de trabajo; también a través de una correcta utilización de la formación profesional dual; por último, la complementariedad entre el estado de activo de la persona trabajadora con la formación continua, manteniéndose cuando, en su caso, se encuentre en situación de desempleo a través de los itinerarios formativos personalizados.

Dicho esto, resulta imprescindible establecer cómo ha de enfocarse esa adaptación a la que aludimos y, en este sentido, se puede hablar de dos elementos clave de partida; a saber, en un primer orden, formación en competencias digitales de las personas trabajadoras en relación con la demanda de cualificaciones; en segundo lugar, un modelo de organización del trabajo adaptado por las empresas de cara a la implantación de la digitalización. Es en el espacio conjunto creado por estos dos elementos donde radica el elevado rendimiento de ambos y su máxima efectividad, siendo así que de la suma de ambas circunstancias resultará, con mayor probabilidad de éxito, un mercado de trabajo con alta productividad. Es decir, se ha de superar el déficit que presenta España en cuanto a digitalización del capital humano, tanto en relación al conocimiento y uso de herramientas informáticas básicas como al conocimiento y uso de herramientas avanzadas de personas graduadas en Ciencias, Tecnología, Ingeniería y Matemáticas. Unido a ello, se ha de mejorar la relación robotización-digitalización de las máquinas respecto del nivel de delegación y autonomía en el trabajo que el tejido económico-empresarial y productivo presenta en nuestro país. Es decir, se debe corregir el desequilibrio existente entre la alta robotización y la baja delegación y autonomía, por cuanto con ello se alcanzaría un mayor éxito a nivel empresarial, como demuestra la experiencia de nuestros países vecinos que sí presentan ese equilibrio.

A partir de esta ponderación, por la que necesariamente debemos transitar para alcanzar ese éxito de mercado de trabajo, es desde donde debemos procurar un derecho-deber a la empleabilidad, cuestión que además retroalimenta la consecución del objetivo primero. El proceso de empleabilidad facilita la adaptación a las necesidades del mercado de trabajo por parte de las personas trabajadoras, lo que supone una corrección del elemento distorsionador de falta de capacidades adecuadas que sufrimos en la actualidad; a su vez, el tejido empresarial debe apostar por la delegación y autonomía en el trabajo de esas personas trabajadoras cualificadas, lo que facilitará el aprovechamiento de nuestro alto componente digital en máquinas o robotización de la forma adecuada, multiplicando sus efectos. Con ello, un alto nivel de digitalización global nos impactará positivamente en el sentido de alcanzar una mayor productividad. Finalmente, como consecuencia lógica, conseguiríamos un alto nivel de empleo.

Para que el derecho-deber aludido alcance su efectividad, por tanto, se requiere, en un primer orden, de la necesaria obligación de los poderes públicos de facilitar instrumentos al sujeto para que obtenga oportunidades reales de empleo a través de la formación, cualificación y ajuste entre oferta-demanda; por otro lado, singularmente referido a la formación, los cánones deben modificarse para adaptarse a la rapidez con la que cambian las habilidades requeridas. Así es, en un mercado de trabajo fuertemente digitalizado, las competencias que se demandan cambian en cortos plazos de tiempo, la aceleración del cambio en este sentido es característica singular de la digitalización, lo que hace necesario que la formación recibida cuente con formadores altamente especializados que estén preparados y cualificados para responder a los contenidos requeridos y hacerlo con la agilidad necesaria. Esta presencia de formadores altamente especializados perfeccionaría la vertiente del "derecho" a la empleabilidad, dotando de mayores garantías a los esfuerzos público-privados realizados en este orden y, entonces sí, generando una nueva concepción del "deber" como respuesta indubitada a los recursos que han hecho posible alcanzar ese nivel formativo de la persona trabajadora, enfrentando así desde una visión más razonable y jurídicamente exigible, su cumplimiento.

Referencias bibliográficas

Alós, R. (2019). "El empleo en España en un horizonte 2025". *Economía digital y políticas de empleo.*

Andrés, J y Doménech, R. (2021). *Disrupción digital y empleo Bienestar social ante las nuevas tecnologías globales,* El Futuro Digital de España OCDE, 6 de julio de 2021. Recuperado de: https://www.oecd.org/economy/surveys/OCDE-panel-digitalizacion-Rafa-Domenech-julio-2021.pdf

Arrieta Idiakez, F. J. (2018) "La Formación dual en el ámbito universitario como alternativo a los retos planteados por la industria 4.0 en cuanto a la empleabilidad de los jóvenes", en AA.VV, Mella Méndez, L. y Villalba Sánchez, A. (Dirs.). *La revolución tecnológica y sus efectos en el mercado de trabajo: un reto del siglo XXI.* Madrid, España: Wolters Kluwer.

Bentolila, S.y Jimeno, J.F., (2016) *¿Nos van a quitar las máquinas de trabajar?*, disponible en: https://nadaesgratis.es/bentolila/nos-van-a-quitar-las-maquinas-de-trabajar

Cardona Rubert, M.B y Cabeza Pereiro, J. (2014). *Políticas Sociolaborales.* Madrid, España: Thomson Reuters, Civitas.

Castells Oliván, M. (2019). "Globalización, tecnología, trabajo, empleo y empresa", disponible en: http://panel.inkuba.com/sites/2/archivos/G%20Y%20S%20castells_globaliza_tec_trab_emp.pdf

Castillo de Mesa, J. (2017). *El trabajo social ante el reto de la transformación digital. Big data y redes sociales para la investigación e intervención social.* Pamplona, España: Thomson Reuters Aranzadi.

Concheiro, L. (2016). *Contra el tiempo Filosofía práctica del instante.* Madrid, España: Anagrama.

Cristobal Roncero, R. (2001). Políticas de empleo en la Unión Europea. *Revista del Ministerio de Trabajo y Asuntos Sociales: Revista del Ministerio de Trabajo e Inmigración,* (33), 33-60.

Estrada, B. y Pumarada, M. (2018). La Digitalización de la economía española y sus repercusiones en el empleo. *Fundación Alternativas, Documento de trabajo 199/2018.*

García Quiñones, J. C. (2015). *Políticas activas de empleo durante la crisis económica (2010-2015).* Madrid, España: Editorial Reus.

García Quiñones, J. C. (2022). *Políticas activas de empleo.* Valencia, España: Tirant lo Blanch.

Gil Plana, J. (2020). Nuevas tecnologías y relaciones colectivas de trabajo: las plataformas digitales. En AA.VV, Monreal Bringsvaerd, E., Thibault Aranda, X. y Jurado Segovia, A. (Coords.), *Derecho del Trabajo y Nuevas Tecnologías. Estudios en Homenaje al Prof. Francisco Pérez de los Cobos Orihuel.* (851-886). Valencia, España: Tirant Lo Blanch.

Gmyrek, P., Berg, J. y Bescond, D. (2023). Generative AI and Jobs: A global analysis of potential effects on job quantity and quality. *ILO working Paper,* (96).

Herrera Cuesta, D. (2017). Empleabilidad versus sobrecualificación. Desajuste entre formación y empleo en las trayectorias laborales de los jóvenes titulados en España. *Sociología del Trabajo,* (89), 29-52.

Kahale Carrillo, D.T. (2017). La industria 4.0: los retos para el empleo español. En AA.VV. Mella Méndez, L. (Dir.), *Los actuales cambios sociales y laborales: nuevos retos para el mundo del trabajo,* (pp.75-93). Suiza: Peter Lang.

Martínez Abascal, V.A. (2003). Derecho al trabajo y políticas de empleo. En *El modelo social en la Constitución Española de 1978,* Madrid, Ministerio de Trabajo, 2003.

Mella Méndez, L. (2021). Sobre la globalización y la digitalización del mercado de trabajo: a modo de prólogo. En AA.VV., Mella Méndez, L. y de Muñagorri, R. (Dirs.), *Globalización y digitalización del mercado de trabajo: propuestas para un empleo sostenible y decente* (pp. 253-283). Pamplona, España: Thomson Reuters Aranzadi.

Mendizábal, A. y Errasti, A. (2006). Aspectos económicos y sociales de las deslocalizaciones productivas. *Lan harremanak,* (especial/ale berezia), 167-192.

Mercader Uguina, J., (2018), “El mercado de trabajo y el empleo en un mundo digital. *Revista de información laboral,* (11), 17-33.

Moreno Romero, F. (2022). *La calificación del trabajador subordinado o autónomo como delimitador del régimen protector.* Madrid, España: Comares.

Moreno Romero, F. (2016) *Trabajadores de mayor edad en la política institucional de la Unión Europea. Equilibrio entre políticas de empleo, pensiones y sistema productivo",* Editorial Comares.

París Mañas, G., Tejada Fernández, J. y Coiduras Rodríguez, J. (2014). La profesionalización de los profesionales de la formación para el empleo en constante [in] definición en Europa. *Profesorado, Revista de Currículum y Formación del profesorado, 18*(2), 267-283.

Pérez, F., Broseta, B., Escribá-Esteve, A., Gómez, A., Hernández, L., Peiró, J. M., & Todolí, A. (2020). *Cambios tecnológicos, trabajo y actividad empresarial: El impacto socioeconómico de la economía digital.* Madrid, España: Consejo Económico y Social (CES).

Pérez del Prado, D. (2023). La Ley 3/2023 de empleo. Principales novedades. *LABOS Revista De Derecho Del Trabajo Y Protección Social,* (4), 86-102.

Pozo Cuevas, F. (2021). Los servicios públicos de empleo y la transmisión de los paradigmas de la activación y del emprendimiento. AA.VV, Calvo Gallego, F.J, Hernández Bejarano, M. y Rodríguez-Piñero Royo, M. (Dirs.), *La revolución de las formas de empelo en el siglo XXI* (pp. 295-312), Ediciones Laborum.

Rivera Torres P. y Salas Fumás, V. (2022). *Digitalización y organización del trabajo en las empresas europeas: descripción y análisis comparado para España a partir de la European company survey, 2019.* Madrid, España: Funcas.

Sánchez, F. R. (2017). La Digitalización y el Empleo Decente en España Retos y propuestas de actuación. *Futuro del Trabajo: Trabajo decente para todos,* (3), 6-12.

Roquero García, E. (2017). Dinámicas de segmentación en el mercado de trabajo de los trabajadores jóvenes españoles. En Cristobal Roncero, R. (Dir.), *Retos de la formación en el empleo juvenil.* Pamplona, España: Thomson Reuters Aranzadi.

Sánchez Llopis, E., (Coord.) (2009). "La situación de las y los jóvenes en España: más vulnerables a la crisis", *Cuadernos de la Fundación Primero de Mayo* n. 11.

Sánchez-Urán Azaña, Y. y Grau Ruíz, M. A. (2019). El impacto de la robótica, en especial la robótica inclusiva, en el trabajo: aspectos jurídico-laborales y fiscales. *Revista Aranzadi de Derecho y Nuevas Tecnologías,* (50).

Schwab, K. (2017). *The Fourth Industrial Revolution.* Recuperado de: https://law.unimelb.edu.au/__data/assets/pdf_file/0005/3385454/Schwab-The_Fourth_Industrial_Revolution_Klaus_S.pdf

Tautscher, A. (1952). El pleno empleo y su política. *Revista de Fomento Social,* (27), 263-278.

Tortuero Plaza, J. L. (2023) "La protección por desempleo asistencial y otras Políticas de protección por desempleo", *Empleo y protección social, XXXIII Congreso Anual de la Asociación Española de Derecho del Trabajo y de la Seguridad Social,* Ministerio de Trabajo y Economia Social. Subdirección General de Informes Recursos y Publicaciones.

Varela Ferrío, J. (2019). Impacto de la digitalización en el empleo en España. *International Journal of Information Systems and Software Engineering for Big Companies* (IJISEBC), *6*(1), 69-77.

Vicente Palacio, A. (2022) "Inteligencia artificial para la mejora de la intermediación laboral de los servicios públicos de empleo: algunas propuestas (inconclusas)", AA.VV., López Cumbre, L. (Dir.) y Revuelta García, M. (Coord.), *Efectos laborales, sindicales y de Seguridad Social de la digitalización"* (pp. 33-57). Pamplona, España: Thomson Reuters Aranzadi.

Vila Tierno, F. (2023). Realidad social, transformación digital y colectivo de mayores. *Congreso Internacional Nuevas formas de prestación laboral y especial vulnerabilidad de los mayores,* Universitá Degli Studi di Roma La Sapienza, Roma.

Ysàs Molinero, H. (2021). La precariedad en el empleo en España: apuntes sobre sus principales condicionantes jurídicos. *Documentación Laboral, 1*(122), 59-71.

Documentos consultados:

CES (Consejo Económico y Social), 2017, Informe 3/2017, *Informe La Digitalización de la Economía,* disponible en: https://www.ces.es/documents/10180/4509980/Inf0317.pdf

EUROFOUND Encuesta europea sobre las condiciones de trabajo (EWCS), 2021, Fundación Europea para la Mejora de las Condiciones de Vida y de Trabajo.

EUROFOUND, *What do Europeans do at work? A task-based analysis: European Jobs Monitor 2016,* Publications Office of the European Union, Luxembourg, 2016.

European Employment Services, 2023, *Informacion del mercado laboral: España,* disponible en: https://eures.ec.europa.eu/living-and-working/labour-market-information/labour-market-information-spain_es

Índice de la Economía y la Sociedad Digitales (DESI) 2022. Según este informe de la Comisión Europea. Disponible en: file:///C:/Users/Franca/Downloads/DESI_2022__Espana__es_WSsnPc3dmznutLzfBNIQWFowU_88760.pdf

INE, 2023. Información obtenida a partir de los datos del INE referido a *Utilización de productos TIC por personas (16-74 años). Habilidades digitales.*

Informe sobre el Trabajo en el Mundo, OIT, Colección Informes OIT, núm. 94, Ministerio de Empleo y Seguridad Social, 2014.

OECD (2015), *Perspectivas de la OCDE sobre la economía digital 2015,* disponible en: https://www.oecd.org/sti/ieconomy/DigitalEconomyOutlook2015_SP_WEB.pdf

OECD (2019), *OECD Employment Outlook 2019: The Future of Work,* OECD Publishing, Paris, https://doi.org/10.1787/9ee00155-en.

OIT (2019) "Trabajar para un futuro más prometedor", disponible en: https://www.ilo.org/wcmsp5/groups/public/—dgreports/—cabinet/documents/publication/wcms_662442.pdf

OIT, (2021), *El rápido crecimiento de la economía digital reclama una respuesta de política coherente,* disponible en: https://www.ilo.org/global/about-the-ilo/newsroom/news/WCMS_771927/lang—es/index.htm

Plan de Recuperación, Transformación y Resiliencia, Gobierno de España, 2021. Disponible en: https://www.lamoncloa.gob.es/temas/fondos-recuperacion/Documents/160621-Plan_Recuperacion_Transformacion_Resiliencia.pdf

Capítulo 14.

LAS IMPLICACIONES DE LA DIGITALIZACIÓN EN LAS MODIFICACIONES DE LA RELACIÓN LABORAL

SAN MARTÍN MAZZUCCONI, CAROLINA
Catedrática de Derecho del Trabajo y de la Seguridad Social
Universidad Rey Juan Carlos
carolina.sanmartin@urjc.es
ORCID: 0000-0003-3183-7957

Sumario: 1. Introducción. 2. La digitalización como causa modificativa. 3. Análisis de respuestas judiciales. 3.1. Digitalización estructural. 3.2. Digitalización coyuntural. 3.3. Cuestiones procesales

RESUMEN: La implantación de la digitalización en una empresa, sea en la medida en que sea, tiene repercusión en las condiciones de trabajo. Desde la necesidad de adaptar funciones hasta posibles cambios en el lugar de prestación de servicios, en métodos de trabajo, en sistemas de control de la persona trabajadora, en mecanismos para la evaluación del desempeño, etc.

El encuadramiento de la digitalización en el elenco de causas que el legislador contempla para justificar la modificación de condiciones de trabajo, conduce a pensar en las denominadas técnicas, dado que estamos ante procesos tecnológicos. Se analiza la definición de este tipo de motivo justificativo, su relación con las restantes causas objetivas consideradas por el legislador y las características del control judicial de su concurrencia.

A continuación se examina una selección de pronunciamientos judiciales, clasificados según que aborden supuestos en los que la digitalización constituye bien un fenómeno estructural de funcionamiento de las empresas, bien una consecuencia de circunstancias coyunturales, o bien, finalmente, un elemento relacionado con cuestiones procesales.

ABSTRACT: The implementation of digitization in a company, to whatever extent, has an impact on working conditions. From the need to adapt functions to possible changes in the place where services are provided, in working methods, in employee control systems, in performance evaluation mechanisms, etc.

The framing of digitalization in the list of causes that the legislator considers to justify the modification of working conditions, leads to think of the so-called technical ones, given that we are dealing with technological processes. The definition of this type of justifying reason is analyzed, as well as its relationship with the other objective causes considered by the legislator and the characteristics of the judicial control of its concurrence.

A selection of judicial pronouncements is then examined, classified according to whether they deal with cases in which digitalization is either a structural phenomenon in the functioning of companies, or a consequence of current circumstances, or, finally, an element related to procedural issues.

Palabras clave: Digitalización, modificación de condiciones, causa técnica.

Key words: Digitization, modification of conditions, technical cause.

1. INTRODUCCIÓN

La digitalización implica el recurso a las tecnologías de la información y las comunicaciones. Así se observa, por ejemplo, en el Reglamento europeo de Mercados Digitales[1], que define el "sector *digital*" como el de "los productos suministrados y servicios prestados mediante servicios de la *sociedad de la información* o a través de estos", y "cualquier producto o servicio *digital* que se ejecute en un sistema operativo" como "aplicaciones *informáticas*".

Según la Real Academia Española de la Lengua, digitalizar es "registrar datos en forma digital o convertir o codificar en números dígitos datos o informaciones de carácter continuo, como por ejemplo una imagen fotográfica, o un documento, o un libro". Un dispositivo o sistema digital es aquel que "crea, presenta, transporta o almacena información mediante la combinación de bits". Y es, justamente, esa codificación en números lo que distingue a la tecnología digital de la mecánica o analógica.

No cabe duda de que la implantación de la digitalización en una empresa, sea en la medida en que sea, tiene repercusión en las condiciones de trabajo. Desde la necesidad de adaptar funciones hasta posibles cambios en el lugar de prestación de servicios, en métodos de trabajo, en sistemas de control de la persona trabajadora, en mecanismos para la evaluación del desempeño, etc. En este sentido, se ha dicho que la digitalización de

---

1 Reglamento (UE) 2022/1925 del Parlamento Europeo y del Consejo, de 14 de septiembre de 2022, sobre mercados disputables y equitativos en el sector digital y por el que se modifican las Directivas (UE) 2019/1937 y (UE) 2020/1828.

todo o una parte del proceso productivo altera la naturaleza de toda la actividad, afectando a los roles, las actitudes y las destrezas de las personas que intervienen en ella (Carr, 2016: 85).

El incesante avance de las tecnologías hace que también sea constante la necesidad de adaptar condiciones laborales, que deben modernizarse o incluso reinventarse para que el contrato de trabajo siga teniendo sentido, so pena, en caso contrario, de desembocar en su extinción. Actualmente los citados avances tienen un ritmo especialmente acelerado, casi frenético[2], lo que imprime ese mismo carácter a la necesidad de adaptar las condiciones de trabajo y reinventarnos, aportando un valor añadido a lo que las tecnologías ya nos ofrecen. Valor añadido que es cada vez más complejo de aportar, dados los abrumadores avances de la inteligencia artificial.

Desde luego lo que no cabe exigir es que las empresas se abstengan de implementar la digitalización o mantengan las condiciones de trabajo como si aquélla no se hubiera incorporado[3]. Sería como pretender negar la realidad y colocaría a las organizaciones productivas a una posición ciertamente delicada, con una fuerza de trabajo que devendría obsoleta y lastraría la competitividad empresarial.

Por otro lado, el frenesí evolutivo de las tecnologías exigiría también del legislador una capacidad de respuesta a los cambiantes escenarios conflictivos. No acabamos de incorporar soluciones legales para solventar nuevos conflictos ocasionados por dichos avances, que ya se vislumbra un escenario diferente, con controversias distintas y cada vez más complejas. Es cierto que la tradicional lentitud con la que el ordenamiento jurídico suele acomodarse a las necesidades sociales permite, al menos hipotéticamente, decantar soluciones de un modo más racional y menos improvisado[4],

---

2 Beltrán de Heredia (2019) afirma: "El proceso de automatización en el que estamos inmersos no tiene parangón. A diferencia de otros procesos de transformación acaecidos en el pasado, la singularidad de este momento es que los ordenadores están asumiendo una dimensión que hace un tiempo se pensaba que estaba reservada a los seres humanos: el trabajo intelectual. Y, ciertamente, lo están asumiendo de forma exponencial."

3 Así se reflexiona en la STSJ Comunidad Valenciana 2243/2003 de 29 de mayo, en un caso en que las conexiones por internet hacen innecesarias funciones administrativas presenciales. En el mismo sentido, la STSJ Cataluña 7757/2010 de 26 de noviembre.

4 Aunque la lentitud con la que el ordenamiento jurídico responde a las necesidades sociales permite una menor improvisación, ello no garantiza que las soluciones del legislador sean perfectas. Prueba de esto es la regulación de los derechos

pero al mismo tiempo nos condena, durante el proceso, a la inseguridad jurídica. La velocidad con la que cambian las tecnologías parece anclarnos en esa inseguridad, haciendo siempre urgente la revisión de criterios por parte del legislador.

2. LA DIGITALIZACIÓN COMO CAUSA MODIFICATIVA

A la hora de encuadrar la digitalización en el elenco de causas que el legislador contempla para justificar la modificación de condiciones de trabajo, se piensa, naturalmente, en las denominadas técnicas, dado que estamos ante procesos tecnológicos. En una aproximación doctrinal a este tipo de causa, cabría identificarla con aquella que tiene que ver con los avances en materia de mecanización, automatización, informatización, etc., que será necesario incorporar a la actividad productiva para evitar su obsolescencia.[5]

El legislador ha incorporado la causa técnica para la modificación de condiciones de trabajo en el ámbito del poder de dirección (art. 20 ET), de la movilidad funcional (art. 39 ET), de la movilidad geográfica (art. 40 ET), de las modificaciones sustanciales de condiciones de trabajo (art. 41 ET), de la reducción de jornada (art. 47 ET) y de la inaplicación de convenio colectivo (art. 82.3 ET). Sin embargo, está definida solo en algunos de estos preceptos. En relación con el poder de dirección ni siquiera se menciona expresamente, aunque está claro que los recursos tecnológicos pueden provocar que el empresario dicte órdenes e instrucciones específicas o que los utilice para la vigilancia y el control. En la movilidad geográfica y la modificación sustancial de condiciones de trabajo, la causa técnica se define globalmente junto con la económica, organizativa y productiva, de modo que "se consideran tales las que están relacionadas con la competitividad, productividad u organización técnica o del trabajo en

---

digitales en la LO 3/2018 de Protección de Datos Personales y Garantía de los Derechos Digitales, que se adoptó tras muchos años de silencio legal y una vez que el Tribunal Europeo de Derechos Humanos sentó las bases interpretativas que nos vinculan. La LO deja algunos resquicios por los que podría darse el caso de que, cumpliendo la ley nacional, se incumplieran normas internacionales, como ocurre en cuanto al alcance de la obligación informativa en la videovigilancia, que la LO relaja si se capta cualquier "ilícito" laboral.

5 "Las causas técnicas son las que afectan a los instrumentos de producción. En ellas se considera fundamentalmente la función de producción desde la perspectiva del nivel tecnológico existente en cada momento" (Desdentado Bonete, 1995: 261).

la empresa". Son la reducción de jornada y la inaplicación de convenio las figuras que cuentan con una definición algo más precisa, idéntica a la que se utiliza para justificar un despido por circunstancias objetivas: concurre causa técnica cuando se producen cambios en el ámbito de los medios o instrumentos de producción.

Semejantes definiciones legales, ciertamente amplias, nos colocan en el terreno de los conceptos jurídicos indeterminados[6]. Cabría preguntarse qué circunstancia objetiva en una empresa no tiene conexión con la organización del trabajo, con la competitividad o productividad[7]. Dado que la empresa es un conjunto de factores de producción que funcionan bajo una estructura organizativa o sistema de coordinación central por el que se dispone: qué debe hacerse, cómo debe hacerse, quién debe hacerlo y cuándo debe hacerse (Suárez Suárez, 1991: 28 y 59), y que las funciones de la empresa -aprovisionamiento; producción; distribución; gestión del personal; investigación y desarrollo tecnológico; y función financiera (Suárez Suárez, 1991: 27).- se orientan a la consecución de determinados objetivos que le son propios: la producción y distribución de bienes y servicios para satisfacer las necesidades humanas (Miñambres Puig, 1985: 25) cabe concluir que en la noción de organización empresarial destacan factores económicos, productivos, técnicos y organizativos.

La STSJ Comunidad Valenciana 1728/1998 de 22 de mayo, relativa a un caso de extinción contractual motivada por la informatización, define la causa técnica ("causas de tipo tecnológico") como "aquellas en que se realiza la introducción de avances técnicos y científicos, con la finalidad de ahorrar, actualizar la empresa o hacerla más competitiva; entre éstas pueden mencionarse: aquellas que pretenden la superación de una crisis en que se ha roto el equilibrio entre trabajo y producción a consecuencia de avances tecnológicos aún no incorporados; o cuando se pretende adoptar una tecnología que obliga a reestructurar la organización empresarial por necesidades de la organización empresarial; o cuando, una vez realizada la

---

6 Martínez Emperador (1996: 122) juzgaba esto positivamente por entender que una mayor concreción habría significado introducir en las normas un elemento de rigidez no deseado.

7 En la línea de este razonamiento, Sempere Navarro y Martín Jiménez (2012: 215), afirman que, mediante este tipo de definición de las causas justificativas, se relaja la carga de la prueba, pues "la competitividad, la productividad y la adecuada organización técnica del trabajo son factores esenciales para la pervivencia de cualquier empresa".

adaptación de nuevos recursos técnicos se observa un desfase, bien derivada de una menor productividad o de un excedente de personal."

Ahora bien, la realidad de las organizaciones productivas hace que las cuatro causas no siempre puedan deslindarse claramente unas de otras. En nuestro caso se constata que, aunque la digitalización se enmarca de modo natural en la causa técnica, puede tener incidencia más o menos directa en los ámbitos de afectación de las otras tres causas. Así, una innovación tecnológica no solo afecta a los instrumentos de producción, sino que además puede suponer un cambio en los sistemas o métodos de trabajo (ámbito de afectación de la causa organizativa) o mejorar la producción de bienes o servicios que la empresa pretende colocar en el marcado (ámbito de afectación de la causa productiva). Y todo ello, por supuesto, repercutir en la situación económica de la empresa.

El Tribunal Supremo, en una clásica sentencia relativa al despido por circunstancias objetivas, afirmó que la causa técnica puede incidir en el ámbito de los medios o instrumentos de producción pero, a la hora de identificar en qué se concretan los problemas desencadenados por cada tipo de causa, los resumió globalmente indicando que se reflejan "en cifras o datos desfavorables de producción, o de costes de factores, o de explotación empresarial, tales como resultados negativos en las cuentas del balance, escasa productividad del trabajo, retraso tecnológico respecto de los competidores, obsolescencia o pérdida de cuota de mercado de los productos o servicios, etcétera."[8]

Probablemente sea debido a este carácter difuso de los límites entre las cuatro causas que los pronunciamientos judiciales nos ofrecen diversas posibilidades a la hora de encuadrar entre ellas a la digitalización, sin que quepa observar un criterio claro por el que unos supuestos se consideran de naturaleza técnica, otros conectan con la causa organizativa y otros con la productiva. Así, se ha enmarcado en la causa técnica, por ejemplo, la automatización de procesos[9], la sustitución de métodos de trabajo obsoletos[10], el recurso al control de procesos desde una computadora[11]. Se ha aludido a causa técnica y organizativa al analizar el paso a teletrabajo tras la implantación de la

---

8 STS 14 de junio de 1996, RCUD 3099/1995.

9 STSJ Comunidad Valenciana 3043/2018 de 23 de octubre; STSJ Castilla-La Mancha 315/2013 de 7 de marzo; STSJ Castilla y León/Burgos 278/2017 de 3 de mayo.

10 STSJ Cataluña 7757/2010 de 26 de noviembre.

11 STSJ Islas Canarias/Las Palmas 257/2007 de 27 de febrero.

oficina virtual[12], el uso de internet en sustitución del trabajo presencial[13], la instalación de software que asume tareas de una persona trabajadora[14], o la automatización e informatización de un departamento[15]. Se conectan causa técnica y productiva por la incorporación de máquinas de visión artificial[16]. Incluso en algunos casos se omite toda referencia a la causa técnica: la digitalización de funciones por incorporación de nuevo software sería causa organizativa y productiva[17], y la necesidad de invertir en nueva tecnología sería causa económica, organizativa y productiva[18].

En definitiva, dado el carácter poliédrico de los efectos de la digitalización en las relaciones laborales, a efectos prácticos no parece que resulte determinante su específico encuadramiento formal en una causa concreta de las cuatro admitidas por el legislador laboral. En realidad, esto puede predicarse respecto de cualquier circunstancia -digital o no- que se alegue para justificar la modificación de condiciones, porque lo relevante no es el encaje nominal sino la constatación de que concurren circunstancias objetivas que, de no considerarse, lastran la eficiencia actual o potencial en una empresa.

Finalmente, hay que recordar que la introducción de cambios en condiciones de trabajo motivados por la digitalización ha de ser razonable. No en vano el art. 138.7 LRJS exige que la empresa acredite las razones que invoca "respecto de los trabajadores afectados", lo que introduce una conexión de funcionalidad entre la medida y sus efectos sobre los concretos contratos de trabajo. Y en el mismo sentido, en caso de empresas concursadas el art. 173 de la Ley Concursal[19] dispone que en la solicitud de modificación sustancial de las condiciones de trabajo, el traslado, el despido o la reducción de jornada se deben "exponer y justificar las causas motivadoras de las medidas colectivas pretendidas y los objetivos que se proponen alcanzar con estas", lo que supone un argumento normativo adicional para ponderar la razonabilidad de la medida.

---

12 STS de 11 de abril de 2005 (Rec. 143/2004).

13 STSJ Comunidad Valenciana 2243/2003 de 29 de mayo.

14 SJS Las Palmas de Gran Canaria de 23 de septiembre de 2019.

15 STSJ Cataluña 3122/2019 de 14 de junio.

16 STSJ Comunidad Valenciana 405/2004 de 11 de febrero.

17 STSJ Madrid 607/2021 de 18 de junio.

18 STSJ Cataluña 4258/2006 de 1 de junio.

19 Real Decreto Legislativo 1/2020, de 5 de mayo, por el que se aprueba el texto refundido de la Ley Concursal.

En esta línea valorativa, la Audiencia Nacional[20] defiende que "no existe una discrecionalidad absoluta del empresario, quien deberá acreditar la concurrencia de circunstancias en su empresa, basadas en las causas reiteradas, que incidan en su competitividad, su productividad o su organización del trabajo, que justifiquen razonablemente las modificaciones propuestas, puesto que las modificaciones tienen por finalidad promocionar una mejora en la competitividad y en la productividad de la empresa, así como en la mejor organización de sus sistemas de trabajo". Por su parte, el Tribunal Supremo aclara que no cabe juicio de oportunidad, pero insiste en que sí procede el de razonabilidad: "Aunque a la Sala no le correspondan juicios de «oportunidad» que indudablemente pertenecen (...) a la gestión empresarial, sin embargo la remisión que el precepto legal hace a las acciones judiciales y la obligada tutela que ello comporta [art. 24.1 CE], determinan que el acceso a la jurisdicción no pueda sino entenderse en el sentido de que a los órganos jurisdiccionales les compete no sólo emitir un juicio de legalidad en torno a la existencia de la causa alegada, sino también de razonable adecuación entre la causa acreditada y la modificación acordada; aparte, por supuesto, de que el Tribunal pueda apreciar -si concurriese- la posible vulneración de derechos fundamentales."[21]

Puede decirse que una cosa es que la formulación de las causas sea tan amplia y vaga que apunte a la descausalización material de la figura, y otra distinta que la empresa no tenga que hacer el esfuerzo de acreditar su concurrencia. Todo estará relacionado con la organización del trabajo, la competitividad o la productividad, pero la empresa debe acreditar suficientemente esa relación con datos objetivos, cuantos más mejor, que convenzan de que el eficaz funcionamiento de la empresa requiere la modificación (San Martín Mazzucconi, 2013: 94).

Por último, recuérdese que en los procedimientos modificativos regulados en los arts. 41, 47 y 82.3 ET, se presume la concurrencia de causa si existe acuerdo en el período de consultas.

---

20 SAN 61/2012 de 28 de mayo.

21 STS de 27 de enero de 2014 (Rec. 100/2013). En el mismo sentido STS de 10 de diciembre de 2014 (RCUD 2265/13).

3. ANÁLISIS DE RESPUESTAS JUDICIALES

Los pronunciamientos que se presentan a continuación pueden clasificarse según que aborden supuestos en los que la digitalización constituye un fenómeno estructural de funcionamiento de las organizaciones productivas (automatización de procesos, incorporación de inteligencia artificial, implementación de mejoras digitales, etc.) o, por el contrario, es consecuencia de circunstancias coyunturales y exógenas (por ejemplo exigencias derivadas de la crisis sanitaria o impuestas por el legislador). Finalmente, en un tercer grupo se analizan pronunciamientos de corte procesal.

3.1. Digitalización estructural

- Cambio de horario y jornada en empresa auxiliar por automatizarse los servicios prestados a la principal.- (SAN 17/2017 de 13 de febrero)

La empresa principal, dedicada a la telefonía, subcontrata a la auxiliar para servicios de teleoperación dirigida a la atención y desarrollo de clientes y potenciales clientes. La principal comunica a la auxiliar que se llevará a cabo una reestructuración en el horario de atención debido a la reducción de gestiones que los clientes necesitan para los productos y servicios más importantes y a la creciente automatización de los canales, que supone una mayor autogestión por parte de los clientes. En consecuencia, la empresa auxiliar ve reducidas tres horas de servicio diario, lo que equivale a una reducción del 20% del servicio.

La empresa auxiliar inicia período de consultas para modificar sustancialmente la jornada, horarios y sistemas de libranzas, invocando causas productivas y organizativas que tienen su origen en la decisión de la empresa principal de modificar el horario de atención. El período de consultas finaliza sin acuerdo, por lo que el cambio es impuesto por la empresa.

La representación de los trabajadores impugna la medida solicitando que se declare su nulidad por incumplimiento del deber de negociar de buena fe al no haberse proporcionado información suficiente en el período de consultas.

La Audiencia Nacional estima la demanda porque, al impactar la decisión en una plantilla con gran complejidad horaria, no bastaba con suministrar información global sino que tendría que haberse hecho un esfuerzo de singularización para que los representantes de los trabajadores pudieran comprender la situación y la implicación de la medida. Se dio información ingente, pero no suficiente para que el período de consultas alcanzara sus fines.

Aunque el art. 41 ET no exige documentación específica a suministrar en el período de consultas, en este pronunciamiento se destaca la importancia de aportar informe técnico elaborado con claridad y precisión de modo que quede patente su fiabilidad, método de cálculo y fuentes.

- Empresa que exige a teletrabajadores su correo personal para comunicaciones y gestión de recursos humanos.- (SAN 99/2022 de 27 de junio)

Una empresa de contact center absorbe a otra, operándose la subrogación prevista en el art. 44 ET. En la empresa subrogada se había llegado a un acuerdo con secciones sindicales para poner a disposición de los trabajadores un correo electrónico corporativo a través del cual cursarles las comunicaciones. Sin embargo, ese correo no se suministró con carácter general sino solo al personal de estructura.

La empresa de contact center comienza a celebrar acuerdos individuales de teletrabajo y en ellos se indica que el trabajador debe facilitar un número de móvil y una dirección de correo electrónico. El 80% de la plantilla teletrabaja.

Los teleoperadores necesitan correo electrónico para acceder al portal del empleado, solicitar permisos y vacaciones, justificar bajas, solicitar actividades formativas, etc., aunque algunos de estos trámites pueden realizarse en papel entregándolo en el centro de trabajo.

Los sindicatos demandan suplicando que se declare contraria a derecho la exigencia empresarial de poner a disposición el correo electrónico personal para comunicaciones y gestión de recursos humanos. También se solicita que se declare la obligación de la empresa de poner a disposición del personal en teletrabajo un correo corporativo como medio necesario para el desarrollo de la actividad.

La empresa alega que los teleoperadores pueden acceder a la información corporativa a través del portal del empleado, pero se declara probado que se comunica con ellos a través de diversos medios, incluido el correo electrónico.

La Audiencia Nacional declara contraria a derecho la exigencia del correo personal. Por un lado, trae a colación la STS de 21 de septiembre de 2015, según la cual, si el correo electrónico y el número de teléfono resultan esenciales para el desenvolvimiento del contrato, han de ser proporcionados por la propia empresa al trabajador. Por otro lado, cita la Ley 10/2021 de Trabajo a Distancia, que obliga a las empresas a dotar de los medios, equipos y herramientas que sean necesarios para el desarrollo de la prestación laboral, sin que sea óbice el coste de la medida ni el riesgo de un ciberataque, pues el empresario ha de asumir los riesgos de su actividad empresarial.

Finalmente, se precisa que, aunque hayan transcurrido más de 20 días desde el momento en que la empresa debía proporcionar correo a la plantilla y no lo hizo, no implica que nos encontremos ante una modificación sustancial de condiciones de trabajo consolidada, pues no estaríamos realmente ante una modificación vía art. 41 ET sino ante la aplicación del principio de ajenidad. Y en todo caso, para que operara el plazo de caducidad previsto en el art. 138 LRJS haría falta la comunicación fehaciente y por escrito de la modificación, lo que no ha sucedido.

- Modificación injustificada del régimen de teletrabajo.- (STSJ Islas Canarias/Las Palmas 158/20221 de 11 de febrero).

El trabajador solicita en julio de 2019 el trabajo a distancia para la conciliación de la vida familiar, personal y laboral. La empresa deniega la solicitud, por lo que el trabajador interpone demanda. Finalmente llegan a un acuerdo de conciliación, en cuya virtud el trabajador pasa a prestar servicios a distancia de lunes a jueves, debiendo acudir todos los viernes al centro de trabajo, así como a las reuniones a las que sea convocado. Se le facilita un ordenador portátil para uso exclusivo en su actividad laboral con el seguimiento de la actividad desarrollada mediante monitorización completa desde el arranque, acceso en remoto por el departamento de sistemas para su mantenimiento, actualización, regulación de configuración de aplicaciones y seguridad. Tiene también un teléfono móvil desde el que poder efectuar llamadas a la oficina y recibirlas, que ha de mantener activo y atender siempre en las horas de trabajo. El inicio de la actividad en domicilio tiene lugar el 1 de noviembre de 2019 y se prevé que se prolongue hasta el 30 de junio de 2020, fecha en la que se evaluarán los resultados y nueva situación.

En febrero de 2020 la empresa le comunica una modificación sustancial de condiciones de trabajo, pues, evaluada la situación y viendo que la comunicación ha sido mala y los resultados del trabajo deficientes, no van a esperar a la fecha inicialmente prevista para revisar la situación, fijándole actividades presenciales diarias por las mañanas y trabajo a distancia por las tardes, con horarios flexibles.

El trabajador impugna la decisión empresarial. El Juzgado de lo Social estima parcialmente la demanda, declarando injustificada la modificación y ordenando reponerlo en el teletrabajo en los términos de la conciliación acordada inicialmente.

Ambas partes recurren en suplicación, que confirma la decisión de instancia. El Tribunal argumenta que cuando la empresa efectúa la modificación de condiciones apenas habían transcurrido poco más de cuatro meses desde la adopción de la medida conciliatoria, y no había llegado la fecha acordada para revisar el acuerdo. No se aprecian razones de carácter organizativo, productivo o técnico que justifiquen la modificación.

- Extinción causal por imposición de teletrabajo.- (STSJ Castilla y León/Valladolid de 9 de noviembre de 2022)

Una empresa de contact center se subroga en la posición de otra. La trabajadora de la empresa subrogada se encuentra disfrutando de una excedencia por maternidad cuando recibe comunicación del cambio de empresario y que la modalidad de prestación de servicios es el teletrabajo. Decide no incorporarse y demanda para que se declare la extinción del contrato por modificación sustancial de condiciones de trabajo.

El Tribunal da la razón a la trabajadora, pues considera que el cambio en la modalidad contractual es una modificación sustancial.

Nótese que parece aceptarse que la imposición del teletrabajo puede ser materia del art. 41 ET, a pesar de que el Tribunal Supremo hace tiempo que indicó que este tipo de modificación escapa al ámbito de aplicación de dicho precepto, al tratarse de un cambio parcial de régimen contractual en el que, de prestarse en el domicilio, están en juego elementos de la vida privada del trabajador[22]. En este mismo sentido, la Ley 10/2021 exige un acuerdo individual con el trabajador para la prestación de trabajo a distancia y proscribe expresamente su imposición vía art. 41 ET.

- Modificación de sistema de trabajo mediando una aplicación informática.- SAN 180/2021 de 27 de julio)

Durante la crisis sanitaria la totalidad de la plantilla pasó a teletrabajar. Tras la experiencia, la empresa decide establecer un sistema de trabajo mixto. Para ello, comunica por correo electrónico el traslado de las oficinas, anunciando que cuenta con grandes mejoras tecnológicas para facilitar el trabajo diario y mejorar la colaboración entre todos. Seguidamente

---

22 STS 11 de abril de 2005 (Rec. 143/2004).

comunica al Comité de empresa su voluntad de implantar un nuevo sistema de trabajo, voluntario, denominado Smart Job. Aplica un sistema de hot desk o puestos calientes, de modo que los empleados no cuentan con ubicación fija sino que pueden reservar puestos a través de una aplicación informática.

Los sindicatos impugnan la medida por no haberse seguido el procedimiento del art. 41 ET.

La Audiencia Nacional considera que no concurre una modificación sustancial de condiciones de trabajo puesto que el sistema de asignación de puestos tiene una planificación semanal que no varía a lo largo de la semana en cuestión; que se respeta la configuración de los equipos de trabajo ya que se fomenta la reserva de puestos de trabajo cercanos; que no se cambia a los trabajadores de centro de trabajo. Es un nuevo criterio empresarial de organización del trabajo que no afecta a las materias contempladas en el art. 41 ET y que responde a razones de eficacia y eficiencia organizativa para un mejor aprovechamiento de los recursos materiales que precisa la empresa para la ejecución de su fin empresarial.

Llama la atención que uno de los argumentos del Tribunal para rechazar la aplicación del art. 41 ET sea que se trata de materia ajena a las contempladas en dicho precepto. El sistema de trabajo sí que se encuentra expresamente recogido y, en cualquier caso, el listado que contiene el art. 41 ET es meramente ejemplificativo y abierto[23]. Cuestión distinta es que se considere que el cambio no reviste sustancialidad.

- Reducción de prima de productividad por innovación tecnológica.- (STSJ Cataluña 6148/1999 de 14 de septiembre)

La empresa incorpora innovaciones tecnológicas que aumentan la velocidad de producción y hay una mayor capacidad productiva. Existe un pacto colectivo que regula los incentivos a la productividad, en el que consta que puede revisarse de común acuerdo si hay variaciones en la velocidad.

La empresa negocia con los representantes de los trabajadores para modificar el sistema de incentivos pero no se alcanza acuerdo, por lo que decide unilateralmente congelar el incentivo. La representación colectiva interpone demanda contra la medida.

El Tribunal estima la demanda considerando que se trata de una modificación sustancial de condiciones de trabajo, por lo que la empresa

---

[23] STS de 25 de noviembre de 2015 (Rec. 229/2014).

tenía que haber seguido el procedimiento del art. 41 ET para imponer el cambio.

- Modificación de funciones a raíz de innovación tecnológica: servicio público de retirada y depósito de vehículos.- (STSJ Comunidad Valenciana 3554/2005 de 11 de noviembre)

Los trabajadores son conductores de grúa en empresa municipal encargada de prestar el servicio público de retirada y depósito de vehículos. Llevan una cámara fotográfica digital que deben utilizar siempre que se vaya a arrastrar un vehículo por infracción. Deben tomar fotos antes del levantamiento del vehículo para reflejar cualquier anomalía del vehículo infractor que pudiera ser reclamada posteriormente por su propietario como daño causado por la grúa. También se fotografía la posición del vehículo en caso de que pudiera prestarse a duda de los sancionados.

Hasta ahora los conductores de grúa iban acompañados de un policía local, que denunciaba el vehículo, presenciaba la realización de las fotografías y el levantamiento y posterior arrastre del vehículo. Pero la empresa aprueba la implantación del nuevo sistema de gestión de la grúa municipal sin agente de policía, para adaptar el servicio a las nuevas tecnologías y dar cumplimiento a la orden de Jefatura de la Policía Local de retirar a los agentes que acompañan a los conductores de grúa. Elabora un Reglamento Interno del Servicio de Grúa Municipal para Conductores, sin que se abriera con carácter previo período de consultas con el Comité de Empresa.

Ahora el conductor de grúa lleva una máquina de fotografiar que permite trasmitir las fotos tomadas a un vehículo, presunto infractor, a un centro de gestión donde se encuentra un policía local y el encargado de turno de la empresa, que localiza la grúa que debe hacer la retirada del vehículo, una vez que el policía local denuncia el vehículo y da instrucciones de levantamiento y arrastre del vehículo. El encargado de turno trasmite esta orden al conductor de la grúa para que proceda a cumplir estas instrucciones. Si el policía local necesita otras fotografías antes de tomar la decisión sobre si denuncia o no un vehículo pide al encargado de turno que requiera al gruista para que las haga.

Los representantes de los trabajadores impugnan la medida por entender que se trata de una modificación sustancial de condiciones de trabajo, al estarse atribuyendo a los gruístas nuevas funciones y responsabilidades.

El Juzgado de lo Social desestima la demanda. Recurrida la sentencia en suplicación, el Tribunal Superior confirma la desestimación argumentando que la modificación no es sustancial. Considera que la realización de fotografías a los vehículos es tarea que ya venían desempeñando los gruístas, sin que sean ellos los que denuncien, tomen la decisión de retirar el vehículo, asuman la responsabilidad de revisar documentación de obras, adopten la decisión de cortar una calle o de realizar maniobras contrarias a las normas de tráfico. La introducción de nuevas tecnologías ha determinado que se hayan modificado sus condiciones de trabajo, en el sentido de no ser necesaria ya la presencia policial. No realizan funciones de Policía Municipal ni son denunciantes; el hecho de realizar fotografías de vehículos situados antirreglamentariamente en la ciudad no implica asumir funciones administrativas sino colaborar a la seguridad del tráfico, tarea que corresponde en principio a todos los ciudadanos.

- Modificación de funciones a raíz de innovación tecnológica: servicio de recogida de residuos.- (STSJ Cantabria 766/2009 de 5 de octubre)

La empresa es la concesionaria del servicio municipal de recogida de residuos sólidos, limpieza viaria y playas. Tiene convenio colectivo propio.

Con motivo de la renovación de la flota de camiones de recogida de residuos sólidos mediante la carga lateral, la empresa suprime de la plantilla a los dos peones que acompañaban al conductor del camión en la recogida de residuos, procediendo a instalar en cada camión recolector un ordenador con GPS integrado que maneja el conductor, así como un joystick. En la utilización diaria de dicho equipo el conductor antes de iniciar la ruta introduce una serie de datos en el ordenador tales como kilómetros de inicio, código de conductor, tipo de servicio a realizar, tipo de recogida, ruta, código de finalización de ruta, códigos de averías durante la ruta en el caso de producirse alguna incidencia. Asi mismo a través del ordenador de a bordo se realiza la operación de carga y descarga de los contenedores, y también debe utilizarse para la maniobra de aproximación del camión al contenedor de tal manera que el vehículo se posiciones en el sitio exacto para coger el contenedor.

Los conductores demandan colectivamente por entender que la empresa ha impuesto una modificación sustancial de sus condiciones de trabajo, y solicitando que se les abone un "plus de nuevas tecnologías", que no está previsto en el convenio de la empresa pero sí en otros de empresas dedicadas a la misma actividad.

El Juzgado de lo Social estima parcialmente la demanda. Considera que no concurre una modificación sustancial de condiciones de trabajo pero declara el derecho de los conductores a percibir un plus de 8 euros por cada día de trabajo efectivo, como compensación. Recurrida la sentencia en suplicación, el Tribunal Superior la revoca, argumentando que, dada la amplitud de funciones previstas en el convenio colectivo para los conductores, la modificación operada no puede calificarse como sustancial y, además, por su escasa relevancia tampoco provoca un desequilibrio en las iniciales obligaciones de las partes susceptible de generar un derecho a la compensación económica que se reconoce en la instancia. Máxime cuando ni el convenio de empresa ni el del sector regulan un plus semejante al que se postula y sin que pueda acudirse a la normativa pactada en otras empresas distintas a la demandada, para vincular dicho abono.

- Modificación de horario por renovación tecnológica.-(STSJ Islas Canarias/Santa Cruz de Tenerife 44/2001 de 23 de enero).

Los trabajadores prestan servicios en un centro de estación de cables submarinos de una empresa de telefonía. Tienen turnos de trabajo de 12 horas continuadas, con 2 horas de desplazamientos fuera de dicha jornada, realizando los turnos de noche y festivos de forma rotativa.

Los cables submarinos que se vienen utilizando para las comunicaciones entre continentes e islas han ido evolucionando con los años hasta llegar a los actuales digitales basados en fibra óptica, que se conectan a los equipos terrestres y de suministro de energía. En la empresa los equipos que se han ido instalando han permitido reducir el número de averías y requieren menores labores de mantenimiento correctivo.

La empresa pone en marcha un procedimiento de modificación sustancial de condiciones de trabajo de carácter colectivo, para implantar un horario de 8.00 a 15.00 horas, de lunes a viernes, y desplazamiento dentro de jornada. La decisión se justifica en razones técnicas y organizativas, basadas en el desarrollo tecnológico y la necesidad de adaptarse a las medidas aplicadas en otras administraciones extranjeras, para lograr una mayor competitividad.

Impugnada la medida, el Tribunal desestima la demanda pues a su juicio concurren las razones justificativas para que la empresa pueda modificar sustancialmente las condiciones de trabajo, ya que con esta decisión se contribuye a mejorar la situación de la empresa reorganizando sus recursos en orden a ser más competitiva.

3.2. Digitalización coyuntural

3.2.1. Crisis sanitaria

La imposición de cambios que derivan de una exigencia legal o convencional no constituye una modificación sustancial de condiciones de trabajo que deba tramitarse por el cauce del art. 41 ET -o del de inaplicación de convenio del art. 82.3 ET-[24].

En este sentido, con la crisis sanitaria por el COVID, el Real Decreto Ley 8/2020, de 17 de marzo, de medidas urgentes extraordinarias para hacer frente al impacto económico y social del COVID-19, mandó a las empresas adoptar las medidas oportunas para que el trabajo se prestara a distancia, si ello era técnica y razonablemente posible y si el esfuerzo de adaptación necesario resultaba proporcionado (art. 5)[25]. Sin embargo, la implantación del trabajo a distancia a raíz de este mandato legal dio lugar a frecuentes conflictos, del que en esta selección judicial tenemos varios ejemplos.

- Modificación de condiciones de trabajo derivada de la situación sanitaria.- (STS 332/2022 de 7 de abril)

La empresa implanta una modificación temporal y excepcional de jornadas y horarios en trabajo no presencial, motivada por la pandemia de COVID, hasta el 11 de mayo de 2020.

El Tribunal sienta su doctrina sobre modificaciones sustanciales de condiciones de trabajo "en este entorno": una modificación sustancial es la que altera y transforma aspectos fundamentales de la relación laboral, lo que se ha de apreciar, casuísticamente, valorando la importancia cualitativa de la modificación, su duración, las eventuales compensaciones, la materia afectada y el perjuicio causado a la persona trabajadora. Pero ha de tratarse de un cambio instaurado a iniciativa empresarial y no causado por el cumplimiento de exigencias legales, ya que no es modificación sustancial de condiciones de trabajo todo tipo de decisión empresarial, por el solo y único hecho de que afecte de alguna manera a las condiciones laborales.

- Imposición de teletrabajo.- (SJS Oviedo núm. 2, 169/2022 de 25 de abril)

---

[24] STS 518/2021 de 12 de mayo.

[25] Al respecto, véase Rodríguez Escanciano (2021).

En marzo de 2020, ante la situación sanitaria por la pandemia de COVID, el Ayuntamiento establece para el personal de servicios sociales un sistema de turnos con flexibilidad horaria y teletrabajo, para mantener la continuidad de la actividad municipal y evitar que todos los trabajadores de los servicios sociales coincidieran trabajando en un único turno.

El Ayuntamiento es sancionado por adoptar la medida sin seguir el cauce del art. 41 ET. Impugnada la sanción, el Juzgado estima la demanda: no es una modificación sustancial de condiciones de trabajo.

- Modificación de horario flexible.- (STSJ Andalucía/Málaga 605/2021 de 7 de abril)

El convenio colectivo aplicable en la empresa dispone lo siguiente en materia de tiempo de trabajo: a) La jornada laboral es de 35 horas semanales, con horario de lunes a viernes de 8.00 a 15.00 horas, salvo en algunos servicios que tienen horarios distintos. b) Está prevista la posibilidad de reducir jornada a 25 o 30 horas a solicitud de la persona trabajadora, supeditada a las necesidades del servicio. c) Previo acuerdo con los representantes de los trabajadores, la empresa puede establecer horario flexible con recuperación mensual en turno de tarde. d) En los festivos municipales la jornada se reducirá en dos horas. Si las necesidades del servicio no permiten la reducción, se acumularán las horas para disfrutarlas en jornadas de descanso cuando dichas necesidades lo posibiliten, siempre que ello no genere gastos de guardias y horas extraordinarias.

En la empresa rige el horario flexible de 7 a 9 y de 14 a 20.30 horas. Para los meses de julio y agosto de 2020 se prevé la reducción de jornada de modo que se trabaje de 8 a 14 o de 9 a 15 horas, dejando a la negociación colectiva la recuperación del déficit generado.

Pero en marzo de 2020 se declara el estado de alarma. A raíz de ello y mientras subsista esta situación, la empresa implanta el trabajo a distancia con carácter general, así como turnos para quienes deban prestar servicios presenciales. Igualmente, dicta instrucciones para el marcaje en teletrabajo a través de la plataforma: se debe marcar con un movimiento de entrada al inicio de la jornada laboral obligatorio a las 8.00 horas y otro de salida a las 15.00 horas, con lo que se elimina la posibilidad de horario flexible de las 7.00 a las 9. 00 horas y desde las 14.00 a las 20.30 horas que antes existía, estableciendo unilateralmente el requisito de un previo permiso del Jefe de Servicios para llevar a cabo una modalidad flexible de trabajo, que antes no existía. Posteriormente se recupera el horario flexible pero de 7 a 8 horas (antes era de 7 a 9 horas) y de 14 a 15 horas (antes era hasta 20.30 horas).

Los representantes de los trabajadores impugnan la medida por entender que se trata de una modificación sustancial de la jornada y distribución del tiempo de trabajo. El Juzgado de lo Social estima la demanda, pues aprecia que durante el estado de alarma se ha eliminado el horario flexible y los saldos de horas, y aunque luego se recupera, ya es en una franja horaria distinta.

Recurrido en suplicación el pronunciamiento de instancia, el Tribunal lo revoca argumentando que, dadas las circunstancias excepcionales del estado de alarma, no existió realmente una modificación sustancial de condiciones de trabajo sino el ejercicio regular de poder de dirección.

- Modificación de la distribución de tiempo y lugar de trabajo.- (SAN 105/2021 de 12 de mayo)

En 2020 la empresa remite a los trabajadores una comunicación por la que adopta la decisión excepcional, motivada por la crisis sanitaria, de adelantar un mes la jornada de verano (continuada en vez de partida), pasando la misma a desarrollarse desde el 1 de abril hasta el 30 de septiembre en vez de desde mayo a octubre.

En septiembre de 2020, tras acordarlo con una sección sindical, se remite comunicación a los trabajadores indicando cómo se llevaría a cabo la reanudación de la jornada de invierno (partida). Debido a la situación sanitaria, se fija excepcionalmente que hasta mayo de 2021 tras registrar la pausa para la comida el resto de la jornada se teletrabaje. El retraso en la incorporación a la jornada de tarde debido al desplazamiento se ha de recuperar.

Los sindicatos no firmantes del acuerdo demandan entendiendo que las indicaciones para la jornada de invierno suponen una modificación sustancial de condiciones de trabajo que no se ha llevado a cabo por la vía del art. 41 ET. Entienden que la empresa instaura una distribución del tiempo de trabajo distinta a la que había comunicado para 2020 y retrasa la finalización de la jornada al imponer a los trabajadores la recuperación al término de la misma de los retrasos que hayan tenido lugar en el desplazamiento desde su puesto de trabajo presencial hasta su domicilio. Finalmente, alegan que el teletrabajo es voluntario y no puede imponerse por el art. 41 ET.

La Audiencia Nacional desestima la demanda. Argumenta que se trata de una medida razonable que conjuga la prevención de riesgos laborales con el estado de alarma. Es una modificación temporal, vinculada a la evolución del estado de alarma, que, además, se ha negociado y tratado de consensuar, aunque solo se haya conseguido acuerdo de uno de los sindicatos.

La Sala considera que, aunque es cierto que retrasa la finalización de la jornada, el trabajador tendría que invertir en todo caso el tiempo de desplazamiento, de modo que no supone más horas de trabajo.

En definitiva, la temporalidad de la medida y su causa determinan que no sea sustancial la modificación.

- Reversión de teletrabajo a presencialidad.- (STSJ Madrid 443/2022 de 14 de julio)

Una trabajadora social de Ayuntamiento tiene concedido trabajo a distancia martes y viernes desde junio de 2020, a raíz de la crisis sanitaria. El Reglamento del Ayuntamiento establece que los trabajadores podrán teletrabajar, siendo la concesión por un año prorrogable por un año más si no hay desistimiento expreso por alguna de las partes. El Ayuntamiento puede instar la reversión, previa audiencia al trabajador.

En 2021 el Ayuntamiento revoca la concesión de trabajo a distancia dos jornadas por semana, alegando que la situación sanitaria ha cambiado y las características del trabajo que desempeñan las profesionales del centro de servicios sociales requieren de un trabajo presencial, al ser esencial la atención al ciudadano. Además se está instaurando la administración electrónica, con aplicaciones que requieren formación. No se da audiencia a la trabajadora.

Impugnada la medida, el Tribunal da la razón a la trabajadora. El cambio de dos jornadas a la semana de teletrabajo a trabajo presencial, en un puesto esencial que requiere atención directa a la ciudadanía, no tiene entidad sustancial para entender aplicable el art. 41 ET, debiendo estarse a la regulación establecida cuando se concede. La decisión del Ayuntamiento es razonable pero al no darse audiencia a la trabajadora deviene nula.

- Reversión de teletrabajo a presencialidad como alternativa al uso laboral de dispositivos personales.- (STSJ Galicia 458/2022 de 31 de enero)

Los trabajadores de empresa de contact center que presta servicios para una entidad bancaria disponen en el centro de trabajo de un ordenador y de un dispositivo informático externo que genera códigos de seguridad con el fin de identificarse y conectarse con los sistemas de la empresa y de la entidad bancaria. A causa de la crisis sanitaria, en marzo de 2020 empresa y trabajadores pactan el teletrabajo. La empresa les facilita ordenador, dispositivo informático de generación de código de seguridad, mesa y silla de trabajo.

Pero la entidad bancaria pasa a exigir una doble validación para acceder a sus sistemas operativos, para lo que es necesario descargar una aplicación en el ordenador y en un dispositivo móvil. La empresa propone a los trabajadores descargar la aplicación en el ordenador que les ha proporcionado y en sus dispositivos móviles personales, o, alternativamente, volver a prestar sus servicios presencialmente.

Impugnada la decisión empresarial, la Audiencia Nacional estima la demanda, entendiendo que se trata de una modificación sustancial de condiciones de trabajo injustificada. Del mismo modo en que la empresa ha facilitado el equipamiento necesario para teletrabajar, también ha de suministrar, con idéntico propósito, el sistema de telefonía móvil. El art. 17.2 de la Ley 10/2021 impide a la empresa exigir la instalación de programas o aplicaciones en dispositivos propiedad de la persona trabajadora, así como la utilización de esos equipos en el desarrollo del trabajo a distancia.

3.2.2. Registro horario

La instauración de la obligación legal de registro horario, que puede tener lugar mediante instrumentos digitales -por ejemplo a través de una aplicación informática[26] o de una herramienta informática multiplataforma[27]- ha dado lugar a múltiples conflictos. Pero en muchos de ellos la digitalización no es la causa sino la ocasión para la modificación de condiciones de trabajo, porque lo que se cuestiona, en realidad, es el criterio de cómputo del tiempo de trabajo y no el sistema de registro mismo, que es un mero dato colateral.

La Sentencia del Tribunal Supremo 161/2023 de 22 de febrero, que confirma la de la Audiencia Nacional 144/2019 de 10 de diciembre, sostiene que, para apreciar una modificación del tiempo de trabajo por la vía del registro horario debe acreditarse cuál era la situación previa a la alegada modificación.

- Registro horario mediante marcaje en ordenador (SAN 90/2020 de 27 de octubre)

---

[26] SAN 169/2021 de 14 de julio.

[27] STSJ Galicia 5240/2020 de 29 de diciembre.

En el sector de entidades de crédito se alcanza acuerdo sobre la obligación de registro y se establece que las empresas han de aplicarlo salvo que ya dispongan de un sistema implementado. La entidad de crédito demandada cuenta con un sistema de registro pactado colectivamente pero decide aplicar el nuevo.

Los sindicatos demandan por entender que el nuevo sistema supone una modificación sustancial de condiciones de trabajo porque, entre otras cosas, se deja de reconocer como tiempo de trabajo efectivo el descanso del desayuno (en el sistema anterior no se marcaba y ahora sí).

La Audiencia Nacional les da la razón pues con el sistema anterior determinadas categorías de trabajadores no tenían que marcar los desayunos, lo que implica que la empresa venía considerando como tiempo de trabajo efectivo dicho periodo de tiempo. La empresa no puede cambiarlo sin acudir al trámite de la modificación sustancial de condiciones de trabajo regulado en el art. 41 ET.

- Registro horario mediante sistema informático.- (STSJ Madrid 94/2006 de 13 de febrero)

En un Instituto se cambia el sistema de control horario. De llevarse a cabo con la simple firma en un libro dispuesto para ello, pasa a ser electrónico mediante el uso de un reloj digital provisto de banda magnética al que se accede con una tarjeta personal. Se impugna la medida por entrañar una modificación sustancial de las condiciones de trabajo de carácter colectivo para cuya adopción el empleador no observó los requisitos formales previstos en el artículo 41 ET.

El Tribunal desestima la demanda. La medida adoptada no constituye una modificación sustancial de condiciones de trabajo, al no suponer variación relevante de ningún aspecto esencial de la prestación de servicios, señaladamente del horario, la jornada y la distribución del tiempo de trabajo.

- Implantación de fichaje biométrico.- (STSJ Murcia 47/2020 de 25 de enero)

La empresa implanta el control biométrico para el acceso a las instalaciones. Impugnado por considerar que se trata de una modificación sustancial de condiciones de trabajo, se da la razón a la organización productiva tanto en la instancia como en suplicación. El Tribunal afirma que la medida no afecta a ninguna materia relevante en relación con la prestación de servicios, enmarcándose en las facultades que el art. 20.3 ET atribuye al empleador. Tampoco afecta a la dignidad humana ni a los derechos fundamentales de las personas trabajadoras.

3.3. Cuestiones procesales

- Derecho a la desconexión digital y caducidad de la acción.- (STSJ Madrid 817/2021 de 24 de septiembre)

La empresa implanta una modificación sustancial de la retribución variable de una trabajadora en el momento en que se encuentra en situación de baja médica. Se le comunica mediante correo electrónico. No consta que la trabajadora abriera su correo hasta su reincorporación, y es entonces cuando impugna la medida, habiendo transcurrido, para entonces, más de veinte días desde la fecha de efectos comunicada por la empresa.

La organización productiva se opone a la demanda alegando la caducidad de la acción y el Juzgado de lo Social le da la razón. Pero el Tribunal de suplicación revoca la decisión de instancia, pues entiende que estando de baja y de acuerdo con el derecho a la desconexión digital, el plazo de caducidad frente a una modificación sustancial de condiciones de trabajo comunicada a través de un correo electrónico empieza desde el instante que se ha producido la reincorporación una vez finalizada la baja, dado que durante esta última no estaba obligada a abrir y leer las comunicaciones electrónicas de la empleadora.

- Oferta de teletrabajo.- (STS 941/2022 de 29 de noviembre)

La empresa oferta a las 92 personas adscritas a una contrata la posibilidad de realizar guardia nocturna rotatoria en régimen de teletrabajo. Solo 8 la aceptan.

La medida se impugna por la vía del conflicto colectivo, entendiendo que se trata de una modificación sustancial de condiciones de trabajo de carácter colectivo que debió tramitarse siguiendo el cauce del art. 41 ET. Pero el Tribunal estima la incompetencia funcional e inadecuación de procedimiento, razonando que, al depender exclusivamente de la voluntad de cada trabajador adherirse o no a la oferta empresarial, en ningún momento hubo una afectación a la totalidad de esos trabajadores.

Téngase en cuenta que no cabría apreciar una contratación individual en masa porque, según la Ley 10/2021, el trabajo a distancia requiere, en todo caso, de la voluntad individual de cada trabajador afectado.

Referencias bibliográficas

Beltrán de Heredia, I. (2019, 8 de abril). Automatización y obsolescencia humana. *Una mirada crítica a las relaciones laborales* Recuperado de https://ignasibeltran.com/2019/04/08/automatizacion-y-obsolescencia-humana/

Carr, R. (2016). *Atrapados*, Taurus.

Desdentado Bonete, A. (1995): El despido objetivo económico: ámbito, causas, forma, efectos y control. En *AAVV, El régimen del despido tras la reforma laboral*. Madrid, España: Ibidem.

Martínez Emperador, R. (1996). Puntos críticos de la nueva regulación sobre modificación sustancial de las condiciones de trabajo. En R. Martínez Emperador (Dir.), *Puntos críticos de la reforma laboral*. Madrid, España: Centro de Estudios Universitarios Ramón Areces.

Miñambres Puig, C. (1985). *El centro de trabajo. El reflejo jurídico de las unidades de producción*. Madrid, España: Ministerio de Trabajo y Seguridad Social.

Rodríguez Escanciano, S. (2021). Teletrabajo asociado a la COVID-19: mantenimiento de las condiciones de trabajo. *Revista de Jurisprudencia Laboral*, núm. 5.

San Martín Mazzuconi, C. (2013). Flexibilidad interna e inseguridad jurídica: disfunciones del régimen legal que desincentivan el uso de esta herramienta. *Revista de Trabajo y Seguridad Social-CEF*, (363), 83-104.

Sempere Navarro, A.V. y Martín Jiménez, R. (2012). *Claves de la Reforma Laboral de 2012 (Estudio de la Ley 3/2012, de 6 de julio, y del Real Decreto-Ley 20/2012, de 13 de julio)*, 2ª ed., Madrid, España: Aranzadi.

Suárez Suárez, A. (1991). *Curso de introducción a la economía de la empresa*. Madrid, España: Ediciones Pirámide.

Capítulo 15.

DIGITALIZACIÓN Y CAUSALIDAD DEL DESPIDO OBJETIVO (CONSIDERACIONES EN TORNO A LA FALTA DE ADAPTACIÓN DEL TRABAJADOR A MODIFICACIONES TÉCNICAS Y A LA AMORTIZACIÓN DE PUESTOS DE TRABAJO TAMBIÉN POR CAUSAS TÉCNICAS)

JURADO SEGOVIA, ÁNGEL
Profesor Contratado Doctor (acreditado a Profesor Titular)
Universidad Complutense de Madrid
angel.jurado@ucm.es
ORCID: 0000-0002-2612-9967

RESUMEN: En el presente de trabajo, partiendo de que el análisis jurídico de los posibles efectos de la denominada digitalización sobre la continuidad de relaciones laborales hoy existentes viene necesariamente presidido por el principio de causalidad del despido, se realizan una serie de consideraciones en torno a la regulación e interpretación de las dos causas objetivas de extinción del contrato de trabajo más relacionadas con la introducción empresarial de cambios tecnológicos; a saber: la falta de adaptación del trabajador a modificaciones técnicas y la amortización de puestos de trabajo por causas técnicas (arts. 51, 52 b y 52 c del Estatuto de los Trabajadores).

ABSTRACT: In this paper, based on the fact that the legal analysis of the possible effects of the so-called digitalisation on the continuity of existing employment relationships is necessarily governed by the principle of causality of dismissal, a series of considerations are made regarding the regulation and interpretation of the two objective causes of termination of the employment contract most closely related to the introduction of technological changes by the companies, that is: the employee's failure to adapt to technical modifications and the amortisation of jobs for technical reasons (arts. 51, 52 b and 52 c of the Employees' Statute).

Palabras clave: modificaciones y causas técnicas o tecnológicas; despido objetivo; falta de adaptación del trabajador; amortización de puestos de trabajo

Keywords: technical or technological modifications and causes; objective dismissal; failure of the employee to adapt; redundancies.

1. CONSIDERACIONES GENERALES

Como seguramente aconteció en otras épocas en que se advertían cambios tecnológicos de calado, desde hace unos cuantos años asistimos a la difusión de informes y análisis que se refieren al impacto de la denominada digitalización sobre las capacidades profesionales requeridas en los trabajadores y a sus posibles efectos sobre los niveles de empleo, dando lugar a un cierto debate en el que se proyectan visiones -como gráficamente se ha descrito- más "tecnopesimistas" o más "tecnoptimistas"[1]. Por citar alguno de los ejemplos recientes, en el "*Employment Outlook 2023*" de la OCDE[2], se estima que el 27% de los empleos en los países industrializados se enfrenta a un alto riesgo de automatización como consecuencia de la inteligencia artificial u otras tecnologías, tales como la robótica, situándose el caso de España ligeramente por encima de la media (28%).

Pues bien, dejando al margen consideraciones más propias de otras áreas de la acción político-normativa (educación, formación profesional, políticas activas de empleo, etc.), desde la perspectiva estrictamente relacionada con la regulación del contrato de trabajo, hay que partir de que en nuestro ordenamiento laboral juega, por imperativo constitucional y de normas internacionales (art. 35 CE y Convenio nº 158 de la OIT)[3], el principio de causalidad del despido; esto es, la necesidad de que cualquier despido se justifique en alguna de las causas previstas legalmente, lo que lleva consigo, además, la posibilidad de una impugnación y control judicial al respecto. Y, en este sentido, atendiendo a la vigente ordenación legal, las

---

1 En nuestra doctrina laboralista, haciéndose eco y reflexionando en torno a este debate, véase, entre otros, Goerlich Peset (2016), Cruz Villalón (2017); Mercader Uguina (2017), Ushakova (2018) y Montoya Medina (2019).

2 Disponible en: https://www.oecd-ilibrary.org/employment/oecd-employment-outlook-2023_b3a48e05-es

3 En la doctrina del Tribunal Constitucional son particularmente expresivas las SSTC 22/1981, 20/1994 y 192/2003.

dos causas justificativas del despido que aparecen como más conectadas a las posibles implicaciones de la digitalización sobre los niveles de empleo son, de un lado, la falta de adaptación del trabajador a modificaciones técnicas *ex* art. 52 b) ET; y, por otra parte, lo que cabe denominar como amortización de puestos de trabajo por causas técnicas *ex* arts. 51 y 52 c) ET.

Ambos supuestos son manifestación del margen de autonomía reconocido al empresario para introducir innovaciones tecnológicas, con fundamento en la libertad de empresa consagrada también en texto constitucional (art. 38 CE). Y desde el punto de vista legal, ambos supuestos quedan encuadrados en lo que el ET califica como extinciones por causas objetivas. Este calificativo parece responder esencialmente a su contraposición con las causas del despido disciplinario (Montoya Melgar, 2019: 489), que exigen un comportamiento grave y culpable del empresario. En las causas objetivas, sin perjuicio de que puedan influir circunstancias atinentes a la persona del trabajador, el fundamento último parece que puede ponerse en relación con la dogmática contractual de la excesiva onerosidad sobrevenida (Suárez, 1980: 260), que en el caso concreto de las dos causas antes aludidas justificarían que el empresario pueda extinguir el contrato de trabajo si como consecuencia de la introducción de cambios tecnológicos se deriva una pérdida de utilidad económica en la prestación del trabajador.

Pero precisamente por esa diferenciación con los supuestos en que media un incumplimiento contractual imputable a la voluntad del trabajador y la presencia de otros elementos más propios del inherente riesgo en el ejercicio de una actividad empresarial, el legislador viene acompañando los despidos por causas objetivas de unas garantías adicionales (art. 53 ET). Junto con las garantías comunes con los despidos disciplinarios (causalidad, formalidades, fiscalización judicial...), las extinciones por causas objetivas, incluso en el caso de estar plenamente justificadas y adoptadas correctamente desde el punto de vista formal, van acompañadas de una tutela indemnizatoria (la indemnización de 20 días por año de servicio con un tope de 12 mensualidades). Del mismo modo que es garantía singular de los despidos por causas objetivas la exigencia de un preaviso de 15 días al trabajador, cuyo régimen jurídico es, junto con la tutela indemnizatoria señalada, elocuente de que el legislador juzga que el empresario debe estar dispuesto a asumir ciertos costes en favor del trabajador cuando quiere ejercer su facultad extintiva justificada en razones de funcionamiento empresarial y utilidad económica. A estas tutelas laborales se le añaden otras introducidas desde la perspectiva de la Seguridad Social, considerándose todo despido por causas objetivas situación legal de desempleo a efectos del acceso a las correspondientes prestaciones de desempleo, así como a la jubilación anticipada "involuntaria" (arts. 207 y 267 LGSS).

Tras esta aproximación, en las páginas que siguen, por razones de espacio, no se pueden abordar exhaustivamente los diversos puntos en torno al régimen jurídico de las dos causas de extinción del contrato de trabajo antes aludidas, pero, dada su relación con la introducción de cambios tecnológicos en las empresas, no podían faltar, en una obra dedicada al estatuto jurídico del trabajo por cuenta ajena ante la digitalización, una serie de consideraciones sobre su caracterización normativa y algunas de las cuestiones interpretativas que se vienen suscitando.

2. CONSIDERACIONES EN TORNO A LAS CAUSAS OBJETIVAS DE EXTINCIÓN DEL CONTRATO DE TRABAJO RELACIONADAS CON LA INTRODUCCIÓN EMPRESARIAL DE CAMBIOS TECNOLÓGICOS

2.1. La falta de adaptación del trabajador a las modificaciones técnicas

Empezando por la regulación recogida en el art. 52 b) ET, relativa a la extinción del contrato de trabajo por la falta de adaptación del trabajador a las modificaciones técnicas -o tecnológicas, como se refería la normativa precedente al ET-, la misma puede verse como una inevitable síntesis dirigida a la búsqueda de un equilibrio entre los intereses presentes en la materia, plasmado, asimismo, en otros preceptos del propio ET[4]. El derecho del empresario a introducir innovaciones tecnológicas, que, como se apuntaba, encuentra engarce en la libertad de empresa *ex* art. 38 CE, tiene cierta traslación en el deber básico del trabajador recogido en art. 5 del ET de "*contribuir a la mejora de la productividad*", si bien en tal contexto le asiste, máxime después de los cambios introducidos por la reforma laboral 2012, un derecho a la formación profesional, incluida la necesaria para su adaptación a las modificaciones operadas en el puesto de trabajo, tal y como prevén expresamente los arts. 4 y 23 ET.

Dicho equilibrio de intereses se atisba ciertamente complejo y, seguramente por ello, la regulación de la causa extintiva que se viene recogiendo

---

4 Cfr., en esta línea, Alzaga Ruiz (2011: 109), Llompart Bennassar (2020: 728).

en el art. 52 b) del ET se presenta, asimismo, como compleja y de no fácil interpretación, lo que tal vez pueda explicar el recurso más bien escaso que parece que vienen haciendo las empresas de este cauce extintivo, al menos a la vista de la reducida conflictividad judicial que se viene registrando en torno a esta causa de despido objetivo[5].

Manifestación indicativa de ese difícil equilibrio de intereses perseguido y de la complejidad hermenéutica de la materia sería la circunstancia de que el art. 52. b) ET exija que las modificaciones técnicas que justifican esta facultad extintiva del empresario deben ser *"razonables"*. Un calificativo que, aunque, sin duda, abre un amplio campo para diversas lecturas interpretativas, creo que debe leerse de forma apegada a la concreta finalidad de la norma y no como un límite genérico a las facultades del empresario[6] y, por consiguiente, se puede considerar como particularmente conectado al debido respeto a otros límites a los que queda vinculado el empresario en el ejercicio de esta concreta facultad extintiva.

Por ello, de entrada, cabe descartar, a mi juicio, que dicha razonabilidad lo que comporte es circunscribir la justificación de esta causa extintiva a una valoración judicial acerca de los efectos positivos que puede tener el cambio tecnológico para la viabilidad o funcionamiento de la empresa[7]. En modo alguno, cabe colegir tal parámetro de valoración de lo previsto en la normativa vigente, sino que, como posteriormente se expondrá al hilo de las consideraciones relativas al despido por causas técnicas *ex* art. 52 c) ET, la actual orientación normativa e interpretativa más bien se opone a controles judiciales en esta dirección (véase *infra* 2.2).

Dicho esto, la razonabilidad exigida en este ámbito creo que se debe poner en relación con elementos relativos a lo que se ha denominado como tutela de la profesionalidad del trabajador[8] (clasificación, promoción y formación profesional, ocupación efectiva y adecuada; ordenación de la movilidad funcional). Es cierto que, respecto a la normativa precedente, el art. 52 b) del Estatuto de los Trabajadores de 1980 suprimió la referencia

---

5 Una búsqueda en las bases de datos jurisprudenciales al uso, tomando como parámetro los más de 40 años desde la aprobación del ET y los pronunciamientos del TS y los TSJ, arroja un resultado que, salvo error u omisión, se sitúa en torno a las 60 sentencias.

6 Cfr. Rodríguez Piñero Bravo-Ferrer (1983: 22).

7 Cfr., en esta línea, Alzaga Ruiz (2011: 126 y 127) y Llompart Bennassar (2020: 733, 738 y 739)

8 Cfr. Castiñeira (1979) y Valdés de la Vega (1997).

al respeto a la categoría profesional del trabajador en el contexto de las modificaciones tecnológicas operadas por el empresario, introduciendo, en cambio, la alusión al carácter razonable de tales modificaciones. Una mutación legal que, como se desprende de una doctrina del extinto Tribunal Central del Trabajo (TCT), no fue, sin embargo, obstáculo para establecer un vínculo entre el carácter razonable del cambio y la ordenación de la clasificación profesional y la movilidad funcional. Se consideró, por aquella doctrina del TCT, que el art. 52 b) ET exigía para su viabilidad la concurrencia de modificaciones tecnológicas que sean *"razonables"*, en el sentido que excluyan no sólo toda posible arbitrariedad empresarial, sino que el cambio pretendido no sea de tal naturaleza que pugne con las características fundamentales de la ocupación inicial, de forma tal que encubra una variación esencial que obligue a modificar la categoría profesional del trabajador[9].

Años después, dentro de un contexto de cambios normativos en clave flexibilizadora de las facultades empresariales para modificar el contenido de la prestación de servicios del trabajador, la reforma de 1994 vino a recuperar de forma más expresa un vínculo entre la facultad extintiva *ex* art. 52 b) ET y los límites a la facultad de movilidad funcional en manos del empresario; lo que se ha mantenido presente normativamente hasta hoy. Nótese, en este sentido, que el vigente art. 39.3 ET dispone que: "*no cabrá invocar como causa de despido objetivo la falta de adaptación en los supuestos de realización de funciones distintas de las habituales como consecuencia de la movilidad funcional*".

A mi modo de ver, la lectura del precepto sugiere que no cabe el despido por falta de adaptación ante situaciones precedidas de un decisión formal de movilidad funcional, ni tampoco cuando la modificación técnica operada e invocada implique, *de facto*, exigir al trabajador un cambio

---

9 STCT 1-10-1982 (RTCT 5135), declarando injustificado el despido del trabajador al considerarse que se había "*modificado su actividad de forma tan radical como lo es el dedicarse ahora a la de artes gráficas cuando antes lo hacía a la de serrería, y el actor que llevaba trabajando 7 años en esta inicial actividad, tuvo siempre la calificación profesional escueta de peón, es decir, «obrero ocupado simplemente en los trabajos de carga y remoción de madera» (...), lo cual no sólo supone una modificación extraña a su puesto de trabajo sino incluso a su categoría profesional ya que manteniendo la de peón no está obligado más que a realizar «trabajos elementales, para los cuales no se requiere preparación alguna ni conocimiento teórico práctico de ninguna clase, requiriéndosele predominantemente una aportación de esfuerzo físico y la voluntad de llevar a cabo el trabajo que se le ordene» según la definición del peón que hace el art. 24 de la Ordenanza Laboral (....)*".

de funciones; si bien, debiéndose entender, en ambos, que este límite se refiere a un cambio de funciones que comporte una movilidad funcional extraordinaria o una modificación sustancial de funciones (arts. 39.2, 39.4 y 41.1 f ET)[10]; esto es, aquellos cambios de funciones que, con carácter temporal o definitivo, supongan la asignación de funciones que no se correspondan con las del grupo profesional del trabajador, entendido como aquel que "*agrupe unitariamente las aptitudes profesionales, titulaciones y contenido general de la prestación*", pudiendo "*incluir distintas tareas, funciones, especialidades profesionales o responsabilidades asignadas al trabajador*" (art. 22.2 ET). Recuérdese que, con la reforma de 2012, las referencias a la categoría profesional fueron definitivamente eliminadas, con el objetivo, ya pretendido también por anteriores reformas, de sortear la rigidez de esta noción y hacer de la movilidad funcional ordinaria un mecanismo de adaptación más viable[11].

Por ello, dicho lo anterior, no comparto la orientación detectada en alguna doctrina de suplicación[12], así como en ciertos autores[13], en la línea de considerar que cualquier cambio de funciones que preceda o vaya aparejado a la modificación técnica cerraría la puerta a la extinción por falta de adaptación del trabajador, sin mayores distinciones acerca de la intensidad del cambio funciones en atención al sistema de clasificación profesional aplicable y, por tanto, sin distinguir entre un cambio de funciones ordinario o uno extraordinario o sustancial a la luz del art. 39 ET. Creo que esta orientación, supone, en buena medida, una concepción patrimonialista del puesto de trabajo, que no se compadece bien con el alcance y fines de la ordenación laboral vigente, mortificando el *ius variandi* ordinario reconocido al empresario simplemente por darse en el contexto de un cambio tecnológico introducido por la empresa. Una lectura que, además, al restringir el espacio de la causa extintiva relativa a la falta de adaptación

---

10 Interpretando en esta misma línea la previsión del art. 39.3 ET en relación con las del art 52 b) ET, Álvarez del Cuvillo (2008: 22, 40 y 41), Herraíz Martín (2023: 217 y 218)

11 Un objetivo ya deducible desde la introducción de la noción de grupo profesional por parte del ET de 1980. Cfr., entre otros, Rodríguez Piñero Bravo-Ferrer (1983: 30). Sobre los más explícitos cambios operados en este sentido por la reforma de 2012, véase, entre otros, López Balaguer (2012: 238 y ss).

12 Cfr., entre otras, STSJ País Vasco 23-11-1999 (Rº 2123/1999); STSJ Madrid 30-5-2006 (Rº 2760/2006); SSTSJ Castilla y León 1-10-2008 (Rº 1024/2008); 28-9-2011 (Rº 516/2011) y 23-3-2022 (Rº 415/2022); STSJ Galicia 2-5-2013 (Rº 473/2013).

13 Cfr. Alzaga Ruiz (2011: 113, 116 y 124): Llompart Bennassar (2020: 734 y ss.).

del trabajador, tal vez pueda estar abriendo el abanico de situaciones en que el empresario se plantee una amortización del puesto de trabajo por causas técnicas (art. 52 c ET)[14], sin tener que asumir ninguna obligación formativa para posibilitar la adaptación del trabajador.

Al hilo de este último inciso, la razonabilidad exigida del cambio técnico introducido por la empresa debe considerarse, como se apuntaba, un elemento que subraya otros límites relacionados con la tutela de la profesionalidad del trabajador y que, en el contexto particular de la causa extintiva analizada, engarzan particularmente con el derecho a la formación profesional. En este sentido, ya no es sólo que tras la reforma de 2012 se haya despejado cualquier duda acerca de que constituye una obligación empresarial y un elemento constitutivo de la causa de despido *ex* art. 52 b) ET el ofrecimiento al trabajador de un curso dirigido a la adaptación a las modificaciones operadas[15], sino que la actuación diligente de la empresa a la hora de efectuar dicho ofrecimiento, así como el contenido y duración de la formación recibida, pueden convertirse también en elementos decisivos para valorar la razonabilidad del cambio técnico y, por tanto, la procedencia o improcedencia de la decisión extintiva[16]. Desde esta perspectiva cabría entender como pertinente, por ejemplo, aquel razonamiento judicial que, para considerar justificado el despido, subraya el hecho de que la empresa ofreció al actor, al igual que a otros trabajadores, un curso de formación dirigido a facilitar la adaptación a su nuevo puesto de trabajo; formación que, normalmente, duraba unos 8 meses y que en el caso del actor excedió del año[17]. Y que, por contraste, no se considerase como razonable la conducta de la empresa, que se limitó a proporcionar un curso básico de informática de tan sólo 1 mes, ofrecido, además, a la trabajadora

---

14 En sentido similar, Álvarez del Cuvillo (2008: 41). Asimismo, pese a defender una lectura restrictiva del art. 52 b) ET en relación con los cambios de funciones, Llompart Bennassar (2020: 737).

15 Con anterioridad a la reforma de 2012, la mayoría de la doctrina entendía que la ley no obligaba al empresario a ofrecer un curso de formación, si bien algunos autores y también algunas decisiones judiciales consideraban que ello se revelaba un elemento clave para calificar la conducta del empresario como razonable y, por tanto, la decisión extintiva como procedente. Cfr., entre otros, Álvarez del Cuvillo (2008: 42); Alzaga Ruiz (2011: 131 y 133); Llompart Bennassar (2020: 741 nota al pie 83).

16 En esta línea, destacando el espacio abierto para un control judicial en este sentido tras los cambios introducidos por la reforma de 2012, Gorelli Hernández (2012: 298 y 299) y Llompart Bennassar (2020: 742).

17 STSJ Comunidad Valenciana 12-2-2013 (Rº 8/2013).

despedida más de un año después de que la empresa empezase a exigirle la adaptación a los cambios tecnológicos introducidos[18].

Ahora bien, no debería confundirse este límite que apela a que el empresario debe hacer un esfuerzo real y serio en aras de que el trabajador reciba una formación que permita su adaptación al cambio tecnológico, con que la razonabilidad del cambio tenga que ver con el modo en que la innovación técnica y la formación recibida incide en las características personales del trabajador. En este sentido, en orden a evitar una excesiva incertidumbre jurídica, comparto aquellas opiniones doctrinales que ponen el acento en que la razonabilidad en esta sede no se puede valorar sobre la base de consideraciones relativas a la esfera subjetiva del trabajador[19]. Y, en cambio, por ser indicativo de valoraciones más objetivas, sí que parece apropiado que los tribunales para declarar ajustadas a derecho las decisiones empresariales aludan a veces a la existencia de otras empresas del sector que han implantado cambios tecnológicos parecidos[20] o a la presencia en la propia empresa de trabajadores afectados por la modificación técnica y que, tras recibir idéntica formación, se habrían adaptado a la misma[21].

Insistiendo en la importancia de la obligación formativa del empresario en el marco del vigente art. 52 b) ET, nótese que, a diferencia de lo que podía desprenderse con anterioridad a la reforma de 2012, el plazo de dos meses que la norma obliga a respetar al empresario, desde la introducción de la modificación técnica hasta la decisión extintiva, no estaría limitando la duración del curso de formación, sino que la lectura más lógica del precepto es que el *dies a quo* de este periodo se inicia cuando termina la formación dirigida a la adaptación; y sólo desde la modificación en caso de que la formación se hubiese desarrollado con carácter previo a la introducción de tal modificación[22].

---

[18] STSJ Galicia 13-11-2018 (Rº 2825/2018).

[19] Cfr. Llompart Bennassar (2020: 738 y 740) y doctrina allí citada.

[20] STSJ Extremadura 8-8-2000 (Rº 454/2000).

[21] Cfr. STS 21-6-1988 (RJ 6865); STSJ Cantabria 19-10-1998 (Rº 1243/1998); STSJ Castilla y León 6-4-2004 (Rº 629/2004).

[22] Cfr. Gorelli Hernández (2012: 299); Llompart Bennassar (2020: 743, 747 y 748); Herraíz Martín (2023: 219 y 220). Por ello, la decisión extintiva comunicada antes de que hubieran transcurrido dos meses desde la finalización del curso es considerada improcedente por no respetar el plazo de espera que la ley prevé para valorar si el trabajador se adapta a la modificación técnica, STSJ Cataluña 9-4-2021 (Rº 5074/2020).

Asimismo, a diferencia de lo que ocurría en la normativa precedente, ya no se califica el periodo de formación como un periodo de suspensión de la prestación laboral, de hasta un máximo de 3 meses, sino como un periodo que computa como tiempo de trabajo, por lo que tampoco desde este punto de vista se ve limitada la duración máxima de la formación. Y, además, cabe entender que ni el empresario se ve compelido a no exigir prestación de servicios durante la formación -debiendo, en todo caso, respetar límites en materia de tiempo de trabajo-, ni el trabajador se ve forzado a un periodo de inactividad que más contribuir puede perjudicarle en su proceso de adaptación al cambio técnico. Por ello, ya no resultaría apropiada la lectura judicial efectuada en alguna ocasión respecto a la anterior referencia en el art. 52 b) ET a la suspensión del contrato, entendiendo que ello comportaría calificar como no adecuada la formación recibida que se compagina con prestación de servicios laborales y declarándose, por tanto, incumplido uno de los requisitos para la procedencia de la decisión extintiva[23]. Como se apuntaba, una lectura cabal del precepto, tras su reforma en 2012, es que la obligación formativa del empresario se puede cumplir mediante formas de alternancia entre formación y trabajo[24].

Y, como también se decía, el contenido y duración de la formación ofrecida al trabajador se puede convertir en un elemento clave para valorar la razonabilidad de la decisión empresarial, sin tener porque limitarse al periodo de adaptación de dos meses que prevé la norma y que limita el momento en que el empresario puede adoptar la decisión extintiva. Pero si no hay elementos que permitan censurar la conducta empresarial desde esta perspectiva, incurriría, a mi modo de ver, en un cierto sofisma aquel razonamiento, manejado en alguna decisión judicial, en el sentido de que si, trascurridos los dos meses, el trabajador no ha podido adaptarse es que el cambio no es razonable y, por tanto, la extinción contractual no estaría justificada[25]. Como se ha señalado, el carácter razonable en este terreno hay que ponerlo en relación con circunstancia objetivas relativas a la clasificación profesional del trabajador y a la obligación formativa del empresario y no con otras circunstancias de valoración más subjetiva.

---

23 STSJ Galicia 2-5-2013 (Rº 473/2013).

24 Cfr., entre otros, Blasco Pellicer (2012: 166); Llompart Bennassar (2020: 745); Herraíz Martín (2023: 221).

25 STSJ País Vasco 2001 (Rº 1380/2001). Pronunciándose también en contra de este criterio judicial, Alzaga Ruiz (2011: 130); Llompart Bennassar (2020: 746 y 747). Por el contrario, más favorable a este entendimiento, Álvarez del Cuvillo (2008: 41, 42 y 44).

Por lo demás, considerando la relevancia que en el marco normativo vigente adquiere la obligación formativa en orden a facilitar la adaptación a las modificaciones tecnológicas operadas y siempre que la misma se ajuste a los parámetros normativos, cabe compartir el criterio de que el rechazo del trabajador a cursar dicha formación bien puede considerarse también un incumplimiento contractual por su parte, que, aunque no incida necesariamente en la calificación judicial del despido por falta de adaptación, sí que podría abrir la puerta a un despido disciplinario justificado[26].

2.2. *La amortización de puestos de trabajo por causas técnicas*

En cuanto a las causas objetivas de extinción del contrato de trabajo a las que se refieren los art. 51 y 52 c) ET, basta una ojeada rápida a la doctrina de los tribunales para observar que, efectivamente, se viene estableciendo una ligazón entre la codificación legal de unas *"causas técnicas"* y el reconocimiento de un mecanismo que permite a las empresas acometer ajustes de empleo como consecuencia de la introducción de innovaciones tecnológicas en los medios o procesos productivos. En este caso, la doctrina judicial al respecto, sin poder calificarse de muy abundante, sí que resulta claramente superior a la de la causa relativa a la falta de adaptación del trabajador a las modificaciones técnicas a la que hemos dedicado las consideraciones precedentes.

Pues bien, a poco que uno se aproxime al análisis de la evolución legal y, sobre todo, interpretativa de las causas contempladas en los citados artículos 51 y 52 c) ET, advertirá la significación que adquiere poder afirmar que, sobre todo a raíz de las reformas operadas en 2010 y 2012, las causas técnicas gozan de autonomía e independencia respecto a otras razones que se incardinan en mayor medida en la noción de causas económicas o productivas, admitiéndose, por tanto, el despido por la introducción de cambios tecnológicos en una empresa con beneficios económicos y sin signos de una evolución negativa o deterioro alguno[27].

La vigente regulación se refiere, en efecto, a las causas técnicas aludiendo simplemente a cambios que se introduzcan en el ámbito de los medios o instrumentos de trabajo, evitando -y parece intención expresa del legisla-

---

26 En este sentido, Llompart Benassar (2020: 743 y 744). Considerando también la posibilidad de un despido disciplinario en estos supuestos, Alzaga Ruiz (2011: 129 y 131).

27 Cfr., en esta línea, Cruz Villalón (2017: 35).

dor, según desprende de la exposición de motivos de la reforma de 2012[28]- otras referencias prolijas y de valoración finalista de estos despidos referidas a la viabilidad o dificultades de la empresa, presentes en anteriores regulaciones, pues las mismas habían servido, en buena medida, de asidero normativo para interpretaciones que concebían los despidos por causas técnicas y/u organizativas como mecanismos puramente defensivos ante situaciones con perfiles patológicos; esto es, crisis empresarial o, cuando menos, acreditadas dificultades o problemas significativos de rentabilidad, funcionamiento, gestión o eficiencia empresarial; no bastando, por ello, que el cambio tecnológico introducido hubiese comportado un excedente de mano de obra para justificar el despido[29].

Tras este entendimiento, respaldado ciertamente por cierta orientación jurisprudencial[30], latía, a la postre, la idea de que decisiones como la implantación de procesos de automatización o la externalización de actividades, en tanto que provenientes de la voluntad exclusiva del empresario,

---

[28] En las exposición de motivos del RD-Ley 3/2012 y de la Ley 3/2012 se puede leer, en efecto, una crítica a la anterior caracterización normativa de estos despidos, entre otras razones, por haber "*venido caracterizándose por una ambivalente doctrina judicial y jurisprudencia, en la que ha primado muchas veces una concepción meramente defensiva de estos despidos, como mecanismo para hacer frente a graves problemas económicos, soslayando otras funciones que está destinado a cumplir este despido como cauce para ajustar el volumen de empleo a los cambios técnico-organizativos operados en las empresas*"; y este sería uno de los motivos que explicaría porque la "*ley se ciñe ahora a delimitar las causas (...) que justifican estos despidos, suprimiéndose otras referencias normativas que han venido introduciendo elementos de incertidumbre. Más allá del concreto tenor legal incorporado por diversas reformas desde la Ley 11/1994 (...) tales referencias incorporaban proyecciones de futuro, de imposible prueba, y una valoración finalista de estos despidos, que ha venido dando lugar a que los tribunales realizasen, en numerosas ocasiones, juicios de oportunidad relativos a la gestión de la empresa. Ahora queda claro que el control judicial de estos despidos debe ceñirse a una valoración sobre la concurrencia de unos hechos: las causas*".

[29] Cfr., entre otras, STSJ Islas Canarias 22-5-2002 (Rº 923/2001); STSJ Castilla-La Mancha 5-11-2003 (Rº 1733/2003); STSJ La Rioja 1-3-2005 (Rº 39/2005); STSJ País Vasco 30-5-2006 (Rº 998/2006); STSJ Madrid 17-4-2009 (Rº 667/2009); STSJ Galicia 5-10-2010 (Rº 2424/2010). Destacando la existencia de esta tendencia judicial dominante durante bastante tiempo e imputable, en buena parte, a la ambigüedad de las reformas normativas habidas. Cfr., entre otros, Desdentado Bonete (2010: 445, 456 y 461); Montoya Melgar (1996: 2611 y 2612) y Jurado Segovia (2012: 483 y ss.)

[30] Cfr., entre otras, SSTS 10-5-2006 (Rº 725/2005); 30-3-2010 (Rº 1068/2009) y 1-7-2010 (Rº 3439/2009).

no podían admitirse, sin más, como situación de desajuste justificativa de la amortización de puestos de trabajo[31]. En cambio, una lectura de la doctrina judicial más reciente permite dar, en gran medida, por superado este entendimiento, admitiéndose la procedencia del despido sin necesidad de que el cambio tecnológico o técnico-organizativo acreditado responda a circunstancias tales como pérdidas, una reducción de la cuota mercado, ni tampoco a una obsolescencia de los medios de producción renovados o cualquier otra ineficiencia productiva[32].

Lo anterior sin perjuicio de que puntualmente sigan detectándose algunas decisiones judiciales que juzgan improcedente la decisión extintiva por la falta de prueba de circunstancias que pongan manifiesto que los cambios tecnológicos introducidos y el despido acordado no responden a una mera "*conveniencia*" empresarial[33], con razonamientos de los que se deduce una suerte de resistencia a aceptar que la letra y el espíritu de la ley han cambiado claramente. En este sentido, hace algún tiempo tuvo cierto eco mediático una sentencia dictada por un Juzgado de lo Social de Las Palmas, de 23-9-2019 (Procedimiento nº 470/2019)[34], que declaró improcedente el despido *ex* art. 52 c) ET de una trabajadora, habiendo invocado la empresa la automatización de las tareas de la misma a través de la implantación de un "*software*" o –según terminología empleada en la propia sentencia- un "*robot*" informático. Dicho pronunciamiento resulta, ciertamente, ilustrativo en el sentido apuntado, pues apoyándose en referencias normativas ya no vigentes y haciéndose eco de algunos análisis que

---

31 En este sentido, valorando negativamente esta orientación jurisprudencial, Rodríguez-Piñero Bravo-Ferrer (2010: 9).

32 Cfr., entre otras, STSJ Galicia 27-1-2015 (Rº 3505/2014); STSJ Cataluña 9-6-2016 (Rº 2167/2016); STSJ Andalucía 22-6-2017 (Rº 2534/2016); STSJ Comunidad Valenciana 23-10-2018 (Rº 2587/2018); SSTSJ Castilla-La Mancha 14-2-2019 (Rº 1977/2018) y 20-2-2020 (Rº 1450/2019); STSJ Andalucía 10-12-2020 (Rº 2009/2019); STSJ Madrid 22-6-2022 (Rº 390/2022). La circunstancia relativa a la obsolescencia de los medios de producción aparece reflejada en la STS 22-2-2018 (Rº 192/2017), en que se declara ajustado a derecho un despido colectivo por causas técnicas y organizativas, pero no parece que el Alto Tribunal subraye ello como un elemento estrictamente necesario para la justificación de estos despidos, sino que tal referencia aparece de manera más bien circunstancial como algo propio del supuesto de hecho concreto.

33 Cfr. STSJ La Rioja 26-9-2016 (Rº 176/2016). En la misma línea, STSJ Islas Canarias 27-11-2015 (Rº 835/2015).

34 Para una reseña más amplia de esta sentencia, me remito a mi trabajo Jurado Segovia (2020: 16 y ss).

apuntan a que la automatización o robotización puede llegar a implicar una destrucción de empleos que afecte al 35% de la población activa, considera necesaria una *"reinterpretación"* de la normativa actual referida a las causas técnicas que justifican el despido objetivo. Sin perjuicio de que la sentencia también aborda el control judicial del despido desde la perspectiva de otros elementos, a mi modo de ver, más determinantes -a los que se hará referencia en las páginas que siguen-, la misma resulta criticable por esa reinterpretación que propone de este tipo de despidos, sometiéndolos a una valoración finalista, como apuntábamos, de corte defensivo y restrictivo que no cabe desprender del vigente derecho positivo[35].

Tampoco en la jurisprudencia posterior a las últimas reformas sobre el grupo normativo de referencia parecen poder localizarse pronunciamientos que avalen una lectura como la efectuada por dicha sentencia y alguna doctrina judicial minoritaria. Ni siquiera la apelación efectuada por el TS a mantener en la interpretación de los despidos por causas empresariales un control de razonabilidad parece abrigar este tipo de lecturas, pues, sin perjuicio de la ambigüedad y no fácil calibración sobre el alcance de tal llamada jurisprudencial[36], el propio TS ha llamado también la atención sobre que dicho control no atribuye a los tribunales la facultad de *"fijar la precisa «idoneidad» de la medida a adoptar por el empresario, ni tampoco censurar su «oportunidad» en términos de gestión empresarial"*, focalizándose tal juicio de razonabilidad en considerar ilícitas *"aquellas decisiones empresariales, extintivas o modificativas, que ofrezcan patente desproporción entre el objetivo legalmente fijado y los sacrificios impuestos a los trabajadores"* [37].

Es cierto que en algunos casos puntuales, y en ese contexto de reafirmación de un control de razonabilidad del despido, que debe ir más allá de constatar acreditada la concurrencia de la causa esgrimida para despedir, el Alto Tribunal se ha pronunciado en un sentido cuya extrapolación a otros supuestos podría, sin duda, reducir el margen concedido a la empresas para amortizar puestos de trabajo como consecuencia de la introducción de cambios tecnológicos, Y es que se ha afirmado que "*caería por su base toda la arquitectura del despido (colectivo u objetivo) si la causalidad requerida pudiera concurrir a partir de actos unilateralmente acordados por la empleadora*"[38].

---

35 En una línea crítica semejante con esta sentencia, Igartua Miró (2021: 7 y ss.).

36 Al respecto, me remito de nuevo a mi trabajo Jurado Segovia (2020: 29 y ss.).

37 STS 17-7-2014 (Rº 32/2014), de la que se hacen eco, entre muchas otras, las SSTS 20-10-2015 (Rº 172/2014) y 11-7-2018 (Rº 467/2017).

38 Cfr. SSTS 18-9-2018 (Rº 3451/2018) y 27-7-2022 (Rº 296/2021).

Sin perjuicio de los perfiles problemáticos que con carácter general se podrían destacar de esta doctrina jurisprudencial, la misma ha servido, como se apuntaba, para censurar los despidos en casos muy concretos, en que la causa más bien de orden económico-productivo aducida para despedir se podía poner en relación con unas muy particulares decisiones adoptadas por la propia empresa (venta de unos bienes productivos; no concurrencia a un concurso para la adjudicación de una concesión pública), resultando bastante discutible que su lógica se pueda trasladar a otros supuestos, señaladamente a la vista de la actual configuración legal de las causas técnicas y organizativas, que, a diferencia de las económicas y productivas, no tienen un carácter reactivo. Como resulta deducible de otros pronunciamientos jurisprudenciales, en las causas técnico-organizativas el margen otorgado a las decisiones unilaterales del empresario resulta, en gran medida, consustancial a la propia caracterización de tales causas[39].

Ciertamente, como antes se apuntaba, el actual marco normativo se refiere a las causas técnicas aludiendo a "*cambios, entre otros, en el ámbito de los medios o instrumentos de producción*". Tal identificación de las causas con "*cambios*" bien puede leerse como el reconocimiento legal de que resulta indistinto que el origen último de los mismos radique en factores más o menos exógenos o endógenos a la voluntad empresarial, pudiendo obedecer las causas técnicas a decisiones de pura iniciativa o gestión empresarial; esto es, tomadas dentro del círculo de autonomía del empresario, quien, por razones de estrategia competitiva, planificación o similares, "*crea circunstancias que pueden motivar el despido*"[40].

Por tanto, a mi modo de ver, en el caso de las causas técnicas de lo que se trata fundamentalmente es de valorar si el despido es razonable, pero no desde la perspectiva de diversas posibles ponderaciones concernientes a la evolución y gestión empresarial –no presentes en el tipo normativo en cuestión-, sino si resulta razonable para adecuar el volumen de empleo de la empresa a la situación resultante del cambio técnico-organizativo acreditado, excluyéndose así la desproporción que, según se ha indicado, rechaza fundamentalmente el control de razonabilidad invocado por el TS.

Ello, así entendido, probablemente comporta a un control judicial circunscrito a unos hechos y pruebas muy específicas, pero que no por ello deja de ser una fiscalización judicial sustancial. Además de sobre la reali-

---

39 Cfr., en esta línea, Goerlich Peset (2022).

40 Cfr. García Murcia (2016: 5-7). En la misma línea Martín Valverde (2016).

dad del cambio tecnológico introducido, este control se proyecta sobre sus efectos en el ámbito en que el trabajador despedido viene prestando sus servicios, de modo que únicamente será legítimo el despido del trabajador de cuyas tareas y responsabilidades se pueda prescindir como consecuencia de dicho cambio[41]. De suerte tal que es más la crisis del contrato, que no la crisis de la empresa, lo que se pone de manifiesto en tales casos y, en consecuencia, la decisión extintiva se justificará en la medida que responda proporcionadamente al desequilibrio de prestaciones entre empleado y empleador, consideraciones al margen sobre la situación global de la empresa[42]. Es lo que autorizada doctrina calificó como control judicial sobre la acreditación de la necesaria actualización de los efectos de la causa probada sobre un concreto puesto de trabajo[43]. Y, a este respecto, podía invocarse la expresión, contenida durante tiempo en el art. 52 c) ET, que aludía a la "*necesidad objetivamente acreditada de amortizar puestos de trabajo*" y que fue suprimida por la reforma 2010, quizá no tanto por la referencia a la amortización cuanto para dejar atrás la discutible dicotomía interpretativa entre necesidad y conveniencia en la justificación de estos despidos[44].

Sea como fuere, una fiscalización en el sentido apuntado resulta plenamente operativa en sede judicial[45]. Y de la doctrina judicial obrante se desprende, en efecto, la centralidad que adquiere la aportación de elementos fácticos suficientes sobre las tareas desarrolladas por el trabajador o trabajadores despedidos y respecto a la incidencia del cambio técnico sobre las mismas, en el sentido de que el mismo permita prescindir del contenido fundamental de tales tareas, aunque puedan subsistir tareas residuales[46]. Y coherentes con ello resultan los pronunciamientos judiciales que declaran

---

41 En esta línea, se ha defendido que la pieza central de la legitimidad de estos despidos viene constituida por el hecho de que la causa haya comportado un concreto excedente de personal, Montoya Melgar (1996: 2612).

42 En este sentido, Desdentado Bonete (2010: 467).

43 Como puso de manifiesto la jurisprudencia en su día, *"la amortización de puestos de trabajo se ha de concretar en el despido o extinción de los contratos de aquel o aquellos trabajadores a los que afecte el ajuste de producción o de factores productivos que se haya decidido"*, STS 14-6-1996 (Rº 3099/1995).

44 Cfr. Desdentado Bonete (2010: 90).

45 Cfr. Goerlich Peset (2010: 280)

46 Cfr., entre otras, STSJ Asturias 15-11-2013 (Rº 1829/2013); SSTSJ Galicia 27-1-2015 (Rº 3505/2014) y 19-7-2016 (Rº 921/2016); STSJ Andalucía 17-5-2016 (Rº 1385/2015); STSJ Cataluña 9-6-2016 (Rº 2167/2016); STSJ Madrid 7-2-2019 (Rº 933/2018); STSJ Cataluña 13-12-2019 (Rº 4187/2019); SSTSJ Castilla-La Mancha 14-2-2019 (Rº 1977/2018) y 20-2-2020 (Rº 1450/2019).

la improcedencia de los despidos por entender no acreditado que las innovaciones tecnológicas introducidas hayan tenido una incidencia directa y relevante sobre los puestos ocupados por los trabajadores despedidos[47].

Nótese, en todo caso, que, según un reiterado criterio jurisprudencial, la noción de *"amortización"* iría referida a los concretos puestos de trabajo afectados por la reestructuración empresarial y no en abstracto a las funciones desarrolladas por los trabajadores en ellos ocupados, pues las mismas pueden seguir formando parte del conjunto de la actividad empresarial[48]. La causa acreditada debe implicar un excedente en el nivel de empleo en la empresa, pero no necesariamente una desaparición de las funciones que venía realizando el trabajador despedido, que pueden seguir siendo necesarias y ejecutadas por el propio empresario, por otros trabajadores o por un tercero a través de una contrata de obras o servicios[49]; a lo que cabría añadir -pensando particularmente en las causas técnicas- la posibilidad de que las mismas hayan quedado fundamentalmente automatizadas a raíz del cambio tecnológico introducido.

Lógica consecuencia de estas características esenciales del control judicial sobre los despidos por causas técnicas es la relevancia que pueden adquirir las nuevas contrataciones efectuadas por la empresa en un tiempo próximamente anterior o posterior al despido, pues las mismas pueden poner de manifiesto que, en realidad, no se ha producido una amortización[50]; esto es, que el cambio tecnológico no ha provocado una efectiva y relevante reducción de las tareas fundamentales desempeñadas por el trabajador despedido[51].

Ahora bien, ello no comporta que cualquier nueva contratación convierta al despido en injustificado. En coherencia con la afirmación jurisprudencial de que los despidos por causas no estrictamente económicas

---

47 Cfr., entre otras, STSJ Comunidad Valenciana 15-5-2013 (Rº 668/2013); STSJ Cataluña 7-7-2016 (Rº 3107/2016); STSJ Cantabria 31-10-2018 (Rº 590/2018); SSTSJ Andalucía 14-11-2018 (Rº 3648/2017) y 14-2-2019 (Rº 2006/2018); STSJ Madrid 7-10-2019 (Rº 775/2019); STSJ Galicia 15-1-2021 (Rº 3898/2020).

48 Cfr. SSTS 14-6-1996 (Rº 3099/1995); 29-5-2001 (Rº 2022/2000); 15-10-2003 (Rº 1205/2003); 12-6-2012 (Rº 3638/2011).

49 En este sentido, Goerlich Peset (2010: 280).

50 Considerando este control sobre las nuevas contrataciones como algo propio de los despidos vinculados a amortización de puestos, Rodríguez Piñero (1998: 85).

51 Cfr. STSJ Andalucía 20-11-2015 (Rº 2842/2014); STSJ Madrid 18-7-2016 (Rº 168/2016); STSJ Cantabria 31-10-2018 (Rº 590/2018).

no se tiene que valorar atendiendo a la situación global de la empresa[52], la doctrina judicial no considera injustificados aquellos despidos por causas técnicas unidos, de forma más o menos paralela en el tiempo, a nuevas contrataciones dirigidas a cubrir necesidades de áreas funcionales o unidades productivas diferentes a aquellas en que se ha introducido el cambio tecnológico[53]; ni tampoco cuando las nuevas contrataciones, aunque puedan guardar relación con las funciones del trabajador despedido, respondan a necesidades coyunturales, tales como puntas de trabajo o la cobertura de trabajadores ausentes (vacaciones, incapacidad temporal, reducciones de jornada, etc.)[54]. Desaparecida toda referencia legal que pueda llevar a considerar que los despidos por motivos técnico-organizativos quedan condicionados a una situación de riesgo para la viabilidad empresarial, no procede ya dar relevancia a cualquier contratación laboral efectuada por la empresa con independencia de su finalidad[55].

Por lo demás, que las nuevas contrataciones concertadas por el empresario para cubrir otras áreas funcionales o unidades productivas distintas a las afectadas por el cambio tecnológico no impidan la procedencia del despido, resulta coherente con otra evidente manifestación del rechazo a controles judiciales de oportunidad que, desde hace tiempo, se desprende de la jurisprudencia y la doctrina judicial; a saber: el empresario para justificar el despido no está obligado a intentar la recolocación del trabajador, cuyo puesto de trabajo ha resultado carente de sentido a raíz de la introducción del cambio técnico[56]. Como ha venido, en efecto, afirmando de forma reiterada la jurisprudencia, la ley *"no impone al empresario la obligación de agotar todas las posibilidades de acomodo del trabajador en la empresa"*, ni obli-

---

52 Cfr., entre otras, STSS 13-2-2002 (Rº 1436/2001); 21-7-2003 (Rº 4454/2002); 28-2-2018 (Rº 1731/2016); 18-11-2020 (Rº 143/2019).

53 En esta línea, STSJ Madrid 17-2-2014 (Rº 1386/2013); STSJ Andalucía 17-5-2016 (Rº 1385/2015); STSJ Castilla-La Mancha 20-5-2019 (Rº 305/2019).

54 En esta línea, STSJ Galicia 27-6-2011 (Rº 1320/2011); STSJ Murcia 5-3-2012 (Rº 951/2011); STSJ Andalucía 17-5-2016 (Rº 1385/2015); STSJ Comunidad Valenciana 4-4-2017 (Rº 99/2017).

55 En esta línea, Llompart Bennassar (2016: 28).

56 En esta línea, en la más reciente doctrina judicial relativa a despidos por causas técnico-organizativas, STSJ Andalucía 17-5-2016 (Rº 1385/2015); STSJ Castilla-La Mancha 20-5-2019 (Rº 305/2019); STSJ Madrid 7-10-2019 (Rº 775/2019); STSJ Andalucía 10-12-2020 (Rº 2009/2019).

ga, por tanto, *"antes de hacer efectivo el despido (...) a destinar el empleado a "otro puesto" vacante de la misma"*[57].

3. A MODO DE REFLEXIÓN FINAL

El análisis precedente pone de manifiesto ciertos márgenes de inseguridad jurídica en la interpretación y aplicación de las dos causas extintivas del contrato de trabajo relacionadas con la introducción de cambios tecnológicos en las empresas. A pesar de ello -circunstancia común en muchas otras instituciones jurídicas-, creo que la regulación vigente, considerando tanto la delimitación normativa de los supuestos extintivos como otras garantías conexas, cumple con los estándares exigibles a un ordenamiento presidido por el principio de causalidad del despido. Y creo que cualquier reacción normativa o jurisprudencial que, a modo de respuesta frente a los posibles riesgos de la digitalización, pudiera evocar a una suerte de "neoludismo" estaría abocada al fracaso en diversos sentidos.

Probablemente, para grandes empresas solventes el riesgo de tener que hacer frente a mayores indemnizaciones por despido resulte un escaso desincentivo frente a sus "proyectos tecnológicos"[58]; lo que no obsta para los efectos penalizadores que reacciones legales o interpretativas en el sentido apuntado podrían tener para la competitividad y productividad de un conjunto más amplio de empresas y, por tanto, para la economía nacional, máxime en un contexto económico globalizado[59]; ello amén de poder introducir un factor distorsionador de la competencia entre empresas asentadas en un sector o rama de actividad, que deseen introducir cambios para adaptarse a los progresos tecnológicos y ganar en competitividad, y las nuevas empresas que "irrumpen" ya más avanzadas tecnológicamente[60].

---

57 Cfr., entre otras, SSTS 13-2-2002 (Rº 1496/2001), 21-7-2003 (Rº 4454/2002); 16-9-2009 (Rº 2027/2008); 31-1-2013 (Rº 709/2012); 31-1-2018 (Rº 1990/2016); 11-1-2022 (Rº 4890/2018).

58 En esta línea, Mercader Uguina (2019).

59 En esta línea, reflexionando sobre el papel del ordenamiento laboral ante la digitalización, Cruz Villslón (2017: 27 y 31).

60 En este sentido, Durán López (2019).

Referencias bibliográficas

Alzaga Ruiz, I. (2011). El despido del trabajador por falta de adaptación a las modificaciones técnicas operadas en su puesto de trabajo. *Revista de Derecho Social,* (55), 109-140.

Álvarez del Cuvillo, A. (2008). La adaptación de los trabajadores a los cambios tecnológicos en la pequeña empresa. *Revista de Contratación Electrónica,* (93), 3-51.

Blasco Pellicer, A. (2012). La extinción del contrato de trabajo en el RDL 3/2012. Aspectos sustantivos, procesales y de Seguridad Social. En (AAVV): *La reforma laboral en el Real Decreto-Ley 3/2012,* (pp. 151-211). Valencia, España: Tirant lo Blanch.

Castiñeira Fernández, J. (1979). La tutela de la profesionalidad del trabajador, la formación y readaptación profesionales y el estatuto de los trabajadores. *Revista de Política Social,* (121), 123-141.

Cruz Villalón, J. (2017). Las transformaciones de las relaciones laborales ante la digitalización de la economía. *Temas Laborales,* (138), 13-47.

Desdentado Bonete, A. (2010). La reforma del despido en el Real Decreto-Ley 10/2010", en AAVV, *La reforma laboral de 2010. Aspectos prácticos.* Valladolid, España: Lex Nova.

Durán López, F. (2019). "¿Ludismo judicial?". *Blog Centro Garrigues.* Recuperado de https://blog.centrogarrigues.com/derecho-empresarial/ludismo-judicial/

García Murcia, J. (2016). Las causas de despido colectivo: causas técnicas, organizativas y de producción. En Godino Reyes, M. (Dir.), *Tratado de despido colectivo,* (pp. 94-130). Valencia, España: Tirant lo Blanch.

Goerlich Peset, J. M. (2010). La reforma de la extinción del contrato de trabajo. *Temas Laborales,* (107), 265-302.

Goerlich Peset, J. M. (2016). ¿Repensar el derecho del trabajo? Cambios tecnológicos y empleo. *Gaceta Sindical,* (27), 173-190.

Goerlich Peset, J. M. (2022). Decisiones empresariales y causas económicas, técnicas, organizativas y de producción. *Foro de Labos.* Recuperado de https://www.elforodelabos.es/2022/11/decisiones-empresariales-y-causas-economicas-tecnicas-organizativas-y-de-produccion-sts-699-2022-de-27-de-julio/ (15 de noviembre de 2022).

Gorelli Hernández, J. (2012). La reforma laboral de 2012 y su impacto en los despidos individuales y otras formas de extinción del contrato. *Temas Laborales,* (115), 275-314.

Herraiz Martín, M. S. (2023). Reflexiones sobre el uso de los dispositivos digitales como medio y causa de despido. En (AAVV), *Cambio tecnológico y transformación de las fuentes laborales. Ley y convenio colectivo ante la disrupción digital,* (pp. 203-2022). Valencia, España: Tirant lo Blanch.

Igartua Miró, M. T. (2021). Una primera aproximación a la "sustitución" tecnológica como causa de extinción del contrato de trabajo. *Revista Derecho Social y Empresa,* (14).

Jurado Segovia, A. (2012). Reforma en materia de las causas de despido colectivo y objetivo. En Thibault Aranda, J. (Dir.) y Jurado Segovia, A. (Coord.), *La reforma laboral de 2012. Nuevas perspectivas para el Derecho del Trabajo.* Madrid, España: La Ley.

Jurado Segovia, A. (2020). Robotización/automatización y despido objetivo por causas técnicas (Art. 52 c ET). *LABOS Revista De Derecho Del Trabajo Y Protección Social, 1*(3), 13-35.

Llompart Bennassar, M. (2016). Poder legislativo versus poder judicial en los despidos por causas económicas, técnicas, organizativas o de producción. *Trabajo y Derecho,* (18), 26-40.

Llompart Bennassar, M. (2020). El despido por falta de adaptación a las modificaciones tecnológicas. En (AAVV), *Derecho del Trabajo y Nuevas Tecnologías: Estudios en Homenaje al Profesor Francisco Pérez de los Cobos Orihuel,* (723-752), Valencia, España: Tirant lo blanch.

López Balaguer, M. (2012). Nuevas perspectivas en materia de clasificación profesional y movilidad funcional en la empresa. En Thibault Aranda, J. (Dir.) y Jurado Segovia, A. (Coord.), *La reforma laboral de 2012. Nuevas perspectivas para el Derecho del Trabajo.* Madrid, España: La Ley.

Martín Valverde, A. (2016). Razonabilidad o proporcionalidad en el control judicial de la justificación del despido colectivo. En Godino Reyes, M. (Dir.), *Tratado de despido colectivo,* (pp. 130-146). Valencia, España: Tirant lo Blanch.

Mercader Uguina, J. R. (2017). *El futuro del trabajo en la era de la digitalización y la robótica.* Valencia, España: Tirant lo Blanch.

Mercader Uguina, J. R. (2019). Despido de una administrativa cuyo trabajo ha sido sustituido por un Robot: ¿es posible poner Puertas al Campo. *Foro de Labos.* Recuperado de https://forodelabos.blogspot.com/2019/10/despido-de-una-administrativa-cuyo.html.

Montoya Medina, D. (2019). Nuevas relaciones de trabajo, disrupción tecnológica y su impacto en las condiciones de trabajo y empleo. *Revista de treball, economia i societat,* (92), 1-20.

Montoya Melgar, A. (1996). El nuevo artículo 52 c) del Estatuto de los trabajadores: primeras interpretaciones. *Aranzadi Social,* (I).

Montoya Melgar, A. (2019). *Derecho del Trabajo.* Madrid, Madrid, España: Tecnos, 2019

Rodríguez-Piñero Bravo-Ferrer, M. (1983). La movilidad del trabajador dentro de la empresa. Documentación Laboral, (9), 7-60.

Rodríguez-Piñero Bravo-Ferrer, M. (1998). El despido por motivos objetivos atinentes a la empresa. *Relaciones Laborales,* (1), 80-89.

Rodríguez-Piñero Bravo-Ferrer, M. (2010). Control judicial y despido. *Relaciones Laborales,* (10), 137-146.

Suárez González, F. (1980). "La extinción del contrato de trabajo en la Ley del Estatuto de los Trabajadores" en (AAVV), *Los convenios colectivos y la extinción del contrato de trabajo en la Ley del Estatuto de los Trabajadores (I Congreso Nacional de Derecho del Trabajo y de la Seguridad Social).* Madrid, España: MSSS.

Ushakova, T. (2018). De la maquina al trabajador y viceversa. Un ensayo sobre la implicación de las nuevas tecnologías en el mundo laboral. *Revista internacional y comparada de relaciones laborales y derecho del empleo, 6*(1), 114-137.

Valdés De la Vega, B. (1997). *La profesionalidad del trabajador en el contrato laboral.* Madrid, España: Trotta.

Capítulo 16.

LA INCIDENCIA DE LA DIGITALIZACIÓN EN LA SEGURIDAD Y SALUD EN EL TRABAJO

PÉREZ AGULLA, SIRA

Profª Contratada Doctora del Departamento de Derecho el Trabajo y de la Seguridad Social

Universidad Complutense de Madrid

siperez@der.ucm.es

ORDIC: 0000-0002-2591 3303 8888

Sumario: 1. Introducción. 2. impacto de la digitalización en el Derecho del Trabajo. 3. La digitalización y el trabajo seguro y saludable. 4. Marco normativo general en materia de digitalización y prevención de riesgos laborales. 5. Avances y retos normativos en materia de seguridad y salud en el trabajo. 6. La emergencia de los riesgos psicosociales en el entorno digital. 7. Reflexiones finales.

RESUMEN: El sustancial impacto de las nuevas tecnologías en los procesos productivos y en las estructuras organizativas empresariales ha propiciado la aparición de novedosas maneras de gestionar la fuerza de trabajo, que demandan la reformulación de los presupuestos jurídicos sobre los que tradicionalmente se han construido las fronteras del contrato de trabajo. Además, no podemos obviar que en esta creciente digitalización y datificación en la esfera laboral quedan comprometidos derechos esenciales de los trabajadores, que deberán ser examinados desde el prisma de las transformaciones acontecidas en la que viene denominándose Industria 4.0. En particular, nos detendremos en el derecho a un entorno de trabajo seguro y saludable.

ABSTRACT: The substantial impact of new technologies on production processes and business organizational structures has led to the emergence of new ways of managing the workforce which require the reformulation of the legal assumptions on which the boundaries of the employment contract have traditionally been built. Moreover, we cannot ignore the fact that this growing digitization and digitization in the labor sphere compromises the essential rights of workers, which must be examined through the prism of the transformations that have taken place in what has come to be known as Industry 4.0. In particular, we will focus on the right to a safe and healthy working environment.

Palabras clave: digitalización, riesgos emergentes, tecnología disruptiva, desconexión digital, trabajo a distancia, plataformas digitales.

Keywords: digitization, emerging risks, disruptive technology, digital disconnection, remote work, digital platforms.

1. INTRODUCCIÓN

Las vertiginosas transformaciones tecnológicas producidas en la que se ha denominado Era Digital o Industria 4.0 han impactado con fuerza en las relaciones laborales, desmantelando los cimientos en los que tradicionalmente se asentaban. La paulatina, pero imparable integración de una tecnología de gran potencialidad disruptiva (TH-TIC) está requiriendo de la armonización de estos cambios tan abruptos con los derechos de los trabajadores. En este escenario debemos estar atentos a la posible vulneración de derechos tales como a la protección de datos, a la intimidad, al ejercicio del derecho de descanso o, como se aborda de manera detallada en el presente estudio, a la seguridad y salud integral de los trabajadores[1].

En cuanto a esta última garantía, debemos señalar que esta revolución tecnológica ha puesto a prueba el sistema preventivo clásico, exigiendo el abordaje de nuevos riesgos que traen su origen en las nuevas formas de organización y ejecución del trabajo, así como en las novedosas tecnologías incorporadas. La consecución de tal fin pasará por el modo en que tales transformaciones se apliquen, gestionen y regulen.

Teniendo ello presente, será en la respuesta legislativa en el fijaremos nuestra atención, valorando si los actuales marcos normativos resultan acertados para afrontar los riesgos laborales de las nuevas realidades de flexibilidad y conectividad, así como aquellos que emanan de la propia tecnología.

2. IMPACTO DE LA DIGITALIZACIÓN EN EL DERECHO DEL TRABAJO

El supuesto dogmático jurídico a partir del cual se construyó el modelo tradicional de trabajo, desde el último tercio del SXX, se ha visto inmerso en una profunda crisis derivada de las transformaciones que han tenido

---

[1] El derecho a un entorno de trabajo seguro y saludable ha sido incluido dentro de los Principios y derechos fundamentales en el trabajo en una decisión histórica de la 110ª Conferencia Internacional del Trabajo de la Organización Internacional del Trabajo (OIT), celebrada en Ginebra, que se clausuró el pasado 11 de junio de 2022.

lugar en el ámbito laboral y empresarial (Ruiz González (2022: 95-96). Si bien la mundialización de la economía o la proliferación de la descentralización productiva obligaron al replanteamiento de los pilares sobre los que se había asentado tradicionalmente el Derecho del Trabajo, la incidencia de las TIC en los procesos productivos y los cambios en las estructuras de la organización de las empresas, pronto demandaron una nueva reformulación de los presupuestos jurídicos sobre los que se habían construido las clásicas fronteras del contrato de trabajo[2]. La irrupción de internet y, con ella, la aparición de diversas herramientas tecnológicas accesibles desde diferentes dispositivos que nos permitían hacer llegar y compartir información con quien quisiéramos- correo electrónico o mensajería instantánea-, impactaron plenamente en nuestra forma de relacionarnos y, por supuesto, en nuestra manera de trabajar, que se vio indiscutiblemente alterada.

A pesar de que actualmente no acompañamos del adjetivo disruptiva a esta tecnología decisiva en la era de la información- siendo un término más propio de las herramientas digitales novísimas-, bien merecería el empleo al referirnos a esta alteración drástica del mundo conocido hasta el momento. En particular, los cambios que trajeron consigo las Tecnologías de la Información y las Comunicaciones (TIC), propiciando la modificación de las condiciones de ejecución y organización del trabajo, pronto incidieron en el modelo de empleo tradicional, subordinado y estable, dando paso a trabajos capaces de adaptarse a las fluctuaciones del mercado, dotados de flexibilidad horaria, disponibilidad continua[3], poniendo en tela de juicio la enraizada dicotomía trabajo dependiente-trabajo autónomo. Como decimos, la irrupción en el mercado laboral de nuevas formas de trabajo, de rasgos, en muchos casos, difusos, complicó la sencilla identificación de estos grupos tradicionalmente considerados.

Ante esta tesitura, el Derecho del Trabajo, como ya había hecho en el pasado, se vio obligado a hacer aflorar su capacidad adaptativa, afrontando la tarea de reformular los elementos distintivos de la relación laboral. Así, en este escenario, punto de partida de la vertiginosa tecnología que hoy se abre paso en nuestro mercado laboral, rasgos tales como la jornada determinada o la prestación ejecutada en el centro de trabajo, pasan a ser percibidos como simples características del contrato de trabajo, cuya ausencia no implicaba su inexistencia. Pues bien, reflejo incuestionable del poder acomodativo al que anteriormente aludíamos, es la calificación jurídica

---

2 Vid. Cruz Villalón (1999).

3 En este sentido, Rodríguez- Piñero (2019: 187).

del teletrabajo, forma de organización y ejecución de la prestación laboral (Pérez de los Cobos y Thibault, 2001), en la que los clásicos indicios de lugar y tiempo pierden su fuerza identificativa, dejando de ser considerados rasgos exigibles y esenciales para la laboralización de esta forma de prestar servicios.

Consolidadas las TIC, formando parte de la vida cotidiana de la sociedad en general, actualmente nos enfrentamos a un desafío a mayor escala. La paulatina, pero imparable integración en las relaciones laborales de una tecnología de gran potencialidad disruptiva (TH-TIC) ha propiciado alteraciones sin precedentes aportando a la organización del trabajo una flexibilidad e inmediatez-hasta ahora desconocida-, así como la total desfiguración del tiempo, del lugar e incluso de los sujetos participantes del contrato de trabajo; el Big Data y su proyección en los sistemas algorítmicos de selección, las plataformas digitales profesionales, las innovaciones tecnológicas en los sistemas de control laboral, la robótica colaborativa o las técnicas de *Blockchain*, son solo un ejemplo de estos avances que vuelven a cuestionar los límites del contrato de trabajo, obligando a reinterpretar y actualizar las fórmulas indiciarias de reconocimiento de la naturaleza de una relación laboral. En este contexto, como así se refleja en recientes decisiones judiciales, indicios tradicionales han pasado a convivir con otras nuevas manifestaciones de laboralidad.

Así las cosas, merece especial atención la compleja calificación jurídica de las formas de trabajo surgidas al amparo de la *gig economy, crowdeconomy* o en economía de plataformas, en las que se produce un abrupto cambio respecto al binario modelo tradicional empresario/trabajador, produciéndose una simultaneidad entre la atenuación y la acentuación del sometimiento del trabajador (Cámara, 2019: 4). Ahora, no solo se introduce nueva tecnología sino también una nueva forma de organizar el trabajo que cuestiona tanto la dependencia del trabajador, como los poderes de dirección y control del empresario. En este sentido, no podemos obviar que, a consecuencia de esta nueva realidad productiva, asistimos a la escisión de la persona del empresario, el cual, sustituido, en cierto modo, por una plataforma digital, da lugar a cierta confusión en cuanto a su identificación, al poner dichas potestades en manos de la opaca herramienta. Así, la tradicional regla que dispone que quién percibe la utilidad del trabajo por cuenta ajena y dependiente, ejerce los poderes de dirección y organización, resulta de compleja asimilación cuando es una plataforma digital la encargada de gestionar la labor ejecutada por el trabajador.

Además, debemos subrayar que resulta paradójico que, en este escenario de modernidad, al hilo del debate surgido alrededor del trabajo en plataformas digitales de reparto, volvamos a referirnos a cuestiones tradicionales abordadas a mediados del siglo pasado. En este contexto, se habla de "zonas grises", aludiendo a la situación en la que se encontraban los repartidores, "pisando la frontera de la laboralidad"[4], de la "huida del Derecho del Trabajo" como venían haciendo empresas como Uber, *Glovo o Deliveroo* en base al aparente margen de autonomía y capacidad de decisión que se concedía al trabajador o de la "tendencia expansiva del contrato de trabajo por vía judicial", como hizo el Tribunal Supremo[5] detectando nuevos indicios de laboralidad.

Si bien esta forma de organizar el trabajo, bajo el amparo de una herramienta tecnológica, está suficientemente implantada en nuestra sociedad y, en particular, en nuestro mercado de trabajo[6], otros avances se encuentran en proceso de asimilación por las empresas, estando llamados a propiciar cambios, podríamos decir, más disruptivos si cabe; por ejemplo, los *cobots o robots* colaborativos que cuestionaran hasta quién trabaja y toma decisiones.

Ahora, momento en el que la digitalización impacta con fuerza en la esfera de las relaciones laborales, el gran reto que se presenta consiste en armonizar esta tecnología avanzada con los derechos de los trabajadores. Se trata de una tarea compleja al precisar, como venimos apuntando, la reformulación de conceptos como "trabajo" "dependencia", "centro de trabajo", "jornada" o "poderes empresariales" desde el prisma de la revolución digital en la que nos encontramos inmersos. No podemos obviar, que estos últimos, es decir, los poderes de los que goza la parte empresarial en esta era tecnológica, si bien en determinados supuestos se muestran de difícil identificación, realmente se ven reforzados (Álvarez Cuesta, 2023: 39); ante esta situación, entendemos habrá que mantenerse alerta en cuanto a la posible vulneración de derechos tales como a la protección de datos, a la intimidad, al ejercicio de los derechos de descanso o, como se aborda de manera detallada en el presente estudio, a la seguridad y salud integral de los trabajadores.

---

4 Sería Deveali (1953: 369) el que comenzó a utilizar la expresión "zonas grises" al referirse a aquellas relaciones que, como él dijo, pisaban la frontera de la laboralidad.

5 STS 2924/2020, de 25 de septiembre de 2020 (rec. 4746/2019).

6 Es tal su implantación que se viene hablando del fenómeno de la *plataformización* (Ferrer, 2018).

3. LA DIGITALIZACION Y EL TRABAJO SEGURO Y SALUDABLE

Como venimos diciendo, la digitalización está imponiendo rápidas transformaciones en el mundo del trabajo, obligando a encontrar soluciones nuevas y actualizadas en materia de Seguridad y Salud en el Trabajo. Esta revolución tecnológica pone a prueba el sistema preventivo clásico e impone la necesidad de abordar los nuevos riesgos emanados de las nuevas formas de organización y ejecución del trabajo, así como de las novedosas tecnologías incorporadas. Además, debemos resaltar que esta Industria 4.0 ha traído consigo no solo transformaciones que han afectado, por ejemplo, al desarrollo del trabajo o al lugar donde se ejecuta, sino también cambios que de manera directa han hecho mella en los trabajadores, obligados a adaptarse, no solo a mayores exigencias y cargas de trabajo propias del momento, sino también a los profundos cambios que se han producido en la forma de relacionarse tanto en la escena laboral como fuera de ella.

No obstante, en este contexto de revolución, no podemos avanzar sin advertir que la digitalización, y todas las adaptaciones que ella demanda, llegan en un momento en el que todavía quedan asuntos por resolver en el ámbito de la Seguridad y Salud en el Trabajo. Resulta indiscutible que, a pesar de los numerosos avances alcanzados, todavía millones de trabajadores pierden la vida cada año a causa de accidentes del trabajo y enfermedades profesionales[7]. Se trata de datos que reflejan indudablemente el amplio margen de mejora existente en materia preventiva. Además, a nadie se le escapa que, todavía, a pesar de los intentos de 2003[8], continua sin estar implantada en nuestro tejido empresarial una verdadera cultura preventiva integral entendida como el compromiso conjunto de toda la empresa por cuidar y garantizar la seguridad, la salud, el bienestar y el control de medidas preventivas de todos los integrantes de la empresa. No podemos pasar por alto que la prevención de riesgos laborales, a pesar de que su regulación data de hace casi treinta años, continúa siendo contemplada como un coste prescindible, en más casos de los deseados[9].

Pues bien, como venimos diciendo, en este escenario en el que todavía existen carencias por superar en aras de alcanzar el bienestar físico y men-

---

7 Como ha puesto de manifiesto recientemente la OIT en su DOCUMENTO OIT.

8 Ley 54/2003, de 12 de diciembre, de reforma del marco normativo de la prevención de riesgos laborales (BOE núm. 298 de 13 de diciembre de 2003).

9 El 89% de los empleadores afirma "cumplir con la legislación" como principal motivo por el que gestionan la seguridad y salud en el trabajo. Disponible en: https://endstress.eu/

tal de los trabajadores, irrumpen rápidas transformaciones tecnológicas que si bien presentan oportunidades desde la óptica preventiva, también, como queda expuesto en la Estrategia Española de Seguridad y Salud en el Trabajo 2023-2027, pueden dar lugar a riesgos nuevos derivados del uso de la propia tecnología, de las nuevas formas de organizar el trabajo o de inéditas maneras de empleo. En lo referente a estos peligros potenciales para el bienestar de los trabajadores, podemos afirmar que, mientras ciertos riesgos ya han sido detectados, otros o son meras sospechas o resultan del todo desconocidos e inexplorados.

Partiendo del binomio oportunidades/riesgos y siendo conocedores de que se debe trabajar en la línea de minimizar los posibles efectos negativos, maximizando las oportunidades que ofrece la digitalización, consideramos oportuno resaltar, en las siguientes líneas, posibles implicaciones positivas de estas novísimas tecnologías en el bienestar de los trabajadores. Acorde con lo previamente dispuesto, a modo ejemplificativo, podemos referirnos a la tecnología *blockchain y Big Data*, llamadas a desempeñar un papel perentorio en el campo de la seguridad y salud en el trabajo, siendo cada vez mayores las evidencias sobre su efecto positivo en la gestión preventiva; en concreto, proporcionando al empresario una visión completa y actualizada de los riesgos a los que se exponen los trabajadores, permitirá, a quién tiene la deuda de seguridad, tomar medidas eficaces, orientadas a reducir la probabilidad de accidentes. De igual manera, la *robótica colaborativa* podrá reducir los riesgos para la seguridad y la salud de los trabajadores, al permitir que los sistemas de IA realicen tareas de servicio sencillas y rutinarias que tradicionalmente vienen generando estrés, fatiga, problemas musculares y óseos e incluso aburrimiento, por culpa del trabajo repetitivo[10]. No podemos terminar este breve repaso a los favores de la tecnología en materia preventiva, sin referirnos a los nuevos sistemas de supervisión de la seguridad y la salud de los trabajadores -aplicaciones para teléfonos inteligentes, dispositivos portátiles, cámaras o drones de vigilancia móvil o gafas inteligentes-, los cuales pueden utilizarse, por ejemplo, para controlar el estado fisiológico o mental de aquellos -nivel de estrés, cansancio, estado de alerta o frecuencia cardíaca- así como para vigilar la ubicación de los

---

10 Los robots liberan a las personas de tareas físicas peligrosas y de trabajar en entornos con peligros químicos y ergonómicos, y por tanto contribuyen a la reducción de los riesgos para la seguridad y la salud de los trabajadores (Agencia Europea para la Seguridad y la Salud en el Trabajo, 2018: 89).

trabajadores en zonas peligrosas, instruir a los trabajadores o alertar a sus superiores o incluso a los servicios de emergencia[11].

Con todo, debemos ser conscientes de los riesgos a los que nos enfrentamos ante la introducción de tecnología avanzada, debiendo distinguir entre aquellos que, en la actualidad, meramente suponemos o ni siquiera conocemos, de otros que emanan de nuevas modalidades de trabajo consolidadas en el tejido empresarial español, como el teletrabajo o el trabajo en plataformas.

Respecto de los primeros, somos consciente de que la tecnología de gran potencialidad disruptiva (TH-TIC), tanto las que captan, analizan y aprenden del dato- por ejemplo, el *blockchain, Big Data o Cloud Computing*- como aquellas consideradas herramientas por sí solas – los *cobots* o la nanotecnología- darán lugar a riesgos que bien podemos intuir, no contamos todavía con pruebas científica definitiva que los acrediten. Por poner un ejemplo de lo aquí expresado, fijamos nuestra atención en la nanotecnología[12], campo muy amplio de investigaciones y aplicaciones, todavía en consolidación. Como así se desprende de diversos estudios[13], si bien parece estar claro que los nanomateriales, debido a su pequeño tamaño, pueden llegar al organismo del trabajador por diversas vías- inhalatoria, ocular, *dérmica*, ingesta…-, siendo la inhalatoria la prevalente, todavía se cuestionan sus efectos adversos sobre la salud del trabajador.

No obstante, si bien es importante prestar atención a posibles riesgos futuros de la tecnología más puntera, adelantándonos a su posible y dañina materialización, bajo el prisma del principio de precaución, no podemos obviar que la revolución digital ya está presente en el actual tejido empresarial, lo que nos permite extraer información y deducir conclusiones

---

11 Según la Recomendación adoptada por la UE nanomaterial en 2011 (Recomendación sobre la definición de nanomaterial (2011/696/UE)), se entiende por "nanomaterial": material natural, incidental o fabricado que contiene partículas, en estado no aglutinado o como agregado o aglomerado y en el que, para el 50 % o más de las partículas en la distribución del tamaño del número, una o más dimensiones externas se encuentra en el rango de tamaño de 1 nm–100 nm.

12 Manipulación de la materia a una escala casi atómica para crear nuevas estructuras, materiales y aparatos. Instituto Nacional para la Seguridad y Salud Ocupacional (NIOSH): https://www.cdc.gov/spanish/niosh/topics/nanotecnologia.html

13 Nota Técnica e Prevención núm. 797 "Riesgos asociados a la nanotecnología", Instituto Nacional de Seguridad e Higiene en el Trabajo, 2008.

relativas a los riesgos a los que se exponen los trabajadores en los nuevos modelos ya implantados o nuevas formas de trabajar. A este respecto, hay aspectos de ciertos avances ya implantados en el escenario laboral que, mayoritariamente, hoy, conocemos, por ejemplo, aquellos que se desprenden del teletrabajo o el trabajo en plataformas digitales; nuevas formas de trabajar, actualmente, con mayor o menos acierto, reguladas, y, por ende, identificados y valorados los riesgos a los que los trabajadores se exponen -examinados de manera profusa en los siguientes apartados-. Sin olvidar, el aumento de los riesgos psicosociales, común a la mayor parte de las transformaciones digitales producidas.

Por todo ello, ante este panorama tecnológicamente revolucionario, no cabe duda de que el objetivo prioritario debe ser abordar los múltiples retos y riesgos que se presentan a la par que maximizar las oportunidades que el entorno digital ofrece. La consecución de tal fin pasará por el modo en que se apliquen, gestionen y regulen los avances.

Pues bien, será en la respuesta legislativa en el fijaremos nuestra atención valorando si los actuales marcos normativos resultan acertados para afrontar los riesgos laborales de las nuevas realidades de flexibilidad y conectividad, así como aquellos que emanan de la propia tecnología.

4. MARCO NORMATIVO GENERAL EN MATERIA DE DIGITALIZACIÓN Y PREVENCIÓN DE RIESGOS LABORALES

4.1. Marco general preventivo y su capacidad de adaptación

El panorama presentado en el apartado anterior, es decir, un escenario digitalizado en el que los trabajadores quedan expuestos a riesgos vinculados ya no solo al uso de las tecnologías de la información y la comunicación sino también a las que se han venido denominando Tecnologías habilitadoras digitales, de consecuencias impredecibles, requiere de una respuesta al amparo de la normativa preventiva. Como no podía ser de otro modo, el artífice de la Ley 31/1995 de Prevención de Riesgos Laborales, al igual que la Directiva marco 89/391/CEE de la que emana, hace tres décadas, no podía profetizar un futuro de vertiginosos avances tecnológicos solo plasmado en películas de ciencia ficción distópicas; no obstante, la falta de referencias expresas a este panorama de revolución no quita para que podamos señalar que la norma de 1995, como se desprende de la letra de su contenido textual, resulta adaptable a los retos que el desarrollo tecnológico va a suponer para la seguridad y salud en el trabajo.

De este modo, debemos comenzar poniendo de relieve que el artífice de la norma aboga por un texto abierto a través del cual pretende brindar al trabajador una completa protección ante los posibles riesgos a los que queda expuesto en el desarrollo de su actividad. Así, artículos como el número cuatro nos dirigen a esta conclusión cuando fija la significación de "condición de trabajo" como cualquier característica del mismo que pueda tener una influencia significativa en la generación de riesgos para la seguridad y la salud del trabajador, quedando específicamente incluidas en esta definición las relativas a su organización y ordenación, que influyan en la magnitud de los riesgos a que esté expuesto el trabajador.

Por otro lado, la capacidad adaptativa a la que anteriormente nos hemos referido, queda irrefutablemente reflejada en el contenido del art.14 LPRL mediante el cual se impone al empresario garantizar la seguridad y salud de los trabajadores "en todos los aspectos relacionados con el trabajo" mediante la adopción "de cuantas medidas sean necesarias" para la protección de la seguridad y la salud de los trabajadores -art.14.2.1º-. Además, el legislador, consciente del dinamismo propio de la escena laboral y, por ende, de los riesgos a los que los trabajadores quedan expuestos en el desarrollo de su labor, requiere del empresario un seguimiento continuo de la actividad preventiva con el objeto de perfeccionar las actividades de eliminación de riesgos y de evaluación y control, así como de mantenimiento y mejora de los niveles de protección existentes. Asimismo, requiere del responsable de la obligación de seguridad "disponer de lo necesario para la adaptación de las medidas de prevención (anteriormente señaladas) a las modificaciones que puedan experimentar las circunstancias que incidan en la realización del trabajo" (Igartúa Miró, 2020: 332) -art.14.2. 2º-.

De igual manera, detectamos el carácter acomodaticio de la norma en su art.15, encargado de fijar los principios generales a tener en cuenta por el empresario a la hora de interpretar y aplicar su deber general de protección. Si bien el avance de la tecnología encuentra encaje en varios de ellos, destaca el recogido en la letra e) del apartado primero al referirse de manera directa a ello- "Tener en cuenta la evolución de la técnica"; no obstante, como hemos señalado, en otros también podemos encontrar pautas interpretativas fundamentales en la integración de nuevas tecnologías. Por ejemplo, cuando el legislador remite a la necesidad de planificar la prevención "buscando un conjunto coherente que integre en ella la técnica, la organización del trabajo, las condiciones de trabajo, las relaciones sociales y la influencia de los factores ambientales en el trabajo"-art.15.1.g) LPRL-; cuando se refiere a la conveniencia de "adaptar el trabajo a la persona, en particular, en lo que respecta a la concepción de los puestos de trabajo, así como a la elección de los equipos y los métodos de trabajo y de producción", pauta fundamental teniendo presente el auge de los riesgos psicosociales-art. 15.1.d) LPRL-. A pesar de no ser recogido en la disposición preventiva, sería oportuno, a la hora de tomar decisiones en torno a riesgos inciertos derivados de la integración de novísima tecnología, hacerlo bajo el prisma del principio de precaución o cautela; este respalda la adopción de medidas protectoras ante sospechas fundadas de que ciertos productos o tecnologías crean un riesgo grave para la seguridad y bienestar de los trabajadores pero sin que se cuente todavía con pruebas científica definitiva que acrediten tal riesgo, es decir, el empresario como deudor de seguridad a la hora de planificar la prevención debería optar por la alternativa que mayor seguridad proporcionase a los trabajadores.

Continuando con el examen de la norma general preventiva, debemos dirigir nuestra atención a lo dispuesto en el apartado segundo del art.15 LPRL: "El empresario tomará en consideración las capacidades profesionales de los trabajadores en materia de seguridad y de salud en el momento de encomendarles las tareas". En este sentido, aprovechamos dicho mandato para resaltar la necesidad imperiosa de formar a los trabajadores en materia preventiva, esto es, darles a conocer los riesgos a los que se exponen y cómo evitarlos. Si bien, hasta el momento, la parca e indeterminada referencia al deber de formación del art.19 LPRL- "teórica y práctica, suficiente y adecuada"- ha servido, ante riesgos típicos de un escenario laboral tradicional, hoy resulta imprescindible formar al trabajador sobre el uso adecuado de las nuevas tecnologías[14] y sobre sus efectos en la salud; indudablemente esto requerirá, bien la revisión legal del precepto, bien su tratamiento por parte de la negociación colectiva.

---

[14] Las empresas dicen que los déficits de competencias son los principales obstáculos para la transformación, lo que indica una clara necesidad de formación y reciclaje profesional en distintas industrias. Seis de cada diez trabajadores necesitarán formación antes de 2027, pero solo la mitad de los empleados tienen acceso a oportunidades de formación adecuadas en el momento actual. Informe sobre el futuro del empleo 2023, Foro Económico y Social. Disponible en: https://www.weforum.org/publications/the-future-of-jobs-report-2023/

En el art, 16 LPRL encontramos la pieza clave para hacer frente, de manera exitosa, a los desafíos propios de esta era de cambios constantes: la evaluación de riesgos laborales. Como así dispone el precepto, el empresario queda constreñido no solo la realización de una evaluación de riesgos inicial, sino que ésta sea "actualizada cuando cambien las condiciones de trabajo (...) si fuera necesario, con ocasión de los daños para la salud que se hayan producido". En otras palabras, esta herramienta preventiva, en ningún caso, puede ser estática, al igual que no lo son los riesgos que deben ser en ella evaluados, especialmente en esta época de transformaciones continuas e intensas. Más aún, se debe partir de una visión holística e integradora de los riesgos a los que se exponen los trabajadores, atendiendo a las especialidades del lugar de trabajo y al factor humano, que debe ser tenido en cuenta ante el auge de los riesgos psicosociales.

En este examen de la norma, no podemos pasar por alto el contenido del art.33.1.a) LPRL referente al deber de consultar a los trabajadores, con anterioridad a la adopción de las decisiones relativas a "la planificación y la organización del trabajo en la empresa y la introducción de nuevas tecnologías, en todo lo relacionado con las consecuencias que éstas pudieran tener para la seguridad y la salud de los trabajadores (…)". Resulta incuestionable que la información consulta y participación de los trabajadores ante estos cambios tecnológicos y organizativos debe ser reforzada de manera que se garantice la transparencia y consiga la implicación de todo el personal para el eficaz y seguro funcionamiento e implementación de aquellos (Mella Méndez, 2020).

4.2. Propuestas de actualización de la ley general preventiva

A pesar de reafirmarnos en la capacidad adaptativa de la Ley de 1995, debemos destacar que los treinta años que separan su entrada en vigor del momento actual se aprecian especialmente en dos cuestiones:

4.2.1. Ámbito aplicativo de la norma prevencionista: sujetos protegidos

La primera, referente al ámbito aplicativo de la norma prevencionista, circunscrito al trabajo asalariado. En este sentido, no podemos obviar la actual pujanza del trabajo independiente. Las copiosas transformaciones acontecidas en el mercado de laboral han favorecido su promoción y desarrollo y han contribuido a dotar a éste de una nueva fisonomía, muy alejada de la que históricamente venía presidiendo su configuración. Precisamente, serán estas nuevas formas de trabajo atípicas (Malo Ocaña, 2018: 148), nacidas al amparo del uso intensivo de compleja tecnología, las que vienen reclamando la protección de su seguridad y salud[15]; demanda del todo lógica teniendo en cuenta que en el ordenamiento jurídico español no existe un marco normativo suficiente que garantice a los trabajadores autónomos una protección adecuada en materia preventiva.

Precisamente, tal desamparo, queda significativamente patente en las relaciones de trabajo en plataformas[16], las cuales, en muchos casos, no serán laborales; por ejemplo, supuestos en los que la herramienta digital actúa simplemente como un canal avanzado de intercambio de información entre la oferta y la demanda de servicios, en donde la verdadera relación jurídica sería entre el trabajador y el destinatario de la prestación a través de un contrato de servicios. No obstante, debemos alertar de que, con independencia de la calificación jurídica de la prestación desarrollada, resulta indiscutible que esta actividad conlleva riesgos, que pueden materializarse en daños derivados del trabajo; valga de muestra, la conexión digital permanente al dispositivo móvil, la siniestralidad vial propia de los numerosos desplazamientos realizados, el aislamiento en el desarrollo de un trabajo en solitario o a la inestabilidad, incertidumbre y precariedad en los ingresos por recibir. En otras palabras, factores de riesgo para la seguridad y salud de las personas que trabajan a través de plataformas digitales, con independencia de ser considerados jurídicamente trabajadores asalariados o en régimen de autonomía.

Teniendo ello presente, debemos resaltar que, si comparamos el nivel de protección de estos trabajadores autónomos con el recibido por los empleados de plataformas de reparto, calificados como asalariados[17], apreciamos que, en materia de seguridad y salud, es notoriamente inferior (Ló-

---

[15] En este sentido, Correa Carrasco (2019: 75 y ss.).

[16] Véase, Hernández Bejarano y Rodríguez-Piñero Royo (2017); Todolí Signes (2018) y Pérez de los Cobos Orihuel (2018).

[17] En línea con lo dispuesto por el Tribunal de Justicia de la Unión Europea- STJUE de 3 de julio de 1986, *Deborah Lawrie-Blum/Land Baden-Württemberg*, C-66/85; de 14 de octubre de 2010, *Union Syndicale Solidaires Isère/Premier ministre y otros*, C-428/09; de 9 de julio de 2015, *Ender Balkaya/Kiesel Abbruch- und Recycling Technik GmbH*, C-229/14; de 4 de diciembre de 2014, FNV *Kunsten Informatie en Media/Staat der Nederlanden*, C-413/13; y de 17 de noviembre de 2016, *Betriebsrat der Ruhrlandklinik gGmbH/Ruhrlandklinik gGmbH*, C-216/15- así como en la la Directiva (UE) 2019/1152 del Parlamento Europeo y del Consejo, de 20 de junio de 2019, relativa a unas condiciones laborales transparentes y previsibles en la Unión Europea.

pez Rodríguez, [18]. La calificación jurídica de estos prestadores de servicios como trabajadores dependientes, por cuenta ajena, implica la operatividad de la Ley 31/1995, de Prevención de Riesgos Laborales, y, por tanto, el deber empresarial de garantizar la seguridad y la salud de los trabajadores a su servicio en todos los aspectos relacionados con el trabajo.

Por el contrario, aquellos que realizan la prestación en régimen de autonomía, no solo son cuasi-ignorados por parte de ley general preventiva, sino que el marco jurídico previsto para ellos, esto es, la Ley 20/2007, de 6 de julio, del Estatuto del Trabajador Autónomo, se muestra manifiestamente insuficiente. En cuanto a la primera afirmación, solo señalar que la LPRL, en su art. 3.1, aludía a los autónomos en una apostilla residual del siguiente tenor "Ello sin perjuicio del cumplimiento de las obligaciones que se establecen para los fabricantes, importadores y suministradores, y de los derechos y deberes que puedan derivarse para los trabajadores autónomos. Habrá que acudir al art. 24.5 LPRL, para comprender, por un lado, que el art. 3, únicamente remite a este precepto a la hora de definir los derechos y obligaciones adjudicados a los autónomos y, por otro, que exclusivamente se refiere a una situación productiva particular, en concreto, aquélla en que los trabajadores llevan a cabo su actividad en relación directa con otra empresa, trabajando en los locales de la misma o coincidiendo físicamente con personal de ésta. Esto es, un condicionante de mal encaje si tenemos en cuenta que el impacto de las nuevas tecnologías ha propiciado precisamente la desaparición de las coordinadas de lugar de trabajo, como analizaremos posteriormente.

Respecto a la norma de 2007, debemos apuntar que tras proclamar el derecho de los autónomos a una protección adecuada de su seguridad y salud-art.4 LETA, así como, el deber de estos de cumplir sus obligaciones en materia preventiva -art.5 LETA-, ello acorde con sus dos perfiles tradicionales-trabajador/empresario-, procede a su desarrollo en el art.8 LETA. En este sentido, solo apuntar, que se trata de un precepto de contenido decepcionante ya que a pesar de ser la primera norma que, de algún modo, intenta poner en práctica las iniciativas planteadas por la, no vinculante, Recomendación del Consejo, de 18 de febrero de 2003, lo hace de modo superficial, no planteando medidas realmente novedosas. Su aportación, nada ambiciosa, se limita a, por un lado, recordar la normativa existente en

[18] López Rodríguez, J., "La prevención de riesgos laborales en el trabajo a demanda vía aplicaciones digitales" Lan Harremanak, Revista de Relaciones Laborales, núm. 41.

materia de prevención de riesgos laborales; por otro, a fortalecer el papel de las Administraciones Públicas en dicha materia. En cuanto a la primera de las afirmaciones debemos señalar que remitiéndose el legislador a lo ya dispuesto en el art. 24 LPRL, continúa otorgando un papel relevante al dato físico del desempeño de la actividad en un centro de trabajo común, reconociendo, exclusivamente, la extensión de la normativa preventiva a autónomos ocupados en un mismo local, es decir, a un sector muy reducido del heterogéneo colectivo que forman los trabajadores independientes, ignorándose, por supuesto, las nuevas formas de llevar a cabo el trabajo independiente. Lo más desafortunado de esta regulación es que, en mayor medida, continúa contemplando al trabajador autónomo como sujeto generador de riesgos para otros trabajadores y no como posible víctima directa de la materialización de aquellos. En el art.8 LETA se sigue la línea marcada por nuestra LPRL, esta es, preocuparse del autónomo en situaciones de pluralidad empresarial, sin implementar finalmente en nuestro ordenamiento jurídico un deber de este de evaluar, planificar y gestionar los riesgos vinculados a su actividad profesional[19].

Por otro lado, teniendo en cuenta el perfil de muchos trabajadores en la era digital, consideramos de interés ahondar en la figura del trabajador autónomo económicamente dependiente (TRADE), principal motor del Estatuto del Trabajo Autónomo, si bien, podíamos decir, menos preciado desde la entrada en vigor de la norma de 2007. Aunque requeriría de una profusa reformulación, entendemos que, en esta figura, dotada de un sugestivo instrumento colectivo como es el acuerdo de interés profesional[20], nuevas formas de llevar a cabo la prestación de servicios, con cierta dosis de autonomía, pudieran encontrar una vía a través de la cual acceder a una completa normativa preventiva. Solo ante tal figura, podríamos superar una de las principales trabas existentes en cuanto a la protección de la seguridad y salud de los trabajadores autónomos, esto es, la falta de contraparte; es evidente que este óbice quedaría superado en el caso del autónomo económicamente dependiente con la figura del cliente principal. No obstante, debemos subrayar que en el actual contenido de la ley 20/2007, no encontramos referencia expresa a la supuesta obligación preventiva del cliente predominante para con el TRADE; es más, para hallar fundamento

---

19 En este sentido, Rodríguez Egio (2017).

20 Acuerdo de interés profesional para os TRADES que pertenecen a la Asociación Autónoma de Riders que realizan servicios profesionales para Roofoods Spain S.L.U. Disponible en: https://autoriders.es/wp-content/uploads/2019/10/A.I.P.-DELIVEROO.pdf

jurídico en el que descanse dicha responsabilidad tenemos que acudir al RD 197/2009[21], cuando en su art.4.3, refiriéndose al contenido del contrato que vincula al autónomo económicamente dependiente y a su cliente principal, el legislador considera de inclusión recomendable en el mismo la toma de medidas tendentes a mejorar "la efectividad de la prevención de riesgos laborales, más allá del derecho del trabajador autónomo económicamente dependiente a su integridad física y a la protección adecuada de su seguridad y salud en el trabajo, así como su formación preventiva de conformidad con en el artículo 8 del estatuto del trabajo autónomo".

4.2.2. Transformación de los espacios de trabajo

La segunda cuestión que, como hemos apuntado, reclama aires de modernidad en el texto de la ley general preventiva, se refiere al lugar de trabajo donde se desarrolla la prestación de servicios. En este sentido, diremos que el legislador muestra preferencia por la locución "centro de trabajo" a la que se refiere en varias ocasiones- art.24 LPRL (Coordinación de actividades empresariales), art. Art.30 LPRL (Servicios de Prevención), art.32 bis LPRL (Presencia de los recursos preventivos) -. No es de extrañar que actúe así, ya que, hasta el momento, la obligación del empresario de proteger a los trabajadores frente a posibles riesgos se fundamentaba en que aquel tenía el control del lugar donde se ejecutaba la prestación. Frente a ello, es cuestión indubitada que la digitalización ha traído consigo nuevas formas de trabajo en las que los empleados no están limitados a un lugar físico específico para llevar a cabo sus tareas por lo que entendemos que también los espacios virtuales deben de ser centros de imputación de la normativa preventiva. De este anquilosamiento ya se daba cuenta en la Comunicación "Trabajo más seguro y saludable para todos–Modernización de la legislación y las políticas de la UE de salud y seguridad en el trabajo"[22], cuando al referirse a la actualización de la Directiva 89/654/CEE[23], se en-

---

[21] Real Decreto 197/2009, de 23 de febrero, por el que se desarrolla el Estatuto del Trabajo Autónomo en materia de contrato del trabajador autónomo económicamente dependiente y su registro y se crea el Registro Estatal de asociaciones profesionales de trabajadores autónomos. (BOE núm. 54 de 4 de marzo de 2009).

[22] Disponible en: https://eur-lex.europa.eu/legal-content/ES/TXT/?uri=CELEX%3A52017DC0012

[23] Directiva 89/654/CEE, de 30 de noviembre de 1989, relativa a las disposiciones mínimas de seguridad y de salud en los lugares de trabajo (primera Directiva específica con arreglo al apartado 1 del artículo 16 de la Directiva 89/391).

tendía necesario evolucionar hacia una concepción más dinámica de la noción de "lugar de trabajo" teniendo presente que "las modernas tecnologías de la información y las nuevas formas de trabajo -por ejemplo, en plataforma- hacen posible que cada vez más personas trabajen ocasionalmente o de costumbre fuera de las instalaciones de la empresa". En cuanto a esta necesaria adaptación, la OIT parece inclinarse por el concepto abierto "medio ambiente del trabajo"[24]; en este sentido, llama la atención, que, a pesar de los años pasados desde su elaboración, la Ley 31/1995, se refiere a él en algunas ocasiones- art. 36.2.a), art. 4.7.b)-.

En conclusión, la norma de 1995, base de la legislación existente sobre la seguridad y salud de los trabajadores, muestra su carácter expansivo, permitiendo el encaje tanto de la propia evolución de la técnica, como de los riesgos nuevos o emergentes derivados de la misma; no obstante, como hemos apuntado, tal capacidad adaptativa, no quita que consideremos oportuno, más bien, necesario, amoldar ciertos asuntos a los requerimientos propios de los nuevos tiempos.

En otro orden de cosas, no debemos obviar que, precisamente, ante las transformaciones derivadas de la cada vez más intensa tecnificación del escenario laboral, de manera paulatina, se ha ido conformando un corpus normativo de protección. En este sentido, tomamos como ejemplo, la Ley 10/2021, de 9 de julio, de trabajo a distancia, con la que se pretende adaptar la deuda de seguridad empresarial a las singularidades propias de esta forma de ejecutar el trabajo, así como, la Ley Orgánica 3/2018, de 5 de diciembre, de Protección de Datos Personales y Garantía de los Derechos Digitales[25], que puso en el centro del debate la hiperconectividad propia de los entornos digitales; ambas normas serán analizadas en el apartado contiguo.

---

24 Como así se desprende del Convenio núm.187 sobre el marco promocional para la seguridad y salud en el trabajo. No obstante, no podemos obviar que dicha terminología ya se empleaba en el título que rubrica el Convenio núm. 155- sobre seguridad y salud de los trabajadores y medio ambiente de trabajo-.

25 Ley Orgánica 3/2018, de 5 de diciembre, de Protección de Datos Personales y garantía de los derechos digitales (BOE núm. 294, de 6 de diciembre de 218).

5. AVANCES Y RETOS NORMATIVOS EN MATERIA DE SEGURIDAD Y SALUD EN EL TRABAJO

5.1. Condiciones de seguridad y salud en el trabajo a distancia.

A pesar de que la intensificación de los avances tecnológicos de la denominada Revolución 4.0 fue vista como el revulsivo que haría despertar el teletrabajo de su largo letargo, finalmente, y bajo todo pronóstico, una emergencia sanitaria fue la causante de su exponencial crecimiento. De este modo, de manera masiva, repentina e impuesta, el trabajo a distancia se configuró como un instrumento de primer orden para poder conjugar las necesarias medidas de aislamiento y contención en la propagación del virus y, al mismo tiempo, garantizar la continuidad de los empleos. A pesar de que como decimos esta forma de trabajar adquirió un protagonismo inimaginable, debemos apuntar que su irrupción acelerada mostró una cara distorsionada del mismo al haberse producido en un escenario extraordinario.

Hasta el momento, ya existía un marco regulador del trabajo a distancia, si bien tangencial. Concretamente, el art.13 ET -modificado en 2012-, proclamaba la igualdad de derechos de los trabajadores a distancia y el resto de los trabajadores que prestasen sus servicios de manera presencial. En materia preventiva se realizaba una mera referencia a la Ley de Prevención de Riesgos Laborales, así como a sus normas de desarrollo; en particular, al Real Decreto 488/1997 de 14 de abril[26], así como el Real Decreto 299/2016, de 22 de julio[27].

Porque así lo precisaba el momento, tras normas de extrema urgencia motivadas por la emergencia sanitaria- RD-ley 8/2020[28]-, entró en vigor el Real Decreto Ley 28/2020, del trabajo a distancia, hoy, tras su convalidación, Ley 10/2021, de 9 de julio. Renunciando a un análisis profuso de la

---

26 Real Decreto 488/1997 de 14 de abril, sobre disposiciones mínimas de seguridad y salud relativas al trabajo con equipos que incluyen pantallas de visualización (BOE núm. 97, de 23 de abril de 1997).

27 Real Decreto 299/2016, de 22 de julio, sobre la protección de la salud y la seguridad de los trabajadores contra los riesgos relacionados con la exposición a campos electromagnéticos (BOE núm. 182 de 29 de julio de 2016).

28 Real Decreto-ley 8/2020, de 17 de marzo, de medidas urgentes extraordinarias para hacer frente al impacto económico y social del COVID-19 (BOE núm. 73 de 18 de marzo de 2020).

norma, si bien poniendo de relieve que muchas de las cuestiones en ella abordadas podrían ser objeto de crítica y, por tanto, mejora[29], nos centraremos en el tratamiento otorgado a la seguridad y salud de estos trabajadores.

En este sentido, su art.15, reconoce el derecho de los trabajadores a distancia a una adecuada protección en materia de seguridad y salud de conformidad con lo establecido en la LPRL y en sus normas de desarrollo; como no podía ser de otro modo, del contenido del mismo, se deduce la deuda de seguridad del empresario para con estos trabajadores. A este respecto, debemos apuntar que, perdiendo el empresario parte de su capacidad de control del lugar en el que se desarrolla la prestación, resultaba pertinente, como así ha hecho la norma, contemplar dicho requerimiento desde la óptica de las singularidades que caracterizan esta forma de trabajar, extramuros del centro de trabajo clásico.

Tomando ello como referente, el legislador, mediante el contenido del art.16.1 de la norma, requiere, precisamente, que en la evaluación de riesgos y en la planificación de la actividad preventiva se tengan en cuenta los riegos característicos de esta modalidad de trabajo; en particular, demanda especial atención a los factores y riesgos ergonómicos y psicosociales, ya puestos de manifiesto, de manera notoria, en la experiencia derivada de la emergencia sanitaria. En cuanto a los primeros, es evidente que el uso de ordenadores, en la mayoría de los casos, en áreas de trabajo improvisadas en el domicilio, dan lugar a malas posturas corporales, que contribuyen al desarrollo o el empeoramiento de trastornos musculoesqueléticos[30]. Por lo que se refiere a los segundos, tradicionalmente olvidados por su silenciosa manifestación, vienen ocupando en la era digital un lugar destacado; la conectividad digital permanente, el aislamiento, el solapamiento vida personal y laboral, al igual que los tiempos de trabajo y descanso, derivan, en muchos casos, en tecnoestrés, en todas sus variantes. De igual manera, debemos resaltar lo dispuesto en el art.4, concretamente, el llamamiento a los empresarios para que tenga presente que los teletrabajadores, a pesar de desarrollar su labor en remoto, pueden ser víctimas de acoso en cualquier de sus manifestaciones- sexual, acoso por razón de sexo, acoso por causa

---

[29] En este sentido, Thibault Aranda (2020).

[30] El teletrabajo no implica un riesgo generalizado y, por tanto, no es necesario que este tipo de asiento se incluya como una medida de prevención de riesgos laborales, a no ser que el empleado acredite problemas de salud, entonces la empresa sí que le facilitará la silla ergonómica. Audiencia Nacional, Sala de lo Social, Sentencia 105/2023 de 3 octubre de 2023 (rec. 168/2023).

discriminatoria y acoso laboral; respecto al mismo, no podemos pasar por alto el ciberacoso, nueva forma de llevar a cabo tal reprochable comportamiento, al encontrar el acosado en las nuevas tecnologías vías idóneas para materializar el hostigamiento constante hacia su víctima, amparado por el anonimato, la velocidad de las difamaciones y su repercusión. Concretamente, la norma dispone que, desde la esfera empresarial, se deberá tener presente el trabajo a distancia en la configuración y aplicación de las medidas adoptadas para erradicar tan indeseable conducta; en otras palabras, la Ley busca que las empresas tomen conciencia de la necesidad de informar y formar a las personas trabajadoras sobre el acoso cibernético. Además, pone el foco de atención en la obligación empresarial de incluir normativa interna a través de códigos éticos y de conducta, dotándose, a tal efecto, de protocolos que tengan en cuenta las particularidades del teletrabajo. A este respecto, es necesario subrayar que la Ley 10/2021 no contempla directrices que faciliten el cumplimiento de dicho mandato, por lo que, en estas circunstancias adquiere especial importancia las pautas establecidas por la Inspección de Trabajo y de la Seguridad Social en su Criterio Técnico 104/2021 sobre actuaciones en riesgos psicosociales[31].

En otro orden de cosas, hay que tener en cuenta, a la hora de llevar a cabo esta evaluación de riesgo, que, mayoritariamente, la prestación de servicios se desarrolla en el domicilio del trabajador, con las implicaciones legales que esto acarrea. Así, el empresario deberá aunar su obligación de recabar información acerca de los riesgos a los que está expuesto el trabajador en remoto, con el derecho a la intimidad e inviolabilidad del domicilio donde se desarrolla la actividad.

Tomando esta circunstancia como punto de partida, como así dispone el apartado segundo del art.16, los riesgos serán evaluados por la empresa a partir de la información aportada por el trabajador "mediante una metodología que ofrezca confianza respecto de sus resultados"; sorprende que el legislador en este apartado opte por ocultar la identidad del sujeto transmisor de la información, es decir, el empleado. En caso de que la misma no sea suficiente, quien tuviera competencia en materia de seguridad y salud podrá acudir al domicilio del trabajador, siempre y cuando, cuente con su permiso; en caso contrario, la evaluación de riesgo deberá efectuarse exclusivamente a partir de los datos aportados por el empleado

---

31 Criterio Técnico 104/2021 sobre actuaciones en riesgos psicosociales. Disponible en: https://www.mites.gob.es/itss/ITSS/ITSS_Descargas/Atencion_ciudadano/Criterios_tecnicos/CT_104_21.pdf

en remoto, aunque no fueran suficientes y, por tanto, no pudieran dar lugar a una evaluación de riesgos certera. Del análisis de lo aquí dispuesto se pueden sacar las siguientes conclusiones relativas al proceder del legislador: por un lado, este prioriza el derecho a la intimidad e inviolabilidad del domicilio del trabajador, frente al derecho a un entorno de trabajo seguro y saludable; por otro, otorgar al trabajador un papel esencial en cuanto a la prevención requerida para la eliminación o minimización de los riesgos a los que él queda expuesto, resulta cuestionable teniendo en cuenta que la mayoría de los empleados carecen de conocimientos técnicos suficientes en materia preventiva.

Es preciso señalar el destacado papel que la norma otorga a la negociación colectiva[32], dejando en sus manos el desarrollo de cuestiones relevantes, en muchos casos, por ella meramente esbozadas -disposición adicional primera-. A pesar de resultar incuestionable que nos encontramos ante la herramienta perfecta de cara a garantizar un mayor grado de adaptabilidad del teletrabajo tanto en la diversidad de actividades y sectores profesionales, como en las condiciones particulares de cada empresa, su insuficiente respuesta dificulta el porvenir de esta forma de trabajar en el tejido empresarial español[33] [34].

5.2. Derecho a la Desconexión digital

Sería errónea la creencia de que la implantación de las NTIC y, con ellas, la exposición permanente a la información, facilitada por tecnología digital, provocara, por sí misma, "un estado de ansiedad caracterizado por un temor generalizado de ser abrumado por una inmensa cantidad de información", causando un efecto dañino en la salud de los trabajadores. Lo

---

[32] Como así se refleja en el V Acuerdo para el Empleo y la Negociación Colectiva (AENC) 2023-2025, publicado el 31 de mayo de 2023.

[33] Tres de cada cuatro consejeros delegados españoles (un 78 %) prevé que en tres años se recuperará el modelo de trabajo completamente presencial, de acuerdo con la última encuesta de la consultora KPMG a altos ejecutivos. Disponible en: https://www.lavanguardia.com/vida/20231015/9301551/78-consejeros-delegados-preve-habra-teletrabajo-tres-anos-kpmg.html.

[34] Esta inactividad por parte de la autonomía colectiva puede encontrar explicación en el entorno digital ya que "la acción sindical se verá disminuida debido a la huida del trabajo por cuenta ajena y la individualización de los que trabajen por cuenta ajena". Álvarez Cuesta, H., "El impacto de la tecnología en las relaciones laborales: retos presentes, desafíos futuros, cit., pág. 52.

que sí que es verdad es que con el asentamiento de las nuevas tecnologías se ha producido un cambio del paradigma laboral, donde tanto empresarios como trabajadores han aceptado, en el desarrollo de su actividad, el empleo de herramientas digitales que ofrecen disponibilidad absoluta. Además, detectamos en el alto nivel de autonomía para gestionar el tiempo de la prestación de servicios, característico del trabajo en la era digital, el origen de varios de sus problemas cardinales: por un lado, el desvanecimiento de la línea divisoria entre el tiempo de trabajo y descanso; por otro, la dificultad de establecer límites entre la vida laboral y familiar, con la posible invasión de la intimidad de los empleados; por último, la aparición de nuevos riesgos para su la salud e integridad.

Ante esta situación, con la idea de poner fin al trabajo intensivo, caracterizado por jornadas ininterrupidas, fue reconocido el derecho a la desconexión digital, probablemente, uno de los derechos más importantes a la hora de garantizar el bienestar en la sociedad tecnológica. En cuanto a su regulación, esta goza de cierta singularidad, al haberse implantado un tratamiento jurídico dual: por un lado, el marco general, en la Ley Orgánica 3/2018, de 5 de diciembre de protección de datos y garantías de los derechos digitales[35]; por otro, expresamente, en una modalidad prestacional como es el trabajo a distancia, en el que hay una mayor potencialidad de que se produzca un abuso de la conectividad laboral en detrimento del descanso y del ocio (Gil Plana, 2022 a).

En cuanto a la norma de 2018, de contenido genérico, reconoce, de manera expresa y directa -art.88.1-, el derecho de los trabajadores a la desconexión digital[36] a fin de garantizar el respeto de su tiempo de descanso,

---

35 No podemos dejar de señalar que Ley Orgánica 3/2018, de 5 de diciembre, de Protección de Datos Personales y garantía de los derechos digitales como indica en su preámbulo, acomete la tarea de reconocer y garantizar un elenco de derechos digitales de los ciudadanos conforme al mandato establecido en el art. 18 de la Constitución Española. En particular, son objeto de regulación derechos y libertades predicables al entorno de Internet tales como la neutralidad de la Red y el acceso universal, los derechos a la seguridad y educación digital o la garantía de la libertad de expresión y el derecho a la aclaración de informaciones en medios de comunicación digitales, entre otros- Título X "Garantía de los derechos digitales"-.

36 Entendiendo que la conciliación -vida personal, laboral y familiar- y la desconexión digital se presentan como conceptos entrelazados, considerándose uno, elemento prioritario para la consecución del otro, resulta pertinente referirnos al Real Decreto-Ley 6/2019, de 1 de marzo, de medidas urgentes para garantía de la igualdad de trato y de oportunidades entre mujeres y hombres en el empleo

permisos y vacaciones, así como a su intimidad personal y familiar; a pesar de limitarse a reconocer tal derecho, sin posible establecimiento de un contenido mínimo, este podrá se directamente invocable por el trabajador[37]. Por el contrario, guarda silencio en cuanto al correlativo deber del empresario[38].

Por la parte que compete a la regulación integrada en la ley de trabajo a distancia, su art.18 remite a lo dispuesto en el art.88 LOPD si bien, a diferencia de esta, adjunta una referencia expresa al correlativo deber del empresario; es más, indica lo que el mismo conlleva: "una limitación del uso de los medios tecnológicos de comunicación empresarial y de trabajo durante los periodos de descanso, así como el respeto a la duración máxima de la jornada y a cualesquiera límites y precauciones en materia de jornada que dispongan la normativa legal o convencional aplicables". En cuanto a esta forma de ejecutar la prestación, el problema reside en la operatividad real del derecho por la dificultad de verificar su cumplimiento (Gil Plana, 2022 a); no debemos olvidar que, en el entorno del teletrabajo, el derecho de desconexión digital choca frontalmente con la flexibilidad horaria que lo caracteriza y lo hace atractivo a efectos de conciliación.

A modo de mera referencia, debido a que la obra contiene un capítulo que se examina de manera exhaustiva esta cuestión, en estas líneas, solo apuntar, que nos encontramos ante un derecho controvertido desde su propia esencia, es decir, desde el bien jurídico que pretende proteger. En este sentido, mientras parte de la doctrina se inclinó por el derecho a la intimidad, como subespecie del derecho a la protección de datos, es decir, un derecho fundamental de protección reforzada, otros consideraron que mediante la desconexión digital se pretendía garantizar el derecho al descanso y a la salud de los trabajadores, el cual, ubicado en el art.40.2 CE, no alcanzaba tan privilegiada condición. Si bien el debate doctrinal surgido resultaba de especial interés, el legislador, en la propia letra de la norma, de manera indirecta, parece decantarse por la segunda postura expuesta

---

y la ocupación, que vino a modificar el art.34 ET, concerniente a la jornada de trabajo.

37 Es un derecho directamente eficaz y reclamable por el trabajador sin necesidad del concurso de la negociación colectiva (Monreal Bringsvaerd, 2020: 638). En el mismo sentido, Cardona Rubert (2020: 114).

38 Asunto no libre de controversia: En lugar de haberse incorporado en la norma como un derecho, la desconexión digital debería haberse previsto como un deber empresarial. Talens Visconti (2019). En sentido contrario, Barrios Baudor (2020: 128).

cuando en su disposición final primera señala que su art.88 tienen carácter de ley ordinaria[39].

En otro orden de cosas, en el apartado segundo del precepto 88 LOPD se otorga a la negociación colectiva un papel extraordinario en la configuración del derecho, dejando en sus manos el establecimiento de las modalidades de su ejercicio. Tarea similar se adjudica a las políticas internas empresariales en el numeral contiguo, junto al mandato referido a "las acciones de formación y de sensibilización del personal sobre un uso razonable de las herramientas tecnológicas que evite el riesgo de fatiga informática"; tales encargos se ven reflejados en el art.18.2 de la ley de trabajo a distancia.

Tras haber expuesto los mimbres legislativos sobre los que se sustenta el derecho a la desconexión digital, se debe poner de manifiesto que, habiendo erigido el legislador a la autonomía colectiva y a las políticas internas de la empresa en los ejes vertebradores del mismo (Gil Plana, 2022 b:172), a día de hoy, ante su insuficiente respuesta (Gil Plana, 2022a), tenemos una configuración jurídica de la desconexión digital inapropiada. Partiendo de la base de que, como hemos apuntado en líneas anteriores, nos encontramos ante uno de los derechos más importantes a la hora de garantizar el bienestar en la era digital, resulta inquietante no contar en nuestro ordenamiento jurídico laboral con un contenido mínimo que garantice su efectividad. No es de extrañar que, ante tal carencia legislativa, sean los tribunales los que se estén encargando de garantizar y controlar el disfrute del derecho de manera efectiva[40] .

No cabe duda de que, este marco jurídico requiere de una pronta modificación, no solo por la ineficacia práctica en cuanto al disfrute del derecho, sino por lo dispuesto en la Propuesta de Directiva del Parlamento Europeo de 21 de enero de 2021 sobre la Desconexión Digital, que establece un contenido mínimo legal, inexiste en nuestra normativa.

---

39 "La desconexión digital no es un derecho fundamental de la Constitución. Por tanto, no merece la especial protección que a estos derechos otorga la Carta Magna". Sentencia del TSJ de Cataluña 2843/2023, Sala de lo Social, de 5 de mayo de 2023 (rec. 7704/2022).

40 Valga como muestra, por su actualidad, la Sentencia del TSJ Madrid 453/2023, de 17 de julio (Rec. 136/2023), que determinó que "El derecho a la desconexión digital no se aplica si el trabajador cobra dinero por disponibilidad".

6. LA EMERGENCIA DE LOS RIESGOS PSICOSOCIALES EN EL ENTORNO DIGITAL

Los desafíos que supone la digitalización para la seguridad y salud en el trabajo son diversos, aunque existen algunos claros como el potencial aumento de los riesgos psicosociales (Martín González, 2023: 18), común a la mayor parte de los cambios tecnológicos producidos. Es una realidad constatable que, desde hace años, las vertiginosas transformaciones acontecidas en el ámbito laboral y empresarial[41], coincidentes con cambios socioculturales, vienen afectando a la parcela psicológica de la salud de los trabajadores. A este respecto, las mayores exigencias y cargas de trabajo en un mercado laboral globalizado, ya venían repercutiendo de manera sustancial a un empleado al que se le viene exigiendo, no solo reinventarse en periodos de recesión, sino también adaptarse a los nuevos modelos de empleo y de relaciones laborales; además, se trata de un escenario en los que la línea que separa el trabajo y la vida familiar y personal frecuentemente se difumina, afectando, todo ello, a la salud mental tradicionalmente obviada.

Respecto de esta cuestión, resulta pertinente partir de la idea de que la mayor parte de las transformaciones tecnológicas pueden ser entendidas como factores de riesgo psicosociales, decir, "aspectos del diseño y la organización del trabajo, y sus contextos sociales y organizativos, que pueden causar daño psicológico o físico" (Leka, Cox y Prima, 2009)- valga de muestra, el contenido de las tareas o la definición de rol -. No cabe duda de que su multiplicación en el trabajo 4.0 es la causa que ha propiciado el aumento de los riesgos psicosociales en el contexto laboral actual, es decir, "hechos, situaciones o estados del organismo con alta probabilidad de dañar a la salud de los trabajadores de forma importante" (Moreno y Baez, 2010) – por ejemplo, carga de trabajo excesivas, la gestión deficiente de los cambios organizativos, la inseguridad en el empleo, el estrés o la violencia ejercida por terceros o acoso psicológico-.

---

41 En este sentido, las investigaciones de la OIT han dejado en claro que el trabajo excesivo incide sobre la productividad, y está demostrado que, en ausencia de control, la adopción de nuevas tecnologías en los lugares de trabajo puede acrecentar aún más el exceso de trabajo, con el consiguiente aumento de los problemas psicosociales que conspiran contra los estándares básicos de bienestar y seguridad en el trabajo. Boletín Internacional de Investigación Sindical OIT. Riesgos psicosociales, estrés y violencia en el mundo del trabajo, 2016/ Volumen 8/ núm. 1- 2.

En cuanto al tratamiento jurídico por ellos recibido, este ha quedado condicionado por los distintos rasgos que confluyen en los factores de riesgos psicosociales, lo cual ha venido dificultado su regulación específica y, por tanto, su evaluación, control y prevención. Indagando en la Ley 31/1995, de 8 de noviembre, de Prevención de Riesgos Laborales se aprecia la omisión por parte de esta de cualquier referencia directa a este tipo de riesgos. A pesar de ello, tanto dicha disposición como la Directiva marco 89/391/CEE de la que emana, les sitúan implícitamente dentro del ámbito jurídico de la seguridad y la salud en el trabajo. En esta línea, diremos que la LPRL, partiendo de su art.2.1, que determina el objeto de la disposición, ya esconde en su contenido a este tipo de riesgos. No podemos olvidar el concepto de salud que la OMS presentó en el preámbulo de su Constitución, adoptada por la Conferencia Sanitaria Internacional, en 1946, esto es, el estado de completo bienestar físico, mental y social, y no solamente la ausencia de enfermedad o dolencia. De este modo, reconociendo la salud en el sentido amplio resulta evidente que aquella cuya protección propugna la norma preventiva contempla la mental y, por tanto, requiere de una protección respecto de aquellos riesgos que puedan afectar a la misma; así pues, teniendo ello presente, podemos disponer, sin temor a equivocarnos, que varios preceptos de la norma preventiva nos dirigen a esta conclusión -valga de muestra, art. 4. 7.d) LPRL o el art. 15.1.g) LPRL-. No obstante, debemos poner de manifiesto que resultaría acertada su referencia expresa[42], teniendo en cuenta que es una realidad constatable que la generalización del uso de las NTICs en los procesos productivos ha traído consigo el incremento de este tipo de patologías; en particular, en este escenario, destacan dos tipos de riesgo psicosocial, por un lado, el tecnoestrés, derivado del uso abusivo de las herramientas tecnológicas; por otro, el ciberacoso, consecuencia del empleo de los instrumentos digitales, con fines perniciosos[43].

---

42 En este sentido, aprovechamos estas líneas para denunciar que, inmersos en la era digital, las enfermedades que derivan de los riesgos psicosociales no aparezcan contemplados en el cuadro de enfermedades profesionales del Anexo I del Real Decreto 1299/2006, de 10 de noviembre, por el que se aprueba el cuadro de enfermedades profesionales en el sistema de la Seguridad Social y se establecen criterios para su notificación y registro.

43 Resulta pertinente dejar claro que con frecuencia ambos fenómenos se manifiestan interrelacionados, siendo en muchos casos factores causantes el uno del otro. En todo caso, el estrés y el acoso laboral no se consideran daños a la salud sino “riesgos psicosociales” ya que son la causa inmediata y directa de esos daños.

En cuanto al primero de ellos, la presión laboral, la competitividad existente en un mercado globalizado o el uso cada vez mayor de tecnologías de la información y comunicación, han sido el caldo de cultivo perfecto para el aumento incontrolable del estrés[44]. No obstante, a pesar de conformar el riesgo psicológico y social más común en el mundo del trabajo, en nuestro ordenamiento ni se define ni se contempla como parte de la evaluación preventiva[45]. Tal incuria legislativa resulta del todo inapropiada, más en el momento actual en el que no solo se ha visto incrementado el número de trabajadores afectados por esta patología, sino que se ha producido una alteración en su tradicional morfología[46], con la aparición del tecnoestrés; trastorno que puede manifestarse tanto en forma de inadaptación y rechazo de la tecnología como, por el contrario, en una dependencia excesiva o adicción, lo que lleva a diferenciar entre tres modalidades: la tecnoansiedad[47], tecnofatiga[48] y tecnoadicción[49].

---

44 Personas con elevados niveles de estrés corren el riesgo de desembocar en adicciones comportamentales ligadas, principalmente, a los vertiginosos cambios sufridos en el mundo del trabajo. Ejemplo de ello, la adicción al trabajo–conocida por los términos anglosajones work-addiction o workalcoholic-, o la nomofobia, entendida como el miedo irracional a estar sin teléfono móvil; desgraciadamente, patologías adictivas, socialmente aceptada.

45 Sin perjuicio de lo dispuesto en el Acuerdo Interconfederal para la Negociación Colectiva de 2005, que incorporó a nuestro ordenamiento jurídico el Acuerdo Marco Europeo sobre el Estrés, de 2004.

46 Conceptualizado hace dos décadas por el psiquiatra norteamericano Craig Brod en 1984 en su libro "Technostress: The Human Cost of the Computer Revolution", quien lo define como "una enfermedad de adaptación causada por la falta de habilidad para tratar con las nuevas tecnologías del ordenador de manera saludable".

47 Caracterizada por altos niveles de activación fisiológica no placentera. El uso presente o futuro de algún tipo de TIC provoca tensión y malestar; un tipo específico de tecnoansiedad es la tecnofobia que se focaliza en la dimensión afectiva de miedo y ansiedad hacia la TIC.

48 Descrita como el cansancio y agotamiento mental y cognitivo por el uso continuado de las TIC,que se complementa con actitudes escépticas y creencias de ineficacia con el uso de las tecnologías; un tipo específico es el llamado síndrome de la 'fatiga informativa'.

49 Descrita como un tecnoestrés específico debido a la incontrolable compulsión a utilizar TIC en 'todo momento y en todo lugar', y utilizarlas durante largos períodos de tiempo. Los tecnoadictos son aquellas personas que quieren estar al día de los últimos avances tecnológicos y acaban siendo "dependientes" de la tecnología, siendo el eje sobre el cual se estructuran sus vidas.

Respecto al acoso laboral, actualmente, no podemos hablar de una regulación específica y completa de esta modalidad de acoso[50], si bien debemos apuntar que dicho trastorno psicológico y social ha ganado protagonismo desde la publicación del Convenio sobre la violencia y el acoso de la OIT, 2019 (núm. 190) y su Reglamento (De Stefano, Durri, Stylogiannis y Wouters, 2020), avance incuestionable en cuanto a su tratamiento jurídico; mediante este instrumento internacional se implora a los estados miembros su ratificación para así poner en marcha las leyes y políticas necesarias para prevenir y abordar tan reprobables conductas en el mundo del trabajo. Además, destaca por la aportación conceptual que del trastorno realiza, implantando un concepto de acoso de carácter amplio y general.

Ante este escenario jurídico, como decimos, inconcluso en nuestro país, a la espera de una repuesta legislativa urgente tras la ratificación del Convenio[51], este comportamiento psicopático adquiere mayor complejidad viéndose afectado por el poder transformador y alcance de las nuevas tecnologías, habiendo encontrado el acosador el escenario perfecto para materializar el hostigamiento constante hacia su víctima, aprovechando las múltiples herramientas tecnológicas existentes (De Vicente Pachés, 2020).

Con la incorporación de las NTIC se ha evidenciado que no es imprescindible compartir un mismo espacio físico o tener un contacto personal y directo para que se pueda producir tan denigrante fenómeno, por algunos denominado *network moobing*[52]. Desde la tutela preventiva, resulta llamativo que, a pesar del uso generalizado de las nuevas tecnologías en los entornos y modalidades de trabajo desde hace más de una década, el acoso laboral virtual se siga contemplando como un fenómeno por explorar; quizá, la falta de una regulación eficiente y precisa del acoso laboral tradicional explique tal dilación.

En fin, no cabe duda, que resulta necesario el establecimiento de un marco normativo común en aras de poner fin a las distintas modalidades

---

[50] Mobbing, tossing o bullying son anglicismos que han irrumpido en nuestra lengua, y que, han sido traducidos como "acoso moral", "hostigamiento psicológico", "psicoterror laboral" etc.

[51] Entró en vigor el 25 de mayo de 2023, tras su determinación en el BOE del 16 de junio de 2022 (núm. 143), dónde se publicó el Instrumento de adhesión de España al Convenio de la Organización Internacional del Trabajo núm. 190.

[52] Definido como aquel fenómeno en el que un individuo emplea una serie de conductas, para atacar, humillar, difamar, chantajear a otro, utilizando las tecnologías de la información y comunicación, principalmente internet y las redes sociales.

de acoso, dejando atrás el maremágnum de normas dispersas[53] que, en nuestro ordenamiento jurídico, aluden a tan reprochable conducta; tras la entrada en vigor del Convenio 190, se espera la elaboración de una disposición que fije medidas concretas que permitan, por un lado, identificar, prevenir y controlar el acoso en todas sus variantes y formas de ejecución; por otro, reparar el daño causado a la víctima, sin olvidar las tendente a orientar, formar y sensibilizar a todos los sujetos implicados en el mercado laboral. En otro orden de cosas, para la consecución de tal fin, es decir, el establecimiento de un marco regulatorio adecuado, debemos demandar, como ya se hizo en líneas anteriores, mejoras en el tratamiento recibido por el derecho a la desconexión digital; en este sentido, debemos considerar que los dispositivos digitales en manos del acosador se convierten en el vehículo perfecto de transmisión de sus mensajes vejatorios, por lo que limitar el uso de las herramientas tecnológicas redundaría claramente en beneficio de la víctima[54].

En fin, tomando en consideración que estos trastornos. originados por una deficiente organización y por un entorno social negativo, se han visto acrecentados por el avance imparable de la tecnología, demandamos a todos los sujetos implicados la urgente implantación de una cultura preventiva integral, es decir, aquella que no pone límites al tipo de riesgos a proteger.

7. REFLEXIONES FINALES

La paulatina, pero imparable integración en las relaciones laborales de una tecnología de gran potencialidad disruptiva (TH-TIC) ha propiciado

---

[53] Ley Orgánica 3/2007, de 22 de marzo, para la igualdad efectiva de mujeres y hombres; Real Decreto Legislativo 1/2013, de 29 de noviembre, por el que se aprueba el Texto Refundido de la Ley General de derechos de las personas con discapacidad y de su inclusión social; RD 901/2020, de 13 de octubre, por el que se regulan los planes de igualdad y su registro y se modifica el Real Decreto 713/2010, de 28 de mayo, sobre registro y depósito de convenios y acuerdos colectivos de trabajo, entre otras.

[54] Por su incidencia en el acoso, no podemos dejar de referirnos a la Ley 2/2023, de 20 de febrero, reguladora de la protección de las personas que informen sobre infracciones normativas y de lucha contra la corrupción (BOE núm. 44, de 21 de febrero de 2023), transposición de la Directiva (UE) 2019/1937 del Parlamento Europeo y del Consejo, de 23 de octubre de 2019, relativa a la protección de las personas que informen sobre infracciones del Derecho de la Unión Europea.

alteraciones sin precedentes. En este contexto complejo, el gran reto que se presenta consistirá en armonizar estas herramientas digitales avanzadas con los derechos de los trabajadores; en particular, el referente a un trabajo seguro y saludables en el entorno digital.

Examinando la letra de la Ley 31/1995, base de la legislación existente sobre la seguridad y salud en el trabajo, se llega a la conclusión de que esta muestra su carácter expansivo, permitiendo el encaje tanto de la propia evolución de la técnica, como de los riesgos nuevos o emergentes derivados de la misma; no obstante, tal capacidad adaptativa, no quita para que consideremos oportuno amoldar ciertas cuestiones a los requerimientos propios de los nuevos tiempos.

En cuanto a las normas elaboradas para hacer frente, de manera parcial, a los riesgos derivados de las transformaciones propias de la Industria 4.,0 -la Ley 10/2021 así como la Ley Orgánica 3/2018-, debemos apuntar que la regulación por ellas aportada resulta desacertada al otorgar un extraordinario papel a la negociación colectiva. Al no haber respondido la autonomía colectiva como debiera, han quedado sin desarrollar cuestiones esenciales, mermando el disfrute de los derechos que dichas normas proclamaron.

No obstante, este amplísimo margen de mejora legal no quita para que quien tiene la deuda de seguridad, es decir, el empresario, quede obligado a tomar medidas eficaces orientadas a la eliminación o reducción de los todos los riesgos en aras a la implantación de la cultura preventiva que en nuestros días se requiere, es decir, aquella que no pone límites al tipo de riesgos a proteger.

En particular, la parte empresarial es corresponsable en el desarrollo y la utilización de las herramientas tecnológicas, a través de la toma de medidas específicas tales como los códigos de buenas prácticas, las campañas informativas o los protocolos de actuación en donde se deberá dar cuenta de los riesgos nuevos derivados del uso de la propia tecnología, o de las novedosas formas de organizar el trabajo.

Referencias bibliográficas

Agencia Europea para la Seguridad y Salud en el Trabajo. (2018). *Previsión para 2025 de los nuevos riesgos para la seguridad y la salud en el trabajo relacionados con la digitalización.* Disponible en: https://osha.europa.eu/sites/default/files/ES_Foresight_emerging_risks.pdf

Álvarez Cuesta, H. (2023). El impacto de la tecnología en las relaciones laborales: retos presentes, desafíos futuros. *Revista Justicia y Trabajo,* (2), 39-59.

Barrios Baudor, G. (2020). La desconexión digital en la negociación colectiva de 2020: análisis práctico. *Revista Galega de Dereito Social,* (11), 105-165.

Cámara Botía, A. (2019). La prestación de servicios en plataformas digitales: ¿trabajo dependiente o trabajo autónomo? *Revista española de Derecho del Trabajo,* (222), 77-124.

Cardona Rubert, M.B. (2020). Los perfiles del Derecho a la desconexión digital. Revista de Derecho Social, (90), 109-126.

Correa Carrasco, M. (2019). *El derecho del trabajo y los retos planteados por la globalización y digitalización de la economía.* Albacete, España: Bomarzo.

Cruz Villalón, J. (1999). El proceso evolutivo de delimitación del trabajo subordinado. En *Trabajo subordinado y trabajo autónomo en la delimitación de fronteras de derecho del trabajo: estudios en homenaje al profesor José Cabrera Bazán.* Madrid, España: Tecnos.

De Stefano, Durri, Stylogiannis y Wouters (2020). *Actualización de las necesidades del sistema: mejora de la protección frente al ciberacoso y a la violencia y el acoso en el mundo del trabajo posibilitados por las TIC. Documento de Trabajo de la OIT 1.* Ginebra, Suiza: OIT.

De Vicente Pachés, F. (2017). El ciberacoso un fenómeno de violencia emergente en el ámbito de las relaciones de trabajo. *Revista de Información Laboral,* (2), 99-120.

De Vicente Pachés, F. (2020). Teletrabajo y salud laboral en la era COVID: el nuevo marco normativo de prevención de riesgos laborales en el teletrabajo. *Documentación Laboral,* (121), 29-48.

Deveali, M. L. (1953). *Lineamientos del Derecho del Trabajo.* Buenos Aires, Argentina: Tipografía Editoria.

Gil Plana, J. (2022a). Configuración legal del derecho a la desconexión digital" en La reordenación del tiempo de trabajo. Maldonado Montoya. J.P., Marín Moral, I., Sempere Navarro, A.V. (Dirs). Madrid, España: Agencia Estatal Boletín Oficial del Estado.

Gil Plana, J. (2022b). La autonomía colectiva y políticas de empresa en la desconexión digital. *Revista española de Derecho del Trabajo,* (258), 171-230.

Hernández Bejarano, M., Rodríguez-Piñero Royo, M. (2017). *Economía colaborativa y trabajo en plataformas: realidades y desafíos.* Albacete, España: Bomarzo.

Igartúa Miró, M. T. (2020). La obligación de seguridad 4.0. *Temas Laborales,* (151), 327-342.

Ferrer, M. (2018). Presente y futuro de las plataformas digitales. *Revista de Estudios de Juventud,* (119), 63-74.

Leka, S., Cox, T, Prima, E.F. (2009). *Orientación sobre el marco europeo para la gestión de riesgos psicosociales: un recurso para representantes de empleadores y trabajadores.* Organización Mundial de la Salud. Recuperado de: https://apps.who.int/iris/handle/10665/43966

López Rodríguez, J. (2019). La prevención de riesgos laborales en el trabajo a demanda vía aplicaciones digitales. *Lan Harremanak, Revista de Relaciones Laborales,* (41).

Malo Ocaña, M.A. (2018). Nuevas formas de empleo del empleo atípico a las plataformas digitales. *Papeles de economía española* (156), 146-158.

Martín González, J. (2023). Desafíos de la digitalización para la seguridad y salud en el trabajo: La emergencia de riesgos psicosociales y el trabajo de plataformas digitales. Madrid, España: *Instituto Nacional de Seguridad y Salud en el Trabajo* (INSST).

Mella Méndez, L. (2020). Los retos de la prevención de riesgos laborales ante la digitalización de la empresa y las nuevas formas de trabajo: puntos críticos. *Revista española de derecho del trabajo,* (229).

Monreal Bringsvaerd, E., (2020). El derecho a la desconexión digital del trabajo. En Monreal Bringsvaerd, E., Thibault Aranda, J. y Jurado Segovia, A. (Coords.), *Derecho del trabajo y nuevas tecnologías: Estudios en Homenaje al Profesor Pérez de los Cobos Orihuel (en su 25ª Aniversario como Catedrático de Derecho del Trabajo* (pp. 615-650). Valencia, España: Tirant lo Blanch.

Moreno Jiménez, B. y Baez León, C. (2010). *Factores y riesgos psicosociales, formas, consecuencias, medidas y buenas prácticas.* Madrid, España: Instituto Nacional de Seguridad e Higiene en el Trabajo.

Pérez de los Cobos Orihuel, F. y Thibault Aranda, J. (2001). *El teletrabajo en España. Perspectiva jurídico laboral.* Madrid, España: Ministerio de Trabajo e inmigración.

Pérez de los Cobos Orihuel, F. (2018). *El trabajo en plataformas digitales Análisis sobre su situación jurídica y regulación futura.* Valencia, España: Wolters Kluwer.

Rodríguez Egio, Mª M. (2017). Prevención de riesgos laborales en el ámbito de la economía colaborativa. En Alfonso Sánchez, R. y Valero Torrijos, J. (Dirs.), *Retos jurídicos de la economía colaborativa en el contexto digital,* (pp. 499-522). Pamplona, España: Thompson Reuters Aranzadi.

Rodríguez-Piñero Royo, M. (2019). Todos eran mis hijos: el Derecho del Trabajo y las nuevas formas de empleo. Revista Derecho & Sociedad, (53).

Ruiz González, C. Mª. (2022) Tiempo de trabajo y dependencia laboral frente a las nuevas formas de empleo. En Maldonado Montoya, J.P., Marín Moral, I., Sempere Navarro, A.V. (Dirs.), *La reordenación del tiempo de trabajo,* (pp. 91-116). Madrid, España: Agencia Estatal Boletín Oficial del Estado.

Thibault Aranda, J. (2020). Toda crisis trae una oportunidad: el trabajo a distancia. *Revista Trabajo y derecho: nueva revista de actualidad y relaciones laborales,* núm. (Extra 12).

Talens Visconti, E. (2019). El derecho a la desconexión digital en el ámbito laboral. *Revista vasca de gestión de personas y Organizaciones públicas,* (17), 150-161.

Todolí Signes, A. (2017). *El trabajo en la era de la economía colaborativa.* Valencia: España: Tirant Lo Blanch.

Todolí Signes, A., Hernández Bejarano, M., A. (Dirs.) (2018). *Trabajo en plataformas digitales: innovación, derecho y mercado.* Pamplona, España: Aranzadi. Thomson Reuters Aranzadi.

Capítulo 17.

EL IMPACTO DE LA DIGITALIZACIÓN EN LOS DERECHOS COLECTIVOS

SÁEZ LARA, CARMEN
Catedrática Derecho del Trabajo y de la Seguridad Social
Universidad de Córdoba
dt1salac@uco.es
ORCID: 0000-0001-6311-1398

Sumario: 1. Digitalización, trabajo y tutela colectiva de derechos 2. Representación colectiva en las plataformas digitales 3. Acción colectiva y plataformas digitales 4. Participación sindical y transición digital en la empresa

RESUMEN: Ante el reto que representan los efectos disruptivos desencadenados por la digitalización, el presente trabajo analiza la estrategia de organización y de acción desplegada por parte de los sindicatos, en relación con las nuevas formas organizativas de los trabajadores en las plataformas digitales y la participación en los procesos de transición digital de la empresa, así como el papel de la negociación colectiva. En suma, se aborda el grado de control sindical sobre los efectos, en el sistema de relaciones laborales, de la digitalización de la Industria 4.0 y de la economía de las plataformas.

Desde una perspectiva antropocéntrica se analizan en primer lugar, las formas de organización y de acción colectiva desarrolladas en las plataformas digitales. En segundo lugar, el impacto de la digitalización empresarial sobre los derechos colectivos conduce a otro relevante foco de estudio, el de la participación sindical en este proceso y los necesarios avances en las competencias de participación sindical en la transición digital de las empresas

Aunque la heterogeneidad de la realidad determina la importancia creciente de la negociación colectiva y el dialogo social frente a respuestas regulatorias únicas, este trabajo considera que el marco normativo importa, y debe ser lo suficientemente flexible para la protección de derechos, y en concreto, para la tutela de la representación y acción sindical. Consecuentemente se estudia, finalmente, el marco normativo español sobre competencias de participación sindical en la transición digital, sus insuficiencias y la necesaria reforma hacia un modelo flexible de representantes exclusivamente sindicales.

ABSTRACT: Faced with the challenge posed by the disruptive effects unleashed by digitalization, this paper analyzes the organizational and action strategy deployed by trade unions, in relation to the new organizational forms of workers on digital platforms and participation in the processes of digital transition of the company, as well as the role of collective bargaining. In sum, it addresses the degree of trade union control over the effects, on the industrial relations system, of the digitization of Industry 4.0 and the platform economy.

From an anthropocentric perspective, firstly, the forms of organization and collective action developed on digital platforms are analyzed. Secondly, the impact of corporate digitalization on collective rights leads to another relevant focus of study, that of trade union participation in this process and the necessary advances in trade union participation competencies in the digital transition of companies.

Although the heterogeneity of reality determines the growing importance of collective bargaining and social dialogue in the face of unique regulatory responses, this paper considers that the regulatory framework matters, and must be flexible enough for the protection of rights, and specifically, for the protection of union representation and action. Consequently, finally, the Spanish regulatory framework on union participation powers in the digital transition, its shortcomings and the necessary reform towards a flexible model of exclusively union representatives is studied.

Palabras clave: Digitalización, trabajo, empresa, sindicatos, negociación colectiva.

Keywords: Digitalization, labor, company, unions, collective bargaining

1. DIGITALIZACIÓN, TRABAJO Y TUTELA COLECTIVA DE DERECHOS

Hoy, cuando ya se ha iniciado la quinta revolución industrial, es más necesario que nunca abordar la relación entre el trabajo y la digitalización desde una perspectiva antropocéntrica pues, sin perjuicio de los efectos positivos que la digitalización determina en el mundo del trabajo, no pueden ignorarse sus efectos disruptivos. En un latente desequilibrio de poderes, han avanzado conocidas fórmulas de servicios, sometidas a técnicas de gestión y control basadas en Inteligencia Artificial (IA), donde las personas carecen de información sobre el funcionamiento de los algoritmos y las condiciones de trabajo, así como de derechos laborales y de protección social.

Frente a estos efectos, en temas cruciales para el proceso de transición digital como la incorporación de la IA, la tutela de los derechos se aborda desde una perspectiva individual, que resulta insuficiente en el mundo del trabajo, donde ha de centrarse en la tutela colectiva, en la organización y acción sindical. Y ello, a pesar de que ya, en 2017, la Resolución de la Confederación Europea de Sindicatos (CES) sobre cómo abordar los nuevos retos digitales para el mundo del trabajo, aprobó un mandato para los interlocutores sociales, en el que proponía iniciar una negociación sobre digitalización con las organizaciones europeas de empleadores. Efectivamente, en la Estrategia Europea en IA, al igual que en el RGPD[1], la tutela de derechos se incardina en un plano individual. Incluso en el Acuerdo Marco Europeo sobre la Digitalización del Trabajo, de 22/6/2020, la gestión empresarial algorítmica, solo asume un enfoque individual e, igualmente, en la Propuesta de Reglamento sobre Inteligencia Artificial de 2021, la calificación de la gestión empresarial algorítmica como sistema de IA de alto riesgo no determinó ninguna garantía o derecho de información y consulta de los representantes sindicales. En definitiva, como venimos insistiendo, se aprecia un déficit de mecanismos de tutela colectiva en la regulación europea sobre IA (Sáez, 2022: 295), que no ha subsanado el Reglamento sobre Inteligencia Artificial de 2024.

En el mismo sentido, una aproximación a otros documentos relevantes sobre trabajo y digitalización, claramente la propuesta de Directiva de 2021 sobre plataformas digitales[2], puso de relieve la escasa atención a la organización y acción colectiva. Por ello, en este contexto, resultó novedosa la regulación española introducida por el RDL 9/2021 de 11 de mayo[3] al establecer derechos de información de los representantes sindicales sobre las reglas en las que se basan los sistemas de IA, usados para la gestión del personal en la empresa. Solo desde tiempos más recientes se destaca la importancia de los mecanismos de tutela colectiva, de la negociación colectiva y los derechos de información y consulta de los representantes sindicales para la tutela de los derechos de los trabajadores. Así se aprecia claramente en el Informe de 21/12/2022 (Proyecto de resolución legislativa del Parlamento) sobre la citada propuesta de Directiva sobre plataformas digitales o en la Resolución de la CES de 6/12/2022 solicitando una Directiva UE sobre sistemas algorítmicos en el trabajo, ante la inadecuación de la Ley de IA para regular su uso en el lugar de trabajo. Igualmente, la Directiva para

---

1 Reglamento (UE) 2016/679 del Parlamento Europeo y del Consejo, de 27 de abril de 2016, relativo a la protección de las personas físicas en lo que respecta al tratamiento de datos personales y a la libre circulación de estos datos (art. 22) e igualmente en la Ley Orgánica 3/2018, de 5 de diciembre, de Protección de Datos Personales y garantía de los derechos digitales (art. 11) (LOPD).

2 Propuesta de Directiva del Parlamento Europeo y del Consejo, relativa a la mejora de las condiciones laborales en el trabajo en plataformas digitales. Bruselas, 9.12.2021, COM (2021) 762 final. Con posterioridad, se ha analizado el texto acordado en marzo de 2024 de la Directiva relativa a la mejora de condiciones de trabajo en plataformas digitales.

3 Ley 12/2021, de 28 de septiembre, por la que se modifica la LET para garantizar los derechos laborales de las personas dedicadas al reparto en el ámbito de plataformas digitales.

la mejora de condiciones de trabajo en plataformas digitales de 2024 establece derechos de información y consulta sobre las decisiones que puedan conducir a la introducción de los sistemas automatizados de supervisión y toma de decisiones o a cambios sustanciales en el uso de estos.

En definitiva, al abordar la tutela de las personas trabajadoras y la digitalización empresarial la vertiente colectiva no puede ser olvidada, máxime cuando la digitalización afecta al equilibrio entre el poder empresarial y el poder sindical en la empresa, reforzando el primero y debilitando el segundo (Pérez de los Cobos, 2019). El control omnipresente que ejercen las nuevas herramientas implica un salto en la subordinación de los trabajadores, sin que deba olvidarse que el uso de algoritmos en la gestión empresarial se asocia a la precarización laboral, tal y como acontece en el trabajo de las personas prestadoras de servicios en el ámbito de plataformas digitales. Por ello, las respuestas adecuadas deben considerar la gama de riesgos y las prerrogativas empresariales magnificadas con las herramientas tecnológicas (De Stefano y Taes, 2021: 13). Este reforzamiento del poder del empresario ayudado por las TIC se aprecia claramente al analizar la gestión algorítmica o las nuevas formas del control de la actividad laboral. E igualmente la debilitación del poder sindical es consecuencia de la creciente dispersión e individualización de la fuerza laboral.

Las plataformas digitales se han convertido en un laboratorio para analizar el impacto de la digitalización sobre los derechos laborales porque unen la gestión algorítmica a control intenso de la actividad, con otros efectos como la inexistencia de espacio físico y la individualización, relevantes para conformar una unidad de representación sindical.

Pues bien, ante el reto que representan los efectos disruptivos desencadenados por la digitalización hemos de analizar la estrategia de organización y de acción desplegada por parte de los sindicatos, en relación con las nuevas formas organizativas de los trabajadores en las plataformas digitales y la participación en los procesos de transición digital de la empresa, así como el papel de la negociación colectiva. En suma, es preciso abordar el grado de control sindical sobre los efectos en el sistema de relaciones laborales de la digitalización de la Industria 4.0 y de la economía de las plataformas. La digitalización es un proceso con muchas capas y abordar sus efectos, incluso solo sobre los derechos colectivos, nos conduce al estudio de una pluralidad de temas, cuya sola descripción ilustra sobre la magnitud de los cambios que se están produciendo.

Ahora bien, los cambios en la organización empresarial, en las relaciones laborales y en la organización y el poder del sindicato en la empresa no son solo consecuencia aleatoria del proceso de digitalización, si bien este acelera los efectos de la antigua y conocida estrategia empresarial de descentralización y externalización productiva, coadyuvando a su materialización (Martín y Pastor: 2022: 355). La transformación digital no es ni será neutral, sus consecuencias o efectos sobre el sistema económico y laboral no son ni serán ajenas al papel que desarrollen los estados o, en nuestro ámbito geográfico la UE, en aras de la promoción del dialogo social y de los sindicatos como instrumentos para la gestión democrática del cambio tecnológico o de la llamada transición digital[4].

Desde estas premisas abordaremos el tema objeto del presente trabajo, analizando, en primer lugar, las formas de organización y, en segundo lugar, de acción colectiva desarrolladas en las plataformas digitales para analizar, finalmente, los necesarios avances en las competencias de participación sindical en la transición digital de las empresas.

2. REPRESENTACIÓN COLECTIVA EN LAS PLATAFORMAS DIGITALES

2.1. Aumento del poder de las empresas y posible retroceso del poder sindical

La digitalización altera las relaciones laborales, fortaleciendo el poder empresarial frente al sindical, que podría disminuir ante la creciente individualización y diversidad de intereses de las personas en el desarrollo del trabajo. La gran novedad para los sindicatos en la economía digital no son los algoritmos, los robots, la inteligencia artificial, sino la re-individualización de la persona trabajadora. Los problemas más importantes de los sindicatos tienen que ver con los nuevos trabajadores que crea el nuevo modelo económico, no con las tecnologías (Miguélez y Alós, 2022: 242).

En el presente epígrafe se analizará el impacto de la digitalización sobre la representación sindical en relación con las plataformas digitales. La acción sindical es especialmente problemática por la dispersión y absoluta falta de identidad profesional entre los prestadores de servicios en las plataformas, toda vez que la tecnología permite un crecimiento exponencial

---

4 "La expansión de las nuevas tecnologías no puede producirse sin control alguno; por el contrario, parece necesario intervenir activamente en ellos con la finalidad de eliminar o limitar sus efectos colaterales" (Goerlich, 2019: 4).

de la externalización, descomponiendo el trabajo, a través de plataformas, en micro tareas. Como ya se ha señalado, el trabajo a través de plataformas digitales rompe todas las identidades que antes sirvieron para construir la solidaridad sobre la que, a su vez, se fundó la creación y actuación de los sindicatos (Rodríguez Fernández, 2018: 38, Rodríguez Copé, 2022: 264)

Sin embargo, la realidad es que los sindicatos están abordando estos retos sin oponerse a la revolución digital, sino tratando de ejercer un control y gobierno de sus efectos sobre las relaciones laborales. Los cambios tecnológicos y económicos requerirán que los sindicatos adopten nuevas estrategias y formas, es decir, nuevos objetivos colectivos a largo plazo y nuevos métodos a corto y medio plazo para conseguirlos (Miguélez y Alós, 2022: 239). Efectivamente, el reto es la representación y defensa colectiva de los trabajadores digitales; las vías posibles son tan diversificadas como la propia realidad que se aspira a defender. Desde fórmulas de extensión de las estructuras sindicales tradicionales hasta tácticas de colaboración y alianza con las nuevas formas de organización colectiva que se están desarrollando en la práctica para la defensa de los derechos laborales y de protección social.

Abordemos este recorrido con algo de detalle y destacando el papel de laboratorio de ideas que están jugando las plataformas de trabajo digital para el desarrollo de las diversas respuestas sindicales a la digitalización empresarial.

2.2. Representación colectiva en las plataformas y estrategia sindical

La economía de plataformas, independientemente de su tamaño o importancia cuantitativa[5], aparece como nuevo modelo de negocio en el centro del debate sobre la revolución digital, pues constituye un laboratorio único donde se desarrollan formas novedosas de representación colectiva y de estrategias de actuación de los sindicatos tradicionales (Köhler, 2022: 326). Es además una realidad en expansión, con un impacto sobre la organización del trabajo y la relación laboral cada vez más importante lo que explica su centralidad en los estudios de sociología y de derecho del trabajo.

---

[5] Según datos de la Comisión Europea de 2021, solo un 11% de los trabajadores en la UE han prestado servicios a través de plataformas, aunque la tendencia es ascendente; unos 28 millones de personas trabajan en plataformas, si bien este trabajo constituye la principal fuente de rentas de no más del 2,5% de la fuerza de trabajo.

Como ya explicaba la Comisión en la citada Directiva de 2024, falta transparencia pues las personas que prestan trabajo sometidas a esta gestión empresarial algorítmica carecen de información sobre el funcionamiento de los algoritmos (Considerando 5). Tampoco existe certeza en relación con las condiciones de trabajo y carecen de regularidad del trabajo y de los ingresos, de protección social, de medidas seguridad y salud laboral y de acceso a formas de representación sindical. El trabajo autónomo, insignia del modelo económico que representan las plataformas, carece de derechos sociales individuales y colectivos, permaneciendo al margen del modelo de representación sindical.

Por ello, en un primer momento los problemas jurídicos han estado centrados en la correcta calificación de las personas que prestan servicios; si son verdaderos o falsos autónomos. En la medida que su calificación laboral es la puerta de acceso a los derechos, la estrategia sindical se ha dirigido en un primer momento a su calificación como laborales. Sin embargo, la estrategia sindical también ha asumido, como ahora se verá, el objetivo de la ampliación de los derechos de representación y acción colectiva sindical a todos los trabajadores de las plataformas, con independencia de la naturaleza de su relación profesional y el reto de colaborar con las nuevas formas de organización y acción colectiva surgidas en los últimos años (CES, 2017: 3).

2.3. Extensión de los modelos de representación sindical

En 2020 la CES consideraría que la progresión del trabajo en plataforma puede vincularse al desarrollo del trabajo por cuenta propia y de las relaciones laborales atípicas y que, por tanto, las iniciativas europeas deben centrarse en la protección de todos los trabajadores atípicos y de las empresas de plataformas (incluidos los autónomos). Asalariados, autónomos o falsos autónomos están en la misma situación de ausencia o limitada protección social, dificultades para organizarse y negociar colectivamente e imposibilidad de hacer valer su derecho a un ingreso digno y de reclamar sus derechos. La CES quiere imponer los derechos de sindicación, de representación sindical y de negociación colectiva, acceso a salarios mínimos, protección social y respeto de las condiciones laborales para todos los trabajadores, incluidos los autónomos (CES, 2020).

En definitiva, como se sabe, la exclusión de los autónomos del derecho del trabajo también ha significado su ajenidad a las organizaciones sindicales, lo que está en la base de su dificultad de representación en las plataformas de trabajo digital. Aunque desde una perspectiva internacional no existan obstáculos para la extensión de la libertad sindical a los trabajadores autónomos, de conformidad con el Convenio 87 de la Organización Internacional del Trabajo (OIT), la clasificación de los trabajadores de las empresas de plataformas como "contratistas independientes" limita su representación colectiva, ya que esta condición generalmente se considera incompatible con la afiliación sindical. De esta forma, los trabajadores de empresas de plataforma no pueden organizarse legalmente en sindicatos. Para la CES la representación colectiva debería ser posible independientemente de la situación laboral de las personas (CES 2020).

Entre nosotros, el derecho de libertad sindical, ampliamente reconocido por el art. 28.1 de la Constitución, está garantizado a los trabajadores autónomos en la Ley Orgánica de Libertad Sindical (LOLS[6]), si bien, como se sabe, de una forma más limitada, reducida al derecho de afiliación a sindicatos ya constituidos y siempre que no tengan asalariados a su cargo (artículo 3.1. LOLS). Sin embargo, excluidos del ámbito subjetivo de las representaciones en las empresas y, consecuentemente, de la audiencia electoral y del sistema de la representatividad sindical, los autónomos carecen de valor estratégico para los sindicatos españoles, lo que ha determinado una situación práctica de alejamiento entre este colectivo y las organizaciones sindicales. La Ley reguladora del Estatuto del Trabajo Autónomo (LETA)[7] les atribuiría un derecho de fundación y afiliación a asociaciones profesionales destinadas específicamente a la defensa de sus intereses. Un reconocimiento de las asociaciones profesionales de trabajadores autónomos que les abrió la puerta a una defensa colectiva más específica para aquellos trabajadores autónomos, cuyos intereses profesionales no quedaban adecuadamente representados a través de las asociaciones empresariales.

Pero, como en el resto de los países de nuestro entorno, junto o frente a los sujetos tradicionales de representación colectiva sindical y autónoma han surgido nuevas formas de organización para trabajadores, que prestan servicios para plataformas digitales, de los que nos ocuparemos en el epígrafe siguiente, y que han ampliado las líneas de acción de las organizaciones sindicales.

---

6 Ley Orgánica 11/1985, de 2 de agosto, de Libertad Sindical.

7 Ley 20/2007 de 11 de julio, reguladora del Estatuto del Trabajo Autónomo.

2.4. Nuevas formas de organización colectiva en las plataformas

Una variada relación de causas puede situarse en el origen de estas formas organizativas; desde el propio desapego de estos ámbitos de actividad hacia las centrales sindicales tradicionales, a la obsolescencia de un modelo de representación colectiva en la empresa que no representa a las personas que prestan servicios en estos nuevos modelos de negocio unido todo ello a las posibilidades que la tecnología brinda de comunicación ad intra y ad extra, toda vez que la directa comunicación entre los trabajadores de la plataforma, a través de redes sociales, páginas web, ha servido para articular acciones de defensa colectiva[8]. Por su parte, las organizaciones sindicales no han permanecido al margen de esta realidad integrando, por el contrario, en sus estrategias, la organización y defensa colectiva en las plataformas digitales de trabajo. Como ha señalado la CES, la ausencia del derecho de sindicación no ha impedido que iniciativas sindicales locales hayan tratado de entablar negociaciones con empresas de plataforma, a lo que estas últimas se han negado muchas veces, pero aceptado en algunos casos (CES, 2020).

Pues bien, los estudios que han analizado las formas de representación colectiva[9], las distinguen atendiendo a diversidad de grupos, incluidos dentro del concepto de trabajadores digitales y las clasifican atendiendo al origen de la iniciativa como organizaciones de base, desde abajo, surgida desde los propios trabajadores y como organizaciones desde arriba, impulsadas por los propios sindicatos o incluso organizaciones empresariales (Martin y Pastor, 2022: 349, 354). Pueden así diferenciarse entre las iniciativas de organización, desde abajo, los proto-sindicatos, sindicatos profesionales y cooperativas. Igualmente, desde arriba, también los sindicatos se reorganizan y tratan de dar respuesta a las nuevas formas de organización del trabajo (desde organizaciones sindicales paralelas hasta secciones sindicales territoriales) en un contexto organizativo en el que el ámbito local-territorial deviene importante (Martin y Pastor, 2022: 361).

Las dificultades para la representación y acción colectiva en la economía de las plataformas son menores en las plataformas de servicios localizados

8 En igual sentido, hemos de destacar que la propuesta de Directiva de plataformas se manifiesta, en sus considerandos, la obligación de crear estos canales de comunicación digital por parte de las plataformas digitales de trabajo pues la falta de un lugar de trabajo común impide la comunicación de trabajadores entre ellos y con sus representantes, con miras a defender sus intereses frente al empleador.

9 Objeto de descripción y estudio a nivel mundial (Hadwiger, 2023: 31).

(de transporte, cuidados, limpieza o reparto) donde las personas trabajadoras han desarrollado ciertas capacidades de acción colectiva, realizando paros y movilizaciones espontáneas alcanzándose cierta regulación y representación laboral. En las plataformas globales de internet los crowdworkers viven una relación totalmente aislada y dependiente y escapan por completo de los poderes estatales y sindicales (Köller, 2022: 327). Los crowdworkers de las plataformas globales solo llegan a formas de organización de tipo mutualidad con plataformas de servicios específicos para ellos[10].

Entre las iniciativas desde abajo en las plataformas de servicios localizado, un relevante ejemplo se centra en la creación de un comité de empresa, fruto de acciones colectivas reivindicativas[11]. Sin embargo, estas iniciativas se enfrentan a una dura oposición por parte de las plataformas frente a la institucionalización de los representantes de los trabajadores y su colaboración con los sindicatos en la negociación colectiva (Haipeter, 2022: 319). Entre las iniciativas sindicales figura la elaborada por UGT, ya en 2018, en la que se aborda el planteamiento de demandas colectivas contra las plataformas digitales, en lugar de demandas individuales, y la constitución de secciones sindicales en el seno de estas para facilitar la participación de los afectados (Guerrero, 2019: 277).

---

10 En las plataformas globales, probablemente la iniciativa sindical más elaborada para difundir las estructuras de defensa en la economía de plataformas es la iniciativa *Fair Crowd Work* de IG Metall, el sindicato de trabajadores de la metalurgia en Alemania, que comenzó en 2015 (Haipeter, 2022: 312). En 2018, aparece la fundación *Fairwork in the Platform Economy*. Estas páginas web junto con cooperativas de servicios especializados, como la citada SMART (dirigida a expresar públicamente preocupaciones y reivindicaciones de sus bases y no a negociar en su nombre) son las fuentes de poder para los trabajadores de las plataformas globales (Köller, 2022: 333).

11 Los movimientos y paros reivindicativos del club Foodora, afiliado al sindicato de trabajadores del transporte, tuvieron éxito alcanzándose representación institucionalizada u órganos de negociación (comité de empresa). La creación de comités de empresa tiene su origen en actividades de base de los trabajadores (Köller, 2022: 331). La iniciativa ascendente "*Deliveroo at the Limit*" se benefició del hecho de que los repartidores podían tener comunicación directa e intercambio inmediato, y esta forma de relación "cara a cara", siguen siendo importantes para el desarrollo de expresiones de interés basadas en la solidaridad, incluso en el trabajo coordinado digitalmente.

2.5. Algunas características de estas nuevas formas de organización colectiva

La descripción de las formas de organización colectiva realizada en el anterior epígrafe nos traslada a los orígenes del capitalismo tanto en cuanto a las formas embrionarias de representación como en relación con el objeto de las reivindicaciones. Su característica primera es su fragmentación y heterogeneidad con mutualidades, cooperativas y estructuras de organización sindical muy informales, sin un marco institucional legalmente regulado (Köller, 2022: 341). En segundo lugar, se aprecia que, junto con formas dirigidas solo a establecer conexión entre trabajadores dispersos, otras han asumido funciones de tutela colectiva utilizando la tecnología para aumentar el impacto social de sus reivindicaciones y posteriormente alcanzar acuerdos que garanticen derechos[12].

En tercer lugar, la referida fragmentación de la representación colectiva implica una creciente competencia entre proto-sindicatos, cooperativas y sindicatos tradicionales, aunque hay episodios de cooperación entre plataformas (proto-sindicales) de trabajadores y sindicatos tradicionales en varios países. La alianza con los nuevos movimientos sociales es clave para el futuro de unos sindicatos como los europeos que todavía mantienen cierta fuerza institucional, pero que, sin otros recursos, pierden una capacidad de movilización que debe ser activada para que lideren este proceso (Hyman, 2022: 257, Baylos, 2022: 250, Aloisi 2019). Las relaciones de mutua desconfianza han de ser de colaboración, de una parte, las divisiones de las nuevas formas organizativas restan su capacidad de acción siendo, de otra parte, el apoyo organizativo de los sindicatos favorable a estos efectos. Además, la importancia de esta estrategia sindical deriva de su proyección futura. A medio plazo, la economía de las plataformas puede extenderse a espacios del empleo asalariado, afectando a la presencia y acción del sindicato en sus ámbitos tradicionales.

Una cuarta característica es el ámbito nacional o regional de las organizaciones ante desafíos de carácter transnacional. Como se sabe, muchas de las plataformas digitales de trabajo existentes son agentes empresariales internacionales que desarrollan sus actividades en varios Estados miembros, sin que las autoridades nacionales tengan conocimiento de la situación de

---

12 Aunque algunas plataformas de comunicación son establecidas directamente por las empresas de plataformas: CES (2020) Resolución de la CES sobre la protección de los derechos de los trabajadores atípicos y de las empresas de plataformas (incluidos los trabajadores por cuenta propia), Comité Ejecutivo del 28 y 29 de otubre de 2020.

las personas que prestan servicios, haciendo difícil la aplicación de la legislación laboral y de protección social (Considerandos 4 y 9 de la Propuesta de Directiva 2021). Sin embargo, las iniciativas vistas se han desarrollado únicamente a nivel nacional o regional, cuando muchos de los desafíos que abordan son de carácter transnacional (Haipeter, 2022: 322) siendo pues necesarias respuestas transnacionales coordinadas por federaciones sindicales europeas o mundiales. Por ello el desarrollo de una directiva sobre el trabajo en plataformas por parte de la Comisión Europea permite que la Confederación Europea de Sindicatos influya en el proceso político.

Veamos ahora si se regulan y en qué términos la representación colectiva en la citada propuesta de Directiva.

2.6. Representantes de las personas que prestan servicios en plataformas en la Directiva de 2024

En el contexto descrito, la Directiva sobre condiciones de trabajo en plataformas digitales de 2024 establece dos importantes avances, primero, la tutela frente a los sistemas algorítmicos de control y de dirección de trabajo se extiende a todas las personas que prestan servicios, con independencia de que sean asalariados o autónomos. En segundo lugar, esta norma reconoce a los representantes de las personas que prestan servicios en plataformas, si bien en la medida en que esté contemplado en la legislación y las prácticas nacionales, y les confiere también ciertos derechos de participación en los referidos sistemas automatizados de control y de dirección del trabajo.

La Directiva de 2024 ha introducido, efectivamente, mejoras en materia de representación de las personas que prestan servicios en plataformas, al margen de un vínculo laboral, en relación con la propuesta de 2021 y siguiendo el Informe del Parlamento de 21/12/2022. De partida, distingue, en las definiciones contenidas en el artículo 2, entre trabajador de plataforma (con contrato de trabajo o relación laboral) y persona que realiza trabajo en plataformas (cualquiera que sea su relación contractual con la plataforma digital); estableciendo, ya por separado, el concepto de representantes de los trabajadores y de los representantes de personas que presten servicios en la plataforma, al margen de un vínculo laboral. Lo anterior se complementa con la extensión que realiza el art. 15 de la Directiva de ciertos derechos de participación de los representantes de los trabajadores en la gestión algorítmica a estos últimos, es decir, a los representantes de las personas que prestan servicios en las plataformas sin vinculación laboral.

3. ACCIÓN COLECTIVA Y PLATAFORMAS DIGITALES

La acción y la negociación colectiva están resultando eficaces para la protección de los derechos de las personas que prestan servicios en las plataformas digitales. Junto con las nuevas formas de organización colectiva hemos conocido manifestaciones de acción colectiva que han llevado a alcanzar acuerdos y convenios colectivos. Además, también existen experiencias de extensión del ámbito de aplicación subjetiva de convenios sectoriales a las personas que prestan servicios en plataforma. Sin embargo, como se sabe, un importante obstáculo al ejercicio del derecho a la negociación colectiva de los trabajadores autónomos (y por tanto a un buen número de trabajadores digitales) se ha formulado desde la prohibición de competencia en la UE al ser considerados como contratantes independientes. Estas cuestiones serán analizadas a continuación, si bien es preciso señalar de partida, que, además de los procedimientos, hemos de destacar los contenidos que ha de incorporar el convenio colectivo para el mantenimiento de los niveles de tutela vigentes en estos entornos digitales. La negociación debe tener presente la incidencia de la digitalización en relación al tiempo de trabajo, la distribución irregular de la jornada, la flexibilidad, las nuevos estándares de control (acceso a los equipos y las comunicaciones, videovigilancia, geolocalización, etc.), la corresponsabilidad, el derecho a la desconexión digital, la movilidad y clasificación profesional, las estructura retributiva, la formación, la protección de datos, y la evaluación del desempeño, entre otras muchas cuestiones (CC.OO, 2019:59).

3.1. Experiencias de acuerdos y convenios colectivos

La heterogeneidad de los trabajadores de las plataformas también se refleja en las acciones colectivas (Köller, 2022: 33) habiendo conseguido algunas de estas acciones reivindicativas, a través de paros, acuerdos colectivos, con reconocimiento de derechos laborales y sindicales[13]. De otra parte, no puede dejar de señalarse, como ha denunciado la CES, que algunas empresas de plataformas también han promovido unilateralmente cartas de "trabajo decente"[14].

---

13 Muchas de ellas han sido objeto de descripción y estudio a nivel mundial (Hadwiger, 2023:31).

14 En este falso diálogo social, se afirma, la protección de los derechos sindicales es inexistente, pues el trabajo decente ya está definido por la OIT, y solo puede ser respetado con el reconocimiento de los derechos sindicales de los trabajadores

Pues bien, recordemos entre los ejemplos de experiencias de acción colectiva la Declaración del Frankfurt, de 2016, la *Carta dei diritti fondamentali del lavoro digitale nel contesto urbano de 2018 o* el acuerdo Hermes y el sindicato GMB de 2019. Un ejemplo de lucha reivindicativa con resultado de acuerdo colectivo lo representa el caso de Foodora, en 2019, donde se alcanzan además de mejoras salariales el establecimiento de órganos de representación regulares. En este caso, es preciso destacar, en primer lugar, que el marco institucional y normativo, resultaría decisivo para promover formas de organización colectiva y en segundo lugar, que las organizaciones sindicales han jugado un papel importante, ofreciendo afiliación y asesoramiento. No han faltado tampoco alguna iniciativa más vinculada con el *softlaw,* como el *Crowdsourcing Code of Conduct,* establecido mediante acuerdo alcanzado entre el sindicato IG Metall y ocho plataformas de crowdsourcing, que participan en la verificación del cumplimiento de este código de conducta sobre trabajo justo (Aloisi, 2019).

Entre estos ejemplos de acuerdos, mayor trascendencia reviste el convenio colectivo firmado en 2018 por Hilfr.dk (plataforma danesa de actividades de limpieza en hogares privados) y el sindicato 3f. En España debe recordarse el Acuerdo de Interés Profesional suscrito por la Asociación Española de *riders* mensajeros (ASO riders) y Deliveroo que entró en vigor el 16 de julio de 2018 (Guerrero, 2019:279) y el primer acuerdo colectivo entre la plataforma de reparto JustEat y los sindicatos CC OO y UGT, que se alcanzaría en 2022[15].

Los convenios colectivos analizados, en términos generales, presentan el déficit de aplicación subjetiva solo a empleados[16] y han sido suscrito to-

---

afectados y su participación en el diálogo social sectorial a nivel nacional y europeo (CES, 2020).

15 Su salario anual será de 1 270 euros al mes (más complementos) jornada máxima de 9 horas diarias, (dos días ininterrumpidos de descanso semanal y el derecho a descansar un domingo al trimestre). La empresa proporciona el móvil de contacto, así como otras herramientas de trabajo. Garantiza el respeto a derechos a la protección de datos y a la desconexión digital y a informar a la representación de los trabajadores sobre los algoritmos que utiliza para la gestión del trabajo, con la creación de una comisión paritaria al efecto.

16 En el convenio colectivo entre plataforma Hilfr y el sindicato danés 3F el ámbito subjetivo permite integrar a los autónomos como trabajadores, pues tras100 horas de trabajo a través de la plataforma, pasaban a ser empleados de manera predeterminada y dentro del convenio quedaban posteriormente cubiertos por el convenio colectivo.

dos en plataformas de servicios localizados (fundamentalmente reparto de comida). De carácter experimental y ámbito empresarial, todos ellos regulan salario y tiempo de trabajo y solo algunos derechos colectivos y transparencia para la gestión empresarial algorítmica. Además, el convenio entre Dansk Erhverv y 3F de 2021 incluye un protocolo de acceso a los datos de las nóminas para evitar el dumping salarial. En España, el convenio negociado entre Just Eat y los sindicatos UGT y CCOO establece disposiciones relativas a la protección de datos y la desconexión digital, a la obligación de informar a los representantes sobre los algoritmos utilizados para la gestión del trabajo y de control humano de los sistemas de IA, creando al efecto la comisión algoritmo, de composición paritaria. También establece derechos de los representantes sindicales a hacer uso de tablones de anuncios virtuales y otras herramientas digitales. Por su parte, el convenio entre Just Eat y CGIL/CISL/UIL garantiza el ejercicio de los derechos sindicales, en las formas previstas por la legislación y por el convenio sectorial de transporte (CCNL). Además, algunos otros convenios abordan, entre otras cuestiones, la elección de los representantes sindicales, los cursos de formación para los representantes sindicales electos y los derechos de desplazamiento y de reunión, que también pueden ejercitarse en modo digital (Hadwiger, 2023: 59).

3.2. Extensión del ámbito subjetivo de los convenios colectivos de sector

Además de declaraciones, códigos de conducta y acuerdos con las empresas de las plataformas, los sindicatos también han formalizado convenios colectivos de sector, que se aplican a personas que prestan servicios para plataformas digitales de trabajo. Los convenios colectivos de sector constituyen una referencia para asignar valor-precio a los trabajos realizados por los trabajadores autónomos. Así, en Suecia, el sindicato nacional ha conseguido que se aplique a los *riders* el convenio estatal del sector del transporte. En Italia, un acuerdo de los sindicatos confederales y las asociaciones empresariales sectoriales de 18 de julio de 2018 determinó la inclusión de los *fattorini*, (personas que hacen entregas con bicicletas o motocicletas) dentro del convenio colectivo estatal de Logística, Transporte de Mercancías y Envíos[17]. En España también existen ejemplos en igual

[17] Se trata del «contratto nazionale Logistica, Trasporto Merci e Spedizioni», firmado el 3 de diciembre de 2017 por Filt-Cgil, Fit-Cisl y Uiltrasporti, del lado sindical; y Confetra, Anita, Conftrasporto, Cna-Fita, Confartigianato trasporti, SnaCasar-

sentido, ya el V Acuerdo Laboral Hostelería incluye en su ámbito funcional al servicio de reparto de comidas, incluidas las plataformas digitales o a través de estas (art. 4) (Álvarez, 2020: 36) previsión que reproduce el vigente acuerdo.

En general puede comprobarse pues que la negociación colectiva, mediante acuerdos, convenios colectivos empresariales o extensión de los convenios sectoriales, implica una diversidad de instrumentos con la que se cumplen exigencias de flexibilidad del sistema negocial tradicional, en suma, exigencias de adaptación de sus elementos definidores, para ser un instrumento eficaz y tutelar los derechos en la economía digital. En este sentido, un obstáculo a la negociación colectiva proviene de su limitación a los trabajadores autónomos, como se verá en el siguiente epígrafe.

3.3. Trabajo autónomo y negociación colectiva

Para la Comisión Europea, la negociación y los convenios colectivos son fundamentales para mejorar las condiciones de trabajo (CE, 2021: 4). Ahora bien, aunque puede haber hasta 5,5 millones de personas que son falsos autónomos, de los 28 millones de personas que se calcula que trabajan a través de plataformas digitales, la mayoría son verdaderos autónomos[18]. En los ordenamientos jurídicos nacionales, el acceso a la negociación colectiva suele depender de la clasificación como trabajador por cuenta ajena (o como una categoría especial de trabajador por cuenta propia, como los *workers* en el Reino Unido) quedando privadas las personas que prestan servicios en las plataformas de participar en la negociación colectiva. Sin embargo, en el seno de la OIT, la Comisión de Expertos en Aplicación de Convenios y Recomendaciones (CEACR) recordó en 2020 que "toda la gama de principios y derechos fundamentales en el trabajo son aplicables a los trabajadores de plataformas del mismo modo que a todos los demás trabajadores, independientemente de cuál sea su situación laboral"[19] (Hadwiger, 2023: 14). En igual sentido se ha propuesto la extensión de la libertad

---

tigiani y Claai, del patronal. Se incluye entre las prácticas de ampliación de la negociación colectiva al trabajo autónomo (Aloisi, 2019: 8).

18 SWD (2021) 396. Informe de la evaluación de impacto que acompaña a la propuesta de Directiva relativa a la mejora de las condiciones laborales en el trabajo en plataformas digitales, (sección 2.1 y anexo 5).

19 OIT, Promover el empleo y el trabajo decente en un panorama cambiante. Informe de la Comisión de Expertos en Aplicación de Convenios y Recomendaciones (artículos 19, 22, 23 y 35 de la Constitución), CIT109/III(B), 2020.

sindical y del derecho a la negociación colectiva a los autónomos y de la que vienen excluidos por su calificación como contratantes independientes (Rodríguez, 2018: 37; Aloisi, 2019: 8).

Ahora bien, la discusión en torno a la negociación colectiva de los trabajadores autónomos, fundamentalmente, ha venido desde la prohibición de competencia en la UE, atendiendo a la interpretación del art. 101.1 del Tratado de Funcionamiento de la Unión Europea (TFUE), que prohíbe los acuerdos entre empresas que restrinjan la competencia y al ser considerados los autónomos empresas con arreglo al Derecho de la competencia de la UE. Efectivamente, la doctrina del Tribunal de Justicia de la Unión Europea no interpreta el derecho a la negociación colectiva como un derecho universal, pues la excepción Albany[20] no se aplicaría cuando se trate de personas que trabajan por cuenta propia, aunque sean personas autónomas sin asalariados, pues se consideran, en principio, empresas, en el sentido del artículo 101 del TFUE, al ofrecer sus servicios a cambio de una remuneración en un mercado determinado y ejercer sus actividades como operadores económicos independientes[21].

Sin embargo, el derecho a la negociación colectiva es un derecho fundamental y reconocido como tal por la UE y los trabajadores en formas atípicas de trabajo deben poder ejercer estos derechos y disfrutar de la protección de los convenios colectivos aplicables. Para la CES es inaceptable que se considere que las normas de competencia prevalecen sobre los derechos fundamentales, por lo que habría que utilizar excepciones a la ley de competencia para permitir la negociación colectiva de los trabajadores atípicos y los trabajadores de empresas de plataforma (incluidos los autónomos) que no deben considerarse empresas a los efectos de la ley de competencia. Ni los sindicatos son cárteles ni los convenios colectivos son acuerdos entre empresas que den lugar a prácticas comerciales anticompetitivas (CES, 2020: 7).

---

20 Sentencia de 21 de septiembre de 1999, Albany International BV/Stichting Bedrijfspensioenfonds Textielindustrie, C-67/96, EU:C:1999:430, apartado 59.

21 Sentencia de 4 de diciembre de 2014, FNV Kunsten Informatie en Media/Staat der Nederlanden, C-413/13, EU:C:2014:2411, apartado 27; sentencia de 28 de febrero de 2013, Ordem dos Técnicos Oficiais de Contas v Autoridade da Concorrência, C-1/12, EU:C:2013:127, apartados 36 y 37; sentencia de 14 de diciembre de 2006, Confederación Española de Empresarios de Estaciones de Servicio/Compañía Española de Petróleos S.A., C-217/05, EU:C:2006:784, apartado 45.

De ahí la importancia de que la Comisión Europea haya lanzado "un proceso para garantizar que las normas de competencia de la UE no se interpongan en el camino de la negociación colectiva" y que en 2022 se hayan dictado las Directrices sobre la aplicación de la legislación de la competencia de la UE a los convenios colectivos relativos a las condiciones laborales de los trabajadores por cuenta propia sin asalariados. Estas directrices aclaran, en primer lugar, que los convenios colectivos celebrados por personas que trabajan por cuenta propia sin asalariados (que se encuentran en una situación equiparable a la de quienes trabajan por cuenta ajena) no entran en el ámbito de aplicación del artículo 101 del TFUE; y, en segundo lugar, que la Comisión no intervendrá contra los convenios colectivos entre las personas que trabajan por cuenta propia sin asalariados y su contraparte en los casos en que exista un claro desequilibrio en el poder de negociación[22]. Los convenios negociados fuera de estas condiciones serán evaluados, caso por caso, a los efectos de estimar la infracción del art. 101 TFUE. Un criterio determinante es además el contenido del convenio, pues las directrices no abarcan los acuerdos que van más allá de la regulación de las condiciones de trabajo de las personas que trabajan por cuenta propia sin asalariados[23].

3.4. Derechos de acción colectiva en la Directiva sobre plataformas digitales

Centrando nuestra atención en los derechos de participación en la gestión algorítmica de los representantes, hemos de señalar que, en primer lugar, la Directiva establece derechos de información y consulta sobre las decisiones que puedan conducir a la introducción de los sistemas automatizados de supervisión y toma de decisiones o a cambios sustanciales en el uso de estos. Estos derechos corresponden, de conformidad con el art. 13,

---

22 La exención del derecho de la competencia de la UE se aplica a las plataformas digitales de trabajo, pero no se aplica a las plataformas que no organizan el trabajo de personas físicas, sino que simplemente proporcionan un medio a través del cual los trabajadores por cuenta propia pueden contactar con los usuarios finales.

23 Que incluyen cuestiones como la remuneración, recompensas y primas, el tiempo de trabajo y los modelos de trabajo, las vacaciones, los permisos, los espacios físicos en los que se desarrolla el trabajo, la salud y la seguridad, los seguros y la seguridad social, y las condiciones en las que las personas que trabajan por cuenta propia sin asalariados tienen derecho a dejar de prestar sus servicios o en las que la contraparte tiene derecho a dejar de utilizar los servicios de las personas que trabajan por cuenta propia sin asalariados.

solamente a los representantes de los trabajadores, pues no se extienden en el art. 15 al resto de los representantes de las personas que prestan servicio en las plataformas digitales. Además, se prevé que los representantes de los trabajadores de plataformas podrán recibir la asistencia de un experto de su elección, en la medida en que lo necesiten para examinar el asunto objeto de información y consulta, y formular un dictamen. Cuando una plataforma digital de trabajo tenga más de doscientos cincuenta trabajadores en el Estado miembro de que se trate, los gastos del experto correrán a cargo de la plataforma digital de trabajo, siempre que sean proporcionados (art. 13.3).

En segundo lugar, la Directiva establece derechos de información sobre el uso de los sistemas automatizados de supervisión y de toma de decisiones y que corresponden, en este caso, en favor tanto de los representantes de los trabajadores (art. 9.1) como de los representantes de las personas que prestan servicios en plataformas (art. 15) (además, de reconocer este derecho directamente a las personas que prestan servicio en plataforma).

En tercer lugar, la Directiva también establece derechos de participación de los representantes de los trabajadores sobre la evaluación periódica (que en todo caso se debe realizar cada dos años) de los efectos de cada una de las decisiones adoptadas o respaldadas por los sistemas automatizados de supervisión y de toma de decisiones que utilice la plataforma digital de trabajo, para las personas que realizan trabajo en plataformas, en particular, cuando proceda, para sus condiciones laborales y la igualdad de trato en el trabajo (art. 10.1). Este derecho a participar en la evaluación de los efectos de los sistemas automatizados (tanto de supervisión como de toma de decisiones) solo corresponde a los representantes de los trabajadores, si bien la información sobre esta evaluación se transmitirá, además de a los representantes de los trabajadores de plataformas, a los representantes de todas personas que presenten servicios (art. 10.4 y art. 15).

Finalmente, la Directiva se dirige también a la promoción de la negociación colectiva en el trabajo en plataformas, en particular, de la negociación de medidas para facilitar el ejercicio de estos derechos de los trabajadores relacionados con la gestión algorítmica (art. 25). Ya el citado informe del Parlamento de 21/12/2022 prestaba atención a la negociación colectiva y pretendía introducir un nuevo artículo 10 bis relativo a la promoción de la negociación colectiva en el trabajo en plataformas, con un contenido más amplio, en particular sobre derechos de información para ejercer el derecho a negociar, derechos de acceso y comunicación con los trabajadores, con el fin de sindicar a los trabajadores, negociar en su nombre y representarlos, así como garantías frente a prácticas que menoscaben la acción colectiva. Sin embargo, este artículo no se incorporaría al texto acordado en 2024.

4. PARTICIPACIÓN SINDICAL Y TRANSICIÓN DIGITAL EN LA EMPRESA

Analizar el impacto de la digitalización empresarial sobre los derechos colectivos conduce a otro relevante foco de estudio, el de la participación sindical en este proceso; utilizando el término participación en un sentido amplio, para englobar junto con los derechos de información y consulta, la negociación colectiva. En efecto, en este ámbito, las llamadas a la negociación colectiva son frecuentes por su rapidez y flexibilidad y tanto a la negociación colectiva, como fuente de creación de formas de organización colectiva y de control sindical, como fuente de regulación del uso de la tecnología digital y la tutela de los derechos laborales. En términos generales, en España y en el resto de la UE la digitalización se ha abordado en la negociación colectiva antes en relación con la protección de derechos, por ejemplo, a la protección de datos y a la intimidad frente al uso de la tecnología digital. Así, en los convenios colectivos, han venido adquiriendo importancia el desarrollo de determinadas cláusulas relacionadas con la tecnología digital, relativas al derecho a la desconexión y al descanso, la delimitación de la jornada laboral, la regulación de la vídeo-vigilancia, el uso de internet en el trabajo, la geolocalización, el derecho a la privacidad de los datos biométricos, la geolocalización, el control remoto a través del ordenador o la definición de las tareas que pueden ser externalizar, entre otras cláusulas.

Los convenios más amplios sobre la introducción y sobre las consecuencias de la digitalización son una rareza pues las dificultades de la globalidad del tema determinan la falta de información de los representantes sindicales y de las propias direcciones de los centros de trabajo (Haipeter, 2022: 307).

Sin embargo, como ha puesto de manifiesto la CES, donde los sindicatos y los representantes de los trabajadores han ayudado a dar forma a la digitalización en el lugar de trabajo, se ha creado el marco negociado necesario para garantizar la participación y el control de los trabajadores digitales, además de proporcionar calificaciones y capacitación adicionales para operar robots (CES, 2022).

La negociación colectiva es pues un instrumento eficaz ante la rápida evolución tecnológica, al ofrecer soluciones flexibles para los intereses de trabajadores y empresarios y puede desempeñar un papel primordial, tanto a nivel sectorial como en el lugar de trabajo; abordar el uso de la tecnología digital, la recopilación de datos y los algoritmos que dirigen y disciplinan a la mano de obra, garantizando la transparencia, la sostenibilidad social y el cumplimiento por estas prácticas de la regulación (De Stefano, 2019: 32). Así, el convenio colectivo puede fijar límites específicos a la vigilancia de los trabajadores; fijar criterios para mejorar la transparencia de los procesos de toma de decisiones automatizadas y la compresión de sus resultados y establecer garantías frente al tratamiento de datos con fines de gestión: por ejemplo, exigir al empresario información sobre el uso de datos personales de los trabajadores, sobre cómo se procesan estos datos por la IA o prohibir las aplicaciones más invasivas, como la neurovigilancia.

Es preciso, en suma, la participación ex ante de los sindicatos en las decisiones sobre la definición y aplicación de los algoritmos (De Stefano, 2020: 442). A este respecto, debemos también recordar preceptos, como el art. 88 RGPD y art. 91 LOPD, que, aunque referidos fundamental al derecho a la protección de datos, constituyen llamamientos a la negociación colectiva para la intervención en los procesos de digitalización empresarial.

Pues bien, entre los obstáculos para la negociación del proceso de digitalización se encuentra, como hemos visto en anteriores epígrafes, de una parte, la ausencia de representación y acción colectiva de los trabajadores en las nuevas formas de empleo, como las encuadradas en la *gic economy* o en el marco de las plataformas lo que, de otra parte, no es ajeno a la propia rigidez e insuficiencias del actual modelo legal de representación empresarial, como se verá en el presente epígrafe. Así, por ejemplo, en las formas de trabajo de las plataformas, el uso de algoritmos en la gestión de recursos humanos puede producir consecuencias en los derechos fundamentales, que quedan al margen de la autotutela colectiva (Johnston y Land, 2019: 31). Por ello, el control sindical de la gestión algorítmica a través de derechos de información y consulta de los representantes ha de situarse en el contexto de un modelo de representación, que no alcanza a realidades como las plataformas, donde precisamente se están ensayando estas formas uso de algoritmos para la gestión de personal. En este contexto adverso, la gestión empresarial algorítmica está además prácticamente ausente de los vigentes acuerdos y convenios colectivos[24], proponiéndose de *lege ferenda*,

---

[24] Un ejemplo positivo destacado ha sido el XXIV Convenio colectivo sector de la banca, cuyo art. 80.5 obliga a las empresas a informar a los representantes de los trabajadores sobre el uso de la analítica de datos o los sistemas de inteligencia arti-

contar con una legislación básica que obligue a negociar estos extremos, permitiendo que la negociación colectiva especifique las salvaguardias y los límites necesarios para proteger los derechos fundamentales de los trabajadores (Todolí, 2018: 87).

Aunque la heterogeneidad de la realidad determina la importancia creciente de la negociación colectiva y el dialogo social frente a respuestas regulatorias únicas, considero que el marco normativo importa, y debe ser lo suficientemente flexible para la protección de derechos, y en concreto, para la tutela de la representación y acción sindical. Abordaremos pues finalmente el marco normativo español sobre competencias de participación sindical en la transición digital, sus insuficiencias y la necesaria reforma de nuestro modelo de representantes sindicales empresariales.

4.1. *Las competencias de participación y digitalización empresarial*

La regulación legal debe asumir el desarrollo de las competencias de participación de los representantes sindicales, pues al Estado compete garantizar los derechos fundamentales, también en la empresa. Nuestro modelo legal de tutela colectiva se articula en torno al reconocimiento de derechos de información y consulta, con vistas a alcanzar un acuerdo, de los representantes sindicales, en las decisiones empresariales, que determinan efectos relevantes sobre las personas trabajadoras, pero que es insuficiente ante el proceso de digitalización empresarial.

De otra parte, ha de destacarse que también la Carta de Derechos Digitales de 2021 presta escasa atención a la tutela colectiva de derechos en la empresa, en un planteamiento acusadamente individual, que incluso remite a la participación de las personas trabajadoras, y que ignora el modelo constitucional de relaciones laborales, articulado sobre la tutela colectiva y sindical[25].

---

ficial cuando los procesos de toma de decisiones en materia de recursos humanos y relaciones laborales se basen, exclusivamente en modelos digitales sin intervención humana. Dicha información, como mínimo, abarcará los datos que nutren los algoritmos, la lógica de funcionamiento y la evaluación de los resultados.

25 Solo se reconocen, limitadamente, derechos de información a la representación legal de las personas trabajadoras sobre el uso de dispositivos de videovigilancia, de grabación de sonidos, de la utilización de herramientas de monitoreo, analítica y procesos de toma de decisión en materia de recursos humanos y relaciones laborales (y en particular, la analítica de redes sociales) y de la utilización de siste-

Analizaremos nuestro modelo legal y propondremos su reforma, previamente se analizará la experiencia de los comités de empresa en Alemania, atendiendo a su valor para la estrategia sindical.

4.2. Digitalización y comités de empresa en Alemania

Los sindicatos alemanes han participado en la digitalización a partir de nuevas iniciativas entre las que se ha destacado la activación de los comités de empresa, en la "Industria 4.0"[26]. Aunque no fue el único proyecto sobre digitalización impulsado, el proyecto "*Work* 2020" tuvo un mayor volumen y alcance, además de ser un proyecto común de varios sindicatos del sector manufacturero[27]. En él se combinarían nuevas estrategias sindicales para activar los comités de empresa y convertir la digitalización en objeto de estudio y negociación. El objetivo del proyecto era sensibilizar, informar y sobre todo asesorar a los comités de empresa sobre el impacto de la digitalización para llegar a alcanzar acuerdos en los centros de trabajo. Tras una evaluación del estado de la digitalización que culmina con la creación de un "mapa de digitalización[28]" (e implica diálogo con los trabajadores), se identifican, junto con los comités de empresa, las cuestiones clave, que han de ser objeto de negociación con la dirección para concluir acuerdos procedimentales que establezcan las vías para abordar conjuntamente los retos de la digitalización.

---

mas biométricos y de geolocalización. En cuanto al contenido de la información, establece que se informará de los parámetros, reglas e instrucciones en los que se basan los algoritmos, reiterando lo ya regulado por el art. 64.4 d) LET, tras la reforma de 2021.

26 Estrategia sindical en Alemania que ha sido complementada con la de creación de comités de empresa en lugares sin órganos de representación.

27 Iniciado por IG Metall como sindicato sectorial de la industria metalúrgica y eléctrica junto con el Sindicato de Trabajadores de la Química (IG BCE) y el Sindicato de Trabajadores de la Alimentación (NGG) se desarrolló en la región de Renania del Norte-Westfalia. En el proyecto se incluyeron, en varias fases, a más de 50 empresas del sector manufacturero, que emplean a casi 100.000 trabajadores, la mayoría de ellos de la industria metalúrgica.

28 Los mapas de digitalización han sido una herramienta eficaz para mostrar gráficamente el grado de digitalización diferenciada por departamentos (ventas, compras, mantenimiento, planificación o montaje) de los establecimientos analizados y los cambios que conllevan en relación con el empleo, los requisitos del puesto y las condiciones de trabajo.

Los acuerdos alcanzados son de naturaleza procedimental y determinaron el establecimiento de comités de trabajo conjuntos con representantes de la dirección y de los comités de empresa para tratar los temas en profundidad, hasta el punto de posibilitar la adopción de acciones específicas. De esta forma, se han generado nuevos derechos para los representantes de los trabajadores, ya que sin su participación en estos procesos no sería posible introducir mejoras en caso de que surgieran problemas. Los principales temas tratados en los convenios colectivos negociados son la formación y la formación continua, la participación en proyectos de digitalización, que ofrece a los comités de empresa la oportunidad de influir en la implantación de la tecnología digital desde el principio. En definitiva, como ya se ha señalado, los acuerdos marcan el inicio y no el final del proceso mediante el cual los comités de empresa participan en la forma de desarrollar la digitalización en sus lugares de trabajo (Haipeter, 2022: 308).

4.3. Competencias de participación en España: Derechos de información sobre IA

En el modelo español de relaciones laborales, el poder empresarial encuentra su contrapeso en las competencias de participación de los representantes sindicales. En este modelo, competencias colectivas y derechos individuales de los trabajadores se interseccionan en una entramado legal y convencional dirigido a adjurar la arbitrariedad en la empresa y dotar de seguridad jurídicas a los trabajadores. Sin embargo, es preciso seguir insistiendo, en primer lugar, en la insuficiencia del marco legal español sobre derechos información y consulta de los representantes de los trabajadores, sin atribución específica de estas competencias sobre la introducción de nuevas tecnologías. Y, en segundo lugar, hemos de recordar que, atendiendo a la configuración organizativa de los representantes unitarios, centrada en los centros de trabajo y la creciente importancia de la empresa como ámbito de desarrollo de competencias de participación de estos representantes, el modelo estatutario de los comités y delegados no es adecuado para desarrollar eficazmente las competencias de participación en los procesos de digitalización.

En la reforma de 2021 se han reforzado las competencias de información sobre el uso de algoritmos en la empresa; sobre las reglas en las que se basan los sistemas de IA, usados para la gestión del personal en la empresa. Como se sabe, el RDL 9/2021, de 11 de mayo (por el que se modificaba la

LET[29] para garantizar los derechos laborales de las personas dedicadas al reparto en el ámbito de plataformas digitales)[30] reconoció específicamente el derecho de información algorítmica al comité de empresa (art. 64.2 d) LET). Con anterioridad a esta norma, los derechos de información y consulta de los representantes sindicales en la empresa en este tema se limitaban al reconocimiento de un genérico derecho de los representantes a ser informados y consultados sobre todas las decisiones de la empresa, que pudieran provocar cambios relevantes en la organización del trabajo y en los contratos de trabajo (art. 64.5 LET) (así como los derechos de información de los representantes sobre los sistemas de vigilancia, de conformidad con los arts. 89.1, 90.2, 87.3 y 88 LOPD) [31].

Centrándonos ya en el contenido de este nuevo derecho del comité de empresa, la información se extiende a los parámetros, reglas e instrucciones en los que se basan los algoritmos o sistemas de inteligencia artificial, que afectan a la toma de decisiones, que pueden incidir en las condiciones de trabajo, el acceso y mantenimiento del empleo, incluida la elaboración de perfiles. De esta forma, la regulación española adoptaría una solución próxima a la exigencia de explicabilidad, establecida por el art. 22 RGPD, para las decisiones únicamente automatizadas con significativos efectos sobre los interesados. El Reglamento configura un derecho individual de explicación a la persona interesada sobre la existencia de estas decisiones automatizadas, que comprende, información significativa sobre la lógica aplicada.

Pues bien, en favor de la efectividad de este derecho de explicación, se ha propuesto una interpretación finalista dirigida a garantizar el ejercicio de los derechos por la persona afectada (Selbst y Powles, 2017: 239). En esta misma línea, el GT29 afirmaría que son necesarias formas sencillas de informar acerca de la lógica subyacente o los criterios utilizados para llegar a la decisión; la información facilitada debe ser, además, suficientemente

---

29 Real Decreto Legislativo 2/2015, de 23 de octubre, por el que se aprueba el texto refundido de la Ley del Estatuto de los Trabajadores.

30 Hoy vigente Ley 12/2021, de 28 de septiembre, por la que se modifica la LET para garantizar los derechos laborales de las personas dedicadas al reparto en el ámbito de plataformas digitales.

31 Por ello, es preciso destacar la STS de 8/02/2021 (Rec. 84/2019), que confirma la nulidad del Proyecto Tracker de una conocida cadena de reparto de pizza a domicilio, entre otras causas, porque la implantación del Proyecto ha incumplido los requisitos de información y consulta previa establecidos en el art. 64.5 LET.

exhaustiva para que se entiendan los motivos de la decisión[32]. En definitiva, ofrecer una referencia técnica a la implementación del algoritmo podría ser opaco, confuso, e incluso conducir a la fatiga informativa, por lo que debe facilitarse información que permita entender el comportamiento del tratamiento (AEPD, 2020: 24).

Aplicando estos criterios interpretativos a la regulación española podríamos concluir que el empresario debe suministrar a los representantes de los trabajadores una información exhaustiva y comprensible para el receptor, a los efectos de cumplir la finalidad de control sindical que orienta la norma[33]. Aunque es aún pronto para valorar su efectividad constituye un primer paso, en el necesario avance de los derechos de participación sindical en la gestión empresarial algorítmica.

La regulación legal debe asumir el desarrollo de las competencias de participación de los representantes sindicales en relación con los procesos de transición digital a los efectos de su control, por ejemplo, sobre las decisiones algorítmicas de gestión del trabajo. Por lo que, en definitiva, es preciso avanzar hacia el reconocimiento de estos derechos o competencias de los sujetos colectivos, en el marco de una necesaria reforma global de nuestro modelo de representación sindical en la empresa, que se abordará a continuación. La trasposición de la Directiva será la oportunidad para modificar la regulación estatutaria sobre competencias de los representantes, aunque el ámbito de aplicación de aquella esté limitado a las plataformas digitales, en línea con la modificación general que introdujo la regulación española de 2021, que también se dirigió a la protección de las personas que prestan servicios en las plataformas digitales.

4.4. Propuesta de reforma del modelo de representación sindical empresarial

La crisis u obsolescencia del modelo de representación colectiva empresarial está conectada con los transcendentales cambios producidos en el colectivo representado y con la unidad-base de la representación. Los cambios en las organizaciones empresariales, en las formas de trabajo y

32 Grupo de Trabajo sobre protección de datos del art. 29 (2018). Directrices sobre decisiones individuales automatizadas y elaboración de perfiles a los efectos del Reglamento 2016/679, p. 28.

33 En similares términos, la guía práctica editada por el Ministerio de Trabajo y Economía Social en mayo de 2022 bajo el título, Información algorítmica en el ámbito laboral.

en el colectivo de las personas trabajadoras han determinado un sistema de representación, que no representa a un buen número de las personas trabajadoras y, específicamente, las que prestan servicios en empresas auxiliares, y en nuevos modelos de negocio, como las plataformas digitales, en definitiva, las personas más necesitadas de tutela colectiva.

Las denuncias de crisis del sistema de representación de los trabajadores en la empresa se conectan con una triple causa: la irrelevancia creciente del centro de trabajo como eje de la representación, la aparición de formas de negocio al margen de los centros de trabajo y la salida de los trabajadores presenciales de los centros de trabajo. Las diversas formas de descentralización productiva primero, el trabajo en plataformas después y el futuro crecimiento del teletrabajo, en la era postpandemia, dibujan una realidad en la que no encaja el vigente modelo de representación.

Pues bien, uno de los obstáculos a la necesaria adaptación entre sujetos representativos y estructuras empresariales deriva de la coincidencia entre unidad electoral y base representativa[34]. En consecuencia, la flexibilidad del modelo de representación de los trabajadores, necesaria para su adaptación presente y futura a la cambiante realidad de las empresas, exige como presupuesto, a mi juicio, desvincular unidad de representación y unidad electoral.

Ello permitiría la necesaria flexibilidad en la unidad representativa que, atendiendo a cada realidad empresarial, pueda ser elegida libremente por los sindicatos. Por ello, también el modelo debe articularse exclusivamente sobre los representantes sindicales. La libertad sindical garantiza a los sindicatos la libertad de autoorganización, también dentro de la empresa, de forma que pueda optar por la unidad de representación y acción sindical necesaria para la tutela de los intereses de los trabajadores.

Solo el sindicato, cuya capacidad de autoorganización constituye contenido esencial libertad sindical, puede protagonizar esa necesaria adaptación de la representación de intereses colectivos a la diversidad organizativa empresarial. Igualmente, es el sindicado el único sujeto que puede asumir la representación colectiva de los trabajadores digitales, la instancia representativa común que puede englobar a la inmensa mayoría de estos trabajadores también de los autónomos, centralizando a un colectivo muy

---

34 La rigidez de nuestro modelo deriva, en gran medida, de la vinculación que se entabla entre unidad de representación y unidad electoral, al ser las elecciones a representantes unitarias la vía de medición de la representatividad sindical.

heterogéneo de representados y cuyos intereses, no obstante, son homogéneos: la lucha contra la precariedad laboral mediante el establecimiento de condiciones de trabajo dignas. Los cambios hacia mayor flexibilidad de la unidad representativa y de su base subjetiva conducirían al protagonismo único de la representación sindical.

De esta forma las representaciones sindicales tendrían un marco flexible para organizarse y actuar en el mundo del trabajo. Ya hemos visto la importancia del marco institucional para posibilitar la organización y defensa colectiva de los derechos de las personas que prestan servicios en las plataformas, a los que podría extenderse este modelo flexible de representación sindical. Un modelo flexible que debe ser establecido por la Ley porque el sistema de representación de los trabajadores en la empresa es competencia del legislador estatal al que le corresponde la promoción del sindicato en la empresa que caracteriza nuestro Estado Social.

Referencias bibliográficas

Agencia Española de Protección de Datos. (2020). Adecuación al Reglamento General de Protección de Datos de tratamientos que incorporan Inteligencia Artificial, Una introducción.

Aloisi, A. (2019). Negotiating the digital transformation of work: non-standard workers' voice, collective rights and mobilisation practices in the platform economy. *EUI Working Paper MWP 2019/03.* Badia Fiesolana: European University Institute.

Álvarez Cuesta, Henar. (2020). El diálogo social y la negociación colectiva como herramientas para lograr una transición digital justa. *Lan Harremanak,* (42), 13-49.

Baylos, A. (2022). La larga marcha hacia el trabajo formal: el caso de los riders y la Ley 12/2021. *Cuadernos de Relaciones Laborales, 40*(1), 95-113.

CCOO Industria (2019). Industria 4.0, una apuesta colectiva (en línea) http://industria.ccoo.es/3726499875c9feb2f83c5e2d866a4a0d000060.pdf

CE (2021) Comunicación de la Comisión al Parlamento Europeo, al Consejo, al Comité Económico y Social Europeo, y al Comité de las regiones, Mejores condiciones de trabajo para una Europa social más fuerte: aprovechar todas las ventajas de la digitalización para el futuro del trabajo Bruselas, 9.12.2021 COM (2021) 761 final

CES (2022) Resolución de la CES en la que se pide una Directiva de la UE sobre sistemas algorítmicos en el trabajo, Comité Ejecutivo del 6 de diciembre de 2022.

CES (2020) Resolución de la CES sobre la protección de los derechos de los trabajadores atípicos y de las empresas de plataformas (incluidos los trabajadores por cuenta propia), Comité Ejecutivo del 28 y 29 de octubre de 2020.

CES (2017) Resolución sobre cómo abordar los nuevos desafíos digitales para el mundo del trabajo, en particular el trabajo colaborativo, Comité Ejecutivo del 25 y 26 de octubre de 2017.

De Stefano V. (2019). Negotiating the algorithm': automation, artificial intelligence, and labor protection. *Comparative Labor Law & Policy Journal, 41*(1), 1-32.

De Stefano V. (2020). Masters and servers': collective labour rights and private government in the contemporary world of work. *International Journal of Comparative Labour Law and Industrial Relations, 36*(4), 425-444.

De Stefano V., Taes, S. (2021). Algorithmic management and collective bargaining. ETUI. https://www.etui.org › publications (consulta 10 de mayo de 2023)

Goerlich Peset, J. M. (2019). Innovación, digitalización y relaciones colectivas de trabajo. *Revista de Treball, Economía i Societat,* (92), 1-26.

Guerrero Vizuete E. (2019). La digitalización del trabajo y su incidencia en los derechos colectivos de los trabajadores. *IUS Labor,* (1), 267-285.

Hadwiger, F. (2023). Aprovechar las oportunidades de la economía de plataformas digitales mediante la libertad sindical y la negociación colectiva. *Documento de Trabajo OIT.*

Haipeter, T. (2022). Trade Unions and Digitalisation in Germany. *Cuadernos de Relaciones Laborales, 38*(2), 301-323.

Hyman, R. (2022). El futuro de las relaciones laborales en tiempos de pandemia. *Cuadernos de Relaciones Laborales, 38*(2), 245-260.

Johnston, H., Land-Kazlauskas C. (2019). Organizing on-demand: Representation, voice, and collective bargaining in the gig economy. Conditions of Work and Employment Series N. 94. Geneva:ILO.

Köhler, H-D. (2022). Sindicalismo 'Gig' o la acción colectiva en la economía de las plataformas, Cuadernos de Relaciones Laborales, 38(2): 325-3

Kullmann, M. (2018). "Platform Work, Algorithmic Decision-Making, and EU Gender Equality Law". International Journal of Comparative Labour Law and Industrial Relations. 34: 1-21

Martín Artiles, A.; Pastor Martínez, A. (2022). Nuevas formas de representación colectiva. Reacción a la digitalización, Cuadernos de Relaciones Laborales, 38(2), 345-366

Miguélez, F.; Alós, R. (2022). Sindicalismo en la era digital. *Cuadernos de Relaciones Laborales, 38*(2), 237-243.

OIT, (2020). Promover el empleo y el trabajo decente en un panorama cambiante. Informe de la Comisión de Expertos en Aplicación de Convenios y Recomendaciones (artículos 19, 22, 23 y 35 de la Constitución), CIT109/III(B).

Parlamento Europeo, (2022), Informe de 21/12/2022 (Proyecto de resolución legislativa del Parlamento) sobre la propuesta de Directiva del Parlamento Europeo y del Consejo relativa a la mejora de las condiciones laborales en el trabajo en plataformas digitales.

Pérez de los Cobos y Orihuel, F. (2019). Poderes del empresario y derechos digitales del trabajador. *Trabajo y derecho,* (59), 16-29.

Rodríguez Copé, M. L. (2021). El difícil papel del sindicato de clase en la gig-economy: viejas y nuevas fórmulas para crear comunidad ante la dispersión, la diversificación y el conflicto. En Gómez Muñoz, J.M. (Dir.), *Sindicalismo y capitalismo digital: los límites del conflicto* (pp. 227-272). Bomarzo.

Rodríguez Fernández, M.L. (2018). Sindicalismo y negociación colectiva 4.0. *Temas laborales,* (144), 27-41.

Sáez Lara, C. (2022). Gestión algorítmica empresarial y tutela colectiva de los derechos laborales. *Cuadernos de Relaciones Laborales, 38*(2), 283-300.

Selbst A., Powles, J. (2017). Meaningful Information and the Right to Explanation. *International Data Privacy Law,* (7), 233-242.

Todolí Signes, A. (2018). La gobernanza colectiva de la protección de datos en las relaciones laborales "big data", creación de perfiles, decisiones empresariales automatizadas y los derechos colectivos. *Revista de Derecho Social,* (84), 69-88.

Capítulo 18.

TRABAJO EN PLATAFORMAS DIGITALES, DESMATERIALIZACIÓN DEL CENTRO DE TRABAJO Y REPRESENTACIÓN UNITARIA EN LA EMPRESA

OTERO RUIZ DE ALEGRÍA, MARÍA
Profesora Ayudante del Departamento de DTSS
Facultad de Derecho UCM
marotero@ucm.es

RESUMEN: La deslocalización y desmaterialización del lugar de trabajo que conlleva el trabajo en plataformas digitales y, dentro de este, el trabajo en plataformas *off-line,* dificulta la identificación del "centro de trabajo" en este tipo de empresas. A la luz de esta problemática, se analiza la necesidad de proceder a una intervención legislativa dirigida, por un lado, a modificar la unidad de imputación de la representación unitaria y, por el otro, a flexibilizar las reglas para su determinación.

ABSTRACT: The de-localisation and de-materialisation of the workplace implied by work on digital platforms and, within this, work on *off-line* platforms, hinders the identification of the concept of "workplace". In the light of this problem, the paper analyses the need for a regulatory reform, aimed, on the one hand, at modifying the unit of imputation of the worker´s council and, on the other hand, at making the rules for its determination more flexible.

Palabras clave: Plataformas digitales, representación unitaria, centro de trabajo, unidad de imputación, reforma legislativa.

Keywords: Digital platforms, unitary representation, workplace, unity of imputation, regulatory reform.

1. INTRODUCCIÓN

En las últimas décadas, el sistema de producción atraviesa un proceso de conversión como consecuencia de la incorporación masiva de las tecnologías de la información y comunicación en las empresas. No obstante, en los últimos años, el proceso que comenzó con la introducción de las primeras tecnologías de la información y la comunicación, ha sufrido un giro transformador a raíz de la aparición de "nuevas" tecnologías vinculadas a la informática y telecomunicaciones, la robótica e inteligencia artificial, dando lugar a lo que se conoce como la "Cuarta Revolución Industrial" o la "Industria 4.0" (Goerlich, 2018: 592 ss).

En este proceso, destaca el fenómeno de plataformización de la economía a resultas del cada día más generalizado uso de redes digitales algorítmicas, siendo este uno de los fenómenos que más incidencia transformadora está teniendo en el sistema de producción y, por ende, en la configuración de la morfología de las relaciones laborales.

Entre otros, uno de los elementos principales en los que se concreta este especial impacto transformativo de la prestación de servicios a través de plataformas digitales reside en la total descentralización del proceso productivo que posibilitan (Guerrero, 2018: 200). En efecto, las empresas que ostentan la titularidad de la plataforma, lejos de aportar los medios materiales y humanos necesarios para generar los bienes y servicios que ofrecen al mercado, pretenden limitarse a poner a disposición de oferentes y consumidores una red digital que permita la conexión entre estos agentes, externalizando por completo la actividad que realizan[1]. Asimismo, las mercantiles que se dedican a esta actividad, a través del recurso al conjunto de personas trabajadoras que se conectan a la aplicación (lo que se denomina como *crowdsourcing*), pretenden organizar el servicio a través de la "contratación a demanda", evitando establecer vínculos contractuales que perduren más allá de la estricta prestación del servicio.

Como consecuencia de ello y de las distintas formas de descentralización que habían comenzado décadas atrás (entre otras, el recurso a sub-

---

1 Ello, evidentemente, siempre que se constituyan efectivamente como meras intermediarias y no como auténticas prestadoras del servicio subyacente, algo que dependerá del grado de intervención y control que ejerzan sobre el servicio en cada caso [STJUE 20 de diciembre de 2017, C-434/15, *Asociación profesional Élite Taxi y Uber Systems Spain SL*; STJUE10 de abril de 2018, C-320/16, *Uber France S.A*, doctrina judicial recogida después por el Tribunal Supremo en su sentencia de 25 de septiembre de 2020 (rec. 4746/2019)].

contratas y a empresas de trabajo temporal), cabe afirmar que el arquetipo de empresa industrial fordista sobre el que se construye la regulación laboral actual está desapareciendo (Pastor, 2018: 113). De este modo, el tradicional modelo de empresa de integración vertical estructurado entorno a centros de trabajo con una entidad física y una adscripción fija de trabajadores, está siendo sustituido por sistemas de producción en los que priman la descentralización, la fragmentación, la deslocalización e incluso la desaparición del centro de trabajo como realidad material.

Cada día con más frecuencia, dada la estrecha interconexión entre empresa y trabajador que permite la plataforma digital, la prestación de servicios ya no tiene lugar en un centro de trabajo fijo y de titularidad de la empresa, sino en el espacio elegido en cada caso por las personas trabajadoras (sería el caso del *crowdsourcing online*) o en el exigido por las condiciones de prestación del servicio (en el caso del *crowdsourcing off line*) (Lahera, 2019: 22). Por ende, la prestación de servicios ya no converge en un único centro de trabajo, sino que se produce una deslocalización en toda una red de centros que varían cada vez y que pueden llegar a no tener una entidad física localizada geográficamente. A resultas de ello, se plantea la cuestión de si el concepto de "centro de trabajo", en los términos en los que queda configurado en el artículo 1.5 del Estatuto de los Trabajadores y ha sido interpretado jurisprudencialmente, resulta suficiente para dar cabida a estas nuevas realidades.

Si bien el concepto de centro de trabajo repercute sobre varias instituciones del ordenamiento laboral, el análisis abordará la problemática desde la perspectiva del sistema de representación unitaria en la empresa, dada la especial afectación que está teniendo esta forma de prestar servicios sobre los derechos colectivos de las personas trabajadoras (Pastor, 2018: 216 y Gil Otero 2020: 5). Ello implica la necesidad de extender la reflexión doctrinal entorno a la adaptación del Título II del Estatuto de los Trabajadores a la realidad productiva del mercado, con el objetivo de diseñar cauces que reequilibren la individualidad que ha prevalecido en la relación entre los trabajadores de plataformas y las empresas digitales hasta ahora.

En oposición a los que abogan por el determinismo tecnológico, la tarea del jurista, lejos de someterse a la premisa de que el mercado de trabajo está subordinado a los cambios introducidos por el progreso tecnológico, consiste en averiguar la forma de canalizar esos cambios para garantizar que en los momentos de transición se siguen conservando los principios de justicia más elementales (Pérez de los Cobos, 2022: 202).

En virtud de lo expuesto, se procederá a analizar, en primer lugar, la incidencia que tiene sobre el modelo de representación unitaria la ruptura del elemento locativo y la desmaterialización del centro de trabajo que conlleva el trabajo en plataformas. Posteriormente, se realizarán las propuestas interpretativas y normativas que procedan a la luz de los desajustes detectados entre el sistema normativo y la realidad social a la que responde.

2. EL *CENTRO DE TRABAJO* COMO NÚCLEO DEL SISTEMA DE REPRESENTACIÓN UNITARIA EN LA EMPRESA

2.1 La representación unitaria y su carácter vertebrador del sistema de representación de las personas trabajadoras

La representación unitaria se erige como el pilar fundamental de los dos canales de participación institucional en la empresa. Ello por dos motivos. En primer lugar, en virtud de la doble finalidad que persigue este canal de representación que, además de representar y defender los intereses de los trabajadores de los centros de trabajo en los que queda constituido, determina la representatividad sindical y, en consecuencia, la titularidad del derecho a la negociación colectiva de eficacia general [arts. 6 y 7 de la Ley Orgánica 11/1985, de 2 de agosto, de Libertad Sindical (en adelante, LOLS)]. En segundo lugar, porque parte de los derechos que le son conferidos a la representación sindical y que resultan indispensables para la realización de sus fines reivindicativos, dependen de la presencia electoral del concreto sindicato en los órganos de representación unitaria. Nos referimos con ello a la capacidad para nombrar delegados sindicales y a la atribución de los derechos establecidos en el artículo 8.2 de la LOLS: derecho a tener un tablón de anuncios, derecho a la negociación colectiva en los términos establecidos en la legislación específica y derecho a un local adecuado. De conformidad con el citado artículo, la posibilidad de ejercer estos derechos solamente queda conferida a las secciones sindicales de los sindicatos más representativos y a las que, se reitera, tengan representación en los comités de empresa.

Por consiguiente, dado que la representación unitaria determina la representatividad sindical y parte de los derechos de secciones y delegados sindicales, la reflexión sobre su adecuación y efectividad resulta primordial[2].

2.2. El centro de trabajo como unidad de imputación de la representación unitaria

La representación unitaria de los trabajadores queda regulada en los artículos 62 y siguientes del Estatuto de los Trabajadores, preceptos que ponen de manifiesto que el centro de trabajo se establece como la institución jurídica nuclear en torno a la cual se estructura este mecanismo de representación en la empresa.

De la lectura de los citados preceptos se deduce que, con excepción de lo previsto en el artículo 63.2 ET para la figura del comité de empresa conjunto, el centro de trabajo se erige como la unidad de imputación de la representación unitaria. En efecto, el centro de trabajo constituye la unidad de cómputo de los umbrales de plantilla para la constitución de los órganos de representación unitaria, siendo este el punto de referencia que determina: a) si existe un derecho a constituir tales órganos [art. 62.1 ET]; b) el tipo de órgano que representará a las personas trabajadoras del centro (delegados de personal o comité de empresa) [arts. 62.1 y 63.1 ET] y c) el número de representantes que lo conformará [art. 62.1 y 66.1 ET]. En línea con lo anterior, el centro de trabajo también se constituye como la circunscripción electoral sobre la que se desarrollan todas las fases de las elecciones sindicales [artículo 67 y ss. ET][3].

---

2 De ahí que se opte por no considerar la representación sindical, a pesar de que parte de la doctrina sostenga su idoneidad como mecanismo de representación en el ámbito de las plataformas digitales. Entre otros, Garrido (2017); Guerrero (2019) y Pastor (2018).

3 Concretamente, el artículo 67.1 ET solo autoriza a promover elecciones a los "trabajadores del centro de trabajo" y obliga a precisar en la comunicación de la promoción de elecciones "el centro de trabajo" en que se van a celebrar. Igualmente, el artículo 74 ET vuelve a hablar de las elecciones "en centros de trabajo" y el artículo 76.5 ET alude a "las candidaturas en el centro de trabajo en el que se hubiere celebrado la elección". Asimismo, el Real Decreto 1844/1994, de 9 de septiembre, por el que se aprueba el Reglamento de elecciones a órganos de representación de los trabajadores en la empresa, hace constante la mención del centro de trabajo como unidad electoral básica.

2.3 El concepto de "centro de trabajo"

En el ordenamiento jurídico español, esta institución jurídica queda definida unívocamente en el artículo 1.5 del Estatuto de los Trabajadores, que dispone que *"A efectos de esta ley se considera centro de trabajo la unidad productiva con organización específica, que sea dada de alta, como tal, ante la autoridad laboral."*

En consecuencia, el concepto de centro de trabajo está compuesto por tres características esenciales: a) unidad productiva; b) organización específica; c) registro ante la autoridad laboral. Entre las mencionadas, son las dos primeras las que dotan de un contenido real al concepto, ya que el requisito de alta ante la autoridad laboral en ningún caso se entiende como constitutivo sino meramente declarativo de la realidad material que ha de preexistir al registro[4].

Dado su alto grado de indeterminación, el contenido de las notas que definen el centro de trabajo ha tenido que ser completado por la vía de la interpretación jurisprudencial.

- **Unidad productiva**

Este concepto ha sido definido reiteradamente por nuestro Alto Tribunal como *"una unidad técnica de producción que, dentro del conjunto de la actividad de la empresa, sirva a la ejecución práctica de ésta"* [STS 24 de febrero de 2011 (rec. 1764/2010)] o, por tribunales inferiores, como un *"elemento de carácter material que sirve de soporte a la realización práctica de la actividad empresarial"* [STSJ Andalucía, Sevilla núm. 3777/2012, de 20 diciembre]

En definitiva, es una "unidad productiva" aquel conjunto de medios materiales y humanos que tiene una entidad concreta y diferenciada en el

---

4 Así lo ha reconocido en diversos pronunciamientos el Tribunal Supremo [entre otras, SSTS 24 de febrero de 2011 (rec. 1764/2010) y 7 de febrero de 2012 (rec. 114/2011)], que interpreta que atribuir efectos constitutivos al alta del centro de trabajo ante la autoridad laboral implicaría dejar al arbitrio empresarial la decisión última de crear y reconocer la existencia de un centro de trabajo, institución de la que dependen múltiples derechos de las personas trabajadoras. En cualquier caso, a pesar de que este sea un requisito formal, la inscripción del centro de trabajo tiene atribuida una especial eficacia jurídica a efectos probatorios, ya que implica la activación de una presunción *iuris tantum* de la existencia de lo que el empresario registra como centro de trabajo [SAN núm. 64/2003, de 13 junio; STSJ Andalucía, Sevilla núm. 1644/2013, de 29 de mayo; STSJ Madrid núm. 70/2008, de 28 de enero].

proceso de producción de la empresa (Álvarez del Cuvillo, 2016: 6) y que, en ese sentido, constituye una "unidad socio-económica de producción" (Miñambres, 1985: 261).

El concepto de unidad productiva ha sido interpretando en sentido amplio, incluyéndose dentro del mismo tanto las organizaciones verticales (supuestos en los que la unidad productiva abarca la totalidad del proceso productivo), como horizontales (supuestos en los que se abarca una fase del mismo), o las mixtas (Álvarez del Cuvillo, 2016: 7)[5].

En cualquier caso, como evidencia la propia literalidad del artículo 44.1 ET, no toda unidad productiva con autonomía técnica es un centro de trabajo sino que, para que pueda considerarse como tal, en los términos del artículo 1.5 ET, es necesario que esta posea, además, una organización específica (Vivero, 2017: 220 o Gallego, 2022: 276).

- **Organización específica**

La organización específica alude a la existencia de una autonomía organizativa superpuesta a la autonomía técnica[6]. Esto significa que, para que pueda considerarse que una unidad productiva está dotada de una organización específica, además de independencia técnica sobre el proceso productivo, ha de tener atribuida la capacidad de gestión y auto-organización en la ejecución del trabajo (Gallego, 2022: 277).

Precisamente, para determinar en qué consiste la autonomía organizativa que caracteriza a este atributo del centro de trabajo, tanto la doctrina como el Tribunal Supremo recurren principalmente a un "criterio técnico-laboral" (Álvarez del Cuvillo, 2016: 9)[7], de forma que se entiende que posee una organización específica aquella unidad productiva en la que existe un cierto poder de decisión sobre la organización de las relaciones laborales que tienen lugar en el ámbito del concreto centro de trabajo (i.e. capacidad para conceder vacaciones, para organizar los turnos de trabajo, existencia de un encargado, etc.).

En cualquier caso, si bien para que pueda identificarse un centro de trabajo debe existir cierta autonomía organizativa en los términos expuestos,

---

5 Pero también explicado en la STSJ Galicia núm. 12/2006 de 29 de diciembre de 2006.

6 STSJ Andalucía, Granada núm. 889/2012, de 11 de abril de 2012 o STSJ Galicia núm. 12/2006, de 29 de diciembre de 2006.

7 Asimismo, SSTS 11 de febrero de 2015 (rec. 2872/2013); de 7 de febrero de 2012 (rec. 114/2011); de 28 de mayo de 2009 (rec. 127/2008).

esta no debe ser total respecto de la empresa (Vivero, 2017: 220), debiendo subsistir, a pesar de ello, un poder de dirección general en la misma (Gil Otero, 2020: 9)[8]. Ello se traduce, a título ejemplificativo, en la existencia de una dirección financiera conjunta, de una dirección de gestión de recursos humanos o materias primas, etc. (Gallego, 2022: 275).

- **Definición indiciaria**

A pesar de que las definiciones doctrinales y judiciales que han sido expuestas han contribuido a poner algo de luz en lo que ha de entenderse por "unidad productiva con organización específica", lo cierto es que, a pesar de ello y dada la complejidad de la realidad material subyacente, el grado de indeterminación respecto a qué ha de calificarse como centro de trabajo sigue siendo elevado.

Ante esta dificultad, se considera especialmente útil y acertado el análisis realizado por (Álvarez del Cuvillo, 2016) que, a partir del examen de un conjunto de pronunciamientos judiciales y arbitrales, ha sido capaz de identificar una serie de *hechos-base* o indicios que subyacen a las decisiones judiciales entorno a la existencia o no de un centro de trabajo. Según el autor, en la calificación de una realidad como centro de trabajo, los tribunales no operan con el marco teórico abstracto de sus notas constitutivas sino que, en realidad, se valen de una serie de *hechos-base* que operan como indicios.

Siguiendo en esencia el trabajo del autor, cabe identificar los siguientes indicios:

i. La delimitación espacial de la unidad productiva respecto al resto de la organización [STS 14 de julio de 2011 (rec. 140/2010) y reiterado también por la STS 11 de enero de 2017 (rec. 24/2016)].

ii. La existencia de un conjunto de medios materiales y de capital propios en una determinada unidad productiva [STSJ Madrid núm. 208/2012, de 9 de marzo].

iii. La vocación de continuidad y permanencia de la unidad [STSJ de Castilla-La Mancha núm. 1344/2011, de 7 de diciembre].

iv. La independencia económica o productiva de la unidad [STSJ Murcia núm. 1110/2008, de 22 de diciembre; STSJ Madrid núm. 70/2008, de 28 de enero; STSJ Galicia núm. 5645/2011, de 16 de diciembre].

---

[8] También, STSJ Andalucía núm. 1644/2013, de 29 de mayo.

v. La existencia de un grupo humano reconocible y socialmente percibido como tal, derivado de circunstancias como que la movilidad de trabajadores sea reducida o del hecho de que les sean de aplicación condiciones laborales distintas [STSJ País Vasco núm. 1941/2011, de 12 de julio y núm. 2684/2012, de 6 de noviembre; STSJ Andalucía, Sevilla núm. 3129/2012, de 8 de noviembre].

vi. La presencia de la figura de un "Encargado" o equivalente [STS de 14 de julio de 2011 (rec. 140/2010); STSJ Madrid núm. 70/2008, de 28 de enero; STSJ Andalucía, Sevilla núm. 1122/2013, de 4 de abril].

vii. Que en la unidad productiva objeto de análisis se tomen decisiones de carácter laboral, tales como la elección de turnos de trabajo, concesión de permisos, organización de las vacaciones, etc. [STSJ Andalucía, Málaga, núm. 1013/2011 de 9 de junio; STSJ Cataluña núm. 3526/2012, de 9 de mayo; STSJ Madrid núm. 790/2009, de 30 de septiembre].

A partir de estos indicios y del contenido atribuido doctrinal y jurisprudencialmente al centro de trabajo, procederá determinar si las nuevas realidades productivas surgidas a raíz de la introducción de plataformas digitales se adecuan al concepto de centro de trabajo vigente en nuestro ordenamiento.

2.4. La inadecuación del centro de trabajo como unidad de referencia del sistema de representación unitaria

Antes de entrar a analizar la problemática específica ligada a las plataformas digitales, es preciso advertir que el cuestionamiento del centro de trabajo como unidad de referencia no tiene su origen en la aparición de la empresa digital, sino que es una observación que ha venido realizando la doctrina desde el momento en que comenzó la deriva postindustrial del modelo de empresa[9].

---

9 Con respecto a esta distinción, resulta especialmente ilustrativa la clasificación realizada por Lahera (2019: 23). El autor establece una diferencia entre el *modelo industrial,* el *modelo postindustrial* y el *modelo digital* de empresa. De este modo, mientras que el modelo postindustrial de empresa está caracterizado por la escisión entre el centro de trabajo y lugar de trabajo como consecuencia de la descentralización productiva a través de subcontratas, ETTs y la movilidad internacional, el modelo digital se define por la "desmaterialización laboral", esto es, por la des-

Se ha venido sosteniendo así que el parámetro sobre el que se constituye la representación unitaria no se ajusta las nuevas estructuras empresariales, en las que conviven procesos de descentralización productiva y concentración empresarial (Sáez, 2005: 316).

A mayor abundamiento, se mantiene que esta inadecuación se ve agravada por la imperatividad y rigidez de las reglas que fijan al centro de trabajo como unidad electoral básica. Esta imperatividad y ausencia de flexibilidad resulta, no solo de la propia literalidad de los preceptos del Estatuto de los Trabajadores, sino de la interpretación que ha realizado el Tribunal Supremo de los mismos. Así, fue el Alto Tribunal el que, en sus pronunciamientos de 31 de enero de 2001 (rec. 1959/2000) y 19 de marzo de 2001 (rec. 2012/2000) impidió la agrupación de los centros de trabajo situados en una misma provincia para proceder al nombramiento de un delegado de personal, al no concurrir los requisitos para la aplicación analógica del artículo 63.2 ET. En la misma línea, también descartó la posibilidad de que los centros de trabajo de menos de 11 trabajadores formaran parte del cómputo para constituir un comité de empresa conjunto, al entender que, conforme al artículo 62.1 ET, estos solamente pueden tener representación si así lo deciden mayoritariamente [STS 20 de febrero de 2008 (rec. 77/2007)].

Todo ello bajo la premisa subyacente de que los preceptos que regulan la unidad electoral son indisponibles para los agentes promotores de las elecciones (y para cualquier ámbito de negociación), al ser considerados preceptos de derecho necesario absoluto[10].

Por tanto, ahondando en los desajustes que genera el establecimiento del centro de trabajo como unidad de base, se sostiene que el carácter imperativo que se le atribuye a esta regla genera una nueva discrepancia entre la configuración del sistema de representación unitaria, caracterizado por su excesiva rigidez, y la mutabilidad organizativa que han venido experimentando las empresas (Pastor, 2018: 114).

---

aparición del centro de trabajo como entidad física estable y su sustitución por espacios digitales (trabajo a distancia, plataformas digitales, etc.).

10 SSTS 28 de mayo de 2009 (rec. 127/2008); 20 de febrero de 2008 (rec. 77/2007) 19 de marzo de 2001 (rec. 2012/2000). Ello deriva fundamentalmente del hecho de que afecten a una materia de orden público como es la representatividad sindical, ya que la intervención de la negociación colectiva en la unidad electoral podría llegar a dar como resultado una adulteración de la audiencia electoral (Sáez, 2005: 316 e Ysàs, 2021: 141).

Vemos, pues, que, sin perjuicio de que el trabajo en plataformas presente una problemática específica ligada a la deslocalización y desmaterialización del centro de trabajo, también reproduce discordancias que viene arrastrando el sistema de representación unitaria durante décadas como consecuencia de la progresiva desaparición del modelo fordista de empresa.

3. LA INADECUACIÓN DEL CONCEPTO DE "CENTRO DE TRABAJO" FRENTE A LA DESLOCALIZACIÓN Y DESMATERIALIZACIÓN DEL LUGAR DE PRESTACIÓN DE SERVICIOS QUE CONLLEVA LA PLATAFORMIZACIÓN DE LAS EMPRESAS

3.1. Estado de la cuestión

A nivel legislativo y jurisprudencial, la controversia jurídica entorno a la irrupción de las plataformas digitales en la organización del trabajo se ha centrado fundamentalmente en la calificación jurídica de la relación entre los prestadores de servicio y la empresa gestora de la plataforma. Si bien en virtud de la heterogeneidad y flexibilidad organizativa que caracteriza al trabajo en plataformas no puede afirmarse que la disputa haya llegado a su fin, parece que, al menos en lo que a las plataformas de *delivery* asentadas en España se refiere, existe cierto consenso social entorno a la naturaleza laboral de la relación establecida con los repartidores.

Además de en una mayoritaria posición doctrinal (Ginés, 2018: 89 y ss.), este consenso ha quedado reflejado en la sentencia del Tribunal Supremo, dictada en casación para la unificación de doctrina el 25 de septiembre de 2020 (rec. 4746/2019), en la que, a través de la modernización de los indicios tradicionales utilizados para identificar las notas de dependencia y ajenidad (Álvarez Alonso, 2022: 382), se reconoce el carácter por cuenta ajena de la prestación de servicios.

A mayor abundamiento, con la finalidad de consolidar legislativamente las apreciaciones realizadas por el Alto Tribunal, en fecha de 29 de septiembre de 2021, se publicó en el Boletín Oficial del Estado la *Ley 12/2021, de 28 de septiembre, por la que se modifica el texto refundido de la Ley del Estatuto de los Trabajadores, aprobado por el Real Decreto Legislativo 2/2015, de 23 de octubre, para garantizar los derechos laborales de las personas dedicadas al reparto en el ám-*

bito de plataformas digitales[11], norma que fue adoptada mediante el acuerdo entre los interlocutores sociales más representativos. En ella, se introdujo una Disposición Adicional Vigesimotercera al Estatuto de los Trabajadores en la que se establece una presunción de laboralidad[12] de aquellas prestaciones de servicios de *delivery* en las que los repartidores quedan bajo el poder de control empresarial, ya sea de forma directa o *implícita*, como consecuencia de la gestión algorítmica del servicio a través del uso de una plataforma digital.

No obstante, cabe afirmar que la problemática jurídica ligada a las plataformas digitales, lejos de terminar, se ha avivado con estas iniciales declaraciones de laboralidad. En efecto, las singularidades introducidas por estas nuevas tecnologías en la forma en la que han sido concebidos tradicionalmente el lugar y tiempo de trabajo conllevan una serie de discordancias en la normativa laboral que necesitan ser encauzadas.

Entre las múltiples tensiones que surgen a raíz de la introducción de las plataformas digitales en el sistema productivo, como ya se ha adelantado a lo largo del texto, pretendemos centrarnos en la forma en la que la transformación del lugar de trabajo afecta al concepto tradicional de “centro de trabajo” y, derivadamente, al sistema de representación unitaria en la empresa.

3.2. La transformación del lugar de trabajo y los consiguientes desajustes en el concepto de “centro de trabajo” a la luz del trabajo en plataformas *off-line*

Dentro de las diversas formas de organización a la que puede dar lugar cada modelo de plataforma digital, la reflexión se centrará principalmente en las plataformas que prestan servicios *off-line*[13].

---

11 Esta ley fue resultado de la conversión del Real Decreto-Ley 9/2021, de 11 de mayo.

12 No se ahondará aquí en la naturaleza de tal presunción, si bien la discusión doctrinal entorno a la misma ha sido amplia. En ese sentido, existen desde posiciones que sostienen que se trata de una presunción *iuris et de iure* (Cruz Villalón, 2021) hasta posturas que defienden su carácter tautológico (Ortega Figueral y Sala Cuberta, 2021). También existe un tercer sector que entiende que consiste en una presunción *iuris tantum* reforzada (Todolí Signes, 2021).

13 Se deja a un lado el trabajo en plataformas *on-line* dado que, al desarrollarse habitualmente a escala transnacional, escapa de la territorialidad que implica la aplica-

Al igual que todo trabajo en plataformas, la prestación *off-line* se caracteriza por la existencia de una relación triangular (Rodríguez-Piñero, 2018: 28) entre la empresa gestora, el prestador del servicio y el consumidor o usuario, interacción que es posibilitada por la función de intermediación digital que se ejerce a través de la aplicación. De esta manera, la diferencia fundamental con respecto a aquel trabajo en plataformas que se presta en el espacio cibernético reside en que, dada la naturaleza de las tareas que suele conllevar (que normalmente consisten en trabajos tradicionales como el reparto, limpieza, reparación, etc.), requiere de una ejecución local (De Stefano, 2016: 151).

Como puede adivinarse, esta forma de organizar el trabajo transforma la concepción tradicional del lugar de trabajo, que solía entenderse como un espacio físico fijo, geográficamente localizado y común a los empleados. A tal efecto, se reconoce una variación en dos sentidos.

En contraposición con el lugar de trabajo tradicional en el que, en la mayoría de los casos, la prestación de servicios se desempeñaba en el mismo lugar o en una serie de lugares fácilmente determinables, en este caso, el lugar de trabajo varía cada vez en función de la demanda formulada por el usuario, sin que pueda identificarse una localización estable. En este sentido, Lahera (2019) afirma que *"el lugar de trabajo es la llamada, continuamente variable, [...]"* (p. 22-23), produciéndose, por tanto, una deslocalización de la prestación de servicios ligada a la diversificación del lugar de trabajo.

En segundo lugar, en esta nueva forma de trabajar, la relación entre la persona trabajadora y la empresa se establece de forma virtual, de manera que desaparece el espacio físico en el que tradicionalmente se había desarrollado el vínculo contractual (Valle, 2021: 68), produciéndose nuevamente una deslocalización del lugar de trabajo ligada, esta vez, a su desmaterialización.

En este contexto, uno de los principales impactos en el marco legal resultantes de la deslocalización y desintegración del lugar de trabajo reside en la inadecuación del concepto de "centro de trabajo", institución jurídica ligada al lugar de trabajo en el sentido tradicional (Lahera, 2019: 18). Ello hace que resulte difícil identificar el centro de trabajo en la forma en la que queda definido en el artículo 1.5 del Estatuto de los Trabajadores y ha sido interpretado jurisprudencialmente, lo que afecta evidentemente a

---

ción de cualquier normativa nacional, lo que impide que la reflexión pueda hacerse desde la sola perspectiva de las instituciones jurídicas del ordenamiento español.

la posibilidad de que las personas trabajadoras puedan hacer valer sus intereses colectivos a través de la constitución de órganos de representación unitaria en la empresa.

Desde esta perspectiva, volviendo a los indicios referidos por Álvarez del Cuvillo (2016) y que, según el autor, operan en la calificación jurídica de una realidad como centro de trabajo, se aprecia que gran parte de ellos no pueden ser aplicados al trabajo en plataformas *off-line*.

Precisamente, en un contexto en el que el lugar de la prestación de servicios se diversifica y en el que las plataformas digitales son empresas de carácter inmaterial (y por tanto, pueden no tener asentamiento en ningún lugar concreto) (Goerlich, 2019: 18-20), surge la cuestión de cómo aplicar el criterio geográfico o locativo que había prevalecido hasta ahora en la identificación del centro de trabajo. Igualmente y por los mismos motivos, dada la dispersión de los trabajadores de plataformas, la virtualización de la relación con la empresa contratante y la ocasionalidad con la que muchas veces se prestan servicios, resulta dificultosa la identificación de un conjunto de medios materiales y humanos agrupados con carácter estable en una unidad de producción. De otra parte, en virtud de la uniformidad con la que el algoritmo gestiona la prestación del servicio, apreciar la independencia económica o productiva de la unidad se presenta asimismo problemática.

Todo ello da lugar al engrosamiento de la "zona de incertidumbre" que ha caracterizado habitualmente a la aplicación del concepto de centro de trabajo (Álvarez del Cuvillo, 2016: 2), que dificulta (si no imposibilita) la identificación de un centro de trabajo en estos casos, imprescindible para que las personas trabajadoras puedan ejercer sus derechos de representación unitaria en la empresa.

4. ANÁLISIS DE LAS POSIBLES SOLUCIONES

4.1. Propuestas por la vía interpretativa

Ante la indeterminación que se genera sobre el concepto de "centro de trabajo" como consecuencia de la plataformización de las empresas, parte de la doctrina aboga por realizar una adaptación interpretativa del mismo. Partiendo de la base de que se trata de una noción abierta[14], lo que pretenden los defensores de esta propuesta es "aterrizar" a la realidad de las plataformas digitales el concepto de "centro de trabajo" establecido en el artículo 1.5 ET.

Dentro de esta línea, existen principalmente dos propuestas.

En primer lugar, Pastor (2018) sostiene que el centro de trabajo ha de ser el *"centro desde el que se dirige la operatividad de la aplicación."* (p. 117), al ser la plataforma digital el elemento organizativo esencial que dota de unidad a las actividades desarrolladas por los trabajadores de plataformas.

Sin perjuicio de que pueda resultar de aplicabilidad para algunos casos, una de las complicaciones evidentes de esta propuesta reside en que, dado el carácter puramente digital de esta modalidad de organización empresarial, no se requiere necesariamente la existencia de un centro de trabajo físico desde el que dirigir la aplicación, pudiendo desarrollarse por la vía del teletrabajo (Gallego, 2022: 287). En la misma línea, si el centro operativo se encuentra en otro país, no podría identificarse la unidad de imputación dentro del territorio nacional (Gil Plana, 2020: 881), obviando nuestra normativa la posibilidad de que la misma tenga carácter extraterritorial.

Salvando una de las objeciones a las que se enfrenta la anterior, la segunda de las propuestas toma en consideración la proyección territorial que tienen las plataformas que prestan servicios *off-line*, sosteniéndose desde esta perspectiva que el centro de trabajo ha de ser *"la concreta unidad organizativa prestacional de la aplicación, delimitada por un definido entorno físico o territorial de operatividad, al que se adscriben los trabajadores."* (Garrido, 2017: 220). De esta forma, *"el entorno virtual donde el algoritmo ejerce labores de organización y gestión se equipara a un centro de trabajo, también virtual, siendo esa concreta ramificación ante la que responden los trabajadores de una determinada zona [...]."* (Gil Otero, 2020: 13).

Si bien esta propuesta consigue esquivar la falta de consideración del elemento geográfico de la que adolecía la anteriormente mencionada, lo cierto es que incurre en otro inconveniente ya que, en aquellos casos en los que las plataformas ostentan una organización centralizada de los servicios y establecen condiciones uniformes en todo el territorio, no se podría llegar a apreciar el "soporte organizativo ad hoc" o la "organización espe-

---

14 El carácter "abierto" de la noción de centro de trabajo lo advierte Casas (2017: 107-108) y ha sido constatado por los órganos judiciales. A título ejemplificativo, en STSJ Castilla y León núm. 1583/2009, de 14 de enero.

cífica descentralizada" (Vivero, 2017: 26-27) requeridos para la calificación de cada unidad territorial como centro de trabajo. Por consiguiente, esta propuesta sería disfuncional para aquellas plataformas que no estén organizadas conforme a criterios geográficos (Gil Plana, 2020: 881).

En definitiva, a pesar de que ambas propuestas se complementan mutuamente, se podría afirmar que terminan resultando insuficientes, al tener una aplicabilidad reducida a la concreta forma en la que están organizadas determinadas empresas digitales. Por consiguiente, resulta necesaria una intervención normativa que modifique, no ya solo el concepto de trabajo, sino las posibilidades de definir la unidad de referencia para la constitución de la representación unitaria.

4.2 Propuestas de *lege ferenda*

Ante la imposibilidad de que las transformaciones del lugar de trabajo puedan tener acogida a través de la adaptación interpretativa del concepto de "centro de trabajo", cuyas notas constitutivas resultan insuficientes para dar cobertura a toda la casuística que se está generando, la adecuación de la regulación de la representación unitaria a las nuevas realidades productivas requiere de una intervención legislativa.

En este sentido, son varias las modificaciones que se sugieren.

4.2.1 Modificación de la unidad de referencia

La primera de ellas y que con más contundencia ha sido reivindicada por la doctrina ante las transformaciones del sistema productivo que vienen teniendo lugar durante las últimas décadas, consiste en el traspaso de la unidad de imputación de la representación unitaria del centro de trabajo a la empresa[15].

En el caso de las mercantiles que operan a través de plataformas digitales, esta modificación presenta la ventaja de que con ella se evitaría la problemática ligada a la identificación del centro de trabajo (Lahera, 2020: 845), siendo la empresa una unidad que, en los términos que queda definida por el artículo 1.2 del Estatuto de los Trabajadores, no presenta tanta indeterminación como el centro de trabajo.

---

15 Esta propuesta ha sido formulada reiteradamente por la doctrina. Por ejemplo, Casas (2017), Cruz (2017) o Vivero Serrano (2017).

De otra parte, la regla de preferencia a favor de la empresa resultaría más coherente con la estructura de estas empresas digitales, cuyo elemento organizativo principal está basado en un algoritmo que, en su mayoría, opera de manera uniforme en la coordinación de todas las actividades, sin que exista descentralización productiva alguna en este sentido. Ligado a lo anterior, dado que la descentralización productiva a niveles inferiores suele ser escasa, el nivel empresarial garantizaría la efectividad de la labor representativa, al realizarse la interlocución con la contraparte (la empresa gestora de la plataforma) con verdadero poder de decisión sobre las condiciones laborales[16].

Asimismo y desde la perspectiva del desdibujamiento del elemento geográfico en el trabajo en plataformas, esta regla terminaría con la problemática ligada a los criterios de adscripción de las personas trabajadoras al centro de trabajo, ya que en este caso solamente existiría una única unidad de referencia.

Igualmente, la concentración de la unidad de imputación en la empresa aumentaría las oportunidades de establecer órganos de representación unitaria frente a la dispersión de la plantilla en múltiples centros de trabajo de pequeña escala, en los que se correría el riesgo de no superar los umbrales mínimos necesarios (Moraru, 2022: 942).

A lo anterior es preciso añadir que no existe impedimento alguno en nuestro ordenamiento para que pueda procederse a una reforma en estos términos. Como ha sido expuesto, la representación unitaria encuentra su fundamento constitucional en el artículo 129.2 CE, que deja a libertad al legislador para configurar los mecanismos de representación de los trabajadores en la empresa, estableciendo como única guía que esta se realice de manera "eficaz", atributo que precisamente pretendería alcanzarse con una reforma. De otra parte, la inexistencia de obstáculo alguno para configurar legislativamente una unidad de imputación distinta al centro de trabajo se evidencia también en los precedentes que se encuentran en nuestra regulación actual, como son la referencia a la flota pesquera contenida en el artículo 15 Real Decreto 1844/1994, de 9 de septiembre; la agrupación provincial habilitada por la Disposición Adicional 5ª de la Ley 9/1987, de 12 de junio, de Órganos de Representación, Determinación de las Condiciones de Trabajo y Participación del Personal al Servicio de las Administraciones Públicas para la representación del personal laboral en

16 La necesidad de ajustar el ámbito de la representación unitaria a los ámbitos donde exista una "contraparte efectiva" es sostenida en Ysàs (2021: 143).

la Administración Pública; o la posibilidad de diversificar la unidad electoral por la vía reglamentaria que permite la Disposición Final 2ª del Estatuto de los Trabajadores. (Ysàs, 2021: 134).

En lo que respecta a los inconvenientes, cabría argumentar que esta regla lesiona el principio de proximidad que fundamenta la descentralización de la unidad electoral en distintos centros de trabajo. No obstante, dada la desaparición de la cercanía física entre representantes y representados que implica el trabajo en plataformas, lo cierto es que este principio pasa a un segundo plano (Vivero, 2017: 830). Además, este debilitamiento del principio de proximidad podría suplirse a través de la utilización de herramientas digitales que posibiliten el contacto entre representantes y representados, como sería la cesión del uso de la propia plataforma digital o la implantación de otra serie de herramientas con el mismo alcance para tal fin (Gil Otero, 2020: 19).

En cuanto a la forma de llevar a cabo esta reforma, se sugiere que sería oportuno sustituir la expresión "centro de trabajo" contenida a lo largo del Título II del Estatuto de los Trabajadores y del Reglamento de elecciones a órganos de representación de los trabajadores en la empresa para hacer referencia a la unidad electoral, por la expresión "empresa" (Casas, 2017: 113-115). De este modo, el resto de la estructura, es decir, tanto los umbrales de constitución como la composición numérica de los órganos de representación, permanecería inalterada, así como el sistema electoral.

4.2.2. Flexibilización de la unidad electoral a través de la intervención de la negociación colectiva

Conjuntamente con la propuesta anterior y sin perjuicio de que se establezca una regla de preferencia en favor del nivel empresarial, también se sostiene la necesidad de permitir la intervención de la negociación colectiva en la configuración de las unidades de imputación (Casas, 2017: 118 y Lahera, 2020: 844), dada la agilidad que caracteriza a la normativa que resulta de la misma y su capacidad para adaptarse a la singularidad de la estructura organizativa de cada empresa[17]. En este sentido, la intervención de la negociación colectiva resultaría beneficiosa, no solo desde la perspec-

---

17 No obstante, para evitar que la medida cayera en saco roto o se incurriera en un círculo vicioso, ello requeriría que se establecieran conjuntamente medidas que coadyuvaran al fortalecimiento de la negociación colectiva en el ámbito de las plataformas digitales, que se ha visto asimismo afectado.

tiva de la empresa digital (cuyas formas de organización resultan de lo más diversas), sino tomando en consideración la convivencia de los distintos modelos de empresa que existe en la actualidad en tejido empresarial y productivo español.

En cualquier caso, en lo que respecta a la regulación de las plataformas digitales, la negociación colectiva podría intervenir desde distintos planos.

En primer lugar, y para aquellos casos en los que la estructura organizativa de la empresa no esté completamente centralizada y la efectividad de la toma de decisiones así lo haga aconsejable, a través de la configuración de unidades electorales distintas a la empresa. En este sentido, no se descarta que por la vía de la negociación colectiva pudiera establecerse el centro de trabajo como unidad electoral, no solo en los términos definidos en el artículo 1.5 del Estatuto de los Trabajadores para aquellos casos en los que sí que fuera identificable (ver *supra* 4.1), sino, previa habilitación legal, configurando cláusulas que doten a este concepto de un contenido adicional al establecido en el ordenamiento vigente y que definan qué ha de entenderse por centro de trabajo en el sector o empresa concreta (Gil Plana, 2020: 861).

Pero, más allá de ello, debería plantearse la posibilidad de que se establecieran unidades electorales inferiores al nivel empresarial y no ligadas al concepto de "centro de trabajo", institución vinculada a la forma de organización de la empresa. De este modo, en lugar de estructurar la representación unitaria conforme a un criterio organizativo empresarial –que hace depender la articulación de los órganos de representación de la decisión empresarial-, cabría pensar en la posibilidad de que, desde la negociación colectiva, se diseñaran agrupaciones de trabajadores de acuerdo con una lógica que favorezca y fortalezca su participación en la empresa (Pastor, 2018: 223), atendiendo a las necesidades de cada caso concreto (i.e. la posibilidad de identificación de una unidad territorial o funcional, las demandas específicas de los trabajadores en un ámbito concreto, los umbrales mínimos para la constitución de un órgano, etc.).

En lo que respecta a la forma de implementación de esta medida, abrir paso a la negociación colectiva en este ámbito requeriría de una habilitación legal con remisiones expresas a la misma[18], dado el carácter intangible que ostenta en la actualidad la unidad de referencia como consecuencia de

---

[18] No obstante, a pesar de la conveniencia de que se haga una reforma legislativa en el mencionado sentido, hay quien sostiene que en la configuración actual existe

la rígida interpretación realizada por el Tribunal Supremo. Asimismo, la posibilidad de modificar la definición contenida en el artículo 1.5, requeriría asimismo una remisión expresa a la normativa convencional (Vivero, 2017: 32), al haberse interpretado que la autonomía colectiva no puede decidir sobre el concepto de "centro de trabajo"[19].

4.2.3 Necesidad de reforma y silencio legislativo

Lo expuesto evidencia que el traspaso de la unidad básica del centro de trabajo a la empresa y la posibilidad de que esta sea objeto de la negociación colectiva, resultan medidas necesarias en aras de mejorar la eficacia y cobertura de la representación unitaria de las personas trabajadoras. Sin embargo, la conveniencia de estas medidas contrasta con la inactividad del legislador que, en lo que respecta a la configuración de la estructura de la representación unitaria, ha permanecido impasible frente a las propuestas de reforma formuladas reiteradamente por la doctrina. En este sentido, resulta llamativo que el Título II del Estatuto de los Trabajadores apenas haya experimentado modificaciones desde que fuera confeccionado en 1980 (Cruz, 2017: 148), en un contexto en el que el modelo productivo difiere sustancialmente de aquel existente en el momento en el que se puso en marcha el sistema de relaciones laborales democrático.

Ante la ausencia de complejidad técnica de las modificaciones legislativas que se sugieren, cabe adivinar que uno de los motivos principales de este silencio legislativo reside en las repercusiones que la modificación de la unidad electoral podría llegar a tener sobre el sistema de representatividad sindical (Sáez, 2005: 316).

No obstante, resulta necesario plantearse si la preservación del sistema de representatividad sindical en los términos en los que queda configurado en la actualidad es argumento suficiente para justificar la merma de la eficacia de la representación de las personas trabajadoras en la empresa. Esta pregunta merece una respuesta negativa principalmente porque, en un sistema que deja fuera del ámbito de representación unitaria a un número nada desdeñable de empresas, la audiencia electoral como criterio de referencia para atribuir la cualidad de mayor representatividad, puede no ser un reflejo fiel de la voluntad del conjunto de las personas trabaja-

---

espacio para que las unidades electorales sean objeto de negociación (Ysàs, 2021: 138 y ss.).

19 Sentencias del Tribunal Central de Trabajo de 27 de febrero y 9 de marzo de 1987.

doras (Lahera, 2016: 10 e Ysàs, 2021: 141). En este sentido, no parece razonable que un sistema que se sostiene sobre un déficit de representación pueda seguir perpetuando esta laguna.

5. CONCLUSIONES

La expansión de los fenómenos de atomización y desintegración de los centros de trabajo impulsada por la digitalización del sistema productivo en los últimos años, hace que la reforma de la estructura de la representación unitaria que se viene reclamando por la doctrina desde las primeras transformaciones del modelo de empresa fordista sea cada vez más apremiante.

Entre todas las modificaciones del sistema de representación unitaria de los trabajadores que pudieran ser aconsejables, presenta particular importancia la reconsideración del "centro de trabajo" como unidad de imputación. En efecto, la deslocalización y desmaterialización del lugar de trabajo que implica la introducción de las plataformas digitales en la organización empresarial conlleva que su identificación resulte a veces imposible. Esta limitación resulta especialmente perjudicial, ya que impide que las personas trabajadoras de estas empresas digitales puedan ejercer su derecho a la representación colectiva y, al mismo tiempo, impide que las empresas tengan un canal de comunicación para tomar decisiones que afectan a su conjunto.

Como solución a este problema, se plantea la posibilidad de realizar una interpretación flexible de la definición del concepto de "centro de trabajo" contenida en el artículo 1.5 del Estatuto de los Trabajadores. No obstante, las propuestas doctrinales se plantean como remedios parciales que no cubren toda la casuística a la que da lugar la organización del trabajo a través de plataformas digitales, lo que hace necesario proponer fórmulas alternativas al vigente concepto de "centro de trabajo", que resulta desbordado por estos nuevos fenómenos.

Ello requiere de una intervención legislativa dirigida, por un lado, a modificar la unidad de imputación de la representación unitaria del centro de trabajo a la empresa y, por el otro, a permitir la intervención de la negociación colectiva en en la determinación de esta unidad de imputación, posibilidad prohibida hasta ahora por la estricta interpretación realizada por el Tribunal Supremo. De este modo, mientras que el establecimiento de la empresa como unidad de referencia preferente resolvería parte de los problemas ligados a la determinación del centro de trabajo y la constitución de órganos unitarios en este nivel (i.e. problemas de adscripción de los trabajadores, no superación del umbral mínimo, inexistencia de contraparte efectiva, etc.), la negociación colectiva introduciría el componente de flexibilidad y agilidad que necesita la normativa laboral ante la diversidad y mutabilidad que reina hoy en día en el tejido empresarial. En este sentido, la negociación colectiva (a nivel sectorial o empresarial) se presenta como la vía normativa idónea para adaptar la unidad de referencia al caso concreto, tarea que ha de estar presidida por la necesidad de favorecer la participación de los trabajadores y no por criterios de organización empresarial cuando ello no esté justificado en la eficacia del ejercicio de las competencias representativas.

En cualquier caso, a la luz de la radical transformación del sustrato de representación que conllevan las nuevas formas de trabajo, puede ser razonable suponer que las propuestas aquí contenidas actúan como solución provisional (si en algún sentido lo son) ante la reciente laboralización de algunas formas de trabajo en plataforma y la ausencia de representantes en estas empresas. Así las cosas, sin perjuicio de que se intenten arbitrar soluciones desde el paradigma vigente, es preciso tomar en consideración que factores como la internacionalización de las relaciones laborales, la mercantilización de la relación laboral (Garrido, 2017: 2019 y Pastor, 2018: 219), la disolución de la identidad colectiva de los trabajadores de plataformas, el aislamiento de los trabajadores resultante de su no coincidencia en el lugar de trabajo (Pastor, 2018: 66), o la ocasionalidad con la que se suele prestar servicios, podrían llegar a exigir una reforma integral del sistema. Precisamente, esta necesidad está quedando patente con las nuevas formas de organización de la representación colectiva que están viendo la luz (Martín y Pastor, 2022) que, cabe interpretar, surgen de la falta de funcionalidad de los mecanismos de representación existentes en la actualidad.

Referencias bibliográficas

Álvarez Alonso, D. (2022). Plataformas digitales y derechos laborales: un balance sobre el marco actual de legislación y jurisprudencia. En *Digitalización, recuperación y reformas laborales. Comunicaciones del XXXII Congreso Anual de la Asociación Española del Derecho del Trabajo y la Seguridad Social*, (pp. 379-394). Madrid, España: Ministerio de Trabajo y Economía Social.

Álvarez del Cuvillo, A. (2016). El centro de trabajo como unidad electoral: un concepto jurídico indeterminado en un constante cambio organizativo. *Revista Española de Derecho del Trabajo*, (188), 141-177.

Casas Baamonde, M. E. (2017). La necesaria reforma del Titulo II del Estatuto de los Trabajadores. En Cruz Villalón J., Menéndez Calvo R., Nogueira Gustavino (Coords.), *Representación y representatividad colectiva en las relaciones laborales*, (pp. 89-126). Albacete, España: Bomarzo.

Cruz Villalón, J. (2017). Una propuesta de revisión de las reglas sobre representación de los trabajadores en la empresa. En Cruz Villalón J., Menéndez Calvo R., Nogueira Gustavino (Coords.), *Representación y representatividad colectiva en las relaciones laborales,* (pp. 147-176). Albacete, España: Bomarzo.

Cruz Villalón, J. (2021). Una presunción plena de laboralidad para los 'riders'. *El País.* Recuperado de https://elpais.com/economia/2021-05-12/una-presuncion-plena-de-laboralidad-para-los-riders.html#.

De Stefano, V. (2016). La *gig economy* y los cambios en el empleo y la protección social. *Gaceta sindical: reflexión y debate,* (27), 149-172.

Esteve Segarra, A. (2022). Desafíos de las relaciones colectivas de trabajo en las empresas de plataforma. *LABOS Revista De Derecho Del Trabajo Y Protección Social, 3*(3), 52-76.

Fernández Villar, C. (2022). La representación del personal en los centros de trabajo virtualizados. *Temas laborales: Revista andaluza de trabajo y bienestar social,* (162), 239-254.

Gallego Montalbán, J. (2022). El concepto de centro de trabajo y la adscripción de las personas trabajadoras como presupuestos de los derechos de representación en el trabajo a distancia y empresas digitalizadas. *IUSLabor. Revista d'anàlisi de Dret del Treball,* (1), 250-296.

Garrido Pérez, E. (2017). La representación de los trabajadores al servicio de las plataformas colaborativas. *Revista de Derecho Social,* (80), 209-232.

Ginés Fabrellas, A. (2018). Diez retos del trabajo en plataformas digitales para el ordenamiento jurídico-laboral español. *Revista de Trabajo y Seguridad Social CEF,* (425-426), 89-111.

Gil Otero, L. (2020). El doble canal de representación de los trabajadores ante la economía de plataformas. *Revista Española de Derecho del Trabajo,* 228, 31-60.

Gil Plana, J. (2020). Nuevas tecnologías y relaciones colectivas de trabajo: las plataformas digitales. En Monreal Bringsvaerd E., Thibault Aranda, J., Jurado Segovia, A. (Coords.). *Derecho del trabajo y nuevas tecnologías: Estudios en Homenaje al Profesor Francisco Pérez de los Cobos Orihuel (en su 25° Aniversario como Catedrático de Derecho del Trabajo),* (pp. 851-886). Valencia, España: Tirant lo Blanch.

Goerlich Peset, J.M. (2018). Economía social y acción sindical. En Todolí Signes, A. y Hernández-Bejarano, M. (Dirs.), *Trabajo en plataformas digitales: innovación, derecho y mercado* (pp. 591-612.). Navarra, España: Thomson Reuters Aranzadi.

Goerlich Peset, J.M. (2019). Innovación, digitalización y relaciones colectivas de trabajo. *Revista de Treball, Economia i Societat,* (92), 1-26.

Guerrero Vizuete, E. (2018). La economía digital y los nuevos trabajadores: un marco contractual necesitado de delimitación. *Revista Internacional y Comparada de Relaciones Laborales y Derecho del Empleo, (6)*1,195-218.

Guerrero Vizuete, E. (2019). La digitalización del trabajo y su incidencia en los derechos colectivos de los trabajadores. *IUSLabor. Revista d'anàlisi de Dret del Treball,* (1), 267-286.

Lahera Forteza, J. (2016). Crisis de la representatividad sindical: propuestas de reforma. *Revista Internacional y Comparada de Relaciones Laborales y Derecho del Empleo, 4*(2), 33-50.

Lahera Forteza, J. (2019). Las transformaciones del lugar de trabajo. *Documentación laboral,* (118), 13-25.

Martín Artiles, A. y Pastor Martínez, A. (2022). Nuevas formas de representación colectiva. Reacción a la digitalización. *Cuadernos de Relaciones Laborales, 40*(2), 345-366.

Moraru, G.F. (2022). Digitalización y elecciones sindicales en las plataformas digitales: el centro de trabajo virtual como mecanismo de transparencia en la constitución de la representación de los trabajadores. La necesaria reforma del Real Decreto Real Decreto 1844/1994, de 9 de septiembre, por el que se aprueba el Reglamento de elecciones a órganos de representación de los trabajadores en la empresa. En *Digitalización, recuperación y reformas laborales. Comunicaciones del XXXII Congreso Anual de la Asociación Española del Derecho del Trabajo y la Seguridad Social,* (pp. 931-948). Madrid, España: Ministerio de Trabajo y Economía Social.

Miñambres Puig, C. (1985). *El centro de trabajo. El reflejo jurídico de las unidades de producción.* Madrid, España: Universidad Complutense de Madrid.

Ortega Figueiral, A. y Sala Cuberta, R. (2022). Nueva ley de 'riders': comentario crítico o "mucho ruido y pocas nueces". *Cinco Días.* https://cincodias.elpais.com/cincodias/2021/05/12/legal/1620800395_494781.html

Pastor Martínez, A. (2018). Representación de los trabajadores en la empresa digital. *Anuario IET de trabajo y relaciones laborales,* (5), 111-122.

Pastor Martínez, A. (2018). Una aproximación a la problemática de la representación colectiva de los trabajadores de las plataformas colaborativas y en entornos virtuales. IUSLabor. Revista d'anàlisi de Dret del Treball, (2), 214-233.

Pérez de los Cobos Orihuel, F. (2022). El jurista del trabajo frente al cambio tecnológico. En Pérez Collados, J.M. (Coord.), *La cultura jurídica en la era digital,* (p. 119-218). Pamplona, España: Aranzadi.

Rodríguez-Piñero Royo, M. (2018). La figura del trabajador de plataforma: las relaciones entre las plataformas digitales y los trabajadores que prestan sus servicios. En Pérez de los Cobos Orihuel. (Dir.), *El trabajo en plataformas digitales. Análisis sobre su situación jurídica y regulación futura,* (pp. 17-36). Madrid, España: Wolters Kluwer.

Sáez Lara, C. (2005). La representación colectiva de los trabajadores en la empresa. *Revista del Ministerio de Trabajo y Asuntos Sociales,* (58), 315-342.

Todolí Signes, A. (2021). Nueva "Ley Rider". Texto y un pequeño comentario a la norma. *Blog Argumentos en Derecho Laboral.* Recuperado de https://adriantodoli.com/2021/05/12/nueva-ley-rider-texto-y-un-pequeno-comentario-a-la-norma/.

Valle Muñoz, F.A. (2021). Las representaciones colectivas de trabajadores en plataformas digitales. *Temas laborales: Revista andaluza de trabajo y bienestar social,* (157), 59-84.

Vivero Serrano, J. B. (2017). La obsolescencia y los inconvenientes del modelo de representación unitaria de los trabajadores por centros de trabajo. Por un nuevo modelo basado en la empresa, la negociación colectiva y no encorsetado a nivel provincial. *Revista Española de Derecho del Trabajo.* (194), 203-238.

Ysàs Molinero, H. (2021). El papel de la negociación colectiva en la estructuración de la representación unitaria de las personas trabajadoras. *IUSLabor. Revista d'anàlisi de Dret del Treball,* (3), 25-172.

Capítulo 19.

EL IMPACTO DE LA DIGITALIZACIÓN EN EL SISTEMA DE PROTECCIÓN SOCIAL

LÓPEZ CUMBRE, LOURDES
Catedrática de Derecho del Trabajo y de la Seguridad Social
Universidad de Cantabria
lourdes.lopez@unican

RESUMEN: La inteligencia artificial, las plataformas digitales, la irrupción del metaverso o la producción mediante energías renovables suponen ineludiblemente una transformación en el empleo y, por ende, en los sistemas de protección social. Especialmente, en la Seguridad Social contributiva, basada en una cotización que, en el futuro, deberá aunar la derivada del trabajo humano con la producida por la actividad de los robots. Nuevas necesidades, de financiación y también de protección, que no podrán ser resueltas con viejas reglas sino con la introducción de ideas más innovadoras que permitan confiar en un sistema intergeneracional.

ABSTRACT: Artificial intelligence, digital platforms, the emergence of the metaverse and production through renewable energy inevitably imply a transformation in employment and, therefore, in social protection systems. Especially, in contributory Social Security, based on a contribution that, in the future, will have to combine that derived from human labor with that produced by the activity of robots. New needs, both in terms of financing and protection, cannot be solved with old rules, but rather with the introduction of more innovative ideas that allow us to rely on an intergenerational system.

Palabras clave: Seguridad Social, protección social, empleo digital, futuro del trabajo, cotización por robots.

Keywords: Social Security, social protection, digital employment, future of work, social insurances contributions by robots.

1. INTELIGENCIA ARTIFICIAL E INTROMISIÓN DIGITAL EN EL MUNDO LABORAL: CAMBIOS INEVITABLES EN EL EMPLEO Y EN LA SEGURIDAD SOCIAL

1.1. La irrupción de la inteligencia artificial y la capacidad autónoma de realizar actividades laborales

1.1.1. El impacto de la inteligencia artificial y la robotización en el trabajo. Una aproximación a las consecuencias laborales de esta transformación

1.Toda transformación, también la digital, supone vaticinar una alteración en el empleo, bien para advertir su destrucción, bien para condicionar su sustitución, bien para pronosticar su creación. Al margen de las aportaciones, comunes o dispares, que los diferentes Informes puedan efectuar al respecto, existe un hecho cierto y es que la inteligencia artificial supone una revolución laboral en sí misma considerada. Se prevé que, a nivel mundial, más de 300 millones de puestos de trabajo pueden exponerse a la automatización. Hasta el 50% de las tareas llevadas a cabo por humanos terminarán siendo asumidas por la inteligencia artificial aun cuando, paralelamente, se generarán nuevos puestos de trabajo. Aproximadamente, el 14% de los empleos están en riesgo de quedar completamente automatizados y el 32% pasarán por cambios significativos. Los economistas prevén que la inversión en inteligencia artificial en Estados Unidos se dispare hasta suponer el 4% del PIB en 2025, habiendo siendo un 2% el máximo alcanzado en etapas anteriores cuando las nuevas tecnologías despuntaban. Buena parte de este crecimiento exponencial se debe a la Inteligencia Artificial Generativa pero también a la aparición de herramientas de creación de imágenes (Midourney) o de texto a voz (Elevan Labs). Este tipo de incursión de la inteligencia artificial tiene un potencial laboral mundial que podría llegar a impulsar la productividad en un punto porcentual al año en la década siguiente a la implantación de su uso generalizado[1].

En España, la realidad se desarrolla en torno al concepto de la "Industria 4.0". Se trata de un término considerado sinónimo de la cuarta revolución industrial -la primera basada en la producción de máquinas impulsadas por agua y vapor, siglo XVIII, la segunda a través de la producción en masa y con la energía eléctrica, siglo XIX y la tercera con el uso de medios electrónicos y producción automática en el siglo XX-, se conoce también como Fábrica Inteligente y se define como una suerte de modelo de organización y de control de la cadena de valor a través del ciclo de vida del producto hecho posible por las tecnologías de la información. Y comprende todo tipo de tecnología digital como clouds (nube de datos), big data, ciberseguridad, sensórica, robótica, fabricación aditiva, geolocalización, apps, etc[2]. De hecho, aquí, la lista de las tecnologías que con mayor probabilidad se encargarán de impulsar la transformación de la industria, la encabeza el análisis del big-data, con un impulso generador del 68%, las plataformas digitales y las apps, con un 44% y el sector de la encriptación y la ciberseguridad, con un 43%. Aumentará en un 41% el número de profesionales sobre análisis de datos y también se requerirán profesionales de desarrollo de negocio y gestores de proyectos. Por el contrario, se prevé que los puestos cuya demanda se verá reducida en un futuro no lejano serán aquellos cuya actividad puede ser fácilmente automatizada tales como especialistas en recursos humanos, que disminuirán en un 14% o encargados de contabilidad, con un 12% menos. OpenAI, la compañía que desarrolla ChatGPT, señala a los matemáticos, escritores, periodistas, diseñadores web, ingenieros, analistas de datos o abogados entre los profesionales que pueden ser sustituidos en un breve espacio de tiempo por la inteligencia artificial.

2. Pero la transformación no se producirá sólo en el sector tecnológico, sino que el sector primario, la agricultura o la ganadería ya manifiestan la necesidad de adaptarse para asegurar una producción de alimentos suficiente en cantidad y calidad para una población que cada vez crece más con menos recursos disponibles, en parte por el cambio climático. La tecnología se aplica al campo y ya se utilizan radares, sondas de precisión, GPS (sistema de posicionamiento global o global positioning system) o drones

---

1 Algunas reflexiones al respecto en López Cumbre (2023).

2 *Vid* Álvarez Cuesta y Rodríguez Escanciano (2020); Martínez Jaume (2018).

para aplicar soluciones en el campo con un coste mínimo en la economía agrícola y con una imperceptible degradación medioambiental. Las previsiones operan sobre la necesidad de un 30% más de operadores de equipos agrícolas en un futuro próximo, lo que supone transformar el paradigma productivo del sector, generando empleos más atractivos que los actuales, que suelen ahuyentar a los más jóvenes.

1.1.2. La nueva organización productiva con plataformas digitales y economía verde. Un modelo "independiente" de la relación laboral

1.Los datos más recientes ponen de manifiesto cómo las ofertas de trabajo en energías renovables y medio ambiente se han duplicado en Estados Unidos en los últimos cinco años, mientras que las del sector de combustibles fósiles sólo han crecido en un 20%. Lo mismo se pretende en Europa con las políticas climáticas impulsadas por la Unión Europea, incluidas en los Fondos Next Generation. Y, en idéntica medida, la tendencia global en España de las inversiones en la transición verde de las empresas se traducirá en un 57% de influencia positiva en la creación de trabajo. También lo hará la inversión centrada en las operaciones para adaptarse a las medidas contra el cambio climático, que supondrá un 53% de posibilidades de creación de empleo. Cifras que, por lo demás, ya han sido tenidas en cuenta en las últimas intervenciones legislativas, como ocurre con la Ley 7/2021, 20 de mayo, BOE, 21, de Cambio Climático y Transición Energética en la que se prevé que, en este mismo año, las energías de origen renovable alcancen al menos el 42% del consumo final de la energía y aporten en torno al 74% de la electricidad. Esto supone duplicar la producción energética con un esfuerzo inversor y tecnológico que derivará en un importante crecimiento del empleo pero que exigirá, a su vez, la cualificación técnica y profesional necesaria para su desarrollo. En un alcance global, se estima que, en los próximos diez años, se requerirá en nuestro país aproximadamente medio millón de empleos relacionados con la sostenibilidad.

2. Pero, sin duda, una transformación que ya condiciona la forma de trabajar es internet y la libertad que proporciona la conexión digital. Aun cuando se considere que se ha resuelto el trabajo en plataformas digitales con la modificación del Estatuto de los Trabajadores (Ley 12/2021, 28 de septiembre, BOE, 29, por la que se modifica el texto refundido del Estatuto de los Trabajadores para garantizar los derechos de las personas dedicadas al reparto en las plataformas digitales) tanto por lo que se refiere a los "riders" (DA 23ª) como con la inclusión del control de los algoritmos por la representación de los trabajadores [artículo 64.4.d)], lo cierto es que el de-

bate sigue abierto. Y lo estará hasta tanto no se dote de una solución a esa propuesta de considerar el trabajo o la actividad en cuanto tal, sin atender a su condición de trabajo por cuenta ajena o trabajo por cuenta propia. Se entendería así que el concepto tradicional o los rasgos clásicos de laboralidad puedan llegar a modificarse si se aprecia la dinámica propia de un sistema altamente dependiente del factor tecnológico y, cada vez más, de la propia voluntad de transición de la persona trabajadora.

En efecto. No parece que quepa duda que la carrera profesional entre los jóvenes comienza ya a no ser estanca sino variable, al margen de la necesidad permanente de acreditar polivalencia o nuevas cualificaciones. Porque, en un futuro inmediato, la propia persona trabajadora no buscará ni querrá trabajar para una empresa siempre, ni siquiera durante un tiempo, sino que demandará trabajar en varias empresas a la vez o sucesivamente o alternando una relación temporal de prestación de servicios con un tiempo de inactividad, no impuesto sino deseado. Trabajos por proyectos o trabajos por actividad, que podrán ser de naturaleza laboral o no. Seguramente durante el tiempo que perduren tengan naturaleza laboral porque mantendrán los rasgos sustantivos propios de la misma, aunque no necesariamente. Pero, en todo caso, no preocupará excesivamente a su titular, que bien pudiera actuar por cuenta propia, siempre, eso sí, que se le garanticen derechos, especialmente en el ámbito de la protección social. De ahí la aproximación que, en los últimos tiempos, se persigue en los regímenes jurídicos prestacionales entre el trabajo por cuenta ajena y el trabajo por cuenta propia, llegando a plantearse incluso un Estatuto del Trabajo del siglo XXI que abarque en un mismo texto legal ambos tipos de prestación ([3]). De alguna forma, las personas mantendrán una relación dinámica con el mercado de trabajo, ante las nuevas oportunidades de encontrar ocupación, exponencialmente mayores. Hasta el punto de poder provocar lo que ha sido denominado como la "gran renuncia", esto es, un abandono masivo de empleos de tal envergadura que las empresas no pueden cubrir sus vacantes, en los términos antes expuestos.

De hecho, las plataformas ofrecen ya nuevas posibilidades para mantener una relación diferente con el empleo, más discontinua y gestionada por el propio profesional, que puede acceder a ocupaciones cuando lo necesita o le conviene, para desactivarse laboralmente cuando le interesa; o la disponibilidad de formas de trabajo remoto, que amplían las posibilidades

---

3 Por todos, Monreal Bringsvaerd, E., Thibault Aranda, J., Jurado Segovia, A. (Coords.) (2020).

de una organización de la vida personal y profesional nada convencional. Esta "movilidad ocupacional" potenciaría la irrelevancia sobre definir qué tipo de relación, si laboral o autónoma, mantiene la persona toda vez que le avalaría la garantía de encontrar otra prestación si vuelve a ofrecer sus servicios en un mercado tan voluble. Con dos conceptos clave para definir este fenómeno, el de transición y empoderamiento, a los que habría que añadir el de segregación, ante la expulsión de quienes no pueden adaptarse a este ritmo (Rodríguez-Piñero, 2022: 64), o el de la "avatarización" ante una prestación realizada en otra dimensión como el metaverso o mediante la tecnología 6G con la que se obtiene una réplica plena del mundo físico en el virtual (López Cumbre, 2022b).

Sea como fuere, una modificación de la carrera laboral o profesional y una transformación del modo de operar en el ámbito laboral condiciona cualquier decisión en el sistema de Seguridad Social. En el ámbito contributivo, porque será necesario ensanchar el "valor refugio" que el sistema supone no sólo para el trabajo por cuenta ajena sino para ese "nuevo empleo" híbrido que se vislumbra cada vez más cerca. Y, en el ámbito asistencial, porque la protección social, siquiera en su nivel más básico, reforzará su papel de derecho humano, susceptible de garantizar una protección social mínima.

1.2. La respuesta actual mediante la reforma de la Seguridad Social. La jubilación como eje principal de las transformaciones inmediatas

1.2.1. Garantía de las pensiones y de su poder adquisitivo: el gran compromiso

1. Aun cuando resulte una advertencia manida, la demografía y el empleo son y seguirán siendo los dos vectores sobre los que pivote el presente y futuro del sistema de protección social. El Pacto de Toledo, lugar de encuentro parlamentario para defender el sistema público de Seguridad Social, se mantiene como referencia de debate y de acción política en torno a esta finalidad. Con todo, las líneas generales en las que se basa, las insalvables discrepancias que afloran en algunas materias y la diferente plasmación en cada Gobierno de los mandatos derivados del Pacto, impiden considerar que existe un planteamiento estable y unívoco sobre el futuro del sistema y las medidas necesarias para su sostenimiento. Eso sí, no parece que ninguna fuerza política con representación parlamentaria reniegue de las ayudas de la Unión Europea -aun cuando quepa discrepar sobre su concreto destino- por entender que buena parte de los problemas

que han de resolver los países del entorno son comunes y que, por tanto, las soluciones han de ser bastante parejas. Por esta razón, parte de las últimas medidas adoptadas por el Gobierno se han producido en el seno del Plan de recuperación, transformación y resiliencia, a través del instrumento Next Generation EU.

De acuerdo con los informes elaborados por la Unión Europea, la población en edad activa para el trabajo, considerando como tal que la que oscila entre los 15 y los 65 años, del conjunto de los países miembros, comenzará a reducirse de forma significativa a partir del 2050 (se calcula que en un 20%, esto es, unos 40 millones de personas). Por lo demás, el número de personas que superarán los 65 años se incrementará de 61 millones en el año 2000 a más de 100 millones en el 2050, siendo el mayor aumento el de los mayores de 80 años, sector que triplicará su volumen actual. La relación porcentual entre trabajadores y mayores de 65 años pasará de un 4 a 1 actual a un 2 a 1 en 2050 previsiblemente. Si el foco se amplía a nivel mundial, la OIT señala que el 77,5 por ciento de las personas por encima de la edad de jubilación recibe algún tipo de pensión de vejez. Por término medio, el gasto en pensiones y otras prestaciones para los adultos mayores representa el 7,0 por ciento del PIB, con grandes variaciones entre regiones. Se ha venido avanzando en la extensión de la cobertura de los sistemas de pensiones en los países en desarrollo, aunque en aquellos que destacan por ingresos medios o bajos, se opte por la fijación de una renta universal.

2. En España, a todas las dificultades apuntadas y a los elementos de naturaleza común que le une al resto de los países desarrollados de su entorno, ha de añadirse el efecto innegable del acceso a la jubilación de las generaciones del baby boom, nacidas entre 1957 y 1977. La esperanza de vida pasará de 80,27 años de los hombres y 85,83 de las mujeres en 2021, a los 87,1 y 91,4 respectivamente en 2050, alcanzando uno de los niveles más elevados de la Unión Europea. Por su parte, se prevé que el número de hijos por mujer en España tenga una tendencia levemente alcista, desde el 1,19 de 2022 hasta el 1,36 en 2050 y el 1,37 para 2060, llegando a alcanzar el 95% del nivel de la media de la UE. En el estudio poblacional que se tiene en cuenta para proyectar la sostenibilidad del sistema se muestra cómo, en la actualidad, el grupo de edad más numeroso es el que tiene entre 43 y 51 años mientras que, en el año 2050, el grupo de edad más numeroso será, por una parte, aquel comprendido entre las edades de 39 y 43 años y, por otra parte, los comprendidos entre 69 y 74 años. Se modifica, por tanto, la estructura de la población donde los nacimientos tienen en 2050 un peso similar al actual, pero con una disminución del número de jóvenes

entre 12 y 18 años. Aumentan los grupos de población de más edad, y llama la atención el incremento de personas de cien años o más. Finalmente, y en relación con el mercado laboral, desde el año 2022 se comprueba un notable crecimiento en la ocupación, así como una drástica reducción de la tasa de temporalidad, En mayo de 2023 se alcanzaron los 20,8 millones de afiliados a la Seguridad Social, 1,3 millones más en términos desestacionalizados desde el nivel previo a la pandemia, mientras que la temporalidad ha caído por debajo del 15%. El incremento de la tasa de actividad del 79,4% actual al 84% en el año 2050, hará que la población activa entre 20 y 64 años se incremente desde casi 23 millones de personas en 2023 hasta 24,23 millones en 2035; a partir de este momento, la población activa se reducirá y alcanzará en el año 2050 una cifra de 23,23 millones de personas[4].

No resulta extraño que las reformas legislativas más recientes se basen en dos objetivos fundamentales; a saber, el de ofrecer "*certidumbre a los pensionistas y al conjunto de la sociedad sobre el compromiso inquebrantable de los poderes públicos con el sistema*"-indicando como principal punto de referencia la garantía del mantenimiento del poder adquisitivo de las pensiones a través de un criterio de revalorización vinculado a la evolución de la inflación-; y el de reforzar el "*equilibrio del sistema como forma más efectiva de asegurar una adecuada capacidad de respuesta a las exigencias demográficas y económicas*", asumiendo el Estado los gastos de naturaleza no contributiva e incentivando el retraso a la jubilación a fin de no sobrecargar el coste de las pensiones (Ley 21/2021, 28 de diciembre, BOE, 29, de garantía del poder adquisitivo de las pensiones y de otras medidas de refuerzo de la sostenibilidad financiera y social del sistema público de pensiones).

Por eso, cabe destacar, y valorar positivamente, la implantación de una medida como la del Mecanismo de Equidad Intergeneracional, implantado con la citada Ley 21/2021, y ya en vigor. En atención al mismo y con el fin de "*preservar el equilibrio entre generaciones y fortalecer la sostenibilidad del sistema de la Seguridad Social en el largo plazo*", se establece en la DF 4ª de esta nueva Ley 21/2021 un mecanismo con dos componentes. El primero señala que, a partir de 2023, y a lo largo de un periodo de diez años, se fijará una cotización adicional finalista que nutrirá el Fondo de Reserva de la Seguridad Social y que será de 0,6 puntos porcentuales, siguiendo la estructura actual de distribución entre empresa y trabajador, con carácter

---

4 Datos extraídos del Informe sobre las *Proyecciones de Gasto Público de Pensiones en España,* Ministerio de Inclusión, Seguridad Social y Migraciones, Secretaría de Estado de Seguridad Social y Pensiones, 2023, en www.seg-social.es.

finalista y hasta 2032. Se adaptará la normativa sobre el Fondo de Reserva para garantizar que la utilización de esta cuota finalista y de los rendimientos que genera se destinen exclusivamente a atender las desviaciones en el nivel de gasto a las que se hace referencia en el siguiente apartado.

El segundo componente indica que, a partir de 2032 y con una periodicidad trienal, se verificará si, de acuerdo con las últimas previsiones del Ageing Report de la Comisión Europea o documento análogo, el nivel de gasto en 2050 superará la previsión para ese año del citado informe de 2024 una vez descontado el efecto que habría tenido el derogado factor de sostenibilidad.

En función de esta valoración, en 2033 se actuará de diferente forma, según las circunstancias. Así, si en aquella fecha el nivel de gasto previsto no superara el umbral establecido, no se aplicará ninguna medida. En tal caso, podrá valorarse en el seno del diálogo social para su elevación como propuesta a la Comisión de Seguimiento y Evaluación de los Acuerdos del Pacto de Toledo la utilización de los recursos del Fondo de Reserva de la Seguridad Social para reducir las cotizaciones sociales o mejorar la cuantía de las pensiones. Por el contrario, si el nivel de gasto previsto superara el citado umbral, se aplicarán medidas de diferente tenor. Entre otras, se podrá disponer de los activos del Fondo de Reserva de la Seguridad Social para la financiación del gasto en pensiones contributivas, con un límite de disposición anual del 0,2 por 100 del PIB; en el supuesto de que la citada desviación fuera superior a ese 0,2 por 100, o se hubieran agotado los activos del Fondo de Reserva, el Gobierno negociará con los interlocutores sociales para elevar a la Comisión de Seguimiento y Evaluación de los Acuerdos del Pacto de Toledo una propuesta que, de forma equilibrada, bien se dirija a minorar el porcentaje de gasto en pensiones en términos de PIB a través de medidas enmarcadas en las recomendaciones del Pacto de Toledo, bien se oriente a incrementar el tipo de cotización u otras fórmulas alternativas para aumentar los ingresos, bien a ambas medidas, en los términos que se acuerden, teniendo especialmente en cuenta el principio de suficiencia. Estas medidas deberán compensar la desviación en la previsión de gasto en pensiones en 2050 que no esté cubierta por los activos del Fondo de Reserva con un límite del 0,8 por 100 del PIB, de acuerdo con una senda que refleje el impacto creciente que habría tenido la aplicación del factor de sostenibilidad ahora derogado y con un efecto temporal que no podrá prolongarse más allá de 2060.

3. En idéntica línea, la reforma más reciente, la introducida por el Real Decreto-ley 2/2023, 16 de marzo, BOE, 17, de medidas urgentes para la

ampliación de derechos de los pensionistas, la reducción de la brecha de género y el establecimiento de un nuevo marco de sostenibilidad del sistema público de pensiones, incide en la necesidad de garantizar el equilibrio financiero del sistema y el mantenimiento prestacional del mismo.

En este sentido, merecen ser subrayadas actuaciones como, en primer lugar, la que dispone el incremento del tope máximo en las bases de cotización en porcentaje similar al que se indique para la revalorización anual. Una fórmula que, aplicada transitoriamente, permitirá afianzar el criterio de proporcionalidad en el modelo contributivo. En segundo término, procede mencionar la implantación de la cuota de solidaridad aplicable al importe de aquella parte de la retribución que supere la base máxima de cotización, confirmando una cierta redistribución de la riqueza, también dentro del sistema. Constituye una novedad, en tercer lugar, la implantación del mecanismo de equidad intergeneracional, ya expuesto. Asimismo, destacan, en cuarto lugar, todas las medidas que repercuten en la pensión de jubilación, principalmente en el cálculo de la pensión, con la ampliación de años computables dentro de la base reguladora y con la posibilidad de elegir las bases de cotización de mayor importe para el cálculo. Especial análisis requiere, en quinto término, la ampliación del complemento por brecha de género previsto para aquellas mujeres que hayan tenido uno o más hijos o hijas y que sean beneficiarias de una pensión contributiva de jubilación, de incapacidad permanente o de viudedad, extensible también al hombre, si se cumplen los requisitos legales. Del mismo modo, y en este apartado de especial consideración a la situación de la mujer en el ámbito de la Seguridad Social, se desarrollan, finalmente, una serie de medidas ciertamente positivas para neutralizar las lagunas de cotización que producen situaciones de suspensión del contrato de trabajo, estableciendo reglas para integrar dichas lagunas en caso de excedencia, reducción de jornada, contratación a tiempo parcial así como, de forma más rigurosa en cuanto a lo que significa una laguna de cotización, en relación con los períodos en los que no existe legalmente obligación de cotizar. Medidas, en todo caso, que recogen reivindicaciones para mejorar el sistema y que intentan conciliar el mantenimiento financiero del mismo con la efectividad de su protección.

1.2.2. El Fondo Público de Pensiones Privadas: la gran apuesta

1. La Ley 12/2022, de 30 de junio, BOE, 1 de julio de regulación para el impulso de los planes de pensiones de empleo, por la que se modifica el texto refundido de la Ley de Regulación de los Planes y Fondos de

Pensiones (en adelante, LPFP) introduce nuevos instrumentos en la previsión privada. Un nuevo Capítulo XI (artículos 52 y ss LPFP) recoge este instrumento, desconocido hasta hoy en el sistema de previsión español. Estos Fondos de Pensiones de Empleo de Promoción Pública Abiertos (en adelante, FPEPP), promovidos por el Ministerio de Inclusión, Seguridad Social y Migraciones (en adelante, el Ministerio) a través de una Comisión Promotora y de Seguimiento creada a tal efecto, se enmarcan dentro de la categoría de los Fondos de Pensiones de Empleo, de ahí que limiten su ámbito de actuación exclusivamente al desarrollo de planes de pensiones del sistema de empleo y que, en lo no previsto en esta nueva normativa, se considere de aplicación el régimen jurídico de aquéllos.

Recordemos que, en atención a lo previsto en el artículo 11 LPFP, todo Fondo de Pensiones requiere de una autorización administrativa para actuar, la Dirección General de Seguros y Fondos de Pensiones dispone de un Registro administrativo de Fondos de Pensiones y de entidades gestoras de los mismos, los Fondos de Pensiones podrán ser de empleo o personales, quedando reservados los primeros para aquellos cuyo ámbito de actuación se limite al desarrollo de planes de pensiones del sistema de empleo exclusivamente o, en fin, que, respecto de los procesos de inversión, los Fondos podrán ser cerrados o abiertos, caracterizando a estos últimos la canalización de las inversiones de otros Fondos de Pensiones y de Planes de Pensiones adscritos a otros fondos.

Pues bien, en principio, el tipo de planes de pensiones que pueden integrarse en estos FPEPP son dos; a saber, por una parte, los planes de pensiones de empleo simplificados que desarrolla esta misma Ley 12/2022 y, por otra, los planes de pensiones de empleo de aportación definida para la contingencia de jubilación. Eso no impedirá que puedan ofrecer prestaciones definidas para el resto de las contingencias, siempre y cuando las mismas se encuentren totalmente aseguradas. *Ad cautelam*, el legislador establece expresamente que la promoción de estos fondos no supondrá, en ningún caso, una garantía sobre la preservación del valor de las aportaciones o contribuciones efectuadas al plan de pensiones ni de la rentabilidad asignada a dichas aportaciones y contribuciones.

2. Como entidad promotora de estos FPEPP actuará la Comisión Promotora, adscrita al Ministerio e integrada por nueve miembros. Por su parte, la gestión de estos FPEPP será desarrollada por una entidad gestora con el concurso de una entidad depositaria y bajo la supervisión de una única Comisión de Control Especial para todos los FPEPP. Todo Fondo estará supervisado por una Comisión de Control Especial, constituida de forma

única para todos los FPEPP y compuesta por un total de trece miembros nombrados por la Comisión Promotora y de Seguimiento.

Finalmente, y por lo que se refiere al régimen financiero de estos Fondos (artículo 60 y ss. LPFP), serán clasificados como de renta fija, renta fija mixta o renta variable. En relación a sus inversiones, se regirán por lo dispuesto en el artículo 16 LPFP lo que supone que el activo se invierta con criterios de seguridad, rentabilidad, diversificación, acorde con plazos adecuados a sus finalidades y exclusivamente en interés de las personas partícipes y beneficiarias, tomando en consideración el riesgo y el impacto social y medioambiental de las inversiones. Estos FPEPP no podrán ser invertidos en empresas o negocios que cuenten con alguna sede en paraísos fiscales o que hayan cometido delitos medioambientales o laborales en los diez años anteriores a la inversión. El proceso de inversión, caracterizado por ser socialmente responsable, tendrá criterios comunes que valorarán los riesgos extrafinancieros y los criterios medioambientales, sociales y de buen gobierno corporativo alineados con los principios para la inversión responsable. De manera particular, se tendrá en cuenta el cumplimiento de los Objetivos de Desarrollo Sostenible y la taxonomía medioambiental y social contenida en Reglamento 2020/852, de 18 de junio de 2020, DOUE, 22, relativo al establecimiento de un marco para facilitar las inversiones sostenibles.

2. PROPUESTAS MEDIATAS COMO HIPÓTESIS A CONSIDERAR EN EL SISTEMA DE PROTECCIÓN SOCIAL DE UNA ECONOMÍA DIGITALIZADA

2.1. Posibles reformas sobre la financiación: completar las cotizaciones con otras aportaciones a la Seguridad Social

2.1.1. Apoyar la cotización con otras aportaciones a la Seguridad Social

1.Desde que surgiera el primer seguro social (1900) a la construcción del moderno sistema de Seguridad Social (1963), esta última se ha enfrentado a reformas constantes. Todos los gobiernos han tenido que lidiar con problemas de similar factura: crecimiento acelerado del gasto, crisis de financiación (mejoran las prestaciones, pero no se incrementan los ingresos), desequilibrio entre la población ocupada y los beneficios del sistema o incremento de los costes a medida que crecen los riesgos y contingencias o se prolonga la protección (envejecimiento de la población, siniestralidad, incapacidades, cronificación de enfermedades, etc). Para su solución existen dos tipos de reformas; a saber, las conservacionistas (intentan conservar lo que se tiene) y las progresistas (que tienden a mejorar lo logrado), admitiendo un término híbrido para aquellas que avanzan en conquistas sociales preservando los cambios que garanticen su sostenibilidad (De la Villa, 1999: 3). Esta última ha sido la técnica más empleada toda vez que las reformas tienden a garantizar el sistema sin renunciar a ampliar y mejorar la protección cubierta. Bien es cierto que, desde hace tiempo ya, las reformas de la Seguridad Social no responden a un modelo, no son estructurales, son reformas meramente contables, que participan de la necesidad de ajustar ingresos y gastos sin más.

Y quizá ésta sea la única forma de enfrentarse al problema. Atraer nuevas fuentes de financiación e incentivar la contención en la protección. Pero esta tendencia, nada novedosa, por cierto, supone priorizar el aspecto meramente fiscal del sistema, eludiendo otros principios identificadores de la Seguridad Social, especialmente el de la solidaridad, la adecuación o, en su caso y si se integran niveles contributivos y no contributivos, la universalidad de las prestaciones. Una solidaridad intergeneracional, una adecuación entre lo aportado y lo percibido y la universalización de una cobertura mínima para quienes se enfrentan a un bajo nivel adquisitivo, a una economía sumergida, a una escasa capacidad contributiva y, por tanto, a una exclusión garantizada del sistema de protección.

2. Una de las principales aportaciones sería el establecimiento de una nueva fuente de financiación, distinta pero complementaria a la de la cotización, que estuviera destinada a conseguir ingresos de manera finalista para el sistema de Seguridad Social. Un impuesto general, sobre el consumo o sobre determinados servicios, que no iría a aumentar las arcas del Estado sino las de la Seguridad Social con un presupuesto, como es sabido, distinto y no integrado en los Presupuestos Generales del Estado. Quienes se oponen a este tipo de impuesto general finalista consideran que, previamente, sería necesario corregir el déficit financiero que arrastra el sistema porque, de lo contrario, se estaría gravando injustamente a las generaciones futuras. Por lo demás, rechazan esta medida por estimar que la economía sería menos productiva, se generaría menos empleo y se materializaría una mayor inequidad intergeneracional. Lo que conduciría, entre otras conclusiones, a algo que se intenta evitar, a saber, pensiones medias de cuantía muy inferior a la actual (Devesa y Doménech, 2019: 5).

De ahí que se proponga otro tipo de reformas más próximas a lo estructural con un cambio significativo del cálculo de la pensión inicial, pasando de un sistema de reparto a un sistema de cuentas nocionales individuales estimando que eso supondría una mejora *"al resolver muchos de los problemas de falta de equidad y de sostenibilidad financiera y actuarial del sistema actual"*. Se trata, como es sabido, de un sistema de reparto y de contribución definida que establece el equilibrio actuarial entre aportaciones y pensiones. El cálculo de la pensión utiliza ecuaciones de equivalencia actuarial, que relacionan en valor presente la suma acumulada de las aportaciones a lo largo de la vida laboral del trabajador con la suma que supondrá la pensión de jubilación. En la medida en que el equilibrio actuarial no satisfaga el equilibrio financiero del sistema a largo plazo, el cálculo de la pensión inicial o su revalorización podrán ser modulados de acuerdo con las proyecciones económicas y demográficas para asegurar la sostenibilidad agregada del sistema De esta forma, se conseguiría revalorizar las pensiones de acuerdo con la inflación, aunque pueda suponer esto una disminución de la tasa de sustitución, salvo que voluntariamente se retrase la edad de jubilación. Una mayor contributividad, una mejor transparencia en información sobre proyecciones individuales de las pensiones futuras o sobre las implicaciones actuariales de aplicar nuevas medidas, que, se estima, contribuirían a afrontar los retos de la Seguridad Social del siglo XXI (Devesa y Doménech, 2021: 240).

Sin embargo, se trata de una propuesta no exenta de críticas. Porque el sistema de Seguridad Social, basado en la equidad intergeneracional, se ajusta mejor a un sistema colectivo que a un modelo tan individualista como el descrito de las cuentas nocionales. Por lo demás, dada la configuración constitucional actual, el Estado se manifiesta como garante de la viabilidad del sistema, debiendo adoptar las medidas necesarias para su futuro (Gálvez y Díaz, 2021: 100)[5]. La intervención más individual y menos colectiva puede ser una fórmula complementaria pero no puede sustituir plenamente el planteamiento del sistema actual de pensiones. La Seguridad Social se nutre de recursos y patrimonio propio como sistema "autosuficiente, viable y sostenible", que, con los ajustes oportunos, deberá garantizar la suficiencia y adecuación de las prestaciones y pensiones comprometidas. Si se opta porque el soporte del sistema recaiga única y exclusivamente en la individualización y cuasi capitalización de las pensiones, se estaría pervirtiendo el modelo constitucional que, ciertamente, exige

---

5 Por todos, Monereo Pérez (2022).

medidas que garanticen esta protección del Estado pero que no trasladen al individuo la función de aquél.

2.1.2. La cotización por robots o de cómo contribuir al sistema de Seguridad Social desde la producción y no sólo desde el empleo

1. De hecho, existen numerosas alternativas de sostenibilidad que permitirían opciones más acordes con el principio de solidaridad y socialización de riesgos presente en el ámbito público[6].

Y, así, se podrá denominar cotización por robots o impuesto a la digitalización, pero lo cierto es que la revolución tecnológica modificará el panorama laboral y requerirá de menos trabajadores susceptibles de aportar cotizaciones al sistema[7]. De ahí que parezca necesario descubrir otras alternativas que permitan equilibrar modernidad con tradición y consigan compaginar producción con cotización.

El concepto tradicional de cotización se encuentra estrechamente relacionado con el empleo por la relación triangular tradicional entre salario-cotización-prestación. Quizá deba vincularse más al factor trabajo y no sólo al empleo. Muchas empresas aparecen y desaparecen de forma discreta y con inversiones limitadas obtienen ganancias exponenciales, lo que puede resultar plenamente lícito. Y beneficioso, puesto que las ganancias empresariales redundarán en mayor inversión, progreso y empleo. Sin embargo, debería replantearse que, cuando el factor productivo se desarrolla tan rápidamente y lo hace sin apenas elementos personales que contribuyan al mismo, los beneficios deberían contemplar una parcela destinada a la cotización social para mantener un Estado de bienestar que contribuye asimismo al consumo de los bienes y a la utilización de los servicios producidos. En todo esos sectores, fundamentalmente tecnológicos, en los que se amplía la producción pero se limita el empleo o en aquellos otros en los que, mediante plataformas digitales, se facilita el intercambio de servicios

---

6 Por todos, Suárez Corujo (2014).

7 "Robot tax" o cualquier fórmula que permita adaptar el sistema de Seguridad Social a esas nuevas formas de trabajar en las que no existen barreras de tiempo, espacio, edad o sexo y en las que la relación con la empresa, tanto en el lugar de trabajo como en el tiempo de trabajo, son abiertas y escapan a los parámetros tradicionales de contribución al sistema, en Bueno Maluenda (2020: 57). *Vid*, por todos, Tortuero Plaza (2022); Sánchez-Urán y Grau Ruiz (2021); Gómez Salado (2018).

sin mano de obra, donde el operador, el prestamista y el cliente tienen una relación, en ocasiones no considerada laboral sino colaborativa, y en la que, sin embargo, sí se produce un bien o un servicio, con independencia de su calificación, el concepto de cotización social debería estar presente, aunque esto supusiera ampliar y actualizar la definición del mismo.

2. Precisamente por este cambio en el concepto de cotización quizá resultara conveniente que, dadas las particularidades que la protección social está asumiendo con una participación privada cada vez más relevante, debiera considerarse el conjunto de aportaciones que tanto empleadores como trabajadores realizan al sistema.

No en vano, la protección complementaria está suponiendo un esfuerzo conjunto o individual en buena parte de los casos, especialmente en aquellas empresas y trabajadores que pueden mantener adicionalmente este tipo de contribución. Con todo, la tendencia en la Unión Europea pasa precisamente por potenciar estas fórmulas de ahorro/previsión como complemento a la atención pública basada en la Seguridad Social. En gran medida, desde la negociación colectiva, aunque también desde una perspectiva estrictamente individual, son muchos los trabajadores que destinan parte de su retribución a afianzar una protección futura próxima al salario que percibían en activo. Posiblemente sea necesario reconocer ese esfuerzo y valorar la contribución al sistema conjunto de protección social, tanto desde la perspectiva pública como privada, para potenciar y fomentar la participación en estos otros sistemas que completan el ámbito público. Con este razonamiento no se pretende sobredimensionar el interés por la participación privada en detrimento del sistema público pues, como es sabido, aquélla no puede sustituir a esta última, pudiendo sólo complementarla. La opción de incorporar estas aportaciones privadas para su integración y gestión en el ámbito público sería una alternativa válida para eludir las reticencias que este tipo de medidas pueden plantear en la defensa a ultranza de un sistema público, idea esta última presente en el texto constitucional y preferente en la actualidad en nuestro ordenamiento jurídico.

De algún modo, se trata de una propuesta ya materializada al permitir la Ley 12/2022 y el Real Decreto 668/2023, de 18 de julio, BOE, 20, por el que se modifica el Reglamento de planes y fondos de pensiones, aprobado por el Real Decreto 304/2004, de 20 de febrero, para el impulso de los planes de pensiones de empleo, que se reduzcan las cuotas empresariales de la Seguridad Social por contingencias comunes en función de las aportaciones que realice la empresa al plan de pensiones y en atención a lo prescrito por la DA 47ª de la Ley General de la Seguridad Social. Atendiendo a lo expuesto en dicha norma, el importe máximo mensual con derecho a reducción será de 128,86 euros durante el año 2023; de esta forma, si la aportación al plan de pensiones de empleo fuera de 128,86 euros, para una cotización de contingencias comunes del 23,6 %, el ahorro mensual sería de 30,41 euros lo que daría lugar a un ahorro anual de 364,92 euros.

2.2. Posibles reformas sobre la protección: derivación hacia lo asistencial o hacia lo privado

2.2.1. La progresiva sustitución de un sistema contributivo por un sistema asistencial universal con renta mínima garantizada

1.Tal vez debería plantearse cómo, en un futuro próximo, la contributividad no podrá ser ya la fórmula de referencia para mantener un sistema de protección social que, basado en el empleo, observa cómo la digitalización puede transformar la gestión del tiempo vital y profesional, con menos horas de trabajo para idéntica producción e incluso con una masiva expulsión de personas en edad de trabajar. De ahí que se contemple la otra opción, la de la universalidad o asistencialidad, como solución a los nuevos tiempos, garantizando un mínimo para todos, sin perjuicio de que quienes decidan contribuir puedan -o deban- hacerlo como beneficio individual o solidario. O, lo que es lo mismo, tal vez deba comenzar a plantearse ya un modelo basado en la protección social más que en la Seguridad Social, constituyendo ésta una parte importante de aquélla. Y, aun cuando no exista una definición precisa sobre el contenido de la protección social en nuestro ordenamiento, la conjunción del mandato constitucional y del desarrollo legal, obligan a incluir al sistema de Seguridad Social, a la asistencia social y a la sanidad en la configuración del sistema de protección social, con el interés central de la distribución competencial entre el Estado y las Comunidades Autónomas en nuestro país (López Cumbre, 2011 y 2012). En una consideración conjunta, el sistema de protección social podrá facilitar una cobertura mayor para situaciones creadas por la falta de empleo o, como en el supuesto que nos ocupa, por la transformación del empleo.

No son pocos los autores que señalan cómo la automatización que supone la revolución tecnológica creará una nueva clase social masiva "inútil" (Noah Harari, 2018). Y, si como se apuntara, toda revolución conlleva un período de transición, en este caso se entiende que ese período no sólo generará una clase desempleada, sino una clase desempleable y no recuperable. Una clase sin utilidad productiva o económica que carecerá de poder social o político y que quedará excluida de toda situación activa dentro del sistema productivo.

En la historia de la Seguridad Social, el organismo que mejor engarza la necesidad de dispensar una protección para todos, aun cuando sea mínima, es, sin duda, la Organización Internacional del Trabajo, que, tras la famosa Declaración de Filadelfia de 1944, aprueba la Recomendación número 67 sobre la Seguridad Social de los medios de vida, con un reconocimiento pleno de lo que supone un verdadero sistema de protección social, más amplio que un régimen de Seguridad Social (López Cumbre, 2020). No obstante, constituirá el Convenio número 102 un punto de referencia ineludible, por su globalidad y modernidad. Globalidad en tanto abarca la práctica totalidad de las contingencias y prestaciones recogidas en los sistemas de Seguridad Social de los países desarrollados, propiciando un compendio completo de protección. Y modernidad porque anticipa el esquema de protección de dichos sistemas de Seguridad Social combinando prestaciones contributivas con asistenciales, ponderando los límites económicos básicos existentes entre cotización y prestación, previendo la gestión pública de las prestaciones, admitiendo la financiación colectiva por medio de cotizaciones o de impuestos, o de ambos mecanismos a la vez, reconociendo la especial significación de la mujer en el mundo laboral y protegiendo la maternidad y todo lo que circunda a la misma y, en fin, ofreciendo todo un sistema que, un siglo después, se mantiene vigente.

2. Pues bien, en este contexto, cabe plantear la hipótesis de una cobertura universal en los países desarrollados como nivel mínimo de protección que palíe los efectos de la tecnificación y sus consecuencias laborales[8].

Al margen de las decisiones nacionales que garantizan una renta básica para quienes, en situación de pobreza o de exclusión social, necesitan sobrevivir, como ocurre con el ingreso mínimo vital español, el debate más amplio se centra en discernir si debería implantarse una garantía vital en forma de renta universal[9]. Se trata de garantizar a cualquier ciudadano por el hecho de serlo, sin temor a los avatares laborales o profesionales que se describen en este análisis como consecuencia de la digitalización y sin perjuicio de la pervivencia de un sistema de protección social contributivo que pueda garantizar la misma protección proporcional y equitativa actual e incluso superior, una renta esencial para vivir. No respondería a

---

8 *Vid,* en esta línea, López Insua (2023).

9 Por todos, Monereo Pérez (2018).

ningún requisito laboral, económico, social o familiar, sino que se trataría de una prestación individual que cada ciudadano obtendría del Estado por el hecho de pertenecer a su comunidad, como miembro de la sociedad, en tanto sujeto político dotado de derechos y obligaciones. Como asignación universal describiría una renta incondicionada e incondicional para la ciudadanía.

Con todo, la determinación sobre los sujetos amparados por esta renta dista mucho de estar definida ya que podría discutirse si debe ser para las personas nacionales, para las residentes, para quienes sean propietarias de una vivienda, en el caso de la Unión Europea para la ciudadanía europea, a lo que cabría añadir algunos rasgos de temporalidad o nacionalidad con una antigüedad en esta condición o requiriendo residencia durante algunos años. Salvo que se opte por extender la cobertura "universal" con este mismo criterio, esto es para todos e incondicionalmente, en cuyo caso cualquier ciudadano que se encuentre en el territorio del Estado recibiría dicha renta teniendo en cuenta el carácter de reversibilidad que la misma va a tener ya que el perceptor será consumidor en dicho territorio y generará beneficios para el Estado. Asimismo, la cuantía puede ser otro motivo de discusión por cuanto se pueden establecer diferentes cuantías en función, por ejemplo, de la edad, o una misma cuantía uniforme para toda situación, homogeneizando la cobertura y estimando que las necesidades vitales básicas o existenciales tienen un suelo de protección, común para toda persona beneficiaria. Propuestas que admiten modalidades como la "renta básica emancipatoria", pensada para los jóvenes que necesitan independizarse, o la "renta básica local", prevista para aquellos municipios con menor índice de renta. Y que han sido objeto de experimentación en diferentes partes del mundo, situadas prácticamente en los cinco continentes (Gutiérrez-Solar, 2020 y García Delgado 2021).

Sea como fuere, se estima como una propuesta loable a la que resta por advertir su viabilidad. Porque cada Estado deberá reparar en las posibilidades reales de financiar esta renta universal para la ciudadanía. Que no se antoja imposible, a la vista de experiencias realizadas con cierto éxito, pero con serias dificultades para su materialización. Ahora bien, no se trata de una decisión instantánea, sino de un proceso. Y, quizá, las nuevas generaciones, cuando gobiernen y deban decidir con realidades que hoy sólo se presentan como retos de futuro, puedan adoptar decisiones más drásticas y valientes como la de la renta universal, hoy por hoy plagada de reservas en su implantación.

2.2.2. Algunas modificaciones en el sistema contributivo con la mujer como eje de referencia

1.Aunque algunas de estas propuestas ya han sido expuestas con anterioridad (López Cumbre, 2015), se trata de valorar aquí determinadas posibilidades que podrían materializarse en una sociedad futura guiada tecnológica y productivamente por otros factores. Especialmente, aquellas que tienen como elemento nuclear el trabajo y la protección de la mujer, siempre en posición de desventaja tanto en uno como en otro.

La brecha existente en otros ámbitos se reproduce con facilidad, incluso de forma más ostensible, en materia de pensiones. Para evitarlo habría que adoptar medidas que impidieran esta situación. Entre otras, todo el planteamiento de los cuidados de hijos, discapacitados y mayores, con infraestructuras estatales que permitieran descargar a la familia, y especialmente a la mujer, de algunas de las labores imprescindibles para garantizar una mejor calidad de vida de todas estas personas dependientes. Del mismo modo, sería necesario reconsiderar la traslación del trabajo a tiempo parcial en materia de protección social y recuperar principios e idear medidas que minimicen el impacto de este tipo de trabajo en la protección de las trabajadoras a tiempo parcial, más allá de la reciente vuelta de los días cuota al cálculo de la pensión. Sólo así el trabajo a tiempo parcial recuperaría el espacio central que merece en la conciliación de vida personal con la profesional y en la arquitectura de un mercado de trabajo flexible, no precario.

En esta misma línea se inscriben todos aquellos aspectos que impactan en las carreras de cotización -habitualmente interrumpidas-, aunque también comienza a hacer efecto en la de los hombres. Estas interrupciones, que podrán ser compensadas con períodos de cotización efectiva, esto es, períodos de inactividad que se consideren cotizados a pesar de ser inactivos, podrán ser completadas asimismo con instrumentos hoy existentes en la legislación como el convenio especial. Con dos reproches posibles. El primero, la ruptura del principio de profesionalidad, esto es, que personas que no están trabajando sigan cotizando, mas se trata precisamente de la situación que contempla todo convenio especial; el segundo, el posible fraude de ley de quienes permanecen durante un tiempo en el mercado de trabajo precisamente para poder mantenerse con posterioridad mediante la cobertura de un convenio especial. Objeción esta última que sería evitable solicitando, por ejemplo, un determinado arraigo en el mercado de trabajo, esto es, una carrera de cotización de dimensión suficiente para eludir esta hipótesis. En cualquier caso, con este tipo de medidas se evitaría que muchas mujeres con carreras interrumpidas se encuentren expulsadas del acceso a una pensión o con una pensión mínima tras amplios períodos de cotización. Por supuesto, medidas como la selección de los períodos de cotización más favorables contribuirían sobremanera a mejorar la posición de la mujer en materia de protección social.

2. También habría que reconsiderar el cálculo de los complementos para mínimos en los que la unidad familiar adquiere una relevancia que perjudica a la pensión de la mujer. En la actualidad, la mayor parte de los complementos para mínimos se asigna a las pensiones para mujeres, pero el cómputo de los rendimientos de la unidad familiar supone un perjuicio claro por la posición de la mujer en la familia. La consideración de la unidad familiar produce un efecto discriminatorio fundamentalmente para la mujer. Cuando a la mujer se le pide tener en cuenta la unidad familiar hay otras rentas, en particular las del hombre, pero cuando al hombre se le pide tener en cuenta la unidad familiar, con carácter general no suele haber otras rentas o son rentas de menor cuantía. Y, aun cuando la gestión del sistema intenta que no se den estas diferencias, lo cierto es que el importe del "complemento" por cónyuge a cargo siempre será inferior al total de una prestación no contributiva, minorando la cantidad global a percibir en la familia. La Administración de la Seguridad Social intenta que esto no ocurra y responde con la mayor prestación posible pero, y aun cuando valorar al cónyuge a cargo con esta dimensión cuantitativa pueda resultar incluso hiriente, para mejorar esa situación rayana en la exclusión social y en la pobreza, cabría plantear que, en lugar de obtener el complemento de cónyuge a cargo del pensionista, la persona que conviviera en la unidad familiar pudiera obtener la pensión no contributiva, cosa que ahora no ocurre porque hay muchas mujeres que no pueden acceder a la pensión no contributiva, precisamente porque su marido tiene una pensión de jubilación contributiva.

En esta misma línea, cabría plantear una hipótesis adicional, no considerada por el momento pero que exigiría una reflexión. Se trata de la valoración de la unidad familiar y la contribución de la mujer en el desarrollo de la misma. El artículo 1346 del Código Civil establece que son bienes gananciales los frutos del salario, pero también los frutos de la pensión. Por tanto, si el matrimonio está vigente los dos cónyuges tienen derecho al fruto del salario y al fruto de la pensión. Aunque la titularidad del derecho es un bien privativo, los frutos son bienes gananciales. En los últimos tiempos los tribunales, fundamentalmente en el orden civil, están admitiendo que si esos frutos se hacen en forma de renta sí se puede mantener esta tesis que está claramente expuesta en el Código Civil, pero si se obtienen en forma de indemnización o de cantidad a tanto alzado entonces ya empezaría a cuestionarse, considerándose como privativos del titular de esos frutos. Una conclusión sin duda determinante, entre otras, en materia de rescate de derechos adquiridos en los planes de pensiones. Pues bien, todo aquello que se detrae del salario -y, en el caso de los planes de pensiones de empleo, al menos, así es- debe ser considerado bien ganancial, en tanto es fruto del salario. Por tanto, las cotizaciones deberían poder repartirse entre los cónyuges y, si no se reparten, debería poder repartirse el resultado final que se obtuviera con esas cotizaciones en las pensiones, cualesquiera que éstas sean. Una traslación de cotizaciones entre cónyuges plenamente factible en otros ordenamientos de Seguridad Social europeos, con una gestión garantizada por parte del propio sistema. Y no ajena a nuestro ordenamiento cuando se posibilita, respecto de los cónyuges colaboradores en explotaciones agrarias, ganaderas y pesqueras, el reparto entre cónyuges de la actividad productiva industrial o mercantil, encomendando a los jueces que, en caso de divorcio, repartan la cotización, con asimilación al titular del negocio. Por tanto, si hay una cotitularidad del negocio, hay una cotitularidad también en las cotizaciones. Una "ganancialidad" acorde con las reglas de convivencia conyugal de nuestro ordenamiento civil, tan presente en las prestaciones y pensiones del sistema de Seguridad Social en muchos aspectos.

3. Finalmente, ayudaría tanto a la mujer como al hombre, una reconsideración sobre la edad flexible de jubilación, al considerar que la etapa del baby boom pasará y las generaciones de posibles jubilados tendrán cohortes de menor dimensión y con menor saturación para las arcas de la Seguridad Social. En este contexto, fórmulas como la prejubilación, la edad flexible de jubilación, la compatibilidad con la vida activa o la combinación de la jubilación con la contingencia de la dependencia deberían ser consideradas en el panorama legislativo a medio o largo plazo.

En el primer caso, porque se requiere de una contingencia y de una prestación que reconozcan expresamente un riesgo claro para los trabajadores como consecuencia de la edad en una evolución tan vertiginosa que convierte la obsolescencia en un problema determinante tanto para la empresa como para el trabajador. En el segundo supuesto, porque es evidente que la rigidez en la edad sólo genera desafecto y, a lo peor, economía sumergida. Son muchos los trabajadores que se plantean por qué jubilarse si no quieren, otros por qué trabajar si ya han cotizado lo suficiente para jubilarse, otros por qué mantenerse en un sector en el que la edad constituye un riesgo de peligrosidad y, en fin, algunos creen que, tras jubilarse, pueden seguir siendo productivos, incluso aunque tengan que cotizar sin incrementar la jubilación que ya perciben. Tantas alternativas encontrarían respuesta en un sistema flexible de jubilación con horquillas de edad y con un cálculo proporcional al tiempo cotizado y a la edad de acceso. En tercer lugar, por la aceptación que supone, como ya cabe comprobar, la posibilidad de compatibilizar todo o parte de la pensión con el trabajo, impidiendo que se pierda experiencia vital para generaciones futuras. Y, finalmente, la relación entre jubilación y dependencia permitiría sustituir parte de la pensión económica por todos los servicios necesarios para la persona jubilada en el ámbito de la dependencia. De esta forma, se superarían los inconvenientes ahora existentes en una prestación como la de la dependencia que, diseñada de forma idónea para el fin pretendido, se ha convertido en una lacra por su tediosa tramitación administrativa y por el gravamen que implica la participación de diferentes Administraciones en su financiación.

2.2.3. La integración de un complemento privado en la pensión pública y su posible disponibilidad anticipada. Sobre la confianza en el sistema de las generaciones futuras

1. La constante desconfianza sobre la pensión futura desincentiva la contribución al sistema y desanima a quienes, obligados a cotizar, no encuentran aliciente alguno en hacerlo. Debería efectuarse una labor pedagógica acerca del valor de la cotización presente en cuanto garantía constante sobre riesgos actuales, de tal forma que los jóvenes sepan que, si sufren un riesgo, el sistema de Seguridad Social va a proteger su inactividad laboral. De esta manera, dejaría de identificarse Seguridad Social con pensión de jubilación únicamente. Porque la desconfianza alimenta una economía sumergida -total o parcial- que daña los pilares económicos, y especialmente los fundamentos sociales, del Estado del bienestar. De ahí que toda reflexión sobre las garantías del sistema en torno a la pensión futura deba ser bienvenida, siquiera para repensar aquellos principios clásicos que deban ser mantenidos o, en su caso, adaptados.

Como es sabido, el derecho a la pensión pública surge cuando se cumplen los requisitos establecidos en relación a la misma por la ley vigente en el momento en que se produce el hecho causante. Entretanto, se defiende la mera existencia de una "expectativa" de derecho a la pensión. Un esquema asimismo presente en el ámbito de las prestaciones complementarias ("privadas") -planes de pensiones o contratos de seguro –, si bien para estas últimas sí se prevé una "consolidación" del derecho a medida que se va cotizando, aun cuando quepa condicionar el ejercicio de cualquier disposición del mismo a que el derecho sea ejecutivo (López Cumbre, 2021).

Existe pues una palmaria diferencia entre un sistema -privado, uno; público, otro- a este respecto. Quizá la clave para poder disponer del derecho antes de que éste pueda ejecutarse -aunque condicionadamente- sea la forma de financiación, tan dispar para las pensiones en el ámbito privado y en el ámbito público, de capitalización en aquél y de reparto para este último. De esta manera, en el primer supuesto el titular del derecho posee un "fondo" que va incrementando progresivamente a medida que cotiza y del que un día dispondrá, mientras que en el ámbito público el sistema de reparto no prevé identificación alguna de un "fondo" individual y, por ende, no cabría apreciar idéntico ejercicio en el derecho que se "consolida" porque dicho "fondo" no existe como tal.

Una afirmación cuestionable si se considera que quienes han "cumplido" ya, en el ámbito público, con los períodos mínimos de cotización establecidos legalmente para alcanzar un derecho, deberían poder acceder a la pensión -a salvo, en este caso, del cumplimiento de la edad-. Y, así, si se toma como ejemplo la pensión de jubilación, cuando se ha cotizado quince o más años al sistema, el beneficiario sabe que -algún día, cuando cumpla la edad pertinente y los requisitos exigidos- obtendrá la pensión correspondiente. Pero el derecho a la misma se ha ido generando con la cotización. Lo mismo ocurre en el plan de pensiones, con la diferencia de que la norma legal admite que, en este último caso, existen unos "derechos consolidados" que nacen desde la primera cotización y que van creciendo en su cuantía a medida que la contribución se incrementa. Y, si bien es cierto que, en el ámbito público, el "derecho" podrá admitirse como "consolidado" cuando se cumpla el requisito de carencia o cotización mínima exigido legalmente, la aportación a la financiación de la pensión se ha venido haciendo, como en el ámbito privado, desde la primera cotización. Mas, en puridad, no existe un "derecho" a percibir la pensión de jubilación, como tampoco existe tal "derecho" en el ámbito privado y, sin embargo, en este último sí se permite la disponibilidad de lo acumulado, y en el ámbito público no. Una diferencia entre sistemas que, siendo de por sí distintos, persiguen el mismo objetivo: garantizar una pensión a cambio de una cotización.

2. Las reticencias para conseguir una identificación entre ambos sistemas, en cuanto a la posibilidad de atender a un "derecho" a la pensión antes de que se produzca el hecho causante de la misma, son de distinta naturaleza. En algún caso, la objeción que se plantea es de menor entidad,

por ejemplo, cuando se considera que, en la pensión pública, se desconoce el *quantum* de la misma hasta el momento de acceder a ella. Porque eso es algo que también puede suceder en la pensión privada –que valora la modalidad de aportación definida, sin conocer el importe final de la pensión- y, pese a ello, el legislador no ha impedido la disponibilidad del derecho. En otros, sin embargo, el rechazo resulta más riguroso. Ocurre con la respuesta más frecuente basada en la diferente estructura del sistema de capitalización en el ámbito privado frente al de reparto en el ámbito público y que permite, en un caso -el privado-, conocer el "depósito" de las aportaciones, teniendo en el otro -el público- un destino más difuso al financiar el pago de las pensiones actuales.

Cabe partir de una consideración previa y es que la cotización no constituye un impuesto que se abona para obtener los beneficios de un servicio público, sino que se valora como una prima semejante a la que se ingresa en el seguro privado, principal referente de la cotización, a cambio de la cual se obtendrá, producido el hecho causante, una pensión. Eso significa que, como en el seguro, el beneficiario tiene unos derechos en expectativa -que no una expectativa del derecho- a medida que va contribuyendo al sistema. De lo contrario, el desincentivo resultaría palmario pues daría lo mismo cotizar que no hacerlo o cotizar más que cotizar menos. Es cierto que, en el ámbito privado, el "fondo" económico es individual y se va incrementando el mismo a medida que se producen las cotizaciones correspondientes. Sin embargo, su gestión no le corresponde al interesado por lo que, si los gestores no aciertan con la inversión financiera del capital depositado, podrá ocurrir que la pensión se reduzca e incluso quede anulada, riesgo descrito en los mismos términos para la pensión derivada del sistema público[10].

Quizá pudiera deducirse de lo expuesto que el "valor" de la cotización resulta desconocido en el ámbito público toda vez que lo que se cotiza no va destinado a la pensión de quien lo hace sino de un tercero -el pensionista actual- a cambio de que, en un futuro, se obtenga la pensión correspondiente. Mas, conviene aclarar que tampoco en el ámbito privado existe tal garantía; primero, porque el "valor" de lo cotizado puede depreciarse como consecuencia de fallidas inversiones y, segundo, porque la rentabilidad entre lo proyectado y lo que se percibirá es volátil.

---

10 Constituye la inversión el elemento central de la existencia y desarrollo de los planes de pensiones, principal referencia junto con el contrato de seguro de la previsión privada complementaria. *Vid,* por todos, Suárez Corujo (2003: 471).

3. Mas lo que verdaderamente distingue un derecho -público- de otro -privado- es que uno puede ser objeto de rescate anticipado y otro no. En efecto. En el ámbito privado y desde hace unos años, los partícipes pueden disponer, de forma anticipada, del importe, total o parcial, de sus derechos consolidados correspondientes a aportaciones realizadas con, al menos, diez años de antigüedad. Con carácter general, podrán hacerlo los planes del sistema individual y los del sistema asociado y, en el caso de los del sistema de empleo, siempre que lo prevean las especificaciones del plan y con las condiciones o limitaciones que éstas establezcan en su caso (artículo 9.4 del Reglamento de Planes y Fondos de Pensiones). Con esta posibilidad se amplía la capacidad de disponer anticipadamente de este "derecho" permitiendo embargos o prenda sobre los derechos consolidados.

Y, así, se materializan nuevas formas de financiación para sujetos que no cuentan con otros activos patrimoniales, si se opta por la prenda pues, en el caso del embargo, no se financia al titular del activo gravado, sino que lo que se produce es una mejora en la condición de su acreedor. Aunque conviene no menospreciar la oportunidad de "negocio" generada con esta modificación de la legislación sobre planes de pensiones. Para los acreedores pignoraticios o embargantes, porque se añade una vía de agresión a los derechos económicos o consolidados del plan antes de que se cause la prestación; para los deudores -y, por extensión, para su acreedor-, porque podrán hacer previsiones económicas fundadas en un término *certus an* y *certus quando,* toda vez que atenderán a las aportaciones con diez años de antigüedad desde el momento en que lo permita la norma (Carrasco Perera y López Cumbre, 2018).

En la actualidad, supone una actuación ordinaria el que los derechos consolidados del partícipe no puedan ser objeto de embargo o traba *"hasta el momento en que se cause el derecho a la prestación o se hagan efectivos en los supuestos de enfermedad grave o desempleo de larga duración o por corresponder a aportaciones realizadas con al menos diez años de antigüedad", ex* artículo 8.8 LPFP. De ahí que, cuando el derecho a las prestaciones del partícipe en un plan de pensiones sea objeto de embargo o traba judicial o administrativa, ésta resultará válida y eficaz. El artículo 22.7 RPFP es expresivo y dispone que la traba no será ejecutable -no que no se pueda efectuar- hasta que se cause el derecho a la prestación o puedan hacerse efectivos o disponibles los citados derechos consolidados.

Con todo, el principal riesgo de esta disponibilidad anticipada del derecho a una pensión es que ya no exista en el futuro un derecho a la pensión porque haya sido dispuesto con anterioridad a su plena ejecución. Pero es el legislador el que ha iniciado un camino sin retorno al admitir una liquidación anticipada de los planes de pensiones. Si en el período de diez años de antigüedad que recoge la normativa aplicable un partícipe puede liquidar sus aportaciones para disponer plena y libremente de las mismas, también parece admisible que pueda solicitar hoy un préstamo con cargo a tal derecho, amortizando en el futuro el mismo cuando corresponda su liquidación.

4. Sin embargo, no es ésta la única conclusión que interesa en este apartado propositivo sino otra quizá más difícil de asumir. ¿Y si esto fuera posible en el ámbito público?. Como ya manifestaran los clásicos, la Seguridad Social responde a la idea de un derecho a la protección, lo que supone que las prestaciones previstas por el ordenamiento son jurídicamente exigibles, en tanto derecho derivado de la contraprestación previa en forma de cuota abonada por el beneficiario o por un tercero a cuenta de aquél (Bayón Chacón, 1958). El esquema, de hecho, no deja de ser el mismo que el de un seguro privado [fijación del riesgo cubierto, aleatoriedad o incertidumbre individual en el siniestro, formación de un fondo mutuo común para atenderlo, tratamiento matemático-financiero de la cobertura, para que la presencia del fondo elimine el riesgo respecto del colectivo asegurado] (García Ortuño, 1976).

Ciertamente, la garantía de los derechos "en curso de adquisición" sólo se proclama de aquellos que conforman la protección social complementaria. Pues bien, una posible fórmula para integrar la inquietud que supone que la cotización que el trabajador efectúa a la Seguridad Social pueda tener, de algún modo, el mismo tratamiento que tiene la cotización en el ámbito privado, generando un derecho "en curso de adquisición", pero un derecho, en definitiva, se podría resolver mediante la integración de una cotización privada como complemento de la cotización básica obligatoria, pero también dentro del sistema (López Cumbre, 2022a). No se oculta que tal propuesta supone acudir a la participación privada en el ámbito de la Seguridad Social. Y no sólo en los términos hoy existentes (mejoras o compromisos por pensiones complementarios en el ámbito privado a través de planes de pensiones o contratos de seguro) sino mediante una cotización adicional que garantice un sistema complementario capitalizado dentro del sistema de Seguridad Social.

Con esto se lograría, como ocurre en otros países de la Unión Europea, que el régimen complementario fuera destinado a incrementar la pensión del beneficiario al margen del sistema de reparto y en virtud de las previsiones que se hicieran (por aportación definida o por prestación definida), pero siempre con la gestión e inversión propia del sistema público. De esta manera, se conseguiría reforzar los recursos del sistema público y se eliminarían ciertos gastos y riesgos hoy presentes por la intervención de entidades financieras. Para evitar el recelo de estas últimas debiera caber la opción entre la "externalización" o la "interiorización" de estos sistemas de modo tal que, en un mercado competitivo, cada entidad ofreciera las mejores condiciones a sus depositarios que, a su vez, podrían optar por el mantenimiento en el sistema público bien que con un nivel individual, complementario, privado, fruto de una cotización adicional destinada no al reparto sino a la capitalización amén del sistema obligatorio.

Porque, si se llegara a la conclusión de que quien cotiza hoy no tiene garantizado nada mañana, el sistema de Seguridad Social podría generar una desconfianza letal para el mismo. De hecho, si se sigue alimentando la idea de que quienes contribuimos -incluidos los jóvenes, aunque en menor dimensión por su mayor precariedad- lo hacemos a "fondo perdido" y sin garantía de recuperación de la inversión realizada, la mera solidaridad no será suficiente para el mantenimiento del sistema. No en vano, la socialización de los riesgos a la que responde el sistema de Seguridad Social no significa la confiscación del derecho a la pensión futura por parte del sistema.

La desconfianza en la obtención de la pensión futura pese a la obligación presente de cotizar puede suponer la destrucción del propio sistema. Es cierto que el texto constitucional se muestra garante de una pensión y que son los poderes públicos los que tienen la obligación de responder a la misma. Mas, es sabido que el estado de cumplimiento -la forma- y la dimensión del mismo -la cuantía- no se hallan predeterminados, pudiendo generar un vacío de contenido del derecho alcanzado. Un riesgo que el sistema no puede permitirse ante una población joven, desafecta ante la incredulidad de poder obtener una pensión e inquieta ante un futuro aún más incierto. En la Eneida de Virgilio se recoge un "Coloquio entre Júpiter y Juno" en el que se describe cómo *"Miraba, atenta Juno, la lucha desde lo alto/ de una dorada nube, cuando el rey del todopoderoso Olimpo, acude/ a hablarle:/ "¿Qué fin va a tener esto, esposa mía? ¿Qué es ya lo que te queda por hacer?/ Lo sabes y tú misma confiesas que lo sabes…. "*

Referencias bibliográficas

Álvarez Cuesta, H. y Rodríguez Escanciano, S. (2020). *El impacto de la inteligencia artificial en el trabajo desafíos y propuestas.* Pamplona España: Aranzadi Thomson Reuters.

Bayón Chacón, G. (1958). Los derechos a los beneficios de la Seguridad Social como patrimonio jurídico. *Revista Iberoamericana de Seguridad Social,* (4), 1023-1037.

Bueno Maluenda, C. (2020). España y Japón ante la robotización: un reto fiscal y económico. *Mirai. Estudios Japoneses,* (4), 49-59.

Carrasco Perera, A. y López Cumbre, L. (2018). Rescate y pignoración de los planes de pensiones. *Diario La Ley,* (9209), 1-8.

De la Villa Gil, L.E. (1999). Las pensiones sociales. Problemas y alternativas. En AAVV, *Pensiones sociales. Problemas y alternativas. IX Congreso de la Asociación Española de Derecho del Trabajo y Seguridad Social,* (pp. 3-33). Madrid, España: Ministerio de Trabajo y Asuntos Sociales.

Devesa, E. y Doménech, R. (2021). Las cuentas nocionales individuales: elemento central de la reforma del sistema de pensiones en España. *Mediterráneo Económico,* (34), 235-249.

Devesa, E. y Doménech, R. (2019). *Hacia una Seguridad Social del siglo XXI.* Informes BBVA.

Gálvez, B. y Díaz, B. (2021). La sostenibilidad del sistema de Seguridad Social. *Revista Española de Control Externo, 23*(67), 82-101.

García Delgado, J.L. (2021). Incidencia de la tecnología y la robotización en las relaciones laborales. La cuestión de la renta mínima frente a la renta básica universal. *Revista de Derecho de la Seguridad Social,* (29), 71-89.

García Ortuño, F. (1976). *Seguro privado y seguridad social.* Madrid, España: Ministerio de Trabajo e Inmigración.

Gómez Salado, M.A. (2018). Robótica, empleo y Seguridad Social. La cotización de los robots para salvar el actual estado del bienestar. *Revista internacional y comparada de Relaciones Laborales y Derecho del Empleo, 6*(3), 139-170.

Gutiérrez-Solar Calvo, B. (2020). El debate sobre la renta universal fuera de España: experiencias comparadas. *Revista Iberoamericana de Relaciones Laborales,* (38), 89-100.

Kahale Carrillo, D. T. (2020). *El impacto de la industria 4.0 en el trabajo.* Navarra. España: Thomson Reuters Aranzadi.

López Cumbre, L (2023). La Seguridad Social ante la nueva revolución digital. En AAVV, *Las transformaciones de la Seguridad Social ante los retos de la era digital. Por una salud y Seguridad Social digna e inclusiva,* (pp. 1-27). Murcia, España: Laborum.

López Cumbre, L. (2022a). El futuro de las pensiones y las pensiones del futuro. En López Cumbre, L. (dir.) Revuelta García, M. (Coord.). *Efectos laborales, sindicales y de Seguridad Social de la digitalización,* (pp. 197-252). Pamplona, España: Aranzadi Thomson Reuters.

López Cumbre, L. (2022b). Relaciones laborales "por", "para" y "en" el metaverso. *Diario La Ley,* (10033),1-10.

López Cumbre, L. (2021). El "derecho" a la pensión futura. *Revista de Estudios Jurídico Laborales y de Seguridad Social,* (3), 85-118.

López Cumbre, L. (2020). La protección social en la historia de la Organización Internacional del Trabajo: cien años y un destino. *Revista del Ministerio de Trabajo. Derecho social internacional y comunitario,* (147), 353-384.

López Cumbre, L. (2015). Financiación por cotización y alternativas complementarias para financiar la Seguridad Social. *Revista Trabajo y Derecho,* (2), 1-29.

López Cumbre, L. (2012). La difícil delimitación competencial en materia de protección social. AAVV, *Protección Social y Comunidades Autónomas,* (pp. 35-84). Madrid, España: Cinca.

López Cumbre, L. (2011). Protección social y Comunidades Autónomas. En AAVV, *Los nuevos marcos de relaciones laborales en el renovado Estado de las Autonomías. XXI Congreso Nacional de Derecho del Trabajo y de la Seguridad Social, Asociación Española de Derecho del Trabajo y de la Seguridad Social,* (pp. 645-752). Valencia, España: Tirant lo Blanch.

López Insua, B. (2023). *La garantía de los derechos sociales fundamentales en la era digital.* Granada, España: Comares.

García Novoa, C. y Santiago Iglesias, D. (Dirs.). (2018). *4ª revolución industrial. Impacto de la automatización y la inteligencia artificial en sociedad y economía digital.* Pamplona, Espala: Thomson Reuters Aranzadi.

Monereo Pérez, J.L. (2022). *La reforma del sistema de pensiones. Sostenibilidad económica-financiera, suficiencia y adecuación social.* Barcelona: Atelier.

Monereo Pérez, J.L. (2018). *La renta mínima garantizada: de la renta mínima a la renta básica.* Albacete, España: Bomarzo.

Monreal Bringsvaerd, E., Thibault Aranda, J., Jurado Segovia, A. (Coords.) (2020). *Derecho del Trabajo y nuevas tecnologías. Estudios en homenaje al profesor Francisco Pérez de los Cobos Orihuel en su 25º aniversario como Catedrático de Derecho del Trabajo.* Valencia, España: Tirant lo Blanch.

Noah Harari, Y. (2018). *21 lecciones para el siglo XXI.* Barcelona, Debate.

Rodríguez-Piñero Royo, M. (2022). Acceso al empleo, formación y contratación en el contexto de la digitalización. En AAVV, *Digitalización, recuperación y reformas laborales. XXXII Congreso Anual de la Asociación Española de Derecho del Trabajo y de la Seguridad Social,* Madrid, Ministerio de Trabajo y Economía Social.

Sánchez-Urán, Y. y Grau Ruiz, M.A. (2021). Seguridad Social y economía digitalizada. En AAVV, *Perspectivas jurídicas y económicas del "Informe de Evaluación y Reforma del Pacto de Toledo",* (pp. 903-946). Navarra, España: Thomson Reuters Aranzadi.

Suárez Corujo, B. (2014). *El sistema público de pensiones: crisis, reforma y sostenibilidad.* Valladolid, España: Lex Nova.

Tortuero Plaza, J.L. (2022). Las pensiones del futuro y la cotización de los robots: un apunte sobre el nuevo mecanismo de equidad intergeneracional. En AAVV, *Efectos laborales, sindicales y de Seguridad Social de la digitalización,* (pp. 253-277). Navarra, España: Thomson Reuters Aranzadi,

Uárez Corujo, B. (2003). *Los planes de pensiones del sistema de empleo. Principios ordenadores.* Valladolid, España: Lex Nova.

SECCIÓN 2ª.
LOS NUEVOS DERECHOS DIGITALES DE LOS TRABAJADORES

Capítulo 20.

EL DERECHO DEL TRABAJADOR A LA INTIMIDAD FRENTE AL USO DE DISPOSITIVOS DE VIDEOVIGILANCIA EN EL LUGAR DE TRABAJO

CÁMARA BOTÍA, ALBERTO
Catedrático de Derecho del Trabajo y de la Seguridad Social
Universidad de Murcia
acamara@um.es
ORCID: 0000-0001-8498-4163

RESUMEN: La LOPDGDD constituye la primera regulación legal específica de la videovigilancia laboral en el ordenamiento jurídico español. Esta norma configura los derechos a la intimidad y a la protección de datos de los trabajadores como límites al poder empresarial de videovigilancia. En este estudio se analizan tres de los principales problemas que se habían venido planteando en la materia: el ámbito de las facultades empresariales de videovigilancia de los trabajadores, la utilización de la videovigilancia de seguridad con fines laborales y la videovigilancia oculta. Previamente se examina la doctrina del Tribunal Constitucional, del Tribunal Supremo y del Tribunal Europeo de Derechos Humanos con el objeto de comprobar en qué medida la nueva ley asume o se separa de los criterios judiciales fijados.

ABSTRACT: The LOPDGDD constitutes the first specific legal regulation of workplace video surveillance in the spanish legal system. This statute configures the rights to privacy and data protection of workers as limits to the corporate power of video surveillance. This paper analyzes three of the main problems that have been raised in the matter: the scope of corporate powers of video surveillance of workers, the use of security video surveillance for work purposes and hidden video surveillance. Previously, the doctrine of the Constitutional Court, the Supreme Court and the European Court of Human Rights is examined in order to verify to what extent the new staute assumes or separates itself from the established judicial criteria.

Palabras clave: Videovigilancia, lugar de trabajo, intimidad, datos personales

Keywords: Video surveillance, workplace, privacy, personal data.

1. INTRODUCCIÓN: LA INSTALACIÓN DE CÁMARAS DE VIDEOVIGILANCIA EN EL LUGAR DE TRABAJO

Este estudio tiene por objeto el estudio de la dimensión jurídico laboral de la videovigilancia en el lugar de trabajo, que puede realizarse tanto con el fin genérico de proteger la seguridad e integridad de la empresa y de las personas que en ella concurren (art. 22.1 LOPDGDD[1]), como con el más específico de vigilar y controlar el cumplimiento de la prestación laboral de sus trabajadores (arts. 20.3 y 20 bis ET y 22.8 y 89.1 LOPDGDD). El cumplimiento de un lustro de vigencia de la LOPDGDD, normativa legal principal de esta materia, y de aplicación del RGPD[2], que la LOPDGDD adapta al Derecho español [art. 1.a)], unido a la publicación durante el curso pasado de dos relevantes decisiones judiciales sobre cuestiones especialmente polémicas (STC 119/2022, de 29 de septiembre[3] y STS de 22 de

---

1 La Ley Orgánica 3/2018, de 5 de diciembre, de Protección de Datos Personales y Garantía de los Derechos Digitales se publicó en el BOE de 6 de diciembre de 2018 y entró en vigor, según su disposición final 16ª, al día siguiente. Su disposición final 13ª introdujo el nuevo art. 20 bis ET.

2 Reglamento (UE) 2016/679 del Parlamento Europeo y del Consejo de 27 de abril de 2016 relativo a la protección de las personas físicas en lo que respecta al tratamiento de datos personales y a la libre circulación de estos datos y por el que se deroga la Directiva 95/46/CE (Reglamento General de Protección de Datos). Aplicable a partir del 25 de mayo de 2018 (art. 99.2).

3 Comentarios de Rodríguez Escanciano (2022); Moreno Pérez (2022); Egüaras Mendiri (2022); Peña Moncho (2023); Ramírez Bandera (2023); y Romero Rodenas (2023).

julio de 2022, rec. 701/2021[4]), explican que estas páginas se estructuren en dos grandes partes. Una, primera, en la que se recapitula la situación normativa y jurisprudencial anterior a la promulgación de la LOPDGDD y a la aplicación del RGPD, y otra, segunda, en la que, a la luz de estos cinco años de experiencia aplicativa, se analiza el impacto de la nueva normativa, mostrando en qué medida asume algunos criterios anteriores, implementa otros nuevos y los problemas interpretativos que ha suscitado. La materia estudiada constituye una referencia privilegiada para mostrar cómo los derechos fundamentales de trabajadores y empresarios modulan sus posiciones jurídicas en la relación laboral y la importancia que las opciones metodológicas de aplicación del Derecho (ponderación o subsunción) tiene a la hora de solucionar la concurrencia de derechos.

2. LA FORMACIÓN JURISPRUDENCIAL DEL DERECHO DE LA VIDEOVIGILANCIA LABORAL

El Derecho español de la videovigilancia laboral anterior a la promulgación de la LOPDGDD es fundamentalmente jurisprudencial y doctrinal (Pérez de los Cobos, 2019: 1). La falta de normas legales específicas fue suplida por el conjunto de criterios elaborados por los tribunales para resolver los conflictos planteados por la aplicación en la empresa de medidas de control audiovisual de los trabajadores, objeto también de una importantísima atención doctrinal[5].

La aplicación judicial de las normas comunes, tanto constitucionales (los derechos fundamentales a la intimidad [art. 18.1 CE] y protección de datos [art. 18.4 CE]), como legales, el art. 20.3 ET y la LOPD-1999[6], precipitó en una ordenación judicial "cuasi legislativa" (Sala Franco, 2015: 314). Así lo describe con toda claridad la STC 98/2000: al no existir "normativa

---

4 Sobre esta sentencia pueden verse los estudios de Sánchez Trigueros (2023); López Rodríguez (2022) y Pérez Anaya (2022).

5 Entre los estudios anteriores a la LOPDGDD: Cuadros Garrido (2018); Desdentado Bonete y Muñoz Ruiz (2012); Fernández Villazón (2003); Goñi Sein (2007); Gude Fernández (2014); Martínez Fons (2002); Mercader Uguina (2002); Pérez de los Cobos Orihuel (1990); Rodríguez Escanciano (2015); San Martín Mazzucconi y Sempere Navarro (2002 y 2015) y Thibault Aranda (2006).

6 Ley Orgánica 15/1999, de 13 de diciembre, de Protección de Datos de Carácter Personal.

específica" reguladora de "la instalación y utilización de estos mecanismos de control y vigilancia consistentes en sistemas de captación de imágenes o grabación de sonidos dentro de los centros de trabajo", fueron "los órganos jurisdiccionales [...] los encargados de ponderar, en caso de conflicto, en qué circunstancias puede considerarse legítimo su uso por parte del empresario, al amparo del poder de dirección que le reconoce el art. 20 LET, atendiendo siempre al respeto de los derechos fundamentales del trabajador y muy especialmente al derecho a la intimidad personal que protege el art. 18.1 CE, teniendo siempre presente el principio de proporcionalidad" (FJ 8). Los tribunales, en casos normalmente vinculados "a la legitimidad de la prueba de un posible incumplimiento del trabajador", tuvieron que "dirimir el conflicto entre el legítimo derecho del empresario de verificación de la actividad de sus trabajadores y los derechos de estos reconocidos en la Constitución y en el resto de la legislación ordinaria", mediante la ponderación de derechos fundamentales y aplicación del principio de proporcionalidad (STS de 25 de enero de 2022, rec. 4468/2018). El litigio típico derivaba del despido o sanción del trabajador por unos incumplimientos laborales acreditados por el empresario mediante las grabaciones de los sistemas de videovigilancia, y que el trabajador impugnaba alegando, entre otras cosas, la ilicitud de la prueba por vulnerar sus derechos fundamentales (arts. 11.1 LOPJ y 90.2 LJS) (López Balaguer y Ramos Moragues, 2020: 397).

Entre los años 2000 y 2016, colocando como términos inicial y final del período las SSTC 98/2000, de 10 de abril y 39/2016, de 3 de marzo, se formó una ordenación de la videovigilancia laboral sustentada sobre varios ejes de carácter técnico organizativo y jurídico que se exponen a continuación.

2.1. Los presupuestos de la ordenación jurisprudencial

La regulación de la videovigilancia laboral que se va construyendo a golpe de sentencia a partir del año 2000 tiene en cuenta dos factores de carácter técnico organizativo que presentan un inescindible reverso jurídico.

2.1.1. El uso de dispositivos digitales facilita y potencia el ejercicio del poder empresarial

El Derecho del Trabajo de nuestro tiempo se caracteriza, entre otros elementos, por un evidente "aumento del poder del empresario sobre la prestación de trabajo y sobre el trabajador mismo" (Montoya Melgar, 2020:

189; Pérez de los Cobos, 1990:72), como consecuencia del agigantamiento de las facultades empresariales de vigilancia y control de los trabajadores "mediante artilugios" técnicos (Montoya Melgar, 1985:143). El poder empresarial se convierte de este modo en un poder de control tecnificado (Desdentado Daroca, 2023: 171). Las modificaciones de la técnica y de las tecnologías generan grandes transformaciones en la organización de la vida humana (Molina Cano, 2023: 21). De ella es parte fundamental el trabajo dependiente sobre el que se han proyectado los efectos de la llamada cuarta revolución industrial o revolución digital que ha abierto un proceso de digitalización de las empresas (González Páramo, 2018) cuyas últimas consecuencias todavía están por descubrir (Kahale Carrillo, 2020).

Uno de los impactos más perceptibles de las nuevas tecnologías se encuentra en el incremento del poder de control del empresario que, con los nuevos instrumentos, se puede convertir en un "ojo universal" (Montoya Melgar, 1985: 143) en el tiempo y en el espacio (García Murcia, 2020: 45, 46 y 52). El uso de dispositivos digitales permite ejercer un poder "total" de vigilancia y control del empresario sobre los trabajadores. Directamente (por sistemas de video y audiovigilancia, dispositivos ponibles y localizadores de la ubicación) e indirectamente (mediante el control de los dispositivos digitales utilizados como instrumentos de trabajo en los que queda impresa la actividad desplegada por el trabajador) el control del empresario podría alcanzar a todos los trabajadores de la empresa, durante todo el tiempo, de trabajo y de no trabajo, y en cualquier lugar, dentro y fuera de la empresa. No habría hechos o dichos del trabajador excluidos de la vigilancia empresarial, que incluso podría penetrar en el interior de la persona mediante la aplicación de técnicas de inteligencia artificial, biometría y sistemas de reconocimiento de emociones (Muñoz Ruiz, 2023). La potencia tecnológica va unida al bajo coste económico y fácil utilización de muchos de estos medios técnicos (Cruz Villalón, 2019: 15), lo que permite que no queden limitados a las grandes empresas con servicios especializados, extendiéndose incluso a empresarios no profesionales como los empleadores domésticos.

Los avances científicos y tecnológicos van unidos a su cuestionamiento ético y jurídico. Así ha sucedido también con la utilización de dispositivos digitales de grabación de imágenes y de sonido para controlar a los trabajadores. El empresario está legitimado para vigilar el cumplimiento contractual de los trabajadores de su empresa (art. 20.3 ET): es una facultad incluida dentro del poder de dirección empresarial, "imprescindible para la buena marcha de la organización productiva, que es reflejo de los derechos constitucionales reconocidos en los arts. 33 y 38 CE" (STC 39/2016, de 3 de marzo, FJ 4). En el ejercicio de este poder: ¿es jurídicamente admisible todo lo realizable técnicamente?, ¿discurren de modo paralelo los aspectos técnicos y jurídicos?, ¿la ampliación de las posibilidades técnicas se traslada automáticamente al Derecho, intensificando ilimitadamente el poder empresarial? Son preguntas cuya respuesta debe tener en cuenta que el uso empresarial de dispositivos de videovigilancia del trabajador no es una conducta neutra.

2.1.2. La utilización de dispositivos de videovigilancia de los trabajadores no es neutral

Resulta evidente que trabajar bajo videovigilancia tiene unas consecuencias muy distintas a hacerlo sin ella. La observación de un proceso modifica la conducta de las personas que intervienen en el mismo (González Díaz, 2020: 59): no se comporta de modo igual quien sabe que está siendo observado que quien, por el contrario, puede actuar libre del examen de otros (Todolí Signes, 2022: 240). La función preventiva de cualquier sistema de vigilancia descansa en buena parte en esta idea: el sujeto que se sabe observado tiende a comportarse del modo que se espera de él y no de cualquier otro. La modificación del comportamiento de quien es observado dependerá del grado de intrusión del observador y del tiempo de exposición a la observación.

La observación del trabajador por el ojo humano del supervisor es cualitativa y cuantitativamente diferente de la observación por el ojo digital. Éste puede llegar a todos los trabajadores, sin límites de tiempo ni de lugar, conservando en su memoria lo observado de modo que pueda ser reproducido ante terceros en el momento oportuno. Los efectos positivos de la videovigilancia para el trabajador (sobre todo, protección de su seguridad[7]) pueden resultar compensados y superados por los negativos (cosificación y deshumanización del trabajo, reducción de su autonomía, creatividad y confianza) (Goñi Sein, 2021b: 33 y 44), resultando para él algo *gravoso,* "molesto, pesado y a veces intolerable" (*DLE*), y rompiendo el natural equilibrio de las relaciones humanas pues la videovigilancia permite observar sin ser observado. Estudios doctrinales han llamado la atención sobre los

---

7 En la STSJ Cantabria de 7 de julio de 2023 (rec. 412/2023) puede verse un conflicto colectivo en el que, entre otras pretensiones, se reclama la instalación de videovigilancia para proteger la vida, salud y seguridad del personal sanitario frente a agresiones de usuarios.

efectos negativos de la videovigilancia sobre la salud laboral de los trabajadores (Desdentado Bonete y Muñoz Ruiz, 2012: 56; Goñi Sein, 2021a: 4129) y la productividad de la empresa (Todolí Signes, 2022: 232 y 233).

El carácter materialmente gravoso de la videovigilancia se traduce jurídicamente en la afectación de la privacidad de los trabajadores. Con toda claridad se ha dicho que los dispositivos de videovigilancia "mortifican el derecho a la privacidad de los trabajadores en el lugar de trabajo" (Pérez de los Cobos, 2019: 7), que se trata de "uno de los supuestos de tratamiento de datos más invasivos y con mayor afectación de derechos fundamentales" (Navarro Nieto, 2023: 47) o que la tecnología "pone en serio riesgo el derecho a la intimidad o [...] el derecho a la protección de datos" (Thibault Aranda, 2020: 360). La Constitución española no contiene de modo expreso y literal un *derecho a la privacidad.* Es un bien jurídico protegido mediante varios derechos fundamentales (intimidad [art. 18.1 CE], propia imagen [art. 18.1 CE] y protección de datos personales [art. 18.4 CE]) encuadrados como *derechos de la vida privada,* mediante los que se protege una "esfera privada, en la que los demás (poderes públicos o particulares) no pueden entrar sin el consentimiento de la persona" (Díez-Picazo, 2021: 283).

La *privacidad* va más allá del concepto tradicional de intimidad (Toscano, 2017), de cuya "reinvención" se ha hablado en el contexto de la utilización de dispositivos digitales de control de las personas y de recogida de datos personales. El tradicional derecho a la intimidad se construyó como un poder para "ahuyentar miradas no deseadas", como un derecho a que nos dejen en paz. En el contexto actual "estamos obligados a vivir en público, en una constante situación en la que los demás se adueñan del flujo de nuestras vidas", por lo que la privacidad debe incluir también "el derecho a controlar el uso que otros hacen de informaciones que nos afectan" (Rodotà, 2014: 293, 294 y 309). Esta nueva idea de intimidad tiene "un significado amplio, que trasciende planteamientos reducidos de un derecho a la intimidad limitado a la esfera de la vida personal" (López Ahumada, 2023: 387 a 389).

Esta concepción de la privacidad ha sido acogida por el Tribunal Europeo de Derechos Humanos al aplicar el art. 8 CEDH (Bilbao Ubillos, 2020: 141 a 201; Pérez de los Cobos, 2018). En este sentido la STEDH de 5 de septiembre de 2017 (asunto Barbulescu c. Rumanía) declaró que "sería demasiado restrictivo limitar la noción de "vida privada" a un "círculo íntimo" en el que cada uno pueda vivir su vida personal como quiera y excluir completamente al mundo exterior de este círculo". El art. 8 CEDH "garantiza un derecho a la "vida privada" en sentido amplio, que incluye el derecho a realizar una "vida privada social", es decir, la posibilidad de que el individuo desarrolle su identidad social", incluyendo "la posibilidad de comunicarse con otros para establecer y desarrollar relaciones con sus semejantes" (§70). El concepto de vida privada "puede incluir actividades profesionales [...] o actividades que tengan lugar en un contexto público" (§71). La vida laboral puede formar parte de la vida privada y "las restricciones establecidas en la vida laboral pueden incluirse en el artículo 8 cuando repercuten en la forma en que el individuo forja su identidad social a través del desarrollo de relaciones con otros", pues "es en el marco de la vida laboral donde la mayoría de la gente tiene muchas, si no la mayoría, de las oportunidades para fortalecer sus lazos con el mundo exterior" (§71). La STEDH de 17 de octubre de 2019 (asunto López Ribalda y otros c. España), sobre videovigilancia secreta en una empresa española, admitió que en el asunto estaba en juego el derecho a la vida privada de los trabajadores. Frente a las alegaciones excluyentes del gobierno español el TEDH sostuvo que "incluso en lugares públicos, la creación de una grabación sistemática o permanente de imágenes de personas identificadas y el posterior procesamiento de las imágenes así grabadas podían plantear cuestiones que afectaban a la vida privada de las personas afectadas" (§93).

También en el ordenamiento jurídico español los derechos de la vida privada del trabajador constituyen la barrera que el empresario debe franquear para instalar dispositivos de grabación de imágenes en la empresa:

1° La STC 98/2000, de 10 de abril rechazó la incompatibilidad entre el trabajo en lugar público y el *derecho a la intimidad* del trabajador (Álvarez del Cubillo, 2020: 277): "no puede descartarse que también en aquellos lugares de la empresa en los que se desarrolla la actividad laboral puedan producirse intromisiones ilegítimas por parte del empresario en el derecho a la intimidad de los trabajadores" (FJ 6)[8]. Posteriormente la STC 186/2000, de 10 de julio aplicó esta doctrina a un caso de videovigilancia secreta de los trabajadores de la empresa.

---

[8] Decía la sentencia que en cada caso "habrá que atender no sólo al lugar del centro del trabajo en que se instalan por la empresa sistemas audiovisuales de control, sino también a otros elementos de juicio (si la instalación se hace o no indiscriminada y masivamente, si los sistemas son visibles o han sido instalados subrepticiamente, la finalidad real perseguida con la instalación de tales sistemas, si existen razones de seguridad, por el tipo de actividad que se desarrolla en el centro de trabajo de que se trate, que justifique la implantación de tales medios de control, etc.) para dilucidar en cada caso concreto si esos medios de vigilancia y control respetan el derecho a la intimidad de los trabajadores" (FJ 6).

2º La vida privada de las personas también resulta protegida mediante el *derecho fundamental a la protección de datos*[9]: las imágenes del trabajador grabadas por los dispositivos de videovigilancia son datos personales tratados a los efectos de control laboral. A partir de la STC 29/2013, de 11 de febrero este derecho se convirtió en piedra de toque fundamental para resolver los litigios sobre videovigilancia laboral.

3º Las medidas de videovigilancia laboral también pueden afectar al *derecho a la propia imagen* de los trabajadores cuyo "ámbito de protección comprende, en esencia, la facultad de poder impedir la obtención, reproducción o publicación de la propia imagen por parte de un tercero no autorizado, sea cual sea la finalidad perseguida por quien la capta o difunde" (STC 23/2010, de 27 de abril, FJ 4; STC 12/2012, FJ 5; STC 92/2023, de 11 de septiembre, FJ 6). Pese a que la videovigilancia necesariamente capta la imagen del trabajador, la utilización de este derecho fundamental en las resoluciones judiciales como elemento de contraste de las medidas empresariales de videovigilancia resulta marginal porque su restricción resulta "autorizada por la ley y por el contrato de trabajo desde el momento en que el trabajador se somete en virtud de éste al control empresarial dentro de los límites del art. 20.3 ET" (Desdentado y Muñoz Ruiz, 2012: 61).

2.1.3. Las medidas de videovigilancia como medidas restrictivas de derechos fundamentales

Los elementos anteriormente descritos desembocan en la consideración de las medidas empresariales de videovigilancia de los trabajadores (arts. 33 y 38 CE y 20.3 ET) como medidas restrictivas de los derechos fundamen-

---

9 Este derecho atribuye a su titular "un poder de disposición y de control sobre los datos personales que faculta a la persona para decidir cuáles de esos datos proporcionar a un tercero, sea el Estado o un particular, o cuáles puede este tercero recabar, y que también permite al individuo saber quién posee esos datos personales y para qué, pudiendo oponerse a esa posesión o uso. Estos poderes de disposición y control sobre los datos personales, que constituyen parte del contenido del derecho fundamental a la protección de datos se concretan jurídicamente en la facultad de consentir la recogida, la obtención y el acceso a los datos personales, su posterior almacenamiento y tratamiento, así como su uso o usos posibles, por un tercero, sea el Estado o un particular. Y ese derecho a consentir el conocimiento y el tratamiento, informático o no, de los datos personales, requiere como complementos indispensables, por un lado, la facultad de saber en todo momento quién dispone de esos datos personales y a qué uso los está sometiendo, y, por otro lado, el poder oponerse a esa posesión y usos" (STC 292/2000, de 30 de noviembre, FJ 7).

tales de los trabajadores (art. 18.1 y 4 CE) (Cuadros Garrido, 2022: 68 y 69) cuya licitud, ante la falta de regulación legal específica, debía determinarse en cada caso. Como se verá en las páginas siguientes, la solución del tribunal a cada caso de colisión entre las posiciones jurídicas del empresario y del trabajador dependerá de la opción adoptada para aplicar el Derecho: ¿son ponderables todos los derechos en juego? o ¿hay facultades de estos derechos excluidas de la ponderación? En el primer caso solo tras sopesar los derechos e intereses en conflicto se llegaría a la solución. En el segundo, el derecho imponderable tendría ganada la partida.

2.2. *La doctrina del Tribunal Constitucional*

Cuatro sentencias del Tribunal Constitucional han constituido la guía fundamental en materia de videovigilancia laboral hasta la promulgación de la LOPDGDD: las SSTC 98/2000, de 10 de abril; 186/2000, de 10 de julio; 29/2013, de 11 de febrero y 39/2016, de 3 de marzo. Como no todas ellas tratan el mismo problema, ni aplican los mismos preceptos constitucionales, ni siguen el mismo método aplicativo, sino que recogen "una casuística llena de matices" (Navarro Nieto, 2023: 49), conviene que antes de entrar en su contenido se haga un pequeño inventario de estas cuestiones:

- Las medidas de vigilancia de la empresa mediante dispositivos de grabación de imágenes y sonidos en la empresa pueden: a) consistir en la grabación de sonidos (audiovigilancia) o de imágenes (videovigilancia) o de ambos simultáneamente; b) utilizarse directa e inmediatamente para controlar el cumplimiento de la prestación laboral o indirecta y mediatamente, al emplearse para tal fin las imágenes o sonidos grabados por dispositivos instalados con la finalidad de proteger la seguridad e integridad de las personas y cosas; c) ser públicas (conocidas por los trabajadores) o secretas (ignoradas por los trabajadores); d) en las públicas el conocimiento de su existencia puede ser genérico, con mera advertencia de su existencia, o específico, si se informa de que se utilizarán para controlar el cumplimiento laboral y sancionar los incumplimientos; y e) implementarse, *ad futurum*, con fines de prevención o, *ex post*, para investigar hechos y conductas determinadas.

- Los derechos fundamentales con los que contrastar la licitud de las medidas empresariales pueden ser los de intimidad (art. 18.1 CE), propia imagen (art. 18.1 CE) y protección de datos (art. 18.4 CE), cada uno de ellos por separado o conjuntamente varios o todos ellos.

- El método aplicativo utilizado por el tribunal puede ser la ponderación de los derechos en juego o la subsunción en las reglas legales aplicables.

2.2.1. La STC 98/2000: la audiovigilancia como medida de control público, directo y preventivo

La STC 98/2000 (asunto Casino de La Toja) se pronunció sobre la instalación de un sistema de audiovigilancia pública, añadido como complemento de otro anterior de videovigilancia, en determinadas zonas de la empresa (secciones de caja y ruleta francesa), para para "vigilar y controlar genéricamente" el cumplimiento de las obligaciones de los trabajadores[10]. Se trataba de una medida de control directo, público y preventivo. El Tribunal, como ya se ha expuesto anteriormente, afirmó que también en lugares de trabajo públicos puede verse afectada la intimidad de los trabajadores y aplicó el principio de proporcionalidad, ponderando las facultades empresariales de vigilancia y control y el derecho a la intimidad de los trabajadores. La medida empresarial no superó el test de proporcionalidad porque, a pesar de su idoneidad y utilidad para los fines empresariales, resultaba innecesaria y desproporcionada[11].

2.2.2. La STC 186/2000: videovigilancia secreta para investigar irregularidades patrimoniales

La STC 186/2000 (asunto economato de Ensidesa) resolvió un caso de videovigilancia directa y secreta, implantada en la empresa para investigar la autoría de graves irregularidades patrimoniales por parte de los traba-

---

[10] Así lo califica la posterior STC 186/2000 (FJ 7).

[11] La "instalación de los micrófonos no ha sido efectuada como consecuencia de la detección de una quiebra en los sistemas de seguridad y control anteriormente establecidos sino que [...] se tomó dicha decisión para complementar los sistemas de seguridad ya existentes en el casino. Es decir, no ha quedado acreditado que la instalación del sistema de captación y grabación de sonidos sea indispensable para la seguridad y buen funcionamiento del casino. Así las cosas, el uso de un sistema que permite la audición continuada e indiscriminada de todo tipo de conversaciones, tanto de los propios trabajadores, como de los clientes del casino, constituye una actuación que rebasa ampliamente las facultades que al empresario otorga el art. 20.3 LET y supone, en definitiva, una intromisión ilegítima en el derecho a la intimidad consagrado en el art. 18.1 CE" (FJ 9).

jadores. A diferencia del caso de la STC 98/2000, no se trataba de "vigilar y controlar genéricamente" el cumplimiento laboral, sino que se actuó porque "previamente se habían advertido irregularidades en el comportamiento de los cajeros en determinada sección del economato y un acusado descuadre contable" (FJ 7). La sentencia consideró la actuación empresarial una medida restrictiva de derechos fundamentales de los trabajadores a la intimidad y a la propia imagen, cuya constitucionalidad quedaba subordinada a "la estricta observancia del principio de proporcionalidad" (FJ 6). La videovigilancia se consideró justificada, idónea, necesaria y proporcionada[12]. Tres aspectos de esta sentencia merecen tenerse en cuenta: 1) que introduce en el juicio de proporcionalidad, además del examen de los tres subprincipios de idoneidad, necesidad y proporcionalidad en sentido estricto, otro previo de justificación de la decisión empresarial[13]; 2) que tratándose de una vigilancia secreta no deriva especiales consecuencias de la omisión de la información a los trabajadores, cuestión de mera legalidad ordinaria ajena al objeto del recurso de amparo (FJ 7); y 3) que contiene una referencia puramente retórica al derecho a la propia imagen de los trabajadores, pues el razonamiento de la sentencia se limita a la intimidad (FJ 7).

2.2.3. La STC 29/2013: la utilización de cámaras de seguridad para controlar el cumplimiento del horario de trabajo

Un importantísimo giro se produjo con la STC 29/2013 (asunto Universidad de Sevilla) que enjuició: a) un supuesto inédito en la jurisdicción constitucional: la utilización de las imágenes captadas por los dispositivos de seguridad general de la empresa para controlar el cumplimiento hora-

---

12 La "medida de instalación de un circuito cerrado de televisión que controlaba la zona donde el demandante de amparo desempeñaba su actividad laboral era una medida justificada (ya que existían razonables sospechas de la comisión por parte del recurrente de graves irregularidades en su puesto de trabajo); idónea para la finalidad pretendida por la empresa (verificar si el trabajador cometía efectivamente las irregularidades sospechadas y en tal caso adoptar las medidas disciplinarias correspondientes); necesaria (ya que la grabación serviría de prueba de tales irregularidades); y equilibrada (pues la grabación de imágenes se limitó a la zona de la caja y a una duración temporal limitada, la suficiente para comprobar que no se trataba de un hecho aislado o de una confusión, sino de una conducta ilícita reiterada), por lo que debe descartarse que se haya producido lesión alguna del derecho a la intimidad personal consagrado en el art. 18.1 CE" (FJ 7).

13 Véase, *infra*, el apartado III.3 de este estudio.

rio de un trabajador, ante las sospechas de que estaba cometiendo irregularidades, sin previa advertencia de que tales dispositivos podían utilizarse también con esa finalidad de control laboral; b) desde una nueva perspectiva: el derecho fundamental a la protección de datos (art. 18.4 CE y LOPD-1999); y c) con otro método: la subsunción de los hechos en la normativa de protección de datos, evitando la ponderación de los derechos en juego. Se trataba, por tanto, de un caso de videovigilancia indirecta para investigar hechos irregulares de carácter puramente laboral cometidos en la empresa.

La argumentación de la sentencia es nítida. La imagen del trabajador es un dato personal, por lo que su captación se encuentra protegida por el derecho fundamental a la protección de datos (FJ 5), en cuyo "núcleo esencial" se incluye "el derecho del afectado a ser informado de quién posee los datos personales y con qué fin" (FJ 7). Por tanto, el empresario debe proporcionar "información previa y expresa, precisa, clara e inequívoca a los trabajadores de la finalidad de control de la actividad laboral a la que esa captación" puede ser dirigida. Esa información debe concretar "las características y el alcance del tratamiento de datos" a realizar: "en qué casos las grabaciones podían ser examinadas, durante cuánto tiempo y con qué propósitos, explicitando muy particularmente que podían utilizarse para la imposición de sanciones disciplinarias por incumplimientos del contrato de trabajo" (FJ 8). Nada de eso se había cumplido en el caso y el incumplimiento no resulta ponderable. La modificación del razonamiento judicial es notoria: de la ponderación a la subsunción. El derecho a la intimidad resultaba ponderable (SSTC 98 y 186/2000), sin embargo el deber de información específica previa a los trabajadores (art. 5 LOPD-1999), incluido en el contenido esencial del derecho fundamental a la protección de datos, no es susceptible de ponderación: se cumple o se incumple y si se incumple conlleva la ilicitud de la videovigilancia por lesionar el derecho a la protección de datos.

2.2.4. La STC 39/2016: videovigilancia pública para investigar irregularidades patrimoniales y sin informar de su utilización a efectos laborales

La STC 39/2016, de 3 de marzo (asunto Berskha) puso fin a la bifurcación de opciones normativas (derecho a la intimidad versus derecho a la protección de datos) y metodológicas (ponderación contra subsunción), articulando los criterios de las SSTC 98 y 186/2000 y 29/2013. El caso enjuiciado incluía la instalación de una videovigilancia de trabajadores directa y pública, con el cartel informativo reglamentario, pero sin información específica a los trabajadores de su utilización a efectos contractuales laborales, para investigar irregularidades cometidas en la caja del establecimiento. La STC 39/2016 contiene importantes pronunciamientos sobre los derechos a la protección de datos y a la intimidad de los trabajadores frente a las medidas de videovigilancia.

a) El derecho a la protección de datos es ponderable y no es necesario informar sobre la finalidad exacta de la videovigilancia

Frente a la STC 29/2013, que no admitía ponderación del incumplimiento del deber de información previa y específica a los trabajadores sobre el uso laboral de las imágenes grabadas, la STC 39/2016 optó por la solución contraria: el derecho a la protección de datos no es ilimitado y su definición resulta del respeto a los "restantes derechos fundamentales y bienes jurídicos constitucionalmente protegidos" (FJ 3), por lo que "el incumplimiento del deber de requerir el consentimiento del afectado para el tratamiento de datos o del deber de información previa sólo supondrá una vulneración del derecho fundamental a la protección de datos tras una ponderación de la proporcionalidad de la medida adoptada" (FJ 3).[14] La corrección de la doctrina de la STC 29/2013 es clara: no basta la mera subsunción, hay que ponderar en todo caso el derecho a la protección de datos del trabajador (art. 18.4 CE) y el poder de dirección empresarial (arts. 33 y 38 CE)[15]. A partir de aquí podría esperarse que la sentencia fi-

---

14 No es necesario que el trabajador preste su consentimiento para el tratamiento de datos personales con la finalidad de control laboral. Se entiende implícito en el contrato por ser necesario para el mantenimiento y cumplimiento del mismo. Al no exigirse el consentimiento del trabajador frente a las medidas de videovigilancia "a la hora de valorar si se ha vulnerado el derecho a la protección de datos por incumplimiento del deber de información, la dispensa del consentimiento al tratamiento de datos en determinados supuestos debe ser un elemento a tener en cuenta dada la estrecha vinculación entre el deber de información y el principio general de consentimiento" (FJ 3).

15 La "relevancia constitucional de la ausencia o deficiencia de información en los supuestos de videovigilancia laboral exige la consiguiente ponderación en cada caso de los derechos y bienes constitucionales en conflicto; a saber, por un lado, el derecho a la protección de datos del trabajador y, por otro, el poder de dirección empresarial imprescindible para la buena marcha de la organización productiva, que es reflejo de los derechos constitucionales reconocidos en los arts. 33 y 38 CE y que, como se ha visto, en lo que ahora interesa se concreta en la previsión legal ex art. 20.3 del texto refundido de la Ley del estatuto de los trabajadores que expresamente faculta al empresario a adoptar medidas de vigilancia y control para verificar el cumplimiento por los trabajadores de sus obligaciones laborales

jara unos criterios para ponderar en qué supuestos el incumplimiento del deber de información específica supone lesión del derecho a la protección de datos. Sin embargo, eso no fue necesario porque entendió que en el caso el deber de información se había cumplido. Recuérdese que la empresa había instalado el correspondiente cartel anunciador de la existencia de videovigilancia: la sentencia estimó que era suficiente para cumplir con el deber de informar[16]. La conclusión fue que "teniendo la trabajadora información previa de la instalación de las cámaras de videovigilancia a través del correspondiente distintivo informativo, y habiendo sido tratadas las imágenes captadas para el control de la relación laboral, no puede entenderse vulnerado el art. 18.4 CE" (FJ 4). Una cuestión muy importante quedaba abierta. La sentencia declaró suficiente la información genérica del cartel anunciador en un asunto en el que la videovigilancia se instaló *ad hoc* para investigar irregularidades patrimoniales ya sucedidas en la empresa: ¿sería también suficiente en los casos de videovigilancia laboral directa y preventiva?

b) El derecho a la intimidad

Excluida la vulneración del art. 18.4 CE, la sentencia pasó a analizar la del art. 18.1 CE y aplicó el test de proporcionalidad en la línea de la STC 186/2000. La videovigilancia implementada por la empresa "era una medida justificada (ya que existían razonables sospechas de que alguno de los trabajadores que prestaban servicios en dicha caja se estaba apropiando de dinero); idónea para la finalidad pretendida por la empresa (verificar si algunos de los trabajadores cometía efectivamente las irregularidades sospechadas y en tal caso adoptar las medidas disciplinarias correspondientes);

(SSTC 186/2000, de 10 de julio, FJ 5, y 170/2013, de 7 de octubre, FJ 3). Esta facultad general de control prevista en la ley legitima el control empresarial del cumplimiento por los trabajadores de sus tareas profesionales (STC 170/2013, de 7 de octubre, y STEDH de 12 de enero de 2016, caso Barbulescu v. Rumania), sin perjuicio de que serán las circunstancias de cada caso las que finalmente determinen si dicha fiscalización llevada a cabo por la empresa ha generado o no la vulneración del derecho fundamental en juego." (FJ 4).

16 El "trabajador conocía que en la empresa se había instalado un sistema de control por videovigilancia, sin que haya que especificar, más allá de la mera vigilancia, la finalidad exacta que se le ha asignado a ese control. Lo importante será determinar si el dato obtenido se ha utilizado para la finalidad de control de la relación laboral o para una finalidad ajena al cumplimiento del contrato, porque sólo si la finalidad del tratamiento de datos no guarda relación directa con el mantenimiento, desarrollo o control de la relación contractual el empresario estaría obligado a solicitar el consentimiento de los trabajadores afectados" (FJ 4).

necesaria (ya que la grabación serviría de prueba de tales irregularidades); y equilibrada (pues la grabación de imágenes se limitó a la zona de la caja), por lo que debe descartarse que se haya producido lesión alguna del derecho a la intimidad personal consagrado en el art. 18.1 CE" (FJ 5).

Nótese la diferencia entre el análisis de la vulneración del derecho a la protección de datos y el derecho a la intimidad. En el primero, antes de ponderar y aplicar el principio de proporcionalidad, se analiza si efectivamente en el caso se produjo la limitación del derecho, sin embargo cuando se trata de intimidad opera una conexión automática entre aplicación de la videovigilancia y afectación de la intimidad del trabajador. Diríase que actúa una presunción: si hay videovigilancia resulta afectada *necesariamente* la intimidad y hay que ponderar si es proporcionada. El giro respecto a la situación anterior a la STC 98/2000 y a lo que esta misma dice ("no puede descartarse" la afectación de la intimidad de los trabajadores en los centros de trabajo) es radical[17].

2.3. La doctrina del Tribunal Supremo

También el Tribunal Supremo ha tenido oportunidad de pronunciarse sobre conflictos originados por la videovigilancia en los centros de trabajo (Blasco Pellicer, 2020: 223 a 230). En términos generales el problema que ha llegado al Tribunal Supremo ha sido la utilización de grabaciones obtenidas por cámaras de seguridad, no de específica vigilancia laboral, a efectos de acreditar incumplimientos laborales del trabajador de naturaleza patrimonial.

Las resoluciones del Tribunal Supremo se han acompasado a las vicisitudes de la doctrina del Tribunal Constitucional. En un primer momento el Tribunal Supremo aplicó el criterio de la STC 29/2013, exigiendo información específica del carácter laboral de la videovigilancia y declarando su ilicitud en caso de omisión. La STS de 13 de mayo de 2014 (rec. 1685/2013) se enfrentó a un supuesto bien típico y frecuente en la práctica laboral: el despido del cajero de un supermercado por cometer irregularidades en el cobro de los productos. Estas actuaciones fueron captadas por el sistema de videovigilancia de la tienda, instalado varios años antes de los hechos

---

17 Sobre la "generalización automática de la ponderación en supuestos en los que propiamente no existe un conflicto entre la forma de control audiovisual aplicada y el derecho a la intimidad" ya advirtieron Desdentado Bonete y Muñoz Ruiz (2012: 40).

con la finalidad de evitar hurtos por los clientes. La existencia de las cámaras era apreciable a simple vista, pero no se había informado específicamente a los trabajadores ni a sus representantes sobre su posible uso para control laboral. El Tribunal Supremo entendió que la falta de información específica a los trabajadores determinaba la lesión del derecho a la protección de datos (art. 18.4 CE). De este modo "el hallazgo casual de un ilícito, mediante cámaras fijas instaladas para la seguridad de bienes y personas, no resulta válido por falta de información del trabajador de que podrían las imágenes captadas ser utilizadas como prueba de un ilícito contractual" (Blasco Pellicer, 2020: 227).

Con posterioridad a la STC 39/2016 varias sentencias del Tribunal Supremo han admitido la suficiencia de la información genérica sobre existencia de videovigilancia. Las SSTS de 7 de julio de 2016 (rec. 3233/2014); 31 de enero y 1 y 2 de febrero de 2017 (rec. 3331/2015, 3262/2015 y 554/2016); 21 de julio y 13 de octubre de 2021 (rec. 4877/2018 y 3715/2018); 25 de enero de 2022 (rec. 4468/2018); 30 de marzo y 1 de junio de 2022 (rec. 1288/2020 y 1993/2020) resuelven asuntos que presentan los siguientes aspectos comunes:

a) Las imágenes fueron grabadas por dispositivos instalados con la finalidad de proteger la seguridad del centro de trabajo. Incluso en algún caso como consecuencia de la existencia de pérdidas de productos de origen desconocido.

b) El personal estaba informado de la existencia del sistema de videovigilancia de seguridad, pero no había recibido información específica sobre su uso para controlar el cumplimiento de la prestación laboral y, en su caso, sancionar al trabajador.

c) Los actos ilícitos del trabajador grabados por los dispositivos de videovigilancia tenían un contenido patrimonial (apropiación indebida de productos de la empresa para el propio trabajador o terceros, facilitación gratuita y no autorizada de los servicios de la empresa a clientes, hurtos en el lugar de trabajo, manipulación de tiques) o afectaban al mantenimiento de la seguridad de las instalaciones y personas (simulación de la ejecución de comprobaciones de seguridad con incumplimiento de las normas de seguridad pública).

d) Los actos ilícitos del trabajador eran directamente apreciables con la visión de las imágenes grabadas, sin necesidad de realizar más averiguaciones.

En todos estos asuntos el Tribunal Supremo entendió que no se había producido vulneración de los derechos fundamentales a la intimidad y a la protección de datos y admitió la licitud de las grabaciones aportadas a efectos de acreditar los incumplimientos del trabajador sancionado. La medida de vigilancia satisfacía las exigencias del principio de proporcionalidad[18].

2.4. La adecuación de la jurisprudencia española a la doctrina del TEDH

La doctrina del Tribunal Constitucional y del Tribunal Supremo resulta adecuada a los criterios del Tribunal Europeo de Derechos Humanos en los casos de videovigilancia laboral: el tribunal ha respaldado "expresamente los cánones de proporcionalidad" aplicados por el Tribunal Constitucional y por el Tribunal Supremo (Blasco Pellicer, 2020: 233; Desdentado Daroca, 2023: 187). Así lo muestra la STEDH de 17 de octubre de 2019 (asunto López Ribalda y otros c. España). El litigio de origen deriva de la reclamación efectuada por varias trabajadoras de un supermercado despedidas por sustraer productos del mismo. La empresa, ante el descuadre entre existencias y ventas con pérdidas cuantiosas, había iniciado una investigación para conocer sus causas e instaló cámaras de circuito cerrado de videograbación. Unas eran visibles, de las que se informó al personal, y

---

18 Véase su aplicación, por ejemplo, en la STS de STS de 30 de marzo de 2022 (rec. 1288/2020; FD 4.2): "Las cámaras estaban señalizadas con carteles adhesivos que permitían que todas las personas presentes en la cafetería, tanto trabajadores como clientes, tuvieran conocimiento de su presencia, habiéndose informado a los representantes de los trabajadores. Es menester ponderar los derechos y bienes constitucionales en conflicto; el derecho a la protección de datos del trabajador y el poder de dirección empresarial. El demandante era dependiente de primera, prestando servicios en la cafetería de un aeropuerto. La instalación de esas cámaras de vigilancia era una medida justificada por razones de seguridad en sentido amplio, a fin de evitar hurtos, al existir un problema consistente en la pérdida desconocida en el comercio al por menor; idónea para el logro de esos fines, al permitir descubrir a eventuales infractores y sancionar sus conductas, con un efecto disuasorio; necesaria, debido a la inexistencia de otro tipo de medios menos intrusivos para conseguir la citada finalidad; y proporcionada a los fines perseguidos, habiéndose utilizado el dato obtenido para la finalidad de control de la relación laboral y no para una finalidad ajena al cumplimiento del contrato.
En consecuencia, la prueba de la reproducción de lo grabado por las cámaras de videovigilancia era una medida justificada, idónea, necesaria y proporcionada al fin perseguido, por lo que satisfacía las exigencias de proporcionalidad. A juicio de esta Sala, estaba justificada la limitación de los derechos fundamentales en juego."

otras ocultas. En el supermercado se instaló el dispositivo informativo de videovigilancia, pero no se indicó su ubicación ni su contenido preciso. La videovigilancia duró solo diez días.

Los tribunales españoles declararon que no se había vulnerado el derecho a la intimidad de las trabajadoras y que la videovigilancia secreta practicada superaba las exigencias del test de proporcionalidad. Las trabajadoras recurrieron al TEDH alegando que la decisión empresarial de despedirlas se había basado en grabaciones que habían lesionado su derecho a la vida privada (art. 8 CEDH) y que los tribunales españoles al negarse a declarar nulos los despidos habían incumplido su obligación de proteger ese derecho. El TEDH extendió a la videovigilancia los criterios de proporcionalidad que había fijado en la STEDH de 5 de septiembre de 2017 (asunto Barbulescu c. Rumanía)[19] y estimó correcta la solución de los tribunales españoles. Su ponderación apreció adecuadamente los siguientes elemen-

---

[19] Para "garantizar la proporcionalidad de las medidas de videovigilancia en el lugar de trabajo, los tribunales nacionales deben tener en cuenta los siguientes factores cuando sopesen los distintos intereses en conflicto:

i) Si se ha notificado al empleado la posibilidad de que el empleador adopte medidas de videovigilancia y la aplicación de esas medidas. Si bien en la práctica los empleados pueden ser notificados de diversas maneras, según las circunstancias fácticas particulares de cada caso, la notificación debe ser normalmente clara sobre la naturaleza de la vigilancia y debe darse antes de su aplicación.

ii) El alcance de la vigilancia por el empleador y el grado de intrusión en la vida privada del empleado. A este respecto, debe tenerse en cuenta el nivel de privacidad en la zona objeto de la vigilancia, así como las limitaciones de tiempo y espacio y el número de personas que tienen acceso a los resultados.

iii) Si el empleador ha dado razones legítimas para justificar la vigilancia y el alcance de la misma. Cuanto más intrusiva sea la vigilancia, más peso tendrá la justificación que se requiera.

iv) Si habría sido posible establecer un sistema de vigilancia basado en métodos y medidas menos intrusivos. A este respecto, debería evaluarse, a la luz de las circunstancias particulares de cada caso, si el objetivo perseguido por el empleador podría haberse logrado mediante una menor injerencia en la vida privada del empleado.

v) Las consecuencias de la vigilancia para el empleado sometido a ella. Se deberá tener en cuenta, en particular, la utilización por el empleador de los resultados de la vigilancia y si esos resultados se han utilizado para lograr el objetivo declarado de la medida.

vi) Si se han proporcionado al empleado las medidas apropiadas, especialmente cuando las operaciones de vigilancia del empleador sean de carácter intrusivo. Esas medidas pueden consistir, entre otras cosas, en el suministro de información a los empleados interesados o a los representantes del personal en cuanto a la tos: a) la justificación de la medida (fundada sospecha de que se habían cometido robos junto con el interés legítimo del empleador en adoptar medidas para descubrir y castigar a los responsables de las pérdidas, con el fin de garantizar la protección de sus bienes y el buen funcionamiento de la empresa [§123]); b) la limitación del ámbito espacial videovigilado (zona donde probablemente se habían cometido las sustracciones [§124]) y la naturaleza del mismo (lugar abierto al público con reducida expectativa de privacidad [§125]; c) la duración de la videovigilancia, limitada al tiempo necesario para identificar a los responsables (§126); d) el uso de las grabaciones exclusivamente para determinar a los responsables de las infracciones y adoptar medidas (§127); y e) el carácter necesario de la medida de vigilancia secreta pues "la facilitación de información a cualquier empleado podría muy bien haber desvirtuado el objetivo de la videovigilancia, que era, como señalaron esos tribunales, descubrir a los responsables de los robos, pero también obtener pruebas para utilizarlas en los procedimientos disciplinarios contra ellos" (§128).

Particularmente relevante es la valoración que el TEDH hizo de la videovigilancia secreta y del requisito de transparencia del tratamiento de datos personales. La normativa española vigente establecía la obligación de informar a los interesados, de manera clara y previa a su aplicación, de la existencia y las condiciones de la recogida de datos. Sin embargo, para el TEDH, se trata de un requisito que no exige aplicación absoluta e incondicionada sino que también resulta ponderable: "el suministro de información a la persona objeto de la vigilancia y su alcance constituyen sólo uno de los criterios que deben tenerse en cuenta para evaluar la proporcionalidad de una medida de este tipo en un caso determinado" (§131) y que "dada la importancia del derecho a la información en esos casos [...] sólo un requisito primordial relativo a la protección de intereses públicos o privados importantes podría justificar la falta de información previa" (§133). Tales circunstancias concurrían en el caso, por lo que el TEDH estimó que los tribunales españoles ponderaron correctamente los derechos en juego: "si bien no puede aceptar la proposición de que, en términos generales, la más mínima sospecha de apropiación indebida o de cualquier otro acto ilícito por parte de los empleados podría justificar la instalación de una videovigilancia encubierta por parte del empleador, la existencia de una sospecha razonable de que se ha cometido una falta grave y la magnitud de

---

instalación y el alcance de la vigilancia, la declaración de esa medida a un órgano independiente o la posibilidad de presentar una denuncia" (§116).

las pérdidas identificadas en el presente caso pueden parecer una justificación de peso" (§134).

2.5. Un panorama inseguro sobre la videovigilancia laboral

Entre los años 2000 y 2016 el Tribunal Constitucional formuló unos criterios, seguidos por el Tribunal Supremo y respaldados por el Tribunal Europeo de Derechos Humanos, con los que guiar la implantación de las medidas de videovigilancia en las empresas. Dos grandes ideas pueden destacarse de ese cuerpo jurisprudencial:

- La implantación de las medidas de videovigilancia en la empresa aboca al conflicto entre el derecho del empresario a controlar el cumplimiento de la prestación laboral y la seguridad e integridad de la empresa (arts. 33 y 38 CE y 20.3 ET) y los derechos del trabajador a la intimidad y protección de datos (art. 18.1 y 4 CE). Ninguno de estos derechos, ni los que sostienen la posición jurídica del empresario ni la del trabajador, es ilimitado y actuable como si los de la otra parte no existieran. Solo mediante la ponderación de los derechos en juego, aplicando el principio de proporcionalidad, podrá determinarse en qué medida la intervención del empresario no lesiona los derechos del trabajador. No se trata simplemente, como quiso la STC 29/2013, de delimitar el conjunto de facultades incluidas en el derecho a la protección de datos y afirmar o negar su cumplimiento. Hay que ponderar en todo caso como señaló posteriormente la STC 39/2016.
- El deber de información del empresario se considera cumplido sin necesidad de indicar la finalidad exacta de la videovigilancia, siendo suficiente comunicar su existencia (STC 39/2016).

El panorama resultante puede caracterizarse por su inseguridad e imprevisibilidad (Desdentado Bonete y Muñoz Ruiz, 2012:40; Aguilera Izquierdo, 2020: 108; Molina Navarrete, 2020: 72; Fernández Orrico, 2021: 217 y 218):

- Ante todo, por lo imprevisible de la evolución de la misma doctrina del Tribunal Constitucional, sometida a importantes revisiones. La STC 29/2013 fue rectificada por la STC 38/2016: ¿qué contenido tendría el siguiente pronunciamiento?
- A la incertidumbre contribuye que en cada caso resuelto por el Tribunal Constitucional se abordara un supuesto de videovigilancia pe-

culiar y con diferentes derechos fundamentales en juego. El Tribunal Constitucional se ha pronunciado sobre casos "excepcionales": videovigilancia secreta y control indirecto mediante la utilización de la videovigilancia de seguridad para controlar cosas tan distintas como la jornada laboral y las irregularidades patrimoniales, y siempre en situaciones en las que había indicios de incumplimientos de los trabajadores. No tuvo ocasión de pronunciarse, por el contrario, sobre lo que podríamos llamar el supuesto "normal": el uso de la videovigilancia como medida pública y directa de control laboral sin mayor justificación empresarial que la proporcionada por el art. 20.3 ET.

- El Tribunal Constitucional ha solucionado problemas concretos formulando una doctrina general que, sin perjuicio de la razonable solución de los casos enjuiciados, puede resultar inconsistente en otros supuestos. Buen ejemplo de esto es la aplicación de la doctrina de la STC 29/2013 por la STSJ Comunidad Valenciana de 29 de septiembre de 2015 (rec. 2084/2015), que enjuició el despido de un empleado de una estación de autobuses por agredir a un cliente. La agresión fue grabada por las cámaras de seguridad de la estación, debidamente señalizadas, instaladas para evitar y controlar posibles robos o hurtos a los usuarios de la estación. El tribunal declaró la ilicitud de la grabación por falta de información específica de su uso laboral. Resulta incomprensible o absurdo que una grabación válida para sancionar penalmente a una persona no lo sea para sancionarlo laboralmente (Aguilera Izquierdo, 2020: 114 y 115). El mantenimiento de esta doctrina llevaría a construir un privilegio de impunidad laboral para el trabajador. Por otra parte, lo mismo podría decirse de la aplicación no matizada de la doctrina de la STC 39/2016 sobre suficiencia de la información genérica de la existencia de la videovigilancia en el lugar de trabajo, sin informar específicamente sobre su uso laboral. Puede estimarse suficiente cuando se trata de controlar conductas de los trabajadores que simultáneamente afectan a los bienes jurídicos protegidos por la videovigilancia, la seguridad e integridad de las cosas y personas, que los empleados, como cualquier otra persona presente en el lugar, podrían lesionar[20]. Pero ¿dónde

[20] En este sentido ha indicado Aguilera Izquierdo (2020: 118) que la STC 39/2016 se podía haber limitado a marcar las diferencias con el supuesto de la STC 29/2013 y "resolver exclusivamente el problema que se plantea cuando las cámaras, instaladas con una finalidad de seguridad en la empresa, detectan que el trabajador está cometiendo un robo" o cualquier otro ilícito penal, pero "optó por establecer una

quedaría el derecho a la protección de datos, que incluye el derecho a saber quién y con qué finalidad está recogiendo los datos personales, cuando las cámaras de seguridad se usan, por ejemplo, para controlar el cumplimiento del horario de trabajo?

- El Tribunal Constitucional ha mostrado un método para llegar a la solución de estos conflictos, ponderación y proporcionalidad, más que la solución misma. La aplicación del principio de proporcionalidad descansa "sobre una imprescindible base fáctica" (Sánchez Barroso, 2023: 44) no fácil de establecer, que podría fácilmente ser sustituida por apreciaciones voluntaristas de los órganos judiciales[21]. La falta de reglas legales generales que ponderen estos supuestos, que precisen los casos de utilización y el régimen jurídico de su ejercicio, hacía difícil determinar *a priori* la licitud de la instalación de un sistema de videovigilancia en la empresa.

Quedaba, por tanto, un amplio campo abierto a la intervención del legislador.

3. LA REGULACIÓN LEGAL ESPECÍFICA DE LA VIDEOVIGILANCIA LABORAL EN LA LOPDGDD

3.1. La nueva ley y los viejos problemas

La LOPDGDD introduce en la regulación del contrato de trabajo, de forma expresa por vez primera en la historia del Derecho español del Trabajo, la videovigilancia como medio de ejercicio de las facultades empresariales de control. El art. 20 bis ET proclama el derecho a la intimidad de los trabajadores "frente al uso de dispositivos de videovigilancia" y el art. 89.1 LOPDGDD reconoce, "regula y reafirma" (Pérez de los Cobos, 2019:

doctrina con carácter general en los supuestos de control empresarial a través de cámaras de videovigilancia". También, señalando la diferencia entre los supuestos de las SSTC 29/2013 y 39/2016, Navarro Nieto (2023: 52): la STC 39/2016 "no sienta una doctrina general sobre las reglas de transparencia en el control mediante videovigilancia, sino específicamente para la videovigilancia oculta a partir de indicios de ilícito laboral".

21 Como señala Cuadros Garrido (2022: 91) "se utiliza la técnica como un mero formalismo, pero sin justificación o argumentación material sólida y ello de por sí ya es suficiente para justificar la fiscalización de la prestación por videovigilancia"

2), el poder del empresario para "tratar las imágenes obtenidas a través de sistemas de cámaras o videocámaras para el ejercicio de las funciones de control de los trabajadores", siempre que se ejerza "dentro de su marco legal y con los límites inherentes al mismo" (art. 89.1 LOPDGDD). Marco legal que el mismo art. 20 bis ET explicita como el constituido por la "legislación vigente en materia de protección de datos personales y garantía de derechos digitales", al que habrá que añadir el derecho a la intimidad bajo cuya rúbrica aparecen tanto el art. 20 bis ET como el 89 LOPDGDD.

Sería esperable que la nueva legislación diera respuesta a tres importantes cuestiones: 1) en qué supuestos y con cuáles requisitos es utilizable la videovigilancia en la empresa; 2) si es admisible utilizar la videovigilancia de seguridad para controlar el cumplimiento de la prestación laboral de los trabajadores; y 3) si pueden implementarse, y con qué requisitos, medidas de videovigilancia secreta en la empresa. Puede adelantarse que la nueva ley "no determina cuándo la instalación de los dispositivos de videovigilancia es lícita y cuándo no" (Roqueta Buj, 2020: 247), aunque "al menos contribuye a solucionar" algunos de los más importantes problemas jurídicos que se venían planteando (Blasco Pellicer, 2020: 224).

3.2. El ámbito del poder de videovigilancia del empresario

Los arts. 20 bis ET y 89.1 LOPDGDD expresan una gran opción normativa en materia de videovigilancia laboral. A diferencia de otros ordenamientos, que prohíben o restringen el uso de la videovigilancia con la finalidad de controlar el cumplimiento laboral de los trabajadores (Fernández Orrico, 2021: 268 y 269)[22], el Derecho español: *i)* proclama expre-

---

[22] En este sentido, el *Dictamen 4/2004 relativo al tratamiento de datos personales mediante vigilancia por videocámara* del Grupo del Artículo 29 sobre Protección de Datos (adoptado el 11 de febrero de 2004, 11750/02/ES, WP 89): "conviene señalar que los sistemas de vigilancia por videocámara cuyo objetivo directo es controlar, desde una situación remota, la calidad y la cantidad de las actividades laborales y, por lo tanto, implican el tratamiento de datos personales en este contexto, por regla general no deberán estar permitidos. La situación es diferente en lo que se refiere a los sistemas de vigilancia por videocámara que se utilizan, sujetos a las garantías adecuadas, para cumplir requisitos de producción y seguridad laboral, que también implican el control remoto (aunque sea indirectamente)".
También para la Comisión de Venecia, la videovigilancia "debería estar autorizada para prevenir y detectar el fraude y el robo por los trabajadores en casos de sospechas bien fundadas pero que no sería proporcionada si su único propósito fuera comprobar el cumplimiento de la prestación laboral" (European Commission for

samente el derecho del empresario a utilizar sistemas de videovigilancia para hacer efectivo su poder de vigilancia y control del cumplimiento de la prestación de sus trabajadores (art. 89.1 LOPDGDD) y, *ii)* sin someterlo a ningún requisito causal, a diferencia de lo que sucede con los registros de los trabajadores (art. 18 ET), condicionados a razones de "protección del patrimonio" (Casas Baamonde, 2022), o con la grabación de sonidos, solo practicable cuando están en juego la "seguridad de las instalaciones, bienes y personas" (art. 89.3 LOPDGDD). La ley atribuye al empresario un poder sin precisar causas ni modos específicos para su ejercicio, un poder discrecional con la legítima finalidad de "verificar el cumplimiento de los deberes inherentes a toda relación contractual" (STC 119/2022, FJ 6)[23], admitiendo como resultado de su actuación posibles limitaciones de los derechos fundamentales de los trabajadores, pero sin "concretar con precisión" los "parámetros a aplicar para determinar si esas restricciones son conformes a Derecho" (García Rubio, 2022: 22).

Sin embargo, se ha sostenido que el art. 89.1 LOPDGDD no permite "el control directo de la actividad laboral a través de técnicas de videovigilancia", sino que solo establece "límites al control indirecto de la misma", derivados del establecimiento de medidas de videovigilancia por razones de seguridad (Baz Rodríguez, 2019: 13) [24]. No obstante, la remisión del

---

Democracy Through Law [Venice Commission]. Strasbourg, 8 June 2007, Study no. 430/2007, CDL-AD(2007)027. *Opinion on video surveillance by private operators in the public and private spheres and by public authorities in the private sphere and human rights protection*).

23 La cita completa: "El establecimiento de sistemas de control responde a una finalidad legítima en el marco de las relaciones laborales. Se trata de verificar el cumplimiento de los deberes inherentes a toda relación contractual. Así lo admite expresamente el art. 20.3 LET que, no obstante, establece como límite infranqueable la "consideración debida a [la] dignidad" del trabajador, lo que se complementa con el art. 20 bis LET, que reconoce a los trabajadores el "derecho a la intimidad [...] frente al uso de dispositivos de videovigilancia". Por lo tanto, la mera constatación de un fin legítimo no excluye la debida ponderación sobre una eventual afectación de ese derecho" (FJ 6).

24 Para Molina Navarrete (2020: 76 y 78) la norma no contiene "ninguna exigencia especificadora o de cualificación de las razones para ese control que contiene el precepto", lo que contrasta con la posición de la AEPD, el Grupo de Trabajo 29 y el CEPD que consideran que la videovigilancia conlleva "tal nivel de intrusión o injerencia en la vida privada de las personas trabajadoras que requiere una razón de ser concreta, no genérica o abstracta: la protección efectiva de la seguridad (de personas y bienes)". Según este autor se trata de "una genuina laguna jurídica" integrable "con normas superiores".

art. 22.8 al 89.1 LOPDGDD; la identificación del supuesto del art. 89.1 LOPDGDD con el art. 20.3 ET; la ausencia de una declaración legal expresa (frente a los arts. 18 ET y 89.3 LOPDGDD); y la pérdida de sentido de la regla del segundo párrafo del art. 89.1 LOPDGDD si solo fuera lícita la videovigilancia por causa de seguridad (art. 22.1 y 4 LOPDGDD) permiten afirmar la autonomía de las facultades reconocidas al empresario para utilizar la videovigilancia como instrumento de control laboral, con independencia de su uso como medida de seguridad de las personas y cosas del establecimiento. De este modo en la empresa se podrán instalar sistemas de videovigilancia por motivos de seguridad (art. 22.1 LOPDGDD), para control laboral (arts. 20.3 y 20 bis ET y 89.1 LOPDGDD) y con ambas finalidades (Lahera Forteza, 2021: 266; Altés Tárrega, 2020: 336). Así, por ejemplo, en el caso de la STSJ Castilla y León (Valladolid) de 3 de noviembre de 2023 (rec. 1542/2023) en la empresa se habían instalado cámaras videovigilancia "para el cumplimiento de dos fines esenciales, garantizar la seguridad de los edificios, mobiliario y artículos de la empresa y el control empresarial del cumplimiento de las obligaciones laborales por los trabajadores y adopción de medidas disciplinarias en su caso al amparo del art.20.3 del ET"[25]. En definitiva, queda claro que "en el marco general del control del cumplimiento de un contrato de trabajo, y a estos solos fines, el empresario podrá instalar un sistema de videovigilancia" (STC 119/2022, de 29 de septiembre [FJ 5]). Cuestión distinta es que "cuanto más nos alejemos de fines de seguridad, más dificultades tendrá la empresa para justificar la medida de control y superar el principio de proporcionalidad" (García Rubio, 2022: 34).

Por tanto, el ámbito del poder empresarial de videovigilancia vendrá marcado por el respeto a sus límites: se podrá ejercer "dentro de su marco legal y con los límites inherentes al mismo" (art. 89.1 LOPDGDD), "en los términos establecidos en la legislación vigente en materia de protección de datos personales y garantía de los derechos digitales" (art. 20 bis ET), cumpliendo con el derecho de los trabajadores "a la intimidad frente al uso de dispositivos de videovigilancia" (art. 20 bis ET). De este modo el derecho a la protección de datos y el derecho a la intimidad de los trabajadores se alzan como límites al poder de videovigilancia del empresario: la videovigilancia será legítima siempre que no lesione los derechos a la intimidad y protección de datos de los trabajadores. Hay que tener en cuenta que la

---

25 Otros ejemplos de videovigilancia plural, de seguridad y laboral, en la STSJ Cantabria de 10 de noviembre de 2023 (rec. 605/2023) y en la STSJ Castilla y León de 14 de septiembre de 2023 (rec. 538/2023).

vinculación del poder empresarial de videovigilancia a cada uno de estos derechos es muy distinta porque la densidad normativa de su regulación también lo es. El derecho a la protección de datos está regulado legalmente (RGPD y LOPDGDD) mediante reglas con las que contrastar el ejercicio de las facultades empresariales de videovigilancia y, por tanto, determinar si se cumplen o no. Sin embargo, decidir si el derecho a la intimidad resulta afectado por las medidas empresariales depende de la ponderación de los derechos en juego y la aplicación del principio de proporcionalidad. Así lo reconoce la STC 119/2022 al fijar los criterios de enjuiciamiento de los litigios sobre videovigilancia. Desde la perspectiva del derecho a la protección de datos, "el canon de control de constitucionalidad" de la videovigilancia laboral "exige, en primer lugar, un análisis sobre el cumplimiento de la normativa vigente en la materia y, muy singularmente, sobre el respeto a los principios de información y consentimiento que se configuran como elementos esenciales del contenido de este derecho fundamental; y, en segundo lugar, para el caso de que no se hayan respetado esos principios, habrá que realizar una tarea de ponderación o juicio de proporcionalidad a fin de valorar la justificación o no de la medida adoptada" (FJ 4). Sin embargo, desde la perspectiva del derecho a la intimidad personal (art. 18.1 CE), el canon de control de constitucionalidad de la medida "exige un juicio de proporcionalidad entre los distintos derechos e intereses en presencia que, partiendo de la finalidad legítima de la medida, permita valorar su idoneidad, necesidad y proporcionalidad" (FJ 4). Por tanto, es aplicable a la videovigilancia laboral lo que el art. 89.3 LOPDGDD establece para la grabación de sonidos: debe respetar el principio de proporcionalidad, el de intervención mínima y las garantías previstas en la ley[26]. Es en este senti-

---

[26] Por eso, como señalan García Murcia y Rodríguez Cardo (2019: 44): "no parece que sea admisible, como regla general, una videovigilancia genérica y permanente con finalidad de control laboral, aunque se haga la oportuna advertencia a los trabajadores. La licitud de la medida de control no parece que pueda derivar de la mera voluntad del empleador, y la información previa a los trabajadores no parece que legitime por sí misma la actuación empresarial." Véanse también López Balaguer (2020: 362); López Balaguer y Ramos Moragues (2020: 408); y Goñi Sein (2021a: 4139 y 4140). En Terradillos Ormaetxea (2023: 67 y 68) pueden verse argumentos en contra de la admisibilidad de la videograbación ininterrumpida de la actividad laboral. Para Navarro Nieto (2023: 65), sobre la base del art. 5.1.b) y c) RGPD, "la legitimación del control empresarial no puede justificar una videovigilancia indiscriminada y permanente".

do en el que puede decirse que el empresario debe justificar su decisión de videovigilancia laboral: debe justificar su carácter proporcionado[27].

En relación con los principios de información y consentimiento en el tratamiento de datos puede decirse que la LOPDGDD sigue manteniendo el contrato de trabajo como base jurídica para el tratamiento de las imágenes a efectos de videovigilancia laboral [art. 6.1.b) RGPD] (Thibault Aranda, 2020: 367 a 373)[28], por lo que no es necesario el consentimiento del trabajador que se "entiende implícito por la mera relación contractual" (STC 119/2022, FJ 6). No sucede lo mismo con el deber de información del empresario en el que sí incorpora una modificación importante. La STC 39/2016 afirmó que una vez publicitada la existencia de videovigilancia mediante los correspondientes carteles informativos no era necesario "especificar, más allá de la mera vigilancia, la finalidad exacta que se le ha asignado a ese control" (FJ 4). Que esta afirmación se limitara al supuesto del caso enjuiciado (utilización de la videovigilancia de seguridad a efectos laborales) o se extendiera con carácter general a la videovigilancia laboral sería discutible. En cualquier caso, el nuevo art. 89.1 LOPDGDD exige, para los supuestos de videovigilancia laboral, que el empresario informe a los trabajadores "con carácter previo, y de forma expresa, clara y concisa" acerca de esta medida, es decir, "de la existencia y características" (art. 90.2 LOPDGDD) de la videovigilancia, lo que debe incluir la finalidad del tratamiento de los datos [art. 11.2.b) LOPDGDD]. De esta regla general solo se excepciona el caso de "comisión flagrante de un acto ilícito" (art. 89.1, párrafo segundo, LOPDGDD) del que más adelante se trata[29].

No se ha aprovechado la promulgación de la LOPDGDD para fijar algunos criterios que guíen o ayuden a realizar el juicio de ponderación para determinar si la videovigilancia lesiona el derecho a la intimidad de los trabajadores[30]. El art. 89.2 LOPDGDD se limita a excluir la instalación

---

27 Como señala Altés Tárrega (2020: 338): "el empresario no está exento de justificar la medida. Para ello deberá actuar conforme al principio de proporcionalidad".

28 Véase Altés Tárrega (2020: 333 y 334) con argumentos en favor de considerar el interés legítimo del empresario en garantizar la seguridad de la empresa y dirigir y controlar la actividad laboral como base jurídica del tratamiento de los datos. También para Baz Rodríguez (2019:14) el "interés legítimo del empleador a preservar la seguridad y el correcto y ordenado desenvolvimiento de la actividad productiva" sería la base de legitimación del tratamiento.

29 Véase, infra, el apartado III.4.

30 En Roqueta Buj (2020: 242 a 256) puede verse un amplio y preciso elenco de criterios utilizados por los tribunales.

de estos dispositivos en "lugares destinados al descanso o esparcimiento de los trabajadores", tales como "vestuarios, aseos, comedores y análogos", que aparecen protegidos por una "inmunidad específica" (Montoya Melgar, 2020: 195) frente al control empresarial, razonable en cuanto no son zonas de trabajo y, por tanto, no habría prestación laboral que controlar[31]. No obstante, son espacios de no trabajo incluidos dentro del lugar de trabajo, en los que puede haber bienes (de la empresa, de trabajadores o de terceros) que proteger, sin descartar que también en esos espacios pueden concurrir circunstancias de riesgo para la vida e integridad de las personas. Que en estos lugares no esté justificada la videovigilancia laboral no implica que tampoco lo esté la de seguridad de las cosas y las personas (art. 22.1 LOPDGDD)[32].

Tampoco en los pronunciamientos del Tribunal Constitucional se encuentran criterios de ponderación que vayan más allá de generalidades y de las circunstancias del caso resuelto[33]. Incluso cuando resulta más proli-

---

31 Son los lugares individualizados por la STC 98/2000: la instalación de sistemas de control audiovisual "en lugares de descanso o esparcimiento, vestuarios, aseos, comedores y análogos resulta, a fortiori, lesiva en todo caso del derecho a la intimidad de los trabajadores, sin más consideraciones, por razones obvias (amén de que puede lesionar otros derechos fundamentales, como la libertad sindical, si la instalación se produce en los locales de los delegados de personal, del comité de empresa o de las secciones sindicales)" (FJ 6).

32 La STSJ Canarias (Las Palmas) de 14 de julio de 2023 (rec. 188/2023) considera ilegítima la instalación de cámaras para vigilar las máquinas de cambio o liquidadoras y de *vending* ubicadas en zonas de descanso. Las cámaras, que solo tenían un grado de giro de 114 grados, estaban provistas de máscaras que limitaban el enfoque y grabación a la máquina y pared en la que estaba situada. La empresa justificó su instalación en razones de seguridad, informando de su posible uso a efectos disciplinarios. El tribunal consideró que se trataba de una medida innecesaria: "ninguna prueba se ha practicado en el acto del juicio que evidencie tal necesidad de protección reforzada con videovigilancia de las máquinas, siquiera un eventual riesgo o peligro o incluso una amenaza de tal seguridad, la existencia previa de sustracción de dinero o intento de sustracción, vandalismo, etc".

33 Así, según la STC 98/2000 "habrá que atender no solo al lugar del centro del trabajo en que se instalan por la empresa sistemas audiovisuales de control, sino también a otros elementos de juicio (si la instalación se hace o no indiscriminada y masivamente, si los sistemas son visibles o han sido instalados subrepticiamente, la finalidad real perseguida con la instalación de tales sistemas, si existen razones de seguridad, por el tipo de actividad que se desarrolla en el centro de trabajo de que se trate, que justifique la implantación de tales medios de control, etc.) para dilucidar en cada caso concreto si esos medios de vigilancia y control respetan el derecho a la intimidad de los trabajadores" (FJ 6).

jo, como en la STC 119/2022, mezcla el cumplimiento de requisitos legales con circunstancias de hecho[34].

El esquematismo a la hora de ponderar derechos y aplicar el principio de proporcionalidad se encuentra también presente en las decisiones de la jurisdicción ordinaria. Puede ponerse un ejemplo en cada sentido. En el asunto resuelto por la STSJ Castilla-La Mancha de 2 de noviembre de 2023 (rec. 821/2023), la empresa, que ya disponía de cámaras perimetrales exteriores, colocó otras en el interior de las instalaciones, en zonas desde las que se veían las taquillas, el vestuario, el acceso a los baños, el comedor social, la zona de agua y el despacho del trabajador. El tribunal estimó que las características del sistema lo hacían desproporcionado y lesionaba el derecho a la intimidad de los trabajadores. A esta conclusión llegó con razonamientos tanto sobre el lugar de instalación de las cámaras[35], como sobre la intensidad del control resultante[36]. Por el contrario, la STSJ Casti-

---

34 La medida "puede considerarse como proporcionada. En este punto hay que ponderar diversos elementos de juicio. Así, en primer lugar, las cámaras no estaban instaladas en lugares de descanso, ocio o de carácter reservado, en los que existiera una expectativa razonable de privacidad, sino que estaban instaladas en zonas de trabajo abiertas a la atención al público. En segundo lugar, las cámaras no estaban instaladas de forma subrepticia, sino que estaban ubicadas en lugares visibles, tanto para los trabajadores del establecimiento como para el público en general. En tercer lugar, las cámaras no fueron utilizadas con carácter generalizado o indefinido, o para realizar una investigación de carácter prospectivo, sino para verificar la posible existencia de una conducta irregular detectada el día anterior. Por lo tanto, el grado de intromisión en la esfera de la intimidad del trabajador (art. 18.1 CE), en términos de espacio y tiempo, no puede considerarse como desequilibrado frente a los derechos e intereses de la empresa en la detección y sanción de las conductas atentatorias contra la buena fe contractual, en el marco del ejercicio de los derechos a la propiedad privada y a la libertad de empresa, reconocidos en los arts. 33 y 38 CE, respectivamente" [FJ 6.c)].

35 Uno "de los factores relevantes en el caso, se refiere a si dichas cámaras, aun estando en las zonas indicadas, o con acceso visual a las mismas, se encontraban enfocadas o no a las áreas de mayor privacidad, o podían orientarse a las mismas. [...] no existe una evidencia disponible para esta Sala de que dichas cámaras no enfocaran, o pudieran enfocar con una manipulación simple, a las tan citadas áreas de privacidad, siendo tal ausencia de certidumbre debida únicamente a la imperfecta labor probatoria de la parte [...]. Es más, aunque se aceptara que las cámaras se instalaron con una orientación fija, no existe indicio alguno de que dicha fijeza no pudiera variarse con un simple accionamiento, tanto de hardware como de software".

36 El "punto de inflexión debe situarse en el límite entre un control general del cumplimiento de los deberes laborales, y una monitorización de los trabajadores cuya

lla y León de 29 de diciembre de 2022 (rec. 997/2022) consideró lícito el sistema de videovigilancia de una residencia de personas mayores. Estaba integrado por tres cámaras situadas en los accesos de la residencia y en la enfermería, colocadas para preservar la seguridad de personas y bienes y de las instalaciones y para control laboral, advirtiendo expresamente que podrían utilizarse para imponer sanciones laborales. Posteriormente la empresa adquirió tres cámaras pequeñas portátiles para colocarlas aleatoriamente según las necesidades, con la finalidad de controlar la medicación de los residentes y la documentación oficial del centro, por haberse detectado manipulaciones en los cajetines, falta de medicación y manipulación en la documentación. Se informó a los trabajadores de su adquisición y de que las grabaciones también podrían utilizarse para imponer laborales. Se instalaron carteles informativos de videovigilancia en el exterior de la residencia, en la puerta de entrada y en la recepción. El tribunal consideró que este sistema superaba el test de proporcionalidad[37].

3.3. ¿Una justificación específica de la videovigilancia laboral?

Como se ha expuesto en el apartado anterior, la LOPDGDD no subordina la utilización de la videovigilancia laboral a la concurrencia de determinadas razones o causas. El empresario debe justificar el cumplimiento de la normativa de protección de datos y el carácter proporcionado de la medida. Sin embargo, el Tribunal Constitucional, en tres de sus sentencias sobre videovigilancia laboral, ha introducido al ponderar el derecho del empresario a controlar el cumplimiento de la prestación laboral y el derecho del trabajador a la intimidad un elemento añadido a los tres criterios integrantes del principio de proporcionalidad: la justificación de la medida de control. Antes de valorar si se trataba de medidas idóneas, necesarias

---

exhaustividad y detalle desborden los límites de tal control, afectando, entonces sí, su derecho a la intimidad".

37 La "medida de instalación de cámaras de seguridad era una medida justificada (ya que se había detectado manipulación en los cajetines de medicación de los residentes y de documentación oficial del centro, falta de medicación y manipulación en la documentación); idónea para la finalidad pretendida por la empresa (verificar si algunos de los trabajadores cometía efectivamente las irregularidades sospechadas y en tal caso adoptar las medidas disciplinarias correspondientes); necesaria (ya que la grabación serviría de prueba de tales irregularidades); y equilibrada (pues la grabación de imágenes se limitó a las zonas de la empresa en que podían producirse esos hechos), por lo que debe descartarse que se haya producido lesión alguna del derecho a la intimidad personal consagrado en el art. 18.1 CE".

y proporcionadas, el tribunal declaró que la videovigilancia estaba justificada por la concurrencia de "razonables sospechas" o "sospechas indiciarias suficientes" sobre la comisión de previas irregularidades de los trabajadores[38]. ¿Significa esto que solo sería legítimo el videocontrol como medio de investigación de previas irregularidades y no como medida preventiva?

La justificación de la medida en estos términos es un elemento se ha venido a añadir "lenta y suavemente" a los subprincipios de idoneidad, necesidad y proporcionalidad; se trata de "una nueva pieza que integra el juicio laboral de proporcionalidad que viene, por tanto, a enriquecer la configuración clásica definida por la doctrina alemana hace más de cien años" y que obliga a que la argumentación sobre la proporcionalidad de la medida empresarial parta "de manera necesaria" de su justificación (Mercader Uguina, 2023: 167, 168, 170 y 171). La incorporación de la justificación de la medida como paso previo a la aplicación del test de proporcionalidad se ha explicado del modo siguiente. Las intervenciones de los poderes públicos que afectan a derechos fundamentales no necesitan justificarse de manera adicional a la aplicación del test de proporcionalidad porque parten de la actuación de un "bien o derecho constitucionalmente protegido" o de "un determinado interés público digno de tutela". Sin embargo, la actuación de los sujetos privados "no cuenta con esa presunción de legitimidad". Por ello "la justificación se configura como un criterio de control a priori para poder, de apreciarse, proyectarse sobre el supuesto de hecho al resto de elementos de ponderación que definen el test clásico de ponderación". La justificación de la medida exigirá "que el actuar empresarial obedezca a un móvil que justifique mínimamente su actuar" y como los pronunciamientos del Tribunal Constitucional manejaban la existencia de "razonables sospechas" se deduce las actuaciones "acausales o meramente preventivas" quedarían excluidas (Mercader Uguina, 2023: 169).

---

38 STC 186/2000, FJ 7: "la medida de instalación de un circuito cerrado de televisión que controlaba la zona donde el demandante de amparo desempeñaba su actividad laboral era una medida justificada (ya que *existían razonables sospechas de la comisión por parte del recurrente de graves irregularidades en su puesto de trabajo*)". STC 39/2016, FJ 5: "la medida de instalación de cámaras de seguridad que controlaban la zona de caja donde la demandante de amparo desempeñaba su actividad laboral era una medida justificada (ya que *existían razonables sospechas de que alguno de los trabajadores que prestaban servicios en dicha caja se estaba apropiando de dinero*)". STC 119/2022, FJ 6: la "medida estaba justificada, porque *concurrían sospechas indiciarias suficientes de una conducta irregular del trabajador* [...] que debía ser verificada".

Tanto la exigencia de justificación como la eventual exclusión de las medidas preventivas o acausales de vigilancia laboral pueden contemplarse desde otra perspectiva: a) el ejercicio de las facultades empresariales de videovigilancia goza de legitimación suficiente sin necesidad de recurrir a justificaciones externas a la mera atribución del derecho; y b) no pueden excluirse a priori y con carácter general los controles preventivos.

a) La videovigilancia empresarial está legitimada constitucional y legalmente. El empresario ejerce el "poder de dirección empresarial imprescindible para la buena marcha de la organización productiva, que es reflejo de los derechos constitucionales reconocidos en los arts. 33 y 38 CE", concretado en el art. 20.3 ET "que expresamente faculta al empresario a adoptar medidas de vigilancia y control para verificar el cumplimiento por los trabajadores de sus obligaciones laborales" (STC 39/2016, FJ 4). Esta facultad general de control legalmente prevista "legitima el control empresarial del cumplimiento por los trabajadores de sus tareas profesionales" y "serán las circunstancias de cada caso las que finalmente determinen si dicha fiscalización llevada a cabo por la empresa ha generado o no la vulneración del derecho fundamental en juego" (STC 39/2016, FJ 4). El "establecimiento de sistemas de control responde a una finalidad legítima en el marco de las relaciones laborales. Se trata de verificar el cumplimiento de los deberes inherentes a toda relación contractual" (STC 119/2022, FJ 6). Como "la mera constatación de un fin legítimo no excluye la debida ponderación sobre una eventual afectación de ese derecho" se aplica el principio de proporcionalidad para determinar si "en las concretas circunstancias del caso, puede afirmarse que la instalación del sistema de videovigilancia y la consiguiente utilización de las imágenes captadas resultaba una medida justificada, idónea, necesaria y proporcionada" (STC 119/2022, FJ 6). No parece, por tanto, que la puesta en práctica por el empresario de las facultades reconocidas en los arts. 20.3 y 20 bis ET y 89.1 LOPDGDD no cuenten con una base de legitimidad inicial. La exigencia de una justificación adicional, más allá del cumplimiento de la normativa de protección de datos y del carácter proporcionado de la medida, sería tanto como reconocer su injusticia originaria que exigiría recurrir a un elemento adicional que las hiciera justas.

b) Tampoco parece que puedan excluirse a priori las medidas de videovigilancia preventiva y que solo resulten admisibles en los casos de existencia de sospechas razonables. Las tres sentencias del Tribunal Constitucional citadas se pronunciaron sobre sobre casos excepcionales: videovigilancia secreta (STC 186/2000) y utilización de grabaciones de cámaras de seguridad para sancionar a los trabajadores (SSTC 39/2016 y 119/2022). Supuestos en los que el trabajador ignoraba que estaba siendo grabado o desconocía que la grabación se utilizaría a efectos laborales. Casos, por tanto, en los que sí parece necesario que exista una causa justificativa de la omisión de la información al trabajador que puede integrarse en el subprincipio de necesidad y fundamentar la proporcionalidad de la medida. Pero de la excepción no puede derivarse una regla general excluyente de la videovigilancia laboral si no concurren razonables sospechas de la comisión de irregularidades en la empresa. Cuestión distinta será que en los casos en los que no concurran esas previas sospechas razonables sea más difícil apreciar la proporcionalidad de la medida, pero eso será una cuestión de hecho apreciable en cada caso[39]. En este sentido la STS de 22 de julio de 2022 (rec. 701/2021) reconoce indirectamente la viabiliadad de la videovigilancia laboral sin necesidad de previas sospechas de incumplimientos si se superan en el caso las exigencias del principio de proporcionalidad. El asunto, al que más adelante se hará amplia referencia[40], trataba de videovigilancia secreta y al hilo de la misma se diferencia entre los sistemas de "videovigilancia permanente" y videovigilancia "*ad hoc* ante la existencia de fundadas sospechas", sin excluir la legitimidad de ninguno de los dos. Simplemente dice que para la videovigilancia permanente "será inesquivable el cumplimiento de las obligaciones de información" *ex* art. 89.1 LOPDGDD, y que en los supuestos de videovigilancia *ad hoc* fundada en previas sospechas "tales obligaciones podrán excepcionalmente modularse en supuestos tan especiales como el presente, en el que, por lo demás, un sistema de videovigilancia permanente, sobre el que desde luego habría que proporcionar la información previa mencionada, podría estar difícilmente justificado y resultar desproporcionado" (FJ 3.4)[41].

---

39 En Todolí Signes (2022: 242) las sospechas previas como elemento integrante de la proporcionalidad de la medida: "dado que el control tecnológico permanente y continuo no parece que supere el test de la proporcionalidad".

40 Véase, *infra*, el apartado III.5.

41 También en este sentido García-Perrote (2023: 191): "una cosa es un sistema de videovigilancia instalado con carácter permanente (y no ante la existencia de concretas sospechas) y otra un sistema de videovigilancia instalado ad hoc ante la existencia de sospechas, sistema que será en principio temporal y no permanente. Especialmente tras la LOPDGDD, en el primer caso habrá que proporcionar la información previa, expresa, clara y concisa que exige el párrafo primero del artículo 89.1 LOPDGDD, mientras que en el segundo valdrá el dispositivo al que se refiere el párrafo segundo del artículo 89.1 LOPDGDD y al que se refería la STC 39/2016".

3.4. La utilización de las cámaras de seguridad a efectos laborales: la captación de la comisión flagrante de un acto ilícito del trabajador

No es infrecuente que las empresas coloquen cámaras para proteger la seguridad de personas y cosas (art. 22.1 LOPDGDD), sin finalidad de control laboral y, por tanto, sin cumplir las exigencias informativas del art. 89.1 LOPDGDD sino solo las del art. 22.4 LOPDGDD. El problema surge cuando esas cámaras de seguridad captan conductas ilícitas de trabajadores: ¿serían válidas esas grabaciones para acreditar los incumplimientos laborales?[42] La STC 29/2013, que excluyó su utilización por incumplimiento del deber de información, fue rectificada por la STC 39/2016 que estimó suficiente, con carácter general, el cumplimiento del deber de información exigido por la normativa de protección de datos, sin necesidad de informar sobre su específico uso laboral. Sin embargo, el art. 89.1 LOPDGDD impone el deber de informar de modo previo, expreso, claro y conciso sobre la medida de videovigilancia laboral. La propia LOPDGDD contiene la solución del problema al introducir en el segundo párrafo de su art. 89.1, con redacción "un tanto equívoca y deficiente" (García Murcia y Rodríguez Cardo, 2019: 44), una excepción a la regla general del párrafo primero[43]: "en el supuesto de que se haya captado la comisión flagrante de un acto ilícito por los trabajadores o los empleados públicos se entenderá cumplido el deber de informar cuando existiese al menos el dispositivo al que se refiere el artículo 22.4 de esta ley orgánica". Lo que la STC 38/2016 había admitido queda ahora acotado a los límites de esta regla, cuyos principales elementos son los siguientes[44]:

---

42 El problema no se plantea cuando la empresa ya ha cumplido con estas exigencias del art. 89.1 LOPDGDD. Así en el asunto resuelto por la STSJ Madrid de 8 de noviembre de 2023 (rec. 310/2023) la empresa, una gasolinera, "comunicó la política de videovigilancia en el centro de trabajo en el sentido de que las imágenes captadas se podrán usar para el control del cumplimiento de la actividad laboral [...]; lo que pone de relieve que la empresa no ha pretendido permitir ni tolerar acciones que no se ajustaran al cumplimiento de las obligaciones laborales o impliquen transgresión de la buena fe contractual."

43 Para Molina Navarrete (2020: 90) se trata de una contradicción con el RGPD "que no contiene excepción alguna respecto del deber de información previa y de calidad".

44 No siempre se tratará de un "hallazgo casual", pese a que frecuentemente se usa esta expresión para referirse al supuesto del art. 89.1.2º LOPDGDD. En materia penal el hallazgo casual hace referencia a que "cuando de un modo casual, no buscado o perseguido, en el curso de la investigación por un delito diferente, se hallaran signos o indicios significativos de la posible comisión de un ilícito

a) La norma no identifica qué sistemas de videocámaras son los que han grabado los hechos ilícitos de los trabajadores, utilizando un impersonal "en el supuesto de que se haya captado". La empresa puede instalar cámaras de seguridad, de control laboral y con ambas finalidades. Si el sistema de videovigilancia tiene finalidad laboral debe cumplir los requisitos del párrafo primero del art. 89.1 LOPDGDD, por lo que hay que entender que se trata de imágenes captadas por cámaras de seguridad de la empresa, instaladas cumpliendo las exigencias del art. 22.4 y no las del art. 89.1 LOPDGDD.

b) Lo grabado es un acto ilícito de los trabajadores cometido de forma flagrante. La flagrancia es una cualidad que tradicionalmente se ha predicado de ciertos comportamientos penalmente ilícitos (arts. 18.2 CE y 795.1.1ª LECrim) y hace referencia a la "situación fáctica en la que el delincuente es "sorprendido" -visto directamente o percibido de otro modo- en el momento de delinquir o en circunstancias inmediatas a la perpetración del ilícito" (STC 341/1993, de 18 de noviembre, FJ 8). Es flagrante el acto "que se está ejecutando actualmente" (*DLE*), "de tal evidencia que no necesita pruebas" (*DLE*), "evidente, que no admite refutación" (*DEJ*). En el contexto del art. 89 LOPDGDD se refiere a actos del trabajador cuya ilicitud se desprende directamente de las imágenes grabadas, sin necesidad de ulterior tratamiento o investigación para comprobar su carácter antijurídico.

La norma no precisa la causa de la ilicitud del acto cometido por el trabajador. El mantenimiento de la coherencia normativa del art. 89 LOPDGDD y el respeto del principio de finalidad en el tratamiento de los datos [art. 5.1.b) RGPD] exigen que se trate de actos ilícitos por resultar contrarios a los bienes jurídicos que se protegen mediante la videovigilancia *ex* art. 22.1 LOPDGDD: la seguridad de las personas, bienes e instalaciones de la empresa (Roqueta Buj, 2020: 252; López Balaguer, 2020: 366 y 367)[45].

penal distinto, naturalmente, los agentes no deberán hacer "oídos sordos" al descubrimiento, en tanto ajeno al objeto de la investigación inicial, sino que deberán proceder, expresada la evidencia de una posible actuación delictiva, en la forma indispensable, y por descontado normativamente adecuada, para su averiguación" (STS [Sala 2ª] de 5 de julio de 2023, rec. 5654/2021). De hallazgo casual se habla de modo similar en Derecho Administrativo sancionador para referirse al "hallazgo de material probatorio que se produce de manera imprevista y fortuita en el curso de una inspección efectuada en virtud de una orden de investigación dictada con una finalidad distinta" (Lozano Cutanda, 2019).

45 Téngase también en cuenta el art. 42.4 de la Ley 5/2014, de 4 de abril, de Seguridad Privada, conforme al cual "las grabaciones realizadas por los sistemas de

Solo en la medida en que los actos ilícitos del trabajador atenten contra la vida, salud, libertad e integridad de las personas y el patrimonio de la empresa, de otros trabajadores o de terceros debería aplicarse la regla del segundo párrafo del art. 89.1 LOPDGDD[46].

c) Además del cumplimiento de estos requisitos legales expresos, la superación del test de proporcionalidad operará en un doble sentido: i) el sistema de videovigilancia de seguridad *ex* art. 22.1 LOPDGDD debe cumplir los requisitos de la normativa de protección de datos y no lesionar el derecho a la intimidad de las personas; y ii) además, habrá que acreditar que el uso de las grabaciones para probar el incumplimiento laboral es una medida proporcionada. Solo resultará necesaria y proporcionada si concu-

---

videovigilancia no podrán destinarse a un uso distinto del de su finalidad."

46 Con anterioridad a la LOPDGDD la STS de 31 de enero de 2017 (rec. 3331/2015) se había pronunciado en este sentido: "estaba justificada la limitación de los derechos fundamentales en juego, máxime cuando los trabajadores estaban informados, expresamente, de la instalación del sistema de vigilancia, de la ubicación de las cámaras por razones de seguridad, expresión amplia que incluye la vigilancia de actos ilícitos de los empleados y de terceros y en definitiva de la seguridad del centro de trabajo pero que excluye otro tipo de control laboral que sea ajeno a la seguridad, esto es el de la efectividad en el trabajo, las ausencias del puesto de trabajo, las conversaciones con compañeros, etc. etc.." (FJ 2).
En este sentido, aplicando todavía la normativa anterior a la LOPDGDD, STSJ Canarias (Santa Cruz de Tenerife) de 22 de diciembre de 2022 (rec. 180/2022). En un caso de falta de información específica sobre el uso laboral de la videovigilancia, pero en el que las cámaras estaban en lugar visible, su existencia era bien conocida por los trabajadores, existían carteles informativos generales sobre el tratamiento de los datos captados por las cámaras y los trabajadores sean conocedores de la finalidad general de las cámaras (normalmente, la protección y seguridad de personas y bienes): "en este supuesto las grabaciones del sistema de videovigilancia podrían emplearse como prueba, pero no para cualquier tipo de control de la actividad laboral, sino para controlar posibles ilícitos laborales, y posiblemente, dentro de estos, únicamente los que guarden relación con la finalidad general conocida de los sistema de grabación de la imagen; es decir, en los casos en los que la infracción cometida por el trabajador, y cuya realización es captada por los sistemas de videovigilancia, supone un ataque a las personas o los bienes para cuya protección se instalaron las cámaras: agresiones físicas o morales a personas, daños en los bienes, sustracciones de bienes de la empresa, etc." Como la conducta del trabajador consistió en la "sustracción de parte de la recaudación" de la empresa estaba relacionada "con la seguridad y protección de los bienes de la empresa", por lo que el tribunal "concluye que el supuesto se incluía entre aquéllos en los que el derecho de información previa sobre el tratamiento de datos se ve satisfecho con una información general y no individualizada" (FD 3).

rren indicios razonables y serios de la comisión de un acto ilícito de los trabajadores. Sin esos previos indicios de irregularidades ninguna necesidad habría de utilizar las imágenes de seguridad a efectos laborales. Resultaría desproporcionada su utilización en casos de investigaciones prospectivas o carentes de justificación específica, pues llevaría a la anulación general de la exigencia de información específica. En estos casos debería instalarse un sistema de videovigilancia laboral cumpliendo sus requisitos específicos (art. 89.1 LOPDGDD).

d) En definitiva, con la regla del art. 89.1.2º LOPDGDD se trata de evitar el trato privilegiado del trabajador, cuya conducta ilícita resultaría laboralmente impune al no haber sido informado específicamente sobre el uso laboral de las grabaciones de seguridad de la empresa.

Esta interpretación del art. 89.1.2º LOPDGDD resulta coherente con la realizada por la STC 119/2022, de 29 de septiembre. El litigio resuelto surgió como consecuencia del despido de un trabajador por transgresión de la buena fe contractual[47], en el que los hechos se acreditaron por el empresario mediante grabaciones obtenidas por las cámaras de seguridad de la empresa, que fueron revisadas por la advertencia de un hecho considerado irregular[48]. Las cámaras, visibles y con los correspondientes carteles anunciadores, se habían instalado como una medida de seguridad de la empresa, no para controlar el trabajo. Este asunto permite al tribunal valorar "la repercusión que la entrada en vigor de la Ley Orgánica 3/2018" puede haber tenido en la doctrina constitucional sobre las imágenes captadas por una cámara de seguridad instalada en una empresa para su utilización en el marco de un despido disciplinario" (FJ 3). La sentencia dedica su FJ 4 a recordar la doctrina constitucional y del TEDH sobre la utilización para uso disciplinario de las imágenes captadas por los sistemas de seguridad

47 Los hechos consistían "en entregar unos productos propiedad de la empresa demandada a un tercero que le abona un dinero en metálico del que se apropia, absteniéndose de entregar albarán de entrega ni recibo de pago alguno" [Antecedente 2.a)].

48 "El gerente de la empresa revisó las imágenes grabadas al haber apreciado el día anterior que, en la zona interior del mostrador de atención al público donde prestaba servicios el trabajador despedido, se encontraba una bolsa con el signo identificativo de una empresa de la competencia, conteniendo en su interior un producto de su propia empresa. Cuando, al final de la jornada del día siguiente, observó que la bolsa no se encontraba en ese lugar, y ante lo irregular de la situación, comprobó la grabación de ese día, advirtiendo la conducta determinante del despido" [Antecedente 2.a)].

de la empresa y su FJ 5 a repasar las nuevas normas introducidas por la LOPDGDD que estima coherentes con la doctrina del TC y del TEDH. A continuación, en el FJ 6, procede a resolver el caso y para ello analiza "en primer lugar, si la instalación del sistema y su uso con fines disciplinarios se ajustó o no a la normativa sobre protección de datos y, en el caso de que así fuera, procedería, en segundo lugar, valorar su posible repercusión desde la perspectiva del derecho a la intimidad del trabajador" (FJ 6).

Desde el punto de vista del derecho a la protección de datos recuerda que el tratamiento de las imágenes para fines de control laboral no exige el consentimiento expreso del trabajador porque se entiende implícito en la celebración del contrato de trabajo. Debe cumplirse el deber de información que "en principio [...] ha de cumplimentarse de forma previa, expresa, clara y concisa. Sin embargo, la norma permite que, en caso de flagrancia de una conducta ilícita, el deber de información se tenga por efectuado mediante la colocación en lugar visible de un distintivo que advierta sobre la existencia del sistema, su responsable y los derechos derivados del tratamiento de los datos". La razón de la excepción es clara: "no tendría sentido que la instalación de un sistema de seguridad en la empresa pudiera ser útil para verificar la comisión de infracciones por parte de terceros y, sin embargo, no pudiera utilizarse para la detección y sanción de conductas ilícitas cometidas en el seno de la propia empresa. Si cualquier persona es consciente de que el sistema de videovigilancia puede utilizarse en su contra, cualquier trabajador ha de ser consciente de lo mismo." La sentencia incluye el supuesto enjuiciado en la excepción a la regla: "En el caso concreto, los elementos fácticos no controvertidos ponen de manifiesto que no se ha producido vulneración alguna de la normativa sobre protección de datos de carácter personal y, por lo tanto, del derecho fundamental correspondiente. La empresa había colocado el correspondiente distintivo en lugar visible, ajustado a las previsiones legales en materia de protección de datos. Las cámaras se utilizaron para comprobar un hecho concreto, que resultó flagrante, y sobre la base de una sospecha indiciaria concreta, como era la irregularidad manifiesta de guardar un producto de la empresa dentro de una bolsa con el logotipo de una empresa de la competencia, en un lugar no habilitado a tal efecto, del que desapareció al día siguiente. En ese contexto, resultaba válida la utilización de las imágenes captadas para verificar una conducta ilícita cometida por un trabajador."

La sentencia del Tribunal Constitucional consideró que no se lesionó el derecho a la intimidad del trabajador y que la utilización de las imágenes superaba el test de proporcionalidad. La medida empresarial estaba justificada porque había "sospechas indiciarias suficientes de una conducta irregular del trabajador" que "debía ser verificada."[49] Sin embargo, la sentencia resulta algo desordenada al aplicar los subprincipios integrantes del principio de proporcionalidad. No distingue si está valorando el carácter proporcionado de la instalación del sistema de videovigilancia de seguridad en sí mismo considerado o la utilización de sus grabaciones para probar la conducta irregular del trabajador o ambas cosas conjuntamente. Parece que se refiere a las dos ("la instalación del sistema de videovigilancia y la consiguiente utilización de las imágenes captadas resultaba una medida justificada, idónea, necesaria y proporcionada"), pero el análisis debería ser distinto para cada una porque podría resultar legítima la instalación de la videovigilancia de seguridad pero no el uso de sus grabaciones a efectos laborales. Al valorar la necesidad de la medida se desliza hacia el tema de la videovigilancia secreta ("cualquier otra medida habría advertido al trabajador, haciendo entonces inútil la actuación de la empresa"), con lo que deja abierta la puerta a su admisibilidad[50]. Y, en fin, al apreciar la proporcionalidad de la medida en sentido estricto,[51] maneja tanto el cumplimiento de requisitos legales expresos (exclusión de videovigilancia en zonas de no trabajo; conocimiento por los trabajadores de la existencia de la videovigilancia) y elementos fácticos ("las cámaras no fueron utilizadas con carácter generalizado o indefinido,") como lo que antes ha establecido como justificación de la medida ("las cámaras no fueron utilizadas con carácter generalizado o indefinido, o para realizar una investigación

---

49 Sobre la justificación de la medida véase, *supra*, el apartado III.3.

50 Véase, *infra*, el apartado III.5.

51 "Finalmente, la medida puede considerarse como proporcionada. En este punto hay que ponderar diversos elementos de juicio. Así, en primer lugar, las cámaras no estaban instaladas en lugares de descanso, ocio o de carácter reservado, en los que existiera una expectativa razonable de privacidad, sino que estaban instaladas en zonas de trabajo abiertas a la atención al público. En segundo lugar, las cámaras no estaban instaladas de forma subrepticia, sino que estaban ubicadas en lugares visibles, tanto para los trabajadores del establecimiento como para el público en general. En tercer lugar, las cámaras no fueron utilizadas con carácter generalizado o indefinido, o para realizar una investigación de carácter prospectivo, sino para verificar la posible existencia de una conducta irregular detectada el día anterior. Por lo tanto, el grado de intromisión en la esfera de la intimidad del trabajador (art. 18.1 CE), en términos de espacio y tiempo, no puede considerarse como desequilibrado frente a los derechos e intereses de la empresa en la detección y sanción de las conductas atentatorias contra la buena fe contractual, en el marco del ejercicio de los derechos a la propiedad privada y a la libertad de empresa, reconocidos en los arts. 33 y 38 CE, respectivamente" [FJ 6.c)].

de carácter prospectivo, sino para verificar la posible existencia de una conducta irregular detectada el día anterior").

En las sentencias de suplicación no aparece una elaboración precisa sobre el tipo de ilícitos para los que sería aplicable la norma del art. 89.1.2º LOPDGDD: se ha admitido la validez de las grabaciones de las cámaras de seguridad para acreditar tanto conductas de los trabajadores que claramente lesionan la seguridad de la empresa (apropiación de mercancías: STSJ Madrid de 2 de marzo de 2023, rec. 1415/2022) como otras que tienen una conexión más tenue (simular que una lesión sufrida en el exterior de la empresa se ha producido dentro del centro de trabajo para calificarse como accidente laboral: STSJ de Castilla-La Mancha de 21 de julio de 2023, rec. 1211/2022) o inexistente (ausencia no autorizada del centro de trabajo: STSJ Cataluña de 13 de julio de 2023, rec. 90/2023). En sentido contrario, se ha excluido su aplicación a hechos que claramente afectan a la integridad patrimonial de la empresa (trabajador que recupera el importe pagado por un producto adquirido por él mismo en su empresa simulando la devolución: STSJ País Vasco de 18 de julio de 2023, rec. 1121/2023).

3.5. La videovigilancia secreta

Por videovigilancia secreta debe entenderse la que se realiza omitiendo los deberes de información legalmente exigidos en los arts. 22.4 y 89.1 LOPDGDD. Pese a tratarse de un supuesto polémico y conflictivo (Altés Tárrega, 2020: 358), pues incide directamente en el contenido del derecho fundamental a la protección de datos que incluye "el reconocimiento del derecho a ser informado de quién posee" los datos personales y "con qué fin" (STC 292/2000, de 30 de noviembre, FJ 7), la LOPDGDD omite su regulación. El silencio de la ley se ha interpretado como una laguna legal, no como prohibición (Navarro Nieto, 2023: 78; Taléns Visconti, 2020: 15), que, con fundamento en la STEDH López Ribalda y en la STC 39/2016, podría resolverse con su admisibilidad si concurrieran acreditados indicios de graves irregularidades en la empresa (Lahera Forteza, 2021: 274; Goñi Sein, 2021a: 4150 y 4152)[52].

---

[52] En este sentido el *Repertorio de recomendaciones prácticas de la OIT sobre Protección de los datos personales de los trabajadores* (6.14.2) señala que "el secreto en materia de vigilancia sólo debería permitirse cuando: a) se realice de conformidad con la legislación nacional; o b) existan sospechas suficientes de actividad delictiva u otras infracciones graves".

El problema de la admisibilidad de la videovigilancia secreta de los trabajadores en la empresa debe tener en cuenta dos factores:

a) La función que cumple, pues su carácter secreto impide que pueda actuar como medio preventivo o disuasorio de incumplimientos de los trabajadores. Queda así limitada a utilizarse como medio de investigación y sanción de conductas irregulares de los trabajadores ante indicios de incumplimiento. Sin estos equivaldría a una indagación general prospectiva y secreta absolutamente desproporcionada.

b) La LOPDGDD ni prohíbe ni autoriza expresamente la videovigilancia secreta de los trabajadores, pero establece un régimen jurídico incompatible con la misma (arts. 22.4 y 89.1 LOPDGDD). Como ha escrito García Rubio (2022: 41), aunque el art. 89 LOPDGDD no prohíbe expresamente las cámaras ocultas "es difícil encontrarles hueco o cobertura" en ella. A partir de aquí se abren dos opciones interpretativas:

- Rechazar la legitimidad de la videovigilancia secreta, por entender que la ley, al regular el ejercicio del derecho a la protección de datos (art. 53.1 CE), ha ponderado los intereses en juego excluyendo la posibilidad de videovigilar a los trabajadores sin su conocimiento.
- Aceptar la posibilidad de videovigilancia oculta porque la ley, la LOPDGDD, no colmaría todo el espacio regulador, de modo que, saltando sobre ella, se puede llegar a la Constitución y ponderar judicialmente en cada caso si es una medida proporcionada.

En el fondo, se trata de decidir quién tendrá la última palabra sobre la admisibilidad de la videovigilancia secreta: la ley, que establece un régimen jurídico incompatible con ella, o el juez, en cada caso ponderando el carácter proporcionado de la misma.

Antes de la promulgación y aplicación de la LOPDGDD algunos pronunciamientos judiciales permitían fundamentar la legitimidad de la videovigilancia secreta en determinados supuestos. Desde el punto de vista del derecho a la intimidad, la STC 186/2000 la respaldó y consideró justificada porque existían razonables sospechas de la comisión de graves irregularidades en el puesto de trabajo. Desde el punto de vista del derecho a la protección de datos, la STC 39/2016, de modo genérico, descartó que el incumplimiento de los deberes informativos del empresario implicara necesariamente la lesión del derecho, lo que sólo podría estimarse "tras una ponderación de la proporcionalidad de la medida adoptada" (FJ 3). Dejaba así abierta la posibilidad para acreditar en el caso concreto que la videovigilancia secreta constituye una medida empresarial idónea, necesaria y proporcionada (Navarro Nieto, 2023: 53). De modo específico, la STEDH de 17 de octubre de 2019 (asunto López Ribalda y otros c. España) también declaró ponderable la ausencia de información (§131), resultando justificable por la protección de intereses públicos o privados importantes (§133), estimando que "la existencia de una sospecha razonable de que se ha cometido una falta grave y la magnitud de las pérdidas identificadas en el presente caso pueden parecer una justificación de peso" (§134)[53].

Con la LOPDGDD ya aplicable, la STC 119/2022 también ha proporcionado algún argumento en favor de la licitud de la videovigilancia secreta. Recuérdese que el asunto resuelto se refiere a la utilización de las imágenes grabadas por cámaras de seguridad visibles para acreditar un incumplimiento laboral, sin haber informado al trabajador del posible uso de las mismas para control laboral. La sentencia mantiene la doctrina constitucional anterior sobre el carácter ponderable del incumplimiento del deber de información. Además, al ponderar la afectación del derecho a la intimidad del trabajador declaró que era una medida proporcionada, particularmente que era "idónea para la finalidad pretendida, que no era otra que la constatación de la eventual ilicitud de la conducta, lo que fue confirmado precisamente mediante el visionado de las imágenes" y necesaria porque "no parece que pudiera adoptarse ninguna otra menos invasiva e igualmente eficaz para acreditar la infracción laboral. *Cualquier otra medida habría advertido al trabajador, haciendo entonces inútil la actuación de la empresa*". Reconoce así que puede haber supuestos en los que el desconocimiento por parte del trabajador de la existencia de la videovigilancia puede ser necesario. Esto es lo que sucede en los casos de videovigilancia secreta: que es una medida idónea para investigar irregularidades cometidas por los trabajadores y que es necesaria porque su publicidad haría ineficaz la actuación empresarial.

El Tribunal Supremo ha tenido ocasión de pronunciarse sobre la videovigilancia secreta en su sentencia de 22 de julio de 2022 (rec. 701/2021)[54] que ha afirmado que en "un sistema de videovigilancia instalado *ad hoc* ante la existencia de fundadas sospechas" el "cumplimiento de las obligaciones de información" impuestas por el art. 89.1 LOPDGDD podrá "excepcionalmente modularse en supuestos tan especiales" como el del caso que resuelve (FJ 4). Más allá del supuesto particular, la idea clave de esta

---

[53] Véase, *supra*, el apartado II.4.

[54] Referencia a pronunciamientos dispares anteriores de los Tribunales Superiores de Justicia en García Rubio (2022: 42).

sentencia es que resulta admisible la videovigilancia secreta si supera el test de proporcionalidad en cada caso. Dicho de otro modo: que el método para determinar la legitimidad de la videovigilancia secreta es el mismo que debe aplicarse cuando se valora la pertinencia de la videovigilancia informada: cumplimiento o incumplimiento de la ley y ponderación de los derechos en juego. Cuestión distinta será el grado de dificultad para superar el test, pero eso ya dependerá de los hechos del caso. El contexto especial sobre el que decide la STS de 22 de julio de 2022 gira sobre una relación laboral especial de servicio doméstico, el domicilio inviolable (art.18.2 CE) como lugar de trabajo[55], una empleadora con discapacidad que limita sus movimientos, y una empleada de hogar sin vigilancia empresarial de ninguna clase durante amplios períodos de su servicio en la casa en la que se descubre la sustracción cuantiosa de dinero y bienes de valor. En esas circunstancias el empleador decide instalar una cámara de video con cuyas grabaciones acredita la autoría del hurto y despide a la trabajadora.

La argumentación de la sentencia incluye una amplia referencia de la jurisprudencia constitucional y del TEDH. De acuerdo con la doctrina constitucional la lesión del derecho a la protección de datos por incumplimiento del deber de información exige valorar la observancia o no del principio de proporcionalidad [SSTC 39/2016, 3 de marzo, FJ 4 y 119/2022, de 29 de septiembre, FJ 4.A9.b)]. La STEDH de 17 de octubre de 2019 (asunto López Ribalda y otros c. España)[56], dictada teniendo en cuenta la LOPD-

---

55 Aunque no se trate de la excepción doméstica del art. 2.2.c) RGPD, este precepto pone de relieve "que el ámbito doméstico es un lugar bien específico y singular desde la perspectiva de la protección de datos personales. Y ciertamente en el hogar familiar su titular y quienes con él conviven ejercen derechos fundamentales de especial importancia y reforzada tutela" (FJ 3). Véase Fernández Orrico (2021: 245 a 247) afirmando la aplicación de la LOPDGDD a los empleados de hogar y admitiendo la videovigilancia oculta para comprobar irregularidades de los empleados. Véase, también sobre esta cuestión, Mercader Uguina (2019:140).

56 Afirma la sentencia del Tribunal Supremo que conforme a la decisión del TEDH "en determinadas circunstancias" resulta admisible "que la empresa no advierta al trabajador de la existencia ni del emplazamiento de determinadas cámaras de videovigilancia" y que "esa ausencia de información no ha de conducir necesariamente a la no toma en consideración de la prueba de videovigilancia que sustenta la sanción al trabajador y acredita el incumplimiento y su autoría" (FJ 3.3). También según el TS, el TEDH requiere para la justificación de la medida "la existencia de sospechas razonables de que se habían cometido graves irregularidades", no bastando "la mínima sospecha de robos u otras irregularidades cometidas por los empleados". En el caso "el alcance de los robos constatados en el presente

1999 que ya imponía de modo genérico el deber de información a los afectados[57], también aceptaba la posibilidad de la videovigilancia oculta. Además, la STS de 22 de julio de 2022 introduce un nuevo elemento a tener en cuenta en la ponderación de las soluciones. Hasta ahora los derechos en juego eran, de una parte, los proclamados en los arts. 33 y 38 CE, y, de otra, los de los arts. 18.1 y 4 CE. Ahora incluye también el derecho a la tutela judicial efectiva del empresario como derecho a utilizar los medios de prueba pertinentes para su defensa (art. 24.1 CE). Con estos fundamentos aplica el test de proporcionalidad, apreciando que se trata de una medida justificada, idónea[58] y necesaria[59].

---

asunto, pueden parecer una justificación seria". Estaríamos, siempre con referencia a la sentencia del TEDH, ante un caso de "imperativa protección de intereses públicos o privados importantes" que "puede justificar la ausencia de información previa".

57 "Es especialmente significativo que la STEDH 17 de octubre de 2019 (López Ribalda II) examina el argumento de que la legislación española ya imponía por entonces la previa advertencia o información al trabajador sobre la videovigilancia, a pesar de lo cual el TEDH considera que la medida estaba justificada por la sospecha legítima de graves irregularidades y pérdidas y porque ninguna otra medida habría permitido alcanzar el objetivo legítimo. La STEDH 17 de octubre de 2019 (López Ribalda II) señala que solo una imperativa protección de intereses públicos o privados importantes puede justificar la ausencia de información previa" (FJ 3.3).

58 "En primer lugar, la vigilancia encubierta tenía una justificación seria, habida cuenta del alcance de lo denunciado como cantidad sustraída en el domicilio familiar en el que prestaba servicios la empleada (30.000 euros y otras monedas y billetes antiguos sustraídos de una cámara fuerte, así como joyas). Debe tenerse en cuenta, además, que la cámara únicamente enfocaba al armario en el que estaba instalada la caja fuerte, sin que lo hiciera sobre ningún otro punto de la habitación ni del hogar familiar. Y debe señalarse, especialmente, la gran vulnerabilidad de la empleadora, al padecer la situación que se ha descrito en el apartado 2 del fundamento de derecho primero. La videovigilancia era, así, una medida justificada e idónea para el fin perseguido" (FJ 4).

59 La "imposibilidad de que se considere en el proceso de despido la prueba de videovigilancia [...] deja inerme a la empleadora, especialmente vulnerable como ya hemos dicho, para poder acreditar el grave incumplimiento acaecido y su autoría. No es fácil imaginar con qué otra prueba podrían acreditarse dichos incumplimiento y autoría, que la empleadora está obligada a probar en el juicio por despido [...]. Ello hace ver que, en el presente caso, la prueba de videovigilancia no solo era idónea, sino que era necesaria ("debido a la inexistencia de otro tipo de medios menos intrusivos para conseguir la citada finalidad" [...]) y proporcionada al fin perseguido, por lo que satisfacía las exigencias de proporcionalidad

La construcción de la videovigilancia secreta elaborada por la STS de 22 de julio de 2022 no se agota con la declaración de validez de la prueba al no haberse vulnerado derechos fundamentales del trabajador. A pesar de esto puede haberse incumplido la ley y generarse otras responsabilidades empresariales: "una cosa es que, en un supuesto [...], la ausencia de información no deba obligadamente conducir a la nulidad de la prueba de videovigilancia, necesaria para acreditar el incumplimiento y su autoría, y, otra, que *la empresa* no *pueda ser declarada responsable de un posible incumplimiento de la legislación de protección de datos con las posibles consecuencias administrativas o civiles*, o de otra naturaleza, que ello pueda conllevar" (FJ 5). La paradoja (si la videovigilancia secreta incumple la normativa de protección de datos es porque la ley la prohíbe, y si la ley la prohíbe: ¿cómo puede aceptarse como medio de prueba lícito?) puede explicarse. No cualquier incumplimiento de la ley que lo desarrolla conlleva la infracción de un derecho fundamental. Y esto es así porque "para poder determinar el alcance que tiene un derecho fundamental en una relación jurídica concreta no es suficiente con atender a los expresos términos en los que la Constitución –y, en su caso, la Ley orgánica– ha regulado ese derecho fundamental, sino que también ha de comprobarse si su ejercicio no menoscaba otros bienes, derechos o valores que también son merecedores de protección, pues en tal supuesto será preciso efectuar una ponderación entre los distintos derechos, valores o bienes en conflicto para determinar cuál de ellos es el prevalente" (Beladíez Rojo, 2017: 84). Se trata, en definitiva, de la concepción relativa del contenido de los derechos fundamentales según la cual el contenido esencial del derecho es "elástico" y "se confunde con el principio de proporcionalidad"(Paz-Ares y Alfaro, 2018: 1264).

Algunas sentencias de tribunales de suplicación, aplicando la LOPDGDD, admiten la licitud de la videovigilancia secreta si concurre el presupuesto de la sospecha razonable de la comisión de una grave irregularidad en la empresa. La STSJ Madrid de 3 de noviembre de 2023 (rec. 678/2023) considera legítima la videovigilancia oculta en una empresa en la que se descubre, hasta en tres ocasiones, falta de material en el almacén. La empresa, que ya disponía de cámaras de seguridad públicas e informadas, decide colocar una cámara oculta en el almacén, con cuyas grabaciones identifica al trabajador responsable de las sustracciones y lo despide. El trabajador impugna el despido alegando, entre otras razones, la ilicitud de

que imponen la jurisprudencia del TEDH y de nuestro Tribunal Constitucional" (FJ 4).

la prueba de videovigilancia secreta. El TSJ admitió la validez de la prueba y estimó lícita la videovigilancia secreta practicada. Para el tribunal la decisión empresarial de colocar de modo coyuntural una cámara oculta "ante una continuada perpetración de un ilícito penal que afectaba al patrimonio de la empresa (sustracción de los cartuchos de tinta de las impresoras al menos en tres ocasiones precedentes)", con la finalidad de "poner fin a los hurtos e identificar al responsable" es una medida proporcionada[60].

En sentido contrario, la STSJ Andalucía (Sevilla) de 12 de enero de 2023 (rec. 1068/2021) considera ilegítima la videovigilancia secreta para probar la apropiación por el trabajador de dinero de la empresa cuando ésta no demuestra la irregularidad previa. El empresario debió haber acreditado "el desajuste de su contabilidad, ya sea global o en particular con respecto del servicio que presta el actor–mediante el arqueo de su caja -, esto es, que les conste la falta dinero."

Para la STSJ La Rioja de 9 de febrero de 2023 (rec. 221/2022) un mero descuadre contable "sin la más mínima especificación de su alcance" no es suficiente para fundar una "sospecha seria y razonable" de la actuación irregular del trabajador y por tanto justificar la videovigilancia omitiendo el deber de información ex art. 89.1 LOPDGDD. El uso de videovigilancia en este supuesto no resultaba proporcionado porque al haber solo un trabajador en el centro de trabajo "con un simple arqueo diario de caja por el empleador podrían haberse detectado las irregularidades cometidas", por lo que el mantenimiento de la videovigilancia "durante casi un mes y medio a pesar de que en los 15 primeros días desde la instalación ya se había comprobado el modo de obrar de la demandante en tres ocasiones sucesivas, resulta a todas luces desproporcionado."

---

60 Resulta destacable la aplicación que hace del subprincipio de necesidad, que se mide con relación a la identificación de los responsables de las sustracciones y no al mantenimiento de la seguridad en sí, construcción coherente con la finalidad básicamente investigadora de esta clase de videovigilancia. Para la sentencia "no es atendible el argumento esgrimido por el recurrente de que por la empresa se debían de haber utilizado otros medios para evitar la sustracción del material, como poner una cerradura en la puerta, circunstancia completamente ajena a la necesidad e idoneidad de la medida para descubrir lo que sucedía, que es el requisito que establece la jurisprudencia para la admisión de la video vigilancia como prueba del hecho enjuiciado".

Referencias bibliográficas

Aguilera Izquierdo, R. (2020). El derecho a la protección de datos en el ámbito laboral. Los sistemas de videovigilancia y geolocalización. *Revista de Trabajo y Seguridad Social. CEF*, 442.

Altés Tárrega, J. A. (2020). La videovigilancia encubierta en la nueva regulación sobre derechos digitales laborales y la incidencia de la STEDH López Ribalda (II). *Revista General de Derecho del Trabajo y de la Seguridad Social*, 55.

Álvarez del Cubillo, A. (2020). La delimitación del derecho a la intimidad de los trabajadores en los nuevos escenarios digitales. *Temas Laborales*, 151.

Baz Rodríguez, J. (2019). La Ley Orgánica 3/2018 como marco embrionario de garantía de los derechos digitales laborales. Claves para un análisis sistemático. *Trabajo y Derecho*, 54.

Beladíez Rojo, M. (2017). La eficacia de los derechos fundamentales entre particulares. Algunas consideraciones sobre el distinto alcance que pueden tener estos derechos cuando se ejercen en una relación jurídica de derecho privado o de derecho público. *Anuario de la Facultad de Derecho de la Universidad Autónoma de Madrid*, 21.

Bilbao Ubillos, J.M. (2020). La vida privada en el ámbito laboral. En F. J. Matía Portilla y G. López de la Fuente (dir.). *De la intimidad a la vida privada y familiar. Un derecho en construcción.* Valencia: Tirant lo Blanch.

Blasco Pellicer, Á. (2020). Jurisprudencia sobre control empresarial de la actividad del trabajador mediante instrumentos tecnológicos. En E. Monreal, X. Thibault y Á. Jurado (Dir.). *Derecho del Trabajo y Nuevas Teconolgías. Estudios en homenaje al profesor Francisco Pérez de los Cobos Orihuel.* Valencia: Tirant lo Blanch.

Casas Baamonde, M.ª E. (2022). Registros empresariales sobre los trabajadores, videovigilancia e intimidad personal: necesidad de sospechas o conductas irregulares previas. *Revista de Jurisprudencia Laboral*, 3.

Cruz Villalón, J. (2019). Las facultades de control del empleador ante los cambios organizativos y tecnológicos. *Temas Laborales*, 150.

Cuadros Garrido, M.ª E. (2018). *Trabajadores tecnológicos y empresas digitales.* Cizur Menor (Navarra): Aranzadi.

Cuadros Garrido, M.ª E. (2022). A vueltas con la videovigilancia como control de la prestación laboral y el juicio de ponderación. *Revista Justicia y Trabajo*, 1.

Desdentado Bonete, A. y Muñoz Ruiz, A. B. (2012). *Control informático, videovigilancia y protección de datos en el trabajo.* Valladolid: Lex Nova.

Desdentado Daroca, E. (2023). La labor de la jurisprudencia en la fijación de los límites al control tecnológico empresarial. La búsqueda de un equilibrio a través de la ponderación. En J. R. Mercader Uguina y A. de la Puebla (Dir.) *Cambio tecnológico y transformación de las fuentes laborales. Ley y convenio colectivo ante la disrupción digital.* Valencia: Tirant lo Blanch.

Díez-Picazo, L. M. (2021). *Sistema de Derechos Fundamentales.* Valencia: Tirant lo Blanch.

Egüaras Mendiri, F. (2022). Videovigilancia: Sentencia del Tribunal Constitucional de 29 de septiembre de 2022, número 119/2022. *Jurisdicción Social: Revista de la Comisión de lo Social de Juezas y Jueces para la Democracia*, 239.

Fernández Orrico, J. (2021). *Criterios sobre uso de dispositivos tecnológicos en el ámbito laboral.* Valencia: Tirant lo Blanch.

Fernández Villazón, L. A. (2003). *Las facultades empresariales de control de la actividad laboral.* Cizur Menor (Navarra): Aranzadi.

García Murcia, J. (2020). Cambio tecnológico, futuro del trabajo y adaptación del marco regulatorio. En E. Monreal, X. Thibault y Á. Jurado (Dir.). *Derecho del Trabajo y Nuevas Teconolgías. Estudios en homenaje al profesor Francisco Pérez de los Cobos Orihuel.* Valencia: Tirant lo Blanch.

García Murcia, J. y Rodríguez Cardo, I. A. (2019). La protección de datos personales en el ámbito de trabajo: una aproximación desde el nuevo marco normativo. *Revista Española de Derecho del Trabajo,* 216.

García Rubio, M. A. (2022). Control tecnológico empresarial y nuevos problemas aplicativos tras la LO 3/2018. Una mirada desde el deber de información previa. *Labos. Revista de Derecho del Trabajo y Protección Social,* 1.

García-Perrote Escartín, I. (2023). La videovigilancia empresarial. En G. Fabregat Monfort (Dir.). *Revisitar parte de la obra de Carlos L. Alfonso desde una perspectiva actual.* Valencia: Tirant lo Blanch.

González Díaz, F. (2020). Control y límites en el uso de dispositivos de videovigilancia en el marco de la relación laboral. En D. T. Kahale Carrillo (Dir.). *El impacto de la industria 4.0 en el trabajo: una visión interdisciplinar.* Cizur Menor (Navarra): Thomson Reuters Aranzadi.

González Páramo (2018). Cuarta revolución industrial, empleo y estado de bienestar. *Anales de la Real Academia de Ciencias Morales y Políticas.*

Goñi Sein, J. L. (2007). *La videovigilancia empresarial y la protección de datos personales.* Madrid: Civitas.

Goñi Sein, J. L. (2021a). El derecho a la privacidad frente al uso de dispositivos de videovigilancia y de grabación de sonidos en el lugar de trabajo (Comentario al artículo 89 LOPDGDD). En M. Troncoso Reigada (Dir.). *Comentario al Reglamento General de Protección de Datos y a la Ley Orgánica de Protección de Datos Personales y Garantía de los Derechos Digitales.* Cizur Menor (Navarra): Civitas.

Goñi Sein, J. L. (2021b). El impacto de las nuevas tecnologías disruptivas sobre los derechos de privacidad (intimidad y "extimidad") del trabajador. *Revista de Derecho Social,* 93.

Gude Fernández, A. (2014). La videovigilancia laboral y el derecho a la protección de datos de carácter personal. *Revista de Derecho Político,* 91.

Kahale Carrillo, D. T. (dir.). (2020). *El impacto de la industria 4.0 en el trabajo: una visión interdisciplinar.* Cizur Menor (Navarra): Thomson Reuters Aranzadi.

Lahera Forteza, J. (2021). Videovigilancia laboral y grabación de sonidos en el lugar de trabajo. *Revista del Ministerio de Trabajo y Economía Social,* 148.

López Ahumada, J. E. (2023). El impacto de la digitalización del trabajo desde el punto de vista de la privacidad y el ejercicio de los derechos laborales. *Revista Internacional y Comparada de Relaciones laborales y Derecho del Empleo,* 1.

López Balaguer, M. (2020). El control empresarial por videovigilancia en la LOPD. *Temas Laborales*, 151.

López Balaguer, M. y Ramos Moragues, F. (2020). Derecho a la intimidad y a la protección de datos y licitud de la prueba en el proceso laboral. En E. Monreal, X. Thibault y Á. Jurado (Dir.). *Derecho del Trabajo y Nuevas Teconolgías. Estudios en homenaje al profesor Francisco Pérez de los Cobos Orihuel.* Valencia: Tirant lo Blanch.

López Rodríguez, J. (2022). La videovigilancia en el trabajo doméstico: especial atención a la ¿posible? Instalación de cámaras ocultas. *Revista General de Derecho del Trabajo y de la Seguridad Social*, 63.

Lozano Cutanda, B. (2019). La doctrina del hallazgo casual de material inculpatorio no se aplica cuando la orden de registro no cumple los requisitos de concreción y especificidad. Disponible en https://www.ga-p.com/wp-content/uploads/2019/03/La-doctrina-del-hallazgo-casual-de-material-inculpatorio.pdf.

Martínez Fons, D. (2002). *El poder de control del empresario en la relación laboral.* Madrid: CES

Mercader Uguina, J. R. (2002). *Derecho del Trabajo, nuevas tecnologías y sociedad de la información.* Valladolid: Lex Nova.

Mercader Uguina, J. R. (2019). *Protección de datos y garantía de los derechos digitales en las relaciones laborales.* Madrid: Francis Lefebvre-El Derecho.

Mercader Uguina, J. R. (2022). El juicio de proporcionalidad en lo laboral: construcción, nuevas dimensiones y futuros escenarios. *Anuario Coruñés de Derecho Comparado del Trabajo*, XIV.

Molina Cano, J. (2023). *Teoría de la Política Social.* Cizur Menor (Navarra): Civitas.

Molina Navarrete, C. (2020). Régimen legal de los sistemas de control laboral basados en al videovigilancia: lagunas y antinomias a la luz del Derecho Comunitario. En M. Rodríguez-Piñero Royo y A. Todolí Signes (Dir.). *Vigilancia y control en el Derecho del Trabajo digital.* Cizur Menor (Navarra): Thomson Reuters Aranzadi.

Montoya Melgar, A. (1985). Dirección de la actividad laboral. En VV.AA. (1985). *Comentarios a las Leyes Laborales. El Estatuto de los Trabajadores*, vol. V, Madrid: Edersa.

Montoya Melgar, A. (2020). Poder de dirección y videovigilancia laboral. En E. Monreal, X. Thibault y Á. Jurado (Dir.). *Derecho del Trabajo y Nuevas Teconologías. Estudios en homenaje al profesor Francisco Pérez de los Cobos Orihuel.* Valencia: Tirant lo Blanch.

Moreno Pérez, J. M. (2022). Derecho fundamental empresarial a la prueba tecnológica eficaz versus derecho a la protección de datos de la persona trabajadora. A propósito de la Sentencia del Tribunal Constitucional 119/2022, de 29 de septiembre. *Revista de Trabajo y Seguridad Social. CEF*, 471.

Muñoz Ruiz, A. B. (2023). *Biometría y sistemas automatizados de reconocimiento de emociones: Implicaciones Jurídico-Laborales.* Valencia: Tirant lo Blanch.

Navarro Nieto, F. (2023). *Instrumentos digitales de control empresarial y tutela de la privacidad del trabajador.* Cizur Menor (Navarra): Aranzadi.

Paz-Ares Rodríguez, C. y Alfaro Águila-Real, J. (2018). Artículo 38. En M. Rodríguez-Piñero y M. E. Casas (Dir.). *Comentarios a la Constitución Española.* Madrid: BOE.

Peña Moncho, J. (2023). Valoración crítica sobre la interpretación de la regulación sobre los sistemas de videovigilancia de seguridad en el trabajo tras la sentencia del Tribunal Constitucional 119/2022, de 29 de septiembre. *Iuslabor*, 2.

Pérez Anaya, R.M. (2022). Videovigilancia encubierta, protección de datos y derecho de información de las personas empleadas del hogar familiar. *Temas Laborales*, 165.

Pérez de los Cobos Orihuel, F. (1990). *Nuevas tecnologías y relación de trabajo*. Valencia: Tirant lo Blanch.

Pérez de los Cobos Orihuel, F. (2018). *El derecho al respeto de la vida privada: los retos digitales, una perspectiva de Derecho comparado*. Bruselas: Servicio de Estudios del Parlamento Europeo.

Pérez de los Cobos Orihuel, F. (2019). Poderes del empresario y derechos digitales del trabajador. *Trabajo y Derecho*, 59.

Ramírez Bandera, C. (2023). Comentario de la STC 119/2022, de 29 de septiembre. Incidencia de la videovigilancia empresarial y su empleo con fines disciplinarios en el derecho a la protección de datos de carácter personal de los trabajadores. *Revista General de Derecho del Trabajo y de la Seguridad Social*, núm. 65.

Rodotà, S. (2014). *El derecho a tener derechos*, trad. esp. de J. M. Revuelta. Madrid: Trotta.

Rodríguez Escanciano, S. (2015). *Poder de control empresarial, sistemas tecnológicos y derechos fundamentales de los trabajadores*. Valencia: Tirant lo Blanch.

Rodríguez Escanciano, S. (2022). Videovigilancia de seguridad como prueba de ilícitos laborales ante la sospecha de comportamiento irregular. *Revista de Jurisprudencia Laboral*, 10.

Romero Ródenas, M. J. (2023). La respuesta disputada del TC ante las nuevas fronteras del poder de dirección y control del empresario: videovigilancia, intimidad y protección de datos. Comentario a la STC 119/2022, de 29 de septiembre de 2022. *Revista de Derecho Social*, 100.

Roqueta Buj, R. (2020). El derecho a la intimidad frente a la videovigilancia en el ámbito laboral. En E. Monreal, X. Thibault y Á. Jurado (Dir.). *Derecho del Trabajo y Nuevas Teconologías. Estudios en homenaje al profesor Francisco Pérez de los Cobos Orihuel*. Valencia: Tirant lo Blanch.

Sala Franco, T. (2015). El derecho a la intimidad personal y el control del trabajador. En VV. AA. *La jurisprudencia constitucional en materia laboral y social en el período 1999-2010. Libro homenaje a María Emilia Casas*. Madrid: La Ley. 2015.

San Martín Mazzucconi, C. y Sempere Navarro, A. V. (2002). *Nuevas tecnologías y relaciones laborales*. Cizur Menor (Navarra): Aranzadi.

San Martín Mazzucconi, C. y Sempere Navarro, A. V (2015). *Las TICs en el ámbito laboral*. Madrid: Lefebvre-El Derecho.

Sánchez Barroso, B. (2023). El principio de proporcionalidad en contextos de incertidumbre: insuficiencias y posibles soluciones a la luz de la COVID-19. *Revista Española de Derecho Constitucional*, 128.

Sánchez Trigueros, C. (2023). Control de la prestación a los empleados de hogar. En M. E. Cuadros Garrido y A. Selma Penalva (Dir.). *El nuevo régimen jurídico de los empleados del hogar*. La Coruña: Colex.

Taléns Visconti, E. (2020). Video-vigilancia en el ámbito laboral: aspectos sustantivos y procesales. En E. Taléns Visconti y M. Á. Valls Genovard (Dir.). *La actividad de los detectives privados en el ámbito laboral.* Madrid: Wolters Kluwer.

Terradillos Ormaetxea, E. (2023). La video-vigilancia de la persona trabajadora en al empresa: protección de datos personales y prueba ilícita. *Revista de Derecho Social,* 102.

Thibault Aranda, J. (2006). *Control multimedia de la actividad laboral.* Valencia: Tirant lo Blanch.

Thibault Aranda, J. (2020). La base jurídica del tratamiento de datos personales en el ámbito laboral. En E. Monreal, X. Thibault y Á. Jurado (Dir.). *Derecho del Trabajo y Nuevas Teconologías. Estudios en homenaje al profesor Francisco Pérez de los Cobos Orihuel.* Valencia: Tirant lo Blanch.

Todolí Signes, A. (2022). Control tecnológico: una propuesta de aplicación del triple juicio de proporcionalidad conforme a la normativa europea de protección de datos. En VV: AA. *Digitalización, recuperación y reformas laborales. XXXII Congreso Anual de la AEDTSS. Ponencias.* Madrid: Ministerio de Trabajo y Economía Social.

Toscano, M. (2017). Sobre el concepto de privacidad: la relación entre privacidad e intimidad. *Isegoría. Revista de Filosofía Moral y Política,* 57.

Capítulo 21.

DIEZ PREGUNTAS Y RESPUESTAS SOBRE LA GEOLOCALIZACIÓN COMO INSTRUMENTO DE CONTROL LABORAL

PÉREZ DE LOS COBOS ORIHUEL, FRANCISCO
Catedrático de Derecho del Trabajo
Universidad Complutense de Madrid
Of Counsel en Oleart Abogados.
franciscoperezdeloscobos@der.ucm.es

Sumario: 1. Introducción. 2. El marco legal vigente. 3. El régimen jurídico de la geolocalización del contrato de trabajo.

RESUMEN: La potencial lesividad de los sistemas de geolocalización como instrumento de control de la ejecución de las prestaciones de trabajo en los derechos fundamentales del trabajador han llevado al legislador y a los tribunales a ocuparse de los mismos. En este contexto, el propósito del presente artículo es realizar una exégesis del marco legal vigente, dando respuesta a un elenco de diez cuestiones que contemplan los principals problemas interpretativos que se suscitan al respecto.

ABSTRACT: The potential damage caused by geolocation systems as an instrument of control of work services on the fundamental rights of the employees has led the legislator and the courts to address the issue. In this context, the purpose of this article is to provide an exegesis of the current legal framework by answering a list of ten questions that consider the main interpretative problems that arise in this regard.

Palabras clave: geolocalización, marco legal, interpretación, preguntas, respuestas.

Keywords: geolocation, legal framework, interpretation, questions, answers.

1. INTRODUCCIÓN

La utilización por las empresas de sistemas de geolocalización como instrumento de control de la ejecución de las prestaciones de trabajo está alcanzando una importante difusión. Seguramente, el que estos sistemas constituyan una tecnología barata y de fácil acceso, que además permite un seguimiento en tiempo real del desempeño del trabajador, explica, en buena medida, este suceso.

Los sistemas de localización más empleados son, hoy por hoy, dos: los sistemas GPS (Global Positioning System) de navegación vía satélite y los de localización GMS (Global System for Mobile Communications), que operan mediante redes de comunicaciones electrónicas. Normalmente, se instalan en instrumentos de trabajo facilitados por la empresa para realizar la actividad laboral –vehículo, teléfonos móviles, tablets principalmente-, y permiten recabar cuantiosa información sobre el desarrollo de la misma (kilómetros, ruta, paradas efectuadas, tiempos, etc.). Una información, sin embargo, que dependiendo de su alcance e incisividad puede llegar a afectar a los derechos fundamentales del trabajador– señaladamente, el derecho a la intimidad (art. 18.1 CE) y a la protección de datos personales (art. 18.4 CE)– en el desempeño de su trabajo, pero también fuera de él.

La potencial lesividad ínsita en estos sistemas de geolocalización han llevado al legislador y a los tribunales a ocuparse de los mismos y a rodear de límites, cautelas y garantías su utilización. El propósito de este breve texto es dilucidar el régimen jurídico que actualmente rige en nuestro ordenamiento respecto a la utilización de los mismos para controlar la ejecución del trabajo.

2. EL MARCO LEGAL VIGENTE

Aunque la implantación de los sistemas de geolocalización en nuestra realidad laboral empezó a difundirse hace ya algunos años, como en general las nuevas tecnologías de la información y las telecomunicaciones, solo en fecha relativamente reciente nuestro legislador se ha ocupado de la misma. En efecto, ha habido que esperar a la Ley Orgánica 3/18, de 5 de diciembre, de la Protección de Datos Personales y Garantía de los Derechos Digitales para disponer de una específica regulación legal de la cuestión, concretamente la contenida en su artículo 90, bajo la rúbrica "Derecho a la intimidad ante la utilización de sistemas de geolocalización en el ámbito laboral". El art. 90 es, por consiguiente, el precepto central del que hay que partir a la hora de exponer el régimen jurídico de la utilización de los sistemas de geolocalización en el ámbito legal y dar oportuna respuesta a los problemas interpretativos que suscita.

Ello no significa, obviamente, que estemos ante un precepto autosuficiente –ninguno lo es-. La propia literalidad de su apartado primero, que parte de la afirmación de que "los empleadores podrán tratar los datos obtenidos a través de sistemas de geolocalización para el ejercicio de las funciones de control de los trabajadores o los empleados públicos previstas, respectivamente, en el art. 20.3 del Estatuto de los Trabajadores y en la legislación de función pública", se cierra con la salvedad "siempre que estas funciones se ejerzan dentro de su marco legal y con los límites inherentes al mismo", inciso en el que no resulta difícil leer una llamada al juego del principio de proporcionalidad para enjuiciar la legalidad de la instalación. Y su apartado segundo, que establece la obligación de los empleadores de informar, con carácter previo, a los trabajadores y a sus representantes de la existencia y características de los dispositivos de geolocalización, concluye remitiendo a la regulación del derecho a la protección de datos de carácter personal: "Igualmente deberán informar acerca del posible ejercicio de los derechos de acceso, rectificación limitación del tratamiento y supresión".

En consecuencia, para conocer el régimen jurídico de la geolocalización laboral, el intérprete tiene que manejar tanto los términos del art. 90 LOPDGDD arriba reseñados, como la regulación general en materia de protección de de datos contenida tanto en esta Ley como en el Reglamento (UE) de 2016/679 del Parlamento Europeo y del Consejo, conocido como Reglamento General de Protección de Datos. Precisamente, es el art. 6. 1 b) de este Reglamento, que afirma la licitud del tratamiento de datos cuando el mismo sea "necesario para la ejecución de un contrato en el que en interesado es parte", la base jurídica que consiente la recogida de los datos de localización del trabajador a través de los sistemas de geolocalización laboral sin necesidad de recabar su consentimiento.

3. EL RÉGIMEN JURÍDICO DE LA GEOLOCALIZACIÓN DEL CONTRATO DE TRABAJO

Como señalaba, el propósito del presente artículo es hacer una exégesis del marco legal reseñado y, al efecto, en aras de la claridad expositiva, me propongo ordenar mi reflexión dando respuesta a un elenco de diez cuestiones que, creo, contemplan los principales problemas interpretativos que al respecto se suscitan:

3.1. *¿Puede el empresario utilizar directamente los sistemas de geolocalización para controlar las prestaciones de trabajo? ¿O solo cabe un control indirecto a través de los datos obtenidos por sistemas instalados con otra finalidad?*

La Ley Orgánica de Protección de Datos y Garantía de los derechos digitales autoriza expresamente en su art. 90.1 a los empleadores a "tratar los datos obtenidos a través de sistemas de geolocalización para el ejercicio de las funciones de control de los trabajadores o los empleados públicos previstas, respectivamente, en el artículo 20.3 del Estatuto de los Trabajadores y en la legislación de función pública, siempre y cuando estas funciones se ejerzan dentro de su marco legal y con los límites inherentes al mismo". Por consiguiente, el legislador español, que ha hecho su propia ponderación de los bienes constitucionales en juego al redactar la Ley, parte del presupuesto de la licitud del control de la prestación laboral ejercido a través de la geolocalización, siempre y cuando la instalación del sistema se haya realizado respetando los límites legales de los que enseguida nos ocuparemos. Que esto es así lo corrobora, además, la lectura del art. 87.2 del propio texto legal, precepto de carácter general que abre la regulación del uso de los dispositivos digitales en el ámbito laboral: "El empleador –reza el precepto legal- podrá acceder a los contenidos derivados del uso de medios digitales facilitados a los trabajadores a los solos efectos de controlar el cumplimiento de las obligaciones laborales o estatutarias y de garantizar la integridad de dichos dispositivos". El legislador viene de esta forma a normalizar la utilización de esta tecnología a efectos de control del cumplimiento de la prestación laboral.

No parece, por tanto, que rija en nuestro Derecho la doctrina establecida por el llamado Grupo de Trabajo del art. 29 –cuyos informes no son, por cierto, vinculantes– conforme a la cual no cabría un control directo de la prestación laboral tratando los datos obtenidos mediante sistemas de geolocalización sino solamente una suerte de control "preterintencional". De acuerdo con la doctrina sentada por este Grupo, el tratamiento de datos de localización puede estar justificado "si se lleva a cabo formando parte del control de transporte de personas o bienes o de la mejora de la distribución de los recursos para servicios en puntos remotos (por ejemplo, la planificación de operaciones en tiempo real) o cuando se trate de lograr un objetivo de seguridad en relación con el propio empleado o con los bienes o vehículos a su cargo", pero no lo está "cuando se lleve a cabo con el único fin de controlar el trabajo de un empleado, siempre que pueda hacerse por otros medios"[1].

En consonancia con la lectura que hacemos, nuestra doctrina judicial ha venido admitiendo la instalación por la empresa de sistemas de geolocalización de los trabajadores sobre la base del reconocimiento constitucional de los derechos a la propiedad privada (art. 33 CE) y a la libertad de empresa (art. 38), y entendiendo que el art. 20.3 ET habilita legalmente en tal sentido[2].

3.2. ¿En qué actividades resulta factible utilizar sistemas de geolocalización para el control del trabajo?

En general, para que la instalación de un sistema de geolocalización sea factible resulta necesario que la actividad empresarial desarrollada o las características de la prestación laboral desempeñada lo justifiquen. "El uso de medios de geolocalización – ha dicho el TSJ de la Comunidad Valenciana en ST de 2 de mayo de 2017- debe estar relacionado con la actividad de la empresa y del trabajador"[3]. Supuestos típicos detectables en la doctrina judicial son aquellos en los que la empresa pone a disposición del trabajador un vehículo para el desempeño de su trabajo que tiene un gps incorporado; casos de trabajos que se realizan fuera de las dependencias de la empresa sin sujeción directa en cuanto a su jornada u horario[4]; supervisores de puestos de venta[5]; instalación y mantenimiento de servicios de telecomunicaciones[6]; vigilantes de seguridad[7]; diferentes tipos de comerciales[8], etc.

---

1 Dictamen 5/2005, GT 29, sobre el uso de los datos de localización con vistas a prestar servicios con valor añadido.

2 Vid. p. ej. STSJ Galicia de 6 de junio de 2014, R 903/2014; STSJ Andalucía (Sevilla) de 19 de julio de 2017, R. 2307/2017 o STSJ Catilla la Mancha de 6 de febrero de 2020, R.1958/2018.

3 R. 3689/2016.

4 STSJ Galicia de 17 enero 2014, R. 3483/2013 y STJ Galicia de 6 junio de 2014, R. 903/2014.

5 STS 15 de septiembre 2020, R. 528/2018.

6 STSJ Asturias 27 de diciembre de 2017, R. , R. 2241/2017.

7 STS Castilla- La Mancha, 23 de marzo de 2015, R. 1775/2014 y STSJ Castilla –La Mancha, de 31 de marzo de 2015, R. 19/2015.

8 STSJ Comunidad valenciana de 2 de mayo de 2017, R. 3689/2016.

3.3. *¿En qué medida la geolocalización del trabajador puede estar justificada por la obligación legal de registro de jornada?*

No parece dudoso que los sistemas de geolocalización pueden utilizarse para dar cumplimiento a la obligación prevista en el art. 34.9 ET, conforme a la cual la empresa garantizará el registro diario de jornada, que deberá incluir el horario concreto de inicio y finalización de la jornada de trabajo de cada trabajador. Al establecer la obligación de registro, la Ley no determina el sistema de control y registro que deba al efecto utilizarse, remitiendo para ello a la negociación colectiva o, en su defecto, a la decisión del empresario previa consulta con los representantes legales de los trabajadores. La Inspección de Trabajo y Seguridad Social en su Criterio Técnico 101/2019 entendió que, en cumplimiento de la obligación legal, debe implantarse un sistema de registro objetivo que garantice la fiabilidad, veracidad e inalterabilidad de los datos.

Por consiguiente, cuando las características de la actividad laboral desempeñada y/o el modo en que se lleva a cabo la prestación lo hagan necesario, en los términos descritos arriba, el sistema establecido puede ser el de la geolocalización, por ser el adecuado a aquellas. Es más, en la práctica puede que para determinados trabajos resulte ser el más eficaz y fiable para garantizar la observancia de la obligación legal.

Hay entre la doctrina judicial pronunciamientos que avalan esta utilización del GPS. Es, por ejemplo, el caso de la ST del TSJ de Galicia de 17 de enero de 2014, que señala que el sistema de geolocalización "puede considerarse adecuado y proporcionado a la finalidad que perseguía la empresa, consistente en averiguar si cumplía su jornada laboral y si la actividad que durante la misma realizaba coincidía o no con los partes de trabajo que facilitaba el trabajador. Además, la instalación del GPS se justifica también por razón de realizar su trabajo fuera de las dependencias de la empresa, no estando sujeto a un control directo en cuanto a su jornada y horario"[9]. O el enjuiciado por la ST del Tribunal Superior de Justicia de las Palmas de 26 de enero de 2018, en el que el Tribunal considera ajustada a Derecho la práctica empresarial consistente en la entrega a los trabajadores de un smartphone para uso exclusivamente laboral en el centro de trabajo de la empresa, dotado de un sistema de localización gps solo activo durante la

---

9 R. 3483/2013.

jornada laboral, que permitía controlar la entrada y salida (fichaje) y los periodos de descanso, así como las tareas que se iban realizando[10].

3.4. Cuando la empresa pretende instalar un sistema de geolocalización para controlar la prestación de trabajo, ¿qué derechos confiere la ley a los representantes legales de los trabajadores?

La legislación general, concretamente el art. 64 del Estatuto de los Trabajadores, cuando regula "los derechos de información, consulta y competencias" de los representantes legales de los trabajadores, reconoce al comité de empresa "el derecho a emitir informe, con carácter previo a la ejecución por parte del empresario de las decisiones adoptadas por este en las siguientes materias:

"f) la implantación y revisión de sistemas de organización y control del trabajo".

Pues bien, la implantación de un sistema de geolocalización en la empresa entra de lleno en esta previsión legal y la empresa deberá, por tanto, garantizar a la representación legal de los trabajadores este derecho. En cumplimiento de esta obligación legal, el empresario deberá facilitar a la representación legal de los trabajadores en la empresa información suficiente – "de manera y con un contenido apropiados" dice la Ley- para que esta pueda, en el plazo máximo de quince días desde la recepción de la misma, proceder a su examen y elaborar y emitir el correspondiente informe.

La Sala de lo Social de la Audiencia Nacional en su importante sentencia de 6 de febrero de 2019, en la que enjuicia la implantación empresarial de un sistema de geolocalización, que considera se ha producido infringiendo el art. 64.5 y 6 ET, hace hincapié en la necesidad de que el deber de información previa que recae sobre la empresa se observe adecuadamente. La información no puede limitarse a trasladar la decisión empresarial de instalar el sistema, sino que debe abarcar los datos esenciales para que "por la representación legal de los trabajadores pueda emitirse un informe con el necesario conocimiento, máxime cuando la geolocalización es una medida que afecta a datos de carácter personal del trabajador protegidos por el art. 18.4 CE". "Por lo que estimamos –sigue la sentencia- que para poder emitir el informe correspondiente resultaría necesario que se hubiese explicado el concreto funcionamiento de la aplicación, esto es, cómo se

---

10 R. 1409/2017.

instala en el teléfono móvil, a qué datos del terminal la misma debe acceder, qué concretos datos propios ha de aportar el trabajador para acceder a la aplicación, qué datos, en su caso, ha de archivar la misma y cómo van a ser tratados los mismos". Esta sentencia sería luego corroborada por la Sala de lo Social del Tribunal Supremo en ST de 8 de febrero de 2021, que consideró que la empresa demandada había ignorado el derecho previsto en el art. 64 ET al "implantar el sistema sin poner a disposición de dicha representación la información realmente necesaria para un exacto conocimiento del alcance del mismo"[11].

3.5. ¿Qué obligaciones de información previa a la instalación del sistema de geolocalización hace recaer la ley sobre el empresario?

De acuerdo con lo dispuesto en el apartado segundo del art. 90 de la LOPDGDD, "con carácter previo (a la instalación del sistema de geolocalización laboral), los empleadores habrán de informar de forma expresa, clara e inequívoca a los trabajadores o los empleados públicos y, en su caso, a sus representantes, acerca de la existencia y características de estos dispositivos".

Ya antes de la entrada en vigor de la actual Ley orgánica, la doctrina judicial había condicionado la licitud de la instalación de los sistemas de localización a la observancia del deber establecido art. 5 de la LOPD de informar a los trabajadores de la instalación y características del dispositivo. Así, sobre la base de la doctrina de la STC de 11 de febrero de 2013 y haciéndose eco de la doctrina de la Agencia Española de Protección de Datos, la doctrina judicial entendió que "la posibilidad de conocer en todo momento, mediante un sistema de geolocalización que permite un continuo y permanente seguimiento del vehículo durante su uso, no sólo el posicionamiento de éste por razones de seguridad, sino también el lugar exacto en donde se halla el trabajador y, a su vez, el posterior tratamiento de los datos obtenidos con una finalidad completamente distinta de la anunciada y, por ende, sin conocimiento del conductor, hacen que las conclusiones extraídas merced a este dispositivo tecnológico y su aportación como medio de prueba en sede judicial para demostrar un pretendido incumplimiento contractual constituyan un procedimiento que lesiona los

---

[11] STS 8 de febrero de 2021, R. 84/2019

derechos fundamentales"[12]. La consecuencia de esta calificación jurídica era clara: aquellos elementos de prueba obtenidos mediante sistemas de geolocalización de cuya existencia y finalidad no había sido informado el trabajador no surten efecto y decaen en su efectividad, siguiendo el mandato del art. 11.1 de la LOPJ[13]. Por el contrario, cuando los trabajadores habían recibido "la necesaria y suficiente información de su instalación y de la finalidad que con la misma se persigue", se considerba "legítimo el uso por parte de la empresa de los datos suministrados por el aludido sistema de vigilancia, evidenciadores de que el actor incumplió sus obligaciones laborales en los términos recogidos en la carta de despido".[14]

El artículo 90 es ahora suficientemente explícito sobre el deber de información, pues se detiene a regular el momento en el que debe proporcionarse, cómo debe producirse, quiénes son los destinatarios de la misma y cuál debe ser el contenido de la información a transmitir, en los siguientes términos:

- Por lo que se refiere al momento en el que debe proporcionarse la información, la ley es meridiana: esta debe producirse "con carácter previo" a la instalación –se entiende- del sistema de geolocalización. Debe garantizarse el "efecto útil" del derecho y este solo se consigue si quienes reciben la información pueden examinarla y conocerla adecuadamente.
- Conforme a lo previsto en la norma, la información debe realizarse "de forma expresa, clara e inequívoca". No especifica la norma cuál deba ser el canal de comunicación utilizado al efecto pero, para garantizar tanto el derecho de los receptores de la información como la constancia del cumplimiento de la obligación empresarial de transmitirla, parece aconsejable que la forma utilizada sea la forma escrita.

---

12 STSJ Madrid 21 de marzo de 2014, R. 1952/2013. En el mismo sentido, vid. STS J Castilla-La Mancha 10 de junio de 2014, R. 1162/2013; STSJ de Madrid 29 de septiembre de 2014, R. 1993/2013;

13 STS J Castilla-La Mancha 10 de junio de 2014, R.1162/2013.

14 STSJ Castilla-La Mancha, 23 de marzo de 2015, R. 1775/2014; STSJ Castilla-La Mancha, 31 de marzo de 2015, R. 19/2015. En el mismo sentido, STSJ Comunidad Valenciana 2 de mayo 2017, R. 3689/2016; STSJ Andalucía de 19 de julio de 2017, R. 2776/2016; STSJ Asturias 27 de diciembre de 2017, R. 2241/2017; STSJ Islas Canarias, 26 de enero de 2018, R. 1409/2017; STSJ Pais Vasco de 12 de junio de 2018, R. 1052/2018.

- Los receptores de la información van a ser tanto los trabajadores o empleados públicos que vayan a verse afectados por la medida, como los representantes unitarios y sindicales de los mismos.
- La información debe versar sobre dos extremos. En primer lugar, sobre la existencia del sistema, esto es, sobre la instalación del sistema y la finalidad que con la misma se pretende. La finalidad del sistema puede, como hemos visto, extenderse al control de la prestación laboral, pero también podría ser primariamente garantizar la seguridad de los elementos productivos puestos a disposición de los trabajadores. En todo caso, si los datos obtenidos a través del sistema van a utilizarse para controlar las prestaciones de trabajo y, eventualmente, adoptar decisiones disciplinarias esto debe hacerse explícito en la información remitida al trabajador. En segundo lugar, sobre "las características del dispositivo", expresión laxa que, a nuestro entender, postula a favor de una descripción completa del funcionamiento del gps: qué datos recoge, con qué frecuencia, cómo van a tratarse, etc. La información debe extenderse -por utilizar una expresiva locución del Tribunal Supremo- a la "realmente necesaria para un exacto conocimiento del alcance del mismo".

Además de esta información, la Ley obliga a los empleadores a informar a los trabajadores acerca del posible ejecicio de los derechos de acceso, rectificación, limitación de tratamiento y supresión, a los que nos referimos más abajo, pues son objeto de una pregunta específica (Vid infra).

3.6. *¿Qué características debe cumplir el sistema de geolocalización previsto por la empresa para el control de la actividad laboral para ajustarse al principio de proporcionalidad?*

Comoquiera que la instalación de un sistema de geolocalización incide sobre el derecho del trabajador a la intimidad (art. 18.1 CE) y el derecho a la protección de datos personales (art. 18.4 CE), debe esta llevarse a cabo respetando el principio de proporcionalidad, es decir, superando el test de proporcionalidad que, partiendo de la constatación de que la medida responde a una finalidad legítima, examina consecutivamente la idoneidad, la necesidad y la proporcionalidad de la medida.

Como hemos visto, el que el control del correcto desempeño de la prestación laboral constituye una finalidad legítima para la utilización de sistemas de geolocalización lo previene el art. 90 de la propia LOPDCPGDD, que consiente a los empleadores tratar los datos obtenidos a través de sistemas de geolocalización para el ejercicio de funciones de control de los trabajadores, "siempre que estas funciones se ejerzan dentro de su marco legal y con los límites inherentes al mismo". Pues bien, este último inciso remite, como ya hemos adelantado, al juego del principio de proporcionalidad:

- La **idoneidad** de la geolocalización como instrumento de control va a depender fundamentalmente de las actividades desempeñadas por la empresa y el trabajador, pues son las características de estas las que justifican el recurso a la misma. Por ello, el sistema se instala normalmente en herramientas proporcionadas por el empresario al trabajador para el desempeño de sus funciones, tales como dispositivos móviles o vehículos.

  Ya hemos visto que son los trabajos realizados fuera de los locales de la empresa, de forma normalmente itinerante y con grandes dosis de autonomía los que convienen a este tipo de control[15]: "Teniendo en cuenta por otra parte – sostiene expresivamente el TSJ de Cataluña en su ST de 17 de febrero de 2021- que este trabajo se realizaba fuera del domicilio de la empresa, en ruta, no había otro medio más adecuado para el control del cumplimiento de la actividad laboral, por realizarse esta fuera del ámbito del poder de organización de la empresa"[16].En el mismo sentido, el TSJ de la Comunidad valenciana ha considerado idónea una instalación destinada a "controlar el destino de sus vehículos y el modo de prestación del servicio por unos comerciales que pasaban buena parte de su jornada fuera de su centro de trabajo" y respecto de los cuales habían llegado "quejas de clientes de la empresa sobre la falta de atención o retrasos por parte del trabajador como encargado de atenderlos"[17].

- La **necesidad** requiere constatar que el sistema implantado, el alcance del control que se lleva a cabo, los datos que recaba, las personas con acceso a los mismos, la duración de la monitorización, justifican la adopción de la medida, así como que no era factible para la consecución de la finalidad pretendida un control menos intrusivo. A tal efecto, la Agencia Española de Protección de Datos llama a la realización de una "evaluación de impacto" previa a la implementa-

---

15 STSJ Galicia de 6 de junio 2014, R. 903/2014.

16 R. 4700/2020.

17 STSJ Comunidad valenciana 2 de mayo de 2017, R. 3689/2016.

ción del sistema[18], esto es, una evaluación del impacto del funcionamiento del sistema sobre la protección de datos. El Reglamento UE 2016/679, General de Protección de Datos regula en su artículo 35 esta evaluación y previene que debe incluir como mínimo: una descripción sistemática de la operaciones de tratamiento previstas y de sus fines, una evaluación de la necesidad y proporcionalidad de las mismas, una evaluación de los riesgos para los derechos y libertades de los afectados y las medidas previstas para afrontar los mismos.

La doctrina judicial ha constatado en diversas ocasiones la necesidad del sistema de geolocalización instalado por la empresa, atendiendo a la singularidad de la prestación desempeñada y a la inviabilidad de otro sistema de control. "La Sala considera – ha declarado el TSJ de la Comunidad valenciana en ST de 27 de diciembre de 2017- es un medio necesario puesto que no se concibe la existencia de otro igualmente eficaz para conseguir la finalidad pretendida y menos lesivo para los derechos fundamentales afectados, por lo que la medida no se puede calificar de caprichosa o arbitraria. A ello ha de añadirse que la colocación del dispositivo GPS se ubicó en un vehículo de trabajo en el que no existía una razonable expectativa de privacidad al tener conocimiento el trabajador del mismo, ya que dicho dispositivo emitía un pitido cada vez que el coche se ponía en marcha"[19].

Asimismo, habitualmente ha ponderado que "los datos utilizados son única y exclusivamente los generados por el movimiento del vehículo utilizado por el trabajador solo en jornada de trabajo y a los exclusivos efectos de realizar funciones propias de la categoría" [20] o que "el GPS permanecía inactivo durante los días de vacaciones y fines de semana"[21] para concluir la necesidad de la medida.

- La **proporcionalidad** de la medida, en fin, exige una ponderación entre las limitaciones que del sistema derivan para los derechos fundamentales afectados y los beneficios obtenidos mediante el mismo,

---

18 Agencia Española de Protección de Datos, *La protección de datos en las relaciones laborales,* Mayo 2021, pág. 54.

19 R. 3689/2016. En el mismo sentido, STSJ Galicia 6 de junio de 2014, r. 903/2014 y STSJ Cataluña de 17 de febrero de 2021, R. 4700/2020.

20 STSJ Castilla- La Mancha de 31 de marzo de 2015, R. 19/2015, STSJ Cataluña de 17 de febrero de 2021, R. 4700/2020 y STSJ Madrid 21 de abril de 2021, R. 144/2021.

21 STSJ Comunidad valenciana 2 de mayo de 2017, R. 3689/2016.

en orden a la consecución del fin legítimo de control efectivo de la actividad laboral.

La aplicación del principio de proporcionalidad en el enjuiciamiento de los sistemas de geolocalización laboral es, en efecto, de uso habitual en la doctrina judicial española, que suele llevar a cabo un análisis conjunto de las secuencias que lo integran: "La medida – dice, por ejemplo, impecablemente el TSJ de Castilla– La Mancha en ST de 6 de febrero del 2020- resulta justificada, ante la sospecha de que algún trabajador no cumplía adecuadamente sus obligaciones laborales; es idónea, en cuanto que es adecuada para los anteriores fines; resulta necesaria, como único método fiable de constatar y probar las eventuales irregularidades en el cumplimiento de las obligaciones derivadas del contrato de trabajo; y resulta equilibrada y proporcional, en cuanto que solo se utiliza en los vehículos de la empresa destinados a ser utilizados por los trabajadores en sus desplazamientos para visitar a clientes de la empresa, y únicamente aporta datos de su posicionamiento en el tiempo y rutas que ha seguido, con lo que cabe descartar una violación del derecho a la intimidad personal del art. 18.1 de la Constitución, por cuanto el sistema de posicionamiento y localización GPS del vehículo solo podía utilizarse por la empresa para la comprobación del cumplimiento de los deberes laborales del interesado"[22].

En ocasiones, nuestros tribunales recurren al llamado test Barbulescu. Es el caso de la ST del Tribunal Superior de Justicia de Las Palmas, que aborda por cierto un caso particularmente intrusivo, pues el control se realiza a través del gps incorporado al teléfono móvil proporcionado por la empresa al trabajador y se verifica en el centro de trabajo, del que no podía sacarse el móvil, y durante la jornada laboral. El Tribunal entiende que el sistema supera el test en cuestión, haciendo por cierto mucho hincapié en la cumplida información previa recibida por el trabajador sobre el mismo, y avala la prueba obtenida que permitió "detectar que en determinados días y horas el trabajador no estaba realizando las tareas o trabajos asignados y se hallaba fuera del centro de trabajo con el dispositivo"[23].

---

22 R. 1958/2018.

23 STSJ de Islas Canarias de 26 de enero de 2018, R. 1409/2017.

3.7. ¿Puede el empresario instalar un sistema de geolocalización de forma secreta ante la sospecha fundada de incumplimientos laborales del trabajador?

A mi entender, en este punto hay que atender a la literalidad del art. 90 de la LOPDCPGDD, pues como hemos dicho y reiterado el legislador, al redactar esta importante Ley, ha llevado a cabo la ponderación de derechos que ha considerado oportuna y a la misma hay que atenerse. El tenor del art. 90 contrasta poderosamente con el del precepto previo, el art. 89 ET en el que se regula el derecho a la intimidad frente al uso de dispositivos de videovigilancia y de su grabación de sonidos en el lugar de trabajo, pues mientras que en este último se contempla una excepción al deber de información cuando "se haya captado la comisión flagrante de un acto ilícito por los trabajadores o los empleados públicos"[24], en el primero no hay excepción alguna al deber de información de la empresa, es decir, a la obligación de los empleadores de informar con carácter previo de forma expresa, clara e inequívoca a los trabajadores sobre la existencia y características de estos dispositivos. Por consiguiente, la licitud del sistema de geolocalización está condicionada al cumplimiento del deber legal de información y si no se cumple con el mismo no hay geolocalización que valga y las pruebas obtenidas a través del mismo deben ser consideradas nulas.

La jurisprudencia del TEDH da cuenta de un supuesto en el que instalado un sistema de geolocalización del que se había informado al trabajador, éste lo manipula para inutilizarlo, situación ante la que la empresa reacciona instalándole un segundo sistema mediante el cual hace efectivo el control[25]. A mi entender, en tal caso la información primera legitima la instalación del segundo sistema, sin necesidad de información suplementaria.

3.8.¿Puede la empresa exigir del trabajador que facilite medios propios para instalar el dispositivo de geolocalización? ¿puede pactar con el trabajador tal facilitación a cambio de una adecuada compensación económica?

La empresa no puede en ningún caso exigir al trabajador que este le facilite medios que le pertenecen, por ejemplo su teléfono móvil, para

---

[24] En tales casos, recuérdese, la Ley señala que "se entenderá cumplido el deber de informar cuando existiese al menos el dispositivo al que se refiere el artículo 22.4 de esta ley orgánica".

[25] STTEDH de 13 de diciembre de 2022, Caso Florindo de Almeida Vasconcelos Gramaxo c. Portugal.

instalar en ellos dispositivos de geolocalización, destinados a controlar el trabajo. La Sala de lo Social de Audiencia Nacional en ST 136/2019, de 6 de febrero, luego ratificada por el Tribunal Supremo, consideró contraria al derecho a la protección de datos una cláusula introducida en los contratos de trabajo en virtud de la cual se exigía al trabajador comunicar al empresario una dirección de correo electrónico y disponer de un teléfono móvil con conexión a internet para instalar en el mismo una aplicación de geolocalización de la empresa destinada a permitir a los clientes realizar un seguimiento de los pedidos durante el reparto. En el caso enjuiciado – Telepizza-, esta cláusula contractual se acompañaba de otra destinada a establecer como causas de despido la negativa del trabajador a facilitar su teléfono o el que este no reuniera las condiciones exigidas. La regulación se completaba, en fin, con una previsión conforme a la cual en caso de ruptura o pérdida del móvil, se le concedía al trabajador un plazo de diez días para repararlo, transcurrido el cual se consideraba el contrato suspendido por un periodo máximo de dos meses y, llegado este término, finalmente extinguido.

La Sala, en efecto, con buen criterio, consideró que "la exigencia de la aportación de un teléfono móvil con conexión de datos para desarrollar el trabajo en los términos efectuados supone un manifiesto abuso de derecho empresarial, ya que además de quebrar con la necesaria ajenidad en los medios que caracteriza la nota de ajenidad del contrato de trabajo (art. 1.1) y desplazando el deber empresarial de proporcional ocupación efectiva del trabajador (arts. 4.2 a) y 30 ET) a este al que se responsabiliza de los medios (sic), de forma que cualquier impedimento en la activación del sistema de geolocalización implica cuando menos la suspensión del contrato de trabajo y la consiguiente pérdida del salario- ex art. 45.2 ET- y, por otro lado, la compensación que se oferta por tal aportación resulta de todo punto insuficiente, ya que se calcula el valor de un terminal móvil de baja gama y la contratación de unos datos por internet que únicamente se compensan en función de su utilización en el trabajo, prescindiendo de si tal contratación era o no deseada por el empleado para el desarrollo de su vida personal".

Cosa distinta de la imposición unilateral en los contratos de trabajo de la obligación del trabajador de aportar el medio que haga posible la geolocalización, sería el supuesto en el que empresario y trabajador, en verdadero ejercicio de su autonomía contractual, pactasen la puesta a disposición del trabajador del medio a cambio de una adecuada compensación. No creo que exista problema legal alguno en que tal pacto pueda suscribirse al amparo del art. 3.1.c) del Estatuto de los Trabajadores, siempre, claro está, insisto, que se haya eso uso de la autonomía contractual sin que concurran vicios del consentimiento.

3.9. ¿Qué obligaciones en materia de protección de datos debe respetar la empresa que ha utilizado sistemas de geolocalización en el control del trabajo?

Como hemos señalado, los datos de localización obtenidos a través de un sistema de geolocalización deben considerarse "datos personales", pues así se desprende del art. 4 del Reglamento General de Protección de Datos. En consecuencia, son de aplicación a los trabajadores sometidos al mismo los derechos previstos en esta norma relativos al tratamiento de datos personales, a saber:

1°) En primer lugar, el **derecho de información**, que confluye con el previsto en el art. 90 de la LOPDPGDD y que ahora se concreta en el deber que recae sobre el responsable del tratamiento, normalmente el empresario, de informar a los trabajadores, de forma concisa, transparente, inteligible y de fácil acceso, con un lenguaje claro y sencillo, del tratamiento de datos que está realizando. Los datos obtenidos a través del sistema de geolocalización son "datos personales no obtenidos del interesado", por lo que hay que estar al régimen jurídico establecido al efecto en el art. 14 del Reglamento. Este precepto obliga a informar al trabajador, entre otros, de la categoría de los datos personales recabados, de la finalidad del tratamiento, de los destinatarios de los mismos y del plazo de conservación de los datos, así como de los derechos del trabajador al respecto y cómo ejercerlos.

2°) En segundo lugar, el **derecho de acceso**. Conforme a este derecho, regulado en el art. 15 del Reglamento, el trabajador va poder dirigirse al responsable del tratamiento para que le confirme si se están tratando datos personales suyos y, en tal caso, tener acceso a los mismos, pudiendo solicitar una copia de los mismos.

3°) En tercer lugar, el **derecho de rectificación**. Regulado en el art. 16 del reglamento, consiste en el derecho del interesado de exigir la rectificación de los datos inexactos que estén siendo objeto de tratamiento y el de que se completen los datos incompletos.

4°) En cuarto lugar, el **derecho de limitación** del tratamiento (art. 18 RGPD), que consiste en el marcado de los datos de carácter personal conservados para limitar su tratamiento futuro. Se reconoce para determinadas situaciones, como la inexactiud de los datos denunciada por el interesado, la ilicitud del tratamiento cuando el interesado solicita limitar su uso pero no la supresión, o cuando los datos personales ya no sean necesarios para el tratamiento, pero el trabajador tenga interés en su conservación a efectos de su defensa.

5º) En quinto lugar, el **derecho de supresión**, también denominado derecho al olvido, que aparece regulado en el art. 17 del RGPD. Precepto que permite a los trabajadores exigir la supresión de los datos personales en determinadas situaciones, a saber: cuando ya no sean necesarios en relación a los fines que justificaron su recogida y tratamiento, cuando hayan sido tratados sobre la base del consentimiento del trabajador y este lo retire, cuando el trabajador se oponga al tratamiento de determinados datos por considerarlos innecesarios para el cumplimiento del contrato de trabajo, cuando el tratamiento sea ilícito y cuando los datos personales deban suprimirse en cumplimiento de una obligación legal.

De acuerdo con lo previsto en el artículo 90 LOPDPGDD, de los derechos de acceso, rectificación, limitación del tratamiento y supresión debe informar el empresario a los trabajadores con carácter previo a la instalación del sistema de geolocalización.

3.10. ¿La geolocalización del trabajador puede extenderse más allá de su jornada laboral?. En caso afirmativo, ¿qué requisitos deben observarse al efecto y con qué límites?

La vigilancia y el control autorizados (art. 20.3 ET) sobre la base de la suscripción del contrato de trabajo se limita a la jornada laboral, esto es, al tiempo de trabajo. Por consiguiente, en principio, al concluir la jornada laboral el dispositivo de control mediante la geolocalización debe apagarse y cesar el control de la prestación.

Esta regla general debe, no obstante, matizarse en función de la casuística porque, cuando el dispositivo geolocalizador ha sido introducido en un vehículo propiedad de la empresa y puesto a disposición del trabajador, pueden darse distintas situaciones que merecen respuestas individualizadas:

- Cabe, en primer lugar, que la empresa haya dejado claramente establecido que el vehículo no puede utilizarse más que para el desempeño de la prestación laboral, supuesto en el que ostenta un interés legítimo en controlar la seguridad del vehículo y en que tal exigencia se observe. En tal caso, la utilización por la empresa del GPS para controlar de forma permanente la ubicación del vehículo viene avalada por la jurisprudencia, que no consiente sin embargo que el control recabe datos personales del trabajador. En efecto, en un supuesto en el que "la trabajadora conocía que el vehículo no podía ser utilizado fuera de la jornada laboral y, junto a ello, que el mismo estaba localizado a través del receptor GPS", la Sala de lo Social del Tribunal Supremo avaló la utilización por la empresa de los datos de localización del vehículo para sancionar con el despido la desobediencia de la trabajadora[26].

- Cabe, en segundo lugar, que la empresa permita al trabajador la utilización para fines privados del vehículo que ha puesto a su disposición. En tal caso, en principio, el control a través del gps debe cesar al concluir la jornada y permitirse al trabajador la desactivación del dispositivo. Así lo ha entendido claramente la doctrina judicial que afirma: "Cuando finaliza la jornada laboral o acaba el tiempo de trabajo – ha sentado el Tribunal Superior de Justicia de Asturias en su ST de 27 de diciembre de 2017-, dichas facultades empresariales (de control) desaparecen y el contrato de trabajo deja de constituir el vínculo entre las partes que ampara el poder de la demanda para imponer las medidas implementadas de captación y tratamiento de datos"[27]. Así, la instalación por la empresa de un sistema de GDP en los vehículos puestos a disposición permanente de los trabajadores que reporta información a la empresa durante las 24 horas del día, todos los días del año, ha sido considerada una clara extralimitación del poder empresarial de control[28].

  La Agencia Española de Protección de Datos postula para estos supuestos que se facilite al trabajador lo que denomina "la exclusión voluntaria", esto es, la posibilidad de desactivar temporalmente el seguimiento de la localización[29].

- Cabe, en fin, que, autorizándose la utilización del vehículo para fines privados, se prevea extender la geolocalización más allá de la jornada laboral, por ejemplo para discriminar los gastos de kilometraje que

---

26 STS 15 de septiembre de 2020, R. 528/2018.

27 R. 2241/2017.

28 STSJ Madrid de 12 de julio de 2019, R. 763/2019.

29 Agencia Española de Protección de Datos, *La protección de datos en las relaciones laborales*, Mayo 2021, pág. 55.

debe asumir la empresa y los correspondientes al trabajador[30], en tal caso debe preverse todo ello contractualmente y hacerse constar de forma explícita el consentimiento del trabajador a la extensión del citado control. A partir del momento en el que concluye la jornada de trabajo, dice la doctrina judicial, "es imprescindible el consentimiento de los trabajadores para mantener el funcionamiento de los dispositivos GPS y para el análisis automatizado de los datos personales conseguidos por este medio pues el supuesto deja de estar comprendido en la excepción prevista en el art. 6.2 LOPD y se rige por la regla general del art. 6.1 LOPD" [31].

Para evitar confusiones, cuando sea necesario el consentimiento "ad hoc" del trabajador, la Agencia Española de Protección de Datos, cabalmente recomienda suscribir un documento específico, distinto del contrato de trabajo, en el que expresamente conste el consentimiento para poder realizar el tratamiento de los datos no cubiertos por la relación contractual[32].

---

30 Vid. STTEDH de 13 de diciembre de 2022, Caso Florindo de Almeida Vasconcelos Gramaxo c. Portugal.

31 R.2241/2017.

32 Agencia Española de Protección de Datos, *La protección de datos en las relaciones laborales*, Mayo 2021, pág.12.

Capítulo 22.

EL DESARROLLO DEL DERECHO A LA DESCONEXIÓN DIGITAL EN LA NEGOCIACIÓN COLECTIVA ESTATAL 2022-2023

DE CASTRO MARÍN, EMILIO

Profesor Contratado Doctor

Universidad Complutense de Madrid

ecastro@ucm.es

Sumario: 1. La configuración legal del derecho a la desconexión digital. 2. La regulación del derecho en convenios sectoriales. 2.1. Mejores prácticas de regulación. 2.2. Convenios sectoriales con escasa regulación del derecho. 3. La regulación del derecho convenios de ámbito empresarial. 3.1. Mejores prácticas de regulación. 3.2. Convenios de empresa con escasa regulación del derecho. 4. A modo de conclusión: la remisión a la autonomía colectiva en la norma no cumple con la necesidad de una regulación mínima del derecho.

RESUMEN: La opción del legislador tras la introducción del derecho a la desconexión digital en nuestro ordenamiento jurídico otorga a la autonomía colectiva un papel protagonista en la regulación del derecho, que se complementa, a su vez, con el reenvío a los protocolos internos de empresa. Transcurridos casi cinco años desde la promulgación de la LOPD, la confianza del legislador en la negociación colectiva conduce a unos resultados decepcionantes. En este sentido, más de la mitad de los convenios colectivos de ámbito estatal analizados en el período comprendido entre el 1 de enero de 2022 y 30 de junio de 2023, en concreto el 56,3 por 100, guardan absoluto silencio sobre el particular. Del resto, tan solo en el 17,1 por 100 de los convenios analizados, podemos convenir en una adecuada regulación del derecho, quedando el desarrollo en el 26,6 por 100 restante en una mera remisión a la norma o poco más. En este contexto legal, no parece discutible que la intervención legal se presenta como inexcusable para la correcta efectividad del derecho.

ABSTRACT: The legislator's option after the introduction of the right to digital disconnection in our legal system gives collective autonomy a leading role in the regulation of the law, which is complemented, in turn, with the referral to the company's internal protocols. Almost five years after the enactment of the LOPD, as expected, the legislator's confidence in collective bargaining leads to disappointing results. In this sense, more than half of the state-level collective agreements analyzed in the period between January 1, 2022 and June 30,

2023, specifically 56.3 percent, are completely silent on the matter. Of the rest, in only 17.1 percent of the agreements analyzed, we can agree on an adequate regulation of the law, leaving the development in the remaining 26.6 percent as a mere reference to the norm or little more. In this legal context, it does not seem debatable that legal intervention is presented as inexcusable for the effectiveness of the right.

Palabras clave: Derecho a la desconexión digital, negociación colectiva, desarrollo del derecho.

Keywords: FFFFYG Right to digital disconnection, collective bargaining, development of the law

1. LA CONFIGURACIÓN LEGAL DEL DERECHO A LA DESCONEXIÓN DIGITAL

La opción legislativa en la regulación del derecho a la desconexión digital tras la promulgación de la LOPD no ha estado exenta de ciertas críticas. Entre otras cuestiones, por la configuración de la desconexión digital en la norma como un derecho y no como un deber empresarial (Talens, 2019), en contraposición a la regulación en la Ley de trabajo a distancia residiéndose la desconexión en la persona trabajadora y no en las empresas (Barrios, 2020: 128), por el reenvío a la negociación colectiva y a las políticas empresariales internas para el efectivo desarrollo del derecho, o por el encaje sistemático escogido por el legislador para su tratamiento legal en el Estatuto de los Trabajadores [1]. Más recientemente, desde algún sector se refiere que el silencio legal en la regulación del derecho contrasta con la propuesta de Directiva en el seno de la UE, en cuyo artículo 4 se contempla que los Estados miembros establezcan un contenido mínimo del referido derecho, lo que seguramente obligue a nuestro legislador a reformar la regulación legal (Gil, 2022: 175). Sea como fuere, y pese a la parca regulación legal, no hay duda en el sentido de que nos encontramos ante un derecho directamente invocable (Pérez de los Cobos, 2019: 12-19), ante un derecho subjetivo perfecto (Cardona, 2020: 114), directamente eficaz y reclamable por el trabajador sin necesidad del concurso de la negociación colectiva (Monreal, 2020: 638). En este sentido, incluso hay quienes han

---

1 Igartúa (2019: 72) critica el encaje en el art. 20 *bis* ET pues, a juicio de a autora, debería haberse incorporado en el art. 4 ET como un derecho desarrollado en los arts. 34 a 38 ET, con un régimen sancionador específico en la LISOS. En parecidos términos, Morato (2020: 2).

mantenido que no hubiera sido necesario su reconocimiento legal expreso (Vallecillo, 2017: 167-178)[2].

No obstante, dicho esto, no resulta discutible que la configuración legal del derecho a la desconexión digital en el modelo legal, ha erigido a la autonomía colectiva y a las políticas internas de las empresas en los ejes vertebradores de aquel derecho, hasta el punto de que la efectividad real del mismo se hace depender de estos instrumentos (Gil, 2022: 172). En este sentido, queda claro que la negociación colectiva, en sus muy distintas formas, está llamada a jugar un extraordinario papel en la materia (Barrios, 2020: 110-111).

El problema se reside en buena medida en que, en esa cuestionable técnica de remisión legal a la negociación colectiva, con un papel bien secundario y/o complementario (Barrios, 2020: 113), bien suplementario (Lantarón, 2022), no se incluye el deber de negociar, ni de manera autónoma, ni como elemento integrado en la obligación de negociar medidas de igualdad, así como tampoco se establece un régimen legal supletorio aplicable en defecto de regulación convencional (Trujillo, 2020: 3). Por no especificarse, tampoco se establece en la norma la preferencia por la negociación sectorial o empresarial (Revuelta, 2022: 170 y Gil 2022: 181), habiéndose apuntado la idoneidad de la negociación colectiva empresarial para adaptar la desconexión digital a la morfología de cada empresa y la sectorial para la aportación del contenido mínimo del derecho y cobertura de posibles vacíos. Siendo así, no es de extrañar que se haya señalado que el punto más criticable de la regulación legal del derecho lo encontramos en su eficacia jurídica, no sólo porque se carece de una definición en la norma, sino porque el modo de implementación queda absolutamente relegado a lo que las partes convengan en la negociación colectiva, sin que ninguna de las partes vaya a sentirse obligada a sentarse a negociar desde la perspectiva de que el derecho a la desconexión digital no forma parte del contenido mínimo del convenio del art. 85.3 ET (Cardona, 2020: 125 y Morato, 2020: 12).

Y en esta tesitura, como se ha puesto de manifiesto por quienes se han encargado anteriormente de efectuar las primeras aproximaciones al derecho desde la experiencia negocial, si cuantitativamente hablando pocos son los convenios que contemplan algún tipo de regulación, cualitativa-

---

2 En este sentido, aunque no hubiera existido el reconocimiento legal en la Ley Orgánica, no se podría caer en la trampa de pensar que pudiera existir una hipotética obligación permanente de conexión, lo que equivaldría a una inaceptable obligación permanente de disponibilidad (Barrios, 2019).

mente hablando son aún menos los que introducen verdaderas innovaciones al respecto, siendo habitual que unos se copien a otros (Baudor, 2020: 107). Y en estas carencias de la negociación colectiva, conviene poner de manifiesto que resultan anecdóticos los convenios que abordan el derecho como una obligación empresarial (Morato, 2020: 13, 14 y 34). Obligación que debería incluir la adopción de medidas adecuadas no sólo para que el trabajador no utilizara los medios tecnológicos fuera de su jornada sino, más allá, para que tampoco lo hicieran los demás trabajadores o la clientela (Sanguineti, 2021: 3). En este sentido, desde una perspectiva teórica, no sólo debieran ser consideradas ilícitas las ordenes empresariales expresamente contrarias a la desconexión, sino también el mantenimiento de un flujo abierto de comunicación con los superiores, compañeros y clientes una vez finalizada la jornada laboral (Pérez de los Cobos, 2019:2).

Pero no acaban aquí los problemas aplicativos para la efectividad del derecho pues, a estos efectos, debemos tener presente el papel que el legislador ha otorgado en la LOPD a las políticas internas en las empresas para la definición de las modalidades de ejercicio del derecho a la desconexión y las acciones de formación y de sensibilización del personal sobre un uso razonable de las herramientas tecnológicas que evite el riesgo de fatiga informática, con lo que, al menos desde un plano teórico, se anticipan puntos de fricción entre ambas fuentes reguladoras, problemas que, en su caso, deberán resolverse conforme al principio de jerarquía (Gil, 2022: 177 y 178). En este sentido, una muy buena idea para combinar negociación colectiva y políticas internas consistiría en integrar a estas últimas en el propio texto del convenio, de esta forma, no sólo se realzaría el papel de los representantes de los trabajadores, sino que, a su vez, se dotaría a aquéllas de la eficacia general que deriva del propio convenio colectivo (Barrios, 2020: 144).

En este contexto de papel protagonista de la negociación colectiva, a nuestro juicio ciertamente cuestionable por la excesiva confianza del legislador en los negociadores de los convenios colectivos, en una obra colectiva como la presente que supone la culminación de un proyecto de investigación iniciado tres años atrás, con aportaciones específicas sobre esta materia por diferentes miembros del mismo, nada mejor que asomarnos a la realidad de la experiencia negocial en la negociación colectiva estatal en el período comprendido entre el 1 de enero de 2022 y el 30 de junio de 2023 para corroborar los peores presagios de una regulación legal poco acertada. En este sentido, la realidad de los datos estadísticos nos muestra que, la mayoría de los convenios colectivos publicados en el BOE en este período, no efectúan referencia alguna al derecho a la desconexión digital, siendo igualmente significativo el porcentaje de los que se ocupan del derecho desde la perspectiva de una mera remisión a la norma, o poco más. Lamentablemente, como vamos a tener oportunidad de comprobar en el siguiente epígrafe, transcurridos casi cinco años desde la introducción del derecho en la norma, son los menos los convenios colectivos que, en términos cuantitativos, cumplen con ese mandato legal a la autonomía colectiva para la regulación de las modalidades de ejercicio del derecho atendiendo a la naturaleza y al objeto de la relación laboral, siendo menos aun los convenios colectivos que lo desarrollan de una manera suficiente desde una perspectiva cualitativa.

2. LA REGULACIÓN DEL DERECHO EN CONVENIOS SECTORIALES

Comenzamos nuestro análisis abordando la regulación en convenios colectivos de ámbito sectorial, diferenciando en primer término entre aquellos convenios que abordan el desarrollo del derecho de conformidad con lo prevenido por el legislador en la norma, en lo que denominamos como mejores prácticas de regulación, para en un segundo subepígrafe referirnos a los convenios que efectúan una simple remisión a la regulación legal o poco más allá.

2.1. Mejores prácticas de regulación

Siguiendo un criterio cronológico, analizamos la regulación del derecho en el Convenio colectivo estatal de las empresas de seguridad para el año 2022 [3]. En un esquema muy similar al habitual en otros convenios, como veremos, se parte de un reconocimiento expreso del derecho en el texto convencional y de la no realización, con carácter general, y salvo que se dé alguna situación de urgencia (que no se define en la norma), de llamadas telefónicas, envío de correos electrónicos o de mensajería de cualquier tipo fuera de la jornada de trabajo. A continuación, para una mejor gestión del tiempo de trabajo, se establecen una serie de *buenas prácticas* como el envío de las comunicaciones exclusivamente a las personas implicadas y con el contenido imprescindible, la configuración de la opción

---

[3] Resolución de 29 de diciembre de 2021, de la Dirección General de Trabajo, por la que se registra y publica el Convenio colectivo estatal de las empresas de seguridad para el año 2022. «BOE» núm. 10, de 12 de enero de 2022, art. 57 *bis*.

de envío retardado en los correos fuera de la jornada, la programación de respuestas automáticas durante los periodos de ausencia, la limitación de convocatorias de formación, reuniones, videoconferencias, presentaciones, información, etc., fuera de la jornada de trabajo, la utilización de videoconferencias y audio conferencias que limiten desplazamientos, las reuniones fuera de la jornada voluntarias y consideradas tiempo efectivo de trabajo, las reuniones con convocatorias con hora de inicio y finalización, así como la aportación anticipada de la documentación relevante que vaya a ser tratada. Además, se prevé expresamente que las personas con responsabilidad deben fomentar y educar en el ejercicio de este derecho. Del mismo modo, se previene que el ejercicio del derecho a desconexión digital no repercutirá negativamente en el desarrollo profesional de las personas trabajadoras ni influirá de manera negativa en los procesos de evaluación de las empresas. Muy interesante, en otro apartado de la regulación se establece que las empresas incluidas en su ámbito de aplicación, no podrán aplicar el régimen disciplinario recogido en la norma convencional sectorial como consecuencia del ejercicio del derecho a la desconexión digital. Por último, como complemento de todas las medidas, y de conformidad con el esquema en la norma, se prevé que se podrán establecer protocolos de actuación en el ámbito de la empresa que amplíen, desarrollen y mejoren lo estipulado en el convenio. En definitiva, una regulación concreta, completa y que sin duda merece ser tenida en cuenta como una buena práctica negocial.

En un esquema muy similar, en el XXII Convenio colectivo para las sociedades cooperativas de crédito, se previenen una serie de medidas y buenas prácticas partiendo del reconocimiento previo del derecho [4]. Entre las medidas concretas, figura la del derecho del trabajador a no atender dispositivos digitales fuera de la jornada ni durante tiempos de descanso, permisos, licencias o vacaciones (salvo situaciones de urgencia justificadas). Del mismo modo, con carácter general, se prevé que la comunicación sobre asuntos profesionales se realizará dentro de la jornada de trabajo, evitando el envío de correos electrónicos o de mensajería de cualquier tipo fuera de la jornada laboral. Interesante precisión, se definen de manera expresa esas situaciones de urgencia, considerándose que concurren circunstancias excepcionales muy justificadas cuando se trate de supuestos que puedan suponer un riesgo hacia las personas o un potencial perjuicio

---

4 Resolución de 29 de diciembre de 2021, de la Dirección General de Trabajo, por la que se registra y publica el XXII Convenio colectivo para las sociedades cooperativas de crédito. «BOE» núm. 10, de 12 de enero de 2022, art. 69.

empresarial para el negocio, cuya urgencia requiera de la adopción de medidas especiales o respuestas inmediatas. Además, como buenas prácticas, se proponen respuestas automáticas durante los periodos de ausencia, la evitación de convocatorias de formación obligatoria, reuniones, videoconferencias, presentaciones, información, etcétera, fuera de la jornada laboral ordinaria, la convocatoria de las sesiones con la antelación suficiente para que las personas puedan planificar su jornada, o la medida de incluir en las convocatorias la hora de inicio y finalización así como aportación previa de toda la documentación que vaya a ser tratada con el fin de que se puedan visualizar y analizar previamente los temas a tratar y que las reuniones no se dilaten más de lo establecido. Del mismo modo que en el caso del convenio anterior, se alude a la posibilidad de que en el ámbito de la empresa se puedan establecer protocolos de actuación que, como complemento de estas medidas convencionales, amplíen, desarrollen y/o mejoren esta regulación.

Si bien no se trata de una práctica negocial que pudiéramos catalogar ni mucho menos como exhaustiva, pero a la vista de la deficiente tónica general, nos referimos a continuación a la regulación contenida en el Convenio colectivo para la industria fotográfica dado que se recoge al menos alguna previsión interesante. En este convenio colectivo, las partes negociadoras reconocen de manera expresa el derecho de las personas trabajadoras a no atender los dispositivos digitales puestos a su disposición para la prestación laboral fuera de su jornada de trabajo y durante el tiempo dedicado a permisos, licencias, vacaciones, excedencias o reducciones de jornada, salvo que se den causas de urgencia justificada. Expresamente se definen las situaciones de excepcionalidad en la práctica del derecho, considerándose que concurren causas de urgencia justificada cuando se den circunstancias que puedan poner en riesgo a las personas o un potencial perjuicio para la empresa cuya urgencia requiera de la adopción de medidas especiales o respuestas inmediatas. Por último, como obligación, con el fin de garantizar el derecho a la desconexión digital de las personas, se prevé la implantación de las acciones necesarias para alcanzar dicho derecho previa consulta a la representación de las personas trabajadoras [5].

5 Resolución de 23 de julio de 2022, de la Dirección General de Trabajo, por la que se registra y publica el Convenio colectivo para la industria fotográfica «BOE» núm. 187, de 5 de agosto de 2022, art. 4.2.

Con una mucho más profusa regulación del derecho, nos referimos al texto del Convenio colectivo de bolsas y mercados españoles [6]. Partiendo de la declaración de intención de las partes negociadoras en el sentido de su deseo de convertirse en referente, nos encontramos ante una muy digna regulación en la que se contienen interesantes medidas. Como punto de partida, el derecho a no responder cualesquiera comunicaciones efectuadas por cualquier medio (correo electrónico, teléfono, etc.) una vez finalizada su jornada laboral. A partir de ahí, se prevé expresamente la excepción de la aplicación del derecho en circunstancias de causa de fuerza mayor o que supongan un significativo, inminente o evidente posible perjuicio empresarial o del negocio y cuya urgencia temporal necesite de una respuesta inmediata, en una redacción quizá un tanto abierta. Interesante previsión, se prevén canales específicos para organizar situaciones especiales relativas a horarios, disponibilidad en las que las necesidades del negocio demanden actuaciones y conexiones de manera operativa y continua. También se refieren las partes negociadoras a la garantía del derecho a la desconexión digital durante el período de disfrute de las vacaciones, los días de convenio y los permisos. Del mismo modo, necesaria racionalización de los horarios de convocatoria de reuniones delimitando, en la medida de lo posible, tanto la hora de comienzo como la duración de las mismas dentro del horario laboral de los asistentes y posibilitando, cuando sea posible, la asistencia en remoto a través de medios tecnológicos, todo ello, con el objetivo de hacer efectiva la conciliación de la vida familiar y personal de las personas trabajadoras. En línea con otros convenios colectivos, se refiere la necesidad de implementar acciones de formación y sensibilización a las personas trabajadoras sobre la protección y respeto del derecho a la desconexión digital y sobre un uso razonable y adecuado de las nuevas tecnologías. Muy interesante, se previene que el ejercicio del derecho a la desconexión digital no influirá de manera negativa en los procesos de evaluación ni conllevará medidas sancionadoras de ninguna clase para las personas trabajadoras. Por último, se incorpora en el texto convencional el establecimiento de una comisión de seguimiento del acuerdo que se reunirá cuatrimestralmente durante el primer año, de forma semestral durante el segundo año, de forma anual a partir del tercero, comisión que tendrá como objetivos los de i) velar por el cumplimiento de esta política, ii) plantear, analizar y valorar situaciones no resueltas o situaciones

6 Resolución de 12 de septiembre de 2022, de la Dirección General de Trabajo, por la que se registra y publica el Convenio colectivo de bolsas y mercados españoles. «BOE» núm. 229, de 23 de septiembre de 2022, Anexo VII.

excepcionales que se puedan producir. En definitiva, una buena práctica convencional, sin duda.

Si al comienzo de este epígrafe aludíamos a la regulación del derecho en el Convenio colectivo estatal de las empresas de seguridad para el año 2022, nuevamente, a la altura de diciembre de ese año, se suscribe la renovación del citado Convenio para el período 2023 a 2016 en idénticos términos a los ya referidos, por lo que debemos insistir en su catalogación como una buena práctica negocial [7].

En esta misma senda de buena regulación convencional, en el Convenio colectivo para los establecimientos financieros de crédito, se establecen una serie de medidas con el carácter de mínimos, en la línea de las vistas en otros convenios ya referidos [8]. Entre ellas, el derecho de las personas trabajadoras a no atender dispositivos digitales fuera de su jornada de trabajo, ni durante los tiempos de descanso, permisos, licencias o vacaciones, salvo que se den las causas de urgencia justificada (se considerará que concurren circunstancias excepcionales muy justificadas cuando se trate de supuestos que puedan suponer un grave riesgo hacia las personas o un potencial perjuicio empresarial hacia el negocio, sus clientes y/o a sus accionistas, así como cualquier otro de carácter legal y/o regulatorio cuya urgencia requiera de la adopción de medidas especiales o respuestas inmediatas). En esta línea, expresamente, se refiere el derecho a no responder a ninguna comunicación una vez finalizada su jornada laboral diaria. Para una mejor gestión del tiempo de trabajo, se previene que se procurará la adopción de las siguientes medidas: programar respuestas automáticas durante los periodos de ausencia; evitar las convocatorias de formación, reuniones, videoconferencias, presentaciones, información, etcétera, fuera de la jornada laboral ordinaria; convocar las sesiones con la antelación suficiente para que las personas puedan planificar su jornada e incluir en las convocatorias la hora de inicio y finalización. Por último, en línea de la regulación en otros convenios colectivos, se establece que las empresas garantizarán que las personas que ejerzan ese derecho no se verán afectadas por ningún tipo de sanción motivada por el ejercicio del mismo, así como que no se

---

7 Resolución de 30 de noviembre de 2022, de la Dirección General de Trabajo, por la que se registra y publica el Convenio colectivo estatal de empresas de seguridad para el periodo 2023-2026. «BOE» núm. 299, de 14 de diciembre de 2022, art. 57 *bis*.

8 Resolución de 15 de diciembre de 2022, de la Dirección General de Trabajo, por la que se registra y publica el Convenio colectivo para los establecimientos financieros de crédito. «BOE» núm. 311, de 28 de diciembre de 2022, art. 35.

verán perjudicadas en sus evaluaciones de desempeño ni en sus posibilidades de promoción.

Con una significativa menor exhaustividad, en el Convenio colectivo nacional de revistas y publicaciones periódicas 2022-2024 [9], se menciona el derecho a no responder a ninguna comunicación una vez finalizada su jornada laboral fuere cual fuere el medio utilizado (correo electrónico, WhatsApp, teléfono, etc.), salvo fuerza mayor. No consideramos que se trate ni mucho menos de una mejor práctica negocial, pero sí hemos decidido referirla por la regulación de dos cuestiones que creemos interesante referir. En el "debe", por las dudas que nos plantean estas cláusulas, se establece en el texto del convenio la cesión del derecho para las personas trabajadoras que permanezcan a disposición de la empresa y perciban, por ello, un complemento de "disponibilidad" u otro de similar naturaleza. Mucho más interesante a nuestro juicio, en el "haber", la previsión expresa de que quienes tengan la responsabilidad sobre un grupo de personas deben cumplir especialmente las políticas de desconexión digital sirviendo y actuando como referente dentro del equipo que coordinan. En este sentido, se refiere en el texto del convenio colectivo la obligatoriedad de la programación de reuniones de trabajo en consecuencia con los horarios laborales.

Interesante también el desarrollo del derecho en el XX Convenio colectivo nacional de empresas de ingeniería; oficinas de estudios técnicos; inspección, supervisión y control técnico y de calidad[10]. Como una regulación muy a tener en cuenta como mejor práctica, se asigna mayor responsabilidad en el cumplimiento de este aspecto a aquellos trabajadores/as que tengan un equipo bajo su responsabilidad. En este objetivo, se prevé de manera expresa que los superiores jerárquicos no podrán requerir respuestas a comunicaciones fuera del horario laboral o cuando la finalización de la jornada esté próxima y que la respuesta a la comunicación no podrá suponer una extensión del horario. A partir de aquí, se implementan medidas en la línea de las ya analizadas en anteriores convenios en cuestiones relacionadas con la convocatoria de reuniones, el envío de comunicaciones, la programación de respuestas automáticas, etc… o la ya

---

9 Resolución de 9 de enero de 2023, de la Dirección General de Trabajo, por la que se registra y publica el Convenio colectivo nacional de revistas y publicaciones periódicas 2022-2024, «BOE» núm. 16, de 19 de enero de 2023, art. 17.

10 Resolución de 27 de febrero de 2023, de la Dirección General de Trabajo, por la que se registra y publica el XX Convenio colectivo nacional de empresas de ingeniería; oficinas de estudios técnicos; inspección, supervisión y control técnico y de calidad «BOE» núm. 59, de 10 de marzo de 2023, art. 40.

habitual garantía de indemnidad en materia de régimen disciplinario o de cara a evaluaciones de desempeño o promoción. Del mismo modo, se prevé que podrán establecerse protocolos en el ámbito de la empresa que desarrollen y mejoren el precepto. No obstante, se reproduce una cláusula ya vista en otros convenios de empresa sobre la que se nos plantean dudas: "*Se reconoce y formaliza el derecho a la desconexión digital como un derecho y no como una obligación, es decir, todos aquellos empleados que realicen comunicaciones fuera de su jornada laboral podrán hacerlo*".

Por último, en otro ejemplo de buena regulación convencional, nos referimos al Convenio colectivo del sector de grandes almacenes, con regulación expresa de un catálogo de buenas prácticas en los términos ya vistos en los convenios analizados hasta ahora [11].

2.2. Convenios sectoriales con escasa regulación del derecho

Con una limitada regulación, en el IV Convenio colectivo estatal de la industria, las nuevas tecnologías y los servicios del sector del metal tan sólo se prevé la obligación de transmisión por las empresas a los trabajadores de la información, formación y sensibilización sobre este derecho y la imposibilidad de tomar medidas sancionadoras contra los mismos por el ejercicio de este derecho [12].

Utilizando la técnica de reenvío al ámbito de la empresa de diferentes obligaciones en esta materia, se nos presenta la regulación en el Convenio colectivo laboral de ámbito estatal para el sector de agencias de viajes para el período 2019-2022 [13]. En sí misma, la regulación del derecho a la desconexión es prácticamente una simple reproducción de la norma; no obstante, al menos, se contienen en la regulación del teletrabajo algunas previsiones en el sentido de la obligatoriedad para las empresas de elabo-

---

11 Resolución de 30 de mayo de 2023, de la Dirección General de Trabajo, por la que se registra y publica el Convenio colectivo del sector de grandes almacenes. «BOE» núm. 137, de 9 de junio de 2023, art. 27 *bis*.

12 Resolución de 29 de diciembre de 2021, de la Dirección General de Trabajo, por la que se registra y publica el IV Convenio colectivo estatal de la industria, las nuevas tecnologías y los servicios del sector del metal. «BOE» núm. 10, de 12 de enero de 2022, art. 48.

13 Resolución de 29 de diciembre de 2021, de la Dirección General de Trabajo, por la que se registra y publica el Convenio colectivo laboral de ámbito estatal para el sector de agencias de viajes, para el período 2019-2022. «BOE» núm. 12, de 14 de enero de 2022, art. 19, en relación con art. 18 dedicado al teletrabajo.

ración de protocolos, instrucciones, guías y planes de formación y sensibilización sobre la protección y respeto del derecho y sobre un uso razonable de las TIC. También se previene la obligación para las empresas de, en este contexto, elaborar, previa audiencia con los representantes legales, una política interna en la que se definan las modalidades de ejercicio, incluyendo puestos directivos.

Igualmente parca se nos presenta la regulación en el Convenio colectivo laboral de ámbito estatal para las industrias de elaboración del arroz, regulación en la que simplemente se previene que las personas trabajadoras tienen derecho a no ser molestadas en su tiempo de descanso y a no responder cualquier tipo de comunicación profesional, ya provenga de la empresa, trabajadores o terceros, realizada por cualquier canal (llamadas, correo electrónico, teléfono, whatsapp, redes sociales, etc.) fuera de su jornada laboral u horario de trabajo [14].

En parecidos términos, en el VII Convenio colectivo sectorial estatal de cadenas de tiendas de conveniencia [15], tan solo se menciona la necesidad de elaboración por las empresas, previa audiencia de los representantes legales, de una política interna, incluidos puestos directivos, en la que se definan las modalidades de ejercicio del derecho y las acciones de formación y sensibilización sobre un uso razonable de las herramientas tecnológicas. Como complemento, en el ámbito de la empresa se podrán establecer protocolos. Por último, una específica remisión a la indemnidad por el ejercicio de este derecho, pues su ejercicio no conllevará medidas sancionadoras, ni tampoco podrá influir de manera negativa en los procesos de promoción, evaluación y valoración.

Muy escasa también se nos presenta la regulación en el Acuerdo marco del sector de la pizarra [16]. De partida, porque lo poco que se menciona, se hace a la hora de regular el teletrabajo; en segundo término, porque la

---

14 Resolución de 29 de diciembre de 2021, de la Dirección General de Trabajo, por la que se registra y publica el Convenio colectivo estatal para las industrias de elaboración del arroz. «BOE» núm. 13, de 15 de enero de 2022. Disposición adicional sexta.

15 Resolución de 14 de febrero de 2022, de la Dirección General de Trabajo, por la que se registra y publica el VII Convenio colectivo sectorial estatal de cadenas de tiendas de conveniencia. «BOE» núm. 48, de 25 de febrero de 202, art. 28 *bis*.

16 Resolución de 17 de mayo de 2022, de la Dirección General de Trabajo, por la que se registra y publica el Acuerdo marco del sector de la pizarra «BOE» núm. 128, de 30 de mayo de 2022, art. 39.

única mención que se efectúa al derecho no es correcta a nuestro juicio: -"*Horario de trabajo: Debe concretarse la distribución de la jornada, los tiempos de disponibilidad, la garantía de los descansos y la desconexión digital*"-, pues precisamente el mandato legal a lo que obliga es a esa concreción en el convenio, que brilla por su ausencia.

Más de lo mismo en la regulación en el Convenio colectivo de ámbito estatal para las industrias del frío industrial [17], en el que se menciona el derecho a la desconexión digital conforme a lo dispuesto en la Ley 3/2018 como un simple objetivo, sin más.

Al mismo nivel, o parecido, la regulación en el Convenio colectivo estatal de industrias lácteas y sus derivados [18], "*Las empresas garantizarán el adecuado derecho de las personas trabajadoras a la desconexión digital fuera de su horario de jornada laboral salvo situaciones de urgencia y/o fuerza mayor*", sin detenerse siquiera a definir qué deba entenderse por las mismas.

Otro ejemplo de regulación escasa, pero al menos regulación dada la más habitual tendencia en los convenios sectoriales, en el XXII Convenio colectivo de ámbito estatal para las industrias extractivas, industrias del vidrio, industrias cerámicas y para las del comercio exclusivista de los mismos materiales[19]: partiendo del reconocimiento del derecho, se establece la necesidad de elaboración en las empresas de una política interna en esta materia, previa audiencia los representantes legales, en la que se deberán definir las modalidades de ejercicio, las acciones de formación y sensibilización, las especificidades con respecto el trabajo a distancia, con el necesario respeto de los sistemas de flexibilidad en materia de jornada y disponibilidad. Una regulación muy escasa que se remata con una cláusula discutible y poco comprensible: "*Garantizar la realización de aquellas comunicaciones, de imposible dilación, entre empresa y persona trabajadora*". Curiosamente, con una redacción idéntica a la de este último convenio colectivo,

---

17 Resolución de 23 de mayo de 2022, de la Dirección General de Trabajo, por la que se registra y publica el Convenio colectivo de ámbito estatal para las industrias del frío industrial. «BOE» núm. 131, de 2 de junio de 2022, art. 46.

18 Resolución de 7 de junio de 2022, de la Dirección General de Trabajo, por la que se registra y publica el Convenio colectivo estatal de industrias lácteas y sus derivados. «BOE» núm. 144, de 17 de junio de 2022, art. 75.

19 Resolución de 14 de junio de 2022, de la Dirección General de Trabajo, por la que se registra y publica el XXII Convenio colectivo de ámbito estatal para las industrias extractivas, industrias del vidrio, industrias cerámicas y para las del comercio exclusivista de los mismos materiales. «BOE» núm. 150, de 24 de junio de 2022, art. 61.

lo que a nuestro juicio es síntoma del estado de situación de la negociación colectiva sectorial, se nos presenta la regulación en el Convenio colectivo estatal del sector de industrias cárnicas [20].

En esta tónica, el convenio de contratas ferroviarias [21], en el que toda la regulación pasa por referir que "*Las empresas procurarán realizar las comunicaciones dentro del horario laboral. Los trabajadores tendrán derecho a la desconexión digital conforme a lo que establece la ley y los términos de la política interna que cada empresa debe tener a tal fin*".

De nuevo, en el Convenio colectivo de la industria metalgráfica y de fabricación de envases metálicos [22], se nos presenta una regulación del derecho ciertamente escasa, tan solo refiriendo de manera muy genérica la obligación de información, formación y sensibilización, o la previsión en el sentido de que las empresas no podrán tomar medidas sancionadoras contra los trabajadores como consecuencia del efectivo uso del derecho.

Poco más o menos en el Convenio colectivo de elaboradores de productos cocinados para su venta a domicilio [23], deficiente regulación en la que tan solo se establece la obligación de elaboración en el ámbito de la empresa de protocolos, o acciones de comunicación y sensibilización a los mandos intermedios y a la misma dirección de la empresa sobre el uso razonable de las comunicaciones y medios digitales.

Con una técnica que a nuestro juicio no cumple el estándar establecido en la norma, en el Convenio colectivo estatal para el comercio de distribuidores de especialidades y productos farmacéuticos [24], se opta por reenviar

---

20 Resolución de 14 de junio de 2022, de la Dirección General de Trabajo, por la que se registra y publica el Convenio colectivo estatal del sector de industrias cárnicas. «BOE» núm. 167, de 13 de julio de 2022, Disposición complementaria quinta.

21 Resolución de 14 de junio de 2022, de la Dirección General de Trabajo, por la que se registra y publica el XXIII Convenio colectivo de contratas ferroviarias. «BOE» núm. 154, de 28 de junio de 2022, art. 21.

22 Resolución de 6 de julio de 2022, de la Dirección General de Trabajo, por la que se registra y publica el Convenio colectivo de la industria metalgráfica y de fabricación de envases metálicos «BOE» núm. 172, de 19 de julio de 2022, art. 67.

23 Resolución de 19 de julio de 2022, de la Dirección General de Trabajo, por la que se registra y publica el Convenio colectivo de elaboradores de productos cocinados para su venta a domicilio. «BOE» núm. 181, de 29 de julio de 2022, art. 57.

24 Resolución de 12 de septiembre de 2022, de la Dirección General de Trabajo, por la que se registra y publica el Convenio colectivo estatal para el comercio de distribuidores de especialidades y productos farmacéuticos «BOE» núm. 229, de 23 de septiembre de 2022, art. 24.3.

al ámbito empresarial para la elaboración de una política interna en esta materia en la que se deberán incluir diferentes cuestiones como las modalidades de ejercicio, acciones de formación y sensibilización, etc... No este el modelo legal que se pretende, esencialmente, por la diferente naturaleza y eficacia jurídica entre un convenio colectivo estatutario y un mero protocolo de empresa. De nuevo con una escasísima regulación, en el Convenio colectivo de restauración colectiva [25], se previene tan solo la necesidad de impulsar el derecho a la desconexión digital una vez finalizada la jornada laboral, salvo causa de fuerza mayor, sin detallar qué debe entenderse por ella, así como también el derecho de las personas trabajadoras a no responder llamadas, mails o mensajes profesionales o cualquier tipo de mensaje fuera de su horario de trabajo, a excepción de aquellos trabajadores cuya retribución incluya dicha disponibilidad. Poca regulación y, en su caso, discutible.

Muy deficiente de nuevo, la regulación en el Convenio colectivo nacional de las empresas y personas trabajadoras de perfumería y afines [26], en el que nada se especifica más allá de la previsión en el sentido de que las modalidades de ejercicio del derecho se sujetarán a lo especificado en el artículo del convenio, que no previene más que el derecho en sí, unido a un mandato a las empresas para elaborar una política interna al efecto, incluidos puestos directivos. En muy similares términos en el Convenio colectivo estatal de estaciones de servicio [27].

Otro ejemplo de regulación a nuestro juicio cuestionable, además de prácticamente inexistente, la del XI Convenio colectivo nacional para las industrias de pastas alimenticias [28], en la que se nos plantean serias dudas sobre la previsión en el sentido de que se ejercerá el derecho a la desconexión digital en los términos que se acuerde con la empresa para aquellos

---

25 Resolución de 10 de noviembre de 2022, de la Dirección General de Trabajo, por la que se registra y publica el Convenio colectivo de restauración colectiva «BOE» núm. 299, de 14 de diciembre de 2022, art. 25.

26 Resolución de 16 de enero de 2023, de la Dirección General de Trabajo, por la que se registra y publica el Convenio colectivo nacional de las empresas y personas trabajadoras de perfumería y afines «BOE» núm. 22, de 26 de enero de 2023, art. 16.

27 Resolución de 27 de febrero de 2023, de la Dirección General de Trabajo, por la que se registra y publica el Convenio colectivo estatal de estaciones de servicio. «BOE» núm. 59, de 10 de marzo de 2023, Anexo 4.

28 Resolución de 9 de marzo de 2023, de la Dirección General de Trabajo, por la que se registra y publica el XI Convenio colectivo nacional para las industrias de pastas alimenticias. «BOE» núm. 68, de 21 de marzo de 2023, art. 25.

trabajadores que, en atención a la singularidad del trabajo que desempeñan, y a la necesidad de que permanezcan a disposición de la empresa, tengan una mayor disponibilidad, en una previsión a nuestro juicio muy controvertida dada la excepcionalidad del derecho en términos tan amplios.

Nuevamente, con remisión a la elaboración por las empresas de política interna en la que se especificarán las modalidades de ejercicio, y sin apenas referir más, Convenio colectivo estatal para las industrias de curtido, correas y cueros industriales y curtición de pieles para peletería [29], regulación calcada a estos efectos de la del Convenio colectivo de la industria del calzado [30].

Por último, en la regulación del III Convenio colectivo de ámbito estatal del sector de contact center [31], se continúa con la tónica habitual de remisión a las empresas para la elaboración de políticas internas en la materia en lugar de cumplir con el mandato legal de establecer la regulación en el propio convenio.

3. LA REGULACIÓN DEL DERECHO CONVENIOS DE ÁMBITO EMPRESARIAL

3.1. Mejores prácticas de regulación

Si bien no es uno de los convenios con una mejor regulación, pero dada la tónica general de escasa o nula regulación convencional, no deja de resultar en cierto modo interesante la del II Convenio colectivo de Canal de Isabel II [32], texto convencional en el que se refieren medidas concretas

---

[29] Resolución de 9 de marzo de 2023, de la Dirección General de Trabajo, por la que se registra y publica el Convenio colectivo estatal para las industrias de curtido, correas y cueros industriales y curtición de pieles para peletería. «BOE» núm. 69, de 22 de marzo de 2023, art. 85.

[30] Resolución de 24 de marzo de 2023, de la Dirección General de Trabajo, por la que se registra y publica el Convenio colectivo de la industria del calzado. «BOE» núm. 85, de 10 de abril de 2023, art. 73.

[31] Resolución de 30 de mayo de 2023, de la Dirección General de Trabajo, por la que se registra y publica el III Convenio colectivo de ámbito estatal del sector de contact center. «BOE» núm. 137, de 9 de junio de 2023, art. 28.

[32] Resolución de 9 de marzo de 2022, de la Dirección General de Trabajo, por la que se registra y publica el II Convenio colectivo de Canal de Isabel II, SA. «BOE» núm. 61, de 12 de marzo de 2022, Disposición adicional decimoséptima.

como las de la evitación de comunicaciones fuera de la jornada laboral y períodos de descanso, el derecho a no responder fuera de ésta salvo circunstancias excepcionales, con contacto preferente telefónico en este caso, la implementación de avisos de "ausente", o el compromiso de futuro de acciones formativas y de sensibilización, medidas todas ellas que podemos considerar como habituales en la experiencia negocial. Interesante, en la norma convencional se previene expresamente la no aplicación del derecho al colectivo denominado como "retén", trabajadores con prestación de servicios en atención continuada en régimen de localización.

Con un catálogo de buenas prácticas, envío de comunicaciones exclusivo a las personas implicadas, opción de envío retardado en correos, programación de respuestas automáticas, limitación de reuniones, videoconferencias o formación fuera de la jornada de trabajo, eliminación de desplazamientos innecesarios, programación de convocatorias con hora de inicio y fin, o la consideración de las reuniones fuera de jornada como voluntarias y con consideración como tiempo efectivo de trabajo, nos referimos ahora al IV Convenio colectivo de Ilunion Seguridad, SA, a nuestro juicio, un ejemplo de buenas prácticas empresariales y que, como veremos más adelante, se repite en otros convenios de diferentes empresas del grupo [33].

Igualmente, partiendo de declaración programática con respecto a la necesidad de establecer una clara delimitación entre el tiempo de trabajo y el tiempo de descanso y garantizar así el derecho a la desconexión digital, en la regulación convencional en la Empresa El Periódico de Catalunya, SLU [34], se implementan una serie de medidas interesantes, si bien algunas de ellas resultan a nuestro juicio cuestionables. Entre las primeras, el derecho a no responder a ninguna comunicación fuere cual fuere el medio utilizado (correo electrónico, WhatsApp, teléfono, etc.) una vez finalizada su jornada laboral, salvo que concurran determinadas circunstancias. O el compromiso de todo el personal para la realización de un uso adecuado de los medios informáticos y tecnológicos puestos a su disposición por la empresa, evitando en la medida de lo posible su empleo fuera de la jornada laboral establecida, con llamadas al personal con responsabilidad para

---

[33] Resolución de 1 de abril de 2022, de la Dirección General de Trabajo, por la que se registra y publica el IV Convenio colectivo de Ilunion Seguridad, SA. «BOE» núm. 88, de 13 de abril de 2022, art. 56.

[34] Resolución de 3 de mayo de 2022, de la Dirección General de Trabajo, por la que se registra y publica el Convenio colectivo de El Periódico de Catalunya, SLU, para los años 2022 y 2023«BOE» núm. 117, de 17 de mayo de 2022, art. 44.

el cumplimiento de estas políticas o a los superiores jerárquicos para que se abstengan de requerir respuestas cuando remitan comunicaciones fuera del horario. En materia de programación de reuniones de trabajo, tanto a nivel interno como las que se lleven a cabo con clientes, así como en materia de formación obligatoria, se previene que se realizarán teniendo en cuenta el tiempo aproximado de duración y, preferiblemente, que no se extenderán más allá de la finalización de la jornada de trabajo. Asimismo, se prevé como garantía expresa al personal el derecho a la desconexión digital durante el periodo de vacaciones, descanso diario y semanal, permisos, incapacidades o excedencias. En materia de información y/o formación a las personas trabajadoras sobre la necesaria protección de este derecho, se establece la necesidad de acciones, con una nueva llamada a quienes tuvieran la responsabilidad sobre un equipo y/o a los superiores jerárquicos al objeto de fomentar y educar mediante la práctica responsable. Igualmente, se regula la garantía de indemnidad, esto es, que el ejercicio del derecho a la desconexión digital no repercutirá negativamente en el desarrollo profesional del personal de la compañía. En sentido más crítico, en una cláusula que veremos más adelante en otros convenios, y que en cierto modo nos resulta a priori un tanto discutible, el derecho a la desconexión digital se configura como un derecho y no como una obligación, lo que implica expresamente que aquellas personas trabajadoras que realicen comunicaciones fuera del horario, podrán hacerlo según esta regulación con total libertad, eso sí, asumiendo que no tendrán respuesta alguna hasta la reanudación de la jornada laboral. En cuanto a las excepciones a la aplicación del derecho, en una regulación que también veremos en más convenios, se refieren las circunstancias de causa de fuerza mayor o que supongan un grave, inminente o evidente perjuicio empresarial o del negocio, cuya urgencia temporal necesitara indubitadamente de una respuesta inmediata: en dichos supuestos, se establece que la compañía que requiera una respuesta de la persona trabajadora una vez finalizada su jornada laboral, deberá contactar con aquella preferiblemente por teléfono para comunicarle la situación de urgencia que motiva dicha situación (según el convenio colectivo, se entenderá como situación de urgente necesidad, por ejemplo, aquella que habitualmente puede resolverse mediante una instrucción o directriz clara, que se puede transmitir mediante una llamada o mensaje corto, y que evita una previsible o probable implicación significativamente mayor de recursos corporativos a posteriori, en caso de no ser atajada o resuelta de forma temprana). Por último, también se excepciona la aplicación a aquellas personas trabajadoras que permanezcan a disposición de la empresa y perciban, por ello, un complemento de “libre disposición”, “dedicación plena” u otro de similar naturaleza, así como cualquier complemento de jefatura, cláusula a nuestro juicio controvertida, a pesar del *placet* en determinada doctrina judicial.

Desde otra perspectiva, en el acuerdo de prórroga del Convenio de grupo Cepsa [35], se refiere la libertad de los profesionales para decidir su conectividad, con el límite del pleno respeto a normativa sobre jornada y descansos y derecho a desconexión, la posible cesión del derecho a la desconexión ante dos situaciones tales como los períodos de disponibilidad con percibo de complemento de disponibilidad y las situaciones de causa de fuerza mayor con grave e inminente o evidente perjuicio empresarial, o la implementación en la norma de una comisión de seguimiento, sin duda instrumento necesario si se quiere dotar de verdadera efectividad al derecho. Las dos primeras cuestiones se nos presentan como mucho más dudosas.

Con una adecuada regulación, en el convenio colectivo de la Empresa Thales España GRP, SAU [36], se abordan cuestiones capitales como las de que el ejercicio del derecho no puede conllevar la imposición, en su caso, de sanciones disciplinarias; la más habitual de las comunicaciones preferentemente dentro del horario laboral; no menos interesante, la previsión expresa en el sentido de que, en caso de comunicación fuera del horario, la opción por el envío retardado y sin que se deba esperar una respuesta inmediata; o la implementación de avisos de ausencia en su caso. En materia de reuniones, la regulación impone que las convocatorias no se hagan más allá del horario establecido. Del mismo modo, encontramos una referencia expresa a la fuerza mayor o a circunstancias excepcionales como excepciones a la efectividad del derecho, pero en términos abiertos. Por último, se establece la necesidad de seguimiento a través de la comisión paritaria.

Con una redacción idéntica a la prevista en el ya analizado convenio de Ilunion Seguridad, en la Empresa Grupo Constant Servicios Empresariales, SLU [37].

---

35 Resolución de 17 de mayo de 2022, de la Dirección General de Trabajo, por la que se registra y publica el Acuerdo de modificación y prórroga del Convenio colectivo del grupo Cepsa. «BOE» núm. 128, de 30 de mayo de 2022.

36 Resolución de 7 de junio de 2022, de la Dirección General de Trabajo, por la que se registra y publica el Convenio colectivo de Thales España GRP, SAU. «BOE» núm. 145, de 18 de junio de 2022, cláusula 47.

37 Resolución de 14 de julio de 2022, de la Dirección General de Trabajo, por la que se registra y publica el VIII Convenio colectivo de Grupo Constant Servicios Empresariales, SLU «BOE» núm. 180, de 28 de julio de 2022, Capítulo XVII.

Optando por la inclusión de un reglamento de desconexión digital en el propio convenio colectivo, en una sistemática interesante, en el grupo Redexis Gas [38], la normativa interna se nos presenta con algunas referencias en materia de cumplimiento del derecho o en materia de comisión de seguimiento. Así, en la primera cuestión, muy interesante la mención a que la Empresa se reserva el derecho a medidas disciplinarias en caso de incumplimiento, o a la existencia de canales específicos de denuncias de prácticas y comportamientos contrarios a los principios de desconexión digital, con dos direcciones de correo electrónico habilitadas al efecto.

En una de las mejores prácticas empresariales hasta el momento, en la Empresa Ercros, SA. [39], se opta por incorporar como anexo V en el texto convencional el acuerdo relativo a la política de desconexión digital (y teletrabajo) negociado previamente con la representación sindical de la Empresa. En dicho acuerdo, entre otras medidas, se establece el derecho a no atender los requerimientos finalizada la jornada laboral, extensivo a vacaciones, días de libre disposición, descanso diario y semanal, permisos, incapacidades o excedencias; la convocatoria de reuniones, tanto a nivel interno como externo, o de formación obligatoria, no más allá de la finalización de la jornada ordinaria de trabajo; la evitación de llamadas telefónicas fuera del horario del emisor o receptor; la adaptación de la desconexión en casos de reducción de jornada; la posibilidad de contactar fuera de jornada para mantener la seguridad de las instalaciones, la continuidad de la producción, el servicio a clientes y a proveedores ante incidencias esenciales; igualmente, la posibilidad de contactar en retén, guardia o situaciones asimiladas en las que existe obligación de mantenimiento de la disponibilidad; por último, como garantía para los trabajadores, la previsión en el sentido de que el ejercicio del derecho no podrá conllevar medidas sancionadoras.

También con una muy positiva regulación, en la Empresa Ilunion CEE Outsourcing, SA. en los mismos términos ya descritos que en Ilunion Seguridad, SA. [40].

---

[38] Resolución de 19 de agosto de 2022, de la Dirección General de Trabajo, por la que se registra y publica el Convenio colectivo del grupo Redexis Gas «BOE» núm. 215, de 7 de septiembre de 2022, art. 41 en relación con el anexo VI.

[39] Resolución de 18 de octubre de 2022, de la Dirección General de Trabajo, por la que se registra y publica el Convenio colectivo de Ercros, SA. «BOE» núm. 261, de 31 de octubre de 2022, art. 12, en relación con Anexo V.

[40] Resolución de 20 de octubre de 2022, de la Dirección General de Trabajo, por la que se registra y publica el Convenio colectivo de Ilunion CEE Outsourcing, SA.

Sin perjuicio de la inicial remisión al convenio sectorial, en el grupo Generali España [41], se opta también por incorporar en la norma convencional determinado Acuerdo sobre desconexión digital suscrito dos años atrás, en otra de las mejores prácticas empresariales analizadas hasta el momento y sobre las que resulta necesario detenerse con algo más de precisión. Así, partiendo del reconocimiento del derecho y de su garantía de ejercicio, se especifica la "*causa de necesidad o fuerza mayor*" que habilitaría para la cesión del derecho, "*Se considerará que concurren circunstancias excepcionales y justificadas cuando se trate de supuestos o situaciones que puedan suponer un grave riesgo hacia las personas o un potencial perjuicio empresarial hacia el negocio, cuya urgencia requiera de la adopción de medidas especiales o respuestas inmediatas*". En cuanto a las concretas medidas a adoptar, se incluye la elaboración de una guía de recomendaciones, la activación de la opción de entrega retardada de correos, la recomendación para evitar convocatorias de cursos de formación, reuniones, videoconferencias o presentaciones fuera de la jornada laboral ordinaria. Interesante previsión, en el caso de trabajo con clientes, proveedores y/o interlocutores internacionales con los que exista diferencia horaria, se especifica en la norma convencional que el derecho a la desconexión se deberá modular. Por último, y tras una exhaustiva regulación del registro horario, se previene a estos efectos la existencia de dos colectivos especiales, el de funciones comerciales, de negociación o representación, y el del Grupo 1, colectivos ambos en los que se establece que el trabajo podrá realizarse fuera de los límites horarios establecidos con carácter general sin contravención de los mismos, sin perjuicio de prevenirse expresamente en el convenio que todas las personas trabajadoras, sin excepción, estarán afectadas por el sistema de registro diario de la jornada y tendrán derecho a la desconexión, debiendo cumplir con la jornada sin menoscabo de la flexibilidad y disponibilidad horaria exigidas. Interesante igualmente la previsión de viajes o desplazamientos durante la jornada como tiempo efectivo de trabajo.

Con un detalle menor, pero en todo caso interesante, convenio de la Empresa Agfa Offset BV sucursal en España [42], regulación en la que, al

---

«BOE» núm. 262, de 1 de noviembre de 2022, art. 63.

41 Resolución de 8 de noviembre de 2022, de la Dirección General de Trabajo, por la que se registra y publica el VII Convenio colectivo del grupo Generali España. «BOE» núm. 277, de 18 de noviembre de 2022, art. 9, en relación con los Anexos V y VI.

42 Resolución de 27 de noviembre de 2022, de la Dirección General de Trabajo, por la que se registra y publica el Convenio colectivo de Agfa Offset BV sucursal en

margen de cuestiones más habituales, como las de la indemnidad en cuestiones disciplinarias como consecuencia del ejercicio del derecho, o la no influencia de manera negativa en procesos de promoción, evaluación y valoración, se define lo que se denomina como "*circunstancias excepcionales justificadas*", esto es, "*supuestos que puedan suponer un grave riesgo hacia las personas o un potencial perjuicio empresarial hacia el negocio, cuya urgencia requiera de la adopción de medidas especiales o respuestas inmediatas*".

Como consecuencia de la implementación en la Empresa Nokia Spain SA. de un marco flexible de entrada de 7:00 a 9:30 horas y salida de 15:30 a 18:00 horas, la Empresa asume el rango más amplio de la jornada ordinaria para la garantía del derecho a la desconexión digital, esto es, desde las 7:00 hasta las 18:00 horas. Valoramos la regulación como positiva, destacando la prevención a los superiores jerárquicos para que se abstengan de requerir respuesta a comunicaciones enviadas fuera del horario de trabajo (el aludido rango "amplio" desde las 7:00 hasta las 18:00 horas), la asunción de que la respuesta podrá esperar a la jornada laboral siguiente en caso contrario, la habitual previsión en el sentido de convocatoria de reuniones de trabajo, tanto a nivel interno como con clientes, teniendo en cuenta el tiempo aproximado de duración y su extensión no más allá de la jornada ordinaria de trabajo, el derecho a la desconexión en vacaciones, permisos, festivos, fines de semana, incapacidades, excedencias, etc…, o la muy importante previsión, ya vista en algún anterior convenio, de la necesaria adaptación del derecho en caso de reducción de jornada. Por último, se establece la no aplicación de las medidas "*cuando concurran circunstancias de causa de fuerza mayor o que supongan un grave, inminente o evidente perjuicio empresarial o del negocio, cuya urgencia temporal necesita indubitadamente de una respuesta inmediata*", debiendo la Empresa en tales supuestos contactar con la persona trabajadora, preferiblemente por teléfono, e informando simultáneamente a la Comisión de Seguimiento, regulación esta novedosa pero sin duda muy acertada a los efectos de la limitación de las situaciones de excepcionalidad [43].

En otro supuesto de buenas prácticas empresariales, si bien con una matización final, aludimos ahora a la regulación en la Empresa Evolutio

España, para sus centros de trabajo de Barcelona y Madrid. «BOE» núm. 293, de 7 de diciembre de 2022, art. 18.

43 Resolución de 30 de noviembre de 2022, de la Dirección General de Trabajo, por la que se registra y publica el XXV Convenio colectivo de Nokia Spain, SA. «BOE» núm. 301, de 16 de diciembre de 2022, art. 41.

Cloud Enabler, SAU [44], regulación convencional en la que se detallan algunas de las mejores medidas ya mencionadas en convenios colectivos analizados anteriormente: derecho a no responder a ninguna comunicación, fuere cual fuere el medio utilizado (correo electrónico, WhatsApp, teléfono, etc.) una vez finalizada su jornada laboral salvo que concurran las circunstancias excepcionales; obligación de cumplimiento de la política de desconexión digital para los superiores jerárquicos o coordinadores de equipos; convocatoria de reuniones de trabajo internas, con clientes o de formación obligatoria, no más tarde de la finalización de la jornada ordinaria de trabajo; garantía del derecho a la desconexión digital durante los períodos de vacaciones, horas de asuntos propios, descansos, permisos, incapacidades y excedencias, resultando obligatorio dejar configurado un "fuera de oficina" en el correo electrónico indicando la ausencia; confección de una guía de buenas prácticas para concienciar y facilitar el buen uso de las herramientas; excepciones: "*Cuando concurran circunstancias, siempre excepcionales, de causa de fuerza mayor o que supongan un grave, inminente o evidente perjuicio para la Empresa, sus empleados, clientes o el negocio, cuya urgencia temporal necesite de una respuesta inmediata";* interesante, en caso de discrepancias, los trabajadores podrán elevar la queja a través de diferentes canales: people & change, representantes de los trabajadores o a través de la política de resolución de conflictos. Dos últimas presiones sobre las que se nos plantean más dudas: en primer término, en el propio convenio se excluye la aplicación del derecho a desconexión digital a aquellas personas trabajadoras que permanezcan a disposición de la Compañía y perciban, por ello, un complemento de disponibilidad u otro de similar naturaleza; en segundo lugar, expresamente se refiere que la desconexión digital se configura como un derecho, no como una obligación, por lo que se establece que aquellas personas que realicen comunicaciones fuera del horario establecido podrán hacerlo con total libertad.

También interesante la regulación en la Empresa Pro a Pro Hostelería Organizada, SAU [45]. Comienza la regulación convencional afirmando la

---

[44] Resolución de 23 de diciembre de 2022, de la Dirección General de Trabajo, por la que se registra y publica el III Convenio colectivo de Evolutio Cloud Enabler, SAU, «BOE» núm. 5, de 6 de enero de 2023, Capítulo XV y Anexo IV.

[45] Resolución de 9 de enero de 2023, de la Dirección General de Trabajo, por la que se registra y publica el Convenio colectivo de Pro a Pro Hostelería Organizada, SAU, para sus centros de trabajo de Madrid, Barcelona, Las Palmas de Gran Canaria y Palma de Mallorca, «BOE» núm. 16, de 19 de enero de 2023, capítulo 12, arts. 37 a 40.

aplicación del derecho para toda la plantilla, "*si bien su implantación deberá adaptarse a la necesidades y peculiaridades de las diferentes áreas de la misma y sin que repercutan de manera negativa en la productividad, ni en los resultados económicos de la Empresa y respetando, en todo caso, la conciliación de la vida personal y familiar*", en una redacción a nuestro juicio demasiado abierta e inconcreta y que, en su caso, podría comprometer la efectividad del derecho. Entre las concretas medidas, las ya habituales: se evitará, en la medida de lo posible, el envío de comunicaciones profesionales una vez finalizada la jornada laboral de la persona emisora o receptora de las mismas; en caso de ser necesario el envío, la persona emisora no deberá esperar una respuesta inmediata; la configuración de envío retardado para correos remitidos fuera del horario laboral; o la previsión de mensajes de respuesta automática en vacaciones. Muy interesante a nuestro juicio, se previene de manera expresa que "*La desconexión digital será aplicada y respetada por todas las personas trabajadoras de la Empresa, con independencia de su puesto o jerarquía*". También se regula la excepción al derecho en casos de fuerza mayor o cuestiones urgentes, sin mayor especificación.

Como otro supuesto de regulación a tener en cuenta, por atípico, el de la Compañía Asturiana de Bebidas Gaseosas, SLU [46], convenio colectivo éste en el que, si bien no se contempla como tal el derecho a la desconexión, en el precepto dedicado a los horarios, sí que se establece una previsión en el sentido de que las reuniones comerciales, presentaciones de campañas y productos, las reuniones técnicas, presentaciones de indicadores y similares se realizarán, con carácter general, dentro de la jornada de trabajo, considerándose como jornada de trabajo en el área comercial la comprendida entre las ocho y las dieciocho horas. No es que se trate precisamente de una de las mejores prácticas negociales analizadas hasta este momento, pero al menos previene la particularidad del ejercicio del derecho de este tipo de actividades comerciales, de ahí que lo incluyamos en este apartado. En esta tónica, la regulación en el convenio de la Empresa World Duty Free Group, SAU [47]: partiendo de la conceptuación de la consideración del tiempo de descanso, permisos y vacaciones como un

---

[46] Resolución de 9 de enero de 2023, de la Dirección General de Trabajo, por la que se registra y publica el Convenio colectivo de Compañía Asturiana de Bebidas Gaseosas, SLU. «BOE» núm. 17, de 20 de enero de 2023, art. 4.2.

[47] Resolución de 16 de enero de 2023, de la Dirección General de Trabajo, por la que se registra y publica el Acuerdo de modificación parcial del Convenio colectivo de World Duty Free Group, SAU «BOE» núm. 22, de 26 de enero de 2023, anexo 5.

derecho de los trabajadores y como un objetivo estratégico de la Empresa, se incorpora expresamente el derecho de los trabajadores a no responder a cualquier tipo de comunicación por cualquier canal (correo electrónico, teléfono, Whatsapp, redes sociales, etc.) fuera de su horario de trabajo, salvo por causa de fuerza mayor o circunstancias excepcionales, que no se definen. Tampoco es de las regulaciones más exhaustivas, pero dada la tónica general, la referimos entre las mejores prácticas.

Nos detenemos ahora en la regulación convencional de la Empresa Fertiberia, SA [48] en la cual, al margen de principios y medidas habituales (desconexión como un derecho, respeto de los tiempos de descanso salvo circunstancias excepcionales, uso preferible en estos últimos supuestos del teléfono o mensaje de aviso en el correo durante vacaciones, permisos, bajas y/o excedencias), se implementan algunas otras de gran interés. Por ejemplo, en materia de celebración de reuniones eficaces, convocatorias con al menos 48 horas o limitación del número de reuniones diarias. Muy interesante, en el caso de relaciones entre personas con distintos husos horarios, se previene que las comunicaciones se realizarán preferentemente en la parte del horario laboral que resulte coincidente en ambas o, de no ser posible, en el momento más próximo a dicho horario. Por último, en otra muy interesante previsión convencional, de cara a restringir el envío de correos electrónicos, se previene la utilización del "Para",–exclusivamente para aquellas personas de las que esperamos una acción, toma de decisión o respuesta-, del "CC",–exclusivamente para las personas que deben conocer el contenido de la comunicación, pero de las que no se espera ninguna acción, toma de decisión o respuesta-, o del "CCO", -para hacer llegar un mismo mensaje no personalizado a múltiples destinatarios/as sin desvelar la identidad del resto, o cuando no se espera respuesta-.

De nuevo, en el V Convenio colectivo de la Empresa Ilunion Seguridad, SA., regulación en idénticos términos que para otras empresas del grupo ya analizadas anteriormente [49].

Con una escasa regulación, pero con algún interesante matiz, en el Convenio de grupo de empresas Distribuidora Internacional de Alimentación,

---

48 Resolución de 16 de enero de 2023, de la Dirección General de Trabajo, por la que se registra y publica el Convenio colectivo de Fertiberia, SA «BOE» núm. 22, de 26 de enero de 2023, art. 18.

49 Resolución de 9 de marzo de 2023, de la Dirección General de Trabajo, por la que se registra y publica el V Convenio colectivo de la Ilunion Seguridad, SA. , «BOE» núm. 68, de 21 de marzo de 2023, art. 56.

SA, y Día Retail España, SAU, se previene de manera expresa que la Empresa no realizará llamadas o comunicaciones que requieran la respuesta inmediata del empleado/a "*salvo que concurra causa de urgencia relevante o fuerza mayor, que no pueda esperar al día siguiente y siempre de acuerdo a la responsabilidad del puesto de trabajo y las funciones concretas a desarrollar una vez finalizada la jornada laboral*". Además, se previene igualmente que el empleado/a no podrá ser discriminado en su promoción ni recriminado por el ejercicio del derecho a la desconexión digital [50].

Partiendo de la garantía de cumplimiento de las necesidades de servicio, en la regulación convencional en la Empresa Iberdrola Inmobiliaria, SAU [51], se alude a una ordenación racional del tiempo de trabajo, al fomento de la racionalización del tiempo invertido en reuniones, teniendo en cuenta el carácter internacional y los diferentes husos horarios de las Compañías del Grupo, evitando convocar reuniones a partir de las 6 de la tarde. Por último, promoviendo un uso eficiente y racional del e-mail y del teléfono corporativo, no solicitando respuesta fuera de los horarios de trabajo ni durante los tiempos de descanso, permisos, licencias o vacaciones, salvo causa de fuerza mayor o circunstancias excepcionales.

Con una regulación no muy exhaustiva, pero sí comprensiva de las habituales medidas, en el Convenio colectivo de la Empresa Kiabi España KSCE, SA [52]: entre otras medidas, la de que no se exigirá ni se esperará por parte de la persona trabajadora que acceda a los sistemas informáticos puestos a su disposición con el objetivo de revisar o responder correos o responder llamadas relacionados con su prestación laboral una vez finalizada su jornada, la de la previsión de determinación de personal de "back up" para cada puesto en vacaciones, una formación específica para el personal sobre el uso razonable de las herramientas tecnológicas para evitar el riesgo de fatiga informática y, la más interesante, la de la necesaria información

---

50 Resolución de 21 de marzo de 2023, de la Dirección General de Trabajo, por la que se registra y publica el texto del V Convenio colectivo del grupo de empresas Distribuidora Internacional de Alimentación, SA, y Día Retail España, SAU. «BOE» núm. 77, de 31 de marzo de 2023, art. 73.

51 Resolución de 24 de marzo de 2023, de la Dirección General de Trabajo, por la que se registra y publica el V Convenio colectivo de Iberdrola Inmobiliaria, SAU «BOE» núm. 85, de 10 de abril de 2023, disposición final tercera.

52 Resolución de 10 de abril de 2023, de la Dirección General de Trabajo, por la que se registra y publica el Convenio colectivo de Kiabi España KSCE, SA «BOE» núm. 99, de 26 de abril de 2023, art. 16.

y formación al personal, directivos y mandos intermedios sobre el respeto a la duración de la jornada laboral y el derecho a la desconexión digital.

En esta línea, una previsión convencional interesante en relación con alguna de las cuestiones que venimos comentando es la relativa a la regulación del derecho en el acuerdo de la comisión negociadora del XVII Convenio colectivo de la ONCE y su personal [53]. En este sentido, y más allá de la propia regulación del derecho, no muy profusa, todo hay que decirlo, sí que resulta a nuestro juicio muy positiva la sistemática adoptada por cuanto expresamente se reconoce en el Acuerdo la eficacia de convenio colectivo, con lo que se solucionan problemas con respecto a las diferencias de naturaleza y eficacia jurídica entre los convenios colectivos, acuerdos de empresa, protocolos, guías de buenas prácticas, etc...

Otro supuesto de buenas prácticas empresariales, es el relativo al Convenio colectivo del Grupo Supermercados Carrefour [54], normativa convencional ésta en la que, partiendo del reconocimiento del derecho, así como de la no realización con carácter general de llamadas, envío de correos o de mensajería de cualquier tipo más allá del horario de trabajo, se define lo que se debe entender por circunstancias excepcionales justificadas y se establece un catálogo de lo que denomina como "buenas prácticas". En relación con la primera cuestión, "*Se considerará que concurren circunstancias excepcionales justificadas cuando se trate de supuestos que puedan suponer un riesgo hacia las personas o un potencial perjuicio empresarial hacia el negocio, cuya urgencia requiera de la adopción de medidas especiales o respuestas inmediatas*". En relación con el catálogo de buenas prácticas, al objeto de simplificar la información, se regula que el envío de comunicaciones se efectuará exclusivamente a las personas implicadas y con el contenido imprescindible, la utilización de la configuración de la opción de envío retardado en los correos remitidos fuera del horario, la programación de respuestas automáticas durante los periodos de ausencia, la utilización de videoconferencias y audio conferencias que eliminen los desplazamientos innecesarios, o la convocatoria de reuniones fuera de jornada como voluntarias y computando como jornada efectiva, reuniones siempre con la fijación previa de la

---

53 Resolución de 19 de abril de 2023, de la Dirección General de Trabajo, por la que se registra y publica el Acuerdo del XVII Convenio colectivo de la Organización Nacional de Ciegos y su personal. «BOE» núm. 103, de 1 de mayo de 2023.

54 Resolución de 5 de junio de 2023, de la Dirección General de Trabajo, por la que se registra y publica el Convenio colectivo del Grupo Supermercados Carrefour. «BOE» núm. 141, de 14 de junio de 2023, art. 21.

hora de inicio y finalización, así como la necesidad de aportación previa de la documentación.

Otro convenio de cuyo tenor literal se desprende la existencia de buenas prácticas empresariales es el correspondiente a la Empresa Bofrost [55], si bien se nos plantean un par de reservas en aspectos concretos. Nada que no hayamos visto habitualmente en las regulaciones convencionales más avanzadas hasta ahora, pero sí que expresamente se excluye la excepción en la aplicación del derecho en tres supuestos a nuestro juicio controvertidos. Primero, en los casos en que concurran circunstancias de causa de fuerza mayor o que supongan un grave, inminente o evidente perjuicio empresarial o del negocio cuya urgencia temporal necesitara indubitadamente de una respuesta inmediata, redacción a nuestro juicio en términos en exceso abiertos. Segundo, igual excepción para las personas trabajadoras que permanezcan a disposición de la empresa y perciban por ello un complemento de disponibilidad u otro de similar naturaleza, en una tendencia relativamente habitual en los convenios colectivos. Tercero, se excluye igualmente la aplicación para el personal que trabaje con clientes y/o proveedores internacionales con cuyos países exista diferencia horaria respecto a España.

También interesante, por la opción elegida, es la que se nos presenta en el Convenio colectivo de Grupo Allianz [56]. De partida, se opta por la remisión al convenio sectorial en materia de derechos digitales. A partir de esta remisión, en lugar de optar por incorporar la política interna en el propio convenio, se remite en este punto al Acuerdo Colectivo de Desconexión Digital de Jornada de Allianz, Compañía de Seguros y Reaseguros, SA. En todo caso, no tenemos tan clara esta técnica sistemática dado que no hablamos de instrumentos con igual naturaleza y eficacia jurídica.

3.2. *Convenios de empresa con escasa regulación del derecho*

En último término, nos ocupamos de los convenios de empresa o de grupo con una escasa regulación del derecho, deteniéndonos en primer

---

[55] Resolución de 6 de junio de 2023, de la Dirección General de Trabajo, por la que se registra y publica el IV Convenio colectivo de Bofrost*, SAU. «BOE» núm. 145, de 19 de junio de 2023, art. 53.

[56] Resolución de 19 de junio de 2023, de la Dirección General de Trabajo, por la que se registra y publica el Convenio colectivo del Grupo Allianz. «BOE» núm. 154, de 29 de junio de 2023, art. 38.

término en la regulación del Acuerdo marco de Sidenor Aceros Especiales, SLU, y Sidenor Investigación y Desarrollo, SA[57]. Partiendo de la afirmación de la existencia del derecho a la desconexión digital a fin de garantizar, fuera del tiempo de trabajo, el respeto al tiempo de descanso, permisos y vacaciones, así como a la intimidad personal y familiar, se establece la regla general en el sentido de que operará el derecho a la desconexión en todos los periodos no laborales salvo, como excepción, en los casos extraordinarios en que concurran circunstancias de causa de fuerza mayor o que supongan un grave, inminente o evidente perjuicio empresarial o del negocio, cuya urgencia temporal necesita indubitadamente de una respuesta inmediata. Por último, en una previsión que veremos en algún que otro convenio, se establece que, en aquellos casos en los que la Empresa dote a las personas trabajadoras de medios de comunicación telemática, la persona trabajadora propondrá el periodo de desconexión digital que, en todo caso, deberá respetar la duración mínima legal de los descansos, y tendrá la obligación de dejar un mensaje de aviso en el correo electrónico con la mención de "ausente", indicando los datos de contacto de la persona trabajadora que hubiera sido designada por la empresa para su reemplazo, así como la concreta duración de los periodos de desconexión. En este punto, y sin perjuicio de un posterior estudio pormenorizado de este tipo de cláusulas convencionales, no tenemos muy claro de partida el encaje legal de este tipo de previsiones.

Como paradigma de aquellos convenios colectivos que optan por el mero expediente formal de remisión a la norma, en lo que a nuestro juicio no deja de suponer un claro incumplimiento del mandato prevenido en la Ley, nos referimos al Convenio colectivo de las Empresas Air Liquide España, SA, y Air Liquide Ibérica de Gases, SLU, norma en cuyo articulado se alude sin más al acuerdo para una futura realización de un protocolo en esta materia[58]. En esta línea, Convenio colectivo del Grupo Cofely, del

---

57 Resolución de 14 de febrero de 2022, de la Dirección General de Trabajo, por la que se registra y publica el Acuerdo marco de Sidenor Aceros Especiales, SLU, y Sidenor Investigación y Desarrollo, SA. «BOE» núm. 49, de 26 de febrero de 2022, art. 23.

58 Resolución de 17 de febrero de 2022, de la Dirección General de Trabajo, por la que se registra y publica el Convenio colectivo de Al Air Liquide España, SA, y Air Liquide Ibérica de Gases, SLU. «BOE» núm. 58, de 9 de marzo de 2022, art. 7 *bis*.

que se deduce el mero compromiso de futuro de constitución de una mesa paritaria al efecto, pero ninguna regulación positiva del derecho [59].

Con una transcripción casi literal de la norma, nos referimos a continuación al IV Convenio colectivo de Supercor, SA. [60], eso sí, al menos con la previsión en el sentido de que el ejercicio del derecho no podrá conllevar medidas sancionadoras para el trabajador o que no podrá influir de manera negativa en los procesos de promoción, evaluación y valoración. Con una simple remisión a la normativa del grupo y laboral, nos encontramos con la regulación en el Convenio colectivo de Dürr Systems Spain, SA [61]. Remisión íntegra a la norma también en el caso de la Empresa Finanzauto SA [62], pero esta vez con la previsión ya vista en supuesto anterior de garantía de indemnidad para las personas que hicieran ejercicio efectivo de su derecho. Con una mera declaración de desarrollo de una política en la materia, el Convenio colectivo de las Empresas Airbus Defence and Space, SAU, Airbus Operations, SL, y Airbus Helicopters España, SA. [63].

Caso particular, por excepcional, el de la Empresa Refresco Iberia, SAU para los centros de trabajo de Oliva (Valencia) y Alcolea (Córdoba) [64]: aunque veremos que no se trata de un caso único, en este convenio se opta por

---

59 Resolución de 7 de marzo de 2022, de la Dirección General de Trabajo, por la que se corrigen errores en la de 18 de noviembre de 2021, por la que se registra y publica el Convenio colectivo del Grupo Cofely. «BOE» núm. 68, de 21 de marzo de 2022.

60 Resolución de 28 de marzo de 2022, de la Dirección General de Trabajo, por la que se registra y publica el IV Convenio colectivo de Supercor, SA. «BOE» núm. 86, de 11 de abril de 2022, Disposición adicional novena.

61 Resolución de 28 de marzo de 2022, de la Dirección General de Trabajo, por la que se registra y publica el Convenio colectivo de Dürr Systems Spain, SA «BOE» núm. 88, de 13 de abril de 2022, art. 23.

62 Resolución de 22 de abril de 2022, de la Dirección General de Trabajo, por la que se registra y publica el Convenio colectivo de Finanzauto, SA. «BOE» núm. 107, de 5 de mayo de 2022, art. 31.

63 Resolución de 22 de abril de 2022, de la Dirección General de Trabajo, por la que se registra y publica el Convenio colectivo de Airbus Defence and Space, SAU, Airbus Operations, SL, y Airbus Helicopters España, SA. «BOE» núm. 108, de 6 de mayo de 2022, disposición transitoria segunda.

64 Resolución de 22 de abril de 2022, de la Dirección General de Trabajo, por la que se registra y publica el Convenio colectivo de Refresco Iberia, SAU, para los centros de trabajo de Oliva (Valencia) y Alcolea (Córdoba). «BOE» núm. 108, de 6 de mayo de 2022, anexo 5.

referir la existencia de una política de desconexión digital en la Empresa a la que los negociadores se remiten, pero de la que nada se refiere al efecto.

Con una práctica remisión íntegra a la norma, pero con una cuestionable referencia a la cesión del derecho ante situaciones de carácter excepcional, de las que nada se refiere pues no se detallan, nos referimos ahora al convenio colectivo de la Empresa Telefónica Servicios Audiovisuales, SAU [65]. Como mero compromiso de desarrollo de futuro de una política de desconexión digital, regulación en la Empresa de Patentes Talgo SLU [66].

Mucho más cuestionable el Convenio de la Empresa Federación Farmacéutica, S. Coop. CL [67]. En una regulación que tiene mucho de mera remisión a la Ley, se añaden dos previsiones que entendemos no se ajustan al modelo legal. Por un lado, se determina que la desconexión digital es un derecho para las personas trabajadoras y no una obligación para la empresa, pudiendo escoger hacer uso o no. Por otro, expresamente se refiere que el derecho se verá excepcionado para aquellas personas que ocupen puestos directivos con un cargo de responsabilidad en la empresa cuyas funciones exijan plena disponibilidad: comité de dirección, directores de negocio y gerentes. En este sentido, creemos que nos encontramos con la regulación más restrictiva y *contra legem* de todas las analizadas en este trabajo.

En la modificación del Convenio colectivo de Compañía Logística Acotral, SA, y Acotral Distribución Canarias, SA [68], en el apartado del teletrabajo, nos encontramos, sin más, con una referencia expresa al necesario transcurso de 12 horas entre jornadas para garantía del derecho a la

---

65 Resolución de 22 de abril de 2022, de la Dirección General de Trabajo, por la que se registra y publica el Acuerdo de teletrabajo y otras formas de flexibilidad que modifica el VI Convenio colectivo de la empresa Telefónica Servicios Audiovisuales, SAU «BOE» núm. 113, de 12 de mayo de 2022, anexo II.

66 Resolución de 17 de mayo de 2022, de la Dirección General de Trabajo, por la que se registra y publica el VII Convenio colectivo de Patentes Talgo, SLU. «BOE» núm. 128, de 30 de mayo de 2022, capítulo XIV.

67 Resolución de 23 de mayo de 2022, de la Dirección General de Trabajo, por la que se registra y publica el Acuerdo de modificación del Convenio colectivo de Federación Farmacéutica, S. Coop. CL. «BOE» núm. 131, de 2 de junio de 2022, art. 55.

68 Resolución de 31 de mayo de 2022, de la Dirección General de Trabajo, por la que se registra y publica la modificación del V Convenio colectivo de Compañía Logística Acotral, SA, y Acotral Distribución Canarias, SA. «BOE» núm. 140, de 13 de junio de 2022.

desconexión, referencia a todas luces superflua por exigida en la norma. Igualmente, en modificación del Convenio colectivo de Grupo Acciona Energía, se efectúa en su preámbulo una referencia sin más a la "*Inclusión expresa del derecho a la desconexión digital en el ámbito laboral*" [69].

Con el objetivo de impulsar y desarrollar el derecho, en la Empresa Bureau Veritas Inversiones, SL [70]. se previene sin más el compromiso de constitución de una futura comisión *ad hoc*, en una mera declaración programática que no cumple con las exigencias legales de desarrollo del derecho [71]. En parecidos términos, como una mera declaración de intenciones de futuro, Convenio colectivo de la Empresa Euro Pool System España, SLU [72].

Con diferente técnica, por remisión a la regulación en convenio sectorial, se nos presenta la regulación en el Convenio de empresas de grupo Catalana Occidente [73].

También como un supuesto de distinta técnica de regulación, se opta en este caso concreto por la referencia en el convenio colectivo a la aprobación de una política de desconexión al margen del convenio colectivo y

---

69 Resolución de 17 de junio de 2022, de la Dirección General de Trabajo, por la que se registra y publica la modificación del II Convenio colectivo del Grupo Acciona Energía. «BOE» núm. 157, de 1 de julio de 2022.

70 Resolución de 12 de julio de 2022, de la Dirección General de Trabajo, por la que se registra y publica el Convenio colectivo de Euro Pool System España, SLU. «BOE» núm. 177, de 25 de julio de 2022, art. 57.

71 Resolución de 30 de junio de 2022, de la Dirección General de Trabajo, por la que se registra y publica el III Convenio colectivo de Bureau Veritas Inversiones, SL. «BOE» núm. 168, de 14 de julio de 2022, Capítulo VI.

72 Resolución de 12 de julio de 2022, de la Dirección General de Trabajo, por la que se registra y publica el Convenio colectivo de Euro Pool System España, SLU. «BOE» núm. 177, de 25 de julio de 2022.

73 Resolución de 12 de julio de 2022, de la Dirección General de Trabajo, por la que se registra y publica el Convenio colectivo de Seguros Catalana Occidente, Sociedad Anónima Unipersonal de Seguros y Reaseguros; Bilbao Compañía Anónima de Seguros y Reaseguros, Sociedad Anónima Unipersonal; Grupo Catalana Occidente Tecnología y Servicios, Agrupación de Interés Económico; Plus Ultra Seguros Generales y Vida, Sociedad Anónima Unipersonal de Seguros y Reaseguros, Sociedad Unipersonal; Grupo Catalana Occidente, Sociedad Anónima; Grupo Catalana Occidente Gestión de Activos, Sociedad Anónima Unipersonal SGIIC; Grupo Catalana Occidente Activos Inmobiliarios, Sociedad Limitada; Grupo Catalana Occidente Gestora de Pensiones EGFP, Sociedad Anónima Unipersonal; y Grupo Catalana Occidente Reaseguros, Sociedad Anónima Unipersonal. «BOE» núm. 177, de 25 de julio de 2022, art. 13.

publicada en intranet para general conocimiento, modelo que, insistimos, nos plantea no sólo dudas de encaje al mandato legal en la LOPD sino, más allá, en cuanto a la diferente naturaleza de los distintos instrumentos reguladores [74].

Nuevamente, con una simple remisión a la existencia del derecho y a una futura elaboración de la política en la materia, la regulación en la Empresa Nippon Gases España, SLU [75].

Con una técnica similar a la aludida en el caso Banco de España, en la Empresa Mapfre Grupo Asegurador se efectúa una mera alusión al código telemático y a las normas que lo complementan en esta materia de desconexión [76]. Igualmente, en la Empresa Lidl Supermercados, SAU, se opta por la mera afirmación de la existencia del derecho, si bien se menciona que las comunicaciones que por causa justificada o fuerza mayor deban realizarse fuera del horario laboral, deberán realizarse por los medios oficiales (teléfono, correo corporativo, etc) [77].

Otro convenio colectivo, en este caso, una modificación del mismo, que opta desde una perspectiva sistemática por la alusión a la política de desconexión digital implementada en la compañía en lugar de desarrollar la regulación del derecho en la norma convencional, es el correspondiente a la Fundación Unicef-Comité Español, en cuyo texto no es posible encontrar más referencia al derecho que la que se efectúa en el precepto dedicado al trabajo a distancia y en esos aludidos términos [78]. Regulación en términos muy poco exigentes que se deduce igualmente de la simple lectura

---

74 Resolución de 23 de julio de 2022, de la Dirección General de Trabajo, por la que se registra y publica el Convenio colectivo del Banco de España para los años 2021 y 2022. «BOE» núm. 187, de 5 de agosto de 2022, art. 16, en lo que concierne a la política de desconexión, y art. 18 en lo que se refiere al seguimiento del marco de flexibilidad en la organización del trabajo.

75 Resolución de 19 de agosto de 2022, de la Dirección General de Trabajo, por la que se registra y publica el Convenio colectivo de Nippon Gases España, SLU. «BOE» núm. 207, de 29 de agosto de 2022, art. 65.

76 Resolución de 31 de agosto de 2022, de la Dirección General de Trabajo, por la que se registra y publica el Convenio colectivo de Mapfre Grupo Asegurador. «BOE» núm. 219, de 12 de septiembre de 2022, Disposición adicional primera.

77 Resolución de 31 de agosto de 2022, de la Dirección General de Trabajo, por la que se registra y publica el III Convenio colectivo de Lidl Supermercados, SAU. «BOE» núm. 219, de 12 de septiembre de 2022, art. 21.

78 Resolución de 27 de noviembre de 2022, de la Dirección General de Trabajo, por la que se registra y publica el Acuerdo de modificación del Convenio colectivo

del texto del Convenio de la Empresa Avatel Telecom, SA, mero reconocimiento formal y garantía de su ejercicio, sin perjuicio de la referencia a la exclusión de la aplicación del derecho a aquellas personas que permanezcan a disposición de la compañía y perciban por ello un complemento de disponibilidad [79]. Deficiente regulación que se deduce igualmente de la regulación en el Convenio de la Empresa Cash Converters, SL y sociedades vinculadas, con una referencia expresa a la cesión del derecho ante causa de fuerza mayor o circunstancias excepcionales, pero sin detallar en que supuestos pudieran actualizarse estas [80].

En otra opción, en el Convenio colectivo de la Empresa Adecco TT, SA, ETT, se refiere el derecho a la desconexión pero en los términos que constan en el plan de igualdad de la empresa, modelo éste que no creemos que responda a la exigencia legal [81].

Con un mero compromiso a respetar y hacer respetar el derecho, deficiente regulación en el Convenio colectivo de Acciona Mobility, SA [82]. En parecidos términos, pero con al menos una genérica alusión a la racionalización de horarios, Convenio colectivo en grupo Naturgy [83]. Con el mero compromiso de constitución de una comisión de desconexión con el objeto de impulsar y desarrollar el derecho, se nos presenta la regulación

de la Fundación Unicef-Comité Español. «BOE» núm. 294, de 8 de diciembre de 2022, Introducción de un nuevo capítulo XI y artículo 44.

79 Resolución de 12 de diciembre de 2022, de la Dirección General de Trabajo, por la que se registra y publica el Convenio colectivo de Avatel Telecom, SA, para los centros de trabajo de Alicante, Madrid y Málaga. «BOE» núm. 307, de 23 de diciembre de 2022, art. 40.

80 Resolución de 13 de diciembre de 2022, de la Dirección General de Trabajo, por la que se registra y publica el IV Convenio colectivo de Cash Converters, SL, y sociedades vinculadas «BOE» núm. 309, de 26 de diciembre de 2022, Disposición adicional tercera.

81 Resolución de 9 de enero de 2023, de la Dirección General de Trabajo, por la que se registra y publica el Convenio colectivo de Adecco TT, SA, ETT, «BOE» núm. 17, de 20 de enero de 2023.

82 Resolución de 6 de febrero de 2023, de la Dirección General de Trabajo, por la que se registra y publica el Convenio colectivo de Acciona Mobility, SA , «BOE» núm. 44, de 21 de febrero de 2023, art. 42.

83 Resolución de 6 de febrero de 2023, de la Dirección General de Trabajo, por la que se registra y publica el III Convenio colectivo del grupo Naturgy. «BOE» núm. 47, de 24 de febrero de 2023, art. 34.

en la Empresa Bureau Veritas Iberia, SLU [84]. En el escenario del Grupo Cetelem, regulación muy deficitaria, con alusión a un protocolo en el que se definirán las modalidades de ejercicio del derecho a la desconexión y las acciones de formación y sensibilización [85].

Nuevamente, en otro ejemplo de regulación claramente insuficiente, en las empresas del grupo Zurich, con una genérica alusión al respeto del descanso entre jornadas, semanal, festivos [86].

Con remisión a la Ley, pero también al Acuerdo Marco sobre Igualdad en el Grupo Telefónica en España, al Acuerdo Marco sobre teletrabajo o trabajo a distancia en el ámbito de las Unidades Globales del Grupo Telefónica, al Acuerdo relativo a las Instrucciones sobre registro diario de la jornada en Telefónica y al Acuerdo sobre Política interna reguladora del derecho a la desconexión digital de las personas trabajadoras de Telefónica, se presenta la regulación convencional en el caso de las Unidades Globales de Telefónica en España [87]. Simple remisión a la Ley, con compromiso de mantenimiento de una política interna dirigida a establecer los criterios para garantizar el derecho, en el Convenio colectivo de Red Eléctrica Corporación, SA [88].

Por último, con una fórmula también cuestionable, por escueta, en el caso de la Fundación CEPAIM, Acción Integral con Migrantes [89], pues tan

---

84 Resolución de 21 de marzo de 2023, de la Dirección General de Trabajo, por la que se registra y publica el Convenio Colectivo de Bureau Veritas Iberia, SLU. «BOE» núm. 77, de 31 de marzo de 2023, art. 57.

85 Resolución de 21 de marzo de 2023, de la Dirección General de Trabajo, por la que se registra y publica el Convenio colectivo del Grupo Cetelem. «BOE» núm. 77, de 31 de marzo de 2023, art. 21.

86 Resolución de 3 de abril de 2023, de la Dirección General de Trabajo, por la que se registra y publica el Convenio colectivo de Zurich Insurance, PLC, Sucursal en España; Zurich Vida, Compañía de Seguros y Reaseguros, SA; y Zurich Services AIE. «BOE» núm. 93, de 19 de abril de 2023, art. 40.

87 Resolución de 30 de mayo de 2023, de la Dirección General de Trabajo, por la que se registra y publica el Convenio colectivo de las Unidades Globales de Telefónica en España «BOE» núm. 137, de 9 de junio de 2023, disposición adicional primera.

88 Resolución de 19 de abril de 2023, de la Dirección General de Trabajo, por la que se registra y publica el I Convenio colectivo de Red Eléctrica Corporación, SA. «BOE» núm. 103, de 1 de mayo de 2023, art. 54.

89 Resolución de 27 de abril de 2023, de la Dirección General de Trabajo, por la que se registra y publica el Convenio colectivo de la Fundación CEPAIM, Acción Integral con Migrantes. «BOE» núm. 113, de 12 de mayo de 2023, art. 53.

sólo se previene en el Convenio colectivo que "*Se establece el derecho a la desconexión digital a fin de garantizar, fuera del tiempo de trabajo, el respeto del tiempo de descanso de las personas trabajadoras, permisos y vacaciones, así como de su intimidad personal y familiar, para favorecer el derecho a la conciliación de la actividad laboral y la vida personal y familiar*".

4. A MODO DE CONCLUSIÓN: LA REMISIÓN A LA AUTONOMÍA COLECTIVA EN LA NORMA NO CUMPLE CON LA NECESIDAD DE UNA REGULACIÓN MÍNIMA DEL DERECHO

Como corolario a todo lo expuesto, si ponemos en relación los convenios colectivos referidos en los epígrafes anteriores con la totalidad de los convenios analizados en el período comprendido entre el 1 de enero de 2022 y 30 de junio de 2023, -un total de 199 convenios colectivos analizados-, los resultados son desesperanzadores. En este sentido, hasta 112 convenios colectivos, -el 56,3 por 100 del total-, guardan absoluto silencio en relación con el derecho a la desconexión digital, 85 de ellos se corresponden con convenios de ámbito empresarial, -el 42,7 por 100 del total-, 27 de ellos con convenios colectivos de ámbito sectorial, -el 13,6 por 100-.

Así, para un total de 56 convenios colectivos sectoriales analizados, en tan solo 9 de ellos, -el 4,5 por 100 por 100 sobre el total de convenios colectivos, el 16.1 por 100 sobre el total de los de sector-, se regula el derecho a la desconexión digital de una manera razonable de conformidad con el mandato legal.

En un término medio, en 20 de ellos, -el 10.1 por 100 sobre el total de convenios colectivos, el 35,7 por 100 sobre el total de los de sector -, la regulación se nos presenta como claramente deficiente, quedando un total de 27 convenios colectivos sin regulación alguna sobre esta tan importante cuestión,–lo que representa el 13,6 por 100 sobre el total de convenios analizados, el 48,2 por 100 sobre el total de los de sector-.

Los datos no son mejores en el caso de los convenios colectivos de empresa o de grupo de empresas, pues tan solo en 25 de los 143 convenios colectivos analizados, se cumple a nuestro entender con el *desiderátum* del legislador en la norma, -el 12,6 sobre el total de convenios analizados, el 17,5 por 100 sobre los de empresa-.

Por el contrario, en 33 convenios colectivos de empresa o de grupo la regulación se presenta como una mera remisión a la norma o con una escasa regulación, -lo que supone el 16,6 por 100 sobre el total de convenios analizados, el 23,1 por 100 sobre el total de los de empresa-, mientras que en los restantes 85 convenios colectivos analizados, nada se refiere en absoluto, -lo que supone el 42,7 por 100 sobre el total de convenios analizados, el 59,4 por 100 sobre el total de los de empresa-.

Por otra parte, por si no fuera suficiente con esta escasa atención a la cuestión en la negociación colectiva, no resulta nada infrecuente que, en numerosos convenios, se prevean cláusulas ciertamente cuestionables en relación con las excepciones a la aplicabilidad del derecho, previsiones convencionales que nos plantean serias dudas con respecto al posible encaje legal en el modelo desde la perspectiva de su necesaria interpretación restrictiva (Cardona, 2020: 119; Morato, 2020: 291; Barrios, 2020: 154; Revuelta, 2022: 174 y Gil, 2022; 205). Por ejemplo, en relación con la excepción en su aplicación para el personal de dirección, en contra del criterio mantenido en la norma y entre los autores que se han encargado de esta cuestión (Talens, 2019; San Martín, 2021: 337 y Revuelta, 2022: 158-159). O, por ejemplo, con la excepción al derecho en supuestos de disponibilidad con derecho al cobro de determinados pluses de diferente naturaleza, en cesiones del derecho a nuestro juicio muy controvertidas [90]. Por no hablar de la configuración del derecho como una obligación empresarial expresa en muy contadas excepciones, dejando incluso en algunas ocasiones su efectividad en manos de los propios trabajadores. O de los supuestos muy habituales de reconexión en situaciones de fuerza mayor o en determinadas situaciones excepcionales que no se definen en el texto de los convenios colectivos o que, de hacerlo, se nos presentan en términos muy genéricos. Por último, referir la incorrecta sistemática utilizada en otras ocasiones, en las que es el propio convenio colectivo el que, en una incorrecta técnica, se remite a protocolos de empresa o a otro tipo de instrumentos, comprometiéndose con ello la efectividad del derecho dada la diferente naturaleza y eficacia jurídica del convenio colectivo estatutario. No podemos detenernos más por evidentes razones de espacio, pero no resulta cuestionable que la realidad de los hechos demuestra que esa confianza excesiva en la autonomía colectiva mediante la técnica del reenvío, muy habitual en otras instituciones del Derecho del trabajo, con la inacción del legislador en la regulación legal, conlleva que, al menos a estas alturas, la efectividad práctica de un derecho básico quede seriamente comprometida.

---

[90] No opina lo mismo Monreal Bringsvaerd (2020: 639).

Referencias bibliográficas

Barrios Baudor, G. (2020). La desconexión digital en la negociación colectiva de 2020: un análisis práctico. *Revista Galega de Dereito Social,* (11), 105-165.

Cardona Rubert, M.B. (2020). Los perfiles del derecho a la desconexión digital. *Revista de Derecho Social,* (90), 109-126.

Gil Plana, J. (2019). Autonomía colectiva y políticas de empresa en la desconexión digital. *Revista Española de Derecho del Trabajo,* (258), 171-230.

Igartúa Miró, T. (2019). El derecho a la desconexión digital en la Ley Orgánica 3/2018", *Revista de Trabajo y Seguridad Social. CEF,* (432), 61-87.

Lantarón Barquín, D. (2022). Encrucijadas y direcciones del derecho a la desconexión digital del trabajador: especial atención al ámbito preventivo. *Revista Española de Derecho del Trabajo,* (250), 87-134.

Monreal Bringsvaerd, E. (2020). El derecho a la desconexión digital del trabajo. En Monreal Bringsvaerd E.J, Thibault Aranda, J. y Jurado Segovia, J. *Derecho del trabajo y nuevas tecnologías: Estudios en Homenaje al Profesor Francisco Pérez de los Cobos Orihuel (en su 25° Aniversario como Catedrático de Derecho del Trabajo).* (pp. 615-650). Valencia, España: Tirant lo Blanch.

Morato García, R.M. (2020). Derecho a la desconexión digital en la negociación colectiva, los Planes de Igualdad y los Protocolos empresariales. *Trabajo y Derecho: nueva revista de actualidad y relaciones laborales,* (n° extra 11).

Pérez de los Cobos Orihuel, F. (2019). Poderes del empresario y derechos digitales del trabajador. *Trabajo y Derecho: nueva revista de actualidad y relaciones laborales,* (59), 16-29.

Requena Montes, O. (2020). Derecho a la desconexión digital: un estudio d la negociación colectiva. *Lex social: revista de los derechos sociales, 10* (2), 541-560.

Revuelta García, M. (2022). Desconexión digital y criterios convencionales. En López Cumbre, L. (Dir.). *Efectos laborales, sindicales y de seguridad social de la digitalización.* Pamplona, España: Aranzadi Thomson Reuters.

Sanguineti Raymond, W. (2021). El derecho a la desconexión digital y sus límites en el trabajo a distancia. *NET21,* (2).

San Martín Mazzucconi, C. (2021). Derecho a la desconexión digital en el ámbito laboral. *Revista del Ministerio de Trabajo y Economía Social,* (148), 325-350.

Talens Visconti, E. (2019). El derecho a la desconexión digital en el ámbito laboral. *Revista Vasca de Gestión de Personas y Organizaciones Públicas,* (17), 150-162.

Trujillo Pons, F. (2020). *La desconexión digital en el ámbito laboral.* Valencia, España: Tirant lo Blanch.

Vallecillo Gámez, M.R. (2017). El derecho a la desconexión: ¿"Novedad digital" o esnobismo del "viejo" derecho al descanso? *Revista de Trabajo y Seguridad Social,* CEF, (408), 167-178.

Capítulo 23.

LOS MODELOS EUROPEOS Y LA ACCIÓN COMUNITARIA EN MATERIA DE DESCONEXIÓN DIGITAL

GIL PLANA, JUAN
Profesor Titular. Universidad Complutense de Madrid.
juangil@der.ucm.es
ORCID: 0000-0002-6212-9032

RESUMEN: Se aborda el estudio de los distintos modelos jurídicos implementados en los países europeos para garantizar la desconexión digital de las personas trabajadoras, así como la propuesta de acción comunitaria formulada por el Parlamento Europeo y el Consejo; identificándose los aspectos qué deberán ser objeto de regulación por nuestro legislador, ofreciéndose posibles soluciones jurídicas.

ABSTRACT: It deals with the study of the different legal models implemented in European countries to guarantee the digital disconnection of workers, as well as the proposal for community action formulated by the European Parliament and the Council, identifying the aspects that should be regulated by our legislator and offering possible legal solutions.

Palabras clave: Desconexión, digitalización, descanso, seguridad y salud, normativa europea.

Key words: Disconnect, digitalisation, rest, health and safety, european regulations.

1. INTRODUCCIÓN

La digitalización es un fenómeno que está presente en todos los aspectos de la vida de las personas y, entre otras singularidades, nos ha ofrecido una conectividad total en el espacio y en el tiempo. Esta hiperconectividad nos ofrece grandes posibilidades de desarrollo personal y profesional, a la vez que modifica nuestras pautas de comportamiento y nuestra forma de vivir y de interrelacionarnos; pero también es causa de riesgos y peligros que se observan en múltiples facetas de nuestra vida. Cuanto se ha dicho de una forma genérica, se puede trasladar sin dificultad al ámbito de las relaciones laborales, donde se evidencian efectos positivos en la realización del trabajo -como la facilidad de acceso a una ingente cantidad de información almacenada; por poner un ejemplo, el operador jurídico hasta no hace mucho tiempo tenía que sumergirse en una montaña de libros en búsqueda de doctrina o resoluciones judiciales para realizar su labor y actualmente dispone de ella a un golpe de ratón al estar almacenada en soportes informáticos-. El contrapunto lo tenemos en la constatación de los evidentes efectos negativos que la hiperconectividad está haciendo que afloren, como la difuminación de la línea entre el tiempo de trabajo y el tiempo de descanso, con la consiguiente prolongación no retribuida de la jornada, obviándose la institución de las horas extraordinarias, o la palpable afectación que provoca en la salud de las personas trabajadoras.

La hiperconectividad como paradigma de la digitalización ha "re"abierto hace ya unos años el viejo debate de la necesaria desconexión laboral, de la clara distinción entre tiempo de trabajo y de descanso para, precisamente, salvaguardar este último. Un debate que hoy se ha "modernizado" debido a la constante innovación en materia de tecnologías de la comunicación e información, y que nos obliga a centrar nuestra atención en él, si queremos preservar no solo el derecho al descanso sino otras condiciones laborales, como son la seguridad y salud o la conciliación de la vida laboral y familiar; por cuanto la desconexión, actualmente digital, se muestra como una institución transversal.

El proyecto de investigación en el que se enmarca este estudio tenía como uno de sus objetivos generales analizar la transformación de las relaciones de trabajo en la era digital, poniendo el foco de nuestra investigación tanto en la transformación y revalorización de derechos clásicos, como en la aparición de "nuevos" derechos laborales fruto de la digitalización. Entre estos últimos se encontraba abordar la indagación sobre la desconexión digital con fines laborales. Investigación que se ha abordado en tres estudios: el primero, dedicado a reflexionar sobre el modelo legal de desconexión implantado en España (Gil, 2022 b); el segundo, centrado en el análisis de la actuación de la autonomía colectiva y la iniciativa empresarial en materia de desconexión (Gil, 2022 a); y el tercero, que ahora se presenta aborda los distintos modelos de desconexión digital que se han implementado en algunos países de la Unión Europea y cuál está siendo la respuesta comunitaria.

El problema de la desconexión laboral asociada a la hiperconectividad que caracteriza este tiempo presente de imparable innovación tecnológica es un problema de alcance generalizado que, sin embargo, centrándonos en el ámbito europeo, está siendo objeto de muy diferentes posicionamientos, mientras que algunos países -pocos- han acometido su expresa regulación, otros se encuentran todavía debatiendo cómo implementarlo en sus ordenamientos jurídicos e, incluso, hay países que no han abierto debate alguno al considerar que su actual normativa permite dar respuesta al problema de la desconexión digital. No obstante, resulta interesante exponer cómo se ha configurado jurídicamente la desconexión en otros países para ver puntos de encuentro y desencuentro con nuestro modelo.

La constatación de esta realidad, junto a otra serie de factores como se expondrán han movido a la Unión Europea a actuar en esta materia mediante la formulación de una propuesta de Directiva que desde principios del 2021 no ha prosperado. También, resulta necesario analizar por dónde va la respuesta comunitaria al desafío que para la desconexión supone la digitalización para poder orientar una futura actuación de nuestro legislador dirigida a dar mayor efectividad al derecho a la desconexión de la persona trabajadora.

2. MODELOS DE DESCONEXIÓN DIGITAL EN EUROPA

2.1. Francia

En el ámbito europeo Francia fue pionera al abordar la regulación de la desconexión digital;[1] iniciativa que vino precedida de una experiencia previa convencional y de la elaboración del Informe Mettling que sirvieron de fuente de inspiración. En efecto, la Ley 2016/1088, de 8 de agosto, en materia de trabajo, modernización del diálogo social y la garantía de las carreras profesionales, incorporó un nuevo apartado en el artículo L. 2242-8 del Código del Trabajo, en virtud del cual la negociación anual sobre igualdad profesional entre las mujeres y los hombres y la calidad de vida en

---

1 Con mayor detenimiento véase, Mathieu (2016: 592- 598); Morel (2017: 1-16); Alemán (2016 y 2017) y Cialti (2017).

el trabajo incluiría «las modalidades del pleno ejercicio por el trabajador de su derecho a la desconexión y la puesta en marcha por la empresa de dispositivos de regulación de la utilización de los dispositivos digitales, a fin de asegurar el respeto del tiempo de descanso y de vacaciones, así como de su vida personal y familiar. A falta de acuerdo, el empleador, previa audiencia del comité de empresa o, en su defecto, de los delegados de personal, elaborará una política de actuación al respecto. Esta política definirá las modalidades de ejercicio del derecho a la desconexión y preverá, además, la puesta en marcha de acciones de formación y de sensibilización sobre un uso razonable de los dispositivos digitales, dirigida a los trabajadores, mandos intermedios y dirección».

Tras este inicial reconocimiento, tras la llegada de Macron a la presidencia se inició un proceso de reforma laboral con la habilitación legal del Parlamento, adoptada el 2 de agosto de 2017, que posibilitó al Gobierno presentar cinco ordenanzas -en materia de fortalecimiento de la negociación colectiva, así como de su marco regulador, reorganización del diálogo social en la empresa y fomento de la responsabilidad sindical, seguridad de las relaciones laborales y la prevención laboral- que fueron ratificadas por la Ley de 29 de marzo de 2008.[2] A resultas de este proceso reformador, la desconexión digital en Francia, en la redacción dada por la Ley 2021/1018, de 2 de agosto, vienen contemplada en términos similares al reconocimiento primigenio en el apartado 7º del artículo L2242-17 en virtud del cual la negociación colectiva anual sobre igualdad entre mujeres y hombres y la calidad de vida y las condiciones de trabajo versará, entre otras cuestiones, sobre "las modalidades del pleno ejercicio por parte del trabajador de su derecho a la desconexión y el establecimiento por parte de la empresa de sistemas que regulen el uso de las herramientas digitales, con el fin de garantizar el respeto de los tiempos de descanso y permisos, así como los personales y familiares. A falta de acuerdo, el empresario elaborará un estatuto (charte), previa consulta al comité social y económico. Esta carta define las modalidades de ejercicio del derecho a desconexión y también prevé la implementación, tanto para los empleados como para el personal de supervisión y dirección, de acciones de formación y sensibilización sobre el uso razonable de las herramientas digitales".

En esta configuración jurídica del derecho a la desconexión debe destacarse, en primer lugar, que se afronta únicamente desde la perspectiva crediticia del trabajador omitiendo expresamente cualquier referencia a su

---

2 Sobre el proceso de reforma laboral de 2017 véase Jeammaud (2017).

dimensión obligacional al no incluirse ninguna referencia a la obligación del empresario de garantizar la desconexión. Este reconocimiento se efectúa de forma generalizada, por cuanto, en la primera versión se dirigía a trabajadores, mandos intermedios y dirección; y, actualmente, en un mero cambio de lenguaje, se extiende a empleados, personal de supervisión y dirección. El fundamento o bien jurídico protegido se identifica con el descanso y la conciliación de la vida personal y profesional.

Lo característico de la regulación francesa lo encontramos en el hecho de que no se produce un reconocimiento expreso e independiente de la desconexión digital como derecho (Alemán, 2016: 9) sino como materia o aspecto integrado, prima facie, en la negociación anual en materia, en nuestra opinión, no tanto de igualdad sino de la calidad de vida y condiciones de trabajo, y subsidiariamente en la política empresarial. A primera vista ello conlleva a una supeditación de la realidad del derecho a la desconexión digital a su efectiva plasmación en la negociación anual de ámbito empresarial, aunque un sector de la doctrina ha advertido que su reconocimiento como derecho del trabajador derivaría de su vinculación con la salud del trabajador (Cialti, 2017: 175).

Se otorga a la negociación colectiva empresarial[3] un papel central en el reconocimiento del derecho a la desconexión, con preferencia sobre la política empresarial, pues debe destacarse que ésta solo deberá regularlo en defecto de previsión convencional. El modelo francés parte de una obligación anual de negociación que solo si es incumplida abre la vía a la obligación empresarial de regular la desconexión; a diferencia de nuestro modelo que no impone una obligación de negociar la desconexión, solo es una facultad de los agentes sociales; como tampoco establece una preferencia de la autonomía colectiva frente a la autonomía individual empresarial; solo coincidiendo en la configuración de una obligación empresarial en lo relativo a la desconexión. No obstante, también se otorga al empresario un papel central o preponderante (Alemán, 2016: 11), dado que estará en la negociación empresarial y, en su defecto, será el obligado a implementar la desconexión; de manera que, podría el empresario forzar el fracaso de la negociación para imponer su visión de la negociación colectiva.

---

3 Cialti (2017: 176), tras resaltar el acierto de situar la negociación de la desconexión en el ámbito empresarial advierte, acertadamente, del riesgo que se puede dar en la pymes de imposibilidad de poder llevar a cabo la negociación anual ante la ausencia de interlocutores sociales, por lo que hubiera sido necesario de haber abierto la negociación de la desconexión al ámbito sectorial.

No se ofrece en la norma francesa una definición de lo que deba entenderse por desconexión digital y en cuanto a su contenido se establece una amplia libertad a los negociadores y, subsidiariamente, al empresario, dado que solo se menciona como objeto de negociación las modalidades de su ejercicio y las pautas empresariales que regulen el uso de las herramientas digitales; y como contenido de la política interna, además de las modalidades de ejercicio, las acciones de formación y sensibilización relativas al uso razonable de las herramientas digitales. No obstante, el contenido debe garantizar de forma real y efectiva la desconexión digital de los trabajadores, por cuanto el precepto habla "del pleno ejercicio", no pudiendo limitarse ni la negociación ni la política empresarial a meras previsiones programáticas. Se omite cualquier referencia a las posibilidades y condiciones en los que se podría dejar sin efecto por parte del empresario el derecho a la desconexión digital, lo que se denomina reconexión.

El papel de los trabajadores es doble, por un lado, como partícipes en el proceso de negociación colectiva; por otro lado, fracasada la vía colectiva o no puesta en marcha, se les reconoce el derecho de consulta previa a la implementación de la política empresarial, que no se resuelve en una mera audiencia, sino en un intercambio de opiniones.

2.2. *Italia*

El reconocimiento inicial de la desconexión digital en Italia[4] se produjo en la Ley 81/2017, de 22 de mayo, relativa a las medidas de protección del trabajo por cuenta propia no empresarial y medidas encaminadas a favorecer articulación flexible de los tiempos y lugares de trabajo subordinado, cuando al regular "lavoro agile" (Cairoli, 2020),[5] estableció en su artículo 19 relativo a la forma y terminación del acuerdo "agile" que en él se establecerían, entre otros aspectos, "los tiempos de descanso del trabajador, así como las medidas técnicas y organizativas necesarias para garantizar la desconexión del trabajador de los dispositivos tecnológicos de trabajo".

Lo característico de esta primera configuración legal en el derecho italiano fue, por un lado, la ausencia del reconocimiento de un verdadero de-

---

4 Entre otros, puede consultarse, Calderara (2022); Dagnino (2017); Di Meo (2017); Magagnoli (2021); Romeo (2019); Zeppilli (2019); Russo (2020); Lai (2020); Timellini (2021); Preteroti (2021); D'aponte 2021); Zucaro (2022) y Biasi (2022).

5 También, Zilio Grandi G.-Biasi M (2018); Carinci (2020); Tiraboschi (2017).

recho a la desconexión en tanto que solo se contemplaba la necesidad de prever "las medidas técnicas y organizativas" encaminadas a garantizar la desconexión con ocasión de la suscripción por escrito del acuerdo en virtud del cual el trabajador pasaba a realizar su prestación en modo "agile", pero no se plasmó un verdadero derecho del trabajador a la desconexión digital, pues su existencia se vincula a que se recoja en el acuerdo de "lavoro agile". En consecuencia, la operatividad del derecho a la desconexión del trabajador "agile se hacía depender de que se recogiese y cómo se recogiese en el acuerdo individual de "lavoro agile".[6]

La segunda singularidad se produjo, y todavía se mantiene actualmente, en la concreción de un limitado ámbito subjetivo, al circunscribirse la adopción de esas medidas a un determinado tipo de prestación laboral, y, en consecuencia, solo a los trabajadores que la desarrollan, a saber: quienes prestan sus servicios en la modalidad de "lavoro agile".[7]

De menor calado, es la referencia al contenido de la desconexión, puesto que se identifica de forma genérica con las "medidas técnicas y organizativas" que deben adoptarse para la efectiva desconexión respecto de los dispositivos tecnológicos de trabajo, concepto este último que permite englobar tanto los de propiedad de la empresa como los del trabajador utilizados en el desarrollo de la prestación laboral.

Posteriormente, el Decreto-Ley 30/2021, de 13 de marzo, de medidas urgentes para hacer frente a la propagación de COVID-19 e intervenciones de apoyo a trabajadores con hijos menores en educación a distancia o en cuarentena, convalidado ulteriormente por la Ley 61/2021, de 6 de mayo, establece en su artículo 2.1.ter. que "sin perjuicio, para el sector público, de la disciplina de los institutos de trabajo agile establecidos por los convenios colectivos nacionales, se reconoce al trabajador que realiza la actividad en modo ágil el derecho a desconectarse de los instrumentos tecnológicos y plataformas informáticas, con respeto de los eventuales acuerdos firmados por las partes y sin perjuicio de los plazos de disponibilidad pactados. El ejercicio del derecho a la desconexión, necesario para proteger los tiem-

---

6 En este sentido Calderara (2020: 259).

7 En este sentido, entre otros muchos, Dagnino (2017: 4); Russo (2020: 2); Lai (2020: 7); D'aponte (2021: 261). No obstante, Calderara (2020: 606 y 614), tras afirmar que el legislador ha asociado la desconexión digital a la prestación laboral en modo "agile", ha sostenido su extensión a todo trabajador en aplicación de los artículos 3 y 35 de la Constitución Italiana que establecen, respectivamente, el derecho a la igualdad y la protección del trabajo en todas sus formas y aplicaciones.

pos de descanso y la salud del trabajador, no puede tener repercusiones en la relación laboral ni en la retribución".

Esta segunda intervención a nivel legal de la desconexión digital nos muestra una diferente consideración o formulación, aun manteniendo su alcance únicamente para la prestación laboral en modo "agile". En primer lugar, ahora sí se está reconociendo al trabajador un derecho (D'aponte, 2021: 260) a la desconexión digital que no se hace depender del acuerdo individual "agile", dado que el precepto realiza el reconocimiento del derecho, con sujeción a los "eventuales" acuerdos firmados, lo que permite deducir que el derecho a la desconexión se otorga con independencia de si existe o no acuerdo individual (Calderara, 2020: 609); el otro posible límite al derecho a la desconexión se identifica con los supuestos de disponibilidad pactados, lo que tiene la virtualidad de aclarar que existiendo un pacto de disponibilidad no puede operar la desconexión digital; cuestión no expresamente prevista en nuestro ordenamiento y que ha obligado a la doctrina judicial a tener que determinar que existiendo un pacto de disponibilidad no puede oponerse el derecho a la desconexión. En segundo lugar, establece un mecanismo de garantía de indemnidad del trabajador al ejercitar su derecho a la desconexión digital al prever que no podrá tener repercusiones en la relación laboral, concretando expresamente, que tampoco podrá verse afectada la retribución. En cuanto al bien jurídico protegido al implementarse la desconexión digital es doble: el derecho al descanso y la salud de los trabajadores, aunque en la doctrina también se apunta como bien jurídico protegido la conciliación de la vida personal y profesional.[8] Finalmente, en cuanto al posible contenido del derecho a la desconexión solo se identifica, en términos muy genéricos, el posible objeto del que hay que desconectarse, que son "los instrumentos tecnológicos y las plataformas informáticas".

Se omite cualquier definición de lo que debe entenderse por desconexión digital, así como la posibilidad de reconexión del trabajador por orden de la empresa; no contemplándose sanción (D'aponte, 2021: 259) alguna por la contravención por parte del empresario del derecho del trabajador a la desconexión digital. Tampoco se dice nada sobre el papel que puede jugar la autonomía colectiva y la representación de los trabajadores, lo que no ha impedido que en el plano de la negociación colectiva se puedan encontrar experiencias que acometen la regulación de la desconexión

---

[8] En este sentido, Calderara (2020: 610).

digital,[9] ni que en el ámbito de la concertación social se haya alcanzado acuerdos que recogen previsiones relativas a la desconexión digital, como el *"Protocollo Nazionale sul lavoro agile in modalità agile"*, firmado el 7 de diciembre de 2021 entre el Ministerio de Trabajo italiano y hasta veintiséis sindicatos y asociaciones empresariales. En el artículo 3.2 de dicho protocolo se establece que "el trabajo en modalidad ágil podrá dividirse en franjas horarias, identificando, en todo caso, aplicando lo dispuesto en la normativa vigente, la franja de desconexión en la que el trabajador no realiza trabajo. Se adoptarán medidas técnicas y/o organizativas específicas para garantizar la franja horaria de desconexión".[10] Si bien es cierto que este protocolo se mueve también en el ámbito del "lavoro agile" y en cuanto a su contenido no aporta nada novedoso respecto a las previsiones legales.

2.3. Bélgica

La desconexión digital fue objeto de atención por parte del legislador por primera vez en Bélgica en la Ley de 26 de marzo de 2018, de medidas de reforzamiento del crecimiento económico y la cohesión social. En efecto, al abordar la cohesión social y la lucha contra la pobreza dentro de las disposiciones generales de la antedicha norma, se dedica una sección a la concertación sobre la desconexión y la utilización de medios de comunicación digital, que se aplica a todos los trabajadores y empresarios incluidos en el campo de aplicación de la Ley de 5 de diciembre de 1958 relativa a los convenios colectivos y comités paritarios (art. 15).[11]

Más allá de justificar esta medida en la necesidad de velar por el descanso y la conciliación como bienes jurídicos a proteger y de concretar el ámbito subjetivo, la norma se limitaba a establecer, por un lado, que el empresario "organizaría" periódicamente -de intervalos regulares habla la norma belga- o cada vez que lo solicitasen los representantes de los trabajadores un proceso de consulta en materia de desconexión digital y utilización de medios de comunicación digital en el seno de la Comisión de

---

9 Vease Biasi (2022: 7-8) y Calderara (2020: 617-620).

10 Sobre el protocolo ver Calderara (2022: 602) y la bibliografía que se cita en la nota a pie de página 32.

11 En virtud de lo previsto en el artículo 2 de la Ley de 5 de diciembre de 1958 la obligación de desarrollar el periodo de consultas en materia de desconexión se implementaba en el sector privado, afectado a los trabajadores por cuenta ajena y a sus empleadores, excluyéndose a la Administración Pública y a una pléyade de entidades que engloban el sector público belga.

Prevención y Protección en el Trabajo prevista en el Código de Bienestar en el Trabajo, con la finalidad de preservar tanto el respeto a los períodos de descanso, vacaciones anuales y otros permisos del trabajador cuanto el equilibro entre la vida laboral y privada. Durante este proceso de consulta se reconoce explícitamente al Comité la posibilidad de formular propuestas y emitir opiniones al empresario (art. 16). Por otro lado, que "los acuerdos que resulten, en su caso, de la consulta", podrían bien integrase en el reglamento de trabajo ex Ley de 8 de abril de 1965 sobre reglamentos de trabajo o bien podrían plasmarse en un convenio colectivo ex Ley de 5 de diciembre de1968 (art. 17).

En esta primigenia configuración en el ordenamiento belga no se produjo una consagración ni de un derecho del trabajador a la desconexión ni de una obligación empresarial de no interrumpir el tiempo de no trabajo de sus empleados. Lo único que se establece es la obligación empresarial de llevar a cabo un proceso de consultas, ni siquiera de negociación colectiva, sobre la desconexión -como sucede en el ordenamiento portugués se habla en genérico de desconexión; referencia que debe incluir la modalidad digital- y la utilización de los medios de comunicación digital, bien a intervalos temporales regulares -aunque la norma dejaba indeterminada la cadencia- o bien siempre que lo quisieran los representantes -sin sujetar esta segunda iniciativa a presupuesto alguno, más allá de la voluntad de éstos-. Ese proceso de consultas no tenía necesariamente que concluir con un pacto, como se infería claramente de la expresión "los acuerdos que resulten, en su caso", de suerte que el reconocimiento de la desconexión digital quedaba supeditado a la voluntad del empleador que no tenía obligación alguna de efectuarla. Estábamos en presencia de una de las configuraciones del derecho a la desconexión digital más débiles o difusas en el ámbito europeo; dado que cumpliendo con el desarrollo de buena fe del periodo de consultas bastaba la negativa del empresario a concluir un acuerdo para que no se reconociera la desconexión digital.

El papel de la negociación colectiva y de la autonomía individual empresarial -en el caso belga, a través de los reglamentos de trabajo- era, en la mejor de las hipótesis- secundario y en el mismo plano. Secundario porque solo cobraban protagonismo si tras el proceso de consulta se llegaba a un acuerdo, surgiendo la necesidad de tener que plasmarlo documentalmente y, entonces, entraban en juego la negociación colectiva o los reglamentos de trabajo; no se contemplaba que ante la falta de acuerdo pudiera establecerse la desconexión vía autonomía colectiva o vía reglamento de trabajo. En el mismo plano porque no se establecía regla de preferencia alguna, de manera que el acuerdo se podía integrar indistintamente en el reglamento de trabajo o en un convenio colectivo.

Esta primigenia configuración de la desconexión en el ordenamiento belga ha sufrido una transformación de hondo calado con la Ley de 3 de octubre d 2022, por la que se establecen diversas disposiciones relativas al trabajo, al modificar el contenido de los artículos 16 y 17 de la Ley de 26 de marzo de 2018 e incorporar dos apartados más al último de los preceptos anteriormente citados.

Partiendo del mantenimiento del bien jurídico a proteger -descanso y conciliación-, la Ley de 3 de octubre de 2022 modifica el ámbito subjetivo al establecer una limitación en materia de desconexión, por cuanto la regulación de la desconexión solo se exige para las empresas con al menos veinte trabajadores, de manera que las que estén por debajo de este umbral no vendrán compelidas legalmente a regularlo. Aclarando, además, indirectamente que también se reconoce dicho derecho al personal directivo, al que se hace referencia expresa al establecerse un contenido mínimo del derecho a la desconexión en el artículo 17 e incluir dentro de mismo las acciones de formación y sensibilización, también, respecto al personal directivo -fórmula que guarda mucha semejanza con la referencia al personal directivo prevista en nuestro ordenamiento al abordar la obligación empresarial de elaborar una política interna-.

La primera novedad contenida en el artículo 16 es que se reconoce, ahora sí, el derecho de los trabajadores a la desconexión, no como en la regulación precedente que solo se hablaba de desconexión; manteniéndose, por un lado, la referencia genérica a la desconexión, y, por otro lado, aunque con otra terminología, la obligación de hacer consistente en el establecimiento por el empresario de sistemas regulatorios del uso de herramientas digitales.

La segunda novedad es que la consagración del derecho no se hace directamente en la propia norma, como sucede en nuestro ordenamiento en el que primero se reconoce el derecho y luego se explicita el rol de la autonomía colectiva e individual empresarial, sino que se hace a través de la autonomía colectiva o los reglamentos de trabajo que debe elaborar el empresario; no obstante, su reconocimiento no queda supeditado ni a la previa negociación colectiva ni a la voluntad del empresario por cuanto la norma señala que "los términos del derecho de desconexión [...] deben ser objeto de un convenio colectivo de trabajo celebrado a nivel de empresa [...] y a falta de tal convenio colectivo de trabajo, estos deben estar incluidos en el reglamento de trabajo"; es más, en el novedoso artículo

17/2 se vuelve a hablar de "la *obligación* de celebrar un convenio colectivo de trabajo sobre esta materia a nivel empresarial o incluir las disposiciones que sobre esta materia se decidan en el reglamento de trabajo". Es, por tanto, evidente, que se implementa un doble deber, primero, de ser contemplado por la autonomía colectiva a nivel de empresa y, segundo, de ser previsto por el empresario ante la inexistencia de referencia en el convenio empresarial. Cuestión distinta será si en la práctica la autonomía colectiva o, subsidiariamente, el empresario han cumplido con el deber introducido legalmente; no obstante, se ha de indicar que como garantía y control del cumplimiento de estos deberes, de conformidad con lo previsto en el artículo 17/1 la norma prevé, ex novo, la obligación de registrar el convenio o de remitir una copia del reglamento de trabajo en el que se fijan los términos de la desconexión y las pautas de uso de las herramientas digitales, respectivamente, ante la Dirección General de Relaciones Colectivas de Trabajo del Servicio Público Federal de Empleo, Trabajo y Diálogo Social o ante el funcionario competente antes del 1 de enero de 2023. No obstante, no recoge la norma en esta modificación legislativa posibles sanciones por el incumplimiento de estos deberes.

Al hilo de lo anterior, la tercera novedad se observa en el establecimiento de una jerarquización en la interrelación establecida entre el convenio y el reglamento de trabajo, a diferencia del indistinto papel otorgado a ambos títulos de imputación jurídica en la configuración inicial de la Ley de 26 de marzo de 2018, dado que ahora sí se establece de forma clara una preferencia a favor de la autonomía colectiva empresarial a la hora de concretar la desconexión digital frente al reglamento de trabajo que sólo alcanza un papel protagonista ante la ausencia de previsión convencional, en teoría porque no se ha recogido en el convenio, pero también sería aplicable si no existiera convenio empresarial.

Ahora bien, debe indicarse que, a pesar de que se llama inicialmente al convenio empresarial y, en su defecto, al reglamento de trabajo, en realidad no se instituye su exclusividad y preferencia en el modelo belga. En efecto, el artículo 17/2 expresamente recoge la posibilidad de que la desconexión pueda ser prevista en convenios de ámbito superior al de empresa, en cuyo caso se dice que "deja de ser aplicable" la obligación empresarial de contemplarlo en el convenio de empresa o en el reglamento de trabajo; de suerte que aquel se le otorga preferencia frente a éstos. No obstante, al señalar el artículo 17/2 in fine que este convenio supraempresarial "deberá regular al menos todas la materias" configuradas como contenido mínimo, surge la duda de si la preferencia actúa siempre que este tipo de convenios aborde la desconexión o no. Una recta interpretación debe llevarnos a postular que la preferencia será operativa, cesando la obligación de ser contemplada en el convenio de empresa o reglamento de trabajo, siempre que en el convenio supraempresarial se recojan todas las materias integradas en el contenido mínimo; de suerte que si alguna no fuese abordada en él, se mantendría el deber a nivel de empresa de establecerla.

La siguiente novedad introducida está relacionada con el contenido del derecho a la desconexión, singularizando el modelo belga frente a la mayoría de ordenamientos europeos que han regulado la desconexión, al establecerse en el artículo 17 un contenido *"mínimo"* que debe ser contemplando en el convenio o reglamento de trabajo y que se concreta en a) las modalidades prácticas para aplicar el derecho del trabajador a no ser localizable fuera de su horario de trabajo; b) las instrucciones relativas al uso de herramientas digitales que garanticen los períodos de descanso, las licencias y la vida privada y familiar del trabajador; y c) las acciones de formación y sensibilización de los trabajadores y del personal directivo sobre el uso razonable de las herramientas digitales y los riesgos vinculados a una conexión excesiva. En nuestro ordenamiento, aunque no se habla de contenido mínimo, se identifica como objeto de la negociación colectiva la concreción de las modalidades de ejercicio de la desconexión y como objeto de la política interna empresarial el desarrollo de acciones formativas y de sensibilización.

2.4. Portugal

En el derecho portugués la desconexión digital[12] ha sido introducida con ocasión de la modificación de la regulación del teletrabajo operada por La Ley 83/2021, de 6 de diciembre, de tal forma que, con ocasión de dicha reforma, se adicionan también una serie de preceptos en el Código de Trabajo portugués entre los que se encuentra los artículos 169-B y 199-A.

En el primero de ellos se abordan los deberes especiales que recaen sobre las prestaciones a distancia -de teletrabajo habla la norma portuguesa- incluyéndose dentro de los deberes empresariales el de abstenerse de contactar al trabajador en los términos previstos en el artículo 199-A. Este último precepto, insertado dentro de las normas generales sobre duración y organización del tiempo de trabajo, del capítulo dedicado a la prestación de trabajo, y titulado *"deber de abstención de contacto"*, establece en su apar-

12 Con anterioridad al reconocimiento de la desconexión digital, véase Amado (2018); Moreira (2019); Machado y De Oliveira (2021).

tado 1º que "el empresario tiene el deber de abstenerse de contactar con el trabajador durante el periodo de descanso, excepto en situaciones de fuerza mayor"; en su apartado 2º se prevé que "constituye acción discriminatoria, a los efectos del artículo 25, cualquier trato menos favorable dado a un trabajador, particularmente en materia de condiciones de trabajo y de progresión de la carrera, por el hecho de ejercer su derecho al período de descanso en los términos del número anterior", y en su apartado 3º que "constituye una infracción grave la vulneración de lo dispuesto en el nº 1".[13]

Por lo tanto, al igual que acontece en nuestro ordenamiento, se contemplan dos referencias a la desconexión, una general para cualquier tipo de prestación, que actúa como marco referencial, y otra para las prestaciones en modalidad de teletrabajo; no obstante, en el teletrabajo portugués, aun configurándose como un deber especial de dicho tipo de prestación no contiene especialidad alguna[14] al remitirse íntegramente a la configuración general de la desconexión contenida en el artículo 199-A, mientras que en nuestro ordenamiento, existiendo también dicha remisión a nuestra configuración general, introduce algunos elementos diferenciadores, cuya existencia solo para el trabajo a distancia, no se encuentra justificada, como la sucinta explicitación de lo qué es la desconexión.

La desconexión configurada en el derecho portugués no se anuda explícitamente a su modalidad digital sino a cualquier posibilidad de conexión, dado que el deber de no contactar se formula de forma genérica (Lambelho, 2023: 62); vinculándose de forma clara, en lo relativo al bien jurídico protegido, al derecho al descanso[15] o el respeto al periodo de descanso -en la formulación del artículo 199 del Código de Trabajo-, toda vez que se inserta sistemáticamente, como ya se ha indicado, entre las normas generales sobre duración y organización del tiempo de trabajo, y de su contenido no se explicita, a diferencia de otras legislaciones, otra finalidad que no sea evitar la conexión durante los tiempos de descanso.

---

13 Sobre la configuración de la desconexión en el código de trabajo portugués, véase Moreira (2021); Fernandez (2022) Amado (2022); Lambelho (2023).

14 En este sentido Amado (2022: 133), quien en pág. 135 señala que esta reiteración, inocua y discutible desde el punto de vista de la técnica legislativa, demuestra la especial preocupación de la ley por la desconexión en el teletrabajo.

15 Para Lambelho (2023: 80), la desconexión no solo garantizaría el derecho al descanso, sino también la conciliación de la vida familiar y profesional, la privacidad y la seguridad y salud laboral.

Lo singular de la configuración portuguesa frente a la de otros países europeos es que aborda la desconexión, no como un derecho de los trabajadores, sino como un deber empresarial,[16] formulación ya anticipada por la doctrina portuguesa que venía advirtiendo de la no conveniencia de reconocer legalmente un derecho del trabajador a la desconexión porque no es propiamente un derecho, dado que; partiendo de que el verdadero derecho es el derecho al descanso, la desconexión es un efecto natural de la limitación de la jornada de trabajo derivada del derecho al descanso; equivaliendo éste a un periodo de no ser molestado por el empresario, lo que supone que recae sobre el empresario el deber de abstener de conectar profesionalmente con el trabajador.[17]

Debe llamarse la atención de que el deber solo se hace recaer en el empresario, sin mencionarse al resto de trabajadores -ni superiores, ni inferiores, ni en el mismo nivel profesional-, como tampoco se hace referencia a los clientes, proveedores o terceros que tengan relaciones con la empresa. No obstante, se ha indicado que ese deber también pesa sobre los superiores jerárquicos derivado del deber de obediencia a las órdenes empresariales de conformidad con lo previsto en el artículo 128.2 del Código de Trabajo (Amado, 2022: 132); e incluso se ha postulado que no cabe una interpretación literal que dejaría vacío de contenido la obligación, apostándose por una interpretación de la obligación empresarial consistente en articular los mecanismo que impidan perturbar el periodo de descanso sea quien sea el autor de la conexión (Lambelho, 2023: 64).[18]

---

16 Lo que ha merecido la opinión favorable de la doctrina, véase Amado (2022: 134). Más crítico se ha mostrado, Fernandez (2022: 150), quien afirma que "si la cuestión se reduce a prohibir el contacto, entonces tendremos que concluir que, a pesar de la pompa y circunstancia con la que fue presentad, la medida adoptada es poco más que un *flatus vocis*, es decir, un estándar de alcance social muy limitado, ya que no impide, antes del final de jornada, el empleador podrá exigir al trabajador la realización de determinadas tareas a realizar después del trabajo".

17 Amado (2018: 262-264). Autor que también sostenía, ante la ausencia de regulación expresa, que el no respeto al tiempo de descanso podría constituir un supuesto de acoso de acuerdo con lo previsto en el artículo 29 del Código de Trabajo portugués. En idéntico sentido respecto a la configuración de la desconexión como obligación empresarial y no como derecho del trabajador, Moreira (2019: 146-147).

18 También Moreira (2021: 128) señala que la desconexión no puede ser solo vertical sino que tiene que ser horizontal, el trabajado no puede estar disponible ni para el empleador ni para los compañeros de trabajo.

Con relación al ámbito subjetivo, esto es los trabajadores sobre los que se despliega, o más bien cabría decir se benefician, de la obligación empresarial, la única referencia que se contiene es la genérica de "trabajador", lo que anudado a la inexistencia expresa de excepciones por razón de la posible relación jurídica trabada con el empleador, nos conduce a sostener que aquella se extiende a todo trabajador contemplado en la norma laboral portuguesa, incluidos los cargos directivos (Lambelho, 2023: 66) a los que, a diferencia de nuestro ordenamiento, se les aplica el Código de Trabajo con la especialidades contenidas en él, entre las que no se ha establecido ninguna en materia de desconexión.

Otra singularidad que tampoco se aprecia en otros ordenamientos es la expresa recepción de la posibilidad de conectar con el trabajador–reconexión-, ciñendo dicha opción solo en supuestos de fuerza mayor. No obstante, la doctrina aboga por una comprensión amplia del supuesto que incluiría no solo acontecimientos naturales que, aunque previsibles, no pueden ser evitados, sino también situaciones para prevenir o reparar un perjuicio grave la empresa o su viabilidad (Amado, 2022: 134 y Lambelho 2023: 67 y 68).[19]

Los otros dos aspectos particulares de la desconexión portuguesa los encontramos, por un lado, en la recepción expresa de una garantía de indemnidad por la vía de la configuración de un supuesto discriminatorio; de suerte que cualquier trato menos favorable al trabajador, bien en las condiciones de trabajo o bien en la carrera profesional, originada por el ejercicio de la desconexión, se considera una discriminación a los efectos de los previsto en el artículo 25 del Código de Trabajo, en el que se recoge la formulación general de la discriminación; remisión que supone que la constatación de este supuesto de discriminación, como el resto, constituye una infracción administrativa muy grave. Por otro lado, el no cumplimiento de la obligación empresarial de abstención de contactar con el trabajador se concibe como una infracción administrativa grave.

El modelo portugués también resulta caracterizado por sus omisiones, pues no se efectúa mención alguna ni a la negociación colectiva, ni a las políticas empresariales ni al papel que pueden o deben jugar los representantes de los trabajadores. La ausencia de referencias a la autonomía colectiva

---

19 Esta concepción amplia tiene se apoya en que el artículo 227.2 del Código de Trabajo permite la prestación de trabajo extraordinario -suplementario- en casos de fuerza mayor y cuando sea indispensable para prevenir o reparar un perjuicio grave para la empresa o su viabilidad.

no supone un obstáculo para que ésta aborde la desconexión, si bien desde la introducción legal de la obligación empresarial de abstención de contactar, los resultados han sido muy pobres, cuantitativa y cualitativamente, a la hora de regularlo vía convencional.[20]

2.5. Grecia

La ordenación jurídica de la desconexión digital en Grecia se ha producido a través del artículo 67 de la Ley 4840/2021, que ha modificado el artículo 5 de la Ley 3846/2010, que regula el teletrabajo. En la nueva redacción dada al antecitado artículo 5, se reconoce expresamente el derecho del teletrabajador a la desconexión digital (apartados 5º a) y10º). Al igual que sucede en nuestro ordenamiento hay un reconocimiento explícito de la desconexión digital como derecho de la persona trabajadora sin sujeción a su reconocimiento por la autonomía colectiva o individual empresarial, la diferencia la encontramos en el limitado alcance subjetivo del mismo ya que se circunscribe a quien desarrolla su prestación laboral en modalidad de teletrabajo (a semejanza del modelo italiano, aunque este es más restrictivo porque se limita al lavoro agile, una modalidad cercana al trabajo a distancia). En definitiva, en el modelo griego no hay un derecho a la desconexión reconocido para cualquier trabajador, sino solo para una aquellos que desarrollan su prestación bajo una determinada modalidad, el trabajo a distancia.

Que el derecho a la desconexión digital resulta reconocido en el plano legal, no haciéndose depender su existencia de su reconocimiento por la negociación colectiva o el empresario lo evidencia tanto la previsión legal de que, entre las condiciones de trabajo que el empresario se encuentra obligado a comunicar al trabajador en el plazo de los ocho días siguientes al inicio de la prestación en modalidad de teletrabajo se debe incluir el derecho de aquel a desconectarse [art. 5.5.a)], como la previsión de que "los medios técnicos y organizativos" para garantizar la desconexión son "términos obligatorios del contrato de teletrabajo" (art. 5.10).

Otra singularidad del modelo griego es que, a diferencia de lo que ocurre en la mayoría de los modelos expuestos, se contiene una definición de lo que debe entenderse por desconexión al indicarse que "consiste en su derecho (del trabajador) a abstenerse totalmente de prestar su trabajo y

20 Ver Lambelho (2023: 71-73).

en particular, a no comunicarse digitalmente y a no responder llamadas telefónicas, correos electrónicos o cualquier forma de comunicación fuera del horario laboral y durante de sus licencias legales". Se aborda una definición que, por un lado, contempla no solo el aspecto comunicativo sino también el prestacional -entendido como el derecho a no seguir trabajando-; y, por otro lado, parece que se hace gravitar la operatividad de la desconexión únicamente en la figura del trabajador.

En cuanto al papel que se otorga a la negociación colectiva y a la iniciativa empresarial, se vislumbra una solución muy similar a la articulada en el modelo francés y belga, en lo relativo al establecimiento de una preferencia de la autonomía colectiva frente a la iniciativa empresarial, de suerte que esta última deberá abordar la regulación de la desconexión en defecto de la primera. No obstante, el modelo griego llama como fuente convencional reguladora de "los medios técnicos y organizativos necesarios para asegurar la desconexión del teletrabajador de las herramientas digitales de comunicación y trabajo" al acuerdo entre "empresario y representantes de los trabajadores en la empresa o explotación agrícola" (art. 5.10), es decir, a la negociación colectiva a nivel empresarial. Como se acaba de indicar, si la autonomía colectiva a nivel empresarial no contemplase el derecho de desconexión, surge para el empresario una doble obligación, a saber: determinar los medios anteriormente indicados y comunicarlos a todos los empleados.

Finalmente, debe indicarse que la norma introduce una garantía de salvaguarda del derecho a la desconexión al contemplar la prohibición de discriminar a un teletrabajador "por haber ejercido el derecho a desconexión" (art. 5.10).

2.6. Eslovaquia

La implantación de la desconexión digital en las relaciones laborales en Eslovaquia se produce, como sucede en Grecia, en el marco de la regulación del teletrabajo, más concretamente con la modificación de esta modalidad prestacional operada por la Ley 76/2021, de 4 de febrero, que modifica el Código de Trabajo eslovaco de 2001.[21] En efecto, la regulación del teletrabajo fue introducida en el derecho laboral eslovaco en el año 2007 en el artículo 52; precepto que es objeto de la modificación del año

---

21 Sobre la regulación del teletrabajo en Eslovaquia, véase Bulla (2021: 7-22).

2021 en la que, entre otras previsiones, se señala en su apartado 10°, por un lado, que el trabajador dedicado al trabajo a domicilio o al teletrabajo tendrá derecho a no utilizar los medios utilizados para el trabajo a domicilio o el teletrabajo durante su descanso diario continuo y su descanso semanal continuo, a menos que en ese momento se le ordene o se acuerde con él la realización de trabajo de guardia o de horas extraordinarias, ni durante el período de vacaciones y los días festivos; y, por otro lado, que el empresario no podrá considerar la existencia de incumplimiento de una obligación laboral en el hecho de que un trabajador se niegue a realizar un trabajo o a cumplir una instrucción en cualquiera de las situaciones anteriores.

El modelo eslovaco de desconexión, desde la perspectiva subjetiva, se limita al trabajo en domicilio y al teletrabajo, incluso si no se les aplica a estos la normativa sobre jornada semanal, descansos y tiempos de inactividad,[22] no reconociéndose de forma genérica a cualquier trabajador que no desarrolle su prestación bajo esta modalidad. Desde la vertiente objetiva, el reconocimiento de la desconexión se efectúa desde la configuración de un derecho del trabajador, que se concreta en no utilizar los "medios de trabajo" durante el tiempo de no trabajo -descanso, vacaciones y festivos-; clarificándose expresamente que no se estará ante una situación de desconexión si se ha acordado la realización de guardias o de horas extraordinarias, en cuyo caso el tiempo empleado en esas situaciones, que desbordan el tiempo de trabajo pactado, no puede considerarse protegido por el derecho a la desconexión.

Se ha de llamar la atención que se omite en el apartado 8° del artículo 52, dedicado a las obligaciones/medidas empresariales, cualquier referencia a la desconexión, lo que revela una clara intención de configurarlo desde la óptica crediticia del trabajador, obviando la dimensión obligacional del empleador. El derecho se dota cualitativamente sobre la idea del derecho a no utilizar cualquier "medio de trabajo", no solo los medios tecnológicos de comunicación e información; lo que revela que, implícitamente, ese derecho a la desconexión engloba el derecho a no comunicar sino también y a no trabajar.

La otra singularidad es la expresa advertencia de que no se podrá considerar incumplimiento contractual laboral la negativa de la persona trabajadora a desarrollar su prestación laboral fuera de los tiempos de trabajo pactados. Estamos no ante una garantía de indemnidad sino ante una

---

22 Supuesto previsto en el artículo 52.7 a) y b) del Código de Trabajo para los supuestos en los que sea el trabajador el que programe su propio horario.

mera advertencia de lo que no se podrá considerar incumplimiento del trabajador. No obstante, de forma indirecta, cuando el apartado 11 del artículo 52 viene a establecer que un trabajador a domicilio o teletrabajador no puede ser objeto de un mejor (sic) o peor trato respecto a un trabajador presencial comparable, puede inferirse indirectamente una cláusula de garantía a favor de aquellos si son objeto de un peor trato como consecuencia de ejercer un derecho, el de la desconexión, solo a ellos reconocidos.

Aunque el apartado 4 del artículo 52 indica que para la realización de una prestación doméstica o de teletrabajo se requiere un acuerdo entre ambas partes, no se detalla cuál ha de ser su contenido, ni siquiera la exigencia de un contenido mínimo; de suerte que no hay obligación legal de concretar en el acuerdo los términos de la desconexión. Tampoco se contiene referencia alguna al posible rol de la negociación colectiva, ni de los representantes de los trabajadores.

2.7. España

La desconexión digital ha sido objeto de atención legislativa en nuestro ordenamiento a través de dos vías, una primera con vocación de aplicación general, la Ley Orgánica 3/2018, de 5 de diciembre de Protección de Datos y garantía de los Derechos Digitales (LOPDGDD), la segunda con vocación de aplicación dirigida a una determinada modalidad de prestación laboral, la Ley 10/2021, de 9 de julio, de Trabajo a Distancia (LTD).[23] Con vocación de aplicación general, la LOPDGDD establece de forma directa y expresa, el derecho a la desconexión digital en su artículo 88,[24] al tiempo que in-

---

[23] Véase Altés (2020); Arrieta (2019); Barrios (2019); Cardona (2020); Cremades (2020); Fernández Orrico (2020); Gil Plana (2022b); Iguartúa (2019); Martín (2021); Megino (2022); Miñarro (2019); Monreal (2020); Morato (2020); Requena (2020); Revuelta (2022); San Martín (2021); Sánchez y Folgoso (2021); Taléns (2018); Tascón (2018); Trujillo y Toscani Giménez (2020); Trujillo (2021b); Vallecillo (2017); Velasco (2023).

[24] El citado artículo establece que *"1. Los trabajadores y los empleados públicos tendrán derecho a la desconexión digital a fin de garantizar, fuera del tiempo de trabajo legal o convencionalmente establecido, el respeto de su tiempo de descanso, permisos y vacaciones, así como de su intimidad personal y familiar. 2. Las modalidades de ejercicio de este derecho atenderán a la naturaleza y objeto de la relación laboral, potenciarán el derecho a la conciliación de la actividad laboral y la vida personal y familiar y se sujetarán a lo establecido en la negociación colectiva o, en su defecto, a lo acordado entre la empresa y los representantes de los trabajadores. 3. El empleador, previa audiencia de los representantes de los trabajadores, elaborará una política interna dirigida a trabajadores , incluidos los que ocupen puestos*

troduce un nuevo artículo 20 bis en el ET por mor de lo dispuesto en la DF 14ª LOPDGDD y un nuevo apartado j bis) en el artículo 14 del Estatuto Básico del Empleado Público en virtud de la DF 15ª LOPDGDD en los que se enumera como derecho de los trabajadores y de los empleados públicos el de la desconexión digital. En ambos casos el reconocimiento del citado derecho se produce en los términos establecidos en la legislación vigente en materia de protección de datos personales y garantía de los derechos digitales; esto es, habrá que estar a dicho precepto para concretar su configuración jurídica.La otra referencia, con vocación de particularidad se contiene en la regulación del trabajo a distancia -la LTD-, concretamente en la Sección 5ª del Capítulo III dedicada a los derechos relacionados con el uso de los medios telemáticos, en su artículo 18.[25] La desconexión digital del trabajador a distancia se remite a lo previsto en el artículo 88 LOPD al indicarse en el artículo 18.1 del LTD que dicha desconexión se garantizará "en los términos establecidos" en aquel precepto. En consecuencia, se efectúa una remisión que suscita la duda acerca de la necesidad de este precepto, si nada nuevo y singular sobre el teletrabajo se va a establecer.[26]

---

directivos , en la que definirán las modalidades de ejercicio del derecho a la desconexión y las acciones de formación y de sensibilización del personal sobre un uso razonable de las herramientas tecnológicas que evite el riesgo de fatiga informática. En particular, se preservará el derecho a la desconexión digital en los supuestos de realización total o parcial del trabajo a distancia, así como en el domicilio del empleado vinculado al uso con fines laborales de herramientas tecnológicas".

25 El meritado precepto estable que *"1. Las personas que trabajan a distancia, particularmente en teletrabajo, tienen derecho a la desconexión digital fuera de su horario de trabajo en los términos establecidos en el artículo 88 de la Ley Orgánica 3/2018, de 5 de diciembre. El deber empresarial de garantizar la desconexión conlleva una limitación del uso de los medios tecnológicos de comunicación empresarial y de trabajo durante los periodos de descanso, así como el respeto a la duración máxima de la jornada y a cualesquiera límites y precauciones en materia de jornada que dispongan la normativa legal o convencional aplicables. 2. La empresa, previa audiencia de la representación legal de las personas trabajadoras, elaborará una política interna dirigida a personas trabajadoras, incluidas los que ocupen puestos directivos, en la que definirán las modalidades de ejercicio del derecho a la desconexión y las acciones de formación y de sensibilización del personal sobre un uso razonable de las herramientas tecnológicas que evite el riesgo de fatiga informática. En particular, se preservará el derecho a la desconexión digital en los supuestos de realización total o parcial del trabajo a distancia, así como en el domicilio de la persona empleada vinculado al uso con fines laborales de herramientas tecnológicas. Los convenios o acuerdos colectivos de trabajo podrán establecer los medios y medidas adecuadas para garantizar el ejercicio efectivo del derecho a la desconexión en el trabajo a distancia y la organización adecuada de la jornada de forma que sea compatible con la garantía de tiempos de descanso".*

26 Crítica vertida, entre otros, por Muñoz (2020: 17) y Revuelta (2022: 159).

No obstante, y a pesar de que reproduce literalmente alguna previsión del artículo 88 de LOPD, el artículo 18 de la LTD introduce alguna referencia novedosa Pérez Campos (2021: 511), pero de mínima trascendencia en la regulación de la desconexión digital del trabajador a distancia.

En cuanto al bien jurídico protegido nuestra norma hace referencia al "respeto de su tiempo de descanso, permisos y vacaciones, así como de su intimidad personal y familiar" y a la "conciliación de la actividad laboral y la vida personal y familiar". Ahora bien, partiendo de la premisa de ser la desconexión una institución que consiste en el cese de comunicación entre al menos dos receptores -en nuestro caso el empleador y el trabajador- una vez terminada la jornada pactada y debida, es claro que el bien jurídico que se protege es el que tradicionalmente ha venido presidiendo la ordenación jurídica del tiempo de trabajo,[27] que es la salvaguarda del tiempo libre/ descanso del trabajador y su salud. Como se ha señalado acertadamente, conviene tener presente "que las nuevas realidades tecnológicas faciliten un uso irregular, en nada obsta a que el trabajador tenga exactamente el mismo nivel de protección que en el modelo analógico de organización [...] Entre desconectar digitalmente (nueva garantía nominada digitalmente) y disfrutar realmente del periodo de descanso (garantía general clásica) no hay ninguna diferencia de sentido práctico. En ambos casos, ayer como hoy, la regularidad del poder directivo exige que no pueda obligar al trabajador a prestar servicios, ni de forma presencial, ni a distancia a través de los dispositivos informáticos, fuera de estos tiempos de trabajo debidos" (Molina, 2017: 281).[28]

Identificados los bienes jurídicos que estarían en la base del derecho, resulta criticable su introducción en una norma destinada a trasponer la norma comunitaria en materia de protección de datos y en el artículo 20 bis del ET,[29] precepto este último que revela una clara delimitación del derecho desde la óptica de la limitación de los poderes empresariales (San

---

27 San Martín Mazzucconi (2021: 332) señala que ya existía en su formulación básica en la ordenación de la jornada prevista en el artículo 34 ET, considerándolo una subespecie de la limitación de la jornada. En similares términos, Sánchez y Folgoso (2021: 35).

28 Si bien este autor sostiene el carácter fundamental del derecho a la desconexión digital. En términos similares, entre otros, Cristóbal (2020: 613) y Barrios (2019: 2).

29 Ello ha llevado a la doctrina a formular una razonable crítica sobre la ubicación del derecho a la desconexión digital así como su falta de configuración desde la perspectiva preventiva. Entre otros, Terradillos (2019: 12); Igartúa (2019: 72); Toscani (2020: 293) y Martín (2021: 6).

Martín, 2021: 328)[30] Error que se vuelve a apreciar al regular dicho derecho en el trabajo a distancia, al ubicarlo en la sección dedicada a los derechos digitales cuando, siendo una institución que atañe fundamentalmente al tiempo de trabajo, debería haberse ubicado en la sección que recoge el derecho al horario flexible y el derecho al registro de jornada; esta ubicación sistemática parece deudora de la lógica insertada en su introducción en nuestro ordenamiento dentro del contenido de la norma que regula la protección de datos.

La desconexión digital ha sido abordada en nuestro ordenamiento mediante su reconocimiento como derecho de los trabajadores (Pérez de los Cobos, 2019: 12). Es claro que el derecho a la desconexión resulta plenamente reconocido en el artículo 88.1 LODPGDD al afirmarse que "los trabajadores y los empleados públicos tendrán derecho a la desconexión digital", sin ningún tipo de matiz o vinculación a su posible configuración a través de la autonomía colectiva o las políticas internas de la empresa, a las que se reservan las modalidades de ejercicio del derecho -art. 88.2 LOPDGDD a la autonomía colectiva- y las modalidades de ejercicio y acciones formativas y de sensibilización para evitar el riesgo de fatiga informática -art. 88.3 LOPDGDD para las políticas de empresa-. Una cosa es la determinación concreta del derecho y otra es su reconocimiento que se produce de forma clara y sin condicionamientos y que, en consecuencia, permite a cualquier trabajador reclamar su operatividad ante las instancias jurisdiccionales,[31] aun no existiendo previsión convencional o pauta empresarial.[32] Porque, en cualquier caso, ante la ausencia de concreción en el convenio o en la política interna de la empresa, el trabajador podrá hacer valer que cese el flujo de comunicaciones de naturaleza laboral fuera de su horario de trabajo; de suerte que estamos ante un derecho claramente reconocido y plenamente ejercitable, que no resulta condicionado a un desarrollo posterior vía negociación colectiva, vía políticas internas empresariales.[33]

---

30 Monreal (2020: 616), señala que su ubicación revela su función jurídico-política como elemento regulador de las facultades directiva del empresario.

31 En este sentido es meridianamente clara Cardona (2020: 114), cuando afirma que es un "derecho subjetivo perfecto y susceptible de ser invocado para que los órganos judiciales lo apliquen directamente".

32 En contra, San Martín (2021: 333), afirma que es un derecho que se reconoce absolutamente, pero que se condiciona su ejercicio.

33 En este sentido, Pérez de los Cobos (2019: 13) "no creo, sin embargo, que la remisión a la negociación y al acuerdo de empresa puedan interpretarse como una remisión normativa de la que se hace depender la efectividad del derecho

Estamos ante el reconocimiento de un derecho[34] que no se ejercita en abstracto sino frente al empleador en el entorno productivo, de ahí que el reconocimiento del derecho al trabajador conlleva el correlativo deber del empresario de garantizar y respetar la desconexión digital del empleado. Un sector de la doctrina ha considerado necesaria su configuración explícita como deber empresarial, dado que a su entender la desconexión requiere "el poder de autodeterminación del trabajador, plenamente libre para no responder, de un lado, y el deber del empleador de abstenerse de realizar disposición alguna en tal sentido, de otro" (Molina, 2017: 270) considerando que "no puede bastar con el reconocimiento del derecho del trabajador a no contestar correos o mensajes durante su tiempo de descanso" (Sánchez y Folgoso, 2021: 51). No obstante, me parece más adecuada la postura de quien afirma que "un derecho cuyo contenido consiste precisamente en una omisión, la de conexión digital, no necesita de ningún auxilio suplementario para ejercerse [...] el deber está implícito en el reconocimiento del derecho, que además ampara al trabajador frente a la conectividad hoy más habitual que no se manifiesta en órdenes o instrucciones del empresario sino en un incesante flujo y reclamo de información

---

reconocido en el apartado primero, de suerte que a falta de previsión convencional no podría aquel ejercerse. Creo que el derecho ha sido ya explícitamente reconocido por la Ley y reiterado en el Estatuto de los Trabajadores y que los trabajadores pueden ya ejercerlo, sin perjuicio de su "modalización" por la negociación colectiva". Altés y Yagüe (2020: 71), entienden "que la desconexión digital debe ser interpretada como una obligación empresarial. Implica una conducta de abstención por parte del empresario, [...] pues el establecimiento de un derecho siempre lleva consigo el deber de respetarlo, so pena de dejarlo vacío de contenido". Sanguineti (2021: 3), indica claramente que el derecho que se reconoce a la desconexión supone "deber del empresario, tanto de no utilizar él mismo los medios tecnológicos de comunicación y de trabajo con ese objeto, como de adoptar medidas adecuadas para que tampoco lo hagan los demás trabajadores o la clientela"; Iguartúa (2019: 66), sostiene que el derecho a la desconexión "podría reconducirse implícitamente al deber de abstención por parte de la empresa, faceta que resulta de todo punto indispensable".

34 Sobre las implicaciones para la desconexión tiene la configuración como derecho, véase Sánchez y Folgoso, 2021: 43-45), quienes hablan de un espacio de inconcreción que no soluciona ningún problema, se desprotege al trabajador no cubierto por la negociación colectiva o se pueden dar supuestos de reducción del derecho al dejarse en manos de la negociación colectiva su configuración; San Martín (2021: 339-340), señala que la configuración como derecho que se deja en manos del trabajador conectarse o no, al tiempo que implica que la empresa podrá remitir comunicaciones fuera de la jornada de trabajo y horario, advirtiendo al empleado que no está obligado a atenderlas.

y/o actuaciones provenientes de clientes y/o terceros" (Pérez de los Cobos, 2019: 13).[35] Que ello es así lo demostraría que, con posterioridad al art. 88.1 LOPDGDD, el art. 18.1 LTD habla del "deber empresarial" como correlativo del derecho que previamente ha reconocido al trabajador. De suerte que si del artículo 88.1 LOPDGDD debía deducirse el correlativo deber del empresario, en el artículo 18.1 LTD se despeja de forma expresa su existencia.

Nuestro modelo de desconexión no ofrece en la configuración general del artículo 88 LOPDGDD ni una definición ni el contenido o alcance del derecho a la desconexión digital, ya que aborda su reconocimiento desde una perspectiva finalista indicándonos que su instauración obedece a que fuera del tiempo de trabajo sea efectivo el derecho del trabajador -incluido por tanto el trabajador a distancia- al descanso, a disfrutar de los permisos y vacaciones, y a que se vea respetada su intimidad personal y familiar. [36] Es en la configuración del derecho a la desconexión digital en el trabajo a distancia donde encontramos una referencia a su posible contenido, concretamente al señalar que el deber del empresario "conlleva una limitación del uso de los medios tecnológicos de comunicación empresarial y de trabajo durante los periodos de descanso", que, además, tiene la virtualidad

---

35 En la misma línea, entre otros muchos, Lantarón (2022: 16) o Monreal (2020: 635).

36 No obstante, desde la doctrina se ha indicado, entre otros, Cardona (2020: 113) lo caracteriza "con la facultad en favor de trabajadores y empleados públicos de mantenerse fuera del alcance digital de la empresa, es decir, desconectados de las comunicaciones"; Pérez de los Cobos (2019: 13) lo define como "el derecho del trabajador durante su tiempo de descanso a no recibir y, en su caso, a desatender los requerimientos que, a través de los dispositivos electrónicos de comunicación que le ha proporcionado la empresa, pueda recibir de ésta, bien directamente o provenientes de terceros"; o para Sánchez y Folgoso (2021: 48), sería "el derecho a no permanecer atento a los requerimientos, exigencias y demás cuestiones empresariales durante el tiempo ajeno a la jornada laboral [...] también al descanso semanal, los permisos, las vacaciones e, incluso, a otras situaciones en las que no persiste la obligación de partas servicios, tales como suspensiones del contrato por causas objetivas o bajas médicas". Gil Plana (2022b: 448-449), afirma que "la desconexión digital a efectos laborales implica el derecho del trabajador a no recibir información ni contestar ningún requerimiento de contenido laboral -ya sea del empresario, de otros trabajadores, clientes o terceras personas- fuera de la jornada de trabajo, pero también incluye la obligación del empresario de no requerir actuación alguna ni remitir comunicación de ningún tipo y por ninguna vía al trabajador y garantizar que no se producirán comunicaciones provenientes de otros trabajadores, clientes o terceros".

de exponer que esa desconexión opera no solo respecto de los dispositivos empresariales sino respecto de cualquier otro dispositivo, incluidos los que son propiedad del trabajador, a través de los cuales pudiera procederse a la comunicación invalidando el derecho a la desconexión.

La configuración subjetiva del derecho tiene una clara vocación expansiva como lo demuestra que el artículo 88.1 LOPDGDD reconozca el derecho tanto a los trabajadores por cuenta ajena como a los empleados públicos. Guarda silencio la LOPDGDD sobre frente a quienes se puede hacer valer el derecho, quedando obligado, primeramente, el empresario como deudor principal, que deberá garantizarlo no solo respecto a su propia actuación sino también frente a otros trabajadores, clientes o terceras personas que pudieran invadir por razones laborales el tiempo de descanso del trabajador. Incluso, tanto la LOPDGDD y la LTD, contienen una referencia expresa a quienes ocupan "puestos directivos" para indicar que también gozan del derecho a la desconexión digital. En efecto, al incorporar la obligación empresarial de establecer una política empresarial de desconexión digital se incluye expresamente a quienes ocupen "puestos directivos" (arts. 88.3 LOPDGDD y 18.2 LTD), expresión que no puede circunscribirse a quienes tengan la condición de alto directivo sino a todo aquel trabajador que desarrolle funciones directivas.[37] La utilización de esta expresión más genérica y omnicomprensiva tiene la virtualidad de evitar posibles actuaciones empresariales de reducción de la operatividad del derecho a la desconexión mediante la exclusión de quienes tienen funciones directivas al socaire de argumentar la imposibilidad de la desconexión de quienes dirigen la empresa, centros de trabajo, unidades o departamentos.

Antes del reconocimiento del derecho a la desconexión digital ya se venía sosteniendo la importancia que debería tener la autonomía colectiva en la configuración de dicho derecho (Miñarro, 2019: 18). Centralidad que queda reflejada en los artículos 88.2 LOPDGDD y 18.2 LTD. Junto a la autonomía colectiva se otorga un papel importante a las políticas internas de la empresa en los artículos 88.3 LOPDGDD y 18.2 LTD. Se ha destacado por la doctrina que la principal aportación de la regulación del derecho a

---

37 San Martín (2021: 337), señala que "la mención es más amplia que la de altos directivos, por lo que deberían quedar integrados todos los trabajadores de la empresa, con independencia de la naturaleza ordinaria o especial de su relación laboral". En idéntico sentido, Sánchez y Folgoso, (2021: 46).

la desconexión digital sea el papel otorgado a la negociación colectiva y a las políticas empresariales.[38]

Tanto en la LOPDGDD como la LTD el reconocimiento del derecho a la desconexión no queda vinculado de forma alguna a su recepción por parte de la autonomía colectiva ni de las políticas internas empresariales (Monreal, 2020: 638). Dado que su reconocimiento expreso y diáfano se efectúa en ambos preceptos legales, y puesto que a la negociación colectiva se llama para modular su ejercicio, funcionalidad a la que también se llama a las políticas internas que, además, se ocuparán de las acciones formativas y de sensibilización en aras a evitar los riesgos de fatiga informática, resulta evidente que el derecho a la desconexión digital no queda condicionado, ni en su reconocimiento ni en su eficacia, por la autonomía colectiva ni las políticas internas de empresa. Por tanto, la ausencia de previsiones en la negociación colectiva y la falta de políticas empresariales en materia de desconexión digital no impide a la persona trabajadora hacer valer su derecho a la desconexión.

Parece claro que sobre el empresario pesa una verdadera obligación al establecerse que "elaborará" una política interna de desconexión (arts. 88.3 LOPDGDD y 18.2 LTD). No está tan claro que se haya establecido una obligación de modelizar su ejercicio a través de la autonomía colectiva, puesto que se señala que "*se sujetarán* a lo establecido en la negociación colectiva *o, en su defecto,* a lo acordado entre empresa y representantes de los trabajadores" (art. 88.2 LOPDGDD) o se indica, para el trabajo a distancia que "los convenios o acuerdos colectivos de trabajo *podrán* establecer los medios y medidas". Que los preceptos llaman a la autonomía colectiva a tener un papel protagonista en la configuración de la desconexión digital está fuera de toda discusión,[39] pero que no se establece en términos obligacionales -en el sentido de configurar un deber de negociar- parece determinarse, de un lado, porque se omite expresamente la configuración como deber pues solo se dice que se "sujetará", pero no que haya un deber de negociar; por otro lado, de la expresión "en su defecto", que implica contemplar la posibilidad de que la negociación colectiva no haya regulado las modalidades de ejercicio del derecho, y de la expresión condicional

---

38 Revuelta (2022: 158); San Martín (2021: 332); Alemán (2017: 9).

39 En este sentido Molina (2017: 271), aboga por que la configuración de la desconexión digital "debe huir de una regulación unilateral y simplificada, para acoger otra pactada y articulada a fin de reescribir los nuevos términos del justo equilibrio entre vida profesional y personal en el mundo digital".

"podrán", que nos deja traslucir la atribución discrecional de asumir negociar o no dichos contenidos.[40]

En cuanto a la forma de interacción entre la autonomía colectiva y la política empresarial interna se plantean varios interrogantes, a saber: si la política empresarial está vinculada a la previa existencia de previsiones convencionales y si, regulada la desconexión digital por la autonomía colectiva, la política empresarial debe ajustarse a ella (San Martín, 2021: 333). No parece que se pueda sostener que la efectividad de una política interna queda supeditada o condicionada a la previa existencia de una regulación convencional, en primer lugar, porque a diferencia del modelo francés o el belga, no se establece una relación de subsidiariedad entre autonomía colectiva y autonomía individual empresarial, de manera que esta última solo sería operativa en ausencia de regulación convencional; en segundo lugar, no debemos olvidar que, mientras que la política empresarial se configura como una obligación, la intervención de la negociación colectiva carece de naturaleza obligatoria, podrán o no los agentes sociales en los procesos de negociación regular o no la desconexión. De lo anteriormente afirmado, no sería razonable negar eficacia a una política interna por el hecho de no haberse contemplado previamente la desconexión en el convenio colectivo de aplicación o en un acuerdo de empresa, cuando se ha establecido una obligación para el empresario que éste debe acometer si no quiere incurrir en una infracción de norma.[41]

Ahora bien, cuestión distinta es que, regulada la desconexión por la autonomía colectiva, la política empresarial deberá hacer suya dicha regulación teniendo un mínimo margen de separación respecto a los previsto en el convenio colectivo, pues debemos recordar su carácter de fuente normativa.

Una última cuestión resulta interesante destacar, en relación a la autonomía colectiva, ni la LOPDGDD ni la LTD, establecen preferencia alguna

40 Advierte de la ausencia de un deber de negociar, entre otros, Trujillo (2021b: 210); Pérez Campos (2021: 521).

41 No obstante, en sentido contrario se ha pronunciado la SAN de 22 de marzo de 2022 (Prod. 33/2022), al anular una cláusula de reconexión, no por los términos en los que se establece, sino porque está prevista en un instrumento empresarial y a juicio del órgano jurisdiccional, estos límites a la desconexión "no los puede establecer unilateralmente el empresario, sino que, como indica el artículo 88 LOPD, se sujetarán a lo establecido en la negociación colectiva o lo acordado entre empresa y representantes de los trabajadores".

a favor de la negociación sectorial o empresarial, sin que exista, en principio, prioridad aplicativa a favor del nivel empresarial al no ser una de las materias listadas en el artículo 84.2 ET (Sánchez y Folgoso, 2021: 54-55). No obstante, en la medida en que se conciba como una medida de conciliación podría tener prioridad aplicativa la regulación de la desconexión contenida en el convenio de empresa al amparo de lo previsto en el artículo 84.2 e) ET. Seguramente no es necesaria la delimitación de preferencias, en tanto que se puede y debe proceder a una articulación combinada de ámbitos negociales, el sectorial resultará idóneo para articular previsiones generales del sector, y el empresarial para adaptarlas a las singulares características de las empresas. No obstante, como ya acertadamente ha advertido la doctrina, la estructura empresarial española en la que la mayoría de las empresas tienen un reducido número de trabajadores y carecen de convenio propio, erige al nivel sectorial como el decisivo a la hora de modelizar el ejercicio del derecho a la desconexión digital.[42]

A pesar de que nuestro modelo de desconexión digital se ha otorgado todo el protagonismo a la autonomía colectiva y a las políticas internas de las empresas, reservándose la ley únicamente el reconocimiento incondicionado del derecho y sin establecer un posible contenido mínimo. La respuesta dada tanto por la autonomía colectiva como por la autonomía individual empresarial debe calificarse de insatisfactoria y deficiente, tanto cualitativa como cuantitativamente. Son pocos los convenios que recogen el derecho a la desconexión digital y cuando así se hace el contenido solo puede calificarse de sucinto e impreciso. Al mismo tiempo, se evidencia que muchas empresas carecen de protocolos internos en materia de desconexión digital -con el agravante que sobre ellas pesa una obligación legal de dotarse de él-, y cuando lo tienen aportan poco a la configuración de la desconexión digital.[43]

---

42 En este sentido, son claras Pérez Campos (2021: 522), cuando afirma, teniendo presente la realidad del tejido empresarial español que la desconexión digital "debería abordarse en los convenios colectivos de ámbito sectorial, o en su defecto, mediante acuerdos de empresa suscritos directamente con los trabajadores, aunque esta práctica podría fortalecer un tratamiento desigual" y Morato (2020: 12), "precisamente resultarían muy necesarias las previsiones en torno a esta materia en los convenios sectoriales, sobre todo para el caso de empresas con pocos empleados y sin convenio".

43 Con mayor detenimiento véase Revuelta (2022); Barrios (2020); Requena (2020); Megino (2021); Martín (2021); Morato (2020); Gil Plana (2022a).

Se constata que aquellos convenios que van más allá del mero reconocimiento del derecho ofrecen un tratamiento parcial y sucinto en el que no se aborda de forma completa distintos aspectos esenciales como su configuración como obligación empresarial, las fórmulas de ejercitar la desconexión, los mecanismos de garantía y control, las causas de reconexión y los sistemas de compensación. Incluso ese tratamiento parcial en muchas ocasiones ofrece aspectos criticables como, por ejemplo, que las previsiones de reconexión se limitan por lo general a prever tal posibilidad, sin acotar ni definir las causas, sin establecer sistemas de control y de compensación. Esta tendencia abre ineludiblemente la puerta a una configuración jurídica impuesta unilateralmente por la empresa, sin negociación alguna, con la salvedad de la previa audiencia a los representantes de los trabajadores; diseño unilateral que puede derivar en un modelo de desconexión que no se ajuste a las previsiones legales en la materia.

El problema que encontramos en la delegación de todo el desarrollo del derecho de un instrumento a otro (convenio/acuerdo/plan de igualdad a protocolo/política interna) reside, no en la delegación en sí misma, sino en una habilitación que desemboca en la ausencia de una regulación pactada o, simplemente, en ausencia de una regulación mediante protocolos empresariales -a pesar del carácter obligatorio. Hipótesis que queda corroborada tras el análisis de los protocolos existentes en los que es común observar que se limitan a llevar a cabo un simple reconocimiento del derecho o a expresar algunas palabras acerca de su preocupación por la necesidad de desconectar sin llevar a cabo ninguna medida al respecto. Se observa tanto un incumplimiento real de la obligación empresarial, dado que muchas empresas no se han dotado de estos protocolos de desconexión, como un cumplimiento meramente formal de las empresas que sí lo tienen, en tanto que su contenido revela que no ha cumplido correctamente con el mandato legal.

Tenemos, por tanto, una configuración jurídica de la desconexión digital deficiente e ineficiente. Deficiente porque no ofrece un marco jurídico mínimamente elaborado, dado que sólo tenemos claro su reconocimiento, manteniendo una gran nebulosa en la concreción de las modalidades de su ejercicio, ante la mínima atención prestada por la autonomía colectiva y la falta de cumplimiento de la obligación empresarial. Ineficiente porque en tal grado de desarrollo no es posible afirmar que se pueda garantizar de una forma efectiva y proactiva la desconexión digital, dejando como principal mecanismo de garantía y control a la vía jurisdiccional que supone un remedio a posteriori.

En el diseño de la desconexión digital, los representantes de los trabajadores pueden llegar a tener un importante papel en la elección de las modalidades de ejercicio a través de la negociación colectiva, especialmente, a nivel empresarial. Protagonismo que contrasta con la menor relevancia[44] que se les otorga a la hora de diseñar la política empresarial de desconexión, al atribuírseles, únicamente, un facultad de audiencia previa (arts. 88.3 LOPDGDD y 18.2 LTD), no siendo necesario ni preceptiva ni la negociación ni el acuerdo con la representación de los trabajadores (San Martín, 2021: 334),[45] cuya opinión carece de carácter vinculante para el empresario.[46]

En nuestro modelo nada se dice, en la configuración general, de la posibilidad del empresario de dejar sin efecto el derecho a la desconexión laboral en ante determinadas circunstancias, que se denomina reconexión. No obstante, la Disposición Adicional 1ª de la LTD al reconocer a la autonomía colectiva la capacidad para establecer posibles circunstancias extraordinarias de modulación del derecho a la desconexión está abriéndose la puerta a dicho supuesto, al menos, en la modalidad de trabajo a distancia. Con carácter general, no debemos olvidar que sí parece admisible dado que el derecho de desconexión digital no se configura de forma absoluta (San Martín, 2021: 335),[47] y puesto que, junto a dicho derecho de configuración legal, emerge el principio de libertad de empresa que pudiera justificar por razones excepcionales la reconexión. Que no estamos ante un derecho absoluto lo evidencia la normativa del trabajo a distancia, por un lado, adviértase del cambio en la configuración de dicho derecho producido del anteproyecto al RDLTD y luego a la LTD, dado que en el anteproyecto se garantizaba una "limitación absoluta" mientras que en el LTD solo se prevé una "limitación", habiéndose eliminado el término "absoluto", puede inferirse que la intención del legislador es admitir supuestos de reconexión.

---

44 De poco significativa lo califica Revuelta (2022: 187).

45 En este sentido también Serrano Olivares (2018: 228), aunque se muestra crítica con el papel otorgado a la representación de los trabajadores.

46 En este sentido se pronuncian, Terradillos 2019: 21); Cardona (2020: 125); Revuelta (2022: 171).

47 En la doctrina judicial se reconoce en la SAN nº 44 de 22 de marzo de 2022 en la que, sin entrar, en el tenor literal de la cláusula de la instrucción empresarial sobre desconexión la declara nula por la fuente en la que viene recogida.

Una de las lagunas de la regulación de la desconexión digital que se observa en la LOPD es la ausencia de cualquier previsión sobre la posible responsabilidad administrativa ante un incumplimiento empresarial de dicho derecho.[48] Olvido que se vuelve a producir en el LTD, al no contenerse precepto alguno que modifique el TRLISOS para tipificar como ilícito administrativo la trasgresión del derecho a la desconexión digital. El silencio que ha guardado por dos veces el legislador no significa que el derecho a la desconexión resulte desprotegido administrativamente,[49] dado que el incumplimiento de la obligación empresarial de desconexión digital puede subsumirse en el ilícito contemplado, bien en el artículo 7.5 del TRLISOS -en virtud del cual se considera falta grave la trasgresión de las normas y los límites legales o pactados en materia de jornada de trabajo, dado que la desconexión es un aspecto de la jornada de trabajo, o más concretamente un límite a la misma-; bien en el artículo 7.10 del TRLISOS -que considera falta grave los actos u omisiones que fueren contrarios a los derechos de los trabajadores reconocidos en el artículo 4 del ET, y en tanto se viera afectado el derecho a una adecuada política preventiva [art. 4.2 d) ET] o su intimidad [art. 4.2 e) ET]-, bien el artículo 8.11 del TRLISOS -que tipifica como falta muy grave los actos del empresario que fueran contrarios al respeto de la intimidad y consideración debida a la dignidad de los trabajadores-.

También cabría exigir responsabilidad al amparo de la inobservancia de las normas de seguridad y salud como infracciones.[50] Concretamente de acuerdo a lo previsto en el artículo 11.4 TRLISOS cuando señala que son faltas leves "las que supongan incumplimientos de la normativa de prevención de riesgos laborales, siempre que carezcan de trascendencia grave para la integridad física o la salud de los trabajadores". Dentro de las faltas graves previstas en el artículo 12 TRLISOS, su apartado 1° que reputa infracción grave la ausencia de plan de prevención o no evaluar los riesgos; su apartado 6° que tipifica como grave "incumplir la obligación de efectuar la planificación de la actividad preventiva que derive como necesaria de la evaluación de riesgos, o no realizar el seguimiento de la misma"; o su

---

48 Lo que ha llevado a Pérez Campos (2021: 511), a hablar de un "derecho de configuración prematura".

49 Pérez de los Cobos (2019: 15), señala la posibilidad de subsumir las infracciones del derecho de conexión en los ilícitos previstos en materia de tiempo de trabajo y seguridad y salud; Pérez Amorósm (2020: 274), quien señala que "es una infracción de normas sancionable".

50 Para un mayor detalle, véase por todos, Trujillo (2021b: 194-208).

apartado 8º que tipifica "el incumplimiento de las obligaciones en materia de formación e información suficiente y adecuada a los trabajadores acerca de los riesgos del puesto de trabajo susceptibles de provocar daños para la seguridad y salud y sobre las medidas preventivas aplicables, salvo que se trate de infracción muy grave". E incluso como falta muy grave al amparo de lo previsto en el artículo 13.10 TRLISOS que prescribe la no adopción de "cualesquiera otras medidas preventivas aplicables a las condiciones de trabajo en ejecución de la normativa sobre prevención de riesgos laborales de las que se derive un riesgo grave e inminente para la seguridad y salud de los trabajadores".

3. LA ACCIÓN COMUNITARIA

En el ámbito comunitario no existe a día de hoy ninguna norma que aborde directa y expresamente la desconexión digital en el ámbito laboral, sin perjuicio de la existencia de una serie de Directivas que pudieran ser invocadas para garantizar de forma indirecta el derecho de las personas trabajadoras a la desconexión,[51] y que la propia doctrina judicial comunitaria ha venido delimitando lo que es tiempo de trabajo y lo que no lo es, para salvaguardar los derechos de los trabajadores.[52] Sí existe una Resolución del Parlamento Europeo, de 21 de enero de 2021, en materia de desconexión digital (T9-0021/2021), fruto de una iniciativa encaminada a formular una propuesta legislativa, que contiene una serie de recomendaciones destinadas tanto a la Comisión como a los países miembros e interlocutores sociales, incorporando en su anexo una propuesta de Directiva relativa al derecho a la desconexión.

---

51 Véase Directiva 2003/88/CE, de 4 de noviembre de 2003, relativa a determinados aspectos de la ordenación del tiempo de trabajo; Directiva 89/931/CEE, de 12 de junio de 1989, relativa a la aplicación de medidas para promover la mejora de la seguridad y de la salud de los trabajadores en el trabajo; Directiva 2019/1152, de 20 de junio de 2019, relativa a unas condiciones laborales transparentes y previsibles en la Unión Europea o la Directiva 2019/1158, de 20 de junio de 2019, relativa a la conciliación de la vida familiar y la vida profesional de los progenitores y los cuidadores.

52 STJUE de 5 de octubre de 2004, STJUE de 7 de septiembre de 2006, STJUE de 17 de noviembre de 2016, STJUE de 21 de febrero de 2018 y STJUE de 14 de mayo de 2019.

En el ámbito comunitario debe mencionarse el Acuerdo Marco de los Interlocutores Sociales Europeos sobre Digitalización,[53] de junio de 2020, por cuanto a él hace referencia expresamente la Resolución del Parlamento Europeo al indicar a la Comisión que en la elaboración de la Directiva lo tenga en cuenta.

Uno de los temas abordados en este Acuerdo Marco fue las modalidades de conexión y desconexión, aunque realmente, bajo el prisma de la seguridad y salud laboral por cuanto se habla de que el empleador tiene el deber de garantizarlas, se establece una serie de medidas que van más allá de establecer una serie de modalidades. En efecto, se indican como "medidas" a considerar: la formación y concienciación; el respeto a las normas sobre jornada de trabajo, teletrabajo y trabajo móvil, así como orientación e información a los empleadores y trabajadores sobre las mismas; medidas garantizadoras de su cumplimiento; claridad de las políticas y normas sobre el uso de herramientas digitales con fines privados; compromiso empresarial de creación de una cultura de no contacto fuera del horario laboral; identificación y evaluación de la organización y carga de trabajo, así como intercambio regular de información entre empleadores y trabajadores y/o sus representantes sobre dichos aspectos; la compensación adecuada por la realización de trabajo extraordinario; la implementación de procedimientos de alerta y apoyo a una cultura de no culpabilidad del trabajador que se desconecta y que evite también posibles perjuicios por ejercer dicho derecho o medidas de prevención del aislamiento en el trabajo. Junto a estas posibles medidas se indica expresamente que "el trabajador no está obligado a estar localizable fuera de su horario de trabajo para ningún contacto adicional por parte de los empleadores".

3.1. Contenido de la Resolución del Parlamento Europeo de 21 de enero de 2021

El Parlamento Europeo en esta Resolución parte de una serie de premisas a partir de las cuales efectúa una serie de recomendaciones y peticiones. Se parte de la constatación de que no existe normativa en el ámbito de la Unión Europea que aborde la desconexión digital laboral, para exponer su necesidad ante una realidad laboral que viene caracterizada por una serie de hechos que evidencian la necesidad de una actuación legislativa. Si bien pone en valor los efectos positivos de la digitalización (mayor flexibilidad y

---

53 Goerlich (2021: 49-57); Sepúlveda (2021: 213-244; Melián (2022: 5 -7).

autonomía, posibilidad de equilibrio entre la vida laboral y la vida privada o una reducción de los tiempos de desplazamiento), también advierte de una pléyade de efectos negativos derivados de la hiperconexión que se evidencian en múltiples aspectos de la vida de los trabajadores, como por ejemplo, la posible afectación en sus derechos fundamentales, en sus condiciones de trabajo (intensificación del trabajo y ampliación de la jornada laboral que producen una difuminación en los límites entre la vida laboral y la vida privada), en su seguridad y salud laboral, tanto por la prolongación de la jornada de trabajo como por la utilización de herramientas digitales (aislamiento, tecno dependencia, falta de sueño, ansiedad, agotamiento emocional y físico, reducción de la concentración, sobrecarga cognitiva y emocional, trastornos musculoesqueléticos o la aparición de procesos cancerígenos o de riesgos singulares en las mujeres embarazadas ante la radiación por radiofrecuencia).

No son estos efectos negativos la única *leit motiv* de la iniciativa legislativa, pues junto a ello se pone en valor que el derecho a la desconexión digital es un *derecho fundamental* que emerge como un instrumento esencial de la política social a nivel de la Unión para garantizar la protección de los derechos de todos los trabajadores, y especialmente para los trabajadores más vulnerables, los que tienen responsabilidades asistenciales, los jóvenes y las mujeres. En referencia a estas últimas, se afirma expresamente que los aspectos de género deben ser tomados en consideración al abordar el derecho a la desconexión. Más criticable resulta la alusión a la complejidad que ha adquirido el "seguimiento y la vigilancia en el lugar de trabajo" derivada de la digitalización como elemento acelerador de la iniciativa legislativa europea en materia de desconexión, dado que se trata de un problema que, en principio, no está ligado a la conectividad laboral y el no respeto de los tiempos de no trabajo sino de la invasión de otros derechos fundamentales -intimidad, secreto de las comunicaciones, protección de datos- en el ejercicio de la facultad empresarial de controlar la actividad laboral. Mientras que resulta crucial la constatación de la acción legislativa en los Estados miembros que viene caracterizada por diferir mucho de una países a otros, advirtiéndose que algunos países ya están tomando medidas, por vía legal o convencional, para regular el uso de las herramientas digitales con fines laborales en aras a preservar a los trabajadores y sus familias.

En esta Resolución, atendiendo a los factores anteriores, se formulan una serie de peticiones a la Comisión, siendo la principal, que presente una propuesta de Directiva de la Unión sobre normas mínimas y condiciones para garantizar que los trabajadores puedan ejercer efectivamente su derecho a desconectarse y regular el uso de las herramientas digitales existentes y nuevas con fines laborales, previa consulta con los Estados miembros y los interlocutores sociales; teniendo presente, por un lado, las necesidades específicas y las disparidades de los diferentes sectores en lo relativo al derecho a desconectarse, por otro lado, el contenido del Acuerdo Marco de los interlocutores sociales europeos sobre la digitalización. Resaltándose que dicha iniciativa deberá garantizar la autonomía de los interlocutores sociales a nivel nacional, los convenios colectivos nacionales y las tradiciones y modelos nacionales del mercado laboral, no debiendo afectar al derecho a negociar, celebrar y aplicar convenios colectivos con arreglo al Derecho y a los usos nacionales. Sobre estas bases elabora una propuesta de Directiva como recomendación principal para que proceda a la aprobación de una Directiva en materia de desconexión digital.

También pide a la Comisión que proceda a considerar y evaluar los riesgos de no proteger el derecho a la desconexión laboral, a incluir la desconexión digital en su nueva estrategia de salud y seguridad en el trabajo, desarrollando nuevas medidas y acciones psicosociales en el marco de la salud y la seguridad en el trabajo, a apoyar activamente y fomentar el derecho a desconectarse y promover un enfoque eficiente, razonado y equilibrado de las herramientas digitales en el trabajo, así como medidas de concienciación, campañas de educación y formación relacionadas con el tiempo de trabajo y el derecho a la desconexión -petición que también se dirige a los Estados miembros, a los empresarios y a los trabajadores-.

A los Estados Miembros les pide que garanticen que los trabajadores estén informados de su derecho a desconectarse y puedan ejercerlo; velando porque los trabajadores que invocan su derecho a la desconexión estén protegidos contra la victimización y otras consecuencias negativas, y porque se creen mecanismos para tramitar las reclamaciones o las vulneraciones de este derecho.

A los empleadores se les pide que garanticen que los trabajadores estén informados de su derecho a desconectarse y puedan ejercerlo. Información que debe, por un lado, facilitarse a su debido tiempo, por escrito o por medios digitales, de forma fácilmente accesible para los trabajadores; y, por otro, adecuada, indicándose, al menos, las disposiciones prácticas para apagar las herramientas digitales con fines laborales, incluidas cualquier herramienta de seguimiento o vigilancia relacionada con el trabajo, la forma en que se registra el tiempo de trabajo, las evaluaciones de seguridad y salud por parte de los empleadores, y las medidas de protección contra el trato desfavorable y el ejercicio del derecho a reparación. También se les exige que no deben requerir a sus trabajadores estén directa o indirectamente disponibles o accesibles fuera de su tiempo de trabajo; debiendo a su vez, éstos abstenerse de ponerse en contacto con sus compañeros fuera del horario de trabajo.

3.2. Propuesta de Directiva del Parlamento y del Consejo sobre desconexión digital

La propuesta de Directiva consta de catorce artículos de los cuales los nueve primeros vienen a concretar la acción comunitaria en materia de desconexión, mientras que los cinco restantes son de orden procedimental. En efecto, el artículo 1° se dedica a delimitar el objeto y ámbito de aplicación; el artículo 2° aporta las definiciones necesarias para la correcta comprensión del contenido de la Directiva; el artículo 3° aborda el derecho a la desconexión; el artículo 4° se dedica a las medidas ejecutivas para proceder a la desconexión; el artículo 5° contempla la protección contra el trato desfavorable por razón de ejercitar la desconexión; el artículo 6° aborda la reparación; el artículo 7° se dedica a desgranar las obligaciones informativas; el artículo 8° establece la necesidad de contemplar sanciones ante la inobservancia de la normativa en materia de desconexión; el artículo 9° establece los niveles de protección que se han de observar en relación con las normativas y prácticas nacionales. Mientras que, con carácter procedimental, el artículo 10° contempla los informes, evaluación y revisión del derecho a la desconexión que se podrán efectuar; el artículo 11° trata la transposición a los ordenamientos nacionales; el artículo 12° se dedica a la protección de datos personales; el artículo 13 se dedica a su entrada en vigor y el artículo 14° a los destinatarios.

Estamos en presencia de una propuesta interesante que, como expondremos a continuación, permitiría una convergencia de las regulaciones nacionales en un alto grado por cuanto el margen dejado a los Estados miembros, siendo importante, no afecta a las grandes líneas que se trazan para garantizar la desconexión digital laboral.[54]

3.2.1. Configuración general

La propuesta de Directiva sobre el derecho a la desconexión se concibe como una regulación de mínimos, cuyas previsiones podrán ser mejoradas

---

54 Véase Trujillo (2021b: 271-294); Velasco (2023: 397-399).

por los derechos internos de los Estados miembros (art. 1.1); carácter de mínimos que se vuelve a reiterar al concretar el nivel de protección que otorga la Directiva al indicarse que ésta no afectará a las prerrogativas de los Estados miembros de directamente, vía legislación, o indirectamente, permitiendo a la autonomía colectiva, introducir previsiones más favorables en materia de desconexión (art. 9.2).

También se concibe como instrumento que precisa y complementa a la normativa comunitaria en materia de ordenación del tiempo de trabajo, conciliación de la vida familiar y profesional, la seguridad y salud y de condiciones laborales transparentes y previsibles en la Unión Europea (art. 1.2). Con esta concepción se viene a dejar patente, por un lado, que no se deriva de dichas normas comunitarias una expresa referencia a la desconexión digital; y, por otro lado, pese a dicho carencia, la desconexión digital presenta un contorno transversal que no afecta a una sola institución, como pudiera ser el descanso y la organización del tiempo de trabajo, sino que implica otras instituciones que deben de ser tenidas en cuenta a la hora de abordar su concreción jurídica. Además, el reconocimiento del derecho a la desconexión digital, corolario de su funcionalidad complementaria, debe concebirse sin perjuicio de los demás derechos otorgados a las personas trabajadoras en virtud de otros actos jurídicos comunitarios (art. 9.3).

3.2.2. Definición y ámbito de aplicación

La configuración comunitaria de lo que se ha de entender por desconexión digital se obtiene mediante la integración del objeto de la directiva y de las definiciones que se incluyen. Partiendo de considerar la desconexión laboral digital como "el hecho de no realizar actividades o comunicaciones relacionadas con el trabajo por medio de herramientas digitales, directa o indirectamente, fuera del tiempo de trabajo" (art. 2.1), tal y como es configurado éste último por el derecho de la Unión (art. 2.2).[55] No obstante, debe indicarse que en un texto más reciente -la propuesta de Directiva por la que se establece un paquete de nuevas medidas aplicadas al ám-

---

[55] Expresamente se remite el artículo 2.2 de la Propuesta de Directiva al artículo 2.1 de la Directiva 2003/88/CEE que establece que es tiempo de trabajo "todo período durante el cual el trabajador permanezca en el trabajo, a disposición del empresario y en ejercicio de su actividad o de sus funciones, de conformidad con las legislaciones y/o prácticas nacionales".

bito de la digitalización y enfocadas hacia el impulso del teletrabajo para la consolidación de una Europa adecuada a la Era Digital, de 2 de marzo de 2023- se contempla para el teletrabajo una definición que si bien en el fondo describe la misma realidad no lo hace en los términos al considerar el derecho a la desconexión como "la libertad del trabajador a no tener que conectarse a ningún dispositivo digital o software corporativo, mientras esté en períodos de descanso o vacaciones, o fuera de horario laboral". Sería conveniente que desde las instituciones comunitarias de manejase un similar concepto incluso en los términos para evitar posibles problemas interpretativos ulteriores.

Volviendo a la propuesta de Directiva sobre desconexión digital se advierte que ésta objetivamente hablando abarca dos posibles ámbitos de actuación, solicitar o requerir a la persona trabajadora desarrollar su prestación laboral fuera del tiempo de trabajo y/o comunicar con ella fuera del tiempo de trabajo; de suerte que la desconexión se contempla no solo como un fenómeno que trata de evitar la comunicación entre empleador y trabajador sino como una garantía que se expande a cualquier acción de hacer que suponga perturbar el tiempo de no trabajo.

El derecho a la desconexión digital se concibe explícitamente en la propuesta de Directiva como derecho del trabajador y obligación del empresario, pues se nos dice, por un lado, que "los trabajadores que utilizan herramientas digitales, incluidas las tecnologías de la información y la comunicación (TIC), con fines laborales, puedan ejercer su derecho a la desconexión", y, por otro lado "garantizar que los empleadores respeten el derecho a la desconexión de los trabajadores" (art. 1.1). La clara existencia del deber empresarial se observa claramente, cuando al abordar el derecho a la desconexión en el artículo 3º, se obliga a los Estados miembros a garantizar que los empleadores adopten decisiones en tres ámbitos, a saber:

a) proporcionar a los trabajadores los medios necesarios para ejercer su derecho a la desconexión (art. 3.1).

b) establecer un sistema objetivo, fiable y accesible que permita medir la duración del trabajo diario de cada trabajador, de conformidad con el derecho de los trabajadores al respeto de la privacidad y a la protección de los datos personales; reconociéndose a los trabajadores el derecho de solicitar y obtener el registro de su tiempo de trabajo (art. 3.2).

c) aplicar el derecho a la desconexión de manera justa, lícita y transparente (art. 3.3).

En cuanto a su ámbito de aplicación está destinada a ser aplicada a "todos los sectores, tanto públicos como privados, y a todos los trabajadores, independientemente de su condición y de sus modalidades de trabajo" (art. 1.1). No contempla la propuesta de Directiva la posibilidad de excepcionar su aplicación a determinados colectivos -señaladamente quienes desarrollan funciones de dirección y organización-, presentando una clara vocación omnicomprensiva a favor de todo aquel que desarrolle una prestación de servicios por cuenta de otro.

No obstante, sería conveniente que se introdujese una aclaración del ámbito subjetivo en aras a evidenciar que la desconexión supone una obligación del empresario que abarca no solo su iniciativa a la hora de solicitar la prestación laboral o establecer comunicación con el trabajador, sino también garantizar que no se produzca ni la demanda de prestación laboral ni la conectividad por terceros -trabajadores, clientes, proveedores, etc.-.

Como ya se ha indicado, nuestro modelo aborda la desconexión digital como derecho del trabajador, guardando silencio sobre la obligación empresarial; si bien en la regulación del trabajo a distancia sí se contempla como un deber empresarial y concreta en qué consiste. En este aspecto, aunque no nos parezca trascendental para su operatividad por cuanto todo derecho del trabajador conlleva la obligación del empresario, deberá reformularse, en aras a crear una cultura empresarial, la configuración general para adaptarse a la Directiva y proceder a recoger una definición de lo que ha de entenderse por desconexión abordando la vertiente crediticia y la obligacional.

En la concreción del ámbito subjetivo, la norma española coincide con la vocación de plenitud configurada en la propuesta de Directiva por aplicarse a todo trabajador sin contemplar excepciones; no obstante, de mantenerse la propuesta de Directiva en esos términos, se debería establecer expresamente que la desconexión afecta también a la comunicación o requerimiento de prestación laboral por parte de terceros distintos del empleador.

3.2.3. Contenido mínimo

Junto a las directrices dirigidas a los empleadores, se establece que los Estados miembros deberán contemplar en sus ordenamientos, con carácter de mínimos, una serie de condiciones de trabajo. Sobre esta obligación debe señalarse que nada obsta a que los Estados miembros adopten una regulación más detallada que la prevista en la norma comunitaria dada su configuración de mínimos.

En cuanto a la fuente normativa en la que se ha de contemplar, se llama primeramente a la legislación del Estado miembro a que configure dichas condiciones -se refiere la propuesta a "disposiciones detalladas"-, previa consulta con los interlocutores (art. 4.1); pero también se abre la posibilidad de que se configure este contenido a través de la autonomía colectiva, al afirmarse que se podrá confiar a ésta que "establezca" o "complemente" las referidas condiciones mínimas (art. 4.2); de suerte que no solo pueden perfilar lo previsto en la legislación, sino que se puede derivar a la negociación colectiva su instauración ex novo, convirtiéndose ésta en la fuente normativa primigenia en sustitución de la normativa legal.

En relación a la fuente normativa no parece que la norma española vaya a estar necesitada de modificación en lo relativo al papel de la norma legal y la autonomía colectiva; dado que responde a dicha pauta. Nuestro modelo reconoce a nivel legal el derecho a la desconexión y habilita a la negociación colectiva a establecer su contenido y/o a complementar el previsto en la norma legal. No obstante, si tenemos en cuenta los pobres resultados apreciados en la negociación colectiva al abordar la desconexión digital,[56] sería conveniente una regulación a nivel de legalidad ordinaria que aportara unas previsiones mínimas en línea con el contenido mínimo previsto en la propuesta de Directiva. Incluso se antoja necesaria si tenemos presente que se impone a los Estados miembros garantizar el derecho a la desconexión a los trabajadores que no estén cubiertos por un convenio colectivo (art. 4.3). Esta última garantía obligará inevitablemente a la norma española a adoptar una solución que podrá ser, como ya se ha dicho, establecer a nivel legal un contenido ajustado como mínimo al posible contenido de la futura Directiva, o establecer dentro del contenido de la negociación colectiva en el artículo 85 del ET, a semejanza de los planes de igualdad, la obligación de prever un contenido mínimo del derecho a la desconexión digital; de suerte, que los trabajadores de empresas que no tengan convenio propio, al aplicarles el convenio sectorial, encuentren regulado el derecho a la desconexión digital.

Donde sí va a tener impacto la propuesta de Directiva es en las políticas empresariales como fuente reguladora de la desconexión digital, dado que la propuesta de Directiva no contempla la posibilidad de acudir a ella para

---

[56] Véase Revuelta (2022:169-185); Barrios (2020: 105-165); Requena (2020: 541-555); Megino (2021b: 227-252); Martín (2021); Morato (2020); Gil Plana (2022ª).

configurar la desconexión, ni primigenia ni subsidiariamente; omisión que solo puede ser entendida como imposibilidad de acudir a ella con las matizaciones que ahora se dirán. En nuestro modelo actual la política interna empresarial se concibe como una fuente reguladora situada al mismo nivel que la autonomía colectiva, pues como ya se ha expuesto no se introduce una relación de subsidiariedad como sí acontece en el modelo francés y en el belga; de suerte que en la futura regulación de nuestro modelo de desconexión, al trasponer la futura Directiva, deberá desaparecer la autonomía individual empresarial como fuente reguladora primigenia. Lo anterior no es óbice para que las empresas establezcan políticas internas de desconexión pero tendrán que tener como base el contenido mínimo previamente establecido en la regulación legal y/o convencional, según sea el modelo de fuentes y su interrelación diseñado por nuestro legislador; y, respetando ese contenido mínimo, podrán ampliarlo. Lo que no tendrá cabida a la luz de la propuesta de Directiva es llamar a la autonomía individual empresarial como primera fuente para regular el contenido mínimo del derecho a la desconexión.

Pasando a esbozar el contenido mínimo previsto en la propuesta de Directiva, en primer lugar, se deberán contemplar las "modalidades prácticas para apagar las herramientas digitales con fines laborales, incluido cualquier instrumento de vigilancia relacionado con el trabajo" [art. 4.1 a)]. Adviértase, por un lado, que se habla de herramientas "con fines laborales", lo que implica una concepción amplia que abarca las de titularidad empresarial y aquellas propiedad del trabajador -lo cual no resulta una novedad porque el artículo 18.1 LTD ya recoge dicha diferencia, aunque habría que generalizar tal previsión, actualmente constreñida al trabajo a distancia-; por otro lado, que no solo van dirigidas al apagón de los dispositivos de comunicación sino también a los dispositivos de control. En relación a esta primera medida, la normativa española se encuentra ajustada parcialmente por cuanto remite la modelización del derecho a la desconexión a la negociación colectiva, aclarando la norma comunitaria su alcance a los dispositivos de control, no explicitados expresamente en la normativa española; pero deberá eliminarse el papel trascendental que ahora se otorga a las políticas internas de las empresas, que pasarán a ser un instrumento de mejora de lo establecido en la ley o el convenio colectivo.

En segundo lugar, se ha de establecer un sistema para computar el tiempo de trabajo[art. 4.1 b)]; medida que cumple nuestra normativa al contemplar el registro de la jornada de trabajo en el artículo 34.9 ET, introducido por el Real Decreto Ley 8/2019 de 8 de marzo.

En tercer lugar, se contempla la necesidad de evaluar la salud y la seguridad derivada de la conectividad laboral para salvaguardar el derecho de la desconexión, incluidos los riesgos psicosociales [art. 4.1 c)]; medida que en nuestro ordenamiento aparece referida a un riesgo específico, la fatiga informática, en los artículos 88.3 LOPDGDD y 18.2 LTD y que puede considerarse contemplada en la normativa preventiva, concretamente en el artículo 14.1 LPRL cuando reconoce el derecho de los trabajadores a la seguridad y salud, y singularmente el artículo 15.1 a) LPRL cuando obliga al empresario a evaluar los riesgos. No estaría de más, reforzar la efectividad del derecho a la desconexión introduciendo en la normativa preventiva una referencia singular a la desconexión y los riesgos para la salud que de su incumplimiento se pueden producir.

A continuación se aborda la decisiva cuestión para la eficacia del derecho a la desconexión como es la admisibilidad de supuestos de reconexión. Se establece la posibilidad de que se excepcione "la obligación de los empleadores de aplicar el derecho a la desconexión de los trabajadores" [art. 4.1 d), e) y párrafo final].

Si partimos de la idea de que uno de los mayores peligros para la eficacia de la desconexión es una amplia posibilidad de reconexión, debe considerarse satisfactoria y positiva la forma en que su admisibilidad se aborda en la propuesta de Directiva tanto por su configuración como contenido mínimo a establecer legal o convencionalmente como por el hecho de sujetar su operatividad a una serie de presupuestos. Primero, llama a la legislación o a la autonomía colectiva -si así lo considera el legislador en los términos ya expuestos anteriormente- a establecer los criterios de la reconexión [art. 4.1 d)]. Segundo, se advierte que no hay libertad absoluta para establecerla porque solo se admitirán "en circunstancias excepcionales, como casos de fuerza mayor u otras emergencias" (art. 4.1 párrafo final); de suerte que no cualquier causa avalaría que el empresario deje de observar el derecho del trabajador a la desconexión sino solo aquellas que puedan ser calificadas de excepcionales, no reduciéndose tal calificación a la fuerza mayor sino que también puede apreciarse ante otras emergencias; concepto este último genérico que debe ser interpretado de forma restrictiva so pena de producir un menoscabo en la operatividad de la desconexión. Tercero, se establece la condición de que el empleador informe "por escrito a cada trabajador afectado de los motivos, justificando la necesidad de la excepción cada vez que se recurra a ella" (art. 4.1 párrafo final), no siendo admisible una justificación vaga, sucinta y genérica que de aducirse conllevaría a calificar la reconexión como un incumplimiento del deber de no conectar con el trabajador. Cuarto, debe procederse a su compensación, dado que se prevé que deberán fijarse "los criterios" para calcular la compensación" con sujeción a lo previsto en la normativa comunitaria[57] y en el derecho y prácticas nacionales [art. 4.1 e)].

Nuestro modelo de desconexión en este aspecto está llamado a sufrir una profunda revisión dado que en la configuración general en la LOPDGDD nada se dice al respecto y en la DA 1ª de la LTD solo se contempla que la negociación colectiva pueda prever la reconexión sin mayor concreción que se deja a los negociadores. Además, al admitir la reconexión, la propuesta de Directiva identifica como fuente normativa donde se puede establecer a la norma legal o a la negociación colectiva, omitiéndose cualquier referencia a las políticas empresariales; lo que unido al hecho de que al establecer las medidas a adoptar por el empresario en el artículo 3 tampoco se menciona la posibilidad de que unilateralmente pudiera establecer la reconexión, debemos concluir de que no es posible fijarla vía autonomía individual empresarial. Ello nos va a nuestro legislador a tener que clarificar esta cuestión, para negar la posibilidad de fijar la reconexión vía políticas empresariales porque con la actual configuración la reconexión únicamente por vía de instrumentos empresariales es factible y admisible.

Finalmente, se indica que se deberá contemplar las "medidas de concienciación, incluida la formación en el puesto de trabajo, que deben adoptar los empleadores" [art. 4.1 e)]. En nuestro ordenamiento estas medidas vienen atribuidas expresamente a las políticas empresariales y con relación a la fatiga informática (art. 88.3 LOPDGDD y 18.2 LTD), lo que no es óbice para que en nuestro actual modelo de desconexión se aborden estas medidas por la autonomía colectiva. Con idéntico razonamiento al expuesto con las cláusulas de reconexión, a pesar de que nuestra normativa actual no impide a la negociación colectiva recoger estas medidas, nuestro modelo de desconexión deberá ser objeto de modificación de modo que la norma legal o la negociación colectiva de forma expresa se constituyan en fuentes de estas medidas destinadas no solo a prevenir la fatiga informática -como hace nuestra actual legislación- sino dirigidas a todas las condiciones de trabajo aludidas como contenido mínimo -ejercicio del derecho, reconexión y seguridad y salud-.

[57] Se refiere la propuesta de Directiva a las Directivas 89/391/CEE; 2003/88/CE; 2019/1152/UE y 2019/1158/UE.

3.2.4 Garantías

En relación a la protección ante un posible trato desfavorable por parte de una empresa a un trabajador por ejercer su derecho a la desconexión, se contempla que dicha conducta se configure como supuesto discriminatorio que deber ser objeto de prohibición en la norma interna (art. 5.1), que se completa con el establecimiento de una regla de facilitación de la carga de la prueba, de manera que cuando un trabajador considere que ha sido objeto de un trato desfavorable aporten "hechos que permitan establecer la presunción de que han sido despedidos o han sufrido un trato desfavorable, corresponda al empleador demostrar que el despido o trato desfavorable se ha basado en otros motivos" (art. 5.3), sin perjuicio de que los Estados miembros establezcan normas probatorias más favorables al trabajador (art. 5.4). Además, con la misma finalidad se conmina a los Estados miembros a que protejan a los trabajadores de posibles represalias por haber interpuesto una reclamación ante un órgano judicial u órgano competente; garantía que también se reconoce a los representantes de los trabajadores (art. 5.2).

La protección frente al trato desfavorable delineada en la propuesta de Directiva va a obligar a modificar los preceptos sobre discriminación y sobre reglas probatorias que se contienen en nuestro Derecho, señaladamente los artículos 17 del ET y 96 LRJS. Aunque en nuestro ordenamiento está consolidada la aplicación de la garantía de indemnidad y es posible su aplicación a reclamaciones ante órganos no jurisdiccionales, no estaría de más que el legislador aprovechase la necesaria adaptación de la norma comunitaria para ir más allá de lo que obliga la propuesta y aclarar la operatividad de la garantía de indemnidad en supuestos de reclamaciones ante el empresario.

La propuesta de Directiva exige el establecimiento de un régimen sancionador "aplicables a cualquier infracción de las disposiciones nacionales adoptadas al amparo de la presente Directiva o de las disposiciones pertinentes ya en vigor" y "adoptarán las medidas necesarias para garantizar la aplicación de dichas sanciones (art. 8). Estamos ante una garantía que deberá ser tenida en cuenta en nuestro actual modelo de desconexión que se caracteriza por no contemplar un régimen de sanciones específicas ante la infracción del derecho a la desconexión -sin perjuicio, como ya se ha expuesto, de poder subsumir su infracción en otros ilícitos administrativos dada su naturaleza transversal-, lo que nos aboca al establecimiento de singulares ilícitos administrativos respecto a la desconexión digital en nuestra LISOS. Modificación de la norma española que ya en estos momentos, sin la obligación comunitaria, se reputa necesaria ante la disparidad doctrinal que se evidencia a la hora de subsumir las infracciones en materia de desconexión en los tipos administrativos existentes.

En cuanto al régimen reparador la propuesta de Directiva exige el acceso de los trabajadores a una resolución rápida y eficaz de los posibles conflictos que pueda generar la aplicación del derecho a la desconexión (art. 6.1), así como abre la posibilidad de que los representantes de los trabajadores puedan actuar en nombre y representación de los trabajadores e incoar procedimientos administrativos (art. 6.2).

La reparación contemplada en la propuesta de Directiva obligará a nuestro legislador a modificar la norma procesal laboral, al menos, en lo atinente a ofrecer una solución rápida y eficaz que se podría articular a través de una nueva modalidad procesal, por ejemplo, un artículo 138 ter sobre derecho a la desconexión, o bien incluir la reclamación de la desconexión en alguna de las existentes, como por ejemplo, la modalidad relativa a los derechos de conciliación del art. 139 LRJS. Se ha postulado la posibilidad de encauzar la reparación a través de la modalidad de tutela de derechos fundamentales si se considera el derecho a la desconexión digital como un derecho fundamental (Trujillo, 2021b: 285); no obstante, aun cuando se configure como un derecho fundamental en el ámbito comunitario, tal solución requeriría su configuración como derecho fundamental en nuestro ordenamiento, y, actualmente, su entronque constitucional viene identificado con el derecho al descanso y a la salud laboral, derechos constitucionales no fundamentales, lo que hace inviable esta solución en el marco constitucional actual.

En lo atinente a la posible actuación de los representantes de los trabajadores en nombre de los trabajadores, habrá que estar a la opción del legislador, pues en este aspecto no se establece una obligación a los Estados miembros sino una facultad. No obstante, no estaría de más que se incluyese una referencia expresa, otorgando a la representación de los trabajadores una facultad de actuar en aras a garantizar la desconexión de la persona trabajadora, porque la representación sindical ex artículo 20 LRJS abarca solo parcialmente la previsión de la propuesta de Directiva, dado que aquélla se refiere solo a los sindicatos y respecto a sus afiliados; mientras que la norma comunitaria se refiere a cualquier representante -incluida la representación unitaria- y respecto a cualquier trabajador, esté o no afiliado.

3.2.5. Obligaciones informativas

La propuesta de Directiva contiene, en su artículo 7, una obligación de proporcionar información que va dirigida exclusivamente a los trabajadores sin referencia alguna a que dicha obligación deba satisfacerse también respecto a los representantes de los trabajadores. Omisión que resulta criticable e incoherente. Es incoherente porque se contempla que el representante tenga un rol principal en la defensa del derecho a la desconexión al prever que pueda actuar en nombre y representación de los trabajadores y se hurta uno de los instrumentos más importantes para proceder a esa defensa como es la recepción obligatoria relativa al desarrollo de la desconexión por parte de la empresa. Es criticable porque la representación de los trabajadores juega un papel decisivo en el cumplimiento empresarial del derecho a la desconexión, evitando posibles actuaciones empresariales tendentes a la inaplicación individualizada de dicho derecho, y se le niega -o no se le reconoce- el mecanismo que puede facilitar su labor de vigilancia. En definitiva la norma española deberá recoger la obligación empresarial de informar a los trabajadores, que ahora no aparece contemplada; y no estaría de más -aunque no obligaría la norma comunitaria- que nuestro legislador modificase el artículo 64 ET para incorporar una previsión sobre la obligación de informar a los representantes de los trabajadores en relación a la operatividad del derecho a la desconexión.

De la configuración de esta obligación informativa se deriva que el empleador debe proporcionar al trabajador una información clara, suficiente y adecuada, que incluirá las condiciones previstas en el convenio o acuerdo de aplicación en la empresa en materia de desconexión. La suficiencia de la información la concreta la propuesta de Directiva en la configuración de un contenido mínimo que la misma debe ofrecer relativo a: a) las modalidades prácticas para desactivar las herramientas digitales con fines laborales, incluido cualquier instrumento de vigilancia relacionado con el trabajo; b) el sistema para registrar el tiempo de trabajo; c) las evaluaciones de la salud y la seguridad en relación con el derecho a la desconexión por parte de los empleadores, incluidas las evaluaciones de los riesgos psicosociales; d) los criterios para cualquier excepción de la obligación de los empleadores de aplicar el derecho a la desconexión y cualquier criterio para determinar la compensación por el trabajo realizado fuera del tiempo de trabajo; e) las medidas de concienciación, incluida la formación en el puesto de trabajo; f) las medidas destinadas a proteger a los trabajadores contra el trato desfavorable y g) las medidas destinadas a aplicar el derecho a la desconexión de los trabajadores.

De este listado de materias solo resulta criticable la inclusión de los dos últimos apartados porque no hacen referencia a cuestiones que pueda modular el empleador sino a aspectos de orden público dirigidos a ser configurados por el legislador, vedados a la autonomía colectiva e individual y que, en consecuencia, serán idénticos para cualquier trabajador. La única explicación de su inclusión pareciera pedagógica para indicar al trabajador cuáles son sus garantías legales, a semejanza de la indicación en las resoluciones administrativas o judiciales del posible recurso existente.

Referencias bibliográficas

Aguilera Izquierdo, R. y Cristóbal Roncero, R. (2017). Nuevas tecnologías y tiempo de trabajo: el derecho a la desconexión digital. En AAVV, *Conferencia Nacional Tripartita OIT. El futuro del trabajo que queremos, Ministerio de Empleo y Seguridad Social,* (pp. 331-342). Madrid, España: OIT.

Alemán Páez, F. (2017). El derecho a la desconexión digital. Una aproximación conceptual, crítica y contextualizada al hilo de la Loi Travail N° 2016-108. *Revista Trabajo y Derecho,* (30), 12-33.

Altés Tárrega, J. A., & Yagüe Blanco, S. (2020). A vueltas con la desconexión digital: eficacia y garantías de lege lata. *LABOS Revista De Derecho Del Trabajo Y Protección Social,* 1(2), 61-87..

Amado, J.L. (2018). Tempo de trabalho e tempo de vida: sobre o direito à desconxaõ profissional. *Revista do Tribunal Regional do Trabalho da 15ª Região,* (52).

Amado, J.L. (2022). Teletrabalho: os deveres especiais das partes. *Revista Questões Laborais,* (60).

Ángel Quiroga, M. (2020). Desconexión digital y tiempo de trabajo: conflictos entre negociación colectiva y políticas de empresa. En AAVV: *El Estatuto de los Trabajadores 40 años después (XXX Congreso Anual AEDTSS),* (pp. 593-620). Madrid, España: Ministerio de Trabajo y Economía Social.

Aragüez Valenzuela, L. (2018). El impacto de las nuevas tecnologías de la información y de la comunicación en el tiempo de trabajo: una especial referencia a la desconexión digital. En Miranda Boto, J. M. (Dir.), *El derecho del trabajo español ante el Tribunal de Justicia: problemas y soluciones,* (pp. 387-409). Madrid, España: Cinca.

Arrieta Idiakez, F. J. (2019). La desconexión digital y el registro de la jornada diaria en España como mecanismos para garantizar el descanso, la salud y el bienestar de los trabajadores a distancia. *Revista Lan Harremanak,* (42).

Barrios Baudor, G. (2019). El derecho a la desconexión digital en el ámbito laboral español: primeras aproximaciones. *Revista Aranzadi Doctrinal,* (1).

Barrios Baudor, G. (2020). La desconexión digital en la negociación colectiva de 2020: un análisis práctico. *Revista Galega de Dereito Social,* (11), 105-165.

Basterra Hernández, M. (2017). *Tiempo de trabajo y tiempo de descanso.* Valencia, España: Tirant lo Blanch.

Baylos Grau, A. (2019 a). Una nota sobre el papel de la negociación colectiva en la configuración de los derechos derivados de la ley de protección de datos personales y garantía de derechos digitales. *Revista Ciudad del Trabajo,* (14).

Baylos Grau, A. (2019 b). Los derechos digitales y la negociación colectiva. *Diario La Ley,* (9.331).

Baz Rodríguez, J. (2019). La Ley Orgánica 3/2018 como marco embrionario de garantía de los derechos digitales laborales. Claves para un análisis sistemático. *Revista Trabajo y Derecho,* (54), 49-78.

Biasi, M. (2022). Individuale e collettivo nel diritto alla disconnessione: spunti comparatistici. *Rivista Diritto delle Relazioni Industriali,* (2).

Bulla, M. (2021). Legal regulation of remote work in Slovakia and the Covid-19 Pandemic. *Eastern European Journal of Transnational Relations,* (2).

Cairoli, S. (2020). *Tempi e luoghi di lavoro nell'era del capitalismo cognitivo e dell'impresa digitale",* Italia: Jovene editore.

Cairós Barreto, D. M. (2021 a). El papel y alcance de la negociación colectiva en la nueva regulación del trabajo a distancia. *Revista Trabajo y Derecho,* (75), 2021.

Cairós Barreto, D. M. (2021 b). *Una nueva concepción del tiempo de trabajo en la era digital.* Albacete, España: Bomarzo.

Calderara, D. (2022). Il diritto alla disconnessione nell'era post-emergenziale: disciplina, principi e contrattazione. *Revista Lavoro e Previdenza Oggi,* (9-10).

Cardona Rubert, M. B. (2020). Los perfiles del derecho a la desconexión digital. *Revista de Derecho Social,* (90), 109-126.

Carinci, Mª. T.: "Il lavoro agile nel settor privato", in Carinci, Mª.T. y Tursi, A.: *Licenziamiento, subordinazione e lavoro agile tra diritto emergenziale e diritto giurisprudenziale,* ed, Giappichelli, 2020.

Casas Baamonde, M. E. (2021). Digitalización y teletrabajo. En Fernández Fernández, R. y Fernández Domínguez, J. J. *Seminario internacional sobre nuevos lugares, distintos tiempos y modos diversos de trabajar: innovación tecnológica y cambios en el ordenamiento social,* (pp. 421-460). Pamplona, España: Aranzadi Thomson Reuters.

Charro Baena, P. (2017). Cambios tecnológicos y tiempo de trabajo. En San Martín Mazzucconi, C. (dir.): *Derechos Fundamentales y Tecnologías Innovadoras. III Encuentro Internacional sobre Transformaciones del Derecho del Trabajo Ibérico,* Madrid, España: Universidad Rey Juan Carlos.

Cialti, P.H. (2017). El derecho a la desconexión digital en Francia: ¿más de lo que parece? *Revista Temas Laborales,* (137), 163-181.

Cremades Chueca, O. (2020). Una panorámica a la desconexión digital desde una perspectiva empleadora: límites jurídicos, escenarios y propuestas. En Trujillo Pons, F. y Toscani Giménez, D., (dirs.). *La desconexión digital en el trabajo.* Pamplona, España: Aranzadi Thomson Reuters.

D'aponte, M. (2021). El trabajo a distancia y el derecho a la desconexión en la relación laboral. En Fernández Fernández, R. y Fernández Domínguez, J. J.: *Seminario internacional sobre nuevos lugares, distintos tiempos y modos diversos de trabajar: innovación tecnológica y cambios en el ordenamiento social.* Pamplona, España: Aranzadi Thomson Reuters.

Dagnino, E. (2017). Il diritto alla disconnessione nella legge n. 81/2017 e nell'esperienza comparata. *Rivista Diritto delle Relazioni Industriali,* (4).

Del Rey Guanter, S. (Dir.). (2020). *Documentos sobre el impacto de las nuevas tecnologías en la gestión de las personas y en las relaciones laborales.* Madrid, España: La Ley.

Di Meo, R. (2017). Il diritto alla disconnessione nella prospettiva italiana e comparata. *Labour & Law Issues, 3*(2).

Fernández Avilés, J. A. (2018). Cronoreflexión al hilo de cuestiones actuales sobre tiempo de trabajo. *Revista de Trabajo y Seguridad Social. CEF,* (421), 5-15.

Fernández Orrico, F. J. (2020). Desconexión digital en el ámbito laboral: un derecho emergente de los trabajadores. En Fuentes Soriano, O. (Dir.), *Era digital, sociedad y derecho,* (pp. 581-591). Valencia, España: Tirant lo Blanch.

Fernández, F. X. L. (2022). O dever de o empregador se abster de contactar o trabalhador. *Revista Questões Laborais,* (60).

Gil Plana, J. (2021). El tiempo de trabajo en el trabajo a distancia. En Pérez de los Cobos Orihuel, F. y Thibault Aranda, J. (dirs.), *El trabajo a distancia,* (pp. 221-252). Madrid, España: La Ley.

Gil Plana, J. (2022 a) "Autonomía colectiva y políticas de empresa en la desconexión digital", *Revista Española de Derecho del Trabajo,* (258), 171-226.

Gil Plana, J. (2022 b). Configuración legal del derecho a la desconexión digital. En AA.VV.: *La reordenación del tiempo de trabajo,* (pp. 433-465). Madrid, España: Boletín Oficial del Estado.

Goerlich Peset, J.M.ª. (2021). El Acuerdo Marco Europeo sobre Digitalización. *Revista Documentación Laboral,* (122), 49-57.

Iguartúa Miró, M. T. (2019). El derecho a la desconexión digital en la Ley Orgánica 3/2018. *Revista de Trabajo y Seguridad Social. CEF,* (432), 61-87.

Jeammaud, A. (2017). La "reforma Macrón" del Código de Trábajo Francés. *Revista Temas Laborales,* (139), 13-54.

Lahera Forteza, J. (2019). El papel de la negociación colectiva en la regulación de los derechos digitales del empleo público. *Revista General de Derecho del Trabajo y de la Seguridad Social,* (54).

Lai, M. (2020). Innovazione tecnologica e riposo minimo giornalero. *Rivista Diritto delle Relazioni Industriali,* (3).

Lambelho, A. (2023). O deber de abstencão de contacto do empregador: entre a lei e a prática. Reflexões a partir da experiencia portuguesa. En Trujillo Pons, F. (Dir.), *Límites a la conectividad permanente en el trabajo: salud y competitividad empresarial,* (pp. 61-83). Madrid, España: Aranzadi.

Lantarón Barquín, D. (2022). Encrucijadas y direcciones del derecho a la desconexión digital del trabajador: especial atención al ámbito preventivo. *Revista Española de Derecho del Trabajo,* (250), 87-134.

Lantarón Barquín, D. (2019). La seducción de los horizontes: reflexiones sobre el derecho a la desconexión digital del trabajador. *Noticias Cielo,* (5).

Lerouge, L. (2019). Desconexión digital del trabajo: reflexiones sobre los retos jurídicos en derecho laboral. *Revista Trabajo y Seguridad Social-CEF,* (436), 71-84.

Llorens Espada, J. (2021). Los derechos digitales en la negociación colectiva. En Baz Rodríguez, J. (Dir.), *Los nuevos derechos digitales laborales de las personas trabajadoras en España.* Madrid, España: CISS.

López Cumbre, L. (2020). Derechos digitales laborales y su negociación. *Revista Otrosí,* (3), 56-57. Disponible en: https://www.otrosi.net/analisis/derechos-digitales-laborales-negociacion

Machado, C.S. y De Oliveira, J.G. (2021). Direito à desconexão–como evitar a intrusão e a exaustão? *Revista Internacional de Direito do Trabalho.*

Magagnoli, S. (2021). Diritto alla disconnessione e tempi di lavoro. *Labour & Law Issues,* (2).

Martín Muñoz, M. R. (2021). El derecho a la desconexión digital en España: un análisis de su regulación legal y convencional. *Revista Española de Derecho del Trabajo,* (239), 87-128.

Martínez Moya, J. (2021). El derecho a la desconexión digital: contenido, límites y limitaciones. *Revista de Jurisprudencia Laboral,* (1).

Mathieu C. (2016). Le droit à la déconnexion: une chimère?. *Revue de Droit du Travail,* (10).

Megino Fernández, D. (2022). Desconexión digital: caracterización y materialización en las políticas internas de las empresas. *Revista Española de Derecho del Trabajo,* (250), 37-86.

Megino Fernández, D. (2021 a). La plasmación del derecho a la desconexión digital en la negociación colectiva. *DesC-Labor.* Disponible en https://www.desclabor.com/blog/la-plasmacion-del-derecho-a-la-desconexion-digital-en-la-negociacion-colectiva-ii/

Megino Fernández, D. (2021 b). Negociación colectiva y desconexión digital: un binomio todavía en construcción. En Fernández Fernández, R. y Fernández Domínguez, J. J.: *Seminario internacional sobre nuevos lugares, distintos tiempos y modos diversos de trabajar: innovación tecnológica y cambios en el ordenamiento social* (pp.227-252), Pamplona, España: Aranzadi Thomson Reuters.

Melián Chinea, L.M.ª (2022). Dialogo social europeo y digitalización. *Revista Trabajo y Derecho,* (87).

Mercader Uguina, J. R. y García-Perrote Escartín, I. (2016). El permanente debate sobre la jornada laboral: una cuestión clásica (reducción del tiempo de trabajo) y otra reciente (el derecho a la desconexión del trabajo). *Información Laboral,* (10).

Miñarro Yanini, M. (2019). La desconexión digital en la práctica negocial: más forma que fondo en la configuración del derecho. *Revista Trabajo y Seguridad Social-CEF,* (440), 5-18.

Molina Navarrete, C. (2017). Jornada laboral y tecnologías de la información: desconexión digital, garantía del derecho al descanso. *Revista Temas Laborales,* (138), 249-283.

Monreal Bringsvaerd, E. (2020). El derecho a la desconexión digital del trabajo. En Thibault Aranda, J., Monreal Bringsvaerd, E. y Jurado Segovia, Á. (Coords.). *Derecho del Trabajo y Nuevas Tecnologías,* (pp. 615-650). Valencia, España: Tirant lo Blanch.

Morato García, R. M. (2020). Derecho a la desconexión digital en la negociación colectiva, los planes de igualdad y los protocolos empresariales. *Revista Trabajo y Derecho,* (11).

Morato García, R. M. (2021). Desconexión digital y registro de la jornada laboral ante el auge del teletrabajo. En Baz Rodríguez, J., (Dir.). *Los nuevos derechos digitales laborales de las personas trabajadoras en España* (pp.267-312). Madrid, España: CISS.

Moreira, T.C. (2019). Algumas questões sobre o direito à desconexaõ dos trabalhadores. *Minerva: Revista de Estudos Laborais,* (2).

Moreira, T.C. (2021). *Direito do Trabalho na Era Digital.* Portugal: Almedina.

Morel, L. (2017). Le droit à la déconnexion en droit français La question de l'effectivité du droit au repos à l'ère du numérique. *Labour & Law Issues, 3*(2).

Muñoz Ruíz, A B. (2020). El derecho a la desconexión digital en el teletrabajo. *Revista Trabajo y Derecho,* (12).

Pérez Amorós, F. (2020). Derecho de los trabajadores a la desconexión digital mail on holiday. *IUS: Revista del Instituto de Ciencias Jurídicas,* (45), 257-275.

Pérez Campos, A. I. (2021). Teletrabajo y derecho a la desconexión digital. *Revista Internacional y Comparada de Relaciones Laborales y Derecho del Empleo,* (1), 499-528.

Pérez De Los Cobos Orihuel, F. (2019). Poderes del empresario y derechos digitales del trabajador. *Revista Trabajo y Derecho,* (59), 16-29.

Preteroti, A. (2021). Il diritto alla disconnessione nel lavoro agile alle dipendenze della pubblica amministrazione. *Lavoro Diritti Europa,* (3).

Purcalla Bonilla, M. Á. (2019). Control tecnológico de la prestación laboral y derecho a la desconexión de los empleados. Notas a propósito de la Ley 3/2018, de 5 de diciembre. *Revista Española de Derecho del Trabajo,* (218), 95-110.

Quílez Moreno, J. M. (2019). La garantía de los derechos digitales en el ámbito laboral: el nuevo artículo 20 bis del Estatuto de los Trabajadores. *Revista Española de Derecho del Trabajo,* (217), 127-152.

Requena Montes, O. (2020). Derecho a la desconexión digital: un estudio de la negociación colectiva. *Revista Lex Social,* (2), 541-560.

Revuelta García, M. (2022). Desconexión digital y criterios convencionales. En López Cumbre, L. (Dir.). *Efectos laborales, sindicales y de seguridad social de la digitalización,* (pp.155-196). Pamplona, España: Aranzadi Thomson Reuters.

Rodríguez Escanciano, S. (2019). *Derechos digitales: garantías e interrogantes.* Pamplona, España: Aranzadi Thomson Reuters.

Rodríguez Rodríguez, E. (2019). La trascendencia de la disponibilidad horaria del trabajador en el contexto de las plataformas digitales. *Revista Temas Laborales,* (146), 121-158

Romeo A. (2019). Il diritto alla disconnessione del lavoratore tra invadenze tecnologiche e nuove modalità della prestazione. *Rivista Giuridica del Lavoro,* (4).

Russo, M. (2020). Esiste il diritto alla disconnessione? Qualche spunto di riflessione alla ricerca di un equilibrio tra tecnologia, lavoro e vita privata. *Rivista Diritto delle Relazioni Industriali,* (3).

San Martín Mazzucconi, C. (2021). Derecho a la desconexión digital en el ámbito laboral. *Revista del Ministerio de Trabajo y Economía Social,* (148), 325-350.

Sánchez Trigueros, C. y Folgoso Olmo, A. (2021). En torno a la desconexión digital. *Revista Internacional y Comparada de Relaciones Laborales y Derecho del Empleo, 9*(2).

Sánchez Trigueros, C. (2020). El impacto de la industria 4.0 en las relaciones de trabajo: el derecho a la desconexión digital. En Kahale Carrillo, D. T. (Dir.): *El impacto de la industria 4.0 en el trabajo: una visión multidisciplinar,* (pp. 219-245). Pamplona, España: Aranzadi Thomson Reuters.

Sanguineti Raymond, W. A. (2021). El derecho a la desconexión digital y sus límites en el trabajo a distancia, *NET21,* (2).

Sepúlveda Gómez, M. (2021). El Acuerdo Marco Europeo sobre Digitalización. El necesario protagonismo de la norma pactada. *Revista Temas Laborales,* (158), 213-244.

Sepúlveda Gómez, M. (2019). Negociación colectiva y derechos digitales en el empleo público. *Revista General de Derecho del Trabajo y de la Seguridad Social,* (54).

Serrano Argüeso, M. (2019). Always on. Propuestas para la efectividad del derecho a la desconexión digital en el marco de la economía 4.0. *Revista Internacional y Comparada de Relaciones Laborales y Derecho del Empleo,* (2), 164-191.

Serrano García, J. M. (2019). *La protección de datos y la regulación de las tecnologías en la negociación colectiva y en la jurisprudencia.* Albacete, España: Bomarzo.

Serrano Olivares, R. (2018). Los derechos digitales en el ámbito laboral: comentario de urgencia a la Ley Orgánica 3/2018, de 5 de diciembre, de Protección de Datos Personales y Garantía de los Derechos Digitales. *Revista IUSLabor,* (3).

Taléns Visconti, E. (2018). La desconexión digital en el ámbito laboral: un deber empresarial y una nueva oportunidad de cambio para la negociación colectiva. *Revista Información Laboral,* (4), 193-208.

Tascón López, R. (2018). El derecho de desconexión del trabajador (potencialidades en el ordenamiento español. *Revista Trabajo y Derecho,* (41), 45-63.

Terradillos Ormaetxea, M. E. (2019). El derecho a la desconexión digital en la ley y en la incipiente negociación colectiva española: la importancia de su regulación jurídica. *Revista Lan Harremanak,* (42).

Timellini, C. (2021). Il diritto alla disconnessione nella normativa italiana sul lavoro agile e nella legislazione emergenziale. *Lavoro Diritti Europa,* (4).

Tiraboschi, M. (2017). Il lavoro agile tra legge e contrattazione collettiva: la tortuosa via italiana verso la modernizzazione del diritto del lavoro. *Rivista Diritto delle relazioni industriali,* (4).

Todolí Signes, A. (2021). El derecho a la desconexión digital es un derecho fundamental (tres argumentos para defender esta posición. *Argumentos en Derecho Laboral.* Disponible en https://adriantodoli.com/2021/04/29/el-derecho-a-la-desconexion-digital-es-un-derecho-fundamental-tres-argumentos-para-defender-esta-posicion/

Trujillo Pons, F. y Toscani Giménez, D. (Dirs.). (2020). *La desconexión digital en el trabajo.* Pamplona, España: Aranzadi Thomson Reuters.

Trujillo Pons, F. (2020). El ejercicio del derecho a desconectar digitalmente del trabajo: su efectividad en las empresas. *Revista Lan Harremanak,* (44), 39-55

Trujillo Pons, F. (2021 a). Un estudio acerca de la eventual Directiva comunitaria sobre el derecho a la desconexión digital en el trabajo. *Revista IUSLabor,* (2), 66-96.

Trujillo Pons, F. (2021 b). *La "desconexión digital" en el ámbito laboral.* Valencia, España: Tirant lo Blanch.

Ushakova, T. (2016). De la conciliación a la desconexión tecnológica. Apuntes para el debate. *Revista Española de Derecho del Trabajo,* (192), 117-138.

Valle Muñoz, F. A. (2019). La regulación de las tecnologías de la información y de la comunicación por la negociación colectiva. *Revista Temas Laborales,* (148), 13-49.

Vallecillo Gámez, M. R. (2017). El derecho a la desconexión ¿novedad digital o esnobismo del viejo derecho al descanso. *Revista de Trabajo y Seguridad Social. CEF,* (408), 167-178.

Velasco Lozano, J. (2021). Desconexión digital: más allá de la (escasa) normativa española. Propuesta de Directiva del Parlamento Europeo e instrucciones prácticas para el respeto de este derecho. *Revista de Derecho Laboral Vlex,* (2), 47-59.

Velasco Portero, M.T. (2023). Derecho a la desconexión digital. *Revista Temas Laborales,* (168), 393-413.

Zeppilli V. (2019). Disconnessione: un'occasione mancata per il legislatore?. *Rivista Giuridica del Lavoro,* (2).

Zilio Grandi G. -Biasi M. (2018). *Commentario breve allo statuto del lavoro autonomo e del lavoro agile.* Cedam-Wolters Kluwer.

Zucaro, R. (2022). Il diritto alla disconnessione. Nuove modalità di tutela della qualità del tempo di vita nella prospettiva giuslavoristica. *Lavoro Diritti Europa,* (1), 2-16.

Capítulo 24.

LA VULNERACIÓN DE LA DIGNIDAD Y EL DERECHO A LA IGUALDAD EN LA ERA DIGITAL: LAS IMPLICACIONES DE LAS NUEVAS TECNOLOGÍAS Y DE LA IA EN EL ACOSO

ÁNGEL QUIROGA, MACARENA
Profesora Ayudante Doctora
Facultad de Derecho
Universidad de Málaga
ORCID: 0000-0001-7228-1970

Sumario: 1. Planteamiento inicial. 2. El concepto clásico del acoso y sus elementos. 3. El ciberacoso y sus elementos. 4. El algoritmo y el sesgo discriminatorio. 5. El acoso algorítmico. 6. Reflexión final.

RESUMEN: El acoso, como conducta que vulnera siempre la dignidad de la persona y, en muchas ocasiones, también su derecho a la igualdad, es un concepto jurídico indeterminado que se ha visto progresivamente afectado por el uso de las nuevas tecnologías. Esta afectación se ha traducido en el surgimiento de una nueva forma de hostigamiento al trabajador a través de medios virtuales, que se ha denominado comúnmente como "ciberacoso", que plantea una serie de problemas nuevos respecto del concepto clásico de acoso. Por otra parte, la dignidad y la no discriminación del trabajador también pueden verse en riesgo debido al uso de la tecnología y la Inteligencia Artificial como consecuencia de la aplicación de algoritmos digitales en el seno de la empresa y en la toma de decisiones, debido a la posible existencia de un sesgo discriminatorio en las mismas.

ABSTRACT: Harassment, as conduct that always violates a person's dignity and, on many occasions, also their right to equality, is an indeterminate legal concept that has been progressively affected by the use of new technologies. This has led to the emergence of a new form of harassment of workers through virtual media, commonly known as "cyber-bullying", which raises a series of new problems with respect to the classic concept of harassment. Moreover, the dignity and non-discrimination of the worker may also be at risk due to the use of technology and Artificial Intelligence as a consequence of the application of digital algorithms within the company and in decision-making, due to the possible existence of a discriminatory bias in these decisions.

Palabras clave: Acoso, ciberacoso, algoritmo, sesgo discriminatorio, Inteligencia Artificial.

Keywords: Harassment, cyberbullying, algorithm, discriminatory bias, Artificial Intelligence.

1. PLANTEAMIENTO INICIAL

La conducta o la situación que actualmente calificamos como acoso moral o *mobbing* es un fenómeno tan antiguo como el propio trabajo. La violencia, el hostigamiento, los comportamientos hostiles, en definitiva, han acompañado al ser humano a lo largo de toda su historia, y la actividad laboral no es la excepción. Como resulta lógico, de la mano del reconocimiento de los derechos de las personas y, más adelante, de los trabajadores, la violencia se ha ido reduciendo a lo largo del tiempo.

La consideración del ser humano como digno, ha permitido alcanzar diferentes hitos en aras de su protección. Desde la prohibición de la esclavitud (no en todos los lugares del mundo, ni en todos a la vez), continuando por el reconocimiento de diferentes derechos hasta alcanzar el contexto actual, en el que todavía quedan derechos por conquistar, si bien, cada vez menos.

Posiblemente, el último paso en la lucha contra las agresiones a la dignidad del trabajador sea la erradicación de las formas más sutiles o difíciles de identificar de las conductas hostiles. Mientras que una agresión física suele ser fácilmente distinguible, el acoso moral es un fenómeno cuya delimitación resulta compleja.

Antes de que hayamos conseguido definir claramente este comportamiento, las nuevas tecnologías han complicado aún más la situación. De un lado, han facilitado que el acoso clásico sea ahora llevado a cabo por medio de redes sociales y del uso de Internet, lo que ha supuesto el surgimiento de una nueva forma de acoso conocida como “ciberacoso”, que se muestra, incluso, más peligrosa y dañina que el hostigamiento clásico, dada la capacidad de difusión instantánea y global que permite Internet de imágenes y contenido, y dada la posibilidad de llevar a cabo un comportamiento hostil a cualquier hora del día y en cualquier lugar.

Por otro lado, el uso de la Inteligencia Artificial y de los algoritmos digitales ha manifestado, en la práctica, no ser tan fiable y objetiva como parece derivarse de su concepto, sino que, se ha mostrado la posibilidad de que, los algoritmos en su toma de decisiones sean discriminatorios. Estas dos cuestiones, junto con una última hipótesis planteada acerca de si es posible que el acoso moral proceda de las decisiones tomadas por un algoritmo digital, son abordadas en este trabajo.

2. EL CONCEPTO CLÁSICO DEL ACOSO Y SUS ELEMENTOS

El acoso es un concepto jurídico indeterminado que puede revestir numerosas tipologías. En principio, si atendemos a la definición que de acoso proporciona la Real Academia Española, el acoso es la acción y efecto de acosar, y acosar consiste en "perseguir, sin darle tregua ni reposo, a un animal o a una persona". El acoso, por tanto, puede entenderse como un hostigamiento repetido de una persona o de varias hacia otra, en diferentes ámbitos de la vida y siguiendo o no distintas motivaciones.

De esta forma, el acoso puede producirse en la vida cotidiana de una persona, sin encontrar relación alguna con ningún aspecto o ámbito particular o especial de su actividad. Se trataría, por tanto, de un acoso genérico, que puede llegar a ser considerado delito, conforme a lo previsto en el artículo 172 ter del Código Penal (CP), dentro de los delitos contra la libertad, que castiga a quien, "sin estar legítimamente autorizado" acose a otro de forma insistente y reiterada, mediante una conducta[1] que altere gravemente el desarrollo de su vida cotidiana. Dentro de este precepto, podría encuadrarse también otro tipo de acoso, por todos conocido como *bullying* o acoso escolar, puesto que, en su segundo párrafo aumenta la pena si la víctima es *"una persona especialmente vulnerable por razón de su edad, enfermedad o situación"*. En este caso, los menores de edad se muestran, sin lugar a duda, como personas especialmente vulnerables a este tipo de situaciones. Otra modalidad de acoso es el acoso inmobiliario (también llamado *blockbusting*), tipificada en el artículo 173.1 CP, que sanciona a quienes de forma reiterada lleven a cabo actos hostiles o humillantes cuyo objeto sea impedir el legítimo disfrute de la vivienda. Este tipo de acoso suele producirse en aquellos casos en los que los propietarios quieren vender el

---

1 Enumera las conductas del acosador frente a la víctima: "*1.ª La vigile, la persiga o busque su cercanía física; 2.ª establezca o intente establecer contacto con ella a través de cualquier medio de comunicación, o por medio de terceras personas; 3.ª mediante el uso indebido de sus datos personales, adquiera productos o mercancías, o contrate servicios, o haga que terceras personas se pongan en contacto con ella; 4.ª atente contra su libertad o contra su patrimonio, o contra la libertad o patrimonio de otra persona próxima a ella*".

inmueble y, para ello, hostigan a los inquilinos, o bien a otros propietarios que no quieren vender su casa.

Por otra parte, el acoso puede ser sexual. Este tipo de acoso ha sido ampliamente estudiado por la doctrina, recogido en numerosas normas, tanto nacionales como internacionales, y abordado por los tribunales en sus sentencias. Para poder definirlo, debemos hacer referencia en primer lugar a la regulación que del mismo han dado las normas. En el ámbito internacional[2] y comunitario, el acoso sexual ha sido especialmente tratado por las instituciones de la Unión Europea a través del derecho derivado, mediante la elaboración de directivas, de las cuales, destaca principalmente la Directiva 2006/54/CE del Parlamento Europeo y del Consejo de 5 de julio de 2006, relativa a la aplicación del principio de igualdad de oportunidades e igualdad de trato entre hombres y mujeres en asuntos de empleo y ocupación. Según esta directiva, el acoso sexual consiste en la situación en que se produce cualquier comportamiento verbal, no verbal o físico no deseado de índole sexual con el propósito o el efecto de atentar contra la dignidad de una persona, en particular cuando se crea un entorno intimidatorio, hostil, degradante, humillante u ofensivo. En nuestro ordenamiento jurídico, la Ley Orgánica 3/2007, de 22 de marzo, para la igualdad efectiva de mujeres y hombres, establece en su artículo 7.1 un concepto de acoso sexual semejante al de la directiva, así como el artículo 184 CP.

El acoso puede producirse en el trabajo, de hecho, es un entorno que puede ser considerado propicio para este tipo de conductas, dado que es un espacio en el que confluyen múltiples relaciones entre personas. Se trata de un ambiente en el que pueden existir, entre otro tipo de riesgos (físicos, biológicos, ambientales, etc.) riesgos psicosociales. Este tipo de riesgos se relacionan en mayor medida con el entrono humano y la organización empresarial, y han sido definidos por la Agencia Europea para la Seguridad y Salud en el Trabajo[3], en la doctrina por autores expertos en la materia[4] y, de manera más reciente, por Inspección de Trabajo y Seguridad Social

---

2 También el Convenio nº190 de la OIT, contra la violencia y el acoso en el mundo del trabajo, hace referencia al acoso sexual al establecer que: *"la expresión «violencia y acoso por razón de género» designa la violencia y el acoso que van dirigidos contra las personas por razón de su sexo o género, o que afectan de manera desproporcionada a personas de un sexo o género determinado, e incluye el acoso sexual"*.

3 Los define como aquellos que *"derivan de las deficiencias en el diseño, la organización y la gestión del trabajo, así como de un escaso contexto social del trabajo, y pueden producir resultados psicológicos, físicos y sociales negativos, como el estrés laboral, el agotamiento o la depresión"*.

4 Entre otros, Molina Navarrete (2011).

en su Criterio Técnico sobre los riesgos psicosociales, el 104/2021, como *"aquellos hechos, acontecimientos, situaciones o estados que son consecuencia de la organización del trabajo y tienen una alta probabilidad de afectar negativamente a la salud del trabajador"*. Considera que los más reconocidos son el estrés, la violencia y el acoso en el trabajo. A pesar de que estos riesgos psicosociales puedan existir en todos los trabajos, existen determinadas profesiones que muestran una mayor probabilidad de que se presenten. Así, aquellas profesiones en las que los trabajadores se encuentran de cara al público o tienen un mayor contacto con terceros ajenos a la empresa, se encuentran más expuestas a sufrir agresiones o comportamientos hostiles. Según el informe de Eurofound de 2015[5], los sectores más afectados por el acoso son, en primer lugar, el sector sanitario, a continuación, el de transportes, seguido por la hostelería, los empleos de la Administración Pública (Hirigoyen, 2003: 43), y el sector de la docencia. El elemento común de todos ellos es que los trabajadores se encuentran en continuo contacto con terceras personas.

En cualquier caso, uno de los riesgos psicosociales más frecuentes en las empresas, tal y como hemos comentado que recoge el Criterio Técnico 104/2021, es el acoso. El acoso que se produce en el entorno de trabajo puede ser de tres tipos: acoso discriminatorio, acoso sexual y acoso moral en el trabajo.

El acoso discriminatorio ha sido ampliamente estudiado por la doctrina y se encuentra muy bien delimitado por la legislación nacional e internacional. En primer lugar, el derecho comunitario, al igual que sucedía con el acoso sexual, también ha elaborado diferentes directivas sobre esta cuestión, de un lado, contra el acoso discriminatorio por razón de sexo (protagonizado por la Directiva 2006/54/CE del Parlamento Europeo y del Consejo de 5 de julio de 2006, relativa a la aplicación del principio de igualdad de oportunidades e igualdad de trato entre hombres y mujeres en asuntos de empleo y ocupación), y de otro, contra el resto de posibles motivos de discriminación, conformada por dos directivas: la Directiva 2000/43/CE[6], de 29 de junio de 2000, relativa al principio de igualdad de trato de las personas con independencia de su origen racial o étnico y la Directiva 2000/78/CE, relativa al establecimiento de un marco general para la igualdad de trato en el empleo y la ocupación.

---

5 Giaccone y Di Nunzio (2015: 23).

6 Consultar en https://www.boe.es/doue/2000/180/L00022-00026.pdf

En estas directivas se definen los diferentes términos de discriminación. Así, se considera que se produce "discriminación directa" cuando, por los motivos en ellas recogidos (raza, religión, etc.), una persona es tratada de manera menos favorable de lo que sea, haya sido o vaya a ser tratada otra en situación comparable. La "discriminación indirecta", por su parte, hace referencia a la situación en la que una disposición, criterio o práctica aparentemente neutros sitúan a personas en las que concurren dichos motivos, en desventaja particular con respecto a otras personas, salvo que dicha disposición, criterio o práctica pueda justificarse objetivamente con una finalidad legítima y salvo que los medios para la consecución de esta finalidad sean adecuados y necesarios. También recoge la directiva que el acoso constituirá discriminación cuando se produzca un comportamiento no deseado relacionado con los motivos expuestos, que tenga como objetivo o consecuencia atentar contra la dignidad de la persona y crear un entorno intimidatorio, hostil, degradante, humillante, u ofensivo. Por otra parte, el Tribunal de Justicia de la Unión Europea delimitó un nuevo concepto: "discriminación refleja" al interpretar la Directiva 2000/78/CE. Entiende el Tribunal que el acoso discriminatorio (que constituye discriminación) no se limita exclusivamente a aquél en el que la víctima sea la persona en la que concurre la causa de discriminación, sino también cuando el hostigamiento se produce si concurre en una persona relacionada con la víctima como, por ejemplo, un hijo[7].

En España, el artículo 4.2 del Estatuto de los Trabajadores prohíbe la discriminación y el acoso discriminatorio. La letra c) de este precepto establece que los trabajadores tienen derecho a no ser discriminados, enumerando un listado de motivos, y la letra e) recoge el derecho de los trabajadores al respeto de su intimidad y a la consideración debida a su dignidad, lo que supone su protección frente al acoso discriminatorio, sexual y por razón de sexo (que, a fin de cuentas, es una forma de acoso discriminatorio). El acoso discriminatorio, por tanto, es aquella conducta incesante de

---

[7] STJUE 17-7-08, asunto Coleman C-303/06, párrs. 58 y 59: "*58 .Teniendo en cuenta que, en virtud del artículo 2, apartado 3, de la Directiva 2000/78, el acoso se considera discriminación a efectos del apartado 1 de ese mismo artículo, procede señalar que (...) la citada Directiva y, en particular, sus artículos 1 y 2, apartados 1 y 3, deben interpretarse en el sentido de que no se limitan a prohibir el acoso frente a personas que sean ellas mismas discapacitadas. 59. Cuando se demuestre que el comportamiento no deseado constitutivo del acoso sufrido por un trabajador que no sea él mismo una persona con discapacidad está relacionado con la discapacidad de un hijo suyo, al que el trabajador prodiga la mayor parte de los cuidados que su estado requiere, tal comportamiento resulta contrario al principio de igualdad de trato consagrado por la Directiva 2000/78*".

hostigamiento hacia una persona por revestir ésta una determinada característica o por su pertenencia a un determinado grupo.

Por otra parte, el acoso sexual que ya hemos analizado en el orden penal puede producirse también en el contexto de trabajo. En estos casos, si el comportamiento reviste excesiva gravedad, puede ser considerado delito, por lo que se aplicará la regulación penal. En el caso de que no se considere que es constitutivo de delito, será la rama social del ordenamiento la que se aplique, puesto que la misma también regula el acoso sexual, como hemos visto sobre estas líneas, en el artículo 4.2.e) ET.

El último tipo de acoso en el trabajo es el acoso moral o *mobbing*. Se trata de un concepto jurídico, si cabe, aún más indeterminado que los otros tipos de acoso que se acaban de comentar. A diferencia de los tipos de acoso anteriormente estudiados, el acoso moral no tiene una regulación legal laboral en nuestro país. No han sido pocos los intentos de definirlo por parte de la doctrina, mas han sido los tribunales los que, ante la ausencia de una regulación legal en España, han delimitado los elementos del fenómeno en su labor de elaboración de una línea judicial o jurisprudencial al respecto. Si partimos de la base de que la Sala Cuarta del Tribunal Supremo todavía no se ha pronunciado *ratione materia* sobre esta cuestión, cabe concretar en cinco los elementos que las Salas de lo Social de los Tribunales Superiores de Justicia han considerado tradicionalmente relevantes en el acoso moral: reiteración en el tiempo, intencionalidad, sujetos, producción de un daño en la víctima, etc.

En mi opinión, algunos de esos elementos son esenciales para poder calificar una conducta como acoso moral en el trabajo mientras que, otros, son accesorios, y sirven para agravar la pena que se le imponga. Los elementos que considero esenciales son: el elemento temporal, esto es, la reiteración en el tiempo de la conducta, el elemento contextual (tiempo y lugar en que se produce), y los sujetos que intervienen en el acoso. Por su parte, los elementos accesorios serían la intencionalidad del sujeto activo del acoso y la efectiva causación de un daño en la víctima.

Respecto del primero de los elementos mencionados, la reiteración de una determinada conducta hostil en un concreto periodo de tiempo es uno de los requisitos clave en esta materia. Así, al caracterizarse el *mobbing* de manera esencial por un enturbiamiento del ambiente de trabajo, parece razonable entender que esta situación solo pueda producirse como resultado de una repetición en el tiempo de varios actos hostiles. No obstante, no deben establecerse unos parámetros concretos de tiempo y de repeticiones de las agresiones, puesto que ello limitaría en exceso la protección que pueda obtener la víctima del acoso. Probablemente sea este elemento el que permita diferenciar (o uno de los que más faciliten esta tarea) el acoso moral en el trabajo de un mero conflicto laboral. No obstante, no puede perderse de vista que el Convenio nº 190 de la Organización Internacional del Trabajo obvia este elemento, al considerar (en la definición que ofrece de manera conjunta de los conceptos de violencia y acoso) que la conducta consiste en *"un conjunto de comportamientos y prácticas inaceptables, o de amenazas (…), ya sea que se manifiesten una sola vez o de manera repetida (…)"*. Entiendo que obvia el elemento temporal precisamente por definir conjuntamente violencia y acoso, y que, al ofrecer a los Estados miembros la posibilidad de definir los conceptos de forma separada, la reiteración en el tiempo continuará siendo indispensable en el acoso moral.

El segundo de los elementos necesarios es el elemento contextual, que hace referencia al lugar y momento en que se produce el acoso moral. Sin ánimo de exhaustividad, sobre este elemento cabe decir que el concepto clásico de acoso laboral como aquel que se producía en lugar y tiempo de trabajo ha quedado obsoleto, y ello es así debido a que el uso de las nuevas tecnologías permite que el acoso pueda producirse en cualquier lugar y momento del día. Por tanto, lo realmente esencial es que dicho acoso se produzca como consecuencia de un vínculo con el trabajo.

Por otra parte, sobre los sujetos del acoso, es importante destacar que, a diferencia de lo que sucede en el acoso discriminatorio, la víctima no lo es por pertenecer a un colectivo determinado. Además, la conducta puede proceder tanto un igual jerárquico como un superior o un subordinado, por lo que el acoso puede ser horizontal, vertical ascendente o descendente. Así, es necesario que exista una relación de superioridad, pero la misma no tiene que ser necesariamente jerárquica.

Respecto de los elementos accesorios, uno que tradicionalmente ha sido considerado definitorio del acoso moral en el trabajo es el requisito de la intencionalidad, esto es, la existencia de una voluntad lesiva en el sujeto activo del acoso. De esta manera, quien lleva a cabo la conducta hostil debe moverse por el deseo de causar un daño determinado. En mi opinión, esta exigencia limita en gran medida las opciones de resarcimiento de la víctima, puesto que es muy difícil que conozca qué motivos tiene, el acosador, en su mente, para actuar de tal forma. Solo podría saberlo en caso de que éste lo comunicase abiertamente. En este sentido se pronunció el Tribunal Constitucional en su sentencia 56/2019, de 6 de mayo, al establecer que la indagación y, por tanto, la prueba de los factores psicológicos que llevan a la persona acosadora a actuar como tal, no son tarea del tribunal ni resultan necesarios para la víctima. Además, no debe perderse de vista que, en ocasiones, las personas que realizan este tipo de conductas ni siquiera son conscientes de la violencia que implican.

Por último, en relación con la producción efectiva de un daño en la salud de la víctima, tanto la doctrina científica como la judicial han ido evolucionando hasta considerar, en su mayoría, no puede ser un requisito constitutivo del acoso moral laboral. Así, la tutela debe tratar de ser siempre preventiva y cuando ello no sea posible, reparadora, además de intentar evitar el daño en la víctima, en cualquier caso, y frenar una situación de acoso moral en el trabajo antes de que aquél se consume.

3. EL CIBERACOSO Y SUS ELEMENTOS

El surgimiento de las nuevas tecnologías y, especialmente, su uso masivo y su aplicación al desarrollo de la mayoría de los trabajos, ha implicado que el acoso, en cualquiera de sus modalidades (ya sea discriminatorio, sexual, moral, etc.) pueda, actualmente, llevarse a cabo por medios tecnológicos y digitales. Por una parte, debemos contar con el hecho de que la tecnología se encuentra al alcance de la mayoría de la población de nuestro país y de los países de nuestro entorno o semejantes, lo que ha facilitado la extensión de su uso a múltiples actividades, desde cosas triviales como hacer la compra, contactar con personas en cualquier lugar del mundo, localizar un restaurante en un mapa y seguir la ruta que te indica la aplicación para llegar hasta él, hasta poder tener una cita médica por videollamada o dar clases online. De esta forma, situaciones cotidianas que se realizaban de manera presencial antes del acceso a estas tecnologías han pasado a desarrollarse de manera virtual, al igual que ha sucedido con determinadas conductas o comportamientos, como el acoso o la violencia. Por otra parte, dichas tecnologías que se han convertido, como acabamos de decir, en una herramienta más de los quehaceres cotidianos, se han implantado también en múltiples profesiones, por lo que las personas no sólo las utilizan en su vida privada sino, también, en su vida profesional. Téngase en cuenta que estas tecnologías no sólo se refieren a aquellas que se aplican al desarrollo del trabajo, sino que también se aplican a otras utilidades, como sistemas o redes de comunicación internos en la empresa entre los trabajadores.

En este orden de cosas, también las conductas hostiles o violentas que pueden producirse en el entorno de trabajo de forma presencial, han pasado a desarrollarse por vía online. Este nuevo modelo de acoso se ha denominado "ciberacoso" y, además de haber sido desarrollado por gran parte de la doctrina, ya se han dictado algunas sentencias al respecto y varias normas, tanto nacionales como internacionales, vienen recogiendo el concepto en su texto. En este sentido, las normas han comenzado a hacerse eco del problema del ciberacoso. El instrumento más reciente que lo recoge es el Convenio nº190 de la OIT contra la violencia y el acoso en el mundo del trabajo. El artículo tercero del convenio se refiere al tiempo y lugar en el que debe producirse el acoso moral. Según dicho precepto *"el presente Convenio se aplica a la violencia y el acoso en el mundo del trabajo que ocurren durante el trabajo, en relación con el trabajo o como resultado del mismo"*. Sólo con esta definición tendrían cabida los supuestos de ciberacoso bajo la protección del convenio; sin embargo, la propia norma incluye un listado de emplazamientos en los que puede producirse el acoso, y recoge en su apartado cuarto aquella violencia o acoso que se produzca en el marco de las comunicaciones que estén relacionadas con el trabajo, incluidas las realizadas por medio de tecnologías de la información y de la comunicación.

Con anterioridad, si bien no se trataba de una norma en sentido estricto, el Parlamento Europeo había dictado la Resolución de 11 de septiembre de 2018[8], en la cual consideraba el ciberacoso un desafío al que había que hacer frente. En este sentido, afirma que el acecho y el acoso cibernéticos implican el uso de las tecnologías de la información y de la comunicación para acechar, acosar, controlar o manipular a una persona; que, además, es un problema que afecta particularmente a las mujeres jóvenes, puesto que utilizan más este tipo de medios y que el 20 % de las jóvenes (entre 18 y 29 años) de la Unión Europea han sido objeto de acoso cibernético. Se trata de un dato muy relevante el hecho de que las mujeres jóvenes sean el principal blanco del ciberacoso. Ello implica que se convierten, de nuevo, en un colectivo vulnerable frente a una nueva forma de llevar a cabo conductas hostiles y violentas.

No podemos perder de vista que el ciberacoso puede producirse en diferentes ámbitos de la vida, de la misma manera que se produce el acoso, por lo que puede seguir la misma tipología de acoso que hemos analizado anteriormente: acoso genérico, acoso escolar, acoso inmobiliario, acoso sexual, acoso discriminatorio o acoso moral/laboral. Además, en todos estos casos, la conducta puede ser lo suficientemente grave como para que

---

8 Sobre las medidas para prevenir y combatir el acoso sexual y psicológico en el lugar de trabajo, en los espacios públicos y en la vida política en la Unión (2018/2055(INI)).

constituya un delito y sea entonces el ordenamiento jurídico penal el que deba aplicarse.

Respecto del ciberacoso laboral, y antes de comenzar a analizar sus características esenciales, es necesario puntualizar dos cuestiones. En primer lugar, el ciberacoso puede ser discriminatorio, sexual o moral, es decir, sigue la delimitación clásica de los tipos de acoso que hemos comentado en el apartado anterior. En esencia, lo realmente relevante es que se lleve a cabo por medios digitales, por lo que el hostigamiento puede revestir las características propias de cada uno de los tipos de acoso, pudiendo constituir ciberacoso discriminatorio, ciberacoso sexual o ciberacoso moral. De esta manera, a pesar de que se denomine cualquiera de ellos como ciberacoso en términos generales, parece apropiado que se realice la matización correspondiente en función de si la conducta tiene un cariz discriminatorio, sexual o moral. En segundo lugar, no podemos perder de vista una nueva realidad que ha ido instaurándose poco a poco en las relaciones de trabajo y cuya máxima expresión se produjo durante la pandemia del Covid-19: el teletrabajo, que ha producido que el acoso por medios virtuales también haya aumentado al expandirse aquél.

Respecto de los elementos que reviste el ciberacoso, debemos comenzar por los más característicos: los elementos espacial y temporal. La adopción de las nuevas tecnologías en el trabajo ha supuesto que los límites temporales y espaciales del trabajo se hayan difuminado. De esta forma, el trabajo puede desarrollarse en cualquier lugar y a cualquier hora del día. Por tanto, como hemos tenido ocasión de adelantar, el concepto clásico de acoso se desvirtúa como aquel que se produce en tiempo y lugar de trabajo. Debe tenerse en cuenta que esta cuestión tiene un trasfondo mayor, puesto que, el hecho de que el trabajo pueda desarrollarse en cualquier momento y lugar y, por ende, el acoso o la violencia también, implica que las víctimas de tales conductas no encuentren un límite temporal ni espacial a ellas. De esta manera, en principio, si el acoso tan sólo se producía en el lugar de trabajo y durante la jornada laboral, al terminar ésta, finalizaba también aquél; sin embargo, el uso de la tecnología permite que la víctima de acoso sea hostigada en cualquier lugar en el que se encuentre, a cualquier hora del día, por lo que el comportamiento hostil es incesante y, por tanto, mucho más perjudicial para la víctima. Cuando el acoso se producía tan sólo en el lugar y durante el tiempo de trabajo, el trabajador sentía la presión derivada de no poder dejar su puesto de trabajo y la obligación de deber regresar al mismo todos los días (Romero Rodenas, 2005: 25), pero, en el caso del ciberacoso, la presión y la ansiedad se producen en todo momento y lugar, puesto que las agresiones pueden aparecer en cualquier instante.

De esta manera, no cabe la posibilidad de desconectar de dicha situación, de encontrar un espacio seguro en el que no haya opción de que se produzca el hostigamiento, sino que no puede producirse una separación entre la vida personal del trabajador.

Muy ilustrativa resulta la sentencia que el Tribunal General de la Unión Europea dictó sobre este problema. Se trata de la sentencia Curto v Parlamento Europeo[9], se establece que "*(…) el problema (es) la naturaleza impropia del comportamiento de la Sra. M., no solo en el lugar de trabajo durante las horas de trabajo, sino también durante los períodos de descanso del solicitante, en particular el tono y la vulgaridad del lenguaje utilizado en el teléfono repetidamente y de manera similar. De esa manera se entrometió la vida personal de esa asistente parlamentaria*". En este sentido, el hostigamiento por parte de la parlamentaria no sólo se producía en el lugar habitual de trabajo y durante la jornada laboral, sino también en fuera de la misma e incluso en el período de vacaciones de la trabajadora.

El segundo elemento del ciberacoso haría referencia a los bienes jurídicos que pueden verse vulnerados con este tipo de comportamientos. Al igual que el acoso ordinario, el ciberacoso es una conducta pluriofensiva, es decir, puede lesionar varios derechos al mismo tiempo. Como sucede en todo tipo de acoso, la dignidad de la persona es el bien jurídico que siempre se ve vulnerado en este tipo de situaciones hostiles. No obstante, con el ciberacoso, determinados derechos pueden presentar un mayor riesgo de verse lesionados. Así, el derecho al honor, a la propia imagen o a la intimidad[10] se manifiesta mucho más vulnerable en el uso de las redes sociales y de Internet. El ciberacoso dista del acoso tradicional en las facilidades que ofrece de rápida y de extensa difusión del contenido. Así, mientras que en los casos de acoso ordinario tan sólo eran testigos del mismo el resto de los compañeros del lugar de trabajo, con el ciberacoso, puede conocer de esta situación cualquier persona en todo el mundo. Así, pueden enviarse con total facilidad las imágenes o los vídeos en caso de que se saquen fotos o se graben las conductas violentas[11] contra una persona, o se hagan capturas

---

9 STG de 13 de julio de 2018, Curto v Parlamento Europeo, T-275/17, EU:T:2018:479, párr. 88.

10 Todos ellos regulados en el artículo 18.1 de la Constitución Española.

11 A modo de ejemplo, la sentencia del TSJ de Islas Canarias Santa Cruz de Tenerife (Sala de lo Social, Sección1ª) núm. 190/2017 de 14 marzo. En ella se recoge como dos trabajadoras grabaron a una compañera de trabajo mientras trabajaba, y en la grabación pueden oírse burlas y comentarios ofensivos. Difundieron dicha grabación por WhatsApp y, al oírse sus voces, se entendió que habían sido ellas quienes

de pantallas de los chats en los que se ridiculiza, humilla, insulta a alguien, entre otras posibilidades. El alcance, por tanto, del daño al derecho de imagen y de intimidad es exponencial comparado con el acoso clásico. Además, no puede perderse de vista la práctica imposibilidad de eliminación del contenido que se haya colgado en Internet, por lo que, este acoso no es instantáneo, sino que puede perseguir a su víctima durante toda su vida[12]. El aumento de casos de suicidio por este motivo son un claro ejemplo de las dramáticas consecuencias que el ciberacoso puede tener en la vida de la persona acosada[13] y una señal de alarma de la necesidad imperiosa de regular esta situación para evitar tales desenlaces.

De otro lado, hemos comentado que el elemento temporal es un elemento esencial en el acoso clásico, puesto que el propio concepto de acoso requiere de un hostigamiento que se produzca en el tiempo para poder ser considerado como tal. Cuestión distinta es cuánto tiempo se exige y cuántos actos hostiles debe soportar la víctima en ese período para que sea considerado acoso. Precisamente, sobre esta cuestión, el ciberacoso ha venido a confirmar que no pueden establecerse ni delimitarse de forma estricta unos parámetros temporales ni un número exacto de lesiones que debe padecer el acosado. Y ello es así porque el uso de las redes sociales y de internet permite que en un breve lapso de tiempo se produzcan un elevado número de agresiones hacia otra persona, que puede llegar a constituir acoso. Ejemplo de ello es la sentencia de 22 de enero de 2016 del TSJ de La Rioja[14].

---

habían grabado las imágenes y quienes las habían difundido, por lo que fueron despedidas.

12 Paradigmático es el caso de IVECO, en el que una trabajadora se quitó la vida tras ser acosada por un compañero de trabajo que la amenazaba con difundir unas imágenes de ella de contenido sexual que, finalmente, terminó difundiendo en un grupo de WhatsApp entre sus compañeros de trabajo.

13 Sobre este impacto en la vida privada de una persona se pronuncia la Sala de lo Penal del Tribunal Supremo en su sentencia 554/2017, de 12 de julio, al afirmar que conducta hostigadora limita directamente y de forma trascendental la libertad de obrar de la víctima, ya sea capacidad de decidir o de actuar según lo ya decidido, y alterar gravemente su vida cotidiana, es decir, *"algo cualitativamente superior a las meras molestias"*.

14 STSJ de La Rioja, (Sala de lo Social, Sección1ª) núm. 14/2016 de 22 enero. AS 2016\576. Recoge el caso en el que un trabajador víctima de acoso recibió 60 mensajes de WhatsApp seguidos en una sola noche, de una compañera de trabajo, que al día siguiente le envío 12 mensajes más, y en menos de dos semanas, varios mensajes de nuevo. La mayoría de estos mensajes contenían insultos y amenazas.

Así, el ciberacoso potencia el argumento de que el elemento clave es, de un lado, que el vínculo entre acosador y acosado se deba a la relación laboral y la situación no se deba a otro tipo de vínculo y, de otro, la gravedad de la conducta y no el periodo de tiempo ni el número de agresiones sufridas por la víctima para que el comportamiento sea calificado como acoso moral en el trabajo.

Por otra parte, si bien afirmábamos en el apartado anterior que la intencionalidad no puede considerarse un elemento esencial del acoso, sino accesorio que sirva como agravante de la condena de dicha conducta, en el caso del ciberacoso puede quedar abierta una puerta a la duda a este respecto. Así, parece que, si una persona se toma la molestia en buscar a otra en las redes sociales, es porque realmente tiene la intención de acosarla y generarla un daño. Considero que este argumento es erróneo, puesto que el uso de las redes sociales actualmente no reviste, por norma general, un gran esfuerzo ni requiere de una estrategia para dañar a otra persona. Actualmente, usar estas redes es una actividad cotidiana en la vida de la mayoría de las personas y, como hemos comentado sobre estas líneas, no puede exigirse una intencionalidad al sujeto activo en su actuación, puesto que en muchas ocasiones dicha intencionalidad ni siquiera existe, puesto que hay personas que ni siquiera son conscientes de la violencia que destilan sus comportamientos, y puesto que exigir dicha intención supondría un mayor lastre para que la víctima consiguiera ver resarcido el daño padecido.

Por último, respecto de los sujetos del ciberacoso, cabe repetir que el sujeto activo puede ser cualquier persona, al igual que el pasivo, puesto que, a diferencia del acoso discriminatorio, no es necesario que concurra ninguna causa en la víctima que "motive" dicho comportamiento. No obstante, tal y como hemos comentado sobre estas líneas, la Resolución del Parlamento Europeo de 2018 recoge datos conforme a los cuales las mujeres, especialmente las jóvenes, son las principales víctimas del ciberacoso. El mayor problema que presenta este elemento es la dificultad a la hora de identificar al sujeto activo del acoso. Ocultar la identidad de una persona en Internet es una tarea relativamente sencilla que impide, en muchos

---

La trabajadora fue despedida por este comportamiento. El TSJ de La Rioja consideró que, a pesar de que los mensajes se enviaron fuera de la jornada laboral, existía una relación entre esta conducta sufrida con el contrato de trabajo, por lo que se produjo una situación de acoso laboral que justificó el despido de la parte acosadora.

casos, que la víctima pueda saber quién es su agresor[15]. Este anonimato permite que los agresores se sientan seguros en su posición e incluso se consideren inmunes dada la dificultad de identificarlos. Y lamentablemente, no les falta razón. Para solventar esta situación, resulta imprescindible que la policía cuente con los recursos, y la formación necesaria para poder identificar a estos sujetos y, especialmente, tengan la posibilidad de actuar con rapidez ante estos casos[16]. Además, es fundamental que las víctimas conozcan herramientas y sepan que pueden denunciar estas situaciones[17] (esto es, que sientan que van a obtener una respuesta y una protección) y puedan hacerlo a la mayor brevedad para facilitar las tareas de investigación e identificación de la policía.

Por último, otra cuestión que quizás merezca la pena comentar sobre este elemento es que la expansión de los grupos o chats tanto en las redes sociales como en videojuegos u otras plataformas, favorece que el sujeto activo del ciberacoso sea plural, esto es, que sean varias personas las que hostiguen a otra.

No debe olvidarse, tampoco, que el ciberacoso puede ser objeto de sanción penal. En este sentido, además de la pena que pudiera corresponderle como al acoso clásico, el artículo 197.1 y 197 bis CP castigan a quienes para descubrir los secretos o vulnerar la intimidad de otro, sin su consentimiento, se apodere de documentos, como mensajes de correo electrónico, intercepten sus telecomunicaciones o utilice técnicas de escucha, transmisión, grabación o reproducción del sonido o de la imagen, o de cualquier otra comunicación, así como quien por cualquier medio o procedimiento, vulnerando las medidas de seguridad establecidas para impedirlo, y sin estar debidamente autorizado, acceda o facilite a otro el acceso al conjunto o una parte de un sistema de información o se mantenga en él en contra de la voluntad de quien tenga el legítimo derecho a excluirlo.

---

15 Esta situación suele generar efectos negativos en la salud psicológica de la víctima, tal y como afirma De Vicente Pachés (2018: 83).

16 Sobre la posibilidad de desvelar el anonimato del ciberacoso, consultar Barrio Andrés (2017: 37-38).

17 Por ejemplo, la Agencia Española de Protección de Datos (AEPD) ha desarrollado una herramienta llamada "Canal prioritario" para que las personas puedan denunciar la difusión ilegítima en Internet de contenidos sensibles, sexuales o violentos, sean o no las víctimas de este ciberacoso. Esta denuncia es independiente de aquellas que se interpongan ante las Fuerzas y Cuerpos de Seguridad del Estado y la Fiscalía.

Las penas aumentan en el art.197.3 CP para quienes, con la información ajena difunden, revelan o ceden a terceros los datos o hechos descubiertos o imágenes captadas, esto es, si el contenido difundido ha sido obtenido sin conocimiento o consentimiento de la víctima. Este comportamiento también se sanciona para quienes no hayan tomado parte en el descubrimiento, pero conociendo el origen ilícito de la información la difunden. Así, los primeros preceptos se refieren al acceso y apoderamiento de datos, mientras que el tercer apartado hace referencia a la revelación y difusión de los mismos[18]. Además, el apartado 7° del artículo 197 CP prevé sanción para el que, sin autorización de la persona afectada, difunda, revele o ceda a terceros imágenes o grabaciones audiovisuales de aquélla que hubiera obtenido con su anuencia en un domicilio o en cualquier otro lugar fuera del alcance de la mirada de terceros, cuando la divulgación menoscabe gravemente la intimidad personal de esa persona. Es muy importante concienciar a la sociedad de que no solo delinque quien obtiene de manera ilegítima la imagen y la envía, sino también quien, habiéndola obtenido de una manera legítima (un chat, etc.) la difunde.

4. EL ALGORITMO Y EL SESGO DISCRIMINATORIO

Si bien es cierto que una de las formas más evidentes de vulneración de la dignidad y del derecho a la igualdad y no discriminación mediante el uso de las nuevas tecnologías es el ciberacoso, es importante recordar que no es la única. Una de las repercusiones más relevantes que ha tenido la implantación de la tecnología y de la Inteligencia Artificial en relación con la vulneración de los derechos mencionados, ha sido la discriminación de los trabajadores por medio del uso de algoritmos digitales.

Para poder analizar esta cuestión primero es necesario saber qué se entiende por algoritmo. Algunos autores lo han definido como proceso computacional o conjunto de reglas que se realizan para resolver algún problema (Leslie et al., 2021: 8), como un "*conjunto reescrito de reglas o instrucciones bien definidas para la solución de un problema, como la realización de un cálculo, en un número finito de pasos. Expresar un algoritmo en una notación formal es una de las partes principales de un programa; mucho de lo que se dice sobre los programas se aplica a los algoritmos, y viceversa*" (Butterfield, Ngondi y Kerr, 2016: 580),"

[18] Para profundizar sobre esta cuestión consultar Pérez Manzano (2020: 68).

o como "*conjunto ordenado y finito de operaciones que permite hallar la solución de un problema*"[19].

Los algoritmos son utilizados mediante unas reglas específicas para procesar datos y obtener unos resultados[20]. Este proceso es utilizado con frecuencia por las empresas en múltiples etapas de su proceso productivo (ventas, marketing, etc.), con el fin de que faciliten su organización y su estrategia, con el fin último, por supuesto, de mejorar su rentabilidad.

También se ha extendido el uso de algoritmos en el seno de la empresa en la toma de decisiones empresariales sobre aspectos relativos a los trabajadores. Ni que decir tiene que en las empresas basadas en plataformas digitales los algoritmos resultan absolutamente esenciales para su funcionamiento, tales como el control de localización del trabajador en las plataformas de reparto, el chat de comunicación abierto con el cliente, el medio de pago, etc.; sin embargo, en la práctica mayoría de las empresas, las cuestiones principales en las que influye el uso de algoritmos digitales respecto de los empleados abarcan desde la selección de trabajadores, pasando por la asignación de tareas o la política de ascensos, hasta las extinciones contractuales.

Los algoritmos permiten identificar patrones y, de esta manera, predecir qué va a suceder conforme a las reglas de la probabilidad matemática. Para poder realizar su tarea y alcanzar resultados, es necesario que el algoritmo se nutra de una ingente cantidad de datos. Es en este punto cuando podemos vislumbrar cuáles son los dos problemas principales que ponen en tela de juicio la utilización de algoritmos en las decisiones relacionadas con los trabajadores. En primer lugar, es evidente que el algoritmo necesita utilizar una gran cantidad de datos; por tanto, respecto de las decisiones que se tomen sobre los trabajadores, dichos datos deberán ser sobre tales trabajadores y, lo más probable, es que se trate de datos personales, tales como el domicilio, la nacionalidad, el estado de salud, etc. En segundo lugar, partiendo del uso de esos datos, la empresa proporciona al algoritmo una serie de instrucciones para utilizarlos, instrucciones que no son conocidas por los trabajadores.

---

19 RAE, Diccionario de la lengua española, Edición del Tricentenario, 2022.

20 Con el uso de la Inteligencia Artificial, los algoritmos se utilizan para romper ciertas barreras de la programación tradicional. De esta forma, se utilizan para obtener las reglas a través del uso de unos resultados (Morales Oñarte, 2021: 118).

El problema, por ende, no reside tanto en el uso de los algoritmos para la toma de estas decisiones como en el conocimiento acerca de los datos que se han utilizado para alcanzar las mismas, o las instrucciones que se han aplicado para ello. Es en este punto en el que la preocupación se centra en determinar si, mediante el uso de dichos algoritmos, se están produciendo situaciones discriminatorias.

En principio, parece que un algoritmo digital debe encontrarse exento de todo sesgo discriminatorio, puesto que la decisión que toma no puede sino estar amparada en datos objetivos. Así, es el comportamiento humano el que se presume prejuicioso y viciado. Por tanto, la opción de emplear algoritmos para la toma de todas estas decisiones relacionadas con los trabajadores parece, de hecho, la más fiable e imparcial; sin embargo, la experiencia ha demostrado que, en la práctica, los resultados derivados de las decisiones algorítmicas no son siempre y en todo caso objetivas. En este sentido, uno de los casos más paradigmáticos es el relativo a las contrataciones de la empresa Amazon, que se vio obligada a dejar de utilizar su algoritmo de selección debido a que el mismo era discriminatorio con las mujeres. Puede apreciarse fácilmente en este caso que, no es que el algoritmo no fuera fiable o él mismo fuera discriminatorio, sino que se había nutrido de una enorme cantidad de datos relativos a las contrataciones que se habían producido con anterioridad en la empresa, llevadas a cabo por personas, que sí habían demostrado un sesgo discriminatorio por contratar en un mínimo porcentaje a mujeres en comparación con la contratación de hombres.

Estas situaciones de discriminación pueden producirse, no sólo porque el empresario haya dado unas instrucciones directamente discriminatorias, en cuyo caso sería responsable de un supuesto de discriminación directa igual que si la decisión la hubiera tomado él mismo, ni por haber seguido el algoritmo la senda de decisiones humanas discriminatorias tomadas con anterioridad, sino, también, por el hecho de que el algoritmo puede obtener datos de múltiples fuentes. En este sentido, aunque la empresa no proporcione al algoritmo una serie de datos (por ejemplo, personales) del trabajador, el algoritmo puede acceder a ellos de múltiples formas. Así, a modo de ejemplo, puede conocer su domicilio, y por ello asociar al trabajador con una determinada etnia.

Gran parte de la doctrina y de los tribunales que se han pronunciado sobre esta cuestión, consideran que se trata de un supuesto de discriminación indirecta, que, si recordamos, hace referencia a la situación en la que una disposición, criterio o práctica aparentemente neutros sitúan a personas con una determinada característica o condición, en desventaja particular con respecto a otras personas. En mi opinión, se trata de un supuesto de discriminación directa, esto es, aquella en la que una persona es tratada de manera menos favorable de lo que sea, haya sido o vaya a ser tratada otra en situación comparable, puesto que la decisión tomada por el algoritmo no es "aparentemente neutra", sino directamente discriminatoria, es decir, no ha tratado de ocultar que haya tomado dicha decisión por razón del sexo de la persona, de su religión, de su raza o de su orientación sexual, sino que ha tenido en cuenta ese factor y por ello ha tomado su decisión.

Cuestión distinta es, que la decisión tomada por el algoritmo se deba a que esta característica la revista otra persona relacionada con el trabajador, por ejemplo, un trabajador que tiene un hijo enfermo que debe ser atendido. En este caso, la decisión perjudicial la sufre el trabajador, pero no porque él esté enfermo, sino porque su hijo es quien lo está, y el trabajador tiene derecho a ausentarse del trabajo para cuidarlo o, incluso solicitar una baja. Se trataría en estos casos, de discriminación refleja.

En este orden de cosas, cada vez más son las voces que exigen una mayor "transparencia algorítmica", que revele cuál es el contenido del algoritmo, es decir, qué fórmulas y qué datos está utilizando para alcanzar los resultados que alcanza. A pesar de que no existe una definición uniforme de lo que se considera transparencia algorítmica[21], se trataría, en resumidas cuentas, de un derecho a ser informado.

De esta forma, parece que con la transparencia algorítmica se pretenden solucionar múltiples problemas derivados del uso de algoritmos digitales, entre ellos dos esenciales: de un lado, evitar la opacidad en los datos que se han proporcionado al algoritmo o en las instrucciones que se han dado al mismo para alcanzar un determinado resultado, al parecer con el objetivo de eludir la ley, y, de otro, un control humano a dichas decisiones, que tenga en cuenta factores como la proporcionalidad o la razonabilidad con respecto a los derechos de los trabajadores que el algoritmo no contempla.

Respecto de la primera de las cuestiones, la opacidad[22], podemos entender que la misma puede ser de dos tipos. La primera, la opacidad técnica,

---

21 Algunos autores la han definido como "la divulgación de las aplicaciones de IA utilizadas, la descripción de su lógica o el acceso a la estructura de los algoritmos de IA y -en su caso- a los conjuntos de datos utilizados para entrenar los algoritmos", (Mantelero, 2019).

22 Sobre esta materia, consultar: De Torres Bóveda (2022).

esto es, la derivada de la propia complejidad del algoritmo, y la segunda, la opacidad organizativa, derivada de la falta de información por parte de la empresa con el fin de mantener en secreto intereses estratégicos o su derecho a la propiedad intelectual. El principal obstáculo que encuentra, por tanto, la reivindicación de una transparencia algorítmica reside en su conflicto con el derecho al secreto profesional y a la propiedad intelectual.

El debate jurídico, en esta cuestión, radica en determinar si el algoritmo puede ser considerado susceptible de ser protegido bajo el derecho a la propiedad intelectual puesto que, como es lógico, las empresas tienden a proteger el contenido del algoritmo. No existe una respuesta uniforme, puesto que depende del ordenamiento jurídico, algunos países de nuestro entorno sí permiten la patentabilidad del algoritmo; sin embargo, la Oficina Europea de Patentes ha denegado la mayoría de las solicitudes al respecto. Ello es así debido a que el Convenio sobre concesión de Patentes Europeas recoge en su artículo 52 que "*1. Las patentes europeas serán concedidas para las invenciones nuevas que supongan una actividad inventiva y sean susceptibles de aplicación industrial. 2. No se considerarán invenciones a los efectos del párrafo 1, en particular. a) Los descubrimientos, las teorías científicas y los métodos matemáticos*". Al respecto, la *Guidelines for Examination* de la Oficina Europea de Patentes afirma que "*la exclusión se aplica si una reivindicación se refiere a un método matemático puramente abstracto y la reivindicación no requiere ningún medio técnico (...) Si una reivindicación se refiere a un método que implica el uso de medios técnicos (por ejemplo, un ordenador) o a un dispositivo, su objeto tiene carácter técnico en su conjunto y, por lo tanto, no está excluido de la patentabilidad en virtud del artículo 52*". En el caso de que el algoritmo quisiera protegerse como secreto comercial, por formar parte del *know-how* de la empresa, la Directiva 2016/943, del Parlamento Europeo y del Consejo de 8 de junio de 2016 relativa a la protección de los conocimientos técnicos y la información empresarial no divulgados (secretos comerciales) contra su obtención, utilización y revelación ilícitas, prevé en su artículo 2 los requisitos que deben darse para que la información sea considerada secreto comercial. Así, la información debe "*a) ser secreta en el sentido de no ser, en su conjunto o en la configuración y reunión precisas de sus componentes, generalmente conocida por las personas pertenecientes a los círculos en que normalmente se utilice el tipo de información en cuestión, ni fácilmente accesible para estas; b) tener un valor comercial por su carácter secreto; c) haber sido objeto de medidas razonables, en las circunstancias del caso, para mantenerla secreta, tomadas por la persona que legítimamente ejerza su control*".

El segundo de los objetivos que se pretende también con dicha transparencia algorítmica, es que el empresario no se vea sustituido absolutamente en su toma de decisiones, especialmente en aquellas indispensables del poder de dirección. Es decir, que no todas las decisiones se tomen de manera automatizada, especialmente aquellas que se refieran a los trabajadores, a su selección, régimen de ascensos, despidos, etc. En este sentido, se reclama una mayor intervención del Derecho del Trabajo y avanzar en la "gobernanza algorítmica", así como establecer sistemas de responsabilidad empresarial por los daños causados por el uso de algoritmos en esta toma de decisiones (Rodríguez Cardo, 2022: 7). Por ello, algunos sectores reclaman un "human in command", una persona al mando, amparados en el artículo 22 del Reglamento (UE) 2016/679, del Parlamento Europeo y del Consejo relativo a la protección de las personas físicas en lo que respecta al tratamiento de datos personales y a la libre circulación de estos datos (RGPD), que limita la toma de decisiones únicamente automatizadas y establece en su apartado primero que "*todo interesado tendrá derecho a no ser objeto de una decisión basada únicamente en el tratamiento automatizado, incluida la elaboración de perfiles, que produzca efectos jurídicos en él o le afecte significativamente de modo similar*". No obstante, el segundo apartado de dicho precepto establece que no será de aplicación el primero si la decisión es necesaria para la celebración o la ejecución de un contrato entre el interesado y un responsable del tratamiento, como es el caso de un contrato de trabajo, por lo que la invocación de esta norma resulta insuficiente.

Por tanto, lo más parecido que encuentra el derecho a la transparencia algorítmica que tienen los trabajadores en nuestro país es el derecho de información previsto en el artículo 64.4 d) del ET, conforme al cual "*el comité de empresa, con la periodicidad que proceda en cada caso, tendrá derecho a: (...) d) Ser informado por la empresa de los parámetros, reglas e instrucciones en los que se basan los algoritmos o sistemas de inteligencia artificial que afectan a la toma de decisiones que pueden incidir en las condiciones de trabajo, el acceso y mantenimiento del empleo, incluida la elaboración de perfiles*". El reconocimiento de este derecho, sin duda, supone un avance en materia de transparencia; sin embargo, presenta dos carencias manifiestas. En primer lugar, se trata de un mero derecho de información y no de consulta del que, además, gozan los representantes de los trabajadores, pero no éstos por sí mismo. Podrían ampararse los trabajadores en los artículos 13 y 14 del RGPD, que recoge el derecho del interesado a ser informado de cuáles de sus datos han sido utilizados. No obstante, no parece que dicho precepto les autorice a solicitar acceso al algoritmo, sino a conocer "la lógica aplicada", esto es, en qué consiste el algoritmo aplicado, aunque no se acceda al mismo, y cómo ha repercutido su aplicación (Ginès Fabrellas, 2021: 7). En segundo lugar, el derecho es a ser informado sobre los parámetros, reglas e instrucciones, pero no sobre los resultados derivados de la aplicación de los algoritmos a la toma de decisiones, por lo que el análisis de su impacto real no puede llevarse a cabo por los representantes de los trabajadores; además, muchas veces entender el contenido del algoritmo requiere de una formación especializada de la que carecen los trabajadores y los representantes de los mismos.

Por último, cabe destacar que, recientemente, se ha publicado el Real Decreto 729/2023, de 22 de agosto, por el que se aprueba el Estatuto de la Agencia Española de Supervisión de Inteligencia Artificial[23], cuyo objetivo es realizar tareas de supervisión, asesoramiento, concienciación y formación dirigidas a entidades de derecho público y privado para la adecuada implementación de la normativa nacional y europea en torno al adecuado uso y desarrollo de los sistemas de inteligencia artificial, especialmente de los algoritmos.

5. EL ACOSO ALGORÍTMICO

Una vez hemos analizado qué elementos delimitan el acoso, cómo han variado los mismos al producirse el acoso mediante el uso de Internet y de las redes sociales y de qué manera influye la toma de decisiones por medio de algoritmos, debemos analizar si es posible que el sujeto activo del acoso o, dicho de otra manera, que una situación de acoso moral en el trabajo, sea perpetrada a través de un algoritmo digital.

En estos términos, una situación de acoso clásica consiste en un enturbiamiento del ambiente laboral como consecuencia de la realización de un conjunto de actuaciones y la toma de una serie de decisiones que perjudican a un trabajador determinado. Por una parte, los actos hostiles pueden llevarse a cabo de manera directa contra el trabajador, pero también de manera indirecta e, incluso de manera refleja, tal y como hemos analizado al comentar los diferentes tipos de discriminación.

---

23 La Agencia tiene también función de inspección, comprobación, sanción y demás que le atribuya la normativa europea que le resulte de aplicación y, en especial, en materia de inteligencia artificial.

Como hemos visto, el algoritmo puede encontrar y utilizar datos personales del trabajador que le ofrezcan información sobre el mismo, como, por ejemplo, su domicilio personal, y conocer así dónde vive, el número de hijos que tiene, si tiene alguna carga familiar, como un pariente enfermo al que cuidar, etc. Esta información puede hacer que el algoritmo presuponga una serie de hipótesis, como la condición socioeconómica del trabajador, si pertenece a una determinada etnia o religión, o si es probable que vaya a necesitar solicitar una baja para cuidar a un familiar.

En estos casos, si el algoritmo toma una decisión que resulta perjudicial para el trabajador, motivada por su pertenencia a un determinado colectivo, o por revestir determinada condición o características personales (por ejemplo, no contratar a una mujer con una edad comprendida entre los 25 y 35 años, por la posibilidad de quedarse embarazada) se trata de un supuesto de discriminación, ya que se ha amparado en una causa objetiva. Es un caso que puede ubicarse perfectamente en la definición de discriminación directa, por cuanto se trataba de aquella en la que una persona es tratada de manera menos favorable de lo que sea, haya sido o vaya a ser tratada otra en situación comparable.

Cuestión distinta es que, sobre la base de dichos datos, no se tome una decisión directamente perjudicial para el trabajador, lo que supondría un caso de discriminación; sino que se vayan tomando determinadas decisiones que vayan excluyendo a un trabajador, que poco a poco le impidan desarrollar correctamente su trabajo o conseguir mejoras en sus condiciones laborales, como un ascenso.

Para analizar esta cuestión, puede tomarse como referencia un ejemplo de acoso muy evidente. En este sentido, el *mobbing* llevado a cabo por la empresa France Télécom es el ejemplo paradigmático. Se trata de un supuesto de planificación de acoso por parte de dicha empresa como medio para alcanzar unos objetivos económicos determinados. En este orden de cosas, la empresa decidió llevar a cabo un comportamiento sistemático de hostigamiento contra determinados trabajadores con el fin de que abandonasen voluntariamente su puesto de trabajo y así no verse obligada a despedirlos y pagarles, por ende, la indemnización correspondiente.

Una vez analizado el caso, la empresa puede llevar a cabo este comportamiento por medio de diferentes vías, por ejemplo, valiéndose de un algoritmo digital, con el fin de alcanzar determinados objetivos. De la misma manera que, como hemos visto, el algoritmo digital puede hacer uso de una serie de datos y parámetros, con un resultado discriminatorio, también puede hacer uso de ellos con un resultado de acoso. Sobre esta posible situación cabe efectuar una serie de consideraciones. En primer lugar, como es lógico, el algoritmo no tiene voluntad como para llevar a cabo directamente una conducta hostil. Así, en principio y dado el estado de las cosas, no caben insultos, vejaciones, o humillaciones como se producen en numerosos supuestos de acoso clásico o de ciberacoso. En este sentido, nos estamos refiriendo a aquellas conductas típicas de acoso que, sin ser claras y directas, suponen un enturbiamiento del ambiente laboral como, por ejemplo, el cambio continuo de horarios en perjuicio de la víctima, no citarla a reuniones, no darle apenas tareas para realizar o encomendarle otras por debajo de su cualificación, etc. En segundo lugar, estas decisiones no se amparan en la existencia de una característica o condición especial del trabajador, como sucede en los casos de discriminación, sino que, se llevan a cabo sin tener en cuenta ninguna causa especial pero sí con un objetivo, como conseguir que la persona abandone el puesto de trabajo ante las pocas posibilidades que le ofrece el mismo de prosperar o la diferencia (perjudicial) de trato con respecto de otros trabajadores en cuanto a la mejora de condiciones.

En este supuesto de lo que podría denominarse "acoso algorítmico", el elemento de la intencionalidad, al contrario de lo que sucede en los supuestos de acoso clásicos, sí es esencial, puesto que las órdenes que recibe el algoritmo tienen un objetivo muy concreto. Así, bajo el amparo de la imparcialidad y objetividad del algoritmo, el empresario podría tomar decisiones semejantes a las tomadas en el supuesto de France Télécom.

6. REFLEXIÓN FINAL

La dignidad de la persona y del trabajador, así como su derecho a la igualdad y a no ser discriminado, se ven especialmente vulnerables en esta era digital en la que nos encontramos. El uso masivo de Internet, de las redes sociales, y, en definitiva, de las nuevas tecnologías, sin tener en la mayoría de los casos y en la mayoría de la población, pleno conocimiento de las repercusiones que tiene su uso, ha sido el ingrediente idóneo para que las situaciones de discriminación y de acoso se potencien.

De un lado, el anonimato que ofrecen las redes sociales, unido a el uso casi adictivo de las mismas que no conoce de límites temporales o espaciales, ha convertido a las personas en seres mucho más vulnerables al padecimiento de conductas hostiles y de agresiones. Además, el uso habitual de chats en internet, ya sean foros, redes o videojuegos, favorece que dichas agresiones se produzcan en grupo, en manada, y que se exacerben los sentimientos de odio contra individuos o contra colectivos. En este sentido, no podemos obviar los datos obtenidos por la Unión Europea que afirman que las mujeres jóvenes son las principales víctimas de estos comportamientos, lo que, de nuevo, supone un paso atrás en la igualdad de las mujeres y una continuación del trasfondo de violencia hacia ellas.

Estas conductas de acoso por medios virtuales (el ciberacoso) resultan, incluso, más peligrosas que las del acoso clásico, dadas las amplias posibilidades de que el hostigamiento se produzca a cualquier hora del día y en cualquier lugar del mundo, con las consecuencias psicológicas que dicho acecho incesante supone para la víctima y para su entorno. Además, la posibilidad de que el resultado de dichas humillaciones sea grabadas, recogidas en imágenes o en conversaciones y el hecho de que las mismas puedan difundirse y todo el mundo sea testigo, supone que el impacto del daño es exponencialmente superior para la víctima que en el acoso clásico. Además, que la eliminación de dicho contenido de Internet sea prácticamente imposible de eliminar supone que, en muchos casos, las víctimas hayan decidido incluso quitarse la vida. El peligro de esta situación y la velocidad a la que se expande requiere de un abordaje inmediato por parte del legislador y de las autoridades. Este abordaje puede pasar por un aumento de las penas para los acosadores y para quienes difunden el contenido, a pesar de no haber sido parte de su creación, así como ampliar el derecho al olvido para la víctima, con el fin de que ese contenido sea eliminado totalmente o en la medida de lo posible de Internet. Además, es importante establecer vías de colaboración activa entre los empresarios y los trabajadores con la policía y con la ITSS en su investigación, así como el establecimiento de sanciones muy graves a los trabajadores que participen en ello y a los empresarios que no muestren la diligencia debida.

Por otra parte, la segunda manera de vulneración de la dignidad y de la igualdad y no discriminación del trabajador que se ha mostrado recientemente como consecuencia del uso de las nuevas tecnologías en el trabajo es la posible existencia de un sesgo discriminatorio en la toma de decisiones automatizadas por parte del algoritmo digital. En estos casos, es precio analizar si ese sesgo procede de instrucciones ofrecidas directamente por la empresa, o si se trata de un sesgo procedente de los datos obtenidos por el algoritmo. Asimismo, queda por analizar si la transparencia algorítmica resuelve estos problemas, o, en definitiva, son los mismos que se producen en el transcurso normal de una empresa que no los utiliza.

Por último, una cuestión sobre la que es preciso estudiar es la posibilidad de que dichos algoritmos sean utilizados como herramienta de acoso moral en el trabajo, con el fin de conseguir resultados económicos más beneficiosos. Así, tal y como se ha producido en casos muy relevantes de acoso moral, con el fin de evitar despedir a los trabajadores e indemnizarles, se llevan a cabo acciones de hostigamiento para que el trabajador abandone por su propia voluntad el lugar de trabajo. De la misma manera puede estar configurado el algoritmo, para alcanzar dichos objetivos.

Referencias bibliográficas

Barrio Andrés, M. (2017). *Ciberdelitos: amenazas criminales del ciberespacio.* Madrid, España: Reus.

Butterfield, A., Ngondi, G.E. y Kerr, A. (Eds.) (2016). *A Dictionary of Computer Science, 7.ª ed., Oxford Quick Reference.* Oxford, United Kingdom. New York, NY, United States of America: Oxford University Press.

De Torres Bóveda, N. (2022). Business secrecy as a limit to the right to information on algorithms. *Hungarian Labour Law E-journal,* (2), 39-57.

De Vicente Pachés, F. (2018). *Ciberacoso en el trabajo.* Barcelona, España: Atelier.

Giaccone, M y Di Nunzio, D. (2015). Violence and harassment in European workplaces: Causes, impacts and policies. Dublín, Alemania: Eurofound. 5

Ginès Fabrellas, A. (2021). El derecho a conocer el algoritmo: una oportunidad perdida de la "Ley Rider". *Iuslabor,* (2).

Hirigoyen, M.F. (2003). Acoso moral: contextos, diferencias, consecuencias y medidas. *Norte de Salud Mental, 5*(18), 39-47.

Leslie, D., Burr, C., Aitken, M., Cowls, J.; Katell, M.; Briggs, M. (2021). *Artificial Intelligence, human rights, democracy and the rule of law.* The Alan Turing Institute and the Council of Europe.

Mantelero, A. (2019). Data processing and the risks of Artificial Intelligence. *Digital Law and Innovation Review,* (1).

Molina Navarrete, C. (2011). El recargo de prestaciones por infracción del deber de evaluar los riesgos psicosociales: la doctrina judicial hace «justicia disuasoria». Comentario a la STSJ, Sala Social, Cataluña, 14 de septiembre de 2010. Aranzadi Social, *3*(22).

Morales Oñate, D. A. (2021). Implicaciones jurídicas del algoritmo: derechos intelectuales y privacidad. Foro: Revista De Derecho, (36), 111–130.

Pérez Manzano, P.M. (2020). Protección de datos personales: retos para el sistema penal. En VV.AA. y Casas Baamonde (Coord.), *El derecho a la protección de datos personales en la sociedad digital,* (pp. 65-87). Madrid, España: Fundación Ramón Areces.

RAE. (2022). *Diccionario de la lengua española.* Edición del Tricentenario.

Rodríguez Cardo, I.A. (2022). Decisiones automatizadas y discriminación algorítmica en la relación laboral: ¿hacia un Derecho del Trabajo de dos velocidades? Revista Española de Derecho del Trabajo, (253), 135-188,

Romero Rodenas, M.J. (2005). *Protección frente al acoso moral en el trabajo.* Albacete, España: Bomarzo.

3ª PARTE.

LA TRANSFORMACIÓN DE LAS RELACIONES DE TRABAJO EN LA ERA DIGITAL EN OTROS PAÍSES

Capítulo 25.

ESTATUTO JURÍDICO DO TRABALHADOR NA ERA DIGITAL: A SITUAÇAO PORTUGUESA[1]

PALMA RAMALHO, MARIA DO ROSÁRIO

Professora Catedrática.

Faculdade de Direito de Lisboa

rosarioramalho@fd.ulisboa.pt

Sumario: 1. Posicionamento do problema. 2. Novos modelos de trabalho viabilizados pela revolução digital e, em especial, o trabalho em plataformas digitais e oteletrabalho: a situação portuguesa. 3. As projecções das tecnologias digitais na formação e na execução do contrato de trabalho: algumas respostas do sistema português. 4. Notas finais.

RESUMEN: Os desfasamentos entre os novos modelos de trabalho que emergem em resultado da digitalização e globalização da economia e o paradigma tradicional do direito do trabalho têm motivado a intervenção do legislador português. Neste contexto, e sem prejuízo das diferentes respostas regulatórias à revolução digital reflectidas no ordenamento português, a análise centra-se na regulação do teletrabalho e do trabalho em plataformas digitais.

ABSTRACT: The mismatches between the new work models emerging as a result of the digitalisation and globalisation of the economy and the traditional paradigm of labour law have prompted the intervention of the Portuguese legislator. In this context, and without prejudice

---

1 Abreviaturas utilizadas: ACT – Autoridade para as Condições de Trabalho; ArbuR – Arbeit und Recht. Zeitschrift für Arbeitsrechtspraxis; BGB – Bürgerliches Gesetzbuch; CC – Código Civil; COM – Comissão Europeia; CRCSS – Código dos Regimes Contributivos do Sistema Previdencial de Segurança Social; CRL – Centro de Relações Laborais; CT – Código do Trabalho actual; CT 2003 – Código do Trabalho de 2003; DLRI – *Diritto dela Lavoro e delle Relazioni Industriali*; ESTUDOS APODIT – Estudos da Associação Portuguesa de Direito do Trabalho; ILR – Industrial Law Review; L. – Lei; LAT – Regime Jurídico dos Acidentes de Trabalho e Doenças Profissionais; Lav.Dir. – Lavoro e Diritto; WSI-Mitt – WSI Mitteilung. Monatszeitschriften des Wirtschafts- und Sozialwissenschaftlichen Instituts in der Hans-Böckler-Stiftung.

to the different regulatory responses to the digital revolution provided by the Portuguese system, the analysis focuses on the regulation of telework and work on digital platforms.

Palabras clave: Digitalização, teletrabalho, trabalho em plataformas digitais, legislação portuguesa.

Keywords: Digitalisation, telework, working on digital platforms, Portuguese legislation.

1. POSICIONAMENTO DO PROBLEMA

1.1. O paradigma tradicional das relações de trabalho e respectiva evolução (brevíssimo excurso)

I. Como é sabido, o Direito do Trabalho desenvolveu-se entre o final do séc. XIX e o início do séc. XX[2] para dar resposta aos problemas colocados por um conjunto de fenómenos novos ligados ao trabalho operário precipitado pela Revolução Industrial: o trabalho assalariado massificado nas fábricas, cujo enquadramento sumário pelos contratos da locação ou da prestação de serviço, levada a efeito pelos códigos civis de oitocentos[3], não tinha conseguido evitar a degradação das condições de vida e de trabalho de um sector estatisticamente importante da população a níveis insuportáveis[4]; as convenções colectivas de trabalho, fenómeno totalmente novo e que nunca se deixou reconduzir à categoria do negócio jurídico pela sua dimensão colectiva e pela sua aplicabilidade geral; e a greve, expressão máxima dos conflitos colectivos protagonizados pelos trabalhadores, que é totalmente estranha à lógica individualista do Direito Civil da época e está

---

2 Por todos, sobre o surgimento do Direito do Trabalho na viragem do séc. XIX para o séc. XX, Palma Ramalho (2020: 45 y ss.).

3 Na verdade, o enquadramento do fenómeno do trabalho operário pelos códigos civis do séc. XIX (a começar pelo Código de Napoleão e terminando no BGB) através de um dos desdobramentos modernos da figura romana da *locatio conductio* (o contrato de locação no Código Civil francês, e o contrato de prestação de serviço no BGB e também no nosso Código de Seabra) é absolutamente minimalista. Para mais desenvolvimentos sobre este ponto Palma Ramalho (2001 a: 2 y ss. e 22 ss.).

4 É a denominada questão social, denunciada pelos mais variados quadrantes desde as ideologias marxistas até à doutrina social da Igreja, designadamente pelo Papa Leão XIII, na sua Encíclica *Rerum Novarum* (1891). Ainda sobre este ponto, *vd* o Ramalho (2020: 47).

assumidamente em colisão com o princípio fundamental do cumprimento pontual dos contratos.

O fenómeno que o Direito do Trabalho veio regular esteve, contudo, bem caracterizado desde o início e era bastante homogéneo: era o trabalho industrial ou fabril, pensado para as necessidades das empresas de Ford e executado de acordo com o modelo científico de Taylor.

Foi à sombra deste paradigma do trabalho industrial, cedo denominado como «relação de trabalho típica»[5], que as normas laborais se desenvolveram e os principais direitos e garantias dos trabalhadores se foram consolidando, contribuindo para a progressiva melhoria das condições de vida e de trabalho dos operários – em suma, para a sua protecção. E, ao mesmo tempo, o âmbito de aplicação das normas laborais foi progressivamente alargado a cada vez mais categorias de trabalhadores no característico expansionismo dos regimes laborais[6], mas sempre prosseguindo o objectivo da protecção dos trabalhadores.

Como se sabe, o resultado desta evolução foi a consolidação do Direito do Trabalho com um ramo jurídico vocacionado para a tutela dos trabalhadores subordinados e com um pendor garantístico, assente na larga predominância de regimes legais imperativos ou imperativos mínimos, que as convenções colectivas de trabalho e os contratos de trabalho apenas podiam afastar para instituir soluções mais favoráveis ao trabalhador.

II. Contudo, a partir do último quartel do séc. XX, o Direito do Trabalho inflectiu um pouco esta orientação axiológica e normativa, por força da alteração dos pressupostos extrajurídicos que tinham viabilizado o seu desenvolvimento nos moldes tradicionais: o pressuposto do crescimento económico e, portanto, da sustentabilidade do modelo de protecção laboral, que foi abalado por sucessivas crises económicas a partir dos anos 70; o pressuposto da homogeneidade dos trabalhadores subordinados, que a expansão dos regimes laborais a novas e muito diversas categorias de trabalhadores se encarregou de destruir; e, sobretudo, o pressuposto da grande empresa do sector industrial como modelo empresarial de referência dos regimes laborais, que cedeu terreno a empresas muito diferentes, do sector

---

5 Por exemplo, Zachert, (1988) ou Bosch (1986). Para mais desenvolvimentos sobre as características da relação de trabalho típica, Palma Ramalho (2001 a: 521 y ss.), com amplas indicações doutrinais.

6 Sobre esta característica do Direito do Trabalho, Palma Ramalho (2020: 151 y ss.)

dos serviços e, mais tarde, do sector quaternário e da sociedade da informação[7].

Ora, perante a alteração dos pressupostos que tinham permitido o seu crescimento de acordo com a matriz protectiva que tradicionalmente o caracterizou, o Direito do Trabalho foi capaz de se adaptar, matizando o princípio da protecção do trabalhador com a salvaguarda dos interesses empresariais ou de gestão, quando necessário, para, em suma, tornar as suas normas mais adequadas à alteração da realidade subjacente.

Esta foi a época dita da «crise» do Direito do Trabalho tradicional e o início de uma nova fase da evolução desta área jurídica, que ficou conhecida como a era da flexibilização[8].

A flexibilização do Direito do Trabalho manifestou-se, por um lado, na promoção de modelos de contrato de trabalho que tinham tido até aí um peso marginal, como o trabalho a termo e o trabalho a tempo parcial, e na admissão e regulação de novos modelos de contrato de contrato de trabalho, como o trabalho temporário, o trabalho intermitente, o trabalho em comissão de serviço (que, em Portugal permite enquadrar de forma diferente os trabalhadores dirigentes), o teletrabalho ou o trabalho com pluralidade de empregadores – é a valência da flexibilização que designámos noutra sede[9] como «flexibilização externa». Estes novos modelos de contrato de trabalho – que são habitualmente designados como contratos «atípicos» por divergirem num ou noutro ponto do modelo clássico de contrato de trabalho, dominante na fase anterior – são mais adequados para prosseguir objectivos específicos das empresas e diminuir o risco empresarial, mas têm em comum o facto de serem menos protectivos do que o modelo tradicional de contrato de trabalho. Mas, como é bom de ver, a proliferação destes novos modelos de trabalho retira centralidade ao modelo clássico das relações laborais – é a erosão da relação de trabalho típica[10].

---

7 Sobre estes pressupostos extrajurídicos do desenvolvimento tradicional do Direito do Trabalho, Palma Ramalho (2001 a: 537 ss.).

8 Sobre os temas da flexibilização, ainda o Palma Ramalho (2001 a: 581 ss.), com amplas referências de direito comparado. E, ainda para uma perspectiva comparada sobre os movimentos de flexibilização, no âmbito dos países europeus, Treu (1992).

9 Palma Ramalho (2001 a: 590 ss.).

10 Palma Ramalho (2001 b).

Por outro lado, a flexibilização do Direito do Trabalho evidenciou-se no retrocesso dos níveis de tutela laboral atingidos durante a fase anterior em matérias como a categoria, a função, o local de trabalho, o regime do tempo de trabalho, a remuneração e o despedimento – é a chamada «flexibilização interna». Datam desta fase regimes como a flexibilidade funcional e a mobilidade geográfica, a adaptabilidade dos tempos de trabalho e os bancos de horas, a diminuição do período anual de férias, a descida do valor legal mínimo de alguns complementos remuneratórios, a previsão de novas causas de despedimento por motivos objectivos e, designadamente, por razões de gestão e a redução das indemnizações por despedimento.

Por fim, a flexibilização traduziu-se na consagração de novas soluções de articulação entre as fontes laborais (*verbi gratia*, quanto à relação entre a lei e as convenções colectivas de trabalho) e entre as fontes e o contrato de trabalho, num fenómeno que ficou conhecido como «desregulamentação»[11]. Nesta valência da flexibilização, os sistemas laborais passaram a admitir que as convenções colectivas de trabalho afastassem as normas legais não apenas *in melius* mas também para consagrar regimes menos favoráveis aos trabalhadores; e, na mesma linha, aumentou o número de normas supletivas por contraste com o período anterior e procurou-se dinamizar o regime de sucessão das convenções colectivas para as tornar mais ágeis e, portanto, mais adaptáveis a novas conjunturas económicas.

A implementação destas medidas demonstrou a capacidade do Direito do Trabalho para enfrentar os desafios que se lhe colocavam, equilibrando os vários interesses em presença: o interesse da protecção do trabalhador, que se mantém nas áreas tradicionais ligadas à remuneração, ao tempo de trabalho, à segurança e saúde dos trabalhadores e à contratação colectiva, mas tem até novas áreas de intervenção na actualidade, como a protecção dos direitos de personalidade do trabalhador, a tutela dos dados pessoais, a igualdade de tratamento, o assédio ou a conciliação entre a vida profissional e a vida familiar; e os interesses de gestão do empregador, quando sejam atendíveis, que mais não seja para assegurar a manutenção dos postos de trabalho, sem os quais não há trabalhadores e, portanto, o Direito do Trabalho deixa de fazer sentido.

III. Um ponto deve, contudo, ficar claro nesta brevíssima recordatória destas fases da evolução do Direito do Trabalho: é que, apesar da dimensão e importância substancial das medidas de flexibilização introduzidas

---

11 Em especial quanto às tendências de desregulamentação, *vd* o Palma Ramalho (2001 a: 605), mas também, entre muitos outros, Giugni (1986).

nos regimes laborais, o paradigma empresarial para o qual foram concebidos aqueles regimes (i.e., o modelo da grande empresa fabril) manteve-se como modelo de referência do legislador laboral. E isto mesmo em países como Portugal, que sempre tiveram poucas fábricas e em que mais de 90% das empresas são microempresas, ou seja empresas com menos de 10 trabalhadores.

Neste sentido, veja-se como no actual Código do Trabalho português se mantêm as referências a categorias e regimes de carreira muito estruturados, que fazem pouco sentido em pequenas e microempresas (art. 119°), se continua a pressupor uma organização empresarial rígida com secções ou unidades estanques (o que já não corresponde à realidade da maioria das empresas), subsiste um regime de local de trabalho assente nas instalações da empresa (arts. 193° ss.) que não se compagina com as modernas soluções do trabalho remoto ou híbrido, e se mantém um regime para-administrativo de reclamação hierárquica da aplicação de sanções disciplinares (art. 329° n° 7), que é totalmente inadequado às organizações empresariais modernas. Da mesma forma, é ainda o paradigma da empresa industrial que está na base das regras do Código do Trabalho sobre comunicação interempresarial (referindo, por exemplo, o dever de afixação das informações em certos locais da empresa numa época em que muitos trabalhadores executam a prestação remotamente e as empresas dispõem de *intranet*), é este paradigma empresarial que subjaz às regras sobre a actuação das estruturas sindicais e das comissões de trabalhadores nas empresas (por exemplo, determinando a atribuição de instalações ou salas de reuniões para essas estruturas quando muitas empresas são parcialmente virtuais e a maioria das reuniões decorre *on line* – arts. 421° n° 1, 460°, 461° e 464°), e é ainda sobre a realidade da empresa tradicional que assenta o regime jurídico da contratação colectiva e da greve. Já fora do Código do Trabalho, o regime da segurança e saúde no trabalho foi gizado para o trabalho presencial (L. n° 102/2009, de 10 de Setembro) e o regime dos acidentes de trabalho (L. n° 98/2009, de 4 de Setembro) assenta num local de trabalho de trabalho fixo e num horário de trabalho rígido, o que, em ambos os casos, dificulta a aplicação das normas a realidades como o trabalho remoto. Por fim, embora se admitam vários modelos de contrato de trabalho (arts. 139° ss. do CT), a verdade é que se continuam a considerar estes modelos como *desvios* ao modelo comum.

Em suma, flexibilizaram-se os regimes laborais mas não se alterou o modelo de base desses regimes, nem à medida que foram introduzidas as medidas de flexibilização nem sequer em legislação mais recente, como é o caso dos Códigos do Trabalho, que continuaram a assentar solidamente no paradigma da empresa industrial apesar de terem sido elaborados já no séc. XXI (respectivamente em 2003 e em 2009).

1.2. A revolução digital e os novos desafios que hoje se colocam ao Direito do Trabalho

I. O paradigma do fenómeno do trabalho subordinado que esteve na base do desenvolvimento do Direito do Trabalho como área jurídica, mas se manteve até hoje conforme descrevemos no ponto anterior, encontra-se actualmente num processo de mudança acelerada e irreversível.

De facto, as transformações radicais da Economia em resultado dos fenómenos da digitalização e da globalização[12] – cujo impacto nos últimos anos é tão significativo que tornou corrente a referência à eclosão de uma 4ª Revolução Industrial – projectam-se no mundo do trabalho e colocam o Direito do Trabalho perante dois enormes desafios: o desafio do enquadramento das novas formas de trabalho viabilizadas pelas tecnologias digitais, como o trabalho realizado através de plataformas digitais e o trabalho à distância, no âmbito do qual se destacam o teletrabalho e o nomadismo digital; e os desafios colocados pela interferência das tecnologias digitais em todas as relações de trabalho, que se projecta em aspectos tão diversos como as técnicas de recrutamento dos trabalhadores, o local e o tempo de trabalho, o exercício dos poderes laborais (nomeadamente no que toca ao poder de vigilância e à avaliação de desempenho do trabalhador), o modo como os trabalhadores e o empregador comunicam no seio da empresa e

---

12 Embora tenham uma natureza diferente, o movimento da digitalização (em cujo âmbito se incluem, aliás, fenómenos diversos, como a robotização, as modernas tecnologias de informação e comunicação, como a internet e as muitas plataformas de comunicação *on line,* a internet das coisas e a inteligência artificial) e as tendências de globalização devem ser considerados em conjunto para este efeito, porque são interdependentes e têm contribuído em conjunto para as profundas alterações nas estruturas produtivas, no funcionamento dos mercados e nas formas de trabalho que se consubstanciam na denominada Economia digital. De facto, as tecnologias informáticas e digitais viabilizam a troca de informação à escala planetária e, com isso, permitem a globalização das trocas de mercadorias e também dos recursos de trabalho, promovendo ainda os fenómenos migratórios. Para mais desenvolvimentos sobre este ponto, Palma Ramalho (2019).

também com as respectivas estruturas representativas, e a própria contratação colectiva[13].

Estes desafios são globais mas têm que ser enfrentados por cada sistema jurídico. As páginas que se seguem constituem uma breve reflexão sobre o modo como o sistema jurídico português os tem vindo a enfrentar nos últimos anos, apreciando-se embora apenas genericamente algumas medidas já adoptadas nas duas áreas problemáticas identificadas, que vamos apreciar sequencialmente.

2. NOVOS MODELOS DE TRABALHO VIABILIZADOS PELA REVOLUÇÃO DIGITAL E, EM ESPECIAL, O TRABALHO EM PLATAFORMAS DIGITAIS E O TELETRABALHO: A SITUAÇÃO PORTUGUESA

2.1. O teletrabalho

I. Recordado, nestas brevíssimas pinceladas, o caminho feito até aqui, olhemos então para alguns novos modelos de negócio e novas formas de trabalho viabilizados pela Economia digital. Neste âmbito, destacamos o trabalho realizado à distância (do qual o teletrabalho é o exemplo mais conhecido) e o trabalho realizado através de plataformas digitais, porque já foram objecto da atenção do legislador português.

II. Um dos modelos de trabalho viabilizados pelas tecnologias digitais que coloca mais desafios ao Direito do Trabalho é o trabalho à distância, género do qual o teletrabalho é o exemplo mais conhecido[14].

O sistema laboral português ocupou-se precocemente desta forma de trabalho, regulando-a pela primeira vez no Código do Trabalho de 2003 (arts. 233º a 243º), apesar de a figura ter uma escassíssima utilização prática à época. Contudo, esta situação alterou-se drasticamente com a pandemia de COVID-19, durante a qual o recurso a este modelo de trabalho se ge-

---

13 Em geral e numa perspectiva comparada, sobre as muitas valências das projecções da Economia digital nas relações de trabalho e os desafios que elas colocam ao Direito do Trabalho da actualidade, *vd* o conjunto de estudos reunidos *in* Palma Ramalho, Carvalho, Nunes Vicente (2022).

14 Em especial sobre a figura do teletrabalho e o seu regime em Redinha (1999), Palma Ramalho (2003) e ainda Palma Ramalho (2023: 179 ss.).

neralizou (tornando-se mesmo obrigatório, durante algum tempo), e esta tendência sobreviveu à pandemia, uma vez que esta forma de trabalho está hoje instalada solidamente no universo empresarial sob diversos modelos.

A generalização do trabalho à distância durante a pandemia levou à alteração do regime jurídico do teletrabalho, que consta, em secção própria, dos arts. 165° a 171° do actual Código do Trabalho, que foi feita pela L. n° 83/2021, de 6 de Dezembro. Não cabendo nesta sede apreciar todas as modificações introduzidas no regime do teletrabalho, chama-se apenas a atenção para aquelas que procuram responder aos desafios «tecnológicos» colocados por este modelo de trabalho.

Por um lado destaca-se a previsão da aplicabilidade, com as devidas adaptações, do regime do teletrabalho subordinado (o único de que o Código do Trabalho se ocupa) a outras situações de trabalho à distância que não pressuponham um contrato de trabalho mas sim trabalho autónomo mas com dependência económica[15] – ou seja, teletrabalho para-subordinado (art. 165° n° 2 do CT). Deste modo, o legislador laboral foi sensível às dificuldades acrescidas de qualificação jurídica dos vínculos que envolvem a prestação de trabalho à distância e, de uma forma pragmática, optou por estender o regime de protecção dos teletrabalhadores com contrato de trabalho aos teletrabalhadores autónomos em situação de dependência económica.

Por outro lado, Código do Trabalho passou a regular de forma minuciosa o regime do contrato de teletrabalho, designadamente nos aspectos em que esta forma de trabalho suscita maior vulnerabilidade para o trabalhador: assim o regime de controlo da actividade do teletrabalhador foi sujeito a limites específicos, atendendo a que é feito sobretudo através de instrumentos tecnológicos (art. 169°-A do CT), foi reforçado o direito à desconexão dos teletrabalhadores (art. 169°-B n° 1 b) do CT), foi apurado um conceito de local de trabalho para efeitos de acidente de trabalho em contexto de teletrabalho (art. 8° n° 2 c) da LAT), foi reforçado por diversas vias o direito à privacidade dos teletrabalhadores (art. 170° do CT), bem como os direitos dos teletrabalhadores em matéria de condições de trabalho e de segurança e saúde (art. 170°-A do CT), e foi garantido o direito de acesso destes trabalhadores à empresa, designadamente para efeitos de

15 No sistema português, considera-se que há dependência do prestador de serviços quando mais de metade dos seus rendimentos de trabalho anuais provém de um único credor (art. 10° n° 2 do CT, conjugado com o art. 140° do CRCSS – Código dos Regimes Contributivos do Sistema Previdencial de Segurança Social).

exercício dos seus direitos colectivos e de participação na vida colectiva da empresa (art. 169° nº 1 b) e c) e nº 2 do CT)[16].

III. Ainda assim, o novo regime de teletrabalho instituído pela L. nº 83/2021, de 6 de Dezembro, sujeita-se a duas críticas de fundo.

Assim, e desde logo, a lei confunde teletrabalho com trabalho à distância e trabalho subordinado à distância com trabalho economicamente dependente no domicílio – neste sentido, o art. 165° do CT suscita enorme confusão sobre o alcance e o âmbito de aplicação do regime do teletrabalho e sobre a conjugação entre este regime e o regime do trabalho no domicílio, que, sendo o regime legal de referência do trabalho economicamente dependente, também se aplica ao teletrabalho economicamente dependente quando o local de trabalho seja o domicílio do teletrabalhador (o que sucede quase sempre)[17].

Por outro lado, na abordagem dos problemas do teletrabalho (*rectius*, do trabalho à distância no domicílio do trabalhador), o legislador português voltou a não sair da sua zona de conforto, pressupondo um modelo único de trabalho à distância (i.e., o teletrabalho integral), para o qual concebeu um regime muito protectivo e o mais próximo possível do regime do trabalho presencial – ou seja, de uma relação de trabalho típica. Ora, o facto é que algumas soluções adoptadas pelo diploma nesta óptica dificilmente se aplicam aos regimes híbridos de trabalho presencial e à distância, que são hoje os preferidos pelas empresas e pelos trabalhadores – é o caso das regras sobre compensação das despesas especiais do teletrabalhador (arts. 168° nº 2 do CT), da norma sobre deslocações às instalações da empresa e sobre poder de direcção (arts. 169°-A e 169°-B nº 1 do CT). Por outro, este regime legal é excessivamente protectivo do teletrabalhador em vários aspectos, destacando-se, designadamente, o facto de conceber um direito geral dos trabalhadores a passarem ao regime de teletrabalho (art. 166° nº 7 do CT) e o facto de atribuir ao teletrabalhador uma espécie de direito de autogestão sobre a forma como organiza o seu trabalho (art. 169°-A do CT), o que não se coaduna com a sua posição de subordinação.

---

16 Note-se que nem todas as soluções legais encontradas para estes problemas foram as melhores. Contudo, o que queremos evidenciar neste estudo é que a lei procurou enfrentar os problemas que o teletrabalho suscita exactamente pela sua dimensão tecnológica. Para mais desenvolvimentos e com uma apreciação crítica de algumas destas soluções, Palma Ramalho (2023 c: 196 y ss. e 210 ss.)

17 Em especial sobre este ponto, Palma Ramalho (2022 b).

Em suma, embora a lei portuguesa tenha sido sensível aos problemas colocados pelo teletrabalho, não conseguiu ultrapassar o paradigma da relação de trabalho tradicional no modo como enfrentou esses problemas e acabou por instituir um regime legal que, para além de inúmeros problemas práticos, é excessivamente rígido e desfasado da realidade, o que pode ter o efeito contraproducente de diminuir o recurso a esta forma de trabalho, apesar de ela poder ser útil tanto para os trabalhadores como para os empregadores.

2.2. O trabalho em plataformas digitais

I. Outra área de intervenção normativa no universo digital foi a do trabalho prestado através de plataformas digitais.

Como é sabido, neste modelo de trabalho, a plataforma digital proporciona determinado serviço aos seus «clientes» – habitualmente, um serviço de transporte de passageiros ou um serviço de recolha e entrega de mercadorias – que o solicitam através da *app* da dita plataforma, descarregada para esse efeito nos respectivos telemóveis ou computadores. A plataforma direcciona o pedido a trabalhadores registados na dita plataforma e que estejam *on line* para esse efeito, e é um desses trabalhadores que, uma vez «escolhido» pelo «cliente» da plataforma, efectua o serviço.

Por outro lado, para além de direccionar o prestador do serviço para o cliente, a plataforma pode cobrar directamente o serviço prestado, caso em que entrega o respectivo valor ao trabalhador de plataforma retendo uma determinada comissão; e pode ainda, em maior ou menor grau, dar instruções ao trabalhador sobre o modo de executar a prestação ou sobre aspectos acessórios, bem como controlar o seu desempenho em termos de volume e de qualidade (*verbi gratia,* através da pontuação atribuída ao trabalhador pelos próprios clientes), podendo até reservar-se o direito de vedar o acesso do trabalhador à plataforma em caso de mau desempenho.

A organização deste modelo de negócio, tanto no que se refere à atribuição dos serviços ao trabalhador como no que se reporta à respectiva avaliação de desempenho, é suportada em ferramentas digitais, designadamente na gestão algorítmica.

II. O trabalho em plataforma é um novo modelo de trabalho viabilizado pelas tecnologias digitais e coloca enormes desafios ao Direito do Trabalho, tanto no que respeita à moldura jurídica deste tipo de trabalho como no que respeita ao regime a aplicar-lhe.

Desde logo, quanto à natureza deste tipo de trabalho[18], é difícil reconduzir o trabalho em plataforma a um contrato de trabalho, não apenas pelo elevado grau de autonomia do trabalhador na gestão da sua actividade, mas também porque os indícios clássicos de subordinação jurídica (que, no sistema português, constam da presunção de laboralidade do art. 12º do CT) não são facilmente detectáveis neste caso. De facto, o trabalhador escolhe quando trabalha, para o que lhe basta aceder à plataforma, e é totalmente livre de aceitar ou recusar os serviços que se lhe sejam propostos pela plataforma. Por outro lado, o trabalhador de plataforma não aufere uma remuneração regular mas sim «à peça», o local de trabalho não é fixo nem controlado pelo credor, o tempo de trabalho é livremente fixado pelo trabalhador e, em regra, os instrumentos de trabalho são do próprio trabalhador.

Ainda assim, a recondução do trabalho em plataforma a uma prestação de serviços também pode não ser adequada, ao menos quando a inoperância de alguns indícios clássicos de subordinação seja compensada pela presença de outros indícios. É que, o trabalhador de plataforma pode estar sujeito a regras organizacionais (por exemplo, sobre a sua imagem ou sobre a forma de se dirigir aos clientes), pode estar obrigado a um número mínimo de horas de trabalho sob pena de ser «desligado» da plataforma, e a sua *performance* pode ser avaliada remotamente através de sistemas de gestão algorítmica que consubstanciam um poder laboral de vigilância em sentido próprio. Ora, nestes casos, podemos estar perante um contrato de trabalho.

Por fim, mesmo quando o seu vínculo seja de qualificar como um contrato de prestação de serviço, o trabalhador de plataforma pode estar na zona cinzenta entre o trabalho autónomo e o trabalho subordinado – a que no sistema português se convencionou chamar «contratos equiparados» e que o actual Código do Trabalho designa, de forma mais neutra, como «situações equiparadas» (art. 10º nº 1) – situação em que, por força da dependência económica do prestador de serviço perante o respectivo credor, se justifica aplicar-lhe alguns regimes laborais, apesar de não ser titular de um contrato de trabalho.

Por outro lado, mesmo quando o problema da qualificação seja resolvido através da recondução do trabalho de plataforma a um contrato de trabalho, subsistem problemas de regime, uma vez que muitos regimes la-

---

[18] Em especial sobre os problemas de qualificação do trabalho em plataforma digital, Palma Ramalho (2022 c), mas também Palma Ramalho (2023 a: 58 ss.).

borais são desadequados ao trabalho de plataforma. De facto, entre muitas outras, são difíceis de aplicar ao trabalho de plataforma as regras legais sobre local e tempo de trabalho, as regras sobre segurança e saúde no trabalho, o regime dos acidentes de trabalho e as regras sobre despedimentos por motivos de gestão; e, da mesma forma, não se adequa a este modelo de trabalho a maioria dos regimes da área do direito das situações laborais colectivas, que foram pensados para o ambiente da empresa do sector industrial ou, no mínimo, de uma empresa não virtual.

Assim, embora a questão da qualificação do vínculo seja, obviamente, da maior importância, a resposta a esta questão pode não ser suficiente para resolver os problemas colocados por este modelo de trabalho.

III. O sistema jurídico português já enfrentou os problemas do trabalho em plataforma em dois momentos: num primeiro momento para enquadrar o trabalho prestado pelos motoristas de passageiros em automóveis descaracterizados, o que fez em diploma específico (a L. nº 45/2018, de 10 de Agosto, conhecida como Lei Uber ou Lei do TVDE); e no âmbito da última reforma da legislação laboral, aprovada pela L. nº 13/2023, de 3 de Abril, para instituir uma presunção de laboralidade específica para o trabalho em plataforma digital (art. 12º-A do CT), que se soma à presunção geral de laboralidade já constante da lei (art. 12º do CT).

Vejamos as soluções consagradas neste contexto.

A Lei do TVDE (L. nº 45/2018, de 10 de Agosto) aplica-se apenas à actividade dos motoristas que efectuam transporte urbano de passageiros em veículos descaracterizados e particulares (i.e., veículos que não correspondem a táxis), exercendo essa actividade através de plataforma digital (a Uber ou outra plataforma equivalente). O regime instituído por este diploma presta-se, contudo, a críticas, porque construiu uma solução complexa que tornou menos transparente este modelo de negócio e mais complicada a situação dos trabalhadores de plataforma.

De facto, o diploma institui a figura do «operador de TVDE», como figura intermédia entre o trabalhador de plataforma e a própria plataforma, e determina que apenas este operador se pode registar na plataforma digital para exercer a actividade de transporte de passageiros em veículos descaracterizados (art. 2º do diploma). Assim, é este operador intermédio que passa a ser o responsável pela operação de transporte; e como esse operador é uma pessoa colectiva por imperativo legal (art. 2º nº 1 do diploma), ele não pode ser um trabalhador subordinado.

O resultado prático desta solução legal é conhecido: a relação de trabalho de plataforma nunca se consolida como um contrato de trabalho entre o trabalhador e a entidade titular da plataforma digital (já que o trabalhador não está directamente «ligado» à plataforma para esse efeito) e também não é concebível uma relação de trabalho entre a plataforma e o operador intermédio, uma vez que o trabalhador subordinado é, por determinação da lei (art. 11º do CT) mas também pela natureza das coisas, uma pessoa singular. Mas, porque assim é, a entidade titular da plataforma fica completamente desresponsabilizada em relação aos trabalhadores motoristas e é, em definitivo, reconduzida à categoria de entidade intermediária do negócio de transporte de passageiros, mesmo que, efectivamente, dirija e avalie os motoristas e tenha a gestão de toda a operação.

Já se estiverem presentes indícios relevantes de subordinação, o vínculo pode consolidar-se como um contrato de trabalho entre o trabalhador e o operador de TVDE – é a solução que o diploma prevê expressamente no art. 10º nº 10. Contudo, como, por via de regra, este tipo de trabalho era desenvolvido por pessoas singulares sem qualquer estrutura empresarial e, com o surgimento da L. nº 45/2018, de 10 de Agosto, essas pessoas tiveram que constituir uma entidade colectiva para poderem manter a ligação à plataforma digital, esta solução é quase sempre inútil, porque o trabalhador de plataforma é também o sócio gerente (e, muitas vezes, o sócio único) da sociedade que constituiu para se poder registar na plataforma.

Em suma, este regime legal consagrou uma solução bizarra, que é muito conveniente para as entidades gestoras das plataformas digitais que oferecem este tipo de serviço de transporte urbano de passageiros, mas que, de forma alguma, protege os interesses em jogo[19].

IV. Já no contexto da mais recente reforma laboral, aprovada pela L. nº 13/2023, de 3 de Abril, o legislador enfrentou a questão dos trabalhadores de plataforma numa perspectiva geral, consagrando uma *presunção de laboralidade específica para os trabalhadores de plataforma* (art. 12º-A do CT), da qual beneficiam os trabalhadores que desenvolvem uma actividade profissional através de uma plataforma digital, seja directamente seja através de um intermediário[20] inscrito nessa plataforma, que os põe em contacto com os beneficiários dos serviços prestados.

---

19 Para mais desenvolvimentos sobre o regime instituído por este diploma, em perspectiva crítica, *vd* Palma Ramalho (2022 c) e ainda Leal Amado (2023: 61 ss.).

20 Esta figura do figura do «intermediário de plataforma» corresponde à figura do «operador de plataforma», introduzida pela Lei Uber ou Lei do TVDE (L. nº

Esta presunção inspirou-se no art. 4° da Proposta de Directiva da Comissão Europeia COM (2021) 762 final, de 9 de Dezembro de 2021, sobre a melhoria das condições de trabalho no trabalho de plataforma[21], antecipando-se, portanto, à legislação da União Europeia sobre a matéria, que está ainda em fase de discussão.

Para efeitos de funcionamento da presunção, a lei define a plataforma digital como a pessoa colectiva que presta ou disponibiliza serviços à distância através de meios electrónicos, *sites* ou aplicações informáticas a pedido de utilizadores, desde que os ditos serviços impliquem uma actividade de trabalho remunerada prestada por pessoas singulares, ainda que esse trabalho seja prestado sob termos e condições de um modelo de negócio e uma marca próprios e independentemente da qualificação que as partes tenham atribuído ao vínculo contratual (Art. 12°-A n°s 2 e 3).

Esta presunção destina-se a facilitar a qualificação dos trabalhadores de plataforma como trabalhadores subordinados, tendo em conta que a maioria destes trabalhadores está numa situação de vincada dependência económica mas a maioria dos indícios clássicos de subordinação jurídica não se adequa à actividade que desempenham – assim, neste tipo de actividade, o trabalhador presta a actividade que quer, não releva o indício do local de trabalho, a organização do tempo de trabalho é feita pelo trabalhador, os instrumentos de trabalho não pertencem à plataforma, a remuneração é calculada em função do resultado e o trabalhador pode ou não sujeitar-se a ordens e instruções directas da plataforma.

Em suma, trata-se de uma forma de trabalho que se situa, quase sempre, na fronteira entre o trabalho autónomo e o trabalho subordinado, i.e., na zona cinzenta do trabalho autónomo mas economicamente dependente e, com o estabelecimento da presunção de laboralidade do ar. 12°-A, a lei facilita a recondução deste vínculo a um contrato de trabalho.

45/2018, de 10 de Agosto) e acima referida – i.e., a entidade colectiva que se inscreve na plataforma para o exercício daquela actividade de transporte e que, para esse efeito, celebra contratos de trabalho ou contratos de prestação de serviço com motoristas. O art. 12°-A do CT, estendeu, pois, a figura do operador intermédio de plataforma da área do transporte automóvel de passageiros a outras situações de trabalho através de plataforma, passando ainda a admitir que o dito intermediário seja uma pessoa singular ou colectiva (art. 12°-A n° 5).

21 Como é sabido, esta Proposta de Directiva prevê um conjunto de condições mínimas a que deve obedecer o exercício desta actividade e estabelece uma presunção de laboralidade, indicando, para esse efeito, vários indícios de subordinação dos trabalhadores de plataforma.

Para facilitar a operação de qualificação do vínculo dos trabalhadores desta categoria profissional, o art. 12º-A nº 1 do CT procura adaptar os indícios de subordinação previstos na presunção geral de laboralidade estabelecida no art. 12º do CT à actividade específica destes trabalhadores, valorizando os seguintes factos para esse efeito: o facto de a retribuição do trabalho ser fixada ou limitada entre valores mínimos e máximos pela plataforma digital; o facto de a plataforma digital exercer poder de direcção sobre o trabalhador, designadamente quanto à prestação de actividade, à forma de apresentação e à conduta para com os clientes; o facto de a plataforma digital controlar a prestação da actividade em tempo real ou os resultados dessa prestação nomeadamente por meios electrónicos ou através de gestão algorítmica; o facto de a plataforma restringir a autonomia do trabalhador quanto à organização do trabalho, nomeadamente quanto à escolha do horário de trabalho, à possibilidade de recusar tarefas, à utilização de subcontratados ou de substitutos, à escolha dos clientes, à possibilidade de prestar actividade a outras paltaformas, e ainda através da aplicação de sanções; o facto de a plataforma exercer poderes laborais sobre o trabalhador, nomeadamente o poder disciplinar, incluindo a exclusão de futuras actividades na plataforma através da desactivação da conta; e o facto de a plataforma ser o titular ou o detentor dos instrumentos de trabalho utilizados (art. 12º-A nº 1 alíneas a) a f) do CT).

Tal como na presunção geral de laboralidade, basta que se verifiquem alguns destes indícios para que opere a presunção (art. 12º-A nº 1 do CT), e a presunção pode funcionar tanto em relação à plataforma digital, reconhecendo-a como empregador, como em relação à entidade (singular ou colectiva) que esteja inscrita na plataforma para disponibilizar os respectivos serviços através dos seus trabalhadores (art. 12º-A nºs 4 e 5 do CT). Neste último caso, consagra-se uma regra de responsabilidade solidária da plataforma e do operador intermédio pelos créditos laborais (art. 12º-A, nº 8 do CT)[22].

Ora, a presunção de laboralidade do art. 12º-A suscita as maiores reservas, tanto do ponto de vista técnico como do ponto de vista axiológico.

Em termos técnicos, não pode deixar de se apontar a falta de rigor na indicação de alguns dos indícios de laboralidade previstos na norma, que se confundem com elementos essenciais do contrato de trabalho, bem como a falta de clareza de alguns deles. Por outro lado, ao permitir que o

---

22 Para mais desenvolvimentos sobre este ponto, Palma Ramalho (2023 a: 58 ss.).

vínculo se consolide como um contrato de trabalho seja com a plataforma digital[23], seja com o intermediário da plataforma, a solução legal sujeita-se às críticas já dirigidas à Lei do TVDE.

Mas é, sobretudo, no plano axiológico que esta solução nos suscita as maiores reservas, porque força até ao limite a qualificação do vínculo de trabalho em plataforma como um contrato de trabalho, no pressuposto de que é mais vantajoso ter um contrato de trabalho do que ser trabalhador autónomo–pressuposto este que se filia no carácter expansionista do Direito do Trabalho, para o qual chamámos oportunamente a atenção, e que também justifica, aliás, a presunção geral de laboralidade constante do art. 12º do CT.

Ora, como já vimos, o trabalho de plataforma pode corresponder a modelos muito diversos, não só porque os próprios modelos de negócio das plataformas variam, mas também porque os interesses dos trabalhadores que recorrem a este tipo de trabalho são também díspares. De facto, embora alguns trabalhadores desenvolvam esta actividade de forma exclusiva ou preponderante para uma única plataforma e *quiçá* durante longas horas, para muitos outros o trabalho de plataforma é apenas uma actividade profissional secundária e eventual, que gerem com grande autonomia, podendo inclusivamente estar registados em várias plataformas digitais, às quais se ligam e das quais desligam quando entendem, para beneficiarem das oscilações no preço dos serviços praticados ao longo do dia, por critérios geográficos ou outros – em suma, estes trabalhadores gerem o seu negócio como qualquer pequeno empresário. Ora, se no primeiro grupo de situações pode fazer sentido reconhecer a existência de um contrato de trabalho (não sendo, aliás, necessária uma presunção específica de laboralidade neste caso, porque a presunção geral de laboralidade do art. 12º do CT é suficientemente aberta para cobrir estas situações), no segundo grupo de situações, a «laboralização» dos vínculos de plataforma, que passará a ser facilitada pela nova presunção de laboralidade agora proposta, poderá conduzir a uma solução qualificativa desfasada da realidade e que não pondera adequadamente os interesses em jogo – *y compris*, o interesse do próprio trabalhador.

Acresce que, mesmo quando o trabalho em plataforma corresponda a um contrato de trabalho, o resultado da qualificação pode não ser o esperado, porque muitos regimes laborais continuam a não ser adequados a

---

[23] Note-se que neste ponto o regime nacional se afasta da Proposta de Directiva, que apenas prevê a consolidação do vínculo com a plataforma (art. 4º nº 1).

estes trabalhadores – e esta inadequação é, aliás, reconhecida pela própria lei (art. 12º-A nº 9 do CT).

Por fim, tendo em conta que o Código do Trabalho consagra também uma presunção de dependência económica para os trabalhadores cujo volume de rendimentos do trabalho, proporcionado por uma única entidade ou por várias entidades integradas no mesmo grupo empresarial, ultrapasse 50% do volume total dos rendimentos do trabalho do trabalhador (art. 10º nº 2 do CT, aditado pela L. nº 13/2023, de 3 de Abril)[24], os trabalhadores de plataforma que estejam nesta situação podem ainda socorrer-se desta presunção. Ora, sendo esta uma via alternativa de protecção desta categoria de trabalhadores, fica a dúvida de saber qual é, afinal, a melhor via para proteger esta categoria de trabalhadores nas matérias em que, de facto, eles carecem de protecção e assegurando um melhor equilíbrio dos interesses em jogo.

3. AS PROJECÇÕES DAS TECNOLOGIAS DIGITAIS NA FORMAÇÃO E NA EXECUÇÃO DO CONTRATO DE TRABALHO: ALGUMAS RESPOSTAS DO SISTEMA PORTUGUÊS

I. Como acima se referiu, o segundo grande desafio que a Economia Digital coloca ao Direito do Trabalho é o lidar com a interferência das tecnologias digitais nos mais diversos aspectos das relações de trabalho.

Assim, na formação do contrato de trabalho, as técnicas de recrutamento tradicionais tendem a ser substituídas pelo recurso a ferramentas digitais, que incluem desde a pesquisa das redes sociais do candidato a emprego até ao uso de algoritmos na selecção e escolha dos candidatos. Ora, como é sabido, estes instrumentos facilitam a invasão da vida privada dos candidatos a emprego e replicam as práticas discriminatórias já existentes.

Por seu turno, o regime da prestação de trabalho, designadamente quanto ao modo, ao local e tempo de trabalho, é significativamente alterado pelas tecnologias digitais, que facilitam o trabalho remoto e a flexibilização do tempo de trabalho, uma vez que o trabalhador passa a ser contactável a qualquer hora e em qualquer lugar. Assim, a fronteira entre o tempo de trabalho e os tempos de não trabalho tende a esbater-se, o que

---

24 Para mais desenvolvimentos sobre esta presunção de dependência económica, Palma Ramalho (2023 a: 100 ss.).

põe em causa a privacidade do trabalhador e a preservação da sua vida pessoal e familiar.

Já no que toca ao exercício dos poderes laborais, as tecnologias digitais permitem que direcção e a vigilância do trabalhador seja feita à distância e que a avaliação do seu desempenho se processe de modo automático – é a chamada gestão algorítmica do trabalho. Mas, como já se disse, estas ferramentas digitais replicam as práticas discriminatórias já existentes e determinam novos riscos em matéria de direitos de personalidade dos trabalhadores, *verbi gratia* no que toca ao direito à privacidade e à protecção dos dados pessoais.

Noutra linha, as normas relativas à protecção da segurança e saúde no local de trabalho, ou o regime dos acidentes de trabalho continuam a assentar solidamente no paradigma do trabalho industrial, a que inere um local de trabalho fixo, nas instalações empresariais, e um regime de tempo de trabalho relativamente rígido. Assim, estes regimes são particularmente difíceis de aplicar noutros modelos de trabalho. Por outro lado, destaca-se a dificuldade de actuação e intervenção das estruturas inspectivas públicas – que é tão importante no domínio da segurança e saúde – fora do perímetro das instalações empresariais.

Já no âmbito das situações laborais colectivas, os modelos de comunicação dentro das empresas e os modelos de comunicação entre as instituições de representação de trabalhadores e os empregadores, bem como o regime da acção sindical nas empresas carecem de adaptação, uma vez que assentam no paradigma do trabalho industrial desenvolvido nas instalações empresariais. Por outro lado, há um risco de erosão das estruturas de representação colectiva e da contratação colectiva tradicional com a proliferação do trabalho à distância, porque o universo típico de ambas é a empresa e a categoria profissional ou o sector de actividade, e este contexto se desvanece no isolamento e na individualização das relações laborais que se desenvolvem «fora» da empresa. E, por fim, a contratação colectiva tradicional dificilmente se adapta aos novos modelos de trabalho parasubordinado favorecidos pelas tecnologias digitais, como o trabalho em plataformas digitais e situações semelhantes.

II. O sistema jurídico português apenas pontualmente tem enfrentado estes desafios colocados pela Revolução digital Ainda assim e a título de exemplo, destacam-se as seguintes normas e regimes laborais com incidência em algumas das matérias acima enunciadas:

- a propósito da formação do contrato de trabalho, destacam-se os regimes do Código do Trabalho em matéria de direitos de personalidade (arts. 14º ss), de protecção dos dados pessoais (art. 17º) e de igualdade e não discriminação no acesso ao emprego, tanto em geral como na valência do sexo (arts. 24º ss., e arts. 30º ss.)[25]. Contudo, a verdade é que estes regimes de tutela dos candidatos a um emprego têm um alcance modesto perante a complexidade e a opacidade das tecnologias digitais que muitas vezes são utilizadas nos processos de recrutamento (*verbi gratia*, o recurso a algoritmos).

- No contexto da execução do contrato de trabalho, para além do regime dos direitos de personalidade do trabalhador e do regime da igualdade e não discriminação acima indicados, merecem também referência a norma que proíbe o assédio sobre o trabalhador (art. 29º do CT)[26], sobretudo tendo em conta que são comuns as práticas de assédio através de instrumentos tecnológicos, e ainda a regra da confidencialidade das mensagens pessoais do trabalhador em contexto laboral, que limita o acesso do empregador ao seu email (art. 21º do CT);
- a propósito do tempo de trabalho, cabe destacar a recente consagração do direito à desconexão, na forma de um dever geral do empregador de se abster de entrar em contacto com o trabalhador fora do respectivo horário de trabalho, salvo em caso de força maior (art. 199º-A do CT, aditado pela L. nº 81/2021, de 6 de Dezembro)[27];
- a propósito dos poderes laborais, destaca-se a proibição do controlo da prestação de trabalho através de meios de vigilância à distância, que apenas podem prosseguir finalidades dc segurança de pessoas e bens (art. 20º do CT); contudo, esta norma carece de ser interpretada com a maior latitude possível, uma vez que as formas de controlo da actividade do trabalhador por recurso às tecnologias digitais são hoje particularmente complexas e difíceis de detectar; e, por outro lado, o próprio Código admite o recurso a tecnologias digitais para direccionar e vigiar o trabalhador na execução da prestação em algumas situações, como o trabalho à distância e o teletrabalho (art. 20º nº 2 parte final, e art. 169º-A nº 4 do CT, este último especificamente na área do teletrabalho)[28];

---

25 Para mais desenvolvimentos sobre este ponto, Palma Ramalho (2023: 209 ss. e 355 ss.).

26 Para mais desenvolvimentos sobre este ponto, Palma Ramalho (2023 a: 228 ss.).

27 Para mais desenvolvimentos sobre este ponto, Palma Ramalho (2023 a: 460 ss.).

28 Para mais desenvolvimentos sobre este ponto, Palma Ramalho (2023 a: 667 ss.) e Palma Ramalho (2023 c: 225 ss.).

- a propósito dos acidentes de trabalho, destaca-se a norma do art. 8º nº 2 c) da LAT, que consagra um conceito de local de trabalho específico para efeitos da qualificação do acidente como acidente de trabalho, no caso de teletrabalho ou trabalho à distância[29];
- a propósito dos modelos de comunicação dentro das empresas e dos modelos de comunicação entre as instituições de representação de trabalhadores e os próprios trabalhadores, destaca-se a previsão da possibilidade de as estruturas representativas dos trabalhadores difundirem informação relevante para os trabalhadores através do portal interno da empresa ou por email, mas apenas no caso de teletrabalhadores (art. 465º nº 2 do CT, aditado pela L. nº 83/2021, de 6 de Dezembro)[30]. Ora, perante a generalização das ferramentas de comunicação *on line*, o âmbito material desta norma é excessivamente limitado;
- por fim, a propósito da contratação colectiva em novas formas de trabalho, destaca-se a previsão da extensão do direito de contratação colectiva aos trabalhadores economicamente dependentes, que foi consagrada nos arts. 10º nº 1 e 10º-A do CT, na redacção introduzida pela L. nº 13/2023, de 3 de Abril. Contudo, trata-se de matéria que carece ainda de diploma regulamentar, pelo que não possível ainda avaliar como virá a ser implementada[31].

4. NOTAS FINAIS

A breve análise que acabamos de fazer justificam umas breves notas de conclusão, sobre o modo como o sistema juslaboral português tem procurado responder aos desafios colocados pela Revolução digital.

No que toca às múltiplas projecções da digitalização no regime do contrato de trabalho e nos regimes das situações laborais colectivas, a resposta do nosso ordenamento jurídico até ao momento teve um alcance pontual e uma dimensão modesta. Assim, crê-se que muito haverá ainda a fazer nesta área.

Já no que toca às soluções de enquadramento dos novos modelos de trabalho propiciados pelas ferramentas digitais, com destaque para o te-

---

29 Para mais desenvolvimentos sobre este ponto, Palma Ramalho (2023 a: 870 ss.) e Palma Ramalho (2023 c: 230 ss.).

30 Para mais desenvolvimentos sobre este ponto, Palma Ramalho (2023 b: 81 ss.).

31 Para mais desenvolvimentos sobre este ponto, Palma Ramalho (2023 b: 348 ss.).

letrabalho e para o trabalho em plataforma digital, é possível retirar duas grandes conclusões das recentes alterações legislativas nestas matérias: por um lado, a lei procura promover a todo o custo a qualificação laboral destes vínculos nas situações de dúvida sobre a sua natureza; por outro lado, embora reconheça as suas especificidades, a lei procura assimilar o mais possível o regime jurídico destes contratos ao regime laboral comum.

De facto, tanto no caso do regime do teletrabalho introduzido, em alteração do Código do Trabalho, pela L. nº 83/2021, de 6 de Dezembro, como no caso do regime dos motoristas de passageiros de plataforma, instituído pela L. nº 45/2018, de 10 de Agosto, e ainda no caso da presunção de laboralidade específica dos trabalhadores de plataforma (art. 12º-A do CT, introduzido pela L. nº 13/2023, de 3 de Abril), as soluções encontradas pelo legislador não lograram ultrapassar os paradigmas e pré-entendimentos clássicos do Direito do Trabalho – quanto ao teletrabalho, porque o regime instituído procurou replicar, tanto quanto possível, o regime de trabalho presencial e é desfasado da realidade; e quanto ao trabalho de plataforma porque continua a insistir numa laboralização *à tout prix* destes vínculos, que pode não corresponder sequer aos interesses do próprio trabalhador.

Ora, a nosso ver, esta perspectiva do legislador pode não ser a mais correcta. É que, ao contrário do que sucedeu com outros fenómenos que, ao longo da sua história, obrigaram o Direito do Trabalho a adaptar-se, estas novas formas de trabalho viabilizadas pela revolução digital põem à prova o próprio modelo de trabalho para que foram concebidos os regimes laborais, porque estes regimes continuam solidamente assentes no trabalho presencial e não são transponíveis, com meras adaptações, para outras realidades.

Assim, para responder aos problemas colocados por estes novos modelos de trabalho, talvez tivesse sido preferível assumir a alteração de alguns paradigmas e pré-entendimentos tradicionais do Direito do Trabalho: desde logo, a ideia de que o modelo paradigmático do regime do trabalho subordinado continua a ser a realidade da grande empresa fabril e do trabalho presencial e que é para este modelo que se devem continuar a estruturar os regimes laborais; e depois o pré-entendimento (que decorre do tradicional expansionismo do Direito do Trabalho) segundo o qual a sistemática recondução dos vínculos de trabalho a contratos de trabalho é sempre a melhor solução para proteger os trabalhadores, pelo que pode e deve ser prosseguida a qualquer custo.

É este salto axiológico que, na nossa opinião, o legislador português ainda não deu e que, mas cedo ou mais tarde, vai ter que dar.

Referências bibliográficas

Bosch, G. (1986). Hat das Normalarbeitsverhältnis eine Zukunft?, *WSI- Mitt.*, 3, 163-176.

Leal Amado, J. (2023). *Escritos Laborais.* Coimbra, Portugal: Almedina.

Palma Ramalho, M.R. (2001 a). *Da Autonomia Dogmática do Direito do Trabalho.* Coimbra: Almedina.

Palma Ramalho, M.R. (2001 b). Ainda a crise do direito laboral: a erosão da relação de trabalho «típica» e o futuro do direito do trabalho. En Moreira A. (coord.), *III Congresso de Direito do Trabalho. Memórias,* (pp.253-266). Coimbra, Portugal: Almedina republicado en Romano Martínez, P. (coord.) *Estudos do Direito do Trabalho,* I, (pp. 107-121). Coimbra, Portugal: Almedina.

Palma Ramalho, M. (2003). *Novas formas da realidade laboral: o teletrabalho in Estudos de Direito do Trabalho,* I, Coimbra, Portugal: Almedina.

Palma Ramalho, M.R. (2019). *A Economia Digital e a Negociação Colectiva.* Obtido de https://www.crlaborais.pt/documents /10182/341209/ Estudo/d0ffbafd-f9e4-42eb--aad7-7a3e21038486

Palma Ramalho, M.R. (2020). *Tratado de Direito do Trabalho, Parte I–Dogmática Geral.* Coimbra: Almedina.

Palma Ramalho, M.R., Carvalho, C e Nunes Vicente, N. (Coord.). (2022 a). *Trabalho na Era Digital: que Direito? Work in a Digital Era: Legal Challenges.* Lisboa, Portugal: Estudios Apodit.

Palma Ramalho, M.R. (2022 b). Delimitação do teletrabalho, âmbito do regime legal e acordo de teletrabalho: breves reflexões sobre alguns problemas colocados pelas alterações ao regime do teletrabalho introduzidas pela Lei nº 83/2021, de 6 de Dezembro. Revista do Supremo Tribunal de Justiça, (1), 59-75.

Palma Ramalho M.R. (2022 c). Autonomia, subordinação jurídica e dependência económica no trabalho em plataforma (breves reflexões), En Palma Ramalho, M.R., Carvalho C., Nunes Vicente, N. (Coord.). *Trabalho na Era Digital: que Direito? Work in a Digital Era: Legal Challenges,* (307-323). Lisboa, Portugal: Estudios Apodit, 9.

Palma Ramalho M.R. (2023 a). *Tratado de Direito do Trabalho, Parte II – Situações Laborais Individuais,* Coimbra, Portugal: Almedina.

Palma Ramalho M.R. (2023 b). *Tratado de Direito do Trabalho, Parte III – Situações Laborais Colectivas.* Coimbra, Portugal: Almedina.

Palma Ramalho, M. (2023 c). *Tratado de Direito do Trabalho, Parte IV – Contratos e Regimes Especiais.* Coimbra, Portugal: Almedina

Redinha, M.R. (1999). O teletrabalho. En Moreira, A. (Coord.) *II Congresso Nacional de Direito do Trabalho. Memórias,* (pp.81-102). Coimbra: Portugal: Medina.

Treu, T. (1992). Labour flexibility in Europe. *International labour review, 131*(4/5), 497-512.

Zachert, U. (1988). Die Zerstörung des Normalarbeitsverhältnisses. *Arbeit und Recht,* (36), 129-137.

Capítulo 26.

LA TRANSFORMACION DE LAS RELACIONES DE TRABAJO EN LA ERA DIGITAL EN ARGENTINA.

CONFALONIERI (H), JUAN ÁNGEL
Doctor y Profesor de Derecho del Trabajo y de la Seguridad Social
Universidad de Buenos Aires
jconfalonieri@derecho.uba.ar

RESUMEN: Formas de trabajar impensables no hace mucho tiempo atrás, acompañadas de una nueva manifestación del derecho a la intimidad, de modernas formas de exteriorización del conflicto colectivo y de reacción empresarial ante el mismo, y de latentes amenazas a los derechos fundamentales generales del trabajador (vg., intimidad, propia imagen y protección de datos personales), son algunos de los caracteres destacados de la llamada era digital que tiene proyección en Argentina.

ABSTRACT: Ways of working unthinkable not long ago, accompanied by a new manifestation of the right to privacy, modern forms of externalization of collective conflict and business reaction to it, and constant threats to the general fundamental rights of the employee (privacy, own image and protection of personal data), are some of the outstanding characters of the so-called digital era that has projection in Argentina.

Palabras clave: Teletrabajo, desconexión digital, huelga digital, esquirolaje tecnológico, derechos a la intimidad, a la propia imagen y a la protección de datos personales.

Key words: Teleworking, netstrike, right to digital disconnection, technological strike-breaking, rights to privacy, own image and protection of personal data.

1. INTRODUCCIÓN

Que las nuevas tecnologías de la información y comunicación han tenido la capacidad de producir una gran transformación en nuestras vidas, incluyendo, claro está, el mundo del trabajo, es un dato incontrastable. Formas de trabajar impensables no hace mucho tiempo atrás, acompañadas de nuevas manifestaciones del derecho fundamental a la intimidad, de modernas formas de exteriorización del conflicto colectivo y de reacción empresarial ante el mismo, y de amenazas latentes a determinados derechos fundamentales generales del trabajador (p.ej., propia imagen, intimidad, y protección de datos personales), son algunos de los caracteres destacados de la llamada era digital.

Argentina, no ha sido ajena a esa transformación. Lógicamente, no es esta la ocasión para abordar en detalle todos y cada uno de los temas que vienen de la mano de los cambios que ha generado el alto grado de la tecnologización de la empresa. De todos modos, en virtud del título de la tercera parte de la obra, haré un paneo de algunos y me focalizaré, para completar la participación que tuve el honor de compartir con destacadísimos colegas en el tramo inicial del proyecto de investigación que concluye con este libro, en los magros resultados de la negociación colectiva posterior a la vigencia de la ley 27.555 (BO, de 14 de agosto de 2020).

2. PANEO SOBRE EL TRABAJO PRESTADO MEDIANTE PLATAFORMAS DIGITALES, EL DERECHO A LA DESCONEXIÓN, LAS NUEVAS FORMAS DE EXTERIORIZACIÓN DE LA PROTESTA DE LOS TRABAJADORES Y DE RESPUESTA EMPRESARIAL, EL CONTROL DE LAS COMUNICACIONES ELECTRÓNICAS DEL TRABAJADOR, Y LA VIDEOVIGILANCIA EN EL CENTRO DE TRABAJO

La prestación de servicios con utilización de plataformas digitales, ha generado un intenso debate en la doctrina local, fundamentalmente, en orden a la naturaleza jurídica de la relación entre la persona que trabaja y quien explota aquél instrumento. Debate limitado al binomio dependencia – autonomía, que no ha sido zanjado por una ley ni por la jurisprudencia que, hogaño, no registra una doctrina uniforme comparable a la del

Pleno Tribunal Supremo de España (STS 2924/2020, de 25 de septiembre, Rec. Nº 4746/2019). Con esto quiero significar, que no existe pronunciamiento alguno de la Corte Suprema de Justicia de la Nación.

La primera norma en la que se había pretendido reconocer el derecho a la desconexión digital, fue una resolución ministerial conjunta[1] destinada, exclusivamente, a los trabajadores cuyos servicios fueran prestados en forma remota. Más explícito, es el art. 5 de la ley 27.555 al expresar *"La persona que trabaja...tendrá derecho a no ser conectada y a desconectarse de los dispositivos digitales y/o tecnologías de la información y comunicación, fuera de su jornada laboral y durante los períodos de licencias"*. Un derecho, que representa una manifestación concreta del derecho fundamental a la intimidad en la era de la digitalización (Confalonieri, 2020: 124), reglamentado por el decreto 27/2021, de 19 de enero (BO, 20 de enero de 2021), que no ha sido abordado localmente con la intensidad que lo hizo la doctrina europea[2].

Las protestas lícitas, en general, siguen ajustándose a los moldes tradicionales, con lo cual, por el momento, que yo sepa, la modalidad virtual o digital no cuenta con resoluciones de los jueces del trabajo. Por su parte, las variantes triangular y tecnológica del esquirolaje no sólo que no han sido sometidas a decisión de aquéllos, sino que la doctrina no se ha ocupado de ellas en profundidad.

El control de las comunicaciones electrónicas y la videovigilancia del trabajador en el lugar de trabajo, tienen límites constitucionales y legales: los primeros, mediante los derechos a la intimidad y a la protección de datos personales[3]; los segundos, en el Código Civil y Comercial[4], en la Ley de

---

[1] Resolución Conjunta del Ministerio de Trabajo, Empleo y Seguridad Social y del Ministerio de la Mujer, Género y Diversidad (MTEYSS/MMGYD) Nº 3/2020, de 24 de junio.

[2] Sin pretensión de exhaustividad, Cialti (2017: 163); Molina (2017 a: 249); Molina (2017 b: 892); Vallecillo (2020: 211); Aguilera y Cristóbal (2017: 331); Altés y Yagüe (2020: 61); Toscani y Trujillo (2020) y Trujillo (2021).

[3] Arts. 19 y 43 CN, respectivamente.

[4] Arts. 51, 52, 53, 55, 1710, 1711, 1712, 1713, 1714, 1715, 1716, 1717, 1737, 1738, 1739, 1740, y 1770.

Protección de Datos Personales N° 25.326[5], en la ley 27.669[6] (que aprobó el Protocolo Modificatorio del Convenio para la protección de las personas con respecto al tratamiento automatizado de datos de carácter personal, conocido como Convenio 108+ del Consejo de Europa), en la Ley de Contrato de Trabajo[7], y en la ley 27.555[8].

Sobre ambos aspectos del control del trabajador, no se registran sentencias pronunciadas por la Corte Suprema de Justicia de la Nación. La jurisprudencia acerca del primero[9], no ha ido más allá de la doctrina ***"Copland"*** del TEDH[10]. En algunas sentencias, para invalidar el registro del correo electrónico por el empleador, se ha ponderado la ausencia del trabajador o de los representantes sindicales. Pero en ninguna, de las que tengo conocimiento, se ha efectuado un escrutinio acabado de proporcionalidad

---

5 Art. 6. En los primeros días de noviembre de 2022, la Agencia de Acceso a la Información Pública (AAIP) dio a conocer un proyecto de ley destinado a reglamentar el derecho fundamental de protección de datos en reemplazo de la ley vigente que, con algunos agregados, fue presentado por el Poder Ejecutivo al Congreso Nacional el 30 de junio de 2023. El proyecto, sin bien no cuenta con normas específicas destinadas a la relación de trabajo, incluyó la llamada *"excepción doméstica"* (STS N° 692/2022, de 22 de julio, Rec. N° 701/2021, ECLI:ES:TS:2022:3160) en su art. 3, párrafo tercero, siempre que el tratamiento provenga de una *"persona humana"*, para exclusivo uso *"privado o de su grupo familiar"*, y *"sin conexión alguna con una actividad profesional o comercial"*. De este modo, la videovigilancia encubierta en el seno del hogar queda, en principio, fuera del ámbito de aplicación del proyecto, conclusión que no eximiría en un futuro a los magistrados, en cada caso, de realizar el escrutinio de proporcionalidad a fin de resolver sobre su licitud (art. 13, inciso f, del proyecto).

6 Promulgada por el decreto 792/2022, BO, 30 de noviembre de 2022.

7 Arts. 70 y 71.

8 Arts. 15 y 16.

9 *"Pereyra, Leandro R. c/ Servicios de Almacén Fiscal Zona Franca y Mandatos S.A."*, CNAT, Sala VII, SD del 27-03-2003; *"Villarruel, Roxana c/ Vestiditos S.A."*, CNAT, Sala X, SD del 17-11-2003; *"Acosta, Natalia c/ Disco S.A."*, CNAT, Sala III, SD del 21-02-2005; *"Peiro, Ricardo F., c/ Ceteco Argentina S.A."*, SD del 29-04-2005; *"Gelonch, Giselle A. c/ carda S.A."*, CNAT, Sala IV, SD del 27-02-2006; *"Rojas, César O. c/ González, Mabel F."*, CNCiv., Sala J, SD del 21-03-2006; *"Bares Casares, Pablo S. c/ Total Austral S.A."*, CNAT, Sala V, SD del 04-09-2006; *"Lodigiani, Roberto Horacio c/ Central Multiservicios SRL s/ despido"*, CNAT, Sala IV, SD del 31-03-2009; *"Estornell, Juan Bautista c/ Andeluna Cellars SRL s/ despido"*, Suprema Corte de Justicia de la provincia de Mendoza, sentencia del 15-06-2019.

10 TEDH, (sección cuarta), asunto *"Copland c/ Reino Unido"*, sentencia de 03 de abril de 2007.

para establecer si el control del empleador resultó invasivo de los derechos fundamentales del trabajador a la intimidad, a la inviolabilidad de correspondencia, o a la protección de datos personales. En otras palabras, no conozco sentencias cuyos contenidos reflejen la doctrina ***"Barbulescu"*** II[11]. Respecto de la segunda, los pronunciamientos se han enfocado en la proporcionalidad del despido disciplinario a raíz del incumplimiento del trabajador advertido a través de la videovigilancia, en la autenticidad de la misma, y en su licitud o ilicitud por afectar la intimidad del trabajador (no se aludió al derecho a la protección de datos personales) pero sin haber efectuado previamente el escrutinio de proporcionalidad para fundar esa conclusión. Esto quiere decir, que no hay pronunciamientos en línea con la doctrina ***"López Ribalda II"***[12], del TEDH.

3. EL TELETRABAJO

Este año, se cumplirá el vigésimo aniversario de la ratificación por Argentina del Convenio sobre el trabajo a domicilio de la O.I.T. (N° 177), por medio de la ley 25.800 (BO, de 2 de diciembre de 2003). Desde entonces, el país contó con una definición supralegal de dicha modalidad de trabajo a distancia que incluyó estos rasgos del teletrabajo: las tareas a cargo del trabajador se deben cumplir *"en su domicilio o en otros locales que escoja, distintos de los locales de trabajo del empleador, independientemente de quien proporcione el equipo, los materiales u otros elementos utilizados para ello…"*.

Al cabo de casi diecisiete años, pese a no contar con una mayoría apreciable en la Cámara Alta ni tampoco con el beneplácito del empresariado y de una parte de la doctrina, fue sancionado el *"Régimen legal del contrato de teletrabajo"* (RLCT) por la ley 27.555, promulgada por el Decreto 673/2020 (BO, de 14 de agosto de 2020), reglamentada por el Decreto 27/2021, de 19 de enero (BO, 20 de enero de 2021), y complementada por la Resolución 142/2021 del Ministerio de Trabajo, Empleo y Seguridad Social, de 18 de marzo (BO, 19 de marzo de 2021). Un régimen, que ha pervivido sin modificaciones legales y que no ha contado con una negociación colectiva ágil y creativa, pese a que la ley ha delegado en el convenio colectivo la regulación de ciertas materias sin norma subsidiaria destinada a operar como

---

11 TEDH, Gran Sala, *"Barbulescu c/ Rumania"*, 05 de septiembre de 2017.

12 TEDH, Gran Sala, "López Ribalda y otros", 17 de octubre de 2019.

límite a la autonomía individual que, por ende, en las materias delegadas es, por ahora, la única fuente de regulación del *"contrato de teletrabajo"*. Remito, pues, a las observaciones que formulé sobre la ley 27.555 (Confalonieri (2021: 689), y me concentro en los escasos convenios y acuerdos colectivos específicos posteriores a su sanción, no sin antes pasar revista a los resultados de la negociación colectiva anterior debido al régimen de ultractividad que rige en Argentina (art. 6 de la ley de Convenciones Colectivas de Trabajo, N° 14.250, BO de 20 de octubre de 1953, texto ordenado por el decreto 1135/2004, BO de 03 de septiembre de 2004), y a que existe algún acuerdo posterior a la ley 27.555 articulado con convenios colectivos que conservan su vigencia por ultractividad (es el caso del acuerdo homologado por la Res.ST N° 949/22, de 12 de mayo, concertado en el marco del CCT 676/13 y del CCT 547/03 E).

3.1. La negociación colectiva antes de la ley 27.555

La creación de la Comisión de Teletrabajo en el año 2003, constituye el primer hito significativo del binomio teletrabajo – negociación colectiva. Le sigue el primer PROPET (*"Programa Piloto de Seguimiento y Promoción del Teletrabajo"*), en el que participaron varias empresas del sector privado (YPF, Telecom, Cisco, Byte Tech y Nielsen)[13].

YPF, fue la primera empresa en adherir al PROPET en el año 2008, mediante la firma de un Convenio Marco con el Ministerio de Trabajo, Empleo y Seguridad Social, para realizar una prueba piloto en la que cuarenta (40) trabajadores iban a experimentar, durante 6 meses, el teletrabajo[14]. Al año siguiente, dicha autoridad dio a conocer un documento titulado *"Nuevos contenidos de la negociación colectiva"*[15], cuyo capítulo II fue destinado al teletrabajo. Y, en 2011, fue publicado el *"Manual de buenas prácticas en teletrabajo"*[16], en el que sobresale el tratamiento del *"marco conceptual"*, de *"la gestión del teletrabajo y capital humano"*, y del *"teletrabajo en las políticas públicas"*. Claro que no pueden estar ausentes en este brevísimo *racconto*, la Res. MTEYSS N° 147/2012 (mediante la cual fue creada, en la órbita de la

---

13 Más detalle, en Organización Internacional del Trabajo (2011).

14 www.argentina.gob.ar (publicación del 27-04-2008).

15 www.trabajo.gob.ar/downloads/biblioteca_libros/libro_neg_col_1.pdf

16 Versión web, PDF, https://www.ilo.org

Secretaría de Empleo de dicho ministerio, la *"Coordinación de Teletrabajo")*[17], y la Res. MTEYSS N° 595/2013, de 01 de julio, que instituyó el *"Programa de Promoción del Empleo en Teletrabajo"* (segundo PROPET), orientado a promover, facilitar y monitorear el teletrabajo en las empresas del sector privado, las cuales, para adherirse a dicho programa, debían suscribir un *"convenio de adhesión"* de plazo cierto (nueve meses renovables, a solicitud de la empresa), a ser respetado por los contratos individuales que suscribieran los teletrabajadores.

3.1.1. Las cláusulas *"modelo"*

En las postrimerías de la primera década del nuevo siglo, el Ministerio de Trabajo Empleo y Seguridad Social difundió el documento titulado *"Nuevos contenidos de la negociación colectiva"*, en el que dejó constancia no sólo de las deliberaciones entre los representantes de los actores sociales y funcionarios de dicha cartera, sino también de sus resultados visualizados en la redacción de unas fórmulas o cláusulas convencionales *"modelo"*[18]. En lo que nos interesa, sus contenidos se han concentrado en el concepto del teletrabajo y su voluntariedad, tanto en el iter presencialidad – teletrabajo como en el inverso (reversibilidad).

El trabajo fuera de las instalaciones de la empresa y el uso de las nuevas tecnologías por el trabajador, en su domicilio o en lugares distintos al establecimiento del empleador, son los elementos tipificantes del teletrabajo en la primera de las cláusulas propuestas, sin alusión a ninguna referencia temporal. Pero, a diferencia de la omisión en que incurrió la ley 27.555, en la segunda cláusula (orientada, muy posiblemente, por el Acuerdo Marco Europeo sobre Teletrabajo; AMET), está ínsito el elemento organizativo al excluir de la noción de teletrabajo el servicio prestado *"habitualmente fuera de las instalaciones de la empresa"*, aunque el trabajador se valga de medios *"informáticos y de comunicación"* para cumplir sus tareas.

Otra característica para destacar, es la necesidad de consenso entre el empleador y el trabajador para concretar el pase de la presencialidad al teletrabajo y viceversa (cláusulas segunda y quinta). Ese condicionamiento,

---

17 Las acciones de la Coordinación de teletrabajo están indicadas en el Anexo al art. 1 de la Res. MTEYSS 147/2012, de 10 de febrero.

18 Ver la Introducción, págs. 13 a 15.

descarta de plano la reversibilidad a instancias del trabajador o del empleador, lo que implica una notoria diferencia con el cuestionable régimen de la ley 27.555 que habilita la vuelta al trabajo presencial ante el mero requerimiento del primero.

3.1.2. Los resultados de la negociación colectiva

Los acuerdos y convenios colectivos sobre el teletrabajo anteriores a la ley 27.555, no han sido numerosos. Por lo general, esa materia fue incorporada a convenios o acuerdos colectivos cuyas normas regulan variadas condiciones de trabajo. Entre lo que se ha publicado y lo que no, he compulsado poco más de una veintena de acuerdos[19] y convenios colectivos de ámbitos diferentes

---

[19] Acuerdo Nº 1336/2009, entre YPF S.A. y la Federación de Sindicatos Unidos Petroleros e Hidrocarburíferos (FSUPEH), homologado por la Res. S.T. Nº 1541/2009, de 09 de noviembre, e incorporado al CCT 868/07 (E); Acuerdo Nº 1541/2009, entre Operadora de Estaciones de Servicios S.A. (OPESSA) y la Federación de Sindicatos Unidos Petroleros e Hidrocarburíferos (FSUPEH), homologado por la Res. S.T. Nº 1833/2009, de 22 de diciembre, incorporado al CCT 865/07 (E); Acuerdo Nº 1080/2010, entre Federación de Organizaciones del Personal de Supervisión y Técnicos Telefónicos Argentinos (FOPSTTA) y Telecom Argentina S.A., homologado por la Res. S.T. Nº 1041/2010, de 29 de julio de 2010, incorporado al CCT Nº 497/02 (E); Acuerdo Nº 1.100/2010, entre FOETRA y Telecom Argentina S.A., homologado por la Res. S.T. Nº 1068/2010, de 30 de julio de 2010, incorporado al CCT Nº 567/03 (E); Acuerdo Nº 1.114/2010, entre Unión del Personal Jerárquico de Empresas de Telecomunicaciones (UPJET) y Telecom Argentina S.A., homologado por la Res. S.T. Nº 1071/2010, de 30 de julio de 2010, incorporado al CCT Nº 497/02 (E); Acuerdo Nº 1.088/2011, entre Sindicato Argentino de Televisión, Servicios Audiovisuales, Interactivos y de Datos (SATSAID) y Directv Argentina S.A., homologado por la Res. S.T. Nº 954/2011, de 10 de agosto de 2011; Acuerdo Nº 794/2015, entre el Sindicato de Empleados Textiles de la Industria y Afines – Federación Argentina de la Industria de la Indumentaria y Afines, homologado por la Res. S.T. Nº 991/2015, de 21 de julio, incorporado al CCT 501/07.

(marco[20], de actividad[21], supra empresarial[22], y de empresa[23]), cuyos contenidos varían notablemente.

Algunos, sólo incluyen un mero compromiso de la empresa a evaluar la posibilidad de incorporar el teletrabajo[24] o de informar al sindicato cual-

---

20 Acuerdo Marco de Teletrabajo N° 307/2012, entre la Federación Argentina de las Telecomunicaciones y Telecom Argentina S.A., homologado por la Res. S.T. N° 371/2012, de 09 de marzo de 2012, aplicable al personal comprendido en el CCT 567/03, CCT 822/06, CCT 820/06, CCT 917/07, CCT 821/06, y CCT 728/05.

21 CCT N° 676/2013, entre FOETRA SINDICATO BUENOS AIRES – ARSAT S.A., TELECOM PERSONAL S.A., NEXTEL COMMUNICATIONS ARGENTINA SRL, TELEFONICA MÓVILES ARGENTINA S.A., FEDERACION DE COOPERATIVAS DEL SERVICIOS TELEFONICO DE LA ZONA SUR, homologado por Res. ST N° 1908/2013, de 05 de diciembre; CCT N° 712/2015, entre la Federación de Obreros Especialistas y empleados de los servicios e industria de las telecomunicaciones de la República Argentina (FOEESITRA) – TELECOM PERSONAL S.A., NEXTEL COMMUNICATIONS ARGENTINA SRL, TELEFONICA MOVILES ARGENTINA S.A., FEDERACION DE COOPERATIVAS DEL SERVICIOS TELEFONICO, homologado por Res. ST N° 616/2015, de 08 de mayo; CCT N° 713/2015, entre la Federación Argentina de las Telecomunicaciones (FATEL) – TELECOM PERSONAL S.A., NEXTEL COMMUNICATIONS ARGENTINA SRL, TELEFONICA MOVILES ARGENTINA S.A., FEDERACION DE COOPERATIVAS DEL SERVICIOS TELEFONICO DE LA ZONA SUR, homologado por Res. ST N° 614/2015, de 08 de mayo;

22 CCT de Grupo de Empresas N° 1.261/2012, entre la Federación Sindicatos Unidos Petroleros e Hidrocarburíferos (SUPEH) – YPF y OPESSA, homologado por la Res. S.T. N° 315/2012, de 09 de marzo de 2012, por medio del cual se renuevan y unifican los CCT 865/07 E, 868/07 E y 1073/09 E.

23 CCT N° 1435/2015 E, entre la Federación Sindicatos Unidos Petroleros e Hidrocarburíferos (FSUPeH) – DSPET SRL; CCT N° 1461/2015 E, entre Unión del Personal Superior y Profesional de Empresas Aerocomerciales (UPSA) – INDRA SI S.A (Anterior, CCT 1380/2014 E); CCT N° 1496/2015 E, entre la Federación Sindicatos Unidos Petroleros e Hidrocarburíferos (FSUPeH) – Sermavilmer S.A.; CCT N° 1523/2016 E, entre la Federación Sindicatos Unidos Petroleros e Hidrocarburíferos (FSUPeH) – YEL Informática S.A., homologado por la Res. SSRL N° 579–E/2016, de 11 de agosto; CCT N° 1525/2016 E, entre la Federación Sindicatos Unidos Petroleros e Hidrocarburíferos (FSUPeH) – Infolog SRL, homologado por la Res. S.S.R.L. N° 628-E/2016, de 22 de agosto; CCT N° 1528/2016 E, entre la Federación Sindicatos Unidos Petroleros e Hidrocarburíferos (FSUPeH) – Hidrocarburos Argentinos S.A., homologado por la Res. S.S.R.L. N° 664/2016, 02 de septiembre; CCT N° 1554/2017 E, entre la Federación Sindicatos Unidos Petroleros e Hidrocarburíferos (FSUPeH) – Telebit S.A.; CCT 1592/2019 (E), entre la Federación Nacional de Trabajadores de Obras Sanitarias y Avantti SRL.

24 Acuerdo Colectivo N° 1.088/2011, entre Sindicato Argentino de Televisión, Servicios Audiovisuales, Interactivos y de Datos (SATSAID) y Directv Argentina S.A.,

quier cambio tecnológico (incluida la implementación del teletrabajo)[25]. Otros, se han ocupado de establecer, junto a los lindes del teletrabajo, algunas de las pautas a las que el mismo quedará sujeto.

3.1.2.1. Sobre el concepto de teletrabajo

Dentro del material de consulta, varios convenios y acuerdos colectivos contienen definiciones sobre el teletrabajo similares a la de la ley 27.555[26]. Por ende, no sería desatinado pensar que la segunda abrevó en los primeros. A ese dato, se le suma el hecho de que algunas definiciones equiparan –desacertadamente– teletrabajo y trabajo a distancia[27]. Hago este señala-

---

homologado por la Res. S.T. N° 954/2011, de 10 de agosto; CCT N° 1461/2015 E, entre Unión del Personal Superior y Profesional de Empresas Aerocomerciales (UPSA) – INDRA SI S.A., (anterior, CCT 1380/2014 E).

25 CCT 1592/2019 (E), cit.

26 Acuerdo N° 1336/2009, homologado por la Res. S.T. N° 1541/2009, de 09 de noviembre, incorporado al CCT 868/07 (E); Acuerdo N° 1541/2009, homologado por la Res. S.T. N° 1833/2009, de 22 de diciembre, incorporado al CCT 865/07 (E); Acuerdo N° 1080/2010, homologado por la Res. S.T. N° 1041/2010, de 29 de julio de 2010, incorporado al CCT N° 497/02 (E); El Acuerdo N° 1.100/2010, homologado por la Res. S.T. N° 1068/2010, de 30 de julio de 2010, incorporado al CCT N° 567/03 (E); Acuerdo N° 1.114/2010, homologado por la Res. S.T. N° 1071/2010, de 30 de julio de 2010, incorporado al CCT N° 497/02 (E); CCT de Grupo de Empresas N° 1.261/2012, homologado por la Res. S.T. N° 315/2012, de 09 de marzo de 2012, que renueva y unifica los CCT 865/07 E, 868/07 E, y 1073/09 E; Acuerdo Marco de Teletrabajo N° 307/2012, homologado por la Res. S.T. N° 371/2012, de 09 de marzo de 2012, aplicable al personal comprendido en el CCT 567/03, CCT 822/06, CCT 820/06, CCT 917/07, CCT 821/06, y CCT 728/05; Acuerdo N° 794/2015, homologado por la Res. S.T. N° 991/2015, de 21 de julio, incorporado al CCT 501/07; CCT N° 1435/2015 E, entre la Federación Sindicatos Unidos Petroleros e Hidrocarburíferos (FSUPeH) – DSPET SRL; CCT N° 1496/2015 E, entre la Federación Sindicatos Unidos Petroleros e Hidrocarburíferos (FSUPeH) – Sermavilmer S.A.; CCT N° 1523/2016 E, homologado por la Res. SSRL N° 579–E/2016, de 11 de agosto; CCT N° 1525/2016 E, homologado por la Res. S.S.R.L. N° 628-E/2016, de 22 de agosto; CCT N° 1528/2016 E, homologado por la Res. S.S.R.L. N° 664/2016, 02 de septiembre.

27 Acuerdo N° 1336/2009, homologado por la Res. S.T. N° 1541/2009, de 09 de noviembre, incorporado al CCT 868/07 (E); Acuerdo N° 1541/2009, homologado por la Res. S.T. N° 1833/2009, de 22 de diciembre, incorporado al CCT 865/07 (E); CCT de Grupo de Empresas N° 1261/2012, homologado por la Res. S.T. N° 315/2012, de 09 de marzo de 2012, que renueva y unifica los CCT 865/07 E,

miento, porque no todo trabajo a distancia implica una descentralización por deslocalización del lugar de prestación de servicios, rasgo inherente al teletrabajo. Las tareas que sólo pueden cumplirse fuera del ámbito físico de la empresa (p. ej. las que realizan los viajantes de comercio, los inspectores de compañías de seguros o los visitadores médicos), constituyen trabajo a distancia pero no teletrabajo por la ausencia de dicha característica. La relación entre ambos, es de género a especie; el trabajo a distancia constituye un tipo dentro del que puede, o no, haber manifestaciones descentralizadoras (teletrabajo).

3.1.2.1.1. Sobre el elemento cualitativo del teletrabajo

El teletrabajo, demanda trabajo a distancia y el uso de tecnologías de la información y comunicación, no siendo suficiente la prestación remota o el uso de aquellas por separado. En cuanto a lo primero, no todas las definiciones convencionales han sido coincidentes: algunas, circunscribieron el lugar de prestación de servicios al domicilio del trabajador[28]; otras, le agregaron cualquier sitio, *"fuera de su oficina de asiento, siempre que sea ajeno al empleador"* o *"que no sea el establecimiento del empleador"*[29]; y, un tercer grupo, se ha decantado por *"un lugar diferente al del establecimiento de la Compañía"*[30]. En cuanto a lo segundo, no hay divergencias entre las diferentes manifestaciones de la negociación colectiva; en todas las normas que definen el teletrabajo, aparece el uso necesario de las tecnologías de la información y comunicación.

868/07 E, y 1073/09 E; Acuerdo Nº 794/2015, homologado por la Res. S.T. Nº 991/2015, de 21 de julio, Incorporado al CCT 501/07; CCT Nº 1435/2015 E, entre la Federación Sindicatos Unidos Petroleros e Hidrocarburíferos (FSUPeH) – DSPET SRL; CCT Nº 1496/2015 E, entre la Federación Sindicatos Unidos Petroleros e Hidrocarburíferos (FSUPeH) – Sermavilmer S.A.; CCT Nº 1523/2016 E, homologado por la Res. SSRL Nº 579–E/2016, de 11 de agosto; CCT Nº 1525/2016 E, homologado por la Res. S.S.R.L. Nº 628-E/2016, de 22 de agosto. CCT Nº 1528/2016 E, entre la Federación Sindicatos Unidos Petroleros e Hidrocarburíferos (FSUPeH) – Hidrocarburos Argentinos S.A., homologado por la Res. S.S.R.L. Nº 664/2016, 02 de septiembre.

28 Acuerdo Nº 1336/2009, cit.; Acuerdo Nº 1541/2009, cit; CCT de Grupo de Empresas Nº 1.261/2012, cit; CCT Nº 1435/2015 E; cit.; CCT Nº 1496/2015 E; cit.; CCT Nº 1523/2016 E, cit.; CCT Nº 1525/2016 E, cit; CCT Nº 1528/2016 E, cit.

29 Acuerdo Nº 1080/2010, cit; Acuerdo Nº 1100/2010, cit; Acuerdo Marco de Teletrabajo Nº 307/2012, cit; Acuerdo Nº 794/2015, cit;

30 Por todos, Acuerdo Nº 1114/2010, cit.

3.1.2.1.2. Sobre el elemento cuantitativo del teletrabajo

El teletrabajo requiere, además, un componente cuantitativo en la prestación de servicios y en el uso de las tecnologías de la información y comunicación. La regularidad de la primera, deviene en requisito insoslayable en nuestro país, a partir de la ratificación del Convenio sobre trabajo a domicilio de la OIT (N° 177) que excluye de la categoría de trabajadores a domicilio a quienes cumplen sus tareas *"ocasionalmente"*, en su domicilio (art. 1.b).

Los convenios y acuerdos colectivos, han incluido en la noción de teletrabajo la deslocalización del lugar de prestación de servicios acompañada del uso de tecnologías de la información y comunicación –sin referencias temporales concretas cuando se combina dicha modalidad con trabajo presencial–, mediante fórmulas que trasladaron sus vicios al concepto adoptado por el art. 102 bis de la Ley de Contrato de Trabajo (LCT), incorporado a la misma por la ley 27.555. En definitiva, una notoria falta de correspondencia con el citado convenio de la OIT.

3.1.2.1.3. Sobre el elemento organizativo del teletrabajo

La ausencia del elemento organizativo del teletrabajo, no deja de llamar la atención puesto que entre las cláusulas modelo individualizadas en *"Nuevos contenidos de la negociación colectiva"*, se excluyeron de su ámbito conceptual los servicios que se prestan *"habitualmente fuera de las instalaciones de la empresa"*, aunque el trabajador se valga de medios *"informáticos y de comunicación"* para cumplir sus tareas. Todas las definiciones incluidas en los convenios y acuerdos colectivos, han prescindido de este rasgo caracterizador del teletrabajo[31] (al igual que la definición legal).

3.1.2.2. Sobre la voluntariedad y la reversibilidad

Los convenios y acuerdos colectivos que tuve a la vista, han hecho hincapié en la voluntariedad del teletrabajo. Algunos, al igual que la ley 27.555

---

[31] Vale como ejemplo, el texto pertinente del AMET: *"El teletrabajo es una forma de organización y/o de realización del trabajo… en la cual, un trabajo, que podría ser realizado igualmente en los locales de la empresa se efectúa fuera de estos locales de forma regular"*.

(art. 7), solo respecto del trabajador[32]; otros, la requieren de ambas partes del contrato[33].

El tratamiento de la reversibilidad, no es uniforme. Es llamativo, que no haya habido convenios o acuerdos acordes a una de las *"cláusulas modelo"* que figuran en el informe sobre *"Nuevos contenidos de la negociación colectiva"*. Ninguno requiere la conformidad expresa de la contraparte. Sí hay, de los que condicionan la reversibilidad a un aviso previo al trabajador[34]; o a este y al sindicato, cuando la decisión la tome la empresa[35]. Otros, la admiten sin condicionamiento, provenga del trabajador o del empleador[36]; y, un tercer grupo, se ha llamado a silencio absoluto[37].

En razón de que la regulación de la reversibilidad en la ley 27.555 es más favorable para el trabajador que la prevista en las cláusulas de los convenios colectivos que le otorgan al empleador el derecho de imponer el regreso a la presencialidad (previo aviso al primero y al sindicato), no descarto planteos tendientes a cuestionar su validez con fundamento en la regla de norma mínima (art. 8 de la LCT).

3.1.2.3. Sobre las condiciones de trabajo

Por tratarse de derechos fundamentales muy expuestos a ser afectados, sorprende la ausencia de cláusulas referidas al resguardo de la intimidad, la propia imagen y los datos personales del teletrabajador.

Los convenios y acuerdos colectivos concertados en el marco del PROPET, han previsto una duración de seis meses renovables para los trabajadores que aceptaran combinar presencialidad y teletrabajo, con no menos

---

32 Acuerdo Nº 1336/2009, cit.; Acuerdo Nº 1541/2009, cit.; CCT de Grupo de Empresas Nº 1.261/2012, cit.; CCT Nº 1435/2015 E, cit.; CCT Nº 1461/2015 E, cit.; CCT Nº 1496/2015 E, cit.; CCT Nº 1523/2016 E, cit.; CCT Nº 1525/2016 E, cit.; CCT Nº 1528/2016 E, cit.

33 Acuerdo Nº 1080/2010, cit.; Acuerdo Nº 1.100/2010, cit; Acuerdo Nº 1.114/2010, cit.; Acuerdo Marco de Teletrabajo Nº 307/2012, cit.; Acuerdo Nº 794/2015, cit.

34 Acuerdo Nº 1336/2009, cit. Idem, Acuerdo Nº 1541/2009, cit.; CCT de Grupo de Empresas Nº 1.261/2012, cit.

35 Acuerdo Nº 1.100/2010, cit.; Acuerdo Marco de Teletrabajo Nº 307/2012, cit.

36 Acuerdo Nº 1080/2010, cit.; Acuerdo Nº 1.100/2010, cit.

37 Acuerdo Nº 794/2015, cit.

de dos ni más de tres días a la semana dedicados a dicha modalidad[38], y con el deber de preavisar su finalización[39]. También, han individualizado los elementos de trabajo que debe entregar el empleador al trabajador[40], a quien le reconocieron el derecho a percibir una suma no remunerativa fija en concepto de reintegro de gastos propios de la nueva modalidad de prestación de sus servicios[41]. Ello, sin perjuicio de la obligación, a cargo del empleador, de asumir los gastos que demande el teletrabajo[42].

Algunos acuerdos y convenios, admitieron que la comunicación a cargo del trabajador en caso de enfermedad inculpable (art. 209 de la LCT) se concrete mediante correo electrónico[43], y que, por acuerdo entre las partes, se contemple la concurrencia al lugar de trabajo de un profesional del área de seguridad e higiene de la empresa junto a un técnico de la ART y de un representante del sindicato[44].

3.1.2.4. Sobre la intervención del sindicato y los derechos colectivos del teletrabajador

Al aviso previo para el regreso a la presencialidad que exigen algunos convenios colectivos (cuando la decisión la toma el empleador), y a la concurrencia de un representante sindical al lugar de trabajo que acompañe

---

38 Acuerdo Nº 1336/2009, cit.; Acuerdo Nº 1541/2009, cit.; Acuerdo Nº 1080/2010, cit.; Acuerdo Nº 1100/2010, cit. (no dice que los seis meses son renovables); Acuerdo Nº 1114/2010, cit.; CCT de Grupo de Empresas Nº 1.261/2012, cit.; Acuerdo Marco de Teletrabajo Nº 307/2012, cit.; Acuerdo Nº 794/2015, cit.; CCT Nº 1435/2015 E, cit.; CCT Nº 1496/2015 E, cit.; CCT Nº 1523/2016 E, cit.; CCT Nº 1525/2016 E, cit.; y CCT Nº 1528/2016 E, cit.

39 Acuerdo Nº 1336/2009, cit.; Acuerdo Nº 1541/2009, cit.; Acuerdo Nº 1080/2010, cit.; Acuerdo Nº 1100/2010, cit.; Acuerdo Nº 1114/2010, cit.; CCT de Grupo de Empresas Nº 1.261/2012, cit.; CCT Nº 1435/2015 E, cit.; CCT Nº 1496/2015 E, cit.; CCT Nº 1523/2016 E, cit.; CCT Nº 1525/2016 E, cit.; y CCT Nº 1528/2016 E, cit.

40 Acuerdo Nº 1080/2010, cit.; Acuerdo Nº 1100/2010, cit.; Acuerdo Nº 1114/2010, cit.; Acuerdo Marco de Teletrabajo Nº 307/2012, cit.;

41 Acuerdo Nº 1080/2010, cit.; Acuerdo Nº 1100/2010, cit.; Acuerdo Nº 1114/2010, cit.; Acuerdo Marco de Teletrabajo Nº 307/2012, cit.

42 Acuerdo Nº 1080/2010, cit.; Acuerdo Nº 1114/2010, cit.;

43 Acuerdo Nº 1080/2010, cit.; Acuerdo Marco de Teletrabajo Nº 307/2012, cit.

44 Acuerdo Nº 1336/2009, cit.; Acuerdo Nº 1541/2009, cit.; Acuerdo Nº 1114/2010, cit.; CCT de Grupo de Empresas Nº 1261/2012, cit.; Acuerdo Marco de Teletrabajo Nº 307/2012, cit.; CCT Nº 1435/2015 E, cit.; CCT Nº 1496/2015 E, cit.; CCT Nº 1523/2016 E, cit.; CCT Nº 1525/2016 E, cit.; y CCT Nº 1528/2016 E, cit.

al profesional de higiene y seguridad de la empresa, se le agregó la intervención del sindicato para: a) validar la decisión de la empresa sobre los puestos de trabajo que permitan combinar presencialidad y teletrabajo, y para resolver, junto a la misma, la cantidad de trabajadores que cumplirán sus tareas de esa forma[45]; b) presentar su nómina de candidatos a teletrabajar[46], siempre que los mismos cumplieran los requisitos exigidos por el propio convenio o acuerdo colectivo[47]; c) participar en el seguimiento y evaluación de los resultados del teletrabajo[48].

Si bien es cierto que, en general, los convenios y acuerdos colectivos introdujeron cláusulas que les reconocen a los teletrabajadores todos sus derechos colectivos, sólo dos de estos últimos fueron individualizados: el derecho de elegir y ser elegido en cargos de representación gremial, y el derecho a recibir *"por la vía sindical o la habilitada por la empresa al efecto, todas las comunicaciones que en forma regular la entidad gremial cursa a sus representados"*[49].

3.2. Sobre la distribución de competencias normativas en la ley 27.555

El art. 1 de la ley 27.555, ha delineado dos ámbitos de competencias normativas para la modalidad del teletrabajo: los *"presupuestos legales mínimos"*, y *"los aspectos específicos"*. Los primeros, fueron reservados a la *"presente ley"*. Los segundos, se delegaron a *"las negociaciones colectivas"*. Una redacción con similitudes –también, con diferencias que no pasan desapercibidas– a la del art. 102 bis de la LCT, incorporado por el art. 2 de la ley 27.555.

Con el propósito de evitar confusiones, de aquí en adelante emplearé el giro *"aspectos específicos"* para delimitar el ámbito de la delegación legislativa en favor de la negociación colectiva. Por la misma razón, daré por sentado que las expresiones *"presente ley"* y *"ley especial"* significan lo mismo, puesto que la ley 27.555 se autocalificó *"ley especial"* y se atribuyó la regulación de

---

45 Acuerdo Marco de Teletrabajo N° 307/2012, cit.

46 Acuerdo Marco de Teletrabajo N° 307/2012, cit.

47 Además de contar con la formación adecuada para el manejo de los instrumentos de trabajo, los convenios colectivos han exigido una antigüedad no inferior a 2 años.

48 Acuerdo N° 1080/2010, cit.; Acuerdo N° 1100/2010, cit.; CCT de Grupo de Empresas N° 1261/2012, cit.; Acuerdo Marco de Teletrabajo N° 307/2012, cit.

49 Acuerdo N° 1080/2010, cit.; Acuerdo N° 1100/2010, cit.; Acuerdo N° 1114/2010, cit.; Acuerdo Marco de Teletrabajo N° 307/2012, cit.

los *"presupuestos legales mínimos"* de la *"modalidad de teletrabajo"* y del *"contrato de teletrabajo"*.

La delegación genérica respecto de los *"aspectos específicos"* del contrato de teletrabajo (arts. 1 de la ley 27.555 y 2 de la 102 bis de la LCT, párrafo segundo), se complementa con la identificación de las materias concretas en las que la negociación colectiva podrá desplegar su competencia de normación, a saber: i) la combinación de teletrabajo y trabajo presencial (art. 3); ii) las tareas de cuidados (art. 6); iii) el paso del teletrabajo inicial al trabajo presencial (art. 8); iv) el derecho del trabajador a ser compensado por la utilización y mantenimiento de las herramientas propias destinadas a teletrabajar (art. 9); v) el derecho del teletrabajador al reintegro de los mayores gastos de conectividad y consumos de servicios (art. 10); vi) el tope para la contratación de extranjeros no residentes en el país (art. 17).

Las normas legales delegativas, no cuentan con una regulación subsidiaria destinada a ponerle límites a la autonomía individual. En su mayoría, no contienen un mandato de regulación dirigido a la negociación colectiva. Quiero decir, que no se impone un deber de negociar, en las *"tareas de cuidados"* (art. 6, in fine); en la *"reversibilidad"* de teletrabajo inicial a trabajo presencial (art. 8, in fine); en la compensación del empleador al trabajador, por el uso y mantenimiento de herramientas propias (art. 9, primer párrafo); ni en la compensación del empleador al trabajador, por los mayores gastos de conectividad o consumo que deba afrontar (art. 10). Lo contrario ocurre respecto la *"combinación de prestaciones presenciales y por teletrabajo"* (art. 3); y de las *"prestaciones trasnacionales"* que deben contar con un máximo de personas extranjeras, *"no residentes en el país"* (a ser fijado en el convenio colectivo). De todas maneras, en estos dos aspectos, el deber de negociar queda desdibujado por la carencia de consecuencias en caso de desatención.

La carencia de una regulación legal subsidiaria, no deja de implicar un riesgo ante una eventual inactividad de los agentes sociales, pues, mientras ello subsista, queda un espacio vacío que puede ser cubierto por la autonomía individual sin estar sometida al cumplimiento de normas legales mínimas. Por tanto, será ella la que, mientras persista la ausencia de convenio colectivo, podrá regular libremente la combinación entre prestaciones presenciales y por teletrabajo; los horarios compatibles con las tareas de cuidado; la reversibilidad de teletrabajo inicial hacia trabajo presencial; la compensación por la utilización de herramientas propias; y la compensación por mayores gastos de conectividad. Tampoco habrá límite cuantitativo para la contratación de teletrabajadores extranjeros no residentes en el país.

Muy pocos han sido los convenios o acuerdos posteriores a la vigencia de la ley 27.555, dedicados sólo a la regulación del teletrabajo[50]. El primero, de 26 de mayo de 2020, tuvo como partes al Sindicato de Empleados de Comercio de Mar del Plata y Zona Atlética (SECZA) y a la empresa MDQ Le Sport S.A. El segundo, de 18 de junio de 2021 (bancarios), estuvo acotado al teletrabajo adoptado a raíz de la pandemia COVID-19. Lo propio aconteció con el acuerdo provisorio para la actividad aseguradora, suscripto el 14 de enero de 2022. Al listado, hay que agregar el *"Acuerdo Convencional sobre Teletrabajo"*, homologado por la Res. ST N° 949/2022, de 12 de mayo de 2022 (BO, de 29 de julio de 2022), celebrado entre F.O.E.T.R.A. Sindicato Buenos Aires, por un lado, y Telefónica de Argentina S.A. y Telefónica Móviles de Argentina S.A., por el otro, (complementario del CCT 547/03 E y del CCT 676/13).

A la modorra de la negociación colectiva, se le suma su escasa creatividad (de ello, dan fe un número significativo de normas que repiten el texto legal o se remiten a él). A la par, se advierten varias normas complementarias de la regulación legal y su reglamentación, muy pocas normas suplementarias y no demasiada concreción de la delegación legislativa. Incluso, hay algún caso de lesión a la regla de norma mínima.

3.2.1. La normas convencionales repetitivas o remisivas

La repetición de normas heterónomas o la remisión a las mismas, se advierte en los siguientes aspectos: i) el concepto de teletrabajo[51]; ii) la forma de resguardar el derecho a la intimidad del teletrabajador[52]; iii) las personas que requieran asistencia del teletrabajador para el cumplimiento de tareas de cuidados[53]; iv) la necesidad de ajustar el ejercicio del derecho a la reversibilidad a lo dispuesto en los arts. 9 y 10 del CCyC y arts. 62 y 63

---

50 También, hay convenios colectivos que han sumado al resto de sus normas las referidas al teletrabajo (por ejemplo, el CCT 1637/2021 E, homologado por la Res. S.T. 1610/2020, de 11 de diciembre; BO, de 10 de febrero de 2021, concertado entre el Consorcio de Gestión del Puerto de Dock Sud y la Asociación del Personal de Dirección de los Ferrocarriles y Puertos Argentinos).

51 *"Convenio de Teletrabajo"* entre SECZA y MDQ Le Sport S.A., cláusula primera.

52 *"Convenio de Teletrabajo"* entre SECZA y MDQ Le Sport S.A., cláusula quinta.

53 *"Convenio de Teletrabajo"* entre SECZA y MDQ Le Sport S.A., cláusula sexta, primera; *"Acuerdo Convencional sobre Teletrabajo"*, homologado por la Res. ST N° 949/2022, cláusula quinta).

de la LCT[54]; v) la obligación del empleador de poner a disposición del trabajador las herramientas de trabajo necesarias para cumplir sus tareas; vi) la obligación del empleador de afrontar los costos que demanden los servicios de mantenimiento y reparación del material informático[55]; vii) el uso exclusivo de las herramientas de trabajo por el trabajador; viii) la asunción por el empleador de los daños por el uso o desgaste normal de los instrumentos de trabajo; ix) el carácter no remunerativo asignado a la provisión y uso de los elementos de trabajo suministrados por el empleador[56]; x) el derecho a la desconexión[57]; xi) derechos colectivos del trabajador[58].

3.2.2. Las normas convencionales complementarias

La complementación de la ley o de alguna de sus normas por el convenio colectivo en materias ajenas a la delegación, se concretó mediante la imposición de obligaciones y el reconocimiento de derechos, a los que se les añadió la delimitación de las labores esporádicas u ocasionales excluidas del teletrabajo[59], un protocolo de actuación en caso de violencia de género cuando el agresor comparta el espacio laboral con la persona agredida[60], y la creación de órganos vinculados a la materia (una comisión negociadora de seguimiento, integrada por representantes de ambas partes, destinada a intervenir en los conflictos surgidos a raíz de la interpretación de las cláusulas del convenio colectivo[61]; una comisión gremio-empresa,

---

54 *"Convenio de Teletrabajo"* entre SECZA y MDQ Le Sport S.A., cláusula séptima, primer párrafo.

55 *"Convenio de Teletrabajo"* entre SECZA y MDQ Le Sport S.A., cláusula octava, párrafo tercero.

56 *"Convenio de Teletrabajo"* entre SECZA y MDQ Le Sport S.A., cláusula octava, párrafo cuarto. *"Acuerdo Convencional sobre Teletrabajo"*, homologado por la Res. ST N° 949/2022, cláusula sexta, último párrafo.

57 *"Acuerdo Convencional sobre Teletrabajo"*, homologado por la Res. ST N° 949/2022, cláusula cuarta.

58 *"Acuerdo Convencional sobre Teletrabajo"*, homologado por la Res. ST N° 949/2022, cláusula cuarta.

59 *"Acuerdo Convencional sobre Teletrabajo"*, homologado por la Res. ST N° 949/2022, cláusula tercera, párrafo cuarto).

60 *"Convenio de Teletrabajo"* entre SECZA y MDQ Le Sport S.A., cláusula décimo segunda.

61 *"Convenio de Teletrabajo"* entre SECZA y MDQ Le Sport S.A., cláusula décimo tercera y Anexo II.

con funciones vinculadas al teletrabajo[62]; y un comité mixto de salud seguridad laboral y ambiente, para el relevamiento y evaluación continua de las condiciones de teletrabajo[63].

3.2.2.1. Obligaciones del empleador con el trabajador y la asociación sindical

i) Garantizar que el trabajador disponga de *"un espacio suficiente y adecuado"*, para prestar servicios mediante teletrabajo (complementación del art. 3 de la ley 27.555)[64].

ii) Asegurarle al trabajador que imprevistamente no pudiere cumplir sus tareas mediante la modalidad de teletrabajo, un espacio de trabajo en el establecimiento[65].

iii) Entregarle al trabajador, una computadora portátil, conexión a internet, escritorio, silla, mousepad, mouse óptico, botiquín de primeros auxilios[66] y un equipo móvil provisto de 18 gigas de conectividad[67].

iv) Informar al trabajador, sobre el contenido de la ley 24.766, la LCT y el código de ética publicado en la intranet (complementación del art. 3 de la ley 27.555)[68].

v) Informar a la asociación sindical, la modalidad de teletrabajo al momento de su concreción (complementación del art. 13 de la ley 27.555)[69].

---

62 *"Acuerdo Convencional sobre Teletrabajo"*, homologado por la Res. ST Nº 949/2022, cláusula segunda.

63 *Acuerdo Convencional sobre Teletrabajo"*, homologado por la Res. ST Nº 949/2022, cláusula octava.

64 *"Convenio de Teletrabajo"* entre SECZA y MDQ Le Sport S.A., tercer párrafo de la cláusula primera.

65 *"Acuerdo Convencional sobre Teletrabajo"*, homologado por la Res. ST Nº 949/2022, cláusula tercera, párrafo quinto).

66 *"Convenio de Teletrabajo"* entre SECZA y MDQ Le Sport S.A., cláusula octava.

67 *"Acuerdo Convencional sobre Teletrabajo"*, homologado por la Res. ST Nº 949/2022, cláusula sexta, letra B.

68 *"Convenio de Teletrabajo"* entre SECZA y MDQ Le Sport S.A., cláusula décima.

69 *"Convenio de Teletrabajo"* entre SECZA y MDQ Le Sport S.A., cláusula primera.

vi) Informar a la entidad sindical, dentro de su ámbito de representación, la nómina de las personas que prestan servicios en la modalidad de teletrabajo y las altas y bajas[70].

vii) Habilitar, en favor de la asociación sindical, las vías de comunicación digital utilizadas con los trabajadores y una cartelera digital[71].

3.2.2.2. Derechos del empleador

i) A sustituir los instrumentos entregados al trabajador, en cualquier momento, siempre que cumplan con las medidas ergonómicas, tecnológicas y de seguridad requeridas (complementación de los arts. 9 y 14 de la ley 27.555)[72].

3.2.2.3. Obligaciones del trabajador

i) Reintegrar todos los elementos entregados para teletrabajar (complementación del art. 9 de la ley 27.555)[73].

ii) Ajustarse a las normas de higiene y seguridad y a las recomendaciones sobre el uso, conservación y cuidado de los elementos destinados a cumplir su actividad en el hogar (complementación de los arts. 9 y 14 de la ley 27.555).

iii) Responder por los daños ocasionados al material de trabajo entregado por el empleador (complementación del art. 9 de la ley 27.555).

iv) No recoger ni difundir material ilícito a través de la intranet (complementación del art. 3 de la ley 27.555)[74].

---

[70] *Acuerdo Convencional sobre Teletrabajo"*, homologado por la Res. ST N° 949/2022, cláusula novena.

[71] *Acuerdo Convencional sobre Teletrabajo"*, homologado por la Res. ST N° 949/2022, cláusula séptima.

[72] *"Convenio de Teletrabajo"* entre SECZA y MDQ Le Sport S.A., cláusula octava.

[73] *"Convenio de Teletrabajo"* entre SECZA y MDQ Le Sport S.A., (cláusula séptima, párrafo tercero). *"Acuerdo Convencional sobre Teletrabajo"*, homologado por la Res. ST N° 949/2022, cláusula sexta.

[74] *"Convenio de Teletrabajo"* entre SECZA y MDQ Le Sport S.A., cláusula décima.

v) Solicitar el regreso a la modalidad presencial, dentro de un plazo no menor a quince ni superior a treinta días[75].

3.2.2.4. Derechos del trabajador y trabajadora

i) A la capacitación, dentro de la jornada laboral y con goce total de haberes (complementación del art. 11 de la ley 27.555)[76].

ii) A solicitar que la prestación de servicios se cumpla mediante teletrabajo durante el lapso de embarazo, sin obligación de la empresa de acoger dicha solicitud (complementación del art. 3 de la ley 27.555)[77].

3.2.3. Las normas convencionales suplementarias de la ley

El mejoramiento o suplementariedad de la ley por el convenio colectivo se efectivizó, exclusivamente, mediante el reconocimiento de una licencia paga de setenta y dos (72) horas que deberá otorgar el empleador a la teletrabajadora que hubiese sido víctima de violencia, siempre que el acto se hubiera llevado a cabo en el domicilio donde presta servicios y que el agresor conviva con ella, junto a un adelanto de sueldo con tope del cuarenta por ciento de su monto[78].

3.2.4. Las normas convencionales producto de la delegación legislativa

Las normas delegadas (convencionales), varían en cantidad y contenido. Se han concentrado en las siguientes materias: i) las tareas de cuidado; ii) el cambio de teletrabajo a trabajo presencial; iii) la compensación por los mayores gastos de conectividad o consumo que deba afrontar el teletrabajador; iv) la combinación de teletrabajo y trabajo presencial.

---

75 *"Convenio de Teletrabajo"* entre SECZA y MDQ Le Sport S.A., cláusula séptima, segundo párrafo.

76 *"Convenio de Teletrabajo"* entre SECZA y MDQ Le Sport S.A., (cláusula tercera)

77 *"Convenio de Teletrabajo"* entre SECZA y MDQ Le Sport S.A., cláusula décimo primera.

78 *"Convenio de Teletrabajo"* entre SECZA y MDQ Le Sport S.A., cláusula décimo segunda

3.2.4.1. Las tareas de cuidado

Se incorporó la necesidad de que los horarios compatibles con las tareas de cuidado se establezcan mediante acuerdo de las partes[79]. A esto, se añade la obligación del empleador de confeccionar un listado de teletrabajadores con personas a su cuidado, actualizado anualmente y remitido a la asociación sindical dentro de las 72 horas de concluido[80]; y las obligaciones del trabajador de informarle al empleador que tiene personas a su cuidado[81], y las causas, el inicio y la finalización de la interrupción de su jornada, de inmediato, en forma virtual y con precisión[82].

3.2.4.2. El traspaso de teletrabajo a la presencialidad

Sobre la internalización de la persona que inició la relación laboral bajo la modalidad de teletrabajo, la norma delegante (art. 8, último párrafo de la ley 27.555) le confiere competencia al convenio colectivo para establecer las *"pautas"* a las que deberá sujetarse un eventual cambio a la modalidad presencial, lo que implica, en mi opinión, el reconocimiento de un derecho a solicitar dicha alteración. Sin embargo, el *"Convenio de Teletrabajo"* entre SECZA y MDQ Le Sport S.A. (el único de los compulsados que concretó, en este punto, la delegación legislativa), le impide no sólo revocar su consentimiento inicial, sino *"ejercer el derecho a que se le otorguen tareas presenciales"*[83]. Un notorio atropello a la regla de norma mínima (art. 8 de la LCT).

---

79 *"Acuerdo Convencional sobre Teletrabajo"*, homologado por la Res. ST Nº 949/2022, cláusula quinta.

80 *"Convenio de Teletrabajo"* entre SECZA y MDQ Le Sport S.A., cláusula sexta, párrafo cuarto.

81 *"Convenio de Teletrabajo"* entre SECZA y MDQ Le Sport S.A., cláusula sexta, párrafo quinto.

82 *"Convenio de Teletrabajo"* entre SECZA y MDQ Le Sport S.A., cláusula sexta, párrafo segundo.

83 Cláusula séptima, párrafo cuarto.

3.2.4.3. El monto de la compensación prevista en el art. 10 de la ley 27.555

En el acuerdo para el sector bancario, no hubo ninguna regulación. En los restantes, las normas son disímiles en cuanto a valores[84] y periodicidad de pago[85].

3.2.4.4. La combinación de teletrabajo y trabajo presencial

El *"Acuerdo Convencional sobre Teletrabajo"*, homologado por la Res. ST Nº 949/2022, de 12 de mayo de 2022, ha incorporado reglas destinadas a cubrir el vacío legal. Concretamente, le asignó tres días al teletrabajo y dos días al trabajo presencial en el lugar que se le haya asignado al trabajador, dejando en claro que por acuerdo de las partes se podrá alterar dicha distribución.

El CCT 1637/2021 "E", homologado por la Res. S.T. 1610/2020, de 11 de diciembre (art. 7), desde mi punto de vista, desbordó el marco de la delegación legal en razón de que la norma delegante (art. 3, in fine, de la ley 27.555), obliga al convenio colectivo a prever una combinación entre prestaciones presenciales y por teletrabajo. No obstante, la norma delegada no sólo que ha privilegiado la segunda modalidad por sobre la primera, al considerarlas regla y excepción respectivamente, sino que impide que las contrataciones posteriores a su suscripción sean bajo la modalidad de teletrabajo. Por cierto, un atentado a la regla de norma mínima acompañado de un cercenamiento grosero de la libertad de contratar del empleador y del trabajador.

4. EPÍLOGO

Concluyo la ponencia, no sin antes expresar mi agradecimiento por la muy placentera invitación que recibí a fin de participar en esta oportuna

---

84 Porcentaje del consumo en el *"Convenio de Teletrabajo"*, entre SECZA y MDQ Le Sport S.A., o suma fija en el *"Acuerdo Convencional sobre Teletrabajo"*, homologado por la Res. ST Nº 949/2022, cláusula sexta; y en el acuerdo provisorio para la actividad aseguradora (cláusula 5).

85 Nada dice el *"Convenio de Teletrabajo"*, entre SECZA y MDQ Le Sport S.A. Un importe diario (convenio provisorio de la actividad aseguradora, cláusula 5) o mensual (*"Acuerdo Convencional sobre Teletrabajo"*, homologado por la Res. ST Nº 949/2022, cláusula sexta).

y exhaustiva obra colectiva (a la que le dan brillo tan calificados juristas) que, a no dudarlo, será de suma utilidad para magistrados, profesores, docentes y alumnos. También, dejo constancia de la necesidad imperiosa de una intensificación de la negociación colectiva en las materias delegadas al convenio colectivo. Sólo así, la llamada que le ha hecho la ley dejará de ser papel mojado.

Referencias bibliográficas

Aguilera Izquierdo, R. y Cristóbal Roncero, R. (2017). Nuevas tecnologías y tiempo de trabajo: el derecho a la desconexión tecnológica. En Ministerio de Trabajo y Seguridad Social. (Ed.), *El futuro de trabajo que queremos, Conferencia Nacional Tripartita, 28 de marzo de 2017, Palacio Zurbano, Iniciativa del Centenario de la OIT (1919-2019)* (pp.331-342). Madrid, España: Ministerio de Trabajo y Seguridad Social.

Altés Tárrega, J.A. y Yagüe Blanco, S. (2020). A vueltas con la desconexión digital: eficacia y garantías de lege lata. *LABOS Revista De Derecho Del Trabajo Y Protección Social, 1*(2), 61-87.

Cialti, P.H. (2017). El derecho a la desconexión en Francia. *Temas laborales: Revista andaluza de trabajo y bienestar social,* (137), 163-181.

Confalonieri, J. A. (2020). Los teletrabajadores. Una categoría propia de los procesos de descentralización por deslocalización del lugar de prestación de servicios, potenciada en la época de la Covid-19. En Foglia R. (Dir.), *Comentario a la ley 27.555", en Regímenes Laborales Especiales,* (IV). Argentina: La Ley.

Confalonieri, J.A. (2021). Regulación del trabajo a distancia en Argentina. En Pérez de los Cobos Orihuel, F. y Thibault Aranda, X (Dirs.). *El trabajo a distancia. Con particular análisis del Real Decreto-ley 28/2020, de 22 de septiembre* (pp. 689-714). Madrid, España: Wolters Kluwer.

Molina Navarrete, C. (2017). Jornada laboral y tecnologías de la info-comunicación: 'desconexión digital', garantía del descanso. *Temas laborales: Revista andaluza de trabajo y bienestar social,* (138), 249-283.

Molina Navarrete, C. (2017). El tiempo de los derechos en un mundo digital: ¿Existe un nuevo "Derecho humano a la desconexión" de los trabajadores fuera de jornada?. *Revista De La Facultad De Derecho De México, 67*(269), 891–920.

Organización Internacional del Trabajo. (2011). Manual de buenas prácticas en teletrabajo. Recuperado de https://www.ilo.org

Toscani Giménez, D. y Trujillo Pons, F. (2020). *La desconexión digital en el trabajo.* Pamplona, España: Aranzadi.

Trujillo Pons, F. (2021). *La 'desconexión digital' en el ámbito laboral.* Valencia, España: Tirant lo Blanch.

Vallecillo Gámez, M.R. (2020). El derecho a la desconexión digital: perspectiva comparada y riesgos asociativos. *Revista Internacional y Comparada de Relaciones Laborales y Derecho del Empleo, 8*(1), 210-238.

Epílogo:

EL ESTATUTO JURÍDICO DEL TRABAJADOR EN LA ERA DIGITAL

GARCÍA MURCIA, JOAQUÍN
Catedrático de Derecho del Trabajo y la Seguridad Social
Instituto de Derecho Comparado. Universidad Complutense de Madrid
Proyecto de investigación PID2020-118499GB-C31
jgmurcia@der.ucm.es

RESUMEN: Conferencia pronunciada en la clausura del Congreso Internacional Complutense "El estatuto jurídico del trabajador en la era digital", celebrado los días 18 y 19 de septiembre de 2023, en el Salón de Grados de la Facultad de Derecho, dirigido por los Pérez de los Cobos Orihuel, F./García Piñeiro, N.

ABSTRACT: Lecture delivered at the closing ceremony of the Complutense International "The legal status of the worker in the digital age", held on 18 and 19 September 2023, in the Hall of Studies of the Faculty of Law, directed by Pérez de los Cobos Orihuel, F./García Piñeiro, N.

Palabras clave: era digital, estatuto jurídico, Derecho del Trabajo, futuro.

Keywords: digital age, legal status, Labor Law, future.

El título de mi intervención alude explícitamente a la "era digital", tal vez bajo el sobreentendido de que nos encontramos a las puertas de una nueva etapa en el proceso de construcción de las normas laborales. No se trata, naturalmente, de inventar ni de recrear el Derecho del Trabajo, pero estamos con seguridad ante uno de esos periodos en los que el ordenamiento laboral vuelve a concentrarse sobre sus funciones y sus posibles o deseables contornos, para compenetrarse mejor con la realidad social subyacente. Hace ya casi cinco décadas que empezó a debatirse sobre el Derecho del Trabajo "de la crisis", o sobre "la legislación laboral de la emergencia", ante la convicción de que se cerraba el ciclo de creciente bienestar tantas veces conocido como "los treinta dorados", y de que se abrían grietas de mucha envergadura en los moldes que hasta entonces daban forma al sistema productivo y al mercado de trabajo. Fue la época de las primeras "reformas laborales", que llevaron a muchos a preguntarse por el "futuro" del Derecho del Trabajo, al que se dirigían frecuentes acusaciones de freno u obstaculización del desarrollo económico y al que, en consecuencia, no se le auguraba una vida cómoda. Más bien cundía la tentación de dejarse llevar por el exagerado eslogan de "huida" del Derecho del Trabajo para buscar algo de consuelo en el Derecho común, al que en algún momento se llegó a ensalzar desde la propia izquierda laboralista, pero que evidentemente ni estaba preparado para ello ni tenía mucho interés en volver a protagonizar la regulación del contrato de prestación de servicios por cuenta ajena. Ya fuese por su revitalización a través de aquel proceso de reformas, ya fuese por su fortaleza innata, lo cierto es que el Derecho del Trabajo logró sobrevivir e incluso alcanzar mayores espacios de desarrollo, para decepción, quizá, de tantos agoreros que, desde uno u otro lado de la frontera ideológica, lo daban por amortizado. Pero hete aquí que vino la informática. O la automática, la electrónica o la cibernética, como también se decía por aquel tiempo. Me refiero a los años ochenta y noventa del siglo pasado, en los que se gesta por cierto el libro dedicado a las "nuevas tecnologías" por Francisco Pérez de los Cobos. En realidad, de ello se vino hablando desde aquellas coyunturas de crisis económica de la década anterior (que para nosotros fue también la época de nuestra meritoria "transición política"), pero la percepción nítida de los efectos de la denominada "revolución 4.0" pertenece ya al tránsito del siglo XX al siglo XXI, en el que empieza a generalizarse una nueva clase de dispositivos (de matriz electrónica y digital) en el mundo del trabajo. Después, vendrían los años de zozobra de la crisis financiera de 2008-2010, y un par de lustros más tarde la depresión social y productiva provocada por la pandemia covid-19. Pero, vista esa pequeña y recentísima historia con cierta perspectiva, la verdadera transformación durante estas primeras décadas del siglo XX hundía sus raíces en el progreso de la ciencia. La ciencia matemática y las ciencias ligadas a la vida humana (como la medicina o la biología, fundamentalmente).

Desde el punto de vista del Derecho del Trabajo, y centrándonos en nuestra experiencia nacional, tal vez pudiera decirse que la era digital se viene incubando desde el año 2000, cuando el Tribunal Constitucional tuvo que dar respuesta a sendos recursos de amparo sobre el uso de cámaras de captación de imagen y sonido como medio de control de la prestación de trabajo en las instalaciones de la empresa. El problema tenía gérmenes anteriores, y ya la doctrina laboralista española, puede que por influencia de la doctrina tedesca más adscrita al progresismo, alertaba del riesgo de que la vigilancia del trabajo asalariado siguiera pautas castrenses, por el extraordinario avance de los medios técnicos a disposición del empresario. Algunos años más tarde nuestra jurisdicción ordinaria tuvo que adentrarse en las posibilidades de control empresarial de instrumentos de trabajo tan típicos de la revolución digital como los que en otras latitudes llaman computadoras, y poco a poco fueron aflorando los problemas propios del trabajo a distancia mediante conexiones telemáticas, del trabajo prestado a través de plataformas digitales o del uso de algoritmos para la organización del trabajo y la dirección de recursos humanos, con algunos reflejos, de muy distinto tamaño, en la legislación laboral. Mientras tanto, desde los primeros años ochenta un nuevo sector del Derecho atravesaba todos los flancos de nuestras relaciones sociales, con una capacidad de impacto verdaderamente destacada en el ámbito de las relaciones de trabajo. Me refiero, como más de uno se habrá imaginado, a la normativa sobre protección de datos personales, que precisamente empezó a fraguarse al calor del creciente tratamiento "automatizado" de ese tipo de información. Las normas sobre tratamiento y protección de datos personales que rigen actualmente en nuestro entorno europeo no se limitan ya al uso de soportes electrónicos o a los supuestos de aplicación de técnicas informáticas, pero no cabe duda de que los procesos automatizados de captación, almacenamiento y circulación de datos personales son, y seguirán siendo con más ahínco aún, los grandes protagonistas en esta singular parcela de las relaciones sociales y comerciales, particularmente en el medio laboral. Ya sabemos, además, que la legislación española de protección de datos personales optó en su momento por hacer también de legislación "digital", y que un capítulo esencial de la misma es justamente el que se dedica a la articulación de los medios de control empresarial con los derechos de la persona del trabajador, particularmente en lo que toca a la vida privada y los recintos de intimidad. De todo ello tratan, como de sobra es conocido, los denominados "derechos digitales", que no son exclusivamente laborales pero que contienen una importante veta laboral.

Estamos hablando, naturalmente, de procesos de acondicionamiento del sistema jurídico, y no de sucesos con fecha exacta, ni de periodos susceptibles de acotación temporal relativamente precisa como suelen ser los de índole política o administrativa. No obstante, dentro de nuestro hábitat europeo, y a los efectos de nuestro habitual campo de operaciones, bien podría decirse que la "era digital" ha quedado formalmente inaugurada con dos acontecimientos jurídicos de reciente aparición, uno de carácter puramente laboral, y otro de dimensión mucho más general, aunque con referencias específicas al ámbito del trabajo que parecen poco menos que inevitables. Nos referimos a dos instrumentos jurídicos que más de uno estaría tentado de calificar como *soft law* y que, en cualquier caso, pertenecen en mayor medida, si se nos admite la expresión, al derecho de la persuasión que al derecho de la prescripción, aunque nadie podrá dudar de su capacidad de influencia.

El primero de esos instrumentos, como ya habrá adivinado el oyente, es el Acuerdo marco europeo sobre digitalización firmado en junio de 2020, que se autodefine como "compromiso compartido de los interlocutores sociales intersectoriales europeos *(BusinessEurope, SMEunited, CEEP y la CES y el comité de enlace EUROCADRES/ CEC)* para optimizar los beneficios y hacer frente a los retos de la digitalización en el mundo laboral". Con funciones que en alguna medida se asemejan a las directrices de las instituciones comunitarias, el Acuerdo sobre digitalización trata de lograr cierta armonización en los países miembros de la UE acerca de lo que el propio texto denomina "transformación digital de la economía", al mismo tiempo que quiere dar ciertas pautas para que, con un lenguaje un tanto pomposo, "los trabajadores y las empresas triunfen en la era digital". Con ese objetivo estructural, el Acuerdo parte de dos grandes premisas difíciles de rebatir: de un lado, que ese proceso técnico y social "aporta claros beneficios tanto a los empleadores como a los trabajadores y a las personas que buscan empleo en la medida que supone nuevas oportunidades de trabajo, aumento de la productividad, mejoras en las condiciones de trabajo y nuevas formas de organizar el trabajo, así como en la mejora de la calidad de los servicios y productos", y, de otro lado, que el impacto digital también obliga a una "transición" que conlleva "retos y riesgos para los trabajadores y las empresas, ya que algunas funciones desaparecerán y muchas otras cambiarán". Como seguramente habrán hecho en otros países de la Unión, las indicaciones del Acuerdo Europeo de 2020 van siendo incorporadas a nuestro sistema a través de la negociación colectiva sectorial y empresarial, en un proceso que ha recibido un nuevo impulso a través del Acuerdo de Empleo y Negociación Colectiva de 2023. En este nuevo pacto interprofesional, las organizaciones firmantes declaran en un tono de cierta solemnidad "que los convenios colectivos de sector y de empresa deben promover e impulsar la transformación digital en el lugar de trabajo en el marco de procesos participativos y entendemos oportuno que establezcan procedimientos concretos de información previa a la representación legal de las personas trabajadoras, de los proyectos empresariales de digitalización y de sus efectos sobre el empleo, las condiciones de trabajo y las necesidades de formación y adaptación profesional de las plantillas, apostando por la formación continua para la mejora de las competencias digitales de las personas trabajadoras que facilite esta transición en la empresa". El AENC, como más de uno recordará, también incluye cláusulas sobre teletrabajo, desconexión digital e inteligencia artificial, con una proclamación un tanto voluntarista de lo que el mismo Acuerdo denomina “garantía del principio de control humano” y “derecho a la información sobre los algoritmos”.

El segundo de los instrumentos a los que quisimos hacer referencia es la Declaración Europea de Derechos y Principios Digitales para la Década Digital del año 2022, a la que, dicho sea de paso, ha seguido la Carta Iberoamericana de principios y derechos en entornos digitales aprobada con fecha de 25 de marzo de 2023. Atendiendo a su tenor literal, la mentada Declaración Europea trata de abordar la “transformación digital” para que no sufran merma los derechos fundamentales y los principios democráticos, y a tal efecto contiene cláusulas de muy diverso destino sobre “solidaridad e inclusión”, “educación, formación y capacidades digitales”, “interacciones con algoritmos y sistemas de inteligencia artificial”, o “entorno digital justo”, todas ellas dirigidas, como es fácil de deducir, al conjunto de la población y de las relaciones sociales. Pero la Declaración también reserva uno de sus apartados para sentar algunos principios relativos a “condiciones de trabajo justas y equitativas”, donde declara el derecho de toda persona “a unas condiciones de trabajo equitativas, justas, saludables y seguras, así como a una protección adecuada en el entorno digital y en el puesto de trabajo físico, con independencia de su situación laboral y de la modalidad o la duración del empleo”, y donde apela asimismo a las organizaciones sindicales y patronales para que, por su importante papel en la transformación digital, procedan conjuntamente a “la definición de unas condiciones de trabajo justas y equitativas”, con referencia específica “al empleo de herramientas digitales en el trabajo”. Con esa especie de pórtico, las instituciones europeas responsables de la Declaración (el Parlamento, el Consejo y la Comisión) se comprometen formalmente a “velar por que toda persona pueda desconectar y beneficiarse de salvaguardias para asegurar el equilibrio entre vida privada y vida laboral en un entorno digital”, con el propósito de garantizar “que las herramientas digitales no supongan ningún tipo de riesgo para la salud física y mental de los trabajadores en el entorno de trabajo”, que los derechos fundamentales de los trabajadores sean respetados en el entorno digital, que el uso de la inteligencia artificial en el lugar de trabajo sea transparente, que se mantenga un entorno de trabajo seguro y saludable, y “que las decisiones importantes que afecten a los trabajadores cuenten con supervisión humana y que, en general, se los informe de que están interactuando con sistemas de inteligencia artificial”. En buena lógica, un elemento relevante de esa programación habría de ser la Directiva sobre condiciones de trabajo en plataformas digitales que desde hace algunos años se ha venido gestando en el seno de la Unión Europea, en tanto que uno de sus principales fines es la observancia de los principios de "transparencia, equidad y rendición de cuentas en la gestión algorítmica de las prestaciones de servicios".

Estas son, seguramente, las bases de lo que ya ha sido calificado como "estatuto jurídico del trabajo en la era digital", que de momento, y a falta de una intervención legal más estructurada y consecuente, habría que componer mediante ciertos retazos legales por todos conocidos (algunos de ellos de proyección general y no sólo laboral), mediante las aportaciones de la negociación colectiva y de ese singular procedimiento que últimamente se ha dado en llamar "diálogo social bipartito", y de la doctrina de origen jurisdiccional que a lo largo de las dos últimas décadas se ha venido construyendo en nuestro país. En mi opinión, se trata de un estatuto en el que sigue siendo decisivo el ingrediente jurisprudencial, en el que la negociación colectiva parece estar actuando con cierta determinación, y en el que el papel del legislador no ha llegado aún a traspasar la que podríamos considerar fase preliminar, al menos en lo que respecta al legislador laboral. La reacción ante los nuevos escenarios de composición digital ha sido lenta, progresiva y fragmentaria, pero, tratando de ser ecuánimes, no creo que pueda decirse que el ordenamiento laboral se haya desentendido del tema. Es verdad que, como en tantas otras ocasiones, la realidad ha caminado más deprisa que la superestructura jurídica, si me admiten esa ideologizada terminología. Poco había avanzado el legislador cuando a mediados del siglo pasado *Alan Mathison Turing* diseñó la máquina que lleva su nombre mediante su particular reformulación de los conceptos de algoritmo y computación. Mucha más clamorosa era desde luego la ausencia de previsiones jurídicas cuando en el año 1903 el montañés *Leonardo Torres Quevedo* dio vida, si pudiera decirse así, a un artefacto autómata que ejecutaba órdenes transmitidas mediante ondas hertzianas al que llamó telekino, o cuando este afamado inventor construyó en 1912 su primer Ajedrecista. Y no hablemos ya de la situación legislativa cuando, allá por los años cuarenta del siglo XIX, y con la celebrada contribución de la condesa de *Lovelace* a las ciencias matemáticas, se describieron los primeros algoritmos y se registraron avances muy notables en la carrera de creación de máquinas analíticas, algo que, por lo que parece, formó parte desde tiempos inmemoriales de los sueños humanos. Pero también hay que reconocer, para consuelo de juristas, que tampoco en aquellos tiempos los medios electrónicos e informáticos formaban parte del sistema productivo y de la vida social en las proporciones que hoy en día podemos constatar. A diferencia de la música, del ajedrez o de otros tantísimos espacios del divertimento humano, el Derecho no parece movilizarse por la pura especulación intelectual o por la íntima satisfacción de la que pueden gozar las mentes creativas, sino más bien por las consabidas exigencias de paz y equilibrio en las relaciones humanas.

En todo caso, más importante que el factor de modernidad son en el Derecho su grado de utilidad para la sana convivencia de los seres humanos y sus niveles de adecuación a la realidad social normada. Como seguramente han podido apreciar ustedes a lo largo de estas jornadas, no parece que pueda hablarse por ahora de un estatuto jurídico consolidado para las prestaciones de trabajo mayormente conectadas a la era digital. En cambio, sí podemos contar con un abanico relativamente amplio de piezas jurídicas que, aun cuando sean de diversa naturaleza y composición, forman en abstracto un pequeño conjunto normativo sobre cuya consistencia, eficacia o suficiencia pueden hacerse ya algunas valoraciones. A bote pronto, estoy tentado de decir que el esfuerzo desplegado por nuestra jurisdicción ordinaria y nuestro Tribunal Constitucional es digno de todo elogio, más allá de sus indecisiones, contradicciones o eventuales deficiencias. También me atrevería a decir que, frente al tópico de nuestros días, la concertación o el diálogo social, siendo ineludibles en este terreno como en tantos otros, no debieran verse como sacrosanta panacea para toda suerte de afecciones o dolencias, entre otras razones porque las necesidades de transacción a esos altos niveles desembocan con frecuencia en clichés aletargados o eslóganes repetitivos. Me parece obvio, por otra parte, que la negociación colectiva entendida en su sentido más estricto, a escala empresarial o sectorial, es el cauce más directo para determinar derechos y obligaciones en el ámbito de trabajo también en relación con estos nuevos desafíos, aunque nunca debe perderse de vista su carácter de fuente profesional y, en consecuencia, sus limitaciones funcionales y sus conocidos riesgos de desactivación o bloqueo. Y por lo que toca a las instituciones políticas con capacidad legislativa, yo pediría sobre todo mayor amplitud de miras respecto de los bienes e intereses implicados, mayor decisión en la formulación de los correspondientes mandatos normativos, mayor conocimiento y auxilio técnico, y, quizá, un poco más de distancia respecto de las legítimas, pero no siempre meditadas propuestas o posturas doctrinales.

Ante los embates cada vez más intensos de la nueva tecnología y el irrestible empuje de la era digital con su inagotable artillería, no parece que debamos quedarnos de brazos cruzados. Pero tampoco es cosa de perder los nervios o dejarse arrastrar por la ansiedad. Estamos cada vez más expuestos a intromisiones injustificadas en nuestro espacio de vida, a las manipulaciones algorítmicas, al abuso desde el exterior del tiempo que nos pertenece, o incluso a la interferencia indebida en nuestra capacidad de razonamiento. Tal vez no falte mucho para que un HAL 9000 cualquiera nos contradiga o nos rechace, para que criaturas digitales inicien nuevos modos de vida al margen de nuestros principios tradicionales de convivencia, para que de verdad comparezcan aquellos famosos androides que sueñan con ovejas eléctricas, o para que esas nuevas generaciones de seres animados, al modo de los famosos "replicantes", se rebelen contra nuestra tiranía laboral. Pero de momento hemos ganado algo. Los robots ya no parece que sean enemigos o contrincantes en el mercado de trabajo, sino "aliados" de la especie humana, a la manera de un dócil y habilidoso auxiliar asociado. De la misma manera, los productos cibernéticos más sofisticados, superadas ya las fases iniciales de recelo, tal vez lleven camino de entrar en nuestro hábitat para asumir con naturalidad buena parte de nuestras preocupaciones y minimizar así nuestras limitaciones para la vida social, como parece ser el caso de ese "bot de inteligencia artificial" empeñado en facilitar los contactos personales.

Si bien se mira, no son exactamente cosas de nuestros días. Hace casi una centuria, Julio Camba nos mandaba desde Nueva York sus curiosas sensaciones en la ciudad de los rascacielos, a medio camino entre la sorna y la sorpresa, entre la saudade de la vida apacible y la fascinación de la nueva Roma. En uno de sus artículos, y desde su irrenunciable mirada crítica, nos decía jocosamente lo siguiente: *"Yo no sé si es que las máquinas americanas van asemejándose cada vez más a los hombres, o si es que los hombres van asemejándose cada vez a las máquinas, pero cada día me es más difícil distinguir aquí lo que hacen las máquinas de lo que hacen los hombres. Si cuando se trata, por ejemplo, de escribir un drama, es el Plot Robot o cerebro automático el que pone el argumento y el hombre se limita a escribirlo, ¿quién realiza ahí la labor humana y quién la labor mecánica?"*. Le dio como título "Hombres-máquina y máquinas-hombre", con la sencillez y sagacidad que le caracterizaba.

Tal vez pensara que, si al principio de los tiempos el hombre tuvo que vérselas exclusivamente con las restantes criaturas alumbradas por la Providencia, en los tiempos modernos que por aquellas fechas ya se vislumbraban, tendría que hacerlo también con los ingenios nacidos de su propia inteligencia. A los primeros acompañantes de nuestra humana existencia logramos poco a poco apaciguarlos. Con los segundos, tal vez acabemos fundiéndonos en ese ser híbrido que tantos intelectos pronosticaron desde su incontenible y ansiosa imaginación, y que para muchos de nuestros congéneres puede que se encuentre aguardando pacientemente a la vuelta de la esquina. También pudiera suceder que esos individuos de composición orgánica y cibernética, amenazantes desde su propia denominación de *ciborg*, no sean más que un estadio inferior de una sociedad poblada de seres de matriz electrónica en la que el viejo paradigma de la Creación, el sujeto de carne y hueso, vaya perdiendo progresivamente sus arraigadas expectativas de mando y supervivencia. Es muy probable que a muchos de nosotros no nos genere especial ilusión un futuro con esas antipáticas trazas. Pero, frente a nostálgicos de un pasado que afortunadamente no tuvieron que sufrir, y contra utópicos sin causa cierta, no es seguro que las condiciones de trabajo en el mundo de la inteligencia artificial sean tan lóbregas y desgraciadas como las que buena parte de la población mundial tuvo que soportar en el contexto de la revolución industrial, por prescindir de etapas precedentes de mayor miseria e indigencia. Perderemos enteros con toda seguridad, en las escalas del ancestral humanismo, y quién sabe si en las cotas de dignidad que desde nuestra ingenuidad hemos creído hallar en el hombre bíblico e ilustrado. Tengo la convicción, sin embargo, de que, mientras dure nuestra especie, nada de eso supondrá una rebaja de los niveles de confort y bienestar que con tanta adicción han buscado siempre los seres humanos. Muchas gracias de nuevo.